Michaela Kauer-Franz, Benjamin Franz

Usability und User Experience Design

Das umfassende Handbuch

Rheinwerk
Computing

Liebe Leserin, lieber Leser,

Produkte so zu gestalten, dass sie nicht nur gut zu gebrauchen sind, sondern geschätzt werden und genau das bieten, worauf es im jeweiligen Kontext ankommt – herzlichen Glückwunsch zu diesem wichtigen und spannenden Ziel!

Dass es ohne eine gute Ausbildung nicht leicht zu erreichen ist, versteht sich vielleicht von selbst. Was ebenfalls eine große Rolle spielt, ist die konsequente Nutzung von Daten.

Ich freue mich, Ihnen dieses besondere Handbuch vorlegen zu können. Es stellt nicht etwa eine Prüfung in den Mittelpunkt oder einen Begriffsapparat. Die Autoren, ein erfolgreiches Experten-Duo, nehmen Sie mit auf eine Reise in die datenbasierte Arbeit an herausragender Gestaltung: systematisch, detailliert und zugleich ganz praktisch.

Lernen Sie zunächst die Grundlagen des Faches kennen. Hier kommen Kenntnisse aus der Psychologie und dem Design zusammen.

Was dann folgt, empfehle ich in der Reihenfolge zu lesen, in der es gedruckt ist: Schritt für Schritt lernen Sie den Design-Prozess so kennen, wie die beiden ihn in ihrem Unternehmen erfolgreich praktizieren und für Sie formuliert haben, mit vielen praktischen Hinweisen, Dos und Don'ts und einer vielfach erprobten Auswahlhilfe für die richtige(n) Methoden(n) für genau Ihr Projekt.

Noch ein Wort in eigener Sache: Dieses Buch wurde mit großer Sorgfalt geschrieben, geprüft und produziert. Sollten Sie Anregungen oder konstruktive Kritik haben, freue ich mich über eine E-Mail. Das gleiche gilt für die Autoren, wie Sie im Buch sehen werden.

Viel Spaß und viel Erfolg!

Ihre Almut Poll
Lektorat Rheinwerk Computing

almut.poll@rheinwerk-verlag.de
www.rheinwerk-verlag.de
Rheinwerk Verlag · Rheinwerkallee 4 · 53227 Bonn

Auf einen Blick

Wir hoffen, dass Sie Freude an diesem Buch haben und sich Ihre Erwartungen erfüllen. Ihre Anregungen und Kommentare sind uns jederzeit willkommen. Bitte bewerten Sie doch das Buch auf unserer Website unter **www.rheinwerk-verlag.de/feedback**.

An diesem Buch haben viele mitgewirkt, insbesondere:

Lektorat Almut Poll
Fachgutachten Dr. Lydia Wimmer-Reeker
Korrektorat Friederike Daenecke, Zülpich
Herstellung Stefanie Meyer
Typografie und Layout Vera Brauner
Einbandgestaltung Mai Loan Nguyen Duy
Satz III-satz, Kiel
Druck mediaprint solutions, Paderborn

Dieses Buch wurde gesetzt aus der TheAntiquaB (9,35/13,7 pt) in FrameMaker.

Gedruckt wurde es mit mineralölfreien Farben auf chlorfrei gebleichtem, PEFC®-zertifiziertem Offsetpapier (90 g/m²).

Hergestellt in Deutschland.

Bibliografische Information der Deutschen Nationalbibliothek:
Die Deutsche Nationalbibliothek verzeichnet diese Publikation in der Deutschen Nationalbibliografie; detaillierte bibliografische Daten sind im Internet über *http://dnb.dnb.de* abrufbar.

ISBN 978-3-8362-8720-3

1. Auflage 2022, 1., korrigierter Nachdruck 2023

Informationen zu unserem Verlag und Kontaktmöglichkeiten finden Sie auf unserer Verlagswebsite **www.rheinwerk-verlag.de**. Dort können Sie sich auch umfassend über unser aktuelles Programm informieren und unsere Bücher und E-Books bestellen.

Inhalt

14 Entscheidungsmatrix für die Methodenauswahl 709

Vorwort

Je größer der Verbreitungsgrad technischer Geräte im menschlichen Alltag wird, desto vielfältiger sind auch die Anforderungen, die an die Interaktion mit diesen Geräten gestellt werden. Bei professionellen Anwendungen liegt der Schwerpunkt vielfach auf einer fehlerfreien Funktionalität, einer optimierten Nutzungsdauer sowie auf der Akzeptanz durch die Nutzenden, insbesondere durch eine Verbesserung der Aufgabenerledigung. Im privaten Kontext soll der Umgang mit technischen Geräten häufig schlicht Spaß machen.

Ein hoher Erfüllungsgrad der gestellten Anforderungen an die Usability und User Experience wird zu einer wesentlichen Voraussetzung für den wirtschaftlichen Erfolg von technischen Produkten. Damit dieser hohe Erfüllungsgrad erreicht werden kann, ist ein entsprechender Gestaltungsprozess notwendig, der die menschlichen Anforderungen in jeder Gestaltungsphase und mit hoher Nachvollziehbarkeit berücksichtigt. Die Verwendung umfangreicher Daten zum menschlichen Nutzungsverhalten ist ein solcher Erfolg versprechender Gestaltungsansatz für eine Verbesserung der menschengerechten Produktgestaltung.

Das vorliegende Handbuch bietet Ihnen eine umfassende und sehr fundierte Zusammenstellung von Prozessen, Methoden und Anwendungen zur Verbesserung der Usability und User Experience technischer Produkte. Insbesondere das Data-Driven UX Design kennzeichnet einen Gestaltungsansatz mit hohem Potenzial für zukünftige Produktgestaltungen. Im Sinne einer optimierten Mensch-Maschine-Interaktion wünsche ich dem Handbuch eine große Verbreitung.

Prof. Dr. Ralph Bruder

Präsident der Carl von Ossietzky Universität Oldenburg

Kapitel 1
Für wen ist dieses Buch? Warum und wie sollten Sie das Buch lesen?

»Gegenüber der Fähigkeit, die Arbeit eines einzigen Tages sinnvoll zu ordnen, ist alles andere im Leben ein Kinderspiel.«
– Johann Wolfgang von Goethe (Dichter und Naturforscher)

Liebe Leserin, lieber Leser, schön, dass Sie da sind! In diesem ersten Kapitel unseres Buches lernen Sie, für wen wir dieses Buch geschrieben haben, warum Ihre Zeit sinnvoll investiert sein dürfte, wenn Sie es lesen, und wie Sie es am besten für sich nutzen können. Außerdem werden wir Ihnen drei Beispiele vorstellen, auf die wir im Laufe des Buches immer wieder zurückgreifen werden. Wir werden diese Beispiele nutzen, um Ihnen in den einzelnen Kapiteln ein besseres Verständnis der vorgestellten Methoden und Ansätze zu ermöglichen. Wir gehen in den folgenden Kapiteln davon aus, dass Sie die Einführung zu diesen Beispielen gelesen haben, dass Ihnen die beschriebenen Produkte grundlegend bekannt sind und dass Sie wissen, von wem und wie sie genutzt werden. Es lohnt sich also, dieses Kapitel zuerst zu lesen, auch dann, wenn Sie danach etwas selektiver lesen möchten. Bevor wir allerdings zu unserer Empfehlung für das Lesen dieses Buches kommen, möchten wir mit der Frage starten, ob dieses Buch das richtige für Sie ist.

1.1 Für wen ist dieses Buch geschrieben?

Während der Konzeption dieses Handbuchs haben wir lange überlegt, für wen wir dieses Buch schreiben und wer am meisten davon profitieren soll. Gerade, wenn man selbst mit einem Thema sehr vertraut ist, fällt es schwer, zu entscheiden, wer wirklich welche Inhalte braucht. Vieles kommt einem durch die jahrelange Erfahrung und tägliche Beschäftigung mit den Themen selbstverständlich vor. Durch unsere Arbeit in unserer Data-Driven UX Design Agentur *Custom Interactions* und unsere Lehrtätigkeiten an der Technischen Universität Darmstadt kommen wir immer wieder mit den unterschiedlichsten »Leveln« an Expertise zusammen – vom kompletten Anfänger bis hin zum routinierten Vollprofi. Wir haben uns bewusst entschieden, dieses Handbuch nicht ausschließlich für Experten zu schreiben, sondern auch unerfahrenen Personen eine Hilfestellung zu bieten, die sie in die wundervolle Welt der Usability und User Experience einführt.

Wir haben also an Sie gedacht, wenn Sie zu einer der folgenden Gruppen gehören:

- Sie studieren und möchten zusätzlich zu den theoretischen Inhalten und Konzepten des Studiums etwas zur praktischen Anwendung lernen.
- Sie sind neu in Ihrem Beruf und befassen sich erstmalig mit dem Themengebiet Usability und User Experience Design.
- Sie sind schon in der Produktentwicklung tätig und dafür zuständig, ein Produkt neu oder weiterzuentwickeln. Hierbei decken wir sowohl Business-to-Consumer-Produkte (*B2C* – Produkte, die an den Endkunden direkt verkauft werden) als auch Business-to-Business-Produkte (*B2B* – Produkte, die an Unternehmen verkauft werden) ab und streifen auch den Bereich der Medizinprodukte.
- Sie sind schon im Bereich Usability und User Experience unterwegs und möchten gern Ihr Methodenrepertoire ergänzen oder freuen sich über eine Hilfestellung bei der Auswahl der passenden Methode.

Aber natürlich freuen wir uns auch, wenn Sie einen anderen Hintergrund haben und trotzdem an unserem Handbuch interessiert sind. Dieser breite Anspruch in der Leserschaft des Buches spiegelt sich auch in der Zielsetzung und im Aufbau unseres Handbuchs wider. Und diese Zielsetzung möchten wir Ihnen jetzt vorstellen.

1.2 Warum sollten Sie dieses Buch lesen?

Sie halten das Handbuch »Usability und User Experience Design« in den Händen. Beide Begriffe sind mittlerweile weit verbreitet und viele Produktverantwortliche und Studierende haben zumindest »schon mal etwas davon gehört«. In der tagtäglichen Praxis sind *Usability* und *User Experience* aber bei Weitem noch nicht in jedem Unternehmen und in jeder Produktentwicklung angekommen. Das hat zunehmend weitreichende Folgen, da Nutzende und Kunden vor allem in diesen Bereichen von Tag zu Tag anspruchsvoller werden.

Diese Veränderung zeigte sich in den letzten 10 bis 15 Jahren am stärksten bei B2B-Anwendungen – also Anwendungen, die für Unternehmenskunden entwickelt werden. Wo vor einigen Jahren noch eine technische Funktion für die Produktnutzung oder den Produktkauf ausgereicht hat, stehen heute oft die einfache Bedienbarkeit und die intuitive Verwendung an der ersten Stelle – auch wenn das nicht immer explizit geäußert wird.

Im B2C-Bereich, also bei Produkten, die für Endnutzer und Endnutzerinnen entwickelt werden, hat dieser Trend schon viel früher begonnen und ist inzwischen auch deutlich weiter fortgeschritten. Hier wird eine gute Usability inzwischen vorausgesetzt und die Gestaltung der umfassenden User Experience steht im Fokus: Ein Trend, der auch bei B2B-Anwendungen verstärkt zu beobachten ist und den Erfolg von B2B-Produkten in der Zukunft maßgeblich mitgestalten wird.

Schon jetzt hören wir die Forderung nach besserer Usability und User Experience täglich in unseren Usability-und-User-Experience-Laboren. Wenn Ihr Produkt also technisch nicht etwas komplett Neues, noch nie Dagewesenes, bisher wirklich absolut Unerreichbares leistet (oder anders gesagt: wenn man mit Ihrem Produkt nicht zum Mars fliegen kann), dann brauchen Sie eine starke Usability und User Experience für ein herausragend erfolgreiches Produkt. Sie sollten dieses Handbuch also dann lesen, wenn genau das eines Ihrer Ziele ist: ein erfolgreiches Produkt.

Um Sie bestmöglich dabei zu unterstützen, dieses Ziel zu erreichen, haben wir das Handbuch in zwei Teile aufgeteilt. Im ersten Teil des Handbuchs – also in den Kapiteln 1 bis 7 – gehen wir auf die Grundlagen ein. Dazu gehört für uns ein generelles Verständnis der Begriffe und des Ursprungs der Disziplin, aber auch eine Übersicht über verschiedene Ansätze und Prozesse, die sich über die Jahre etabliert haben. Außerdem möchten wir Ihnen ein förderliches Mindset aufzeigen, mit dem wir in unserer Arbeit als Usability-und-User-Experience-Professionals erfolgreich waren. Die Grundlagen schließen dann mit einer Übersicht über die wichtigsten Wahrnehmungspsychologischen Aspekte und Designaspekte, um Sie fundiert auf die Gestaltung Ihrer eigenen Produkte vorzubereiten. Der zweite Teil des Buches geht anschließend die einzelnen Phasen des Data-Driven-UX-Design-Prozesses Schritt für Schritt durch und zeigt Ihnen auf, wie Sie die erlernten Grundlagen einsetzen können, um herausragende Produkte zu gestalten.

Wir möchten Ihnen einen umfassenden Überblick über das Thema »Usability und User Experience Design« bieten und Sie befähigen, Kenntnisse in diesem Themengebiet zu erwerben, die Zusammenhänge zu erschließen und neue Methoden kennenzulernen. Wir haben dafür einen Spagat gewagt: Auf der einen Seite vermitteln wir systematisches Wissen, auf der anderen Seite stellen wir die Praxis in den Mittelpunkt, weil uns das als Praktiker besonders wichtig ist. Denn was bringt schwer übertragbares, rein theoretisches Wissen bei ganz praktischen Fragestellungen?

Für den Überblick über das Themengebiet möchten wir, bildlich gesprochen, eine Landkarte zeichnen, die es möglich macht, Themen einzuordnen und anzudenken. Für jeden Punkt auf der Landkarte – jedes Thema in diesem Buch – gibt es natürlich weiterführende Literatur, die Sie zur Hand nehmen können, um einzelne Themen, Methoden und Konzepte im Detail zu verstehen.

Wo immer wir passende Empfehlung für Sie haben, werden wir Sie im entsprechenden Abschnitt des Buches darauf hinweisen. Also keine Angst: Auch wenn Sie sich schon auskennen, werden Sie bestimmt den einen oder anderen weiterführenden Lesetipp erhalten.

So sollten Sie nach der Lektüre nicht nur einen Gesamtüberblick haben, sondern auch in der Lage sein, in einer konkreten Praxissituation zu entscheiden, ob es sich um ein Usability- oder ein User-Experience-Thema handelt oder ob Sie an anderen Orten nach einer passenden Lösung suchen müssen.

Dafür geben wir Ihnen eine Entscheidungshilfe an die Hand, mit der Sie Ihre Fragestellung im Projekt verorten können. Mit diesem Wissen können Sie im Anschluss aus dem Fundus der vorgestellten Methoden wählen, um den richtigen und passenden Ansatz für sich zu finden.

Schließlich möchten wir Sie dabei unterstützen, für die Nutzenden Ihrer Produkte das Bestmögliche herauszuholen. Wir möchten helfen, dass Sie die beste Version von Ihrem Produkt entwickeln können: intuitiv, mit dem genau richtigen Funktionsumfang, gut bedienbar, begeisternd und nicht zuletzt erfolgreich.

Dafür haben wir das Buch wie folgt strukturiert:

Nachdem wir Ihnen mit diesem ersten Kapitel hoffentlich helfen konnten herauszufinden, ob unser Handbuch für Sie hilfreich ist und wie Sie am besten damit arbeiten, starten wir in Kapitel 2, »Die wichtigsten Begriffe und ihre Historie«, direkt mit der Begriffsdefinition. Damit möchten wir Ihnen und uns eine gemeinsame Basis bereiten, die Ihnen hilft, dem Buch zu folgen und sich mit anderen Praktikern auszutauschen.

In Kapitel 3, »Usability und User Experience als Erfolgsfaktor herausragender Produkte«, werden wir Ihnen zeigen, warum es sich lohnt, Usability und User Experience in der Entwicklung der eigenen Produkte zu betrachten. Hierfür haben wir uns tief in die Literatur gewühlt, werden Studien erläutern, aber auch ein bisschen aus dem Nähkästchen plaudern und messbare Ergebnisse unserer Kunden vorstellen.

Kapitel 4, »Wie »mache« ich Usability und User Experience Design?«, widmet sich einer Übersicht verschiedener Entwicklungsprozesse, die zum Ziel haben, Produkte mit einer hohen Usability und einer sehr guten User Experience zu entwickeln. Diese Übersicht soll Ihnen helfen, sich im Prozesswirrwarr zurechtzufinden und Prozesse und Prozessschritte auszuwählen, die für Sie geeignet sind.

In Kapitel 5, »Data-Driven UX Design«, stellen wir Ihnen den Prozess *Data Driven UX Design (3DUX)* vor. Diesen Prozess haben wir aus bestehenden Prozessen abgeleitet, aber mit einem stärkeren Fokus auf kritische und komplexe Produkte, der auch das Risiko in der Verwendung mitbetrachtet. Er hat sich in unserer täglichen Arbeit bewährt und hilft uns, das Beste aus den verschiedenen Prozesswelten zu kombinieren. Wie der Name schon sagt, folgen wir dabei einem datengetriebenen Ansatz, der die Integration von Nutzerdaten und Nutzerrückmeldungen an so vielen Stellen wie möglich propagiert und den Anspruch hat, ein erfolgreiches Produkt zu garantieren.

Kapitel 6, »Ein hilfreiches Mindset für Usability und User Experience Design«, befasst sich mit einem – aus unserer Sicht – vollkommen unterschätzten, aber fundamental wichtigem Thema: dem geeigneten Mindset für die Arbeit im Bereich Usability und User Experience. Hier möchten wir Ihnen gerne verschiedene Denkfallen und Denkblockaden aufzeigen, denen wir, aber auch viele Kolleginnen und Kollegen, im Laufe der Jahre immer wieder aufgesessen sind. Aber natürlich hören wir mit der Beschreibung der Denkblockaden nicht auf, sondern möchten Ihnen dabei helfen, ein Mindset zu entwickeln und zu stärken, das sich für uns als erfolgreich und hilfreich bei der Arbeit im Bereich Usability und User Experience erwiesen hat.

In Kapitel 7, »Grundlagen«, geht es dann an die fachlichen Grundlagen. Usability und User Experience Design ist eine Disziplin, bei der Sie Wissen aus den verschiedensten Bereichen brauchen. Wir werden Ihnen sowohl psychologische Grundlagen zu Wahrnehmung, Gedächtnis und Informationsverarbeitung nahebringen als auch über Designgrundlagen sprechen sowie Gestaltgesetze vorstellen.

Ab Kapitel 8, »Der Data-Driven UX Design-Prozess im Detail – Vorbereitung«, sehen wir uns den Data-Driven-UX-Design-Ansatz gemeinsam im Detail an – natürlich immer anhand unserer drei Beispiele, um den größtmöglichen Praxisbezug herzustellen.

Dabei geht es um die Vorbereitung und Planung des Data-Driven-UX-Design-Prozesses. Wir stellen uns den praxisrelevanten Fragen, wie in agilen Entwicklungsprozessen vorgegangen werden kann und wie Sie den Aufwand für die Entwicklung abschätzen können.

Daran schließt Kapitel 9, »Der Data-Driven UX Design-Prozess im Detail – Nutzungskontextanalyse«, an, in dem wir uns detailliert mit der Nutzungskontextanalyse beschäftigen. Sie lernen, was der Nutzungskontext ist, warum er bei der Betrachtung von Usability und User Experience nicht vernachlässigt werden darf, was alles zum Nutzungskontext gehört und mit welchen Methoden Sie ihn in der Praxis am besten kennenlernen.

Im darauf folgenden Kapitel 10, »Der Data-Driven UX Design-Prozess im Detail – Nutzungsanforderungen spezifizieren«, stellen wir Ihnen vor, was Nutzungsanforderungen sind und wie Sie diese so formulieren, dass am Ende tatsächlich ein Produkt entsteht, das Ihre Nutzer begeistert. Wir beschäftigen uns zudem mit der Kommunikation von Nutzungsanforderungen an interne und externe Stakeholder, z. B. an einen technischen Entwicklungspartner.

Aufbauend auf den Nutzungsanforderungen widmen wir uns in Kapitel 11, »Der Data-Driven UX Design-Prozess im Detail – Gestaltungslösungen entwickeln«, gemeinsam den Gestaltungslösungen. Hier stellen wir Ihnen verschiedene Varianten von Prototypen vor und geben Ihnen verschiedene Methoden und Tools an die Hand, die Sie direkt für Ihre eigene Gestaltung nutzen können.

In Kapitel 12, »Der Data-Driven UX Design-Prozess im Detail – Gestaltungslösungen evaluieren«, sehen wir uns gemeinsam den letzten Schritt des Data-Driven-UX-Design-Prozesses an: Die Evaluation von Gestaltungslösungen. Hier geben wir Ihnen einen Überblick über verschiedene Methoden. Zusätzlich unterstützen wir Sie dabei, die richtige Methode für die richtige Frage auszuwählen.

In Kapitel 13, »Design, Get Data, Repeat – wann ist Schluss?«, widmen wir uns einer Frage, über die sich viele unserer Kunden und Kundinnen den Kopf zerbrechen: Wann ist denn Schluss? Gerade bei einem agilen iterativen Prozess kann diese Entscheidung schwer zu treffen sein. Hier geben wir Ihnen konkrete Entscheidungshilfen an die Hand.

Kapitel 14, »Entscheidungsmatrix für die Methodenauswahl«, ist unsere Unterstützung für Ihre tägliche Arbeit, wenn Sie das Lesen dieses Handbuchs abgeschlossen haben: Wir geben Ihnen eine Entscheidungsmatrix an die Hand, der Ihnen die im Buch vorgestellten Methoden übersichtlich darstellt und eine Auswahl anhand von einfachen Regeln ermöglicht.

Wir schließen das Handbuch in Kapitel 15, »Wrap-up und Fazit«, mit einer Zusammenfassung und einem Fazit inhaltlich ab.

Im Anhang des Buches finden Sie das Literaturverzeichnis und ein Glossar, das die wichtigsten Definitionen und Begriffe dieses Handbuchs zum Nachschlagen enthält.

Feedback erwünscht!

Wenn Sie das Buch gelesen haben und merken sollten, dass Ihnen wichtige Inhalte fehlen, dann würden wir uns über Feedback freuen! Melden Sie sich gerne unter *handbuch3DUX@custom-interactions.com*! Wir freuen uns über Ihre Anregungen für die nächste Auflage dieses Buches.

1.3 Wie sollten Sie dieses Buch lesen?

Jetzt, wo Sie unser Buch in den Händen halten, wird schon vom Umfang her klar: Zu Usability und User Experience gibt es einiges zu sagen. Das Buch ist absichtlich sehr umfangreich aufgestellt, um einen Überblick über das Fach und die Grundlagen aus verschiedenen Disziplinen mit einem hilfreichen Praxisteil kombinieren zu können. Und wir verstehen, wenn Sie sich an dieser Stelle fragen: Ist ein Buch mit über 700 Seiten noch *usable*? Deswegen möchten wir Ihnen vorab noch einige Hinweise zur Verwendung dieses Buches geben.

Wir haben das Handbuch *Usability und User Experience Design* so geschrieben, dass Sie es problemfrei von vorne bis hinten durchlesen können. Wir führen Definitionen einmalig in Kapitel 2, »Die wichtigsten Begriffe und ihre Historie«, ein und gehen später weitgehend davon aus, dass Sie die entsprechenden Definitionen kennen. Allerdings möchten wir Sie auch nicht dazu zwingen, wirklich jedes Kapitel von vorne bis hinten zu lesen. Daher erlauben wir uns, wenn nötig, auf die Grundlagen zu verweisen oder sie sogar noch einmal kurz zusammenzufassen. Wir glauben, dass das den Zugang auch dann erleichtert, wenn Sie von vorne bis hinten lesen, da es Ihnen das Blättern zu einer Definition erspart, die vor, sagen wir, vier Kapiteln eingeführt wurde.

Wir haben das Buch jedoch auch für Leserinnen und Leser mit unterschiedlicher Vorerfahrung geschrieben und gehen nicht davon aus, dass Sie als vielleicht erfahrener UXler es komplett durchlesen. Fühlen Sie sich eingeladen, an Stellen zu springen, die für Sie relevant sind. Neben der Aufteilung in einen Grundlagen- und einen Praxisteil haben wir dafür Folgendes unternommen:

- Wir referenzieren auf Grundlagenkapitel (Kapitel 1 bis Kapitel 7) und fassen trotzdem die wichtigen Punkte kurz zusammen. Dadurch können Sie – ohne die Grundlagen zu lesen – die Inhalte verstehen oder alternativ genau nachlesen.
- Wir haben dem Buch ein Glossar hinzugefügt, das die wichtigsten Definitionen enthält. So können Sie schnell unbekannte Begriffe nachschlagen, die zuvor in anderen Kapiteln definiert wurden.
- Wir haben alle Methoden in eine Entscheidungsmatrix in Kapitel 14 aufgenommen, mit Verweisen. Das ermöglicht es Ihnen, direkt zu einer für Sie interessanten Methode zu springen und sich nur auf diese zu konzentrieren.

Nutzen Sie das Buch also ganz nach Ihrem Bedarf: als interessante Literatur, die Sie von vorne nach hinten durchstöbern, als Anregung, die Sie punktuell nutzen oder als Gedankenstütze, die Sie immer wieder aus dem Regal holen. Wenn wir es schaffen, dass Sie dieses Buch nicht nur einmal lesen, sondern immer wieder befragen, dann haben wir mehr erreicht, als wir derzeit noch zu hoffen wagen.

1.4 Ihre ständigen Begleiter: Unsere drei Beispiele

Um den Praxisbezug dieses Handbuchs zu stärken, möchten wir Sie auf den folgenden Seiten mit drei Fallbeispielen bekannt machen. Direkt vorweg: Diese Beispiele sind frei erfunden und Ähnlichkeiten mit lebenden oder verstorbenen Produkten, Unternehmen und Personen sind rein zufällig.

Bevor es drei Beispiele wurden, haben wir lange überlegt, was das eine beste Beispiel wäre, um Sie an die Hand zu nehmen und unsere Inhalte zu verdeutlichen. Mit der breiten Leserschaft dieses Handbuchs wuchs jedoch auch die Herausforderung, ein Beispiel zu finden, das für Sie und alle anderen relevant und übertragbar ist. Wir waren nicht in der Lage, dieses *eine* Beispiel zu finden.

Stattdessen haben wir uns entschieden, drei getrennte Beispiele zu entwickeln. Jedes dieser Beispiele setzt einen anderen Schwerpunkt und kämpft mit anderen Herausforderungen. Die Beispiele haben wir so gewählt, dass sie eine möglichst große Bandbreite an möglichen Anwendungen und Problemen darstellen. Natürlich ist es auch mit diesen drei Beispielen nicht möglich, alle denkbaren Konstellationen abzudecken. Trotzdem hoffen wir, dass Sie sich mit mindestens einem der drei Beispiele identifizieren können und Parallelen zu Ihrem Produkt finden.

Damit es sich beim Lesen realer anfühlt, haben wir uns zusätzlich entschlossen, die Beispiele mit einer Vergangenheit, einer Gegenwart und einer Zukunft auszustatten. Wir wollen damit die alltägliche Arbeit in der Produktentwicklung simulieren, die ja selten wirklich am grünen Tisch ohne Sorgen stattfindet. Unsere Protagonisten befassen sich also mit Fragen, die sich unsere Kunden auch ständig stellen, und sie stehen vor den gleichen Herausforderungen und Entscheidungen. Im Laufe der Kapitel wenden unsere Protagonisten die jeweils vorgestellten Methoden und Tools an und lernen dazu – genau so, wie es auch in realen Produktentwicklungsteams der Fall ist. Nun aber genug der Einführung, lernen wir die drei Produkte und die Teams hinter ihnen kennen.

1.4.1 MoveHub: Die Mobilitäts-App für jede Gelegenheit (B2C)

Als Erstes möchten wir Ihnen *MoveHub* vorstellen. MoveHub ist ein Start-up aus dem ländlichen Raum in der Nähe der Stadt Fulda. Die drei Gründer von MoveHub – Patrick, Svenja und Lars – haben sich während des Studiums in Fulda kennengelernt. Alle drei verbindet die gleiche Leidensgeschichte: Sie stammen aus dem ländlich geprägten Umland von Fulda und konnten sich aufgrund der Kosten keine Wohnung direkt in Fulda leisten. Stattdessen sind sie – wie so viele andere Studierende – während der gesamten Studienzeit gependelt. Obwohl die Wohnorte der drei nur ca. 30 km von Fulda entfernt liegen, waren die öffentlichen Verkehrsmittel so schlecht vernetzt und die Alternativen so unübersichtlich, dass jeder Weg schon einfach mehr als eine Stunde Fahrzeit bedeutet hat.

Als die Hochschule Fulda einen Ideenwettbewerb ausschreibt, ist die Geburtsstunde von MoveHub gekommen. Patrick, Svenja und Lars beschließen, an einer Idee zu arbeiten, die das Pendeln zwischen ländlicher Region und Stadt erleichtert und Nutzern einen transparenten Überblick über die verfügbaren Fortbewegungsmittel gibt.

Aufgrund der geplanten Nutzungart – nämlich unterwegs – entscheiden die drei Gründer, dass MoveHub als App auf den Markt kommen soll, die über die App-Stores der entsprechenden Anbieter heruntergeladen wird. Da Reisen für alle interessant ist, wollen sie sich dabei eigentlich nicht auf ein einzelnes Smartphone-Betriebssystem wie z. B. Apples iOS konzentrieren, sondern eine Lösung entwickeln, die von allen genutzt werden kann. Weil ihre Ressourcen als Start-up sehr begrenzt sind, entscheiden sich Patrick, Svenja und Lars jedoch dafür, zuerst mit der Veröffentlichung für Android zu beginnen, da die Nutzerzahlen hier ungleich größer sind.

Abbildung 1.1 Erste Logo-Idee unseres fiktiven Start-ups »MoveHub«

Abseits von diesen Basisüberlegungen hat das Team aber noch viele Fragezeichen und wenige finale Entscheidungen. Es gibt noch keine App, es gibt noch kein Geschäftsmodell, und zum aktuellen Zeitpunkt gibt es noch nicht einmal ein formales Unternehmen. Es gibt nur eine schnelle Logo-Skizze (siehe Abbildung 1.1) und große Träume. In unserem Handbuch werden wir Svenja, Lars und Patrick auf der Reise begleiten.

1.4.2 BusinessBooster: Das CRM-BI-Tool für kleine und mittelständische Unternehmen (B2B)

Das zweite Beispiel, das Sie und uns durch dieses Handbuch begleiten wird, stammt von der KMU IT GmbH. Die KMU IT GmbH ist ein mittelständisches Unternehmen mit 64 Mitarbeitenden, das in Hamburg angesiedelt ist. Es wurde 1984 von Markus Meier direkt nach seinem Studium der Elektrotechnik gegründet.

Die KMU IT GmbH hat sich zum Ziel gesetzt, kleine und mittelständische Unternehmen (KMU) mit IT-Lösungen zu versorgen, um ihnen das Leben einfacher und ihre Geschäfte erfolgreicher zu machen.

Das Brot-und-Butter-Produkt des Unternehmens ist die Software *BusinessBooster* (siehe Abbildung 1.2), die Markus Meier damals selbst entwickelt hat. BusinessBooster ist eine Software, mit der kleine und mittelständische Unternehmen die eigenen Kontakte verwalten und Vertriebstätigkeiten verfolgen können. Neben der Kontaktverwaltung bietet die Software auch die Möglichkeit, Angebote und Rechnungen zu erstellen sowie eingegangene Zahlungen zu erfassen. Das Produkt stellt also eine Mischung aus einer *Customer Relation Management*-(CRM-)Software und einem Rechnungsstellungs- und Buchhaltungstool dar.

Abbildung 1.2 Das Logo von BusinessBooster der fiktiven KMU IT GmbH

In den Anfangszeiten der Software konnte sich BusinessBooster massiv von der Konkurrenz absetzen. Nicht nur die neuartigen Funktionen und die Verknüpfung zwischen den beiden Welten war einmalig, sondern auch die übersichtliche Darstellung von Zahlen und Auswertungen machte das Produkt zum Verkaufsschlager (siehe Abbildung 1.3). Gerade die übersichtliche Darstellung erwies sich als so wertvoll, dass die KMU IT GmbH innerhalb von nur wenigen Jahren mit ihrer Lösung große Marktanteile gewinnen und letztendlich die Marktführerschaft erringen konnte.

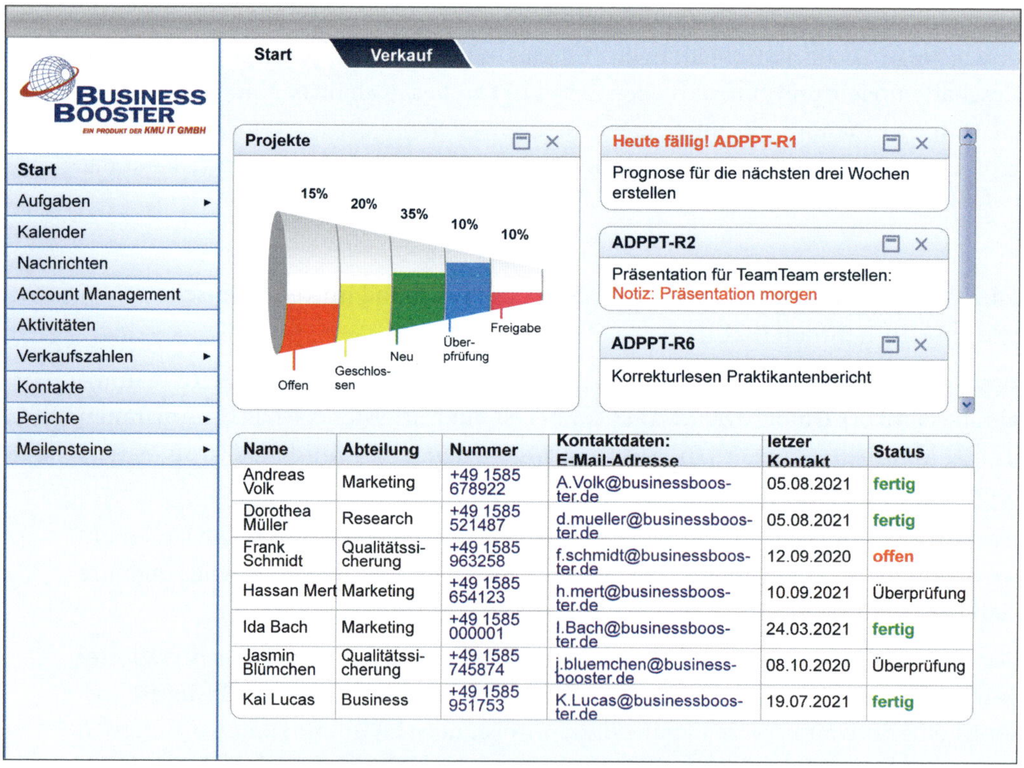

Abbildung 1.3 Die Benutzeroberfläche von BusinessBooster

Durch diesen großen Erfolg wuchs das Team der KMU IT GmbH zwischenzeitlich auf mehr als 110 Mitarbeitende an und war in der Lage, weitere, ergänzende IT-Produkte für KMUs auf den Markt zu bringen. Obgleich alle Folgeprodukte auch recht erfolgreich waren, ist bis heute der BusinessBooster das mit Abstand umsatzstärkste Produkt und macht fast 70 % des Gesamtumsatzes der KMU IT GmbH aus.

Obwohl Herr Meier mit seinem Team ständig an der Weiterentwicklung der Software arbeitet, ist diese inzwischen sichtbar in die Jahre gekommen: Seit inzwischen fast zehn Jahren sind die Verkaufszahlen rückläufig, es kommen immer mehr Beschwerden und Kundenanfragen, und eine ganze Reihe Bestandskunden ist inzwischen zur Konkurrenz gewechselt – und dass, obwohl der Wechselaufwand für Kunden enorm ist. Die Marktführerschaft ist inzwischen für Markus Meier und sein Team in weite Ferne gerückt, und als Geschäftsführer war Herr Meier im Laufe der letzten Jahre sogar gezwungen, einigen Mitarbeitern im Service und in der Entwicklung zu kündigen oder neue Stellen aufgrund von Geldmangel nicht nachzubesetzen.

Außerdem fällt es Herrn Meier zunehmend schwerer, neue, jüngere und moderne Mitarbeitende für sein Unternehmen zu gewinnen. Aus Rückmeldungen in Bewerbungsgesprächen weiß er, dass auch das veraltet wirkende Produkt seinen Teil zum Problem beiträgt.

Nach langem Zögern entscheidet Markus Meier, sich von der aktuellen Version der BusinessBooster-Software zu trennen und eine komplett neue Software als BusinessBooster 2.0 auf den Markt zu bringen. Diese Software soll von Grund auf neu programmiert werden und all die Probleme beheben, die momentan potenzielle Kunden verscheuchen.

Markus Meier hat dabei ausschließlich technische Lösungsansätze und zusätzliche Features im Kopf. Er freut sich zudem darauf, das Produkt in einer modernen Programmiersprache umzusetzen, und ist sich sicher, dass das einen wirklichen Mehrwert für seine Kundschaft darstellt.

Wenn Markus Meier ehrlich ist, dann gibt er zu, dass er auch Angst vor der Neuentwicklung hat. Vor allem hat er Angst, die verbliebenen treuen Bestandskunden zu verlieren. Daher möchte er die Neugestaltung auch eher zurückhaltend angehen. Das passt auch gut zu der wirtschaftlich angespannten Lage, in der sich die KMU IT GmbH befindet. Sie hat nur einen Versuch, die Software zu modernisieren, und muss damit neue Kunden gewinnen.

Das ist die Situation, in der Sie mit uns Herrn Meier, die KMU IT GmbH und die BusinessBooster-Software treffen und in der wir ihn gemeinsam bei den nächsten Schritten begleiten werden.

1.4.3 Healthyfy: Das Vermittlungsportal für Gesundheitsexperten (B2B und B2C)

Als letztes Beispiel möchten wir Ihnen *Healthyfy* vorstellen. Healthyfy ist ein Vermittlungsportal für Gesundheitsexperten. Als Spin-off eines großen Medizintechnikunternehmens soll es den Sprung in die rein digitale Welt ermöglichen. Der Mutterkonzern von Healthfy ist selbst in der Geräteentwicklung verortet und stellt Monitoring-Geräte und Beatmungsgeräte für Intensivstationen her. Zur Diversifizierung des eigenen Portfolios plant das Medizintechnikunternehmen, die MedTec AG & Co. KG, nun die Entwicklung eines ausschließlich digitalen Gesundheitsangebots.

Die Zielsetzung von Healthyfy ist es, eine digitale Plattform zu schaffen, bei der sich sowohl Ärzte verschiedener Fachrichtungen als auch Patienten über eine Weboberfläche einloggen können. Die Patienten sollen dabei die Möglichkeit erhalten, einen passenden Facharzt zu suchen und Termine online zu vereinbaren. Die Ärzte sollen die Möglichkeit haben, Patienten anzunehmen und abzulehnen, Termine wahrzunehmen und mit den Patienten zu kommunizieren. Die Kommunikation soll hierbei auf verschiedenen Wegen funktionieren. Angedacht sind sowohl ein Chat als auch eine Videofunktion – aber so richtig weiß das noch niemand. Der Traum hinter Healthyfy ist es, einen Arztbesuch komplett digital abzubilden, was Healthyfy aller Voraussicht nach selbst zu einem Medizinprodukt macht.

Zum aktuellen Zeitpunkt besteht das Team um Healthyfy aus insgesamt elf Personen, die vom Mutterkonzern ein festes Budget für 18 Monate bekommen haben. In dieser Zeit soll eine erste Version des Portals entwickelt werden. Es geht den Verantwortlichen im Mutterkonzern dabei um einen *Proof of Concept* – also um den Beweis, dass sich weitere Investitionen in diesem Bereich lohnen.

Sollte das gelingen, plant die MedTec AG & Co. KG die formelle Ausgründung von Healthyfy. In diesem Fall würde voraussichtlich Sophia Müller – die aktuelle Teamleiterin des Healthyfy-Teams – die Geschäftsführung übernehmen und Healthyfy in eine hoffentlich glorreiche Zukunft führen. Sophia ist relativ neu im Unternehmen und wurde extra für das Projekt Healthyfy eingestellt. Bevor sie bei der MedTec AG & Co. KG angefangen hat, war Sophia in einem Start-up in der Softwarebranche tätig, das sie erfolgreich bis zum Exit begleitet hat.

Sie und wir treffen Sophia und Healthyfy zu einem Zeitpunkt, zu dem neben dem Team nur das Strategiepapier, ein vom Marketingteam des Mutterkonzerns entworfenes Logo (siehe Abbildung 1.4) und die großzügige Finanzierung steht. Eine ideale Ausgangsposition – auch wenn Sophia wegen des hochregulierten Umfelds und den anderen Vorgehensweisen in der Medizintechnik doch ein bisschen nervös ist. Wir dürfen gespannt sein, was Sophia und ihr Team aus Healthyfy machen.

HEALTHY**FY**

Abbildung 1.4 Das Logo des fiktiven Produkts Healthyfy

Kapitel 2

Die wichtigsten Begriffe und ihre Historie

2

»Der Beginn der Weisheit ist die Definition der Begriffe.«
– Sokrates (Philosoph)

Wir möchten eine gute gemeinsame Basis für den Austausch schaffen und beginnen deswegen in diesem Kapitel mit einer Zusammenfassung der Begriffe, ihrer Bedeutung sowie ihrem Bezug zueinander. So lernen Sie die Fachbegriffe rund um das Usability und User Experience Design kennen und können diese anschließend in der Praxis korrekt verwenden. Schon allein am Titel des Buches und der Benennung unserer Disziplin wird klar, dass unter diesen Fachbegriffen viele Anglizismen vorkommen. Diese behalten wir bei, da sich diese Begriffe zum einen international durchgesetzt haben und zum anderen auch in die deutsche Normung übernommen wurden.

Wir starten mit einem Rückblick in die Vergangenheit, um Ihnen die Entstehung des Aufgabenfeldes vorzustellen. Das hilft, um auch im Jetzt zu verstehen, wieso verschiedene Ausprägungen und Umsetzungen von Usability und User Experience Design zu finden sind. Dann sehen wir uns den aktuellen Stand der relevanten Fachbegriffe an, die Sie für Ihre tägliche Arbeit als Spezialist oder Spezialistin im Bereich Usability und User Experience benötigen.

2.1 Die (Vor-)Geschichte von Usability und User Experience

Beide Begriffe aus dem Buchtitel, *Usability* und *User Experience Design*, sind das Ergebnis (und immer noch Teil) einer Entwicklung verschiedener Disziplinen, die sich mit menschenbezogenen Fragestellungen beschäftigt haben. Für uns ist die historische Entwicklung unserer Disziplin interessant und für die Vollständigkeit dieses Handbuchs wichtig, damit es für Sie leichter wird, verschiedene Ansätze in der Praxis einzuordnen und Schwerpunktsetzungen nachzuvollziehen. Wenn Sie sich nicht für die Geschichte interessieren, können Sie Abschnitt 2.1 aber getrost überspringen.

Bei der Zusammenstellung dieses Abschnitts haben wir den Fokus weniger auf die exakte historische Entwicklung, sondern vielmehr auf die logische Herleitung der unterschiedlichen inhaltlichen Ausrichtungen in der Disziplin des Usability und User Experience Designs gelegt – natürlich eingefärbt durch unseren persönlichen fachlichen Hintergrund. Eine andere Auswahl wäre also denkbar. Andere Experten würden Ihnen an dieser Stelle vielleicht andere Meilensteine vorstellen; wir erzählen Ihnen die historische Entwicklung jedoch aus unserer Perspektive.

2.1.1 Die griechische Antike und Hippokrates von Kos

Etwa 400 Jahre vor Christus erkannte der griechische Mediziner Hippokrates, dass die Ausübung bestimmter Handwerksberufe spezifische gesundheitliche Schäden verursacht (Draxler & Cheung, 2010). Weiterhin verfasste er in seinen chirurgischen Abhandlungen detaillierte Anweisungen für den Aufbau von Operationssälen, die Anordnung von Instrumenten und die Beleuchtung sowie zu den Aufgaben der anwesenden Personen (Adams, 1868). Die Erkenntnis des Zusammenhangs von Arbeit und Schädigung auf der einen Seite sowie die Festlegung von Arbeitsabläufen auf der anderen Seite sind bis heute grundlegend für die Begriffe *Ergonomie* und *Arbeitswissenschaft*, die prägend auf die Entwicklung des Usability und User Experience Designs eingewirkt haben.

2.1.2 Die Renaissance und Leonardo da Vinci

Weitere Grundlagen zu der heutigen Sichtweise trug Leonardo da Vinci bei. Der Universalgelehrte der Renaissance ist bekannt für seine Kunstwerke – aber auch für eine Vielzahl an Entwürfen von Maschinen und Gebäuden. Um die Maschinen an den Menschen anzupassen, studierte er dessen Bewegungsmöglichkeiten intensiv. Die daraus gewonnenen physiologischen und biomechanischen Erkenntnisse schrieb er in Form von Gesetzmäßigkeiten nieder (Schlick, Bruder & Luczak, 2010).

Auch hier finden sich wieder Grundelemente der Begriffe Ergonomie und Arbeitswissenschaft wieder, die schließlich in der industriellen Revolution verstärkt in die breite Öffentlichkeit übertragen wurden.

2.1.3 Die industrielle Revolution

Wir springen in die Zeit der industriellen Revolution, also in die zweite Hälfte des 18. Jahrhunderts. Glaubt man den Ausführungen von Fürstenberg (1981), dann gab es vor der industriellen Revolution massenhaft verfügbare billige und vor allem unmündige Arbeitskraft. Es gab aus wirtschaftlicher Perspektive also schlicht keine Notwendigkeit, sich großflächig mit den Menschen, der Arbeit des Menschen oder gar mit dessen Wohlbefinden bei der Arbeit zu beschäftigen.

Erst als während der industriellen Revolution die Arbeitsteilung aufkam, stieg die Notwendigkeit von Planung und gleichbleibender Qualität. Auch entstand mit zunehmender Mechanisierung und Massenproduktion und der damit einhergehenden Taktung der Arbeit eine neue Form des Leistungsdrucks. Hierdurch rückte die Gestaltung der Arbeit ins Zentrum des Interesses und es entstanden wissenschaftliche Disziplinen, die sich mit der Optimierung der Arbeitskraft und -tätigkeit sowie mit den menschlichen Leistungsmöglichkeiten und -grenzen beschäftigen – allen voran die Arbeitswissenschaft und die Ergonomie.

2.1.4 Die Arbeitswissenschaft

Der Begriff der Arbeitswissenschaft inklusive der ersten Definition stammt aus dem Jahr 1857 (siehe Abbildung 2.1). Wie wir noch sehen werden, stammt aus dem gleichen Artikel auch der Begriff Ergonomie sowie die zugehörige erste Definition.

PRZYRODA PRZEMYSŁ

TYGODNIK

poświęcony przystępnemu wykładowi wszystkich gałęzi nauk przyrodzonych, praktycznemu ich zastosowaniu do potrzeb życia, tudzież najnowszym odkryciom i wynalazkom.

Rok 2. № 29. 1857.

RYS
ERGONOMJI
czyli
NAUKI O PRACY
opartej na prawdach poczerpniętych z Nauki Przyrody,
przez
Wojciecha Jastrzębowskiego.

Mądrej głowie dość na słowie.

Abbildung 2.1 Erste bekannte Definition von Ergonomie und Arbeitswissenschaft (Abdruck aus einer polnischen Wochenzeitung). Quelle: (Schlick, Bruder & Luczak, 2010)

Die dort gegebene Definition dreht sich im Kern um die beiden Begriffe *Humanisierung* und *Rationalisierung* der Arbeitswelt.

Humanisierung der Arbeitswelt

Unter Humanisierung der Arbeit versteht man laut Gabler Wirtschaftslexikon »auf die Verbesserung der Arbeitsinhalte und der Arbeitsbedingungen gerichtete Maßnahmen, um die Arbeitswelt möglichst menschengerecht zu gestalten« (Gabler Wirtschaftslexikon, letzter Abruf 18.11.2021).

Rationalisierung der Arbeitswelt

Rationalisierung beschreibt in der geläufigsten Verwendung »solche Maßnahmen, die der Produktivitäts- und Wirtschaftlichkeitssteigerung dienen, wodurch letztlich eine Beschränkung auf das Wertziel erfolgt« (Gabler Wirtschaftslexikon, letzter Abruf 18.11.2021).

Humanisierung vs. Rationalisierung der Arbeitswelt

Sieht man sich die beiden Begriffe an, entsteht schnell der Eindruck, dass Humanisierung und Rationalisierung nur schwer zeitgleich zu erreichen sind. Vor allem unter schwierigen Arbeitsbedingungen, bei denen die Verfügbarkeit von Arbeitskräften nicht der beschränkende Faktor war, hat eine Steigerung der Effizienz in der Vergangenheit tatsächlich oft zu verschlechterten Arbeitsbedingungen geführt. Das muss aber nicht der Fall sein, sondern wird heute komplett anders gedacht. Die Zielsetzung ist die Steigerung der Produktivität bei gleichzeitiger Verbesserung der Bedingungen für die Menschen im System. Die Grundlage dafür findet sich in der Arbeitswissenschaft.

Die Arbeitswissenschaft als Disziplin

Genau hier setzt die *Arbeitswissenschaft* an. Die Arbeitswissenschaft hat sich zum Ziel gesetzt, beide Aspekte gemeinsam im Auge zu behalten. Sie versteht sich selbst als Wissenschaft, die aufgrund der Bedeutung der Ressource Mensch »eine an Humanisierungszielen ausgerichtete Rationalisierung« vorantreibt (vgl. Schlick, Bruder & Luczak, 2010, S. 7). In einfachen Worten gesagt, versucht die Arbeitswissenschaft zu erreichen, dass die Arbeit für den Menschen angenehmer und schädigungsfreier wird, während gleichzeitig für Unternehmen eine bessere Ausnutzung der menschlichen Arbeitskraft gelingen soll.

Dabei stehen nach Luczak und Volpert (1987) verschiedene Ziele im Raum:

- das Schaffen von schädigungslosen, ausführbaren, erträglichen und beeinträchtigungsfreien Tätigkeiten
- das Erfüllen der Standards in Hinblick auf soziale Angemessenheit von Arbeitsinhalt, Arbeitsaufgabe, Arbeitsumgebung sowie Entlohnung und Kooperation
- die Entfaltung von Handlungsspielräumen, der Erwerb von Fähigkeiten und die Entwicklung und Entfaltung der eigenen Persönlichkeit

Dies alles soll durch eine systematische »Analyse, Ordnung und Gestaltung der technischen, organisatorischen und sozialen Bedingungen von Arbeitsprozessen« erreicht werden.

Der Fokus der Arbeitswissenschaft liegt dabei auf dem Arbeitsprozess selbst. Untersucht wird vor allem, wie sich physische Prozesse unter Berücksichtigung anthropometrischer Eigenschaften (z. B. Körpergröße oder -kraft) optimieren lassen. Es geht also beispielsweise darum, wie ein Arbeitsplatz bestmöglich aufgebaut und eingerichtet werden sollte, um die beiden Ziele – keine Schädigung des Menschen sowie eine möglichst hohe Produktivität – zu erreichen.

Auch wenn die Vorgehensweisen und Methoden der Arbeitswissenschaft auch im privaten, nicht arbeitsbezogenen Bereich zielführend eingesetzt werden könnten, ist diese Übertragung aufgrund der Fokussierung der Disziplin weitgehend verwehrt geblieben – anders bei der Ergonomie.

2.1.5 Ergonomie

Die Begriffe Arbeitswissenschaft und *Ergonomie* sind im Deutschen eng verknüpft und werden häufig in einem Atemzug genannt. Je nach Interpretation wird Ergonomie dabei als Teilbereich der Arbeitswissenschaft oder – wie bei der *International Ergonomics Association* – als über die Arbeitswissenschaft hinausgehend betrachtet. Auch das gemeinsame erstmalige Erscheinen der beiden Begriffe in dem bereits angesprochenen Artikel von 1857 deutet auf eine inhaltliche Nähe hin (siehe Abbildung 2.1).

Die International Ergonomics Association definiert demgegenüber:

> *»Ergonomics is the scientific discipline concerned with the understanding of interactions among humans and other elements of a system, and the profession that applies theory, principles, data and methods to design in order to optimise human well-being and overall system performance.« (International Ergonomics Assosciation, letzter Abruf 18.11.2021)*

Grob übersetzt bedeutet das: Ergonomie ist die wissenschaftliche Disziplin, die sich mit dem Verständnis der Interaktionen zwischen Menschen und anderen Elementen eines Systems befasst, sowie der Berufsstand, der Theorien, Prinzipien, Daten und Methoden auf die Gestaltung anwendet, um das menschliche Wohlbefinden und die Gesamtsystemleistung zu optimieren.

Auch wenn die wörtliche Herleitung des Wortes Ergonomie aus dem griechischen *ergon* (Arbeit) und *nomos* (Gesetz) einen Arbeitsbezug erkennen lässt, stellt die Definition des internationalen Dachverbandes dessen sytembezogene Sichtweise klar, die sich mit der Zweitbedeutung von *ergon* (abgeschlossenes Werk) deckt. Die Ergonomie ist demnach nicht auf den Sektor Arbeit beschränkt.

2.1.6 Human Factors

Der Begriff *Human Factors* ist ebenfalls breiter aufgestellt und nicht nur auf die Arbeitswelt bezogen. Unter dem Begriff werden verschiedene Einflussfaktoren des

Menschen auf sozio-technische Systeme zusammengefasst. Geprägt wurde der Begriff Human Factors vor allem in den 1940er-Jahren durch das US-Militär (Tossell et al., 2016). Das Ziel war es damals, menschliche Fehler, beispielsweise beim Führen von Flugzeugen, zu reduzieren (Fitts & Jones, 1947).

Im Gegensatz zu den in den vorherigen Abschnitten vorgestellten Begriffen Ergonomie und Arbeitswissenschaft geht es aber weniger um die physischen und anthropometrischen bzw. körperlichen Eigenschaften des Menschen, sondern um die psychischen und kognitiven. Auch soziale Aspekte spielen beim »Faktor Mensch« eine entscheidende Rolle. Die Ergonomie steht also der Arbeitswissenschaft näher, während bei den Human Factors ein deutlicher Bezug zur Psychologie erkennbar ist.

Mit komplexer werdenden technischen Systemen kommen in diesem Bereich auch fortlaufend neue Fragestellungen hinzu. Eine der neueren ist beispielsweise die Frage nach der Kooperation zwischen einem Menschen und einer Maschine zum gemeinsamen Lösen einer Aufgabe. Ein konkretes Beispiel ist das assistierte Fahren eines Automobils mit *Adaptive Cruise Control* (Abstandsregeltempomat). Auf dem sogenannten »ersten Level« beschleunigt und bremst das Fahrzeug automatisch je nach Entfernung zum vorausfahrenden Auto oder Lkw (*https://www.adac.de/rund-ums-fahrzeug/ausstattung-technik-zubehoer/autonomes-fahren/grundlagen/autonomes-fahren-5-stufen/*). Das Lenken des Fahrzeugs verbleibt aber beim Fahrer, sodass die Aufgabe »Fahrzeug führen« gemeinsam durch Mensch und Maschine erfüllt wird.

Wie soeben bei den Human Factors beschrieben, führt die Veränderung von Technologie auch in den anderen bereits angesprochenen Disziplinen zu neuen oder veränderten Fragestellungen. Im Fall der Software-Ergonomie hat sich sogar eine neue Teildisziplin ausgebildet, die wir uns im nächsten Abschnitt anschauen.

2.1.7 Software-Ergonomie

Mit dem Aufkommen der PCs ist aus der klassischen Ergonomie die Software-Ergonomie hervorgegangen. Die sprachliche Anpassung kann dabei als Versuch der Wissenschaftsdisziplin gewertet werden, in einer Welt mit zunehmend digitalem Fokus nicht an Relevanz zu verlieren und sich zu modernisieren (eigene Interpretation). Folgt man der Definition im Gabler Wirtschaftslexikon, dann verfolgt die Software-Ergonomie das Ziel, »Softwareprodukte entsprechend der mit ihnen arbeitenden Menschen zu gestalten« (Gabler Wirtschaftslexikon, zuletzt aufgerufen 18.11.2021). Die Inhalte der Software-Ergonomie sind beispielsweise Fragen der Dialoggestaltung, Arbeitsinhalte sowie die Bewahrung und Gestaltung von Entscheidungsräumen.

Entsprechend dem Wortstamm sieht man auch der Software-Ergonomie ihre Verortung in der Arbeitswelt an. In den ersten Jahren nach dem Aufkommen von PCs war diese Ausrichtung wichtig und folgerichtig. Der starke Arbeitsfokus hat jedoch zu einer Ablösung des Begriffs geführt, als PCs, Software und andere digitale Medien zunehmend aus dem Arbeitsumfeld in das private Umfeld eingedrungen sind. Inzwischen wird übergreifend eher der Begriff der *Mensch-Maschine-Interaktion* verwendet, den wir im Folgenden erläutern. Für den Unterbereich der Software-Ergonomie hat sich der Begriff *Human Computer Interaction* durchgesetzt, den wir daran anschließend vorstellen.

2.1.8 Mensch-Maschine-Interaktion

Die Mensch-Maschine-Interaktion hat ihren Ursprung in der Analyse, Gestaltung und Optimierung physischer Maschinen. Wir verstehen unter Mensch-Maschine-Interaktion jeden Austausch von Informationen zwischen Menschen und Maschinen. Diese Informationen können Aktionen auslösen (z. B. Bedienvorgänge, Reaktion des Menschen), müssen es aber nicht. Auch Informationen, die Statusinformationen zwischen dem Menschen und der Maschine vermitteln, ohne eine direkte Handlungsaufforderung zu enthalten, verstehen wir als Mensch-Maschine-Interaktion.

Unsere Definition ist bewusst sehr breit gewählt. Unter sie fallen alle technischen Systeme, die einen Informationsaustausch mit Menschen haben. Das kann sowohl die Bedienung eines Passagierflugzeugs im Cockpit sein als auch die Bedienung einer Stanze mit dem klassischen Schalter. Dabei werden auf der einen Seite Eingaben des Menschen, auf der anderen Seite Ausgaben der Maschine über eine oder mehrere Benutzerschnittstellen getätigt. Das Ziel ist in jedem Fall, eine möglichst reibungsfreie »Zusammenarbeit« zu gewährleisten. Die Disziplin der Gestaltung von optimierten Mensch-Maschine-Interaktionen hat also bereits das Ziel der optimierten Usability im Blick, wenn auch nur für einen Teilbereich der Produkte.

2.1.9 Human Computer Interaction

Der Bereich Human Computer Interaction verfolgt ähnliche Ziele wie die Mensch-Maschine-Interaktion, setzt den Fokus dabei jedoch auf die Interaktion mit Computern und anderen digitalen Systemen, also weniger auf die physischen als auf die psychischen und kognitiven Aspekte. Es geht also primär um die geistige Leistungsfähigkeit und deren Einschränkungen und Beeinträchtigungen. Natürlich spielt auch die physische Gestaltung der Produkte eine Rolle, da der PC oder das Smartphone als Zugangstor zu den digitalen Anwendungen zu betrachten ist; der Handlungsfokus in diesem Bereich liegt jedoch oft auf den digitalen Aspekten, da es dort mehr Anbieter im Vergleich zu Herstellern von PCs oder Smartphones gibt.

Laut dem *Dorsch Lexikon der Psychologie* (letzter Abruf 18.11.2021) beschäftigt sich »die Mensch-Computer-Interaktion [...] mit der Erforschung, Gestaltung und Bewertung der Interaktion von Mensch und Computer (Hardware und Software).«

Wenn Sie sich derzeit also auf die Suche nach derjenigen Disziplin machen würden, die die Beziehung von Mensch und Computer erforscht und weiterentwickelt, dann würden Sie am wahrscheinlichsten unter dem Begriff Human Computer Interaction erfolgreich sein. Sowohl die Human Computer Interaction als auch die Software-Ergonomie und die Mensch-Maschine-Interaction zielen dabei auf die Erreichung einer guten Usability bzw. Gebrauchstauglichkeit sowie einer guten User Experience ab.

2.1.10 Zusammenfassung

Alle genannten Disziplinen beschäftigen sich mit der Gestaltung von Technik, wenn auch mit unterschiedlichen Zielen. Während auf der einen Seite oft Produktivität und Fehlervermeidung stehen, geht es auf der anderen Seite um den Menschen, dessen Leistungsfähigkeit und Bedürfnisse.

Technik sollte so gestaltet sein, dass sie an den Menschen angepasst ist, und nicht umgekehrt – glücklicherweise scheint die historische Entwicklung in genau diese Richtung zu gehen. Wir wünschen uns sogar, dass die Technik selbst in den Hintergrund tritt und den Menschen beim Erreichen seiner persönlichen und beruflichen Aufgaben und Ziele bestmöglich unterstützt. Es soll um das »Was« gehen und nicht um das »Wie«. Diese Vision treibt uns persönlich sehr an und motiviert uns immer wieder. So sehr, dass wir auf Basis dieser Grundidee 2013 die Data-Driven UX Design-Agentur *Custom Interactions* gegründet haben und diese Ziele als Teil unserer Unternehmensvision sogar auf der Webseite stehen haben.

Um diese Vision zu erreichen, sind zwei weitere Begriffe zentral, die teilweise auch bei den in diesem Abschnitt genannten Disziplinen grundlegend sind: *Usability* und *User Experience*. Diesen Kernbegriffen möchten wir uns als Nächstes widmen.

2.2 Usability und User Experience Design – die Kernbegriffe

Im Hier und Jetzt angekommen, ist es nun an der Zeit, sich die Kernbegriffe dieses Buches – nämlich *Usability* und *User Experience* – anzusehen, bevor wir uns dann mit dem Überbegriff *Design* beschäftigen. Im weiteren Verlauf des Abschnitts gehen wir dann genauer auf die zentralen inhaltlichen Begriffe (wie z. B. die Nutzenden) ein.

2.2.1 Usability bzw. Gebrauchstauglichkeit

Die Definition von Usability, wie wir sie heute kennen und verwenden, stammt aus den 1970er-Jahren. Die ersten Erwähnungen von Usability finden sich jedoch bereits früher im Kontext der Gestaltung von Waffensystemen. Die heutige Definition ist entstanden, um zu zeigen, dass neben (militärischen) Produkten auch Systeme oder Dienstleistungen eine Usability haben können. Seit 1997 gibt es mit der DIN EN ISO 9241-11 eine Norm, die den Begriff Usability weltweit einheitlich definiert. Seit der

Überarbeitung der Norm 2018 wird Usability bzw. Gebrauchstauglichkeit wie folgt definiert:

> *»Ausmaß, in dem ein System, ein Produkt oder eine Dienstleistung durch bestimmte Benutzer in einem bestimmten Nutzungskontext genutzt werden kann, um bestimmte Ziele effektiv, effizient und zufriedenstellend zu erreichen.« (DIN EN ISO 9241-11:2018)*

Der Begriff Usability ist im englischsprachigen Raum dabei die wörtliche Entsprechung des deutschen Wortes *Gebrauchstauglichkeit*. Da in unserer Disziplin auch im deutschen Sprachraum überwiegend von Usability gesprochen wird, übernehmen wir diesen Begriff und sprechen immer von *Usability*. Für uns sind beide Begriffe jedoch vollkommen synonym.

Wenn man sich die Definition genau anschaut, fällt auf, dass sie die Begriffe »bestimmter Benutzer«, »bestimmter Nutzungskontext«, »bestimmte Ziele« sowie »effektiv, effizient und zufriedenstellend« verwendet. Den letzten vier Begriffen wollen wir uns direkt in diesem Abschnitt widmen. Aufgrund der zentralen Bedeutung des *Benutzers* sowie des *Nutzungskontexts* für dieses Buch bzw. für die Tätigkeit des Usability und User Experience Designs haben wir diesen beiden Begriffen jeweils eigene Abschnitte (Abschnitt 2.2.4 und Abschnitt 2.2.5) gewidmet.

Effektivität, Effizienz und das Ziel

Der Begriff *Effektivität* beschreibt die Genauigkeit und Vollständigkeit, mit der ein Ziel erreicht werden kann. *Effizienz* hingegen beschreibt das Ausmaß an eingesetzten Ressourcen im Verhältnis zu den erreichten Ergebnissen. In der Definition von Usability geht es also um die Frage, ob der Nutzer in der Lage ist, das zu tun, was er tun will, und wie sehr er sich dafür anstrengen muss. Um das beurteilen zu können, muss das *Ziel* selbst klar sein.

Ein einfaches Beispiel: Wenn mein Ziel ist, von Frankfurt aus nach München zu fahren, dann gibt die Effektivität an, ob ich tatsächlich in München angekommen bin. Bin ich stattdessen in Ingolstadt gestrandet, dann war ich nicht besonders effektiv. Die Effizienz hingegen misst meinen Ressourcenaufwand, also beispielsweise die Zeit. Wenn ich von Frankfurt nach München auf möglichst direktem Wege fahre, dann bin ich deutlich effizienter unterwegs, als wenn ich von Frankfurt nach Berlin und anschließend nach München fahre.

Wie auch in diesem Beispiel ersichtlich ist, werden beide Aspekte, Effektivität und Effizienz, klassischerweise objektiv gemessen. Die Messung der Effektivität ist sehr einfach, weil es sich hier um eine Ja/Nein-Entscheidung handelt. Wenn Sie wissen möchten, ob ein Produkt, eine Dienstleistung oder ein Service eine hohe Effektivität aufweist, dann können Sie einfach Folgendes prüfen:

- Wurde die Aufgabe korrekt gelöst: Ja/Nein
- Wie viele Fehler traten bei der Aufgabenerfüllung auf, wenn das Ergebnis nicht korrekt war? (Dies dient als Maß für das Ausmaß, in dem eine einzelne Aufgabe effektiv gelöst werden kann.)
- den Anteil vollständig gelöster Aufgaben von den Gesamtaufgaben bei einem Nutzenden
- das Verhältnis zwischen den Nutzenden, die die Aufgaben erfolgreich lösen konnten, und den Nutzenden, denen dies nicht gelungen ist

Die Messung der Effizienz ist komplexer und beinhaltet immer die Betrachtung des investierten Aufwands aus Sicht der Nutzenden. Der Aufwand kann dabei in Form von Zeit, Geld, Energie oder sonstigen Kosten (z. B. benötigter Hilfestellung) gemessen werden. Demzufolge gibt es deutlich mehr mögliche Kenngrößen für die Effizienz:

- benötigte Zeit zur Lösung der Aufgabe
- Anzahl und Schweregrad der Fehler bei der Aufgabenerfüllung trotz korrektem Ergebnis (als Maß für den investierten geistigen Aufwand)
- Anzahl an benötigten Hilfestellungen, wie Handbuch, Anleitung oder Beratung (als Maß für den investierten geistigen Aufwand oder gegebenenfalls sogar des finanziellen Aufwands bei kostenpflichtigem Support)

Zufriedenstellung

Das dritte Maß in der Definition der Gebrauchstauglichkeit nach DIN EN ISO 9241-11:2018 ist die Zufriedenstellung. Sie ist definiert als das

> *»Ausmaß der Übereinstimmung der physischen, kognitiven und emotionalen Reaktionen des Benutzers, die aus der Benutzung eines Systems, eines Produkts oder einer Dienstleistung resultieren, mit den Benutzererfordernissen und Benutzererwartungen« (DIN EN ISO 9241-11:2018)*

Vereinfacht gesagt: Hat die verwendete Lösung die Erwartungshaltung der Nutzer getroffen?

Die Zufriedenstellung ist deutlich subjektiver als die Effektivität und Effizienz und lässt sich deswegen auch weniger eindeutig messen. Deshalb gibt es eine Vielzahl von verschiedenen Ansätzen, um die Zufriedenstellung der Nutzenden zu messen. Am häufigsten werden Skalenfragen eingesetzt (»Wie zufrieden waren Sie mit …?«). Es gibt jedoch auch Ansätze, die Zufriedenstellung mit offenen Fragen oder anhand von physiologischen Daten zu messen (z. B. durch Analyse des Gesichtsausdrucks).

Fokus auf die Nutzung

Die drei Maßzahlen von Usability – Effektivität, Effizienz und Zufriedenstellung – sind klar auf die Nutzung eines Systems, eines Produkts bzw. einer Dienstleistung ausgelegt. Die Effektivität und die Effizienz können Sie nicht außerhalb der Nutzung messen, sondern immer nur, während ein Nutzer mit einem System, einem Produkt oder einer Dienstleistung interagiert. Und auch, um die Zufriedenstellung messen zu können, muss es bereits zu einer Nutzung gekommen sein. Sie kann also nur rückwirkend zur eigentlichen Nutzung beurteilt werden. Die Messung der Usability ist also immer an die tatsächliche Verwendung des Systems, Produkts oder Service gekoppelt.

2.2.2 User Experience

Der Begriff *User Experience* reicht ebenfalls bis in die 1970er-Jahre zurück und fand damals beispielsweise Verwendung im Titel der Publikation »User Experience With the CYBER Graphics Terminal« (1974) von E.C. Edwards und David J. Kasik. Große Verbreitung erfuhr der Begriff aber erst, als sich *Don Norman*, einer der großen Vordenker im Bereich der Human Computer Interaction, 1993 bei *Apple Computer* den selbst gewählten Job-Titel *User Experience Architect* gab (zitiert nach Knemeyer & Svoboda, 2022).

Der Begriff User Experience trägt der Idee Rechnung, dass auch Faktoren, die außerhalb der direkten Nutzung eines Systems, eines Produkts oder einer Dienstleistung liegen, einen Einfluss auf dessen Bewertung haben. Die Norm DIN EN ISO 9241-11:2018 definiert User Experience wie folgt:

> *»Wahrnehmungen und Reaktionen einer Person, die aus der tatsächlichen und/oder der erwarteten Benutzung eines Systems, eines Produkts oder einer Dienstleistung resultieren.« (DIN EN ISO 9241-11:2018)*

Im Deutschen gibt es keine allgemein anerkannte Übersetzung des Begriffs, und auch die deutsche Norm verweist auf den Begriff User Experience. Wenn Sie dennoch nach einem passenden deutschen Begriff suchen möchten, dann würden die Begriffe »Nutzererlebnis« oder »Nutzererfahrung« am nächsten an das heranreichen, was mit User Experience gemeint ist. Für dieses Buch haben wir uns aber aufgrund der internationalen Verbreitung entschieden, ebenfalls den englischen Begriff oder seine Abkürzung *UX* zu verwenden.

Die Definition der User Experience setzt den Fokus auf die Vorlieben, Einstellungen, Emotionen sowie auf die physischen und psychologischen Reaktionen des Nutzers (einschließlich der Wahrnehmung von Vertrauen, Sicherheit, Schutz und Privatsphäre). Es wird explizit nicht nur die tatsächliche Nutzung, sondern auch die erwartete Nutzung mit eingeschlossen. User Experience betrachtet den Menschen in seiner Wahrnehmung also ganzheitlich. Laut Hassenzahl (2010, S. 2) ist die User Experience ein Spezialfall von Erlebnissen des Menschen im Allgemeinen. Den Unterschied zwischen einem allgemeinen Erlebnis und einer User Experience macht demnach das System, das Produkt oder die Dienstleistung.

Durch die ganzheitliche Betrachtung und den Fokus auf dem Erlebnis wird User Experience oftmals zunächst nicht in der Arbeitswelt, sondern rein im privaten Bereich verortet. Das klingt zwar zunächst nachvollziehbar, führt aber in der Praxis dazu, dass viele Arbeitssysteme, -produkte und Dienstleistungen hinter ihrem Potenzial zurückbleiben. Wir möchten an dieser Stelle schon feststellen, dass diese Betrachtungsweise zu einfach ist: Auch in der Arbeitswelt möchten Menschen eine tolle User Experience der eingesetzten Systeme, Produkte und Dienstleistungen.

Auch die fachliche Diskussion in der Wissenschaft hat lange mit sich gerungen, was als Teil von Usability mit zu berücksichtigen ist. Einige Pioniere in dem Feld haben schon um das Jahr 2000 herum im Bereich *Joy of Use* geforscht und versucht, eine deutlich ganzheitlichere Betrachtung zu etablieren. So wurde im Jahr 2002 von Burmester, Hassenzahl und Koller bereits auf die Wichtigkeit der Freude, der Emotionen und des Spaßes an der Nutzung und Gestaltung von interaktiven Produkten hingewiesen.

Die größte Herausforderung im Bereich der User Experience liegt in ihrer Gestaltung selbst. Während es für die Optimierung der Usability klare Maßeinheiten gibt und die Lösungen oftmals viel leichter zu finden sind, ist die Gestaltung einer gezielten User Experience deutlich schwieriger. Sie hängt von den Grundbedürfnissen und persönlichen Aufgaben der Nutzer ab. Da diese oft individuell verschieden bzw. unterschiedlich stark ausgeprägt sind, ist auch die individuell erlebte User Experience verschieden. Ein Maß für User Experience wäre beispielsweise die erhöhte Bindung des Nutzers an das System, das Produkt oder die Dienstleistung.

Wichtig anzumerken ist auch, dass wir – auch wenn wir das hier so schreiben – nicht die User Experience, also das Erlebnis selbst, gestalten. Wir gestalten stattdessen das System, das Produkt oder die Dienstleistung, die anschließend auf den Menschen trifft und das von uns erhoffte Erlebnis auslöst.

In der Praxis wird Design – und damit alle mit ihm verbundenen Teildisziplinen – oft mit »Schönmachen« gleichgesetzt. Das erfasst jedoch nur einen kleinen Teil dessen, was mit Usability und User Experience Design eigentlich erreichbar ist. Doch was verstehen wir eigentlich unter *Design*?

2.2.3 Design

Der Begriff *Design* oder die Spezifizierung *Usability und User Experience Design* kommt eher aus der Praxis und weniger aus der Wissenschaft. Da wir hier aber ein Handbuch für Praktiker und kein theoretisches Lehrbuch schreiben, haben wir uns entschieden, *Design* als Oberbegriff zu verwenden. Wichtig ist uns dabei, dass Sie, wenn wir über Design sprechen, die englische Bedeutung des Wortes im Kopf haben.

Wir meinen also nicht nur das »Schönmachen«, wie es im Deutschen oft verstanden wird, sondern auch und vor allem die Gestaltung im Sinne von Entwicklung.

Für uns ist Usability und User Experience Design also eine Tätigkeit, die sich mit der Gestaltung von Systemen, Produkten und Dienstleistungen beschäftigt, mit dem Ziel, eine hohe Usability und eine sehr gute User Experience zu erreichen. Um diesen Aspekt klar herauszustellen, empfehlen wir, das Wort »Design« immer in Zusammenhang mit der Zielstellung zu verwenden (in diesem Fall also mit dem Usability und User Experience Design).

Wenn wir in diesem Buch also von »Usability und User Experience Design« sprechen, dann meinen wir ohne Ausnahme einen iterativen und menschzentrierten Prozess, der zu jeder Zeit die Nutzenden und andere Stakeholder in den Mittelpunkt des Interesses stellt. Wie ein solcher Prozess im Detail aussehen kann, das beschreiben wir in Kapitel 4, »Wie »mache« ich Usability und User Experience Design?«, und in Kapitel 5, »Data-Driven UX Design«. Was wir unter *Nutzenden* und *Stakeholdern* verstehen, werden wir gleich im nächsten Abschnitt definieren.

Beim Usability und User Experience Design handelt es sich um eine Disziplin, bei der verschiedene Expertisen benötigt werden. Das klassische Designstudium ist nur eine von ihnen – eine wichtige natürlich, aber auf keinen Fall ausreichend, um allein menschzentriert zu arbeiten. Vor allem im Bereich der Konzeption von Nutzerschnittstellen sind oftmals auch andere Disziplinen erfolgreich vertreten (z. B. die Psychologie oder Geisteswissenschaften). Für ganzheitliches Usability und User Experience Design wird außerdem die *User Research* benötigt, die wertvollen Input für das Produkt-, System- und Service-Design liefert. User Research hat dabei die zentrale Aufgabe, zu beantworten, was umgesetzt werden muss und ob die gewählte Umsetzung erfolgversprechend ist. Trotzdem gilt – einfach um es einmal ganz klar zu sagen: Nur in den seltensten Fällen finden Sie alle benötigten Kompetenzen in einer einzigen Person. Stattdessen arbeiten in der Regel verschiedene Spezialisten gemeinsam an den besten Lösungen. Aber lassen Sie uns nun zu den Hauptakteuren kommen: zu denen, die die Produkte nutzen.

2.2.4 Nutzende/Benutzer/User

Wenn wir von menschzentrierter Gestaltung und Data-Driven UX Design sprechen, dann ist der wohl wichtigste Begriff – und wahrscheinlich auch der, den Sie neben *Usability* und *User Experience* am häufigsten lesen werden – der Begriff *Benutzer*.

Die DIN EN ISO 9241-11:2018 definiert den Begriff *Benutzer* folgendermaßen:

> *»Person, die mit einem System, einem Produkt oder einer Dienstleistung interagiert.« (DIN EN ISO 9241-11:2018)*

Es geht also wirklich um diejenige Person, die das System, das Produkt oder die Dienstleistung selbst verwendet und/oder direkt damit in Kontakt ist.

Auch wenn die Norm vom *Benutzer* spricht, werden wir in den meisten Fällen vom *Nutzer* oder von den *Nutzenden* sprechen. Aus unserer Sicht sind diese Begriffe synonym zu verwenden.

Als Anmerkung findet sich in der Norm noch der Zusatz, dass Nutzende nicht nur diejenigen sind, die das System, das Produkt oder die Dienstleistung direkt verwenden, sondern auch diejenigen, die:

- es bzw. sie betreiben
- die Ergebnisse nutzen
- den Betrieb unterstützen (inklusive Wartung und Schulung)

Die Gruppe der Nutzenden kann also relativ groß werden, wobei wir Ihnen immer empfehlen würden, nur die Gruppen zu betrachten, deren Wirken auch einen Einfluss auf die Gestaltung hat.

Wenn Sie zum Beispiel eine einfache Webanwendung entwickeln, dann ist es wenig sinnvoll, sich Gedanken über die Reinigungskräfte vor Ort zu machen. Diese kommen zwar beim Reinigungsvorgang gegebenenfalls mit dem Computer und darüber mit Ihrem Produkt in Kontakt, aber sie verwenden die Webanwendung selbst (oder deren Ergebnisse) in keiner Weise direkt.

Wenn Sie allerdings einen Patientenmonitor für eine Intensivstation im Krankenhaus entwickeln, dann sollten Sie sich über das Thema »Reinigung und Desinfektion« sehr wohl Gedanken machen. Hier findet ebenfalls keine direkte Verwendung Ihres Produkts durch das Reinigungspersonal statt, ein versehentliches Verstellen von Bedienelementen könnte jedoch weitreichende Folgen haben.

Wie Sie an den beiden Beispielen sehen, kann es in der Praxis zu Diskussionen kommen, wer alles zu den Nutzenden gehört. Wie Sie in Kapitel 4, »Wie »mache« ich Usability und User Experience Design?«, und Kapitel 5, »Data-Driven UX Design«, noch ausführlicher sehen werden, greifen wir bei der Entscheidung auf einen risikobasierten Ansatz zurück.

Nutzergruppe/Benutzergruppe

Neben dem Begriff der *Nutzenden* gibt es noch den Begriff der *Benutzergruppe*, der für das Usability und User Experience Design relevant ist. Wir haben bemerkt, dass bei ausschließlicher Verwendung des Begriffs *Nutzer* oder *Nutzender* oft der Eindruck entsteht, dass es um eine einzelne Person geht. In Teilen stimmt das natürlich: Sie beobachten einzelne Personen und Sie holen sich Rückmeldung von einzelnen Personen, aber Sie gestalten nicht für einzelne Personen, sondern Sie gestalten typischerweise für Gruppen von Nutzenden.

Unter einer Benutzergruppe versteht die DIN EN ISO 9241-11:2018:

> *»Untergruppe von vorgesehenen Benutzern, die anhand von Merkmalen der Benutzer, Aufgaben oder Umgebungen, die auf die Gebrauchstauglichkeit einwirken könnten, von anderen vorgesehenen Benutzern abgegrenzt wird.« (DIN EN ISO 9241-11:2018)*

Eine Benutzergruppe ist also immer eine Gruppe von Personen, die das Produkt verwenden und einander ähnlich sind, und zwar in Bezug auf bestimmte Merkmale, die ausgeführten Aufgaben sowie die vorhandene Umgebung. Die Arbeit mit Nutzergruppen ist immer dann wichtig, wenn verschiedene Gruppen von Nutzern betrachtet werden müssen, um eine angemessene Usability und User Experience zu erreichen.

Damit Sie frühzeitig entscheiden können, ob Sie verschiedene Nutzergruppen haben oder nicht, ist es also wichtig, die relevanten Merkmale, Aufgaben und Umgebungsbedingungen zu identifizieren, die die einzelnen Gruppen voneinander unterscheiden. Fragen Sie sich dazu:

- Gibt es bestimmte *Merkmale*, die Nutzende haben müssen, um die Aufgabe erfolgreich zu erledigen?
- Haben alle Personen, die ich gemeinsam betrachten möchte, tatsächlich die gleichen *Aufgaben* mit meiner Lösung?
- Unterscheiden sich die *Umgebungsbedingungen* zwischen meinen Nutzenden auf eine Art und Weise, die Einfluss auf die Usability oder die User Experience in der Verwendung meiner Lösung hat?

Oft hat man dafür in der Praxis schon ein gewisses Gefühl bzw. eine gewisse Vorerfahrung. Diese sollten Sie aber noch einmal anhand der drei Kriterien Merkmale, Aufgaben und Umgebungsbedingungen hinterfragen. Wir erleben in der Praxis oft, dass hier zu wenig oder – im anderen Extrem – zu viel aufgeteilt wird.

Zusätzlich wird in der Praxis oft anstatt von Nutzergruppen von Zielgruppen gesprochen. Der Begriff *Zielgruppe* stammt aus dem Marketingbereich, und die Darstellung einer Zielgruppe beinhaltet deshalb oft andere Informationen, da diese vor allem für die werbliche Ansprache der Käufer geeignet sein soll. Wir bleiben deswegen bei dem Begriff *Nutzergruppe*.

Stakeholder

Neben den Nutzenden gibt es noch den Begriff *Stakeholder*, der in der einen oder anderen Form in allen Diskussionen bei der Neu- oder Weiterentwicklung herumgeistert. Die DIN EN ISO 9241-11:2018 enthält eine Definition, die genauso weitgreifend und schwammig ist, wie der Begriff Stakeholder für gewöhnlich eingesetzt wird:

> *»Person oder Organisation, die eine Entscheidung oder Aktivität beeinflussen kann, von diesen beeinflusst werden kann oder den Eindruck haben kann, von diesen beeinflusst zu werden.«* (DIN EN ISO 9241-11:2018)

Mit anderen Worten: Ein Stakeholder ist eigentlich jeder, der das Gefühl hat, irgendwie beteiligt oder betroffen zu sein.

Dass der Begriff so weit gefasst ist, macht es auf der einen Seite schwer, akkurat zu bestimmen, wer alles als Stakeholder zu berücksichtigen ist. Auf der anderen Seite haben Sie damit die Möglichkeit, Personen zu berücksichtigen, die aufgrund ihrer Aufgaben nicht als Nutzer zu klassifizieren wären.

Ein typisches Beispiel im beruflichen Umfeld könnten Entscheider in einer Organisation sein, die nicht selbst oder mit Ihrer Abteilung Nutzer eines Systems, eines Produkts oder einer Dienstleistung sind, aber trotzdem ein Interesse an der Funktionalität haben.

Im privaten Umfeld könnten Sie auf die Idee kommen, für sich und Ihre Familie einen Whirlpool zu kaufen und ihn im Garten aufzustellen. Ihre Nachbarn wären in diesem Fall Stakeholder, weil sie vielleicht nicht selbst baden, aber Ihre Familie täglich hören und sehen und deswegen vielleicht Wünsche und Erwartungen an eine gelungene Umsetzung haben.

Wen Sie als Stakeholder berücksichtigen sollten, hängt immer von Ihrem System, Ihrem Produkt, Ihrer Dienstleistung und von Ihrer Zielstellung in der Entwicklung ab. Je nachdem, wie weit Sie den Begriff fassen, kann auch die Gesellschaft ein Stakeholder für die Umsetzung sein. Diesen Gedanken können Sie beispielsweise sehr gut bei allen Start-ups und Unternehmen nachvollziehen, die sehr stark auf Nachhaltigkeit als Argument setzen.

Kunden/Käufer/Customer

In unserem Umfeld ist der Stakeholder, der am häufigsten genannt wird, der *Kunde*, also die Person, die die Kaufentscheidung trifft und kauft oder kaufen könnte.

Im B2C-Umfeld sind dies meist die gleichen Personen wie die Nutzenden. Es gibt jedoch auch Ausnahmefälle (z. B. der Einkauf von Geschenken, der Einkauf von Produkten für Babys und Kleinkinder, der Einkauf von Produkten für Pflegebedürftige), in denen auch hier ein Unterschied zwischen Nutzenden einerseits und Kundinnen und Kunden andererseits besteht.

Im B2B-Umfeld werden Sie fast immer auf eine Trennung zwischen Kundinnen bzw. Kunden und Nutzenden treffen. Kundinnen und Kunden können dabei aus dem Einkauf, der Geschäftsführung oder der Abteilungsleitung kommen oder schlicht die rechtliche Einheit sein. Nutzende sind gewöhnlich im Anschluss die Persone, die das System, das Produkt oder die Dienstleistung im Namen und Interesse des Unternehmens verwenden und im Alltag einsetzen.

Wie schon im B2C-Bereich gibt es auch im B2B-Bereich Ausnahmen. Wenn sich beispielsweise ein Geschäftsführer einen Online-Videokurs zur Verbesserung der eigenen Führungsfähigkeiten kauft, dann ist das ein Kauf von einer Firma für einen Nutzenden innerhalb der Firma. Trotzdem fallen aber der Entscheider, der Käufer und der Nutzende so zusammen, wie es sonst bei B2C-Systemen, -Produkten oder -Dienstleistungen der Fall ist. Zur Vermarktung würde man daher anders vorgehen als im typischen B2B-Umfeld, in dem Käufer und Nutzende unterschiedliche Personen sind. Wir nennen diesen Bereich »B2C-ähnlich« und wählen eine daran angepasste Vorgehensweise in unseren Projekten (siehe beispielsweise Abschnitt 3.4, »Unterschiede zwischen Metriken für den unternehmerischen Erfolg im B2C- vs. B2B-Bereich«).

Kommen wir nun von den selteneren Fällen zurück zum Allgemeinen. Platt zusammengefasst, ist unser Verständnis von einem Kunden oder einer Kundin Folgendes: Es handelt sich um die Person, die die Kaufentscheidung trifft und Geld ausgibt, unabhängig davon, ob sie im Nachhinein das Produkt selbst nutzt oder nicht. Die Gruppe der Kundinnen und Kunden kann also gleich der Gruppe der Nutzenden sein, muss es aber nicht sein.

Daraus, dass diese Personenkreise nicht gleich sein müssen, entsteht der Unterschied zwischen *Customer Experience* und *User Experience*. »Customer« ist dabei die englische Entsprechung für das deutsche Wort »Kunde« bzw, »Kundin«. Die Customer Experience beschäftigt sich mit dem umfassenden Kauferlebnis einer Person, wohingegen sich die User Experience mit dem umfassenden Nutzungserlebnis befasst.

Stellen Sie sich erneut vor, Sie würden für sich und Ihre Familie einen Whirlpool für den Garten kaufen. Da es sich um ein eher teures Produkt handelt, würden Sie wahrscheinlich eine relativ hochwertige Information zum Produkt, eine gute Beratung, einen reibungslosen Kaufprozess und eine prompte Lieferung wünschen. Zusätzlich erwarten Sie einen tollen Service bei Problemen und immer einen kompetenten Ansprechpartner. Natürlich möchten Sie auch, dass der Whirlpool gut funktioniert und Sie Spaß bei der Verwendung haben. Die Nutzung selbst ist aber nur ein kleiner Teil Ihrer Customer Experience. Wenn Sie den Pool jetzt aber für sich und Ihre Familie gekauft haben und Sie zufällig Kinder haben, dann kann es sein, dass Ihre Kinder – je nach Alter – den Whirlpool ausschließlich daran bewerten, ob es Spaß macht, darin zu baden und ob die eigene Quietscheente mit in den Pool darf. Das wäre dann im Gegensatz die User Experience Ihrer Kinder.

In diesem Beispiel wäre also die User Experience ein Teil der Customer Experience, da Sie den Whirlpool sowohl gekauft haben als auch selbst verwenden. Wenn Sie jetzt anstelle eines Whirlpools nur ein Planschbecken kaufen würden, das eigentlich zu klein ist, um selbst darin baden können, dann hätten Sie zwar eine Customer Experience, aber nicht zwangsweise eine User Experience. Außer natürlich, Sie müssen das Planschbecken trotzdem aufblasen, reinigen, reparieren und verstauen.

Wie Sie sehen, kann die Customer Experience deutlich mehr umfassen als nur die User Experience. Die User Experience kann Teil der Customer Experience sein, muss es aber nicht sein. Und allein deswegen ist es sinnvoll, sich mit beiden Aspekten zu beschäftigen. Der Fokus in diesem Buch liegt auf dem Bereich Usability und User Experience und nur in seltenen Fällen im Bereich der Customer Experience. Vor allem in frühen Phasen der Produktentwicklung ist der Nutzen, den Sie durch Ihre Arbeit erbringen, jedoch deutlich größer, wenn Sie nicht ausschließlich auf die Nutzung, sondern auch auf den Kauf und die Kaufgründe schauen.

Nutzer versus Kunde an unseren drei Beispielen MoveHub, BusinessBooster und Healthyfy

Um den Unterschied zwischen Nutzenden und Kunden noch einmal zu vertiefen, möchten wir in diesem Abschnitt unsere drei Beispiele zu Hilfe nehmen und an allen dreien analysieren, wer Nutzer und wer Kunde ist bzw. sein könnte. Fangen wir mit dem *Nutzer* an:

1. Für *MoveHub* ist der Nutzer die Person, die mit der App auf der Suche nach einem Verkehrsmittel ist.
2. Beim *BusinessBooster* ist der Nutzer die Person, die am Rechner sitzt und Kontakte anlegt, verwaltet und Vertriebszahlen überprüft. Je nach Aufgabengebiet können hier auch mehrere Nutzergruppen existieren, die jeweils nur einen Teil der Aufgaben bearbeiten.
3. Für die Plattform *Healthyfy* gibt es verschiedene Nutzergruppen: Auf der einen Seite sind dies die Ärzte, die ihr Profil auf der Gesundheitsplattform einstellen und Termine machen; auf der anderen Seite sind es die Patienten, die auf dem Portal nach einem passenden Arzt suchen.

Für jedes unserer Beispiele gibt es also mindestens eine Nutzergruppe. Das ergibt Sinn, da unsere Produkte ja bedient bzw. genutzt werden müssen, um ihren Zweck zu erfüllen.

Neben den Nutzenden gibt es aber auch den *Kunden*, also denjenigen, der das Produkt kauft oder kaufen könnte. Auch hier möchten wir unsere drei Beispiele ansehen:

1. Der Kunde von MoveHub ist derjenige, der die Verwendung der App oder die Verkehrsmittel bezahlt. Auch Werbetreibende kämen als Kunden infrage. Der Kunde ist hierbei vom Geschäftsmodell abhängig – also von der Art und Weise, wie das Unternehmen entscheidet, Geld zu verdienen.
2. Der Kunde im Fall von BusinessBooster ist das Unternehmen, das die Software anschafft. Der letztendliche Entscheidungsträger im Unternehmen – also die Per-

son, die den Vertrag zeichnet – könnte der Geschäftsführer, der Einkauf oder der Abteilungsleiter sein.

3. Bei Healthyfy kommen verschiedene Kunden infrage: die Ärzte, die sich auf der Plattform präsentieren möchten, die Patienten, die auf der Suche nach einem Arzt sind, sowie Werbetreibende, die Ärzte oder Patienten ansprechen möchten.

Nutzer versus Kunde – die Zusammenfassung

Wir hoffen, es ist uns mit den vorausgegangenen Abschnitten sowie den Beispielen gelungen, mehrere Punkte zu verdeutlichen:

- Der Nutzer und der Kunde können identisch sein (denken Sie an das Beispiel MoveHub), müssen es aber nicht sein.
- Nutzer sind immer echte Personen. Kunden können auch Unternehmen sein, die natürlich von echten Personen repräsentiert werden. Verträge werden aber mit dem Unternehmen geschlossen.
- Sie erkennen einen Nutzer daran, dass er versucht, mit Ihrer Lösung eine bestimmte Aufgabe zu erfüllen.
- Sie erkennen einen Kunden daran, dass er Ihnen Geld gibt.
- Durch eine Änderung von Produktfeatures kann sich ändern, wer Ihr Produkt nutzt, weil z. B. Aufgaben (un-)lösbar werden. Die Änderung der mit dem Produkt lösbaren Aufgaben beeinflusst aber auch den Kunden bei der Kaufentscheidung.
- Durch eine Änderung des Geschäftsmodells kann sich ändern, wer Ihre Lösung kauft.

2.2.5 Nutzungskontext

In der Definition der Usability aus der Norm DIN EN ISO 9241-11:2018 wird der Begriff *Nutzungskontext* verwendet. Dieser ist zentral für die menschzentrierte Gestaltung, wie Sie in diesem Abschnitt noch sehen werden. Zunächst werfen wir erst einmal einen Blick in die Norm. Dort wird der Nutzungskontext definiert als:

> *»Kombination von Benutzern, Zielen, Aufgaben, Ressourcen und Umgebung« (DIN EN ISO 9241-11:2018)*

Ein Nutzungskontext beschreibt daher die spezifische Kombination aus einer Nutzergruppe, die in einer bestimmten Umgebung mit definierten Ressourcen eine genau umrissene Aufgabe mit klaren Zielen ausführt. Die Umgebung kann hierbei technisch, physisch, sozial, kulturell oder organisationsbezogen sein. Wichtig ist, dass Sie verstehen, dass die Änderung von nur einem der genannten Parameter einen enormen Einfluss auf die Usability haben kann.

Stellen Sie sich zum Beispiel vor, dass Sie es im privaten Umfeld lustig finden, wenn Ihr Smartphone beim Erhalt einer Nachricht einen lustigen Ton abspielt. Würden wir

Sie jetzt mit genau dem gleichen Smartphone in ein wichtiges berufliches Meeting setzen, dann wäre Ihnen der gleiche Ton vermutlich peinlich. In diesem Beispiel handelt es sich immer noch um den gleichen Nutzenden, das gleiche Produkt und die gleiche Aufgabe (Information beim Ankommen einer neuen Nachricht). Es hat sich aber die Umgebung und die Rolle des Nutzenden verändert und damit der Nutzungskontext. Diese Veränderung wirkt sich in unserem Beispiel auf die Zufriedenstellung der Nutzenden aus.

An diesem einfachen Beispiel zeigt sich die zentrale Wichtigkeit des *Nutzungskontexts* für das Usability und User Experience Design. Wenn man den Nutzungskontext nicht kennt, dann kann man nicht erfolgreich eine sehr gute Usability und User Experience erreichen. Zusätzlich zeigt sich damit auch, dass es nicht *die* eine Usability eines Systems, eines Produkts oder einer Dienstleistung gibt. Sie hängt immer vom Nutzungskontext ab und damit vom Nutzer und der konkreten Situation.

Die Analyse des Nutzungskontexts bildet daher im Data-Driven UX Design-Prozess den ersten Schritt (siehe Kapitel 5, »Data-Driven UX Design«). Aufgrund der zentralen Bedeutung haben wir der Nutzungskontextanalyse zusätzlich das komplette Kapitel 9 gewidmet.

Wie die Nutzergruppen aus dem entsprechenden Unterabschnitt von Abschnitt 2.2.4, »Nutzende/Benutzer/User«, so unterscheiden sich auch die Nutzungskontexte in Bezug auf Benutzermerkmale, Aufgaben und Umgebungen. Im ersten Fall liegt der Fokus jedoch auf der Beschreibung der Merkmale der *Benutzenden*, wohingegen die Beschreibung des Nutzungskontextes den Fokus auf die *Umgebung* legt. Es wechselt also vor allem der Blickwinkel der Beschreibung. Wie Sie an dem Beispiel mit dem Smartphone und den lustigen Nachrichtentönen gesehen haben, geht es beim Nutzungskontext um eine spezifische Kombination. Die Nutzergruppe wiederum ist größer definiert und umfasst alle Benutzer, die die gleichen Aufgaben in den gleichen Umgebungen bearbeiten sowie die gleichen Benutzermerkmale haben. Man könnte auch formulieren, dass eine Nutzergruppe alle Personen zusammenfasst, die die gleichen Nutzungskontexte für ein System, ein Produkt oder eine Dienstleistung haben. Oder andersherum gesagt: Zwei Nutzergruppen unterscheiden sich aufgrund unterschiedlicher Nutzungskontexte.

2.3 Das Zusammenspiel von Ergonomie, Usability und User Experience

An dieser Stelle möchten wir die drei Begriffe *Ergonomie*, *Usability* und *User Experience* noch einmal im Zusammenspiel zeigen, um Sie beim Festlegen des eigenen Tätigkeitsschwerpunkts zu unterstützen. Auch wenn die Begriffe regelmäßig synonym verwendet werden, können Sie durch ihren gezielten Einsatz klarmachen, was das primäre Ziel ist, das Sie mit Ihrer Arbeit erreichen möchten. Zur Veranschaulichung möchten wir Ihnen die Baummetapher näherbringen.

2.3.1 Die Baummetapher

Wenn Sie sich die Gestaltung von Systemen, Produkten oder Dienstleistungen als Baum vorstellen würden, dann wäre nach unserem Verständnis die Ergonomie die Wurzel des Baums (siehe Abbildung 2.2).

Abbildung 2.2 Ergonomie ist in unserer Baummetapher die Wurzel eines Systems, eines Produkts oder einer Dienstleistung.

Ohne die Wurzel passiert nichts, und wenn die Wurzel nichts taugt, entstehen langfristig Probleme, die auch nicht abzufangen sind. Daher appellieren wir an Sie, die Ergonomie immer mitzudenken (auch wenn das Thema weniger »sexy« sein mag als UX). Dass sie wichtig ist, wird Ihnen spätestens dann klar, wenn Sie versuchen, einen Tag lang mit einer verdammt coolen VR-Brille in einer ausgeklügelten Anwendung zu arbeiten. Die Usability der Anwendung mag gut sein, vielleicht ist sogar die User Experience der Anwendung (in einem kurzen Zeitraum betrachtet) fantastisch. Wenn Ihr Nacken Sie abends aber umbringt und Sie sich vor Schmerzen kaum bewegen können, weil die Brille zu schwer war oder das Kabel zu kurz und Sie deswegen eine Zwangshaltung einnehmen mussten, dann wird Ihnen sehr schnell klar, warum Ergonomie so wichtig ist.

Die wenigsten wachsenden Pflanzen bestehen jedoch nur aus Wurzeln, und so ist es auch hier. Um im Bild zu bleiben, ist die Usability eines Systems gleichzusetzen mit dem Stamm (siehe Abbildung 2.3).

Der Stamm ist die solide Basis, die benötigt wird, um ein gutes Produkt zu gestalten. Wie bei der Definition der Usability in Abschnitt 2.2.1 beschrieben wurde, hat der Nutzer ein bestimmtes Ziel, das möglichst effektiv, effizient und zufriedenstellend erreicht werden soll. Wenn dies nicht möglich ist, dann ist das Produkt, das System oder der Service überflüssig. In unserer Baummetapher bildet die Usability somit den Stamm, der den Rest des Baumes trägt.

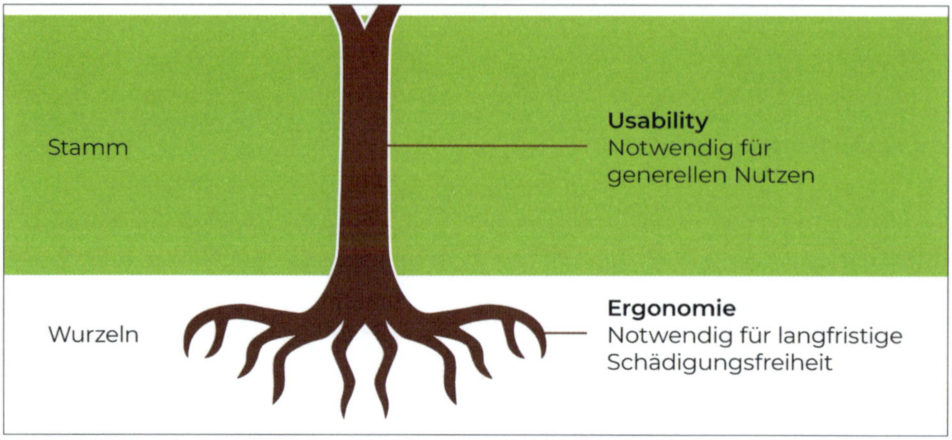

Abbildung 2.3 Usability ist in unserer Baummetapher der Stamm eines Systems, eines Produkts oder einer Dienstleistung.

Stellen Sie sich beispielsweise vor, Sie kaufen sich ein neues Smartphone. Dieses Smartphone sieht fantastisch aus. Es hat ein neuartiges Gehäuse, und wenn man Sie fragen würde, dann würden Sie sagen, dass es das schönste Smartphone ist, das Sie jemals gesehen haben. Es begeistert Sie ebenfalls, dass es toll in der Hand liegt (positive User Experience). Es ist weder zu schwer noch zu leicht, und es rutscht auch nicht weg (Ergonomie gegeben). Leider können Sie in das Smartphone aber keine SIM-Karte einlegen. Sie können unterwegs also weder telefonieren noch ins Internet gehen (die Effektivität ist also nicht gegeben). Zu Hause können Sie sich zwar mit einem WLAN verbinden, aber die Verbindung wird, wie früher bei einem Modem, langsam aufgebaut. Bevor sich eine neue Webseite aufgebaut hat, müssen Sie mit Ihrem Smartphone in Zukunft eine Minute warten (die Effizienz ist schlecht). Was glauben Sie: Wie begeistert wären Sie nun von dem Smartphone? Wir vermuten, dass Sie wenig begeistert wären und dass sich Ihre anfänglich positive Einstellung gegenüber dem Smartphone sehr schnell ins Negative drehen würde (negative User Experience durch nicht gegebene Usability).

In unserem Beispiel haben wir bereits von Begeisterung gesprochen. Damit stoßen wir in den Bereich der User Experience vor, die in der Metapher die Krone unseres Baumes bildet (siehe Abbildung 2.4).

Was muss passieren, damit Sie von einem System, einem Produkt oder einer Dienstleistung begeistert sind? Vielleicht werden Sie dabei unterstützt, sich kompetent zu fühlen, oder Ihnen wird ermöglicht, etwas Neues kennenzulernen, wodurch Sie stimuliert werden. Vielleicht können Sie aber auch zeigen, wer Sie wirklich sind, oder Sie fühlen sich mit anderen Personen verbunden. Vielleicht ist das Produkt aber tatsächlich sehr ansprechend gestaltet und gefällt Ihnen persönlich sehr.

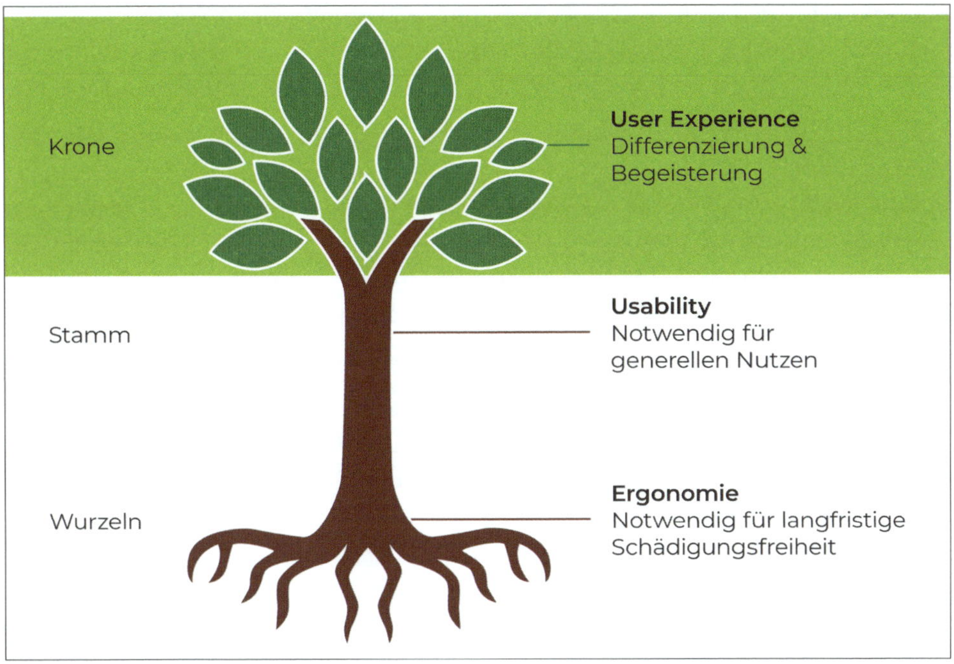

Abbildung 2.4 User Experience ist in unserer Baummetapher die Krone eines Systems, eines Produkts oder einer Dienstleistung.

Sie haben es gemerkt: Wir haben oft das Wort »vielleicht« verwendet. Das liegt daran, dass es nicht *die* eine einzelne Zutat gibt, die dafür sorgt, dass ein System, ein Produkt oder eine Dienstleistung Sie begeistert.

Um Begeisterung hervorzurufen, müssen die *Bedürfnisse* der Nutzer angesprochen werden. Diese sind vielfältig und auch noch von Mensch zu Mensch unterschiedlich stark ausgeprägt. Sheldon et al. (2001) führen eine ganze Liste von menschlichen Bedürfnissen an. Hassenzahl und Diefenbach haben in verschiedensten Arbeiten über mehrere Jahre hinweg Kurzlisten der Bedürfnisse erarbeitet. Die aus unserer Sicht eingängigste Darstellung ihrer verkürzten Liste findet sich im Artikel von Diefenbach et al. 2014. Hier werden diejenigen Bedürfnisse sehr gut zusammengefasst, die im Rahmen der Techniknutzung relevant sein können und zu einer guten User Experience beitragen:

- **Kompetenz** – das Bedürfnis, sich Herausforderungen zu stellen und sie zu bewältigen. Hier spielt das Erleben von Erfolg und Selbstwirksamkeit eine Rolle.
- **Verbundenheit** – das Bedürfnis, sich anderen nahe zu fühlen, insbesondere den Menschen, die einem wichtig sind. Es geht um das Gefühl sozialer Eingebundenheit und Nähe.
- **Bedeutsamkeit** – das Bedürfnis, Bedeutungsvolles festzuhalten und neue Einsichten zu erlangen.

- **Stimulation** – das Bedürfnis, Neues kennenzulernen. Hier spielen oft Neugier, Unterhaltung oder Ablenkung eine Rolle.
- **Sicherheit** – das Bedürfnis, Dinge planen zu können und sicher vor Bedrohung und Ungewissheit zu sein. Es geht um ein Gefühl der Entspannung durch Planbarkeit und Struktur.
- **Popularität** – das Bedürfnis, bei anderen Anerkennung zu finden, jemand zu sein, den andere interessant finden oder dem andere nacheifern. Eine Rolle spielen hier Ruhm und Verantwortung, aber auch Macht und Einfluss.
- **Autonomie** – das Bedürfnis, Dinge frei entscheiden zu können. Hier spielen Selbstbestimmtheit, Eigenständigkeit und Unabhängigkeit eine Rolle.

Wenn Sie es schaffen, in Ihr System, Ihr Produkt oder Ihre Dienstleistung Merkmale zu integrieren, die die Bedürfnisse Ihrer Nutzergruppen ansprechen, dann können Sie sich damit von Wettbewerbern differenzieren und die Bindung zu Ihrer Lösung unterstützen. Übertreffen Sie die Erwartungen Ihrer Nutzergruppen, dann begeistert Ihr System, Ihr Produkt oder Ihre Dienstleistung.

Betrachtet man wieder das Bild des Baums (siehe Abbildung 2.5), dann stellen alle Aspekte, die zu einer fantastischen User Experience beitragen, die Krone des Baums dar.

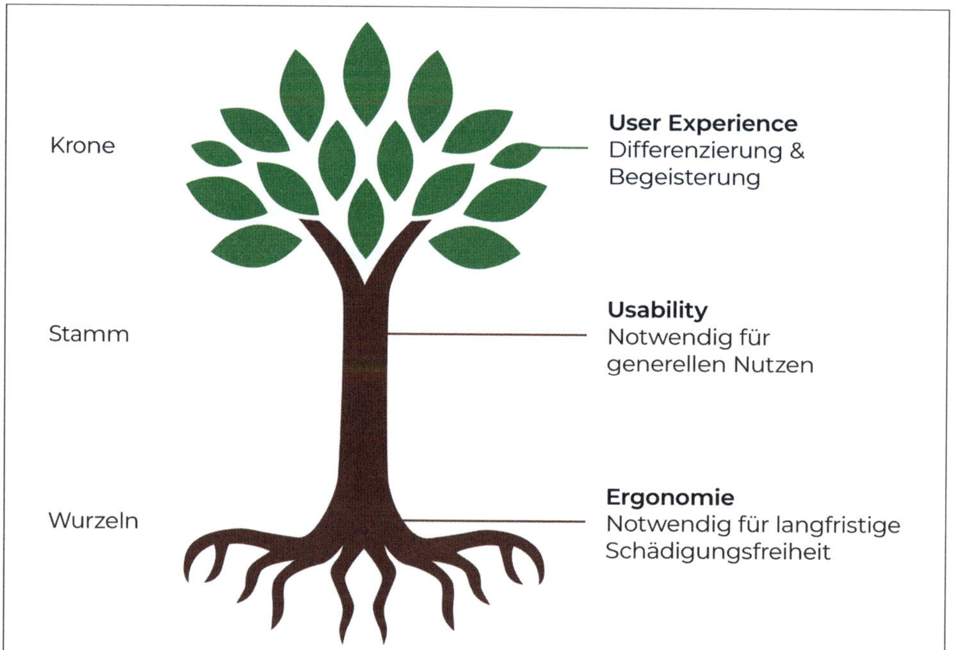

Abbildung 2.5 Der vollständige Baum mit der Ergonomie als Wurzel, der Usability als Stamm und der User Experience als Krone

Das Bild ist nicht hundertprozentig korrekt, da User Experience auch die Wahrnehmung der Usability und Ergonomie mit beinhaltet. Erinnern Sie sich beispielsweise zurück an das Beispiel mit dem Smartphone: Bei ihm trägt gerade die schlechte Usability zu einer schlechten User Experience bei. Damit die Baumkrone in voller Pracht stehen kann – damit also ein System, ein Produkt oder eine Dienstleistung eine sehr gute User Experience hat –, braucht es einen soliden Stamm und gesunde Wurzeln. Dann ist die Krone aber der Blickfang und genießt am meisten Aufmerksamkeit.

Wir möchten in diesem Kapitel noch auf einen weiteren Aspekt zu sprechen kommen, der indirekt schon angeklungen ist. Vor ein paar Zeilen haben wir geschrieben, dass Sie Ihre Nutzergruppen begeistern, wenn Sie deren Erwartungen übertreffen. Diese Erwartungen ändern sich aber mit der Zeit. Ein Produktmerkmal, das heute Begeisterung hervorruft, kann nächstes Jahr Erwartungshaltung sein. Dieser zeitliche Verlauf lässt sich sehr gut mit dem relativ bekannten Kano-Modell erklären, das wir im nächsten Abschnitt vorstellen.

2.3.2 Das Kano-Modell

Das Kano-Modell ist ein Modell zur Beschreibung der Kundenzufriedenheit. Im Vergleich zu anderen Betrachtungsweisen ermöglicht es Ihnen zu verstehen, wie sich die Zufriedenheit mit einem Produkt im Laufe der Zeit verändert und wovon dies abhängig ist. In dem von Noriaki Kano und Kollegen 1984 aufgestellten Modell gibt es zunächst die zwei Dimensionen *Kundenzufriedenheit* sowie die *(Kunden-)Erwartung* (siehe Abbildung 2.6).

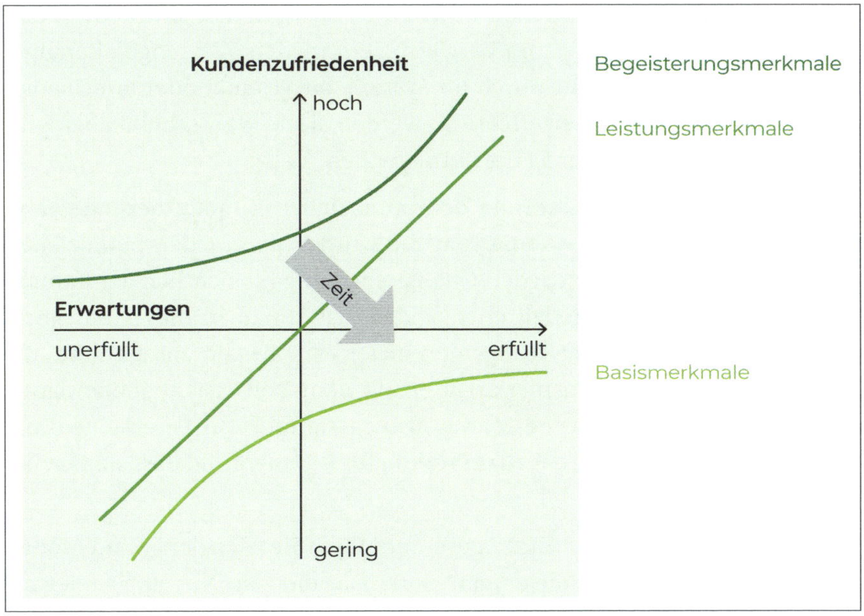

Abbildung 2.6 Das Kano-Modell der Kundenzufriedenheit

Grundsätzlich lässt sich sagen, dass die Kundenzufriedenheit umso höher ist, je besser die Erwartungen erfüllt sind. Kano unterteilt aber die Merkmale, die ein System, ein Produkt oder eine Dienstleistung aufweisen, in vier Kategorien:

- Basismerkmale
- Leistungsmerkmale
- Begeisterungsmerkmale
- Rückweisungsmerkmale

Unter den *Basismerkmalen* werden die Merkmale zusammengefasst, die erwartet, aber nicht explizit durch den Nutzer formuliert werden. Diese Merkmale sind dem Nutzer nicht bewusst und erst dann, wenn sie nicht vorhanden sind, wird ihre Notwendigkeit offensichtlich und die Kundenzufriedenheit sinkt. In unserem Smartphone-Beispiel wäre das Merkmal »unterwegs telefonieren« ein solches Basismerkmal: Wenn Sie ein neues Smartphone kaufen, dann gehen Sie davon aus, dass Sie mit ihm telefonieren können, ohne explizit auf dieses Merkmal zu achten. Sollte dieses Merkmal aber nach dem Kauf nicht gegeben sein, dann sinkt Ihre Zufriedenheit direkt. Andersherum löst das Erfüllen dieses Merkmals bei Ihnen auch keine Begeisterung aus: Es wird schlicht erwartet.

Übertragen auf unsere Baum-Metapher, finden sich Ergonomie und oft auch Usability-Aspekte in dem Bereich der Basismerkmale.

Handelt es sich bei einigen Merkmalen der Ergonomie oder Usability um Kernaspekte Ihres Systems, Ihres Produkts oder Ihrer Dienstleistung, dann können diese auch in die Kategorie der *Leistungsmerkmale* fallen. Diese Merkmale sind dem Nutzer explizit bewusst und werden aktiv zum Vergleich verschiedener Lösungen herangezogen. Je mehr Leistungsmerkmale durch Ihr System, Ihr Produkt oder Ihre Dienstleistung im Vergleich zum Wettbewerb erfüllt werden, desto wahrscheinlicher wird bei Ihnen gekauft und umso höher ist die Zufriedenheit.

In unserem Smartphone-Beispiel könnte den potenziellen Kunden beispielsweise eine herausragend gute Kamera wichtig sein. Sie würden dann jeden potenziellen Smartphone-Kandidaten einer kritischen Qualitätsprüfung hinsichtlich der Kamera unterziehen und sich für das Modell entscheiden, das ihnen in dieser Kategorie (kombiniert mit allen weiteren Leistungsmerkmalen) am besten zusagt. Sind alle Basismerkmale sowie alle Leistungsmerkmale erfüllt, dann heißt das aber noch lange nicht, dass sie begeistert sind. Das Beste, was also passieren kann, ist eine neutrale Bewertung. Die Kunden erwarten, dass das Produkt funktioniert und dass sie es schädigungsfrei nutzen können.

Um die Kundenzufriedenheit stark zu steigern, benötigen Sie nach dem Kano-Modell *Begeisterungsmerkmale*. Das sind diejenigen Merkmale, die vom Nutzer als relevant eingestuft werden und die seine Erwartungen übertreffen. In unserer Baummetapher sind wir im Bereich der Krone. Typischerweise reicht ein einziges oder reichen sehr wenige Begeisterungsmerkmale aus, um Begeisterung auszulösen. In unserem Smartphone-Beispiel waren Sie von dem Aussehen begeistert sowie davon, wie das Gerät in Ihrer Hand liegt. Das kann vollkommen ausreichen.

Die vierte Merkmalskategorie ist die der *Rückweisungsmerkmale*. Hier verhält es sich gegenläufig zu den anderen drei Kategorien. Sind Rückweisungsmerkmale erfüllt, dann sinkt die Kundenzufriedenheit. Wie die Leistungsmerkmale sind diese Merkmale dem Nutzer explizit bewusst und er versucht, sie zu meiden. Wenn Sie beispielsweise eine bestimmte Herstellermarke nicht mögen, dann wäre es in unserem Smartphone-Beispiel ein Rückweisungsmerkmal, wenn das Gerät ausgerechnet von diesem Hersteller stammt. Sie müssten mit sich selbst »ringen«, ob Sie das Gerät trotzdem kaufen.

Der Faktor Zeit

Die Zeit spielt bei der Bewertung von Produkten, Systemen und Dienstleistungen eine entscheidende Rolle, da sich die Erwartung der Kunden und Nutzenden mit der Zeit (und damit den veränderten Erfahrungen und Rahmenbedingungen) anpassen. Diese Wichtigkeit der Zeit wird im Kano-Modell in Abbildung 2.6 durch den grauen Pfeil angedeutet. Über die Zeit werden Begeisterungsmerkmale zu Leistungsmerkmalen und schließlich zu Basismerkmalen.

Wenn wir wieder das Smartphone als Beispiel nehmen, aber diesmal konkret auf die Vorstellung des iPhones im Jahr 2007 blicken, dann lösten damals das große Display und die Bedienung über Multi-Touch wahre Begeisterungsstürme aus. Diese Merkmale differenzierten das Gerät klar von anderen Mobiltelefonen und sprachen offensichtlich die Bedürfnisse der Zielgruppe sehr stark an. Betrachtet man dieses Merkmal heute, dann ist die Tatsache, dass man ein Smartphone mit einem großen Multi-Touchscreen bedient, zum Basismerkmal geworden.

Seien Sie sich also darüber im Klaren, dass Sie Ihr System, Ihr Produkt oder Ihre Dienstleitung konstant weiterentwickeln müssen, um auch morgen weiterhin zu begeistern.

Fazit

Aufgrund unserer persönlichen Erfahrungen sind wir der festen Überzeugung, dass Ergonomie, Usability und User Experience untrennbar zusammengehören. Aus unserer Sicht handelt es sich um ein Feld im Wandel, in dem viele verschiedene Einflüsse, Expertisen, Wissenschaften und Hintergründe zum Tragen kommen. Vielleicht haben wir dabei Themen übersehen, denen Sie mehr Gewicht geschenkt hätten. Wenn Sie Ergänzungen haben: Gerne! Schreiben Sie uns doch eine E-Mail an *handbuch3DUX@custom-interactions.com*.

Jetzt möchten wir uns mit Ihnen gemeinsam ansehen, wie sich diese Begriffe in der Praxis bei unseren drei Beispielen abgrenzen könnten.

2.3.3 Ergonomie vs. Usability vs. User Experience bei MoveHub

Zunächst also zu MoveHub, der B2C-Mobilitäts-App für jede Gelegenheit. Unsere drei Gründer sind hoch motiviert und wollen mit irgendetwas starten. Am liebsten wollen die drei direkt losprogrammieren. Lars – der beste Programmierer im Team – hat sich bereits ein Backend-Konstrukt ausgedacht, um die Daten bestmöglich speichern zu können. »Wie kommen wir überhaupt an die Daten der Verkehrsmittel? Haben die lokalen Verkehrsverbände und die Deutsche Bahn eine API, an die man andocken könnte?« – Das ist die Welt, in der sich Lars gerade befindet.

Svenja ist Wirtschaftsingenieurin. Sie programmiert zwar als Hobby auch ganz gut und ist deshalb oft und lange Sparringspartnerin von Lars, aber sie soll sich eigentlich um die Finanzierung kümmern. Lars zieht Svenja aber schnell in seinen Bann. Das Argument von Lars zieht: Wenn wir die Technik nicht hinbekommen, dann können wir alles vergessen. Schnell hat das Team die Rolle »Finanzierung« zugunsten von einer weiteren Programmierer-Rolle aufgegeben.

Das geht eine Zeit lang so weiter, und das Backend macht Fortschritte: Es lassen sich erste Daten abgreifen, und nach ewigen Stunden des Abwägens wurden auch die richtige Datenbank sowie die passende Programmierplattform gefunden. Svenja und Lars sind stolz und happy.

Nur bei Patrick regen sich Bedenken. Er findet toll, was das Team erreicht hat, aber zweifelt auch ein wenig daran, dass es genau so weitergehen sollte. Vielleicht liegt es auch einfach daran, dass er vom Programmieren keine Ahnung hat und die anderen zwei in Welten abtauchen, bei denen er das Gefühl hat, nur zu bremsen. Daher macht er sich auf die Suche nach Start-up-Literatur. Er liest viel, und in seinem Kopf beginnt die Idee zu reifen, dass die Technik nicht die einzige Komponente für ein erfolgreiches Produkt ist.

Er sammelt alle seine Argumente und trommelt die anderen zwei aus der Programmiererwelt heraus an einen gemeinsamen Tisch. Das zeigt Wirkung. Das Team nimmt sich eine Programmierauszeit, um über andere wichtige Themen nachzudenken. Obwohl sie das zu diesem Zeitpunkt nicht wissen, haben sie damit einen Schritt geschafft, den kaum ein Start-up erreicht.

In einem der Bücher hat Patrick eine Baummetapher gefunden, die er gern auf das eigene Produkt anwenden möchte. In einem Workshop beginnen die drei, daran zu arbeiten.

Zusammengefasst kommen sie zu dem Schluss, dass die Ergonomie ein Thema ist, das sie wenig beeinflussen können. Sie gestalten ja eine App für ein Smartphone, und damit ist die Hardware fest vorgegeben. Sie glauben zudem, dass die App auch nicht besonders lange benutzt wird, sodass keine Ermüdungserscheinungen durch die Nutzung dieser App auftreten sollten. Trotzdem kommen die drei auch auf das Thema Einhandbedienung und die Anordnung von Buttons zu sprechen. Ihre Idee: Beim Reisen hat man immer wieder Gepäck in der Hand, und daher soll die App bequem mit einer Hand bedienbar sein. Sie machen sich also Gedanken darüber, wie lang ein typischer Daumen ist und in welchen Bereichen daher die wichtigsten Bedienelemente angeordnet sein sollten. Auch das Thema Links- und Rechtshänder schneiden sie an (siehe Abbildung 2.7).

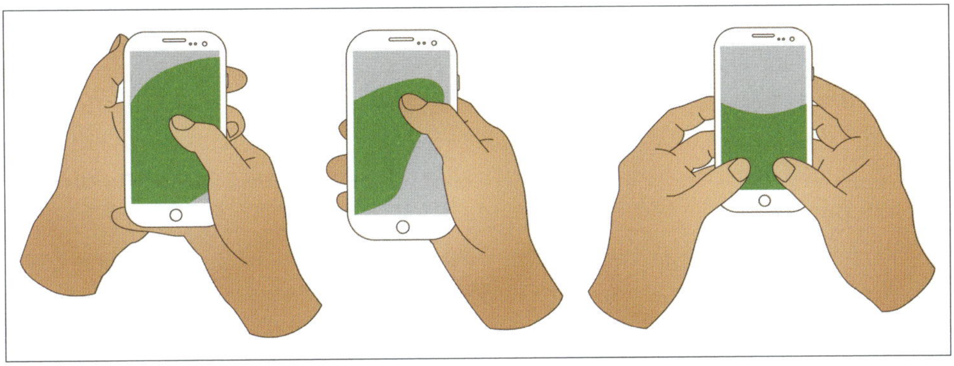

Abbildung 2.7 Bedienung eines Smartphones unter dem Einsatz von einer Hand oder zwei Händen. Die grünen Flächen sind die Bereiche, die am leichtesten erreichbar sind.

Ihr Ergebnis ist, dass sie sicherstellen möchten, dass die wichtigsten Bedienelemente in einem Bereich liegen, der für Links- und Rechtshänder sicher einhändig bedienbar ist.

Im Bereich der Usability stechen den Gründern sofort die Themen Effizienz und Effektivität ins Auge. Sie hatten ja bereits gedanklich festgelegt, dass die App nur kurzzeitig verwendet wird. Daher sollte die App schnell mit den wichtigen Informationen aufwarten können. Idealerweise geht die App auf genau dem richtigen Screen auf und liefert dort genau die gesuchte Information. Sie beschließen, bei der Entwicklung darauf zu achten, dass die Zeit bis zur gesuchten Information optimiert werden sollte.

Die gesuchte Information ist für die drei auf der einen Seite ein Merkmal für Effektivität, aber auch die Möglichkeit, um die Nutzenden zu beeindrucken. Was wäre, wenn das Produkt eine gewisse Intelligenz hätte? Wenn es wüsste, wohin man gerade möchte, und deshalb nicht nur irgendwelche Informationen über Abfahrtszeiten anzeigen würde, sondern direkt die relevanten? Das könnte die Effektivität sowie die Effizienz steigern, aber vor allem auch Nutzer begeistern. Lars, Svenja und Patrick beschließen, sich später darüber Gedanken zu machen, wie man das erreichen könnte.

2.3.4 Ergonomie vs. Usability vs. User Experience bei BusinessBooster

Und wie sieht es bei BusinessBooster aus, dem B2B-CRM-BI-Tool für kleine und mittelständische Unternehmen? Markus Meier hatte ja eigentlich schon entschieden, dass vor allem technische Features im Fokus der Modernisierung stehen sollten. Vor allem von dem Wechsel zu einer modernen Programmiersprache verspricht er sich einen riesigen Mehrwert für Kunden, da hierdurch einfacher und schneller auf Kundenanfragen zu neuen Funktionen eingegangen werden kann und der Abruf über die Weboberfläche von verschiedenen Rechnern aus möglich wird.

Er beschließt, dass es diese Information zu verbreiten gilt. Schließlich springen immer wieder Kunden ab und die verbliebenen müssen jetzt an Bord bleiben. Da trifft es sich doch sehr gut, wenn er mit dieser Nachricht die Kundenstimmung heben kann. Freudig greift er zum Hörer und wählt die Nummer seines besten Kunden. Er lässt sich zum Geschäftsführer durchstellen und erzählt, dass er sich entschieden hat, ein BusinessBooster 2.0 zu entwickeln und die Software damit grundlegend zu modernisieren.

Es tritt genau das ein, was Markus Meier sich erhofft hat. Sein Kunde ist begeistert und gesteht, dass er sich schon nach anderen Anbietern umgesehen hat. Nun aber würde er doch gerne warten. Zwei Fragen sind für den Kunden brennend: Wann kann er mit der neuen Version rechnen, und was wird sich ändern? Das ist die Frage, auf die Markus Meier gewartet hat. Er erzählt begeistert von seinem Plan, BusinessBooster 2.0 in einer modernen Programmierspache umzusetzen. Für seinen Kunden scheint das aber nicht die gestellte Frage zu beantworten, denn der will immer noch wissen, was sich ändern wird. Irritiert wiederholt Markus Meier, dass die neue moderne Programmiersprache der zentrale Mehrwert ist. Da wird der Kunde plötzlich still. Und sagt dann klar und direkt: »Was bringt mir denn eine moderne Programmiersprache?«

Das sitzt. Markus Meier bringt das Gespräch noch zu Ende und muss dann erst einmal schlucken. Das hatte er nicht erwartet. Offensichtlich ist es nicht gelungen, seinen besten Kunden vom Mehrwert zu überzeugen. Auch die Anrufe bei weiteren Kunden führen nicht zum gewünschten Ergebnis.

Markus Meier beschließt, die Neuausrichtung stärker an den Kundenwünschen zu orientieren. Gemeinsam mit seinem Team hinterfragt er den Einsatz des Business Boosters. Im Bereich der Ergonomie gelangt man zu der Idee, dass BusinessBooster eine Software ist, die vermutlich den ganzen Arbeitstag Verwendung findet. Sie läuft meistens auf Desktopcomputern oder Laptops – wobei das Team davon ausgeht, dass diese dann an größere Monitore angeschlossen sind. Alles in allem geht man von einer Schreibtischumgebung mit Maus und Tastatur aus. Das Team stellt aber auch fest, dass man noch sehr wenig über die eigentliche Arbeit mit BusinessBooster weiß. Man kennt nicht den typischen Nutzer und tut sich deshalb schwer, die Ergonomie überhaupt zu beurteilen. Als erste Maßnahme wird entschieden, mit den 10 besten Kunden zu sprechen, um mehr zu erfahren.

Die gleiche Erkenntnis setzt sich auch bei der Usability durch. Das Team glaubt, hierzu einiges zu wissen. Es merkt aber auch, dass es dabei sehr unsicher ist. Alle Erkenntnisse fußen im Prinzip darauf, dass »man das immer schon so gemacht hat« und dass »es doch bisher so funktioniert hat«. Für Markus Meier waren die 10 Telefonate mit seinen Kunden aber ein derart einschneidendes Erlebnis, dass er das nicht mehr gelten lassen möchte. Offensichtlich weiß man es nicht, sonst würde es ja funktionieren – so lautet seine neue Devise.

Auf einem hohen Level ist dem Team klar, dass es die Aufgaben der Nutzer bestmöglich unterstützen muss. Dabei gilt gerade für eine B2B-Software, dass die Effektivität und die Effizienz hoch sein müssen. Diese Erkenntnis hat Markus Meier sich inzwischen angelesen, und in dem Moment war es ihm fast peinlich, dass er Usability immer als »Schönmachen« abgetan hatte. Das Team ist auch in der Lage, in der bisherigen Software abgeschlossene Abläufe zu identifizieren und eine erste Beurteilung vorzunehmen. Es merkt aber auch dabei, dass man sich oft im Kreis dreht und am Ende Meinung gegen Meinung steht.

Nicht besser sieht es im Bereich User Experience aus. Wie könnte man einen Kunden wirklich begeistern? Das Team hat diverse Ideen – aber die Unsicherheit ist plötzlich riesig. Vor den Telefonaten war man sich absolut sicher, zu wissen, was begeistert. Nach den Telefonaten hat man das Vertrauen in die eigene Einschätzung verloren.

Mit diesen Ergebnissen zieht sich Markus Meier erst einmal in sein Büro zurück. Zum Glück für BusinessBooster, die KMU IT GmbH und Markus Meier selbst blickt er positiv auf die Sache. Obwohl die kompletten Ergebnisse des Meetings mit »Wir wissen es nicht« zusammengefasst werden können, hat er (und das Team) etwas gelernt. Markus Meier weiß jetzt, dass sie viele Wissenslücken haben. Er beschließt, diese Wissenslücken nach und nach zu schließen. Das Meeting hat ihm aber noch etwas gezeigt: Alleine mit seinem Team kann er das Problem nicht lösen, bevor ihm das Geld ausgeht. Daher trifft er eine unternehmerische Entscheidung. Obwohl das Geld knapp ist, beschließt er, sich externe Unterstützung zu suchen und damit die Chance zu erhöhen, eine wirkliche Verbesserung von BusinessBooster und damit der Gesamtsituation zu erreichen.

2.3.5 Ergonomie vs. Usability vs. User Experience bei Healthyfy

Das Team von Healthyfy, dem Vermittlungsportal für Gesundheitsexperten, hat einige Vorteile auf der eigenen Seite: Eine Finanzierung von 11 Personen für 18 Monate im Voraus sowie ein zusätzliches Entwicklungsbudget kann nicht jedes Start-up vorweisen. Das Team ist hervorragend aufgestellt und deckt die strategische, technische und wirtschaftliche Seite sehr gut ab. Auch einen wohletablierten Mutterkonzern mit einem großen Vertriebsteam in Reichweite zu haben, ist aus Start-up-Sicht ein Luxus. Das alles weiß Sophia. Sie ist sich aber auch bewusst, dass das alles auch den Druck erhöht, dass sie nach den 18 Monaten etwas vorweisen muss. Sonst muss sie sich die Frage gefallen lassen, warum es trotz der ausgezeichneten Startbedingungen nichts geworden ist.

Sophia geht optimistisch in das erste inhaltliche Team-Meeting. Sie kommt ja direkt aus einem erfolgreichen Start-up, und moderne Produktentwicklungsmethoden sind ihr bestens bekannt. Das erste Meeting dient ihr daher zur Bestandsaufnahme. Sie möchte mit ihrem Team erarbeiten, was das eigene Produkt aus Nutzersicht leisten muss und wo es begeistern kann. Sie möchte von vornherein beide Nutzergruppen betrachten, da sie sich sicher ist, dass das Produkt nur so funktionieren kann.

Im ersten Meeting wird schnell klar, dass die beiden Nutzergruppen ziemlich unterschiedlich sind und damit auch unterschiedliche Anforderungen haben. Patienten würden Healthyfy nach Meinung des Teams fast ausschließlich zu Hause nutzen. Hier sind vor allem mobile Geräte der Fokus – allen voran Smartphones. Die Nutzung selbst, wird vermutet, dauert eher kurz – eben so lange wie ein typischer Arztbesuch.

Ergonomische Herausforderungen sieht das Team vor allem, wenn es um das Zeigen von Verletzungen oder Erkrankungen gehen soll. Schafft man es alleine, das Smartphone so zu positionieren, dass der Arzt das betroffene Körperteil ausreichend gut sehen kann? Was passiert, wenn ein Nutzer anstatt eines Smartphones doch einen festen PC nutzt? Hat das dann wilde Verrenkungen vor der Webcam zur Folge? Funktioniert die Nutzung auch noch, wenn Personen in ihrer Bewegung eingeschränkt sind, beispielsweise aufgrund von Alter oder einer Verletzung?

Auf der Seite der Ärzte geht das Team von einer Verwendung am Schreibtisch aus. Es stellt sich vor, dass der Arzt an einem Tisch in der Praxis sitzt und dort einen großen Monitor sowie Maus und Tastatur zur Verfügung hat. Ergonomisch herausfordernd könnte sein, dass der Arzt bei schlechten Bildern, die der Nutzer schickt, ebenfalls Verrenkungen vor dem Bildschirm ausführen muss, um Details zu erkennen. Da der Arzt gegebenenfalls Healthyfy den ganzen Tag nutzt, soll das auf jeden Fall vermieden werden.

Einen Aspekt der Usability hat das Team von Healtyfy bereits im Bereich der Ergonomie diskutiert. Es will sicherstellen, dass auch der virtuelle Arztbesuch nicht länger dauert als ein physischer Besuch vor Ort – sowohl für den Arzt als auch für den Patienten. Wäre das gegeben, dann würde sich zumindest für den Patienten ein Zeitvorteil ergeben, da die An- und Abreise wegfallen würde. Sophias Team wird aber auch klar, dass es für den Arzt keinen Zeitvorteil gibt. Und für beide könnte auch schnell die Effektivität leiden – nämlich dann, wenn aufgrund von schlechten Bildern, die der Patient liefert, falsche Diagnosen gestellt werden.

An diesem Punkt meldet sich einer der erfahrenen Medizinprodukteprofis zu Wort. Er zeigt dem Team auf, dass zur Zulassung eines Medizinprodukts gezeigt werden muss, dass das Produkt von repräsentativen Anwendern unter simulierten Einsatzbedingungen ohne inakzeptable Risiken verwendet werden kann. Sophia wird klar, dass es hier Herausforderungen gibt, die noch zu lösen sein werden.

Im Bereich der User Experience fallen dem Team verschiedene Punkte ein, die dem Patienten helfen. Je nach Krankheit könnte sich sehr positiv auswirken, dass man sich nicht nur die An- und Abreise sparen kann, sondern sogar wortwörtlich im Bett bleiben könnte. Auch die angedachte Funktion, das Rezept sofort digital zu erhalten und gegebenenfalls sogar direkt die passenden Medikamente online bestellen zu können, könnte begeistern.

Auch auf der Seite der Ärzte findet das Team potenzielle Begeisterungsmerkmale. Beispielsweise könnten Ärzte sich dafür begeistern, dass die Betreuung jetzt remote stattfinden kann. Dadurch sind sie und andere Patienten nicht mehr ansteckenden Krankheiten ausgesetzt. Ein digitaler Arzt, der komplett auf Healthyfy setzen würde, könnte eventuell sogar auf eine angemietete Praxis verzichten.

Nach dem Meeting geht Sophia noch einmal die Ergebnisse durch. Sie stellt fest, dass einige Fragen aufgeworfen wurden. Vor allem auf der Seite der Ärzte hatte das Team Bedenken. Mit ihrer Erfahrung ist eindeutig klar: Sophia und ihr Team müssen mehr über die Nutzenden, deren Aufgaben, Anforderungen und Kontexte lernen.

Kapitel 3

Usability und User Experience als Erfolgsfaktor herausragender Produkte

»Es gibt für Red Bull keinen bestehenden Markt, aber wir werden ihn machen.«
– Red-Bull-Mitgründer Dietrich Mateschitz (1987), bevor Red Bull erfolgreich wurde

Im Unternehmensumfeld besteht unserer Erfahrung nach eine der größten Herausforderungen darin, das Management und das (Technik-)Team davon zu überzeugen, dass Usability und User Experience herausragend wichtige Themen sind. Anders als in anderen Bereichen eines Unternehmens – zum Beispiel im Vertrieb, dessen Erfolg direkt gemessen werden kann – ist der Wert von Usability und User Experience oft nur indirekt festzustellen, oder es muss viel Zeit und Aufwand investiert werden, um ihn sichtbar zu machen.

Usability und User Experience sind für viele Stakeholder im Unternehmen nicht leicht zu (er-)fassen und bedeuten gleichzeitig – durch das Testen und den Fokus auf den Nutzer – einen Wechsel der wohlbekannten Arbeitsweise. Wir glauben aber, dass es der richtige Weg ist, sich Gedanken darüber zu machen, wie der Erfolg gemessen werden kann.

Unserer Meinung nach ist Usability und User Experience Design keine Kunstform, die ungeachtet des Erfolgs Bestand haben sollte, sondern ein Mittel zur Zielerreichung. Um einschätzen zu können, ob eine Designmaßnahme erfolgreich war, müssen Sie vorher wissen, was das Ziel der Maßnahme ist. Erst dann können Sie prüfen, ob und inwieweit sich ein Erfolg eingestellt hat. Direkt vorab: Den Wert von Usability und User Experience Design-Maßnahmen können Sie bei Bestandsprodukten leichter messen als bei Neuprodukten, da es bei Letzteren keine Vergleichswerte gibt.

Aber unabhängig davon, ob es sich um ein bestehendes Produkt oder um eine Neuentwicklung handelt, entscheidet die Unterstützung im (Technik-)Team und vor allem im Management darüber, ob Usability und User Experience Design überhaupt zum Thema wird. Daher möchten wir Ihnen in diesem Kapitel einen Überblick über den aktuellen Stand bezüglich der Messbarkeit und des Wertes von Usability und User Experience Design geben.

Auf der einen Seite werden wir Ihnen Studien vorstellen, die versucht haben, den Wert objektiv zu beziffern. Auf der anderen Seite werden wir Ihnen zeigen, wie unterschiedlich der Wert bei verschiedenen Geschäftsmodellen sein kann – dazu kommen wir wieder auf unsere Beispiele zurück. Außerdem plaudern wir in diesem Kapitel auch ein bisschen aus dem Nähkästchen und berichten von Kundenrückmeldungen, die wir über die letzten Jahre gesammelt haben. Aber alles zu seiner Zeit. Beginnen wir mit der Definition von Return on Investment.

3.1 Was ist der Return on Investment (ROI)?

Der *Return on Investment* – oder auch Return on Invest – ist ein Begriff aus der Betriebswirtschaft und wird oft mit *ROI* abgekürzt. Er bezeichnet den Gewinn, der durch eine unternehmerische Tätigkeit entsteht, im Verhältnis zum eingesetzten Kapital. Als Formel ausgedrückt ist der ROI:

$$\text{ROI} = \frac{\text{Gewinn}}{\text{eingesetztes Kapital}} \times 100$$

Das klingt komplizierter, als es ist. Vereinfacht gesagt, zeigt Ihnen der Return on Investment, was Sie für den Aufwand, den Sie betrieben haben, schlussendlich bekommen haben.

Das Komplizierteste an der Bestimmung des ROI ist wahrscheinlich, das eingesetzte Kapital genau zu ermitteln. In den meisten Unternehmen wird hier nicht nur Geld, sondern auch Arbeitszeit in Investments gesteckt. Diese akkurat zu erfassen und einzelnen Investments zuzuordnen, stellt sich im Nachgang oft als herausfordernd dar. Aber selbst dann, wenn Sie das eingesetzte Kapital bestimmen können, ist im Umfeld der Usability und User Experience vor allem die Messung des Gewinns eine Herausforderung. Daher möchten wir auf diesen Teil den Fokus legen und Ihnen im nächsten Abschnitt verschiedene Metriken für den unternehmerischen Erfolg von Usability und User Experience Design-Maßnahmen vorstellen.

3.2 Metriken für den unternehmerischen Erfolg

Wie kann man unternehmerischen Erfolg messen? Es gibt verschiedenste Metriken, die dafür herangezogen werden können. Welche Sie wählen, hängt vom Betrachtungswinkel und den eigenen Zielen ab; auch eine Kombination verschiedener Metriken ist möglich. Wieder gilt also: »Es kommt darauf an.«

Da das aber ein unbefriedigender Abschluss dieses Abschnitts wäre, möchten wir Ihnen stattdessen einen Vorschlag für Metriken machen, die Ihnen helfen können, den Erfolg von Usability und User Experience Design-Maßnahmen zu messen. Die schlussendliche Wahl einer passenden Metrik hängt jedoch immer mit Ihrem Produkt, System oder Service zusammen.

In diesem Buch betrachten wir immer Metriken, die auf den Mehrwert durch Usability und User Experience Design abzielen. Hierbei stehen zunächst die Nutzenden oder die Kunden im Fokus der Betrachtung. Selbstverständlich müssen Sie aber auch Ihr Unternehmen oder Ihre Abteilung inklusive der gesetzten Ziele mit betrachten (daher »unternehmerischer Erfolg«).

Eine rein kundenbezogene Maßnahme könnte beispielsweise sein, von nun an kein Geld mehr für Ihr System, Ihr Produkt oder Ihre Dienstleistung zu verlangen. Das könnte sich auf eine Erfolgsmetrik wie beispielsweise »Verkäufe« durchaus sehr positiv auswirken. Sollte Ihr Unternehmen für gewöhnlich Geld anhand des Produktverkaufs erwirtschaften, ist dann aber auch klar, dass Sie an dieser Stelle ein wirtschaftliches Problem haben.

Das wirtschaftliche Problem führt dazu, dass Sie das System, das Produkt oder die Dienstleistung schlechter anbieten oder sogar Insolvenz anmelden müssen. Das liegt normalerweise nicht im Interesse der Nutzenden und Kunden – nicht zuletzt auch deshalb, weil dann kein Service mehr verfügbar ist.

Geht es Ihnen andersherum betrachtet durch Ihr System, Ihr Produkt oder Ihre Dienstleistung wirtschaftlich gut, dann können Sie Ihre Leistung immer besser machen. Das wiederum kommt auch den Nutzenden und Kunden zugute.

Zusammengefasst: Auch wenn wir hier den Fokus auf den Nutzen für Nutzende und Kunden legen, dürfen die Unternehmensziele nicht außer Acht gelassen werden.

Wir teilen die Maßzahlen für unternehmerischen Erfolg in drei verschiedene Arten auf:

- **System-, produkt- oder dienstleistungsbezogene Maßzahlen** für unternehmerischen Erfolg
- **Nutzer- und kundenbezogene Maßzahlen** für unternehmerischen Erfolg
- **Servicebezogene Maßzahlen** für unternehmerischen Erfolg

Jede der drei Maßzahlen-Arten werden wir gleich im Detail vorstellen. Vorweg jedoch schon einmal der Hinweis, dass einige der Zuordnungen nicht eindeutig sind und dass es zwischen den Bereichen durchaus Interpretationsspielraum und Überschneidungen gibt. Los geht's!

3.2.1 System-, produkt- oder dienstleistungsbezogene Metriken für (unternehmerischen) Erfolg

Unter den system-, produkt- oder dienstleistungsbezogenen Maßzahlenverstehen wir solche, die etwas über das System, das Produkt oder die Dienstleistung selbst bzw.

dessen/deren Verwendung aussagen. In diesem Bereich wird also gemessen, was die Lösung kann und wie sie genutzt wird. Beispiele für system-, produkt- oder dienstleistungsbezogene Maßzahlen sind:

- der Anteil an verwendeten Funktionen
- die Dauer der Pausen zwischen Interaktionen
- die Anzahl der erfolgreich abgeschlossenen Arbeitsabläufe oder Käufe
- die Anzahl von Absprüngen und Abbrüchen innerhalb eines Workflows
- die Anzahl »konsumierter« Inhalte
- die Nutzungs- bzw. Verweildauer
- der »Weg« des Nutzers durch das System oder das Produkt
- die Zeit bis zur gewünschten Handlung
- die Anzahl der gewünschten Handlungen
- ...

Stellen Sie sich beispielsweise vor, dass Sie eine Website betreuen. Eine angemessene Maßzahl könnte dann die »Verweildauer« von Nutzern auf dieser Website sein. Stellen Sie sich weiter vor, dass Sie nach dem Umsetzen einer Usability und User Experience Design-Maßnahme messen konnten, dass sich die durchschnittliche Verweildauer auf Ihrer Website von 30 Sekunden auf 2 Minuten verlängert hat. Ob diese Veränderung aber ein Erfolg oder ein Rückschritt ist, hängt von Ihrer Website ab:

- Betreiben Sie einen Blog, dann ist Ihr Ziel, dass Leser die Inhalte lesen. Eine längere Verweildauer deutet dann darauf hin, dass die Inhalte besser geworden sind, sodass nun mehr Inhalte gelesen werden. Ein Erfolg!
- Betreiben Sie in unserem Beispiel anstatt eines Blogs eine Website, die über die Abfahrtszeiten von öffentlichen Verkehrsmitteln informiert, dann kann die Interpretation anders ausfallen. Eine verlängerte Verweildauer kann dann darauf hindeuten, dass Nutzer sich auf der Website weniger gut zurechtfinden und deshalb länger suchen: Ein Rückschritt!

Sie merken, dass die Interpretation von Daten enorm die Aussage beeinflusst. Rein auf Basis der Verweildauer könnten wir auch wie folgt interpretieren:

- Die Leser finden sich durch die Usability und User Experience Design-Maßnahme in Ihrem Blog weniger gut zurecht und brauchen länger bis zum gesuchten Inhalt: Ein Rückschritt!
- Ihre Website zur Ermittlung von Abfahrtszeiten von öffentlichen Verkehrsmitteln ist so übersichtlich und schnell geworden, dass Nutzer jetzt anfangen, weitere Alternativen zu vergleichen. Zusätzlich rufen sie begeistert diverse andere benötigte Informationen ab, die vorher nicht existierten: Ein Erfolg!

Mit diesem Beispiel wollen wir Ihnen Folgendes zeigen: Sie müssen entscheiden, welche Maße für Sie relevant sind, und diese gezielt betrachten und gegebenenfalls mit Metriken aus anderen Bereichen kombinieren, um die erwünschte Aussage treffen zu können.

Der große Vorteil von system-, produkt- oder dienstleistungsbezogenen Metriken ist, dass sie meistens sehr direkt und technisch automatisiert erfassbar sind. Die im Beispiel genutzte Verweildauer eines Nutzers auf einer Website lässt sich beispielsweise mit Werkzeugen wie Google Analytics automatisch ermitteln. Im gleichen Zuge bekommen Sie auch viele weitere Informationen, beispielsweise den genauen Weg, den Nutzer auf Ihrer Website nehmen, die Anzahl der Website-Besuche überhaupt oder Absprungraten.

Eine entscheidend wertvolle Perspektive für die Interpretation von system-, produkt- oder dienstleistungsbezogenen Metriken bieten Ihre Nutzenden und Kunden. Daher schauen wir uns im nächsten Abschnitt die nutzer- und kundenbezogenen Metriken im Detail an.

3.2.2 Nutzer- und kundenbezogene Maßzahlen für (unternehmerischen) Erfolg

Nutzer- und kundenbezogene Metriken sind für uns alle Metriken, die direkt mit der anvisierten Zielgruppe und deren Bewertung des Systems, des Produkts oder der Dienstleistung zu tun haben. In dieser Gruppe der Metriken geht es also um die Prüfung, ob sich durch eine Usability und User Experience Design-Maßnahme die Nutzer- oder Kundenbewertung oder das Verhalten in Bezug auf die Weiterempfehlung geändert hat

Typische nutzer- und kundenbezogene Metriken könnten sein:

- der *Net Promoter Score* (NPS, eine Kennzahl, die abbildet, ob Nutzer/Kunden ein System, ein Produkt oder eine Dienstleistung weiterempfehlen würden)
- die Anzahl tatsächlicher Weiterempfehlungen (z. B. über ein Kunde-wirbt-Kunde-Programm)
- der Anteil positiver Nennungen in sozialen Netzwerken
- die Anzahl gewonnener Kunden
- die Anzahl positiver Bewertungen (z. B. 5 Sterne im App-Store)
- die Kosten pro gewonnenem Kunden
- das Kaufvolumen pro Kunde
- das Kundenpotenzial (z. B. über den Customer Life Time Value)
- ...

Nutzer- und kundenbezogene Metriken haben den Vorteil, dass sie per Definition eine Wertung enthalten. Wenn es Ihnen gelingt, über die Zeit die Anzahl der Weiterempfehlungen pro Kunde zu erhöhen, dann ist das gut. Wir sind uns relativ sicher, dass es wenige Personen gibt, die darüber diskutieren würden, dass es eigentlich besser wäre, weniger Empfehlungen zu erhalten.

Genauso verhält es sich mit den anderen nutzer- und kundenbezogenen Metriken. Niedrigere Kosten pro gewonnenem Kunden sind immer besser, ein höheres Kaufvolumen pro Kunde ebenfalls, und eine höhere Anzahl positiver Nennungen in sozialen Medien ist auch immer besser.

Wenn Sie also mit nutzer- und kundenbezogenen Metriken arbeiten, dann können Sie direkter feststellen, ob die Veränderungen gut oder schlecht sind. Leider haben diese Metriken aber auch einige Nachteile, die dafür sorgen, dass sie ebenfalls nicht die alleinige Allzweckwaffe sind, die wir gerne hätten.

Einer der größten Nachteile – und auch einer der größten Hinderungsgründe dafür, dass Usability und User Experience Design nicht schon viel früher umfassend etabliert wurde – ist die Tatsache, dass die Erfassung der nutzer- und kundenbezogenen Metriken oft indirekt erfolgt. Indirekt heißt, dass wir den tatsächlichen Wert oftmals nicht selbst messen können, sondern auf die Mitarbeit der Nutzenden und Kunden angewiesen sind. Im Gegensatz zu den oft automatisch erfassbaren system-, produkt- oder dienstleistungsbezogenen Metriken erfolgt die Messung der Kundenzufriedenheit beispielsweise über Fragebögen. Das funktioniert natürlich nur, wenn Ihre Nutzenden die Befragung auch ausfüllen.

Genauso verhält es sich mit einigen der anderen Metriken. Weiterempfehlungen können Sie zum Beispiel ebenfalls erfragen. Wenn Sie aber kein Partnerprogramm oder Ähnliches haben, dann haben Sie wenig Möglichkeiten, die Anzahl der Weiterempfehlungen objektiv zu messen.

Eine weitere Herausforderung von nutzer- und kundenbezogenen Metriken kann die verzögerte Messbarkeit einer Veränderung sein. Wenn beispielsweise durch Usability und User Experience Design-Maßnahmen der Customer Life Time Value steigt (also der Gesamtumsatz, den ein Kunde über seine Kundenbeziehung hinweg bei Ihnen im Unternehmen macht), dann wird das mitunter erst deutlich später herausgefunden.

Glücklicherweise gilt das aber nicht für alle nutzer- und kundenbezogenen Metriken. Das Kaufverhalten pro Kunde oder die Anzahl der positiven Nennungen in den sozialen Medien sind beispielsweise durchaus direkt und auch zeitnah messbar.

Ähnlich schnell und direkt messbar sind auch ein Großteil der servicebezogenen Metriken für unternehmerischen Erfolg, die wir Ihnen im nächsten Abschnitt vorstellen.

3.2.3 Servicebezogene Metriken für unternehmerischen Erfolg

Die letzte Kategorie in unserer Liste ist die der servicebezogenen Metriken. Unter servicebezogenen Metriken verstehen wir die Kennwerte, die sich auf die Verwendung von »Begleitangeboten« Ihres Systems, Ihres Produkts oder Ihrer Dienstleistung beziehen. Das könnten zum Beispiel sein:

- die Anzahl der Anrufe bei der Support-Hotline
- die Dauer der Hotlinegespräche
- die Anzahl von »Feature-Requests« (Fragen nach bestimmten neuen Funktionen)
- die Anzahl von Supporttickets
- die Anzahl an Reklamationen
- die Kosten pro Reklamation
- die Dauer der Reklamationsbearbeitung
- die Anzahl der Stornierungen oder Rückabwicklungen
- der prozentuale Anteil an Kunden, denen durch Self-Service geholfen werden kann (z. B. über einen Chatbot, Frequently Asked Questions, Community-Hilfe-Foren)
- der prozentuale Anteil an Kunden pro Supportkanal (z. B. telefonisch, per Kontaktformular, per Chat)
- ...

Bei den servicebezogenen Metriken können Sie alles messen, was bei Ihnen im Hintergrund passiert, um Ihr System, Ihr Produkt oder Ihre Dienstleistung so anzubieten, wie Sie das aktuell tun möchten, und was notwendig ist, um einen sinnvollen Kontakt für Nutzende und Kunden bei Rückfragen zu gewährleisten.

Ein Vorteil der servicebezogenen Metriken ist, dass sie oftmals technisch automatisiert erfassbar sind. Außerdem ist oft auch die Interpretation eindeutig – beispielsweise dürfte wenig Diskussionsbedarf darüber bestehen, ob die Anzahl der Reklamationen besser gesteigert oder gesenkt werden sollte.

Bei der Messung der servicebezogenen Metriken kann es jedoch auch schnell zu Verzerrungen kommen, wenn diese allein betrachtet werden. So würde zum Beispiel das Entfernen der Kontakttelefonnummer auf der Website zu einem Rückgang der Support-Hotline-Anfragen führen. Dieser Rückgang wäre aber nicht auf eine verbesserte Usability und User Experience zurückzuführen, sondern schlicht und einfach auf den Wegfall der Nummer.

Ein klarer Nachteil der servicebezogenen Metriken ist also, dass nicht der Erfolg des Systems, des Produkts oder der Dienstleistung selbst, sondern der Erfolg der Begleitangebote gemessen wird. In den Begleitangeboten wird aber nicht der eigentliche Wert für Nutzende und Kunden erbracht, sodass die Metriken nur einen ergänzenden Charakter haben. Das soll aber nicht heißen, dass sie vernachlässigbar sind! Beispielsweise entscheidet oft der Umgang mit einer Reklamation über die Gesamtbewertung eines Anbieters. Fühlt sich der Kunde auch in einem Reklamationsfall gut behandelt, dann hat das eine sehr positive Auswirkung auf potenzielle Folgekäufe oder Weiterempfehlungen (nutzer- und kundenbezogene Maßzahlen).

3.2.4 Passende Metriken wählen

In den wenigsten Fällen wird eine einzige Metrik ausreichen, um für Ihren konkreten Fall den Erfolg der Usability und User Experience Design-Maßnahmen zu definieren. Wir möchten Ihnen aber eine Hilfestellung an die Hand geben, mit der Sie entscheiden können, ob eine Metrik in Ihrem konkreten Fall sinnvoll ist oder nicht. Unser Tipp: Sehen Sie sich jede einzelne Metrik an, und stellen Sie sich bezogen auf die Metrik die folgenden Fragen:

1. Was würde sich für unsere Nutzenden oder Kunden ändern, wenn wir es schaffen, die Metrik zu verbessern?
2. Was würde sich für unser Unternehmen ändern, wenn wir es schaffen, die Metrik zu verbessern?
3. Was würde sich für die Gesellschaft ändern, wenn wir es schaffen, die Metrik zu verbessern?
4. Vor allem bei nutzer- und kundenbezogenen Metriken – aber auch generell bei allen »interpretierbaren« Metriken (Metriken, deren Veränderung nicht eindeutig als gut oder schlecht eingeordnet werden kann) – kann es hilfreich sein, sich zusätzlich Folgendes zu fragen: Können wir mit Daten (z. B. Nutzerinterviews) belegen, dass wir die Metrik korrekt interpretieren?

Anhand Ihrer eigenen Antworten auf die Fragen können Sie anschließend eine Auswahl der Metriken treffen, die den größten Nutzen für Ihre Nutzenden und Kunden sowie für das Unternehmen und die Gesellschaft haben.

Um diese Leitfragen noch verständlicher aufzubereiten, nehmen wir uns im Folgenden noch mal das Beispiel der Blog-Website vor. Stellen Sie sich also erneut vor, dass Sie einen Blog auf einer Website betreiben. Sie haben die Maßzahl *Verweildauer* identifiziert und sich das Ziel gesetzt, diese zu erhöhen.

Was würde sich für Ihre Nutzenden oder Kunden ändern, wenn Sie es schaffen, die Metrik zu verbessern? Für sich betrachtet, würde sich für die Nutzenden ändern, dass sie mehr Zeit auf Ihrer Website verbringen. Wären die zukünftigen Inhalte dabei identisch zu den gegenwärtigen Inhalten, müssten die Nutzenden also mehr Zeit investieren, um die gleichen Informationen zu erhalten. Aus Nutzersicht ist das nicht sinnvoll.

An dieser Stelle haben wir bereits gesehen, dass die Metrik bzw. das gewählte Ziel vielleicht nicht so gut passt. Ähnliches wäre auch mit der vierten Frage herausgekommen, denn wir hätten bei Nutzerbefragungen ebenfalls das Feedback bekommen, dass es nicht erstrebenswert ist, einfach nur mehr Zeit auf einer Website zu verbringen.

In der Praxis würden wir uns jetzt die Fragen zwei und drei stellen: Was würde sich für unser Unternehmen und die Gesellschaft ändern, wenn wir es schaffen, die Metrik zu verbessern? Wenn jetzt die Antwort »gar nichts« lautet, dann sollten Sie ernsthaft überlegen, ob es die Zeit wert ist, eine Umgestaltung Ihrer Website in Angriff zu nehmen.

Sollten Sie aber gute Gründe haben (z. B. könnten Sie Werbeplätze in Ihrem Blog teurer verkaufen, weil Sie nachweisen können, dass die Nutzenden sie länger im Blickfeld haben), dann können Sie tiefer einsteigen und sich fragen, was passieren müsste, damit Nutzende Lust haben, sich länger in Ihrem Blog aufzuhalten.

Hieraus würden sich dann weitere Metriken ergeben, die Sie ebenfalls betrachten sollten. Das könnte in diesem Fall die »wahrgenommene Qualität der Inhalte auf Ihrer Website« sein. Wenn diese steigt, dann wird wahrscheinlich auch die Bereitschaft der Nutzenden und Kunden steigen, mehr Zeit auf Ihrer Website zu verbringen, wodurch Sie die Werbeplätze teurer verkaufen können. Zusätzlich könnten Sie direkt den Net Promoter Score (NPS) messen, um sicherzustellen, dass die Zufriedenheit weiter hoch bleibt. Auch hier wäre also eine Kombination aus Metriken sinnvoll, um den Erfolg der Maßnahmen zu messen.

Wir hoffen, der Punkt wird klar und Sie nutzen die Fragen, um Maßzahlen bzw. Ziele zu identifizieren, mit denen Sie tatsächlich Ihr System, Ihr Produkt oder Ihre Dienstleistung optimieren. Stichwort »identifizieren«: Wann im Entwicklungsprozess ist eigentlich der beste Zeitpunkt, um sich mit Maßzahlen zu beschäftigen? Genau um diese Frage geht es im nächsten Abschnitt.

3.3 ROI planen statt ROI »entdecken«

Da das Messen des ROIs gerade bei Usability und User Experience herausfordernd ist, erleben wir regelmäßig, dass erst einmal gemacht wird und dann geguckt wird, was passiert. Am folgenden Beispiel einer Website-Umgestaltung möchten wir zeigen, was wir sehr oft als Vorgehen in den verschiedensten Unternehmen beobachten.

Unser Beispielunternehmen stellt fest, dass Kunden das Unternehmen immer wieder darauf ansprechen, dass die Website veraltet ist. Daraufhin entscheidet das Unternehmen, eine neue Website aufzusetzen, die moderner ist. Im folgenden Prozess findet zunächst ein Agentur-Screening statt, bei dem einige Agenturen eingeladen werden, ihre Ideen für die neue Website vorzustellen. Eine der Agenturen wird im Anschluss ausgewählt, da der Geschäftsführung das vorgeschlagene Redesign gut gefällt.

Dann startet der ganze Designprozess mit einem Stakeholder-Workshop und Vorschlägen für die neue Website, die dann den Stakeholdern vorgestellt werden. Es wird intensiv am Design herumgetüftelt und geschraubt und dabei festgestellt, dass man zu der tollen neuen Website auch noch einen modernen Außenauftritt bräuchte.

Das ursprüngliche Website-Projekt wird also größer aufgesetzt und umfasst nun ein Redesign des Logos, der Dokumentvorlagen sowie des generellen Außenauftritts. Nach und nach wird alles abgenickt und umgesetzt. Die neue Website geht live, und man ist stolz auf die geleistete Arbeit.

In den nächsten Wochen und Monaten kommen Kundenrückmeldungen, und das neue Aussehen kommt super an. Leider kommt aber auch Kritik: Die Kunden finden sich auf der Website nicht mehr zurecht, und obwohl das Aussehen durchweg gelobt wird, fällt der Gesamteindruck negativ aus. Aus der ursprünglichen internen Begeisterung wird schnell Ernüchterung. Ein bis zwei Jahre später entschließt man sich, die Website noch einmal umzugestalten, diesmal aber richtig ...

Das Beispiel mag ein wenig übertrieben und weit hergeholt wirken, aber wir können Ihnen versichern, dass wir extrem oft genau diese Ausgangslage vorfinden, wenn wir angefragt werden. Selbstverständlich geht es in den Anfragen oftmals nicht um eine Website, sondern allgemein um ein System, ein Produkt oder eine Dienstleistung. Wir sind dann diejenigen, die es »jetzt mal richtig machen sollen«. Aber was heißt in diesem Fall denn »richtig«?

Auch wir starten mit einem Stakeholder-Workshop (Details zu unserem Vorgehen folgen als Übersicht in Kapitel 5, »Data-Driven UX Design« und ausführlich in Kapitel 8 bis Kapitel 13). Und natürlich geht es in dem Workshop auch ein Stück weit um das optische Design der späteren Website. Der Fokus liegt aber woanders: Wir wollen wissen, was unsere Kunden überhaupt erreichen wollen. Was muss sich ändern, und was muss erhalten bleiben? Was muss am Ende des Projekts passiert bzw. vorhanden sein, damit alle Stakeholder (inklusive der Nutzer) sagen: »Das war fantastisch!«?

Nach jeder Antwort fragen wir so lange »Und wenn das alles, was bisher genannt wurde, erreicht wäre, wären Sie dann begeistert, oder gibt es etwas, was Ihnen fehlt?«, bis wir von allen Stakeholdern ausschließlich ein »Ja, dann wäre ich begeistert und nichts würde mir fehlen!« hören.

Darauf aufbauend legen wir dann fest, wie wir die Zielerreichung permanent überwachen bzw. idealerweise messen können. Und erst danach beginnt die konkrete Bearbeitung. Jede Designaktivität ist anschließend darauf ausgerichtet, dass wir den Zielen näherkommen, und die einzelnen Designartefakte werden schon während der Entwicklung mit Nutzenden getestet. Jeder Nutzertest überprüft, ob wir tatsächlich den gewünschten Ergebnissen näher kommen. Kurz gesagt: »Richtig machen« heißt in diesem Fall, die Ziele zu Beginn einer Usability und User Experience Design-Aktivität zu identifizieren, anschließend an deren Erreichung zu arbeiten und den Fortschritt auf dem Weg dahin schon während der Entwicklung zu messen.

Auch wenn das eben von uns skizzierte Vorgehen langwierig wirken kann, ist es das in der Praxis typischerweise nicht. Oftmals können wir die Ziele sowie die wichtigsten Metriken in einem Tag identifizieren und festlegen. Wie viel Zeit in die Zielsetzung sowie anschließend in das Messen und Optimieren gesteckt werden sollte, hängt von den Zielen selbst, Ihrem darin enthaltenen Anspruch sowie von Ihrem System, Ihrem Produkt bzw. Ihrer Dienstleistung ab.

Generell möchten wir Ihnen die folgende Faustregel an die Hand geben: Je weiter die zu erreichenden Ziele auseinanderliegen und je höher das mit dem Usability und User Experience Design verbundene Risiko ist, umso mehr Aufwand sollte in die Planung, Messung und Optimierung fließen (siehe auch Kapitel 13, »Design, Get Data, Repeat – wann ist Schluss?«).

Das *Risiko* kann dabei vielfältig sein. Es kann auf der einen Seite ein wirtschaftliches Risiko sein – beispielsweise, dass Ressourcen mit einer nicht erfolgreichen Usability und User Experience Design-Aktivität verschwendet oder gar Kunden vergrault werden. Auf der anderen Seite kann aber auch ein physisches Risiko von Ihrem System, Ihrem Produkt oder Ihrer Dienstleistung ausgehen, durch das bei schlechter Gestaltung Menschen verletzt werden. Auch ein strategisches Risiko ist denkbar, wenn Sie mit Ihren Usability und User Experience Design-Maßnahmen das Produkt in die falsche Richtung entwickeln und den Marktanschluss verpassen.

Eines unserer Projekte war zum Beispiel die Neugestaltung einer Benutzeroberfläche für ein Notlandesystem in großen Passagierflugzeugen. Natürlich war die Zielstellung für das Projekt, die Bediengeschwindigkeit für die Piloten zu erhöhen, sodass sie unter anderem schneller eine Entscheidung über einen geeigneten Flugplatz für eine Notlandung treffen können.

Diese Geschwindigkeit durfte aber auf keinen Fall auf Kosten der Entscheidungsqualität erreicht werden. Dementsprechend wurden für beide Ziele Maßzahlen definiert und beispielsweise in jedem Nutzertest sehr genau überwacht. Das hat dazu geführt, dass beide Ziele erreicht wurden und dass dieses System mittlerweile weltweit in allen Flugzeugen einer großen deutschen Airline eingesetzt wird. Wir sind uns sicher, dass wir diese Ziele nicht erreicht hätten, wenn wir sie nicht vorab ermittelt und kontinuierlich überwacht hätten.

Die Definition von geeigneten Metriken zum Messen des Erfolgs vor Beginn der Designtätigkeiten kann also sehr hilfreich sein und sollte gemeinsam mit den Stakeholdern sowie den Nutzenden und Kunden geschehen.

3.4 Unterschiede zwischen Metriken für den unternehmerischen Erfolg im B2C- vs. B2B-Bereich

Unserer Erfahrung nach macht es einen großen Unterschied für die Auswahl und Betrachtung der Metriken, ob Ihre Lösung im B2C- oder im B2B-Bereich platziert ist. Dieser Unterschied kommt vor allem daher, dass der Einfluss von Usability und User Experience Design auf die Kaufentscheidung im B2C-Bereich sehr viel direkter ist als im B2B-Bereich.

Erinnerung: Kunden versus Nutzende

Ein *Kunde* ist derjenige, der ein System, ein Produkt oder eine Dienstleistung kauft. Der *Nutzende* wiederum ist derjenige, der die Lösung danach verwendet. Das können die gleichen Personen sein – müssen es aber nicht sein.

Im B2C-Bereich findet man oft den Fall vor, dass Käufer und Nutzende die gleiche Person sind (denken Sie z. B. daran, dass Sie sich ein neues Smartphone kaufen). Im B2B-Bereich ist es meist umgekehrt: Eine Person ist für den Einkauf zuständig, und andere Personen nutzen danach das System, das Produkt oder die Dienstleistung. Denken Sie beispielsweise an ein Arbeits-Smartphone, dass Ihnen fertig vorbereitet zur Verfügung gestellt wird.

Kommen wir zurück zur Kaufentscheidung und zurück zu unserer Aussage vom Anfang dieses Kapitels: »Usability und User Experience Design hat im B2C-Bereich einen direkteren Einfluss auf die Kaufentscheidung als im B2B-Bereich.« Warum ist das so?

Stellen Sie sich vor, Sie entwickeln eine Coupon-App, die Nutzern Rabattgutscheine für Einkäufe zur Verfügung stellt. Die Personen, die die App aus dem App-Store herunterladen (Kunde), und die Personen, die die App im Anschluss verwenden (Nutzende), sind für gewöhnlich die gleichen Personen, wie es für den B2C-Bereich typisch ist. Die Bedienbarkeit und die Gestaltung der App stehen in diesem Fall direkt im Fokus. Stoßen beide nicht auf Gegenliebe, dann kommt es gar nicht erst zum Kauf oder direkt danach zur Rückabwicklung. Verbessern Sie jetzt die Usability und User Experience der App, dann kommt es zu mehr Käufen und weniger Rückabwicklungen und Sie haben den unternehmerischen Erfolg direkt gesteigert.

Demgegenüber steht beispielsweise ein Prozesssteuerungs-Tool, mit dem ein Unternehmen seine Fertigung steuert. Hier wird die Beschaffung für gewöhnlich vom Einkauf oder – je nach Größe des Unternehmens – vom Geschäftsführer getätigt. Die Bedienung des Tools findet dann jedoch durch die Anwender in der Produktion statt, wie es für den B2B-Bereich typisch ist, bei dem Käufer und Nutzende nicht identisch sind.

Das hat zur Konsequenz, dass sowohl der Einkauf als auch Nutzende Anforderungen an das Prozesssteuerungs-Tool stellen. Diese Anforderungen können sich naturgemäß widersprechen (z. B. »möglichst günstig« und »möglichst umfassend an die eigene Fertigung angepasst«).

Schwierig ist aber vor allem, dass durch den unterschiedlichen Kenntnisstand eine Beurteilung der Anforderungen durch die jeweils andere Seite fast unmöglich ist. Der Einkauf kennt sich beispielsweise nicht mit der Fertigung selbst aus und kann daher die Qualität der Lösung hinsichtlich der Bedienung nicht beurteilen. Wird hier die Usability und User Experience verbessert, dann kann das dazu führen, dass sich aus Sicht des Einkäufers rein gar nichts ändert. Die Verkaufszahlen und damit der unternehmerische Erfolg bleiben durch den indirekten Einfluss gleich und der ROI ist schlecht (d. h., es wurde Aufwand betrieben, aber dieser hatte nicht den gewünschten Effekt).

Damit wollen wir Ihnen aber nicht sagen, dass Sie für ein B2B-Produkt kein Usability und User Experience Design betreiben sollten. Das sollten Sie sehr wohl. Sie sollten aber vor allem im B2B-Bereich unseren Rat aus Abschnitt 3.3, »ROI planen statt ROI ›entdecken‹«, beherzigen: Beziehen Sie alle Stakeholder mit ein, und definieren Sie Metriken, die die Zielerreichung für alle Stakeholder misst.

Im B2B-Bereich ist es daher besonders wichtig, dass Sie sowohl Metriken definieren, die für die Betrachtung der Kunden interessant sind, als auch solche, die für die Betrachtung der Nutzenden relevant sind. Außerdem sollten Sie bei der Planung der Metriken, gerade in einem B2B-Kontext, vorher überlegen, wie Sie Mehrwert für beide Stakeholder – die Kunden und die Nutzenden – schaffen können. Wenn Sie mit Ihrer Usability und User Experience Design-Maßnahme die Bedienbarkeit und das optische Design verbessern, dann zahlt das auf das »Konto« der Nutzenden ein. Wenn Sie gleichzeitig durch die durchgeführten Nutzertests nachweisen können, dass die Bearbeitung mit Ihrer Lösung 20 % schneller geworden ist und dabei 30 % weniger Fehler passieren, dann lässt sich das in Geld und damit in einen messbaren Nutzen für die Kunden umrechnen.

Sie merken es: Welche Metriken Sie für den unternehmerischen Erfolg auswählen, hängt direkt damit zusammen, was Sie erreichen wollen. Diese Auswahl kann strategisch sein.

Wir hoffen, wir konnten die Vorteile der vorauseilenden Planung des ROI nachvollziehbar darstellen, und würden uns freuen, wenn Sie dadurch noch motivierter sind, diesen mühseligen Weg auf sich zu nehmen.

Doch was kann man erwarten, wenn man mit Usability und User Experience Design die eigenen Systeme, Produkte und Dienstleistungen verbessert? Sind die oben angegebenen Steigerungen von 20 % bis 30 % überhaupt realistisch? Genau dieser Frage wollen wir uns im nächsten Abschnitt widmen, in dem wir aufzeigen, was sich in Studien und in eigenen Projekten als machbar erwiesen hat.

3.5 Was sind typisch erreichbare ROIs durch Usability und User Experience Design?

Metriken zu wählen und dadurch den ROI sichtbar zu machen, ist keine triviale Aufgabe. So viel ist zu diesem Zeitpunkt wahrscheinlich klar. Das erklärt auch, warum zwar großteils Einigkeit darüber besteht, in welchen Bereichen Usability und User Experience Design zu Verbesserungen führen kann, warum es aber nur eine überschaubare Anzahl an Studien gibt, die versuchen, den Wert von Usability und User Experience Design objektiv zu beziffern. Wir beziehen uns im weiteren Verlauf vor allem auf eine Übersichtsstudie und unsere eigenen Erfahrungswerte, um Ihnen einen ersten Eindruck zu vermitteln.

3.5.1 Studien zum ROI von Usability und User Experience Design

Eine der bekanntesten und größten Studien zum Thema »ROI von Usability und User Experience Design« wird von Jakob Nielsen und seinem Team von der *Nielsen Norman Group* herausgegeben. In der inzwischen vierten Edition untersucht das Team in regelmäßigen Abständen den Return on Investment von Usability-Maßnahmen und beleuchtet, wie hoch die Kosten, aber auch wie hoch der Nutzen ist (Nielsen et al. 2007).

Auf der Kostenseite kommt die Nielsen Norman Group zu dem Schluss, dass bei einem typischen Projekt mit Usability-Maßnahmen durchschnittlich ca. 10 % des kompletten Budgets für ebendiese Maßnahmen genutzt werden. Je nach Komplexität und Risiko (»Wie schwerwiegend ist der Einfluss von schlechter Usability auf das Ergebnis?«) werden aber auch bis zu 20 % aufgewendet. Die Kostenseite ist damit klar umrissen. Aber was ist denn der Nutzen, wenn 10 % bis 20 % des Entwicklungsbudgets in Usability-Maßnahmen gesteckt werden?

Um diese Frage zu beantworten, wurden in der Studie 72 Projekte untersucht (hauptsächlich Websites bzw. website-ähnliche Produkte). In diesen Projekten lagen jeweils Informationen zum ursprünglichen Design sowie zum Redesign inklusive Usability-Maßnahmen vor, wobei die Usability-Maßnahmen etwa 10 % des Gesamtprojektbudgets ausmachten. Zur objektiven Bewertung der Vorher-nachher-Vergleiche wurden insgesamt vier Metriken verglichen:

- der Nutzungsumfang bestimmter (begehrter) Features
- die Produktivität der Nutzer auf der Website
- die Anzahl von Website-Besuchern
- die Anzahl der Verkäufe bzw. die Conversion Rate (Unter der *Conversion Rate* versteht man den Anteil der Besucher einer Website, die eine erwünschte Handlung ausführen. Wenn also 100 Personen eine Website besuchen und Sie erreichen möchten, dass diese Ihren Newsletter abonnieren, dann wäre Ihre Conversion Rate 8 %, wenn 8 der Besucher Ihren Newsletter tatsächlich abonnieren.)

Wie haben sich diese vier Metriken nun verändert? Um die Spannung zu halten, fangen wir bei der Auflösung mit den weniger interessanten Metriken an. Der Nutzungsumfang der begehrten Features verbesserte sich in den 72 Projekten im Schnitt um sage und schreibe 174 %. *Hundertvierundsiebzig Prozent!* Das ist eine ganze Menge. Aber gut: Die Nutzung der Features an sich mag für die Nutzer toll sein, aber was bringt Sie Ihnen und Ihrem Unternehmen?

Sehen wir also die anderen Kennzahlen an: Die Produktivität der Nutzer hat sich im Durchschnitt um 112 % verbessert. Auch sehr beeindruckend. Jetzt könnte man sich natürlich fragen, ob das vielleicht daran gelegen hat, dass die Websites nach der Maßnahme nur noch für eine kleinere, aber dafür speziellere Klientel interessant waren. Die Antwort darauf ist ganz eindeutig: Nein. Im gleichen Zeitraum konnte nämlich im Schnitt eine Steigerung der Besucherzahlen um 91 % gemessen werden. Das heißt, dass durch das Redesign fast doppelt so viele Nutzer die Websites besuchen wie vorher.

Jetzt zur Gretchenfrage: Lohnt sich das denn für Sie und Ihr Unternehmen? Davon dürfen Sie ausgehen: Im Durchschnitt führte das Redesign zu einer Steigerung der Verkäufe bzw. der Conversion Rate von 87 %. Zusammen mit der fast verdoppelten Zahl an Website-Besuchern sind das herausragend gute Werte.

Ein Rechenbeispiel: Wenn wir annehmen, dass man auf einer Website aktuell 100 Besucher pro Tag und eine Conversion-Rate von 5 % hätte, dann hätten wir in absoluten Zahlen pro Tag fünf Conversions (5 % von 100 Besuchern). Die Verbesserung der Conversion-Rate um 87 % bewirkt, dass sich die Conversion-Rate von 5 % auf abgerundet 9 % verbessert (5 % × 1,87 = 9,35 %). Anstatt der 5 Conversions hätten wir aufgrund dieser Verbesserung bereits 9 (9 % von 100 Besuchern). Zusätzlich konnte aber auch die Zahl der Besucher um 91 % gesteigert werden. Anstatt der ursprünglich 100 Besucher haben wir nun täglich 191 auf der Website. Zusammen mit der verbesserten Conversion-Rate ergibt das aufgerundet 18 Conversions (9,35 % von 191 Besuchern ergibt 17,85 Conversions). Mit einer Investition von 10 % des Projektvolumens in Usability-Maßnahmen konnten die ursprünglichen 5 Conversions in unserem Rechenbeispiel um ca. 360 % gesteigert werden. Gefühlt sind das sehr gut investierte 10 %.

Obwohl diese Zahlen so eindeutig und herausragend sind, schätzen die Autoren der Studie, dass ca. 80 % aller durchgeführten Redesign-Projekte komplett ohne Usability-Maßnahmen und ohne Usability-Budget auskommen. Zusätzlich gehen die Autoren davon aus, dass mit dem in den untersuchten Projekten veranschlagtem Budget von 10 % für Usability noch bei Weitem nicht die besten Ergebnisse erreicht werden.

Die Autoren schätzen, dass die bestmöglichen Ergebnisse erreicht werden, wenn 50 % des gesamten Projektbudgets ausschließlich in Usability-Maßnahmen investiert werden. Darunter fallen die User Research, also Nutzerforschung und Nutzertests – nicht aber die Designaktivitäten. Diese stecken in den restlichen 50 % inklusive der weiteren Entwicklungsarbeit.

Folgt man dieser Argumentation, dann sind die dargestellten Verbesserungen um mehrere hundert Prozent nur das i-Tüpfelchen, von dem, was eigentlich möglich wäre.

3.5.2 Rückmeldung unserer Kunden zu dem ROI von Usability und User Experience Design

Wir können an dieser Stelle nicht mit belastbaren Studien dienen, aber wir können einige unserer Erfahrungswerte und Kundenrückmeldungen mit Ihnen teilen. Dass die meisten Kunden über interne Metriken nicht ausführlich berichten dürfen, macht die Auswertung nicht leichter.

Aber wir holen aktiv Feedback ein, um zu verstehen, was die Zusammenarbeit mit uns gebracht hat. Wir legen dabei vor allem Wert auf messbare Ergebnisse und weniger auf rein subjektive Meinungen – obwohl die natürlich ebenfalls wertvoll sind. Pauschale Rückmeldungen wie »Seit wir mit euch arbeiten, ist unser *Net Promoter Score* (ein Maß für die Kundenzufriedenheit) gestiegen und die Anzahl an Support-Anfragen gesunken« freuen uns sehr. Leider helfen sie uns aber nicht, die Frage zu beantworten, was denn jetzt genau der Return on Investment unserer Arbeit ist.

Einige unserer Kunden messen jedoch ziemlich genau, was während oder nach einem unserer Projekte mit den Ergebnissen passiert. Daher durften wir Folgendes erfahren: Das Ergebnis unserer Projekte ist oft die Umsetzung des User Interface-Designs in einen Styleguide sowie in einen Klickdummy, die auf Basis von User Research und Design-Iterationen entstanden sind. (Details zu unserem Vorgehen folgen als Übersicht in Kapitel 5, »Data-Driven UX Design«, und ausführlich in Kapitel 8 bis Kapitel 13.)

Ein *Styleguide* ist hierbei ein Dokument, das unseren Kunden mitteilt, welche User Interface-Elemente es gibt, wie diese aussehen und wie sie angeordnet werden (siehe dazu auch Abschnitt 11.12.8, »Der Styleguide«). Ein *Klickdummy* wiederum ist ein Prototyp des späteren User Interface, der die Workflows und gegebenenfalls Animationen zeigt (siehe Abschnitt 11.9, »Klickdummys«).

Am Projektende übergeben wir unseren Kunden damit eine bereits mit Nutzern getestete und somit validierte Bauanleitung, die anschließend genutzt wird, um das User Interface im Anschluss effizient umzusetzen. Hierbei ist die Effizienz in der Umsetzung ein Maß für den Erfolg der Usability und User Experience Design-Maßnahme. Schaffen wir es, die Umsetzung durch Entwickler stark zu verkürzen und damit die Entwicklungskosten zu senken, dann lohnt sich die Investition. Zusätzlich entsteht durch dieses Vorgehen die Sicherheit, dass das Produkt und das User Interface mit echten Nutzern gut funktionieren werden und somit teure Korrekturen mit dem großen Entwicklerteam ausbleiben.

Aus Rückmeldungen von verschiedenen Kunden haben wir gelernt, dass durch dieses Vorgehen die gesamte Produktentwicklung etwa um den Faktor 5 bis 10 schneller wird – abhängig davon, wie groß der Einfluss der User Researchs auf den vorher geplanten Funktionsumfang ist. Wenn erstmalig User Research eingesetzt wird, zeigt sich regelmäßig, dass einige Features, die durch den Hersteller als notwendig eingestuft wurden, von den Kunden und Nutzenden gar nicht benötigt werden. Dadurch sinkt die Entwicklungszeit.

Durch den Einsatz von Usability und User Experience Design kann aber auch die Produktivität eines Systems deutlich gesteigert werden. Konkrete Zahlen konnte uns hierzu ein Hersteller von Sicherheitssystemen an Flughäfen geben, bei dessen Kunden die Anzahl der geprüften Passagiere nach der Neugestaltung verdreifacht werden konnte im Vergleich zum Bestandssystem. Zusätzlich wurden durch die vereinfachten Oberflächen die Trainingszeiten um ca. 25 % reduziert, die das Personal vor seinem Einsatz an den Stationen benötigt. Ein Vergleich der Qualität der Überprüfungen zwischen Alt- und Neusystem zeigte dabei keine Veränderung.

Einfacher fällt die Messung des Erfolgs bei B2C-Apps, die aus einem App-Store heruntergeladen werden können. Hier könnten wir nach einer Iteration (Test der bestehenden Variante und anschließendes Redesign mit Fokus auf Usability und User Experience) Verbesserungen der App-Store-Wertung von im Schnitt einem Stern beobachten (bei Apps, die sehr gut starten, ist es weniger; bei Apps, die schlecht starten, mehr).

Damit schließen wir unser Nähkästchen wieder und springen zu den Beispielen, um das Thema Metriken noch zu vertiefen.

3.6 Praxisbeispiel: Messung des ROI bei MoveHub

Betrachtet man unser erstes Beispiel – MoveHub, die B2C-Mobilitäts-App für jede Gelegenheit –, dann ist die Ableitung der gewünschten Metriken in diesem frühen Stadium noch extrem schwierig. Da weder die Lösung noch das endgültige Geschäftsmodell steht, kann an dieser Stelle eigentlich nur geraten werden, was MoveHub als unternehmerischen Erfolg werten sollte.

Ein typisches Ziel in so einem frühen Stadium wäre beispielsweise das Gewinnen neuer Nutzer. Da es sich bisher ja nur um eine Idee handelt, würde sich die Gewinnung erst einmal darauf beschränken, dass Personen eine Interessensbekundung abgeben und sagen: »Ja, das kann ich mir vorstellen. Das würde ich gerne nutzen.«

Die Logik dahinter: Wenn Personen Interesse haben, dann entsteht dadurch eine Nutzerbasis. Mit vorhandener Nutzerbasis lassen sich anschließend verschiedene Geschäftsmodelle realisieren. Sollten sich aber keine oder viel zu wenige Nutzer finden, dann gibt es bereits ein grundlegendes Problem.

Patrick hatte das ja zum Glück – anders als die meisten Start-ups – erkannt und Svenja und Lars davon überzeugt. Die drei wollen, anstatt mit der Programmierung der App weiterzumachen, jetzt erst mal einen Beweis dafür finden, dass ihre Idee Potenzial hat. Das ist sinnvoll, denn nur mit diesem Wissen lohnt sich die weitere Entwicklung. Könnten sie den Beweis finden, wäre es zudem leichter, Investoren zu finden – schließlich basiert dann das Geschäftsmodell nicht mehr auf Bauchgefühl, sondern auf Daten.

Zu einem späteren Zeitpunkt wäre es für MoveHub dann interessant, ob tatsächlich Nutzer gewonnen werden, um die gleiche Annahme zu überprüfen. Gibt es also bereits eine App, dann sollten die drei auf die Anzahl der Downloads sowie auf die tatsächlichen Nutzungszahlen schauen. Mögliche weitere Maßzahlen wären die Bewertung im App-Store sowie Support-Anfragen für Hilfestellungen oder bei technischen Schwierigkeiten. Ist bereits ein Geschäftsmodell vorhanden, sollten die drei Gründer natürlich auch direkt den Umsatz sowie den Gewinn als Metriken für den unternehmerischen Erfolg betrachten.

Einen tatsächlichen Return on Investment für Usability und User Experience Design-Maßnahmen für MoveHub zu berechnen, würde sich jedoch – wie eingangs gesagt – als schwierig herausstellen. Da die Anwendung komplett neu ist und es noch keine Vorgängerversion gibt, fehlt der Vergleich. Ohne eine »Vorher«-Version ist unklar, ob und inwieweit eine Steigerung stattgefunden hat. Um trotzdem eine Metrik für Erfolg zu haben, könnte die absolute Bewertung der späteren Anwendung geeignet sein. Alternativ könnten die Werte für Kundengewinnung oder Bewertung im App-Store mit Durchschnittswerten anderer Anwendungen verglichen werden, wenn hierfür Daten vorliegen. Ist die App bereits einige Zeit verfügbar und wird sie weiterentwickelt, gibt es natürlich die gesuchte Vergleichsmöglichkeit. Hier könnten die drei Gründer dann den ROI bestimmen, indem sie die Metriken von einem älteren Release mit dem neusten vergleichen.

3.7 Praxisbeispiel: Messung des ROI bei BusinessBooster

Für die B2B-Anwendung BusinessBooster ist die Berechnung des ROI deutlich leichter als im vorhergehenden Abschnitt für MoveHub. Der Grund dafür ist, dass hier bereits eine bestehende Software vorhanden ist und alle Daten direkt miteinander verglichen werden können.

Aufgrund der aktuellen Situation – wir erinnern uns: die ursprünglich erfolgreiche Software ist in die Jahre gekommen und die Verkaufszahlen gehen stetig nach unten, und die ersten Ideen einer technischen Überarbeitung kamen bei den wichtigsten Kunden nicht gut an – liegt der Fokus von Markus Meier und seinem Team auf der Überarbeitung der Usability und der User Experience sowie auf der Optimierung des visuellen Designs. Hiervon erhofft er sich, dass die Verkaufszahlen des BusinessBoosters deutlich anziehen und mehr Personen die Probeversion in den laufenden Betrieb übernehmen.

Zusätzlich wünscht sich Herr Meier einen Rückgang der Beschwerden und Rückmeldungen über die veraltete Software. Im besten Fall reduziert sich auch die Anzahl der Support-Anfragen, die mit schwer oder nicht auffindbaren Informationen zu tun haben. Sollte das gelingen, wäre Herr Meier extrem begeistert.

Fragt man Herrn Meier nach seiner Idealvorstellung, dann wäre das Ergebnis, auf einer hohen Ebene zusammengefasst, dass mehr Personen sein Produkt kaufen, es länger verwenden und dass weniger Betreuungsaufwand für die Kunden entsteht. Um die eigene Position auf dem Markt wieder stärker zu festigen, wird gerade im Team noch darüber diskutiert, ob eine Art Partnerprogramm geeignet sein könnte, um Empfehlungen für die eigene Software von Bestandskunden zu erhalten.

An dieser Stelle im Prozess liegen also konkrete Ziele vor, aber noch keine quantifizierten Ziele. Damit hat das Unternehmen eine gute Basis, um im nächsten Schritt Metriken für den unternehmerischen Erfolg zu finden. Einige kamen bereits im Text vor, aber wir wollen sie noch mal übersichtlich darstellen. BusinessBooster könnte in dieser Situation beispielsweise folgende Maßzahlen ansehen:

- die Verkaufszahlen von BusinessBooster – Hier liegt das übergeordnete Ziel, denn die sinkenden Verkaufszahlen sind die Hauptmotivation für die Umgestaltung.
- die Anzahl der Downloads der Probeversion – Schafft man es, mehr Personen dazu zu bringen, BusinessBooster zu testen, dann erhöht sich auch die Chance, einen Kunden zu gewinnen.
- der Anteil der Unternehmen, die die Probeversion genutzt haben und Kunde oder kein Kunde geworden sind
- die Anzahl der Beschwerden und Rückmeldungen zur Optik
- die Anzahl der positiven Rückmeldungen zu den Funktionen und der Optik
- die Anzahl der Support-Anfragen
- die Wirksamkeit des Partnerprogramms – Hierzu bräuchte man beispielsweise Informationen über die Anzahl der Empfehlungen, die zu einem Download der Probeversion und Kauf führen.
- die Nutzung der Software selbst, z. B. über einen Aufruf von Kernfunktionen
- ...

Wir könnten die Liste noch eine ganze Weile fortführen, wollen es aber bei diesen Beispielen belassen. Wenn das Team von BusinessBooster diese Maßzahlen vor einer Usability und User Experience Design-Maßnahme erhebt und sie mit einer Erhebung nach der Durchführung vergleicht, dann bietet das den einen Teil der ROI-Berechnung (*Gewinn*). Der andere Teil ist der investierte Aufwand, der bei BusinessBooster eine Mischung aus eigenen Ressourcen und externen Dienstleistern ist (*eingesetztes Kapital*).

3.8 Praxisbeispiel: Messung des ROI bei Healthyfy

Der Blick auf Healthyfy ist in Bezug auf die zu betrachtenden Metriken für unternehmerischen Erfolg sehr spannend. Dadurch, dass es sich um eine Plattform handelt, die sowohl Patienten als auch Ärzte adressiert, ist das Vermittlungsportal Healthyfy sowohl ein B2B- als auch ein B2C-Produkt. Daraus ergibt sich, dass Metriken aus beiden Bereichen relevant sind, um zu überprüfen, ob die Usability und User Experience Design-Maßnahmen die gewünschte Wirkung erzielen.

Da Healthyfy weitgehend als Self-Service gedacht ist, stellt die Anzahl der erfolgreich eingerichteten Accounts im Verhältnis zu den begonnenen Registrierungen für beide Bereiche eine interessante Metrik dar. Sollten viele Registrierungen abgebrochen werden, wäre das ein schlechtes Zeichen und Ansatzpunkt für weitere Verbesserungen.

Das Portal ist zudem nur interessant, wenn sowohl Ärzte als auch Patienten in ausreichender Anzahl vorhanden sind. Das bedingt sich für Healthyfy gegenseitig, da Patienten nicht auf die Plattform kommen, wenn keine Ärzte registriert sind, und Ärzte die Plattform nicht nutzen, wenn keine Patienten da sind. Um ein solches »Two-sided market«-Problem zu lösen, werden oft künstliche Anreize für eine oder beide Seiten geschaffen, um sich früh zu registrieren. Metriken könnten beispielsweise die absolute Anzahl an Registrierungen für beide Seiten sein.

Außerdem könnte das Team das Aufeinandertreffen der beiden Zielgruppen – also z. B. die Anzahl der vermittelten Termine – messen, da hier für beide Seiten der Wert gestiftet wird.

Da Sophia mit ihrem Team zusätzlich dem Mutterkonzern beweisen muss, dass sich die Ausgründung von Healthyfy als Spin-off lohnt, wird ein Großteil der Metriken so gewählt werden, dass sie Aussagen über die Bereitschaft zur Nutzung eines solchen Portals zulassen sowie Rückschlüsse auf die Zahlungsbereitschaft der Kunden (auf der einen oder anderen Seite) erlauben. Zudem wird die Veränderung der Werte über die Zeit – allen voran das Wachstum der Nutzerzahlen – sehr im Fokus stehen, da der Nutzen einer Plattform dann am höchsten ist, wenn viele Personen (in diesem Fall also anbietende Ärzte und kranke Patienten) das Angebot nutzen.

Zusammengefasst sind auch bei Healthyfy die Ziele die Basis für die Auswahl der geeigneten Metriken, die vielfältig sein können. Wie auch bei BusinessBooster können die ausgewählten Metriken anhand von einer älteren und einer aktuellen Entwicklungsversion verglichen werden, um den Fortschritt zu beurteilen. Zusammen mit dem investierten Aufwand ergibt sich für Healthyfy der Return on Investment.

Kapitel 4
Wie »mache« ich Usability und User Experience Design?

4

»Viele Wege führen nach Rom.«
– Jean de la Fontaine (Schriftsteller)

Über die letzten Jahrzehnte haben sich viele verschiedene Ansätze entwickelt, die Ihnen dabei helfen sollen, Produkte, Systeme und Dienstleistungen mit einer guten Usability und User Experience zu entwickeln. Wir möchten Ihnen in diesem Kapitel verschiedene Ansätze vorstellen, mit denen die Usability und die User Experience optimiert werden können. Die Auswahl der vorgestellten Ansätze erfolgte dabei primär aufgrund ihrer Bekanntheit. Dadurch können wir sicherstellen, dass Sie problemlos an Diskussionen mit anderen Usability und User Experience Professionals teilnehmen können.

Alle vorgestellten Ansätze sind Ansätze, mit denen wir durch unsere Kunden in unserer täglichen Arbeit konfrontiert werden und über die wir mit Kunden sprechen. Zusätzlich haben wir über die Jahre einen eigenen Ansatz entwickelt, in dem wir diejenigen Elemente der anderen Prozesse, die für uns am besten funktionieren, miteinander kombinieren.

Wir werden die Ansätze dabei so beschreiben, dass Sie einen ersten Einblick in das generelle Vorgehen und in den Ablauf bekommen. Aber wir werden nicht zu sehr ins Detail gehen, damit wir nicht mehr Verwirrung stiften, als Hilfe bereitzustellen. Zu jedem einzelnen Vorgehen gibt es weitere Quellen – Normen, Bücher oder Artikel –, die Ihnen helfen, die jeweilige Methode im Detail zu verstehen. Sie werden merken: Viele der Ansätze haben ähnliche Wurzeln und unterscheiden sich oft nur im Detail. Das macht es allerdings leichter, die Elemente zu identifizieren, die für Usability und User Experience Design wichtig sind.

Abgeleitet von den Gemeinsamkeiten der Prozesse, werden wir Ihnen am Ende dieses Kapitels unsere Mindestanforderungen an einen sinnvollen Usability und User Experience Design-Prozess vorstellen. Darauf aufbauend, leiten wir dann in Kapitel 5, »Data-Driven UX Design«, unseren eigenen Prozess ab und stellen diesen dann in Kapitel 8 bis Kapitel 13 im Detail vor.

4.1 Die Norm ISO 9241-210 – Menschzentrierte Gestaltung interaktiver Systeme

Der wohl älteste und in der Usability und User Experience-Welt am weitesten verbreitete Prozess für das Usability und User Experience Design stammt aus einer ISO-Norm. Die Norm, um die es geht, ist die ISO 9241-210. Sie trägt in der deutschen DIN-EN-Variante den charmanten und eingängigen Titel »Ergonomie der Mensch-System-Interaktion – Teil 210: Menschzentrierte Gestaltung interaktiver Systeme«.

Erstmalig wurde die Norm im Jahr 1999 veröffentlicht, damals noch unter dem Namen »Benutzer-orientierte Gestaltung interaktiver Systeme«. Aber auch heute noch, nach mehr als 20 Jahren, ist die Grundidee der Norm die gleiche geblieben und der Ansatz universell einsetzbar. Wenn wir ehrlich sind, dann bauen viele der späteren Modelle auf der Grundidee auf. Die Ähnlichkeit der verschiedenen Prozesse untereinander ist sehr deutlich, weswegen wir diese Norm direkt zu Beginn vorstellen möchten.

Wenn Sie die Norm kaufen würden, dann hätte diese ganze 43 Seiten, auf denen die menschzentrierte Gestaltung interaktiver Systeme vorgestellt wird. So ausführlich werden wir den Prozess hier nicht einführen. Trotzdem möchten wir Ihnen den Grundgedanken des Prozesses nahebringen, da er an so vielen Stellen – übrigens auch in unserem Data-Driven UX Design-Prozess, den wir in Kapitel 5 im Detail vorstellen werden – so einflussreich zu spüren ist.

Die Grundidee dieser ISO-Norm ist es, interaktive Systeme (Produkte oder Dienstleistungen) zu entwickeln, die eine gute Usability aufweisen. Um das zu erreichen, werden die späteren Nutzenden des Systems mit ihren Erfordernissen und Anforderungen in den Fokus der Entwicklung gestellt. Ihr Ziel ist es, dass die Anwender der Norm mithilfe von Kenntnissen in den Bereichen Ergonomie, Human Factors und Usability ein geeignetes Design schaffen.

Abgesehen von den vielen Fachbegriffen, klingt das eigentlich recht einfach. Und wenn wir ehrlich sind, dann ist es das auch. Der Charme der menschzentrierten Entwicklung besteht darin, dass die Grundprinzipien leicht zu verstehen sind. Die Schwierigkeit besteht darin, dass es lange dauert, diese tatsächlich zu meistern. Selbst mit viel Erfahrung bleibt Usability und User Experience Design jedoch eine Disziplin, die auf Austausch und gegenseitiger Beratung fußt, da es viele verschiedene Lösungsmöglichkeiten gibt. Das sind übrigens die Situationen, die wir am meisten lieben.

Die menschzentrierte Entwicklung ist ein eigenes Vorgehen, das Sie problemlos in andere Vorgehen integrieren können. Unabhängig davon, ob die technische Entwicklung Ihres Systems, Ihres Produkts oder Ihrer Dienstleistung in Form eines Wasserfallmodells (lineares Vorgehen mit aufeinander aufbauenden und nacheinander ablaufenden Schritten) oder einer agilen Entwicklung geschieht, ist es möglich, einen menschzentrierten Gestaltungsprozess zu integrieren.

Als Grundvoraussetzung gilt, dass die Gestaltung des Systems, Produkts oder der Dienstleistung auf einem umfassenden Verständnis der Nutzer, Aufgaben und Arbeitsumgebung basiert. Dabei wäre ein theoretisches Verständnis, das am Schreibtisch durch Recherche (Stichwort: *Desk Research*) erlangt werden kann, aber nicht ausreichend. Es geht um ein Verständnis, das durch die direkte Einbeziehung der Nutzenden in die Gestaltung und Entwicklung erreicht wird. Über verschiedene Methoden werden Rückmeldungen der Nutzenden zu den Gestaltungslösungen gesammelt. Diese Rückmeldungen fließen anschließend in die Überarbeitung der Lösungen ein. So entsteht iterativ ein Produkt, ein System oder ein Service, der die Anforderungen der Nutzenden berücksichtigt und die gesamte User Experience optimiert.

Damit dies möglich wird, geht die ISO 9241-210 davon aus, dass die Gestaltung durch ein Team mit fachübergreifenden Kompetenzen umgesetzt wird. Die benötigten Kompetenzen variieren je nach System, Produkt oder Dienstleistung. Sie müssen daher für Ihr Projekt und Ihr Unternehmen auswählen, welche Kompetenzen im konkreten Fall benötigt werden. Ganz allgemein betrachtet, können Sie Expertise aus verschiedenen Bereichen in Ihr Projekt einbinden. Folgende Sichtweisen sind hilfreich:

- strategische Sichtweise (z. B. Geschäftsanalyse, Systemanalyse, Marktanalyse)
- Entwicklungssichtweise (z. B. Hardware-, Software-Entwicklung)
- Vermarktungssichtweise (z. B. Marketing, Sales)
- Gestaltungssichtweise (z. B. Arbeitswissenschaft und Ergonomie, Usability, Barrierefreiheit, Produktgestaltung/Design)
- Expertensichtweise (z. B. Nutzende, Experten mit Fachwissen in der Anwendungsdomäne).

Alle Sichtweisen helfen dabei, ein gelungenes System, Produkt oder eine gelungene Dienstleistung zu gestalten. An welcher Stelle und in welchem Umfang Sie die Sichtweisen einbeziehen, bleibt Ihnen überlassen. Aber rein formal betrachtet, können Sie nur dann einen menschzentrierten Gestaltungsprozess haben, wenn Sie die Expertensichtweise – also die Sichtweise der Nutzenden – regelmäßig und aktiv in Ihr Projekt einbringen. Diese Sichtweise stellt also keine Kür, wie so oft gelebt, sondern die Pflicht dar.

Der menschzentrierte Gestaltungsprozess umfasst insgesamt 6 Schritte, wobei der erste und der letzte Schritt der Start in den Prozess bzw. das Ende des Prozesses sind. In der Abbildung 4.1 sehen Sie einen Überblick.

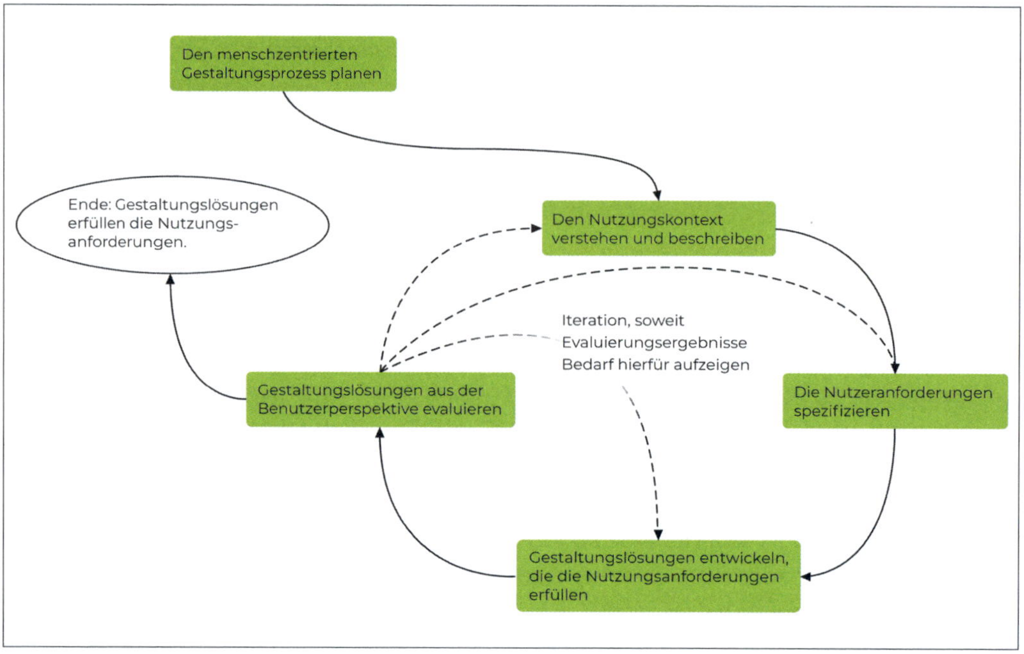

Abbildung 4.1 Menschzentrierter Gestaltungsprozess nach DIN EN ISO 9241-210

4.1.1 Schritt 1: Planen des menschzentrierten Gestaltungsprozesses

Der erste Schritt ist die Planung des menschzentrierten Gestaltungsprozesses. Dabei muss zuerst entschieden werden, wie groß der Aufwand ist, der in die Erreichung einer guten Usability und User Experience gesteckt werden soll bzw. muss. Als Orientierungshilfen gibt die Norm dabei drei Kernfragen vor:

1. In welcher Beziehung steht die Usability zum Zweck und Gebrauch des Systems, Produkts oder der Dienstleistung?
2. Welche Risiken können sich aus einer geringen Usability ergeben?
3. In welcher (wirtschaftlichen) Umgebung erfolgt die Entwicklung?

Weitere Hilfestellungen bei der Festlegung des Umfangs werden allerdings nicht gegeben. Hier sind Sie also mit Ihren Schlussfolgerungen auf sich selbst gestellt.

Sobald Sie den Umfang der menschzentrierten Aktivitäten festgelegt haben, müssen Sie diese inhaltlich planen. Dazu gehören:

1. die Identifikation von geeigneten Methoden und Ressourcen
2. die Definition von Verfahren zur Integration der menschzentrierten Entwicklung in andere Entwicklungstätigkeiten
3. die Festlegung von Verantwortlichkeiten

4. die Festlegung von Informations- und Rückmeldewegen
5. die Definition von Meilensteinen
6. die zeitliche Planung des menschzentrierten Gestaltungsprozesses

Mit diesen ganzen Informationen können Sie dann loslegen und den menschzentrierten Gestaltungsprozess in die Gesamtentwicklung einbetten. Das ist notwendig, weil am Ende eines menschzentrierten Gestaltungsprozesses für gewöhnlich kein fertiges System, Produkt bzw. keine fertige Dienstleistung steht, sondern eine Bauanleitung. Diese Bauanleitung beschleunigt im Anschluss die Umsetzung erheblich – bei einer Wasserfallplanung die Umsetzung von großen Teilen des Gesamtprodukts, bei agilen Entwicklungen die Umsetzung von einzelnen Bausteinen des Produkts.

4.1.2 Schritt 2: Verstehen und Beschreiben des Nutzungskontexts

Kein System, kein Produkt bzw. keine Dienstleistung wird unabhängig von der organisatorischen, technischen, sozialen oder physischen Nutzungsumgebung verwendet, sondern ist immer Teil von ihr und wird durch sie beeinflusst.

Im zweiten Schritt wird daher der *aktuelle Nutzungskontext* analysiert, um dann den zukünftigen Nutzungskontext festzulegen. (Eine Definition von »Nutzungskontext« finden Sie in Abschnitt 2.2.5.)

Ein guter Startpunkt für das Verstehen des Nutzungskontexts kann für Sie die Betrachtung bestehender oder ähnlicher Systeme sein. Die wenigsten Systeme, Produkte oder Dienstleistungen sind komplett neu und einzigartig. In den meisten Fällen werden Sie feststellen, dass die Nutzenden das gleiche Problem oder die gleiche Aufgabe heute schon auf eine andere Art und Weise lösen. Dort können Sie ansetzen. Haben Sie bereits eine Lösung auf dem Markt, dann können Sie auch dort ansetzen.

Eine Betrachtung der Ist-Situation hilft zu verstehen, wie die Nutzenden ihre Aufgaben gerade lösen. Dadurch entdecken Sie Stärken und Schwachstellen aktueller Lösungen und können festlegen, wie der zukünftige Nutzungskontext aussehen sollte. Dieses Wissen brauchen Sie für den nächsten Schritt. Um sicherzustellen, dass das Wissen über den Nutzungskontext für die folgenden Schritte zur Verfügung steht, empfiehlt die ISO 9241-210 das Anfertigen einer *Nutzungskontextbeschreibung*. Damit Sie damit auch wirklich etwas anfangen können, sollten mindestens folgende Fragen beantwortet werden:

- Wer sind die Nutzenden und die Stakeholder (siehe Definition in Abschnitt 2.2.4)?
- Welche Merkmale haben die Nutzenden und Nutzergruppen?
- Was sind die Ziele und Aufgaben der Nutzenden?
- In welcher Umgebung kommt das System zum Einsatz?

Wie Sie diese ganzen Informationen dokumentieren, bleibt Ihnen überlassen. Unsere Empfehlungen für die Durchführung und Dokumentation finden Sie im Kapitel zur Nutzungskontextanalyse (siehe Kapitel 9).

4.1.3 Schritt 3: Festlegen der Nutzungsanforderungen

Nach der Nutzungskontextanalyse wissen Sie, wo, durch wen und warum Ihr System, Ihr Produkt oder Ihre Dienstleistung eingesetzt werden soll. Nun geht es darum, dieses Wissen noch ein wenig mehr zu formalisieren und auch prüfbar zu machen. Um dies zu erreichen, formulieren Sie in diesem Schritt die Nutzungsanforderungen. Da es sich um ein menschzentriertes Vorgehen handelt, kann es an dieser Stelle durchaus passieren, dass Sie Anforderungen festlegen, die nur wenig mit der Benutzeroberfläche selbst zu tun haben, sondern Anforderungen an den organisatorischen Kontext sind. Aus unserer Sicht ist das ein Kernelement der menschzentrierten Gestaltung: Sie entwickeln keine App, Software oder sonstige Anwendung – Sie entwickeln eine Lösung, die die Probleme Ihrer Nutzer und deren Aufgaben tatsächlich löst. Wenn das System, das Produkt oder die Dienstleistung durch die Erkenntnisse aus der Nutzungskontextanalyse »größer« wird, dann ist das so.

Bei dem Ableiten der Nutzungsanforderungen berücksichtigen Sie auf der einen Seite die Nutzenden, auf der anderen Seite aber auch weitere Stakeholder. Außerdem leiten Sie Nutzungsanforderungen aus dem Nutzungskontext sowie weiteren Quellen ab. Das könnten zum Beispiel gesetzliche oder regulatorische Anforderungen sein, Normen oder organisatorische Prozesse.

Wenn Sie diese Nutzungsanforderungen sammeln, werden Sie merken, dass es zu Konflikten kommen kann: Nicht alle Anforderungen von allen Seiten können perfekt erfüllt werden. Eine sinnvolle Gewichtung ist entscheidend, um später die richtige Gestaltung finden zu können. Diese Gewichtung sollte im Interesse der Nutzenden durchgeführt werden – aber auch andere Faktoren beinhalten, z. B. Wirtschaftlichkeit.

Bei der Anforderungsliste handelt es sich übrigens nicht um eine einmal definierte und danach statische Liste. In den allermeisten Fällen werden Sie im Laufe des Projekts neue, erweiterte oder präzisierte Nutzungsanforderungen finden, die anfangs noch nicht berücksichtigt waren. Wie Sie bereits in Abbildung 4.1 gesehen haben, ist der Prozess iterativ. Sie dürfen also jederzeit ergänzen. Um den größten Nutzen aus den Nutzungsanforderungen zu ziehen, sollten Sie darauf achten, dass Sie bei der Formulierung der Nutzungsanforderungen folgende Regeln beachten:

- Die Nutzungsanforderungen sollten prüfbar sein. Somit sollte allen Beteiligten eindeutig klar sein, ob eine Anforderung erfüllt ist oder nicht.
- Die Nutzungsanforderungen sollten durch die Stakeholder unterstützt werden.
- Die Nutzungsanforderungen sollten widerspruchsfrei sein.

Vor allem die *Widerspruchsfreiheit* der Nutzungsanforderungen ist ein Thema, das wir hier gerne noch einmal aufgreifen würden, da es sich in der Praxis als besonders kompliziert herausstellt. Schon alleine durch die Tatsache, dass Sie verschiedene Stakeholder in die Gestaltung der Nutzungsanforderungen einbeziehen, werden Sie in Situationen kommen, in denen unterschiedliche Stakeholder Anforderungen formulieren, die sich widersprechen.

Ein Beispiel: In Ihrem Unternehmen entstehen im Entwicklungsteam immer wieder Diskussionen, weil es Streit über eine Funktion gibt. Ein Teil des Teams möchte diese Funktion umsetzen, ein anderer Teil hält diese Funktion für nicht notwendig. In solchen Situationen müssen Sie sich entscheiden, welcher Sichtweise Sie glauben. Eine gute Variante, um solche Unstimmigkeiten aufzulösen, ist die Einbeziehung der Nutzenden. So können Sie im Anschluss entscheiden, welches Team »recht hatte« oder ob vielleicht sogar eine ganz andere Idee erfolgreicher wäre.

4.1.4 Schritt 4: Erarbeiten von Gestaltungslösungen

Jetzt, da Sie eine erste Vermutung davon haben, was eine gute Lösung ausmacht, starten Sie mit der Entwicklung der *Gestaltungslösung*. Wenn wir von einer menschzentrierten Gestaltung sprechen, dann geht es hier für gewöhnlich noch nicht um eine technische Entwicklung. Vielmehr geht es darum, dass Sie es schaffen, in dieser Phase der menschzentrierten Gestaltung Gestaltungslösungen zu finden, die im Anschluss eine Bewertung durch die Nutzenden und Stakeholder ermöglichen. Die Bewertung selbst wird dann im nächsten Schritt durchgeführt – aber in diesem so weit vorbereitet, dass wir in der Iteration etwas lernen.

Um eine Bewertung vornehmen zu können, brauchen Stakeholder und Nutzende eine konkrete Lösung, die bewertet werden kann. Dazu geeignet sind zum Beispiel Szenarien, Bilder von einzelnen User Interface-Teilen, Simulationen oder Prototypen, die die Nutzenden dabei unterstützen, zu verstehen, wie sie später mit dem System, Produkt oder der Dienstleistung interagieren würden. Es müssen aber die Funktionalitäten nicht tatsächlich technisch realisiert werden. Es reicht an dieser Stelle, »im Hintergrund« alles so einfach wie möglich aufzubauen. Wenn Sie beispielsweise einen Chatbot benötigen würden, dann brauchen Sie den nicht zu programmieren, sondern können für das Nutzerfeedback einen Menschen in den Nebenraum setzen, der den Chatbot simuliert.

Wichtig bei dieser Art von menschzentrierter Gestaltung ist also, dass Sie möglichst schnell, einfach und kostengünstig zu einem Prototyp kommen, der sich für einen Nutzertest eignet. Warum? Weil Sie die Prototypen im nächsten Schritt mit Nutzenden testen und in den meisten Fällen im Anschluss anpassen werden. Je schneller, einfacher und kostengünstiger Sie die Prototypen herstellen können, umso schneller können Sie lernen und Ihre Gestaltungslösung verbessern. Damit geht auch einher, dass Ihre (und auch unsere) ersten Prototypen für gewöhnlich ziemlich einfach sind und mit zunehmender Sicherheit in der Gestaltung immer ausgefeilter und produktähnlicher werden.

Wichtig ist aber ebenfalls, dass Sie sich schon im Entstehungsprozess mit den späteren Umsetzern absprechen. Sie können sich – und ihnen – viel unnötige Arbeit sparen, wenn Sie frühzeitig in die Kommunikation einsteigen. Das gilt nicht nur für die finale Gestaltungslösung, sondern auch für die Zwischenschritte auf dem Wege.

Wir wollen an dieser Stelle bezüglich der Gestaltung nicht weiter ins Detail gehen, da wir uns in diesem Kapitel auf die Prozesse an sich fokussieren. Unsere Empfehlungen für die Gestaltung und den Aufbau der Prototypen folgen daher als Übersicht in Abschnitt 5.2.5 und im Detail in Kapitel 11, »Der Data-Driven UX Design-Prozess im Detail – Gestaltungslösungen entwickeln«.

4.1.5 Schritt 5: Evaluieren der Gestaltung

Der letzte inhaltliche Schritt des menschzentrierten Gestaltungsprozesses ist die Bewertung der Gestaltungslösung. In den meisten Fällen sollte diese Bewertung durch und mit den Nutzenden stattfinden. Der Grund: Alle sogenannten »Expertenbewertungen« (also ohne den Einsatz von Nutzenden) können Ihnen Rückmeldungen zu einzelnen Aspekten geben, aber für gewöhnlich nicht zur Akzeptanz und nicht ausreichend dazu, ob die Lösung zu den Aufgaben der Nutzenden passt. Beide Aspekte sind jedoch entscheidend für den späteren Erfolg Ihres Systems, Produkts oder Ihrer Dienstleistung. Nur in Ausnahmefällen sollten Sie von dieser Regel abweichen. Geeignete Ausnahmefälle könnten sein, wenn Sie frühzeitig schwerwiegende Usability-Probleme identifizieren möchten. Dazu sind Expertenbeurteilungen meistens sehr gut geeignet.

Wenn Sie nach ISO 9241-210 die Gestaltung evaluieren, dann geht es vor allem darum,

- neue Informationen zu Anforderungen der Nutzenden zu erhalten,
- Stärken und Schwächen der Gestaltungslösung zu verstehen,
- zu prüfen, ob die Nutzungsanforderungen erfüllt wurden,
- verschiedene Varianten miteinander zu vergleichen und
- einen späteren Vergleich mit einem Referenzwert zu ermöglichen (Benchmarking).

Für die Durchführung der Bewertung stehen Ihnen eine Vielzahl von Methoden zur Verfügung, die in der Norm nicht weiter detailliert werden. Wir stellen Ihnen geeignete Methoden in Kapitel 12, »Der Data-Driven UX Design-Prozess im Detail – Gestaltungslösungen evaluieren« vor. Die meisten der dort vorgestellten Methoden beinhalten eine Bewertung durch die Nutzenden. Wir werden Ihnen jedoch auch Expertenmethoden ohne Nutzerbeteiligung vorstellen. Außerdem gibt es Methoden, die die Bewertung nicht nur punktuell, sondern über einen längeren Zeitraum vornehmen.

Das Ziel der Bewertung nach ISO 9241-210 ist, dass Sie verstehen, ob etwas geändert werden muss und, wenn ja, was geändert werden muss und in welche Richtung. Die Bewertung ist also der Schritt, bei dem Sie entscheiden, ob Sie fertig sind mit Ihrer Gestaltungslösung oder ob Sie noch einmal in den Prozess einsteigen müssen und, wenn ja, an welcher Stelle Sie das tun. In dem Moment, in dem Sie feststellen, dass keine neuen Nutzungsanforderungen aufgetaucht sind, Sie mit Ihrer Lösung die bereits bekannten Nutzungsanforderungen erfüllen und die Bewertung der Gestaltungslösung hinsichtlich Usability und User Experience gut genug ist, sind Sie fertig und beenden den Prozess.

4.1.6 Fazit

Der menschzentrierte Gestaltungsprozess nach ISO 9241-210 stellt so etwas wie das Urmodell der menschzentrierten Gestaltung dar. In der ein oder anderen Form werden Sie die hier genannten Elemente bzw. Prozessschritte in anderen Prozessen immer wiederfinden und immer wieder berücksichtigen. Viele der Prozesse, die wir gleich zeigen, sind eine leicht andere Darstellung oder legen einen anderen Schwerpunkt wie die Norm ISO 9241-210, haben aber den gleichen Kern. Wundern Sie sich also nicht, wenn Ihnen viele der vorgestellten Prozesse irgendwie bekannt vorkommen.

4.2 Design Thinking

Design Thinking hat in den letzten Jahren viel Aufmerksamkeit erhalten und sich erfolgreich den Weg in große, mittlere und auch kleine Unternehmen erkämpft. Die Suche nach »Design Thinking« bei der Suchmaschine Google wirft mehr als 1,1 Milliarden Treffer in weniger als einer Sekunde aus. *1,1 Milliarden!* Es ist deshalb auch kein Wunder, dass auf dem Markt verschiedene Design-Thinking-Modelle und -Prozesse mit einer unterschiedlichen Anzahl von Schritten und Stufen existieren.

Die Grundidee der Design-Thinking-Ansätze ist jedoch immer gleich: Es geht darum, Probleme zu lösen und neue Ideen zu entwickeln, die aus Anwendersicht überzeugend sind. Dabei wird davon ausgegangen, dass die besten Lösungen entstehen, wenn Personen aus unterschiedlichen Disziplinen gemeinsam an der Lösung eines Problems arbeiten – und das in einem kreativen Umfeld nach einem zielführenden Prozess. Wie bei Usability und User Experience Design ist der Begriff *Design* hier nicht mit der engen deutschen Verwendung des Worts gleichzusetzen, sondern mit der englischen Bedeutung, die für »Entwicklung« oder »Gestaltung« steht. Die Wurzeln des Ansatzes liegen also in einem breiteren Denkansatz der Gestaltung, verglichen mit dem eher technisch-kognitiven Ansatz der ISO 9241-210. Im Ergebnis sind dabei jedoch beide Ansätze erstaunlich ähnlich.

Die Lösungen werden an den Bedürfnissen und Motiven der späteren Kunden und Nutzenden orientiert und mehrfach gemeinsam getestet. Explizit betont Design Thinking oftmals auch noch das Zusammenspiel von drei Kernaspekten, die gelungene Lösungen und Innovationen mitbringen:

- der Nutzen für den Menschen
- die technologische Umsetzbarkeit
- die wirtschaftliche Marktfähigkeit

Um nicht alles noch komplizierter zu machen, haben wir uns für dieses Buch aber am 6-Schritte-Ansatz des Hasso-Plattner-Instituts orientiert (siehe Abbildung 4.2). Dieser Ansatz legt den Fokus auf den Nutzen für den Menschen (also auf den ersten Punkt).

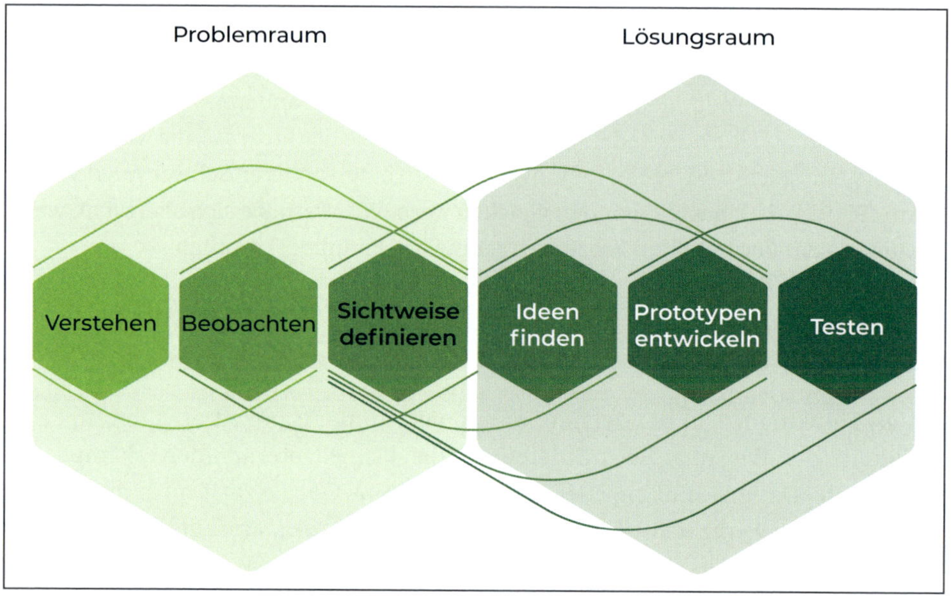

Abbildung 4.2 Design-Thinking-Prozess mit 6 Stufen nach dem Hasso-Plattner-Institut (Quelle: hpi-academy.de)

Im Folgenden werden wir die 6 Schritte des Prozesses einzeln darstellen. Bitte behalten Sie jedoch im Kopf, dass es sich – auch wenn wir die Schritte einen nach dem anderen aufführen – bei Design Thinking um einen iterativen Prozess handelt, der mehrfach durchlaufen wird und immer wieder zwischen den verschiedenen Stufen vor- und zurückspringt. Dabei wird der Fokus mit jeder Iteration enger und die entwickelten Prototypen werden detaillierter sowie die Testfragen gezielter.

Während zu Beginn oft noch der Fokus auf dem »Was?« liegt, geht es am Ende vor allem um das »Wie?« der Umsetzung. Diese Aufteilung des Design-Thinking-Prozesses in zwei unterschiedliche Schwerpunkte zeigt sich auch in der Betrachtung der Schritte:

- Die ersten drei Schritte sind sehr stark mit der Analyse des *Problemraums* beschäftigt. Hier geht es darum, ein einheitliches Verständnis von der Problemstellung für alle Beteiligten zu erreichen.
- Die zweite Hälfte des Design-Thinking-Prozesses (Schritte 4 bis 6) ist hingegen mit dem *Lösungsraum* beschäftigt. Hier werden geeignete Lösungen für die Problemstellung aus der ersten Hälfte gefunden.

Dieses getrennte Vorgehen erweist sich vor allem für verzwickte Probleme (*Wicked Problems*, siehe auch Rittel & Webber, 1973) als hilfreich. *Verzwickte Probleme* sind solche, bei denen es viele Faktoren gibt, die auf das Problem einzahlen und deren Faktoren selten voneinander losgelöst zu betrachten sind. Zudem stehen für sie viele verschiedene Lösungsmöglichkeiten zur Verfügung. Dies führt für gewöhnlich dazu, dass wenig analysiert und direkt in Lösungen gedacht wird, weil Lösungen konkreter und damit leichter zu begreifen sind. Die bewusste Trennung beider Schritte unterstützt jedoch dabei, die Analysephase gründlich durchzuführen.

4.2.1 Schritt 1: Verstehen

Der erste Schritt im Design-Thinking-Prozess ist das *Verstehen*. Beim Verstehen geht es darum, eine gemeinsame Auffassung von der Problemstellung und dem Problemraum zu erarbeiten. In den meisten Fällen gibt es – gerade bei der Beteiligung von verschiedenen Disziplinen und Bereichen – große Unterschiede in dem, was eigentlich gelöst werden soll. Der erste Schritt hilft daher bei der Problemklärung und ermöglicht das Setzen eines ersten gemeinsamen Fokus.

Wie bereits erwähnt wurde und wie auch in Abbildung 4.2 anhand der Linien erkennbar ist, handelt es sich bei Design Thinking um einen iterativen Prozess. Das bedeutet, dass ein einmal gefasstes Problemverständnis nicht endgültig ist und an verschiedenen Stellen im Design-Thinking-Prozess immer wieder angepasst werden kann. Sie legen sich also nicht final fest, wenn Sie sagen: »Dieses Problem wollen wir lösen!« Sondern Sie entscheiden sich für eine erste Richtung und ein erstes gemeinsames Verständnis. Folgendes Zitat fasst das sehr gut zusammen. Sie können gern einmal raten, wer die Protagonisten sind:

Figur 1: Would you tell me, please, which way I ought to go from here?

Figur 2: Well, that depends on where you want to get to.

Figur 1: Oh it really doesn't matter as long as I...

Figur 2: Then it really doesn't matter which way you go.

Damit wollen wir auf Folgendes hinaus: Wenn Sie kein Ziel für Ihr Design-Thinking-Projekt haben, also kein Problem, das Sie gemeinsam lösen möchten, dann gibt es auch keine gemeinsame Richtung, in die Sie gehen sollten. Dann ist alles, was Sie tun, richtig und falsch im gleichen Moment.

Dieses wunderbare Zitat begleitet uns seit Jahren in vielen unserer Schulungen und Vorträge und wir haben es uns zur Gewohnheit gemacht, auch dort die Protagonisten erst einmal nicht zu nennen. Das Zitat stammt aus dem Disney-Film »Alice in Wonderland«, der 1951 erschienen ist. Die Figuren sind Alice (Figur 1) und die Grinsekatze, im Original »Cheshire Cat« (Figur 2). Wir finden, dass macht das Zitat nicht schlechter. Hoffentlich teilen Sie diese Meinung.

Dieses gemeinsame Verständnis erarbeiten Sie, indem Sie alles zusammentragen, was Sie über das Problem zum aktuellen Zeitpunkt wissen. Dazu können Sie bestehende Studien durchsuchen, im Internet recherchieren, intern nach vorhandenen Vorarbeiten fragen und mit Experten im Unternehmen sprechen. Alles, was Ihnen hilft, die Fragestellung besser zu verstehen und einzugrenzen, ist in Ordnung.

Diese Informationen fügen Sie anschließend zusammen und versuchen, die Kernaussagen in Bezug auf Ihre Problemstellung zu identifizieren. Das bildet die Basis für Ihre Hypothesen. Hypothesen sind als unbewiesene Annahmen zu verstehen. Sie sollten also jetzt eine ungefähre Vorstellung davon haben, wem Sie wobei helfen möchten. Ob Ihre Hypothesen richtig sind, werden Sie im nächsten Schritt feststellen.

4.2.2 Schritt 2: Beobachten

Im diesem Schritt geht es darum, sowohl ein noch besseres Verständnis vom Problemraum zu erhalten als auch die vorhandenen Hypothesen zu überprüfen. Wenn Sie in Schritt 1 vor allem für sich und mit Ihrem Team und den internen Stakeholdern gearbeitet haben, dann wagen Sie in Schritt 2 den Schritt nach draußen und sprechen mit den Nutzenden und Betroffenen.

Unter den Begriff *Beobachten* fällt hier die ganze Palette der User-Research-Werkzeuge: von tatsächlichem Beobachten über Befragen bis hin zu diversen Mischungen davon. Der Standardspruch der Design-Thinker an dieser Stelle lautet: »Get out of the Building!« Das heißt so viel wie: »Raus aus dem Haus!«

Im Schritt *Beobachten* versuchen Sie, Empathie für die Zielgruppe und ihre Probleme aufzubauen. Durch den direkten Kontakt finden Sie heraus, ob das Problem, das Sie für Ihre Zielgruppe lösen wollen, tatsächlich existiert – oder ob Sie das nur angenommen haben. Das Ergebnis dieses Schritts kann eine Bestätigung Ihrer Annahmen, eine leichte Korrektur oder eine komplette Änderung sein.

Design Thinking greift dabei in weiten Teilen auf ähnliche Methoden zurück wie der menschzentrierte Entwicklungsprozess, hat aber einen stärker qualitativen Fokus. Während klassische Usability-Methoden oft zählend und messend unterwegs sind, ist man beim Design Thinking gerade in den Anfangsphasen regelmäßig beobachtend und beschreibend tätig. Damit greift Design Thinking oft weiter als die ISO 9241-210, weil eine größere Offenheit und Flexibilität in Bezug auf den Problemraum und den Lösungsraum besteht, als dies für gewöhnlich bei rein Usability- und User Experience-bezogenen Ansätzen der Fall ist.

Die Auswahl der genauen Methode zur Nutzerbeobachtung bzw. -befragung bleibt Ihnen und der Situation überlassen. Einige der Methoden, die hier geeignet sind, finden Sie in dem Detailkapitel zur Nutzungskontextanalyse (siehe Kapitel 9). Wenn Sie noch mehr Methoden kennenlernen möchten, dann empfehlen wir Ihnen zum Beispiel das Buch »Das Design Thinking Toolbook« von Michael Lewirk, Patrick Link und Larry Leifer (2020).

Nach Abschluss des zweiten Schrittes haben Sie Daten aus der Befragung und Beobachtung der Nutzenden und Kunden gewonnen, die Ihnen helfen, den Problemraum besser zu verstehen und ein Gefühl dafür zu bekommen, ob Ihre Annahmen zutreffend waren.

4.2.3 Schritt 3: Sichtweise definieren

Nachdem Sie in Schritt 1 Hypothesen zu dem zu lösenden Problem definiert und nun in Schritt 2 Daten aus der Beobachtung gesammelt haben, kommt in Schritt 3 der erste Moment der Wahrheit: Sie fassen alle gesammelten Daten zusammen und entscheiden sich für eine Sichtweise. So können Sie, basierend auf allen vorangegangenen Schritten, die *Design Challenge* festlegen und damit Ihre Zielsetzung bestimmen.

Dazu erstellen Sie zunächst eine Übersicht über alle Erkenntnisse aus der Beobachtung. Das kann zum Beispiel in Form von *Personas* (Kurzzusammenfassungen der wichtigsten Eigenschaften und Ansichten der Zielgruppe) als auch in Form von *User Journey Maps* (grafisch aufbereitete Übersichten über die Schritte der Nutzenden) geschehen. Anschließend prüfen Sie, welche Ihrer Annahmen korrekt waren und welche nicht.

In der Praxis kommt es nun oft zu einer ersten Überarbeitung: Sie redefinieren, welches Problem Sie tatsächlich lösen wollen. Eigentlich können Sie sich diesen Schritt auch schon als eine erste kurze Iteration von Schritt 1 vorstellen – im Design-Thinking-Prozess ist er aber separat aufgeführt und geht auch noch darüber hinaus.

Nach Abschluss des dritten Schrittes haben Sie die erste Hälfte des Design-Thinking-Prozesses – und damit die Analysephase – erfolgreich abgeschlossen. In der Gesamtbetrachtung von allem, was Sie bis hierher gelernt haben, definieren Sie nun die

Design Challenge. Die Design Challenge dabei legt fest, was Sie im Projekt erreichen wollen. In vielen Fällen wird hier mit der sogenannten *How-Might-We*-Frage gearbeitet. Diese fasst das Kernziel des Design-Thinking-Projekts in Form einer Frage zusammen. Ein Beispiel für die How-Might-We-Frage dieses Buchs könnte sein:

> *»Wie können wir an Usability und User Experience Design interessierten Personen dabei helfen, einen Überblick über das Themengebiet zu erhalten, wenn wir keine Möglichkeit haben, mit ihnen persönlich darüber zu sprechen?«*

Sobald Sie Ihre Design Challenge definiert haben, können Sie in die zweite Hälfte des Design-Thinking-Prozesses starten und sich mit dem Lösungsraum beschäftigen. Und genau damit fangen Sie in Schritt 4 an.

4.2.4 Schritt 4: Ideen finden

Mit dem vierten Schritt, *Ideen finden*, fängt für die meisten der spaßigste Teil des Design Thinkings an. Jetzt geht es darum, kreative Lösungen für die identifizierten Probleme zu finden.

Die Tatsache, dass hier für viele der Spaß beginnt und gerade verzwickte Probleme oft abstrakt und schwer zu analysieren sind, führt in der Praxis regelmäßig dazu, dass dieser Teil zu schnell begonnen wird. Dann ist aber das Ziel nicht klar und das Ergebnis wird nicht gut. Daher ist es uns an dieser Stelle wichtig festzuhalten, dass Sie erst das Fundament aus den Schritten 1 bis 3 inklusive Nutzerbeobachtungen benötigen, um in Schritt 4 wirklich zielführend arbeiten zu können.

Wenn Sie dann aber mit solidem Fundament in Schritt 4 angekommen sind, dann dürfen Sie kreativ werden und mit Ihrem Design-Thinking-Team Lösungen erarbeiten. Dabei können Sie generell alle erdenklichen Kreativmethoden einsetzen, die Ihnen einfallen. Je nachdem, welcher Quelle Sie an dieser Stelle glauben wollen, gibt es Unmengen an verschiedenen Kreativmethoden, die Sie einsetzen können. Das Buch »Creability« (Eppler, Hoffmann & Pfister, 2017) bringt allein zum Beispiel 30 Kreativmethoden für Teams mit.

Zwei zentrale und sehr weit verbreitete Methoden wollen wir Ihnen nun vorstellen: das Brainstorming und das Brainwriting. Auch wenn beide Methoden nicht Design-Thinking-spezifisch sind, haben wir entschieden, diese Methoden vorzustellen, um Ihnen einen ersten Ansatzpunkt für die Kreativphase zu liefern. Natürlich ist der Einsatz beider Methoden aber auch in allen anderen Prozessen möglich.

Brainstorming

Die wohl bekannteste Methode ist das *Brainstorming*. Beim Brainstorming erarbeitet die Gruppe gemeinsam Ideen und dokumentiert diese. Die Erarbeitung erfolgt, indem die Teilnehmer ihre Ideen einfach in den Raum rufen (siehe Abbildung 4.3).

Die Ideen werden dann von einer moderierenden Person aufgeschrieben und für alle sichtbar festgehalten. Die Ideen dürfen durch die anderen Teilnehmer und Teilnehmerinnen weiterentwickelt werden. Es geht nicht darum, selbst die beste Idee zu haben, sondern als Team die beste Idee zu finden. Um das zu erreichen, ist es wichtig, einen möglichst freien und kreativen Raum zu schaffen, in dem auch »wilde« und ungewöhnliche Ideen gefahrlos genannt werden können.

Abbildung 4.3 Brainstorming-Session bei »Custom Interactions«

Damit diese kreative Atmosphäre entsteht, gibt es einige Regeln, die beachtet werden sollten:

- Versuchen Sie, die Ideen so visuell wie möglich zu dokumentieren (z. B. ein kleines Bild zu jeder Idee statt viel Text)
- Keine Kritik an den Ideen während der Sammlung – die Stimmung bleibt positiv.
- Sagen Sie nicht: »Ja, aber...«, sagen Sie: »Ja, und...«, um Wertschätzung für die Ausgangsidee zu zeigen und sie trotzdem besser zu machen.
- Es redet immer nur eine Person.
- Je diverser das Team ist, umso besser sind für gewöhnlich die Ergebnisse.

Brainstorming ist eine gute Methode, um neue Ideen zu entwickeln. In der Umsetzung kann die Anwendung aber herausfordernd sein. Vor allem dann, wenn in Ihrem Team einige sehr laute oder meinungsstarke Persönlichkeiten vertreten sind oder Hierarchieunterschiede eine Rolle spielen, kann es durchaus passieren, dass einzelne Personen das Geschehen stark dominieren. Damit das nicht überhandnimmt, empfehlen wir Ihnen, einen Moderator einzusetzen, der das Team durch die Brainstorming-Session führt und für die Einhaltung der Regeln sorgt – selbst aber nicht inhaltlich teilnimmt.

In den meisten Fällen dauert so eine Brainstorming-Session nur für die Sammlung zwischen 30 und 60 Minuten. Danach sind auch erst einmal alle Ideen aus den Köpfen raus. An diesem Punkt ist es wichtig, sich die Zeit zu nehmen und nicht bei dem ersten Abflauen der Ideen direkt aufzuhören. Die wenigsten Probleme sind so leicht zu lösen, dass ein kurzes Brainstorming in einer Gruppe schlauer Menschen ausreicht – vor allem, wenn Probleme zu lösen sind, die seit Jahren bestehen. Die Ideen, die zuerst kommen, sind oftmals leider auch die Ideen, auf die viele vor Ihnen schon gekommen sind. Lassen Sie sich und Ihrem Team also Zeit.

Falls die Moderation nicht so gut sein sollte, dann kann es durchaus passieren, dass die Stimmung beim Brainstorming kippt. Wenn Ihnen das zu riskant ist oder Sie niemanden an der Hand haben, der die Kunst der Moderation ausreichend gut beherrscht, dann können Sie an dieser Stelle aber problemfrei auf andere Methoden ausweichen. Eine sehr gute Alternative zum Brainstorming (die sich auch in wissenschaftlichen Studien aus den genannten Gründen als überlegen gezeigt hat), ist das sogenannte Brainwriting.

Brainwriting

Brainwriting funktioniert im Prinzip genau wie Brainstorming, nur dass Sie die Zeit für die Ideenfindung vorgeben und anschließend jeder Teilnehmer seine Ideen für sich alleine zu Papier bringt. Im besten Fall geschieht das natürlich auch hier grafisch (siehe Abbildung 4.4).

Abbildung 4.4 Brainwriting-Session bei »Custom Interactions«

Jeder hat also die gleiche Zeit für die Ideenfindung, wird aber nicht von anderen unterbrochen oder kritisiert. Im Nachgang stellt jeder seine Idee den anderen Teilnehmern vor. Meistens führt man dabei schon eine Kategorisierung durch, sodass ähnliche Ideen zusammen aufgehängt werden, um besser den Überblick zu behalten.

Bei Custom Interactions nutzen wir beim Brainwriting oft zwei Phasen: In der ersten Phase werden Ideen aufgeschrieben und dann vorgestellt. In der zweiten Phase werden die Ideen dann noch einmal in Einzelarbeit weiterentwickelt. Die zweite Brainwriting-Phase ist dabei deutlich kürzer als die erste, bringt aber oft noch einmal gute Ideen zutage.

Bewertung der gefundenen Ideen

Egal, ob Sie sich für Brainstorming oder Brainwriting oder eine sonstige Methode entscheiden: Sie werden noch eine weitere Phase anschließen müssen: die Phase der Ideenbewertung. Auch wenn Design Thinking zum Ziel hat, schnell und einfach Ideen zu testen, werden Sie sehr wahrscheinlich nicht in der Lage sein, alle Ihre Ideen zu prüfen. Bei uns entstehen in den meisten Brainstorming- oder Brainwriting-Sessions zwischen 50 und 150 Ideen (siehe Abbildung 4.5).

Abbildung 4.5 Eine typische Ideensammlung nach einer Brainstorming- bzw. Brainwriting-Session

Von diesen Ideen sind natürlich nicht alle einzigartig, aber oft zumindest so unterschiedlich, dass eine Auswahl getroffen werden muss.

Auch für die Auswahl der besten Ideen gibt es viele verschiedene Möglichkeiten. Sie könnten zum Beispiel eine *Bewertungsmatrix* erstellen, anhand derer Sie alle Ideen hinsichtlich der verschiedenen Anforderungen bewerten (siehe Abbildung 4.6). Dieses Vorgehen ist auf jeden Fall sehr analytisch und bietet Ihnen eine gute Chance, dass die wichtigsten Kriterien berücksichtigt werden.

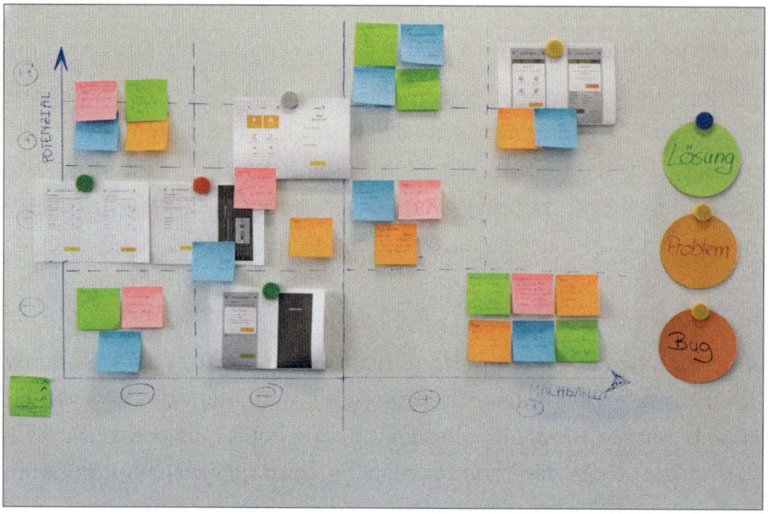

Abbildung 4.6 Bewertungsmatrix nach einer Brainstorming- bzw. Brainwriting-Session

Da viele Anforderungen erst im Laufe einer Entwicklung entdeckt werden, ist es allerdings unwahrscheinlich, dass die Sammlung an diesem Punkt vollständig ist. Wenn Sie gerne schneller vorgehen möchten, dann bieten sich einfache Methoden wie das Kleben von Punkten an, bei denen jeder Teilnehmende eine bestimmte Anzahl von Stimmen hat, die frei auf die einzelnen Ideen verteilt werden dürfen (siehe Abbildung 4.7).

Abbildung 4.7 Punktebewertung nach einer Brainstorming- bzw. Brainwriting-Session

Wir möchten Ihnen an dieser Stelle noch ein weiteres Vorgehen zum Bewerten von Ideen an die Hand geben. Damit können Sie Ihre Ideen »quick and dirty« bewerten.

Das Vorgehen haben wir in einem Workbook von Pauline Tonhauser aus dem Jahr 2018 gefunden. Sie zeigt dort eine Methode, bei der einfach 3 große, sich überschneidende Kreise genutzt werden, um Ideen schnell und einfach in einer Gruppe zu bewerten (siehe Abbildung 4.8).

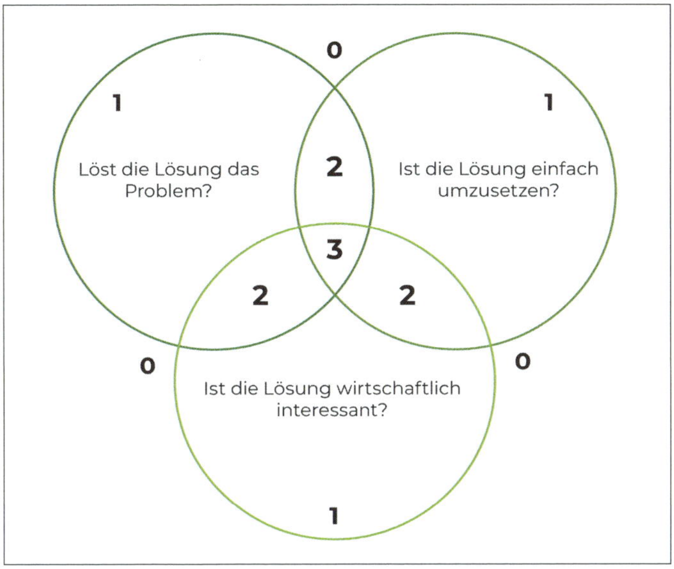

Abbildung 4.8 Eine einfache, aber wirkungsvolle Methode, um schnell Ideen zu bewerten

Jeder Kreis steht dabei für ein eigenes Kriterium. Die Kriterien, die Sie zur Bewertung nutzen, sollten dieselben sein, anhand derer Sie später entscheiden würden, ob die Lösung erfolgreich ist. Typische Kriterien, die gut funktionieren, sind zum Beispiel:

- Löst die Lösung das Problem?
- Ist die Lösung einfach umzusetzen?
- Ist die Lösung wirtschaftlich interessant?

Im Anschluss wird jede Idee als einzelner Zettel eingeordnet. Dabei halten Sie physisch (oder digital) die Lösung über einen Kreis und fragen: *Löst die Lösung* [setzen Sie hier jetzt die Lösung von Ihrem Zettel ein] *das Problem?* Wenn Sie zu dem Entschluss kommen, dass das der Fall ist, dann bleibt der Zettel innerhalb des Kreises. Ist das nicht der Fall, dann legen Sie den Zettel außerhalb des Kreises ab.

Im Anschluss nehmen Sie den gleichen Zettel und fragen sich: *Ist die Lösung* [hier setzen Sie jetzt die Lösung von Ihrem Zettel ein] *einfach umzusetzen?* Wieder entscheiden Sie anhand der Frage, ob der Zettel im Kreis bleibt oder außerhalb des Kreises abgelegt wird.

Zuletzt nehmen Sie den Zettel und fragen: *Ist die Lösung* [hier setzen Sie jetzt die Lösung von Ihrem Zettel ein] *wirtschaftlich interessant?* Auch hier wiederholen Sie den Vorgang.

Wenn Sie das gemacht haben, dann ist Ihr Zettel in einem von vier verschiedenen Bereichen, die auf der Grafik mit den Zahlen 0 bis 3 versehen sind:

- **0:** Die Lösung erfüllt keines der Kriterien und ist damit für die weitere Betrachtung vollkommen uninteressant.
- **1:** Zumindest ein Kriterium wird von der Lösung erfolgreich umgesetzt. Trotzdem ist das zu wenig und Sie können auch solche Lösungen ignorieren.
- **2:** Die Lösung schafft es, zwei von drei Kriterien zu erfüllen. Diese Lösungen können Sie sich für später aufheben.
- **3:** Die Lösung ist ein Volltreffer, weil sie alle Ihre Kriterien erfüllt. Herzlichen Glückwunsch, hier sollten Sie genauer hinschauen!

Wir greifen dieses Vorgehen in Abschnitt 11.4, »Grundsätzliche Lösungsmöglichkeiten entwickeln« erneut auf und spielen dort auch Fälle durch, bei denen Sie keine Lösung oder viele Lösungen im 3er-Bereich haben. Für diesen Abschnitt belassen wir es aber dabei und gehen davon aus, dass Sie jetzt Ihre besten Ideen kennen. Damit sind Sie bereit für den fünften Schritt: das Entwickeln der Prototypen.

4.2.5 Schritt 5: Prototypen entwickeln

Im fünften Schritt des Design-Thinking-Prozesses nehmen Sie Ihre besten Ideen und entwickeln diese zu Prototypen weiter. Im Design Thinking geht es dabei nicht um technische Prototypen, die eine technische Machbarkeit aufzeigen, sondern um Prototypen, die den späteren Nutzenden helfen, das Produkt zu erleben. Hier kommen verschiedenste Materialien zum Einsatz, die schnell zur Hand sind und geeignet sind, erste Ideen zu visualisieren. Typisch sind Zeichnungen, Knete, Lego, Papier und Karton, aber denkbar ist auch jedes andere Material, das ein schnelles Gefühl für das Produkt ermöglicht (siehe Abbildung 4.9).

Egal welche Art von Prototyp gewählt wird, wichtig ist das Level, auf dem der Prototyp präsentiert wird: Da der Prototyp im nächsten Schritt mit den Nutzern getestet werden soll, ist es wichtig, dass die Prototypen das Erlebnis auch auf dem Level präsentieren, auf dem der Nutzer später mit dem Produkt interagiert.

Das heißt konkret: Wenn Sie eine App gestalten wollen, dann zeigen Sie Screens der App und nicht das Schemabild der IT-Infrastruktur. Wie beim menschzentrierten Gestaltungsprozess nach IEC 9241-210 geht es also auch hier darum, möglichst schnell, einfach und kostengünstig zu einem nutzertestgeeigneten Prototyp zu kommen.

Abbildung 4.9 Verschiedene Prototypen aus Design-Thinking-Sessions zu unterschiedlichen Themen

4.2.6 Schritt 6: Testen

Die letzte Phase des Design Thinkings ist das Testen der Prototypen. Hierbei werden die Prototypen echten Nutzern gezeigt. Die Tests können dabei sehr schnell und informell oder ausführlich geplant und lange durchdacht sein. Egal wie Sie vorgehen: Es geht darum, dass Sie Menschen, die das Produkt tatsächlich nutzen werden, mit den Prototypen konfrontieren und von ihnen Feedback bekommen (siehe Abbildung 4.10).

Bei den ersten Prototypen wird ein großer Fokus des Tests und des Feedbacks darauf liegen, ob das Problem richtig verstanden worden ist und ob Ihre Lösung überhaupt eine Hilfestellung leistet. In späteren Phasen wird es dann vor allem darum gehen, ob die gewählten Lösungen gut umgesetzt, leicht verständlich und selbsterklärend sind.

Das Ende des Tests wird immer eine Sammlung der gefundenen Probleme sein. Im Idealfall gibt es schon eine Priorisierung, sodass Sie wissen, welche Probleme Sie als erste angehen müssen und welche weniger wichtig sind. Und von da aus starten Sie in die iterative Überarbeitung. Wenn Sie grundlegende Probleme entdeckt haben, dann springen Sie relativ weit an den Anfang zurück. Wenn Sie nur Detailprobleme entdeckt haben, dann überarbeiten Sie vielleicht nur den Prototyp. Und Sie tun das Ganze so lange, bis irgendwann Ihre Nutzer mit der Lösung glücklich sind.

Abbildung 4.10 Nutzertest in einer frühen Produktentstehungsphase

4.2.7 Fazit

Im Design Thinking dreht sich der erste Teil um das Verstehen des Problems und der zweite Teil um dessen Lösung. Mithilfe der Interdisziplinarität und der ganzheitlichen Betrachtung fördert Design Thinking eine Betrachtungsweise von Problemen, die über das schnelle Springen zu einfachen Lösungen hinausgeht. Stattdessen gelingt es im Design-Thinking-Prozess, den komplexen Vorgang des gestalterischen Denkens in einen einfachen und systematisch nachvollziehbaren Prozess zu gießen, der eine umfassende Betrachtung von Problemstellung und Lösungsraum ermöglicht. Durch die explizite Einbindung von Nutzenden wird dabei sichergestellt, dass die entwickelte Lösung nicht am Markt vorbeigeht.

4.3 Minimum Viable Product (MVP) – das kleinste, sinnvolle Produkt

Das Buch »The Lean Startup« von Eric Ries hat in der Gründerszene einiges an Aufregung verursacht und dazu beigetragen, dass MVP ein üblicher Begriff in der Produktentwicklung geworden ist. Die Idee des Minimum Viable Products ist, dass für Start-ups nicht etwa Ideen oder Kreativität die beschränkenden Ressourcen sind, sondern schlicht und einfach Geld.

Unter Start-up versteht man dabei nicht nur eine (finanzierte) Neugründung, sondern jedes Unternehmen oder jeden Unternehmensteil, der auf der Suche nach einer funktionierenden Geschäftsidee ist. Diese Suche ist meist zeitlich durch die verfügbaren Ressourcen beschränkt. Ein Start-up kann sich sehr einfach ausrechnen, wann das Geld aus ist, indem der Kontostand mit den monatlichen Kosten verglichen wird.

Die Zeit für die Suche nach dem Geschäftsmodell ist aber immer endlich und kann nur verlängert werden, wenn auf lange Sicht eigene Einnahmen generiert werden. Um das zu gewährleisten, ist der Aufbau einer nachhaltig funktionierenden Organisation notwendig, die auf ein solides Geschäftsmodell für einen ausreichend großen Markt zurückgreifen kann.

Daher zielt der MVP-Ansatz nach Ries darauf ab, so schnell wie möglich dieses funktionierende Geschäftsmodell zu entwickeln, in dessen Kern ein Produkt steht, das gut genug ist, um Wert für die Kunden und Nutzenden zu schaffen – und um damit langfristig Geld zu verdienen. So weit, so nachvollziehbar. Aber wie läuft das ab, und wofür steht MVP genau?

MVP ist das Kürzel für *Minimum Viable Product*. Das bedeutet so viel wie »das kleinstmögliche, wertvolle Produkt«. Das Ziel des MVP-Prozesses ist es also, ein Produkt zu entwickeln, das ausschließlich aus den Kernfeatures besteht, die wirklich benötigt werden, um für die Kunden wertvoll zu sein. Alles andere wird zunächst weggelassen.

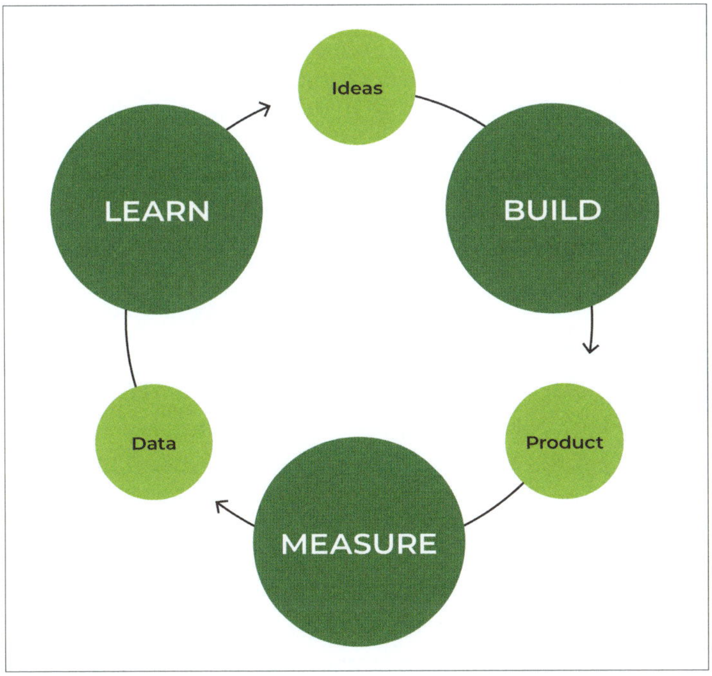

Abbildung 4.11 Der MVP-Prozess nach Eric Ries mit den Schritten »Build«, »Measure« und »Learn«

Durch die Reduktion des Funktionsumfangs und gegebenenfalls auch der -qualität wird es möglich, ein MVP viel schneller auf den Markt zu bringen und damit Geld zu verdienen als ein »vollwertiges« Produkt, das einen ganzen Strauß an Features in höher Qualität mit sich bringt. Wenn Sie also planen, erst einmal eine kleine Version des Produkts zu veröffentlichen, um den Anklang zu testen, dann sprechen Sie höchstwahrscheinlich davon, ein MVP zu entwickeln.

Nach Eric Ries besteht der MVP-Prozess aus drei Kernschritten, die immer wieder wiederholt werden, bis ein MVP im Raum steht, für das die Kunden zu bezahlen bereit sind. Anders als bei den bisher vorgestellten Ansätzen startet der MVP-Prozess aber nicht mit einer ausführlichen Analysephase. Er beginnt mit der Entwicklung selbst, geht dann zum Messen über und endet mit dem Lernen aus den gewonnenen Daten (siehe Abbildung 4.11). Anschließend startet der Zyklus erneut. In den folgenden Abschnitten wollen wir uns die einzelnen Schritte genauer ansehen. Beginnen wir mit der Entwicklung, dem »Build«-Schritt.

4.3.1 Schritt 1: Build

Im ersten Schritt, dem *Build*, geht es darum, etwas zu entwickeln, was für die Nutzer sichtbar und verwendbar ist. Damit ist nicht zwangsweise ein fertiges Produkt gemeint. Es könnte auch eine Website sein oder ein Flyer, auf den Nutzer reagieren können.

Stellen Sie sich vor, Sie würden einen Online-Handel für Reiterbedarf planen. Ihre Vermutung ist, dass vor allem in kleinen Städten in ländlicher Umgebung ein hoher Bedarf an Reitutensilien herrscht. Bevor Sie jetzt also anfangen, einen kompletten Online-Shop zu erstellen, Tausende Produkte einzupflegen und Zuliefererverträge zu unterschreiben, sollten Sie sich fragen, wie Sie Ihre Idee einfacher umsetzen können. Das Ziel ist, den ersten Schritt nicht »final« aufzusetzen, sondern so zu gestalten, dass die Idee testbar ist.

Beispielsweise könnten Sie in einem tatsächlichen Reitsportladen Produkte fotografieren und auf eine einfache Website stellen. Anschließend schalten Sie Werbung auf die Website, verteilen Flyer oder machen bei Reitveranstaltungen über Banner auf sich aufmerksam. Wichtig ist, dass Sie noch nichts umsetzen, was Sie zum Testen der Idee nicht brauchen. Beispielsweise brauchen Sie kein ausgeklügeltes Shopsystem oder tatsächliche Zulieferer.

Sollte eine Bestellung eingehen, dann gehen Sie in den Reitsportladen und kaufen dort das Produkt. Natürlich machen Sie damit keinen Gewinn, sondern Verlust, aber Sie können messen, ob Ihre Idee funktioniert. Im einfachsten Fall könnten Sie sogar einfach nur eine Website aufsetzen, auf der Personen ihr Interesse daran bekunden könnten, informiert zu werden, wenn der Shop online geht. Dadurch würden gar keine Verkäufe realisiert, aber Sie hätten eine erste Möglichkeit, um Interessensbekundungen zu sammeln. Damit wären wir im nächsten Schritt angelangt.

4.3.2 Schritt 2: Measure

Wir haben es eben schon angedeutet: Der MVP-Prozess setzt auf eine rigorose Reduktion im »Build-Schritt«: Bauen Sie nur das, was die Kunden und Nutzenden wirklich brauchen. Das gilt für den ersten Durchlauf genauso sehr wie für jede weitere Iteration. Der MVP-Prozess setzt aber auf der anderen Seite darauf, zu messen, ob das, was Sie machen, erfolgreich ist.

Oftmals wird Erfolg subjektiv gemessen (»gefällt mir« oder »gefällt mir eher nicht«). Wenn Sie ein Start-up sind, dann brauchen Sie Geld – entweder von Kunden oder von Investoren. Gefallen allein ist da kein besonders überzeugendes Argument. Was könnten Sie also messen?

Wenn Sie an das ROI-Kapitel (vor allem an Abschnitt 3.2 »Metriken für den unternehmerischen Erfolg«) denken, dann haben wir Ihnen ja schon eine Reihe möglicher Metriken genannt. Egal für welche objektiven Metriken Sie sich entscheiden (wir würden so etwas empfehlen wie: Käufer, Registrierungen oder wiederholende Nutzung), die Metriken müssen durch Sie messbar sein und in regelmäßigen Abständen immer wieder gemessen werden.

Viele inzwischen riesige Unternehmen haben in der Anfangszeit alle ihre Aktivitäten darauf konzentriert, nur eine bestimmte Kennzahl zu steigern. Bei Dropbox waren es Nutzerzahlen, bei YouTube waren es gesehene Video-Minuten und bei AirBnB waren es Übernachtungen. Der MVP-Prozess selbst fordert aber nicht, dass Sie sich auf eine einzige Kennzahl festlegen. Wichtig ist, dass Sie eindeutig entscheiden können, ob der Ansatz, den Sie gerade fahren, zu Ihrem Ziel beiträgt oder nicht. Nur so können Sie den dritten Schritt im MVP-Prozess erfolgreich einleiten.

Für das Beispiel des Reitbedarf-Online-Shops könnten Sie zum Beispiel die eingegangenen Bestellungen messen oder das Bestellvolumen pro Tag.

4.3.3 Schritt 3: Learn

Im letzten Schritt geht es schlicht und einfach darum, aus den Daten zu lernen. Wie in allen anderen Prozessen, die wir Ihnen bisher vorgestellt haben, geht auch der MVP-Prozess davon aus, dass die erste Idee nicht die finale Lösung sein wird. Wichtig ist also, Daten so zu sammeln und Experimente so zu starten, dass es möglich wird, daraus etwas zu lernen. Prinzipiell geht der MVP-Prozess überwiegend von digitalen Produkten in großer Skalierung aus und überprüft den Erfolg deswegen hauptsächlich quantitativ. Damit das einwandfrei funktioniert, müssen Sie Ihre Experimente aber so gestaltet haben, dass Sie daraus die richtigen Schlüsse ziehen können. Lassen Sie uns das an unserem Reitshop-Beispiel durchgehen.

Stellen Sie sich vor, Sie möchten gerne verstehen, ob ein breit aufgestellter Online-Shop für Reitbedarf oder ein sehr spezialisierter Shop (z. B. nur für Reitbekleidung oder nur für Reitgerten) besser ist. Um das zu prüfen, könnten Sie zwei verschiedene Online-Shops aufsetzen: einen, der viele verschiedene Artikel beinhaltet, und einen, der nur Gerten beinhaltet. Dann könnten Sie auf beide Seiten Werbung schalten und sehen, welcher der Shops mehr Klicks und mehr Bestellungen erreicht. Das wäre ein sauberer Weg.

Wenn aber Ihre Zeit und Ihr Geld beschränkt sind, dann könnte es recht aufwendig sein, beides umzusetzen. Eine Alternative könnte darin bestehen, einen einzigen Online-Shop aufzusetzen, der beides beinhaltet, und im Anschluss nur zwei verschiedene Flyer zu erstellen. Ein Flyer bewirbt ausschließlich den Gertenshop und der andere Flyer den breiten Online-Shop. Beide haben unterschiedliche Links, und Sie prüfen im Nachgang nur, durch welchen Flyer mehr Besucher auf Ihre Seite gelangt sind bzw. mehr Bestellungen eingegangen sind.

Das reduziert für Sie den Aufwand erheblich, aber Sie können trotzdem eindeutig sagen, was besser funktioniert. Wenn Sie hingegen immer den gleichen Link verwenden, dann haben Sie das Problem, dass Sie im Nachhinein gegebenenfalls mehr Bestellungen und Aufrufe haben, aber nicht sagen können, warum das so ist. Sie könnten dann nur feststellen, dass Flyer als Werbemaßnahme funktionieren.

Nehmen Sie also bitte Folgendes mit: Um aus den Daten sinnvoll lernen zu können, müssen Sie Ihre Experimente so aufsetzen, dass eine eineindeutige Zuordnung möglich wird. Sie ändern also immer nur eine Sache gleichzeitig oder machen gezielte Vergleichstests. Mit dem Wissen, was gut funktioniert und was nicht, machen Sie sich anschließend auf in den nächsten MVP-Zyklus, um ein noch besseres MVP zu erstellen, das Ihren Kunden und Nutzern noch mehr Wert bringt.

4.3.4 Fazit

Im Gegensatz zu den bisher gezeigten Ansätzen handelt es sich bei einem MVP nicht um einen Prototyp (technisch vielleicht schon), sondern um ein Produkt, das tatsächlich gekauft oder erworben werden kann. Es kann sein, dass die Nutzer von dem Prototypenstadium wissen. Es kann aber auch sein, dass Sie diese Information gut verstecken. In jedem Fall sollten aber die Nutzenden bereits tatsächlich Kunden sein – also Geld ausgeben, Daten oder sonstige Informationen als Gegenleistung für die Nutzung bereitstellen.

Außerdem geht es nach Eric Ries darum, dass Sie die drei Schritte mehrfach, aber vor allem so schnell wie möglich durchlaufen. Die Annahme dahinter lautet: Wenn jede Iteration Sie besser macht, dann sollten Sie möglichst schnell iterieren. Wenn Sie als Start-up aber nur eine begrenzte Zeit haben, bevor Ihnen das Geld ausgeht, dann müssen Sie möglichst schnell iterieren, um möglichst viel zu lernen. In diesem Fall haben Sie die beste Chance, um mit dem verfügbaren Geld ein MVP zu erhalten, bei dem sich die anschließende Skalierung lohnt. Diese Schnelligkeit erreichen Sie durch das konsequente Weglassen von nicht zwangsweise benötigen Features in Ihrem MVP.

Übrigens: Haben Sie sich bei dem Beispiel im ersten Schritt auch gedacht: »Wer geht denn in einen echten Laden, fotografiert Produkte und stellt sie online?« – Aber das ist genau die Geschichte von einem Gründerteam, das sich 2008 gefragt hat, ob man Schuhe online verkaufen könne (damals war das noch nicht wirklich verbreitet).

Genauer gesagt haben die drei mit Fotos von Flipflops gestartet und eine einfache Website aufgesetzt. Als Kundenservice diente die Handynummer einer der Gründer. Ob das Testen und Verbessern des Business Case geklappt hat? Gehen Sie doch mal auf *www.zalando.de*, und schauen Sie nach.

4.4 Double Diamond

Das Double-Diamond-Modell ist eine weitere Beschreibung eines idealen Vorgehens bei menschzentrierten Designprojekten. Es wurde 2004 vom Britischen Rat für Design (*British Design Council*) entwickelt und ist seitdem weltweit im Einsatz, um die Arbeit von Designern zu strukturieren und zu lenken.

Das Design Council sieht den Double Diamond dabei als umfassendes Rahmenwerk, das nicht nur den Prozess der Designarbeit beschreibt, sondern zusätzlich auch noch Kernprinzipien und Designmethoden bereitstellt, die notwendig sind, um langfristig gute Designarbeit zu leisten.

Die Kernidee des Double Diamonds ist dabei die Integration von sowohl divergentem als auch konvergentem Denken. Beim *divergenten Denken* wird eine Fragestellung ausführlich betrachtet. Dabei kann ein Thema entweder sehr tief oder sehr breit bearbeitet werden. Im *konvergenten Denken* wird anschließend der Fokus auf einzelne Aspekte gelegt.

Ähnlich wie beim Design Thinking findet also eine Wellenbewegung statt, die zwischen breitem und engem Denken abwechselt. Der Double Diamond zeigt dabei insgesamt vier Phasen (siehe Abbildung 4.12), die wir jetzt im Einzelnen kurz darstellen.

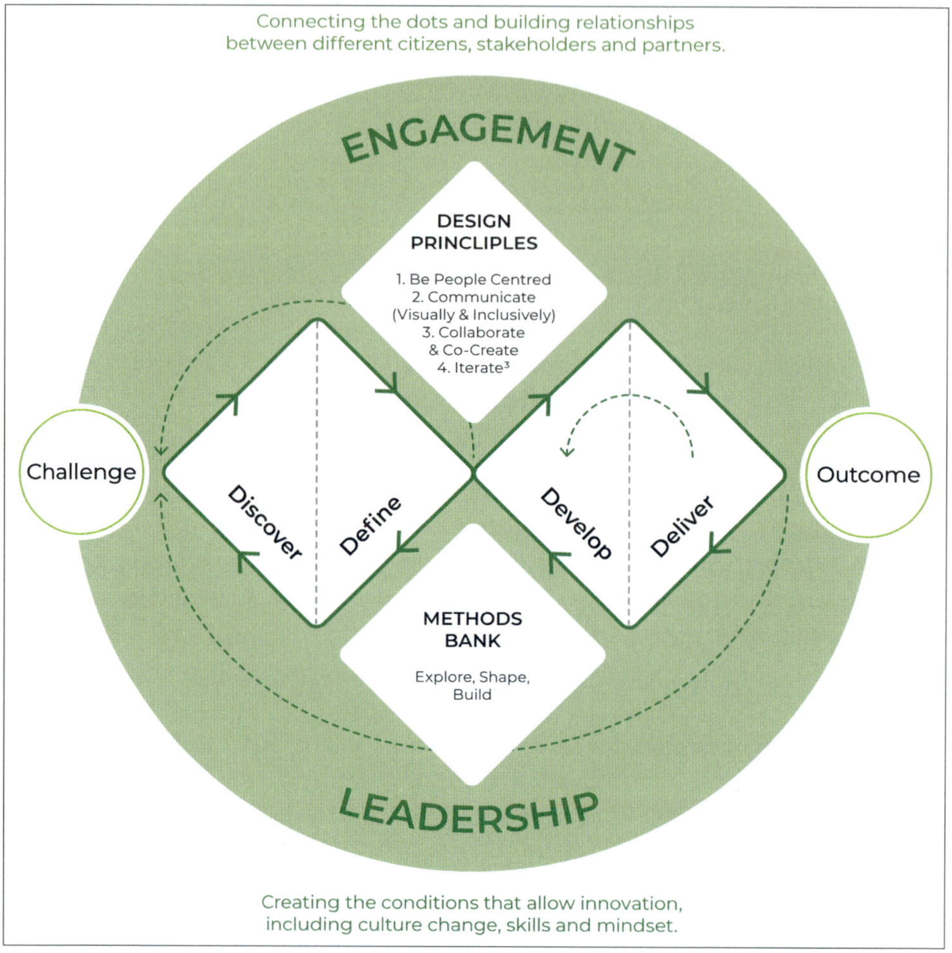

Abbildung 4.12 Das Double-Diamond-Modell nach dem Britischen Rat für Design (Quelle: British Design Council; www.designcouncil.org.uk)

4.4.1 Phase 1: Discover

In der ersten Phase – *Discover* bzw. *Entdecken* – geht es darum, ein tiefgreifendes Verständnis des Problems zu erlangen. Hier wird vor allem der Unterschied zwischen Vermutung und Wissen betont. Es geht also nicht darum, dass Sie ausschließlich einen »educated guess« (dt. *begründete Vermutung*) machen. Stattdessen geht es darum, das Problem in seiner Tiefe und mit seinen Auswirkungen für die betroffenen Personen zu verstehen und dieses Verständnis auch mit Daten zu untermauern.

Der British Design Council wird hier sehr deutlich und schreibt dazu: *»It involves speaking to and spending time with people who are affected by the issues.«* Grob übersetzt also: Dazu gehört es, mit Menschen zu sprechen und Zeit mit Menschen zu verbringen, die von den Problemen betroffen sind. Sie raten also nicht, Sie forschen.

Wenn Sie sich das Modell in Abbildung 4.12 genauer ansehen, dann erkennen Sie die namengebenden zwei Diamanten bzw. Rauten. Die Entdeckungsphase ist dabei eine Phase des divergenten Denkens, denn hier »wird« der Diamant breiter und bekommt mehr Volumen. Sie sammeln also viele verschiedene Informationen und beleuchten viele verschiedene Aspekte.

4.4.2 Phase 2: Define

Um nicht in der Menge an Daten zu ersticken, steht als zweiter Schritt im Double-Diamond-Modell die *Definition*. Sie müssen jetzt also aus den Daten die Geschichte ziehen, der Sie glauben und folgen wollen. Hier kommt es auf Ihr Geschick bei der Analyse von Daten an: Sie müssen verstehen, welche Geschichte die Daten zu erzählen haben.

Aus eigener Erfahrung mit vielen angehenden, aber auch erfahrenen User-Experience-Professionals können wir sagen, dass dieser Schritt vermutlich einer der schwersten ist. Die Fähigkeit, zu verstehen, was das Muster in den Daten ist, erfordert viel Übung und analytisches Geschick. Trotzdem ist der Schritt notwendig, denn ohne die Ableitung des Musters bleiben Sie immer auf einem Niveau, das Ihnen die Gestaltung Ihres Systems, Ihres Produkts oder Ihrer Dienstleistung schwer macht.

Eine typische unverdichtete Aussage wäre beispielsweise: »3 von 10 Personen, mit denen ich gesprochen habe, wünschen sich Funktion Z.« Solange Sie aber nicht das zugrunde liegende Bedürfnis hinter dem Wunsch nach Funktion Z verstehen, werden Sie immer sogenannte »Featurelösungen« entwickeln, die durchaus gut sein können – aber bei denen in der Entwicklung immer auch ein großer Teil Unsicherheit zurückbleibt, ob sie wirklich gut sind.

Der Schritt *Define* soll genau dazu dienen: Sie nehmen sich die Zeit, die Daten gezielt zu analysieren und daraus die Design-Aufgabe abzuleiten. Wie Sie sich inzwischen wahrscheinlich denken können, handelt es sich bei dem Schritt *Define* um einen Schritt des konvergenten Denkens, bei dem Sie die Masse der vielen verfügbaren Informationen auf wenige Kernergebnisse verengen. Aber bitte beachten Sie: *Define* heißt nicht, dass Sie sich aussuchen, welche Daten Sie verwenden wollen! *Define* heißt, dass Sie das Muster in den Daten erkennen und das Muster wählen, zu dem die Daten passen. Mit der *Define*-Phase schließt der erste Diamant des Double Diamonds ab.

4.4.3 Phase 3: Develop

Nachdem Sie in der letzten Phase das Problem klar definiert und benannt haben, denken Sie jetzt wieder breit und suchen nach Lösungen. In dieser Phase geht es darum, zu herauszuarbeiten, welche möglichen Lösungen für Ihr Problem geeignet sein könnten.

Hier wird – wie in vielen anderen kreativ arbeitenden Bereichen – der Fokus auf die gemeinschaftliche Lösungsfindung gelegt. »Gemeinschaftlich« bedeutet dabei: Unterschiedliche Personen, unterschiedliche Perspektiven, unterschiedliche fachliche Hintergründe wirken zusammen. Es sollen weiterhin auch Inspirationen von anderen Stellen (z. B. vergleichbare Probleme, vergleichbare Lösungen, Parallelen in der Natur) gesucht und integriert werden.

Nach dieser kreativen divergenten Phase schließt sich erneut eine konvergente an. Diese wollen wir im nächsten Abschnitt genauer betrachten.

4.4.4 Phase 4: Deliver

In der letzten Phase, *Deliver*, geht es schlussendlich wieder darum, aus den vielen verfügbaren und möglichen Lösungsansätzen den einen Lösungsansatz auszuwählen und umzusetzen, der am besten funktioniert. Der Schritt *Deliver* selbst ist dabei iterativ angesetzt. In ihm werden alle Lösungen prototypisch umgesetzt, wobei es erneut weniger um eine technische Umsetzung, sondern um ein Erlebbar-Machen des Lösungsansatzes aus Nutzersicht geht.

Anschließend finden einfache Nutzertests statt, um erneut echte Meinungen und Daten zu den Lösungsansätzen zu sammeln. Alle Lösungsansätze, die nicht funktionieren, werden aussortiert. Alle Ansätze, die generell funktionieren, werden weiter verbessert, und der beste Ansatz wird schlussendlich final (technisch) umgesetzt.

4.4.5 Kernprinzipien

Zusätzlich zu den Schritten basiert die Idee des Double Diamonds auf einigen Kernprinzipien, die dem Vorgehen zugrunde liegen. Der Vollständigkeit halber erwähnen wir die Kernprinzipien auch kurz, um Ihnen ein vollständiges Bild zu vermitteln.

Insgesamt werden folgende vier Kernprinzipien benannt:

1. Setze Menschen an die erste Stelle.
2. Kommuniziere visuell und integrierend.
3. Arbeite zusammen und gemeinsam.
4. Iteriere, iteriere, iteriere.

Hinter dem ersten Kernprinzip, »Setze Menschen an die erste Stelle«, steht der Glaube, dass ein tiefes Verständnis der Probleme, Bedürfnisse, Stärken und Hoffnungen der betroffenen Menschen die Basis für eine gelungene Lösungsfindung sind.

Menschen sind visuell und können bildliche Informationen viel schneller erfassen als textuelle Information. Deswegen leitet das zweite Kernprinzip dazu an, visuell zu kommunizieren und für alle Beteiligten (Designer oder Nutzer) ein gemeinsames Verständnis zu schaffen. Das ist ein überaus wichtiger Grundsatz, der auch unserer

Arbeit zugrunde liegt. Wir hoffen, dass Sie uns das an dieser Stelle glauben, auch wenn Sie gerade dieses Handbuch mit mehreren Hundert Seiten lesen. Trotzdem bleiben wir bei der Aussage: Eine Idee verschriftlichen wir nicht, wenn es um die Weiterentwicklung oder einen Nutzertest geht, sondern wir visualisieren sie bzw. bauen ein Prototyp.

Das letzte Kernprinzip »Iteriere, iteriere, iteriere« beschreibt noch einmal sehr schön, dass die erste Lösung nicht die letzte Lösung sein wird und dass das Testen der Ideen notwendig ist, um Fehler frühzeitig zu entdecken und um es zu vermeiden, sich in eine Idee zu verrennen.

4.4.6 Fazit

Der Charme des Double Diamonds besteht in der Einfachheit des Modells. Getreu der Kerndisziplin des Britisch Design Councils – nämlich dem Design – ist es gelungen, das Modell einfach, ansprechend und leicht nachvollziehbar zu gestalten. Die vier Schritte sind logisch aufgebaut und leicht nachvollziehbar, setzen sich selbst aber aus einer Vielzahl möglicher Schritte und Methoden zusammen. Der British Design Council bietet auf seiner Website sogar eine Methodensammlung an, die Methoden für die einzelnen Schritte vorschlägt. Mehr Informationen dazu finden Sie unter *https://www.designcouncil.org.uk/*.

4.5 Usability Engineering bei Medizinprodukten nach der Norm IEC 62366-1

Ein Sonderfall bei der Umsetzung von Produkten mit guter Usability ist der Bereich der Medizinprodukte. Medizinprodukte sind besonders, weil Probleme mit der Usability hier deutlich schwerwiegendere Konsequenzen haben können als bei der Gestaltung der meisten anderen Produkte.

Zu Beginn dieses Kapitels haben wir Ihnen bereits die Norm ISO 9241-210 vorgestellt, die erklärt, wie der Prozess zur menschzentrierten Entwicklung aussieht. Eine vergleichbare Norm für den Bereich der Medizinprodukte gibt es von der IEC mit der Nummer 62366-1, in der letzten Erweiterung aus dem Jahr 2020. Diese Norm trägt den Titel »Application of Usability Engineering to medical devices«, also grob übersetzt »Die Anwendung von Usability Engineering bei Medizinprodukten«. Dass es überhaupt eine spezielle Norm für diesen Bereich gibt, macht schon klar, dass Usability Engineering für die Entwicklung von Medizinprodukten eine große Rolle spielt. Tatsächlich handelt es sich bei der Medizintechnikbranche um eine der wenigen Branchen, die den Einsatz von Usability Engineering fordern und bei denen Usability Engineering fester Bestandteil des Zulassungsprozesses ist.

Bevor Sie jetzt in Begeisterung ausbrechen und sagen: »Perfekt, in die Branche muss ich rein!«, eine kleine Warnung vorab: Usability Engineering in der Medizintechnikbranche ist nicht das Gleiche wie beispielsweise Usability Engineering in der Softwarebranche. Tatsächlich übernimmt die IEC 62366-1 zwar die Definition von Usability aus der ISO 9241-11, sagt aber ganz klar, dass es »nur« um die Sicherstellung einer sicheren Bedienung geht. Das Endziel von Usability Engineering bei Medizinprodukten ist die Bereitstellung eines Produkts, dessen Bedienung frei von inakzeptablen Risiken für Nutzer, Patienten und Dritte ist.

Platt formuliert: Durch Bedienfehler soll kein inakzeptabler Schaden entstehen. Das ist für Medizinprodukte direkt nachvollziehbar, da eine Fehlbedienung z. B. falsche Medikationen, Schmerzen, zu späte Behandlungen, falsche Diagnosen oder im schlimmsten Fall den Tod des Patienten zur Folge haben können.

Ein kurzer Hinweis am Rande: Sie sind als *Usability Engineer* für den Bereich *Bedienung* verantwortlich. Für die *Sicherheit* des Gesamtprodukts sind natürlich nicht Sie zuständig, sondern der zugehörige *Risk Manager*. Ihr Fokus liegt auf der Bedienung des Produkts und der Interaktion zwischen Mensch und Produkt.

Als Usability Engineer treffen Sie damit in der Medizintechnikbranche auf eine sehr ungewöhnliche Mischung: Auf der einen Seite ist allen Beteiligten vollkommen klar, dass Usability Engineering gemacht und benötigt wird. Auf der anderen Seite ist das Basisziel kein fantastisches Produkt mit einer super User Experience, sondern die Zulassung und – damit verbunden – das Abhaken aller Anforderungen aus dem Bereich Usability. Eine Situation also, in der wir oft nicht wissen, ob wir lachen oder weinen sollen.

Das heißt nicht, dass es nicht diverse Hersteller gibt, die mit dem geforderten Usability Engineering auch menschzentrierte Entwicklung im Sinne der bisher gezeigten Prozesse verknüpfen und eine herausragende User Experience zum Ziel haben. Gesetzlich gefordert ist das, wie auch in allen anderen Branchen, natürlich nicht.

Im Folgenden möchten wir Ihnen einen kurzen Überblick über den Prozess geben (siehe Abbildung 4.13), damit Sie ein grundlegendes Verständnis vom Usability Engineering für Medizinprodukte erhalten.

Verglichen mit den anderen Prozessen ist der Prozess für Medizinprodukte deutlich umfangreicher und verfügt über mehr Schritte. Viele der Schritte haben mit der Erstellung von Dokumenten zu tun und dienen dem Nachweis, dass Sie die richtigen Dinge getan haben. Das liegt vor allem daran, dass die Medizintechnikbranche deutlich regulierter und komplexer als andere Bereiche ist. Da es hier wortwörtlich um Leben und Tod geht, müssen Sie als Usability Engineer in diesem Bereich auch Ihre persönliche Kompetenz nachweisen. Bevor Sie also in diesen Bereich starten, empfiehlt es sich, zumindest eine grundlegende Schulung besucht zu haben und ein Dokument zu besitzen, auf dem steht, dass Sie die Schulung besucht haben. In der Medizintechnikbranche gilt nämlich: »Was nicht dokumentiert ist, ist nie passiert.«

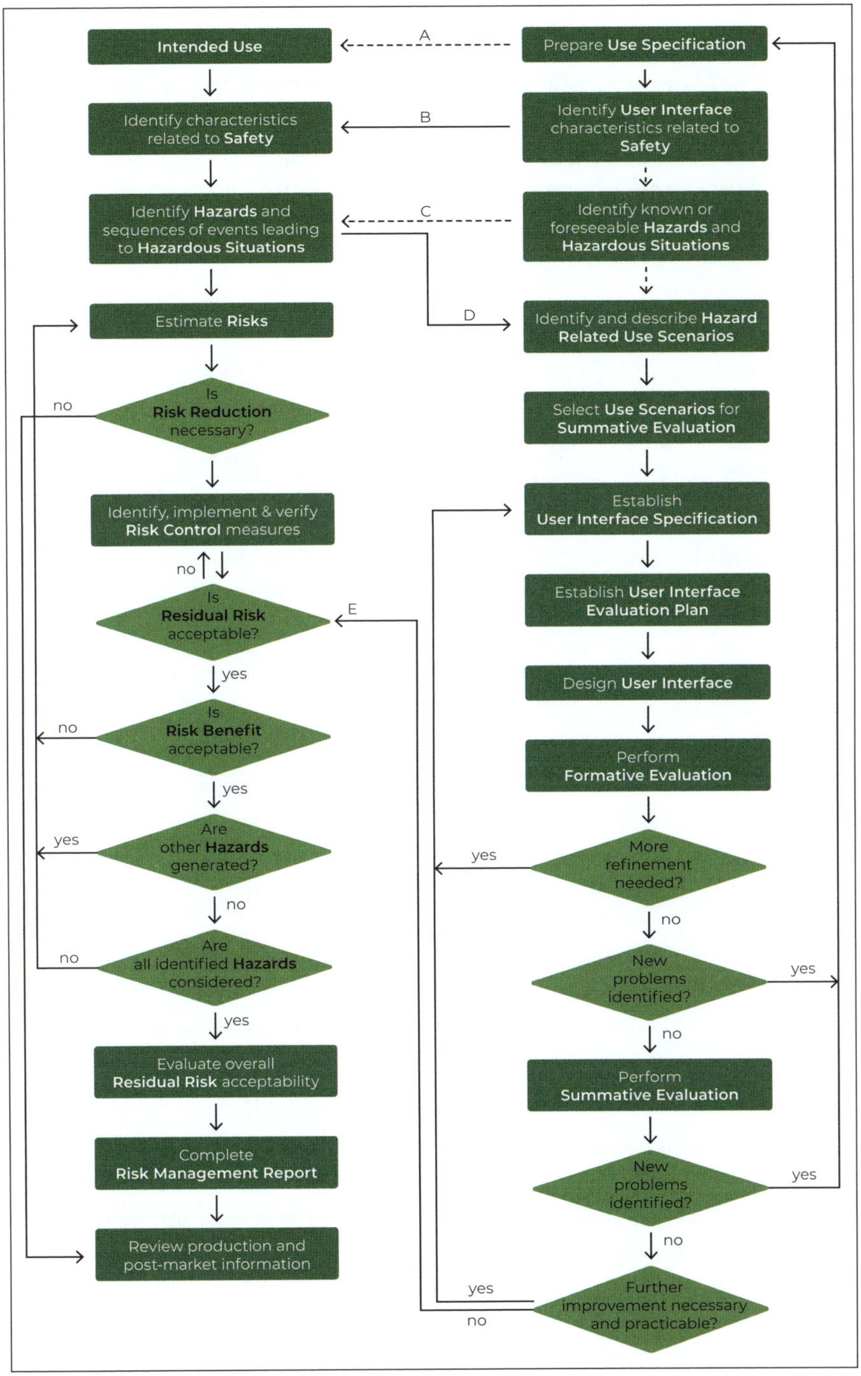

Abbildung 4.13 Der Usability-Engineering-Prozess für Medizinprodukte nach ISO 62366-1. Der eigentliche Usability-Teil ist rechts dargestellt und eng mit dem Risikomanagement (linker Teil) verknüpft.

Wir haben uns dagegen entschieden, den Prozess hier im Detail vorzustellen, da sein Fokus ein ganz anderer ist. Aus zwei Gründen haben wir uns jedoch dagegen entschieden, den Prozess komplett außen vor zu lassen: Erstens ist der Bezug zum Risiko in keinem anderen Prozess so deutlich herausgearbeitet, aber er ist auch für andere Bereiche sehr relevant, zum Beispiel für die Prozesssteuerung. Zweitens beobachten wir, dass die Medizintechnik immer mehr Gewicht bekommt, und möchten zu dem Bewusstsein beitragen, dass bei ihr andere Regeln gelten.

4.5.1 Fazit

Der Usability-Engineering-Prozess für Medizinprodukte ist deutlich kleinteiliger beschrieben als Prozesse aus anderen Bereichen. Viele der Prozessteile beziehen sich bei ihm auf die Einschätzung und Kontrolle der Risiken, die mit der Bedienung des Medizinprodukts in Zusammenhang stehen. Der Prozess ist für Sie ein absolutes Muss, wenn es sich bei Ihrer Lösung um ein Medizinprodukt handelt.

Wenn Ihr System, Ihr Produkt oder Ihre Dienstleistung allerdings kein Medizinprodukt sein sollte, dann wird dieser Prozess in den meisten Fällen eher bedeuten, dass Sie mit Kanonen auf Spatzen schießen.

Einzige Ausnahme: Auch bei der Verwendung Ihres Produkts entsteht ein echtes Risiko für den Nutzer oder dritte Personen. Dann sollten Sie einen genauen Blick darauf werfen, wie der Usability-Engineering-Prozess das Risiko sichtbar und beherrschbar macht.

4.6 Gemeinsamkeiten der beschriebenen Verfahren

Auf den letzten Seiten haben wir Ihnen einige der bekanntesten Modelle zum Erreichen von Gestaltungslösungen mit einer hohen Usability und User Experience aufgezeigt. Bitte verstehen Sie diese Auswahl nicht als erschöpfend. Wir haben hier nur die Modelle aufgenommen, auf die wir in unserer täglichen Arbeit immer wieder treffen und die Sie unserer Meinung nach kennen sollten.

Natürlich gibt es aus anderen Bereichen diverse ähnlich gelagerte Modelle, die auf iterative Verbesserungen abzielen, um eine besonders hohe Qualität zu gewährleisten. Vor allem im Bereich des Qualitätsmanagements bei Prozessen und Fertigungen finden sich viele vergleichbare Ansätze, die ein ähnliches Gedankengut mit sich bringen, z. B. der *Kontinuierliche Verbesserungsprozess* (KVP, siehe ISO 9001 oder Witt & Witt 2006) oder *Kaizen* (siehe Imai 1986). Bei diesen Modellen geht es aber meist um das fertige Produkt. Wenn Sie also feststellen, dass ein Ihnen bekanntes Modell fehlt: Ja, das kann sein. Wenn Sie das Gefühl haben, dass es so wichtig ist, dass alle es kennen sollten, schreiben Sie uns an *handbuch3DUX@custom-interactions.com*, und wir nehmen es in eine weitere Auflage auf.

Das Ziel dieses Kapitels ist, Ihnen nicht ein bestimmtes Modell vorzugeben, sondern klarzumachen, welche Kernprinzipien und Abläufe sich über verschiedene Bereiche, Zeiten und Ansätze hinweg bewährt haben. Wir möchten Sie in die Lage versetzen, selbst zu entscheiden, wie Sie vorgehen möchten. Um das zu ermöglichen, werden wir im nächsten Schritt einmal die wichtigsten Gemeinsamkeiten der Modelle hervorheben. Jeden Abschnitt schließen wir dabei mit einer Frage, die Ihnen helfen soll, den Stand Ihres Teams in diesem Bereich zu hinterfragen.

4.6.1 Analyse der Kundenbedürfnisse

In allen vorgestellten Prozessen steht die Analyse der Kundenbedürfnisse (siehe Abbildung 4.14) ganz am Anfang der Entwicklung.

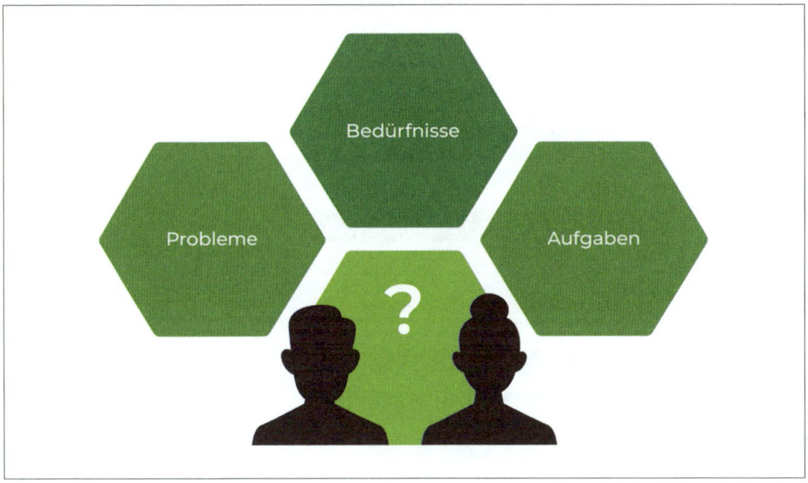

Abbildung 4.14 Nutzer mit (individuellen) Problemen, Bedürfnissen, Wünschen und Aufgaben

Darunter fällt eine Beschäftigung mit den Fragen:

- Wer ist überhaupt mein Kunde/Nutzer?
- Welche Aufgaben hat mein Kunde/Nutzer?
- Welche Probleme möchte mein Kunde/Nutzer lösen?
- Vor welchen Herausforderungen steht mein Kunde/Nutzer bei der Lösung?

Die vorgestellten Prozesse gleichen sich darin, dass ein tiefes Verständnis des Kunden/Nutzers und seiner Ausgangsbedingungen Voraussetzung für den Erfolg einer Lösung ist. Dahinter steht der Gedanke, dass ein System oder ein Produkt nur gekauft und eine Dienstleistung nur genutzt wird, wenn es einen echten Bedarf bei den Kunden/Nutzern gibt. Diesen Bedarf vollständig zu verstehen, stellt die Basis für eine gelungene Lösungsfindung dar. Wissen Sie bereits, welches Problem Ihr Produkt, Ihr System oder Ihre Dienstleistung löst?

4.6.2 Iterative Optimierung der Lösung

Aufbauend auf dem Verständnis des Problems werden anschließend Lösungen entwickelt, die genau auf diese Problemstellung einzahlen. Die Kernfrage hinter jeder Lösung ist dabei nicht die technische (»Welche technische Basis nutzen wir?«, »Welches GUI-Framework wird eingesetzt?«, »Wie sieht die Datenbank aus?«), sondern in einem ersten Schritt immer eine inhaltliche: »Trägt diese Umsetzung dazu bei, das Problem des Kunden/Nutzers zu lösen?«

Da in allen genannten Prozessen der Kunde/Nutzer als finaler Experte für die Produktpassung betrachtet wird, gehen auch alle Prozesse davon aus, dass der Gestaltungsprozess selbst iterativ geschieht, da die erste Lösung nicht die finale Lösung sein wird (siehe Abbildung 4.15).

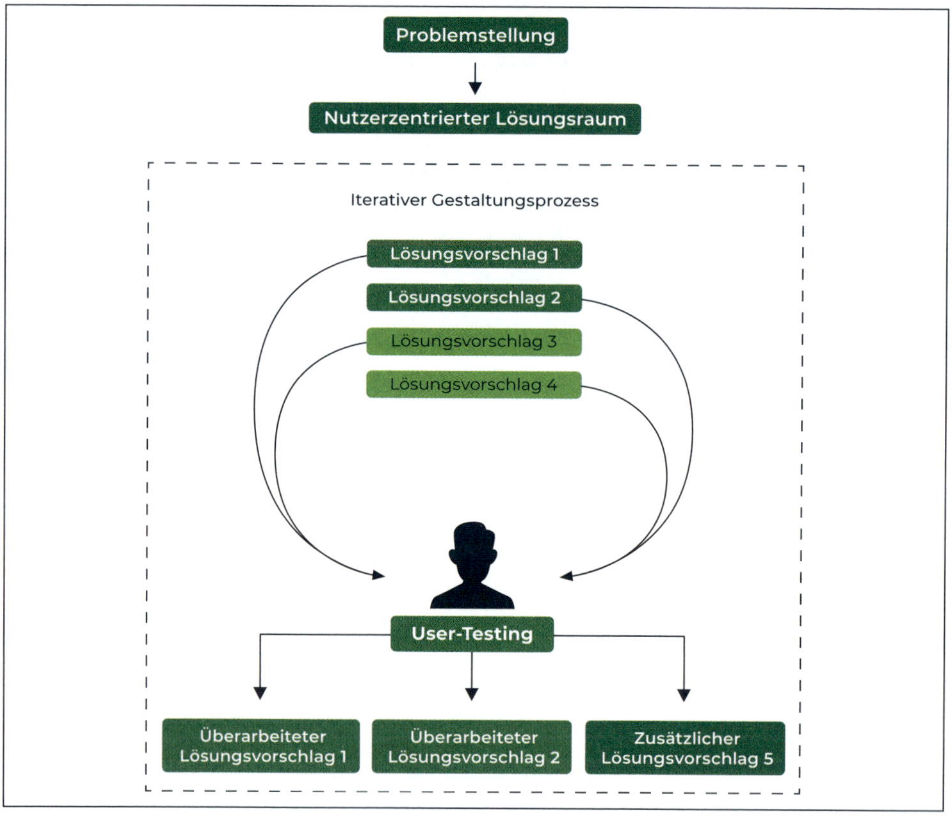

Abbildung 4.15 Entwicklung eines Produkts mit einem menschzentrierten Ansatz. User Testing erlaubt neue Erkenntnisse, und diese führen zum Ausschluss von Varianten und zur Entwicklung von neuen.

Hierbei ist es explizit erwünscht, dass verschiedene Lösungen ausprobiert und getestet werden. Passende Lösungen werden beibehalten und weiterentwickelt, nicht passende Lösungen werden entsorgt. Wann haben Sie das letzte Mal ein Design gestartet mit der ehrlichen Bereitschaft, es »wegzuwerfen«, wenn es nicht passt?

4.6.3 Lernen aus direkter Rückmeldung durch den Nutzer/Kunden

Gerade weil nicht die Designer*innen, Psycholog*innen, Programmierenden, Ingenieur*innen usw. final entscheiden, setzen alle Prozesse auf eine direkte Rückmeldung zur Lösung durch den Kunden/Nutzer. Das kann eine qualitative Rückmeldung in formellen Tests oder über Feedbackformulare sein. Es kann aber auch eine quantitative Rückmeldung über Käufe, Nutzung oder verwendete Features sein, je nachdem, in welchem Stadium der Entwicklung Sie sich mit Ihrem Produkt gerade befinden.

Jeder einzelne der Prozesse misst aber Rückmeldungen durch echte Nutzer. Wie messen Sie – objektiv und subjektiv –, ob Ihre Gestaltung funktioniert? Und damit meinen wir, über die Zufriedenheit der zahlenden Kunden hinaus.

Mit dem Messen ist es aber nicht getan. Zahlen und Informationen zu haben, macht Ihre Lösung nicht erfolgreich. Erst das Lernen aus den Informationen versetzt Sie in die Lage, eine bessere Marktposition zu erhalten. Wichtig ist also, dass Sie die Daten nutzen, um daraus Verbesserungen abzuleiten. Wir haben schon viele Kunden getroffen, die zwar jede Menge Rückmeldungen von ihren eigenen Kunden erhalten, aber nicht wissen, wie sie diese Rückmeldungen systematisch für die Verbesserung der eigenen Lösung nutzen können. Wie stellen Sie sicher, dass Sie nicht nur Sammler, sondern auch Lerner sind?

4.6.4 Schnelligkeit als Zielsetzung

In allen Modellen ist klar, dass die Sicherstellung einer guten Usability und User Experience ein Kernbestandteil der Entwicklung ist, aber eben auch nur ein Teil. In der einen oder anderen Variante gehen alle Prozesse in andere Tätigkeiten über oder übergeben Ergebnisse an andere Bereiche oder Tätigkeiten. Damit Ihre Arbeit im Bereich Usability und User Experience Design so erfolgreich wie möglich ist, ist es wichtig, dass Sie so wenig wie möglich Zeit mit »falschen« Lösungen verbringen und so schnell wie möglich auf den »richtigen« Pfad kommen. So stellen Sie sicher, dass nicht nur Ihre Zeit bestmöglich eingesetzt wird, sondern auch die Zeit aller anderen, die mit Ihrem Input weiterarbeiten.

Wenn Sie selbst in einem Start-up tätig sind, dann ist Zeit für Sie das entscheidendste Kriterium: Ihr Geld reicht nur für eine gewisse Zeit, und irgendwann müssen Sie selbst neues Geld verdienen. Je schneller Sie hier ein erfolgreiches Produkt vorweisen können, umso besser. Alle Prozesse – bis auf den Medical-Prozess – betonen deswegen auch die Wichtigkeit von schnellen Versuchen und der Notwendigkeit, die Durchlaufzeit durch den Prozess (also die Zeit für jede einzelne Iteration) so kurz wie möglich zu halten. Wie schnell sind Sie aktuell, wenn Sie Ihr Produkt überarbeiten?

4.6.5 Erfolg durch Zusammenarbeit

Allein schon die Kerntätigkeiten, die in den Prozessen beschrieben werden, machen klar: Das kann nicht eine Person komplett allein leisten. Es gibt Designanteile, es gibt Konzeptionsanteile, es gibt Research-Anteile (siehe Abbildung 4.16).

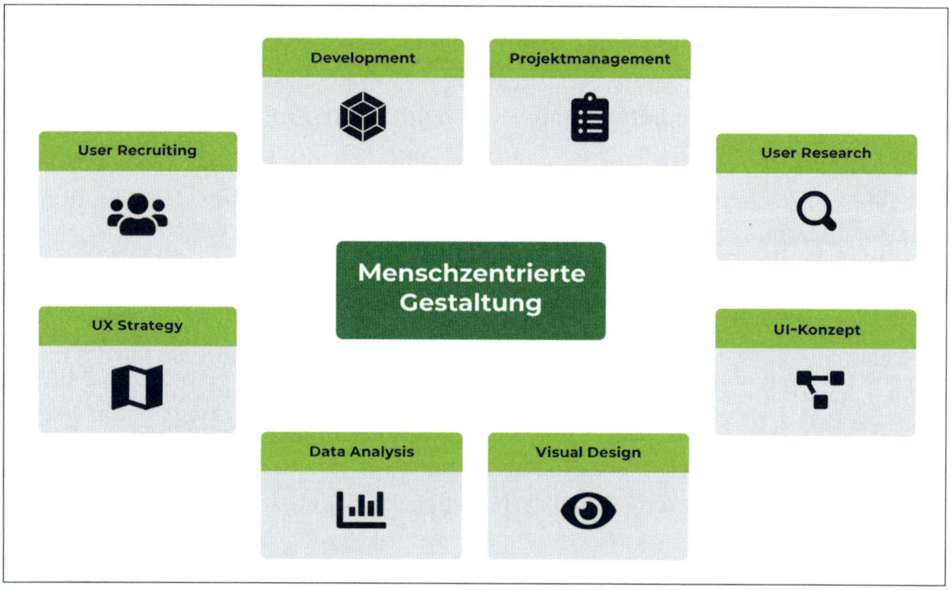

Abbildung 4.16 Verschiedene Kompetenzen, die benötigt werden, um menschzentriert zu entwickeln

Hier kommen viele verschiedene Kompetenzen zusammen. Je komplexer das Problem ist, umso kreativer muss gegebenenfalls auch die Lösung sein. Dabei ist es viel einfacher, komplexe Probleme zu lösen, wenn verschiedene Sichtweisen zusammenkommen und verschiedene Erfahrungshintergründe mitwirken. Welche Kompetenzen und Disziplinen sind gemeinsam mit Ihnen an Ihrem Produkt beteiligt?

4.6.6 Visualisierung als Mittel der Wahl

Beim visuellen Design wird es ziemlich leicht klar, warum die Ergebnisse bildlich dargestellt werden sollten. Aber auch schon für Zwischenschritte, für eine Zusammenfassung des Problems oder für erste Lösungsideen ist eine bildliche Darstellung hilfreich. Bilder sind oft schneller zu erfassen, und man kann sich leichter an sie erin-

Kapitel 5
Data-Driven UX Design

»There is only one boss: the customer. And he can fire everybody in the company, from the chairman on down, simply by spending his money somewhere else.«
– Sam Walton (Unternehmer und Gründer von Walmart)

Nachdem Sie im letzten Kapitel verschiedene Ansätze zur Gestaltung von Lösungen mit einer guten Usability und User Experiencekennengelernt haben, wollen wir Ihnen nun einen Prozess vorschlagen, der die Kernelemente der eben vorgestellten Prozesse kombiniert und für uns in den letzten Jahren in vielen Branchen gut funktioniert hat.

Wir haben uns in unserer täglichen Arbeit – und damit auch für dieses Buch – dagegen entschieden, einfach einen der Prozesse unverändert zu übernehmen, da alle Prozesse Aspekte enthalten, die für die Entwicklung aus unserer Sicht interessant sind. Der Prozess, an dem wir uns im weiteren Verlauf des Buches orientieren, ist jedoch stark an die ISO 9241-210 angelehnt und ergänzt diese um Aspekte der Risikobeurteilung aus der Medical-Norm IEC 62366-1.

Den Prozess, den wir als Grundlage für die Strukturierung der Methoden im weiteren Verlauf nutzen, nennen wir *Data-Driven UX Design* (3DUX). Der Name betont, dass ein Produkt mit guter Usability und User Experience aus unserer Sicht ausschließlich dann gelingen kann, wenn echte Daten aus dem Kontakt mit Nutzern integriert werden. Gestaltungsprozesse, die auf Rückmeldung der Nutzer in allen Formen verzichten, führen höchstens durch Glück zum Erfolg. Das ist nicht der Weg, den wir Ihnen gerne aufzeigen möchten.

Lassen Sie uns als Erstes also damit beginnen, die Zielsetzung und den Data-Driven UX Design-Prozess im Überblick vorzustellen. Dabei geht es uns in erster Linie noch einmal darum, Ihnen zu erläutern, welche logischen Schritte Sie zeitlich durchlaufen sollten. Die Methoden zu den einzelnen Schritten und einen vertiefenden Einblick in jeden Schritt selbst erhalten Sie im Anschluss in Kapitel 8 bis Kapitel 13. Im Anschluss an die kurze Darstellung des Prozesses gehen wir noch einmal darauf ein, welche Art und welche Menge von Daten wir – abhängig von der Flexibilität und dem Risiko Ihrer Anwendung – für die Verwendung im Prozess empfehlen würden.

5.1 Das Ziel des Data-Driven UX Design-Prozesses

Unser erklärtes Ziel ist es, Ihnen einen Prozess an die Hand zu geben, der Sie dazu befähigt, Produkt- und Geschäftsentscheidungen fundiert anhand von Daten und nicht anhand Ihres Bauchgefühls zu treffen – und zwar unter deutlich stärkerer Berücksichtigung der mit der Produktnutzung einhergehenden Risiken, als dies andere Prozesse außerhalb der Medizintechnik gewöhnlich tun.

In unseren Projekten treffen wir immer wieder auf Kunden, die seit Jahren verzweifelt in ihren Unternehmen einen Glaubenskrieg darüber ausfechten, welche Features in Produkten benötigt werden oder auch nicht. Ob ein bestimmtes Produkt von den Nutzern verwendet werden würde oder eben auch nicht. Nicht selten zieht sich die Diskussion in den Abteilungen oder zwischen den Abteilungen über Jahre hin und legt Teile der Entwicklung lahm oder macht sie zumindest langsamer als gedacht.

Durch den Einsatz des Data-Driven UX Design-Prozesses generieren wir regelmäßig »Aha«-Momente, da es uns durch die Rückmeldungen der Nutzer gelingt, eine Diskussion über Meinungen in eine Diskussion über Daten zu verwandeln. Diese »Aha«-Momente wollen wir Ihnen auch ermöglichen.

Abbildung 5.1 Vorteile des Data-Driven UX Design-Prozesses

Der Data-Driven UX Design-Prozess gibt Ihnen Argumente in die Hand, mit denen Sie Ihre Designentscheidungen begründen können. Das vereinfacht die Diskussion mit allen beteiligten Entscheidungsträgern und schützt Sie unliebsamen vor Konsequenzen. Schließlich können Sie zeigen, dass Sie alles Erdenkliche getan haben, um den Erfolg sicherzustellen (siehe Abbildung 5.1).

Unserer Erfahrung nach bewahrt es auch Produkte vor unbegründeten Änderungen im letzten Moment. Wenn keine Daten vorliegen, dann erleben wir regelmäßig, wie bei Diskussionen mit dem Management plötzlich noch Features ergänzt oder entfernt werden müssen, Designs angepasst werden oder andere Produktentscheidungen in allerletzter Minute aus dem Bauch herausfallen. Man kennt dieses Phänomen auch als den HIPPO-Effekt: Es entscheidet die **Hi**ghest **P**aid **P**erson's **O**pinion.

Auch hier unterstützt 3DUX, weil Sie gewöhnlich Daten haben, mit denen Sie Ihre Designentscheidungen begründen und im Notfall verteidigen können.

Und last, but not least hat unser Prozess zum Ziel, Sie mit Ihrem Team schneller und sicherer zu einer erfolgreichen Lösungsgestaltung zu bringen. Aber wie funktioniert Data-Driven UX Design denn jetzt?

5.2 Der Data-Driven UX Design-Prozess (3DUX) im Überblick

Wir stellen Ihnen im Folgenden einen idealen Ablauf des Prozesses vor. Das heißt für uns, der Prozess (siehe Abbildung 5.2) startet ganz zu Beginn einer Lösungsentwicklung. Schon dann, wenn Sie darüber nachdenken, ein neues System, ein neues Produkt oder eine neue Dienstleistung zu entwickeln, bietet es sich an, die ersten Schritte im Prozess zu unternehmen. Also wirklich ganz am Anfang, noch weit bevor Sie technische Prototypen entwickeln.

Uns ist bewusst, dass die wenigsten Projekte »auf der grünen Wiese« starten, sondern eher mit Bestandsprodukten und -systemen. Deshalb: Sie können natürlich jederzeit in den Prozess einsteigen. Aus Erfahrung können wir Ihnen versichern, dass es immer einen Weg gibt, Methoden so auszuwählen, zu kombinieren und einzusetzen, dass sie – unabhängig von Ihrem aktuellen Stand – einen Mehrwert für die weitere Entwicklung bringen.

Den größten Mehrwert bringen sie jedoch mit Abstand, wenn Sie möglichst früh anfangen und möglichst wenig andere Arbeit vorher leisten. Das liegt schlicht daran, dass Sie beim Data-Driven UX Design auf Basis von Nutzerdaten Entscheidungen treffen. Integrieren Sie diese Nutzerdaten erst zu einem späteren Zeitpunkt in die Entwicklung, dann sind Änderungen sehr wahrscheinlich wesentlich umfangreicher und damit teurer. Wir möchten Ihnen deswegen den Prozess einmal vollständig von Anfang bis Ende zeigen.

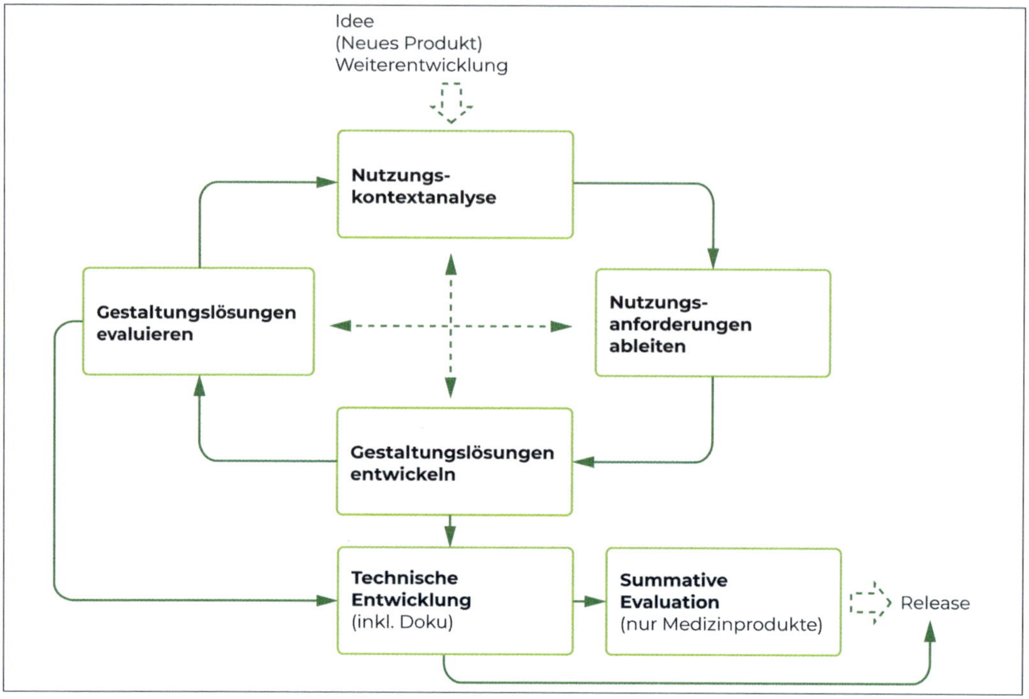

Abbildung 5.2 Der Data-Driven UX Design-Prozess (3DUX) im Überblick

Betrachten Sie daher den Data-Driven UX Design-Prozess als Herangehensweise, die Ihnen den Bauplan für Ihre zukünftige Lösung anfertigt. Wenn Sie mit dem Prozess fertig sind, dann müssen Sie »nur« noch umsetzen – also z. B. programmieren. Die Usability, die User Experience und die Akzeptanz des Nutzers haben Sie da aber schon festgelegt.

Den Umfang des Prozesses können Sie je nach Ihrer persönlichen Situation, dem System, dem Produkt, der Dienstleistung und dem Wettbewerbsumfeld anpassen. Im weiteren Verlauf dieses Kapitels erhalten Sie mit der Flexibilitäts- und Risikomatrix auch noch ein Tool an die Hand, das Ihnen dabei hilft, eine fundierte Entscheidung über den Umfang an benötigten Daten zu treffen und somit dem Umfang des Prozesses zu steuern. Doch bevor wir dazu kommen, möchten wir Ihnen erst einmal kurz vorstellen, wie die Arbeit mit unserem Prozess gestaltet sein sollte, damit sie den größten Mehrwert bringt.

5.2.1 So holen Sie den meisten Mehrwert aus dem Prozess

Damit Sie das meiste aus dem Data-Driven UX Design herausholen können, möchten wir noch einmal zusammenfassen, welche Vorannahmen wir treffen, die wir für die kommenden Schritte als gesetzt ansehen.

Es geht darum, Lösungen für Menschen zu entwickeln

Der Data-Driven UX Design-Prozess stellt ein Vorgehen dar, das basierend auf den vorgestellten Ansätzen deren Kernelemente zusammenbringt, um Systeme, Produkte und Dienstleistungen zu gestalten, die eine gute Usability haben und zu einer guten User Experience führen.

Die Anwendung dieses Prozesses ist also nur dann sinnvoll, wenn Sie Produkte mit einer Benutzerschnittstelle gestalten. Alle Produkte, Systeme oder Dienstleistungen, die »unter der Haube« sind und keinen direkten Kontakt zu Nutzenden jedweder Art haben, profitieren nicht vom Data-Driven UX Design-Prozess. Für alle anderen Produkte, Systeme und Dienstleistungen hilft Ihnen der Prozess aber, die Technik so zu gestalten, dass sie sich an die Nutzenden und deren Bedarfe anpasst und nicht andersherum.

Die besten Ergebnisse erzielen Sie in interdisziplinären Teams

Die Gestaltung von menschzentrierten Lösungen benötigt viele verschiedene Expertisen und viele verschiedene Sichtweisen. Sie benötigen Expertise für die Prozessgestaltung, Sie benötigen Expertise für den direkten Kontakt mit den Nutzenden und die richtige Gestaltung von Studien, Sie benötigen Expertise zur visuellen Gestaltung von Anwendungen. Unserer Erfahrung nach sind Sie erfolgreicher, wenn Sie Experten in den verschiedenen Bereichen haben, als wenn Sie erwarten, dass eine Person alle Expertisen in diesem Bereich abdeckt.

Menschzentrierte Gestaltung geschieht iterativ

Da wir für Menschen entwickeln, fällt die Entscheidung über die Qualität der Lösung durch den Menschen. Im Fall des Data-Driven UX Design-Prozesses fällt sie durch Nutzende oder Stakeholder. Selbst, wenn wir über viel Erfahrung mit der Zielgruppe verfügen, sind wir nicht die Zielgruppe, weswegen wir durch Gespräche, Feedback und Tests unsere Lösungen hinterfragen und iterativ verbessern.

Dadurch – und durch das schrittweise Entdecken neuer Anforderungen – handelt es sich beim Data-Driven UX Design-Prozess um einen iterativen Prozess. Unserer Erfahrung nach sind Sie hier am erfolgreichsten, wenn Sie die iterative Natur des menschzentrierten Prozesses akzeptieren und von vornherein verschiedene Iterationen einplanen.

Wir haben keine gute Erfahrung damit gemacht, zu Beginn eines Projekts einmalig viel Aufwand in den Kontakt zu Nutzenden und Stakeholdern zu stecken und anschließend davon zu zehren. Wenn wir einen Tipp geben dürfen: Arbeiten Sie lieber schnell, und versuchen Sie die Iterationen so kurz wie möglich zu halten. Dann entdecken Sie fehlende Anforderungen und offene Punkte früher und schneller.

Entscheidungen werden analytisch und risikobezogen getroffen

Die Entscheidungen innerhalb des Data-Driven UX Design-Prozesses werden analytisch und risikobezogen getroffen. Dazu gehört das strikte Herleiten von Features und deren Ausgestaltung anhand der Rückmeldungen und Bedarfe der Nutzenden und Stakeholder. Diese Herleitung sollte immer auf den Daten basieren, die Sie im Verlauf des Prozesses sammeln konnten.

Dieser Punkt ist uns wirklich wichtig. Um zu verdeutlichen, wie wichtig er ist, möchten wir an dieser Stelle auf einen ziemlich berühmten Spruch zurückgreifen, den Sie auf Tassen, T-Shirts, Schildern und allem Möglichen kaufen können: »Das kannste schon so machen, aber dann isses halt ...!« (siehe Abbildung 5.3).

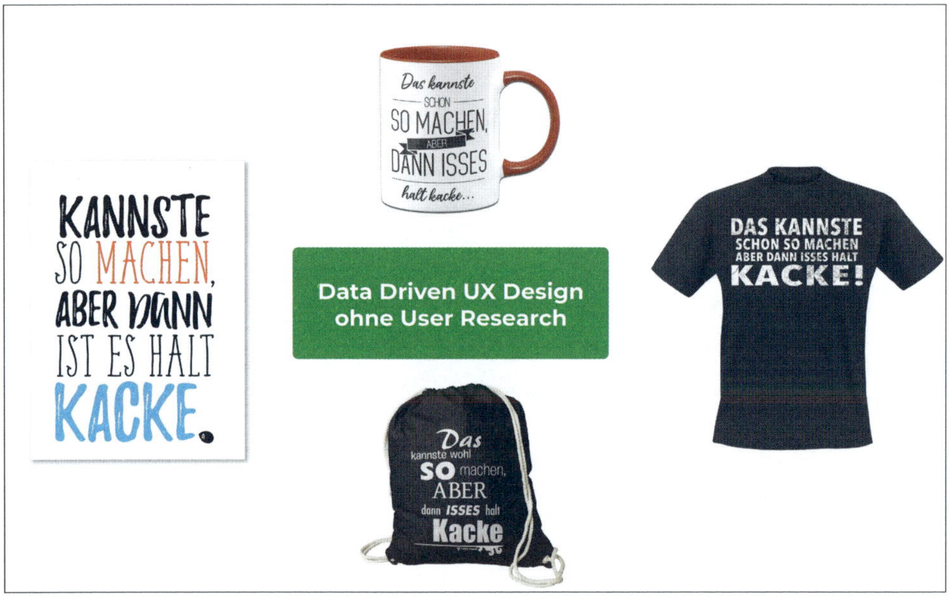

Abbildung 5.3 Usability und User Experience Design ohne User Research und Nutzerbefragungen...

Bitte verzeihen Sie die Ausdrucksweise, aber dieser Punkt ist uns wichtig. Ein Design iterativ zu testen und zu überarbeiten hat wenig Wert, wenn Sie keine Rückmeldungen der Nutzenden berücksichtigen!

Darüber hinaus sollte vor allem die Betrachtung von Fehlern und Usability-Problemen analytisch erfolgen. Unter »analytisch« verstehen wir in diesem Fall, dass die Fehlerursache in Bezug auf die Informationsverarbeitung zurückverfolgt wird, um gezielt passende Gestaltungslösungen abzuleiten.

Wir empfehlen, den Fokus dabei zuerst auf kritische Fehler und Usability-Probleme zu legen, dann auf die sehr häufigen Probleme, um sich anschließend schrittweise zu den anderen Problemen vorzuarbeiten. Dieses Vorgehen hilft Ihnen nicht nur, sich auf die schwerwiegendsten Themen zu fokussieren, es erleichtert Ihnen anschließend auch, Ihre Arbeit gut strukturiert und sauber abgeleitet präsentieren zu können. Ihre Ergebnisse werden dadurch leichter nachvollziehbar für alle anderen. Damit stellen Sie sicher, dass Sie auch in heißen Diskussionen mit Entscheidern alle Trümpfe in der Hand halten, um solide argumentieren zu können. Das alles dürfen und sollen Sie natürlich extrem gerne mit der Erfahrung garnieren, die Sie bereits sammeln konnten.

5.2.2 Kurzüberblick über den Data-Driven UX Design-Prozess

Der Data-Driven UX Design-Prozess, den wir Ihnen vorstellen möchten, besteht aus 4 iterativ aufeinanderfolgenden Schritten, gefolgt von weiteren Schritten für die Umsetzung und Entwicklung. Das Grundgerüst des Prozesses orientiert sich dabei an der ISO 9241-210, ergänzt um Risikoaspekte, die an die IEC 62366-1 angelehnt sind. Immer, wenn wir im Folgenden von »Risiko« sprechen, meinen wir: *Risiko, definiert als die Wahrscheinlichkeit des Eintritts eines Ereignisses multipliziert mit dessen Schweregrad.*

Der Prozess startet dabei mit einer Nutzungskontextanalyse inklusive Risikobetrachtung und Dokumentation, gefolgt von der Ableitung und Dokumentation der Nutzungsanforderungen. Im Nachgang werden aus den Nutzungsanforderungen Gestaltungslösungen entwickelt, wobei die Priorisierung bei der Entwicklung nach Risiko und Nutzungshäufigkeit vorgenommen wird.

Der iterative Teil des Prozesses schließt mit der Evaluation der Gestaltungslösungen, wobei der Fokus der Evaluation erneut auf Basis von Risiko und Nutzungshäufigkeit gewählt wird. Je nach Ergebnis werden vorherige Schritte erneut durchlaufen oder es wird mit der Entwicklung begonnen. Bei Medizinprodukten folgt aus Usability-Sicht noch die summative Evaluation vor der Inverkehrbringung des Produkts. Im Folgenden stellen wir Ihnen die Schritte des Prozesses etwas detaillierter vor.

5.2.3 Nutzungskontextanalyse inklusive Risikobetrachtung und Dokumentation

Der erste Schritt im Data-Driven UX Design-Prozess ist die *Nutzungskontextanalyse* (siehe Abbildung 5.4). Wir schließen uns hier all den Prozessen an, die davon ausgehen, dass eine gelungene Gestaltung immer damit beginnt, den Nutzer zu verstehen. Unsere Frage an Sie: »Was ist Ihrer Meinung nach ein System, ein Produkt oder eine Dienstleistung?« Unsere Antwort darauf: »Die Lösung für ein Problem!«

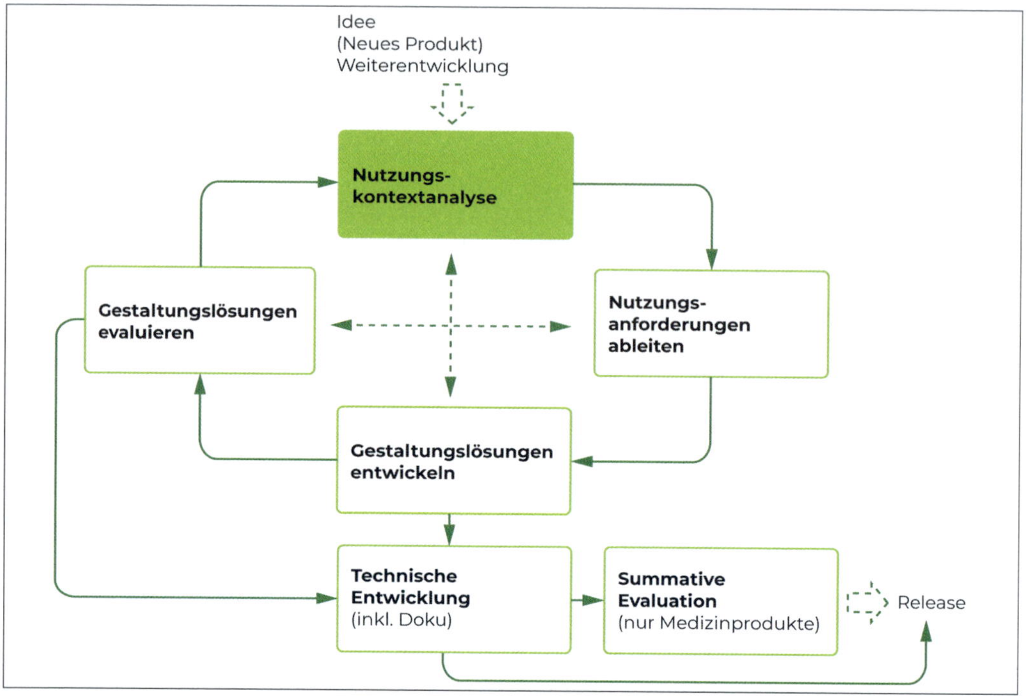

Abbildung 5.4 Data-Driven UX Design-Prozess die Nutzungskontextanalyse

Probleme sind dabei eigentlich immer Probleme von Menschen. Egal welches Problem Sie sich auf der Welt ansehen: Es ist immer ein Problem, das Menschen betrifft. Sie könnten jetzt sagen: »Moment, alle reden von Umweltschutz. Das ist kein Menschenproblem.« Doch, das ist es. Umweltschutz wird erst dann als Problem wahrgenommen, wenn der Mensch darunter leidet: weil es zu heiß ist, weil Nahrung wegfällt, weil der schöne Urlaubsort nicht mehr gegeben ist. Vorher dringen diese Themen selten oder sogar nie ins Bewusstsein. Daraus ergibt sich, dass Sie immer Probleme für Menschen lösen, und um das zu tun, müssen Sie die Probleme der Menschen verstehen (siehe Abbildung 5.5).

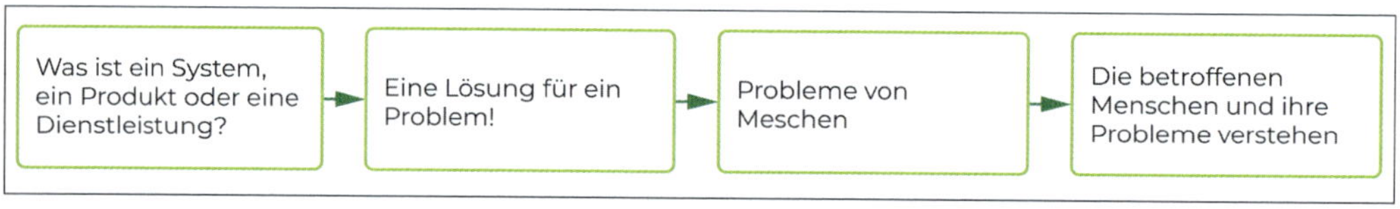

Abbildung 5.5 Um ein System, ein Produkt oder eine Dienstleistung zu gestalten, müssen Sie die betroffenen Menschen und deren Probleme verstehen.

In manchen Fällen lösen Sie Probleme von Menschen, die in einer sehr ähnlichen Situation wie Sie persönlich sind. Dann fühlt es sich übertrieben an, den Prozess mit einer ausführlichen Analyse zu starten. In vielen Situationen werden Sie aber schon allein aufgrund des Anwendungsgebiets feststellen, dass Sie selbst wenig Erfahrung mit dem Umfeld haben.

Wir sind beispielsweise auf das B2B-Umfeld mit komplexen und kritischen Anwendungen sowie auf den Medical-Markt spezialisiert. Über die letzten zwei Dekaden haben wir Bäume gefällt, Stahlwerke besichtigt, waren auf Neugeborenenintensivstationen, haben Mitarbeiter in der Abfallentsorgung begleitet, Notlandesysteme für Piloten in großen Flugzeugen entworfen und Leitwarten im U-Bahnverkehr beobachtet, um nur einige der Anwendungsgebiete zu nennen. In jedem einzelnen Fall war sehr schnell ziemlich eindeutig, dass der Experte für das Umfeld nicht wir, sondern der Nutzer uns gegenüber war.

Bitte glauben Sie uns, wenn wir sagen: Auch, wenn Sie persönlich das Gefühl haben, dass Sie die Zielgruppe gut kennen oder sogar selbst zu der Zielgruppe gehören, sollten Sie sich die Zeit für eine ausführliche Nutzungskontextanalyse nehmen, die über ein kurzes Brainstorming im Entwicklungsteam hinausgeht. Deshalb werden Sie in diesem Schritt Daten über den Nutzungskontext sammeln. Das können bereits bestehende Daten sein (vor allem dann, wenn Sie bereits ein Vorgängerprodukt auf dem Markt haben); das können aber auch Daten sein, die Sie selbst erst noch im Kontakt mit den Nutzenden generieren.

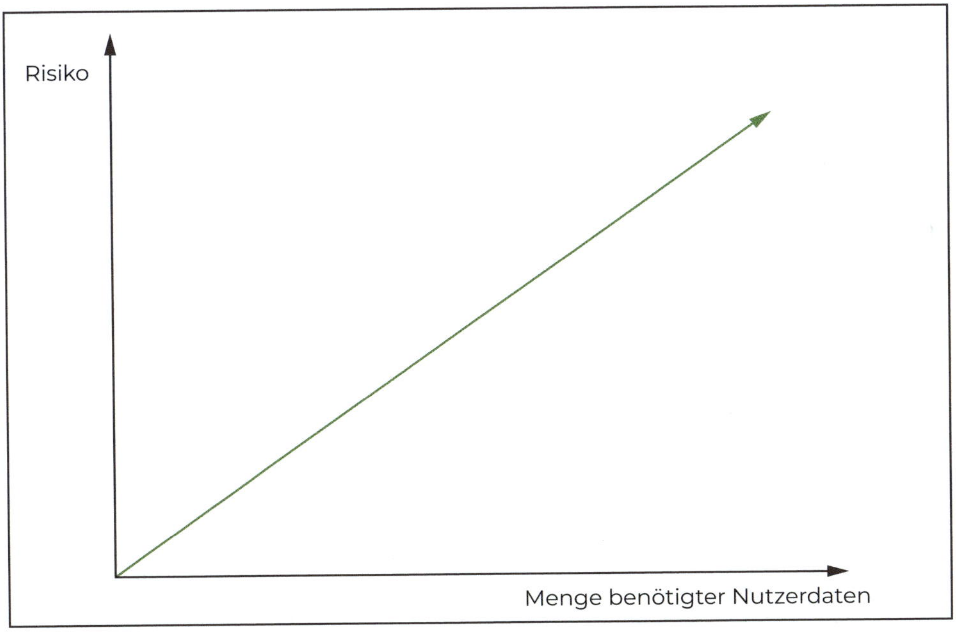

Abbildung 5.6 Je größer das Risiko ist, das von Ihrem System, Ihrem Produkt oder Ihrer Dienstleistung ausgeht, umso größer ist die Menge der benötigten (Nutzer-)Daten.

Aus unserer Sicht gehört zu der Betrachtung des Nutzungskontexts auch eine *Risikoklassifizierung*. Hier greifen wir auf die Ideen der IEC 62366-1 zurück, die die Betrachtung der möglichen Gefährdungen und gefährdungsbezogenen Nutzungsszenarien ganz an den Anfang des Usability-Engineering-Prozesses stellt. Dazu müssen Sie nicht zwangsweise Szenarien an dieser Stelle erstellen, aber Sie sollten sich Gedanken darüber machen, wie risikobehaftet die Anwendung ist, mit der Sie arbeiten. Diese Einschätzung sollte die Basis für den Umfang an Daten legen, den Sie im Laufe des Prozesses generieren. Ein höheres Risiko, das von Fehlbedienungen ausgeht, bedeutet dabei, dass Sie mehr Daten benötigen (siehe Abbildung 5.6). Ein niedriges, mit Fehlbedienungen verbundenes Risiko bedeutet, dass Sie weniger Daten benötigen.

Auch wenn es in den meisten nicht regulierten Bereichen wenige oder sogar keine Anforderungen an die Dokumentation der Erkenntnisse gibt, empfinden wir eine Basis-Dokumentation als Voraussetzung dafür, dass der 3DUX-Prozess seine ganze Stärke ausspielen kann. Wenn Sie später, um Diskussionen zu vermeiden, Ihre Entscheidungen anhand der Daten belegen wollen, dann brauchen Sie eben genau diese Daten. In welchem Format Sie dokumentieren, ist dabei weitgehend egal; Hauptsache, Sie und Ihre Stakeholder verstehen später noch, was Sie sich merken wollten.

5.2.4 Nutzungsanforderungen ableiten und dokumentieren

Im Zuge der Nutzungskontextanalyse haben Sie die Nutzenden mit ihrem Umfeld kennengelernt. Sie haben hoffentlich ein tiefes Verständnis von der Nutzergruppe und ihren Bedürfnissen entwickelt. Damit sind Sie jetzt bereit, zu gestalten, oder? Noch nicht ganz.

Ganz im Sinne des Double Diamonds und des Design Thinkings wollen wir Sie an dieser Stelle auffordern, erst einmal zu fokussieren. Durch die Nutzungskontextanalyse haben Sie sehr viele neue Informationen erhalten, die es nun zu strukturieren gilt. Die Strukturierung und Fokussierung hilft Ihnen, einen Überblick über die Daten zu bekommen und eine Gewichtung zu wählen, die die Ergebnisse der Nutzungskontextanalyse im Schwerpunkt widerspiegelt. Ohne diese Strukturierung und Fokussierung laufen Sie Gefahr, innerhalb kurzer Zeit einen Großteil der Informationen vergessen oder – noch schlimmer – falsche Prioritäten in der Entwicklung zu setzen, weil Sie alle Informationen gleich gewichten.

Dieses Fokussieren sollte über die Ableitung von Nutzungsanforderungen an die Lösung geschehen (siehe Abbildung 5.7).

Diese Anforderungen mögen zu Beginn noch vage sein, schärfen sich aber mit jeder Iteration weiter und ermöglichen Ihnen so Stück für Stück eine zielgerichtete Gestaltung der passenden Lösung, aber auch die gefundenen Lösungsansätze zu testen (siehe Abbildung 5.8). Neben der Konkretheit wird sich im Laufe des Prozesses auch der Umfang der Nutzeranforderungen ändern, sodass nach und nach Anforderungen ergänzt werden, die zu Beginn der Entwicklung so noch nicht abzusehen waren.

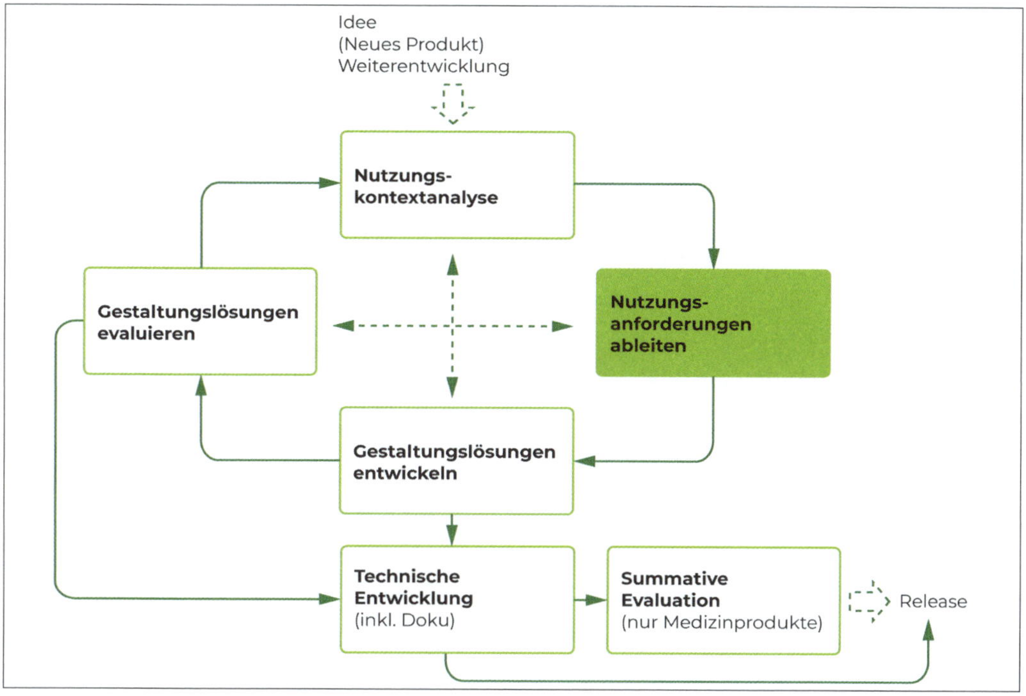

Abbildung 5.7 Data-Driven UX Design-Prozess: Nutzungsanforderungen ableiten

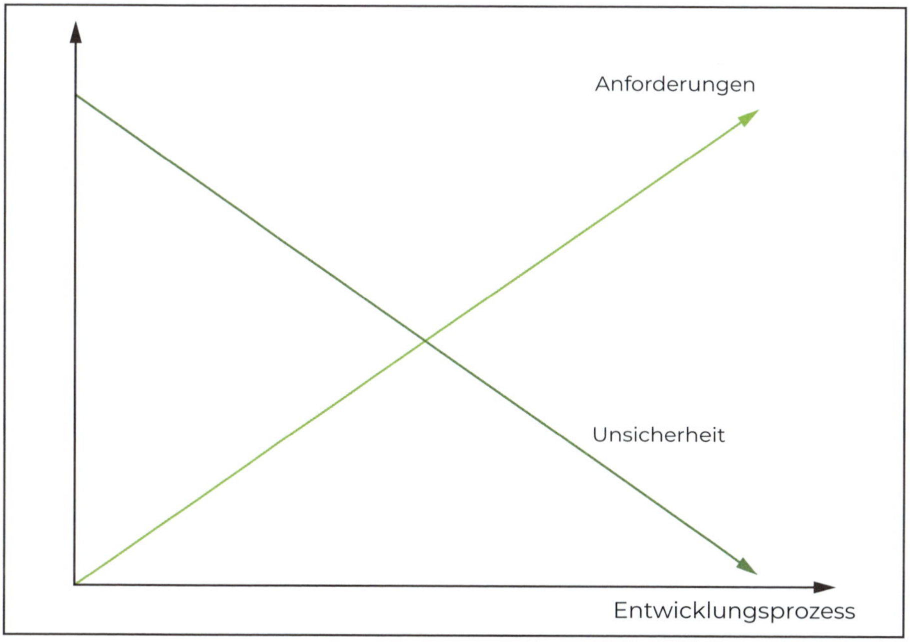

Abbildung 5.8 Zu Beginn eines Entwicklungsprozesses sind die Anforderungen noch vage. Mit den Iterationen werden sie klarer und es kommen neue Anforderungen dazu.

Die schrittweise Ergänzung von zusätzlichen Anforderungen ist im Rahmen eines iterativen Prozesses weder kritisch noch ungewöhnlich, sondern ein normaler Teil der Entwicklung. Und weil das so ist, ist auch hier eine Dokumentation der Anforderungen wichtig, damit nicht mit der Zeit einzelne Aspekte verloren gehen und Anforderungen vergessen werden.

5.2.5 Gestaltungslösungen entsprechend Risiko und Nutzung entwickeln

Wenn die ersten Anforderungen bekannt sind, geht es mit dem Entwickeln von Gestaltungslösungen los (siehe Abbildung 5.9). Im Rahmen des 3DUX-Prozesses verstehen wir unter dem *Entwickeln von Gestaltungslösungen* einen schnellen und prototyp-zentrierten Prozess und nicht die technische Entwicklung. Um die vorhandenen Ressourcen möglichst schonend einzusetzen, arbeiten wir dabei mit schnell gestalteten Prototypen, die es für die Nutzenden einfach machen, sich vorzustellen, wie die Interaktion mit der Lösung aussieht. Die Hauptziele dieser Phase sind das Finden des richtigen Weges und das frühzeitige Bereitstellen von testbaren Prototypen.

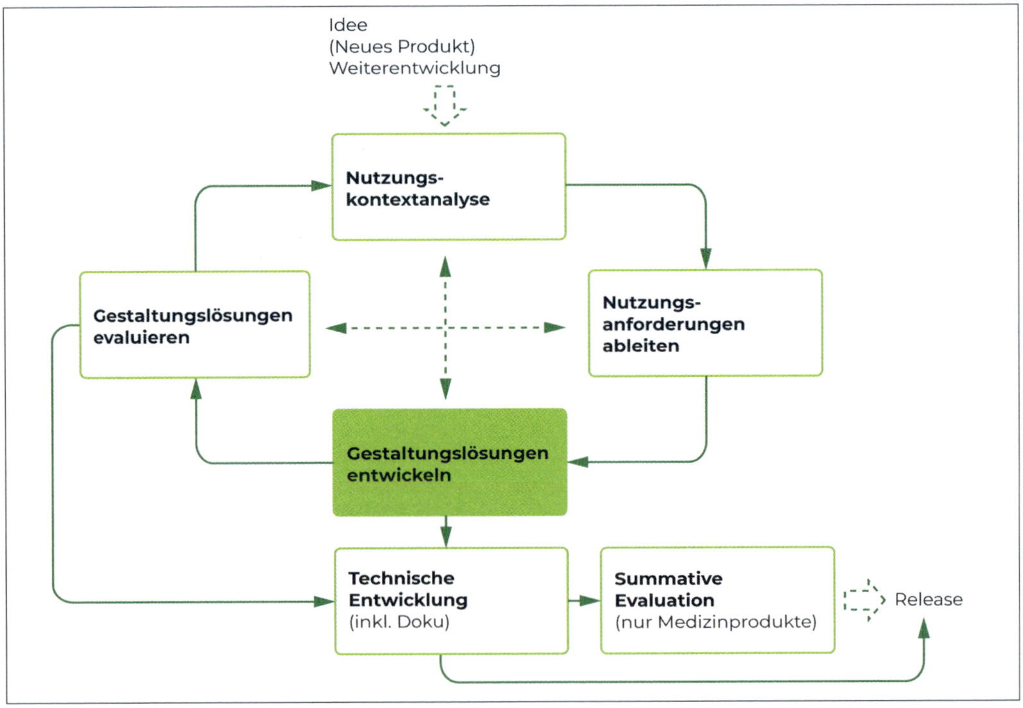

Abbildung 5.9 Data-Driven UX Design-Prozess: Gestaltungslösungen entwickeln

Wie bereits bei den Prämissen beschrieben, gehen wir davon aus, dass der gesamte Prozess iterativ ist und Sie (genau wie wir) mehrere Anläufe benötigen werden, um eine optimale oder zumindest ausreichend gute Lösung zu finden. Daraus ergibt sich, dass Sie mehrere Tests Ihrer Lösungen durchführen, um dann zu entscheiden, welche Optionen Sie verfolgen und welche Lösungen Sie verwerfen. Wir möchten Sie dazu anhalten, auf Basis von Ihrer Risikoeinschätzung vorzugehen.

Alle diejenigen Elemente, die bei der Verwendung zu Gefährdungen führen können und bei denen eine fehlerhafte Verwendung ein Risiko für die Nutzenden, Dritte oder das Unternehmen darstellt, sollten zu Beginn gestaltet werden (siehe Abbildung 5.10; in Abschnitt 5.3, »Die Flexibilitäts- und Risikomatrix – oder: Wie viele Daten brauchen Sie wirklich?« werden wir hierauf noch einmal detaillierter eingehen). Direkt danach befassen Sie sich mit den Elementen, die sehr häufig verwendet werden und deswegen elementar für den Erfolg der Lösung sind.

Abbildung 5.10 Reihenfolge der Gestaltung im Data-Driven UX Design-Prozess

Wenn wir hier »Elemente« schreiben, dann meinen wir vor allem *Workflows*, die über die Lösung abgebildet werden. Durch das frühe Gestalten dieser Abläufe stellen Sie sicher, dass risikobehaftete und häufig verwendete Workflows mehrfach getestet werden und dadurch so viele Iterationen und Verbesserungen wie möglich durchlaufen. Mit jeder Iteration fügen Sie dann weitere Workflows und Teile der Lösung hinzu, absteigend nach Risiko und Nutzungshäufigkeit, sodass die »unwichtigsten« Elemente erst am Ende umgesetzt werden und nur noch selten oder vielleicht sogar gar nicht mehr getestet werden. Dieses Vorgehen funktioniert für Apps und Softwareanwendungen genauso gut wie für physische Produkte, die bedient werden müssen.

Sollten Sie zu Beginn noch vollkommen unterschiedliche Lösungsansätze im Raum stehen haben (z. B. eine Dienstleistung vs. eine App vs. eine App mit kombinierter Dienstleistung), so empfehlen wir Ihnen, zuerst die Idee auf einer groben Ebene abzubilden und zu testen, bevor Sie anschließend mit der Detailarbeit beginnen. Sie müssen schließlich nicht festlegen, wie die Workflows in der App aussehen werden, wenn Sie am Ende gar keine App haben werden.

Auch hier gilt: Uns ist bewusst, dass Sie, wenn Sie in einer App-Entwicklungsfirma arbeiten, sich höchstwahrscheinlich gar nicht die Frage stellen werden, *ob* es eine App werden soll. Es kann sich aber als hilfreich erweisen, diese Offenheit mitzudenken, um Alternativlösungen im Hinterkopf zu haben und die Rückmeldungen der Nutzenden besser einordnen zu können.

Für die spätere Argumentation Ihrer Gestaltungslösung empfehlen wir Ihnen, alle Zwischenergebnisse aufzubewahren. So können Sie im Nachgang eine geschlossene und spannende Geschichte über den Werdegang Ihrer Anwendung erzählen. Diese Geschichte wird es Ihnen viel leichter machen, Ihre Gestaltungslösung zu vertreten. Außerdem bewahrt es Sie davor, bei späteren Überarbeitungen und Iterationen Fehler zu wiederholen, die Sie vorab schon einmal korrigiert hatten.

Tipp: Lösungen abstimmen

Bevor wir in den nächsten Abschnitt springen, noch ein Hinweis zur Entwicklung von Gestaltungslösungen: Auch wenn wir explizit schnell und prototypisch ohne technische Entwicklung vorgehen, sollen die Ergebnisse dieses Schrittes ja später umgesetzt werden. Nur, wenn aus den Konzepten in diesem Prozessschritt schlussendlich ein echtes System, ein echtes Produkt oder eine echte Dienstleistung wird, trägt Ihre Arbeit Früchte und generiert einen Wert für den Nutzer. Es hilft daher, die technischen Umsetzungspartner als Stakeholder direkt zu integrieren.

Wir haben sehr gute Erfahrungen damit gemacht, unsere Designs und Gestaltungslösungen *immer* vor dem Nutzertest mit dem Auftraggeber (intern oder extern) *und* dem technischen Umsetzungspartner zu besprechen. So verhindern Sie, dass Sie gutes Nutzerfeedback zu Lösungen erhalten, die aufgrund des Aufwands oder anderer technischer Restriktionen anschließend niemals das Licht der Welt erblicken werden. Es gibt nichts Frustrierenderes, als ein tolles User Interface entworfen zu haben, das nie jemand in einem finalen Produkt zu sehen bekommt.

5.2.6 Evaluation von Gestaltungslösungen priorisiert nach Risiko und Nutzungshäufigkeit

Sie erinnern sich: Wir sagten »analytisch«. Jetzt kommt ein weiterer Teil, in dem die Analyse und das Lernen eine große Rolle spielen (siehe Abbildung 5.11). Nachdem Sie Gestaltungslösungen entwickelt haben, führen Sie eine Bewertung der Lösungen durch. Prinzipiell haben Sie eine Vielzahl möglicher Methoden, die hier zum Einsatz kommen können. Welche Methoden es im Detail gibt, stellen wir Ihnen später noch in Kapitel 12 vor. Bitte nehmen Sie aber bereits an dieser Stelle mit, dass Sie für eine sinnvolle Evaluation Ihrer Gestaltungslösung auf jeden Fall Rückmeldungen Ihrer Nutzer brauchen – in irgendeiner Form. Expertenbewertungen können Nutzerbewertungen nur in den seltensten Fällen ersetzen.

Ähnlich wie bei der Gestaltung priorisieren wir bei der Evaluation der Lösung riskantere Workflows und häufig verwendete Workflows höher als andere Workflows. Sie werden – je nach Umfang Ihrer Lösung – gegebenenfalls nicht die Chance haben, immer *alle* Aspekte Ihrer Lösung zu testen. Deshalb testen wir so oft es geht die risikobehafteten und die sehr häufig verwendeten Workflows. So wird es möglich, auch wenn Sie jedes Mal nur eine geringe Anzahl an Nutzern haben, wichtige Workflows von vielen Personen bewerten zu lassen. Damit erhöhen Sie die Sicherheit, dass Sie keine relevanten Probleme übersehen und dann im Live-Betrieb nicht unangenehm überrascht werden. Wie häufig Sie testen, hängt auch ganz klar wieder von dem Gesamtrisiko, der Komplexität, Ihrer Vorerfahrung und der Möglichkeit zur Änderung nach dem Release ab.

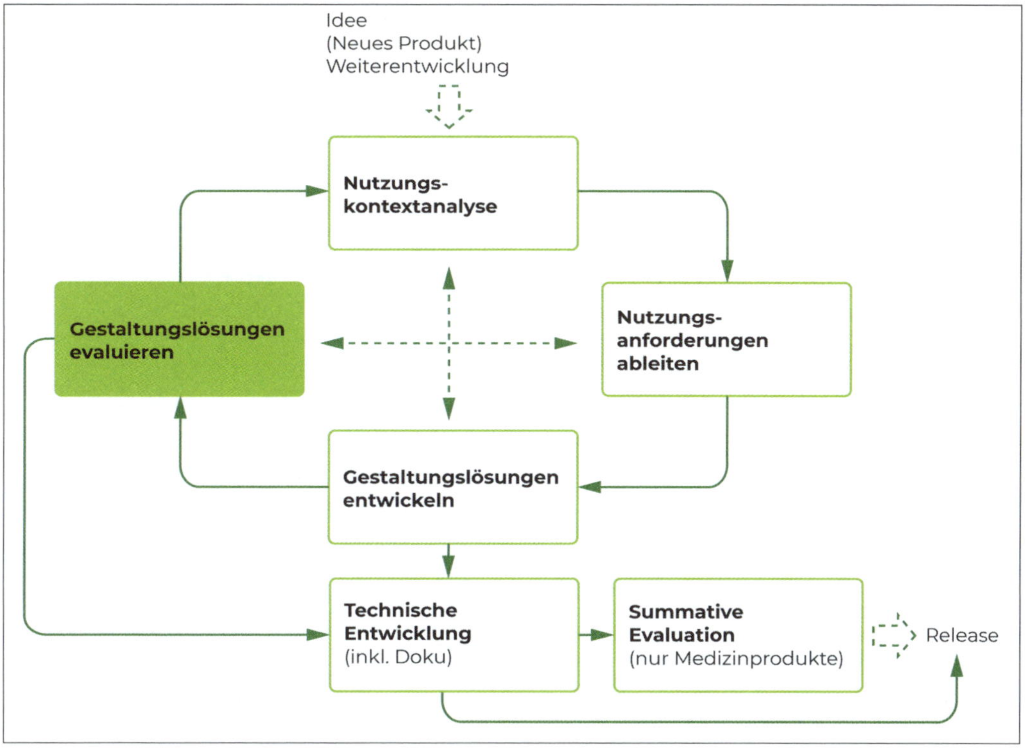

Abbildung 5.11 Data-Driven UX Design-Prozess: Gestaltungslösungen evaluieren

Die Daten, die Sie durch die Evaluation gewinnen, werten Sie im Anschluss aus. Ihr Ziel sollte es hierbei sein, zu verstehen, was gut funktioniert und was nicht. *Funktionieren* bezieht sich dabei auf alle folgenden Aspekte:

- Die Nutzenden verstehen die Inhalte.
- Die Workflows sind für die Nutzenden klar nachzuvollziehen.
- Die Nutzenden können die Aufgaben selbstständig durchlaufen.
- Die Gestaltung gefällt den Nutzenden subjektiv.

Jetzt zeigt sich der iterative Charakter des Data-Driven Design-Prozesses am stärksten, da die Evaluationsergebnisse darüber entscheiden, wie es im Nachgang weitergeht (siehe Abbildung 5.12):

- **Wurde die Lösung komplett abgelehnt und als nicht passend eingestuft?**

  Verwerfen Sie sie, und suchen Sie nach einem neuen Ansatz. Das kann so weit gehen, dass Sie sogar zur Nutzungskontextanalyse zurückkehren, wenn die Ergebnisse darauf hindeuten, dass Sie wichtige Elemente komplett übersehen haben. Zumindest werden Sie aber einzelne Anforderungen ergänzen und das Design (leicht) überarbeiten.

- **War der Ansatz zwar passend, hat aber die Umsetzung selbst noch nicht gestimmt?**

  Dann bleiben Sie bei der generellen Richtung, aber verfeinern Sie die Umsetzung. In diesem Fall starten Sie eher in der Stufe der Gestaltungslösungen und arbeiten an den Workflows und Umsetzungen. Hierbei ist wichtig, dass es Ihnen gelingt, die Punkte zu optimieren, die negatives Feedback provoziert haben, aber ohne die guten Punkte zu verschlechtern. Wenn das Feedback umfassend positiv war, dann gehen Sie in die Umsetzung.

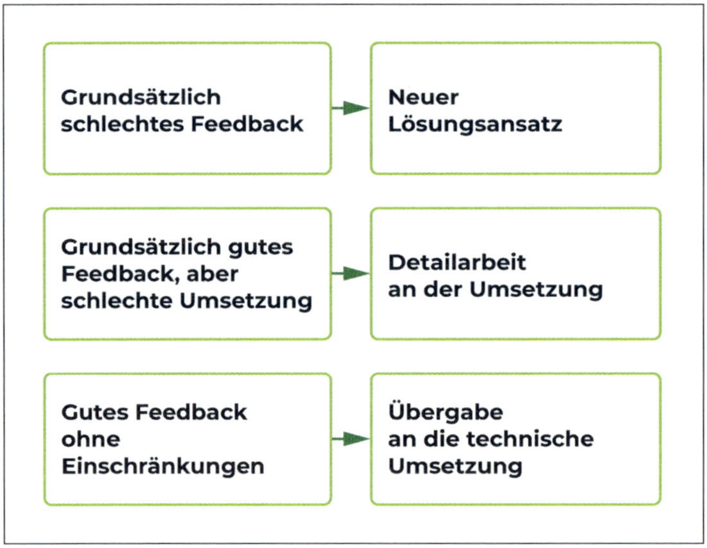

Abbildung 5.12 Weiteres Vorgehen nach einer Evaluation mit Nutzern auf Basis des erhaltenen Feedbacks

Die Umsetzung kann auf verschiedenen Wegen erfolgen. Entweder Sie reichen das Komplettpaket zur Umsetzung ein – das ist dann ein wenig »über den Zaun werfen«, wie man es aus vergangenen Tagen kennt. Oder Sie übergeben einzelne Häppchen, die gut funktionieren, an das Umsetzungsteam, schon während Sie mit Ihrem Team an den restlichen Teilen arbeiten. So funktioniert die Zusammenarbeit häufig in agilen Entwicklungsumgebungen.

Egal welche Art der Umsetzung in Ihren Projekten gewählt wird, machen Sie sich darauf gefasst, dass es auch nach Ihrer Abgabe noch Rückfragen und Absprachen geben wird, bei denen das ein oder andere vielleicht auch noch einmal angepasst wird. Wichtig ist nur, dass Sie bei der Anpassung für die Umsetzung keine Kompromisse eingehen, die zwar 3 Tage Entwicklungszeit sparen, aber im Nachgang 5 % mehr Callcenter-Anrufe bedeuten. Bei der Entscheidung, welchen Kompromiss Sie eingehen können und welchen nicht, helfen Ihnen die Daten aus den Nutzertests.

Falls Sie in der Medizintechnikbranche zu Hause sein sollten, dann gibt es noch die *summative Evaluation* ganz am Ende der Entwicklung. Hier haben Sie nicht das Ziel, besser zu werden, sondern einfach nur zu zeigen, dass die Bedienung Ihres User-Interfaces frei von nicht akzeptablen Risiken ist (siehe Abschnitt 4.5, »Usability Engineering bei Medizinprodukten nach der Norm IEC 62366-1«).

In den meisten anderen Fällen – vielleicht abgesehen vom Marketing inhouse oder extern – ist es wenig sinnvoll, ein fertiges Produkt noch einmal umfangreich zu testen, wenn Sie nicht planen, die Daten zu nutzen, um weiter zu lernen.

Und dann sind Sie fertig. Natürlich bedeutet »fertig« im Kontext von digitalen Produkten immer nur: »fertig für den Moment«. In Wirklichkeit ist jedes Nutzerfeedback, das während des Live-Betriebs zu Ihnen kommt, ein Feedback, das für die Überarbeitung des Produkts in der nächsten Version herangezogen werden kann. Wenn Sie einmal damit angefangen haben, werden Sie 3DUX also nie wieder los. Aber: Wie viel davon brauchen Sie eigentlich?

5.3 Die Flexibilitäts- und Risikomatrix – oder: Wie viele Daten brauchen Sie wirklich?

In einer perfekten Welt würden Sie erst ausführliche User Research betreiben, dann systematisch Anforderungen ableiten und erst im Anschluss erste Ideen und Designs präsentieren, die Sie so lange testen, bis die Ergebnisse sagen: »Jetzt ist es perfekt!« In der realen Welt erleben wir diesen perfekten Fall leider relativ selten.

In der Realität gibt es Deadlines und begrenzte Ressourcen. Daraus entsteht der Bedarf, den Gestaltungsprozess so groß wie nötig, aber so klein wie möglich zu halten. Wenn es Ihnen aber so geht wie den meisten anderen auch, dann fällt es Ihnen wahrscheinlich schwer, zu entscheiden, wie viel »genug« ist. Als kleine Hilfestellung haben wir dafür die Flexibilitäts- und Risikomatrix entwickelt (siehe Abbildung 5.13).

Die Idee hinter der Matrix ist, dass Sie Ihr System, Ihr Produkt oder Ihre Dienstleistung hinsichtlich der zwei Dimensionen *Flexibilität* und *Risiko* bewerten und daraus Schlüsse für den benötigen Aufwand ziehen, den Sie für das Data-Driven UX Design investieren sollten. Dies ermöglicht Ihnen eine erste Abschätzung der benötigten

Datenmenge für den weiteren Prozess. Als Erstes möchten wir Ihnen gern die Dimension *Flexibilität* vorstellen.

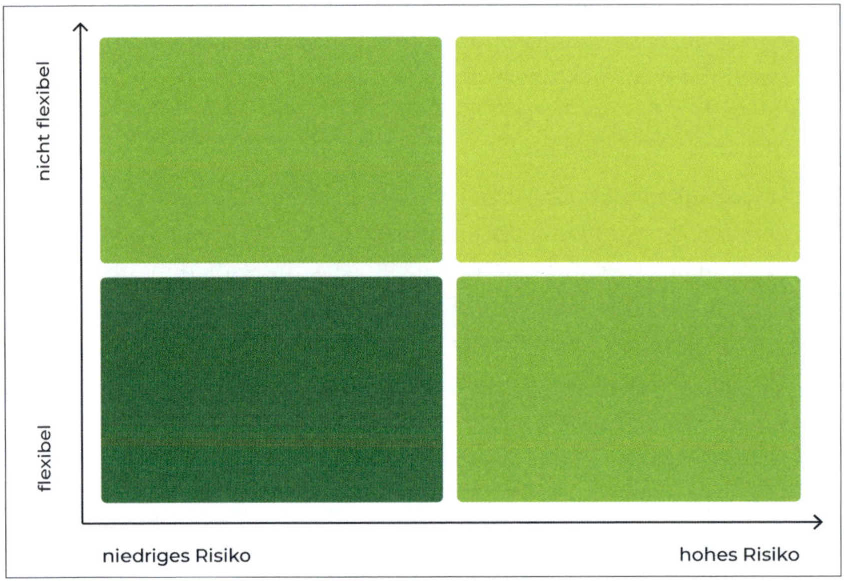

Abbildung 5.13 Flexibilitäts- und Risikomatrix für die Bestimmung der benötigten Daten im Data-Driven UX Design-Prozess

5.3.1 Die Flexibilität Ihrer Lösung

Unter Flexibilität verstehen wir nicht, wie weit Sie Ihr Produkt dehnen oder biegen können, sondern wie anpassbar Ihr Produkt nach seiner Veröffentlichung noch ist.

Wenn Sie zum Beispiel eine Waschmaschine herstellen, dann sind nach der Entwicklung und Auslieferung große Teile des Produkts fix: Die Abmaße sind definiert, die Bedienknöpfchen sind fest verbaut und auch die Elektronik Ihres Geräts kann nicht mehr ohne großen Aufwand verändert werden. Natürlich könnten Sie einen Servicetechniker losschicken und alle Waschmaschinen händisch umbauen lassen – der Aufwand dafür würde aber höchstwahrscheinlich in keinem Verhältnis zum Nutzen stehen.

Dieses Produkt hätte in unserer Wahrnehmung also eine sehr geringe Flexibilität. Zusätzlich ist der Lebenszyklus einer Waschmaschine für gewöhnlich relativ lang – nämlich 10 Jahre –, was dafür sorgt, dass Kunden, die sich gerade eine neue Waschmaschine gekauft haben, erst einmal keine neue Waschmaschine mehr kaufen werden. Auch hier ist die Flexibilität also sehr gering. Noch weniger flexibel kann Ihre Waschmaschine eigentlich nur sein, wenn Sie die Waschmaschine auch noch in einem regulierten Markt einsetzen (sagen wir, beispielsweise dem Medizinmarkt). Dann kommen zusätzlich zu den technischen und organisatorischen Hürden für eine

Änderung noch regulatorische Hürden hinzu, die Ihnen vielleicht sogar verbieten, die Waschmaschine ohne erneute Prüfung durch eine Zulassungsstelle zu verändern. Damit wäre Ihr Produkt für eine ganze Zeit also erst einmal gar nicht flexibel veränderbar, ohne dass eine Änderung zu großen Kosten und Aufwänden zu führt.

Wenn Ihre Waschmaschine aber zum Beispiel smart wäre und Sie als Hersteller über Software-Updates remote verschiedene Reinigungsprogramme verändern und anpassen könnten, dann würde Ihre Waschmaschine deutlich an Flexibilität gewinnen. Sie könnten zwar weiterhin die Hardware nicht ändern, aber die Funktionalität zumindest in gewissen Grenzen.

Auch eine Hardware-Flexibilität ist prinzipiell möglich. So bietet ein deutscher Hersteller von Whirlpools beispielsweise die Möglichkeit, die Rückenlehnen der einzelnen Sitze im Whirlpool mit einem Klick-System auszutauschen. Durch die neue Rückenlehne mit anderen Massagedüsen entsteht eine komplett neue Erfahrung, die der Kunde somit flexibel selbst steuern kann.

Es gibt komplette Systeme, die auf Hardware-Flexibilität aufbauen und standardisierte Schnittstellen aufweisen. Ein Beispiel sind Systemkameras mit wechselbaren Objektiven oder Computer mit austauschbarem Arbeitsspeicher und Steckplätzen für Zusatzkarten.

Auf der anderen Seite der Flexibilitätsskala liegen Produkte, die sich sehr einfach auch nach der Markteinführung verändern lassen. Beispielsweise können unregulierte Software-Produkte meist sehr schnell und flexibel angepasst werden. Hersteller können über Patches bzw. Updates kleine oder weitgreifende Änderungen vornehmen, Funktionen integrieren oder entfernen und auch das User-Interface komplett austauschen.

Deshalb gilt: Je höher die Flexibilität ist, desto mehr Unsicherheit können Sie in der Entwicklung in Kauf nehmen. Wenn es für Sie ein Leichtes ist, Fehler mit einem Klick zu beheben und Features nachzuliefern, obwohl das Produkt schon im Feld und im Einsatz ist, dann ist die Absicherung des Designs durch Daten weniger relevant. Es sei denn, Sie bewegen sich in einem risikobehafteten Umfeld.

Wenn Sie feststellen möchten, ob die Flexibilität in Ihrem Fall eher hoch oder niedrig ausfällt, dann können Sie folgende Fragen zur Einordnung nutzen:

- Wie lange erwarten Ihre Kunden und Nutzenden, mit einer unveränderten Version Ihrer Lösung zu arbeiten?
- Kann und darf ihre Lösung ohne vorausgehendes Training der Nutzenden verwendet werden?
- Ist das Update Ihrer Lösung möglich, ohne dass es regulatorische oder organisatorische Einschränkungen gibt, die eine (erneute) Prüfung notwendig machen?
- Verfügt Ihre Lösung auch während der Nutzung über einen Internetzugang, auf den Sie als Hersteller von außen zugreifen können?

- (Falls kein Internetzugang vorhanden ist): Verfügt Ihr Produkt über die Möglichkeit, vor Ort neue Produktversionen durch die Nutzenden aufspielen zu lassen?

Je häufiger Sie eben mit »Ja« antworten konnten und je kürzer der Zeitraum ist, in dem Kunden und Nutzende erwarten, mit einer unveränderten Produktversion zu arbeiten, desto flexibler ist Ihr Produkt. Wenn Sie jedoch häufig »Nein« sagen mussten, dann sollten Sie mehr Zeit in die frühzeitige Definition der Nutzungsanforderungen und in deren Testung stecken, da Ihre Lösung als weniger flexibel eingeordnet werden muss.

5.3.2 Das Risiko Ihrer Lösung

Die Dimension Risiko bezieht sich auf die Frage, wie gefährlich es ist, wenn bei der Verwendung Ihres Produkts, Systems oder Ihrer Dienstleistung Fehler auftreten. Das Risiko ist dabei nach ISO 14971 definiert als:

$$\textit{Risiko} = \textit{Eintrittswahrscheinlichkeit} \times \textit{Schweregrad}$$

Es geht also um die Frage, wie häufig dieser Fehler wahrscheinlich vorkommt und wie schlimm die möglichen Konsequenzen sind, die aus ihm resultieren. Das Risiko kann sich dabei auf verschiedene Bereiche beziehen:

- Die Gesundheit oder das Leben von Personen wird durch Fehlbedienungen gefährdet, die durch schlechte Gestaltung ausgelöst werden.
- Die wirtschaftliche Grundlage eines Unternehmens wird durch schlechte Gestaltung gefährdet. Das könnte zum Beispiel dann passieren, wenn es durch Fehlbedienungen zu Produktionsausfällen kommt oder eine Klage wegen dieser Produktionsausfälle angestrebt wird.
- Das Ansehen eines Unternehmens wird durch schlechte Gestaltung gefährdet. Wie schlimm der Ansehensverlust für das Unternehmen ist, muss individuell anhand des Markenwerts und des Markenversprechens geprüft werden.

Am einfachsten ist das Risiko wahrscheinlich nachzuvollziehen, wenn Sie selbst ein System, ein Produkt oder eine Lösung entwickeln, dessen bzw. deren Einsatz direkt mit der Gesundheit oder dem Leben von Menschen verbunden ist.

Vielleicht haben Sie jetzt erst einmal das Gefühl, das könne Ihnen nicht passieren. In unserer Zeit als UXler haben wir aber bisher an vielen Stellen solche Projekte direkt bearbeitet! Vor allem im Medizinsektor sind risikobehaftete Produkte gang und gäbe: sei es die Entwicklung einer Herz-Lungen-Maschine, eines Defibrillators oder eines Patientenmonitors. Aber auch außerhalb des Medizinsektors treffen wir immer wieder auf Projekte mit hohem Risiko, z. B. wenn es um ein Notlandesystem für Flugzeuge oder einen Gepäckscanner für Flughäfen geht. In all diesen Fällen kann eine Fehlbedienung und Fehleinschätzung eklatante Schäden nach sich ziehen. Für uns sind deshalb Lösungen, die die Gesundheit oder Menschenleben gefährden, automatisch (hoch-)risikobehaftet.

Auch risikobehaftet, aber natürlich auf eine andere Art und Weise, sind Anwendungen, die bei Fehlbedienungen und Fehlinterpretation durch Nutzer zu Schäden an der wirtschaftlichen Grundlage eines Unternehmens führen. Das kann Ihr eigenes, vor allem aber können es die Unternehmen Ihrer Kunden sein. Zu dieser Kategorie an Produkten gehören z. B. Prozesssteuerungen in der Produktion oder Software-Systeme, die die Hauptarbeitsprozesse eines Unternehmens im produktiven Bereich abbilden. Bei Herstellungsbetrieben könnte das beispielsweise eine Fertigungsplanung oder eine Maschinensteuerung sein, bei Dienstleistungsunternehmen das Projektmanagement-Tool oder die zentrale Datenablage.

Immer dann, wenn also der Zweck des Unternehmens nicht oder nur teilweise erfüllt werden kann, falls Ihr System, Ihr Produkt oder Ihre Dienstleistung fehlerhaft bedient wird, würden wir die Anwendung ebenfalls als risikobehaftet einschätzen. Verglichen mit dem Risiko einer direkten Schädigung der Menschen jedoch eher als mittleres Risiko.

Das Unternehmen, das durch ein schlecht gestaltetes System, Produkt oder durch eine schlecht gestaltete Dienstleistung wirtschaftlich in Schwierigkeiten gerät, kann natürlich auch Ihr eigenes sein. Haben Sie beispielsweise nur noch das Kapital für eine einzige Produktentwicklung, dann sollte dieser letzte Wurf passen und nicht floppen. Eine schlechte Gestaltung könnten Sie sich in diesem Fall einfach nicht »leisten«.

Der letzte Punkt – zugegebenermaßen ein eher weicher, aber nicht minder wichtiger – ist, wenn die schlechte Gestaltung das Ansehen Ihres Unternehmens in so einem Ausmaß gefährdet, dass mit einem kurzfristigen oder nachhaltigen Schaden zu rechnen ist, der sich auf die Wahrnehmung der Marke und deren Qualität auswirkt. Wie stark der Schaden ist, hängt natürlich extrem stark von verschiedenen Faktoren ab. Dazu zählen aus unserer Sicht:

- Wie etabliert ist die Marke selbst bereits?
- Für was steht die Marke?
- Wie eng ist die Marke mit dem Produkt verknüpft?

Bei sehr etablierten Marken, die für eine herausragende Qualität stehen, ist aus unserer Sicht der potenzielle Schaden durch eine schlecht gestaltete Lösung deutlich höher als bei unbekannten Playern.

Wenn Sie sich beispielsweise eine Premium-Limousine kaufen und anschließend mit dem super teuren, aber störrisch zu bedienenden User-Interface des Infotainment-Systems kämpfen, dann hat das negative Auswirkungen auf die Marke. Nicht selten würde man in diesem Fall Freunden oder Bekannten erzählen, dass das Fahrzeug an sich toll ist, aber die Bedienung echt schlecht. Das ist plötzlich gar nicht mehr so »premium«.

Wenn Sie noch keine bekannte Marke haben, dann können Sie durch schlechte Gestaltung auch keinen Markenwert einbüßen. Sie bauen allerdings natürlich auch keinen auf. Wenn Sie jedoch beispielsweise für Apple arbeiten und damit sogar für Usability, User Experience und Innovation stehen, dann sieht das Ganze anders aus: Hier wäre der Schaden durch ein schlecht zu bedienendes Produkt immens.

Das Gleiche gilt, wenn das Produkt, das schlecht gestaltet ist, eng mit der Marke des Kunden verknüpft ist. Dann strahlt schlechtes Design stark und deutlich auf die Kernmarke ab – genau wie gutes Design. Ein Beispiel für Produkte, die eng mit der Kernmarke verbunden sind, sind die Produkte von Apple, wie zum Beispiel die Apple Watch. Hier wird schon am Namen klar, dass es eine enge Verbindung zwischen Produkt und Kernmarke gibt. Wenn die Apple Watch also schlecht designt ist, dann fällt das direkt auf Apple zurück.

Wenn Ihr Unternehmen aber eher im Hintergrund agiert und den Kunden viele verschiedene Marken präsentiert, dann ist der potenzielle Schaden hier geringer. Ein Beispiel hierfür könnte Proctor & Gamble sein, zu dessen hauseigenen Marken sowohl der Windelhersteller Pampers gehört als auch das Reinigungsprodukt Swiffer oder die Hustenbonbons von Wick. Wenn eine Charge der Pampers-Windeln nicht wie gedacht funktioniert, ist es unwahrscheinlich, dass Kunden aufhören, Swiffer zu kaufen und zu nutzen.

Von allen genannten Faktoren ist der Schaden an der Marke derjenige, der am schlechtesten zu messen ist. Trotzdem würden wir auch hier eine Anwendung als risikobehaftet einschätzen, wenn die Anwendung von einer starken Marke herausgegeben wird, die eng mit dem Produkt verknüpft ist, und die Marke selbst für hohe Produktqualität im Premiumpreissegment steht.

Wenn Sie einschätzen möchten, wie risikobehaftet Ihr Produkt, Ihr System oder Ihre Dienstleistung aus, dann können Sie folgende Fragen nutzen, um eine Einschätzung vorzunehmen:

- Kann durch eine Fehlbedienung Ihres Produkts das Leben von Menschen gefährdet werden?
- Wie viele Menschenleben werden bei einer Fehlbedienung gefährdet?
- Kann durch eine Fehlbedienung Ihres Produkts die Gesundheit von Menschen gefährdet werden?
- Die Gesundheit wie vieler Menschen ist bei einer Fehlbedienung gefährdet?
- Kann durch eine Fehlbedienung die wirtschaftliche Grundlage eines anderen Unternehmens oder Ihres Unternehmens gefährdet werden?
- Kann durch eine schlechte Gestaltung (nicht nur in Hinblick auf Usability, sondern auch auf User Experience) der Wert Ihrer Marke nachhaltig geschädigt werden?

Je häufiger Ihre Antwort auf diese Fragen »Ja« ist und je höher die Anzahl der potenziell betroffenen Personen ist, umso höher ist das Risiko, das mit Ihrem Produkt, Ihrem System oder Ihrer Lösung verbunden ist. Wenn Sie auf alle Fragen mit »Nein« antworten konnten, dann handelt es sich wahrscheinlich um eine Lösung mit einem eher geringen Risiko.

5.3.3 Die Arbeit mit der Flexibilitäts- und Risikomatrix

Mit der Definition der beiden Begriffe *Flexibilität* und *Risiko* aus den vorherigen Abschnitten ist nun die Arbeit mit der Flexibilitäts- und Risikomatrix relativ einfach erklärt. Um mit der Matrix zu arbeiten, sollten Sie sich folgende zwei Fragen stellen:

1. Wie flexibel ist meine Lösung, nachdem ich sie erst einmal fertig entwickelt und auf den Markt gebracht habe?
2. Wie hoch wäre das Risiko, wenn meine Lösung zu Fehlbedienungen und Fehlinterpretationen führt?

Beim Einsatz der Matrix geht es nicht darum, dass Sie die Position in der Matrix bis auf den Millimeter genau begründen können. Es kommt bei Ihrer Antwort also nicht darauf an, ob Ihre Lösung auf der Flexibilitätsskala eine 58 oder eine 59 auf einer 100er-Skala erreicht. Es geht darum, dass Sie ein Gefühl für die Flexibilität und das Risiko Ihrer Lösung bekommen.

Abbildung 5.14 Die benötigte Datenmenge nach der Flexibilitäts- und Risikomatrix

Generell gilt: Je weiter Sie mit Ihrer Lösung nach rechts oben in der Matrix wandern, umso mehr Daten sollten Sie sich schon während der Entwicklung Ihrer Lösung besorgen, um die Qualität Ihrer Designs abzusichern (siehe Abbildung 5.14). Je weiter Sie mit Ihrer Lösung am Nullpunkt der Matrix unten links liegen, umso weniger Aufwand brauchen Sie vorab in das Testen Ihrer Lösung zu investieren. Daraus ergeben sich mehrere Konsequenzen:

- **Wenn Sie eine wenig flexible, aber sehr risikobehaftete Anwendung haben (oben rechts),** dann sind Sie gezwungen, vorab sicherzustellen, dass alles funktioniert. Hier ist der größte Aufwand zu investieren, und im besten Fall führen Sie sogar vor dem Release noch einen abschließenden Test durch (bei einem Medizinprodukt müssen Sie das natürlich unabhängig von unserer Matrix sowieso tun). Damit haben Sie sich mehrfach abgesichert und können auch zeigen, dass Sie Zeit und Aufwand investiert haben, um sicherzustellen, dass Ihr Produkt am Ende nicht nur gut aussieht, sondern auch sicher funktioniert. Ein Beispiel für ein Produkt in dieser Kategorie wäre eine Herz-Lungen-Maschine: ein reguliertes, zugelassenes Hardwareprodukt, das nach der Auslieferung nicht mehr verändert werden kann. Und: Bei falscher Bedienung sterben Menschen.
- **Wenn Sie zwar eine sehr flexible, aber trotzdem potenziell sehr risikobehaftete Anwendung haben (unten rechts),** dann sollten Sie ebenfalls sicherstellen, dass alles funktioniert, damit keine unnötigen Schäden entstehen. Hier kann es plötzlich um Haftungsthemen und Sorgfaltspflichten gehen. Auch hier bietet sich ein abschließender Test vor dem Release an. Ein Beispielprodukt in diesem Bereich wäre ein Tesla, dessen Hardware zwar fix ist, der aber über »Over the air«-Software-Updates weitreichend aktualisiert werden kann. Trotzdem können bei Fehlbedienungen Menschen zu Schaden kommen.
- **Wenn Sie eine unflexible, aber risikoarme Lösung haben (oben links),** dann ist das Schlimmste, was Ihnen passiert, dass Sie dauerhaft mit einer schlechteren Lösung leben müssen. Ob Sie das wollen und akzeptieren, können letztendlich nur Sie (und Ihre Kunden) entscheiden. Ein abschließender Test ist in den meisten Fällen nicht notwendig und die Anzahl der Iterationen kann im Vergleich zu risikobehafteten Anwendungen reduziert werden. Ein Beispielprodukt dieser Kategorie wäre die bereits angesprochene Waschmaschine eines Nicht-Premiumherstellers. Sie ist nicht flexibel durch feste Hardware. Ohne Premiummarke ist aber auch kein großer (Image-)Schaden zu erwarten, solange das Produkt funktioniert.
- **Wenn Sie eine flexible und risikoarme Anwendung haben (unten links),** sind Sie in der sehr komfortablen Situation, einfach schnell auf den Markt kommen zu können, um dann mögliche Probleme im Nachgang anzugehen. Aus unserer Sicht brauchen Sie dann keinen abschließenden Test, können weniger oder gar nicht testen und im besten Fall mit Nutzungsdaten aus dem Live-Betrieb arbeiten. Ein Beispielprodukt wäre eine To-do-App ohne bekannte Marke. Sie kann jederzeit flexibel verändert werden und richtet keinen kritischen Schaden an, wenn Fehler auftreten.

An dieser Stelle sollten Sie schon ein erstes Gefühl dafür erlangt haben, wie umfangreich der Data-Driven UX Design-Prozess bei Ihrer konkreten Anwendung ausfallen sollte. Jetzt möchten wir uns noch einmal gemeinsam mit Ihnen ansehen, was wir genau meinen, wenn wir von »Daten« sprechen.

5.4 Objektive versus subjektive Daten

Ob und wann Sie Daten brauchen, haben wir im vorherigen Abschnitt dargestellt. Hier soll es nun um die Frage gehen: Welche Art von Daten gibt es und welche davon benötigen Sie? Vereinfacht gesagt gibt es zwei Arten von Daten, die Sie im Zusammenhang mit Nutzern gewinnen können: objektive und subjektive Daten.

Unter *subjektiven Daten* versteht man Aussagen zu Meinungen, Einstellungen, Gefallen, Optik etc., also persönliche Einschätzungen, die von Person zu Person anders ausfallen können und die Sie, von außen betrachtet, nicht vorab erschließen können. *Objektive Daten* hingegen sind Daten, die durch verschiedene Beobachter gleich wahrgenommen werden. Hierzu zählen zum Beispiel Fehler im Umgang mit einer bestimmten Nutzeroberfläche oder auch Zeiten für die Bedienung. Es sind also beobachtbare Fakten.

Die Unterscheidung ist eigentlich ganz einfach: Daten sind dann objektiv, wenn Sie die gleiche Information verschiedenen Beobachtern geben können und alle – unabhängig voneinander – zum gleichen Ergebnis kommen. Daten sind dann subjektiv, wenn dies nicht der Fall ist. Bei subjektiven Daten kommen normalerweise die Werte, Einstellungen, Rahmenbedingungen und Vorerfahrungen einer Person zum Tragen. Es handelt sich also um die Interpretation oder Bewertung der Fakten.

Sie könnten zum Beispiel objektiv beobachten, dass Nutzende bei der Verwendung eines Produkts einen Fehler machen. Subjektiv kann die Tatsache, dass der Nutzer einen Fehler gemacht hat, dann anschließend als gut oder schlecht empfunden werden. Handelt es sich bei dem Produkt um ein schwieriges Geschicklichkeitsspiel (siehe Abbildung 5.15 links), dann wäre ein Fehler oft auch noch eine tolle Leistung, die nur wenige schaffen. Handelt es sich bei dem Produkt um ein Notlandesystem für Piloten (siehe Abbildung 5.15 rechts), dann wäre ein Fehler vermutlich fatal.

Abbildung 5.15 Geschicklichkeitsspiel (links) vs. Notlandesystem für Piloten (rechts)

Wie Ihnen an den Beispielen und der Erklärung wahrscheinlich aufgefallen ist, müssen die subjektiven und objektiven Daten nicht zwangsweise zusammenhängen. Oftmals zeigt sich sogar, dass die Daten fundamental auseinanderlaufen. Wir beobachten in UX-Tests oft folgendes Schema:

1. Ein neues Tool wird zum allerersten Mal getestet und ist noch nicht gut.
2. Die Nutzenden verzweifeln (objektiv) an jeder Aufgabe und können keine davon erfolgreich lösen.
3. In der Nachbefragung vergeben die Nutzenden super Noten für das Tool, weil es ja nicht am Produkt, sondern an ihnen als Nutzer selbst liegt, dass es nicht klappt.

Diese Einschätzung teilen wir gar nicht. Es liegt nicht an den Nutzenden, wenn Tools nicht selbsterklärend und einfach zu bedienen sind. Es liegt am Tool. Deswegen möchten wir Sie dringend dazu auffordern, bei allen Tests und Bewertungen, die Sie mit Ihrem System, Ihrem Produkt oder Ihrer Dienstleistung durchführen, sowohl objektive als auch subjektive Daten zu sammeln. Oft genug passiert nämlich auch genau das Gegenteil:

1. Ein Tool wird getestet, das als Nachfolger eines bestehenden Produkts schon mit viel Vorwissen über effiziente Abläufe gestaltet wurde.
2. Die Nutzenden sind in der Lage, alle Aufgaben relativ fehlerfrei zu lösen und das Tool zu bedienen.
3. In der Nachbefragung wird die Einfachheit zwar gelobt, aber es ist offensichtlich, dass keine echte Begeisterung für das Tool aufkommt.

Die objektiven Daten sprechen für ein gutes Tool, die subjektiven Daten sprechen dafür, dass irgendetwas fundamental falsch läuft. Um ein umfassendes Bild von dem aktuellen Stand Ihrer Lösung zu erhalten, brauchen Sie beides: objektive und subjektive Daten.

In manchen Bereichen (z. B. in der Medizintechnik) sind objektive Daten sogar zwingend notwendig und werden für die Zulassung eines Produkts benötigt. Auch in anderen Industrien (wie in der Automotive-Industrie) haben Hersteller sich zur Einhaltung von objektiven Kennzahlen verpflichtet (z. B. keine Entwicklung von Systemen, bei denen die Blickabwendungszeit von der Straße über zwei Sekunden liegt). Sie sehen also schon: Wenn das Ergebnis kritisch sein kann, dann besteht ein Konsens darüber, dass der Erfolg des Designs auch objektiv gemessen werden sollte. Denn nur das Vorhandensein der objektiven Daten ermöglicht Ihnen eine anschließende Ursachenanalyse bei Fehlern und damit eine systematische Behebung der Problemursache.

Unserer Erfahrung nach verändert sich die Art der Daten, die Sie nutzen können, während der Entwicklung deutlich. Wenn Sie noch ganz am Anfang der Entwicklung stehen, dann werden Sie auf der einen Seite zwar objektive Daten haben. Diese beziehen sich aber logischerweise nicht auf Ihre Lösung, da es diese ja noch gar nicht gibt, sondern auf Vorgängerversionen oder öffentlich zugängliche Statistiken.

In vielen Fällen, wenn es noch wenig oder gar nichts gibt, auf das Sie zurückgreifen können, wird ein Großteil der verfügbaren Daten subjektiv sein (siehe Abbildung 5.16). Sie könnten also Interviews und Fokusgruppen durchführen oder Online-Befragungen, bei denen Sie Meinungen und Einschätzungen einholen. Subjektive Daten dienen oftmals dazu, Ihre Zielgruppe besser zu verstehen und eine grundlegende Richtung der Gestaltung abzusichern.

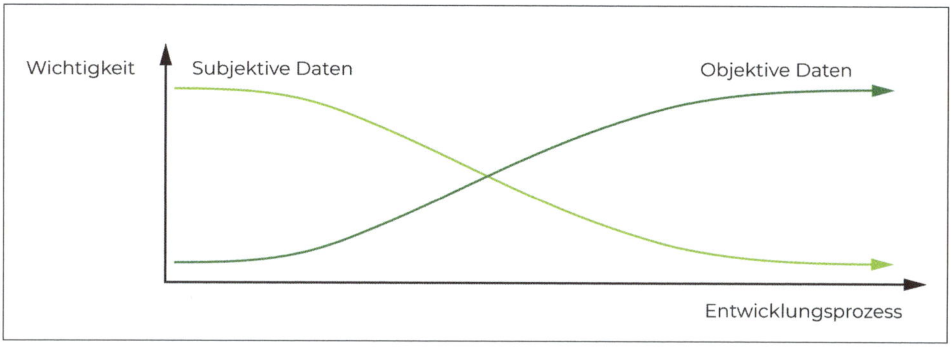

Abbildung 5.16 Verfügbarkeit und Bedarf von subjektiven und objektiven Daten im zeitlichen Verlauf einer Entwicklung

Im Laufe der fortschreitenden Entwicklung werden dann die subjektiven Daten immer mehr durch objektive Daten ergänzt (siehe Abbildung 5.16). Am Anfang – wenn Sie nur ganz rudimentäre Gestaltungslösungen haben – werden es erfahrungsgemäß nur wenige objektive Daten sein, vielleicht auch nur in einzelnen Dimensionen, z. B. Fehlerhäufigkeit. Trotzdem werden Sie an diesen Stellen noch viele zusätzliche Informationen einholen, die eher einen subjektiven Charakter haben, um die Qualität Ihres Designs so schnell wie möglich zu verbessern.

Wenn Sie kurz vor der Fertigstellung oder sogar schon nach dem Launch sind, dann wird sich das Verhältnis plötzlich umdrehen und Sie holen in Tests und im Live-Betrieb hauptsächlich objektive Daten ein und ergänzen diese punktuell durch subjektive Daten ... bis Sie wieder an die Neuentwicklung und Weiterentwicklung gehen und wieder tiefer in die Anforderungen der Nutzenden eintauchen, wozu Sie wieder mehr subjektive Daten brauchen.

Wie Sie sehen, ist die Frage, ob Sie eher objektive oder subjektive Daten benötigen (oder bekommen können), stark vom Zeitpunkt in der Entwicklung und der Zielstellung abhängig. Je mehr Sie prüfen wollen, ob bestimmte Teile oder Abläufe in Ihrem System, Ihrem Produkt oder Ihrer Dienstleistung funktionieren, umso mehr objektive Daten benötigen Sie. Je mehr Rückmeldungen Sie zu der Frage brauchen, was und wie Sie denn gestalten sollen, umso mehr subjektive Daten brauchen Sie.

5.5 Quantitative versus qualitative Daten

Neben der Frage, ob Sie sich mit objektiven oder subjektiven Daten beschäftigen sollen, steht oft die Diskussion im Raum, ob eher quantitative oder qualitative Daten benötigt werden. Um die Unterscheidung zwischen quantitativen und qualitativen Daten eindeutig zu machen:

- Immer, wenn Sie wissen möchten, warum und wie etwas passiert, benötigen Sie für gewöhnlich qualitative Daten.
- Wenn Sie wissen wollen, wie oft, in welchem Ausmaß oder wie lange etwas passiert, dann sind quantitative Daten meistens die richtige Wahl.

Quantitative Daten lassen sich also normalerweise direkt als Zahlenwerte darstellen. Um qualitative Daten hingegen in Zahlen umzuwandeln, müssen Sie diese erst zusammenfassen und kategorisieren.

Stellen Sie sich vor, Sie möchten verstehen, wie das Problem Ihrer Nutzenden, das Sie für sie lösen möchten, genau aussieht. Dann sollten Sie versuchen, so viele qualitative Daten wie möglich zu sammeln. Das könnten Daten aus Interviews, aber auch aus Beobachtungen sein. Wichtig hierbei ist, dass diese Daten Ihnen dabei helfen, die Situation zu verstehen, und Sie beim Lernen unterstützen.

Wenn Sie das Problem bereits eingrenzen können, dann interessieren Sie sich vielleicht für die Frage: »Für wie viele Personen ist das überhaupt ein Problem?« Dann könnten Sie eine quantitative Online-Befragung durchführen, um den prozentualen Anteil von Personen zu ermitteln, die dieses Problem haben.

Ein anderes Beispiel für das Zusammenspiel von quantitativen und qualitativen Daten könnte die Bewertung Ihrer Anwendung auf einer Fünfer-Skala sein. Die Frage dazu könnte lauten: »Auf einer Skala von ›1 = gar nicht ansprechend‹ bis ›5 = sehr ansprechend‹, wie ansprechend finden Sie die visuelle Gestaltung der Anwendung?«

Diese Frage würde den quantitativen Teil widerspiegeln. Ergänzend würden wir fragen: »Was hat Sie dazu bewogen, eine [hier setzen Sie die Wertung ein, die Ihr Gegenüber Ihnen genannt hat] zu vergeben? Was müssten wir machen, um einen Punkt besser zu werden?« Das wäre der qualitative Anteil.

Ähnlich wie bei subjektiven und objektiven Daten ist es häufig sinnvoll, beide Arten von Daten gemeinsam zu betrachten. Generell kommen quantitative Daten aber auch zu anderen Zeiten ins Spiel als qualitative Daten. Während der Entwicklung fahren Sie in den meisten Fällen sehr gut mit qualitativen Daten, wohingegen der abschließende Test oder Daten nach dem Release eines Produkts oft quantitativ sind.

Generell können Sie Daten also immer in beiden Dimensionen betrachten. Es gibt

- **objektive qualitative Daten** – z. B. die Art der gemachten Fehler bei der Verwendung einer Software,

- **objektive quantitative Daten** – z. B. die durchschnittliche Besuchsdauer der Nutzer auf einer Website,
- **subjektive qualitative Daten** – z. B. Volltext-Antworten auf Interviewfragen und
- **subjektive quantitative Daten** – z. B. Skalenbewertungen zur Einfachheit einer Software in einem Online-Fragebogen).

Welche Art von Daten Sie benötigen (oder auch zur Verfügung haben), hängt dann immer von Ihrer Situation und Fragestellung ab.

Eins noch vorweg: Natürlich können Sie auch in einer Studie mit 5 Teilnehmern Skalenwerte erfragen. »Quantitativ« heißt aber für gewöhnlich, dass Sie eine gewisse Menge an Daten benötigen, um sinnvolle Aussagen treffen zu können. Einen Mittelwert anzugeben, ist für gewöhnlich nur sinnvoll, wenn die Daten normalverteilt sind und damit die Berechnung eines Mittelwerts überhaupt erlauben. Für gewöhnlich ist das bei mindestens 30, gerne aber auch mehr Datensätzen der Fall.

Für mehr Informationen zur Unterscheidung von objektiven und subjektiven sowie quantitativen und qualitativen Daten empfehlen wir Ihnen an dieser Stelle das Buch »Forschungsmethoden und Evaluation« (Bortz & Döring, 2016). Wenn Sie mehr darüber lernen möchten, wie Sie feststellen, wie viele Personen Sie benötigen, um valide quantitative Aussagen zu machen, dann werfen Sie einen Blick in das Buch »Statistik« von Bortz und Schuster (2010).

5.6 Daten kritisch bewerten

Nun möchten wir noch einmal im Detail auf die Frage eingehen, wie Sie mit Daten umgehen sollten und wie Sie Ihre Daten bestmöglich nutzen. Ein wichtiger Bestandteil dieser bestmöglichen Nutzung ist das kritische Hinterfragen der vorhandenen Daten. Je nachdem, wie Sie Daten darstellen oder betrachten, können Sie mit denselben Daten zu vollkommen unterschiedlichen Schlüssen kommen. Deshalb ist es uns sehr wichtig, dass Sie einige typische Fallstricke kennen, wenn Sie mit Daten arbeiten.

Vor allem, wenn Sie mit quantitativen Daten arbeiten, gibt es aber noch eine ganze Menge zusätzlicher Fallstricke, die wir hier nicht alle aufführen können. Wenn das Thema Sie interessiert, dann können wir Ihnen Lehrbücher im Bereich Marktforschung empfehlen, die hierzu deutlich mehr in die Tiefe gehen (z. B. Bortz & Schuster, 2016; Bortz & Döring, 2016; Sedlmeier & Renkewitz, 2018; Kreis et. al 2021).

5.6.1 Woher kommen die Daten?

Daten sind wertvoll für die Gestaltung von User-Interfaces und Produkten. Der Wert der Daten hängt aber sehr eng mit der Frage zusammen, ob Sie Daten von den richtigen Personen gesammelt haben. Wenn Sie eine interne B2B-Anwendung haben, die individuell durch Admins auf den Rechnern der Nutzenden installiert wird, dann stammen die Daten quasi zwangsweise von den richtigen Personen.

Wenn Sie aber einen Online-Fragebogen erstellen, dann wissen Sie gewöhnlich nicht, ob die Personen, die den Fragebogen beantworten, tatsächlich zu der Nutzergruppe gehören, von der Sie Daten sammeln wollen. Immer, wenn Sie die Personen nicht sehen und nur die Daten übermittelt bekommen, würden wir Ihnen empfehlen, dass Sie Fragen integrieren, die Ihnen im Nachgang ermöglichen, Daten von unpassenden Personen auszufiltern. Zu den Fragen könnten zum Beispiel Alter, Geschlecht, Beruf oder Nutzungsbereitschaft in einem bestimmten Bereich sein. Welche Fragen das genau sind, hängt aber natürlich davon ab, welche Nutzergruppe Sie erreichen wollen.

Tipp: Offene Fragen als Filter

Noch ein Hinweis: Oft ist die Teilnahme an Studien, Tests, Befragungen etc. mit einer Aufwandsentschädigung verbunden. Mit anderen Worten: Die Teilnehmer erhalten Geld, Gutscheine oder Produkte für die Teilnahme. Dadurch kann es geschehen, dass Personen versuchen, zu der Nutzergruppe zu gehören, auch wenn es gar nicht wirklich so ist. Sie versuchen also, sich in Ihre Befragung hineinzuschummeln.

Wir verhindern das weitgehend, indem wir die Fragen zum Ein- oder Ausschluss der Teilnehmer sehr offen formulieren, sodass der antwortenden Person nicht klar ist, was die »richtige« Antwort auf diese Frage ist. Viele Online-Tools unterstützen Sie dabei, Personen mit Einmal-Links zu versorgen bzw. die Befragung abzubrechen, wenn die Teilnahmebedingungen nicht erfüllt sind. Ob das notwendig ist, müssen Sie selbst entscheiden. Auch hier können Sie die Flexibilitäts- und Risikomatrix als Hilfestellung nutzen: Je risikobehafteter/unflexibler Ihre Lösung ist, desto besser sollte die Datenqualität sein.

5.6.2 Objektive Daten oder Interpretation

Gerade bei qualitativen Daten geschieht es leicht, dass Daten nicht objektiv aufgezeichnet werden, sondern schon bei der Dokumentation interpretiert werden. Beispielsweise könnte ein Interview mit einem Nutzer nicht mit einer Kamera aufgezeichnet werden (objektiv), sondern die Interpretation des Gesagten durch den Interviewer stichpunktartig protokolliert werden (eher subjektiv).

Davon würden wir Ihnen in einem ersten Schritt abraten. Versuchen Sie darauf zu achten, dass Sie erst einmal die Daten objektiv sammeln. Das kann live passieren, indem Sie mitschreiben. Das kann aber auch anhand von Aufzeichnungen geschehen. Wenn Sie die Datensammlung dann abgeschlossen haben oder eine Zwischenbilanz ziehen wollen, dann können Sie in den objektiven Daten nach Mustern suchen. Das bedeutet nicht zwangsweise, dass Sie alles Gesagte wörtlich transkribieren. Wir möchten nur darauf hinweisen, dass Sie die Essenz der Beobachtung und die Essenz des Gesagten notieren sollen, nicht aber Ihre eigene Interpretation davon.

Das hat den großen Vorteil, dass Sie die objektiven Daten mehrfach betrachten und interpretieren können. Sie können gegebenenfalls auch zu einem späteren Zeitpunkt mit mehr Wissen die aufgezeichneten objektiven Daten erneut interpretieren. Haben Sie von vornherein nicht die objektiven Daten aufgezeichnet, sondern direkt interpretiert, dann fehlt Ihnen diese Möglichkeit. Vor allem, weil die Interpretation der Daten von der Person abhängt, die die Interpretation vornimmt, verlieren Sie hier Informationen. Die Einschätzung hätte bei verschiedenen Personen unterschiedlich ausfallen können. Es könnte Ihnen also passieren, dass, wenn mehrere Personen in die Datensammlung involviert sind, diese das gleiche Geschehen unterschiedlich interpretieren und Sie dadurch Muster übersehen, die bei den objektiven Daten eigentlich offensichtlich gewesen wären. Wenn Sie selbst die einzige Person sind, die Daten sammelt und damit arbeiten muss, dann ist dieser Punkt nur bedingt wichtig. Es sei denn, Sie müssen Ihre Rückschlüsse und Ergebnisse im Anschluss vorstellen und verteidigen. Auch dann ist es hilfreich, objektive Daten zu sammeln und erst anschließend zu interpretieren. Dieses Vorgehen erleichtert Ihnen auch die Verteidigung Ihrer Schlussfolgerungen.

5.6.3 Ist der Vergleichsrahmen korrekt?

Die Bewertung, die Personen zu einem System, einem Produkt oder einer Dienstleistung abgeben, ist unglaublich stark vom eigenen Vergleichsrahmen abhängig. Wenn Sie keinen Vergleichsrahmen setzen, werden die Personen trotzdem vergleichen. Sie wissen dann nur nicht mit was. Das glauben Sie nicht? Lassen Sie uns das erklären.

An dieser Stelle möchten wir eine persönliche Geschichte mit Ihnen teilen, die Michaela in Ihrer Diplomarbeit (ja, tatsächlich schon so alt) passiert ist. Michaela war schon im Studium auf den Bereich Usability und User Experience spezialisiert und hat sich mit der Frage beschäftigt, ob die Ästhetik eines Gegenstands Einfluss auf die wahrgenommene und tatsächliche Usability des Gegenstands hat. Achtung Spoiler: Nein. Zumindest nicht, soweit der Versuch das zeigen konnte. Aber wissen Sie, was das Problem ist? Wir wissen gar nicht, ob das wirklich so ist. Und jetzt kommen wir zu dem Thema *Vergleichsrahmen*.

Persönliches Beispiel: Die Dosenöffner-Studie

In der Diplomarbeit wurde die Usability von Dosenöffnern verglichen. Dazu wurde der gleiche Dosenöffner mehrfach gekauft und umgestaltet. Die Umgestaltung hat die Usability nicht verändert, aber das optische Design gravierend. Ganz offen geschrieben: Da gab es am Ende schon einige echt hässliche Dinger und einige, die wirklich ganz schick waren. Um diese Einteilung nicht auf Basis der eigenen Einschätzung zu treffen, gab es anschließend sogar einen Vortest, in dem die Ästhetik der Dosenöffner miteinander verglichen und bewertet wurde. Dadurch wurde es möglich, drei Dosenöffner auszusuchen, die komplett unterschiedlich wahrgenommen wurden: einen neutralen, einen sehr schönen und einen sehr hässlichen.

In der tatsächlichen Studie wurden die Teilnehmer dann in drei Gruppen eingeteilt. Eine Gruppe bekam den neutralen, eine Gruppe den schönen und eine Gruppe den hässlichen Dosenöffner. Die Personen sollten anschließend mehrere Dosen so schnell und genau wie möglich öffnen und zusätzlich eine Einschätzung der Usability und Ästhetik abgeben. Es hat sich gezeigt, dass weder die objektive Usability (also in diesem Fall Geschwindigkeit und Genauigkeit) noch die subjektive Usability zwischen den drei Gruppen anders war.

So weit, so gut. Leider hat sich aber auch gezeigt, dass sich die Einschätzung der Ästhetik des Dosenöffners zwischen den Gruppen ebenfalls nicht unterschied. Die drei Gruppen haben die Dosenöffner also alle als gleich ästhetisch bewertet. Das Problem: Da jede Gruppe nur ihren eigenen (und nicht die anderen) Dosenöffner gesehen hat, hat sich jede Gruppe ihren eigenen Bezugsrahmen gesucht. Offensichtlich sind die Personen aus der Gruppe mit dem schönen Dosenöffner darauf gekommen, dass es auf jeden Fall noch schönere Dosenöffner gibt. Die Personen mit den hässlichen Dosenöffnern kamen wohl zu dem Schluss, dass es auf jeden Fall noch hässlichere Dosenöffner gibt. Bis heute wissen wir nicht, ob Schönheit bei Dosenöffnern überhaupt eine Rolle spielt. Mit dem gewählten Versuchsaufbau war das leider aber auch nicht herauszufinden. Na ja, den Fehler macht man nicht zweimal.

An der Geschichte im Kasten sehen Sie: Wenn Sie den Rahmen nicht vorgeben – zum Beispiel, indem Sie Vergleichsprodukte, alternative Lösungsansätze, Vorgängerversionen oder Varianten anbieten –, dann werden sich Ihre Teilnehmer selbst einen Bezugsrahmen setzen. Viele subjektive Einschätzungen werden dadurch weniger wertvoll.

5.6.4 Haben Sie sich Wertungen bzw. Aussagen erklären lassen?

Vor allem in Interviewsituationen kommt es immer wieder vor, dass eine Aussage getroffen wird, die aber vom Interviewer komplett anders interpretiert wird als vom Interviewten. Daher sollten Sie idealerweise bei Wertungen als Interviewer nachfragen, um die korrekte Interpretation ebenfalls zu erfassen.

Persönliches Beispiel: Das Schrauber-Auto

In einem Interview zum Thema »Fahrzeugnutzung« hat Benjamin von einer interviewten Person die Aussage erhalten, dass das eigene Fahrzeug oft defekt ist. Wörtlich hat der Interviewte gesagt: »Ach, mein Auto ist ständig kaputt. Ständig ist was zu machen oder irgendetwas auszutauschen!«

Wie würden Sie die Aussage interpretieren? Wenn Sie wie Benjamin sind, dann würden Sie sich in dem Moment denken, dass das schrecklich sein muss. Ein Auto ist ja zum Fahren da, und ein defektes Fahrzeug braucht kein Mensch.

Zum Glück hat Benjamin nachgehakt und die Frage gestellt: »Und wie finden Sie das?«, denn die Interpretation von Benjamin wäre komplett falsch gewesen. Tatsächlich hat der Interviewte die Tatsache geliebt, dass das Fahrzeug permanent defekt war. Er war nämlich begeisterter Hobbyschrauber, der mit dem Fahrrad zu Arbeit fährt. Das Auto hatte er nur, um permanent daran herumzuschrauben. Ein funktionstüchtiges Fahrzeug ohne Defekte hätte der Interviewte also gar nicht gebraucht.

Vielleicht können Sie sich die Geschichte im Kasten das nächste Mal ins Gedächtnis rufen, wenn Sie als Interviewer eine Aussage bzw. Wertung hören. Fragen Sie gezielt nach!

5.6.5 Sind die Daten vollständig und sinnvoll?

Vor allem dann, wenn Sie mit quantitativen Daten – also z. B. Fragebogendaten – arbeiten, ist die Frage der Datenqualität sehr entscheidend. Oftmals haben Personen wenig Lust, langwierige Fragebögen auszufüllen. Je länger und umständlicher die Befragung ist, umso eher laufen Sie Gefahr, Personen unterwegs entweder ganz zu verlieren oder zu demotivieren, sodass zwar Kreuzchen gesetzt werden, diese aber keinen Sinn mehr ergeben.

Der erste Check, den Sie in Ihren Daten also vornehmen sollten, ist der, ob alle Fragen beantwortet wurden. Es kann Ihnen durchaus passieren, dass Sie zu Beginn noch 150 Personen haben, die eine Frage beantworten, am Ende aber nur noch 75. Das ist an sich nicht schlimm, wenn Sie davon ausgehen können, dass nicht bestimmte Personen die Umfrage abbrechen, sondern dies »zufällig« geschieht. Sonst kann es Ihnen passieren, dass Sie am Ende nur noch eine bestimmte Art Mensch in der Befragung drin haben, die dann natürlich auch andere Antworten gibt. Je nachdem, wie wichtig das für Sie ist, können Sie entscheiden, ob Sie Personen, die die Umfrage nicht fertig ausgefüllt haben, von der Auswertung ausschließen.

Als Zweites sollten Sie prüfen, ob seltsame Antwortmuster auftauchen. Das ist manuell in der digitalen Zeit tatsächlich schwerer zu prüfen. Im Psychologiestudium wurde noch gelehrt, dass man, wenn man mit Papierfragebögen arbeitet, prüfen soll, ob die Fragebögen nach einem bestimmten Muster (z. B. in X-Form, immer 1 oder immer 5) ausgefüllt werden. Digital fällt das nicht mehr so schnell ins Auge, weil Sie den ausgefüllten Bogen nicht vor sich sehen; die Muster können Sie aber natürlich auch anhand der Zahlen erkennen. Für gewöhnlich werden alle Personen ausgeschlossen, die immer das Gleiche antworten.

Jetzt könnten Sie sagen: »Hey, was ist, wenn die Person wirklich einfach alles toll fand?« Dann würden wir Ihnen sagen: »Dann haben Sie ein Problem mit Ihrem Fragebogendesign.« Für gewöhnlich gestalten Sie Fragebögen so, dass selbst dann, wenn jemand alles toll findet, die Fragen so gestellt sind, dass unterschiedliche Werte angekreuzt werden müssen. Das erreicht man, indem manche Fragen umgedreht werden. (Anstatt »Ich fand es sehr leicht zu bedienen« steht dann »Ich fand es sehr schwer zu bedienen«.) Dadurch wird ein Kreuz an der gleichen Stelle zur gegensätzlichen Aussage. Bei besonders wichtigen Aspekten werden manchmal auch sehr ähnliche Fragen gestellt, bei denen anschließend geprüft wird, ob ähnlich auf die Fragen geantwortet wurde.

Die saubere Fragebogenkonstruktion ist eine Kunst für sich. Wenn Sie sich mehr damit beschäftigen möchten, empfehlen wir Ihnen Literatur zur Marktforschung oder zur Test- und Fragebogenkonstruktion. Aber ganz offen: In den meisten Fällen werden Sie auch mit einer weniger komplexen Befragung zurechtkommen. Das Wichtigste ist, dass Sie sicherstellen, dass die Fragen eindeutig sind und tatsächlich das messen, was Sie messen möchten.

5.7 Schnelle Hilfestellung zur Einordnung

In diesem letzten Abschnitt möchten wir Ihnen noch einmal eine zusammengefasste Hilfestellung geben, wie Sie entscheiden, ob, wann und wie viele Daten Sie in Ihrem Entwicklungsprozess verwenden sollten. Wir haben das Ganze wie einen Test früher in der Zeitschrift »Bravo« aufgebaut. Daher: Merken Sie sich die Anzahl der geantworteten »Ja« und »Nein«.

5.7.1 Brauchen Sie Daten während der Entwicklung?

Hier finden Sie noch einmal zusammengefasst die Fragen, die Ihnen dabei helfen, festzulegen, ob Sie überhaupt Daten während der Entwicklung benötigen:

1. Handelt es sich bei der Lösung, die Sie entwickeln wollen, um eine risikobehaftete Anwendung (Definition siehe Abschnitt 5.3.2)?
   - **Ja:** Auf jeden Fall brauchen Sie Daten. Bei Anwendungen mit einem hohen Risiko empfiehlt sich zusätzlich eine abschließende Prüfung der Qualität. Prüfen Sie zusätzlich die Flexibilität.
   - **Nein:** Prüfen Sie die Flexibilität Ihrer Anwendung.
2. Besitzt die Lösung, die Sie entwickeln wollen, eine niedrige Flexibilität (Definition siehe Abschnitt 5.3.1), sodass Änderungen nach der Fertigstellung gar nicht, nur schwer oder teuer zu korrigieren sind?

- **Ja:** Auf jeden Fall brauchen Sie Daten. Zusätzlich empfiehlt sich eine abschließende Prüfung der Qualität. Wenn Sie zweimal »Ja« gesagt haben, sollten Sie versuchen, Ihre Entwicklung intensiv mit Nutzern zu testen, und damit schon früh absichern.
- **Nein:** Ihre Anwendung ist weder besonders risikobehaftet noch wenig flexibel? Dann können Sie die Datenmenge während der Entwicklung relativ geringhalten und im Live-Betrieb lernen. Ihre Anwendung ist risikobehaftet, aber flexibel? Dann brauchen Sie Daten und auch eine abschließende Prüfung der Qualität – zumindest in den mit Risiko verbundenen Bereichen. Wenn Sie risikoarme Bereiche haben, dann können Sie diese durch weniger Daten absichern und im Live-Betrieb lernen.

5.7.2 Wie viele Daten brauchen Sie?

Dieser Abschnitt ist für Sie nur dann relevant, wenn Sie schon wissen, dass Sie Daten benötigen, und daher im vorhergehenden Abschnitt mindestens einmal mit »Ja« geantwortet haben.

Jetzt geht es um die Frage: »Wie viele Daten brauchen Sie?« Damit starten wir in Runde 2 unseres Bravo-Tests:

- **Kein »Ja«:** Wenn Sie oben gar nicht »Ja« gesagt haben, dann verstehen wir nicht, warum Sie das hier überhaupt lesen. Der Abschnitt ist für Sie nicht relevant.
- **Einmal »Ja«:** Sie sollten mindestens einmal während der Entwicklung testen. Sieht dieser Test gut aus, dann sind Sie auf dem richtigen Weg. Lernen Sie aus dem Test viel und schneidet Ihr System, Ihr Produkt oder Ihre Dienstleistung nicht gut ab, dann testen Sie erneut. Sinnvollerweise sollten Sie auch nach Abschluss der Entwicklung testen, denn bei einer entweder risikobehafteten oder unflexiblen Lösung wollen Sie nicht erst auf dem Markt erfahren, dass etwas schlecht ist.
- **Zweimal »Ja«:** Sie haben es sich vermutlich bereits gedacht: Sie sollten definitiv bereits während der Entwicklung mehrfach testen. Damit stellen Sie sicher, dass Sie auf dem richtigen Weg sind. Die Anzahl der Test-Iterationen steigt dabei mit dem Risiko Ihrer Lösung. Je höher das Risiko Ihrer Lösung ist, umso häufiger sollten Sie während der Entwicklung testen. Auch hier ist der abschließende Test sinnvoll, da Sie sogar »zweimal« die Chance haben, auf dem Markt schlecht dazustehen.

5.7.3 Welche Art von Daten brauchen Sie?

Die letzte Frage, die noch offen ist, ist die Frage nach der Datenart. Sie können sich dem Ganzen auf zwei Weisen nähern: einmal über die Frage, welche Daten voraussichtlich einfach verfügbar sein werden, und einmal über die Frage, welche Daten Sie brauchen.

Zum Thema einfache Verfügbarkeit gilt: Je weiter am Anfang Sie stehen, umso wahrscheinlicher benötigen Sie qualitative Daten. Diese werden voraussichtlich in den meisten Fällen subjektive Daten sein. Wenn Sie objektive Daten haben, dann können Sie diese aber natürlich auch nutzen. Je später Sie in der Entwicklung sind, umso wahrscheinlicher werden Sie qualitative/objektive Daten haben. Nach der Entwicklung werden Sie voraussichtlich hauptsächlich quantitative/objektive Daten haben, teilweise kombiniert mit quantitativen/subjektiven Daten aus Befragungen.

Bei dem Thema, welche Daten Sie brauchen, können Sie folgende Fragen nutzen:

1. Möchten Sie klären, warum und wie etwas getan, genutzt oder nicht genutzt wird?
   - **Ja:** Sie benötigen qualitative Daten.
   - **Nein:** Gehen Sie zur nächsten Frage.
2. Möchten Sie wissen, von wie vielen, wie häufig oder wie lange etwas getan, genutzt oder nicht genutzt wird?
   - **Ja:** Sie benötigen quantitative Daten.
   - **Nein:** Uns ist nicht klar, was Sie herausfinden wollen. Schreiben Sie uns unter *handbuch3DUX@custom-interactions.com*, und wir finden eine Lösung.

5.7.4 Fazit

Dass Sie Daten von Nutzenden brauchen, um großartige Lösungen zu entwickeln, hoffen wir sehr deutlich gemacht zu haben. Ob Sie die Daten nun schon während der Entwicklung brauchen und in welchem Ausmaß, hängt von den oben genannten Faktoren ab. Wir glauben aber nicht, dass es möglich ist, vollkommen ohne Daten auszukommen.

Wenn Sie die Daten nicht zu Beginn besorgen, dann werden Sie im Live-Betrieb Daten von Ihren Nutzern bekommen, die Ihnen zeigen, wo noch Verbesserungsbedarf besteht. Das kann zum Beispiel in Form von Feature Requests, negativen Rezensionen, ausbleibenden Nutzern, Daten zum Nutzungsverhalten, schlechter Retention-Rate (Ihre Quote an Kunden, die nach einer bestimmten Zeitdauer noch immer Ihre Kunden sind) oder Support-Anfragen passieren. Es gibt unzählige weitere Daten, anhand derer Sie im Live-Betrieb sehen werden, ob alles passt oder wo es klemmt. Aber glauben Sie uns: Die Daten finden Sie, und wenn Sie gefunden werden, dann ist es am besten, wenn es »gute« Daten sind.

Ein nicht ganz so schönes Beispiel dafür kommt aus der Spielebranche, in der regelmäßig Nutzertests (sogenannte Alpha- und Beta-Tests) durchgeführt werden. Bei diesen Tests dürfen Spieler das Spiel vor seiner Veröffentlichung ausprobieren und

Rückmeldung geben. Hier ist also die Datensammlung in den Prozess integriert. Das bedeutet aber nicht, dass die Hersteller das Feedback der Nutzer ernst nehmen. Einer der größten Publisher – Ubisoft – hat hier großen Unmut erregt, weil zwar Beta-Tests für eines seiner Topspiele (»Tom Clancy's Ghost Recon Breakpoint«) durchgeführt wurden und alle Kritikpunkte der Spieler in Foren vorhanden waren, aber keine Reaktion auf die Rückmeldung erfolgte. Als das Spiel dann tatsächlich regulär veröffentlicht wurde, waren einige technische Bugs behoben, das Feedback zur Spielmechanik und dem fehlenden Spielspaß war jedoch nicht berücksichtigt worden. Die Konsequenzen daraus waren ein weltweiter Shitstorm, schlechte Bewertungen in Spieletests und ausbleibende Spieler. Ein Drama für eine Spieleentwicklung, an der 3.000 Entwickler beteiligt waren und deren Kosten auf einen dreistelligen Millionenbetrag geschätzt werden!

Unser Fazit ist also: Sie werden die Rückmeldung Ihrer Kunden und Nutzer bekommen. Auf dem einen oder anderen Weg. Sie können durch den gezielten Einsatz eines datengetriebenen Prozesses nur entscheiden, zu welchem Zeitpunkt Sie diese Rückmeldung erhalten und wann Sie daraus lernen möchten. Es dürfte in den meisten Fällen sinnvoller sein, früher als später zu lernen. Wenn Sie allerdings vorab schon viel gelernt haben (z. B. durch Vorgängerversionen oder Kundenfeedbackanalyse), dann können Sie die vorhandenen Daten auch einfach nutzen und sehen, was passiert.

Kapitel 6
Ein hilfreiches Mindset für Usability und User Experience Design

»Es geht nicht nur darum, die Worte zu verstehen, es geht auch darum, den Menschen zu verstehen.«
– Erich Brandl (Musiker, Autor, Texter)

Dieses Kapitel in einem Handbuch zu Usability und User Experience Design zu finden, überrascht Sie vielleicht. Wir glauben aber, dass das Mindset den größten Einfluss auf den Erfolg oder Misserfolg der eigenen Arbeit hat. Unter *Mindset* verstehen wir die Einstellungen und Erwartungshaltungen, mit denen sich eine Person einem Thema widmet. Um zu klären, warum das so ist, lassen Sie uns das genauer beleuchten:

Horchen Sie jetzt bitte einmal ehrlich in sich hinein. Sind Sie zum Beispiel der Meinung, dass Sie alles lernen können, wenn Sie es wollen? Oder sind Sie der Meinung, dass man in einer Sache entweder gut ist oder nicht? Beide Einstellungen haben einen Effekt auf Ihr Leben.

Im ersten Fall haben Sie – nach Carol Dweck, einer amerikanischen Psychologin, die viel zu dem Thema Mindset geforscht hat – zurzeit eher ein *Growth Mindset*: Sie können an Herausforderungen wachsen und besser werden. Im zweiten Fall haben Sie zurzeit eher ein *Fixed Mindset*: Sie haben dann eher Angst vor einer Herausforderung und vor allem vor dem Scheitern. Wir haben hier bewusst »zurzeit« geschrieben, denn einer der Kernpunkte von Carols Arbeit ist, dass sich das Mindset ändern kann und in einigen Lebensbereichen eher das eine und in anderen Lebensbereichen eher das andere Mindset vorherrscht (vgl. Dweck 2006 und Heckausen & Dweck 1998).

Von allen Lebensbereichen schauen wir uns in diesem Buch vor allem den beruflichen Bereich an. Bei der Arbeit an Usability und User Experience Design Themen stehen Nutzer und damit Menschen im Fokus des Interesses. Wenn Sie in das Gespräch mit diesen Nutzern gehen, dann entscheidet hier enorm Ihr Mindset, was sie aufnehmen, glauben und später nutzen. Herrscht bei Ihnen in diesem Bereich zurzeit ein Fixed Mindset vor, dann vermeiden Sie das Gespräch mit einem Nutzer gegebenenfalls sogar komplett. Dieser könnte Ihnen ja sagen, dass Ihr Produkt nicht so toll ist und es dringend verbessert werden müsste. Diese Aussage würden Sie als Scheitern aufnehmen, und daher vermeiden Sie das Gespräch lieber. Andersherum würden Sie mit einem Growth Mindset die Rückmeldung der Nutzer dankend annehmen und lernen, was Sie an Ihrem Produkt verbessern können. Das Endergebnis wird nur im Falle des Growth Mindset ein besseres Produkt sein. Sie sehen: Ihr Mindset spielt im Bereich Usability und User Experience eine entscheidende Rolle!

In diesem Kapitel möchten wir über einige Stolpersteine im Mindset sprechen, auf die wir in unserer täglichen Arbeit immer wieder stoßen. Vielleicht erkennen Sie einige der vorgestellten Punkte in sich wieder. Das ist nicht schlimm, denn diese Erkenntnis ermöglicht es Ihnen, direkt daran zu arbeiten. Wir möchten Ihnen dabei helfen, ein Growth Mindset zu entwickeln und zu stärken – denn das ist die Grundvoraussetzung für Usability und User Experience. Als Einstieg sehen wir uns den Unterschied zwischen *Annahmen* und *Wissen* an.

6.1 Annahmen vs. Wissen

Eines der größten Probleme, auf die wir in unserer täglichen Arbeit stoßen, ist die Verwechslung von Annahmen mit Wissen. Unter einer *Annahme* versteht man eine Vermutung oder Ansicht, während *Wissen* die »Gesamtheit der Kenntnisse, die jemand [auf einem bestimmten Gebiet] hat« bezeichnet (*https://www.duden.de/rechtschreibung/Wissen*). Wenn Sie eine Annahme über einen Sachverhalt treffen, dann gehen Sie davon aus, dass etwas so ist, haben aber keine Beweise dafür. Wenn Sie im Gegensatz dazu etwas wissen, dann können Sie anhand von objektiven Fakten nachweisen, dass es so ist (stark vereinfacht ausgedrückt, siehe auch Abschnitt 5.6, »Daten kritisch bewerten«).

Wir treffen in unserem Leben permanent Annahmen – und daraus ergeben sich immer wieder kleinere, ab und zu aber auch größere Schwierigkeiten. Zum Beispiel dann, wenn eine Lehrerin den Klassenclown anschnauzt, weil schon wieder ein nasser Schwamm auf ihrem Stuhl lag, ohne tatsächlich gesehen zu haben, wer ihn dorthin gelegt hat. In diesem Fall wurde von der Lehrerin die Annahme (vielleicht aus Vorwissen heraus) getroffen, dass es wieder so sein *muss* wie immer: Der Klassenclown war's. Ob es tatsächlich so war, wissen wir an dieser Stelle nicht. Trotzdem können Annahmen Reaktionen auslösen, die uns dazu verleiten, den Klassenclown anzuschnauzen.

Obwohl Annahmen zu Schwierigkeiten führen können, sind sie für uns Menschen außerordentlich wichtig. Der Hirnforscher Ernst Pöppel schätzt in einem Interview mit der Wirtschaftswoche die Anzahl der Entscheidungen auf 20.000 täglich (siehe *https://www.wiwo.de/5445178.html*). Angefangen bei der Frage, ob wir beim Klingeln des Weckers aufstehen wollen, über die Frage, was wir frühstücken, bis hin zur Kleiderwahl: Annahmen helfen uns, über Kleinigkeiten schnell zu entscheiden und nicht verrückt zu werden. Stehen wichtige Entscheidungen an, dann empfehlen wir Ihnen jedoch, diese auf Basis von Wissen zu treffen. Entscheidungen, die den Erfolg oder den Misserfolg Ihres Produkts beeinflussen, sind solche wichtigen Entscheidungen. Aber woher wissen Sie, ob Sie etwas wissen oder nur annehmen?

6.1.1 Eigene Annahmen sauber aufdecken

Eigene Annahmen zu erkennen ist eine wirklich schwierige Aufgabe. Alle unsere Annahmen existieren in unserem Kopf und scheinen oft einfach wahr zu sein, sodass selten der Moment kommt, in dem die eigenen Annahmen hinterfragt werden. Ein großer Schritt ist es also, sich der eigenen Annahmen erst einmal bewusst zu werden. Auch in der Entwicklung von Produkten. Ansonsten laufen Sie Gefahr, dass Sie auf falschen Annahmen aufbauend systematische Fehler in Ihr Produkt einbauen und diese erst später bemerken, beispielsweise wenn das Produkt auf dem Markt schlecht ankommt.

Eine einfache und doch wirksame Methode, eigene Annahmen aufzudecken, ist die Arbeit mit Fragen. Fragen Sie sich: »Was muss wahr sein, damit mein Produkt zum Erfolg wird?« Anschließend listen Sie im ersten Schritt alle Punkte auf, die Ihnen dazu einfallen – am besten in einem interdisziplinären Workshop, da jede Disziplin andere Vorerfahrung und Sichtweisen einbringt.

Wir möchten mit Ihnen diese Fragen am Beispiel von Healthyfy – der Gesundheitsplattform – beantworten. Wenn Sie sich über Healthyfy die Frage stellen: »Was muss wahr sein, damit Healthyfy ein Erfolg wird?«, dann kommen Sie vermutlich auf vielfältige Antworten. Hier sind einige der Antworten, die uns spontan eingefallen sind:

- Patienten haben ein Interesse daran, online nach einem Arzt zu suchen.
- Ärzte können ihre Qualifikation online darstellen.
- Patienten sind in der Lage, den benötigten Facharzt zu ihren Symptomen zu benennen.
- Bewertungen von anderen Patienten sind eine geeignete Grundlage für die Bewertung von Ärzten.
- Ärzte haben ein Interesse daran, online mit Patienten zu kommunizieren.
- Ärzte haben ein Interesse daran, die Untersuchung von Patienten online durchzuführen.
- Es ist möglich, in einer Videokonferenz eine ausreichend gute Untersuchung durchzuführen.
- Ärzte verfügen über die Fähigkeiten, mit modernen Telekommunikationsmedien zu arbeiten.
- Es ist erlaubt, Gesundheitsdaten über eine digitale Plattform auszutauschen.
- ...

Das sind nur einige wenige Beispiele für Annahmen, die hinter der Gründung von Healthyfy stehen. Wenn Sie diese Fragen im Rahmen von einem interdisziplinären Workshop stellen, werden Sie überrascht sein, welche verschiedenen Antworten Sie noch erhalten.

Sobald Sie die Annahmen über Ihr eigenes Produkt kennen, können Sie zum nächsten Schritt weitergehen: zur Identifikation von Wissenslücken.

6.1.2 Annahmen von Wissen unterscheiden

Jetzt kommt der spannende Moment: Zusammen mit Ihrem idealerweise interdisziplinären Team – oder alleine – haben Sie die Annahmen aufgedeckt, die für den Produkterfolg wahr sein müssen. Jetzt müssen Sie nur noch entscheiden, ob es sich hierbei um belegbares Wissen oder um eine unbelegbare Annahme handelt.

Das Vorgehen, das wir dazu verwenden, ist denkbar einfach und immer wieder erfolgreich: Wir bitten unsere Kunden in einem Workshop, jede Annahme in eine von drei Farbkategorien zu sortieren. Diese Aufgabe wird durch die Teilnehmer des Workshops zunächst alleine durchgeführt. Die Farben und deren Bedeutungen werden dabei von uns wie folgt vorgegeben:

- Grün steht für: »Weiß ich, weil ...«
- Gelb steht für: »Ich bin relativ sicher, weil ...«
- Rot steht für: »Ich habe keine Belege hierfür.«

Um eine gute Übersicht zu erhalten, zeichnen wir für die Sortieraufgabe normalerweise eine einfache Matrix auf ein Whiteboard (siehe Abbildung 6.1). In der Matrix stehen oben im Kopf die drei Farben (Grün, Gelb, Rot) Die Einsortierung der Annahmen erfolgt anschließend mit Hilfe von Klebezetteln, wobei jeder Klebezettel für eine Annahme steht.

Neben der reinen Sortierung in die drei Farbkategorien haben alle Teilnehmer zusätzlich die Aufgabe, bei den grünen und gelben Karten die Quellen ihres Wissens auf dem Klebezettel anzugeben. Hier ist »Quellen« breit zu verstehen. Sie können tatsächlich wissenschaftliche Quellen (z. B. Literatur und Studien), Statistiken, aber auch interne Marktforschungsergebnisse, Kundenbefragungen, Interview-Ergebnisse, Wettbewerberergebnisse etc. heranziehen. Die Klebezettel, die in die rote Kategorie einsortiert werden, sollten wenn möglich ebenfalls beschrieben werden. Immer dann, wenn man bereits Quellen gesammelt hat, die gegen die Annahme sprechen, werden diese entsprechend vermerkt (siehe Abbildung 6.2).

Wichtig bei der Auswahl der Quellen ist lediglich, dass es sich um mit Zahlen, Daten und Fakten Belegbares handelt. Schließlich geht es darum, Annahmen von Wissen bzw. Bauchgefühl von Fakten zu trennen.

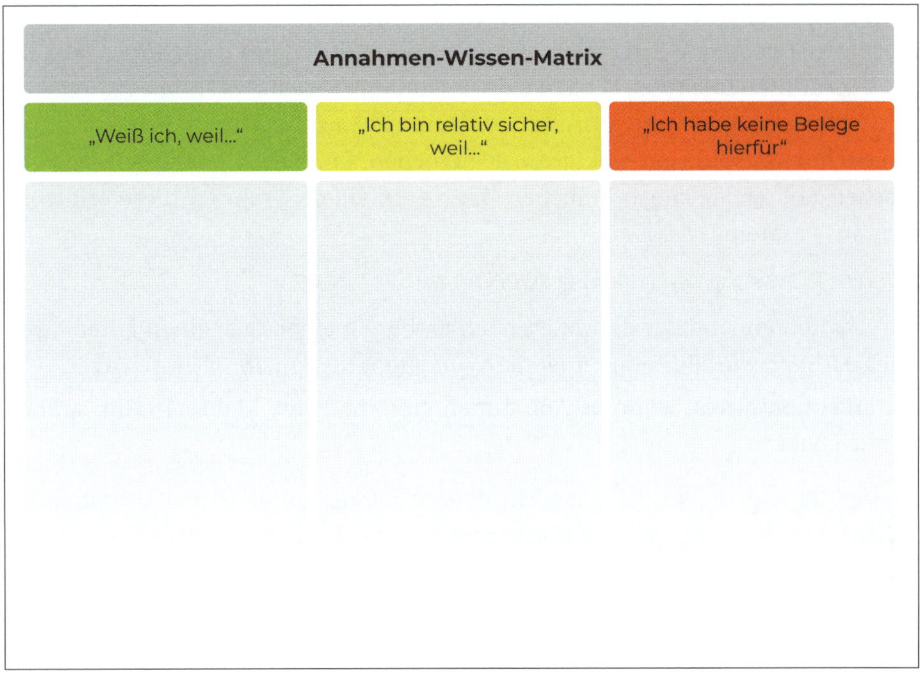

Abbildung 6.1 Unsere Annahmen-Wissen-Matrix

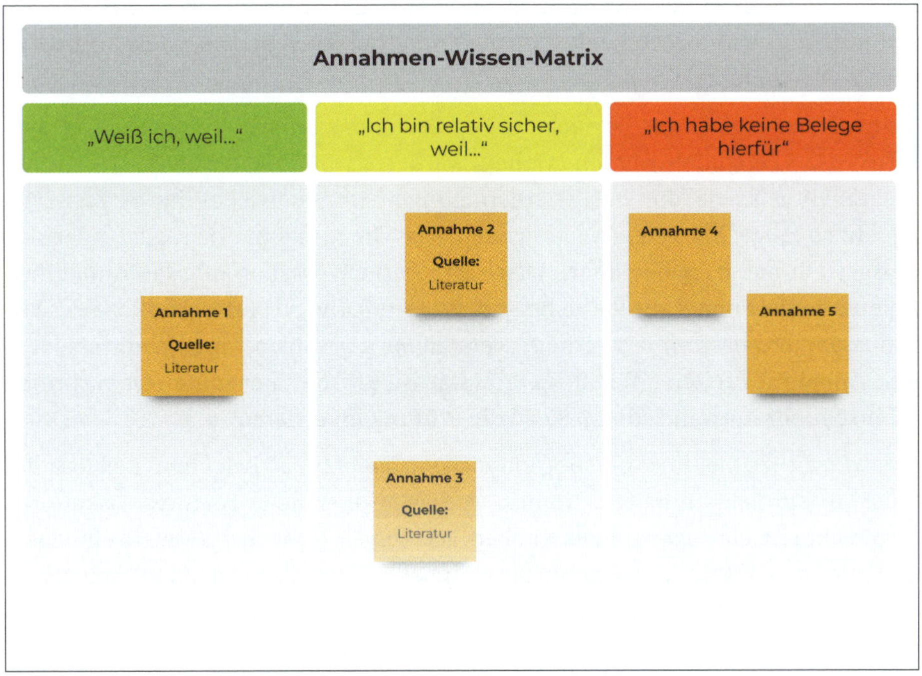

Abbildung 6.2 Ausgefüllte Annahmen-Wissens-Matrix

Je nach Anzahl der identifizierten Annahmen kann dieser Workshop-Schritt schon ein wenig Zeit kosten. Wir rechnen hier mit ca. 5 Minuten pro Annahme. Wenn Sie also 12 Annahmen identifiziert haben, dann würden Sie sich und Ihrem Team insgesamt 60 Minuten Zeit lassen, um alle Annahmen in Einzelarbeit durchzugehen. Sollten Sie schneller sein und weniger Zeit brauchen, können Sie natürlich jederzeit abbrechen. Sollten Sie länger brauchen, dann empfehlen wir Ihnen, diese Zeit trotzdem zu investieren.

Durch den Workshop erreichen Sie zwei Dinge:

1. Sie erhalten anhand der dominierenden Farben in einer Zeile einen guten Überblick darüber, wie alle Teilnehmer des Workshops die Annahme einschätzen.
2. Sie erkennen direkt, wenn es Annahmen gibt, die keine Klebezettel im grünen Bereich haben.

An dieser Stelle geht es noch gar nicht darum, herauszufinden, ob eine Annahme richtig ist. Die reine Menge an Klebezetteln sagt dazu nichts aus, schließlich reicht ein einziger mit guten Quellen beschriebener Klebezettel im grünen Bereich, um die Annahme als Wissen zu betrachten. Die Vorgehensweise hilft Ihnen aber dabei, die Annahmen zu identifizieren, bei denen Sie so früh wie möglich herausfinden müssen, *ob* sie richtig sind.

Nach einer gemeinsamen Sichtung der Karten im zweiten Teil des Workshops schließt sich die Diskussion an. Hierbei gehen wir Zeile für Zeile – also Annahme für Annahme – durch und entscheiden, ob die Annahme gut genug belegt ist, um sie als Wissen zu behandeln oder nicht.

Alle Annahmen, bei denen Sie nach der Diskussion noch nicht überzeugt sind, dass sie als Wissen behandelt werden können, werden dann im Rahmen der Nutzungskontextanalyse sowie durch Nutzerbefragungen immer wieder hinterfragt. Das geschieht so lange, bis Sie entweder wissen, dass die Annahme richtig ist, oder sich herausgestellt hat, dass sie einfach falsch ist. Dieser Workshop mit den Annahmen definiert also die Fragen, die Sie zu Beginn des Data-Driven UX Design-Prozesses klären müssen, und bestimmt, welche Methoden Sie auswählen. Tipp: Je entscheidender die Annahme für den Erfolg Ihres Produkts ist, umso früher sollten Sie sie prüfen und umso mehr Aufwand sollten Sie in die Prüfung investieren.

Die Matrix, die Sie hier im Workshop entwickeln, bleibt Ihnen jedoch für den Rest des Entwicklungsprojekts erhalten. Immer, wenn Sie über neue Features diskutieren oder neue Rückmeldungen erhalten haben, können Sie diese in die Matrix einbauen. Im Falle des neuen Features könnten Sie zum Beispiel prüfen, ob genug Daten vorliegen, die die Einführung oder Ablehnung des Features rechtfertigen. Im Falle von neu eingegangener Nutzerrückmeldung könnten Sie prüfen, ob sich dadurch eine weitere Annahme bestätigt hat oder ob sie abgelehnt werden muss. Die Matrix begleitet Sie also im besten Fall durch das gesamte Projekt.

6.1.3 Warum brauche ich dazu Daten?

An dieser Stelle möchten wir noch einmal kurz auf die Frage eingehen, warum die Unterscheidung zwischen Annahmen und Wissen unbedingt anhand von Zahlen, Daten und Fakten erfolgen sollte. Aus unserer Sicht gibt es dafür mehrere Gründe:

1. Wenn Sie anhand von objektiven Kriterien auf der Basis von Daten entscheiden, fällt Ihnen die Entscheidung leicht.
2. Auf der Basis von Daten und objektiven Kriterien getroffene Entscheidungen lassen sich gegenüber Dritten leichter erklären und verteidigen.
3. Die richtigen Daten machen Sie resistenter gegenüber einer verzerrten Wahrnehmung von Einzelfällen.

Auch wenn die drei Punkte auf den ersten Blick abstrakt erscheinen, so haben wir schon oft erlebt, wie sie in der Praxis allgegenwärtig sind und zu großen oder gar unüberwindbaren Hürden führen. Daher möchten wir die drei Punkte noch einmal detailliert erklären:

Punkt 1: Leichtere Entscheidungen durch Daten

Unserer Erfahrung nach werden die wenigsten Produkte durch eine einzelne Person entwickelt. In den meisten Fällen gibt es ein Team, das gemeinsam an der Entwicklung arbeitet, und viele weitere Stakeholder – also Personen, die am Ergebnis der Entwicklung interessiert sind und diese gerne in ihrem Sinne beeinflussen wollen.

Da alle an der Entwicklung beteiligten Personen einen anderen Blickwinkel sowie ein anderes Bauchgefühl mitbringen, mal intensiv und mal weniger intensiv an der Entwicklung beteiligt sind und zum Teil auch noch individuelle Ziele verfolgen, erleben wir regelmäßig, dass Diskussionen lange und ausufernd sind. Das gilt innerhalb von Projektteams, wenn z. B. zwei Personen »ihr« Design oder »ihren« Ansatz besser finden, ohne einen wirklichen Grund zu haben. Das gilt aber auch außerhalb der Projektteams, wenn z. B. der CEO des Unternehmens sagt: »Wenn hier einer die Nutzer kennt, dann doch wohl ich!« Solche Diskussionen sind wenig zielführend, und nicht selten gerät dadurch die Produktentwicklung ins Stocken.

Wenn Sie sich innerhalb des Teams aber auf objektive Entscheidungskriterien geeinigt haben, die anhand von Daten beurteilt werden können, dann lässt sich eindeutig klären, ob Ansatz 1 besser ist als Ansatz 2, und sich die ausschweifende Verteidigungsdiskussion sparen.

Diesen Effekt können wir besonders schön an einem langjährigen Kunden von uns illustrieren. Das Team ist für die Login-Prozesse bei einem weltweit agierenden Konzern tätig. An einer Stelle in der Entwicklung sollten verschiedene Logins verschiedener Dienste zusammengeführt werden. Das Team diskutierte bereits seit Wochen über die beste Art und Weise, dies umzusetzen. Eine Hälfte des Teams glaubte, man müsste die Zusammenführung für die Nutzenden unbedingt eindeutig sichtbar machen, damit keine Überraschung entsteht. Die andere Hälfte des Teams war der festen Überzeugung, dass das nicht notwendig sei, weil sich die Nutzenden der Tatsache bewusst seien, dass es sich um Services des gleichen Anbieters handelt. Im Workshop stellte sich dann heraus, dass keine von beiden Seiten irgendwelche Daten hatte, um ihre These zu stützen. Sobald das klar war, endete die Diskusssion sofort und es wurde entschieden, einen Nutzertest durchzuführen, um die Frage ein für alle Mal zu klären.

Punkt 2: Einfacheres Erklären/Verteidigen durch Daten

Haben Sie, wie in Punkt 1 beschrieben, Ihre Entscheidungen mit objektiven Kriterien anhand von Daten getroffen, dann fällt es Ihnen deutlich leichter, für deren Richtigkeit einzustehen. Mit einem Bauchgefühl treten Sie dem Beispiel-CEO vermutlich nicht entgegen – mit einem fundierten Datensatz eher. Auf der anderen Seite wird sich der Beispiel-CEO von Ihrer datenbasierten Argumentation auch deutlich leichter überzeugen lassen (außer es geht um Machtspielchen – da hilft nur ein neuer CEO).

Ein Beispiel für die Wirksamkeit dieser Taktik hat sich in einem Workshop mit einem Medizinproduktehersteller gezeigt. Es ging um die Weiterentwicklung eines Bestandsprodukts, zu dem ein verschließbares Röhrchen gehörte. Der Leiter des Kundensupports wünschte sich, dass sich bei der nächsten Version des Produkts der Deckel leichter öffnen lassen sollte. Das Entwicklungsteam und auch der Entwicklungsleiter sahen überhaupt keinen Wert darin. Daraufhin öffnete der Leiter des Kundensupports sein Ticketsystem und suchte nach Tickets mit Bezug zu dem Röhrchen. Innerhalb kurzer Zeit konnte er über 20 Tickets aus dem letzten Jahr vorlegen, bei denen es zu Problemen mit dem Öffnen des Röhrchens kam. Diese Probleme führten in einem Teil der Fälle zum Verschütten potenziell ansteckender Flüssigkeiten. Daraufhin wurde kommentarlos aufgenommen, dass die Kraft zum Öffnen des Röhrchens angepasst werden musste.

Punkt 3: Gegen die verzerrte Wahrnehmung von Einzelfällen

Für diesen Punkt müssen wir noch einmal kurz in die Welt der Psychologie ausschweifen:

1. Ihr Gehirn ist ein Emotions-Junkie.
2. Ihr Gehirn legt großen Wert auf die Reihenfolge der Informationen.

Zum ersten Satz: Wir können uns deutlicher an Dinge erinnern, die für uns besonders positiv oder besonders negativ waren, als an Dinge, die nur schwache Emotionen in uns ausgelöst haben (vgl. Kuhbandner 2007, S. 2). Anders formuliert: Extreme Ereignisse merkt man sich viel besser als die neutralen Ereignisse dazwischen. Unser Gehirn bewertet emotional aufgeladene Informationen also als wertvoller. Damit will es uns helfen, positive Emotionen immer wieder zu erleben und negative Emotionen so gut wie möglich zu vermeiden.

Übertragen auf unsere Produktentwicklungsszenarien bedeutet das, dass Sie sich viel eher an die »extremen« Kundenfeedbacks erinnern. Wenn Sie also täglich mit Kunden arbeiten, die Ihnen immer nur wenig oder indirektes Feedback geben, und Sie dann einen Kunden erleben, der sich extrem über Ihr Produkt aufregt, dann werden Sie sich wahrscheinlich nach einigen Wochen vor allem an diesen einen Kunden und an das, was er sagte, gut erinnern können. Und jetzt stellen Sie sich vor, dass sich Kunden bei Ihnen ein- oder zweimal im Monat über das Produkt aufregen. Irgendwann, wenn Sie Ihr Gedächtnis nach Kundenfeedback durchstöbern, werden Sie sich an die vielen Geschichten erinnern, in denen Kunden sehr enttäuscht über das Produkt waren.

Das Gleiche funktioniert natürlich auch mit Begeisterung. Hier kann Ihre Wahrnehmung aber ebenfalls trügen: Die eventuell ebenfalls vorhandenen neutralen Meinungen blenden Sie aus. Dadurch kann es passieren, dass man für eine viel kleinere Kundengruppe entwickelt, die eben besonders im Gedächtnis geblieben ist – und die breite Masse vernachlässigt.

Zum zweiten Satz: Unser Gedächtnis fällt nicht nur auf Emotionen herein, es wird auch stark von der Reihenfolge beeinflusst, in der Informationen gelernt werden. Der *Primacy-Recency-Effekt*, im Deutschen auch *serieller Positionseffekt* genannt, besagt, dass Personen sich Informationen besser merken können, wenn diese am Anfang oder am Ende stehen (vgl. Ebbinghaus 1913). Wenn Sie beispielsweise einen zweiseitigen Brief erhalten, ihn lesen und anschließend die Inhalte frei wiedergeben sollen, dann werden Sie sich vermutlich leichter an Dinge erinnern, die am Anfang oder am Ende des Briefes standen.

Wenn wir auch das wieder auf den Produktentwicklungskontext übertragen, dann heißt das: Sie werden sich voraussichtlich stärker an die Informationen aus den ersten und den letzten Feedback-Sessions mit Nutzern erinnern und erneut die größere Mitte vernachlässigen bzw. von dort hauptsächlich die extremen Kundenfeedbacks mitnehmen.

Sie sehen also: Auch wenn unser Bauchgefühl wertvoll ist und unser Gedächtnis an vielen Stellen hilfreich, gibt es keine Garantie dafür, dass unsere Erinnerungen richtig sind. Erheben Sie aber beispielsweise während Kundenfeedback-Sessions objektive Daten, dann können Sie auch das sonst vernachlässigte Wissen nutzen.

Ein Beispiel für diesen Effekt in der Praxis erleben wir regelmäßig bei Usability-Tests, bei denen unsere Kunden zusehen. Da mehrere Tests durchgeführt werden, die bei der Menge dann ineinander übergehen, erleben wir regelmäßig die Situation, dass die Gewichtung der Ergebnisse durch die Kunden gefühlt stark auf den ersten und letzten Tests aufbaut. Hier hilft es dann, anhand von Protokollen aufzeigen zu können, wie häufig Probleme tatsächlich aufgetreten sind, um eine Verzerrung zu vermeiden.

Mindset: Sie sind Wissenschaftler oder Wissenschaftlerin

Ein wichtiges Mindset beim Usability und User Experience Design ist daher, sich als Forscher*in oder Wissenschaftler*in zu verstehen. Sie haben Annahmen und ungeklärte Fragen, und Ihre Aufgabe ist, diese Annahmen und Fragen anhand von Fakten zu belegen oder zu widerlegen. Das hilft Ihnen übrigens auch, eher ein Growth Mindset zu entwickeln bzw. beizubehalten. Wenn Sie »Ihre« Lösung verteidigen, können Sie gewinnen oder verlieren. Wenn Sie Annahmen überprüfen und Wissen generieren, dann geht es primär ums Lernen und Wachsen.

6.1.4 Beispiele für typische Meistens-falsch-und-selten-richtig-Annahmen

Um das Thema Annahmen versus Wissen zu vertiefen, möchten wir Ihnen noch einige typische Annahmen vorstellen, auf die wir in unserer täglichen Arbeit immer wieder treffen. Die Annahmen, die wir jetzt nennen und kurz erklären werden, sind ab und zu richtig, in den meisten uns bekannten Fällen aber komplett falsch. Es wäre schön, wenn Sie nach diesem Abschnitt den Mut fänden, bei sich selbst und auch bei sich im Unternehmen mal kritisch zu hinterfragen, ob das vielleicht Annahmen sind, die auch bei Ihnen ungeprüft vorherrschen. Hier sind zehn der häufigsten Meistens-falsch-und-selten-richtig-Annahmen:

- Der Nutzer spricht meine Fachsprache.
- Wir kennen unsere Nutzer in und auswendig, weil wir seit Jahren Produkte für sie entwickeln.
- Neue Technologie reicht als Begeisterungsmerkmal aus.
- Nutzer lesen die Gebrauchsanweisung.
- Wir arbeiten mit Experten, und für die ist Usability und User Experience Design nicht so wichtig.
- Nutzer sind bereit, sich in unser Produkt einzuarbeiten.
- Arbeitssoftware muss nicht schön sein, sondern nur funktional.
- Die technischen Anforderungen sind viel komplexer und wichtiger für den Produkterfolg.
- Wenn mein Kollege das nutzen kann, können es alle anderen auch.
- Wir planen das Release ca. 4 Wochen nach dem Usability-Test; bei dem werden ja nur Kleinigkeiten rauskommen.

Der Nutzer spricht meine Fachsprache

Kennen Sie das Gefühl? Sie fangen neu in einem Unternehmen an und brauchen erst einmal ein paar Tage, Wochen oder Monate, um zu verstehen, was gemeint ist, wenn der CTO »asap« mit dem COO über das Projekt aus dem Bereich ZDI lunchen will, damit alles rechtzeitigt für die Deadline entsprechend der Roadmapplanung gebanft werden kann?

So oder so ähnlich geht es uns oft, um nicht zu sagen: immer, wenn wir zum ersten Mal mit und für einen neuen Kunden arbeiten. Jedes Unternehmen hat seine eigenen Abkürzungen, seine eigenen Begriffe und Bereiche. Alle Mitarbeiter, die zumindest schon ein paar Monate im Unternehmen sind, kennen diese Sprache und sprechen sie fließend. Häufig verbreitet sich dann diese interne Kommunikation auch in die Kundenansprache. Produkte werden anhand von internen Begriffen beschrieben, die Webseite fordert im Hauptmenü vom Nutzer die Auswahl der passenden Unternehmensabteilung, und plötzlich müssen Kunden Sie und Ihr Unternehmen verstehen, anstatt von Ihnen verstanden zu werden.

Dieses Problem tritt noch stärker auf, wenn die Zielgruppe einen völlig anderen Hintergrund hat als die Mitarbeiter des entwickelnden Unternehmens. Wenn junge Softwareentwickler ein Produkt für junge Softwareentwickler entwickeln, dann sind sich die Begriffs- und Verständniswelten von Entwickler zu Nutzer deutlich näher, als wenn junge Softwareentwickler ein Produkt für ältere Softwareentwickler entwickeln. Entwickeln die jungen Softwareentwickler aber ein Produkt für ältere Frauen ab 65 Jahren, dann weichen die Begriffs- und Verständniswelten voraussichtlich sehr weit voneinander ab. Fehlermeldungen, die Softwareentwicklern völlig klar sind, wie z. B. ein 404-Fehler eines Webservers, lösen in der Nutzergruppe zumeist vollkommene Ratlosigkeit aus.

Zusätzlich werden vermutlich die allermeisten Produkte, die mit Blick auf Usability und User Experience entwickelt werden, überregional oder sogar international vertrieben. Auch hieraus ergeben sich zwischen Entwickler und Nutzer, aber auch zwischen verschiedenen Nutzergruppen unterschiedliche Begriffs- und Verständniswelten. Wenn man sich beispielsweise nur auf Deutschland beschränkt, dann bekommen Sie bei der Bestellung eines Pfannkuchens in Berlin das Gebäck links auf Abbildung 6.3. Die gleiche Bestellung in Hessen führt zu dem auf Abbildung 6.3 rechts dargestellten Ergebnis.

An diesen einfachen Beispielen merken Sie, dass die Annahme »Der Nutzer spricht meine Fachsprache« oft nicht gehalten werden kann. Um das aber wirklich zu wissen, müssen Sie das Produkt zusammen mit den angedachten Nutzern testen. Hieran führt kein Weg vorbei.

Abbildung 6.3 Ein Beispiel für die regional unterschiedliche Bedeutung des gleichen Begriffs. Links ist ein Berliner »Pfannkuchen« dargestellt und rechts ein hessischer.

Wir kennen unsere Nutzenden in und auswendig, weil wir seit Jahren Produkte für sie entwickeln

Produkte für die Nutzenden zu entwickeln, ist nicht das Gleiche, wie die Nutzenden des Produkts zu kennen. Gerade bei Unternehmen, die lange am Markt sind, hören wir diese Annahme sehr oft. In unserem Kick-Off-Workshop ist jedoch eine der Standardfragen: »Wer sind die Nutzenden Ihres Produkts und welche Aufgaben erfüllen sie mit Ihrem Produkt?« Je nach Produkt ergänzen wir die Frage auch noch um eine zweite: »Mit welchen weiteren Produkten wird das eigene Produkt zusammen verwendet?«

Hand aufs Herz: Können Sie diese Frage schnell und eindeutig beantworten? Wäre diese Antwort deckungsgleich mit der Antwort der anderen Mitglieder aus Ihrem Team? Wäre sie deckungsgleich mit der Antwort Ihres Chefs, der Marketingabteilung bzw. des Entwicklungsteams?

Wenn Sie so sind wie die meisten unserer Kunden, dann ist die ehrliche Antwort auf alle drei Fragen ein »Nein«. Das liegt per se nicht am fehlenden Wissen im Unternehmen, sondern vor allem daran, dass das Wissen *implizit* vorhanden ist und durch viele verschiedene Köpfe bewahrt wird. So gibt es keine Datenbank, in die geschaut werden kann, wenn es um Wissen über die eigenen Nutzenden geht, und jeder kennt nur eine Facette des vorhandenen Wissens. Um Entscheidungen zu beschleunigen, kann es hilfreich sein, neue Daten in den Prozess einzubringen, anstatt die Daten intern mühsam zusammenzusuchen. Vor allem, da neue Daten – vielleicht sogar extern generiert – oftmals als valider eingeschätzt werden als eine Sammlung aus dem Gedächtnis.

Eine neue Technologie reicht als Begeisterungsmerkmal aus

Die meisten unserer Kunden haben einen technischen Hintergrund, und vielleicht sind auch Sie total von Technik mitgerissen. Daran ist nichts Falsches, und wir können das sehr gut verstehen. Jeder von uns hat technische Gadgets, auf die er lange gewartet hat oder noch wartet. Wir selbst warten zum Beispiel gerade auf die Veröffentlichung des Virtuix Omni One, eines Virtual-Reality-Gaming-Laufbands für zu Hause.

In den meisten Fällen erleben wir allerdings, dass Kunden ein Produkt wegen der Dinge kaufen, die es ihnen ermöglicht, und nicht in erster Linie wegen der verbauten Technik. Bevor Sie also Ihr Produkt auf eine neue technische Basis heben und enttäuscht sind, weil das Feedback der Kunden – oder vielleicht sogar ihre Bereitschaft, das neue Produkt zu kaufen – sehr zurückhaltend ist, fragen Sie sich doch einmal: »Welche Vorteile und Nachteile haben unsere Kunden davon, dass wir jetzt eine neue technische Basis verwenden?«

Wenn Sie selbst keine Kundenvorteile nennen können (weil Sie zum Beispiel die reduzierten Wartungs-/Instandhaltungskosten nicht weitergeben oder das User Interface nutzerzentriert moderner gestaltet haben), dann verstehen Sie Ihre Kunden vielleicht ein bisschen besser. Eine neue Technologie ist kein Begeisterungsmerkmal an sich, sondern das, was die Technologie Ihrem Kunden ermöglicht, sorgt für Begeisterung.

Nutzer lesen die Gebrauchsanweisung

Hand aufs Herz: Wann haben Sie das letzte Mal die Gebrauchsanweisung für irgendein technisches Produkt wirklich gelesen? (Und damit meinen wir nicht das schnelle Überfliegen eines Quickstart-Guides.) Oder wann haben Sie sich in Ruhe hingesetzt und das Tutorial in einer App Schritt für Schritt ausführlich durchgelesen und bearbeitet? Bei uns ist das wirklich schon lange her. Die einzigen Gebrauchsanweisungen, die wir lesen, sind die, die wir für unsere Kunden überarbeiten und testen. Und das ändert sich nicht einmal dann, wenn man sehnsüchtig auf ein Produkt gewartet hat.

Wir führen regelmäßig Studien durch, bei denen die Verständlichkeit der Gebrauchsanweisung mit getestet werden muss (das ist z. B. bei Medizinprodukten der Fall). Selbst in diesen Studien, wenn wir die Teilnehmenden explizit auffordern, uns Fragen anhand der Gebrauchsanweisung zu beantworten, gibt es Teilnehmende, die mit uns diskutieren, dass sie daheim ja auch nicht lesen würden.

Bitte nehmen Sie für das Usability und User Experience Design an, dass niemand die Anleitung Ihrer Produkte liest! Wenn dann in der Realität Teile Ihrer Nutzerschaft die Anleitung lesen, kann das nur zu besseren Ergebnissen führen, als wenn Sie davon ausgehen, dass alle lesen, aber nur ein Teil es wirklich macht.

Wenn Nutzende nach Ihrer Gebrauchsanweisung greifen, dann tun sie das normalerweise, weil sie etwas nicht verstanden haben. Typischerweise probieren sie also erst mal aus und schauen nur dann (teilweise verärgert) nach, wenn etwas nicht wie gewünscht klappt.

Wenn Sie bei der Produktentwicklung also davon ausgehen, dass die Gebrauchsanweisung notwendig ist, um Ihr Produkt erfolgreich zu verwenden, dann werden Sie in den meisten Situationen auf wenig Begeisterung bei Ihren Kundinnen und Kunden treffen. Genauso wenig können Sie die Gebrauchsanweisung als Joker für schlechte User Interface-Designs verwenden, ohne die Nutzenden zu verärgern. Auf die Frage »Glaubst du, das versteht jemand?« sollte die Antwort also nicht lauten: »Weiß nicht. Egal, wir erklären es einfach in der Gebrauchsanweisung.«

Wir arbeiten mit Experten, und für die ist Usability und User Experience Design nicht so wichtig

Das ist eine meiner (Michaela) liebsten Annahmen! Die Annahme ist so plausibel, und die Experten unterstützen sie in Gesprächen auch immer fleißig: »Nein, das ist nicht wichtig. Ich habe hier 20 Jahre Erfahrung und werde regelmäßig trainiert. Das muss nicht schön sein, dass muss nur irgendwie funktionieren!«

Auf den ersten Blick ist diese Annahme also vollkommen berechtigt. Und oft gibt es sogar Widerstand von den Experten, ein bestehendes, sehr komplexes System leichter zugänglich zu machen. Können Sie sich vorstellen, warum? Aus Angst! Da gibt es diese leise Stimme im Hinterkopf, die ruft: »Wenn das Produkt leicht zu bedienen wäre, dann brauchen die mich als Experten ja gar nicht mehr!«

Auch hier ist der Schlüssel zum Erfolg, die Angst zu nehmen und den Mehrwert für die Nutzenden in den Vordergrund zu stellen. Fragen Sie doch einmal Ihre Expertinnen und Experten, wie viel Zeit sie in die Bedienung des Produkts stecken. Oder fragen Sie mal, wie lange es dauert, bis ein neuer Mitarbeiter oder eine neue Mitarbeiterin tatsächlich eine Entlastung darstellt. Wir haben uns in unserem Unternehmen auf komplexe Usability und User Experience-Themen spezialisiert: Wir sind im Medizinmarkt unterwegs, bei der Steuerung von großen Live-Übertragungen, bei Notlandungen von Flugzeugen, bei Prozesssteuerungen, wo viele Menschen und viele Millionen Euro involviert sind. Fast alle unsere Nutzenden sind Expertinnen oder Experten.

Und viele unserer Kunden sind Marktführer geworden, *weil* sie es geschafft haben, den Expertinnen und Experten die Zeit für das zurückzugeben, was sie wirklich gut können: ihre Aufgabe und nicht die Bedienung eines Produkts!

Nutzende sind bereit, sich in unser Produkt einzuarbeiten

Wenn Sie der Meinung sind, dass wir uns mit dieser Annahme in unserer Top-Ten-Liste vertun, dann haben Sie teilweise recht. Diese Annahme ist nicht immer falsch.

Es gibt sogar Kontexte, in denen es selbstverständlich ist, dass eine Schulung oder Einarbeitung stattfindet. Beispielsweise trainieren die Piloten mit dem im vorigen Kapitel angesprochenen Notlandesystem sehr intensiv.

Trotzdem haben wir in den letzten Jahren beobachtet, dass durch eine steigende Arbeitsdichte die Bereitschaft, Zeit zu investieren, merklich abgenommen hat. Wenn früher 3 Tage Schulung okay waren, dann sind es jetzt vielleicht noch 3 Stunden, lieber aber 30 Minuten und am besten per Video. Diese Erwartungshaltung teilen sowohl die Unternehmen als auch die Teilnehmenden. Wann mussten Sie im privaten Umfeld das letzte Mal ein mehrtägiges – oder nur mehrstündiges – Training absolvieren, um ein Produkt nutzen zu können? Und wann haben Sie sich das letzte Mal darüber gefreut?

Unsere Empfehlung: Gehen Sie davon aus, dass die Nutzenden sich auf die Möglichkeiten freuen, die Ihr Produkt ihnen bietet, aber nicht auf die Zeit, die sie investieren müssen, um zu lernen, wie es funktioniert. Damit geht auch einher, dass Nutzende bei vorhandenen Alternativen schnell abspringen und ein anderes Produkt ausprobieren, wenn sie merken, dass sie sich einarbeiten müssten. Vielleicht haben Sie selbst die Erfahrung schon mal mit einer App im App Store gemacht. Ist die App zu kompliziert, dann installieren Sie eine Alternative, anstatt sich in die Bedienung einzuarbeiten.

Arbeitssoftware muss nicht schön sein, sondern nur funktional

Auch hier gilt wieder: Diese Annahme ist nicht grundsätzlich falsch. Viele Nutzer sind bereit, im Arbeitskontext Abstriche bei der Optik von Anwendungen hinzunehmen. Aber wir versprechen Ihnen: In jedem Gespräch kommt das Thema Optik und Bedienbarkeit vor. Und zwar aktiv durch die Nutzer angeregt. Viele Anwendungen werden dann als altbacken eingeschätzt oder als einfach nicht mehr modern. Und vor allem fragen sich Nutzer oft: »Warum sieht alles auf meinem Smartphone toll aus, während ich den ganzen Tag an hässlichen Programmen sitze, die auch noch viel mehr kosten als diese Apps?« Trotzdem werden die Anwendungen natürlich genutzt. Es ist ja schließlich Arbeit.

Inzwischen gibt es jedoch genug Studien und Literatur dazu, die diskutieren und belegen, dass Software, die nicht nutzerzentriert entwickelt wurde, den Stress auf Mitarbeiterinnen und Mitarbeiter kurzfristig und langfristig erhöht und sogar als Risikofaktor für psychische Belastung gewertet wird. (Hurtienne & Prümper, 2003; VBG, 2015). Auch bei der Gewinnung von jungen Mitarbeitenden wird eine moderne Arbeitsausstattung immer wichtiger (IDG Research Service, 2018). Vor allem für die Generation Y gilt: Schlechte Ausstattung ist bereits ein Kündigungsgrund (Mindspace 2018).

Die technischen Anforderungen sind viel komplexer und wichtiger für den Produkterfolg

Ob und inwieweit diese Annahme stimmt, hängt vor allem von Ihrem Produkt, Ihrem System oder Ihrem Service ab. Natürlich gibt es Lösungen, bei denen die technischen Anforderungen sehr komplex sind. Dann stellt die Fähigkeit Ihres Produkts, bestimmte Tätigkeiten zu ermöglichen, die Basis des Erfolgs dar.

Wenn Sie technisch in ein komplett neues Feld vordringen, in dem noch keine Konkurrenz herrscht, dann reichen meistens tatsächlich technische Features. Niemand erwartet zum gegenwärtigen Zeitpunkt, ohne Training und Ausbildung eine Rakete zum Mars fliegen zu können. Wenn Ihr Produkt jedoch komplex ist, aber nicht (mehr) einzigartig – zum Beispiel eine Industrieanlagensteuerung, eine Prozesssteuerung, eine IoT-Anwendung –, dann werden Ihre Nutzer Lösungen vergleichen.

Wir machen regelmäßig die Erfahrung, dass mehr oder weniger alle Hersteller in einem Markt im Großen und Ganzen die gleichen technischen Features abdecken. Die Unterschiede liegen dann oft in den Details, die für einen Großteil der Kunden nicht mehr wichtig sind – auch wenn das zu einem früheren Zeitpunkt eventuell einmal anders war. Wenn die technischen Unterschiede klein und zudem die einzigen Unterschiede sind, dann braucht es viel Erklärungs- und Überzeugungsarbeit, um die Nutzer für die eigene Lösung zu begeistern.

Hier kann beispielsweise ein hochwertiges optisches Produktdesign helfen und den sogenannten Halo-Effekt ausnutzen. In der Psychologie spricht man vom *Halo-Effekt*, wenn man aufgrund einer Eigenschaft auf andere Eigenschaften einer Person schließt (*www.spektrum.de*, Lexikon der Psychologie). Beispielsweise würden viele Menschen davon ausgehen, dass eine Person in teurer Markenkleidung beruflich erfolgreich ist. Leider funktioniert das auch andersherum: Einer stark übergewichtigen Person würden viele Menschen die Eigenschaft »faul« andichten. Der Halo-Effekt tritt hierbei vor allem dann auf, wenn Entscheidungen sehr schnell getroffen werden müssen.

Warum sollte das bei Produkten nicht ähnlich sein? Wenn Sie also schnell entscheiden müssen, ob Sie sich näher mit einem Produkt beschäftigen, dann spielt die Optik eine große Rolle, weil diese schnell zu erfassen ist. Ein hochwertig aussehendes Produkt bekommt dann auf die Schnelle weitere Premiumeigenschaften zugeschrieben. Die Features hingegen können nicht auf einen Blick erschlossen werden. Es besteht also eine hohe Wahrscheinlichkeit, dass Sie in Ihren Augen schönen Produkten mehr Zeit im Auswahlprozess zugestehen als weniger schönen.

Wenn mein Kollege das nutzen kann, können es alle anderen auch

Gerne dürfen Sie anstelle des Kollegen auch die Freundin, die Mutter oder jede denkbare weitere Person einfügen, die keinen Bezug zum Produkt und zur Aufgabe hat –

aber zu Ihnen. Gehört Ihr Kollege zu der Zielgruppe des Produkts, dann kann die Annahme prinzipiell richtig sein. Vor allem bei Produkten mit sehr breiten Nutzergruppen, beispielweise bei einer Kommunikations-App, kann das Feedback auch hilfreich sein. Sobald hinter der Nutzung aber eine bestimmte Aufgabe steht, die nur von einer bestimmten Nutzergruppe (und eben nicht von Ihrem Kollegen oder Ihrer Mutter) durchgeführt wird, dann können Sie mit dem Ergebnis leider nicht mehr viel anfangen.

Zusätzlich gibt es noch weitere wichtige Effekte, die Sie beachten müssen: Erinnern Sie sich an die Punkte aus dem Abschnitt »Der Nutzer spricht meine Fachsprache«? Ein Kollege spricht ebenfalls die unternehmenseigene Fachsprache und hat gegebenenfalls keinerlei Probleme an Stellen, an denen andere Nutzer nicht weiterkommen.

Auch das Problem des *Friendly Users* tritt im Praxisalltag immer wieder auf. Fragen Sie jemanden, der Ihnen nahesteht, dann möchte diese Person Sie nicht verletzen und wünscht sich vor allem, dass Sie erfolgreich sind. (Vielleicht haben Sie aber auch eine sehr direkte Gesprächskultur mit Ihren Freunden und bekommen direkt die volle Breitseite an Problemen und Fehlern und Versagen genannt.) Sie merken, worauf wir hinauswollen. Ihr Produkt wird von Friendly Usern – anders als von Personen, die Sie nicht kennen – oft anders bewertet. Da Sie vermutlich nicht persönlich mit Ihrem Produkt ausgeliefert werden und jedem Nutzer nahestehen, hilft Ihnen dieses Feedback wenig.

Daher unser Rat an Sie: Prüfen Sie für sich und Ihr Unternehmen kritisch, ob Sie mit den richtigen Personen sprechen, wenn es um realistisches Feedback zu Ihrem Produkt geht. Wählen Sie die Personen, die Ihnen Feedback geben sollen, ausschließlich danach aus, ob sie zu den Nutzenden gehören, und nicht vornehmlich danach, wie leicht das Feedback zu bekommen ist.

Wir planen das Release ca. 4 Wochen nach dem Usability-Test; da werden ja nur Kleinigkeiten rauskommen

Vor allem Teams und Unternehmen, die noch nie Nutzertests gemacht haben, gehen davon aus, dass Nutzertests nur Kleinigkeiten zutage fördern. »Das Gesamtkonzept steht, die Features passen, und es müssen maximal ein paar Buttons von links nach rechts verschoben oder ein wenig an der Optik verbessert werden.« Das kann funktionieren. Tut es in der Praxis aber nie.

Wie Sie in späteren Kapiteln noch sehen werden, ist ein Nutzertest zum Lernen und nicht zum »Bestehen« da. Hat man sich noch nie echte Rückmeldungen zum Produkt eingeholt, dann hat man – gemein gesagt – die ganze Zeit geraten. Wie wahrscheinlich ist es, dass man in einem so komplexen Feld komplett richtig rät?

Wenn Sie bereits in der Vergangenheit viele Nutzertests mit dem Vorgängerprodukt gemacht haben und es sich jetzt um ein Remake handelt, dann können Sie diese Strategie anwenden. Sie merken aber: Hier steht ein großes »Wenn« im Raum.

Wir merken in der Praxis immer wieder, dass man uns das nicht glaubt. Egal wie gut wir argumentieren – man geht irgendwie davon aus, dass es bei dem eigenen Produkt schon nicht so sein wird. Diese falsche Annahme führt in der Praxis dazu, dass wir immer wieder panisch verschobene Release-Dates und Hunderte Entwicklerjahre verpuffen sehen.

Für alle Eltern unter den Lesern möchten wir an dieser Stelle noch einen etwas anderen Vergleich bemühen. So ziemlich jeder ohne Kinder hat das Gefühl, dass Kinder zu haben nicht so anstrengend sein kann und man das später besser hinbekommen wird. Man kann sich einfach nicht vorstellen, dass es tatsächlich so unfassbar anstrengend (und unfassbar schön) ist, wie alle Eltern einem erzählt haben. Sobald man aber das erste Kind hat, merkt man schnell, dass alle Eltern recht hatten.

Genauso verhält es sich bei Nutzertests. Solange man noch keinen Nutzertest am eigenen Produkt erlebt hat, glaubt man, dass er nicht so wichtig sei. Nach dem ersten Test fragt man sich, wie man jemals anders arbeiten konnte und warum man so lange gewartet hat.

Unsere Empfehlung: Nehmen Sie das Feedback ernst, und planen Sie erste Rückmeldungen so früh wie möglich ein. Je früher Sie Ihr Produkt, Ihr System oder Ihre Dienstleistung testen lassen, umso leichter ist es, etwas zu ändern. Damit gelingt es in den meisten Fällen, Frust, Budgeterhöhungen und Terminverschiebungen zu verhindern.

Das waren unsere zehn häufigsten Meistens-falsch-und-selten-richtig-Annahmen. Und? Haben Sie sich bei dem einen oder anderen Gedanken wiedererkannt? Nicht schlimm! Die eigenen Annahmen zu erkennen ist der erste Schritt dazu, ein noch besseres Produkt zu entwickeln. Wir haben aber noch eine weitere Annahme für Sie. Sie ist in der Praxis so wichtig, dass wir ihr einen ganzen Abschnitt gewidmet haben. Steigen wir direkt ein.

6.2 Die Nutzer wissen nicht, was sie wollen!

Diese Annahme wird – auf die eine oder andere Weise – immer wieder von Experten jeglicher Couleur vertreten. Sogar ein sehr bekanntes Zitat von Henry Ford dreht sich um genau diese Annahme. Ihm wird der Satz »*Wenn ich die Menschen gefragt hätte, was sie wollen, hätten sie gesagt: schnellere Pferde*« zugeschrieben. Es ist einer der Lieblingssätze von Design-Experten und Entwicklern, die damit rechtfertigen, das zu entwickeln, was sie persönlich für wertvoll und nutzenstiftend halten. In diesem Abschnitt möchten wir Ihnen unsere Sicht auf diese Thematik vorstellen. Wir sind gespannt, was Sie dazu denken.

6.2.1 Aufgaben- und Zielexpertise vs. Gestaltungsexpertise

Wir persönlich können dem Zitat von Henry Ford vollständig zustimmen. Genau so spielt es sich in Gesprächen mit Nutzern immer wieder ab. Der Nutzer wird gefragt: »Wie sollen wir das Produkt denn in Zukunft gestalten?« Und der Nutzer antwortet: »Genauso wie jetzt, nur mit weniger Fehlern.« Oder alternativ: »In Blau wäre es auch schön.«

Diese Art von Gespräch führt zu mehreren Ergebnissen, oft genau in dieser oder einer sehr ähnlichen Reihenfolge:

1. Der Nutzende fühlt sich hilflos, weil er nicht sagen kann, wie das Produkt sein soll.
2. Der Entwickler hat das Gefühl: »Na super, da hätte ich auch nicht fragen müssen.«
3. Das Entwicklungsteam macht, was es selbst für sinnvoll hält, und fokussiert sich auf technische Features und Bugs.
4. Die Nutzenden sind am Ende noch immer nicht begeistert.
5. Das Entwicklungsteam beschließt, Nutzende in Zukunft nicht mehr in die Entwicklung einzubeziehen, weil das nur Zeit kostet, aber offensichtlich nichts bringt.
6. Es wird eine Gestaltung gewählt, von der das Entwicklungsteam überzeugt ist, da andere Hinweise für die Gestaltung fehlen.
7. Die Nutzenden sind am Ende noch immer nicht begeistert.

Diese Abwärtsspirale ist unserer Erfahrung nach oft das Ergebnis der Verwechslung von Aufgaben- und Zielexpertise mit Gestaltungsexpertise.

Lassen Sie uns den Unterschied an einem drastischen, aber hoffentlich eingängigen Beispiel klarmachen: Stellen Sie sich vor, Sie wären einer der weltweit führenden Biologen und kennen sich wie kein anderer mit dem Wachstum von Pflanzen aus. Nun soll in einem weitreichenden Weltraumprojekt erforscht werden, wie gut das Pflanzenwachstum im All funktioniert. Zur Vorbereitung der Weltraummission kommt jetzt das Entwicklungsteam für die Rakete zu Ihnen und fragt Sie als Experten, wie es die Rakete bauen soll. Haben Sie das Gefühl, Sie könnten dem Entwicklungsteam sagen, wie die Rakete konstruiert werden soll? Das Beispiel ist natürlich extrem, aber warum sollte das bei einer App, einer Prozesssteuerung oder einem Medizinprodukt anders sein?

Der Biologe wird ins Weltall geschickt, weil er besonders gut über das Wachstum von Pflanzen Bescheid weiß, und nicht, weil er besonders gut Raketen bauen kann. Das Problem, dass die Nutzenden nicht zur Gestaltung der Lösung beitragen, liegt also keineswegs daran, dass die Einbeziehung der Nutzenden nicht wertvoll ist. Sondern es liegt daran, dass die Art und Weise, wie dies geschieht (»Wie soll ich das bauen?«), nicht ausreichend und sinnvoll ist.

Lassen Sie uns dazu die unterschiedlichen Expertisen noch einmal betrachten. Das, worüber diese inhaltlichen Experten verfügen, nennen wir Aufgaben- und Zielexpertise.

Aufgabenexpertise

Unter *Aufgabenexpertise* verstehen wir das Wissen der Nutzer über die Aufgabe, die sie lösen wollen. Eine Aufgabe kann dabei vorgegeben (z. B. im Beruf) oder selbst gewählt sein (z. B. in der Freizeit). In unserem Beispiel weiß der Biologe also sehr viel darüber, welche Pflanzen es gibt und was diese Pflanzen für ein optimales Wachstum benötigen.

Zielexpertise

Um den Begriff *Zielexpertise* zu erklären, müssen wir ein wenig ausholen: Bedürfnisse drücken generell aus, wonach eine Person verlangt oder was sie gerne erreichen möchte. Sieht man sich typische Bedürfnispyramiden oder Bedürfnishierarchien an, dann starten diese meistens unten recht breit mit sehr grundlegenden, physiologischen Bedürfnissen (z. B. Essen oder Trinken) und werden noch oben hin immer weniger greifbar und abstrakt (z. B. Selbstverwirklichung). Die ersten Ideen hierzu stammen von Abraham Maslow (1954), das Konzept der Bedürfnisse (siehe Abbildung 6.4) wurde über die Jahre jedoch immer weiter aufgegriffen und erforscht. Sheldon und Kollegen (2001) haben in neuerer Zeit deutlich mehr Bedürfnisse identifiziert, die beim Einsatz von Technik relevant sind.

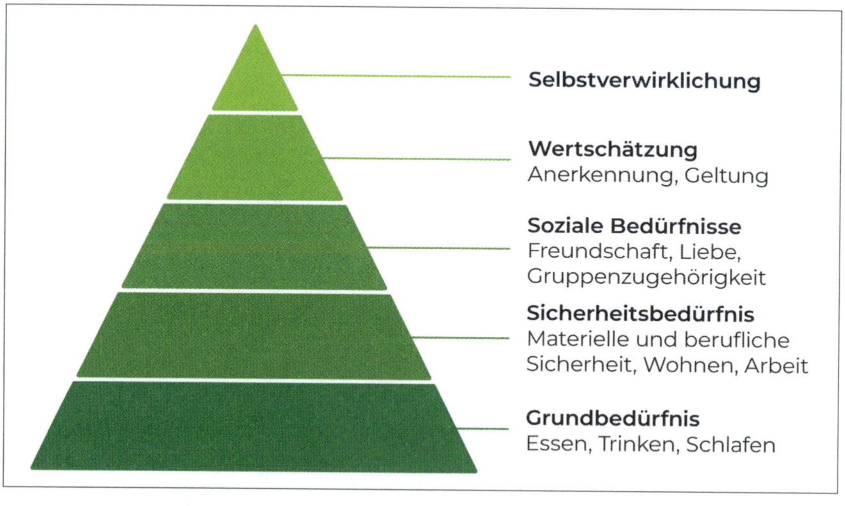

Abbildung 6.4 Bedürfnispyramide nach Abraham Maslow mit fünf Ebenen

Das Feld der Bedürfnisse stellt also einen generellen Rahmen dar, der grob beschreibt, wonach Menschen streben können. Diese Bedürfnisse können bewusst oder unbewusst sein und haben Einfluss auf die Ziele, die sich eine Person setzt. Diese Ziele brechen dann für eine Person sehr konkret herunter, wie diese Bedürfnisse für diese eine Person umgesetzt werden sollen.

Die Ziele können im Vergleich zu den Bedürfnissen also sehr konkret sein. Beispielsweise könnte der Biologe sich als Ziel setzen, dass eine bestimmte Pflanze innerhalb der nächsten sechs Monate Früchte trägt. Das Bedürfnis dahinter könnte zum Beispiel ein Streben nach sozialer Anerkennung sein (»Ah, er ist in der Lage, diese Pflanze im Weltall zum Wachsen zu bringen!«).

Ziele können aber nicht nur auf äußere Ereignisse oder Beobachtbares, sondern auch auf die eigene Wahrnehmung und die eigenen Gefühle gerichtet sein. Beispielsweise könnte der Biologe das Ziel haben, sich während der Arbeit komplett abzuschirmen und in vollkommener Ruhe zu arbeiten.

Ein Ansatz, der Bedürfnisse und Ziele zusammenbringt, ist die Jobs-Theorie von Christensen et al. (2017), die »Jobs« auf drei Ebenen definiert:

- funktionale Ebene
- soziale Ebene
- emotionale Ebene.

Die funktionale Ebene beinhaltet dabei das beobachtbare Ziel, das Ziel also, das auch Dritte sehen, hören oder erleben könnten. Bleiben wir bei den eben gewählten Beispielen, dann können wir das Ziel, eine bestimmte Pflanze innerhalb der nächsten sechs Monate zum Früchtetragen zu bringen, hier einordnen.

Die soziale Ebene dreht sich um die Frage, wie eine Person von anderen Personen wahrgenommen werden möchte. Diese Ziele können teilweise von außen erschlossen werden, teilweise nicht. Denken wir an unseren Biologen auf Weltraummission, dann könnte ein Ziel auf der sozialen Ebene sein, von den anderen Astronauten als kompetent wahrgenommen zu werden und auf keinen Fall als Belastung.

Auf der emotionalen Ebene schließlich geht es um die Frage, wie sich eine Person während der Nutzung fühlen möchte. Diese Ebene ist durch äußere Betrachtung gar nicht mehr zu erschließen und muss bei Interesse erfragt werden. Dass der Biologe einer erfüllenden Tätigkeit nachgehen möchte und Spaß bei der Arbeit haben will, lässt sich hier einordnen. Darüber hinaus könnte sich der Biologe im Weltraum sicher fühlen wollen.

Wie versprochen, kommen wir jetzt von dem Ausflug in die Theorie wieder zurück in die Praxis. Wie hilft Ihnen das alles bei der Gestaltung von begeisternden Produkten?

Ganz einfach gesagt (siehe auch Abbildung 6.5): Die funktionale Ebene sagt Ihnen, welche Features Ihr Produkt mitbringen muss. Sie beantwortet also die Frage: »Was muss es können?« Hier geht es um die *Hard Facts*, also beispielsweise darum, dass in der Raumstation eine Pflanzstation vorhanden sein muss – daran führt kein Weg vorbei.

Die beiden anderen Ebenen sagen Ihnen, *wie* Ihr Produkt die Features der funktionalen Ebene für den Nutzer umsetzen muss, damit es erfolgreich ist. Wie erreichen Sie mit Ihrem Pflanzstation-Design, dass der Biologe als kompetent wahrgenommen wird? Wie können Sie dazu beitragen, dass er Spaß an der Arbeit hat? Genau um solche Fragestellungen geht es auf diesen Ebenen, und hieraus ergeben sich dann in den allermeisten Fällen neue Features auf der funktionalen Ebene.

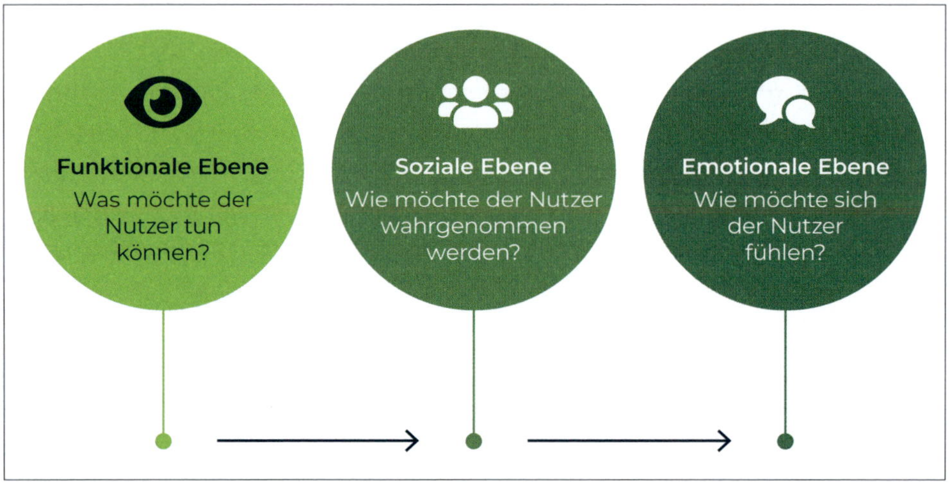

Abbildung 6.5 Unterteilung von Zielen nach den 3 Ebenen: funktional, sozial und emotional

Zusammenfassung zur Aufgaben- und Zielexpertise

Beide eben dargestellten Expertisen, die Aufgaben- und die Zielexpertise, sind Expertisen, die Ihre Nutzenden haben. Um ein Produkt zu entwickeln, das Ihre Nutzenden wirklich begeistert, muss es alle drei Ebenen der Ziele berücksichtigen. Um diese Ziele zu erschließen, ist der direkte Kontakt wichtig – in der Beobachtung, aber auch in der Befragung.

Dabei sollten Sie berücksichtigen, dass einige der Ziele nicht bewusst und deshalb auch schwer zu verbalisieren sind. Die Frage »Wie muss das Produkt gestaltet sein?« ist daher in den wenigsten Gestaltungsprojekten sinnvoll. Die Übertragung von Bedürfnis, Aufgabe und Ziel auf die Gestaltung erfordert eine andere Expertise: die Gestaltungsexpertise. Die Beurteilung der Gestaltung durch die Nutzenden funktioniert jedoch sehr zielsicher. Wenn Sie hören: »Das funktioniert für mich nicht«, dann können Sie relativ sicher sein, dass es nicht funktionieren wird.

Gestaltungsexpertise

Unter Gestaltungsexpertise fassen wir die Fähigkeiten zusammen, die Sie benötigen, um aus den Anforderungen der Nutzer geeignete Lösungen zu entwickeln. Je nach Anforderung kann es dabei zum Beispiel um technische oder gestalterische Lösungen gehen.

Oftmals kommt hier in der Entwicklung ein ganzes Team zusammen, das gemeinsam arbeitet. Es gibt einen Software-Architekten, jemanden für das Backend, eine Person für das Frontend, vielleicht macht noch jemand IT-Security. Hier ist den meisten Technikern vollkommen klar, dass unterschiedliche Kompetenzen benötigt werden, und kein IT-Security-Mensch würde auf die Idee kommen, den Frontendler nach den besten Verschlüsselungsalgorithmen zu fragen.

6.2.2 Die Expertisen zusammenbringen

Jetzt kommen wir zum Kern dieses Kapitels: Vielen in der Entwicklung ist klar, dass Nutzende mit in die Entwicklung einbezogen werden müssen. Manch einer fragt sich aber, was genau sie beitragen können.

Generell gilt: Die Menschen, die Ihr Produkt nutzen werden, sind die Experten für die Aufgaben und Ziele. Hingegen sind Sie und die anderen Gestalter und Entwickler die Experten für das Lösungsdesign. Wenn Henry Ford also feststellt, dass die Leute schnellere Pferde gewollt hätten und ihm diese Aussage nichts bringt, dann liegt das nur daran, dass er die falschen Fragen gestellt hat. Das Bedürfnis – schneller von einem Ort zum anderen zu kommen – hätte er (und hat er ja offensichtlich auch) problemlos heraushören können (Expertise des Nutzers). Um die Aufgaben und Ziele der Nutzenden zu identifizieren, eignen sich vor allem Methoden zur Beobachtung und zur Befragung. Bei der Beobachtung legen Sie den Fokus auf die Fragen »Was machen die Nutzenden?« und »Wie machen die Nutzenden das?«. Bei der Befragung sprechen Sie vor allem darüber,

- wie die Entscheidung für oder gegen eine bestimmte Lösung gefallen ist,
- welche Alternativen es noch gab und warum diese nicht infrage kommen,
- was bereits ausprobiert, aber als nicht gut genug empfunden wurde und
- warum eine bestimmte Lösung als gut oder schlecht wahrgenommen wird.

Sie halten den Fokus also auf Punkten, zu denen Ihre Nutzenden Experten sind. Wie genau Sie hier vorgehen, erfahren Sie in mehr Details in unseren Methodenkapiteln (siehe vor allem Abschnitt 9.3, »Methoden der Nutzungskontextanalyse«).

Auf die (technischen) Lösungen wiederum müssen nicht die Nutzenden, sondern die Gestaltenden kommen. Wäre es für die Gestaltenden möglich gewesen, eine Wunderpille zum Beschleunigen der Pferde zu entwickeln oder eine wesentlich schnellere

Pferderasse zu züchten, dann hätten sie mit diesen Ideen (und der Idee des Automobils) wieder zu den Nutzern gehen können und Feedback dazu bekommen, ob diese Ideen das Problem lösen bzw. welche die beste Lösung ist.

Bei einem Blick auf unsere übergreifenden Buch-Beispiele wird deutlich, dass MoveHub mit seiner geplanten gleichnamigen App mehr über die Ziele der Nutzenden lernen sollte. Dazu gehört zum Beispiel:

- Wohin wollen sie reisen (z. B. von Stadt zu Stadt, Stadt zu Land, Land zu Stadt, Land zu Land)?
- Worauf legen sie bei der Reise Wert?
- Welche Reisealternativen nutzen sie gerade?
- Was macht aktuelle Angebote gut oder schlecht aus Sicht der Nutzenden?

Alle diese Fragen sind Teil der Expertise der Nutzenden. Die Antworten darauf – erschlossen durch Beobachtung und Befragung – geben dann wieder Aufschluss auf die drei Ebenen (funktional, sozial, emotional). Ergebnisse auf der funktionalen Ebene könnten sein:

- Es muss eine Übersicht aller möglichen Reiseangebote geben.
- Die Kosten für jede Alternative müssen sichtbar sein.
- Die Reisedauer für jede Reisealternative muss klar sein.
- Auf der sozialen Ebene könnte es folgende Erkenntnisse geben:
- Die Nutzenden möchten immer wissen, was sie als Nächstes machen müssen (wollen nicht fragen müssen → Kompetenz).
- Wenn sich jemand für die billigste Alternative entscheidet, sollte das von außen nicht direkt ersichtlich sein. (Die Nutzenden wollen nicht so aussehen, als würden sie auf das Geld achten müssen → sozialer Status.)

Auf der emotionalen Ebene könnte es folgende Erkenntnisse geben:

- Die Nutzenden möchten nicht gestresst von einem Verkehrsmittel zum nächsten rennen (Zielzustand: Entspannung/Ruhe vs. Stress).
- Abhängig von der aktuellen Situation wünschen sich Nutzende alleine zu reisen oder mit anderen zusammen (Bedürfnis nach Nähe oder sozialem Austausch).

Auf Basis dieser Erkenntnisse können dann verschiedene Umsetzungen angestrebt werden, die durch das Gestaltungsteam vorgeschlagen werden sollten. So könnte zum Beispiel aus dem Wunsch heraus, manchmal alleine oder gemeinsam reisen zu können, eine Filtermöglichkeit entstehen, mit der zwischen Einzelreiseoptionen und Gruppenreiseoptionen gewechselt werden kann. Wie die Umsetzung dieser Optionen konkret geschieht, entscheidet aber das Gestaltungsteam und holt sich Rückmeldung zur Umsetzung durch die Nutzenden ein.

BusinessBooster, unsere kombinierte CRM- und Rechnungssoftware, hat bereits Kunden und kann sich daher z. B. über Nutzungsstatistiken verschiedener Funktionen ein erstes Bild über die Nutzung machen. Bei den ersten Nutzerkontakten sollte BusinessBooster den Fokus darauf legen, die Aufgaben der Nutzer im Detail kennenzulernen und so in die Welt der Nutzerbedürfnisse und Ziele einzutauchen. Auch BusinessBooster kann nicht erwarten, dass die Nutzer eine perfekte Softwareoberfläche entwerfen – aber ein Verständnis dafür, ob die angebotenen Funktionen zu dem Erwartungen der Nutzenden passen, ist problemlos zu erhalten.

Das Ärzte- und Patientenportal Healthyfy baut zum aktuellen Zeitpunkt stark auf Annahmen auf. Diese Annahmen sollte Healthyfy mit Nutzern überprüfen. Beispielsweise könnte Healthyfy sowohl Patienten als auch Ärzte fragen, ob eine solche Lösung grundsätzlich für sie denkbar ist. Auch hier geht es noch nicht um Details, wie beispielsweise die Platzierung und Farbe des Absenden-Buttons der Chatfunktion, sondern viel grundlegender um die Frage, ob man Healthyfy mit dem angedachten Konzept überhaupt nutzen würde.

6.2.3 Gemeinsam mit den Nutzenden zu herausragenden Lösungen

Sie benötigen also beide Seiten für die erfolgreiche Produktgestaltung: zum einen die Nutzenden mit ihrem ausführlichen und detaillierten Wissen über das Ziel und ihrer Fähigkeit, gute Lösungen von schlechten Lösungen zu unterscheiden – also die Aufgaben- und Bedürfnisexpertise. Zum anderen brauchen Sie die Gestaltungsexpertise, die aus Anforderungen Lösungen macht und in der Lage ist, aufgrund von Nutzerfeedback bestehende Lösungen anzupassen.

Daraus ergibt sich, unserer Meinung nach, eine weitere logische Schlussfolgerung: Sie haben auch im Usability- und User Experience Design grundsätzlich zwei Arten der Expertise!

Auf der einen Seite benötigen Sie Expertise, um herauszufinden, was denn die Aufgaben und Ziele der Nutzer sind sowie ob eine Lösung gut oder schlecht ist. Auf der anderen Seite benötigen Sie Expertise für die Gestaltung von guten Lösungen. Wir unterteilen diese Expertisen in unserem Unternehmen auch explizit in zwei unterschiedliche Bereiche:

- *User Research* – also die Nutzerforschung
- *Usability und User Experience Design* – also die Gestaltung von Lösungen, die eine hohe Usability und eine gute User Experience aufweisen

Normalerweise finden Sie diese Kompetenzen nicht bei den gleichen Personen. In der User Research sind häufig Personen unterwegs, die einen menschbezogenen Hintergrund haben (z. B. Psychologen, Soziologen, Anthropologen oder auch Fachangestellte für Markt- und Sozialforschung). Im Usability und User Experience Design treffen Sie häufig auf Designer, Ingenieure oder Softwareentwickler. Auf beide Bereiche und Mindsets, die für die Arbeit in diesen Bereichen hilfreich sind, gehen wir im weiteren Verlauf dieses Kapitels noch weiter ein. Generell können Sie User Researcher als Übersetzer von Nutzersprache in Anforderungen verstehen und Usability und User Experience Designer als Übersetzer von Anforderungen in Lösungen.

6.3 Die wichtigsten Skills der User Researcher: beobachten, Fragen stellen, zuhören

Nachdem klar ist, dass Kreativität lernbar ist und dass damit auch der Gestaltungsbereich des Usability und User Experience Designs weitgehend gelernt werden kann, möchten wir gemeinsam mit Ihnen den Bereich der User Research ansehen.

Wenn Sie als *User Researcher* arbeiten wollen, ist es vorteilhaft, wenn Sie gerne mit Menschen zu tun haben – denn das ist Ihre Hauptaufgabe. Auch Empathie kann kaum überschätzt werden, um Emotionen, Gedanken, Motive und Persönlichkeitsmerkmale von Nutzern leichter identifizieren zu können. Für User Researcher gibt es also Basiseigenschaften, die die geforderte Tätigkeit – Wissen über Nutzer zu generieren – erleichtern.

Unabhängig von den individuellen Eigenschaften gibt es aber vor allem drei herausragend wichtige Fertigkeiten. Wir nennen Sie die Mega-Skills der User Researcher:

- beobachten
- Fragen stellen
- zuhören

Zum Leidwesen aller Mensch-Experten und User Researcher hören sich diese Fertigkeiten auf den ersten Blick als ziemlich einfach zu erlernen an. Vermutlich würden die meisten Personen sogar behaupten, dass sie alle drei Fertigkeiten sogar ohne Probleme beherrschen. Im Alltag machen wir ja alles: Wir beobachten, stellen Fragen und hören zu. Vielleicht haben auch Sie sich eben bei dem folgenden Gedanken ertappt: »Na ja, so schwer kann das ja nicht sein.«

So geht es leider vielen. Anders als gegenüber Designern, bei denen die Vermutung des angeborenen Talents herrscht, zeigt sich gegenüber User Researchern oft eine Geringschätzung ihrer Fähigkeiten – bis zu dem Moment, in dem man zum ersten Mal einen trainierten User Researcher bei der Arbeit erlebt. Was also unterscheidet den trainierten User Researcher von einem »normalen« Menschen? Es ist die Qualität, in der beobachtet, befragt und zugehört wird. Lassen Sie uns mit dem Beobachten starten.

6.3.1 Beobachten

Denken Sie bitte noch einmal kurz an die verschiedenen Expertisen zurück, die Nutzer von Entwicklern oder Gestaltern unterscheiden (siehe Abschnitt 6.2.1). Auf der einen Seite hatten wir die Aufgaben- und Bedürfnisexpertise (Zielexpertise) beim Nutzer und auf der anderen Seite die Design- und Entwicklungsexpertise beim Produktentwicklungsteam. Im Bereich der Bedürfnisse haben wir Ihnen die drei Ebenen, die funktionale, die soziale und die emotionale Ebene vorgestellt. Wie bereits erläutert, teilt sich nach unserem Verständnis die Welt des Nutzers in eine äußere (das, was der Nutzer tut) und eine innere Welt (das, was der Nutzer denkt und fühlt) auf. Um die äußere Welt des Nutzers zu erfassen, steht Ihnen als Tool die Beobachtung zur Verfügung.

Die verschiedenen Beobachtungsarten

Sie können Nutzer direkt oder indirekt beobachten. Bei der *direkten Beobachtung* sind Sie oder ein anderer Beobachter persönlich vor Ort und sehen zu. Bei der *indirekten Beobachtung* geschieht dies durch eine Kamera, deren Aufnahme Sie entweder live oder im Nachgang auswerten.

Außerdem können Beobachtungen offen oder verdeckt geschehen. Bei einer *offenen Beobachtung* wissen die Beobachteten, dass sie beobachtet werden. Bei einer *verdeckten Beobachtung* ist dies nicht der Fall.

Die unterschiedlichen Beobachtungsarten haben jeweils Vor- und Nachteile: Eine persönliche direkte Beobachtung ist flexibler, da sie einer Person hinterherlaufen können, wenn sie etwas Unerwartetes oder Ungeplantes tut. Sie müssen nicht im Vorfeld genau überlegen, wo Sie Kameras platzieren müssen, um auch ja alle gewünschten Aufgabenteile der Nutzer beobachten zu können. Auf der anderen Seite ist eine indirekte Beobachtung mit Kameras weniger störend als eine persönliche.

Bei einer offenen Beobachtung haben Sie den Vorteil, dass keine rechtlichen oder ethischen Fragestellungen auftreten – schließlich weiß der Nutzer, dass er beobachtet wird, und hat zugestimmt. Das ist bei einer verdeckten Beobachtung nicht der Fall. Auf der anderen Seite kann sich ein Nutzer bei einer offenen Beobachtung im Vergleich zur sonstigen Nutzung verstellen. Beispielsweise könnte ein Nutzer versuchen, die Aufgabe besonders gut zu erledigen, was ohne Beobachtung vielleicht nicht sein Anspruch wäre.

Bei der verdeckten Beobachtung verhält sich der Nutzer so wie im unbeobachteten Fall, denn die Beobachtungssituation ist ihm ja nicht bewusst. Dafür stellen sich hier rechtliche und ethische Fragen.

Rechtliche und ethische Fragestellungen bei der verdeckten Beobachtung

Achtung: Vor allem dann, wenn Sie Bildmaterial von Personen ohne deren Wissen und Genehmigung anfertigen, begeben Sie sich rechtlich in eine schwierige Position. In öffentlichen Umgebungen kann das möglich sein, wenn der Fokus nicht auf einer einzelnen Person, sondern auf einem Ort mit vielen Personen liegt. Hier sollten Sie sich vorab jedoch immer über die rechtlichen Aspekte informieren, bevor Sie sich für eine verdeckte Beobachtung entscheiden. Ein Eindringen in den privaten Raum einer Person ohne deren Wissen ist jedoch immer falsch.

Neben den rechtlichen Aspekten stellt sich natürlich die ethische Frage, ob es in Ordnung ist, Daten über Personen zu sammeln, die dieser Datensammlung nicht zugestimmt haben. Viele Fachzeitschriften akzeptieren inzwischen keine Studien mehr, die auf nicht genehmigten Daten aufbauen.

Natürlich können Sie auch beide Beobachtungsarten kombinieren und offen/direkt, offen/indirekt, verdeckt/direkt und verdeckt/indirekt beobachten. Wichtig ist aber, dass Sie die Situation durch Ihre Anwesenheit möglichst nicht beeinflussen.

Objektive Dokumentation vs. direkte Interpretation – oder warum User Research Erfahrung braucht (Teil 1)

Egal wie Sie die Beobachtung ausführen: Das Ziel bleibt immer gleich. Sie möchten mit einer Beobachtung möglichst objektive Daten darüber gewinnen, was ein Nutzer wie macht. »Objektiv« bedeutet, dass verschiedene Personen, die die gleiche Szene sehen, zu der gleichen Beschreibung kommen würden. Es geht also noch nicht um eine Interpretation von dem, was Sie sehen, sondern erst einmal nur darum, zu dokumentieren, was passiert.

Genau an dieser Stelle zeigt sich die Qualität eines trainierten User Researchers, dessen Objektivität unbedarften Beobachtern oft fehlt. Untrainierte Beobachter ordnen Gesehenes oftmals direkt in den eigenen Erfahrungsraum ein und interpretieren. Es werden also nicht die objektiven Daten erhoben und anschließend ausgewertet, sondern direkt Schlussfolgerungen gezogen und nur diese dokumentiert.

Beispielsweise könnten die Macher von MoveHub, der Reise-App, als eine grundlegende Annahme für ihre App überlegt haben, dass eine Verspätung von öffentlichen Verkehrsmitteln bei den Passagieren Ärger auslöst. Dieser Ärger ist dann der Auslöser, das Smartphone herauszunehmen und mit der MoveHub-App nach einer Alternative zu suchen – so die weitere Idee.

Um diese Annahme zu testen, beobachten die Gründer an einem Bahnhof Züge. Als sich tatsächlich ein Zug enorm verspätet, beobachten die Gründer, dass sich tatsächlich alle sieben am Bahnsteig wartenden Nutzer offensichtlich ärgern. Freudig sehen die Gründer ihre Annahme als bestätigt an und dokumentieren den beobachteten

Ärger. Die frühe Interpretation hatte hierbei aber leider den Effekt, dass die Gründer das weitere Geschehen nicht mehr beobachtet und dokumentiert haben.

Hätten sie das getan, hätten sie nämlich dokumentiert, dass von den sieben Personen drei ihr Smartphone zückten – und ein Spiel starteten, um die Wartezeit zu überbrücken. Zwei Personen holten ebenfalls das Smartphone hervor und orderten sich ein Taxi. Die restlichen zwei Personen machten sich auf den Weg zum Service-Schalter der Bahn, um nach alternativen Reisewegen zu suchen.

Diese objektive Dokumentation (die dringend um weitere Beobachtungen von Verspätungen ergänzt werden muss, was wir aber für dieses Beispiel vernachlässigen) ermöglicht im Nachhinein eine ganz andere Interpretation: Zwar ärgern sich alle Personen, aber keine einzige Person nutzt das Smartphone, um nach alternativen Verbindungen zu suchen! Bestätigt sich dieses Bild, spricht das gegen eine App als Lösung des Problems.

Die objektive Dokumentation, getrennt von der Interpretation, ermöglicht zudem, dass sich die Gründer zu einem späteren Zeitpunkt die Daten erneut ansehen können, und führt, mit neuen Erkenntnissen kombiniert, auch zu einer anderen Interpretation. Haben die Gründer aber nur die Interpretation dokumentiert (»Alle Personen ärgern sich, und damit ist unsere Annahme bestätigt«), dann fehlen die objektiven Rohdaten und andere Interpretationen werden unmöglich (siehe auch Abschnitt 5.6.2, »Objektive Daten oder Interpretation«).

Gliederung einer Beobachtung – oder warum User Research Erfahrung braucht (Teil 2)

Neben der Objektivität der Beobachtung erkennen Sie einen guten User Researcher auch daran, dass er in der Lage ist, die Beobachtung sinnvoll aufzugliedern. Je nachdem, was Ihr Beobachtungsziel ist, können Sie eine einzelne Person, die Umgebung oder einen Prozess beobachten. Die Unterschiede sind schnell erklärt:

- **Bei der Beobachtung einer Person** dokumentieren Sie ausschließlich die Handlungen dieser einen Person und folgen dieser einen Person.
- **Bei der Beobachtung der Umgebung** beobachten Sie, wie sich die Umgebung verändert, wer oder was hinzukommt und wieder geht, aber Sie bleiben an Ort und Stelle.
- **Bei der Beobachtung eines Prozesses** folgen Sie einer Aufgabe, auch wenn diese über mehrere Personen und Umgebungen hinwegreicht.

Um die Unterschiede deutlich zu machen, schauen wir uns erneut MoveHub, unsere Reise-App, an. Wenn die Gründer von MoveHub mehr über ihre Nutzer (also die Person) erfahren wollen, dann folgen sie einem Nutzer, der ein öffentliches Verkehrsmittel verwendet. Dabei könnten sie beobachten, welches Verkehrsmittel genutzt wird, um wie viel Uhr dies geschieht, wie die Auswahl stattfindet etc.

Versuchen die Gründer die Umgebung zu verstehen, könnten sie sich in einem Bahnhof platzieren und beobachten, wann wie viele Menschen im Bahnhof sind, was diese Personen im Bahnhof machen, wie sie zu den Zügen gelangen etc.

Wenn der Beobachtungsfokus jedoch ein Prozess ist, dann könnten die Gründer zum Beispiel einem verärgerten Zuggast folgen, dessen Zug aufgrund von technischen Schwierigkeiten ausgefallen ist und der deshalb sein Ticket am Service-Schalter reklamieren will. Nachdem er dort sein Ticket abgegeben hat, verfolgen die Gründer den Reklamationsprozess weiter, indem sie beobachten, was der Mitarbeiter am Service-Schalter mit der Reklamation macht. Im Anschluss daran könnten sie versuchen, die Freigabe der Entschädigungszahlung sowie den Auszahlungsvorgang selbst in den Bürogebäuden des Bahnanbieters zu verfolgen.

Sie merken: Eine »einfache« Beobachtung kann plötzlich ziemlich komplex werden und Planung benötigen. Ein guter User Researcher beobachtet also nicht drauflos, sondern sucht sich gezielt die richtigen Beobachtungsziele und Methoden zur Überprüfung der Annahmen aus, sodass die User-Research-Maßnahme auch wirklich zu dem gewünschten Wissensgewinn anstatt zu »irgendwelchen« Daten führt.

Zusammengefasst: Wann ist eine Beobachtung »gut«?

Sie führen dann eine gute Beobachtung aus, wenn

- Sie durch Ihre Anwesenheit keinen oder nur geringen Einfluss auf das Verhalten der Anwesenden ausüben. Das heißt: Sie sollten versuchen, so unauffällig wie möglich zu sein, damit das, was Sie beobachten, tatsächlich auch dem entspricht, was Sie beobachten könnten, wenn Sie nicht da wären.
- Sie die objektiven Tatsachen dokumentieren und nicht Ihre Interpretation der Beobachtung. Damit ermöglichen Sie im Nachgang zur Beobachtung einen Vergleich von verschiedenen Beobachtungen miteinander. So können Sie Muster und ähnliche Verhaltensweisen erkennen. Das funktioniert jedoch nur dann fehlerfrei, wenn Sie das Verhalten vergleichen und nicht Ihre Interpretation.
- Sie vorab überlegt und geplant haben, was Sie beobachten möchten und warum. Hier sollten Sie sich durch Ihre Annahmen, die Sie überprüfen wollen, lenken lassen.

Sie sehen: Das methodisch saubere Vorgehen bei der User Research (es heißt nicht umsonst »Research«) ist der Schlüssel zum erfolgreichen Sammeln des Wissens, das Sie brauchen, um eine herausragende Usability und User Experience designen zu können. Wenn Sie also über Ihr Vorgehen beim Usability und User Experience Design nachdenken, empfehlen wir Ihnen, die User Research als genauso wichtig anzusehen wie alle anderen Bestandteile.

Vorteile und Grenzen von Beobachtungen

Wenn es um die äußere Welt der Nutzer, also um deren beobachtbares Verhalten geht, dann sind Beobachtungen die zuverlässigste Datenquelle überhaupt. Personen nach dem eigenen Verhalten zu fragen, ohne sie beobachtet zu haben, funktioniert leider nur bedingt. Der Grund dafür liegt in den großen Anteilen unbewussten Verhaltens. Dieses unbewusste Verhalten ist oftmals hoch trainiert und damit automatisiert. Es ist den Nutzern also auch auf Nachfrage nur sehr schwer möglich, korrekt zu beschreiben, was sie eigentlich genau machen. In der Beschreibung werden dann vor allem die Teile erscheinen, die nicht hoch automatisiert sind und über die der Nutzer bewusst nachdenken muss.

Die Beobachtung ist eine fantastische Methode und gehört in den Werkzeugkasten aller User Researcher. Leider sind die Grenzen der Beobachtung genauso klar wie die Vorteile. Sie können nur beobachten, was tatsächlich auch sichtbar ist (siehe Abbildung 6.6). Das heißt, es muss genau dann passieren, wenn Sie beobachten möchten. Was aber passiert, wenn das, was Sie beobachten möchten, in der Vergangenheit liegt, gerade nicht passiert, nicht durch Sie beobachtet werden darf oder vielleicht noch gar nicht passiert ist? Dann kommt der zweite Mega-Skill der User Researcher zum Einsatz: das Fragenstellen.

6.3.2 Fragen stellen

Das Fragenstellen leidet unter den gleichen Problemen wie die Beobachtung. Sie sind doch sicher auch der Meinung, dass wirklich jeder Fragen stellen kann, oder? Sie stimmen uns bestimmt zu, wenn wir sagen: »So schwer ist das doch nicht!«, richtig?

Und genau hier ist das Problem. Jeder kann Fragen stellen, aber die Qualität der Fragen variiert stark. Die Frage oben ist eine sogenannte Suggestivfrage, weil sie nicht tatsächlich nach einer Meinung fragt, sondern die eigene Antwort in die Frage mit hineinlegt. Dadurch erreichen Sie – je nach Persönlichkeit des Gegenübers – entweder eine (falsche) Zustimmung, weil sich die Person nicht mit Ihnen anlegen will, oder Reaktanz.

Reaktanz ist der psychologische Begriff für den

> *»innere[n] Widerstand gegen Einschränkungen der Handlungsfreiheit durch Verbote bzw. äußeren Druck. [Reaktanz] fördert die Tendenz, das zu tun, was verboten oder unerwünscht ist.« (Spektrum Akademischer Verlag 2000)*

Mit anderen Worten: Wenn Sie Suggestivfragen stellen und Ihr Gegenüber das Gefühl hat, dass Sie eine bestimmte Antwort hören wollen, dann kann er entweder durch Zufall die gleiche Meinung haben oder Ihnen um des lieben Friedens willen zustimmen. Oder er wird sauer und lässt Sie das merken. Egal, welcher Fall eintritt: Gute Ergebnisse aus einer Befragung bekommen Sie so eher durch Zufall.

Offene Fragen

Um gute Fragen zu stellen, ist es wichtig, sich das Ziel der Befragung vor Augen zu führen. Stehen Sie noch ganz am Anfang und sind eher explorativ unterwegs? Sie wollen also noch viel Neues lernen und haben noch wenige Daten? Dann ist der Einsatz von *W-Fragen* wichtig. W-Fragen – in der Fachsprache auch *offene Fragen* genannt – fassen die Fragen zusammen, die frei nach der Meinung und Einschätzung des Gegenübers fragen. Typische W-Fragen beginnen mit folgenden Wörtern:

- Was
- Wer
- Wessen
- Wo
- Wann
- Wie
- Wie oft
- Wie viel
- Wie kommt es, ...
- Aus welchem Grund ...

Das Ziel der W-Fragen ist es, die Frage so allgemein und offen zu stellen, dass Ihr Gegenüber zum Reden angeregt wird und gleichzeitig unbeeinflusst von Ihrer eigenen Erwartungshaltung bleibt.

Wenn Sie an MoveHub denken, dann könnte eine geeignete Frage lauten: »Wie kommen Sie morgens zur Arbeit?«

Wenn Sie für Healthyfy mehr über das Patientenverhalten lernen wollen, könnten Sie fragen: »Was machen Sie aktuell, wenn Sie morgens aufwachen und feststellen, dass Sie krank sind?«

Beide Fragen sind ganz offen gestellt und haben noch keinen direkten Berührungspunkt mit der Lösung. Wir fragen in einem ersten Schritt weder nach öffentlichen Verkehrsmitteln noch nach der Arztsuche. Für ein erfolgreiches Produktdesign ist es wichtig, zu verstehen, ob die Lösung, die wir anbieten, überhaupt passt. Das ist allerdings nur möglich, wenn wir das »natürliche« Verhalten unserer Nutzer verstehen. Gewohnheiten sind sehr schwer zu ändern, und der Nutzen, der mit einer Änderung einhergeht, muss dafür sehr groß sein. Deshalb ist der erfolgreichere Ansatz für die Produktentwicklung, an den Gewohnheiten der Nutzer anzusetzen, anstatt diese zu ändern.

Im Laufe der Befragung werden die Fragen dann immer detaillierter; Sie »bohren« sich förmlich in das Thema hinein. Gute User Researcher greifen dabei die Antworten auf und nutzen die Worte des Gegenübers für die weiteren Fragen. Dadurch wird der

Rapport – also der unmittelbare Kontakt zwischen Fragendem und Befragtem (Spektrum Akademischer Verlag, 2000) – gestärkt und die Wahrscheinlichkeit für ein angenehmes, offenes Gespräch steigt.

Außerdem wird der Rapport gesteigert, indem zusätzlich das Verhalten des Gegenübers gespiegelt wird. Dazu kann beim Gespräch die Körperhaltung an die des Gegenübers angepasst werden. Wenn Sie also mit jemandem sprechen, der sehr zurückgelehnt im Sessel sitzt, dann steigern Sie den Rapport, wenn Sie eine ähnliche Haltung einnehmen. Das gilt allerdings nur für positives Spiegeln. Ist Ihr Gegenüber bedrückt, negativ oder abweisend, dann sollten Sie dieses Verhalten auf keinen Fall spiegeln, sondern versuchen, trotzdem offen und zugewandt zu bleiben.

Vielleicht ist Ihnen aufgefallen, dass wir auf unserer Fragewortliste die Wörter »Warum«, »Weshalb« und »Wieso« fehlen. Das ist eine deutsche Besonderheit. Im deutschsprachigen Raum wird eine Frage, die mit »Warum« beginnt, oft als nervig oder angreifend empfunden. Personen fühlen sich dadurch oft »auf den Schlips getreten« und haben das Gefühl, sich und ihr Verhalten rechtfertigen zu müssen. Wir empfehlen Ihnen, diese Fragen durch andere Formulierungen zu ersetzen, zum Beispiel folgende:

- Wie kam es dazu, dass Sie ...?
- Wie haben Sie entschieden, dass ...?
- Aus welchem Grund haben Sie ...?

Die vorgestellten W-Fragen nutzen Sie immer dann, wenn Sie neue Informationen sammeln wollen. Manchmal – bei der Produktgestaltung zugegebenermaßen eher selten – möchten Sie vielleicht nur wissen, welche Variante von den Nutzern bevorzugt wird. Dann können Sie Alternativfragen wählen. Eine typische Alternativfrage könnte sein: »Bevorzugen Sie eher Variante A oder Variante B?« Wir geben zu, wir sind W-Fragen-Junkies. Wenn wir Alternativfragen im Rahmen einer persönlichen Befragung einsetzen, stellen wir im Anschluss immer die Frage: »Aus welchem Grund?«

Eine große Stärke von Befragungen im Vergleich zu Beobachtungen ist, dass Sie durch Befragungen das »Warum« der Nutzer verstehen können – zumindest für bewusste Entscheidungen. Wenn Sie sich also auf das »Was« beschränken (z. B. die Auswahl eines präferierten Designs), dann verlieren Sie diesen Mehrwert, den Befragungen bieten.

Geschlossene Fragen

Eine weitere Fragenart – zu der streng genommen auch die Alternativfragen gehören – sind die sogenannten geschlossenen Fragen. Geschlossene Fragen haben vorgegebene Antwortkategorien. Das können Alternativen sein wie oben, das könnten aber auch einfach »Ja« oder »Nein« sein. Geschlossene Fragen lassen sich schnell und einfach beantworten, bringen Ihnen jedoch keine neuen Antworten, sondern ermöglichen eine Auswahl und Quantifizierung.

Der Einsatz von offenen Fragen ist besonders für persönliche Befragungen und Gruppenbefragungen geeignet, wohingegen geschlossene Fragen vor allem bei schriftlichen Befragungen sinnvoll sind.

Wie Sie die Fragen richtig sortieren

Der Skill Fragenstellen beinhaltet neben der richtigen Frage zur richtigen Zeit auch noch die Formulierung und Sortierung der Fragen in ihrer zeitlichen Reihenfolge. Wir empfehlen Ihnen dabei als Reihenfolge, immer vom Allgemeinen zum Speziellen hin zu fragen. Fragen Sie also am Beispiel von MoveHub erst danach, wie jemand zur Arbeit kommt, bevor Sie über die Vor- und Nachteile des Busverkehrs sprechen, um dann nach einem bestimmten Bus zu fragen.

Wonach Sie fragen

Eine zusätzliche Stärke von Fragen liegt darin, dass Sie auch Fragen zu Dingen stellen können, die in der Vergangenheit passiert sind, die noch in der Zukunft passieren werden und die vielleicht gar nicht passieren werden – also rein hypothetisch sind. Damit erweitern Sie das Spektrum der User Research extrem.

Die folgende Grafik zeigt, welche Dimensionen von Befragungen und Beobachtungen bedient werden können (siehe Abbildung 6.6).

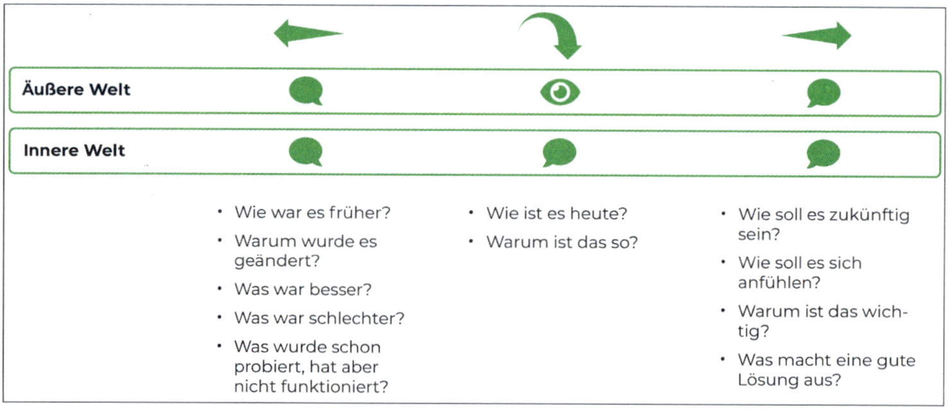

Abbildung 6.6 Fragenstruktur nach der äußeren und der inneren Welt sowie nach der Vergangenheit, Gegenwart und Zukunft. Die Grafik zeigt zusätzlich auf, was beobachtbar ist, und somit auch, welche Möglichkeiten das Fragenstellen bietet.

Woran Sie eine gute Befragung erkennen

Als Faustregel können Sie sich merken, dass eine gute User Research sich dadurch auszeichnet, dass der Nutzer ca. 80 % der Zeit spricht. Keine Angst, das wird sich für

Ihr Gegenüber nicht seltsam anfühlen. Menschen sprechen gerne über sich. Tatsächlich können Sie ein komplettes Gespräch mit Fragen füllen, ohne eine einzige Sache über sich selbst berichtet zu haben, und Ihr Gegenüber wird das Gefühl haben, dass dies das beste Gespräch seit Langem war. Das ist sogar eine Taktik, die von Verhandlern des FBI bei Geiselnahmen gezielt eingesetzt wird (vgl. Kompromisslos Verhandeln: Die Strategien und Methoden des Verhandlungsführers des FBI, Voss & Raz, 2017). Also: Trauen Sie sich!

Die richtigen Fragen zu stellen ist eine wirkliche Herausforderung. Wenn Sie gerne noch mehr zu Fragen lernen möchten, dann gibt es eine ganze Reihe von weiterführender Literatur, die wir an dieser Stelle empfehlen können:

- Recht allgemein mit dem Thema Fragen beschäftigt sich das Buch »Die Kunst, die richtigen Fragen zu stellen« von Marilee Adams.
- Besonders wenn Sie auf der Suche nach guten Fragen sind, haben wir sehr gute Erfahrungen mit dem Rückgriff auf den Coaching-Bereich gemacht. Vor allem im systemischen Coaching wird mit Fragen gearbeitet, die das Gegenüber zum Nachdenken anregen sollen. Natürlich sind nicht alle Fragen geeignet, aber wir sind sicher, dass Sie einige Anregungen finden werden. Das »Praxishandbuch Coaching« von Martin Wehrle beinhaltet zum Beispiel die 500 besten Coaching-Fragen, von denen einige auf jeden Fall geeignet sind, um Anforderungen an gute Lösungen zu identifizieren.
- Für schwierige Situationen in Gesprächen und zum Umgang mit herausfordernden Gesprächspartnern können wir das Buch »The Moderators Survival Guide« von Donna Tedesco und Fiona Tranquada empfehlen.

Damit Ihre Ergebnisse vergleichbar werden und Sie im Nachgang in der Lage sind, Muster zu identifizieren, empfehlen wir Ihnen dringend, für jede Befragung einen Leitfaden zu erstellen, der die Kernfragen beinhaltet. Wir nutzen in den meisten Fällen *semi-strukturierte Befragungen*. Das heißt, es gibt einen Leitfaden, der Fragen enthält, die auf jeden Fall jedem Teilnehmer gestellt werden. Zusätzlich können aber situativ weitere passende Fragen gestellt werden. Semi-strukturierte Befragungen stellen damit eine gute Mischung aus freiem Gespräch und systematischer Informationserfassung dar. Im besten Fall merkt Ihr Gegenüber gar nicht, dass Sie sich an einem Leitfaden entlanghangeln, sondern es fühlt sich wie ein ganz normales Gespräch an.

Zusammenfassung: Gute Befragungen

Sie machen dann eine gute Befragung, wenn Sie

- überwiegend offene Fragen einsetzen, und dabei vom Groben zum Feinen gehen,
- diese Fragen in einem Leitfaden festhalten, um eine Vergleichbarkeit der Befragungen zu gewährleisten,

- es trotzdem schaffen, eine natürliche Gesprächssituation entstehen zu lassen, in der der Nutzer ca. 80 % der Zeit spricht.

Der letzte Punkt im Kasten – der Nutzer spricht ca. 80 % der Zeit – macht auch schon klar, warum Zuhören unser letzter Mega-Skill ist. Denn Zuhören ist tatsächlich gar nicht so einfach, wie Sie vielleicht im ersten Moment denken. Warum? Das erfahren Sie jetzt.

6.3.3 Zuhören

Wenn Sie als User Researcher tätig sind, haben Sie die herausfordernde Aufgabe, Personen, die Sie überhaupt nicht kennen, innerhalb kürzester Zeit dazu zu bringen, Ihnen viele persönliche Informationen mitzuteilen. Außerdem möchten Sie so viele Informationen wie möglich aus den Gesprächen ziehen, weswegen Sie auf der einen Seite dokumentieren, auf der anderen Seite eine lange Liste von Fragen haben, die Sie mit Ihrem Gegenüber besprechen wollen.

Aber jetzt stellen Sie sich bitte einmal folgende Situation vor: Sie werden zu einem Gespräch eingeladen, betreten den Raum und setzen sich nach einem kurzen Small Talk. Ihr Gegenüber hat einen Zettel auf dem Schoß, einen Block und einen Stift und fängt an, die erste Frage auf seinem Zettel vorzulesen. Sie beginnen zu antworten, aber Ihr Gegenüber sieht Sie gar nicht an, sondern schreibt konzentriert alles mit, was Sie sagen. Wenn Sie mit Ihrer Antwort fertig sind, schreibt Ihr Gegenüber noch eine Weile weiter, sieht dann auf seinen Zettel und stellt die nächste Frage, ohne aufzublicken.

Wie fühlen Sie sich? Glauben Sie, in dieser Situation würden Sie sich wohlfühlen und hätten Spaß daran, zu berichten? Hätten Sie das Gefühl, Ihr Gegenüber ist an Ihren Antworten interessiert? Wahrscheinlich nicht. Und hier kommt der Mega-Skill Zuhören ins Spiel. Natürlich hört die Person in unserem Beispiel auch zu. Wie sollte sie sonst mitschreiben können? Aber Sie würde Ihnen nicht das Gefühl geben, dass sie zuhört.

Aktives Zuhören

Um einem Gesprächspartner das Gefühl zu geben, wirklich zuzuhören, hilft das aktive Zuhören. Unter aktivem Zuhören versteht man einen Zuhörstil, der durch aktive Bestätigung des Gesagten, Zusammenfassungen, Rückfragen und Zugewandtheit geprägt ist.

Mit aktiver Bestätigung sind vor allem verbale Äußerungen wie »hm«, »okay«, »aha« gemeint (Fun Fact: In der Fachsprache nennt sich das »soziale Grunzlaute«) sowie nonverbale Bestätigungen wie Kopfnicken. Wichtig ist dabei, dass es sich nie um eine inhaltliche Bestätigung des Gesagten handelt, sondern um ein »Ja, ich bin da und habe gehört, was du gesagt hast«. Sie sagen also nicht: »Ja, genau! Das sehe ich auch so!« – selbst dann nicht, wenn das tatsächlich der Fall sein sollte. Sie möchten ja die Meinung des Gegenübers erfahren, unabhängig von Ihrer eigenen. Stattdessen bestätigen Sie, dass Sie mitbekommen, dass etwas gesagt wurde.

Aktives Zuhören durch aktives Zusammenfassen bei komplexen Themen

Vor allem bei komplexen Themen sind Zusammenfassungen wichtig. Hier hören Sie sich an, was Ihr Gegenüber gesagt hat, und geben den Inhalt dann noch einmal in eigenen Worten als Frage zurück. Das könnte folgendermaßen aussehen: »Habe ich Sie richtig verstanden, dass es Ihnen wichtig ist, dass …«

Dadurch zeigen Sie auf der einen Seite extrem deutlich, dass Sie zugehört haben. Auf der anderen Seite decken Sie Missverständnisse schnell und einfach auf. Die Zusammenfassung hat noch einen weiteren Vorteil: Wenn Sie das Gesagte zusammenfassen »müssen«, haben Sie keine Zeit, um in Gedanken schon zur nächsten Frage abzuschweifen. Dadurch bleibt Ihre Aufmerksamkeit beim Gesprächspartner.

Aktives Zuhören durch das Stellen von Rückfragen

Rückfragen sind ein weiteres Tool des aktiven Zuhörens. Viele Missverständnisse zwischen Entwicklern und Nutzern entstehen dadurch, dass der Nutzer etwas sagt, von dem der Entwickler denkt, er hätte es verstanden. Das passiert immer dann, wenn der Nutzer das gleiche Wort verwendet, damit aber etwas anderes meint als der Entwickler.

Um diese Art von Missverständnis zu vermeiden, helfen Rückfragen. Immer wenn Sie eine Aussage hören, deren Inhalt noch nicht geklärt wurde, bietet es sich an, eine Rückfrage zu stellen. Das könnte zum Beispiel so klingen: Der Nutzer sagt: »Ja, und dann machen wir halt immer Übergaben.« Und Sie in Ihrer Rolle als User Researcher antworten: »Okay, verstehe. Was bedeutet bei Ihnen eine Übergabe?« So können Sie sicher sein, dass Sie das gleiche Verständnis haben.

Aktives Zuhören durch Zugewandtheit

Mit Zugewandtheit meinen wir, dass Sie Augenkontakt zu Ihrem Gegenüber suchen, lächeln und eine offene Körperhaltung einnehmen. Dabei können Sie sich für einen verbesserten Rapport der Sprachgeschwindigkeit, Körperhaltung und dem Wording Ihres Gegenübers anpassen, aber nur, solange dieses positiv oder neutral ist. Generell sollten Sie eine angenehme Atmosphäre vermitteln. Ihr Gegenüber sollte sich wie in einem Gespräch und nicht wie bei einem Verhör fühlen.

Schwere Fragen zu beantworten kostet Zeit

Je »schwieriger« Ihre Fragen werden – je mehr Sie also über Wünsche und nicht offensichtliche Themen sprechen –, desto länger wird Ihr Gegenüber brauchen, um diese Fragen zu beantworten. Hier gibt es eine ganz klare Regel: Geben Sie Ihrem Gesprächspartner die notwendige Zeit. Wiederholen Sie nicht die Frage. Formulieren Sie sie nicht um. Fragen Sie nicht, ob die Frage verstanden wurde. Schweigen Sie einfach, und warten Sie.

Neue Mitarbeiter in unserer Agentur *Custom Interactions* bekommen in der User Research bei uns immer die Anweisung, langsam im Kopf von 500 rückwärts zu zählen und, wenn sie bei 0 ankommen, wieder von vorne zu beginnen. Noch kein einziger ist weiter gekommen als 485. Das Schweigen fühlt sich für den Fragenden viel länger an als für den Gefragten.

Im Coaching heißt diese Zeit auch »die heilige Zeit des Kunden«. Immer, wenn Sie diese Zeit unterbrechen, fängt das Denken von vorne an. Sie können von außen gut erkennen, ob Ihr Gegenüber nachdenkt oder die Frage nicht verstanden hat. Denkt die Person nach, dann blickt sie meistens leicht an Ihnen vorbei oder scheint nach innen zu gucken. Der Blick wirkt ein bisschen »glasig«. Hat die Person Sie nicht verstanden, blickt sie Sie für gewöhnlich direkt an, zieht die Augenbrauen hoch, zuckt mit den Schultern oder fragt direkt nach. Sie werden es auf jeden Fall wissen. Versprochen!

Aktives Zuhören versus Dokumentation

Damit Sie mit der Aufmerksamkeit bei Ihrem Gegenüber sein können, empfiehlt es sich, die Befragungen anhand von einer Video- oder Tonaufzeichnung zu dokumentieren. So können Sie aktiv zuhören und sich später um die Auswertung kümmern. Sollte das nicht möglich sein, ist die zweitbeste Option eine zweite Person, die für die Dokumentation sorgt, während Sie das Gespräch führen. Sollte auch das nicht gehen, empfehlen wir Ihnen die Dokumentation anhand von Stichpunkten und die Ergänzung der Inhalte aus dem Gedächtnis direkt im Anschluss an das Gespräch.

Zusammengefasst: Wann hören Sie »gut« zu?

Sie hören dann gut zu, wenn

- Sie durch verbale Signale (soziale »Grunzlaute«) und nonverbale Signale (Nicken) zeigen, dass Sie das Gesagte mitbekommen,
- Sie trotzdem keinen inhaltlichen Einfluss auf das Gespräch nehmen, indem Sie einzelne Aussagen des Gegenübers verstärken oder unterbinden,
- Sie vor allem bei komplexen Sachverhalten die Aussagen des Gegenübers zusammenfassen und dadurch Missverständnisse frühzeitig aufklären,

- Sie unbekannte/undefinierte Begriffe erfragen und so ebenfalls Missverständnisse von vornerein vermeiden,
- Sie Ihrem Gegenüber die Zeit zum Nachdenken geben und wenn
- Sie Ihrem Gegenüber ein gutes Gefühl geben.

Ganz generell zeichnet sich das Zuhören also dadurch aus, dass Sie zuhören und das auch zeigen. Das alles lässt sich zusammenfassen zu einem hilfreichen Mindset, das Sie als User Researcher mitbringen sollten.

6.3.4 Ihr Mindset als User Researcher

Wenn Sie beobachten, Fragen stellen und zuhören, dann bringen Sie alle Tools mit, die ein guter User Researcher in seinem Koffer haben muss. Diese Tools werden dann im Anschluss zu verschiedenen Methoden zusammengesetzt. Auf die Methoden gehen wir im Detail an den passenden Stellen im Prozess ein (siehe Kapitel 8 bis 13).

Egal welche Methode Sie später einsetzen, wichtig sind die Idee bzw. das Ziel, mit der bzw. dem Sie das machen. Als User Researcher sollten Sie sich als Wissenschaftler oder Wissenschaftlerin verstehen. Sie möchten lernen, und Ihr Nutzer ist der Experte dafür. Sie selbst sind ein Prozess-Experte und sehr gut darin, das Wissen aus der Person herauszubekommen. Das Wissen über die Nutzung selbst haben aber nur Ihre Nutzenden.

Um als Wissenschaftler bzw. Wissenschaftlerin erfolgreich zu sein, brauchen Sie einige Grundeinstellungen:

1. Sie sollten neutral sein.
2. Sie sollten interessiert sein.
3. Sie sollten freundlich sein.

Was meinen wir damit? Wenn Sie als User Researcher unterwegs sind, dann ist Ihr Ziel, »die Wahrheit« aufzudecken. Und zwar die Wahrheit Ihrer Nutzer. Das heißt, Sie können zwar eine Vermutung haben, was den Nutzern wichtig ist und was nicht oder welche Gründe hinter einem bestimmten Verhalten stehen. Sie sollten aber nicht mit dem Ziel in die Befragungen gehen, diese Vermutung zu bestätigen. Es fällt sogar wesentlich leichter, wenn Sie versuchen, Ihre Annahmen zu wiederlegen.

Wenn beispielsweise das Team von Healthyfy versucht zu widerlegen, dass Telemedizin funktioniert (also entgegen der eigenen Idee) und dafür keine Beweise findet, dann heißt das im Umkehrschluss, dass es an etwas dran sein könnte. Wenn das Team von Healthyfy jedoch von Nutzern viele Gründe gegen Telemedizin genannt bekommt, dann gibt es noch Arbeit zu tun. Sie merken den Unterschied – Neutralität hilft zu verhindern, dass man dem einen befragten Nutzer glaubt, der alles so sieht wie man selbst, und die 99 weiteren ignoriert, die valide Bedenken äußern.

Bleiben Sie daher neutral, und akzeptieren Sie die Wahrheit Ihrer Nutzer – auch dann, wenn das Ergebnis nicht das ist, was Sie gerne hören möchten. Dazu gehört auch, dass Sie nicht erklären, nicht verkaufen, nicht werten. Auch wenn Ihnen das in dem Moment schwerfallen sollte, weil der Nutzer offensichtlich etwas falsch verstanden hat – ja etwas falsch verstanden haben muss.

Denken Sie immer daran: Außerhalb der User Research stehen Sie auch nicht neben jedem Nutzer. Immer, wenn Sie erklären, verwässern Sie die User-Research-Ergebnisse. Die Erklärungen bringen Sie also nicht weiter. Weiter bringt Sie nur das Verständnis für die Ursache des Problems. Das gilt auch dann, wenn die Antwort gar nicht zu Ihnen und Ihren Werten passt. Es geht ja eben um den Nutzer und nicht um Sie. Wenn alle die gleichen Werte und Meinungen hätten, wäre User Research unnötig.

Menschen sind sehr gute Lügendetektoren. Schon einleitend im Kapitel haben wir aufgezeigt, warum User Research oft einen schweren Stand hat: Weil nicht verstanden wird, welche Leistung dahintersteht, die richtigen Fragen zur richtigen Zeit zu stellen. Die Ursache dafür sind die tatsächlichen Fähigkeiten der Menschen, mit denen Sie es zu tun haben. Es ist ja nun einmal so, dass jeder schon Gespräche geführt hat und im Alltag immer wieder führt. Wie wir hoffentlich in den letzten Abschnitten zeigen konnten, sorgt das nicht automatisch dafür, dass Sie ein guter User Researcher sind. Aber es sorgt auf jeden Fall dafür, dass Sie erkennen, wenn jemand unehrlich ist.

Und hier kommt der zweite Punkt zum Tragen: Als User Researcher sollten Sie ein echtes Interesse an Menschen haben. Wenn Menschen Sie nicht interessieren und Sie eigentlich nichts mit Ihnen zu tun haben wollen, dann werden die Menschen, mit denen Sie sprechen, das merken. Und dann wird im Gegenzug die Motivation, mit Ihnen zu sprechen und Ihnen Zeit und Energie zu widmen sowie Ihnen ausführlich die gesuchten Antworten zu liefern, sehr gering sein. Überlegen Sie also gut, ob Sie User Research machen wollen. Aber wenn Sie es machen: Haben Sie Spaß dran, seien Sie interessiert und offen.

Der letzte wichtige Punkt ist die Freundlichkeit und Höflichkeit. Sie haben es mit Unbekannten zu tun, die Ihnen private Details erzählen sollen. Hier hilft natürlich der Rapport, aber grundsätzlich geht es darum, dass Menschen sich im Kontakt mit Ihnen wohlfühlen. Die Regel ist: Wenn Sie es schaffen, dass jeder, mit dem Sie zu tun hatten, im Nachgang ein bisschen bessere Laune hat als vorher, dann machen Sie alles richtig. Sie sollten wie ein Gast auftreten, den man immer wieder gerne einladen würde.

6.4 Gestaltung als lernbarer Prozess

Neben dem Verstehen der Nutzenden durch User Research stellt die Übersetzung der Nutzeranforderungen in Gestaltung den zweiten großen Bereich des Usability und

User Experience Designs dar. Leider erleben wir allzu oft, dass Personen sich nicht an Usability und User Experience Design herantrauen, weil es ihnen – nach eigenen Aussagen – an Kreativität und Talent mangelt. Wir möchten Ihnen hier gerne einmal einen kurzen wissenschaftlichen Blick auf die Rolle der angeborenen Kreativität und des Talents geben, um Mut zu machen, sich an das Thema Usability und User Experience Design heranzuwagen.

6.4.1 Die Rolle der Kreativität

Schaut man im Online-Lexikon für Psychologie und Pädagogik nach der Definition von Kreativität, dann stößt man auf Folgendes:

> *»Kreativität [ist] flüssiges, flexibles, originelles Denken [...], das nach alternativen Aufgaben- und Problemlösungen sucht (divergentes Denken), wobei die Leistung nicht nur neu, sondern auch nützlich, problemangemessen und ästhetisch sein sollte.« (Stangl, 2021)*

Nach Guilford (1950) hat Kreativität viel mit der Fähigkeit zu tun, bekannte Inhalte in neue Zusammenhänge zu bringen. Kreativität ist also nicht zwangsweise das komplette Erschaffen, sondern teilweise auch »nur« das Neu-Denken einer vorhandenen Sache.

Im Alltagsverständnis herrscht jedoch oft die Idee vor, dass man Kreativität hat oder auch nicht: Entweder man ist ein »Kreativer« oder eben nicht. Kreativität ist also angeboren. Wenn man sie nicht hat, steht man dementsprechend – zumindest für den Bereich Usability und User Experience Design – auf der Verliererseite. Dann wird es halt kein gutes Design.

Erinnern Sie sich an die Begriffe *Growth Mindset* und *Fixed Mindset* vom Beginn dieses Kapitels? Dort haben wir ausgeführt, dass die Annahme, etwas nicht lernen zu können, zu einem Fixed Mindset gehört. Mit einem Growth Mindset hingegen würde man annehmen, dass man Kreativität sehr wohl lernen kann.

Kreativität ist trainierbar, und Wissenschaftler sind sich inzwischen recht einig darüber, dass Kreativität gezielt erlernt und gesteigert werden kann. So gibt es zum Beispiel Studien, die belegen, dass Sie Ihre Kreativität steigern können, wenn Sie fröhliche Musik hören (Ritter & Ferguson, 2017). Genauso hilfreich sollen Dämmerlicht, Langeweile oder persönliche Offenheit sein, um kreative Einfälle zu haben (Stangl, 2021).

6.4.2 Die Rolle von Talent, Übung, Erfahrung und Wissen

Ähnlich wie mit der Kreativität verhält es sich auch mit der Sichtweise vieler zum Talent einer Person: Entweder man hat Talent oder man hat es nicht.

Aber auch hierzu gibt es Gegenstimmen: Eine Studie von Ericsson aus dem Jahr 1993 beschäftigte sich mit der Frage, ob Talent oder Übung entscheidender für den Erfolg in einem bestimmten Bereich sind. Die Studie erlangte große Bekanntheit, weil sie durch Malcolm Gladwell im Buch »Outliers: The Story of Success« (2009) aufgegriffen wurde und dort auf die vereinfachte Aussage reduziert wurde, dass man mit 10.000 Stunden Übung in einem Feld zum Meister wird.

Inzwischen gibt es Untersuchungen aus dem Jahr 2019 (Macnamara & Maitra), die belegen können, dass Übung zwar eine entscheidende Voraussetzung für Erfolg ist, aber nicht allein ausreichend für Spitzenleistungen verantwortlich ist. Hier kommt eine Mischung aus Talent, Übung und Umgebung zum Tragen, die dann in der Lage ist, die Unterschiede zwischen sehr guten und herausragenden Personen in einem Feld zu erklären. Außerdem zeigt sich, dass es Personen leichter fällt, Zeit in Übung zu investieren, wenn sie ein bestimmtes Maß an Talent in einem Bereich mitbringen. Wenn Sie also in etwas gut sind, dann haben Sie schneller Erfolgserlebnisse. Dadurch ist die Motivation höher, zu üben, weswegen Sie noch mehr Erfolgserlebnisse haben. Dadurch üben Sie weiter und werden Stück für Stück besser.

Heißt das jetzt »Wenn Sie nicht schon mit 2 Jahren die Tapete in der elterlichen Wohnung großflächig mit Fingerfarbe verziert haben, wird es nichts mit gutem Usability und User Experience Design«? Nein, das heißt es nicht. Dafür möchten wir folgende Gründe aufführen:

- Die Untersuchungen zeigen auch, dass Übung immer dazu beiträgt, besser zu werden. Kein Meister ist als Meister geboren. Meister haben sehr viel Zeit investiert, bis sie Meister wurden. Andere Personen, die ähnlich viel Zeit investieren, aber »kein« Talent hatten, waren in der Studie »nur« sehr gut oder im »schlechtesten Fall« gut. Sie waren aber immer sehr viel besser als Personen, die keine oder nur wenig Zeit investiert haben. Außerdem ist die Anforderung »Meister« in der Praxis wirklich selten notwendig. Herausragende Usability und User Experience können Sie auch als Nicht-Meister erreichen.
- Usability und User Experience Design erfordert viel mehr als das, was man landläufig unter »Design« – also das Schönmachen – versteht. Zum Design gehört beispielsweise auch das Konzipieren eines User Interfaces in Form von Wireframes. (Die genaue Einführung folgt in Kapitel 11, »Der Data-Driven UX Design-Prozess im Detail – Gestaltungslösungen entwickeln«; Abbildung 6.7 gibt Ihnen links aber schon mal einen ersten Eindruck.)

  Beim Usability und User Experience Design sind andere Designfähigkeiten gefordert als beispielsweise beim Visual Design (also dem tatsächlichen »Schönmachen«, siehe Abbildung 6.7 rechts). Wenn der eine Designbereich nicht passt, dann gibt es also noch weitere, die andere Anforderungen mit sich bringen.

- Wir schlagen Ihnen in diesem Handbuch vor, Usability und User Experience Design als einen Prozess zu betrachten. Hierbei bekommen Sie von uns konkrete Regeln und Hilfestellungen an die Hand, die »nur« angewendet werden müssen. Das erfordert weniger ein angeborenes Talent, sondern eher Übung und Prozesstreue.

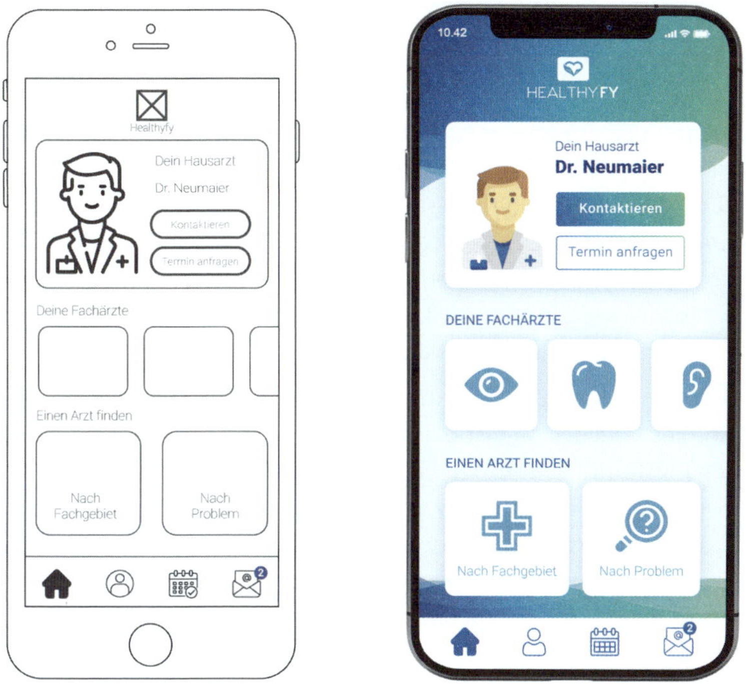

Abbildung 6.7 Links ist ein Wireframe dargestellt und rechts ein User Interface, an dem bereits ein Visual Designer gearbeitet hat.

Sie merken: Wir gehen davon aus, dass Sie sich nicht von dem »Talent-Stempel« beeinflussen lassen. Wenn Ihnen die gestalterische Tätigkeit Spaß macht, dann üben Sie sie und werden besser.

6.4.3 Was muss ich gelernt haben, um Usability und User Experience Designer zu werden?

Das Feld des Usability und User Experience Designs ist inzwischen zwar nicht mehr brandneu, aber es gibt noch immer wenige Studiengänge, die den Schwerpunkt auf diese Bereiche legen. Entsprechend vielfältig sind die Hintergründe der Experten, denen wir in der Praxis begegnen. Folgende Hintergründe können hilfreich sein, um erfolgreich Usability und User Experience Design zu machen:

- Kommunikationsdesign
- Grafikdesign
- Interactive Media Design
- Softwareentwicklung
- Ingenieurwesen
- Psychologie
- Kommunikationswissenschaften

Die Liste ist auf keinen Fall umfassend, sondern stellt nur eine Auswahl der möglichen und häufigen Startpunkte dar. Wir kennen aber auch Linguisten, Philosophen, BWLer und andere, die erfolgreiche Usability und User Experience Designer sind. Auch ist das Usability und User Experience Design nicht ausschließlich Studiengängen vorbehalten, sondern kann auch aus klassischen Ausbildungsberufen in der Gestaltung angegangen werden. Generell gilt: Wenn Sie sich für ein bestimmtes Thema interessieren und dieses praktizieren, dann werden Sie darin besser.

Jeder dieser beruflichen Hintergründe besitzt einen anderen Schwerpunkt und vermittelt andere Stärken. Die design-lastigen Bereiche haben einen klaren Vorteil bei der kreativen Lösungsfindung und der Erstellung von Designsystemen. Die eher menschbezogenen Bereiche haben einen Vorteil beim Verstehen des gedanklichen Modells der Nutzenden. Die kommunikationsbezogenen Bereiche sind im Vorteil bei der Gestaltung von Texten, Beschriftungen und ganz allgemein beim UX Writing. Ingenieurinnen und Ingenieure haben ein sehr gutes Verständnis für Struktur und Ordnung. Personen aus der Softwareentwicklung verfügen über einen Startvorteil bei der Entwicklung von Designsystemen, weil sie ein gutes Verständnis dafür haben, wie die Umsetzung später geschieht.

6.5 Testen und Unternehmenskultur

Das Zusammenspiel von User Research und Usability und User Experience Design zeigt sich am deutlichsten beim Testen von Lösungen. Hier kommen beide Expertisen zusammen und spielen ihre Stärken gemeinsam aus. Die Researcher finden heraus, was schon passt oder auch nicht. Die Usability und User Experience Designer übersetzen die Erkenntnisse in bessere Lösungen.

Trotzdem scheuen viele unserer unerfahrenen Kunden anfangs davor zurück, ihre eigenen Produkte einem Test mit Nutzenden zu unterziehen. Neben dem Aufwand für das User Testing versteckt sich dahinter in den meisten Fällen einfach Angst. Stellen Sie sich vor, Sie testen das Produkt und die Rückmeldung ist schlecht. Dann müssen Sie sich gegebenenfalls rechtfertigen, warum *Sie* schlechte Arbeit geleistet haben.

Dieser Angst begegnen wir oft. Wir möchten an dieser Stelle zwei Argumente gegen die Angst ins Spiel bringen:

- Nicht zu testen bedeutet, nicht zu wissen, wie das eigene Produkt dasteht. Das ändert aber nichts an der Qualität des Produkts. Ist es schlecht und es wird nicht getestet, dann bleibt es schlecht. Ist es schlecht und das wird in einem Nutzertest offensichtlich, dann kann etwas verändert werden. Der eigentliche Fehler ist nicht, ein schlechtes Produkt zu haben, sondern sich gegenüber Verbesserungsmöglichkeiten zu verschließen.
- Die Qualität des Produkts kommt irgendwann sowieso zum Vorschein. Spätestens bei schlechten Verkaufszahlen oder miesen Kundenbewertungen steigt der Rechtfertigungsdruck. Wenn Sie nicht schnell vorher kündigen, können Sie der Diskussion also nicht aus dem Weg gehen. Aus unserer Sicht ist es besser, diese möglichst früh anzugehen – denn dann sind Änderungen günstiger.

Insgesamt ist die Angst- und Fehlerdiskussion ein starker Indikator für ein Fixed Mindset als Unternehmenskultur. Viele Vorgesetzte und Unternehmen haben aber mittlerweile zumindest gehört, dass man Nutzertests machen sollte, und stehen dem Thema oft deutlich aufgeschlossener gegenüber als die Entwickler selbst. Das ist auch kein Wunder, schließlich führen Nutzertests mit dem zugehörigen Growth Mindset nicht zu einer Abwärts-, sondern zu einer Aufwärtsspirale.

Statt

> Testen = Schlechte Rückmeldung = Ich habe versagt = Ich kann keine guten Produkte entwickeln = Weitere Versagensängste = Misserfolg → Testen = Misserfolg (Fixed Mindset)

entsteht:

> Testen = Schlechte Rückmeldung = Ich weiß jetzt, was ich besser machen kann = Das Produkt wird besser = Mehr Erfolg → Testen = Mehr Erfolg (Growth Mindset)

Wenn Sie so sind wie die meisten Menschen, dann ist der Begriff Erfolg bei Ihnen positiv besetzt. Versuchen Sie daher, sich das Growth Mindset und die zugehörige Abkürzung »Testen = Mehr Erfolg« zu merken.

Sollten Sie in Ihrem Unternehmen Angst haben, aufgrund von schlechten Ergebnissen in Nutzertests Probleme zu bekommen, möchten wir Ihnen hier ein paar Tipps zur »Vorsorge« an die Hand geben:

- Machen Sie zu Beginn der Entwicklung klar, dass Sie Tests mit Nutzenden einplanen möchten, um rechtzeitig Rückmeldung zum aktuellen Stand einzuholen. Dazu können Sie auch auf die Literaturquellen aus Kapitel 3, »Usability und User Experience als Erfolgsfaktor herausragender Produkte«, eingehen, um Ihre Entscheidung zu begründen.

- Versuchen Sie, einen Prozess vorzuschlagen, bei dem Sie so früh wie möglich mit so wenig Kosten wie möglich Tests durchführen können, um schon nach kurzer Zeit zeigen zu können, dass Sie mit Ihrer Arbeit auf dem richtigen Weg sind. Hierbei sind vor allem wiederholende Tests wichtig, die schrittweise bessere Ergebnisse zeigen.
- Machen Sie die Ergebnisse der Tests zugänglich. Dabei helfen das Sehen oder Hören besser als eine schriftliche Zusammenfassung. Nutzen Sie zum Beispiel Highlight-Videos oder Audioschnipsel, um zu zeigen, was funktioniert und was nicht.
- Laden Sie Entscheider ein, bei den Tests dabei zu sein. Gegebenenfalls findet sich sogar eine Möglichkeit, einen Test mit einem Bestandssystem durchzuführen. Dadurch wird das Bewusstsein für den aktuellen Stand und die Probleme der Nutzenden gestärkt.

Wir hoffen, dass Sie mit diesen Tipps dazu beitragen können, die Begeisterung für Nutzertests in Ihrem Unternehmen zu steigern und Ihnen den Alltag leichter zu machen. Viel Spaß beim Testen!

Kapitel 7
Grundlagen

»Eine Investition in Wissen bringt immer noch die besten Zinsen.«
– Benjamin Franklin (Staatsmann, Verleger, Schriftsteller, Naturwissenschaftler, Erfinder – unter anderem des Blitzableiters)

In diesem Kapitel stellen wir Ihnen die Grundlagen aus Psychologie und Design vor, die für das spätere tiefe Verständnis des Data-Driven UX Design- Prozesses wichtig sind. Es sollte sich also lohnen, dieses Kapitel zu lesen. Wir sind uns bewusst, dass Grundlagenkapitel anstrengend sein können, und haben uns bemüht, das Gegenteil zu erreichen.

Zunächst geht es in Abschnitt 7.1 bis Abschnitt 7.3 um die Wahrnehmung des Menschen, das Gedächtnis sowie um die Informationsverarbeitung innerhalb des Menschen. Diese Themen stellen in vielerlei Hinsicht die Basis für die Interaktionen zwischen Mensch und Maschine dar. Ist man sich dieser Basis bewusst, dann fällt die Gestaltung der Schnittstelle leichter.

Im zweiten Teil der Grundlagen (Abschnitt 7.4) beschäftigen wir uns mit den Designgrundlagen. Wir erklären Ihnen neben der generellen Wirkung von Design mittels Bildern, Formen und Farben auch Gestaltgesetze sowie Design-Heuristiken.

7.1 Psychologische Grundlagen – keine Angst, es geht um Menschen

Auch wenn das Buch das Wort »Design« im Titel trägt, sind wir der festen Überzeugung, dass psychologisches Know-how fundamental wichtig für gutes Usability und User Experience Design ist. Vielleicht ist das aber auch ein persönliches Bias, schließlich ist Michaela Psychologin.

Nein, ernsthaft, wie wollen Sie gute Gestaltung zum Leben erwecken, wenn Sie nicht verstehen, wie Menschen wahrnehmen, erinnern, entscheiden? Produkte sind Lösungen für Probleme. Probleme sind Probleme von Menschen. Wenn Ihre Produkte also die Probleme von Menschen lösen sollen, dann müssen Sie verstehen, wie Menschen »funktionieren«.

Uns ist natürlich bewusst, dass jeder Mensch einzigartig ist. Es gibt aber einige Prinzipien, die bei den meisten Menschen gleich oder zumindest ähnlich funktionieren. Mit diesen Prinzipien möchten wir Sie hier vertraut machen.

7.2 Wahrnehmung – die menschliche Sensorik

Der erste Bereich, den wir uns mit Ihnen gemeinsam ansehen möchten, ist die menschliche Sensorik. Dazu gehören alle Sinneskanäle, über die der Mensch Informationen aus der äußeren Welt aufnehmen kann. Ohne diese Sensorik wäre ein Mensch von seiner Außenwelt abgeschnitten.

Im Buch »Wie Design wirkt« von Monika Heimann und Michael Schütz wird der Mensch mit einem U-Boot verglichen. Er ist ein geschlossenes System, das den Kontakt zur Außenwelt nur über die Sensorik herstellt. Diesen Vergleich finden wir äußerst passend. Ein Mensch kann nur wahrnehmen, wofür er einen passenden Sensor besitzt. Bei Menschen nennen sich die Sensoren *Sinnesorgane*. Mithilfe der verschiedenen Sinnesorgane sammeln Menschen Eindrücke aus der Umgebung und verarbeiten diese im Gehirn weiter.

Damit Ihre Arbeit im Usability und User Experience Design überhaupt Früchte tragen kann, ist ein Verständnis der Wahrnehmung fundamental wichtig. Erst, wenn Ihre Gestaltung Aufmerksamkeit bekommt (und damit entdeckt und im besten Fall erkannt wird), besteht die Chance, dass Ihr Design wirkt. Wie aber schon Heimann und Schütz festgestellt haben, ist Aufmerksamkeit nicht gleich Wirkung. *Aufmerksamkeit* bedeutet erst einmal nichts anderes als die Feststellung, dass Ihr Design entdeckt wurde. *Wirkung* beschreibt dann das, was im Nachhinein mit Ihrem Design im Kopf der Nutzenden geschieht. Wahrnehmung passiert also nicht in der Gestaltung, sondern im Kopf der Betrachtenden.

Wahrnehmung entsteht im Kopf des Betrachtenden – ein Beispiel

Kennen Sie Beamer? (Sicher kennen Sie die, aber aus dramaturgischen Gründen müssen wir Sie das an dieser Stelle fragen.) Beamer funktionieren, indem sie Licht auf eine weiße Wand oder weiße Fläche werfen. Je nach Farbe, die gezeigt werden soll, ist das Licht weiß oder farbig. Wissen Sie, welche Farbe das Licht an den Stellen hat, wo das Bild schwarz ist? Gar keine. Dort wird einfach kein Licht hingeworfen. An sich nicht spektakulär.

Was aber spektakulär ist, ist die Tatsache, dass Sie die gleiche Fläche, die Sie im Beamerbild als schwarze Fläche wahrnehmen, bei ausgeschaltetem Beamer als weiße Wand identifizieren. Die Farbe der Wand ändert sich natürlich nicht – und der Beamer wirft auch kein »schwarzes Licht« an die Wand. Ihre weiße Wand ist somit die dunkelste Farbe, die der Beamer anzeigen kann. Wahrnehmung ist schon faszinierend oder? Das Beispiel stammt aus dem Buch »Wie Design wirkt« von Monika Heimann und Michael Schütz.

Je mehr Ihr Design an Erfahrungen, Erinnerungen und Emotionen anknüpfen kann, desto mehr Assoziationen löst es aus. Deshalb möchten wir mit Ihnen nun die einzelnen Sensoriken des Menschen ansehen, um Ihnen einen Überblick über die verfügbaren Sinneskanäle und über deren Kapazitäten zu geben, bevor wir uns mit dem Design und dessen Grundlagen beschäftigen. So können Sie im Anschluss bewusst entscheiden, welches Design Ihr System, Produkt oder Ihre Dienstleistung haben sollte, um bestmöglich zu den Wahrnehmungsmöglichkeiten zu passen.

Schon einmal vorweg: Der Mensch ist fantastisch im Wahrnehmen von Informationen. Für die meisten von uns ist Wahrnehmung selbstverständlich, und die Meisterleistung, die hinter der Verarbeitung von Informationen steht, bleibt für die meisten Menschen unsichtbar. Dabei ist bewusste Wahrnehmung eine gigantische Leistung. Die Menge an Sinneseindrücken, die sekündlich auf uns einwirken, ist riesig.

In ihrem Aufsatz zur Bewusstseinsforschung gibt Michelle Kreisl (Austria-Forum.org, letzter Aufruf 21.01.2022) an, dass ungefähr 11 Millionen Sinneseindrücke sekündlich im Gehirn verarbeitet werden. Das ist eine schier unglaubliche Menge. Davon werden jedoch nur ca. 40 bewusst verarbeitet. Das Gehirn eines Menschen ist also ausgesprochen gut darin, Sinneseindrücke auszublenden.

Aber woher kommen überhaupt 11 Millionen Sinneseindrücke pro Sekunde? Diese Sinneseindrücke stammen aus der Gesamtheit aller Sensorik, über die ein Mensch verfügt. Auch wenn gefühlt einzelne Sinneseindrücke in unserer Kultur überwiegen – das Sehen wird in unserer Kultur als der primäre Sinn wahrgenommen –, so verfügt ein Mensch über verschiedene sensorische Kanäle, über die er Informationen aus der Umgebung wahrnimmt. Aber eins nach dem anderen. Lassen Sie uns doch einfach mit den Augen starten.

Was die Anatomie und die physikalischen Zusammenhänge angeht, greifen wir auf vereinfachte Erklärungen zurück, die einem grundlegenden Verständnis dienen, das Ihnen tatsächlich bei der Gestaltung Ihrer Lösungen hilft. Wenn Sie mehr über das Thema lernen wollen, empfehlen wir Ihnen das Buch »Wahrnehmungspsychologie« von Goldstein (2015). In ihm erfahren Sie auf fast 400 Seiten, wie menschliche Wahrnehmung im Detail funktioniert – ohne direkten Bezug zum Design oder zur User Experience. Ein Großteil der Inhalte, die wir im Folgenden vorstellen, basiert auf diesem überaus umfassenden Standardwerk.

7.2.1 Das Auge

Die wahrscheinlich offensichtlichste Sensorik des Menschen sind die Augen. Die Augen verarbeiten Lichtreize und ermöglichen es uns zum Beispiel, Informationen in großer Ferne oder in geschriebener Sprache wahrzunehmen. Wie wichtig das Augenlicht in unserer Gesellschaft und im täglichen Leben ist, zeigt sich unter anderem daran, dass Blindheit als Schwerbehinderung zählt. Dahinter steht – zu Recht – die Annahme, dass die Fähigkeit, sehen zu können, fundamental wichtig für das alltägliche Miteinander ist.

Die Augen sind dabei ein mächtiges Werkzeug. Sie können Farben, Bewegung sowie Tiefe wahrnehmen und vermitteln uns damit eine sehr hohe Informationsdichte.

Die Bestandteile des Auges, Akkommodation und Fixation

Das Auge selbst ist relativ komplex und besteht aus vielen verschiedenen Bestandteilen (siehe Abbildung 7.1). Auch wenn alle Teile des menschlichen Auges relevant sind, möchten wir uns für dieses Buch auf die Bereiche des Auges konzentrieren, die wichtig für die Gestaltung von User Interfaces sind.

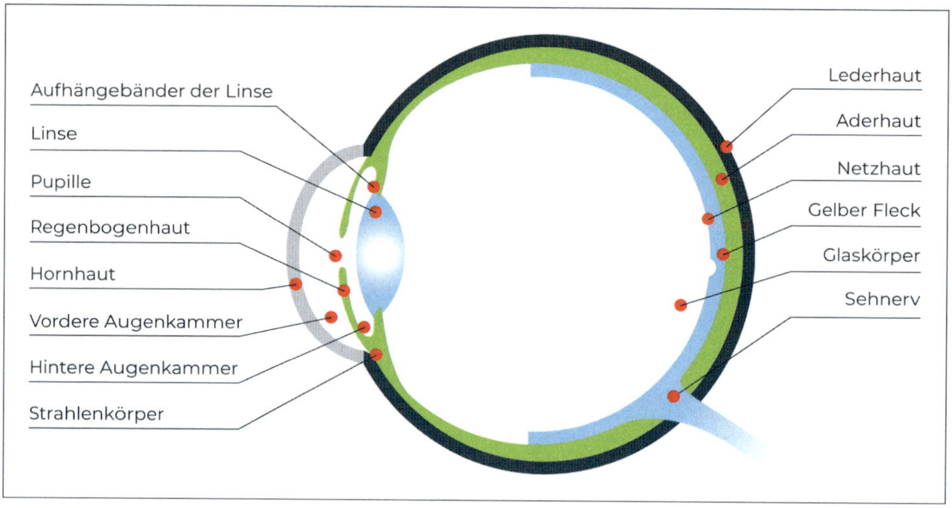

Abbildung 7.1 Aufbau des menschlichen Auges (Quelle: sehen.de)

Aus unserer Sicht sind diese Bereiche die Pupille, die Linse und der zughörige Ziliarmuskel, die Netzhaut sowie der Gelbe Fleck.

Die Pupille ist die kleine Öffnung (der schwarze Punkt) in der Mitte der bunten Iris. Durch die Pupille gelangt das Licht aus der Umgebung in das Auge. Die Größe – oder Weite, wie man oft sagt – der Pupille passt sich dabei an die Umgebungshelligkeit an. Wenn es hell ist, ist die Pupille sehr klein. Wenn es dunkler ist, weitet sich die Pupille, um mehr Licht ins Auge zu lassen. Neben der Umgebungshelligkeit können auch Emotionen wie Angst, Aufregung oder Freude zu einer Weitung der Pupille führen.

Die Linse an der Vorderseite des Auges bündelt das Licht, das durch die Pupille eintritt, und wirft es auf die Netzhaut. Die Linse ist elastisch und kann durch den Ziliarmuskel, der die Linse umgibt, gestaucht werden. Durch die Stauchung wird die Brechkraft der Linse verändert, sodass das Auge auf verschiedene Entfernungen scharfstellen kann. Damit gelingt es, sowohl nahe als auch weit entfernte Objekte scharf zu sehen. Die Fähigkeit zur Anpassung der Schärfe an die Entfernung nennt man *Akkommodation*. Leider lässt gewöhnlich mit dem Alter die Elastizität der Linse nach. Vielleicht kennen Sie das sogar schon selbst: Dann entsteht die typische Altersweitsichtigkeit.

Die Netzhaut kleidet das Auge von innen aus und ist die tatsächliche Sensorik des Auges. Auf ihr liegen ca. 126.000.000 Lichtrezeptoren, die das eingehende Licht in Nervenimpulse umwandeln und diese über den Sehnerv direkt ins Gehirn schicken. Die Lichtrezeptoren sehen wir uns gleich noch genauer an.

Der letzte wichtige Bestandteil des Auges ist der *Gelbe Fleck*. Er liegt im Zentrum der Netzhaut und hat seinen Namen von dem Farbstoff Lutein, der an dieser Stelle besonders stark eingelagert ist und den Fleck gelb erscheinen lässt. In der Mitte des Gelben Flecks findet sich eine kleine Delle oder Vertiefung. Diese Vertiefung wird *Fovea Centralis* genannt und ist der Ort des schärfsten Sehens im Auge.

In der Fovea Centralis sind so viele Lichtrezeptoren vorhanden wie an keiner anderen Stelle der Netzhaut. Das ermöglicht uns Menschen, einen bestimmten Punkt extrem scharf zu sehen. Wenn Sie mit Ihren Augen ein Objekt fokussieren, dann stellen sich Ihre Augen automatisch so, dass das Objekt auf der Netzhaut in der Fovea Centralis abgebildet wird. Hier zeigt sich auch, wie gut unser Gehirn arbeitet. Die meisten Menschen, die sich noch nie mit diesem Aspekt von Wahrnehmung beschäftigt haben, haben das Gefühl, überall scharf zu sehen. Tatsächlich ist der Winkel jedoch winzig klein, und das scharfe Bild, das Sie zu sehen glauben, ist eine Meisterleistung Ihres Gehirns. Probieren Sie es selbst aus: Fokussieren Sie den Punkt in der Mitte von Abbildung 7.2, und versuchen Sie die Worte außenherum zu lesen, ohne die Augen von dem Punkt wegzubewegen.

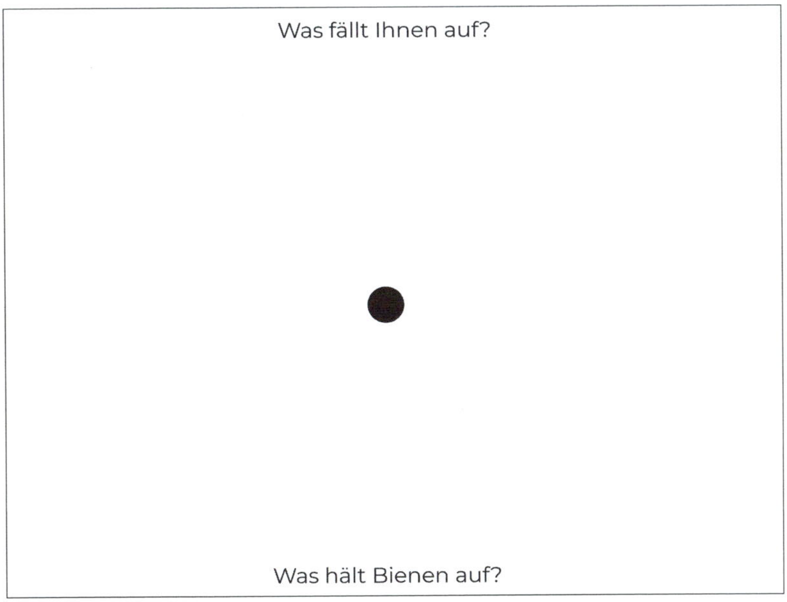

Abbildung 7.2 Beispielbild zur Demonstration des scharfen Sehens

Was fällt Ihnen auf? Höchstwahrscheinlich werden Sie den Text nicht oder nur sehr verschwommen lesen können. Vielleicht haben Sie den Text auch ganz schnell im Vorbeihuschen mitgelesen. Scharf sehen können Sie aber außerhalb der Fovea Centralis leider nicht. Das scharfe Gesamtbild wird sozusagen in Ihrem Gehirn errechnet, indem Ihr Gehirn das Gesamtbild aus den verschiedenen scharfen Einzelbildern zusammensetzt. Wenn Sie einmal die Blicke von Menschen beobachten, dann werden Sie sehen, dass der Blick oft wandert und nur selten lange an genau der gleichen Stelle bleibt. Dadurch erschließt sich Ihr Gehirn das Gesamtbild, das es Ihnen anschließend als scharf zurückspiegelt. Das scharfe Sehen an einem Punkt ist eine der Kernaufgaben des Auges und nennt sich *Fixation*.

Aber selbst, wenn Sie nur auf eine Stelle fixieren, sehen Sie doch auf einem deutlich größeren Bereich peripher. Sie können im Bereich außerhalb des scharfen Sehens ebenso Informationen in Form von Veränderungen wahrnehmen. Mit dem Auge können daher viele Informationen parallel wahrgenommen werden. Sie können sich bewusst entscheiden, einem anderen Aspekt ihre Aufmerksamkeit zuzuwenden. Damit ist das Auge ein sogenannter Simultansinn (siehe »Wie Design wirkt«). Ziemlich praktisch, wenn Sie uns fragen.

Die Leistung des Gehirns in Kombination mit dem Auge wird aber noch faszinierender, wenn wir das *Farbsehen* genauer betrachten. Bei der Fixation hatten wir bereits festgestellt, dass das Gehirn aus vielen Bildern das wahrgenommene scharfe Gesamtbild berechnet. Das Gleiche gilt ebenfalls für das Farbsehen. Tatsächlich sehen Sie nur in einem kleinen Teil Ihres Auges bunt.

In der Fovea Centralis ist nicht nur die Dichte der Lichtrezeptoren besonders hoch, dort finden Sie auch eine besondere Art der Lichtrezeptoren, nämlich die Zapfen. *Zapfen* sind darauf abgestimmt, bei Tageslicht so detailreiche und exakte Bilder wie möglich abzubilden. Um diesen Zweck bestmöglich zu erfüllen, gibt es drei verschiedene Arten von Zapfen, die Licht unterschiedlicher Wellenlänge in Nervenreize umwandeln. Die Zapfen werden S-, M- und L-Zapfen genannt (nach *short*, *middle* und *long*), was sich auf die verarbeitete Wellenlänge des Lichts bezieht. Die S-Zapfen nehmen dabei den Bereich des blauen Lichts wahr, die M-Zapfen den Bereich des grünen Lichts und die L-Zapfen den Bereich des roten Lichts. Wie Sie an Abbildung 7.3 sehen können, stellt das sichtbare Licht aber nur einen winzigen Teil der vorhandenen Wellen dar. Tatsächlich werden viele Strahlungen von unseren Augen gar nicht wahrgenommen, die von anderen Tieren (z. B. Fledermäusen) oder technischen Geräten entdeckt werden können.

In der Fovea Centralis gibt es ausschließlich Zapfen (siehe Abbildung 7.4). Außerhalb der Fovea Centralis herrschen Stäbchen vor – insgesamt gibt es deutlich mehr Stäbchen als Zapfen. Tatsächlich geht man von ca. 120.000.000 Stäbchen und nur 6.000.000 Zapfen aus (Goldstein, 2015). Die Zapfen sind aber trotzdem auf der gesamten Netzhaut zu finden.

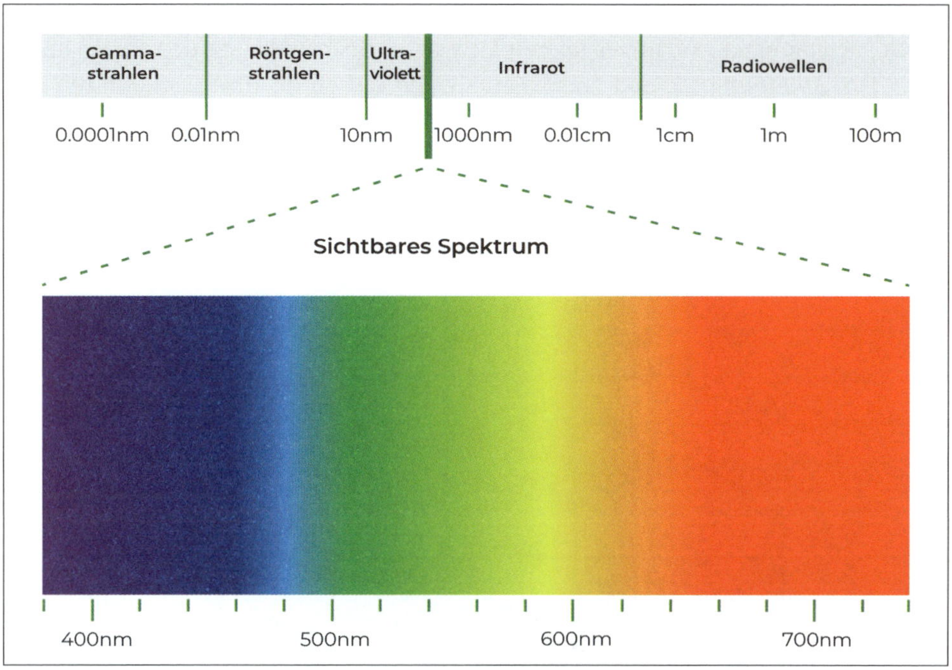

Abbildung 7.3 Lichtwellen inklusive des sichtbares Spektrums

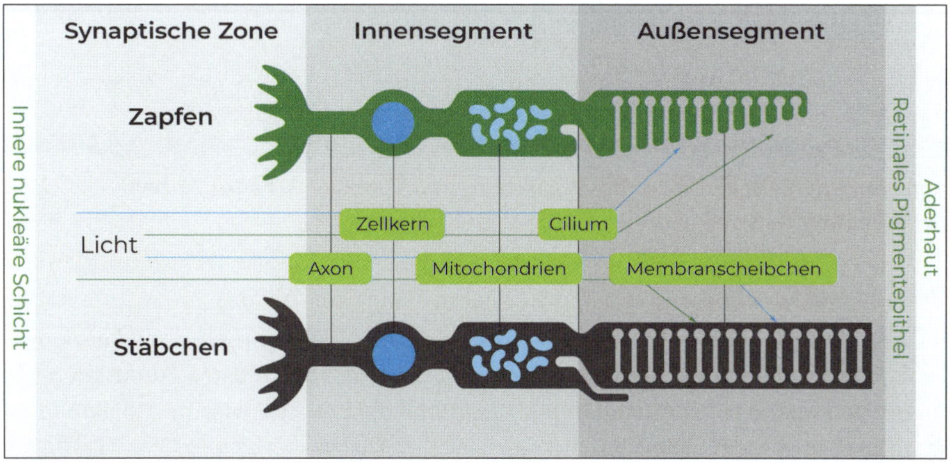

Abbildung 7.4 Zapfen und Stäbchen (Quelle: https://www.blickcheck.de/auge/aufbau/photorezeptoren/)

Nun aber zu den Stäbchen (siehe Abbildung 7.4): *Stäbchen* sind Lichtsensoren, die schon auf kleinste Lichtmengen reagieren und uns damit ermöglichen, auch im Dämmerlicht zu sehen. Im Gegensatz zu den Zapfen können Stäbchen aber nicht zwischen verschiedenen Farben unterscheiden, sondern nur zwischen Licht und keinem

Licht. Dadurch ergibt sich, dass Sie außerhalb der Fovea Centralis schwarz-weiß sehen. Sie glauben es nicht? Probieren Sie es aus. Blicken Sie auf den Punkt in der Mitte von Abbildung 7.5, und versuchen Sie, die Farben im Uhrzeigersinn um den Punkt herum zu erkennen, *ohne* Ihren Blick von dem schwarzen Punkt in der Mitte zu nehmen. Vorher merken gilt aber nicht!

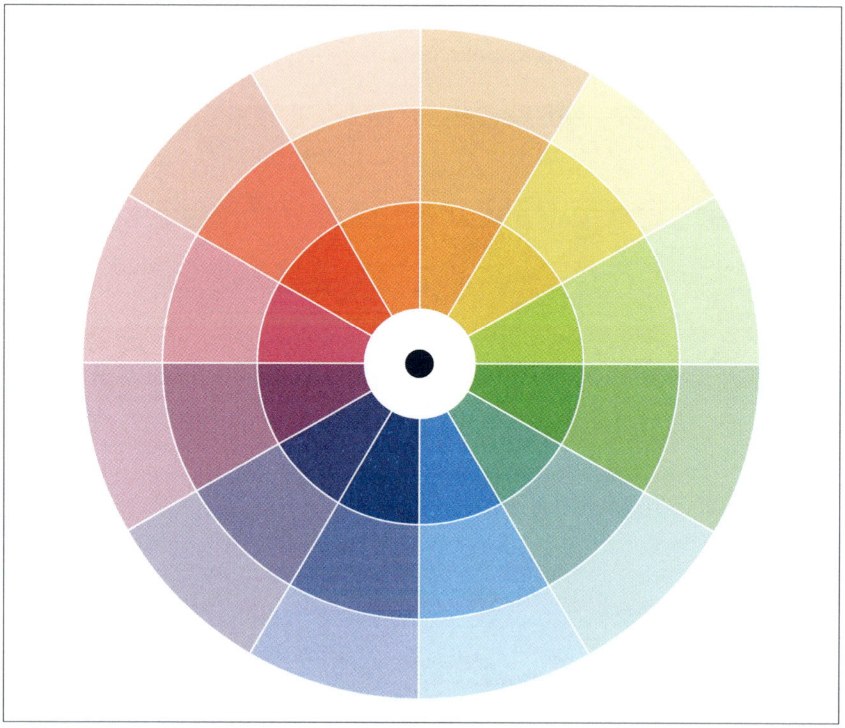

Abbildung 7.5 Beispielbild (Veranschaulichung) zum farbigen Sehen außerhalb der Fovea Centralis

Hell-Dunkel-Adaption

Jetzt haben Sie die Hauptbestandteile des Auges für die Wahrnehmung kennengelernt und mit der Akkommodation auch schon eine der wichtigsten Funktionen des Auges (nämlich das Scharfstellen auf unterschiedlich weit entfernte Objekte). Das Auge kann aber noch viel mehr!

Eine weitere Funktion des Auges und der Sinneszellen ist die *Hell-Dunkel-Adaption*. Damit ist der Prozess gemeint, in dem Ihr Auge sich an verschiedene Helligkeiten anpasst. Vielleicht kennen Sie das Gefühl, wenn Sie in einem dunklen Kinosaal sitzen und plötzlich das Licht angeht oder wenn Sie aus strahlendem Sonnenschein mit Ihrem Auto in einen Tunnel fahren. Im ersten Moment ist es für Sie schwierig, in der neuen Beleuchtungssituation etwas zu erkennen.

Wenn Sie ins Helle kommen, dann gewöhnen sich Ihre Augen jedoch schnell an die neue Beleuchtungssituation, und Sie können so gut wie immer etwas sehen. Wenn Sie jedoch von einer hellen Umgebung in eine dunkle Umgebung wechseln, dann dauert der Prozess einen Moment. Tatsächlich brauchen Sie ca. 3 bis 4 Minuten, bis sich die Zapfen an die dunkle Umgebung angepasst haben und Ihnen ein einigermaßen gutes Sehen ermöglichen. Deswegen werden Sie bei Tunneln gewöhnlich aufgefordert, das Licht einzuschalten, obwohl diese gleichzeitig beleuchtet sind. Tatsächlich brauchen Ihre Augen ungefähr 25 Minuten, bis sie das beste Sehergebnis in Dunkelheit erreichen. So lange dauert es, bis sich die Stäbchen vom Licht »erholt« haben. Wenn das aber der Fall ist, dann ist die Lichtempfindlichkeit ca. 100.000-mal größer als im hellen Zustand. So kommt es auch, dass Sie – wenn Sie nachts in einem dunklen Raum aufwachen – trotzdem sehr viele Details erkennen können und sogar Schattenwurf an den Wänden sehen, wohingegen beim Ins-Bett-Gehen der Raum stockdunkel war.

Jetzt kennen Sie mit der Hell-Dunkel-Adaption, der Akkommodation und der Fixation die drei Kernfähigkeiten des Auges, die uns im Bereich Sehen so viel ermöglichen. Für Sie ist dieses Wissen aus verschiedenen Gründen wichtig:

1. Sie wissen jetzt, dass Menschen immer nur an einer Stelle gezielt Informationen aufnehmen können, wenn diese gelesen werden müssen.
2. Sie wissen, dass das Auge arbeiten muss, um sich an verschiedene Sehentfernungen anzupassen und dass die Fähigkeit, diese Anpassung umzusetzen, mit zunehmendem Alter nachlässt.
3. Sie wissen, dass das Auge eine Weile braucht, um zwischen hellen und dunklen Umgebungen zu wechseln, und dass vor allem die Anpassung von hell zu dunkel zeitaufwendig ist.

Farbwahrnehmung und Farbfehlsichtigkeit

Alle diese Erkenntnisse helfen Ihnen jetzt schon, bessere Produkte zu entwickeln. Aber eigentlich wissen Sie noch mehr: Wir haben bereits über die verschiedenen Zapfen für die Farbwahrnehmung gesprochen. Nun könnte es passieren, dass Sie im ersten Moment stocken und sich fragen: »Aber ich kann doch mehr als nur drei Farben sehen?«

Ja, da haben Sie natürlich recht! Tatsächlich geht man davon aus, dass das menschliche Auge durch das Zusammenspiel der Zapfen ca. 200 verschiedene Farben unterscheiden kann. In Kombination mit verschiedenen Intensitäten können diese Farben dann noch heller oder dunkler wahrgenommen werden, oder durch das Hinzufügen von Weiß kann die Sättigung angepasst werden. So können allein ca. 500 Helligkeitsstufen unterschieden werden. Insgesamt geht man von ca. 2,3 Millionen Farbtönen aus, die durch das menschliche Auge wahrgenommen werden können.

Wir wissen, dass jetzt Ihr »Gestaltungs-Herz« höherschlägt und Ihnen vermutlich direkt die vielen Möglichkeiten durch den Kopf gehen, die diese Vielfalt eröffnet. Tatsächlich müssen wir an der Stelle aber noch einmal ein wenig bremsen.

Im Buch »Das ABC der Farbe« stellen die Autoren fest, dass das menschliche Auge bei angrenzenden Flächen Unterschiede von ca. 0,5 % erfassen kann. Das wäre gleichbedeutend mit ca. 200 Stufen von 0 % (Schwarz) bis 100 % (Weiß). Und damit wären die 256 Stufen, die digitale Schwarz-Weiß-Bilder gewöhnlich haben, vollkommen ausreichend. Mehr Farben sind also gar nicht zwangsweise notwendig.

Zusätzlich handelt es sich hierbei um die *relative Wahrnehmungsfähigkeit*. Das bedeutet, wenn Sie verschiedene Farbtöne oder Helligkeiten nebeneinander anbieten, dann können Sie die 200 oder 500 Helligkeiten unterscheiden. Das bedeutet aber nicht, dass Sie an unterschiedlichen Stellen in Ihrem Produkt 200 oder 500 Helligkeiten nutzen und darauf vertrauen können, dass diese als unterschiedlich wahrgenommen werden. Das wäre die *absolute Wahrnehmungsfähigkeit*. Diese liegt leider deutlich niedriger.

Vielleicht kennen Sie das Phänomen sogar selbst. Uns ist es zuletzt aufgefallen, als wir bei einer bekannten Ferienpark-Kette einen Urlaub buchen wollten. Hier können Sie anhand einer farblich codierten Farbkarte die Lage Ihres gewünschten Ferienhauses festlegen. Leider sind die Farben teilweise sehr ähnlich und die Legende weit von den Häusern entfernt, sodass wir uns nur über die Nummern der Häuser helfen konnten. Aber Sie dürfen es gerne selbst ausprobieren: Parkplan anbei (siehe Abbildung 7.6).

Uns hat es trotzdem nicht abgehalten. Für Ihren Alltag als Usability und User Experience Designer ergibt sich aber daraus, dass Sie bei der Gestaltung Ihrer Lösungen darauf achten müssen, Farben eindeutig zu verwenden. Zusätzlich sollten Sie möglichst darauf verzichten, Informationen ausschließlich über die Farbe zu codieren. Warum?

Sie haben bereits gelernt, dass sich das Farbsehen über das Zusammenspiel der verschiedenen Zapfen ergibt. Einzelne dieser Zapfen können aber beschädigt sein, was die Fähigkeit zur Farbwahrnehmung einschränkt. Diese Einschränkung nennt sich *Farbfehlsichtigkeit*. Je nachdem, wie viele Zapfen beschädigt sind oder fehlen, kann eine Person gar nicht farbig sehen, sondern ausschließlich in Schwarz-Weiß-Grau oder eben nur bestimmte Farben sehen.

Die Häufigkeit von *kompletter Farbenblindheit* ist mit 1 von 100.000 Personen sehr selten. *Farbfehlsichtigkeit* – also das Fehlen von bestimmten Zapfen – ist hingegen relativ häufig. Je nach Quelle schwanken die Gesamtzahlen zwischen 2 bis 10 % der Männer und weniger als 1 % der Frauen. Der große Unterschied zwischen Männern und Frauen rührt daher, dass die Farbfehlsichtigkeit in vielen Fällen über das X-Chromosom vererbt wird. Hier sind die Frauen eindeutig im Vorteil, da sie mit zwei X-Chromosomen quasi noch eine Reserve in der Hinterhand haben. Insgesamt heißt das aber, dass etwa jeder zwanzigste Mann Farben anders wahrnimmt.

Abbildung 7.6 Parkplan einer Ferienanlage. Teilweise sind die Farben der einzelnen Häuser sehr ähnlich, sodass die Identifizierung schwerfallen kann. (Quelle: centerparcs.de)

Die häufigsten Farbfehlsichtigkeiten nennen sich *Protanopie*, *Deuteranopie* und *Tritanopie* (siehe Abbildung 7.7). Bei den beiden erstgenannten Formen sehen die Betroffenen nur Blau-, Grau- und Gelbtöne. Das Farbbild beider Farbfehlsichtigkeiten ist recht ähnlich, aber mit einem unterschiedlichen Punkt, an dem das Blau zu Grau wird. Bei der Tritanopie werden nur blaue, graue und rote Töne wahrgenommen, wobei diese Farbfehlsichtigkeit sehr selten ist.

Abbildung 7.7 Die drei häufigsten Farbfehlsichtigkeiten Protanopie (a), Deuteranopie (b) und Tritanopie (c). Zum Vergleich sehen Sie in Variante d die unveränderte Version.

Dieses Wissen sollten Sie bei der Gestaltung Ihrer Produkte berücksichtigen. Gerade die beliebte Rot-Grün-Kodierung, um zu zeigen, ob alles okay ist, stößt hier schnell an ihre Grenzen. Das Wissen über Wahrnehmungsgrundlagen hilft Ihnen auch hier. Kombinieren Sie daher die Farbkodierung mit einer Formkodierung (siehe Abbildung 7.8). Sie machen dadurch Ihr Design wesentlich einfacher erkennbar – selbst für Personen, die keine Farbsehschwäche haben.

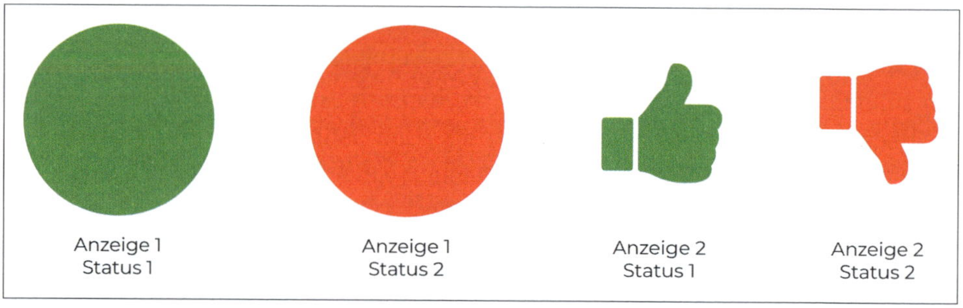

Abbildung 7.8 Auf der linken Seite (Anzeige 1) ist die Information »gut« bzw. »schlecht« nur über die Farbe kodiert. Auf der rechten Seite (Anzeige 2) ist die Information zusätzlich über die Form (Daumen rauf/runter) kodiert.

Tiefenwahrnehmung

Wie Sie bereits gesehen haben, ist unser Auge ein richtiges Wunderwerk. Durch Akkommodation, Fixation, Adaption sowie Farbwahrnehmung ermöglicht es uns, vielfältige Eindrücke wahrzunehmen. Eine weitere wichtige Fähigkeit ist die Tiefenwahrnehmung. Die *Tiefenwahrnehmung* ermöglicht es, uns im dreidimensionalen Raum zu orientieren.

Um einfache Entscheidungen zu treffen, benötigt das Gehirn dazu Informationen von mindestens einem Auge – die sogenannten *monokularen Tiefenhinweise*. So wird zum Beispiel die Größe eines Objekts genutzt, um eine Einschätzung über die Entfernung abzuleiten. Ist die Größe des Objekts bekannt (z. B. ein erwachsener Mensch), dann kann anhand der wahrgenommenen Größe entschieden werden, wie nah sich diese Person am Betrachter befindet. Dieser Tiefenhinweis wird auch *vertraute Größe* genannt.

Auch die *relative Höhe im Blickfeld* ist ein monokulares Tiefenkriterium. Je weiter oben Objekte im Blickfeld angeordnet sind (Richtung Horizont), umso weiter sind diese Objekte gewöhnlich vom Betrachter entfernt.

Die *relative Größe* hingegen beschreibt, dass bei zwei gleichen Objekten das weiter entfernte als kleiner wahrgenommen wird.

Neben den Größen- und Höheninformationen zieht das Gehirn auch die *Konvergenz* (das Zusammenlaufen von Linien in der Entfernung) als Hinweis auf die Tiefe heran. Wenn Sie sich einmal auf eine Straße stellen und mit Ihrem Blick der Straße bis zum Horizont folgen, dann werden Sie sehen, dass die Straße – obwohl gleich breit – am Ende zusammenzulaufen scheint. Das Ganze nennt sich *perspektivische Konvergenz* und wird ebenfalls als Hinweis auf die Entfernung genutzt.

Zusätzlich gibt es noch monokulare Tiefenhinweise, die aufgrund der atmosphärischen Perspektive entstehen. So sind Objekte, die weiter entfernt sind, häufig etwas unschärfer und leicht blaustichig, verglichen zu näheren Objekten.

Auch die wahrgenommene Dichte von Objekten – der sogenannte *Texturgradient* – lässt Rückschlüsse auf die Entfernung zu. Wenn Sie zum Beispiel ein Blumenfeld betrachten, dann sieht es so aus, als würden die Blumen mit zunehmender Entfernung enger zusammenstehen.

Auch die *Verdeckung eines Objekts* gibt Hinweise darauf, welches Objekt vorne und welches hinten ist.

Der letzte monokulare Tiefenhinweis sind *Schatten*. Je nach der Position der Schatten lässt sich viel über die Position des Objekts oder dessen Höhe erkennen.

Diese ganze Reihe an monokularen Tiefenhinweise erklärt sehr gut, weshalb es auch mit einer eingeschränkten Wahrnehmung (nur einem Auge) möglich ist, sich gut im dreidimensionalen Raum zu orientieren. Neben den monokularen Tiefenkriterien gibt es zusätzlich die sogenannten *bewegungsinduzierten Tiefenkriterien*. Dazu zählt das Zu- oder Aufdecken von Objekten. Das Zu- oder Aufdecken ähnelt dabei sehr der Verdeckung, jedoch geht es hier um die gleiche Situation – aber in Bewegung. Wenn sich ein Objekt an dem anderen vorbeibewegt, dann erkennt man das vollständig zu sehende Objekt als das vordere sowie das (teilweise) verdeckte als das hintere.

Ein weiteres bewegungsindiziertes Kriterium ist die sogenannte *Bewegungsparallaxe*. Einfach erklärt, können Sie sich vorstellen, dass Sie in einem fahrenden Zug sitzen und aus dem Fenster sehen. Alle Objekte, die ganz in Ihrer Nähe sind (Büsche, Bäume), scheinen an Ihnen vorbeizurasen. Alle Objekte, die in größerer Entfernung sind, scheinen sich hingegen gar nicht oder nur sehr langsam zu bewegen.

Erst jetzt – nachdem Sie schon auf die vielfältigsten Arten und Weisen die Entfernung und Tiefe wahrgenommen haben – kommt überhaupt das zweite Auge ins Spiel. Sie sehen also: Auch ein Auge ist schon ein Wunderwerk an sich. Zwei Augen zusammen sind noch einmal um Welten besser. Deshalb darf man beispielsweise in Deutschland keinen LKW oder Bus fahren, wenn man nur mit einem Auge sehen kann.

Lassen Sie uns also einen Blick auf die *binokularen (zwei Augen) Tiefenhinweise* werfen. Der Kernvorteil beim Sehen mit zwei Augen ist, dass jedes Auge ein eigenes Bild »empfängt« und die Unterschiede zwischen den Bildern zur Berechnung der Entfernung genutzt werden können.

Zwei Augen, zwei verschiedene Bilder

Sie glauben nicht, dass Sie mit beiden Augen etwas anderes sehen? Dann können Sie sich den Unterschied zwischen beiden Bildern ganz einfach klarmachen: Strecken Sie Ihren Arm gerade nach vorne, und ballen Sie die Hand zur Faust. Lassen Sie dabei aber den Daumen nach oben zeigen, wie bei einer »Super!«-Geste. Nur schließen Sie abwechselnd das linke und das rechte Auge. Was fällt Ihnen auf?

Ihr Daumen scheint hin- und herzuspringen. Das liegt daran, dass Ihr linkes Auge den Daumen von etwas weiter links sieht, Ihr rechtes Auge den Daumen von etwas weiter rechts. Wäre Ihr Arm 10 Meter lang, wäre der Sprung deutlich kleiner. Halten Sie die Hand 30 Zentimeter vor Ihre Augen, dann ist der Sprung sogar noch größer (probieren Sie es aus). Der Unterschied zwischen dem linken und dem rechten Netzhautbild nennt sich *Querdisparität*.

Anhand der Augenstellung und der Abweichung der beiden Bilder voneinander ist Ihr Gehirn in der Lage, blitzschnell zu entscheiden, welches Objekt wie weit weg ist und welches Objekt von mehreren verschiedenen weiter vorne oder weiter hinten ist. Das alles passiert, während uns gewöhnlich nicht einmal bewusst ist, dass es überhaupt unterschiedliche Netzhautbilder gibt. Eigentlich unglaublich!

Für Sie ist das Wissen um die Tiefenwahrnehmung bei der Gestaltung relevant, damit Sie den gewünschten Eindruck über die Gestaltung erzeugen können. In den meisten

Fällen ist das Medium, mit dem Sie digitale Produkte gestalten und über das die Produkte wahrgenommen werden, zweidimensional. Egal ob PC, Fernseher, Smartwatch oder Smartphone: Das Ergebnis ist ein zweidimensionales Bild. Wenn Sie diesem Bild das Gefühl von »Leben« bzw. »Tiefe« einhauchen wollen, dann können Sie zweidimensional-dreidimensional denken und arbeiten. Nach diesem Ausflug zur Tiefenwahrnehmung wissen Sie nun, wie das geht (siehe Abbildung 7.9).

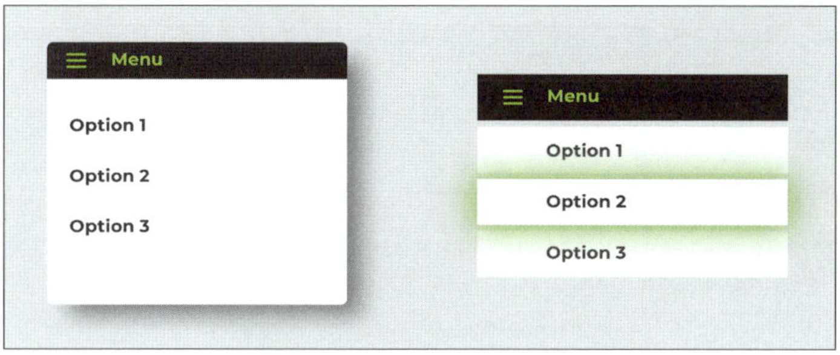

Abbildung 7.9 Verschiedene digitale User Interfaces, die Kriterien der Tiefenwahrnehmung nutzen, um einen Tiefeneffekt zu erzielen.

Was lernen wir daraus für die Gestaltung von User Interfaces?

Wir haben in den Abschnitten zum Auge bisher viel über die Eigenschaften des Auges geschrieben. Teilweise haben wir auch schon erste Schlüsse für die Gestaltung gezogen, die wir in diesem Abschnitt aber noch einmal vertiefen möchten.

Wenn Sie für optische Anzeigen gestalten, dann sollten Sie darauf achten, dass Nutzende nicht im Wechsel sehr hellen und anschließend sehr dunklen Bedienansichten ausgesetzt sind. Da sich das Auge jedes Mal an die veränderte Helligkeit adaptieren muss, geht hier unnötig Zeit verloren. Sollten die Unterschiede stark sein, werden Nutzende zudem auch regelrecht geblendet. Sie kennen das vielleicht, wenn Sie morgens noch halb schlafend Ihr Smartphone nutzen und dort in eine eher helle App (z. B. die E-Mail-App) wechseln. Es tritt eine regelrechte Blendung ein, und vielleicht fangen Ihre Augen sogar an zu tränen.

Das Vermeiden von hellen und dunklen Bereichen gilt nicht nur von einer Ansicht zu nächsten, sondern auch innerhalb einer Ansicht. Hier sollten Sie ebenfalls dafür sorgen, dass es nicht sehr dunkle Bereiche in Kombination mit sehr hellen gibt.

Das gilt auch in Kombination mit der Umgebung, in der Ihre Bedienanzeige genutzt wird. Sollen Sie ein Display für eine sehr helle Umgebung gestalten, dass sollten Sie ebenfalls helle Flächen nutzen. Sind Nutzende mit Ihrem Display im Dunkeln unterwegs, dann nutzen Sie dunkle Farben für die großen Flächen.

Ein Beispiel für ein User Interface, bei dem beide Gestaltungsformen vorkommen, ist das Navigationssystem in einem Auto. Typischerweise gibt es hier eine Tagansicht mit hellen Flächen und einen Nachtmodus mit dunklen Flächen. Das sorgt dafür, dass die Hell-Dunkel-Adaption geringer ausfällt und nachts keine Blendung auftritt. Übrigens: Der oft beliebte *Dark Mode* (die Gestaltung mit dunklen Flächen) ist in einer hellen Umgebung nicht gut geeignet. Wird er von Nutzenden trotzdem gewünscht, resultiert das eher aus dem persönlichen Geschmack in Hinblick auf das optische Design.

Abbildung 7.10 Tagmodus (oben) und Nachtmodus (unten) eines Navigationssystems (hier: Apple CarPlay)

Wenn Sie durch die optische Gestaltung die Aufmerksamkeit eines Nutzenden erlangen möchten, dann sollten Sie es ausnutzen, dass das periphere Sehen vor allem auf Veränderungen reagiert. Eine Warnung, die optisch gestaltet werden soll, sollte daher beispielsweise blinken. Durch die dadurch erzeugte permanente Veränderung ist sie deutlich besser wahrzunehmen als eine statische Anzeige. Je nach Kritikalität sollten Sie hier auch über Warnfarben (Gelb, Rot) sowie die Kombination mit akustischen Hinweisen nachdenken (siehe Abschnitt 7.2.2, »Das Ohr«). Ein Anwendungsfall in der

Praxis wäre beispielsweise die Gestaltung einer Schaltzentrale – also eines großen Anzeigebereichs, auf dem viele Informationen angezeigt und von den Nutzenden überwacht werden sollen.

Im Bereich der *Akkommodation* – also des Scharfstellens auf unterschiedlich weit entfernte Objekte – gibt es ebenfalls einige Hinweise für die Gestaltung von User Interfaces. Da der Wechsel zwischen nahen und weit entfernten Bereichen Zeit braucht und die benötigte Zeit mit zunehmendem Alter auch noch zunimmt, sollten Sie diese, wenn möglich, in der Gestaltung vermeiden.

Ein Beispiel aus der Praxis ist das Autofahren. Hier findet oft eine Akkommodation in den Nahbereich (Tachometer, Infotainmentsystem) sowie in den Fernbereich statt. Idealerweise können Sie darauf verzichten und beispielsweise ein Head-up-Display einbauen, das es dem Nutzenden ermöglicht, den Blick auf der Straße und in der Entfernung zu behalten. Sollte das beispielsweise aus Kostengründen nicht möglich sein, dann helfen Sie ihren Nutzenden, indem Sie eine schnelle Orientierung ermöglichen. Die Kontrolle der Geschwindigkeit kann beispielweise mit einem großen Tachometer unterstützt werden, in dem zusätzlich oft gefahrene Geschwindigkeitsbereiche markiert sind. Nutzende können dann beispielsweise leicht kontrollieren, ob sie im Bereich bis 50 km/h fahren. So wissen sie, auch ohne den genauen Wert abzulesen, ob sie im Stadtbereich zu schnell unterwegs sind.

Im Bereich der *Farbwahrnehmung* haben wir Ihnen verschiedene Farbfehlsichtigkeiten vorgestellt. In dem entsprechenden Abschnitt hatten wir auch bereits darauf hingewiesen, dass Sie daher Informationen nicht ausschließlich über die Farbe transportieren sollten. Am besten nutzen Sie eine Kombination aus Farbe und Form, um sicherzustellen, dass die Wahrnehmung einfach ist. Das kommt nicht nur Personen mit Farbfehlsichtigkeiten entgegen, sondern hilft allen.

Aus den Eigenschaften des Auges im Bereich der Farbwahrnehmung folgt auch, dass Sie bei der Gestaltung auf *ausreichende Kontraste* achten müssen, wenn Menschen diese erkennen sollen. Sollen beispielsweise unterschiedliche Bereiche markiert werden, dann hilft es, wenn Sie dafür Farben mit starken Kontrasten zueinander nehmen. Ein roter und ein blauer Bereich lassen sich meist besser unterscheiden als ein blauer und ein hellblauer. Da auch hier wieder Farbfehlsichtigkeiten eine Rolle spielen können, empfehlen wir auch hier, idealerweise zusätzlich über die Form zu codieren.

Wir haben bereits beschrieben, dass Sie eine *blinkende Darstellung* nutzen können, um Aufmerksamkeit zu erregen. Um die Aufmerksamkeit zu lenken, können Sie aber auch die *Tiefenwahrnehmung* nutzen. Beispielsweise sorgt eine Verdeckung dafür, dass das verdeckte Objekt als weiter weg wahrgenommen wird. In einem User Interface können Sie also ein Fenster vor ein anderes legen, um zu erklären, dass man sich zunächst mit dem vorderen Fenster beschäftigen soll. Das wird beispielsweise bei einer Fehlermeldung oder einen Pop-up so gemacht. Wenn Sie den Fokus noch stärker auf das Element im Vordergrund lenken möchten, können Sie zusätzlich den Hintergrund verschwommen anzeigen lassen und damit ebenfalls einen Tiefeneffekt erzeugen.

Sie sehen: Das Auge ist vielfältig, und somit stehen Ihnen viele Gestaltungsmöglichkeiten zur Verfügung. Da zusätzlich auch oft Kombinationen mit anderen Sinnesorganen eine wichtige Rolle spielen, wird es jetzt Zeit, dass wir uns dem nächsten sensorischen Wunder zuwenden: dem Ohr.

7.2.2 Das Ohr

Das Ohr ist für die meisten Menschen der zweitwichtigste Sinneskanal. Im Gegensatz zum Auge ist das Ohr kein Simultansinn, sondern ein *Sukzessivsinn* (siehe »Wie Design wirkt«). Es ist quasi nicht möglich, zwei Gesprächen gleichzeitig zu folgen und beide sinnvoll wahrzunehmen. Auch der bewusste Wechsel zwischen zwei gleich lauten Audioquellen fällt schwer. Das liegt daran, dass Sie die Töne von beiden Audioquellen wahrnehmen.

Das können wir aber auch als Vorteil betrachten: Selbst wenn Sie Ihre Aufmerksamkeit auf eine Audioquelle richten, dann kann eine zweite beispielsweise eine akustische Warnung abgeben, die Sie wahrnehmen können (ausreichende Lautstärke vorausgesetzt). Das ist ein Unterschied zum Auge, bei dem Sie in die Richtung der Signalquelle schauen müssen und das Signal zusätzlich auffällig genug sein muss.

Aber langsam: Auch hier werden wir Ihnen zuerst einen Überblick über den Aufbau des Ohrs vermitteln, bevor wir auf die Besonderheiten der akustischen Wahrnehmung eingehen.

Die Bestandteile des Ohrs

Auch das Ohr ist eine Design-Meisterleistung und in der Lage, vielfältige Informationen für uns aufzunehmen. Nur über unsere Ohren sind wir beispielsweise in der Lage, die Richtung von Geräuschen zu identifizieren und uns sprachlich auch ohne Sichtkontakt auszutauschen. Die Ohren ermöglichen uns die Wahrnehmung von Gefahren in größerer Entfernung und helfen bei der Orientierung. Dazu braucht das Ohr verschiedene Teile. Generell unterscheidet man beim Aufbau des Ohrs (siehe Abbildung 7.11):

- das äußere Ohr
- das Mittelohr
- das Innenohr

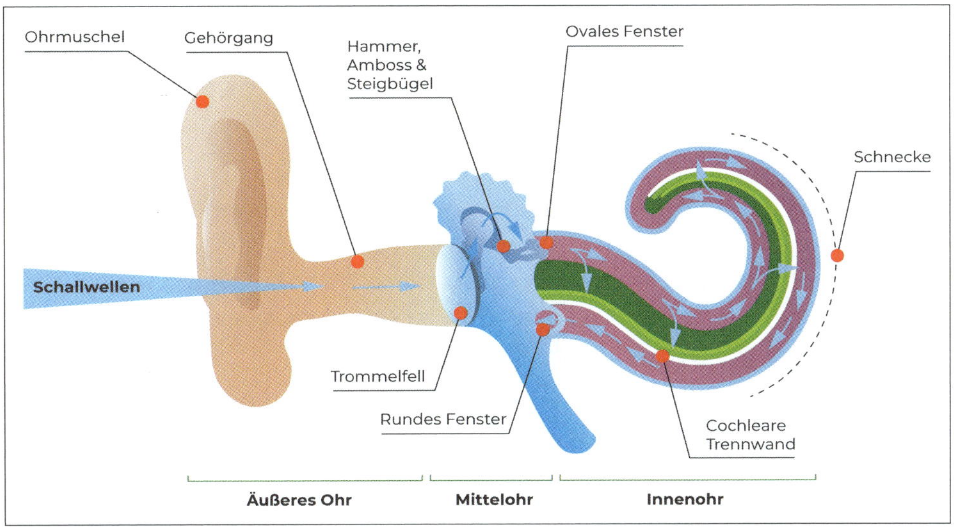

Abbildung 7.11 Darstellung des Ohrs mit Außen-, Mittel- und Innenohr (verändert, ursprüngliche Quelle: VectorMine/Shutterstock)

Das *äußere Ohr* ist das, was Sie von außen tatsächlich sehen können. Zu ihm zählen die Ohrmuschel und der äußere Gehörgang, der dann zum Mittelohr führt. Für die akustische Wahrnehmung ist das äußere Ohr nur von geringerer Bedeutung. Auch das Fehlen des Außenohrs führt nicht dazu, dass Sie taub werden. Allerdings ist die Ohrmuschel sehr wohl wichtig für die Schallortung, da durch ihre Form Schallwellen aus unterschiedlichen Richtungen mit unterschiedlichen Frequenzmustern weitergeleitet werden.

An die Ohrmuschel schließt sich der *äußere Gehörgang* an. Dieser schützt die weiter innen liegenden Teile des Ohrs vor Verletzungen und hilft dabei, eine konstante Temperatur zu halten. Die Form und die Länge des äußeren Gehörgangs führen außerdem dazu, dass bestimmte Frequenzen verstärkt werden und dadurch besser wahrgenommen werden können.

Um überhaupt etwas wahrnehmen zu können, ist der nächste Teil des Ohrs zentral wichtig: das *Trommelfell*. Beim erwachsenen Menschen liegt es etwa 3 cm »hinter« der Ohröffnung. Das Trommelfell wird durch die eingehenden Schallwellen zum Schwingen angeregt. Hierbei werden nicht alle Schallwellen gleich »gut« gehört. Der sogenannte *Resonanzbereich* liegt im Bereich von 2.000 bis 5.000 Hertz. Damit wird vor allem die menschliche Sprache besonders gut gehört und deutlicher wahrgenommen.

Um die Schwingungen überhaupt weitergeben zu können, gibt das Trommelfell sie an die Strukturen im *Mittelohr* weiter. Die Strukturen im Mittelohr sind kleine Knöchelchen, die ihrerseits dann wieder die Bewegung übertragen. Dabei wird die

Schwingung von der »großen« Fläche des Trommelfells auf die deutlich geringere Fläche des Steigbügels konzentriert. Zusätzlich funktioniert das Zusammenspiel der verschiedenen Knochen (*Hammer, Amboss* und *Steigbügel*) wie ein Hebel, der den eingehenden Schall verstärkt.

Diese Übersetzung von Schallwellen in Knochenbewegung ist notwendig, weil der äußere Gehörgang mit Luft gefüllt ist, der innere Teil des Ohrs aber mit Innenohrflüssigkeit. Da die Flüssigkeit eine viel höhere Dichte aufweist als die Luft, ist eine direkte Übertragung nur unter sehr großen Verlusten möglich – ähnlich, wie wenn Sie mit dem Kopf unter Wasser sind, aber versuchen zu verstehen, was außerhalb des Wassers gesprochen wird (vgl. Goldstein, 2015).

Der Steigbügel selbst überträgt die Schwingung dann an die Hörschnecke – im Fachjargon auch *Cochlea* – genannt (siehe Abbildung 7.12).

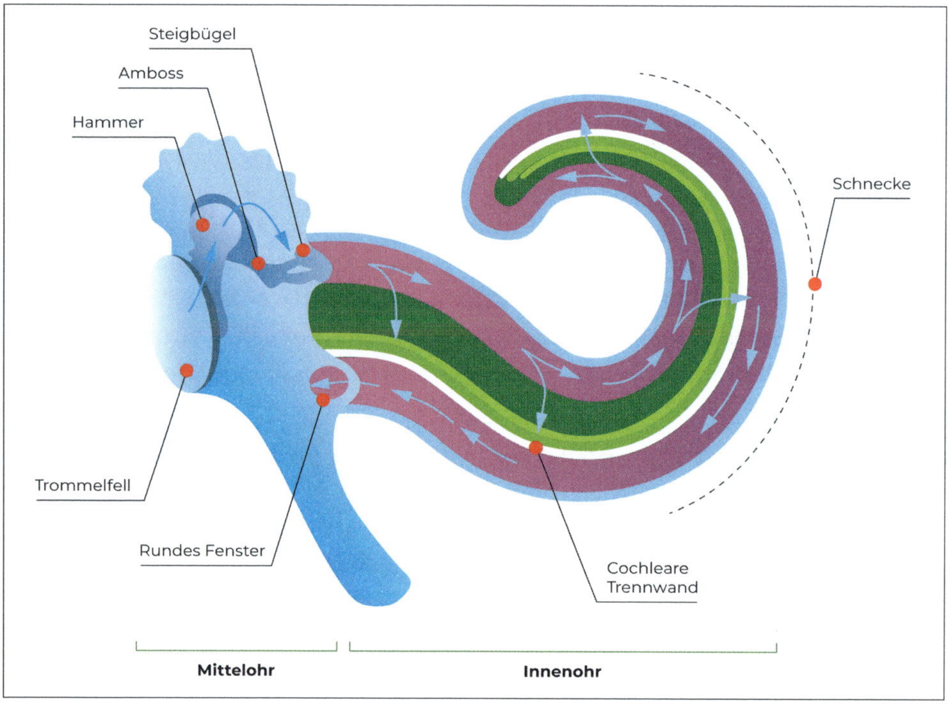

Abbildung 7.12 Der Steigbügel als Übergang vom Mittelohr zum Innenohr inklusive der Hörschnecke (verändert, ursprüngliche Quelle: trgrowth/Shutterstock)

Die *Hörschnecke* enthält die Innenohrflüssigkeit und ist durch die sogenannte *cochleare Trennwand* in zwei Teile getrennt. Diese Trennwand geht fast durch die gesamte Hörschnecke und enthält die Rezeptoren für das eigentliche Hören. Die Rezeptoren sind in diesem Fall keine Zapfen oder Stäbchen, sondern Haarzellen (siehe Abbildung 7.13).

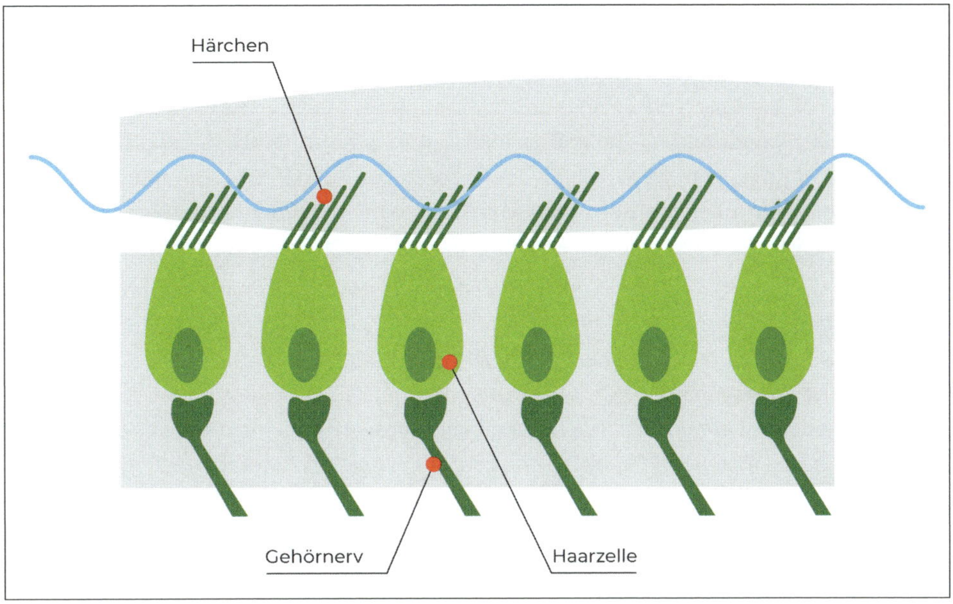

Abbildung 7.13 Vergrößerung der Hörschnecke, sodass die Haarzellen sichtbar werden, die für die eigentliche Signalaufnahme verantwortlich sind (Quelle: https://www.cotral.de/)

Haarzellen gibt es in zwei verschiedenen Varianten: als innere und äußere Haarzellen. Insgesamt haben Sie davon ca. 15.500 – eine viel, viel geringere Anzahl als bei den Stäbchen oder Zapfen. Auf die genauen Unterschiede der Haarzellen werden wir aber nicht weiter eingehen.

Was Sie sich aber merken sollten: Haarzellen nehmen die Schwingungen aus der Flüssigkeit auf und biegen sich dadurch. Je nach Frequenz und Schalldruck fällt die Biegung der Haarzellen dabei stärker oder schwächer aus. Wenn eine bestimmte Biegung erreicht ist, dann »feuern« die Haarzellen ein Signal Richtung Gehörnerv und teilen auf diese Weise mit, dass ein Ton gehört wurde.

Die Gehörschnecke selbst ist geschwungen und verfügt über Haarzellen an verschiedenen Orten entlang der cochlearen Trennwand. Je nachdem, an welcher Stelle die Haarzellen sind, feuern die Haarzellen bei unterschiedlichen Frequenzen. Verschiedene Töne werden also dadurch gehört, dass Haarzellen an anderen Stellen der Gehörschnecke sich biegen und damit einen Reiz an den Hörnerv weiterleiten.

Die richtige Balance startet im Ohr: Die vestibuläre Wahrnehmung

Im Ohr entsteht eine weitere, sehr wichtige Wahrnehmung für den menschlichen Körper: die *vestibuläre Wahrnehmung*. Der Vestibularapparat (oder das *Gleichgewichtsorgan*) besteht aus drei Bogengängen, auf denen jeweils Sinneszellen sitzen, sowie einem großen (*Utriculus*) und einem kleinen Vorhofsäckchen (*Sacculus*). Während die Bogengänge für die Tiefenwahrnehmung verantwortlich sind, entsteht die Geschwindigkeitswahrnehmung durch die Vorhofsäckchen.

Die drei Bogengänge sind jeweils mit kleinen Sinneshaaren bestückt und treffen rechtwinklig aufeinander. Sie sind teilweise mit Lymphflüssigkeit gefüllt. Bewegt sich nun der Kopf, so bewegt sich die Flüssigkeit über die Härchen. Der dabei entstehende Reiz wird über die Bogengänge im Ohr weitergegeben und gelangt so ins Gehirn. So wird jede Bewegung des Kopfes wahrgenommen und verarbeitet.

Für das User-Interface-Design ist die vestibuläre Wahrnehmung oft nachrangig gegenüber dem Sehen und Hören. Oftmals können Sie mit Ihrer Lösung nicht beeinflussen, was die Nutzenden über das Gleichgewichtsorgan wahrnehmen. Sollten Sie jedoch eine Lösung gestalten, die die Nutzenden physisch bewegt, sieht das anders aus. Hier entsteht eine durch Ihre Lösung beeinflussbare Rückmeldung des Gleichgewichtsorgans. Ein Beispiel für ein solches Produkt wäre ein Automobil, das bei einem drohenden Auffahrunfall durch ein kurzes Bremsen (Bremsruck) die Aufmerksamkeit des Nutzenden erregt.

Wir werden uns in diesem Buch aber nicht weiter mit der vestibulären Wahrnehmung beschäftigen, da sie bis auf wenige Fälle nicht zur direkten Kommunikation mit den Nutzenden eingesetzt werden kann oder wird. Das soll allerdings nicht heißen, dass sie nicht zu dem Mix an Sinneseindrücken beitragen kann, der auf die Nutzenden Ihrer Lösung einwirkt.

Hören und Hörbeeinträchtigungen

Schon weiter oben im Text haben wir den optimalen Bereich für das Hören (2.000 bis 5.000 Hertz) vorgestellt. In diesem Bereich findet die Sprache, aber auch ein Großteil der Musik statt. Das heißt aber nicht, dass Hören außerhalb dieses Frequenzbereichs nicht möglich ist. Generell sind unsere Ohren in der Lage, Frequenzen zwischen ca. 20 und 16.000 Hertz wahrzunehmen, wobei die Lautstärke (physikalisch korrekt: der *Schalldruckpegel* gemessen in Dezibel, dB) eine große Rolle spielt. Eine Änderung der Lautstärke um 10 dB entspricht dabei einer Verdoppelung der Lautstärke.

In vielen Fällen reduziert sich der Bereich der hörbaren Frequenzen aber mit zunehmendem Alter – vor allem bei Männern. Das liegt jedoch nicht wie bei der Altersweitsichtigkeit an einer Veränderung der Physiologie, sondern tatsächlich an vermeidbaren Ursachen wie einer zu lauten Umgebung. Dadurch werden die Haarzellen beschädigt, sodass sie keine Reize mehr an den Hörnerv übermitteln können. Zu Beginn reduziert sich die Hörfähigkeit nur gering, sodass dies über eine höhere Lautstärke kompensiert werden kann. Bei starker Schädigung kann es jedoch zum vollkommenen Hörverlust kommen.

Vereinfacht gesagt können Sie sich vorstellen, dass zu laute Musik oder zu laute Geräusche generell die Haarzellen »umpusten«, sodass diese abknicken und sich nicht mehr aufrichten und schwingen können. Die Schäden an den Haarzellen sind irreversibel und führen anfangs dazu, dass es vor allem schwerer fällt, Sprache von Hintergrundgeräuschen zu unterscheiden. Wann haben Sie das letzte Mal ohne Gehörschutz ein Rockkonzert besucht? Auch wenn es spießig klingt: Tun Sie das nicht. Ihre Haarzellen werden es Ihren danken.

Vor allem Männer sind von der Hörminderung betroffen. Es wird angenommen, dass das vor allem auf die *Umgebungsbedingungen* zurückzuführen ist. So arbeiten Männer vermehrt in Umgebungen, die (zu) laut für das menschliche Ohr sind und damit eben aktiv zu den Schädigungen beitragen. Beispielsweise herrschen auf Baustellen oft laute Arbeitsumgebungen vor. Um Sie (und uns) vor der Schädigung durch laute Geräusche zu schützen, gibt es in Deutschland zum Beispiel die Arbeitsstättenverordnung oder die Lärm- und Vibrations-Arbeitsschutzverordnung, die unter anderem die erlaubte Geräuschbelästigung am Arbeitsplatz definieren und Grenzwerte festsetzen.

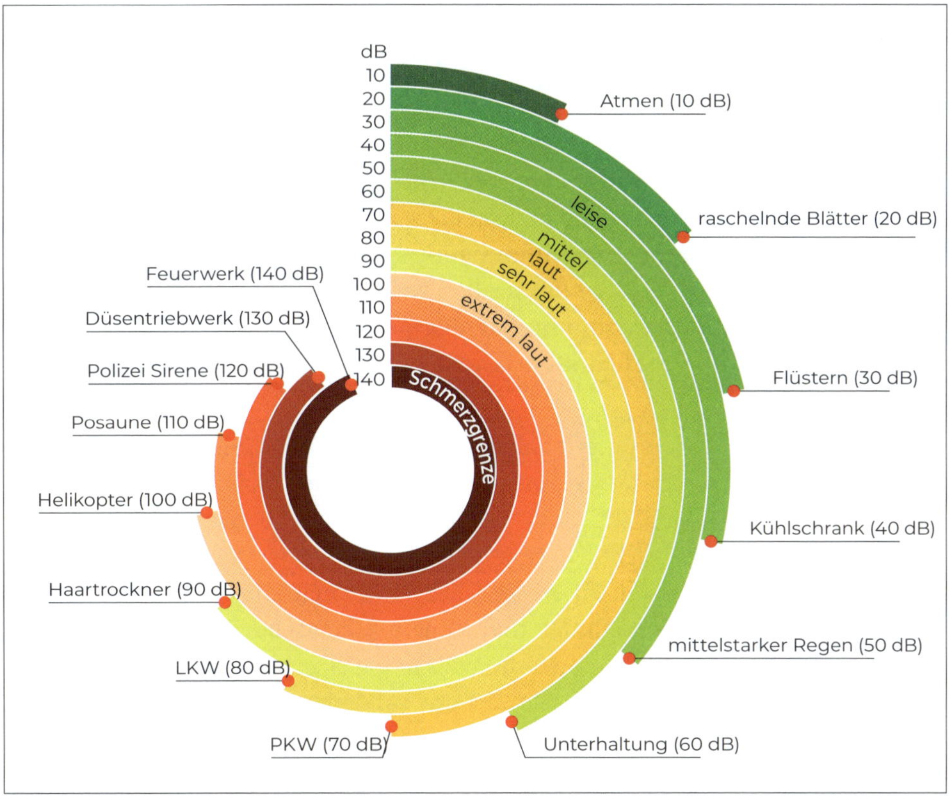

Abbildung 7.14 Verschiedene Geräusche und ihre typische Lautstärke in Dezibel (dB) (verändert, ursprüngliche Quelle: trgrowth/Shutterstock)

So liegt die Grenze für die Umgebungslautstärke für einen 8-Stunden-Arbeitstag bei 85 dB, wobei die Lärmspitzen nicht über 137 dB reichen dürfen. Das Tragen von etwaigem Gehörschutz darf dabei aber berücksichtigt werden – es geht um die Lautstärke, die tatsächlich am Ohr ankommt. Auch außerhalb des Arbeitsplatzes ist es sinnvoll, ein Gefühl für die Lautstärke zu entwickeln. In der Grafik aus Abbildung 7.14 können Sie sehen, welche Geräusche welche Lautstärke haben. Zusätzlich können Sie anhand der Grafik auch ein Gefühl für zu laute Geräusche entwickeln.

Was lernen wir daraus für die Gestaltung von User Interfaces?

Bisher haben wir viel über das Hören als solches gesprochen. In diesem Abschnitt möchten wir jetzt die Eigenschaften des menschlichen Hörens in Gestaltungsempfehlungen umformen. Los geht's!

Wenn Sie Geräusche gestalten, dann sollten Sie darauf achten, dass sie in einem gut hörbaren Frequenzbereich – am besten zwischen 2.000 und 5.000 Hertz liegen und von der Lautstärke angemessen sind, um Schädigungen zu vermeiden. Wenn zu Ihrer Zielgruppe hauptsächlich ältere Menschen gehören, dann ist eine Verlagerung der Frequenzen in niedrigere Frequenzbereiche und damit tiefere Töne sinnvoll, genauso wie die Möglichkeit, die Lautstärke selbst zu wählen.

Wir hatten es eingangs bereits erwähnt: Eine Besonderheit der akustischen Wahrnehmung ist, dass akustische Wahrnehmung auch dann funktioniert, wenn Sie Ihre Aufmerksamkeit gerade auf etwas anderes richten. Möchten Sie auf visuellem Weg eine Information vermitteln, dann kommt diese nur bei Ihrem Nutzenden an, wenn dieser auch tatsächlich zu dieser Information blickt. Die visuelle Wahrnehmung hängt also davon ab, wo gerade hingesehen wird (natürlich inklusive peripherem Sehen). Die akustische Wahrnehmung hat hingegen den Vorteil, dass Sie auch Geräusche hinter sich oder im Nachbarraum hören, selbst wenn Sie gerade in ein Gespräch vertieft sind.

Darin liegt ein großer Mehrwert der akustischen Information: Sie können Töne und Sprache verwenden, um Aufmerksamkeit zu erzeugen! In einigen Situationen ist das sehr hilfreich und erwünscht, zum Beispiel bei Warntönen und Alarmen. Ein Rauchmelder wäre ein solches Beispiel. Hier wird bewusst ein sehr lauter Ton erzeugt, um Aufmerksamkeit zu erregen. Das wird auch erreicht, wenn man sich nicht im gleichen Raum befindet und andere Geräusche überlagert sind. Ein Rauchmelder, der optisch warnt, würde nicht in gleicher Weise funktionieren. Das Gleiche gilt für einen Wecker, der »Aufwachen« auf dem Display anzeigt.

In anderen Situationen werden akustische Hinweise als sehr störend wahrgenommen. Haben Sie nicht auch schon einmal in der Straßenbahn gesessen und auf dem Smartphone gesurft, als dann beim Öffnen einer Webseite aus dem Nichts ein Video Sie und alle Umstehenden beschallt hat? Das sind typischerweise Situationen, in den die meisten Personen auf Ton ziemlich gut verzichten können.

Töne können bei Menschen also eine sehr starke Orientierungsreaktion auslösen (»Wo kommt das Geräusch her?«). Nutzen Sie dieses Wissen, um in kritischen Situationen die Aufmerksamkeit Ihrer Nutzer zu lenken. Die Stärke der akustischen Signale ist jedoch auch gleichzeitig eine Schwäche: Es gibt für andere Personen keine Möglichkeit, Töne auszublenden. Wenn Sie in der Straßenbahn sitzen und laut telefonieren, dann kann es sein, dass andere Personen Sie nicht belauschen wollen, aber Weghören funktioniert leider nicht. Im Gegensatz zu den Augen können Sie Ihre Ohren nicht ohne Weiteres »verschließen«. Wenn Sie also beispielsweise sensible Informationen haben oder andere Nichtnutzer in Hörreichweite sind, dann sollten Sie weitgehend auf eine akustische Information verzichten oder diese gezielt vom Nutzer starten lassen.

Die Ortsunabhängigkeit der akustischen Information können Sie jedoch noch weiter nutzen. So ist akustische Information auch ein guter Weg, um Nutzer anzuleiten, wenn diese nicht in der Lage sind, auf ein Display zu schauen. Vor allem im medizinischen Bereich kommen akustische Signale oft zum Einsatz. Beispiele für einfache Signale zur Anleitung sind Alarme bei Patientenmonitoren (siehe Abbildung 7.15). Hier wird über den standardisierten Alarmton schon ohne Blickkontakt die Dringlichkeit mitgeteilt. Auch bei Operationen kommen oft akustische Signale zum Einsatz. So haben Chirurgen öfter ein Handteil (beispielsweise einen Bohrer), mit dem die Operation durchgeführt wird, das sie über einen Fußschalter bedienen (beispielsweise die Geschwindigkeit des Bohrers). Da die Ärzte aber den Blick auf dem Patienten halten müssen, zeigt ein akustisches Signal an, ob geschaltet wurde. Noch weiter wird die Idee der akustischen Anleitung bei Defibrillatoren getrieben. Hier wird der Nutzer ausschließlich anhand von Sprachnachrichten durch die Interaktion mit dem Gerät geleitet.

Tatsächlich kennen Sie aber wahrscheinlich auch eine Reihe von akustischen Informationen, die in alltäglicheren Umgebungen zum Tragen kommen. Denken Sie zum Beispiel an das letzte Mal, als Sie am Bahnhof standen und Ihnen per Durchsage mitgeteilt wurde, dass Ihr Zug heute zum Beispiel nicht an Gleis 3, sondern an Gleis 18 abfährt. Auch hier wird akustisch kommuniziert, weil die Änderung auf den Anzeigetafeln allein gegebenenfalls nicht rechtzeitig von allen Personen entdeckt wird. Auch der Schulgong am Ende der Pause zeigt allen eindeutig: Es geht weiter.

Sie sehen also: Sie können auf der einen Seite akustische Informationen nutzen, um Aufmerksamkeit zu erregen. Sie können auf der anderen Seite aber auch akustische Informationen nutzen, um direkt anzuleiten. Akustische Signale sind eine wunderbare Ergänzung zu visuellen Signalen. Aber auch hier gilt: Übertreiben Sie es nicht. Zwar sind Menschen sehr gut in der Lage, verschiedene Sprachnachrichten detailliert und schnell wahrzunehmen. Durch die Sprache selbst können Informationen aber auch länger brauchen, bis sie sinnvoll vermittelt sind.

Abbildung 7.15 Beispiele für akustische Signale im medizinischen und öffentlichen Bereich. Oben links: Akustische Unterstützung des Chirurgen, oben rechts: Durchsage an einem Bahnhof, unten links: Alarmton bei einem Patientenmonitor, unten rechts: Akustische Anleitung bei einem Defibrillator

Wenn Sie ausschließlich auf *Warntöne* zurückgreifen, dann haben Sie zwar theoretisch einen großen Frequenzumfang, den Sie nutzen können. Aber auch hier gilt: Das ist die *relative Wahrnehmungsfähigkeit* und nicht die *absolute*. Menschen sind zwar in der Lage, von 20 bis 16.000 Hertz zu hören. Das heißt aber nicht, dass Sie 15.980 Warntöne zur Verfügung haben. Beschränken Sie sich beim Einsatz von Warntönen auf sehr wenige, die sich deutlich unterscheiden. Prüfen Sie hierbei, ob es Standards gibt, die bereits etabliert sind.

In der heutigen Gestaltung interaktiver Medien sind das Auge und die Ohren bei Weitem die wichtigsten Sinnesorgane. Das heißt aber nicht, dass die anderen Organe keinen Beitrag leisten. Lassen Sie uns deshalb noch einen Blick auf die anderen Sinnesorgane werfen, auch hier natürlich immer mit dem direkten Bezug zu ihrem Nutzen für die Gestaltung.

7.2.3 Die Haut und der Tastsinn

Die Haut ist ein überaus wichtiges Organ des menschlichen Körpers. Sie dient als Barriere nach außen und schützt das Körperinnere vor Schmutz, Bakterien und anderen Bedrohungen. Neben der Schutzfunktion ist die Haut aber auch ein sehr großes Fenster, über das wir Informationen über unsere Umgebung wahrnehmen. Anders als das Auge oder das Ohr funktioniert unsere Haut nur im Nahkontakt. Wir können also nicht über große Entfernungen spüren. Trotzdem sind viele der aufgenommenen Informationen für uns höchst relevant – einige Informationen, wie die Schmerzwahrnehmung, sichern sogar das Überleben. Lassen Sie uns deshalb zunächst einen Blick auf den Aufbau werfen, bevor wir uns mit den Wahrnehmungsfähigkeiten der Haut beschäftigen.

Die Bestandteile der Haut

Ähnlich wie das Ohr unterteilt sich die Haut in verschiedene Bereiche. Die Haut besteht dabei aus Oberhaut, Lederhaut und Unterhaut (siehe Abbildung 7.16).

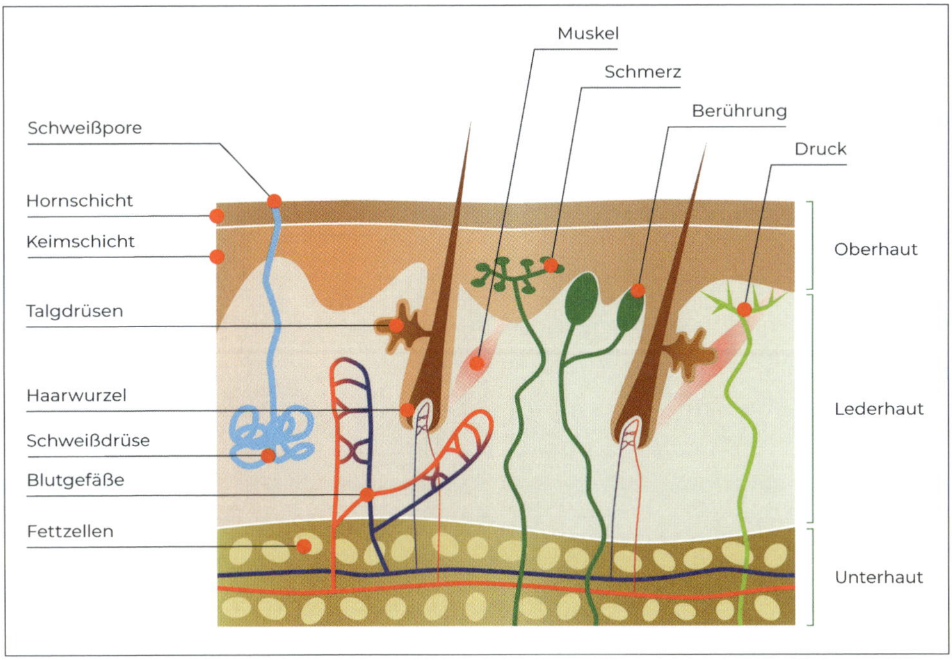

Abbildung 7.16 Aufbau der Haut mit den drei Schichten Oberhaut, Lederhaut und Unterhaut (Quelle: https://de.wikipedia.org/wiki/Haut#/media/Datei:Schemazeichnung_haut.svg, verändert: Attribution-ShareAlike 3.0 Unported).

Auch wenn es nicht lecker klingt: Die *Oberhaut* besteht an der Oberfläche aus abgestorbenen Hautzellen und bildet die Schicht der Haut, die wir von außen sehen können. Unterhalb erstrecken sich verschiedene Schichten, die für die Neubildung der Haut benötigt werden. In der *Lederhaut* sind die verschiedenen Sinneszellen angeordnet, die auf die verschiedenen Reize von außen reagieren. Diese Hautschicht und die darin enthaltenen Sinneszellen sehen wir uns gleich noch im Detail an, da vor allem die Lederhaut für uns als Usability und User Experience Designer interessant ist. In der *Unterhaut* befinden sich Bindehaut und Fettgewebe. Die Unterhaut dient damit als Kälteschutz, ist aber für die Gestaltung von User Interfaces nur bedingt wichtig.

In der Lederhaut gibt es verschiedenste *Sinneszellen*, die Reize von außen verarbeiten (siehe Abbildung 7.17). Die häufigsten Sinneszellen sind die sogenannten *Nozirezeptoren*, die auf Schmerzen reagieren. Sie sind an unterschiedlichen Stellen an und im Körper unterschiedlich dicht verteilt, mit der höchsten Dichte in der Haut selbst. Hier gibt es verschiedene Schmerzrezeptoren, die auf mechanische Einwirkung (Druck, Stechen etc.), thermische Einwirkung (über 45°C oder Kälte) sowie chemische Einwirkung reagieren.

Die Nozirezeptoren sind sogenannte *Mechanorezeptoren*, aber bei Weitem nicht die einzigen Mechanorezeptoren in der Lederhaut. Neben den Sinneszellen für Schmerz finden sich weitere Sinneszellen, die leichtere und ungefährlichere mechanische Reize verarbeiten. Insgesamt gibt es hier vier verschiedene Typen von Mechanorezeptoren, die auf die lustigen Namen Merkel-Zelle, Meissner-Körperchen, Ruffini-Körperchen und Pacini-Körperchen hören.

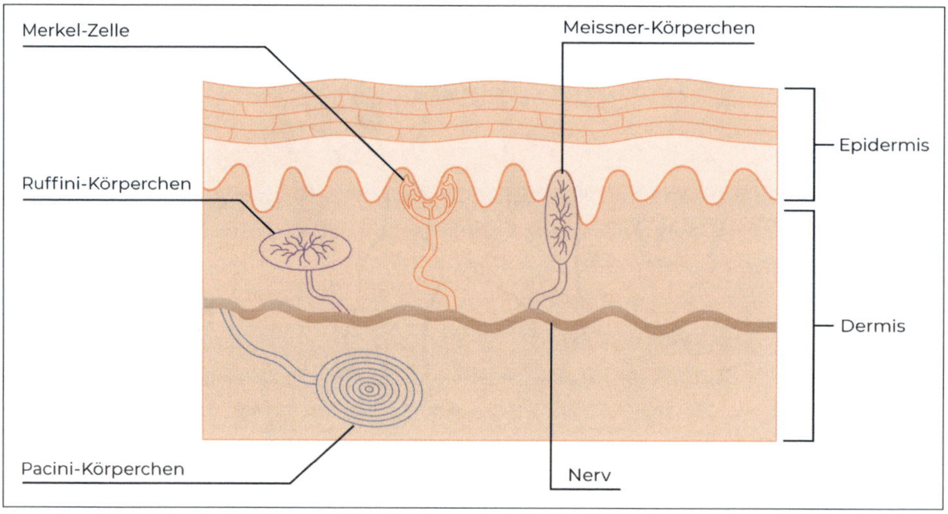

Abbildung 7.17 Die verschiedenen Zellarten und deren Wahrnehmung (Quelle: https://openstax.org/books/biology/pages/36-2-somatosensation#fig-ch36_02_03, verändert: Creative Commons Attribution 4.0 International)

Merkel-Zellen sind für die Wahrnehmung von feinen Details zuständig, wohingegen die *Meissner-Körperchen* für Sie die Greifkraft steuern. Die *Ruffini-Körperchen* reagieren auf Dehnung der Haut und die *Pacini-Körperchen* auf Vibrationen.

Eine Besonderheit der taktilen Wahrnehmung ist die große Entfernung zum Gehirn. Anders als bei den Augen, die direkt über den Sehnerv mit dem Gehirn verbunden sind, und den Ohren, die über den Hörnerv verbunden sind, ist die Haut über den ganzen Körper verteilt. Daraus ergeben sich zwei Konsequenzen:

1. Der Reiz muss durch den Körper ins Gehirn geleitet werden – dazu dient das Rückenmark.
2. Der Reiz muss im Gehirn zugeordnet werden – es muss also bestimmt werden, welcher Reiz woher kommt.

Diese Reizübertragung funktioniert normalerweise sehr gut und sehr schnell. Allerdings kann es beispielsweise durch Unfälle zu Störungen kommen, die sich dann in einer ganzen oder teilweisen Lähmung zeigen.

Die Zuordnung der Reize zum verursachenden Körperareal funktioniert ebenfalls gut. Allerdings zeigt sich in Abbildung 7.18 auch eine Gewichtung der Hautregionen im Gehirn. Bestimmte Areale, wie die Fingerspitzen oder Lippen, sind deutlich überrepräsentiert und damit viel empfindlicher als zum Beispiel das Schienbein. Und wissen Sie, was wir wirklich faszinierend fanden? Ihr Gehirn ist dabei sogar anpassbar. Wenn Sie etwas besonders häufig tun (z. B. das Spielen von Saiteninstrumenten), dann werden die entsprechenden Hirnbereiche noch deutlich ausgeprägter.

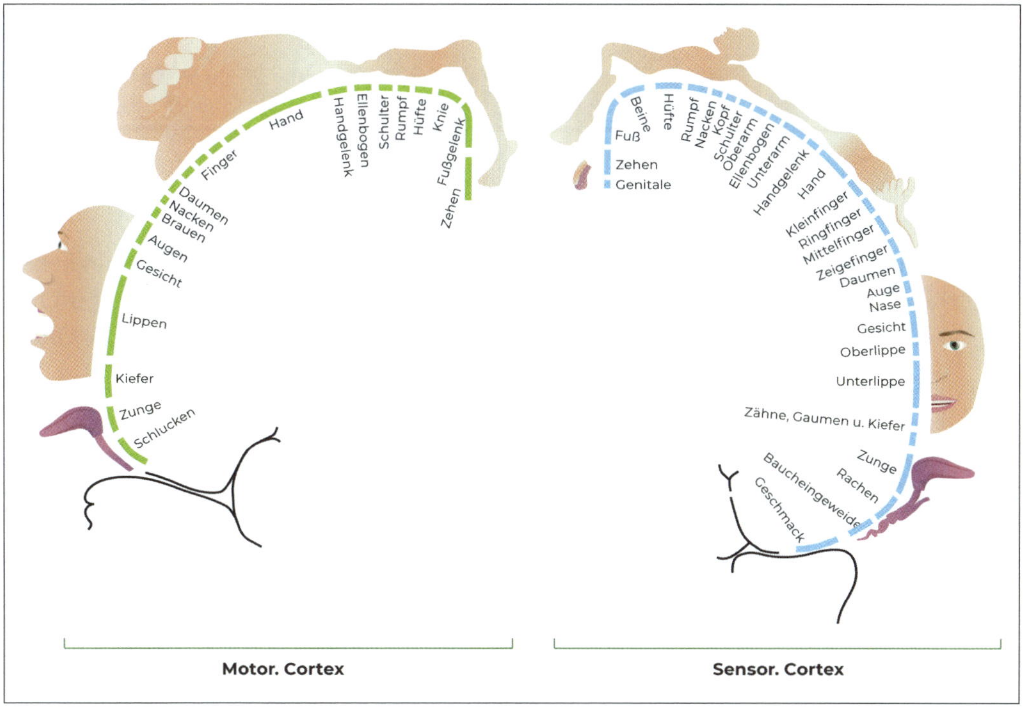

Abbildung 7.18 Abbildung des Homunculus nach dem Jasper-Penfield-Schema nach Penfield & Rasmussen 1950

Fühlen und Grenzen der taktilen Wahrnehmung

Die hohe Empfindlichkeit macht unsere Haut auch zu einem exzellenten Medium der Kommunikation. Schon im Jahr 1825 wurde die *Braille-Schrift* entwickelt, die es Blinden und sehbehinderten Menschen ermöglicht, über ihren Tastsinn zu lesen (siehe Abbildung 7.19).

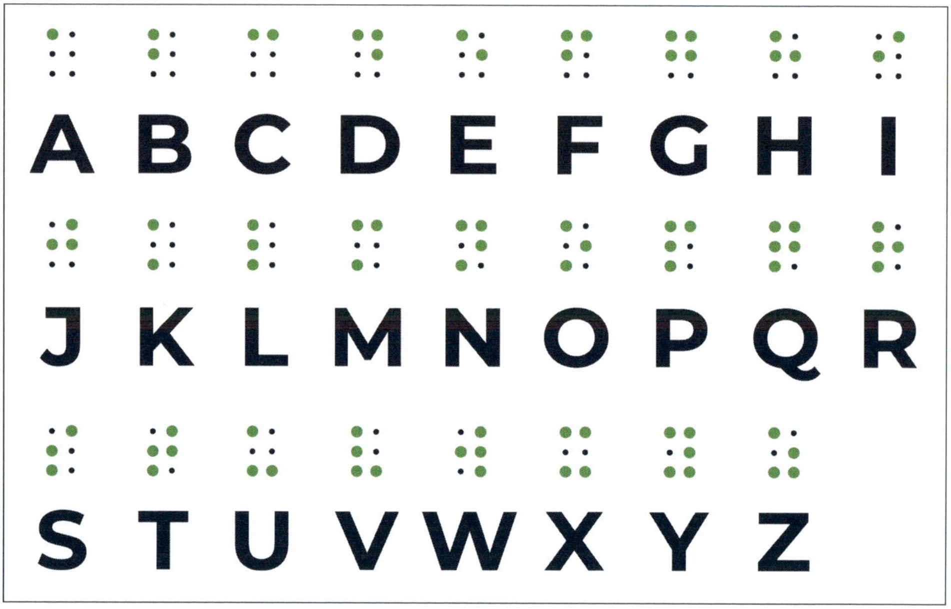

Abbildung 7.19 Braille-Alphabet

Bei der Braille-Schrift werden die einzelnen Buchstaben des Alphabets durch eine Kombination von Punkten gebildet, die an sechs verschiedenen Positionen stehen können. Je nachdem, welcher Punkt erhaben ist und welcher nicht, ergibt sich dann ein anderer Buchstabe.

Entscheidend für das Funktionieren der Braille-Schrift ist die sogenannte Zweipunktschwelle. Die *Zweipunktschwelle* ist der Abstand, ab dem ein Mensch in der Lage ist, zwei einzelne Reize (z. B. Stiftspitzen), als getrennte Reize zu erkennen. Unterhalb der Zweipunktschwelle werden die Stiftspitzen als eine Spitze wahrgenommen. Diese Zweipunktschwelle ist je nach Körperregion unterschiedlich (siehe Abbildung 7.20).

Am geringsten ist die Zweipunktschwelle dabei im Bereich der Zunge und der Fingerspitzen. Wenn Sie allerdings versuchen würden, Braille-Schrift mit den Zehen zu lesen, dann müssten die einzelnen Punkte schon ca. 1 cm voneinander entfernt sein. An den unteren Oberschenkeln brauchten Sie Punkte mit einem Abstand von ca. 6,5 cm. Stellen Sie sich mal einen Text vor, der in dieser Größe geschrieben wird!

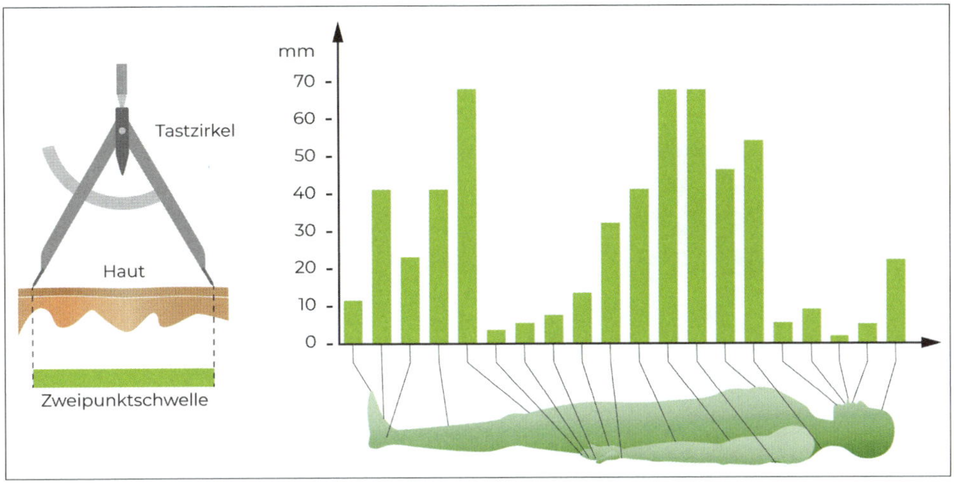

Abbildung 7.20 Zweipunktschwelle für verschiedene Körperregionen. Je kleiner der Wert ist, umso empfindlicher ist die jeweilige Stelle. (Quelle: verändert nach Weber, 1835)

Was lernen wir daraus für die Gestaltung von User Interfaces?

Wenn Sie als Usability und User Experience Designer an physischen Produkten arbeiten, dann sollten Sie darauf achten, die *Zweipunktschwelle* zu berücksichtigen. Aber auch, wenn Sie neue Eingabegeräte planen, sollten Sie darüber nachdenken, wie gut bestimmte Körperbereiche für eine Aufgabe geeignet sind. Im medizinischen Bereich kommen zum Beispiel oft Fußschalter ins Spiel. Verglichen mit Handteilen sind diese deutlich größer und erfordern eine deutlich geringere Genauigkeit. Das liegt zum einen an der geringeren Aufmerksamkeit, verglichen mit dem Handteil, in dessen Nähe gerade gearbeitet wird. Das liegt aber auch an der deutlich geringeren Sensibilität und damit einhergehenden Genauigkeit, die Sie mit Ihren Füßen überhaupt erreichen können.

Neben Druck und Dehnung ist eine wichtige Wahrnehmungsmöglichkeit der Haut die Wahrnehmung von *Vibration*. Durch diese Fähigkeit wird es möglich, Informationen auch über verschiedene Vibrationsmuster zu übertragen. In der Gestaltung von User Interfaces wird das vor allem für die lautlose und diskrete Informationsübermittlung genutzt, z. B. bei Smartwatches oder Sportarmbändern (siehe Abbildung 7.21), um auf den Eingang einer neuen Nachricht hinzuweisen oder um einen schlafenden Menschen zu wecken, ohne dessen Partner ebenfalls zum Aufwachen zu zwingen.

In der jüngeren Vergangenheit nahmen die Anwendungsfälle für die Nutzung von Vibration immer weiter zu. So gibt es inzwischen Navigationsgurte, die anhand von Vibration die Orientierung und Navigation ermöglichen sollen, ohne auf den Blickkontakt zu einem Display angewiesen zu sein. Die gleichen Funktionalitäten bieten auch einige Smartwatches.

Abbildung 7.21 Sportarmband mit Vibrationsfunktion als Wecker

Diese Technologien werden zurzeit immer dann eingesetzt, wenn der primäre Informationskanal (die Augen) nicht zur Verfügung steht – zum Beispiel aufgrund einer Sehbehinderung, aufgrund starker Rauchentwicklung (bei Sicherheitstechnik, siehe Abbildung 7.22) oder weil der Blick nicht von der Straße genommen werden soll (bei Navigation).

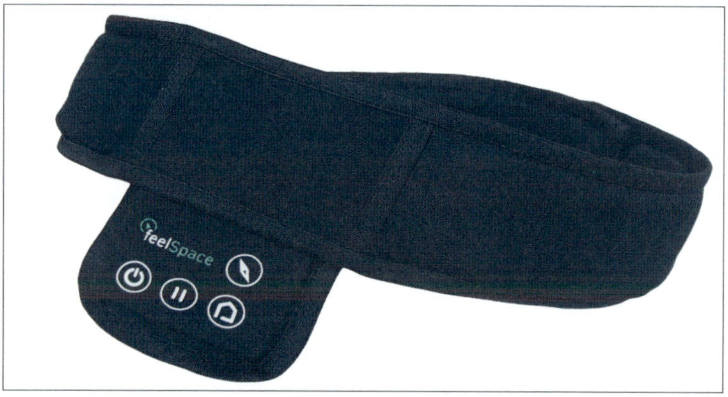

Abbildung 7.22 Navigationsgürtel der Firma »feelSpace« (Quelle: www.vistac.de)

Es ist aber durchaus denkbar, dass dieses Potenzial zukünftig häufiger von Usability und User Experience Designern genutzt wird. Erste Anbieter haben bereits Touch-Displays entwickelt, bei denen nicht nur verschiedene visuelle Anzeigen eingesetzt werden können (wie bei herkömmlichen Bildschirmen), sondern bei denen gleichzeitig auch noch die taktile Rückmeldung punktgenau definiert werden kann (siehe Abbildung 7.23).

Abbildung 7.23 Ein taktiles Touchdisplay simuliert das Drücken eines physischen Schalters auf einem Display. (Quelle: https://youtu.be/WHh5O6gloZY)

So können Sie auf ein und derselben Oberfläche zehn Buttons anzeigen, die sich alle anders anfühlen. Bei guter Umsetzung der Vibration fühlt sich so das Drücken eines digitalen Buttons auf einem Touchdisplay plötzlich wie das Drücken eines echten Knopfes an. So schaffen Sie es als Usability und User Experience Designer, zumindest ein Stück weit aus der flachen Screenwelt auszubrechen.

Auch in der Spieleindustrie kommt der Nutzung von Vibrationen und taktiler Rückmeldungen eine immer größere Rolle zu. So arbeiten aktuell verschiedenste Hersteller daran, zusätzlich zu einem visuellen Bild einer virtuellen Realität auch die Rückmeldung über die Haut zu simulieren. Dadurch soll das Gefühl, in der Welt zu sein – die sogenannte *Immersion* – im Vergleich zu rein visuell/auditiven Welten deutlich verstärkt werden.

Hier zeigen sich aber auch deutlich die Grenzen der Haut. Wie bereits beschrieben, ist unsere Haut ein Instrument für die Nahwahrnehmung. Das bedeutet, wenn Sie planen, die Haut für Ihre Interaktion zu nutzen, dann gelingt dies immer nur, indem Sie die Haut direkt stimulieren. Im Bereich der virtuellen Realität wird dazu mit Anzügen, Westen oder Handschuhen gearbeitet (siehe Abbildung 7.24).

Die Haut hat aber auch Vorteile gegenüber unseren Augen. Ähnlich wie bei den Ohren können Sie die Haut nutzen, um Signale unabhängig von der aktuellen Aufmerksamkeit zu übermitteln. Ihre Haut muss nirgends »hinsehen«, um Vibrationen oder Druck zu fühlen. Das macht sie für uns als Schutzmechanismus so wirkungsvoll. Gerade in Situationen, in denen Sie eine Gestaltung benötigen, die Nutzer unabhängig von ihrer Aufmerksamkeit warnt, können Sie diese Fähigkeit nutzen. So hatten wir von einigen Jahren die Möglichkeit, an einem Projekt mitzuwirken, bei dem Kälte als Warnung genutzt wurde, um Bauarbeiter auf eine herannahende Gefahr aufmerksam zu machen.

Abbildung 7.24 Handschuhe zur Erhöhung der Immersion in einer virtuellen Realität durch direkte Stimulation

Wenn Sie sich noch mehr für den Bereich des Fühlens interessieren, dann können wir Ihnen dazu als weiterführende Literatur das Buch »Human Haptic Perception – Basics and Applications« von Martin Grunwald aus dem Jahr 2008 empfehlen, das mögliche Anwendungsfelder der haptischen Wahrnehmung zum Thema hat.

Als kurzer und zum Denken anregender Abschluss dieses Abschnitts möchten wir einmal kurz darauf hinweisen, dass auch die Nozirezeptoren (zur Erinnerung: Schmerzrezeptoren) theoretisch von Ihnen im Interaktionsdesign berücksichtigt werden können. Das glauben Sie nicht? Zumindest im Umgang mit Tieren ist das gang und gäbe. Ein Elektrozaun an einer Weide hat ein »User Interface«, das den Nutzern (in diesem Fall den Tieren) durch Schmerzwahrnehmung klar macht, dass es hier nicht weiter geht.

Abbildung 7.25 Ein Gesellschaftsspiel, das mit Stromschlägen die Schmerzrezeptoren anspricht

Aber auch in Umgang mit Menschen gibt es einige (wenige) Anwendungen, die auf die Empfindung von Schmerz als Interface setzen. Ein Beispiel dafür sind Gesellschaftsspiele, bei denen man Freunden leichte Stromschläge verpassen kann (siehe Abbildung 7.25) – entweder weil sie beim Lügen ertappt wurden oder weil sie zu langsam auf ein Signal reagieren. Und Sie dachten schon, Schmerzrezeptoren bräuchten Sie nicht zu kennen ...

7.2.4 Die Zunge

Die Zunge trägt verschiedene Geschmacksknospen und ermöglicht uns die Unterscheidung unterschiedlicher Geschmacksrichtungen. Über unsere Zunge nehmen wir hauptsächlich Nahrungsmittel wahr und verschaffen uns einen Eindruck von deren Bekömmlichkeit. Auch in diesem Abschnitt werden wir wieder zuerst den Aufbau darstellen, bevor wir mit Ihnen auf die Wahrnehmungsfähigkeiten und den Nutzen für Sie im Usability und User Experience Design eingehen.

Die Bestandteile der Zunge

Unsere Zunge wird, genau wie die Nase, oft als Torwächter betrachtet. Anders als bei anderer Sensorik kommt unsere Zunge nämlich vornehmlich mit Stoffen in Kontakt, die wir kurz danach über unseren Mund zu uns nehmen. Unsere Zunge hat also – gemeinsam mit der Nase – die Aufgabe, blitzschnell zu entscheiden, ob das, was da in unserem Mund ist, auch tatsächlich in unseren Bauch gelangen sollte.

Schädliche Stoffe haben dabei den »Vorteil«, dass sie oft unangenehm schmecken und riechen, wohingegen gesunde Stoffe oft angenehm schmecken und riechen (bzw. hat die Evolution uns so entwickelt, dass dem so ist). Egal ob unangenehm oder angenehm: In beiden Fällen lösen der Geschmack/Geruch starke Emotionen aus, die dazu führen, dass wir sofort stoppen oder eben weiteressen.

Damit das gelingt, sind auf der Zunge insgesamt ca. 10.000 Geschmacksknospen verteilt. In diesen *Geschmacksknospen* kommen jeweils 50 bis 100 *Geschmackssinneszellen* vor. Und auf den Geschmackssinneszellen sind noch einmal verschiedene Arten von *Geschmacksrezeptoren* untergebracht, die dann jeweils auf verschiedene Substanzen reagieren und die typischen Geschmackswahrnehmungen bei uns auslösen. Je nachdem, an welcher Stelle der Zunge die Geschmacksknospen und Geschmackssinneszellen sitzen, wird der Reiz anschließend über eine andere Nervenbahn an das Gehirn weitergeleitet.

Die Zunge selbst sieht dabei ziemlich rau und zerfurcht aus. Das liegt an den sogenannten *Zungenpapillen*. Insgesamt gibt es vier verschiedene Arten von Zungenpapillen (siehe auch Abbildung 7.26):

- Wallpapillen
- Blätterpapillen

- Fadenpapillen
- Pilzpapillen

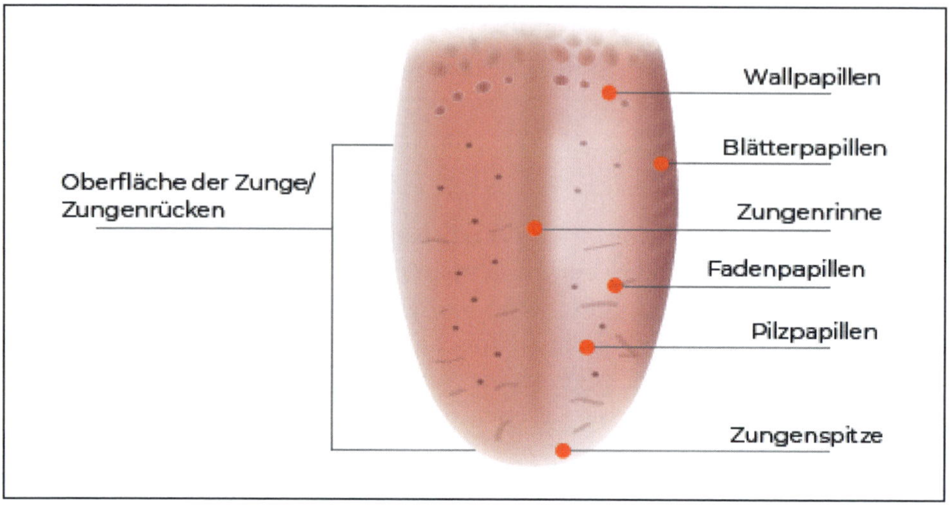

Abbildung 7.26 Unsere Zunge (Quelle: https://www.gesundheitsinformation.de), ergänzt

Jede der Papiellenarten trägt zu dem einzigartigen Aussehen der Zunge bei. Fadenpapillen zum Beispiel sind über die ganze Zunge verteilt und sorgen für den rauen Look. Pilzpapillen sehen wie kleine Pilzhüte aus und sind als Erhöhung auf der Zunge sichtbar. Blätterpapillen sorgen für die Einkerbungen an hinteren Zungenrand, und Wallpapillen sitzen wie kleine, hügelige Krater am hinteren Zungenende. Die Geschmacksknospen liegen innerhalb der verschiedenen Papillen.

Geschmackswahrnehmung

Entgegen der lange gehegten Vermutung, dass wir insgesamt vier verschiedene Geschmacksrichtungen unterscheiden können, ist der Stand der Wissenschaft aktuell, dass über die Zunge fünf verschiedene Geschmacksrichtungen wahrgenommen werden können: bitter, salzig, süß, umami und sauer (siehe Abbildung 7.27).

Dabei gibt es für die meisten Geschmacksrezeptoren einen Bereich, in dem vor allem die Wahrnehmung dieses Geschmacks vorherrscht. Für süßen Geschmack ist das zum Beispiel an der Zungenspitze der Fall, für bitteren Geschmack erst am hinteren Ende der Zunge.

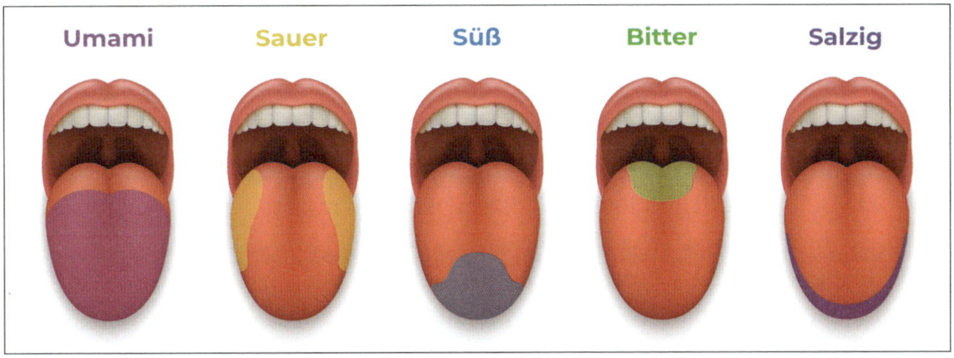

Abbildung 7.27 Geschmackszonen unserer Zunge (verändert, ursprüngliche Quelle: MicroOne/Shutterstock)

7

Die Wahrnehmung des Geschmacks ist dabei weniger leicht als Einzelergebnis zu betrachten, wie bei den bisher vorgestellten Sensoriken. Im Gegensatz zu Auge, Ohr oder Haut arbeiten Zunge und Nase zusammen, wenn wir das Aroma eines Lebensmittels wahrnehmen. Tatsächlich sprechen Forscher inzwischen überwiegend von einer geschmacklichen »Grundqualität«, wenn sie süß, sauer, salzig, bitter oder umami meinen.

Was lernen wir daraus für die Gestaltung von User Interfaces?

Das Schmecken spielt zum aktuellen Zeitpunkt eine geringe Rolle in der Gestaltung von User Interfaces, wobei dies zunehmend anders wird. So wurde vor nicht allzu langer Zeit erstmalig ein Fernseher vorgestellt, der durch den Nutzer abgeleckt werden kann (»Taste the TV«, siehe Abbildung 7.28).

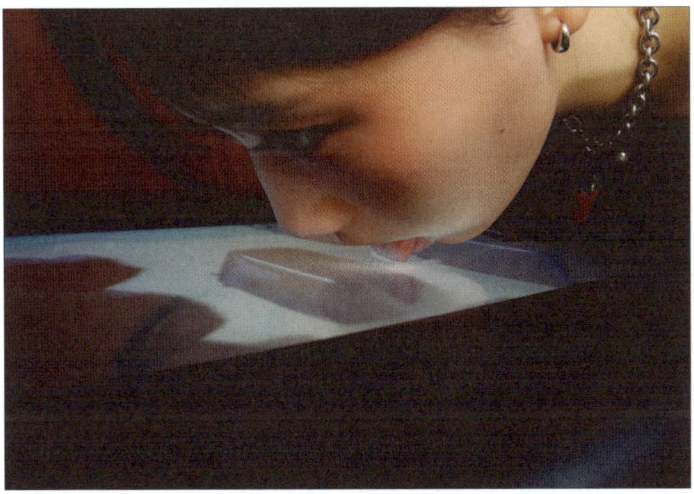

Abbildung 7.28 »Taste the TV« (TTTV) des japanischen Professors Homei Miyashita

Dadurch wollen die Hersteller erreichen, dass Nutzer auch über die Zunge stärker in die digitale Welt einbezogen werden und eine reichere Wahrnehmung der Umgebung erfahren. Das gleiche Forscherteam entwickelt diese Technologie auch beispielsweise für Gabeln, die das Essen besser schmecken lassen sollen.

Wenn Sie planen, Ähnliches zu machen, denken Sie bitte genau über die Konsequenzen nach. Geschmack simulieren zu können ist eine fantastische Idee, und wir denken, dass hier ein weitgehend unbesetzter Bereich allen kreativen Köpfen und Technikfans offensteht. Ob das jedoch bei einem Gerät sinnvoll ist, das von mehreren Personen parallel oder nacheinander benutzt wird, da hegen wir persönlich noch unsere Zweifel ...

7.2.5 Die Nase

Die Nase ist unser zweiter sensorischer Torwächter. Auch bei ihr handelt es sich um ein Warnsystem, das uns Menschen frühzeitig alarmiert. Kennen Sie den Moment, wenn Sie etwas zu essen aus dem Kühlschrank holen, das dort vielleicht schon einen Moment zu lange gewartet hat? Normalerweise riechen wir bewusst zuerst an einem solchen Essen, bevor wir es in den Mund stecken. Das Gleiche passiert auch bei weniger auffälligem Essen unbewusst. So kann, teilweise schon bevor das Essen die Zunge berührt, festgestellt werden, dass damit etwas nicht stimmt, und die Nahrungsaufnahme abgebrochen werden.

Lassen Sie uns sehen, welche Bestandteile uns ermöglichen, verdorbenes Essen zu erkennen und welche Fähigkeiten unsere Nase sonst noch besitzt.

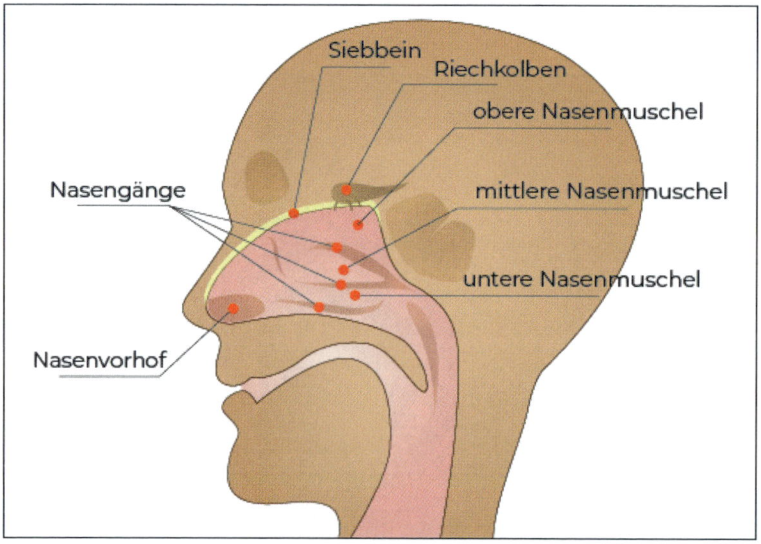

Abbildung 7.29 Für das User Interface Design wichtige Bestandteile der Nase (Quelle: verändert nach https://www.anatomie-mensch.com/)

Die Bestandteile der Nase

Die menschliche Sensorik zum Riechen befindet sich in der Nase und wird *Riechschleimhaut* genannt. Die Riechschleimhaut ist ca. 5 cm^2 groß und befindet sich weit oben in der Nasenhöhle (siehe Abbildung 7.29).

Die Substanzen, die wir später riechen, werden als einzelne Moleküle durch die Luft in unsere Nase getragen und erreichen dort die Riechschleimhaut. In der Riechschleimhaut befinden sich die Riechsinneszellen.

Die menschliche Riechschleimhaut verfügt über ca. 10.000.000 Riechsinneszellen von jedem Rezeptortyp. Das klingt unglaublich viel. Auch verglichen mit anderen Sinneszellen, wie z. B. den Geschmacksknospen, sind das viele. Folgt man aber Goldstein (2015) mit seiner Einteilung, dann sind wir Menschen sogenannte *Mikrosmaten*. Das bedeutet, dass wir weniger auf unseren Geruchssinn angewiesen sind als andere Lebewesen. Uns gegenüber stehen die *Makrosmaten*. Vielleicht lebt sogar ein Makrosmat bei Ihnen daheim: Hunde sind tatsächlich eine der Tierarten mit den empfindlichsten Nasen. Im Vergleich zum Menschen besitzen Hunde nicht 10 Millionen, sondern 1 Milliarde Riechsinneszellen für die verschiedenen Rezeptortypen. Dadurch wird ihre Nase um das 300-Fache bis 10.000-Fache empfindlicher als eine menschliche Nase (siehe Abbildung 7.30), abhängig davon, um welchen Geruch es sich handelt.

Abbildung 7.30 Vergleich der Sensitivität der Nasen des Menschen und von verschiedenen Tieren

Um die verschiedenen Gerüche wahrzunehmen, verfügen die Riechsinneszellen über unterschiedliche Geruchsrezeptoren, die auf jeweils andere Stoffe ansprechen. Damit ähnelt der Aufbau unserer Geruchswahrnehmung erst einmal dem Aufbau anderer Sinneswahrnehmungen. Interessanterweise zeigt sich aber, dass Riechen anscheinend deutlich komplexer ist. Während unsere Augen mit insgesamt vier verschiedenen Rezeptoren zurechtkommen (Sie erinnern sich: Stäbchen und S/M/L-

Zapfen), sind es beim Riechen mehr als 350 verschiedene Rezeptoren. Und wir sind noch immer Mikrosmaten: Bei der Maus (Sie haben es sich gedacht: ein Makrosmat) sind es ca. 1.000!

Bei Makrosmaten spielt der Geruchssinn eine entscheidende Rolle für die Orientierung im Raum, zur Markierung von Territoriumsgrenzen oder auch bei der Paarung. Das ist bei uns Menschen anders. Zwar gibt es auch erste Hinweise darauf, dass auch Männer die Fruchtbarkeit einer Frau riechen können, klar bewiesen in großem Maßstab ist das aber noch nicht. Insgesamt kommt Goldstein zu dem Schluss, dass Riechen für uns eher eine Luxusfunktion ist, die die Lebensqualität deutlich steigert, aber für unser Überleben nur bedingt notwendig ist.

Die schiere Menge der verschiedenen Rezeptoren führt aber auch schon beim Menschen dazu, dass die Geruchswahrnehmung recht komplex ist. Die Gerüche setzen sich gewöhnlich aus einer Antwort von verschiedenen Rezeptoren zusammen. Das Ergebnis der verschiedenen Rezeptoraktivierungen nennt sich *Geruchsprofil*.

Direkt oberhalb der Riechschleimhaut befindet sich der sogenannte *Riechkolben* (siehe Abbildung 7.29). Anders als in der Umgangssprache ist der Riechkolben nicht die Nase selbst, sondern eine Struktur, die von sogenannten Glomeruli durchzogen ist. Jeder *Glomerulus* ist dabei der Knotenpunkt, auf dem alle Geruchsrezeptoren desselben Typs zusammenlaufen. Die Glomeruli stellen den letzten wichtigen Bestandteil der Riechsensorik dar.

Nachdem Sie nun alle Teile kennengelernt haben, möchten wir Ihnen aufzeigen, welche Möglichkeiten sie uns Menschen für unsere Geruchswahrnehmung verleihen.

Geruchswahrnehmung

Der menschliche Geruchssinn ist vielleicht weniger empfindlich als der einiger Tiere, aber trotzdem ziemlich mächtig. Abhängig von der Substanz, die erschnüffelt werden soll, reichen schon winzige Mengen. So reicht weniger als 1 ppb (die Anzahl der Moleküle einer bestimmten Substanz in einer Milliarde Molekülen der Trägersubstanz – hier meistens Luft), um den Geruchsstoff Butylmercaptan wahrzunehmen, der gewöhnlich Erdgas zugesetzt wird. Bei Aceton (in manchen Nagellackentfernern enthalten) hingegen müssen es bereits 15.000 ppb sein.

Sie sehen also: Auch unsere Nase kann extremst empfindlich sein. Da es hier aber eine Vielzahl von möglichen Substanzen gibt, ist eine eindeutige Aussage über die Empfindlichkeit der Nase schwer zu treffen. Der Punkt, ab dem ein Geruch wahrgenommen werden kann, nennt sich *Entdeckungsschwelle*.

Neben der Entdeckungsschwelle gibt es die sogenannte *Erkennungsschwelle*. Ab der Erkennungsschwelle stellen wir nicht nur fest, dass da etwas ist, sondern ab diesem Punkt sind Sie in der Lage, die Qualität des Geruchs einzuordnen. Dazu gehören Feststellungen wie »blumig« oder »minzig«. Zwischen der Entdeckungsschwelle und der Erkennungsschwelle liegt circa der Faktor 3. Es müssen also dreimal so viele Teile in der Luft vorhanden sein, um den Geruch zu erkennen, als um ihn zu entdecken. Wie viele Teile genau, hängt dann aber wieder von der Substanz ab, sodass eine genaue Angabe schwierig ist.

Was aber machbar ist, ist eine Aussage über die relative Empfindlichkeit. In Studien wurde verglichen, ab welchem unterschiedlichen Anteil Menschen verschiedene Konzentrationen einer Substanz erschnüffeln können. Das Ergebnis ist, dass die Konzentration sich um mindestens 11 % unterscheiden muss, um von Menschen als unterschiedlich stark wahrgenommen zu werden.

Auch interessant zum Thema Wahrnehmungsfähigkeiten bei Geruch: Es wird davon ausgegangen, dass Menschen bis zu 100.000 verschiedene Gerüche unterscheiden können, aber dass es vielen Menschen schwerfällt, einen Geruch genau zu identifizieren.

Das heißt also: Es ist sehr wahrscheinlich, dass Sie sagen können: »Nein, das riecht anders.« Es ist aber eher unwahrscheinlich, dass Sie sagen können: »Oh, Tulpe!« Interessanterweise hat sich gezeigt, dass es sich hierbei vor allem um ein Benennungsproblem handelt, und sobald bekannt ist, um welchen Geruch es sich handelt, dieser auch so wahrgenommen wird.

Was lernen wir daraus für die Gestaltung von User Interfaces?

Damit ist der Geruchssinn für die Gestaltung von Produkten schwer zu greifen. Vielleicht spielt das Riechen auch gerade deswegen bei der Gestaltung interaktiver Medien noch immer eine sehr untergeordnete Rolle. Aber auch hier erwarten wir in den nächsten Jahren eine Veränderung, bei der auch das Riechen genutzt wird, um die Immersion in digitale Welten zu erhöhen. Im Gegensatz zum Schmecken kann das Riechen über größere Entfernungen genutzt werden, und ist damit leichter einsetzbar. Und sein wir mal ehrlich: Wenn schon ein ableckbarer Fernseher erfunden wird, kann das Riechfernsehen nicht mehr lange dauern …

Aber mal ganz im Ernst, schon heute gibt es Ansätze, Produktgestaltung über Geruch zu betreiben. Der Hersteller *Air Up* hat als Erster das Konzept angeboten, Wasser anhand von Duftstoffen mit »Geschmack« zu versehen (siehe Abbildung 7.31).

Das Versprechen dahinter: Sie können zucker- und kalorienfreies Wasser zu sich nehmen und trotzdem das Gefühl haben, ein leckeres Getränk zu genießen. Das Versprechen zieht. In nur wenigen Jahren konnte das Unternehmen von nur 5 Gründern auf mehr als 170 Person anwachsen und über eine Million Kunden gewinnen (Zahlen von 2021). Geruch kann also durchaus auch heute schon zum Erfolg beitragen.

Abbildung 7.31 Air Up – eine Trinkflasche, die durch Geruch Wasser einen »Geschmack« verleiht (Quelle: www.airup.com)

Hier zeigt sich aber auch die Besonderheit des Geruchs. Wie kommt es, dass Sie Wasser trinken, aber durch den Geruch etwas anderes schmecken? Der Geschmacks- und der Geruchssinn sind beim Menschen äußerst eng verknüpft. Ein Großteil der Geschmackswahrnehmung entsteht tatsächlich durch das Zusammenspiel von Geruch und Geschmack. Wenn eine von beiden Seiten fehlt, wird das Erlebnis schnell fad. Wahrscheinlich kennen auch Sie den Effekt bestens aus Ihrem privaten Leben. Denken Sie einmal zurück an das letzte Mal, als Sie so richtig dick erkältet waren. Die Nase war komplett zu und Sie haben kaum Luft gekriegt. Da schmeckt dann auch kein Essen.

7.2.6 Fazit

Seit der Antike gilt die Annahme, dass der Sehsinn der wichtigste aller Sinne ist und bis zu 70 % aller Sinneseindrücke auf visuellem Weg auf den Menschen treffen. Neuere Studien legen jedoch nahe, dass die Frage, welcher Sinn bei Menschen dominant ist, stark mit der Kultur und der Herkunft der Person verbunden ist.

In einer Studie konnten Asifa Majid und Kollegen (2018) zeigen, dass abhängig von der Kultur andere Sinneseindrücke viel besser sprachlich beschrieben werden können und damit stärker im Fokus der jeweiligen Kultur stehen. Unsere westliche Kultur ist dabei vorwiegend durch die Augen geprägt, wohingegen im Nahen Osten eine Dominanz des Geschmackssinns festgestellt wurde. Über die untersuchten Kulturen hinweg gab es jeweils ganz verschiedene primäre Sinne, wobei einzig und allein der Geruchssinn als ziemlich schwer zu greifen für die meisten Kulturen eingestuft wurde. Die einzige Ausnahme davon scheinen Kulturen zu sein, die auch heute noch einen starken Fokus auf Jagen und Sammeln legen.

Unabhängig von der Kultur haben wir in Abbildung 7.32 noch einmal die verschiedenen Sensoren für Sie zusammengefasst:

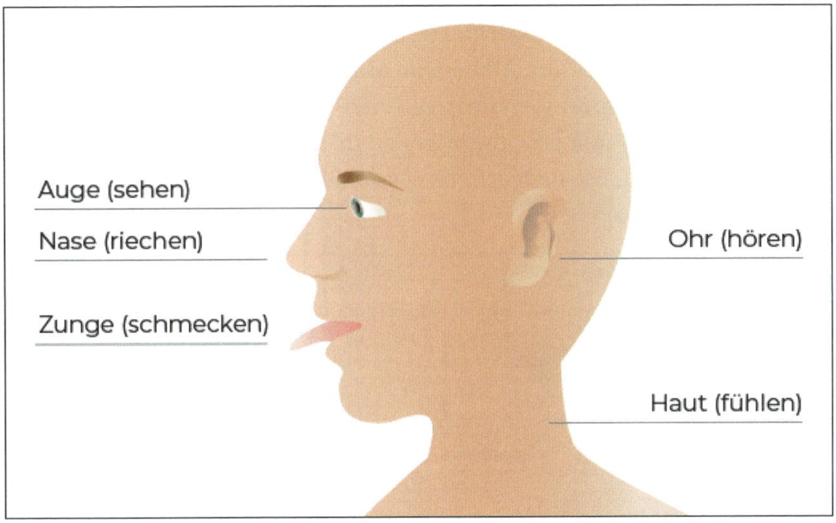

Abbildung 7.32 Übersicht über die vorgestellten Sensoren des menschlichen Körpers

Unsere Sensorik ist aber nur ein Teil unserer Wahrnehmung. Ein großer Teil der Wahrnehmung findet tatsächlich nicht in den Sinnesorganen statt, sondern in unserem Gehirn. Wie unser Gehirn Informationen verarbeitet, sehen wir uns gemeinsam im nächsten Abschnitt an.

7.3 Menschliche Informationsverarbeitung

Auf den letzten ungefähr 40 Seiten haben wir uns – mehr oder weniger detailliert – mit den wichtigsten Sensoriken des Menschen beschäftigt. Wir haben versucht, so anschaulich wie möglich zu machen, was es an menschlicher Sensorik alles gibt und was die Sensorik alles kann. Außerdem haben wir in jedem Abschnitt versucht, den Bezug zu Ihnen und Ihrer Arbeit als Usability und User Experience Designer herzustellen.

Trotzdem ist das Kennen der menschlichen Sensorik nur ein erster Schritt, um die menschliche Wahrnehmung und Informationsverarbeitung insgesamt zu verstehen. In diesem Kapitel möchten wir gerne mit Ihnen die »zweite« Seite beleuchten, nämlich das, was passiert, wenn die Sensorik gemeldet hat: »Hier ist was!«

Wie Sie sich vorstellen können, ist die menschliche Informationsverarbeitung extrem komplex. Allein das Buch »Arbeitswissenschaft« (Schlick, Bruder, Luczak, 2010) widmet dem Thema Informationsverarbeitung mehr als 100 Seiten. Dabei ist das Buch ein umfassendes Standardwerk, das nur die wichtigsten Themen behandelt – aber nicht bis ins kleinste Detail. Es gibt ganze Bücher, die nichts anderes beleuchten als die menschliche Informationsverarbeitung. Für dieses Buch liegt unser Fokus aber auf dem Usability und User Experience Design. Wir möchten Ihnen die wichtigsten Basics mitgeben, dampfen das Ganze aber sehr deutlich ein und stellen Ihnen nur ein einziges, vereinfachtes Modell vor. Aber keine Angst: Das Modell ist zwar einfach, funktioniert aber wirklich hervorragend für unseren Zweck. Zusätzlich hat es den Vorteil, dass es aufgrund der Einfachheit sehr gut zu merken und dadurch in der Praxis sehr gut zu verwenden ist. Die Rede ist vom vereinfachten *Reiz-Reaktions-Modell* (siehe Abbildung 7.33) nach Luczak (1975).

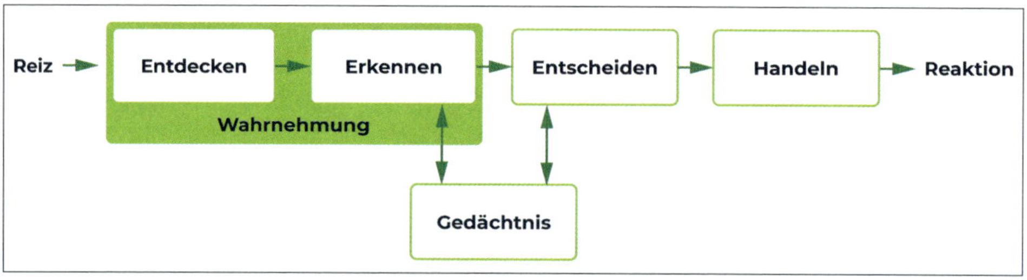

Abbildung 7.33 Das vereinfachte Reiz-Reaktions-Modell nach Luczak (1975)

Das Modell selbst ist zwar schon recht alt, im Vergleich zur Menschheitsgeschichte aber noch ziemlich jung. Glauben Sie uns: So schnell ändert sich der grundlegende menschliche Informationsverarbeitungsprozess nicht. Aber nun: Lassen Sie uns das Modell gemeinsam ansehen.

7.3.1 Grundlegendes zum Modell

Das vereinfachte Reiz-Reaktions-Modell der menschlichen Informationsverarbeitung basiert auf der Idee, dass die Informationsverarbeitung in einzelnen sequenziellen Stufen abläuft. Das heißt: Erst wenn eine Stufe erfolgreich abgeschlossen ist, kann die nächste Stufe starten.

Für unser betrachtetes Modell bedeutet das im Schnelldurchlauf (keine Angst, wir gehen alles später noch ausführlich durch): Zuerst muss ein Reiz vorhanden sein. Dieser muss dann entdeckt werden, bevor er erkannt werden kann. Im Anschluss daran findet eine Entscheidung statt, die zu einer Handlung führt. Die Handlung ist dann die Reaktion, die in der Außenwelt beobachtet werden kann. Auf das Erkennen und die Entscheidung wirkt außerdem noch das Gedächtnis ein.

Neben dem sequenziellen Ablauf steht hinter dem Modell die Idee, dass menschliche Informationsverarbeitung Zeit benötigt. Erst wenn die benötigte Zeit auf einer Stufe investiert wurde, wird es möglich, in die nächste Stufe vorzudringen. Je mehr Stufen durchlaufen werden, umso mehr Zeit muss also investiert werden. Tatsächlich wurde dieses Modell mit mehr oder weniger aufwendigen Versuchen belegt, und die Zeiten für die einzelnen Stufen wurden an einfachen Beispielen berechnet.

Sie brauchen sich nicht zu merken, wie lange ein einzelner Schritt dauert. Aber Sie sollten für sich mitnehmen, welche Stufen der Informationsverarbeitung es gibt und was auf den einzelnen Stufen passiert.

Tipp

Es empfiehlt sich, diesen Abschnitt besonders aufmerksam zu lesen. Diesem Modell werden Sie nämlich an anderer Stelle im Buch wieder begegnen, und zwar in Abschnitt 12.22, »Fehler analysieren mithilfe der Root-Cause-Analyse«, da es – zumindest in der Entwicklung von Medizinprodukten – fest verankert ist.

Ein Hinweis noch vorab: Wie der Name es schon vermuten lässt, handelt es sich bei dem Modell um eine starke Vereinfachung der menschlichen Informationsverarbeitung. Daher lassen sich mit dem Modell auch nicht alle beobachtbaren Verarbeitungsschritte komplett erklären. Das ist aber auch nicht unser Anspruch, sondern wir wollen ein Modell für die Praxis einführen. Los geht's!

7.3.2 Reiz

Zu Beginn der Informationsverarbeitung steht immer ein *Reiz*. Wie Sie vielleicht aus Abschnitt 7.2, »Wahrnehmung – die menschliche Sensorik«, mitgenommen haben, sind die Reize, die von uns Menschen verarbeitet werden können, äußerst vielfältig. Der Reiz, der die Informationsverarbeitung anstößt, kann Licht sein, ein Ton, eine Berührung, eine Temperaturänderung oder eine chemische Substanz, wie im Fall vom Riechen oder Schmecken.

In den meisten Situationen unseres Lebens prasseln extrem viele Reize auf uns ein, aber nur sehr wenige dieser Reize erreichen uns tatsächlich. Der Filter, der zwischen dem Reiz und uns steht, ist in vielen Fällen die *Aufmerksamkeit*. Mit unserer Aufmerksamkeit können wir – mehr oder weniger – bewusst steuern, welche Reize an uns herankommen und welche nicht. Wie wir im Abschnitt zur Wahrnehmung bereits beschrieben haben, gilt das nicht für jeden Reiz. Beispielsweise können Sie einen plötzlichen Schmerz nicht ignorieren.

Die Aufmerksamkeit selbst betrachten wir in diesem Modell aber nicht näher, auch wenn es zu ihr natürlich noch viel mehr zu sagen gäbe.

Bitte nehmen Sie aus diesem Abschnitt mit: Ohne Reiz gibt es auch keine Informationsverarbeitung. Prinzipiell könnte der Reiz auch ein interner sein. Wir konzentrieren uns für dieses Buch aber auf externe Reize, weil Sie als Usability und User Experience Designer vor allem »außerhalb« des Menschen tätig sind.

7.3.3 Entdecken

Der erste Schritt, der dann tatsächlich im Menschen passiert, ist das *Entdecken* eines Reizes. Beim Entdecken geht es schlicht und einfach darum, dass der Reiz aus der Fülle der vorhandenen Reize herausgefiltert wird. Das Entdecken bildet dabei den ersten Schritt der *Wahrnehmung* (siehe Abbildung 7.33).

Damit das Entdecken funktioniert, muss der Reiz so gestaltet sein, dass er zu den menschlichen Sinnesorganen, der Umgebung und dem aktuellen Zustand passt.

Stellen Sie sich vor, Sie bauen ein Produkt, das Personen mittels einer Warnlampe mitteilt, dass es ein Problem gibt. So weit, so gut. Aber jetzt stellen Sie sich vor, Sie hätten sich aus Verfügbarkeitsgründen dafür entschieden, eine Warnlampe mit reinem UV-Licht zu nutzen. UV-Licht liegt außerhalb des sichtbaren Spektrums für das menschliche Auge. Es gäbe also gar keine Chance, dass der Warnhinweis entdeckt wird (siehe Abbildung 7.34).

Abbildung 7.34 Die UV-Lampe versucht, Sie intensiv zu warnen – oder doch nicht?

Aber auch weniger eindeutige Fälle können dazu führen, dass ein Reiz nicht entdeckt wird. Stellen Sie sich vor, Sie sind in einem Auto auf der Autobahn unterwegs und möchten gerne überholen. Als Sie nach links ziehen, fängt es hinter Ihnen plötzlich laut zu hupen an. Anscheinend war da ein anderes Fahrzeug neben Ihnen. Durch den toten Winkel konnten Sie das andere Fahrzeug aber nicht entdecken. Es kann also auch sein, dass Sie einen Reiz nicht entdecken, weil er von Ihrer Position aus gesehen für Sie einfach nicht entdeckbar war (siehe Abbildung 7.35).

Abbildung 7.35 Ein Fahrzeug im toten Winkel. Der Reiz ist da, aber nicht immer zu entdecken.

Betrachten wir noch ein weiteres Beispiel. Stellen Sie sich vor, Sie stehen im gleißenden Sonnenschein im Freien und wollen etwas auf Ihrem Smartphone ablesen. Durch das starke Sonnenlicht können Sie auf dem Display aber überhaupt keine Schrift sehen, sondern einfach nur eine helle Fläche. Auch das wäre ein Fall, wo Sie die Reize nicht entdecken würden (siehe Abbildung 7.36).

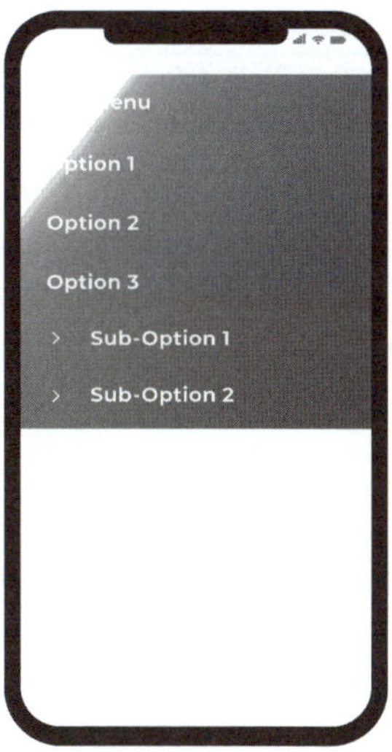

Abbildung 7.36 Smartphone-Display im hellen Sonnenschein. Auch hier ist ein Reiz vorhanden, der aber für das menschliche Auge kaum zu entdecken ist.

Ob Sie einen Reiz entdecken, hängt also davon ab, ob der Reiz zu Ihnen und Ihren Wahrnehmungsmöglichkeiten passt. Dass diese zum Teil eingeschränkt sein können (beispielsweise durch Farbfehlsichtigkeit) oder sich im Laufe des Lebens auch verändern (beispielsweise durch Altersweitsichtigkeit), haben wir ebenfalls betrachtet.

Die Entdeckung hängt auf der anderen Seite aber auch damit zusammen, ob die Umgebung die Entdeckung überhaupt zulässt und in welcher Position Sie relativ zu Reiz stehen. Visuelle Anzeigen wie Displays, Screens etc. hinter einem Menschen anzuordnen, funktioniert zum Beispiel auch nur in den seltensten Fällen.

Wir hatten es bereits einleitend geschrieben: Eine der Grundannahmen des vereinfachten Reiz-Reaktions-Modells ist es, dass die einzelnen Stufen Verarbeitungszeit benötigen. Das lässt sich an diesem Beispiel sehr schön beschreiben. Wird ein Display hinter einem Menschen angeordnet, dann wird ein von dort ausgesendeter visueller Reiz irgendwann entdeckt – aber das kann Stunden dauern. Liegt das Display vor dem Menschen direkt im Sichtbereich, erfolgt die Entdeckung wahrscheinlich sehr viel schneller. Streng genommen hängt der Mensch dabei natürlich nicht in der Stufe »Entdecken« fest, sondern durchläuft alle Stufen diverse Male. In der Praxis des Usability und User Experience Designs geht es aber dann doch oft um das Entdecken eines bestimmten Ereignisses, weshalb wir diesen Punkt für die Erklärung vernachlässigen und weiter beispielsweise von einer »langsamen Entdeckung« sprechen.

Wie schnell Sie einen Reiz entdecken, hängt zum einen von der Reizstärke und »Platzierung« ab. Zusätzlich hängt die Entdeckung aber auch vom Menschen selbst ab – und da sind wir wieder beim Thema *Aufmerksamkeit*. Sind Sie beispielsweise gerade in dieses Buch vertieft (wovon wir stark ausgehen), dann blenden Sie einige andere Reize in Ihrer Umgebung aus. Auch wenn Sie müde oder betrunken wären, würde sich die Wahrscheinlichkeit, einen Reiz zu übersehen oder erst später zu entdecken, deutlich erhöhen.

Den persönlichen Zustand klammert das Modell aus – für Sie ist es aber wichtig, sich auch darüber Gedanken zu machen. Wenn Ihr Produkt zum Beispiel in einer Feuerwache mit Bereitschaftsdienst eingesetzt wird, dann kann es durchaus passieren, dass die Nutzer überdurchschnittlich müde sind oder erst geweckt werden müssen, bevor der Reiz, den Sie mit Ihrem System, Produkt oder Ihrer Dienstleistung setzen, entdeckt wird.

Manchmal ist aber das schnelle Entdecken allein schon das Ziel der Gestaltung. Wenn Sie zum Beispiel an eine Warnweste denken, dann geht es in erster Linie um das schnelle Entdecken.

Um das Entdecken zu fördern, stehen Ihnen im Bereich Usability und User Experience Design verschiedenste Möglichkeiten zur Verfügung: Sie können über die Farbe arbeiten, über die Größe, die Form, über Töne, über Blinken ... Generell gilt: Je ungewöhnlicher der Reiz in seiner Umgebung ist, umso wahrscheinlicher wird der Reiz entdeckt. Was aber passiert mit einem Reiz, wenn er entdeckt wurde?

7.3.4 Erkennen

Stellen Sie sich vor, Sie haben es geschafft, Ihr Smartphone-Display trotz des hellen Sonnenlichts in eine Position zu drehen, in der Sie den Inhalt auf dem Display entdecken. Das bedeutet in einem ersten Schritt nichts anderes, als dass Ihnen Ihr Gehirn mitteilt: »Achtung, da ist etwas.« Beim *Erkennen* geht es jetzt um die Frage, ob Sie aus dem, was Sie da sehen, hören, riechen, schmecken oder fühlen, auch tatsächlich eine Bedeutung ableiten können.

Stellen Sie sich vor, dass auf dem Bildschirm zum Beispiel die Schriftzeichen aus Abbildung 7.37 zu sehen wären:

Δασ ήιερ ιστ ειν Τεξτ ιν Ωινδοωσ Σχηριφτ

Abbildung 7.37 Diese Zeichen haben Sie entdeckt. Aber können Sie sie auch erkennen?

Dann könnte es durchaus sein, dass Sie die Schriftzeichen zwar entdecken (Sie wissen also, dass sie da sind), sie aber nicht erkennen können.

In diesem Beispiel bedeuten die Zeichen den Satz »Das hier ist ein Text in Windows Schrift« – geschrieben mit der Schriftart »Symbol« aus Microsoft Word. Erkennen hat also damit zu tun, ob Sie verstehen, was Sie entdeckt haben.

Je mehr Sie persönlich schon gelernt haben, umso leichter fällt es Ihnen, bestimmte Reize nicht nur zu entdecken, sondern auch zu erkennen. In der Grafik zum vereinfachten Reiz-Reaktions-Modell der Informationsverarbeitung ist dieser Zusammenhang durch die Pfeile in Richtung *Gedächtnis* abgedeckt (siehe Abbildung 7.33).

Ihr Gedächtnis hat dabei zwei Funktionen: Auf der einen Seite können Sie sich daran erinnern, dass Sie so etwas schon einmal gesehen haben. Auf der anderen Seite kann es sein, dass Sie bereits eine Bedeutung dazu gespeichert haben. Zum Beispiel kann ein kleines Kind sich vielleicht daran erinnern, dass es schon einmal einen Elefanten gesehen hat. Es wird aber höchstwahrscheinlich mehr als einen Elefanten brauchen, bis es sich merkt, dass das große graue Tier »Elefant« heißt.

Übertragen auf die Schriftzeichen, könnte das bedeuten:

- Sie sehen die Zeichen zum ersten Mal und erkennen sie nicht (Entdecken, aber kein Erkennen).
- Sie sehen die Zeichen zum zweiten Mal und wissen jetzt, dass es Schriftzeichen in »Symbol« sind (Entdecken und teilweise Erkennen).
- Sie sehen die Zeichen zum wiederholten Mal, haben sie auswendig gelernt und können den Text jetzt in »Symbol« lesen (Entdecken und vollständiges Erkennen).

Auch an dieser Komponente kann man wieder den Bezug zur Zeit ableiten. Es ist direkt einleuchtend, dass bei den drei genannten Punkten eine unterschiedlich lange Bearbeitungszeit zugrunde liegt. Können Sie »Symbol« lesen, dann läuft das Erkennen sehr schnell ab. Müssen Sie hingegen erst einmal verstehen, um welche Zeichen es sich handelt und ihre Bedeutung recherchieren, könnten hier auch Stunden vergehen. (Auch dabei würde der komplette Informationsverarbeitungsprozess natürlich diverse Male durchlaufen und nicht an der einen Stelle stehen bleiben, was wir aus Komplexitätsgründen vernachlässigen.)

Die Wahrnehmung funktioniert in dieser Form natürlich nicht nur mit Schriftzeichen. Stellen Sie sich vor, Sie fahren auf eine Ampel zu. Wenn Sie die Ampel als Reiz entdecken, dann sehen Sie zunächst, dass in der Reizrichtung irgendein Gebilde steht, auf dem ein grünes Licht brennt. Wenn Sie nun aber erkannt haben, dass es sich bei dem Gebilde um eine Ampel handelt, dann erkennen Sie auch, dass die Ampel auf Grün steht, und wissen, dass diese Farbe bedeutet, dass Sie fahren dürfen.

Um die Bedeutung der grünen Ampel zu kennen, müssen Sie diese gelernt haben. Dass das Lernen der Bedeutung den Unterschied zwischen Entdecken und Erkennen bildet, versteht man aus unserer Erfahrung am leichtesten am Beispiel von Kleinkindern. Beobachtet man Kleinkinder, dann hört man sie immer wieder begeistert rufen: »Mama/Papa, guck!«. Dabei zeigen sie meist auf irgendetwas, das sie gerade entdeckt haben. Kurz danach folgt dann oft die Nachfrage: »Was macht die/das/der da?« Das Entdecken funktioniert also super, das Erkennen aber noch nicht vollständig, weil noch wenig Anknüpfungspunkte vorhanden sind.

Neben dem Erkennen von immer vielfältigeren Reizen funktioniert auch mit zunehmender Vertrautheit die Verarbeitung schneller. So können zum Beispiel Situationen als Ganzes eingeschätzt werden und nicht mehr nur als einzelne Bestandteile betrachtet werden. Auch hier ist ganz klar: Je mehr gelernt wurde, desto besser funktioniert das Einschätzen der Lage und desto schneller sind Sie.

Für Ihre Gestaltung ist das deshalb wichtig, weil Ihnen als Usability und User Experience Designer bewusst sein muss, dass »gesehen haben« nicht »verstanden haben« bedeutet. Vor allem, wenn Sie in Ihrer Gestaltung viel mit Symbolen arbeiten, sollten Sie sich diesen Umstand regelmäßig vor Augen führen! Es gibt einen großen Unterschied im Erkennen zwischen sehr erfahrenen und unterfahrenen Nutzern mit einem bestimmten Produkt oder Fachgebiet.

Wenn Sie in einem regulierten Umfeld unterwegs sind, können Sie das Erkennen optimieren, indem Sie *Standardsymbole* verwenden. Auch dann, wenn Sie in der Gestaltung sehr frei sind, sollten Sie aus Usability-Sicht auf Symbole zurückgreifen, die bereits etabliert sind. Falls sie trotzdem eigene bzw. neue Symbole einsetzen, sollten Sie sie auf Verständlichkeit und Interaktionsgeschwindigkeit testen.

Auch bei der Verwendung von reiner Sprache kann es Ihnen natürlich passieren, dass Sie Menschen, die eine bestimmte Sprache (nicht) sprechen, durch Ihre Gestaltung ausschließen. Also nehmen Sie bitte mit: Einen Reiz zu entdecken, heißt nicht, ihn auch zu verstehen. Testen Sie sich selbst anhand von Abbildung 7.38 – vermutlich können Sie alle Schilder entdecken. Aber können Sie auch jeweils ihre Bedeutung erkennen?

GHS01
Gefahr
Unstabil, Explosionsgefahr

GHS02
Gefahr oder Achtung
Entzündlich

GHS03
Gefahr oder Achtung
Brandfördernd

GHS04
Achtung
Komprimierte Gase

GHS05
Gefahr oder Achtung
Ätzend etc. Kat. 1

GHS06
Gefahr
Giftig Kat. 1-3

GHS07 Achtung
Giftig Kat. 4
(Gesundheitsschädlich)
Ätz- oder Reizwirkung Kat. 2
Niedrige systemische
Gesundheitsgefährdung

GHS08
Gefahr oder Achtung
Systemische
Gesundheitsgefährdung

GHS09
Achtung (für Kat. 1)
(für Kat. 2-4 kein
Signalwort)
Umweltgefährlich
Kat. 1-3

Abbildung 7.38 Verschiedene Gefahrenzeichen, die Sie vermutlich alle entdecken können. Aber können Sie auch alle erkennen? (Quelle: https://www.reach-compliance.ch/ghsclp/neuegefahrenpiktogramme/)

Vielleicht noch ein interessantes Detail zum Schluss: Menschen sind unglaublich stark im Erkennen von menschlichen Gesichtern. Das geht sogar so weit, dass wir in allen möglichen natürlichen Formen wie zum Beispiel Wolken oder Bäumen Gesichter erkennen »können« (siehe Abbildung 7.39).

Abbildung 7.39 Wir erkennen menschliche Gesichter auch da, wo kein menschliches Gesicht ist.

Diese Ausrichtung auf menschliche Gesichter ist sehr sinnvoll. Sie hilft uns, Gesichter schnell zu erkennen und vor allem innerhalb kürzester Zeit einen Eindruck von Gesichtern zu bekommen. Es dauert weniger als eine Sekunde, bis wir uns ein erstes Bild gemacht haben. Dieses erste Bild ist im Anschluss eine Ersteinschätzung, der sogenannte erste Eindruck, für den es ja bekanntlich keine zweite Chance gibt. Diese schnelle Bearbeitung hilft uns, zwischen »gut« und »böse« unterscheiden zu können – eine ganz wichtige Fähigkeit, wenn es ums Überleben geht. Obwohl es darum zum Glück in unserem Teil der Erde selten geht, ist die Fähigkeit dazu weiter vorhanden.

7.3.5 Entscheiden

Auch wenn Sie den Reiz entdeckt und erkannt haben, ist mit der Informationsverarbeitung noch lange nicht Schluss. Tatsächlich kommt jetzt ein sehr entscheidender Punkt, der teilweise bei der Gestaltung von User Interfaces komplett übersehen wird. Wir sprechen von der *Entscheidung*. Nur, weil Sie etwas erkannt haben, heißt das nicht, dass Sie gezwungen sind, auf eine bestimmte Art und Weise zu reagieren.

Denken Sie bitte noch einmal zurück an das Beispiel mit der grünen Ampel. Sie haben die Ampel entdeckt und ebenfalls entdeckt, dass gerade das grüne Licht leuchtet. Sie haben Ihren Führerschein schon eine ganze Weile und wissen, dass Grün bedeutet, dass Sie fahren dürfen. Trotzdem könnten Sie an der Stelle entscheiden, dass Sie lieber anhalten wollen. Vielleicht nehmen Sie zusätzlich wahr, dass von der Seite ein anderes Fahrzeug ungebremst auf die Kreuzung zurast, oder Sie sehen, dass in der Kreuzung schon drei Autos stehen, weil sich ein Rückstau in die Kreuzung hinein gebildet hat. Sie haben also immer die Möglichkeit, zu wählen, wie Sie auf einen bestimmten Reiz reagieren möchten. Eines unserer Lieblingszitate zu dem Thema wird Viktor Frankl, einem bekannten Neurologen und Psychiater zugeordnet:

> *»Zwischen Reiz und Reaktion liegt ein Raum. In diesem Raum liegt unsere Macht zur Wahl unserer Reaktion. In unserer Reaktion liegen unsere Entwicklung und unsere Freiheit.«*

Was Frankl damit sagen will, ist extrem wichtig: Nicht der Reiz bestimmt, was wir tun, sondern unsere Entscheidung und unsere Reaktion. Lassen Sie uns das an einigen Beispielen verdeutlichen. Wir starten harmlos und steigern uns dann ins Dramatische.

Stellen Sie sich vor, Sie fahren in Ihrem Fahrzeug wieder auf die Kreuzung zu. Diesmal ist die Ampel aber nicht grün, sondern gelb. Was machen Sie? Vielleicht halten Sie an, vielleicht fahren Sie weiter. Es gibt mindestens zwei (tatsächlich natürlich noch viele weitere) Möglichkeiten. Da nicht alle Personen und vermutlich nicht einmal Sie selbst stets das gleiche Verhalten an einer gelben Ampel zeigen, wissen Sie auch bereits, dass es nicht an der Ampel liegt, wie Sie sich entscheiden.

Nächstes Beispiel: Stellen Sie sich vor, Sie sind mit Ihren Kindern auf einem Spaziergang draußen, als es plötzlich anfängt, wolkenbruchartig zu regnen. Innerhalb von Sekunden sind Sie nass bis auf die Haut. Was machen Sie? Vielleicht ärgern Sie sich, versuchen Ihre Kinder schneller nach Hause zu bringen und schimpfen den ganzen Nachhauseweg lang über das schlechte Wetter. Vielleicht tanzen Sie aber auch mit Ihren Kindern im Regen, hüpfen durch die Pfützen und stimmen laut *»I'm singing in the rain«* an. Nass sind Sie ja schließlich schon! Egal wie Sie sich entscheiden – es gibt verschiedene Reaktionen. Auch dieses Beispiel zeigt: Es liegt nicht am Regen, sondern an Ihrer Entscheidung (siehe Abbildung 7.40).

Zu dem Thema Entscheidung gibt es unglaublich viel zu sagen. Für Sie als Usability und User Experience Designer ist dabei Folgendes wichtig zu verstehen:

- Eine Person kann etwas richtig erkannt haben. Das heißt aber nicht automatisch, dass sie die aus Ihrer Sicht richtige Entscheidung trifft.
- Die Entscheidung einer Person ist von ihrer Erfahrung (hier kommt auch wieder das Gedächtnis ins Spiel) stark beeinflusst. Es kann sein, dass die Person gelernt hat, was gut und was weniger gut für sie ist, und auf Basis dieser Erfahrung entscheidet. Es kann aber auch sein, dass die Person nicht gelernt hat, was gut bzw. schlecht ist, und trotzdem entscheidet.

- Menschen entscheiden immer so, wie es für sie in diesem einen Moment am sinnvollsten ist. Kein Mensch möchte sich dumm verhalten, sondern er/sie trifft die Entscheidung, zu der er/sie in diesem Moment in der Lage war.

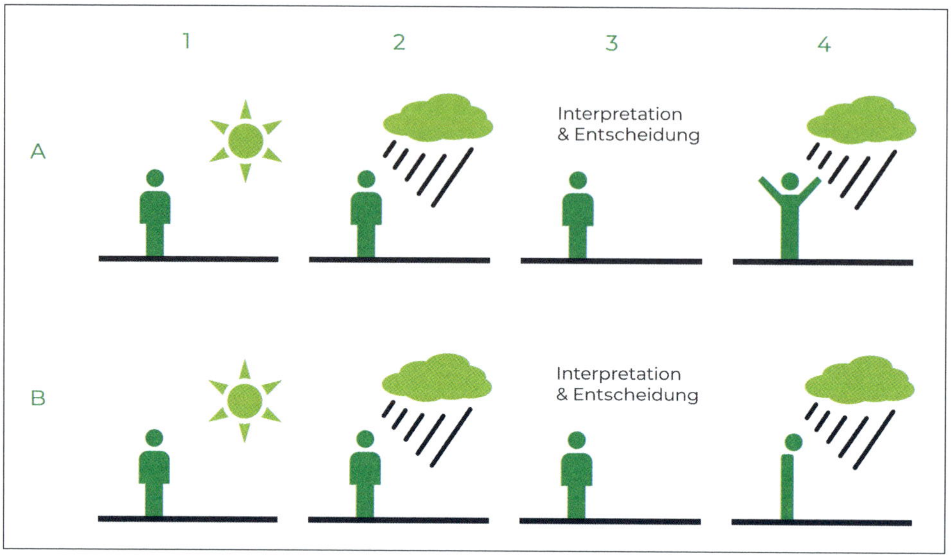

Abbildung 7.40 Zwei unterschiedliche Entscheidungsoptionen bei Regen: A: Fröhlich »I'm singing in the rain« singen, B: Sich ärgern und nass nach Hause gehen

Was bedeutet das jetzt für Sie? Wenn es für Sie wichtig ist, dass die Nutzenden von einem System, einem Produkt oder einer Dienstleistung die »richtige« Entscheidung treffen, dann müssen Sie ihnen dabei helfen. Dabei sollten Sie die Nutzenden sowieso nur notwendige Entscheidungen treffen lassen. Wenn Sie etwas automatisieren können, dann tun Sie das. Man geht davon aus, dass jede bewusst getroffene Entscheidung Energie kostet und dass die Menge der Energie, die ein Mensch pro Tag für Entscheidungen aufbringen kann, begrenzt ist. Zusätzlich können bei jeder Entscheidung Fehler auftreten. Versuchen Sie also, die Menge der Entscheidungen auf das Maß zu begrenzen, das wirklich sein muss.

Geben Sie Ihren Nutzenden zudem die notwendigen Informationen für die Entscheidung an die Hand. Wenn Sie das nicht machen, dann wird auf Basis der zur Verfügung stehenden Informationen entschieden. Wenn diese Informationen nicht ausreichend oder korrekt sind, wird sich das in der Entscheidung widerspiegeln. Bedenken Sie auch, dass vor allem unter Stress der Informationsabruf schlechter ist und dass Nutzende dazu tendieren, in gewohnte Muster zu verfallen. Unterstützen Sie also Entscheidungen, vor allem in Stresssituationen.

Lassen Sie uns noch einmal einige Beispiele ansehen, die den Bezug zum Usability und User Experience Design noch stärker herausstellen.

Stellen Sie sich vor, Sie gestalten eine Online-Banking-Anwendung. In der Anwendung werden die Nutzenden automatisch nach 5 Minuten abgemeldet. Das zeigen Sie auch präsent mit einem Timer in der oberen rechten Ecke an (siehe Abbildung 7.41).

Abbildung 7.41 Online-Banking mit einem Timer in der rechten oberen Ecke

Wenn Ihre Nutzenden jetzt also sehen, dass sie noch für 5 Minuten im Online-Banking angemeldet sind, dann kann es sein, dass sie sich entscheiden, noch schnell die passende Rechnung zur Überweisung herauszusuchen. Wenn sie die Rechnung gefunden haben, stellen sie fest, dass die Anmeldung abgelaufen ist und sie sich erneut anmelden müssen. Oder sie könnten – kurz vor Ablauf der Frist – noch einmal eine neue Aktion ausführen, um den Timer von Neuem zu starten und so angemeldet zu bleiben. Wofür sich die Nutzenden entscheiden, hängt z. B. davon ab, ob sie selbst glauben, es noch rechtzeitig zu schaffen.

Ähnliches könnte passieren, wenn Sie bei einem Gerät eine Batterieanzeige haben, die nur noch 10 % Ladestand anzeigt. Der Nutzer entdeckt die Information und erkennt auch, dass 90 % der Batterie leer sind. Ob er aber im Anschluss nach einem Ladekabel sucht, wird ganz stark davon abhängen, wie lange gewöhnlich 10 % Akku reichen. Wenn es für das Gerät schwerwiegende Folgen hätte, wenn es sich aufgrund von zu niedrigem Akkustand ausschaltet, dann sollten Sie die Nutzenden bei dem Finden einer guten Entscheidung unterstützen. Dazu könnten Sie zum Beispiel anstelle der prozentualen Ladung eine geschätzte Zeitdauer angeben, die der Akku noch übersteht. Oder Sie könnten eine Warnmeldung hinzufügen, wenn der Akkustand unter 5 % fällt.

Das alles sind Möglichkeiten, mit denen Sie versuchen, die Nutzenden zu einer aus Ihrer Sicht guten Entscheidung zu bringen. Wenn es also für Sie wichtig ist, wie die Nutzenden sich im Umgang mit Ihrem System, Ihrem Produkt oder Ihrer Dienstleistung entscheiden, dann unterstützen Sie sie so viel wie möglich. Noch einmal kurz zusammengefasst: Im Schritt »Entscheiden« nimmt der Nutzende alle Informationen, die er mit vertretbarem Maße bekommen kann, und wählt aus den verschiedenen Möglichkeiten aus. Wenn der Schritt »abgeschlossen« ist, dann weiß die Person also, was sie machen möchte.

7.3.6 Handeln

Alsletzter Punkt im Modell steht die tatsächliche Handlung. Jetzt fragen Sie sich vielleicht: »Ja, wie? Es ist doch schon entschieden, was hier passiert!« Ja, da haben Sie recht. Es gibt aber einen Unterschied zwischen der Entscheidung, etwas zu tun, und der tatsächlichen Umsetzung.

Stellen Sie sich erneut vor, Sie fahren mit Ihrem Wagen auf die Kreuzung zu. Die Ampel springt auf Gelb. Sie *entdecken* den Farbwechsel, Sie *erkennen*, dass das bedeutet, dass die Ampel gleich auf Rot schalten wird, und Sie *entscheiden*, dass Sie lieber über die Kreuzung fahren als bremsen möchten. (Wir lassen hier außen vor, dass die Straßenverkehrsordnung vorschreibt, anzuhalten, wenn Sie dazu in der Lage sind.) Daraufhin treten Sie auf die Kupplung, um noch einmal einen Gang herunterzuschalten, um schneller beschleunigen zu können. Leider fahren Sie heute aber nicht Ihr eigenes Auto, sondern haben einen Leihwagen von der Firma, der ein Automatikgetriebe besitzt. Anstatt zu kuppeln, treten Sie das Bremspedal voll durch und stoppen nach einer Vollbremsung sogar noch deutlich vor der Kreuzung. Hier widersprechen sich also die Entscheidung und die tatsächliche Handlung – in diesem Fall, weil ein Fehler in der Umsetzung aufgetreten ist.

Manchmal unterscheiden sich aber auch die Entscheidung und die danach tatsächlich ausgeführte Handlung, weil äußere Einflüsse ins Spiel kommen. Stellen Sie sich zum Beispiel vor, Sie sind Hersteller eines Reinigungsmittels. Ihr Reinigungsmittel verfügt über einen Verschluss mit einer Sicherung, damit nicht aus Versehen Kinder in Berührung mit der giftigen Substanz kommen. Zufälligerweise arbeiten in Ihrer Entwicklungsabteilung aber ausschließlich Männer, die den Prototyp auslegen (also festlegen, wie er letztendlich aussieht und funktioniert). Als Sie das Produkt zum ersten Mal in einen Test mit Nutzern werfen, merken Sie, dass ein Teil der Frauen die Verschlusskappe nicht öffnen kann, weil sie nicht genug Kraft haben. Auch das wäre ein Problem, das auf der Handlungsebene auftritt – obwohl die Entscheidung, die Flasche zu öffnen, getroffen wurde.

Bei der Stufe *Handeln* kommt es also darauf an, die getroffene Entscheidung in der realen Welt umzusetzen. Wie wir anhand der beiden Beispiele in diesem Abschnitt gesehen haben, sind im Usability Design hauptsächlich die Situationen spannend, in denen Nutzer nicht in der Lage sind, die gewünschte Handlung auszuführen. Der Grund: Hier besteht noch Handlungsbedarf in der Gestaltung. Daher möchten wir noch ein paar weitere Beispiele diskutieren, bei denen die Entscheidung und die Handlung voneinander abweichen.

Stellen Sie sich vor, dass Sie aus einem Gebäude an die frische Luft treten möchten. Sie schauen sich nach der Ausgangstür um, entdecken diese und erkennen sie auch als Ausgangstür. Sie fällen die Entscheidung, die Tür durch Drücken zu öffnen, was Sie auch probieren. Als Sie die Handlung Drücken ausführen, entdecken Sie einen Gegendruck. Sie erkennen, dass sich die Tür durch Ziehen öffnen lässt, und entscheiden, an der Tür zu ziehen. Die Handlung Ziehen führt schließlich zum gewünschten Öffnen der Tür. Anders ausgedrückt: Durch Unwissenheit über die Situation (Tür lässt sich durch Ziehen öffnen) kam es zunächst zu einer falschen Handlung.

Auch die Umgebung selbst kann einen Einfluss auf die Handlung haben. Stellen Sie sich noch einmal die Kreuzungssituation vor. Diesmal entscheiden Sie sich für das Bremsen, und auch die Handlungsausführung ist korrekt, da Sie das Bremspedal treten. Da es vorher aber stark geregnet hat, kommt es zu Aquaplaning – und somit zu einem anderen Ergebnis, obwohl Sie auf der Handlungsebene alles richtig gemacht haben.

Die bisher genannten Beispiele spielten im Bereich physischer Produkte, aber Fehler auf der Handlungsebene kommen auch bei digitalen Produkten vor. Ein Beispiel: Sie möchten auf eine Textnachricht auf Ihrem Smartphone antworten. Sie haben bereits die Nachricht gelesen und sich eine Antwort überlegt. Der erste Buchstabe, den Sie drücken möchten, ist ein »I«. Sie entdecken das »I« auf der Tastatur und erkennen, dass es sich um den richtigen Buchstaben handelt. Sie entscheiden sich, diese Taste zu drücken. Beim Drücken der Taste kommen Sie aber aus Versehen auf eine daneben liegende Taste.

Letztes Beispiel: Sie möchten in einer App auf dem Smartphone etwas speichern, lesen aber nicht und drücken einfach oben rechts, weil der Speichern-Button bei Ihrem Smartphone immer oben auf der rechten Seite ist. Diesmal steht dort aber nicht SPEICHERN, sondern ABBRECHEN.

Wir haben es bereits gesagt: Dies ist eine vereinfachte Darstellung. Bei dem Beispiel mit dem Aquaplaning könnten wir jetzt diskutieren, ob die Entscheidung richtig getroffen wurde. Bei dem Beispiel mit der Verschlusskappe könnte man sagen: »Ist doch alles gut gelaufen, nur das Ergebnis passt nicht.« Und bei dem Speichern könnte man sagen: »Da gab es doch schon ein Wahrnehmungsproblem.« Damit haben Sie recht. Das Modell soll Ihnen helfen, Lücken in der Informationsverarbeitung zu entdecken. Sie können also jederzeit diskutieren, an welcher Stelle Sie eine Abweichung sehen, und daran Ihre Lösung anpassen. Gegen Ende des Buches werden wir Ihnen dazu auch noch den einen oder anderen Tipp geben. Tatsächlich gibt es aber noch einen weiteren Teil im Modell, der Ihnen als Nutzer sehr hilft: die Reaktion.

7.3.7 Reaktion

Die *Reaktion* ist sozusagen Ihre Feedbackschleife. Um im Modell zu bleiben: Sie haben gehandelt und bekommen durch die Reaktion eine Rückmeldung dazu, ob das Ganze erfolgreich war. Im Falle des Aquaplanings haben Sie also gebremst, wodurch das Fahrzeug ins Rutschen gekommen ist. An dieser Stelle startet dann der nächste Informationsverarbeitungsprozess. Die für das Beispiel relevanten Reize wären hier hauptsächlich visuell und vestibulär. Entdecken und erkennen Sie die Reize korrekt, findet anschließend erneut die Entscheidung sowie die Handlung statt. Danach geht es wieder von vorne los.

Dabei ist noch anzumerken, dass bei jedem Durchlauf auch das Gedächtnis beansprucht wird – zum einen, um benötigte Informationen bereitzustellen, zum anderen aber auch, um aus der Situation zu lernen und daraus, wie sie entstanden ist.

Da das Gedächtnis für uns als Gestalter sowieso wichtig ist, lassen Sie uns doch direkt zu ihm wechseln und uns gemeinsam ansehen, was unser Gedächtnis so kann.

7.3.8 Gedächtnis

Die Sache mit dem Gedächtnis ist wirklich kompliziert. Wie immer versuchen wir es für dieses Buch so einfach und anwendbar zu halten, wie es nur geht. Daher haben wir die vielen Informationen über das Gedächtnis in einem Überblick zusammengefasst. Zunächst: *Das* Gedächtnis gibt es eigentlich so gar nicht. Tatsächlich verfügen Sie über verschiedene Arten des Gedächtnisses, die erst im Zusammenspiel dazu führen, dass Sie sich Sachen merken können, Dinge lernen und sich auch Jahre später noch an besondere Momente erinnern. Vereinfacht gesagt, verfügen Sie über drei verschiedene Arten von Gedächtnis (siehe Abbildung 7.42).

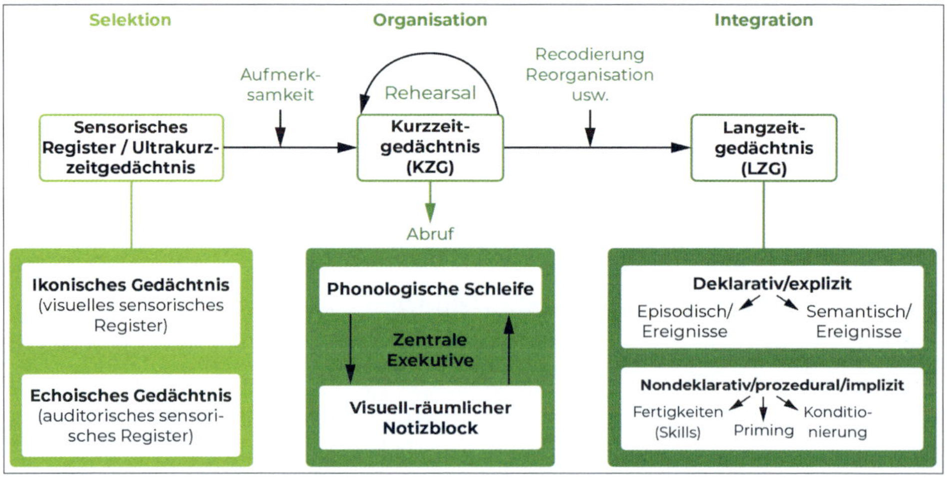

Abbildung 7.42 Die drei Gedächtnisse

Das sensorische Register

Das erste Gedächtnis ist das sogenannte *sensorische Register*. Das sensorische Register haben wir im letzten Teil zum Thema Informationsverarbeitung schon mehr oder weniger betrachtet. Hier geht es um das Gedächtnis, das es Ihnen ermöglicht, aus unendlich vielen Reizen die relevanten herauszufiltern. Manchmal wird das sensorische Register auch Ultrakurzzeitgedächtnis genannt, aber Sie können sich seine Funktion ein wenig wie einen Türsteher vorstellen.

Im *Ultrakurzzeitgedächtnis* werden alle Reize, die auf uns eindringen, quasi zwischengespeichert. Da die Fülle an Informationen so groß ist, ist diese Zwischenspeicherung – Achtung, der kommt flach – ultrakurz. Wenn wir »ultrakurz« sagen, meinen wir eine Dauer von 0,5 bis ca. 2 Sekunden. Dabei wird erst einmal alles gespeichert, und zwar unabhängig davon, ob wir gerade unsere Aufmerksamkeit darauf richten. Vielleicht kennen Sie das Ultrakurzzeitgedächtnis sogar aus eigener Erfahrung? Haben Sie schon einmal ein Telefongespräch oder eine Unterhaltung geführt, bei der Sie einen Teil des Satzes nicht verstanden haben und direkt nachgefragt haben? Vielleicht ist es Ihnen dann auch passiert, dass in dem Moment, wo die Gegenseite zum Reden ansetzen will, Ihnen direkt wieder einfällt, was gesagt wurde. Sie hören den Teil des Satzes quasi noch einmal. Das war dann Ihr *echotisches Gedächtnis*, mit dem Sie in den Satz noch einmal reinhören konnten.

Über bewusste Aufmerksamkeit und Konzentration wandern dann Elemente aus dem sensorischen Register in Ihr Kurzzeitgedächtnis (siehe Abbildung 7.43).

Das Kurzzeitgedächtnis

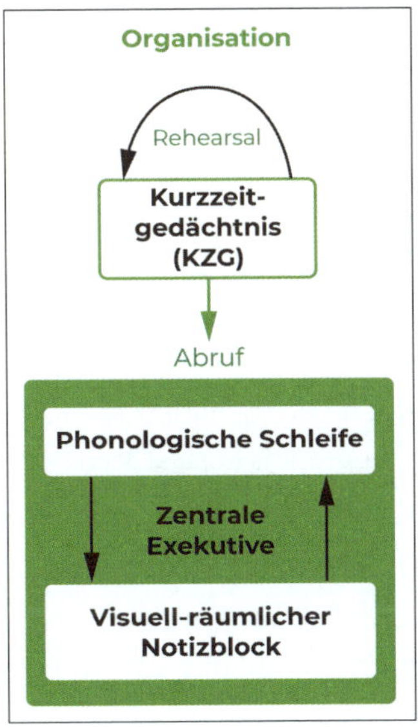

Abbildung 7.43 Das Kurzzeitgedächtnis

Alles, was keine Aufmerksamkeit bekommt, verpufft wieder und wird vergessen. Im Kurzzeitgedächtnis passiert dann das sogenannte Rehearsal. *Rehearsal* bedeutet, dass die Informationen bewusst wiederholt oder zum Beispiel visuell abgebildet werden.

Vielleicht kennen Sie den Moment, wenn Ihnen jemand seine Telefonnummer sagt und Sie anschließend auf der Suche nach einem Stift die Telefonnummer immer wieder – mehr oder weniger leise – vor sich hersagen, um sie ja nicht zu vergessen. Wenn dann das Telefon klingelt und sie rangehen, ist die Nummer wahrscheinlich weg. Der Prozess des immer wieder Vorsagens ist das Rehearsal. Das Rehearsal selbst ist sehr störanfällig. Wenn eine Störung eintritt, werden die Informationen meistens direkt durch neue Informationen ersetzt.

Die Menge an Informationen, die im Kurzzeitgedächtnis gespeichert werden können, ist dabei leider relativ begrenzt. Man geht davon aus, dass das Kurzzeitgedächtnis ca. ± 7 Einheiten – sogenannte *Chunks* – speichern kann. Hierin liegt aber auch eine große Chance! Gedächtnismeister schaffen es, Informationen anders zu gruppieren und sich so deutlich mehr Inhalte merken zu können. Der Trick dahinter ist, aus verschiedenen kleinen Einheiten eine große zu bilden. Versuchen Sie gerne, sich folgende Zahlen zu merken:

03101990

Wenn die Zahlen einfach nur Zahlen für Sie sind, dann kann es sein, dass das Merken von 8 Ziffern schon die Grenze Ihres Kurzzeitgedächtnisses darstellt. Wenn Sie allerdings erkannt haben, dass es sich bei den Zahlen um den Tag der deutschen Wiedervereinigung (3. Oktober 1990) handelt, dann müssen Sie sich nur eine Information merken. So können Sie die Grenzen des Kurzzeitgedächtnisses ausdehnen und sich mehr Informationen in kurzer Zeit merken.

Es gibt auch Methoden, mit denen Sie das Gedächtnis trainieren, indem Sie sich räumlich an Dinge erinnern. Zum Beispiel stellen Sie sich Ihre Wohnung vor und ordnen dann die Dinge, an die Sie sich erinnern wollen, in Ihrer Wohnung an. Der Elefant hängt dann zum Beispiel am Kleiderhaken im Eingang. Die Giraffe steht auf dem Schuhregal. Bei diesen Methoden ist es wichtig, dass Sie die Dinge vor sich sehen und einen festen Weg durch Ihre Wohnung (oder einen anderen Ort) haben, den Sie immer wieder gehen. Ihr Kurzzeitgedächtnis ist also sehr begrenzt, es lässt sich aber ein wenig austricksen, um mehr Informationen fassen zu können.

Die Hauptaufgabe unseres Kurzzeitgedächtnisses ist die eines Zwischenspeichers. Die meisten Informationen verbleiben nicht mehr als 30 Sekunden im Kurzzeitgedächtnis, bevor sie ins Langzeitgedächtnis überführt werden (siehe Abbildung 7.44).

Das Langzeitgedächtnis

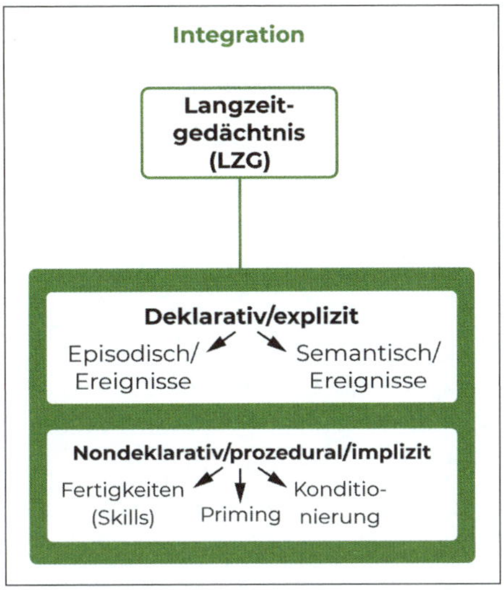

Abbildung 7.44 Das Langzeitgedächtnis

Wie bei allen anderen Übergängen von einem Schritt in den nächsten gibt es auch hier eine Art Türsteher. Das sogenannte *limbische System* betrachtet die Informationen und bewertet sie. Alle Informationen, die emotionale Reaktionen hervorrufen (Freude, Angst, Wut), haben eine größere Chance, am Türsteher vorbeizukommen, als neutrale Informationen. Je stärker die Emotionen sind, umso wahrscheinlich ist es, dass wir uns etwas merken. Deswegen fällt es uns manchmal auch so schwer, Dinge zu lernen, die uns nicht interessieren, die wir aber für eine Prüfung oder Ähnliches brauchen.

Vor dem Hintergrund einer harten jahrtausendelangen Geschichte in einer unwirtlichen Umgebung macht das durchaus Sinn: Unser Gehirn merkt sich die Dinge, die wir fürs Überleben brauchen. Im Positiven wie im Negativen. Auf der einen Seite sorgen positive Emotionen dafür, dass wir Dinge wiederholen (wir essen also noch mal die süßen Beeren). Auf der anderen Seite sorgen negative Emotionen dafür, dass wir Dinge stoppen, zukünftig nicht wiederholen oder gar nicht erst anfangen. So vermeiden wir Gefahren, die für uns und unser Überleben gefährlich werden könnten.

Über das Vergessen von Informationen und die Dschungelbaum-Metapher

Die Fähigkeiten unseres Gehirns sind erstaunlich. Forscher gehen davon aus, dass – außer bei Krankheiten und Verletzungen – keine Information im Gehirn jemals vergessen wird, wenn sie es erst einmal ins Langzeitgedächtnis geschafft hat. Das kommt Ihnen seltsam vor, weil Sie sich sicher sind, dass Sie andauernd Dinge vergessen?

Stellen Sie sich einen dichten Dschungel vor: Mit ganz vielen hohen Bäumen, dichten Sträuchern, aber so gut wie keiner freien Fläche. Das ist Ihr Gehirn. Immer, wenn Sie eine neue Information speichern, entsteht irgendwo ein neuer Baum oder Strauch, den Sie pflanzen. Am Anfang erinnern Sie sich noch ganz einfach, weil Sie ja direkt neben dem Baum stehen: Schließlich haben Sie ihn eben erst eingepflanzt. Irgendwann wenden Sie sich aber einen neuen Baum zu und müssen dann den Weg zurückfinden.

Den Abruf der Information können Sie sich vorstellen, als würden Sie als Ranger mit einem Buschmesser einen Weg durch das unwegsame Unterholz schlagen. Es kostet viel Anstrengung und ist nicht so leicht. Das ist der Prozess, wenn Sie einzelne Informationen immer wieder lesen oder lernen müssen. Wenn Sie sich zum ersten Mal daran erinnern, dann haben Sie den Weg zum Baum freigeschlagen. Wenn Sie die Information im Nachgang wieder und wieder abrufen, dann wird der Weg jedes Mal ein bisschen breiter und leichter zu gehen. Sie kommen schneller voran, bis Sie irgendwann nicht mehr drüber nachdenken müssen und auf der Autobahn zu Ihrem Baum brausen.

Wenn die Information dann irgendwann nicht mehr wichtig ist, dann rufen Sie die Information weniger häufig ab. Die Autobahn beginnt langsam wieder schmaler zu werden und wächst schließlich ganz zu. Der Baum ist noch da. Sie finden nur den Weg deutlich schlechter. Trotzdem sehen Sie vielleicht noch eine kleine Lichtung, wo der Weg mal begonnen hat. Das merken Sie daran, dass es meistens deutlich schneller geht, Wissen, das schon einmal vorhanden war, aufzufrischen, anstatt komplett neu zu lernen.

Und die Waldmetapher erklärt auch ganz gut, warum es leichter ist, sich Wissen zu merken, das sich mit bereits vorhandenem Wissen verbinden lässt. Stellen Sie sich dazu einfach vor, dass es schon einen Weg und eine Lichtung mit Bäumen gibt und dass Sie die Lichtung nur noch ein wenig vergrößern müssen oder nur noch ein kleines Stück Weg zusätzlich brauchen, weil der Rest eigentlich schon da ist.

Im Allgemeinen unterteilt man das Langzeitgedächtnis noch weiter und spricht auf der einen Seite vom deklarativen und auf der anderen Seite vom nondeklarativen Gedächtnis.

Das *deklarative Gedächtnis* umfasst alles, was Ihnen bewusst ist und was Sie explizit benennen können – was Ihnen also sprachlich zugänglich ist. Dazu gehört auf der einen Seite das *semantische Gedächtnis*; hier wird das Faktenwissen abgelegt (Sie erinnern sich: der 3. Oktober 1990 ist der Tag der deutschen Wiedervereinigung). Neben dem semantischen Gedächtnis gibt es aber auch noch das *episodische Gedächtnis*. Hier sind alle Fakten und Erinnerungen über Ihren persönlichen Lebensweg abgespeichert.

Im *nondeklarativen Gedächtnis* ist alles gespeichert, was man als unbewusstes (im Fachjargon: *implizites*) Wissen bezeichnen könnte. Dazu gehört sowohl *prozedurales Wissen* (das Wissen über bestimmte Abläufe und Handlungen wie Fahrradfahren) genauso wie Priming oder Konditionierung.

Konditionierung beinhaltet alle erlernten Reaktionen auf einen bestimmten Reiz, zum Beispiel dass Ihnen beim Anblick Ihres Lieblingsessens das Wasser im Mund zusammenläuft oder dass Sie automatisch grinsen, wenn eine Kamera auf Sie gerichtet wird.

Beim *Priming* geht es darum, dass die Verarbeitung eines Reizes dadurch erleichtert wird, dass ein anderer – dazugehörender Reiz – vorab geschickt wird. Vielleicht kennen Sie das auch aus Ihrer persönlichen Erfahrung: Manchmal kommen in der Werbung mehrere Anzeigen vom gleichen Hersteller kurz hintereinander, wobei eine Werbung davon sehr kurz ist. Diese hat nur das Ziel, Ihre Aufmerksamkeit auf die Botschaft der Werbung zu lenken und die Verarbeitung leichter zu machen.

Für Ihre Arbeit als Usability und User Experience Designer werden in den meisten Fällen hauptsächlich die Inhalte des *deklarativen Gedächtnisses* entscheidend sein. Dazu gehören zum Beispiel gelernte Warnsymbole oder Fachbegriffe.

In manchen Fällen werden aber auch *prozedurale Abläufe* für Sie wichtig sein. So hatten wir einmal ein lustiges Erlebnis, weil Michaela über ca. 20 Minuten versucht hat, sich bei Dropbox einzuloggen, und immer wütender wurde. Michaela meldete sich zu dieser Zeit gewöhnlich täglich bei Dropbox an und kannte den Anmeldeprozess in und auswendig. An diesem einen Tag klappte es aber einfach nicht, und sie benötigte unbedingt eine Datei, die auf der Dropbox gespeichert war. Immer wieder rief sie die Webseite auf und klickte sich durch das Interface, bis sie irgendwann laut fluchend (sehr ungewöhnlich) vor dem Rechner saß. Als Ben dann gucken kam, stellte sich heraus, dass Dropbox die Login-Page geändert hatte und jetzt – obwohl die Seite vom Aufbau her komplett identisch war – nicht mehr das Login-Feld gezeigt wurde, sondern das Registrierungsfeld. Michaela hatte das aber nicht entdeckt, weil sie ja wusste, wie das Anmelden geht ...

Das prozedurale Gedächtnis kann also auch bei der Gestaltung eine Rolle spielen. Und sonst werden Sie schon gemerkt haben, dass vor allem beim Design zehn Leute zwölf verschiedene Meinungen haben. Woher das kommt, möchten wir uns mit Ihnen gemeinsam im nächsten Abschnitt ansehen.

7.3.9 Fazit

Die menschliche Sensorik, das menschliche Gedächtnis und die menschliche Informationsverarbeitung sind ausgesprochen stark und mächtig. Sie haben einen ersten Überblick bekommen, der Ihnen die wichtigsten Aspekte mit auf den Weg geben soll.

Bitte nehmen Sie aus diesem Teil des Buches vor allem mit, dass es Fähigkeiten der Wahrnehmung gibt, die bei allen Menschen ohne Einschränkungen relativ ähnlich sind, sodass Sie diese Fähigkeiten und Grenzen bei der Gestaltung berücksichtigen können.

Bitte nehmen Sie außerdem mit, dass die Informationsverarbeitung nach einem bestimmten Muster abläuft und dass die Kenntnis von diesem Muster Ihnen erlaubt, Fehlerursachen zu analysieren und Produkte zu verbessern.

Als Letztes wäre es schön, wenn Sie mitnähmen, dass das Gedächtnis einen großen Einfluss auf unsere Wahrnehmung und unsere Entscheidungen hat, indem es alle Erfahrungen einsortiert und bewertet. Dadurch kommt es zustande, dass der gleiche Reiz bei unterschiedlichen Menschen zu unterschiedlichen Assoziationen und Reaktionen führt.

Sie können also nicht das Erlebnis der Menschen selbst gestalten, Sie können immer nur das Produkt gestalten. Was der Nutzer draus macht, das können Sie versuchen zu messen und für viele optimieren. Aber Wahrnehmung ist nun einmal subjektiv. Psychologen nennen das *Konstruktivismus*: Jeder erschafft sich seine eigene Welt, von der er glaubt, dass es *die* echte ist.

In Abschnitt 7.3.4 haben wir über das Erkennen von menschlichen Gesichtern gesprochen und beschrieben, dass der Vorgang in unter einer Sekunde abläuft. Wir gehen davon aus, dass das schnelle Erkennen auch für Produkte gilt. Unser Gehirn hat gelernt, anhand der Optik innerhalb kürzester Zeit ein Urteil zu fällen, um in einer gefährlichen Welt überleben zu können. Warum sollte das ausgerechnet bei einem Produkt anders sein? Wir gehen davon aus, dass wir auch bei Systemen, Produkten und Dienstleistungen innerhalb von kürzester Zeit eine erste Unterscheidung in »interessant« bzw. »nicht interessant« oder »gut« bzw. »schlecht« vornehmen.

Auch in der Wissenschaft lassen sich mehrere Versuche finden, die diese Aussagen stützen. Auch Forscher des Massachusetts Institute of Technology (MIT) kamen zu dem Schluss, dass Produkte, die nur vier Sekunden gezeigt werden, eindeutige Reaktionen im Gehirn zeigen (Knutson et al. 2007). Die Testpersonen waren in dem Testaufbau in der Lage, nach den vier Sekunden zu entscheiden, ob sie das Produkt attraktiv finden und kaufen oder nicht. In einem anderen Versuch von Lindgaard et al. 2006 wurden 50 ms als die Zeit ermittelt, die eine Webseite Zeit hat, visuell einen ersten guten Eindruck zu machen.

Manchmal reicht eine kurze Zeit von wenigen Sekunden bereits für die Kaufentscheidung. In anderen Fällen steigt man tiefer ein und versucht objektiver zu vergleichen. Aber mal Hand aufs Herz: Kennen Sie auch den Moment, in dem ein Produkt den Vergleich gewinnt, weil Sie wollen, dass es gewinnt? Wir schon. Lassen Sie uns deshalb im nächsten Abschnitt sehen, was Sie machen können, damit der erste Eindruck Ihres Produkts so positiv wie möglich ausfällt.

7.4 Designgrundlagen

Das ist die perfekte Überleitung zum Thema Designgrundlagen. Wenn man über die Wirkung von Design nachdenkt, dann kommt man schnell an den Punkt, dass der individuelle Geschmack eine große Rolle spielt. Ob ein Design gefällt oder nicht, hängt also sehr vom Betrachter ab. Dieser Sichtweise folgend, ist es eine nahezu unmögliche Aufgabe, sehr viele Personen mit dem gleichen Design zu begeistern. Aber genau das ist oft die Aufgabe bei der Gestaltung von Produkten – vor allem für größere B2C-Märkte. Beispielsweise steht Healthyfy, unsere Gesundheitsplattform, vor dem Problem, dass das Design sowohl ältere als auch jüngere Patienten ansprechen muss. Wenn aber Design hoch subjektiv ist, wie können die Gründer von Healthyfy die Aufgabe lösen?

7.4.1 Wirkung von Design

Zum Glück ist Design nicht rein subjektiv. Die Wirkung von Design ist bis zu einem gewissen Grad über verschiedene Personengruppen sogar sehr ähnlich. Das zeigt beispielsweise das von dem Gestaltpsychologen Wolfgang Köhler 1929 durchgeführte Experiment »Maluma und Takete«. Er zeigte Versuchspersonen die in Abbildung 7.45 dargestellten Formen. Anschießend bat er darum, den Formen entweder das Wort *Maluma* oder das Wort *Takete* zuzuordnen. Wie ist das bei Ihnen? Welche Form passt für Sie besser zu Maluma und welche besser zu Takete?

Abbildung 7.45 Maluma und Takete

Wenn Sie so antworten wie 90 % der Befragten, dann haben Sie der spitzen Form links das Wort Takete und der runderen Form rechts im Bild das Wort Maluma zugeordnet. Das Experiment zeigt, dass die Wirkung von Design prinzipiell gesteuert werden kann. Trotzdem hängt sie von vielen Einflussfaktoren ab. Zu diesen Einflussfaktoren gehören beispielsweise die Kultur, die Umgebung und die Vorerfahrung der Betrachter. Gerade der letzte Punkt ist hoch individuell. Hier kommt das Gedächtnis (siehe Abschnitt 7.3.8) wieder ins Spiel.

Aber wie passen diese beiden Aussagen jetzt zusammen? Auf der einen Seite haben wir festgestellt, dass die Wirkung von Design prinzipiell gesteuert werden kann. Auf der anderen Seite, dass sie hoch individuell ist. Um diese Frage zu beantworten, möchten wir zunächst genauer betrachten, was unter der Wirkung von Design überhaupt verstanden wird. Wir orientieren uns hierbei an dem herausragenden Buch »Wie Design wirkt« von Monika Heimann und Michael Schütz, aus dem die Kernaussagen der folgenden Abschnitte stammen.

Wie wirkt Design?

Betrachtet man ein Bild, egal wie komplex, dann findet ein Dialog statt. Das Bild löst in uns Erinnerungen, Vorstellungen, Alltagserfahrungen, Wünsche und Träume aus. Diese Assoziationen sind individuell, da auch die Erinnerungen, Vorstellungen und Alltagserfahrungen von Mensch zu Mensch unterschiedlich sind. Sie erinnern sich: das Gedächtnis! Halten wir fest:

Design wirkt durch individuell aufgespannte Assoziationsräume.

Verknüpfung zwischen Produkten und Emotionen

Den Begriff *Assoziationsraum* haben wir aus dem Buch »Wie Design wirkt« von Monika Heimann und Michael Schütz. Mit der Verknüpfung zwischen Produkten und Emotionen haben sich aber auch schon viele weitere Autoren beschäftigt. Eines der bekanntesten Bücher ist das 1988 erschienene »The Design of everyday things« von Donald Norman. Norman geht in diesem Buch davon aus, das es drei Wahrnehmungsebenen gibt: die Ebenen des *Visceral Design*, des *Behavioral Design* sowie des *Reflective Design*.

Die Ebene des *Visceral Design* beschreibt dabei das umgangssprachliche Bauchgefühl. Menschen können ein Produkt als schön und sinnvoll erachten, ohne damit interagiert zu haben. Diese Entscheidung kann zudem sehr schnell erfolgen und sogar direkt zum Kauf führen.

Auf der Ebene des *Behavioral Design* geht es vor allem um die Vorerfahrungen. Beispielsweise beschreibt Norman, dass bereits Annahmen über Usability und Funktionen auf Basis von Erfahrungen getroffen werden können, ohne dass man das Produkt jemals verwendet hat. Beispielsweise bekommen Produkte einer persönlichen Lieblingsmarke einen Vertrauensvorschuss.

Auf der Ebene des *Reflective Design* geht es nach Norman um das bewusste Nachdenken. Auf dieser Ebene kommt beispielsweise das Selbstverständnis des Menschen zum Tragen.

Mit diesen Ebenen lässt sich erklären, warum ein Produkt floppen kann, obwohl es eine sehr gute Usability aufweist – aber nicht attraktiv für Nutzende ist. Es lässt sich auch erklären, warum ein noch nicht ausgereiftes Produkt einer beliebten großen Marke zum (wirtschaftlichen) Erfolg wird, weil es als sehr attraktiv empfunden wird.

Die Stärke der Wirkung hängt davon ab, welche Erinnerungen, Vorstellungen und Alltagserfahrungen ausgelöst werden. Sind diese mit starken Emotionen verbunden, dann ist auch die Designwirkung stark. Umgekehrt erzeugen Assoziationen, die mit schwachen Emotionen verbunden sind, auch eine schwache Designwirkung.

Sie können sich merken: Die Designwirkung ist umso stärker, je stärker die mit den ausgelösten Assoziationen verbundenen Emotionen sind.

Beispielsweise könnte der in Abbildung 7.46 dargestellte Urwald Erinnerungen an einen wunderschönen Urlaub auslösen, bei dem Sie auf einer Expedition auf die faszinierendsten Tierarten gestoßen sind. Begeistert erinnern Sie sich zurück an die großartige Klangkulisse des Urwalds und die atemberaubenden Fotos, die Sie geschossen haben.

Haben Sie diesen Urlaub aber nie erlebt und beschäftigen Sie sich stattdessen mit der Abholzung des Regenwaldes, dann sind die Assoziationen gegebenenfalls negativ. Weil Ihnen das Thema sehr nahegeht, werden Sie sogar wütend auf die Verantwortlichen und merken, wie Sie unbewusst die Hand in der Tasche zur Faust geballt haben.

Abbildung 7.46 Bild eines Urwalds

Wie nutze ich Assoziationsräume für die Produktgestaltung?

Bei der Produktgestaltung ist es gang und gäbe, dass das Produkt den Nutzern am Ende gefallen soll. Damit ist in der Regel gemeint, dass die Nutzer das Produkt schön finden sollen. Der *Assoziationsraum* ermöglicht eine andere Sichtweise, die wir sehr gut finden: Es geht nicht darum, dass ein Produkt am Ende schön ist. Das Ziel ist, dass sich die von den einzelnen Personen der Zielgruppen aufgespannten Assoziationsräume weitgehend mit dem von Ihnen gewünschten Assoziationsraum decken.

Ihr Produkt (und das zugehörige Marketing) hat dann ein herausragendes Design, wenn es an die von Ihnen gewünschten Assoziationen andocken kann und dort starke Emotionen auslöst.

Schaffen Sie das, dann haben Sie eine starke User Experience erreicht. Wir möchten an dieser Stelle noch anmerken, dass nicht immer positive Emotionen das Ziel sind. Beispielsweise hätte eine App, die Spenden für ein kriegsgeplagtes Land sammelt, zunächst zum Ziel, Sie betroffen zu machen, um an Ihr Mitgefühl zu appellieren. Schließlich möchten die Betreiber der App möglichst viel Geld einsammeln, um damit zu helfen.

Wie können Sie den Assoziationsraum gestalten und was müssen Sie dabei beachten?

Wie bereits beschrieben, müssen Sie zunächst identifizieren, welchen Assoziationsraum Ihre Lösung überhaupt aufspannen soll. Konkret können Sie das tun, indem Sie ein Brainstorming durchführen oder eine andere Kreativmethode nutzen (siehe Abschnitt 4.2.4, »Schritt 4: Ideen finden«). Auch eine Analyse der bereits auf dem Markt befindlichen Produkte kann hilfreich sein, um die gewünschten Assoziationen zu ermitteln.

Das Ziel ist in jedem Fall, konkrete Assoziationen festzulegen. Beispielsweise könnten Sie wollen, dass Ihr Produkt »nachhaltig und modern« wirkt. Zusätzlich soll es klar als ein Produkt im Bereich »Wellness und Entspannung« erkennbar sein. Hätten Sie sich mit allen Stakeholdern auf diese Assoziationen geeinigt, dann wären Sie auch schon fertig mit der ersten Definition des Assoziationsraums.

In Abschnitt 11.12.2 gehen wir noch einmal detaillierter auf das Gestalten des Assoziationsraums ein. In diesem Abschnitt möchten wir uns jetzt näher mit der Frage beschäftigen, was es dabei zu beachten gilt.

Ein wichtiger Aspekt bei der Gestaltung des Assoziationsraums ist, dass die gewünschten Assoziationen zu dem Produkt bzw. zu dessen Eigenschaften passen sollten. Ist der Zusammenhang zwischen gewünschter Assoziation und Produkteigenschaft gegeben, dann schafft es das Produkt idealerweise, die bei den Nutzenden hervorgerufenen Erinnerungen, Vorstellungen, Alltagserfahrungen, Wünsche und Träume mit Ihrem Produkt zu verknüpfen.

Fehlt der Zusammenhang, dann fehlt auch die Verknüpfung und der positive Effekt bleibt aus.

Möchten Sie, wie in dem Beispiel beschrieben, Assoziationen im Bereich Wellness auslösen, dann ist das am leichtesten, wenn Sie tatsächlich ein Wellnessprodukt mit entsprechenden Eigenschaften entwickeln wollen. Auch eine App, die sich im Kern um Kochen und Rezepte dreht, könnte mit der Assoziation Wellness funktionieren. Wenn der Zusammenhang auch für die Nutzenden klar ist, dann kann Ihre Gestaltung an die Erlebnisse der Nutzenden anknüpfen, die sie im Bereich Wellness gemacht haben.

Würde sich die Rezepte-App aber auf die Themen Kochausbildung und Coaching zum Meisterkoch fokussieren, dann fehlt bei den Nutzenden voraussichtlich der Zusammenhang zum Thema Wellness (ob das tatsächlich so ist, zeigt der in Abschnitt 12.19 beschriebene *ARTTest*). Mit dem fehlenden Zusammenhang zu den Eigenschaften der App bleiben dann auch die gewünschten Assoziationen aus.

Ein Beispiel für den oft nicht gegebenen Zusammenhang zwischen Produkteigenschaften und Assoziationen ist »Sex sells«. Entgegen der weit verbreiteten Meinung, dass dieses Konzept immer wirkt, kann klar gezeigt werden, dass dem nicht so ist. Nur Produkte, die sich in dieser Themenwelt platzieren wollen, profitieren auch von den damit verbundenen Assoziationen. Versucht aber beispielsweise unser CRM-Tool BusinessBooster »Sex sells«-Elemente in die Produktgestaltung und das Marketing einzubauen, dann wird sich das negativ auf die Marke und das Produkt auswirken. Besser für BusinessBooster wäre es, wenn Assoziationen wie »Sicherheit« und »schnellere Geschäftsabschlüsse« erzeugt würden.

Leider sind die Einflussfaktoren auf die Wahrnehmung und den Assoziationsraum so vielfältig, dass keine einfachen »Wenn-dann«-Regeln existieren und die tatsächliche Wirkung eines visuellen Designs erst mit Sicherheit durch Befragungen ermittelt werden kann. Zusätzlich verfolgt man – je nach der zu gestaltenden Lösung – ein anderes Ziel. Was beispielsweise bei einer produktiv eingesetzten Arbeitsanwendung zielführend ist, kann bei einem die Neugier anregenden explorativen PC-Spiel »schlechte« Gestaltung sein.

Nichtsdestotrotz gibt es natürlich generelle Prinzipien, die Sie beim Gestalten Ihrer Produkte begleiten und die Ihnen helfen, das bestmögliche visuelle Design mit der gewünschten Wirkung abzuleiten. Zu den Befragungen und zum Testen Ihres Designs kommen wir später noch in Kapitel 12. Dort werden wir uns ausführlich mit den verschiedenen Methoden beschäftigen, die Sie nutzen können, um zu prüfen, ob Sie auf dem richtigen Weg sind. Aber in diesem Kapitel bringen wir Sie erst einmal dorthin.

Dazu möchten wir Ihnen in den nächsten Abschnitten kurz die Grundelemente vorstellen, die für das visuelle Design von User Interfaces zentral sind.

7.4.2 Grundelemente visuellen Designs

Ein visuelles Design setzt sich aus verschiedenen Design-Grundelementen zusammen, beispielsweise Farben und Formen. Die Auswahl und die Kombination der Grundelemente sind zentral für die Wirkung des Designs auf den Betrachter. Wenn Sie Ihre Lösung visuell gestalten, besteht die Aufgabe vereinfacht ausgedrückt darin, dass Sie aus den Grundelementen diejenigen auswählen und mit anderen kombinieren, die die gewünschten Assoziationen bei den Nutzenden auslösen.

Uns ist bewusst, dass das noch abstrakt beschrieben ist und dass die Frage »Wie geht das genau?« an dieser Stelle unbeantwortet bleibt. Wir möchten Ihnen hier zunächst die Grundelemente vorstellen, bevor wir sie später in Abschnitt 11.12, »Visual Design«, für das konkrete User Interface Design wieder aufgreifen.

Bei der Vorstellung der Grundelemente werden wir uns auf das Wesentliche beschränken, da jedes einzelne eigene Bücher füllt und wir vor allem einen Überblick geben möchten. Wir werden folgende Design-Grundelemente in den nächsten Abschnitten vorstellen:

- Farben
- Formen und Flächen
- Linien
- Material und Textur
- Typografie
- Bilder und Grafiken
- Icons

Jedes Grundelement allein kann bereits die gewünschten Assoziationen auslösen. Beispielsweise eignen sich pastellige Blau- und Rosatöne für ein Wellnessprodukt. Typische Bilder im Wellnessbereich sind Naturaufnahmen oder beispielsweise glatte Steine, Blüten und Kerzen. Die volle Wirkung entsteht durch die Kombination der Grundelemente, beispielsweise wenn die Blüten in einem pastelligen Rosaton gehalten sind.

Nach diesem Überblick beginnen wir mit dem ersten Grundelement: den Farben.

Farben

Der Mensch nimmt den Großteil seiner Umwelt über die Augen auf. Dabei spielen Farben eine große Rolle. Markus Wäger schreibt in seinem Buch »Das ABC der Farbe« direkt zu Beginn, dass es ohne Farbe keine Gestaltung gibt (hierbei bezieht er auch Schwarz und Weiß als Farben mit ein). Das sehen wir genauso. Die Auswahl von Farben ist für ein gelungenes User Interface enorm wichtig. Doch was ist eigentlich Farbe?

Wenn Sie bereits Abschnitt 7.2.1 über das menschliche Auge gelesen haben, wissen Sie, dass Farben Sinneseindrücke sind, die aufgrund von Licht bestimmter Wellenlängen entstehen.

Farben können – wie auch jedes andere Design-Grundelement – Assoziationen auslösen. Zusätzlich können Farben eingesetzt werden, um Nutzer zu lenken und beispielsweise auf Gefahren aufmerksam zu machen. Als Usability und User Experience

Designer nutzen wir Farben (in Kombination mit anderen Design-Grundelementen), um genau das zu erreichen. Aus unserer Sicht sind die folgenden Themen für das Usability und User Experience Design zentral:

- die Auswahl von passenden Farben, die die gewünschten Assoziationen erzielen
- die Auswahl von passenden Farben, um die inhaltliche Aussage von Texten, Icons oder Buttons zu unterstützen
- das Kontrastverhältnis zwischen Farben
- die Berücksichtigung von Farbfehlsichtigkeiten

Wir haben uns entschieden, in diesem Handbuch nicht mehr alle Farbgrundlagen aufzunehmen, sondern nur die Aspekte herauszugreifen, die für das Usability und User Experience Design besonders wichtig sind. Wenn Sie eine grundlegende Einführung in das Thema Farben haben möchten, empfehlen wir das bereits oben erwähnte Buch »Das ABC der Farbe« von Markus Wäger.

Die Auswahl von passenden Farben, die die gewünschten Assoziationen erzielen

Im Buch »Wie Design wirkt« beschreiben Monika Heimann und Michael Schütz, dass die Wirkung von Farbe stark vom Zusammenhang mit anderen Elementen abhängt. Beispielsweise kann die Farbe Rot für Liebe oder Erotik, aber auch für Aggressivität und Gefahr stehen. Je nach Kontext ergibt sich also eine andere Wirkung.

Andersherum kann die Farbe einem Kontext eine andere Wirkung geben. Beispielsweise hat eine rote Rose als Geschenk eine andere Bedeutung als eine weiße Rose. Hierbei spielt auch die Kultur eine große Rolle. In China ist die Farbe Rot beispielsweise ein Symbol für Freude, Glück und Wohlstand. Sie ist dort daher bei vielen Festen in Form von roten Ornamenten, Laternen oder Kleidung vertreten. (Insbesondere bei Hochzeiten: Eine traditionell gekleidete Braut trägt ein rotes Kleid.)

Über Farben lassen sich auch Zugehörigkeiten zu Gruppen schaffen. Wir ordnen beispielsweise Babys in Hellblau und Rosa ein. Kleidet man einen männlichen Säugling in Rosa, dann gehen alle Personen in westlichen Kulturkreisen davon aus, dass es sich um ein Mädchen handelt. Auch Subkulturen wie Punk oder Gothic haben neben bestimmten anderen Markenzeichen auch bestimmte Farben als Erkennungssymbol. Farben können also ein Zugehörigkeitsgefühl entstehen lassen.

Das Gleiche, was für Subkulturen gilt, gilt auch für manche Branchen. In bestimmten Branchen haben sich definierte Branchencodes in Form von Farbwelten herausgebildet. Beispielsweise sind Bio-Lebensmittelmarken und -gestaltungen oft in Grün- und Brauntönen gehalten. Die Medizinbranche nutzt oft eine Kombination aus Weiß und Blau oder Weiß und Türkis. Vermutlich fallen Ihnen noch weitere Beispiele ein.

Wenn Sie für die Gestaltung Ihrer Lösung Farben auswählen, dann sollten Sie sich darüber im Klaren sein, dass Farben je nach Kontext andere Wirkungen hervorrufen können. Sie sollten sich zudem der Tatsache bewusst sein, dass die Farbgebung die Zugehörigkeit zu einer Gruppe bedeuten kann. Hierüber können Sie steuern, wie Ihr Design ankommt. Möchten Sie, dass Ihre Lösung in einer bereits etablierten Gruppe ebenfalls einen Platz bekommt? Dann sollten Sie die Gruppenfarben nutzen.

Betrachter haben dann die passenden Assoziationen und identifizieren Ihr Produkt beispielsweise direkt als Medizinprodukt. Auf der anderen Seite könnten Sie sich durch eine vollkommen andere Farbwahl abheben. Ein pinkes Medizingerät wird durch die Zielgruppe vielleicht nicht sofort als solches erkannt. Aber dafür fallen Sie auf.

Zusammengefasst sollten Sie die Farben für Ihre Lösung bewusst wählen, um zusammen mit anderen Design-Grundelementen die gewünschten Assoziationen auszulösen. Ein Vorgehen dazu zeigen wir Ihnen in Abschnitt 11.12, »Visual Design«).

Die Auswahl von passenden Farben, um die inhaltliche Aussage von Texten, Icons oder Buttons zu unterstützen

Sobald Sie die Grundfarben Ihrer Anwendung festgelegt haben, müssen Sie sich der nächsten Herausforderung stellen: Sie müssen entscheiden, welche Farben Sie für was verwenden.

Gewöhnlich haben Sie in digitalen Anwendungen einen *Call-to-Action*, also eine Aufforderung an den Nutzer, etwas Bestimmtes zu tun. Das kann zum Beispiel das Absenden eines Formulars sein. Gewöhnlich haben Call-to-Actions eine Farbe, die gut zu der Farbsprache der Anwendung passt, aber eine sehr kräftige Version dieser Farbe ist. Zum Beispiel könnte bei einer Anwendung in Blautönen der primäre Call-to-Action in einem starken Blau gestaltet sein (siehe Abbildung 7.47).

Abbildung 7.47 Beispielanwendung in Blautönen, bei der der primäre Call-to-Action in einem starken Blau gehalten ist

Genauso gut können Sie den Call-to-Action aber auch als Kontrast einsetzen, und eine Farbe verwenden, die sonst an keiner Stelle in einem Interface vorkommt. Typische Beispiele dafür wären ein gelber Call-to-Action in einer sonst eher in Blautönen gehaltenen Anwendung (siehe Abbildung 7.48).

Abbildung 7.48 Beispielanwendung in Blautönen, bei der der primäre Call-to-Action in einem Kontrastfarbton gehalten ist

Die Gestaltung des primären Call-to-Action funktioniert meistens noch ganz gut, sekundäre Buttons werden jedoch oft farblich sehr dezent gewählt. Hier wird zum Beispiel regelmäßig auf Grautöne zurückgegriffen, damit der Button im Vergleich zum primären Call-to-Action in den Hintergrund tritt. Je nach Gestaltung kann hier aber schnell ein falscher Eindruck entstehen, denn leider bedeutet Grau in der interaktiven Welt oft »ausgegraut« und damit »inaktiv«. Hier kommt es also darauf an, dass Sie einen Zwischenweg zwischen visuellem Design und funktionalem Design finden, der sowohl eine ansprechende Anmutung als auch eine gute Usability ermöglicht.

Wenn es Ihnen schwerfällt, zusammenpassende Farben zu identifizieren, gibt es inzwischen auch eine Reihe von Tools, die Sie hierbei unterstützen, z. B. *https://colorizer.org* (siehe Abbildung 7.49). Der Colorizer unterstützt Sie dabei, auf Basis einer ausgewählten Grundfarbe zusammenpassende Farben zu finden. Zusätzlich können Sie sich auch passende Farbtriaden oder Komplementärfarben (die Farbe, die am gegenüberliegenden Ende des Farbspektrums steht) anzeigen lassen.

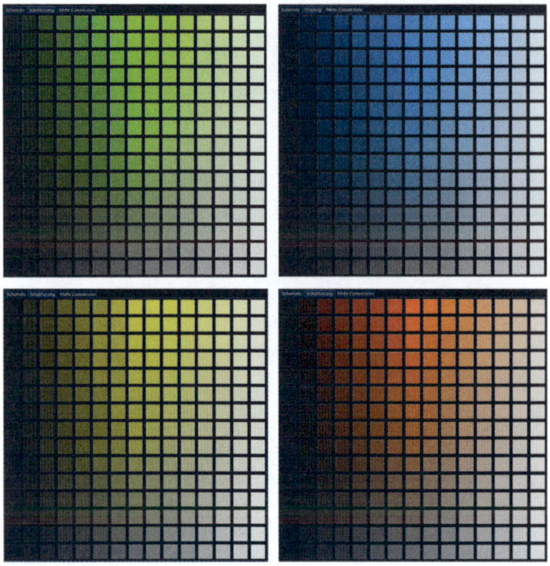

Abbildung 7.49 Verschiedene Farbpaletten, die auf »www.colorizer.org« zusammengestellt wurden

Neben dem Colorizer gibt es noch weitere Websites, die Ihnen bei der Farbwahl helfen. Als weitere Seite wäre *https://color.adobe.com* zu nennen, auf der man anhand von einem Farbrad passende Farben auswählen kann (siehe Abbildung 7.50). Beide Tools unterstützen Sie außer bei der Farbwahl auch noch durch Bereitstellung der jeweiligen Farbwerte in verschiedenen Farbmodi, wie RGB oder CYMK sowie Hex-Codes.

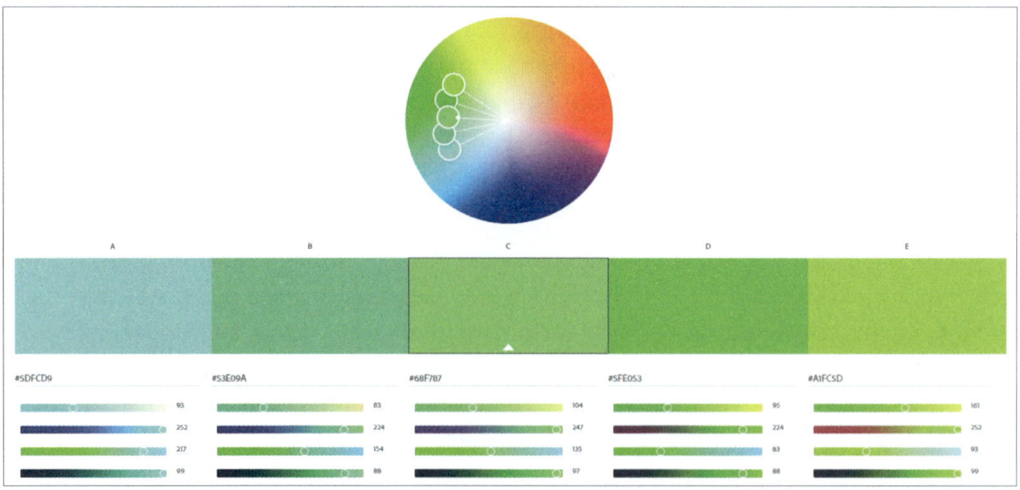

Abbildung 7.50 Das Farbwahl-Tool von Adobe hilft bei der Auswahl harmonischer Farbwerte für Ihre Lösung. (Quelle: https://color.adobe.com/de/create/color-wheel)

Zusätzlich können auch bei Adobe verschiedene Farbharmonieregeln zur Kombination der Farben angewandt werden, die anschließend andere Farben als Ergebnis liefern (siehe Abbildung 7.51).

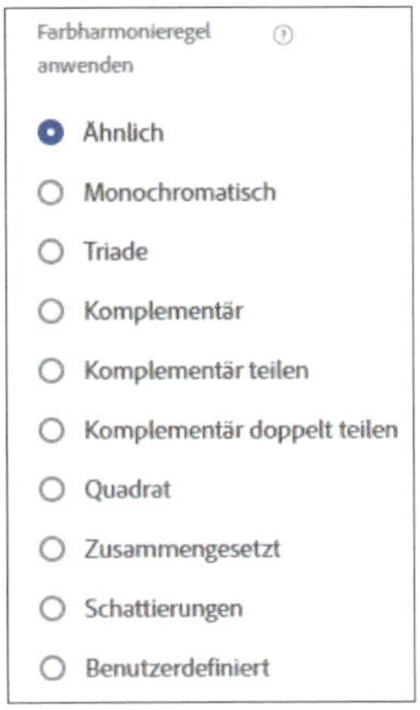

Abbildung 7.51 Auswahlmöglichkeiten bei der Wahl von Farbharmonien (Quelle: https://color.adobe.com/de/create/color-wheel)

Natürlich gibt es noch andere Anbieter, wie zum Beispiel *www.paletton.com* (siehe Abbildung 7.52). Die Funktionen der verschiedenen Anbieter bleiben aber über die verschiedenen Tools hinweg recht ähnlich.

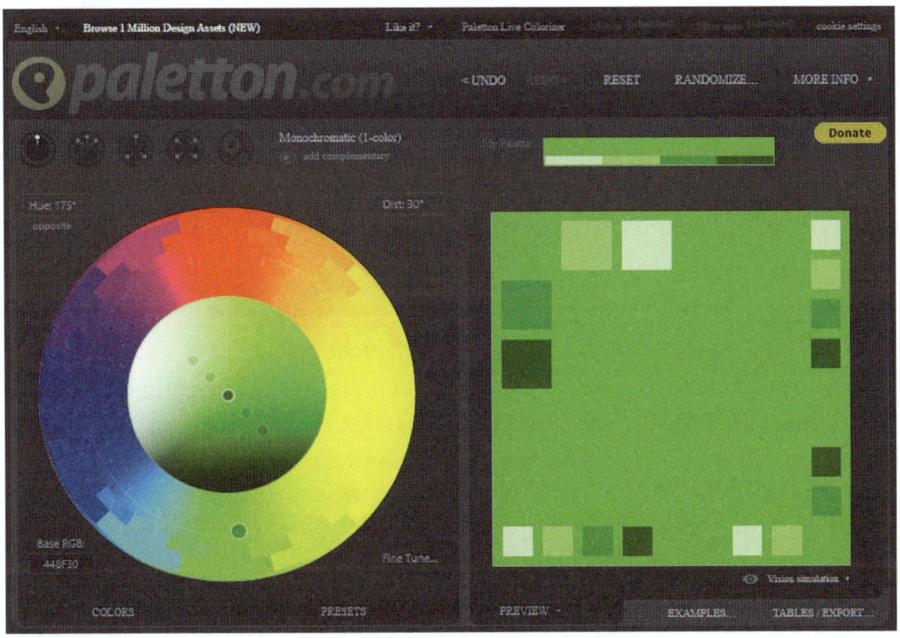

Abbildung 7.52 Das Farbwahl-Tool auf www.paletton.com

Neben der Wahl einer passenden Farbharmonie kommt es bei der Wahl einer passenden Farbe auch immer auf die *inhaltliche Bedeutung der Information* an, die Sie farblich codieren wollen. Generell ist es so: Je heller oder strahlender eine Farbe ist, umso mehr Aufmerksamkeit bekommt diese Farbe beziehungsweise das Objekt in dieser Farbe.

Es bietet sich also an, sich vorab zu überlegen, welche Elemente auf Ihrem Screen die meiste Aufmerksamkeit erhalten sollen. Diese Elemente sollten im Anschluss die Farben erhalten, die am meisten Aufmerksamkeit auf sich ziehen. Die dafür verwendeten Farben sollten sparsam eingesetzt werden, und im Idealfall gibt es auf jedem Screen nur ein oder sehr wenige Elemente in dieser Farbe.

Weniger wichtige Informationen oder rein dekorative Elemente sollten hingegen eher in den Hintergrund treten, um nicht von den wichtigen Inhalten abzulenken. So gelingt es aus Usability und User Experience Design-Sicht, die Inhalte schon über die farbliche Gestaltung zu gewichten und die Nutzenden über die Farben durch die Anwendungen zu führen.

Tipp: Wann Sie diese Regel brechen sollten

Das eben beschriebene Vorgehen eignet sich für die meisten User Interfaces, die die Nutzenden beim Erledigen einer Aufgabe unterstützen. Es gibt aber auch User Interfaces, die gezielt die Neugier ansprechen und die Exploration durch die Nutzenden zum Ziel haben. Beispielsweise könnte ein Spiel, anstatt einige wenige Elemente farblich herauszustellen, bewusst viele Elemente optisch intensiv gestalten. Somit würde die Eindeutigkeit gezielt verloren gehen und Nutzende würden zum Entdecken angeregt.

Zusätzlich zur Priorisierung der Informationen besteht an manchen Stellen der Bedarf, anhand der Farbe eine inhaltliche Aussage über eine Information zu tätigen. Das kann zum Beispiel zur *Kritikalität* einer Information oder zur Korrektheit einer Information sein.

Vor allem im westlichen Kulturkreis hat sich hier die farbliche Kodierung von Grün für alles Positive (richtig, erfolgreich, gespeichert, sicher) und Rot für negative oder kritische Informationen (falsch, Fehler, nicht erfolgreich, gefährlich) eingebürgert. In manchen Bereichen gibt es zusätzlich noch die Farbe Gelb für Warnungen und gegebenenfalls zukünftig kritische Aspekte. Im Webkontext wird außerdem die Farbe Blau oft für Links, Weiterleitungen oder Informationen verwendet. Sie sollten sich dieser Farbcodierung zumindest bewusst sein, um sie gezielt einsetzen zu können.

Von einer Codierung allein über die Farbe raten wir jedoch wegen der Möglichkeit von Farbfehlsichtigkeiten ab. Wie in Abschnitt 7.2.1, »Das Auge«, beschrieben, sollten Sie also nicht nur die Farbe einsetzen, um beispielsweise einen Zustand zu erklären.

Eine positive Rückmeldung könnten Sie in Grün und zusätzlich in der Form eines Hakens gestalten.

Wir raten auch davon ab, gegen die Farbkodierung zu verstoßen (außer Sie machen es beispielsweise in einem Spiel bewusst). Wenn Sie also zum Beispiel eine positive Bestätigung wie das erfolgreiche Versenden einer E-Mail in roter Farbe darstellen, dann entsteht durch diesen Widerspruch eine sogenannte *Interferenz in der Wahrnehmung* (Überschneidung unterschiedlicher Bedeutungen) der Nutzenden. Das führt dazu, dass die Verarbeitung der Information länger dauert und fehleranfälliger ist als bei einer passenden Gestaltung.

Kontrastverhältnisse

Beim Kontrast geht es um die Frage, wie deutlich sich eine Farbe von der jeweiligen Hintergrundfarbe abhebt. Das kann die Farbe einer Schrift sein, das kann aber auch die Farbe eines Icons oder Buttons sein.

Das Thema Kontrast ist oft ein Stolperstein beim Übergang von Wireframes zu visuell gestalteten Screens. Wurde zuvor hauptsächlich mit Schwarz-Weiß-Screens gearbeitet, bringt das visuelle Design plötzlich Farbe ins Spiel. Diese Farbe ist notwendig, um die richtige Assoziation entstehen zu lassen. Die Farbe ist aber auch wichtig, damit sich das System, das Produkt oder die Dienstleistung plötzlich »fertig« anfühlt. Trotzdem geschieht es an dieser Stelle allzu leicht, dass plötzlich nur noch in Farbharmonien gedacht und gestaltet wird und Aspekte der Usability und der User Experience keine Anwendung mehr finden. Wir möchten Ihnen das Handwerkszeug an die Hand geben, damit Ihnen das nicht passiert.

Um festzustellen, ob sich zwei Farben deutlich genug voneinander unterscheiden, gibt es Formeln, mit denen der Kontrast berechnet werden kann. Hierbei gibt es für die Berechnung von Kontrastverhältnissen verschiedene Möglichkeiten:

- Die DIN 32975:2009-12, »Gestaltung visueller Informationen im öffentlichen Raum zur barrierefreien Nutzung«, sieht hier die Berechnung des Kontrasts nach der Formel von Michelson vor, die den Kontrast anhand der Leuchtdichte der beteiligten Flächen bestimmt. Die DIN-Norm zielt, wie ihr Titel zeigt, ursprünglich auf die Gestaltung von Informationen im öffentlichen Raum ab, zum Beispiel auf die Beschilderung oder Fahrgastinformationen.
- Für die Berechnung digitaler Kontraste werden gewöhnlich eher die Regeln der *Web Content Accessibility Guidelines* (WCAG) herangezogen, die sich mit Barrierefreiheit im digitalen Raum beschäftigen.

Um die Berechnung des Kontrastverhältnisses für Sie einfacher zu machen, geben wir hier keine Formeln dafür an, sondern möchten Sie auf den Online-Rechner von *www.leserlich.info* hinweisen, mit dem Sie bequem online die Kontraste für Ihre Designs berechnen können (siehe Abbildung 7.53). Sie finden den Kontrastrechner unter *https://www.leserlich.info/* im gleichnamigen Bereich.

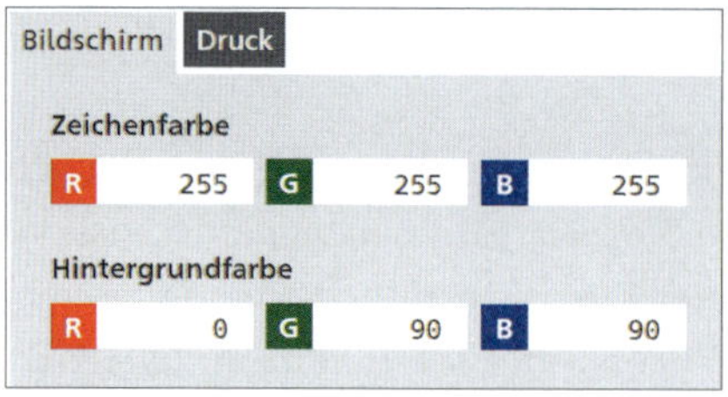

Abbildung 7.53 Der Kontrastrechner von www.leserlich.info

Um die Kontrastberechnung vorzunehmen, geben Sie dazu die beiden beteiligten Farben an, also zum Beispiel die Buttonfarbe und die Farbe der darauf verwendeten Schrift. Dies können Sie entweder in RBG-Werten oder anhand der HEX-Codes der jeweiligen Farben machen. Außerdem können Sie wählen, ob es sich um eine Bildschirmanzeige oder um eine Druckdarstellung handelt. Anschließend erhalten Sie auf der rechten Seite eine Einschätzung des Kontrastverhältnisses (siehe Abbildung 7.54).

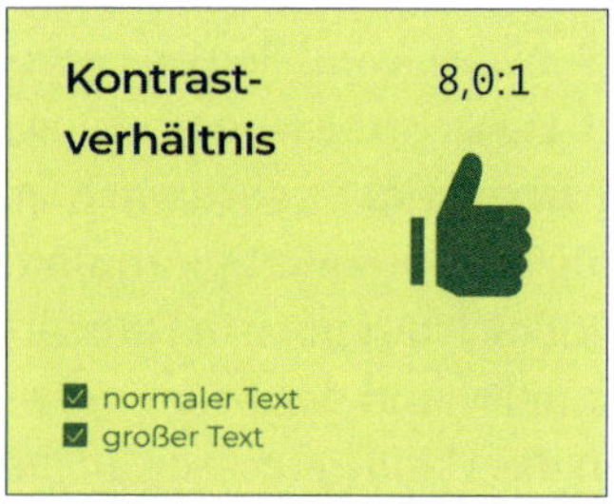

Abbildung 7.54 Ergebnis einer Kontrastprüfung auf www.leserlich.info

Dabei erhalten Sie auf der einen Seite direkt einen Wert für das Kontrastverhältnis, auf der anderen Seite eine Einschätzung dazu, ob der Wert gut oder eher schlecht ist. Für die Bewertung wird außerdem noch zwischen großem (18 Punkt und größer) oder normalgroßem Text (kleiner als 18 Punkt) unterschieden, da kleinerer Text ein höheres Kontrastverhältnis benötigt, um gut lesbar zu sein (siehe Abbildung 7.55).

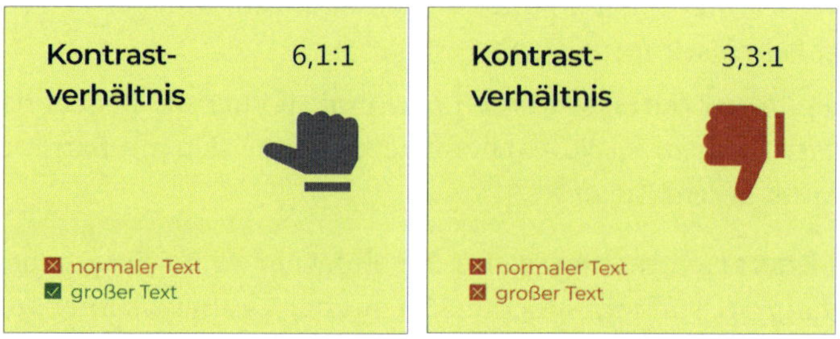

Abbildung 7.55 Zwei weitere Ergebnisse. Links ist alles in Ordnung, solange Sie großen Text vorsehen. Für normalen Text reicht das Kontrastverhältnis nicht mehr. Rechts ist das Kontrastverhältnis in jedem Fall zu niedrig.

Farbfehlsichtigkeit

Auf das Thema Farbfehlsichtigkeit sind wir in den Grundlagen zur Wahrnehmung in Abschnitt 7.2.1, »Das Auge«, schon ausführlich eingegangen. Kurz noch einmal die wesentlichen Fakten:

- Es gibt verschiedene Arten von Farbfehlsichtigkeit, unter denen die häufigste eine Rot-Grün-Schwäche ist.
- Es kommen auch Gelb-Blau-Schwächen sowie
- komplette Farbenblindheit vor.

Wenn Sie also eine gute visuelle Gestaltung wählen wollen und trotzdem sicherstellen möchten, dass die Usability und User Experience nicht leidet, dann sollten Sie:

- eine visuelle Gestaltung vermeiden, die ausschließlich auf den Farben basiert, bei denen es zu Wahrnehmungsproblemen kommen kann.
- neben einer rein farblichen Codierung von Informationen (z. B. Rot für »falsch«, »Fehler«, »gefährlich« und Grün für »richtig«, »fertig«, »weiter«) immer auch eine zusätzliche visuelle Komponente (z. B. ein Kreuz, einen Haken, einen Text wie »OK« oder, wie im Beispiel oben, einen Daumen) verwenden.

Farbraum

Es gibt verschiedene Farbräume, mit denen gearbeitet wird. Diese Farbräume kann man sich am ehesten wie einen mehrdimensionalen Raum vorstellen, in dem alle Farben, die dieser Farbraum umfasst, als einzelne Punkte dargestellt sind.

Der wohl bekannteste – und für den digitalen Bereich relevanteste – Farbraum ist der *RGB-Farbraum*, bei dem Farben als Mischung aus Rot, Grün und Blau angegeben werden. Beim RGB-Farbraum handelt es sich um eine additive Farbmischung, bei der »keine Farbe« Schwarz bedeutet und bei der durch Hinzufügen weiterer Farben alle unterschiedlichen Farbtöne erzeugt werden können (siehe Abbildung 7.56).

Abbildung 7.56 Die additive Farbmischung

Der RGB-Farbraum wird vor allem von Fotografen für die Erstellung und digitale Darstellung von Bildern sowie die Darstellung von digitalen Grafiken genutzt. Ein typischer RGB-Farbraum schafft auf digitalen Geräten bis zu 17.000.000 (17 Millionen) verschiedene Farbtöne (Wäger, 2017). Darüber hinaus gibt es sogar noch spezielle RGB-Varianten, wie den *Adobe RGB-Farbraum*, den *ProPhoto RGB-Farbraum* oder den *sRBG-Farbraum*, der extra entwickelt wurde, um auf vielen verschiedenen digitalen Geräten die gleiche Farbwiedergabe bieten zu können. Hier gibt es bis zu 1.000.000.000 (1 Milliarde) verschiedene Farbtöne (Wäger, 2017).

Im *Druckbereich* geht es nicht mehr um das Durchlicht (Lichtquelle ist hinter dem Objekt und scheint teilweise durch es hindurch), sondern um das reflektierte Licht (Lichtquelle ist vor dem Objekt und leuchtet es an). Hier wird mit einem anderen Farbraum gearbeitet, und zwar mit dem *CYMK-Farbraum*. Dabei steht CYMK für Cyan, Yellow (Gelb), Magenta und Key, d. h. für den enthaltenen Schwarzanteil.

Bei CYMK handelt es sich um subtraktive Farbmischung. Bei der subtraktiven Farbmischung bedeutet »keine Farbe« Weiß (im Gegensatz zu der additiven, bei der »keine Farbe« Schwarz bedeutet). Aus dem weißen Licht werden wie mit einem Filter Farben herausgefiltert. Filtert man alle Farben heraus, erhält man Schwarz – also kein Licht (siehe Abbildung 7.57).

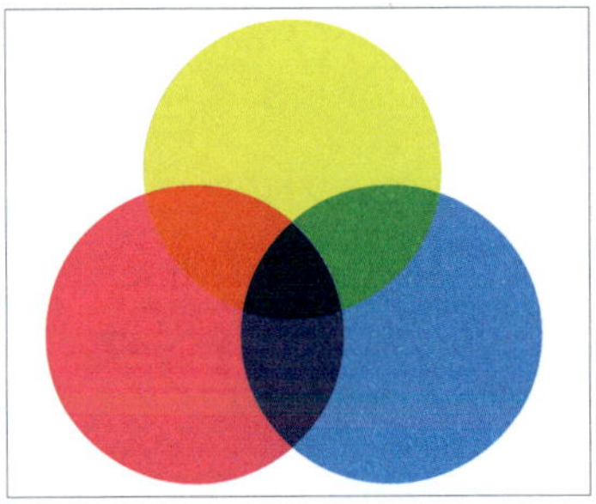

Abbildung 7.57 Die subtraktive Farbmischung

Auch für den CYMK-Farbraum gibt es inzwischen Erweiterungen, die nicht mehr nur auf vier Farben basieren, sondern zusätzliche Farben nutzen, um auch im Druck mehr Farben erstellen zu können. Ein Beispiel für einen solchen erweiterten Farbraum ist der ECG-Farbraum (*Extended Color Gamut*), der zusätzlich noch die Farben Orange, Grün und Violett enthält.

Farbraum für digitale User Interfaces: Worauf müssen Sie achten?

Für Sie ist wichtig zu wissen, dass die Darstellung von Farben anhand des Farbraums nicht auf allen Geräten zum gleichen Ergebnis führen muss. Für den Printbereich und Bereiche, in denen eine hohe Farbtreue wichtig ist, wird deswegen oft mit *kalibrierten* und sogenannten *farbechten Monitoren* gearbeitet. Das Problem daran: Sie können bei digitalen User Interfaces nicht davon ausgehen, dass die Monitore, auf denen Ihre Gestaltung später angezeigt wird, ebenfalls farbecht sind (außer Sie gestalten durch Zufall eine Anwendung für genau diesen Bereich). Je nachdem welche Lösung Sie gestalten, läuft diese beispielsweise anschließend auf herkömmlichen Monitoren oder Smartphones etc. Sie sollten bei der Farbauswahl daher darauf achten, dass Sie die Farben auch auf den eigentlichen Zielgeräten testen. Das ist einfach, wenn Sie für einige wenige Geräte gestalten. Wenn die Gruppe der Geräte jedoch groß sein wird, können Sie vermutlich aus Aufwandsgründen nicht mehr alle testen. Wenn Sie beispielsweise eine Webseite gestalten, die später auf allen Smartphones, Tablets und PC-Monitoren angezeigt werden soll, ist es unmöglich, Millionen von unterschiedlichen Geräten zu testen.

Hier ist unsere Empfehlung: Wählen Sie ein repräsentatives Set von Geräten aus, und testen Sie Ihre Gestaltung regelmäßig auf diesen. Achten Sie dabei auf die Farbwiedergabe (»Ist das Grün so, wie ich es will? Kommuniziert es die gewünschte Information korrekt?«) sowie auf die Kontraste (»Ist alles lesbar? Verschwimmen Flächen ineinander, die sich eigentlich abgrenzen sollen?«). Sollten Sie in diesem Set Geräte haben, die sehr wenige Farben darstellen können (beispielsweise kommt es immer wieder vor, dass Industrieanlagen mit Monitoren mit kleinem Farbraum ausgestattet werden), dann nutzen Sie nur diesen reduzierten Farbraum.

Zusätzlich unterscheiden sich der RGB- und der CYMK-Farbraum voneinander. Wenn Sie also eine Vorlage im Druck haben, müssen Sie davon ausgehen, dass die Farben am Bildschirm leicht unterschiedlich sein werden. Genauso ist die Erstellung eines digitalen Styleguides für den Druckbereich nur dann sinnvoll, wenn hier schon bei der Erstellung mit dem CYMK-Farbraum gearbeitet wird. Planen Sie also schon während der Erstellung ein, auf welchen Medien Ihre Gestaltung angezeigt werden soll, und wählen Sie den dazu passenden Farbraum.

Tiefenwirkung

Neben der inhaltlichen Bedeutung der Farben haben Farben auch eine *Tiefenwirkung*. Gewöhnlich wirken Blautöne auf den Betrachter weiter entfernt und Rottöne näher. Gelb wird als weiter weg als Rot, aber näher als Grün wahrgenommen. Grün wiederum fühlt sich näher als Blau an. Auch aus dieser Erkenntnis ergibt sich eine Logik für die Verwendung der Farben in Ihrer Benutzeroberfläche, basierend auf der Assoziation, die Sie erreichen wollen. (Weitere Informationen hierzu finden Sie in Wäger, 2017.)

Formen und Flächen

Neben Farben sind *Formen* eines der Grundelemente des Designs. Fast alle Formen lassen sich aus den Grundformen *Punkt*, *Linie*, *Dreieck*, *Rechteck*, *Kreis* und *Kreuz* zusammensetzen. Dabei ist auch schon das Kreuz eine Kombination aus verschiedenen Linien oder Rechtecken, das Quadrat eine Sonderform des Rechtecks und der Punkt ein besonders kleiner Kreis. Und selbst die Linie ist ein Rechteck mit einer besonders flachen Seite. Im Großen und Ganzen könnte man also sagen, dass Sie alle Formen aus Rechtecken, Kreisen und Dreiecken zusammensetzen können. Ob eine Form eher dynamisch oder ausgeglichen wirkt, hängt oft von dem Verhältnis ihrer Achsen zueinander ab. Vollkommen symmetrische Formen wirken dabei stabiler und weniger dynamisch als »schräge« Formen oder solche, die genauso breit wie hoch sind.

Gemäß Heimann und Schütz (2017), auf deren Ausführung dieser Abschnitt basiert, lassen sich Formen in unterschiedliche *Ordnungen* einteilen. Die Formen, die Sie verwenden, können Sie entweder direkt darstellen, dann handelt es sich um *Formen 1. Ordnung*. Formen können aber auch durch Überlappung entstehen (*Formen 2. Ordnung*) oder durch die Anordnung der Formen zueinander (*Formen 3. Ordnung*).

Die Formen 1. Ordnung werden gewöhnlich absichtlich eingesetzt; die Formen 2. Ordnung entstehen erst durch das Zusammenspiel verschiedener Formen miteinander. Wenn Sie zum Beispiel zwei Dreiecke an einer Seite überlappen lassen, dann entsteht ein drittes kleines Dreieck in der Schnittmenge (siehe Abbildung 7.58). Formen 2. Ordnung können aber auch entstehen, wenn durch die Anordnung verschiedener Formen plötzlich aus dem Hintergrund eine Form heraustritt, weil die anderen Bereiche durch die Formen 1. Ordnung im Vordergrund abgedeckt sind.

Abbildung 7.58 Ein Dreieck, das als Form 2. Ordnung in der Schnittmenge von zwei Dreiecken entsteht

Bei den Formen 3. Ordnung ist es so, dass die wahrgenommene Form dadurch entsteht, dass alle anderen Formen und Elemente so angeordnet worden sind, dass sie gemeinsam eine Form gestalten. Das kann zum Beispiel die Anordnung von verschiedenen Formen auf einer gedachten Kreislinie sein, sodass als Gesamtform ein Kreis sichtbar wird (siehe Abbildung 7.59).

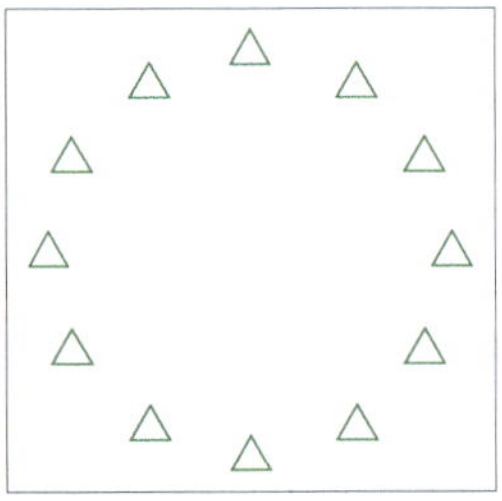

Abbildung 7.59 Ein Kreis, der als Form 3. Ordnung durch die Anordnung anderer Formen auf einer Kreislinie zum Vorschein kommt

Das *Rechteck* ist eine der Grundformen in der Gestaltung. Durch die graden Seiten und die rechten Winkel wirkt es statisch und beständig. Das Rechteck steht für Ordnung und Struktur. Es findet sich damit auch an anderen Stellen, zum Beispiel als Element in einem Grid wieder, das Sie bei der Ausrichtung und Strukturierung der Benutzeroberflächen unterstützt. Rechtecke werden oft eingesetzt, um Grenzen zu markieren. Auch in der Gestaltung von Benutzeroberflächen werden Rechtecke oft verwendet, um unterschiedliche Bereiche voneinander abzugrenzen.

Das *Quadrat* ist ein Sonderfall des Rechtecks und wirkt aufgrund seiner gleichlangen Seiten noch statischer und weniger dynamisch. Wenn Sie also große Stabilität, ein Stück weit auch Schwere ausdrücken wollen, dann könnte das Quadrat eine gute Form für Sie sein.

Verglichen mit dem Rechteck wirkt das *Dreieck* dynamischer, teilweise sogar aggressiv (abhängig davon, wie spitz Sie es gestalten). Je spitzer das Dreieck wird, umso dynamischer und aggressiver erscheint es. Je ausgeglichener die Seitenlängen des Dreiecks sind, umso stabiler und weniger dynamisch wirkt es. In einer spitzeren Version können Dreiecke wie Pfeile in eine Richtung weisen, und damit den Blick der Nutzenden führen. Für die Abgrenzung von Flächen werden Dreiecke hingegen selten eingesetzt, da sie wenig Platz bieten und dadurch größere Bereiche nicht oder nur schlecht nutzbar sind.

Der *Kreis* ist hingegen vollkommen ausgeglichen. Er ist wenig dynamisch und hat als alleinstehendes Element keine Bewegung in eine Richtung, sondern ruht in sich. Kreise werden oft eingesetzt, um Dinge und Inhalte zusammenzufassen.

Auch wenn der *Punkt* eigentlich nur eine Sonderform des Kreises ist – nämlich in der Theorie der kleinstdenkbare Kreis (in der Praxis ist der Punkt klein, aber nicht kleinstdenkbar, um ihn ausreichend gut zu erkennen) – kommt dem Punkt selbst in der Gestaltung eine entscheidende Rolle zu. Ein Punkt an sich ist nicht dynamisch, sondern wirkt stabil. Das findet sich auch in der Sprache in unterschiedlichen Redewendungen wieder (z. B. »Jetzt mach' mal einen Punkt!«). In der Gestaltung wird der Punkt oft als Element genutzt, um besonders wichtige Bereiche zu markieren und hervorzuheben. Der Punkt tritt als Element 2. Ordnung jedoch auch in Form von Schnittpunkten auf. Vor allem, wenn verschiedene Linien zusammenlaufen, ist der Schnittpunkt oft der Punkt in der Gestaltung, zu dem die Aufmerksamkeit fließt. Werden viele Punkte zusammen eingesetzt, wie in einem Punkteschwarm, dann verliert der Punkt allerdings seine Ruhe und wirkt dynamisch, wenn nicht sogar wuselig.

Eine weitere Sonderform ist das *Kreuz*. Obwohl es ebenfalls aus den Grundformen zusammengesetzt werden kann, findet sich das Kreuz in sehr vielen verschiedenen Bereichen natürlich wieder. So stellt das Kreuz zum Beispiel die vom Menschen größtmögliche einzunehmende Fläche dar und steht oft für Offenheit und große Balance, aber auch für einen Stopp oder Halt zur Orientierung. Das Kreuz findet sich in Wegkreuzungen und Kompassen, aber entsteht auch wieder als Form 3. Ordnung in Benutzeroberflächen in den Schnittpunkten verschiedener Interface-Elemente.

Damit ist das Kreuz allgegenwärtig und hilft, eine gute Struktur in die Oberfläche zu bekommen und die Ausrichtungen und damit den Blick der Nutzenden zu lenken. Als Gestaltungselement 1. Ordnung für Benutzeroberflächen selbst wird das Kreuz selten eingesetzt, und wenn, dann eher, um einen Abbruch oder einen Stopp anzuzeigen.

Linien

Genau wie Punkte und Kreuze sind auch Linien ein Sonderfall in der Gestaltung. Da Linien aber ein wesentliches Element vor allem in der Gestaltung von Benutzeroberflächen darstellen können, erhalten Linien hier einen eigenen Abschnitt.

Gemäß Heimann und Schütz (2017) kommen Linien in der Natur eigentlich nicht vor. Die Linien entstehen in unserer Wahrnehmung an der Stelle, wo zwei Farbflächen aufeinandertreffen. Das kann der Himmel sein, der sich vom Boden abgrenzt, der Baum, der aus dem Wald heraussteht, oder der Fluss, der durch das Gras läuft. Als Gestaltungselement können Linien aber sehr bewusst eingesetzt werden, um den Blick des Betrachters zu führen.

Linien sind dynamischer als Punkte, da sie immer in eine Richtung zu laufen scheinen. Die einzige Ausnahme hierzu stellt die horizontale Linie dar, die eher Ruhe vermittelt. Diese Linie erinnert auch am stärksten an die natürliche Horizontlinie.

Außer mit der Ausrichtung der Linien können Sie auch noch mit ihrer Dicke und ihrer »Ganzheit« spielen. Dabei wirken dickere Linien stabiler und mächtiger, feinere Linien eher grazil und wenig aufdringlich. Sie können aber natürlich auch die Dicke einer Linie in ihrem Verlauf variieren. Mit *Ganzheit* ist gemeint, ob Sie eine durchlaufende Linie oder eine gestrichelte Linie verwenden. Die durchlaufende Linie ist fester und endgültiger; die gestrichelte Linie ist durchlässiger und weniger massiv (siehe Abbildung 7.60).

Abbildung 7.60 Beispieldarstellung mit einer Benutzeroberfläche, in der gestrichelte Linien bzw. durchgezogene Linien zur Abgrenzung eingesetzt werden

Mehr Informationen zu Linien in all ihren Ausprägungen finden Sie im Buch »Wie Design wirkt« von Heimann und Schütz, die zusätzlich noch verschiedenste Einflussfaktoren auflisten.

Material und Textur

Für die Gestaltung von physischen Produkten spielten das Material und die Textur schon immer eine bedeutende Rolle. Es gibt ganze Branchen, in denen das Material so wichtig ist, dass vor einem Produktkauf sogar eine Materialprobe bestellt werden kann (beispielsweise bei Stoffen). Der Fokus dieses Buchs liegt jedoch auf Usability und User Experience Design mit dem Schwerpunkt auf digitalen User Interfaces. Wir werden uns deshalb hier auf die digitale Darstellung von Material und Textur beschränken.

Eine Hauptfunktion des Einsatzes von Materialien und Texturen in der digitalen Welt ist die Verdeutlichung der Charaktereigenschaften des dargestellten Objekts. Durch das Bild werden bei den Betrachtern bestimmte Assoziationen geweckt. Deshalb ist es wichtig, nicht nur die Textur eines Objekts als solches zu betrachten, sondern das Zusammenspiel zwischen der Textur und der restlichen Gestaltung.

Vor allem in Computerspielen werden Material und Textur ausgiebig genutzt. Beispielsweise in Rollenspielen wird es immer wieder als Highlight gefeiert, wenn Darstellungen so detailgetreu und realistisch werden, dass man das Material fast fühlen kann. Die richtige Darstellung spielt für die Immersion der Spieler (also das Gefühl, in der Geschichte zu sein) eine entscheidende Rolle (siehe Abbildung 7.61).

Abbildung 7.61 Beispiel für verschiedener Rüstungs- bzw. Kleidungsmaterialien im Spiel »Baldurs Gate 3«

Da die ausgelösten Assoziationen maßgeblich mit den persönlichen Erfahrungen einer Person zusammenhängen, ist der Einsatz von Texturen auch immer kulturell geprägt. Die stärkste Wirkung verursacht eine Textur, die ein Material darstellt, das die Nutzenden gut kennen. Dann löst das Bild einen viel stärkeren Bezug auch zu dem verursachten Gefühl und zur ursprünglichen Verwendung aus. Gold wird zum Beispiel oft mit Schmuck oder einem hohen Wert verbunden.

Durch den Einsatz der richtigen Texturen können Sie so entweder einen bereits bestehenden Eindruck verstärken (zum Beispiel, wenn Sie Holztexturen einsetzen, wenn es um Natürlichkeit geht) oder bewusst gegen bestehende Assoziationen kämpfen. Beispielsweise wird im Marketing von industriell hergestellten Lebensmitteln auf den zugehörigen Produktwebseiten oft gezielt mit Texturen gearbeitet, die eine eher familiäre und manufakturartige Herstellung suggerieren (siehe Abbildung 7.62).

Abbildung 7.62 Produktwebseite von »Patros«. Die eingesetzten Materialen sind vor allem Holz, was sich sogar im Footer der Webseite wiederfindet. (Quelle: www.patros.de)

Der Einsatz von Materialien beziehungsweise Texturen ist also gut geeignet, um starke Assoziationen auszulösen. Damit haben Sie auf der einen Seite ein weiteres Gestaltungselement; auf der anderen Seite legen Sie das Design deutlich enger fest, als Sie dies ausschließlich durch die Verwendung von Farben und Formen machen. Der Grund dafür ist, dass Materialien im Alltag der Nutzenden mit echten Gegenständen verbunden sind und sich damit schwerer allgemein einsetzen lassen. Je nachdem, welches Ziel Sie verfolgen, kann das ein echter Vorteil sein.

Typografie

Die Typografie ist ein großes und wichtiges Thema bei der visuellen Gestaltung. Trotzdem wollen wir hier den Fokus nur ganz kurz auf dieses Thema richten und darüber hinaus auf das Buch »Das ABC der Typographie« von Patrick Marc Sommer und Natalie Gaspar (2020) verweisen. Auf fast 400 Seiten wird in ihm ausführlich auf das Thema eingegangen. Diese Tiefe können wir hier nicht annähernd bieten. Daher möchten wir uns lediglich auf wenige Themen konzentrieren, die für das Thema Usability und User Experience Design von besonderer Wichtigkeit sind.

Die Leserlichkeit von Schriftarten

Das erste und – zumindest für Usability und User Experience Design – wichtigste Thema im Bereich der Typografie ist die Leserlichkeit Ihrer Texte. Bei der *Leserlichkeit* geht es darum, ob die einzelnen Zeichen wahrgenommen und unterschieden werden können. Wenn Sie sich für eine Schrift entscheiden, sollten Sie sich daher Gedanken darüber machen, ob diese Schrift auch tatsächlich leserlich ist.

Zum Thema Leserlichkeit gibt es eine DIN-Norm, die DIN 1450:2013-04, die sich mit der Leserlichkeit von Schriften beschäftigt. In der DIN-Norm wird auch eine Methode zur Berechnung der Mindestschriftgröße angegeben, die die Webseite *www.leserlich.info* in einen Schriftgrößenrechner umgesetzt hat, bei dem Sie mit Angabe des Bildschirmabstands, des vermuteten Visus (Sehstärke des Betrachters), der Beleuchtungsbedingungen, der Textart, der Displayauflösung sowie dem Mittellängen-Schriftgrößen-Verhältnis (siehe Abbildung 7.64) die Mindestschriftgröße bestimmen können (siehe Abbildung 7.63).

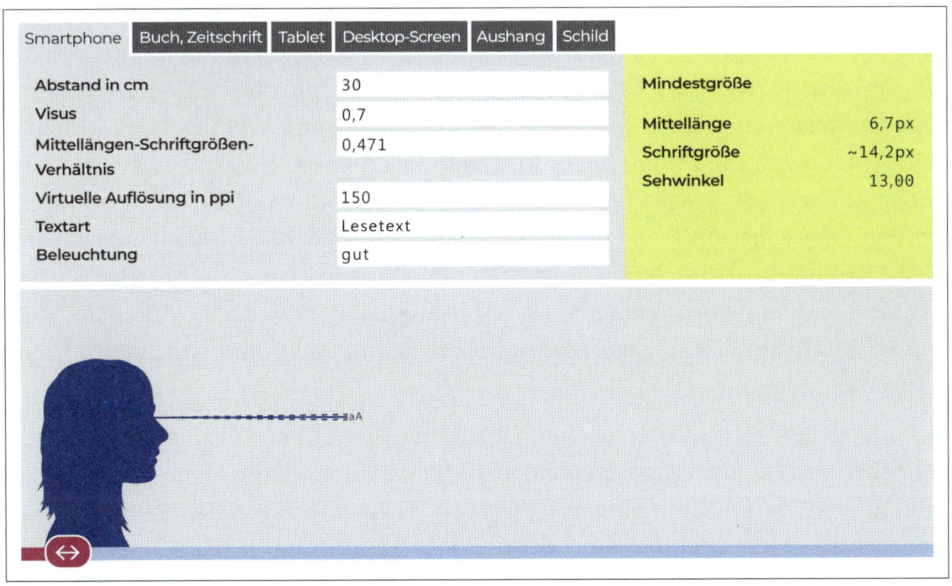

Abbildung 7.63 Der Schriftgrößenrechner auf der Webseite »www.leserlich.info«

Dabei trägt die Webseite auch dem Fakt Rechnung, dass Schriften auf unterschiedlichen Medien dargestellt werden können, und ermöglicht es Ihnen, zwischen einer Berechnung für Smartphone, Tablet und Desktop-Screen bzw. Druckerzeugnissen umzuschalten.

Die *Mittellänge* ist dabei die Höhe von einem kleinen Buchstaben in der jeweiligen Schriftart (zum Beispiel von einem kleinen e), die *Schriftgröße* die Länge von dem obersten Punkt des höchsten Buchstabens in der Schrift bis zum untersten Punkt des niedrigsten Buchstaben in der Schrift (siehe Abbildung 7.64).

Abbildung 7.64 Verschiedene Maße in der Typografie

Wenn es um Leserlichkeit geht, wird neben der Schriftgröße auch immer wieder das Thema *Schriftart* heiß diskutiert. Es verschiedene Möglichkeiten, Schriften in Klassen einzuteilen. Eine der gängigsten – und vielleicht wichtigsten Unterteilungen – ist die Trennung in Schriften mit Serifen und Schriften ohne Serifen. *Serifen* sind die kleinen Ansätze an den Buchstaben, wie Sie sie zum Beispiel in Abbildung 7.64 oben und unten am »i« oder »r« sehen. Inzwischen herrscht große Einigkeit darüber, dass vor allem bei Fließtexten Schriften mit Serifen besser leserlich sind als Schriften ohne Serifen.

Obwohl dies in Studien gezeigt werden konnte, hat sich für Webanwendungen und digitale Anwendungen die *serifenlose Schrift* durchgesetzt, wohingegen die Schrift mit Serifen noch immer vor allem im Printbereich anzutreffen ist. Das liegt unter anderem daran, dass Schriften ohne Serifen häufig als moderner wahrgenommen werden. Ob Sie diesem Trend folgen oder sich für bessere Leserlichkeit entscheiden, bleibt aber natürlich Ihnen überlassen. Generell sollten Sie aber im Hinterkopf behalten, dass Sie – wie mit allen anderen Gestaltungselementen auch – durch die Wahl der Schriftart Einfluss auf die Assoziationen nehmen, die Ihre Nutzenden haben (siehe Abbildung 7.65).

Neben den Serifen als Unterscheidungsmerkmal gibt es noch die Schriften, die das Aussehen von *Handschriften* nachbilden. Diese Schriften wirken oft festlich und können gut als Überschriften eingesetzt werden. Texte, die ausschließlich in digitaler Handschrift geschrieben werden, verlieren aber stark an Leserlichkeit und sind nicht zu empfehlen.

Abbildung 7.65 Beispiel für die Wirkung verschiedener Schriftarten am gleichen Wort – einmal ohne Serifen (oben), mit Serifen (Mitte) und handschriftlich (unten)

Die Textmenge

Generell sollten Sie sich bei der Gestaltung von digitalen Anwendungen auch immer über die Textmenge Gedanken machen. Wenn Sie nicht gerade einen Blogartikel anbieten oder einen Erklärungstext schreiben, sollte Ihre Zielsetzung sein, so wenig Text wie möglich zu produzieren. Der Text, den Sie in Ihrer digitalen Anwendung haben, sollte vor allem dazu geeignet sein, den Nutzer anzuleiten.

Im Gegensatz zu Bildern müssen Texte immer »entziffert« werden. Wenn Ihre Nutzenden also gar nicht oder nicht gut lesen können, dann gehen Informationen verloren. Bilder können – außer von Personen mit visuellen Einschränkungen – hingegen immer wahrgenommen werden. Bei der Gestaltung der Benutzeroberflächen sollten Sie deshalb versuchen, so viel wie möglich auf lange Erklärungstexte zu verzichten und lieber einzelne Wörter zu verwenden, die schnell erfassbar sind. Wenn Sie sowohl Bilder als auch Text verwenden, dann wird beides gemeinsam oft so eingesetzt, dass das Bild die Kernbotschaft transportiert und der Text die Inhalte konkreter macht.

Auch wenn es nicht direkt um Typografie geht, möchten wir Ihnen an dieser Stelle das lesenswerte Buch »UX Writing & Microcopy« von Kinneret Yifrah (2019) empfehlen. Hier lernen Sie noch mehr dazu, wie Sie Text sinnvoll zur Optimierung von Usability und User Experience einsetzen können.

Bilder und Grafiken

Bilder und Grafiken sind ein Kernbestandteil der Gestaltung. Wie viel Raum Bilder und Grafiken in der Gestaltung einnehmen, hängt jedoch oft von der Zielsetzung des zu gestaltenden Systems, Produkts oder der zu gestaltenden Dienstleistung ab.

Wenn wir die drei Beispielprojekte aus diesem Buch ansehen (siehe Abbildung 7.66), dann wurde bei der Gestaltung von BusinessBooster zum Beispiel deutlich weniger an Grafiken und Bilder gedacht als bei Healthyfy. Bei BusinessBooster wurde vor allem über die Eingabe und Ausgabe von Daten nachgedacht und damit der Fokus auf die Eingabefelder gelegt. Bei Healthyfy hingegen spielen Grafiken eine überaus wichtige Rolle – einmal auf der persönlichen Ebene (»Mit wem rede ich überhaupt?«), aber auch auf der inhaltlichen Ebene (»Wie sieht das Symptom aus?«).

Abbildung 7.66 Beispielbilder von Healthyfy und BusinessBooster mit ihrer unterschiedlichen Verwendung von Grafiken und Bildern

Unabhängig von der Anwendung ist es aber so, dass wir Menschen viel mehr darauf ausgelegt sind, visuelle Informationen zu verarbeiten als andere Arten der Information. Nach Heimann und Schütz (2017) sind ca. 90 % der verarbeiteten Informationen visueller Natur, und diese werden bis zu 60.000-mal schneller als Text verarbeitet. Der Einsatz von Bildern und Grafiken kann also dazu führen, dass Informationen schneller und einfacher wahrgenommen werden können, als dies bei Text der Fall wäre.

Ein Hauptvorteil bei Bildern besteht darin, dass sie in der kurzen Zeit, die wir zu ihrer Wahrnehmung brauchen, eine viel komplexere Information transportieren können, als dies in der gleichen Zeit bei Text möglich wäre. Bilder erzählen – ob positiv oder negativ – immer irgendeine Art von Geschichte und lösen damit beim Betrachter Assoziationen aus. Wie bei allen anderen Elementen müssen Sie also auch hier darauf achten, dass alle gewählten Elemente zueinander passen und auf die gleichen Assoziationen einzahlen.

Wie stark dabei die ausgelöste *Assoziation* ist, hängt sehr vom gewählten Bild ab. Je eindeutiger das Bild ist, umso weniger Assoziationsspielraum bleibt. Starke Bilder mit eindeutiger Assoziation werden bei vielen Personen zu ähnlichen Vorstellungen führen. Welche Bilder das sind, hängt aber – wie bei vielem in der Gestaltung – auch stark mit dem Kulturkreis der betrachtenden Person zusammen. Weniger starke Bilder lassen umgekehrt mehr Assoziationsspielraum zu. Hier liegt ein klarer Nachteil, wenn die Breite der Assoziationen und die daraus entstehende Vieldeutigkeit nicht erwünscht sind. Um zu überprüfen, ob die Nutzenden den Bildern die gewünschten Assoziationen zuweisen, bietet sich der bereits angesprochene ARTTest an, den wir in Abschnitt 12.19 beschreiben.

Grafiken und Bilder haben also die Eigenschaft, schnell viele Informationen vermitteln zu können. Sie ziehen zudem auch viel *Aufmerksamkeit* auf sich, da sie die präferierte Informationsquelle sind. Für das Usability und User Experience Design bedeutet das also, dass Sie Bilder und Grafiken einsetzen sollten, um die gewünschten Assoziationen zu stärken. Generell sollten aber alle eingesetzten Bilder und Grafiken zur Aussage und dem Inhalt beitragen und nicht von ihm ablenken.

Ein starkes Bild in den Hintergrund zu legen, das keinen Bezug zum eigentlichen System, dem Produkt oder der Dienstleistung hat, sieht im ersten Moment vielleicht ansprechend aus, verringert aber die Usability und User Experience der Lösung, weil die Nutzenden ihre Aufmerksamkeit auf das Bild richten. Wenn Sie es schaffen, Bilder und Grafiken zu finden, die inhaltlich einen Mehrwert bieten, werden Sie allerdings dafür sorgen, dass die Inhalte der Benutzeroberfläche von Ihren Nutzenden besser aufgegriffen und schneller verstanden werden können.

Icons

Eine besondere Form der Grafik ist das Icon, also ein grafisches Symbol, in unserem Bereich meist für Anwendungsprogramme oder Dateien auf dem Bildschirm. Im Gegensatz zu Bildern oder Grafiken stellen Icons dabei oft stark abstrahierte Formen des Inhalts dar.

Der Vorteil von Icons ist, dass sie ähnlich wie Grafiken oder Bilder deutlich schneller wahrgenommen werden können als Text. Durch den Einsatz von Icons unterstützen Sie die Nutzenden dabei, sich schnell und einfach auf der Benutzeroberfläche zurechtzufinden. Es gibt so gut wie keine Anwendung, die ohne Icons auskommt.

Icons haben aber durch ihr hohes Abstraktionsniveau und ihre meist sehr geringe Größe den Nachteil, dass sie oft nicht allein verständlich sind, sondern dass ihre Bedeutung erst von den Nutzenden erlernt werden muss. Dieses Erlernen kann entweder innerhalb eines Systems, Produkts oder einer Dienstleistung geschehen, indem die Icons mit einer zusätzlichen Beschriftung versehen werden.

Zusätzlich werden jedoch auch häufig Standard-Icons eingesetzt, die über verschiedene Anwendungen hinweg immer wieder für gleiche oder ähnliche Tätigkeiten eingesetzt werden. Ein Beispiel hierfür ist das Disketten-Icon zum Speichern, auch wenn Computer schon seit vielen Jahren nicht mehr über Diskettenlaufwerke verfügen (siehe Abbildung 7.67).

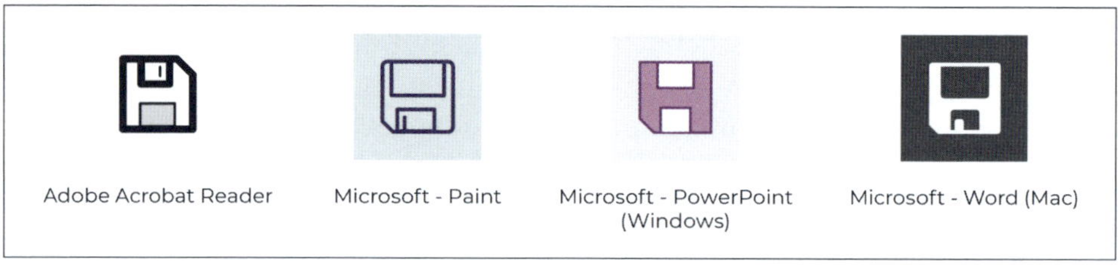

Abbildung 7.67 Beispiele für das Disketten-Icon zum Speichern aus verschiedenen Anwendungen

Auch wenn durch die Größe der Detailgrad bei Icons beschränkt ist, bleibt Spielraum für die Gestaltung zurück. Prinzipiell kann der Stil der Icons deutlich variieren, indem das gleiche Icon einmal flach und zweidimensional dargestellt wird oder räumlich und dreidimensional. Genauso gut können Sie innerhalb des Icons mit Farben spielen. Es gibt Icons, die ausschließlich aus den Konturlinien bestehen, und es gibt Icons, die mehr oder weniger bunt sind (siehe Abbildung 7.68).

Abbildung 7.68 Das gleiche Beispiel-Icon in komplett unterschiedlichen Ausführungen

Unsere Empfehlung für eine gute Usability und User Experience lautet: Die Icons sollten zu allem anderen passen, aber ihr Detailgrad sollte so niedrig wie möglich sein. Wenn Sie Ihre Icons gestalten, sollten Sie immer im Kopf behalten, dass diese in den meisten Fällen im Anschluss sehr klein auf dem Bildschirm dargestellt werden und die tatsächliche Größe auch noch abhängig von der Bildschirmauflösung ist. Je mehr Details Sie integrieren, desto größer muss das Icon später sein, um erkannt zu werden. Generell gilt also: Je wichtiger das Icon ist und je größer es später dargestellt wird, umso detailreicher können Sie werden (siehe Abbildung 7.69). Unabhängig vom Detailgrad gilt natürlich immer, dass seine Bedeutung verstanden werden muss (spätestens in Kombination mit der Beschriftung). :-)

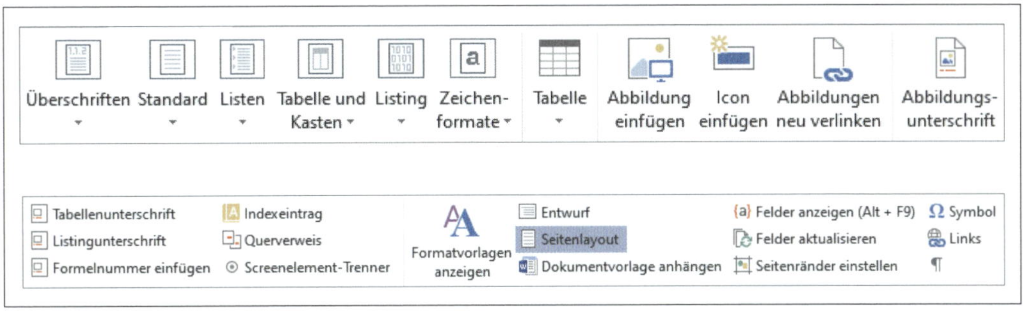

Abbildung 7.69 Beispiele aus der Icon-Leiste von Word – einmal mit größeren Icons (oben), die mehr Details enthalten, und einmal mit kleinen Icons (unten), die weniger Details enthalten

7.4.3 Gestaltgesetze

Bis hierhin haben wir Ihnen die unterschiedlichsten Grundlagen aus Psychologie und Gestaltung vorgestellt. Nun möchten wir uns Schritt für Schritt näher an die anwendungsnahen Grundlagen wagen: Was passiert, wenn Design und Wahrnehmung zusammenkommen? Das Ergebnis der Beschäftigung mit dieser Frage sind die *Gestaltgesetze*, die Ihnen einfache Gesetzmäßigkeiten an die Hand geben, um besser die Wahrnehmung von Design zu verstehen und damit bessere Entscheidungen bei der Gestaltung zu treffen. Sie gehen auf Max Wertheimer (1923) zurück.

Beim Design ist es nämlich leider nicht nur so, dass Sie jedes einzelne Element gut gestalten müssen. Sie müssen sich auch noch Gedanken darüber machen, wie die verschiedenen Elemente zusammenwirken. Los geht es mit dem Gesetz der Nähe.

Gesetz der Nähe

Das *Gesetz der Nähe* besagt, dass Elemente, die sich in räumlicher Nähe zueinander befinden, als zusammengehörig wahrgenommen werden. Um z. B. eine Beschriftung als zugehörig zu einem bestimmten Feld wahrzunehmen, muss diese in räumlicher Nähe des Feldes platziert werden. Je näher sich Elemente sind, desto einfacher fällt hier gewöhnlich die Zuordnung (siehe Abbildung 7.70).

In der linken Abbildung fällt es schwer, zu entscheiden, zu welchem Feld die Beschriftung gehört, solange man nicht das gesamte Interface von oben nach unten betrachtet. Es könnte hier genauso gut sein, dass die Feldbeschriftung unterhalb angebracht ist. Erst durch die räumliche Platzierung der Beschriftung in der direkten Nähe eines

Elements wird dieser Zusammenhang eindeutig. Wie unterschiedlich sich diese Platzierung auf die Wahrnehmung und Interpretation auswirkt, können Sie im rechten Teil der Abbildung erkennen. Hier gibt es keinen Interpretationsspielraum mehr.

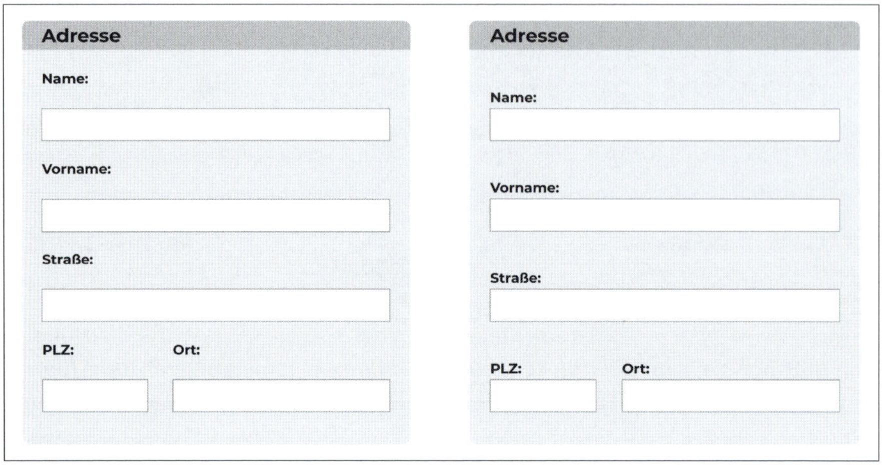

Abbildung 7.70 Beispiel für die Wirkung der räumlichen Nähe auf die Zugehörigkeit von einzelnen Elementen zueinander

Gesetz der Ähnlichkeit

Ein weiteres Gesetz ist das Gesetz der Ähnlichkeit. Das *Gesetz der Ähnlichkeit* besagt, dass ähnliche Elemente als zusammengehörig wahrgenommen werden. Bei der Gestaltung von User Interfaces ist somit auf die visuelle Trennung von ähnlichen, aber funktional unterschiedlichen Elementen zu achten.

Ein typischer Fehler in der Gestaltung von Formularen ist zum Beispiel, Textfelder, bei denen die Nutzenden Eingaben machen sollen, genauso aussehen zu lassen wie Textfelder, bei denen Erklärungstexte vom System dargestellt werden (siehe Abbildung 7.71).

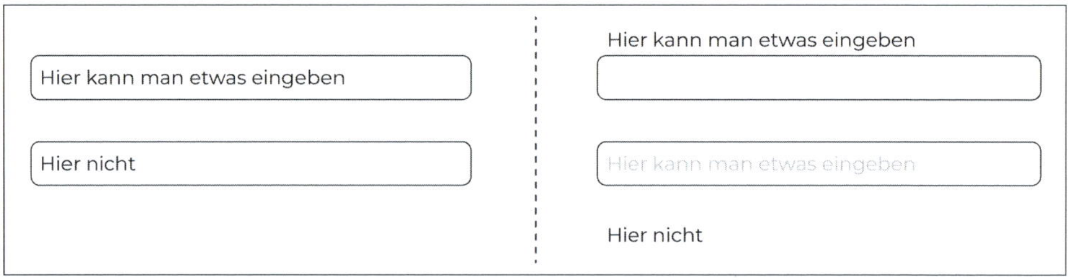

Abbildung 7.71 Beispiele für eine schlechte Gestaltung, die das Gesetz der Ähnlichkeit nicht berücksichtigt (links), und für bessere Lösungen (rechts)

Tatsächlich kann das sogar passieren, wenn die Inhalte wenig bis gar nichts miteinander zu tun haben. Stellen Sie sich zum Beispiel vor, Sie sind an einem Teststand und würden von Testfahrzeugen in einer Software die Motordrehzahl und den Füllstand des Tanks überwachen. Generell könnten die Anzeigen optisch sehr ähnlich aussehen (Halbkreisskala), nur dass in einem Fall ein hoher Wert gut ist, im anderen Fall ein niedriger Wert. Bei einer schlechten Gestaltung wären die Anzeigen gemischt und nur nach Fahrzeugen sortiert. Bei einer besseren Gestaltung wären die Anzeigen nach Fahrzeug und Anzeigenart sortiert (siehe Abbildung 7.72).

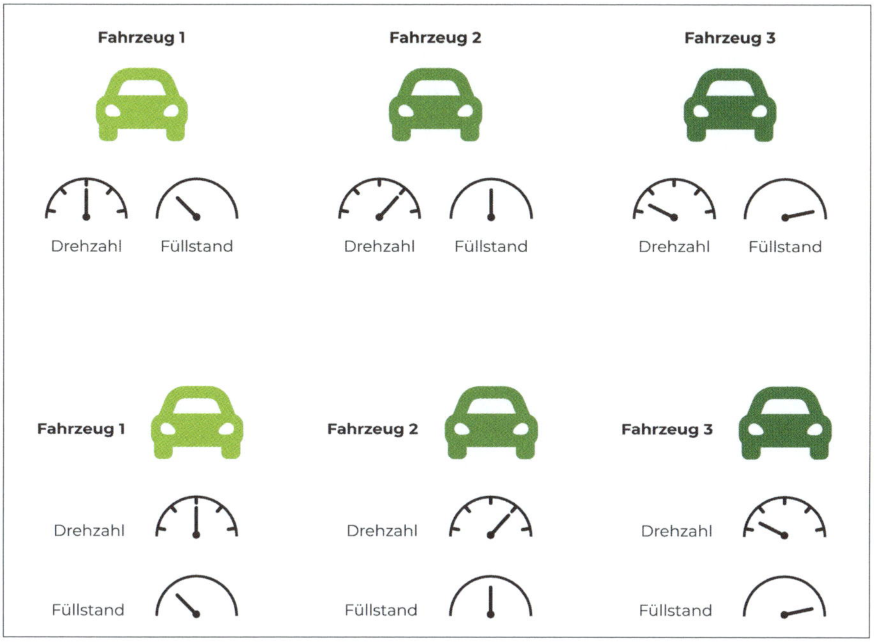

Abbildung 7.72 Ungünstige (oben) und günstige (unten) Nutzung des Gesetzes der Ähnlichkeit, um das Verständnis der Benutzeroberfläche zu verbessern

Wichtig für Sie zu wissen: Das Gesetz der Ähnlichkeit bezieht sich auf verschiedene Aspekte. So können Elemente als ähnlich wahrgenommen werden mit:

- der gleichen Farbe
- der gleichen Textur
- der gleichen Ausrichtung
- dem gleichen Stil
- der gleichen Bewegungsrichtung
- der gleichen Größe
- der gleichen Geschwindigkeit

Sie müssen sich also über verschiedenste Aspekte der Gestaltung Gedanken machen, wenn Sie sicherstellen wollen, dass die richtigen Elemente als zusammengehörig wahrgenommen werden.

Gesetz der Geschlossenheit

Ein weiteres Gestaltgesetz ist das Gesetz der Geschlossenheit. Das *Gesetz der Geschlossenheit* besagt, dass fehlende Bestandteile einer »geschlossenen« Gestalt vom Betrachtenden ergänzt werden. Auf Benutzeroberflächen übertragen bedeutet das, dass die Nutzenden häufig nach einer Struktur und einer übergeordneten Logik suchen, um sich schneller in der Oberfläche bewegen zu können.

Abbildung 7.73 Beispiele für eine Benutzeroberfläche, die es den Nutzenden schwer macht, eine geschlossene Gestalt zu erkennen (oben), und für eine Benutzeroberfläche, die die Nutzenden durch die Gestaltung unterstützt (unten)

Häufig erzeugen Elemente in User Interfaces jedoch keine »ergänzbare« Gestalt, wodurch eine Gruppierung nur schwer wahrzunehmen ist und das Auffinden von Informationen erschwert wird. Sie können Ihre Nutzenden beim Finden der Struktur unterstützen, wenn Sie Ihre Benutzeroberfläche so gestalten, dass die Strukturen optisch hervorheben.

In Abbildung 7.73 oben ist beispielsweise nicht klar, ob jeder Textblock für sich eine Einheit bildet. Es könnten optisch auch der Block »PKW Daten«, »Baujahr« und »Preis S Benzin« sowie »Technik«, »Preis S Diesel« und »Preis Turbo« zusammengehören. Im unteren Teil hingegen wird die Struktur erkennbar.

Gesetz der Kontinuität

Das *Gesetz der Kontinuität* besagt, dass Elemente dann als zusammengehörig wahrgenommen werden, wenn sie als Fortsetzung vorheriger Elemente erscheinen. Auch hier versuchen die Nutzenden wieder, eine Logik in der Gestaltung zu entdecken. Wenn Sie den oberen Teil (1.) von Abbildung 7.74 betrachten, dann können Sie anhand der Darstellung wahrscheinlich recht genau sagen, wo Sie glauben, dass die Linien hinführen.

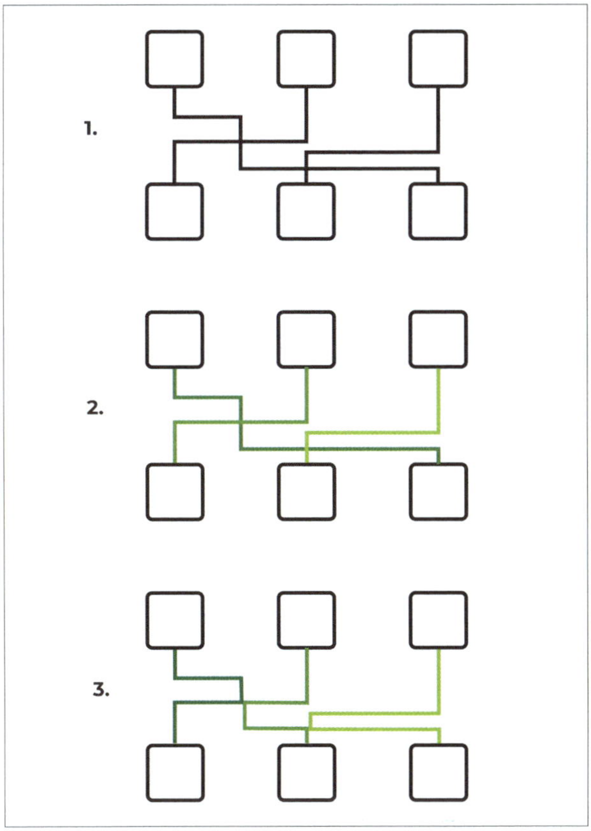

Abbildung 7.74 Beispielbilder dafür, wie das Gesetz der Kontinuität die Wahrnehmung von einzelnen Darstellungen beeinflusst

Vermutlich würden Sie die Zuordnung wie in (2.) dargestellt treffen. Wir haben Ihnen in (3.) eine Alternative dargestellt, die theoretisch auch funktionieren würde. Durch das Gesetz der Kontinuität werden die Linien jedoch eher als durchlaufend empfunden.

Gesetz der Symmetrie

Ein weiteres Gestaltgesetz ist das *Gesetz der Symmetrie*. Ein Element wird als symmetrisch (ausgeglichen) empfunden, wenn sich seine Attribute im Gleichgewicht befinden. Bei Benutzeroberflächen kommt es oft vor, dass sie so einseitig angelegt sind, dass dieses Symmetrieempfinden gestört wird. Vor allem bei der Verwendung von Formularen findet sich oft eine starke einseitige Ausrichtung in der Benutzeroberfläche. Das können Sie vermeiden, indem Sie auf eine gleichmäßige Verteilung der Elemente achten (siehe Abbildung 7.75).

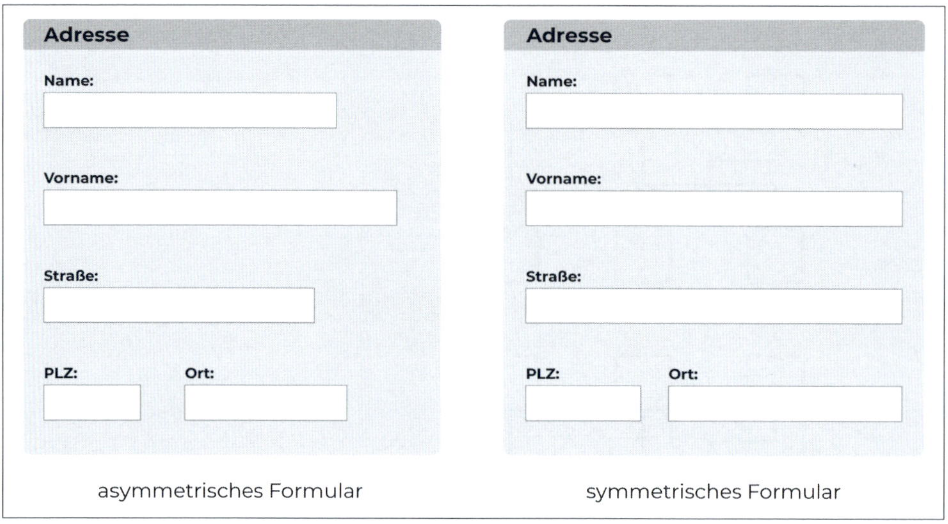

Abbildung 7.75 Beispiele für ein asymmetrisches (links) und ein symmetrisches (rechts) Formular

Gesetz des Blickpunkts

Ein häufig unbewusst genutztes Gestaltgesetz ist das *Gesetz des Blickpunkts*. Wenn Sie ein Element verwenden, das sich signifikant von den restlichen Elementen unterscheidet, ziehen Sie dadurch die Aufmerksamkeit auf das eine Element, das anders ist. Dieses Vorgehen wird in der Gestaltung von Webseiten regelmäßig genutzt, um den Call-to-Action (also die Handlungsaufforderung an die Nutzenden) deutlich von der restlichen Gestaltung abzuheben. Damit können Sie mit einfachen Mitteln den Blick der Nutzenden schnell steuern (siehe Abbildung 7.76).

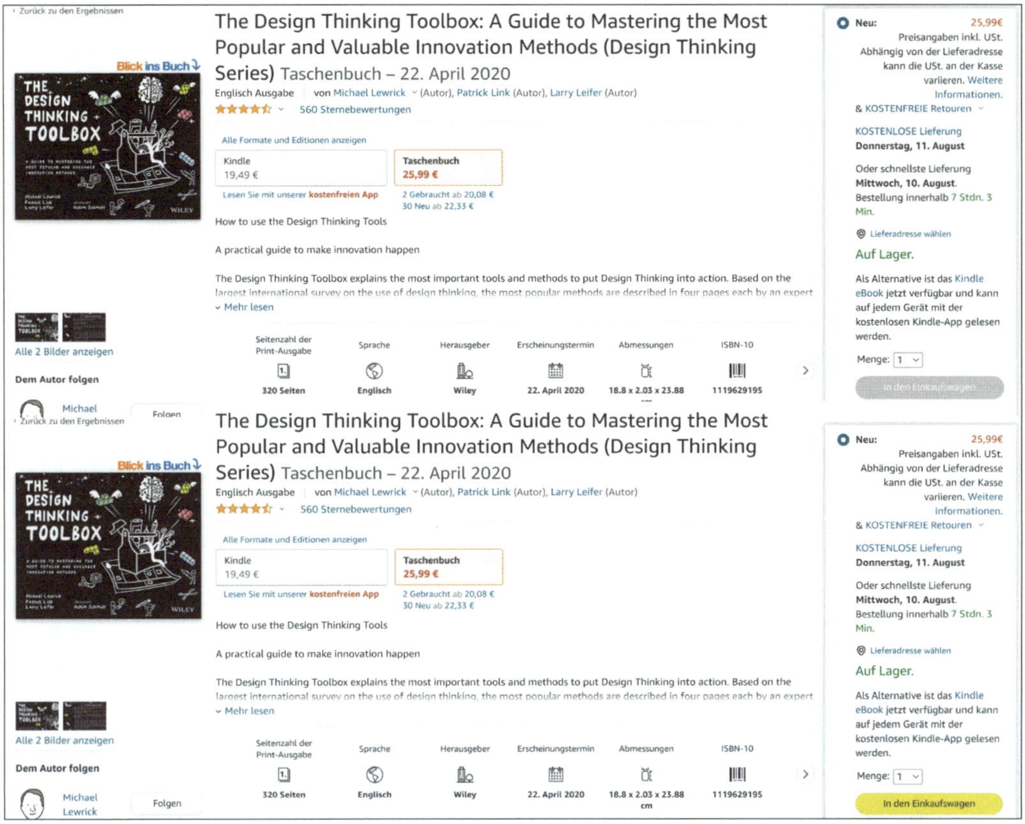

Abbildung 7.76 Beispiele für eine Benutzeroberfläche, die das Gesetz des Blickpunkts nicht nutzt (oben), und für eine Benutzeroberfläche, die das Gesetz des Blickpunkts nutzt (unten; Quelle. Amazon.de)

Gesetz von Figur und Hintergrund

Bei der Gestaltung von Benutzeroberflächen spielt das *Gesetz von Figur und Hintergrund* eine große Rolle. Hier geht es um die Frage, wie Sie eindeutig erklären können, welche diejenigen Elemente sind, auf die die Nutzenden sich für die Interaktion konzentrieren müssen, und welche Elemente nur als Dekoration eingesetzt werden.

Um die Nutzenden dabei zu unterstützen, die Unterscheidung so einfach wie möglich zu treffen, sollten Sie darauf achten, dass die Elemente, auf denen der Fokus liegt, eine klare Form und Abgrenzung besitzen, wohingegen der Hintergrund eher formlos ist. Der Hintergrund sollte sich außerdem lückenlos hinter den Elementen im Fokus fortsetzen, sodass Teile von ihm durch die Elemente verdeckt werden. Alle Elemente im Fokus sollten näher und auf einer fixen Position erscheinen, wohingegen der Hintergrund weiter weg und auch positionslos erscheinen darf (siehe Abbildung 7.77).

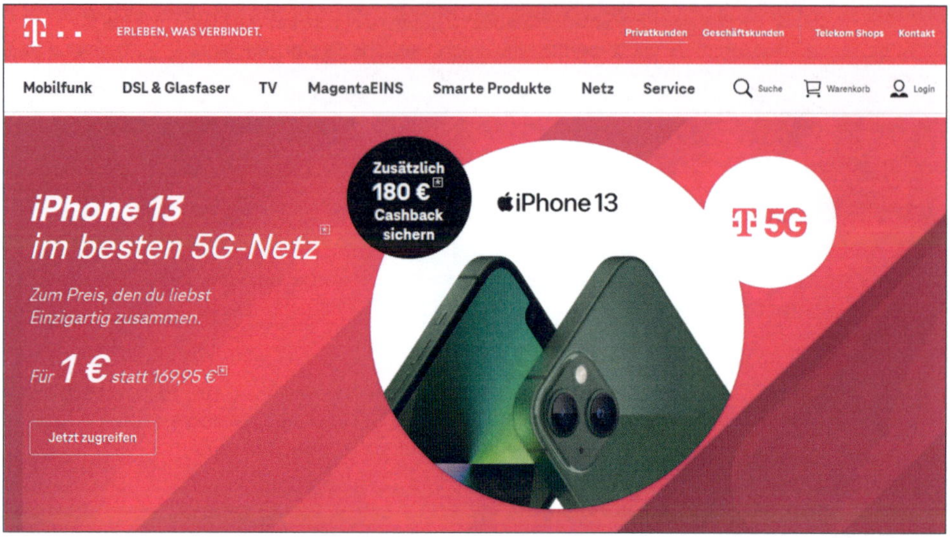

Abbildung 7.77 Beispiel für eine eindeutige Figur-Hintergrund-Darstellung. Hinweis: Der Call-to-Action »Jetzt zugreifen« wiederum ist nicht gut sichtbar und tritt zu stark zurück. (Quelle: www.telekom.de)

Gesetz des gemeinsamen Schicksals

Das *Gesetz des gemeinsamen Schicksals* hat für die Gestaltung von Benutzeroberflächen vor allem in den letzten Jahren zunehmend an Bedeutung gewonnen. Es besagt, dass Elemente dann als zusammengehörig empfunden werden, wenn sie sich zur selben Zeit verändern oder in ähnlicher Weise bewegen.

Im Laufe der letzten Jahre wurden in immer mehr Webseiten und Softwarelösungen Animationen eingebaut, die einzelne Elemente oder Bereiche der Benutzeroberfläche bewegen. Falls Sie das auch vorhaben, achten Sie darauf, dass die Elemente, die zusammengehören, sich auch gemeinsam bewegen. Da Animation in einem Buch schwer darzustellen ist, versuchen wir Ihnen dieses Gesetz anhand angedeuteter Bewegungsrichtungen zu verdeutlichen (siehe Abbildung 7.78).

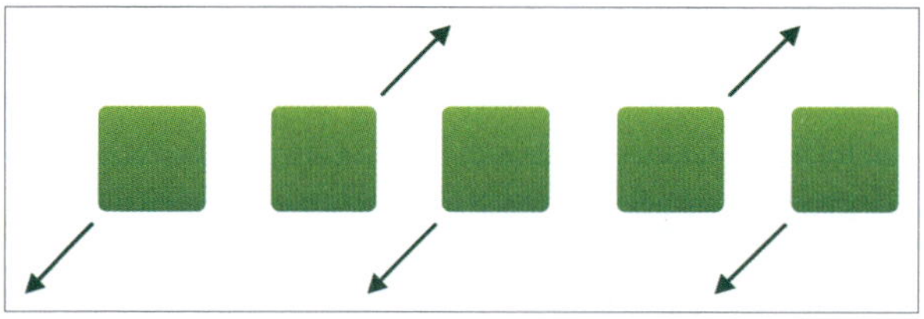

Abbildung 7.78 Aufgrund des Gesetzes des gemeinsamen Schicksals werden die Formen, die sich in die gleiche Richtung bewegen, als einander zugehörig empfunden. Von links nach rechts betrachtet, bewegen sich das erste, dritte und fünfte Element dem Pfeil entsprechend nach links unten. Damit bilden sie eine Gruppe. Das zweite und vierte Element wiederum bewegen sich nach rechts oben und bilden somit eine zweite Gruppe.

Gesetz der visuellen Hierarchie

Ob eine Benutzeroberfläche später als gut strukturiert und einfach zu verstehen bewertet wird, hängt stark davon ab, ob es gelingt, eine eindeutige Ordnung darzustellen. Das *Gesetz der visuellen Hierarchie* hilft Ihnen, genau diese Ordnung herzustellen. Durch die Verwendung von besonderer Größe, besonderer Form oder anderer Attribute eines Elements können Sie Einfluss auf die wahrgenommene Reihenfolge nehmen (siehe Abbildung 7.79).

Auch in diesem Buch arbeiten wir mit diesem Gesetz, indem Hauptkapitel größere Überschriften haben als Unterkapitel und weitere Abschnitte. Gewöhnlich werden die wichtigsten Informationen optisch hervorgehoben, indem sie größer sind und »kräftiger« wirken als der Rest.

Abbildung 7.79 Beispiel für den Einsatz des Gesetzes der visuellen Hierarchie: Im Text hat die Überschrift »iPhone 13 Pro« die höchste Hierarchie-Ebene. Insgesamt ist aber auch das Bild sehr dominant eingesetzt. (Quelle: www.apple.de)

Die Gestaltgesetze in aller Kürze

- **Gesetz der Nähe**: Elemente, die nah beieinander sind, werden als zusammengehörig wahrgenommen.
- **Gesetz der Ähnlichkeit**: Optisch ähnliche Elemente werden als zusammengehörig wahrgenommen.
- **Gesetz der Geschlossenheit**: Fehlende Bestandteile einer »geschlossenen« Gestalt werden vom Betrachtenden ergänzt.
- **Gesetz der Kontinuität**: Erscheinen Elemente als Fortsetzung vorheriger Elemente, dann werden sie als zusammengehörig wahrgenommen.

- **Gesetz der Symmetrie**: Befinden sich die Attribute eines Elements im Gleichgewicht, dann wird das Element als symmetrisch wahrgenommen.
- **Gesetz des Blickpunkts**: Unterscheidet sich ein Element signifikant von den anderen, dann zieht es die Aufmerksamkeit auf sich.
- **Gesetz von Figur und Hintergrund**: Im Vordergrund befindliche Elemente besitzen eine Form. Elemente im Hintergrund sind eher formlos.
- **Gesetz des gemeinsamen Schicksals**: Elemente, die sich gemeinsam verändern oder bewegen, werden als zusammengehörig wahrgenommen.
- **Gesetz der visuellen Hierarchie**: Die Größe und die Formgebung von Objekten beeinflussen die optische Wichtigkeit der Elemente.

7.4.4 Interaktionsprinzipien

Ein Handbuch über Usability und User Experience Design zu schreiben, ist eigentlich unmöglich, ohne auf die DIN EN ISO 9241-110, »Ergonomie der Mensch-System-Interaktion – Teil 110: Interaktionsprinzipien«, einzugehen. In dieser DIN-Norm werden sieben Interaktionsprinzipien vorgestellt, anhand derer Sie grundlegend sicherstellen können, dass Ihr System, Ihr Produkt oder Ihre Dienstleistung leicht zu bedienen ist.

Wie bei jeder Norm sind die Prinzipien relativ allgemein gehalten, sodass ein Blick in die Norm ohne viele Beispiele nur bedingt hilfreich ist. In den folgenden Abschnitten versuchen wir deshalb, Ihnen alle Interaktionsprinzipien so anschaulich und einfach wie möglich darzustellen. Wir zeigen Ihnen auch viele Beispiele, die die Prinzipien erklären sollen.

Bitte beachten Sie dabei: Es gibt auch immer wieder Fälle, in denen es sich anders verhält als in den genutzten Beispielen. In der Welt der Usability und User Experience kommt es sehr auf den Nutzungskontext an, und ändert sich dieser, ändern sich auch die zugehörigen Lösungen. Vielleicht fallen Ihnen immer wieder Beispiele ein, die unseren entgegenstehen. Die Ursache hierfür lässt sich nahezu immer auf den Nutzungskontext zurückführen. Fassen Sie daher die Beispiele nicht als feste Regel auf, sondern als Hilfestellung, um die Prinzipien an sich zu verstehen und sie anschließend auf Ihren Bereich zu übertragen. Das Gute an den Prinzipien ist nämlich, dass Sie sie auf nahezu alle Arten von Interaktionen anwenden können. Damit können Sie immer wieder prüfen, und schließlich auch sicherstellen, dass Sie eine gute Usability erreichen.

Die Interaktionsprinzipien sind schon ziemlich alt und auch an andere Designprinzipien angelehnt, weisen aber auch heute noch eine hohe Relevanz und Beständigkeit auf. Sechs der sieben Prinzipien sind schon sehr lange in der Norm enthalten, wohingegen erst vor wenigen Jahren das Prinzip der Nutzerbindung die Individualisierbarkeit abgelöst hat.

Bevor wir damit starten, Ihnen alle Interaktionsprinzipien einzeln vorzustellen, sei uns noch ein Hinweis erlaubt: Die Kriterien stehen in der Norm und auch in allen Aufzählungen immer nebeneinander. Es ist unmöglich zu sagen, welche Interaktionsprinzipien am wichtigsten sind oder am meisten Beachtung erfahren sollten, ohne den konkreten Fall betrachten zu können. Je nachdem, was für eine Art System, Produkt oder Dienstleistung Sie gestalten, können einzelne Interaktionsprinzipien wichtiger sein als andere. Welche das sind, müssen Sie jedoch für sich selbst und Ihren individuellen Fall entscheiden. Diese Überlegung ist wichtig, da sich die Interaktionsprinzipien teilweise widersprechen können und eine Verbesserung gemäß einem Prinzip zu einer Verschlechterung gemäß einem anderen Prinzip führen kann. Aber jetzt: Lassen Sie uns starten!

Aufgabenangemessenheit

Auch wenn wir eben noch gesagt haben, dass es eigentlich keine Reihenfolge gibt, möchten wir dennoch mit dem Interaktionsprinzip der *Aufgabenangemessenheit* starten. Wir könnten jetzt behaupten, das liege an der alphabetischen Anordnung, aber das wäre schlichtweg gelogen. In unserer Wahrnehmung ist die Aufgabenangemessenheit tatsächlich eines der wichtigsten Prinzipien, wenn nicht sogar das wichtigste Prinzip.

Aber was bedeutet Aufgabenangemessenheit eigentlich? In der DIN-Norm ist die Aufgabenangemessenheit wie folgt definiert:

> *»Ein interaktives System ist aufgabenangemessen, wenn es die Benutzer bei der Erledigung ihrer Aufgaben unterstützt, d. h., wenn die Bedienfunktionen und die Benutzer-System-Interaktionen auf den charakteristischen Eigenschaften der Aufgabe basieren (anstatt auf der zur Aufgabenerledigung eingesetzten Technologie).« (DIN EN ISO 9241-110:2020 deutsche Fassung)*

Bei der Aufgabenangemessenheit geht es also darum, dass die Nutzenden bestmöglich bei der Erledigung ihrer Aufgabe unterstützt werden. Um das zu erreichen, müssen Sie die Aufgaben der Nutzenden mit Ihrem System, Ihrem Produkt oder Ihrer Dienstleistung genau verstehen und aus diesen Aufgaben die Abläufe in Ihrer Lösung definieren. Zusätzlich ist es wichtig, sicherzustellen, dass die Aufgaben auch tatsächlich relevant für die Nutzergruppe sind. Wenn Sie die Aufgabenangemessenheit Ihrer Lösung optimieren wollen, dann sollten Sie sich der Norm zufolge vor allem folgende Aspekte ansehen:

- Ist die Lösung überhaupt geeignet, um eine bestimmte Aufgabe zu lösen?
- Wie groß ist der Aufwand, der benötigt wird, um diese Aufgabe zu lösen?

- Gibt es Voreinstellungen, die die Nutzenden dabei unterstützen, die Aufgabe erfolgreich auszuführen?

Damit die Nutzenden überhaupt entscheiden können, ob die Lösung für die Aufgabe angemessen ist, muss das System Informationen dazu bereithalten, was es macht und was das zu erwartende Ergebnis ist. Wenn das nicht gegeben ist, kann das zu ganz schön viel Frust führen.

Wir persönlich haben uns zum Beispiel inzwischen angewöhnt, nach dem Betreten eines Restaurants oder Cafés zuerst zu fragen, ob mit Karte gezahlt werden kann. Diese Frage ist aus der mangelnden Transparenz der Bezahlmöglichkeiten entstanden, die uns schon einmal in die peinliche Situation gebracht hat, nach einem Geldautomaten suchen zu müssen. Ähnliche Situationen kennen Sie wahrscheinlich auch beim Online-Shopping, wenn sich erst am Ende herausstellt, dass der Shop Ihre bevorzugte Bezahlvariante nicht anbietet, sondern ausschließlich Zahlverfahren, die Sie nicht benutzen (möchten). Deswegen ist es so wichtig, bereits vorab zu kommunizieren, welche Aufgaben mit welchen Rahmenbedingungen erfüllt werden können.

Um den Aufwand der Nutzenden möglichst gering zu halten, sollte ein aufgabenangemessenes System den Nutzenden für jeden Schritt der Interaktion ausreichend viele Informationen zur Verfügung stellen, damit sie die Aufgabe schnell und effizient erledigen können.

Zusätzlich sollten Sie bei der Gestaltung versuchen, alle Schritte, die nur wegen der verwendeten Technologie notwendig sind, aber keinen Mehrwert für den Nutzenden und die Aufgabe bieten, so gut wie möglich zu automatisieren.

Eine letzte Möglichkeit, um den Aufwand so gering wie möglich zu halten, besteht darin, unnötige Informationen, die keinen Beitrag zur aktuellen Aufgabe bieten, so gut wie möglich auszublenden. Damit unterstützen Sie die Nutzenden darin, sich auf eine Aufgabe zu fokussieren anstatt zwischen verschiedenen Aufgaben und Themen hin und her zu springen.

Die Verwendung von automatisch gesetzten Voreinstellungen ist eine fantastische Möglichkeit, dafür zu sorgen, dass eine Aufgabe so einfach, korrekt und schnell wie möglich abgeschlossen wird. Vor allem im Umgang mit unerfahrenen Nutzern oder immer wiederkehrenden Aufgaben schaffen Sie es auf diese Weise, die Aufgabenangemessenheit deutlich zu steigern. Aus Ihrem Alltag sind Ihnen bestimmt eine ganze Reihe von intelligenten Voreinstellungen bekannt.

Ein Beispiel dafür ist die Vorauswahl Ihres aktuellen Standorts als Startpunkt bei der mobilen Navigation (siehe Abbildung 7.80). Für gewöhnlich müssen Sie hier nicht angeben, von wo Sie starten, sondern ausschließlich, wohin Sie möchten. So sparen Sie in der Regel viel Zeit und müssen nur in seltenen Fällen Änderungen vornehmen, wenn Sie zum Beispiel eine Route vorab planen möchten.

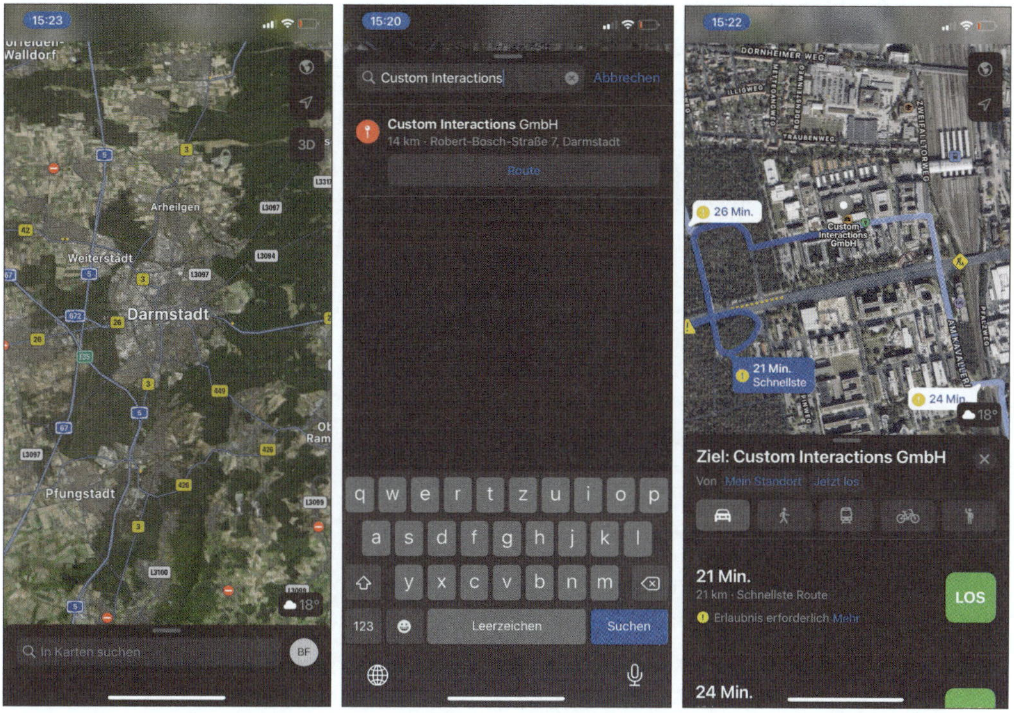

Abbildung 7.80 Beispiel: Die »Karten«-App auf einem iPhone. Links: Die App wurde geöffnet. Mitte: Es wurde das Ziel eingegeben. Rechts: Die Navigation kann mit »Los« gestartet werden. Dabei sind die wahrscheinlichsten Optionen vorselektiert (vom aktuellen Standort, jetzt losfahren, Anreise mit dem Auto).

Wenn Sie alle diese Aspekte berücksichtigen, dann können Sie sicherstellen, dass Ihr System, Ihr Produkt oder Ihre Dienstleistung auch wirklich zu der Aufgabe und den aus ihr entstehenden Anforderungen passt. Vereinfacht ausgerückt, sollten Sie versuchen, Ihre Lösung so zu gestalten, dass so wenige Informationen wie möglich angezeigt werden, aber so viele, wie nötig sind, um die Aufgabe korrekt durchzuführen.

Selbstbeschreibungsfähigkeit

Das zweite Interaktionsprinzip ist die Selbstbeschreibungsfähigkeit:

> *»Wo immer erforderlich für den Benutzer, bietet das interaktive System angemessene Information an, die die Fähigkeiten des Systems und seine Nutzung unmittelbar offensichtlich machen, ohne dass hierzu unnötige Benutzer-System-Interaktionen erforderlich werden.« (DIN EN ISO 9241-110:2020 deutsche Fassung)*

Das System, das Produkt oder die Dienstleistung sollte also sowohl die Funktionen als auch deren Verwendung für die Nutzenden erklären. Hierunter fällt auch, dass die

Verwendung einer Bedienungsanleitung, die Nachfrage beim Support oder bei anderen Experten als unnötig angesehen wird.

Hierbei gilt zu beachten: Natürlich gibt es außerordentlich komplexe Systeme, für die ein gewisses Training und eine Einarbeitung notwendig sein können. Die Notwendigkeit sollte jedoch immer aus der Komplexität der Aufgabe entstehen und nicht aus der Komplexität der Benutzeroberfläche. Wenn Sie beispielsweise mit einem herkömmlichen Navigationssystem eine Routenplanung durchführen wollen, wäre es auf jeden Fall ein schlechtes Zeichen für die Selbstbeschreibungsfähigkeit des Systems, wenn Sie dazu eine Bedienungsanleitung lesen müssten.

Für die Optimierung der Selbstbeschreibungsfähigkeit sind nach der Norm vor allem zwei Aspekte entscheidend:

- Sind alle notwendigen Informationen vorhanden und offensichtlich verfügbar?
- Ist für die Nutzenden klar, auf welchem Stand sich der Prozess befindet bzw. in welchen Zustand sich die Lösung befindet?

Wenn Sie sich Gedanken über die notwendigen Informationen machen, dann sollten Sie prüfen, ob die Informationen so bereitgestellt sind, dass Sie Ihre Nutzenden durch den Prozess führen. Und zwar so, dass keine weiteren Hilfestellungen wie Support, FAQs, Videos oder Ähnliches notwendig werden (oder zumindest nur in sehr geringem Rahmen). Auch hier möchten wir wieder ein Beispiel aus dem Bereich Online-Shopping nehmen, um zu zeigen, wie einfach diese Selbstbeschreibungsfähigkeit teilweise umgesetzt werden kann (siehe Abbildung 7.81).

Abbildung 7.81 Beispiel für gute Selbstbeschreibungsfähigkeit im Kontext des Online-Shoppings: Die Beschriftung des Buttons »In den Einkaufswagen« macht verständlich, was passiert, wenn man den Button anklickt – und das, bevor er angeklickt wurde (Quelle: Amazon.de).

Um es den Nutzenden einfach zu ermöglichen, sich in dem System, dem Produkt oder der Dienstleistung zurechtzufinden, sollten Sie außerdem immer ersichtlich machen, wo sich der Nutzende gerade befindet. Um das zu erreichen, gibt es verschiedene Ansatzpunkte: Bei Webseiten gibt es zum Beispiel die *Breadcrumbs*, die aufzeigen, wo in der Navigation der Nutzende gerade ist (siehe Abbildung 7.82).

Abbildung 7.82 Breadcrumbs zeigen an, wo man sich aktuell befindet.

In anderen Kontexten wird zum Beispiel der Bereich des Menüs hervorgehoben, in dem sich die Nutzenden aktuell befinden. Egal für welche Lösung Sie sich entscheiden, wichtig ist, dass Sie die Nutzenden dabei unterstützen, sich selbst zurechtzufinden, und ihnen parallel auch die notwendigen *Bedienelemente* an die Hand geben, mit denen sie sich durch die Lösung bewegen können.

Eine weitere Regel, die Ihnen hilft, die Selbstbeschreibungsfähigkeit einer Lösung zu erhöhen, ist die, dass Sie die am häufigsten genutzten bzw. für die Aufgabe notwendigen Bedienelemente dauerhaft sichtbar einblenden. Auch wenn diese Empfehlung auf den ersten Blick trivial erscheint, zeigt sich immer wieder, dass wichtige Bedienelemente versteckt werden oder unsichtbar sind.

Zur Selbstbeschreibungsfähigkeit gehört auch, dass Bedienelemente, die aktuell nicht gebraucht werden oder nicht verwendbar sind, als inaktiv gekennzeichnet werden. Dies wird gewöhnlich erreicht, indem die Elemente ausgegraut werden, aber nicht, indem sie aus der Anzeige entfernt werden. Wenn bestimmte Nutzergruppen jedoch nie Zugang zu einer Funktion haben, dann können Sie diese Funktion auch getrost aus dem Interface entfernen, um seine Komplexität zu reduzieren. Das erhöht die Selbstbeschreibungsfähigkeit, da permanent deaktivierte Bedienelemente die Nutzenden ablenken können. In Usability und User Experience-Tests haben wir immer wieder erlebt, dass Nutzende sich sogar fragen, wie sie dieses Bedienelement wohl aktiv schalten können.

Als letzten Hinweis zur Optimierung der vorhandenen Informationen sollten Sie noch prüfen und sicherstellen, dass die Wörter, die Sie in Ihrem User Interface verwenden, zur Sprache Ihrer Nutzergruppe passen. Was das konkret für die *Wortwahl* bedeutet, hängt von Ihrer Nutzergruppe ab.

Wenn Sie es mit einer selten genutzten, öffentlichen Anwendung zu tun haben, sollten Sie sich Gedanken über allgemein verständliche Wörter machen. Wenn Sie aber in einem Arbeitskontext unterwegs sind, kann die Sache ganz anders aussehen. Vor allem bei internen Anwendungen, z. B. in der Buchhaltung, kommt hier oft ein interner Wortschatz hinzu. Dieser interne Wortschatz muss zwar zunächst erlernt werden, aber macht anschließend die Bedienung für die Nutzenden einfacher und schneller. Für Außenstehende mag das nicht der Fall sein, aber wer ist in dem Fall die wichtigere Nutzergruppe?

Eine weitere wichtige Regel ist, dass Sie, wenn möglich, den Nutzenden zurückmelden sollten, wie weit die Lösung bereits in der *Fertigstellung der Aufgabe* fortgeschritten ist. Dabei wird meistens mit der Anzahl der Schritte gearbeitet, weil eine Zeitangabe schwierig zu machen ist, da die Nutzenden ja einen eigenen Anteil an der benötigten Zeit für die Aufgabe mit einbringen. Ist das nicht der Fall, können Sie auch eine Zeit angeben. Die Anzeige von Schritten kennt aber eigentlich jeder aus unterschiedlichsten Bereichen, egal ob digital oder nicht digital (ein Beispiel sehen Sie in Abbildung 7.83). Auch die Angabe der Seitennummer in einem Buch ist nichts anderes als eine Fortschrittsanzeige.

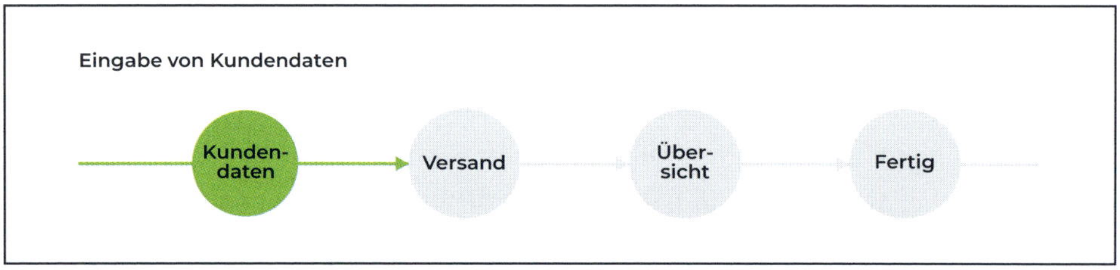

Abbildung 7.83 Darstellung des aktuellen Prozessstandes anhand einer Fortschrittsanzeige

Wenn sich etwas am Systemstatus ändert, dann sollten Sie dafür sorgen, dass Ihr System, Produkt oder Ihre Dienstleistung seine bzw. ihre Nutzenden darüber informiert. Die Veränderungen im Systemstatus haben gewöhnlich einen Einfluss darauf, wie das System funktioniert und was von den Nutzenden erwartet wird. Wenn Sie zum Beispiel schon einmal versucht haben, über den Sprachassistenten Siri auf einer Autobahn mit schlechtem mobilen Internetempfang ein bestimmtes Musikstück abspielen zu lassen, dann wissen Sie, wie wichtig es ist, die Nutzenden darüber zu informieren, dass sich der Systemzustand geändert hat. In diesem Fall von »verfügbar« auf »nicht verfügbar«.

Andersherum kann ein Wechsel des Systemzustands oder ein neuer Prozessschritt aber auch bedeuten, dass die Lösung eine Eingabe der Nutzenden benötigt, bevor es weitergeht. Wenn das der Fall ist, dann sollte das ganz klar aus der Anzeige hervorgehen. Ein gutes Beispiel dafür sind Selbstbedienungskassen in Einkaufsläden, die den Nutzenden zu jedem Zeitpunkt klarmachen, dass nun das selbstständige Scannen der Waren erforderlich ist oder der Bezahlvorgang ansteht (siehe Abbildung 7.84).

Wenn Sie alle diese Regeln beachten und in Ihrem System, Produkt oder Ihrer Dienstleistung umsetzen, dann können Sie relativ sicher sein, dass die Nutzenden sich selbstständig zurechtfinden werden und zu jeder Zeit über den aktuellen Status der Interaktion Bescheid wissen.

Abbildung 7.84 Eine Selbstbedienungskasse während des Bezahlvorgangs

Erwartungskonformität

Die Erwartungskonformität ist extrem mächtig, da sie Sie dabei unterstützt, eine leicht zu bedienende Nutzeroberfläche zu gestalten, und die Nutzenden dabei unterstützt, sich schnell und einfach in der Lösung zurechtzufinden. Aber was ist Erwartungskonformität überhaupt? Die Norm definiert es wie folgt:

> *»Das Verhalten des interaktiven Systems ist vorhersehbar, basierend auf dem Nutzungskontext und allgemein anerkannten Konventionen in diesem Kontext.« (DIN EN ISO 9241-110:2020 deutsche Fassung)*

Das Ziel der Erwartungskonformität ist, dass sich Nutzende direkt oder zumindest sehr schnell zurechtfinden, da sie bisher Gelerntes auch auf Ihr System, Ihr Produkt oder Ihre Dienstleistung übertragen können. Um Überraschungen zu verhindern, sollten Sie sich der Norm zufolge drei verschiedene Bereiche ansehen:

- Verhält sich das System angemessen und gibt es auch angemessene Rückmeldung an die Nutzenden?
- Ist das System intern, aber auch extern konsistent?
- Gibt es irgendwelche Änderungen im Nutzungskontext, die beachtet werden müssten?

Um sicherzustellen, dass sich Ihr System, Produkt oder Ihre Dienstleistung *angemessen* verhält, sollten Sie als Erstes einen Blick auf die notwendigen Schritte werfen, die zur Erfüllung der Aufgabe ausgeführt werden müssen. Dabei ist es wichtig, sicherzustellen, dass die auszuführenden Schritte auch den Schritten aus Sicht der Nutzenden entsprechen. Das kann vor allem dann herausfordernd werden, wenn Ihre

Lösung für sehr viele verschiedene Nutzergruppen zum Einsatz kommt. Aber auch dann sollten Sie versuchen, das System, Produkt oder die Dienstleistung so zu gestalten, dass es bzw. sie der Erwartung möglichst vieler Personen entspricht.

Gerade wenn Nutzende ein System, ein Produkt oder eine Dienstleistung selten verwenden oder dies sogar erstmalig machen, hängt ein Großteil vom Erfolg der Interaktion mit den Rückmeldungen zusammen, die das System liefert. Hier sollten Sie darauf achten, dass Sie den Nutzenden so schnell wie möglich Rückmeldung geben, nachdem diese eine Interaktion ausgeführt haben. Ein einfaches Beispiel ist die Sendebestätigung nach einer verschickten Mail oder einem ausgefüllten Formular, aber auch die Bestätigungsmail oder der Bestätigungsscreen nach dem Online-Einkauf.

Bei allen Rückmeldungen ist es aber wichtig, dass die Rückmeldungen nicht nur vorhanden sind, sondern auch von den Nutzenden verstanden werden. Die Rückmeldung muss also angemessen und hilfreich in Hinblick auf den Wissensstand der Nutzenden sein und nicht in Hinblick auf den Wissensstand der Entwickler. Vor allem bei Fehlermeldungen zeigt sich häufig, dass es hier ein Mismatch gibt. Ein schönes Beispiel dafür sind Haushaltsgeräte, die oftmals mit kryptischen Fehlercodes wie »4E« arbeiten, sonst aber keine Hinweise darauf geben, was das Problem sein könnte (siehe Abbildung 7.85).

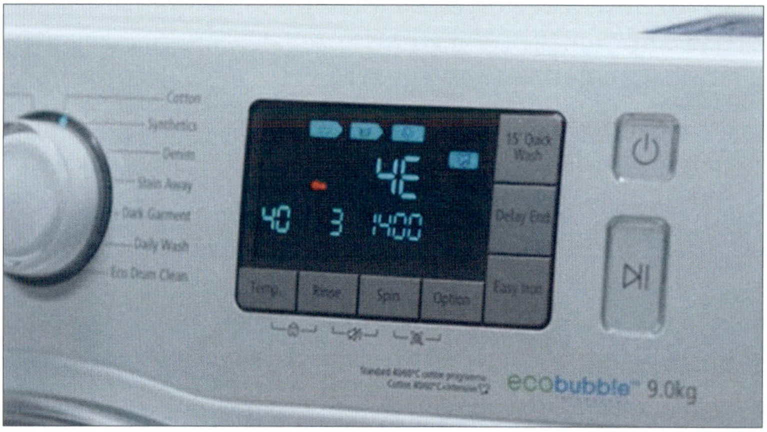

Abbildung 7.85 Beispiel für eine wenig hilfreiche Fehlermeldung eines Haushaltsgeräts (Quelle: https://samsungcarecentre.com/4c-4e-troubleshooting-samsung-washing-machine/)

Wir haben eben bei der Selbstbeschreibungsfähigkeit schon darüber gesprochen, dass Sie die Nutzenden über den Systemstatus informieren sollten. Auch für die Erwartungskonformität gibt es eine ähnliche Regel. Diese bezieht sich aber vor allem darauf, dass Sie die Nutzenden über den Systemstatus informieren sollten, wenn eine Aktion spürbar länger dauert als erwartet. Das kann zum Beispiel die Wartezeitanzeige an der Haltestelle sein, die Ihnen mitteilt, dass der nächste Bus in 7 Minuten ankommt. Das kann aber auch die Download-Anzeige bei der Spieleplattform Ihres Vertrauens sein, die Ihnen sagt, dass Sie noch ca. 7,5 Minuten benötigen, um die restlichen Daten herunterzuladen (siehe Abbildung 7.86).

Abbildung 7.86 Anzeige für eine verlängerte Ladedauer bei einem Spiele-Client, um den Nutzenden die zu erwartende Ladezeit klarzumachen (Quelle: Steam)

Der zweite Bereich – die *interne und externe Konsistenz* – ist entscheidend, um Nutzenden ein schnelles Lernen der Lösung zu erleichtern und auch den Wechsel zwischen verschiedenen Lösungen einer Produktfamilie zu vereinfachen. *Interne Konsistenz* beschreibt dabei, ob innerhalb der Lösung für die gleichen Funktionen die gleichen Anzeige- und Bedienelemente sowie die gleichen Abläufe genutzt werden. *Externe Konsistenz* beschreibt, ob das auch über Ihre Lösung hinaus gilt.

Ein Beispiel: Nutzt eine Software auf einem PC innerhalb der Software zum Speichern von Ergebnissen das gleiche Diskettensymbol und die gleiche Bedienlogik, dann ist sie intern konsistent. Nutzt sie dabei das gleiche Diskettensymbol und die gleiche Bedienlogik wie das Betriebssystem des Computers, dann ist sie auch extern konsistent.

Am einfachsten stellt man interne und externe Konsistenz sicher, wenn Abläufe, aber auch Bedienelemente und Wordings innerhalb und zwischen Anwendungen vergleichbar sind. Dazu gehört auch, dass auf der anderen Seite Anzeigen und Bedienelemente, die für unterschiedliche Dinge verwendet werden, eindeutig unterschiedlich gestaltet werden. Wenn Sie diese Regel jedoch permanent befolgen, dann kann es geschehen, dass Sie offensichtliche Verbesserungen nicht umsetzen (beispielsweise bleibt das Diskettensymbol erhalten, obwohl es kaum noch Disketten gibt). Hier müssen Sie also sorgfältig abwägen und entscheiden, wann Erwartungskonformität wichtig ist und wann das Verbesserungspotenzial so groß ist, dass mit der Erwartungskonformität gebrochen werden kann. Das gilt übrigens auch, wenn Sie bewusst ein System, ein Produkt oder eine Dienstleistung gestalten, die sich nicht an die Konventionen halten soll. Beispiele sind Spiele oder explorative Anwendungen, die die Nutzenden überraschen sollen.

Damit Sie eine gute Erwartungskonformität erreichen, sollten Sie außerdem darauf achten, dass Ihr System, Produkt oder Ihre Dienstleistung gängige sprachliche und kulturelle Konventionen für Darstellung und Eingaben, aber auch für Bedienelemente befolgt. Ein offensichtliches Beispiel dafür ist die Schreibrichtung in Abhängigkeit von der Landessprache oder die Auslegung der Tastatur je nach vorhandenem Alphabet (siehe Abbildung 7.87).

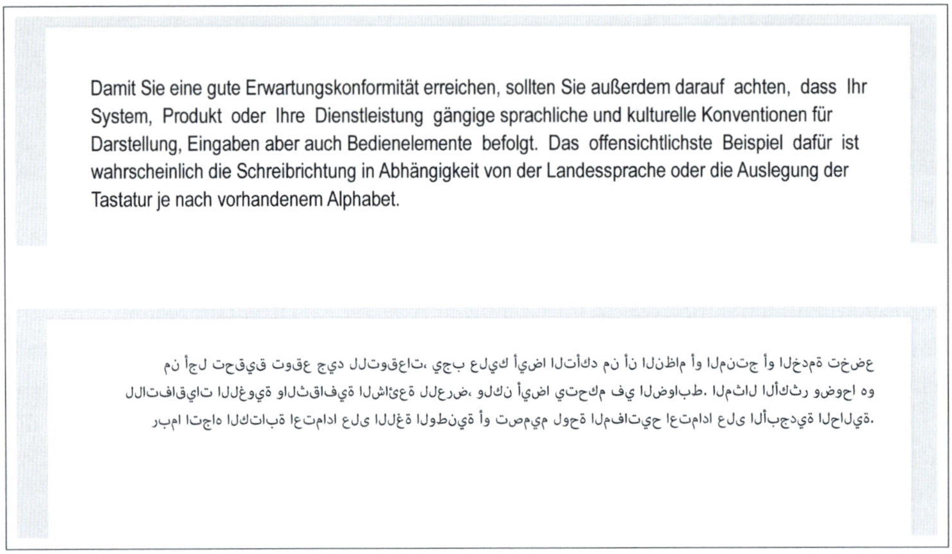

Abbildung 7.87 Beispieldarstellung mit einer Schrift, die von links nach rechts läuft, und einer Schrift, die von rechts nach links läuft.

Der letzte Aspekt, den wir oben aufgeführt hatten, ist die Frage, ob es irgendwelche *Änderungen im Nutzungskontext* gibt, auf die reagiert werden müsste.

Dazu gehört zum Beispiel, dass sich die Sprache eines Systems anpassen lässt, damit auch Nutzende mit anderen Muttersprachen es verwenden können. Aber auch die angeschlossenen Geräte sollten vom technischen System erkannt und angemessen berücksichtigt werden – sei es durch die Darstellung der Information in einer anderen Auflösung, sei es durch die Verwendung von anderen Bedienelementen wie Bildschirmtastaturen.

Ein System mit einer hohen Erwartungskonformität herzustellen, ist nicht immer einfach, da sich die Erwartungen der Nutzenden aus vielen verschiedenen Vorerfahrungen zusammensetzen und sie sich auch nicht erfragen oder beobachten lassen. Außerdem ist es nicht immer wünschenswert, weil eine hundertprozentige Erwartungskonformität auch zu fehlendem Spaß und damit zu schlechterer User Experience führen kann. Hier – genau wie bei allen anderen Interaktionsprinzipien – müssen Sie also genau abwägen, was für Ihren besonderen Fall schwerer wiegt.

Erlernbarkeit

Ein oftmals unterschätztes Interaktionsprinzip ist das Prinzip der Erlernbarkeit:

> *»Das interaktive System unterstützt die Entdeckung seiner Fähigkeiten und deren Verwendung, erlaubt das Explorieren (»Ausprobieren«) des interaktiven Systems, minimiert den Lernaufwand und bietet Unterstützung, wenn Lernen erforderlich ist.« (DIN EN ISO 9241-110:2020 deutsche Fassung)*

Unter Erlernbarkeit versteht man daher, dass das System, das Produkt oder die Dienstleistung die Nutzenden dabei unterstützt, die Verwendung schnellstmöglich zu begreifen. Wenn Sie Ihr System, Ihr Produkt oder Ihren Service in Hinblick auf Erlernbarkeit optimieren wollen, dann sollten Sie sich nach der Norm mit den folgenden drei Aspekten auseinandersetzen:

- Wie gut ist es den Nutzenden möglich, Informationen und Bedienelemente zu entdecken, nach denen gesucht wird?
- Wie einfach ist es für die Nutzenden, die entdeckten Informationen und Bedienelemente gefahrlos zu erkunden?
- Wie sehr unterstützt die Lösung Nutzende dabei, die Folgen der eigenen Interaktionen zu erlernen?

Um die *Entdeckung von Informationen und Bedienelementen* zu optimieren, sollten Sie in Ihrem System versuchen, die Nutzenden dabei zu unterstützen, die wichtigsten Informationen und Bedienelemente so einfach wie möglich zu entdecken. Das können Sie zum Beispiel darüber erreichen, dass Sie für die wichtigsten Aufgaben der Nutzenden mit Ihrem System dedizierte Einsprungpunkte gestalten, sodass es leichter wird, die passende Information zu finden (siehe Abbildung 7.88).

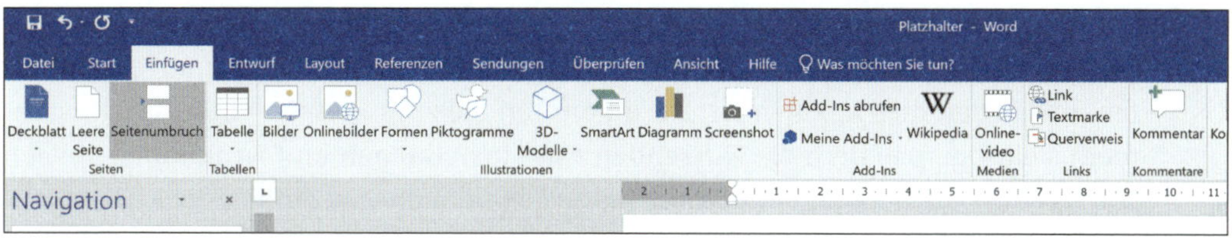

Abbildung 7.88 Beispiel für die Verwendung von Einsprungpunkten gemäß den Aufgaben, um die Entdeckung zu verbessern: Elemente, die Sie in ein Word-Dokument einfügen können, finden Sie unter »Einfügen«. (Quelle: Microsoft Word)

Um die Entdeckung zu verbessern, spielt die Art der Bereitstellung von Informationen eine große Rolle. Hier sind Sie am erfolgreichsten, wenn Sie sich bei der Strukturierung der Informationen an den Interessen, Aufgaben und Zielen Ihrer Nutzergruppen orientieren. Typische Umsetzungen dafür sind »Andere Nutzer interessiert auch«-Bereiche, in denen Empfehlungen auf Basis des Verhaltens der

Nutzenden oder der aktuell betrachteten Inhalte ausgesprochen werden (siehe Abbildung 7.89).

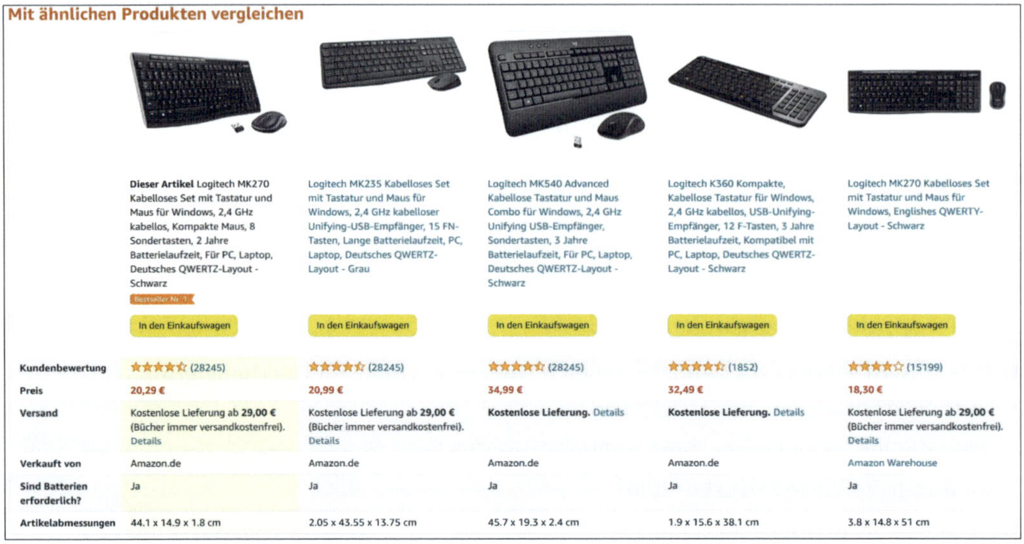

Abbildung 7.89 Beispiele für Interaktionsmuster, die die Exploration in einer Lösung erhöhen (Quelle: Amazon.de)

Wenn Sie diese und andere Interaktionsmuster einsetzen, um die Entdeckung des Systems zu fördern, dann landen Sie unweigerlich direkt bei dem zweiten Punkt auf der Liste, den Sie beachten müssen. Jetzt müssen Sie sich nämlich Gedanken darüber machen, ob die *Exploration mit irgendwelchen negativen Konsequenzen* für die Nutzenden verbunden ist. Als Regel gilt: Ihr System sollte den Nutzenden die Exploration erlauben, ohne dass negative Konsequenzen entstehen. Wenn das aufgrund der Lösungsart nicht möglich ist, können Sie sich überlegen, ob Sie Alternativen einführen, mit denen dies möglich ist. Dazu könnten Sie zum Beispiel einen Sandkastenmodus einfügen, in dem die Nutzenden mit Einstellungen und Funktionen spielen können oder auch einen Simulationsmodus, in dem die Nutzenden die Konsequenzen der eigenen Handlung ausprobieren können, ohne den Live-Betrieb zu gefährden.

Um die Exploration des Systems, Produkts oder der Dienstleistung noch einfacher zu machen, empfiehlt es sich, für die wichtigen Informationen und Funktionen mehr als einen Zugangsweg zu haben. So können Sie zum Beispiel sowohl einen eigenen Menüpunkt anbieten als auch eine Suche, mit der die Nutzenden das System frei durchsuchen können.

Wenn Sie Ihr System, Ihr Produkt oder Ihre Dienstleistung noch weiter in Hinblick auf Erlernbarkeit optimieren wollen, dann können Sie sich mit der Frage beschäftigen, wie den Nutzenden die *Folgen der eigenen Interaktion* aufgezeigt werden können. Eine Regel, die Sie anwenden können, um das zu erreichen, ist, dass Sie vor dem

Auslösen einer Funktion Feedback darüber geben, was das Ergebnis ist. Das können einfache Bestätigungen sein oder Rückmeldungen zu Eigenschaften der Ergebnisse. Ein Beispiel ist die Rückmeldung der Dateigröße, bevor ein Bild gespeichert wird.

Damit die Nutzenden aber nicht nur Informationen über die Lösung lernen und so Stück für Stück ein besseres Verständnis erlangen, sondern auch tatsächlich die eigenen Aufgaben besser erfüllen, unterstützt ein erlernbares System die Nutzenden noch weiter. Bei der weiteren Unterstützung geht es vor allem darum, den Nutzenden so unter die Arme zu greifen, dass sie ihre eigenen Fähigkeiten im Umgang mit dem System verbessern. Das kann geschehen, indem Tutorials oder Anleitungen sowie Musterlösungen bereitgestellt werden. Auch FAQs können hier helfen, um besser im Umgang mit dem System, dem Produkt oder der Dienstleistung zu werden (siehe Abbildung 7.90).

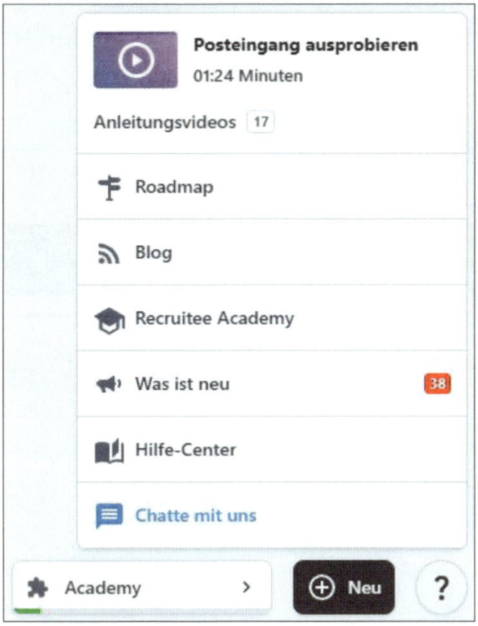

Abbildung 7.90 Dieses System bietet den Nutzenden Hilfestellungen, um ihren Umgang mit der Lösung zu verbessern. (Quelle: Recruitee.de)

Steuerbarkeit

Das nächste Interaktionsprinzip, das wir Ihnen vorstellen werden, ist die Steuerbarkeit:

> *»Das interaktive System erlaubt es dem Benutzer, die Kontrolle über die Benutzungsschnittstelle und die Interaktionen zu behalten, einschließlich der Geschwindigkeit, Abfolge und Individualisierung der Benutzer-System-Interaktion.« (DIN EN ISO 9241-110:2020 deutsche Fassung)*

Bei der Steuerbarkeit geht es also darum, dass die Nutzenden die Kontrolle über das System, das Produkt oder die Dienstleistung haben. Damit geht einher, dass die Nutzenden die Geschwindigkeit, aber auch den Ablauf der Interaktion mit der Lösung steuern und diese bei Bedarf auch anpassen können. Wenn Sie die Steuerbarkeit Ihrer Lösung prüfen und verbessern wollen, dann sollten Sie sich der Norm zufolge diese Bereiche ansehen:

- Wie gut unterstützt die Lösung Unterbrechungen durch die Nutzenden?
- Wie viel Flexibilität ermöglicht die Lösung den Nutzenden?
- Wie viel Individualisierung und Anpassung ermöglicht die Lösung den Nutzenden?

Generell sollten Sie versuchen, Ihre Lösung so zu gestalten, dass es den Nutzenden jederzeit möglich wird, ihre gerade ausgeführten Aufgaben zu unterbrechen. Zum Beispiel sollte es den Nutzenden freigestellt werden, wann ein System-Update oder eine Aktualisierung durchgeführt wird, anstatt es automatisch zu starten (siehe Abbildung 7.91).

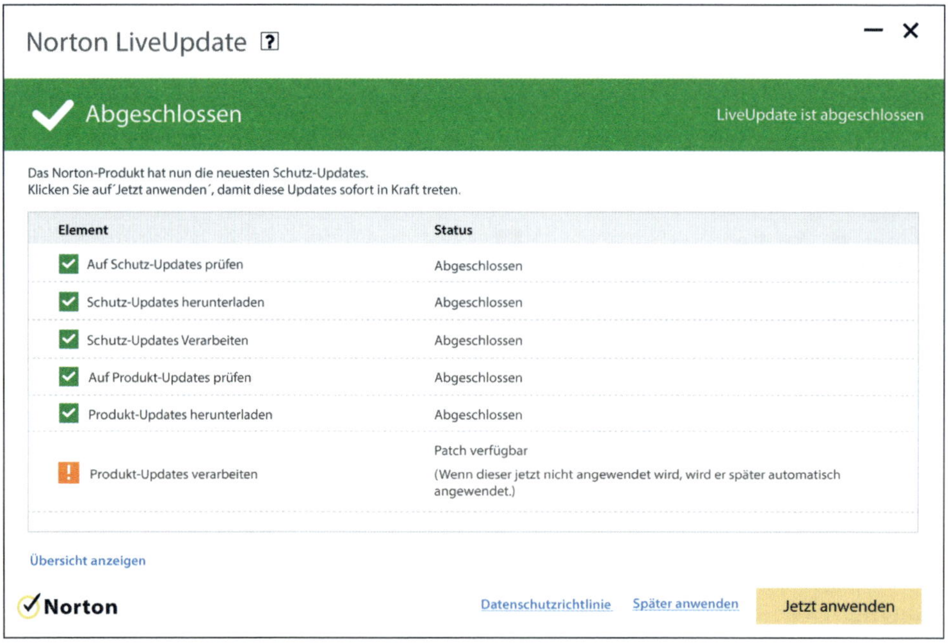

Abbildung 7.91 Beispiel für eine gute Steuerbarkeit eines Updates: Nutzende können entscheiden, ob das Update sofort oder später (automatisch) angewendet werden soll.

Noch besser können Sie die Steuerbarkeit Ihrer Lösung machen, wenn Sie nicht nur die Unterbrechung ermöglichen, sondern auch die Wiederaufnahme der Aufgabe an genau dieser Stelle zu einem späteren Zeitpunkt. Wenn Sie zum Beispiel gerade einen

Online-Einkauf tätigen, aber die Bestellung nicht abschicken, dann wäre eine gute Steuerbarkeit gegeben, wenn auch einige Stunden später noch die Produkte im Warenkorb liegen. Auch E-Mail-Programme befolgen dieses Prinzip, indem nicht gesendete Mails als Entwürfe gespeichert werden und später vervollständigt werden können.

Die Königsdiziplin der Steuerbarkeit in Bezug auf die Unterbrechung von Aufgaben haben Sie dann erreicht, wenn die Nutzenden nicht nur eine Aufgabe unterbrechen und wiederaufnehmen können, sondern wenn Sie es den Nutzenden zusätzlich erlauben, auch automatisierte Aufgaben zu unterbrechen und manuell weiterzuführen. Ein Beispiel dafür ist ein automatisiertes Fahrzeug, das dem Fahrer erlaubt, die Kontrolle zu übernehmen und manuell weiterzufahren.

Sie können die Steuerbarkeit Ihres Systems, Ihres Produkts oder Ihrer Dienstleistung weiter erhöhen, indem Sie die *Flexibilität* in der Interaktion erhöhen. Dazu gehört zum Beispiel, dass Sie den Nutzenden erlauben, die notwendigen Arbeitsschritte in einer von ihnen bevorzugten Reihenfolge auszuführen. In manchen Bereichen ist das sehr ungewöhnlich.

Zum Beispiel können Sie beim Online-Shopping nicht die Bezahlung abschließen, bevor Sie die Produkte in den Warenkorb gelegt haben. In kleinerem Rahmen ist diese Flexibilität aber nahezu überall möglich. Nehmen wir auch hier wieder das Beispiel des Online-Shoppings: Wenn Sie die Lieferadresse eintippen, gibt es gewöhnlich eine Vielzahl von benötigten Feldern, wie Vorname, Nachname, Straße, Hausnummer, Postleitzahl und Ort. Hier zeigt sich die gute Steuerbarkeit, indem es Ihnen als Nutzendem freisteht, zu entscheiden, welches Feld Sie zuerst ausfüllen wollen (siehe Abbildung 7.92).

Eine weitere Art, die Flexibilität Ihrer Lösung und damit deren Steuerbarkeit zu erhöhen, ist es, den Nutzenden die Wahlmöglichkeiten zwischen verschiedenen Interaktionsmethoden zu geben. Darunter fällt beispielsweise, dass sich eine Lösung von Tastatur und Maus auf Sprachbedienung oder Touchbedienung »umstellen« lässt.

Aber nicht nur die Interaktionsmethode, sondern auch die Möglichkeit, die Interaktionsgeschwindigkeit individuell zu steuern, trägt zu einem Gefühl der – Sie ahnen es bereits – Steuerbarkeit bei. Damit ist gemeint, dass die Nutzenden jeden einzelnen Schritt in der Interaktion abschließen können, wenn sie so weit sind, und nicht durch äußere Vorgaben zum nächsten Schritt gezwungen werden. Um dies sicherzustellen, verfügen Dialoge gewöhnlich über Bedienelemente, mit denen der nächste Schritt der Interaktion gestartet werden kann. Beispiele dafür sind WEITER-, FERTIG-, aber auch ZURÜCK-Buttons (siehe Abbildung 7.93).

Abbildung 7.92 Erhöhung der Steuerbarkeit einer Lösung durch Flexibilität in der Interaktion (Quelle: Amazon.de)

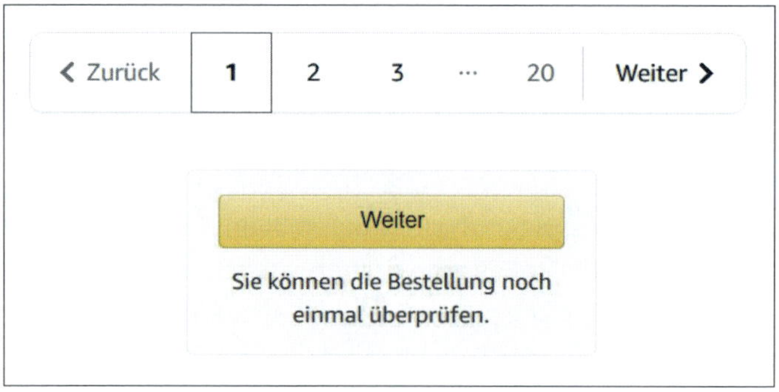

Abbildung 7.93 Beispiele für typische Möglichkeiten, um die Steuerbarkeit in Bezug auf die Interaktionsgeschwindigkeit zu erhöhen

In manchen Fällen wird jedoch auch bewusst gegen das Prinzip der Steuerbarkeit in der Interaktionsgeschwindigkeit verstoßen. Wenn Sie das vorhaben, sollten Sie jedoch einen guten Grund dafür haben. Typische Gründe, um den Nutzenden nicht zu erlauben, über die Interaktionsgeschwindigkeit selbst zu entscheiden, sind Sicherheitsgründe (z. B. automatisches Ausloggen beim Onlinebanking; siehe Abbildung 7.94) oder Vergleichbarkeit (z. B. beim Ausfüllen von interaktiven Quizzes oder Prüfungen).

Abbildung 7.94 Beispiel für eine Interaktion, bei der bewusst in Teilen auf die Steuerbarkeit in Bezug auf die Interaktionsgeschwindigkeit verzichtet wurde (Quelle: volksbanking.de)

Ein letzter Punkt, um die Steuerbarkeit der Interaktionsgeschwindigkeit sicherzustellen, besteht darin, den Nutzenden zu erlauben, eine oder mehrere vorangegangene Aktionen einfach rückgängig zu machen (siehe Abbildung 7.95). Diese Undo-Funktion findet sich beispielsweise inzwischen in den meisten Office-Anwendungen und ist häufig so relevant, dass sie sogar oftmals einen eigenen Short-Cut besitzt. Durch Undo erlauben Sie den Nutzenden, Fehler, die sie begangen haben, direkt zu korrigieren und wieder schnell und einfach zu einem vorherigen Stand zurückzukehren. Ein Schritt zurück sollte dabei aber das Minimum sein. Gerade wenn die Interaktionen komplexer und kleinteiliger werden, empfehlen wir Ihnen, auch mehrere Schritte rückwärts zu erlauben.

Abbildung 7.95 Beispiel für die Verbesserung der Steuerbarkeit durch Hinzufügen einer Undo-Funktion (hier in Microsoft Word)

Der letzte Bereich zur Erhöhung der Steuerbarkeit ist die Verbesserung der *Individualisierbarkeit*. Dazu kann es zum Beispiel gehören, dass Sie den Nutzenden erlauben, Defaultwerte, die durch das System vorausgefüllt werden, permanent an die eigenen

Bedürfnisse anzupassen. So könnten Sie zum Beispiel bei einem Navigationssystem permanent den eigenen Wohnort als Default einsetzen. Weiterhin können Sie es den Nutzenden ermöglichen, die Benutzeroberfläche selbst anzupassen, sodass sie ihren eigenen Aufgaben und Bedürfnissen besser entspricht. Ein gutes Beispiel dafür sind konfigurierbare Dashboards, bei denen die Nutzenden Widgets hinzufügen oder auch wegklicken können (siehe Abbildung 7.96).

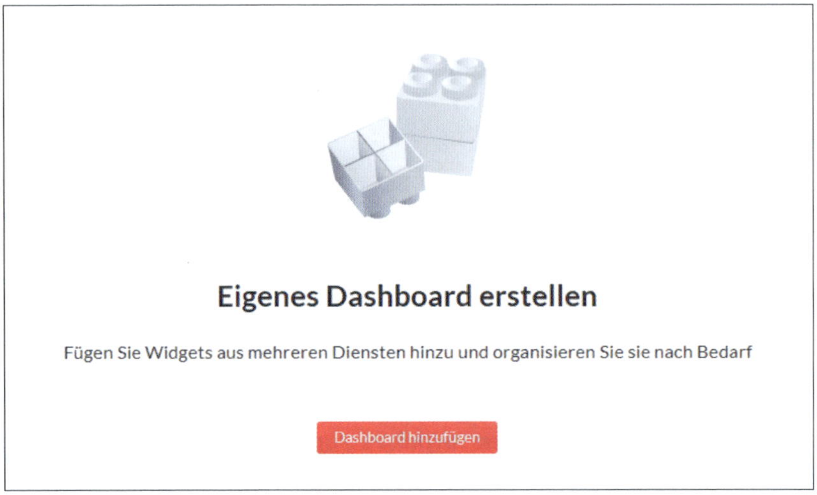

Abbildung 7.96 Beispiel für ein individualisierbares User Interface durch Hinzufügen von Widgets (Quelle: Zoho.one)

Für die beste Steuerbarkeit erlauben Sie allerdings nicht nur die Anpassung der Oberfläche, sondern im besten Fall auch das Zurücksetzen der Oberfläche oder der Defaultwerte auf die Ausgangswerte. Dadurch erlauben Sie es den Nutzenden, fehlerhaft vorgenommene Einstellungen schnell und einfach zu revidieren.

Robustheit gegen Benutzungsfehler

Ein weiteres Interaktionsprinzip, das wir Ihnen auf Basis der DIN EN ISO 9241-110 vorstellen möchten, ist die Robustheit gegen Benutzungsfehler:

> *»Das interaktive System unterstützt den Benutzer beim Vermeiden von Fehlern, toleriert Benutzungsfehler im Falle von erkennbaren Fehlern und unterstützt den Benutzer bei der Fehlerbehebung.« (DIN EN ISO 9241-110:2020 deutsche Fassung)*

Ein System, Produkt oder eine Dienstleistung kann daher dann als fehlerrobust angesehen werden, wenn es die Nutzenden dabei unterstützt, Fehler zu vermeiden oder zumindest den Schaden zu begrenzen, der durch die gemachten Fehler entsteht.

Folgende drei Aspekte tragen der Norm zufolge zur Robustheit gegen Benutzungsfehler bei:

- Unterstützt Ihre Lösung die Nutzenden dabei, Fehler zu vermeiden?
- Reagiert Ihre Lösung gegenüber gemachten Fehlern tolerant?
- Unterstützt Ihre Lösung die Nutzenden dabei, Benutzungsfehler zu beheben und/ oder deren Folgen abzumildern?

Wenn Sie die Nutzenden dabei unterstützen wollen, Fehler zu vermeiden, dann sollten Sie sich nach der Norm an die folgenden Regeln halten.

Eine der wichtigsten Regeln dabei ist, dass Sie Fehler recht einfach vermeiden können, wenn Sie die Nutzenden nicht zwingen, Informationen einzugeben, die bereits bekannt sind. Wenn Sie zum Beispiel einen Online-Shop besitzen und die Nutzenden ihre Lieferadresse angeben mussten, dann sollten Sie so lange davon ausgehen, dass die Rechnungsadresse dieselbe ist, bis die Nutzenden etwas anderes sagen.

In eine ähnliche Richtung zielt auch die zweite Regel, die empfiehlt, dass Sie es den Nutzenden ermöglichen, aus bestehenden Daten auszuwählen, anstatt neue Daten eingeben zu müssen. Auch diese Regel lässt sich gut anhand des Online-Shoppings erklären. Stellen Sie sich vor, Sie sind bei einem Online-Shop angemeldet und bestellen hier regelmäßig. Wenn Sie jedes Mal die eigene Adresse eingeben müssten, anstatt diese aus einer Liste von möglichen Versandadressen wählen zu können, würde das wahrscheinlich auf Ihrer Seite zu einer schlechten User Experience führen (siehe Abbildung 7.97). Außerdem steigt, im Vergleich zur Auswahl zwischen »erfolgreichen« Alternativen, die Wahrscheinlichkeit für Fehler an.

Eine weitere Möglichkeit, um das Auftreten von Bedienfehlern zu reduzieren, besteht darin, ausschließlich Auswahlen zuzulassen, die zum aktuellen Zeitpunkt auch tatsächlich angemessen sind. Ein gutes Beispiel hierfür sind Terminfindungslösungen. Hier werden immer nur Termine in der Zukunft angeboten und auch nur Termine, die tatsächlich noch frei sind (siehe Abbildung 7.98).

Abbildung 7.97 Beispiel für die Auswahl von Adressen aus einer bestehenden Liste (Quelle: Amazon.de)

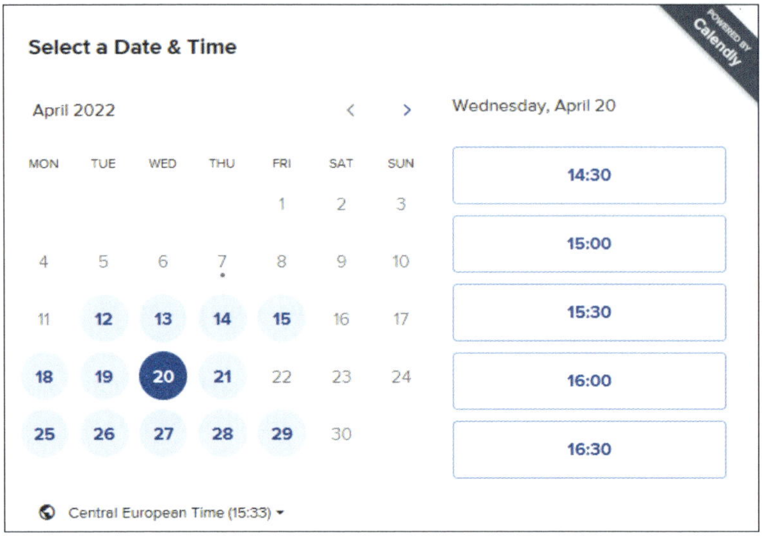

Abbildung 7.98 Beispiel für die Erhöhung der Robustheit gegen Benutzungsfehler durch Bereitstellung ausschließlich funktionierender Alternativen in einem Kalendertool (Quelle: calendly.com)

Sie sollten Ihre Lösungen außerdem so auslegen, dass die Arbeit der Nutzenden nicht durch einen Fehler verloren geht (egal ob er technischer Natur oder ein Bedienfehler ist). Das können Sie zum Beispiel über automatisches Speichern oder das Versionieren von Inhalten erreichen. Auf der höchsten Stufe der Fehlervermeidung erkennt Ihre Lösung mögliche Bedienfehler schon vorab bzw. während der Verwendung, bevor die Informationen weiterverarbeitet werden.

Um hier auch wieder das Beispiel Online-Shopping aus dem Hut zu zaubern, ist die beste Version von Robustheit gegen Benutzungsfehler, wenn Sie Ihren Nutzern schon bei der Eingabe einer fehlerhaften Adresse zurückmelden, dass die Adresse nicht gefunden werden konnte. Idealerweise mit einem Vorschlag für eine andere, passende Adresse. Schade wäre es hingegen, wenn Sie das Paket einfach zustellen, um dann bei der Auslieferung zu merken, dass die Adresse nicht korrekt war.

Wenn die Bedienhandlung der Nutzenden zu wirklich schwerwiegenden Konsequenzen führen kann, dann sollten Sie sich zusätzlich auch noch die Bestätigung der Nutzenden geben lassen, dass diese Handlung tatsächlich erwünscht ist. Ein typisches Beispiel hierfür ist der Bestätigungsdialog vor dem Formatieren eines Laufwerks (siehe Abbildung 7.99).

Wenn Sie es geschafft haben, das Auftreten von Fehlern so weit wie möglich zu verhindern, dann geht es darum, die Toleranz Ihrer Lösung für Bedienfehler zu erhöhen. Eine Regel, die Ihnen hilft, diese Toleranz zu erreichen, besagt, dass Sie Ihre Lösung so gestalten sollten, dass die Nutzenden – auch wenn sie einen Bedienfehler machen – trotzdem in der Interaktion fortfahren können, ohne diesen Fehler direkt korrigieren zu müssen.

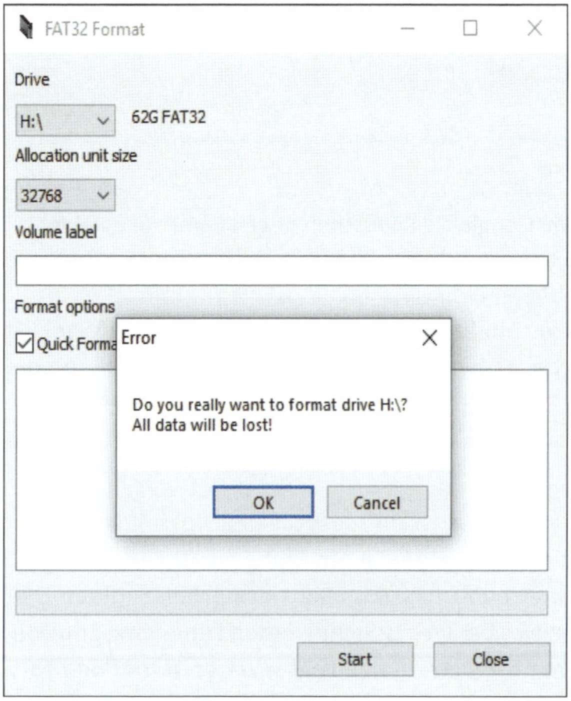

Abbildung 7.99 Bestätigungsdialog vor der Formatierung eines Laufwerks

Ein solcher Fehler könnte beispielsweise eine Telefonnummer sein, die in einem falschen Format eingegeben wurde. Idealerweise zeigen Sie den Fehler den Nutzenden direkt an, zum Beispiel indem Sie das fehlerhaft ausgefüllte Formularfeld rot umranden. Sie lassen aber den Nutzenden trotzdem die Möglichkeit, die anderen Felder auszufüllen, bevor die Telefonnummer korrigiert werden muss. Spätestens beim Absenden des Formulars jedoch weisen Sie die Nutzenden dann aktiv auf die Fehler hin.

Eine weitere Möglichkeit zum Erhöhen der Robustheit gegen Benutzungsfehler ist die automatische Korrektur. In diesem Fall sollten Sie die Korrektur so umsetzen, dass Sie offensichtliche Fehler für die Nutzenden direkt beheben, trotzdem aber einen sehr einfachen Weg anbieten, um die Fehlerkorrektur zu überschreiben. Ein sehr gelungenes Beispiel für die konsequente Umsetzung dieser Regel ist die Google-Suche. Wenn Sie hier bei Ihrem Suchbegriff einen Tippfehler haben, dann wird Google in den meisten Fällen automatisch nach dem richtigen Begriff suchen, Ihnen aber anbieten, »stattdessen nach [falscher Begriff] zu suchen« (siehe Abbildung 7.100).

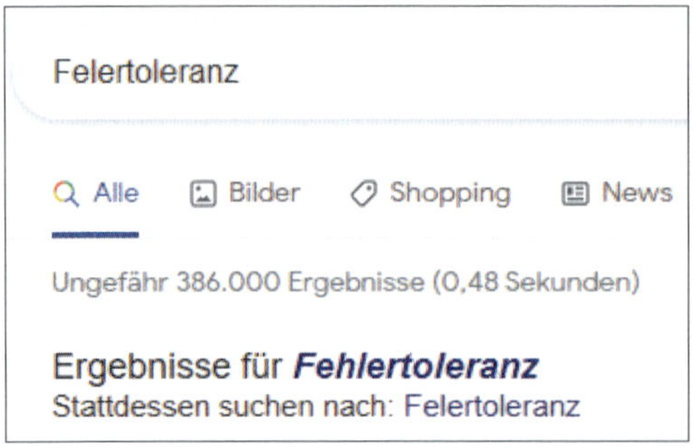

Abbildung 7.100 Ein Beispiel dafür, wie Google die Robustheit gegen Benutzungsfehler seiner Suche durch die automatische Korrektur der Suchbegriffe steigert (Quelle: Google)

Manchmal lassen sich Fehler nicht verhindern und auch die automatische Korrektur kann nicht immer erfolgreich umgesetzt werden. Dann ist es an der Zeit, sich mit der Frage zu beschäftigen, wie Sie Ihr System, Ihr Produkt oder Ihre Dienstleistung so optimieren können, dass die Nutzenden dabei unterstützt werden, gemachte Fehler zu korrigieren.

Die erste Regel, die Sie hier beachten sollten, ist die, dass Sie den Nutzenden immer dabei helfen sollten, gemachte Fehler überhaupt erst eindeutig zu erkennen, zu prüfen und dann auch zu lösen. Konkret heißt das, dass Sie klarmachen müssen, was falsch ist, warum es falsch ist und wie es besser gemacht werden kann. Eine gute Hilfestellung an einem Formular würde das betreffende Feld markieren und den Nutzenden erklären, welche Art von Eingabe hier benötigt wird (siehe Abbildung 7.101).

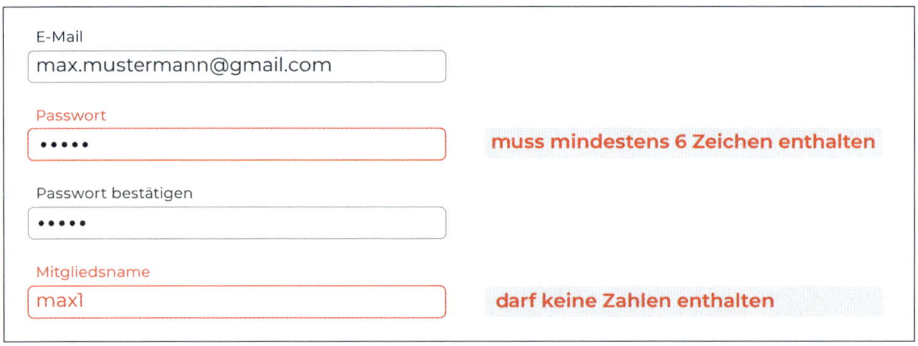

Abbildung 7.101 Beispiel für Fehlermeldungen bei einem Online-Formular, die nicht nur den Fehler anzeigen, sondern auch Hilfestellung bei der Korrektur geben

Dabei sollte Ihre Fehlermeldung höflich, präzise und verständlich formuliert sein. Je genauer Sie bei der Beschreibung des Fehlers sein können, umso leichter wird den Nutzenden die Korrektur fallen. Sagen Sie also nicht nur »Ein Fehler ist aufgetreten«, sondern sagen Sie: »Das Rückflugdatum muss nach dem Abflugdatum liegen.« Wenn es sich um ein sehr komplexes Problem handelt, kann ein gangbarer Weg auch eine kurze Erklärung sein, gefolgt von der Möglichkeit, über einen Link, eine Box oder ein Pop-up mehr Informationen dazu anzufordern.

Wenn Sie die Nutzenden hier richtig begeistern wollen, dann sorgen Sie nicht nur dafür, dass sie wissen, was getan werden muss, sondern machen die Korrektur auch noch so einfach und schnell wie möglich. Zum Beispiel könnten Sie bei einem Online-Formular beim Absenden direkt zum fehlerhaften Formularfeld springen, damit die Nutzenden sich das Scrollen und die Suche ersparen. Das gilt vor allem dann, wenn die Rückmeldung außerhalb des aktuellen Sichtbereichs ist und die Nutzenden erst einmal verstehen müssen, dass sie auf die Suche nach einem Fehler gehen sollen.

Benutzerbindung

Im letzten Abschnitt der Interaktionsprinzipien geht es um die Benutzerbindung:

> *»Das interaktive System stellt Funktionen und Informationen auf einladende und motivierende Weise dar und fördert so eine kontinuierliche Interaktion mit dem System.« (DIN EN ISO 9241-110:2020 deutsche Fassung)*

Unter Benutzerbindung versteht man also, dass das System, das Produkt oder die Dienstleistung die Aufmerksamkeit der Nutzenden auf sich zieht und sie dazu motiviert, die Lösung weiterhin zu verwenden. Um die Benutzerbindung zu erhöhen, sollten Sie sich der Norm zufolge vor allem drei Aspekte ansehen:

- Motiviert die Lösung die Nutzenden, sie zu verwenden?
- Wird die Lösung von den Nutzenden als vertrauenswürdig empfunden?
- Steigert die Lösung die Beteiligung der Nutzenden?

Wenn Sie die Nutzenden dazu motivieren möchten, Ihr System, Ihr Produkt oder Ihre Dienstleistung gern und weiterhin zu verwenden, dann sollten Sie darauf achten, dass Ihre Lösung die Nutzenden darüber informiert, wenn Aufgaben erfolgreich abgeschlossen worden sind und dass aktuell keine wichtigen, akuten Aufgaben warten. Diese Art von Rückmeldungen kennen Sie von verschiedensten Lösungen. Ein wirklich präsentes Beispiel dafür ist Anti-Viren-Software, die Ihnen zurückmeldet, dass Ihr PC geschützt ist (siehe Abbildung 7.102).

Eine weitere Möglichkeit, um die Motivation der Nutzenden zu erhöhen, das System, Produkt oder die Dienstleistung zu verwenden, ist der zurückhaltende Einsatz von affektiven Elementen. Unter *affektiven Elementen* versteht man Elemente in der Benutzeroberfläche (z. B. Icons, Bilder, aber auch Texte), die eine emotionale Reaktion der Nutzenden auslösen sollen. Dabei geht es nicht immer ausschließlich um das Auslösen von positiven Emotionen wie Freude, sondern es kann genauso gut um das Auslösen von leicht negativen Emotionen gehen, wie Angst und Unwohlsein –

abhängig vom Ziel der Gestaltung. Im einfachsten Fall können das Bilder mit lächelnden Menschen in der Nähe einer Support-Hotline sein, um die Stimmung für das folgende Gespräch positiv zu setzen.

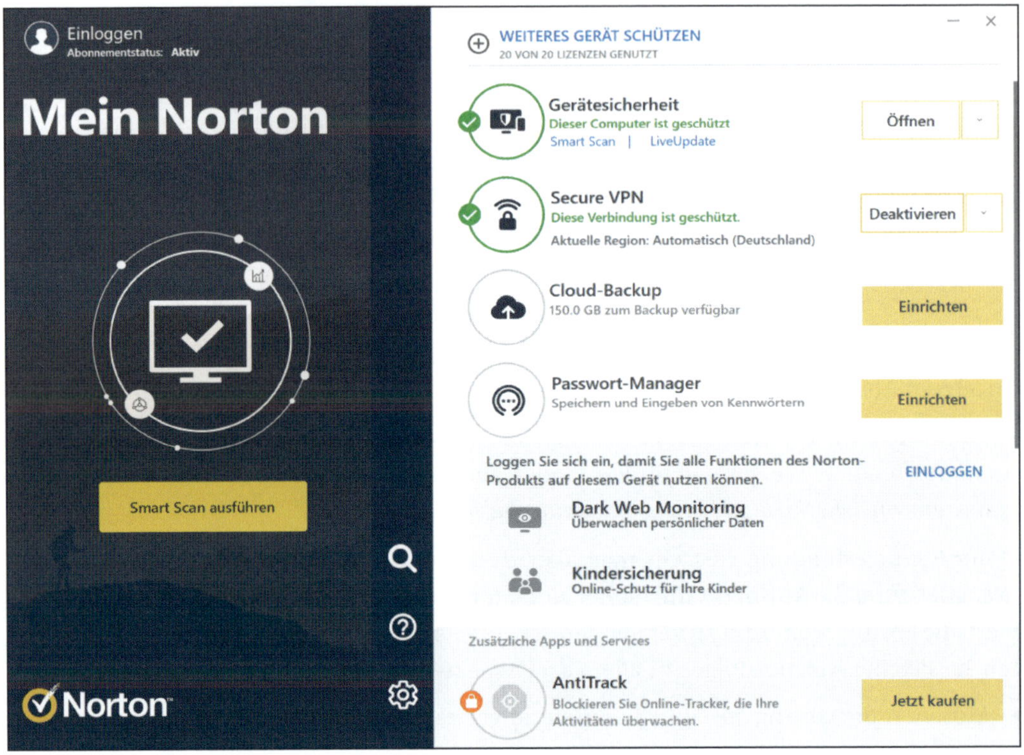

Abbildung 7.102 Eine typische Anti-Viren-Programm-Rückmeldung, die die Benutzerbindung erhöhen soll (Quelle: Norton)

Um die dauerhafte Motivation zur Nutzung zu erhalten, ist es außerdem wichtig, dass Ihr System, Ihr Produkt oder Ihre Dienstleistung die Nutzenden mit Respekt behandelt. Dieser Respekt kann sich zum Beispiel darin zeigen, wie Sie die Nutzenden ansprechen. Um sich respektiert zu fühlen, kann es helfen, Höflichkeitsformen wie »Bitte« und »Danke« auch in der Kommunikation zu nutzen oder schlicht und einfach eine andere Ansprache zu wählen.

Wenn Sie noch weiter daran arbeiten möchten, die Motivation der Nutzenden zu erhöhen, dann sollten Sie mit Ihrem System, Ihrem Produkt oder Ihrer Dienstleistung versuchen, auch diejenigen Bedürfnisse der Nutzenden anzusprechen, von denen die Nutzenden noch nicht einmal wussten, dass sie da sind.

Wenn Sie zum Beispiel ein Ticket-System besitzen und über Ihr Ticket-System wissen, welche Anfragen regelmäßig von Nutzenden an das Support-Team herangetragen werden, dann können Sie dieses Wissen verwenden, um die Motivation zu erhöhen, das System zu nutzen. Zum Beispiel könnten Sie eine FAQ-Seite anlegen, die Antworten auf die häufigsten Fragen gibt (siehe Abbildung 7.103).

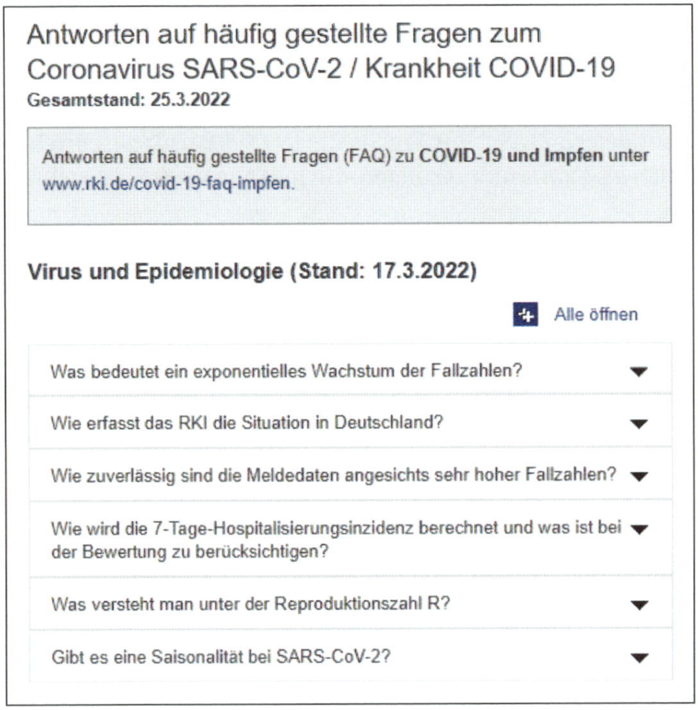

Abbildung 7.103 FAQ-Seite für die Webseite des RKI zum Coronavirus(Quelle: RKI.de)

Wie heißt es so schön: Es gibt keine zweite Chance für den ersten Eindruck. Das ist bei Systemen, Produkten und Dienstleistungen genauso wahr wie bei Menschen. Dementsprechend sollten Sie dafür sorgen, dass Ihre Lösung einen guten ersten Eindruck hinterlässt, wenn Sie die Motivation, Ihre Lösung zu nutzen, steigern wollen.

Was konkret zu einem *guten ersten Eindruck* beiträgt, ist stark von der Lösung abhängig, die Sie tatsächlich anbieten, und kann sehr facettenreich sein. Insgesamt hilft es aber immer, wenn sich die Nutzenden auf den ersten Blick zurechtfinden, verstehen, was sie machen können und wie sie das machen können, und wenn das Ganze auch noch auf eine ansprechende Art und Weise präsentiert wird.

Dazu gehört auch, dass das System, das Produkt oder die Dienstleistung für die intendierte Zielgruppe ansprechend gestaltet ist – und das, ohne dass diese Gestaltung die Effektivität oder Effizienz der Lösung verringert. Eine Möglichkeiten, um das zu erreichen, ist ein ausgereiftes visuelles Design, das zu den gewünschten Assoziationen passt, und zwar sowohl in der Lösung selbst als auch bei allen Begleitmaterialien wie Verpackungen oder Anleitungen.

Der letzte Punkt auf der Do-to-Liste, um die Motivation zur Nutzung Ihrer Lösung zu erhöhen, ist es, auf unrealistische Anforderungen zu verzichten. Für viele Personen ist es demotivierend, wenn sie merken, dass sie bestimmte Fragen nicht beantworten können oder eine Aufgabe nicht lösen können. Stellen Sie sich zum Beispiel vor, Sie würden für eine Flugbuchung nicht nur nach Ihrem Geburtstag, sondern auch nach Ihrer Geburtsstunde gefragt. Oder Sie müssten nicht sagen, in welchem Jahr Sie die Schule verlassen haben, sondern an welchem Tag Sie die letzte Klausur geschrieben haben. Beschränken Sie sich also auf Anforderungen, die Ihre Nutzenden tatsächlich (einfach) erfüllen können.

Nun möchten wir mit Ihnen gemeinsam darauf schauen, wie Sie die Benutzerbindung durch *Erhöhen der Vertrauenswürdigkeit* des Systems steigern können. Der erste Schritt dahin ist, dass Sie sich Gedanken darüber machen können, wie Sie die Lösung so gestalten, dass Vertrauen entsteht. Dazu gehört zum Beispiel, dass Sie klar kommunizieren, welche Vorteile, aber auch welche Risiken mit der Verwendung des Systems, Produkts oder der Dienstleistung einhergehen. *Transparenz* ist hier das Stichwort der Stunde. Angefangen von Warnhinweisen bis zum Teilen der Unternehmensgeschichte inklusive Bilder der Gründer ist vieles möglich, um das Vertrauen zu steigern. Typische weitere Wege zum Steigern des Vertrauens sind Siegel, Testergebnisse, Arbeitsbeispiele oder Kundenbewertungen (siehe Abbildung 7.104).

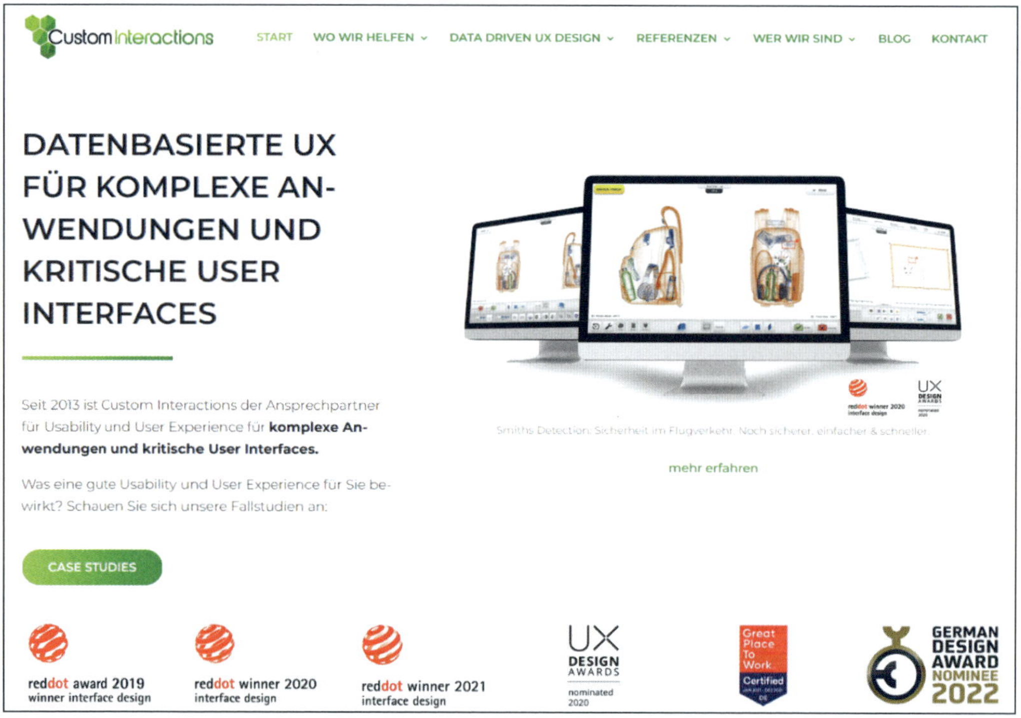

Abbildung 7.104 Beispiel für die Einbindung von Siegeln und Preisen zum Erhöhen des Vertrauens auf unserer eigenen Webseite

Noch darüber hinaus gehend, sollten Sie den Nutzenden ein realistisches Gefühl dafür geben, dass die *Nutzung der Lösung ohne Schaden* möglich ist. Um das zu erreichen, haben Sie verschiedene Möglichkeiten: Sie könnten zum Beispiel auf eingesetzte Sicherheitsprotokolle hinweisen, eine Verschlüsselung verlangen oder Ihre Widerrufsrichtlinien prominent öffentlich machen.

Der letzte Punkt zum Erhöhen der Benutzerbindung ist das *Erhöhen der Nutzerbeteiligung*. Eine gängige Möglichkeit dafür ist es, einen Austausch und Unterstützung zwischen Nutzenden direkt anzubieten, zum Beispiel in Form von Foren. Zusätzlich sollten Sie Ihre Nutzenden für deren Aktivitäten belohnen. Vor allem aus dem Spielekontext ist das Thema Level-Aufstieg oder das Erlangen von Auszeichnungen bekannt. Inzwischen werden diese Mechanismen jedoch auch zunehmend in anderen Kontexten eingesetzt, zum Beispiel um in Foren besonders aktive Mitglieder herauszuheben.

Damit sich Ihre Nutzenden gut informiert und einbezogen fühlen, können Sie beispielsweise auch vor einem Produkt-Update darüber informieren und vorab die anstehenden Änderungen erklären. Dabei ist es erst einmal egal, ob es nur um eine neue Optik oder um geänderte Funktionen geht. Im besten Fall können Ihre Nutzenden selbst entscheiden, ob und wann sie zur neuen Version wechseln wollen (siehe Abbildung 7.105).

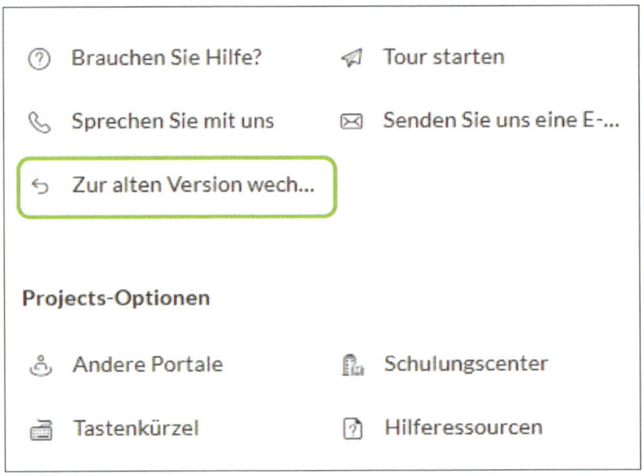

Abbildung 7.105 Diese Einstellung ermöglicht es den Nutzenden, zur alten Version der Benutzeroberfläche zurückzuwechseln. (Quelle: ZohoOne)

Ihre Nutzenden über kommende Änderungen vorab zu informieren, ist die eine Seite bei der Benutzerbindung. Sie können die Benutzerbindung aber noch weiter stärken, wenn Sie den Nutzenden ermöglichen, auch eigene Vorschläge für Verbesserungen oder gewünschte Features einzureichen. Das können Sie entweder über eine Bewertung einzelner Funktionen auf einer Skala machen oder zum Beispiel über ein Feedback-Formular (siehe Abbildung 7.106), eine Hotline, Chats oder die Durchführung von Nutzertests.

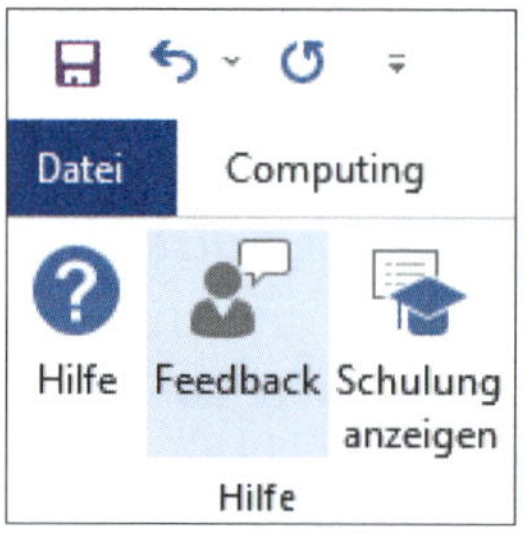

Abbildung 7.106 Integriertes Feedback-Formular in Microsoft Word

Wenn Sie die Nutzenden auffordern, Feedback und Verbesserungsvorschläge einzureichen, dann sollten Sie versuchen, auch hier eine hohe Transparenz herzustellen. Darunter verstehen wir, dass Sie eine Rückmeldung an die Nutzenden in Bezug auf die Entwicklungsentscheidungen geben. Das kann auf einem individuellen Level geschehen, indem Sie auf einzelne Einreichungen antworten. Das kann aber auch geschehen, indem Sie zum Beispiel eine Liste mit den meistgewünschten Änderungen veröffentlichen oder in einem Entwicklertagebuch die kommenden Releases besprechen.

Die Interaktionsprinzipien in aller Kürze

- **Aufgabenangemessenheit**: Ein interaktives System ist aufgabenangemessen, wenn es die Benutzer bei der Erledigung ihrer Aufgaben unterstützt.

  Kernfragen: Ist die Lösung überhaupt geeignet, um eine bestimmte Aufgabe zu lösen? Wie groß ist der Aufwand, der benötigt wird, um diese Aufgabe(n) zu lösen? Gibt es Voreinstellungen, die die Nutzenden dabei unterstützen, die Aufgabe erfolgreich auszuführen?
- **Selbstbeschreibungsfähigkeit**: Wo immer es für den Benutzer erforderlich ist, bietet das interaktive System angemessene Informationen an, die die Fähigkeiten des Systems und seine Nutzung unmittelbar offensichtlich machen, ohne dass hierzu unnötige Benutzer-System-Interaktionen nötig werden.

  Kernfragen: Sind alle notwendigen Informationen vorhanden und offensichtlich verfügbar? Ist für die Nutzenden klar, auf welchem Stand sich der Prozess befindet bzw. in welchem Zustand sich die Lösung befindet?
- **Erwartungskonformität**: Das Verhalten des interaktiven Systems ist vorhersehbar, und zwar basierend auf dem Nutzungskontext und allgemein anerkannten Konventionen in diesem Kontext.

  Kernfragen: Verhält sich das System angemessen und gibt es auch angemessene Rückmeldung an die Nutzenden? Ist das System intern, aber auch extern konsistent? Gibt es irgendwelche Änderungen im Nutzungskontext, die beachtet werden müssten?

- **Erlernbarkeit**: Das interaktive System unterstützt die Entdeckung seiner Fähigkeiten und deren Verwendung, erlaubt das Explorieren (»Ausprobieren«) des interaktiven Systems, minimiert den Lernaufwand und bietet Unterstützung, wenn Lernen erforderlich ist.

  Kernfragen: Wie gut ist es den Nutzenden möglich, Informationen und Bedienelemente zu entdecken, nach denen gesucht wird? Wie einfach ist es für die Nutzenden, die entdeckten Informationen und Bedienelemente gefahrlos zu erkunden? Wie sehr unterstützt die Lösung Nutzende dabei, die Folgen der eigenen Interaktionen zu erlernen?

- **Steuerbarkeit**: Das interaktive System erlaubt es den Nutzenden, die Kontrolle über die Benutzungsschnittstelle und die Interaktionen zu behalten, einschließlich der Geschwindigkeit, Abfolge und Individualisierung der Benutzer-System-Interaktion.

  Kernfragen: Wie gut unterstützt die Lösung Unterbrechungen durch die Nutzenden? Wie viel Flexibilität ermöglicht die Lösung den Nutzenden? Wie viel Individualisierung und Anpassung ermöglicht die Lösung den Nutzenden?

- **Robustheit gegen Benutzungsfehler**: Das interaktive System unterstützt den Benutzer beim Vermeiden von Fehlern, toleriert Benutzungsfehler im Falle von erkennbaren Fehlern und unterstützt den Benutzer bei der Fehlerbehebung.

  Kernfragen: Unterstützt Ihre Lösung die Nutzenden dabei, Fehler zu vermeiden? Reagiert Ihre Lösung gemachten Fehlern gegenüber tolerant? Unterstützt Ihre Lösung die Nutzenden dabei, Benutzungsfehler zu beheben und/oder deren Folgen abzumildern?

- **Benutzerbindung**: Das interaktive System stellt Funktionen und Informationen auf einladende und motivierende Weise dar und fördert so eine kontinuierliche Interaktion mit dem System.

  Kernfragen: Motiviert die Lösung die Nutzenden, sie zu verwenden? Wird die Lösung von den Nutzenden als vertrauenswürdig empfunden? Steigert die Lösung die Beteiligung der Nutzenden?

Nachdem wir in diesem Kapitel die Grundlagen beschrieben haben, wenden wir uns nun in den nächsten Kapiteln dem Data-Driven UX Design-Prozess zu. Beginnen möchten wir mit den Vorbereitungen.

Kapitel 8

Der Data-Driven UX Design-Prozess im Detail – Vorbereitung

»Sag mir, wie ein Projekt beginnt, und ich sage Dir, wie es endet.«
– Gero Lomnitz (Berater, Trainer, Coach)

In diesem Kapitel geht es im Detail um die einzelnen Schritte des Data-Driven UX Design-Prozesses Wir stellen Ihnen den Prozess und die Vorgehensweisen so vor, wie wir sie für unsere Arbeit zusammengestellt und entwickelt haben.Dabei haben wir in den letzten 20 Jahren verschiedene Ansätze aus der Literatur und Wissenschaft kennengelernt, in der Praxis erprobt und für uns angepasst.

Alle kommenden Schritte haben sich für unseren Tätigkeitsbereich – das Usability und User Experience Design in komplexen, medizinischen oder kritischen Umfeldern – und für uns bewährt. Bitte fühlen Sie sich frei, die Teile zu adaptieren, die für Sie passen, und als Grundlage für Ihr eigenes Vorgehen zu nutzen.

Wenn es um das Wort *Planung* geht, dann bilden sich leicht zwei Fraktionen:

- Auf der einen Seite die Strategen, die das Planen lieben und alles bis ins Detail vorbereitet haben wollen. Die neben dem Plan A noch einen Plan B und einen Plan C, wahlweise bis Plan Z, bereitliegen haben.
- Auf der anderen Seite gibt es die Kreativ-Spontanen, für die Planen oft eine Zumutung darstellt. Bei ihnen herrscht häufig die Annahme, dass sich die Planung ja sowieso ändert und dass es deswegen eigentlich gar keinen Sinn ergibt, Dinge zu planen.

Wir beide sind natürlich ebenfalls auf diesem Spektrum zu finden, und zwar einer von uns an jedem Ende. Zumindest bis vor einigen Jahren. In vielen gemeinsamen Projekten haben wir uns deutlich aufeinander zubewegt und versucht, das Beste aus beiden Welten zu kombinieren. Das Ergebnis könnte man als eine *halbstrukturierte Planung* bezeichnen (angelehnt an *halbstrukturierte Interviews*, von denen Sie noch mehr in diesem Buch hören werden).

Unter *halbstrukturierter Planung* verstehen wir, dass Sie sich die Zielsetzung des Vorgehens vor Augen führen und den Prozess selbst in kleine Schritte zeitlich unterteilen sollten. Die Planung bleibt dabei aber immer eher auf einer Meta-Ebene und wird nur an den Stellen sehr konkret, an denen es sein muss. Hier ist unser Ansatz oft ein

»zeitnahes Nachsteuern«. Soll heißen: Wir legen den Zeitplan grob fest und definieren die Zielsetzung. Dann übertragen wir die Zielsetzung auf den Zeitplan, lassen aber noch die ganzen Details raus, deren Definition viel Zeit kostet, die sich aber im Laufe des Projekts auch immer wieder ändern.

Wenn wir uns dann im Projekt vorwärtsbewegen, konkretisieren wir nach und nach die offenen Punkte, die geklärt sein müssen. Manche kritischen Punkte definieren wir im Zeitplan als *Point-of-no-Return*. Ein typisches Beispiel dafür ist der Startzeitpunkt für die Einladung der Studienteilnehmer: Sobald wir anfangen einzuladen, gibt es keine Verschiebung mehr am Zeitplan für die Befragung oder an der Zielgruppe. Gewünschte Änderungen können dann erst im nächsten Schritt wirksam werden. Und so bewegen wir uns Stück für Stück durch das Projekt und konkretisieren die Planung unterwegs. Die inhaltliche Planung wohlgemerkt! Die zeitliche Planung steht in unseren Projekten im Normalfall von vornherein fest und wird nur selten geschoben.

Egal wo Sie sich persönlich auf dem Spektrum bewegen: Da Usability und User Experience Design das Zusammenspiel mehrerer Parteien erfordert, kommen Sie im Normalfall nicht ohne Planung aus. In diesem Kapitel möchten wir Ihnen anhand der bisher vorgestellten Denkansätze aufzeigen, wie Sie Ihren persönlichen Data-Driven UX Design-Ansatz sinnvoll planen können, obwohl so viele Unbekannte im Prozess mitspielen.

8.1 Die Planung des Data-Driven UX Design-Prozesses

Der allererste Schritt zu einer soliden Planung ist immer, dass Sie Ihr Zielbild klar vor Augen haben. Um dieses Zielbild für sich – aber vor allem auch mit allen Stakeholdern – klar zu definieren, raten wir immer dazu, jedes neue Projekt, das einem Data-Driven UX Design-Ansatz folgen soll, mit einem internen Stakeholder-Workshop zu starten.

8.1.1 Wer sollte an dem Stakeholder-Workshop teilnehmen?

Für uns bedeutet das, dass Sie alle Personen aus Ihrem Unternehmen an einen Tisch holen, die ein berechtigtes Interesse an dem Ergebnis Ihres Projekts haben und/oder es mit ihrer Erfahrung, ihrem Wissen, ihren Beziehungen positiv beeinflussen können.

»Positiv« bedeutet dabei nicht, dass Sie nur die Personen an den Tisch holen, die hellauf begeistert von der Idee sind. »Positiv« bedeutet, dass die Person einen Mehrwert in die Planung des Prozesses oder in die Umsetzung des Produkts einbringt. Das können auch scharfe Kritiker sein: Gerade bei der Entwicklung von internen Lösungen empfehlen wir Ihnen sogar, die Kritiker von Anfang an einzubeziehen.

In den meisten Unternehmen werden Ihnen jetzt eine ganze Reihe von wichtigen Personen einfallen, vor allem, wenn Sie viele Hierarchiestufen in Ihrem Unternehmen haben. Unsere Empfehlung: Versuchen Sie, Personen auf verschiedenen Hierarchiestufen für eine Teilnahme an dem Workshop zu begeistern. Jeder, der einen wertvollen Beitrag leisten kann, sollte mitgedacht werden. Unserer Erfahrung nach unterscheiden sich die Sichtweisen zwischen Management und anderen Positionen sehr. Wenn es Ihnen möglich ist, sollten Sie versuchen, die verschiedenen Sichtweisen zu berücksichtigen. Je mehr Entscheider hinter dem Projekt stehen, umso einfacher wird es für gewöhnlich. Folgende Regeln haben sich für uns bei der Auswahl von Teilnehmern als hilfreich erwiesen:

- Die Person, die die Budget-Entscheidung trifft, sollte mit dabei sein.
- (Bei der Entwicklung interner Lösungen): Mindestens eine Person, die im späteren Verlauf mit der Lösung arbeiten muss, sollte mit dabei sein.
- (Bei der Entwicklung von externen Lösungen): Mindestens eine Person (lieber zwei), die regelmäßig direkten Kundenkontakt hat, sollte mit dabei sein – wir nehmen in den Stakeholder-Workshop jedoch keine externen Kunden auf.
- Das Kernteam, das die Entwicklung verantwortet, sollte mit dabei sein, wobei je eine Person für die verschiedenen Aspekte anwesend sein sollte.
- Mindestens eine Person aus folgenden Bereichen sollte vertreten sein:
  - Vertrieb
  - Marketing
  - Produktmanagement/-strategie
  - (je nach Produkt): Legal/QM/Logistik

Einen Stakeholder-Workshop in hierarchischen Unternehmen durchführen

Vor allem in Unternehmen, in denen der Data-Driven UX Design-Ansatz noch neu ist und starke Hierarchien herrschen, kann das Herangehen an die Planung über Erfolg und Misserfolg entscheiden. Wir haben viel Erfolg damit, alle beteiligten Bereiche so früh wie möglich ins Boot zu holen. Gehören dazu Bereiche, zu denen Sie noch keinen Kontakt haben, empfehlen wir Ihnen, auf der höchstmöglichen Ebene, die noch Bezug zum Thema hat, damit zu beginnen, Ihr Projekt vorzustellen.

Wenn dort keine Bereitschaft an einer Workshop-Teilnahme besteht, arbeiten Sie sich nach unten vor. Das gibt Ihnen auch die Gelegenheit, zu erfragen, wer der beste Ansprechpartner ist. Sie werden dann relativ schnell feststellen, ob und auf welcher Ebene Sie auf Bereitschaft zur Teilnahme stoßen. In Ihrer eigenen Hierarchie-Reihe sollten Sie selbstverständlich bei Ihrem Vorgesetzten anfangen.

Wichtig ist, dass Sie bei dem Workshop alle Personen am Tisch haben, die später auch die Projektergebnisse sehen und diese aufgrund von Bauchgefühl oder mangelnder Beteiligung einfach revidieren können. Wir nennen diese Gruppe manchmal scherzhaft die HIPPOs im Unternehmen. Die Abkürzung steht für »Highest Paid Person's Opinion« – also für die Meinung der bestbezahlten Person im Raum. Auch wenn wir uns gern einreden möchten, dass es anders ist: In den meisten Fällen gibt es die Entscheider, die die Möglichkeit haben, Projektergebnisse einfach so infrage zu stellen. Diese Personen gilt es zu Beginn zu involvieren und im Verlauf des Projekts zu informieren.

Natürlich gibt es auch Projekte, in denen das anders ist und die strategische Entscheidung komplett beim Team liegt. Zumindest sollten Sie den Workshop und dessen Vorbereitung jedoch nutzen, um die Erwartungshaltung diesbezüglich zu klären.

8.1.2 Der Inhalt des Stakeholder-Workshops

In dem Stakeholder-Workshop empfehlen wir Ihnen mehrere Aktivitäten:

1. Auftragsklärung
2. vorhandenes Wissen sammeln
3. Auftrag nachschärfen
4. den organisatorischen Rahmen besprechen
5. nächste Schritte klären

Wenn Sie bereits mit dem Leiten von Projekten Erfahrung haben, dann wird Ihnen die Struktur vermutlich sehr vertraut vorkommen. Als Allererstes müssen Sie zu Beginn des Projekts den Rahmen definieren.

Auftragsklärung und die »How-Might-We«-Frage

In diesem Schritt geht es darum, dass alle Personen im Raum ein gleiches Verständnis davon haben, was am Ende des Projekts erreicht worden sein soll. Wir haben gute Erfahrungen damit gemacht, nicht einfach nur zu sagen, was wir vorhaben, sondern tatsächlich jede einzelne Person im Raum zu bitten, die eigene Erwartungshaltung an das Projekt zu definieren. Dafür gehört für uns auch, dass wir darum bitten, uns mitzuteilen, was für die jeweilige Person ein wirklich herausragendes Projekt ausmachen würde. Nur so gelingt es uns, schon ganz zu Beginn unsere Aktivitäten passend auszurichten oder frühzeitig Erwartungsmanagement zu betreiben.

Oftmals entdecken wir in dieser Phase nämlich auch Erwartungen, die wir einfach nicht erfüllen können, weil diese nicht im Fokus des Projekts oder nicht in der Verantwortung des Usability und User Experience Design-Teams liegen. Bei den ersten Stakeholder-Workshops hat uns dabei am meisten überrascht, dass es möglich ist, acht Personen in einem Raum zu haben, die alle über das Projekt Bescheid wissen, die aber trotzdem alle eine unterschiedliche Erwartung haben. Mittlerweile sind wir das gewohnt, weil es regelmäßig vorkommt. Deswegen ist es umso wichtiger, dass der Stakeholder-Workshop durchgeführt wird.

Bei vielen auseinandergehenden Meinungen ist es zwingend notwendig, für jeden einzelnen Punkt zu entscheiden, ob er Teil des Projekts sein soll oder nicht. Das machen wir für gewöhnlich dann auch noch einmal für alle sichtbar, wiederholen die Entscheidung und lassen noch einmal alle zustimmen, dass die Entscheidung dem gemeinsamen Verständnis entspricht.

Eine Möglichkeit, die Essenz des Ganzen festzuhalten, ist die Umsetzung in Form einer *How-Might-We*-Frage, die wir Ihnen in Abschnitt 4.2, »Design Thinking«, vorgestellt haben (genauer gesagt in Abschnitt 4.2.3, »Schritt 3: Sichtweise definieren«). Im Kasten finden Sie eine kurze Erklärung.

How-Might-We-Fragen

Die Idee der How-Might-We-Fragen kommt aus dem Design Thinking und verfolgt das Ziel, den Auftrag in einer einzigen Frage zu formulieren. Dadurch wird es im Verlauf des Projekts viel einfacher, den Fokus auf dem Kernthema zu halten und zu hinterfragen: »Passt das eigentlich noch zu dem, was wir tun wollten?«

Außerdem ermöglicht diese höchst kompakte Formulierung auch immer den Abgleich, ob das Ziel anhand der Daten noch sinnvoll erscheint. Es hilft Ihnen also auch, eine Abbruchbedingung zu definieren – etwas, das in vielen Fällen wichtig ist, aber nicht wirklich mitgedacht wird.

Einen weiteren Bonuspunkt erhält die How-Might-We-Frage von uns wegen der Formulierung: Durch die lösungsorientierte Sichtweise wechselt der Blick von der Problemsicht (»Alles ist schlecht und nichts funktioniert«) hin zu der Lösungsansicht (»Wie können wir dafür sorgen, dass...?«) Diese Umstellung lässt Ihr Gehirn ganz anders aktiv werden, als der Blick auf das Problem.

Die Formulierung Ihres Projektauftrags sollte daher folgendem Schema folgen (How-Might-We-Frage):

Wie können wir ______________________ [wem?] dabei helfen, ________________ ________ [was zu machen], wenn/während ______________________ [in welcher Situation?]?

Sie formulieren also eine Frage, bei der Sie sowohl die Zielgruppe festlegen als auch die Unterstützung, die Sie mit Ihrer Lösung bieten wollen, als auch den Kontext, in dem diese Unterstützung bereitgestellt wird. Dadurch wird auch direkt allen im Raum klar, dass Sie eine Zielgruppe und ein Problem brauchen, wenn Sie ein erfolgreiches System, Produkt oder eine erfolgreiche Dienstleistung entwickeln möchten.

Sobald Sie diese How-Might-We-Frage formuliert haben, schreiben Sie sie auf und nehmen sie für den Rest des Projekts mit. Es kann sein, dass die Daten dazu führen, dass die Frage noch einmal angepasst oder nachgeschärft werden muss, aber auf jeden Fall gibt es ein Ziel, das für alle klar ist.

Der nächste Schritt ist das Sammeln des vorhandenen Wissens.

Bereits vorhandenes Wissen sammeln

Im zweiten Schritt geht es daran, das gemeinsame Wissen der Organisation zum Projektziel aus den verschiedenen Quellen zu sammeln. Dazu gehört es auch, das zusammenzutragen, was noch nicht bekannt ist. Im allerbesten Fall haben Sie schriftlich vorhandenes Wissen aus der Organisation schon vor dem Workshop gesammelt, gesichtet und aufbereitet. Wenn das nicht der Fall ist, dann lautet unsere Empfehlung, den Fokus auf das im Raum vorhandene Wissen zu legen und gegebenenfalls anschließend bei anderen Personen vorhandenes Wissen aufzunehmen.

In diesem Teil des Workshops können Sie – je nachdem, wie gut Sie schon vorbereitet waren – entsprechend den Empfehlungen aus Abschnitt 6.1.2, »Annahmen von Wissen unterscheiden«, vorgehen und eine Annahmen-Wissen-Matrix aufstellen (siehe Abbildung 8.1).

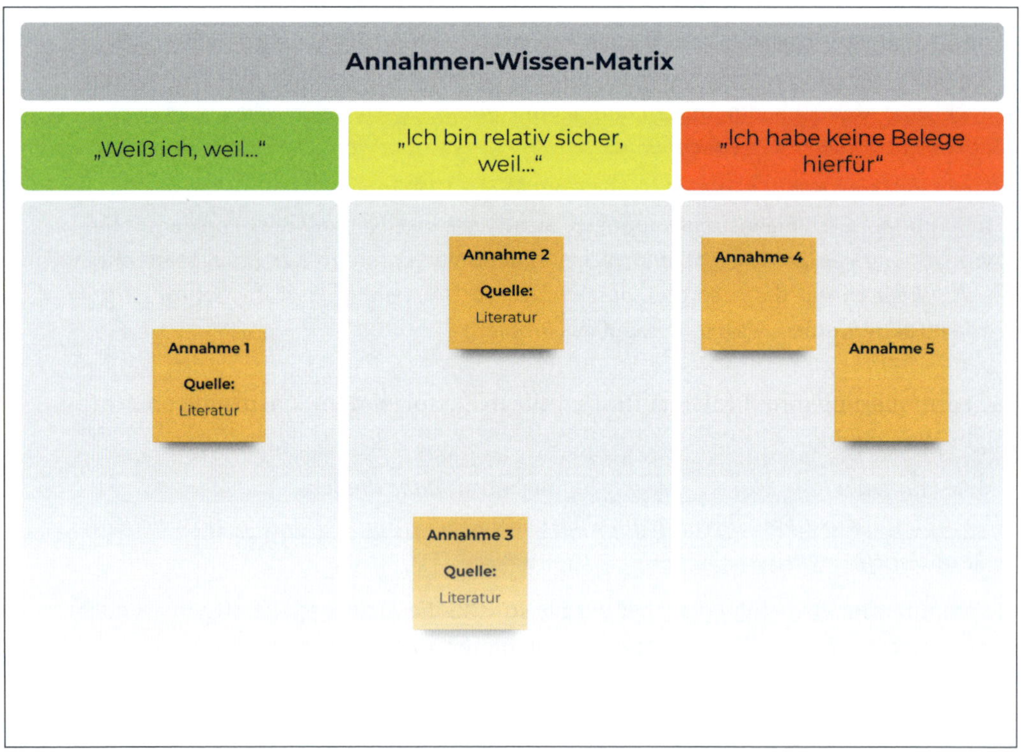

Abbildung 8.1 Annahmen-Wissen-Matrix, wie in Abschnitt 6.1.2 vorgestellt

Wenn Sie das machen, haben Sie am Ende dieses Schrittes eine gute Übersicht über das Wissen, aber auch über die offenen Flanken, die Sie und Ihr Projekt zum Fall bringen können. Das ist die perfekte Ausgangssituation, um in den ersten Schritt des Data-Driven UX Design-Prozesses zu starten. In diesem ist es ja genau Ihre Aufgabe, die Wissenslücken zu schließen.

Jetzt, da die Karten auf dem Tisch liegen und ziemlich klar wird, was Tatsache, was Annahme und was schlicht unbekannt ist, sollten Sie noch einmal in die Auftragsklärung zurückkehren und Ihre How-Might-We-Frage auf den Prüfstand stellen.

Den Auftrag nachschärfen

Abhängig von dem aktuellen Stand kann dieser Teil sehr lang oder sehr kurz sein. Im besten Fall hat alles Wissen in Ihrer Organisation dazu geführt, dass Sie (und die Stakeholder) das Gefühl haben, mit dem Projekt genau auf dem richtigen Weg zu sein. Dann reicht meistens die einfache Frage: »Jetzt, da wir das alles so vor uns sehen: Meinen Sie, unsere How-Might-We-Frage ist noch immer die richtige?« Wenn nichts Überraschendes passiert ist, entsteht hier nur eine kurze Diskussion oder Sie sehen vielleicht sogar nur Kopfnicken.

Ist das nicht der Fall, dann starten Sie wieder neu und müssen entscheiden, wie die neue Ausrichtung des Projekts auf Basis der Daten eigentlich sein sollte. Und dann – Sie haben es sich wahrscheinlich gedacht – formulieren Sie eine neue How-Might-We-Frage, die Sie dann so lange begleitet, bis Sie das Projekt abgeschlossen oder gelernt haben, dass auch diese Frage nicht sinnvoll ist.

Den organisatorischen Rahmen besprechen

Wenn dann der Auftrag und die Wissenslücken klar sind, sind Sie auch schon beim organisatorischen Rahmen angelangt. Auch hier lautet das Kernstichwort *Erwartungsmanagement*:

- Machen Sie klar, dass Sie iterativ und menschzentriert vorgehen werden.
- Legen Sie für alle Beteiligten die Schritte offen, und erklären Sie, dass Sie vorhaben, sich stringent an den Erwartungen der Nutzenden zu orientieren, um ein erfolgreiches Projekt sicherstellen zu können.

Wir empfehlen, den Fokus in der Erklärung auch noch einmal ganz deutlich darauf zu legen, dass es darum geht, *Beweise* dafür zu sammeln, dass Sie mit dem Projekt auf dem richtigen Weg sind. Meistens erklären wir auch noch einmal im Detail, wie so ein Zyklus aussehen könnte, und machen klar, dass aus unserer Sicht Beweise nur dann Beweise sind, wenn sie von den echten Nutzern oder Käufern stammen und nicht von Kollegen, Vorgesetzten oder ähnlichen Personen.

Danach geht es tatsächlich um die *organisatorische Feinarbeit*. Je höher besetzt Ihr Stakeholder-Workshop ist, umso kürzer sollte dieser Teil »in der großen Runde« sein. Meistens entscheiden wir nur gemeinsam darüber, wer direkt in den Rücksprachen dabei ist, wer Teil eines Projektbeirats ist, wer in einem Verteiler ist oder wer sich im weiteren Verlauf komplett aus dem Projekt zurückziehen möchte.

So stellen wir sicher, dass alle Personen ausreichend informiert werden und dass die Meinungen und Feedbacks der Entscheider in das Projekt einfließen. Dadurch gelingt es uns außerdem, die Geschwindigkeit des Projekts hochzuhalten, weil Terminabstimmungen und Freigaben einfacher werden.

Nach dieser Abstimmung geht es für uns weiter zum letzten Teil des Stakeholder-Workshops: den *Next Steps*.

Die nächsten Schritte klären

Da Sie im Workshop einiges gelernt haben werden, was vorher so noch nicht auf dem Tisch lag, empfehlen wir Ihnen, folgende nächste Schritte zu definieren:

1. Dokumentieren Sie die wichtigsten Ergebnisse (z. B. durch ein Protokolls, in dem die wichtigsten Beschlüsse des Workshops festgehalten werden), und verteilen Sie diese Dokumentation an die beteiligten Personen.
2. Erarbeiten Sie einen Projektplan auf Basis des neu erarbeiteten Wissens. Der Detailgrad des Projektplans ist abhängig von der Arbeitsweise und kann von Sprint-Planungen bis zu voll ausdefinierten Projektplänen reichen.
3. Starten Sie operativ ins Projekt mit dem ersten Arbeitspaket (z. B. mit der Durchführung des ersten Sprints bei agiler Ausgestaltung).

Für alle aufgezählten Punkte gilt immer: Machen Sie klar, wer diese Aufgabe übernimmt, bis wann die Aufgabe erledigt ist und bis wann Sie Feedback von der Gruppe benötigen. Hier empfehlen wir auch mit allen Beteiligten noch während des Workshops abzusprechen, dass fehlendes Feedback bis zum Feedback-Termin als Zustimmung zu den Absprachen zu werten ist. Damit gelingt es Ihnen, das Projekttempo hochzuhalten und für Verbindlichkeit zu sorgen.

Transparente Kommunikation

Erlauben Sie uns diesen Hinweis, den wir hervorheben möchten: Ihr höchstes Ziel sollte eine transparente Kommunikation sein. Egal was im Projekt passiert, vermeiden Sie, jemanden zu überraschen. Unserer Erfahrung nach kommt es gar nicht so darauf an, dass ein Projekt von der ersten Sekunde an perfekt läuft, sondern vielmehr darauf, dass alle Beteiligten das Gefühl haben, das Projekt bewegt sich in die richtige Richtung und es wird nachgesteuert.

Dieses Gefühl entsteht für gewöhnlich dadurch, dass alle Beteiligten über den aktuellen Stand, auftretende Probleme und nächste Schritte proaktiv und transparent informiert werden und nicht »aus Versehen« über Probleme stolpern.

Die Dokumentation des Stakeholder-Workshops ist die Grundlage für das Projekt und sollte deshalb besonders klar formuliert sein. Um das zu erreichen, empfehlen wir Ihnen, die Dokumentation ganz in Ruhe nach dem Workshop zu schreiben.

Kommunizieren Sie aber ruhig an dieser Stelle bereits, was die Personen in der Dokumentation erwartet: Wir dokumentieren den kompletten Ablauf des Workshops mit den Kernergebnissen zu jedem Schritt. Dabei dokumentieren wir auch explizit den Ausschluss bestimmter Tätigkeiten aus dem Projekt – inklusive der Begründung, die im Workshop als Konsens gefunden wurde.

Sollte es offene Punkte geben, die noch geklärt werden müssen, dann erscheinen diese natürlich ebenfalls im Protokoll mit Zuständigkeit und Zeitplan. Anschließend können Sie das Projekt im Detail planen. Sie kennen nun einige der Unbekannten und offenen Flanken, an die Sie sich wagen müssen, und Sie können eine Zeitschätzung dafür abgeben, wie lange die einzelnen Schritte brauchen werden. Im Normalfall wird die Schätzung ganz gut sein, und abhängig davon, ob Sie Ihren Prozess anhand eines *Qualitätsziels* oder anhand eines *Zeitziels* planen müssen, können Sie entweder den *Endzeitpunkt* fix definieren oder *Key Performance Indicators* (KPIs) bestimmen, anhand derer Sie festlegen, dass Sie fertig sind. (Mehr zur Festlegung des Endzeitpunkts erfahren Sie in Kapitel 13, »Design, Get Data, Repeat – wann ist Schluss?«; mehr zu Maßzahlen finden Sie in Kapitel 3, »Usability und User Experience als Erfolgsfaktor herausragender Produkte«.

Als letzten Punkt der nächsten Schritte sollten Sie nur noch festlegen, zu welchem Zeitpunkt Sie gerne operativ ins Projekt starten möchten. Wir empfehlen Ihnen, diesen Zeitpunkt klar zu kommunizieren, um alle Beteiligten auf einen Zeitplan einzuschwören. Wenn Sie nur so etwas sagen wie: »Wir starten, sobald wir alle Rückmeldungen erhalten haben«, zeigt unsere Erfahrung, dass Sie deutlich länger als notwendig brauchen.

Der Abschluss des Stakeholder-Workshops

An dieser Stelle können Sie den Workshop in der großen Runde schon schließen. Für gewöhnlich verbringen wir im Anschluss noch ein wenig Zeit mit dem direkten Projektteam. Dann geht es darum, die weiteren organisatorischen Rahmenbedingungen zu klären:

- Wer gibt Zwischenstände bzw. Ergebnisse frei?
- Wie viel Zeit müssen wir dafür einplanen?
- Wer ist wann nicht erreichbar?

Diese organisatorischen Punkte müssen geklärt werden – aber nur in dem Projektteam, mit dem Sie Tag für Tag zusammenarbeiten. Diese Themen in der großen Runde zu klären, führt zu Unmut, den Sie sich leicht ersparen können.

Die Planung nach dem Workshop

Wir empfehlen Ihnen, die tatsächliche Planung immer zeitlich durchzuführen. Darunter verstehen wir, dass Sie Ihr Projekt in *Sprints* planen, die eine bestimmte Dauer und einen bestimmten Arbeitsumfang haben – angelehnt an die *Scrum-Methode*, nur ohne die Idee, dass nach jedem Sprint ein lauffähiges Stück Software im Raum stehen muss.

Eine andere Möglichkeit, das Projekt auf Basis des Zeitpunkts zu planen, ist das *Rolling Wave Planning*. Dabei planen Sie zu Beginn eines Projekts eine bestimmte Anzahl an Sprints oder Arbeitszyklen (zum Beispiel die ersten sechs Stück). Dann starten Sie den ersten Sprint, und sobald Sie dessen Ende erreichen, überarbeiten Sie Ihre Planung anhand der neu erlangten Daten und planen wieder einen Sprint länger voraus, sodass erneut die nächsten sechs Sprints geplant sind, nur eben anhand der neuen Daten- und Wissenslage.

Egal wie Sie es nennen: Wir empfehlen Ihnen, sich darüber Gedanken zu machen, wann Sie einen bestimmten Meilenstein erreicht haben wollen, und die Sprints als Weg zu diesen Meilensteinen zu betrachten. Am Ende der Sprints ergeben sich dann in der Rückschau auf das Erreichte immer wieder Möglichkeiten, Rücksprache mit Ihren Stakeholdern (oder dem Projektbeirat) zu halten.

Ob Sie während eines Sprints den Zyklus tatsächlich einmal komplett durchlaufen, nur einzelne Schritte aus dem Data-Driven UX Design-Prozess durchführen oder tatsächlich mehrfach den gesamten Prozess durchlaufen, hängt sicher mit Ihrer aktuellen Situation, dem Rückmeldungstempo im Unternehmen und den verfügbaren Ressourcen zusammen.

Generell können Sie sowohl komplette kurze Data-Driven UX Design-Zyklen als auch nur Teilzyklen erfolgreich mit Sprints kombinieren. Vor allem aber dann, wenn Sie in einem dynamischen Umfeld unterwegs sind, bietet es sich an, die Iterationen in Bezug auf das Usability und User Experience Design so schnell wie möglich zu durchlaufen.

Vielleicht wundern Sie sich jetzt, wieso wir zwischen einer Sprint-Dauer im Sinne der Sprints bei agilen Prozessen und der Durchlaufzeit einer Iteration im Data-Driven UX Design-Prozess unterscheiden. Das hat vor allem mit der Einbettung zu tun, die wir in größeren Projekten oft erleben. Weil das Thema so relevant ist und weil wir immer wieder danach gefragt werden, widmen wir dem Ganzen einen eigenen Abschnitt.

8.2 Integration von Data-Driven UX Design in agile Entwicklungsprojekte

Auch wenn es definitiv ein wichtiges und entscheidendes Element ist: Usability und User Experience Design steht nicht allein im Raum und wird auch nicht ohne andere Prozesse funktionieren. In den Anfangsphasen der menschzentrierten (oder, wie es damals noch hieß, *nutzerzentrierten*) Entwicklung war unsere Disziplin immer so etwas wie die Iteration vor dem Wasserfall.

Wasserfall-Modell versus agile Entwicklung

Im *Wasserfall-Modell* werden Systeme, Produkte und Dienstleistungen linear gedacht. Eine Anforderungsliste, das Lastenheft, steht ganz am Anfang der Entwicklung. Es fasst alle Anforderungen an die Lösung zusammen, die dann Stück für Stück umgesetzt werden.

Dem gegenüber stehen *agile Entwicklungsansätze*, die mit einem bestimmten Satz an bekannten Anforderungen starten und diese dann im Laufe der Entwicklung Stück für Stück neu ergänzen. Das agile Vorgehen verträgt sich dadurch besonders gut mit iterativen und menschzentrieten Gestaltungsansätzen, die das Ziel haben, während der Entwicklung unbekannte Anforderungen so früh wie möglich aufzudecken und in der Entwicklung zu berücksichtigen.

Agile Ansätze tragen der Tatsache Rechnung, dass zu Beginn eines Projekts selten alle Anforderungen an die Lösung vollständig bekannt sind, und ermöglichen damit mehr Flexibilität, aber auch mehr Unsicherheit.

Die Einbindung von Usability und User Experience Design war in einer Wasserfall-Welt noch relativ einfach. Bevor die eigentliche technische Entwicklung des Produkts begann, schaltete man einen iterativen menschzentrierten Prozess vor, der die Aufgabe hatte, alle Anforderungen aufzudecken. Diesem Prozess wies man eine gesetzte Dauer zu (zum Beispiel drei Monate) und setzte fest, dass anschließend alle Anforderungen bekannt sind. Nach Abschluss der Vorphase von drei Monaten startete dann die »eigentliche« Entwicklung. Das funktioniert heute nur noch selten.

In viele Unternehmen, die im weitesten Sinne digitale Produkte, Systeme oder Dienstleistungen anbieten, hat im Laufe der letzten Jahre der agile Ansatz Einzug gehalten. Dieser Ansatz trägt dem Fakt Rechnung, dass Softwareprojekte oft schwer zu planen sind und dass während der Entwicklung oft neue Entdeckungen gemacht werden. Bei den agilen Ansätzen werden dann Sprints mit einer fixen Dauer geplant, an deren Ende ein auslieferbares *Inkrement* steht, also irgendein Teil der Software, der bereits in den laufenden Betrieb übernommen werden kann.

Anstelle von wenigen großen Releases gibt es also mehr und kleinere Releases. Der Ansatz klingt verlockend, und das ist er auch in vielen Dimensionen. Aber eine Frage, die uns hier immer wieder begegnet, lautet: »Wie können wir das Potenzial von Usability und User Experience Design voll ausnutzen, wenn wir in Sprints denken und deshalb keine definierte Anforderungsphase vorab haben?«

Wir haben an dieser Stelle keine einheitliche Lösung für Sie, sondern können Ihnen nur mit auf den Weg geben, dass das in der Praxis oft von den organisatorischen Rahmenbedingungen in den einzelnen Unternehmen abhängt.

Unsere Erfahrung dazu ist diese: Wenn wir ganz zu Beginn des Projekts dazukommen und selbst in die Planung involviert sind, dann erbitten wir uns oft die Möglichkeit, ein oder zwei Sprints vorauszulaufen. Wir sorgen also dafür, dass die erste Umsetzung ca. 4 bis 6 Wochen später startet als wir. Wenn das möglich ist, nutzen wir den *ersten* Sprint, um die Problemstellung zu verstehen, erste Konzepte zu entwickeln und schon ein erstes Nutzerfeedback zu sammeln. Dieses Wissen nutzen wir im *zweiten* Sprint, um direkt mit der Überarbeitung der Konzepte entsprechend des Feedbacks zu starten und parallel das nächste Thema vorzubereiten, das im Anschluss relevant wird. Welche Themen relevant sind, wird natürlich durch das gesamte Projektteam entschieden. Auf diese Art und Weise werden die meisten Themen erstellt, einmal getestet, dann überarbeitet und im kommenden Sprint technisch umgesetzt. So können wir sicherstellen, dass wir die Rückmeldung der Nutzenden auch in einer laufenden Entwicklung permanent einbringen können.

Damit dieser Ansatz funktioniert, müssen allerdings einige Vorbedingungen gegeben sein:

- Es muss eine Priorisierung der Features vorliegen.
- Das UX-Team muss in der Lage sein, deutlich schneller zu iterieren, als die Sprints dauern.

Die *Priorisierung* muss gegeben sein, weil es sonst für das UX-Team schwer möglich ist, die Themen vorzubereiten, die dann tatsächlich Eingang in die Entwicklung finden sollen. Natürlich kann es passieren, dass sich die Prioritäten ab und an anpassen. Wenn aber die grobe Planung nicht einmal feststeht, dann kann es passieren, dass Sie mit Ihrem UX-Team an Features arbeiten, die erst viel später Einzug ins Produkt halten. Das wäre an sich nicht schlimm. Damit geht aber einher, dass das Entwicklungsteam andere Teile des Systems selbst gestaltet, ohne Input von Ihnen und Ihrem Team zu haben. Das kann funktionieren, muss es aber nicht. Vor allem wäre es schade, weil hier Potenzial in der Zusammenarbeit verloren geht.

Die zweite Vorbedingung betrifft Ihre *Geschwindigkeit*. Wie Sie anhand der Beschreibung unseres Vorgehens vielleicht herauslesen konnten, versuchen wir für gewöhnlich pro Kunden-Sprint den Data-Driven UX Design-Prozess einmal komplett zu durchlaufen. Mindestens. Das heißt: Ein Entwicklungs-Sprint würde allen vier Phasen im Data-Driven UX-Prozess entsprechen. Oder sogar acht Phasen, wenn der Prozess zweimal durchlaufen wird. Wenn wir das nicht schaffen würden und stattdessen jeden Schritt in einem Sprint abdecken (z. B. im ersten Sprint nur die Nutzungskontextanalyse durchführen), dann wären wir wieder bei der gleichen Situation wie oben: Das Entwicklungsteam hätte keinen Input in bestimmten Bereichen und würde einfach selbst entscheiden, wie die Dinge umgesetzt werden. Auch hier gilt: Das kann funktionieren, muss es aber nicht.

Wie Sie sehen, stehen Sie vor der großen Herausforderung sich in ein System einzubetten, das dynamisch und selbstständig ist. Unserer Erfahrung nach bringen wir den größtmöglichen Nutzen, wenn wir durch unsere Arbeit für einen gewissen Vorsprung für das Entwicklungsteam sorgen. Den bekommen wir entweder durch das Projekt gegeben (die ein bis zwei Sprints Vorsprung) oder wir erarbeiten ihn uns durch die schnellere Arbeitsweise. Im besten Fall geschieht aber beides. Es wird immer wieder passieren, dass sich der Schwerpunkt ändert und andere Funktionen in den Vordergrund rücken, die bis eben noch hintenanstanden. Dafür sorgen Sie auch oft selbst, indem Sie eine sehr gute *User Research* durchführen und dabei Erkenntnisse aufdecken, die den Schwerpunkt verschieben.

Genauso wird es aber auch passieren, dass es zwischendrin Sprints gibt, die sich ausschließlich auf Dinge »unter der Haube« fokussieren und bei denen Sie mit Ihrem Team nur einen geringen Beitrag leisten können. In diesen Sprints haben Sie die Gelegenheit, zusätzliche Zeit zu gewinnen, die Sie an anderer Stelle wahrscheinlich wieder verlieren werden. Das ist normal.

Wenn Sie in die Planung involviert sind, dann sollten Sie versuchen, umso mehr Vorsprung vor der Umsetzung zu erhalten, je weniger flexibel Ihr Produkt und je kritischer die Anwendung ist. Denken Sie hier bitte einen Moment an die Flexibilitäts- und Risikomatrix zurück (siehe Abbildung 8.2).

Abbildung 8.2 Die Flexibilitäts- und Risikomatrix für die Bestimmung der benötigten Daten im Data-Driven UX Design-Prozess aus Abschnitt 5.3

Je weiter rechts oben Sie sich mit Ihrem System, Ihrem Produkt oder Ihrer Dienstleistung befinden, umso sicherer müssen Sie sich sein, dass Sie mit Ihrem Design richtig liegen. Wobei natürlich die Anwendung von agilen Entwicklungsmethoden auf unflexible Produkte sowieso nur bedingt möglich ist. Sie ist aber nicht ausgeschlossen, wie beispielsweise Tesla die Autoindustrie mit seinen Over-the-Air-Updates gelehrt hat. Wenn es Ihnen also gelingt, ein eigentlich unflexibles Produkt durch einen »Trick« (z. B. das spätere Hinzufügen oder Freischalten von Produktfeatures durch Software-Updates) flexibler zu gestalten, dann kann auch hier die Anwendung agiler Methoden sinnvoll sein und dann benötigen Sie weniger Vorsprung.

Selbst wenn Sie sich sicher sind, dass in Ihrem besonderen Fall eine extrem hohe Flexibilität besteht und Sie deswegen ganz entspannt in die Umsetzung starten sollten, empfehlen wir Ihnen, an dieser Stelle noch einmal Ihre zu entwickelnde Anwendung zu reflektieren. Der Fokus sollte dabei auf der Höhe des Risikos liegen. Je größer das potenzielle Risiko ist (denken Sie dabei an die Bereiche *Gefährdung von Personen*, *wirtschaftliche Gefährdung des Unternehmens* und *Gefährdung des Ansehens des Unternehmens*), umso genauer sollten Sie sich das Interface vorher anschauen und umso sicherer müssen Sie sein (vgl. Abschnitt 5.3.2, »Das Risiko Ihrer Lösung«). Ein höheres Risiko könnte also auch zu der Entscheidung führen, mehr Vorsprung im Usability und User Experience Design vor der Entwicklung zu benötigen.

Wenn Sie kein hochgradig risikobehaftetes Produkt haben, dann steht Ihnen eine zweite Option zur Verfügung: das *Testen im Live-Betrieb*. Die Idee von agilen Entwicklungsprozessen ist es, nach jedem Sprint ein lauffähiges Stück Software zu besitzen, das in Betrieb gehen kann. Wenn Sie die erste Entwicklungsphase hinter sich haben und ein funktionierendes Produkt besitzen, das zwar am Markt erhältlich ist, aber nur mit einem beschränkten Funktionsumfang ausgestattet ist – mit anderen Worten: Sie haben ein MVP (*Minimum Viable Product*) entworfen –, dann könnte es Ihr Ziel sein, den Funktionsumfang so schnell wie möglich zu erweitern.

In diesem Fall haben Sie die Möglichkeit, sich als Usability und User Experience Designer während eines Sprints komplett auf das Design der neuen Features und Workflows zu fokussieren und das Testen erst einmal zu ignorieren. Wenn dann das Produkt live gegangen ist (im gleichen oder kommenden Sprint), können Sie die Qualität live mit den echten Nutzern testen. Durch dieses Vorgehen gewinnen Sie Zeit für das Design und können damit schneller neue Funktionen umsetzen. Es kann Ihnen dann aber natürlich auch passieren, dass Sie mit Ihrem Design in einigen Punkten vollkommen danebenlagen. Wahrscheinlich wird es sogar so sein, dass Sie in einigen Punkten vollkommen danebenlagen. Daher sollten Sie diesen Ansatz ausschließlich dann verwenden, wenn die Nutzergruppe Ihnen dieses Vorgehen nicht übelnimmt.

Tipp: Das Risiko bei neuen Features gezielt reduzieren

Wenn Sie das Risiko, vollkommen danebenzuliegen, minimieren wollen, empfehlen wir Ihnen, neue und ungetestete Features immer als *Beta-Features* anzukündigen (bitte ersetzen Sie diesen Begriff durch einen, den Ihre Zielgruppe versteht). Damit machen Sie klar, dass es sich hierbei noch um Funktionen in der Entwicklung handelt. Gleichzeitig erregen Sie dadurch außerdem Neugier auf die neuen Features und sind damit gegebenenfalls in der Lage, schneller mehr Rückmeldung zu bekommen. Auch kommt Ihnen dann normalerweise eine mildere Beurteilung seitens der Nutzer zugute, da Sie ja erklärt haben, dass die Features noch nicht fertig sind.

Damit meinen wir nicht, dass Sie kein ehrliches und negatives Feedback bekommen werden. Damit meinen wir nur, dass sich diese Art von Feedback für gewöhnlich deutlich weniger auf die Gesamtwahrnehmung des Produkts und der Marke auswirkt. Einzige Ausnahme: Ihr neues Beta-Feature ist so schlecht entwickelt, dass das Hauptprodukt nicht mehr lauffähig ist. Dann werden Sie das sehr schnell und sehr deutlich von Ihren Nutzern hören. Das ist dann aber vorwiegend ein technisches Problem und kein Usability und User Experience-Problem.

Mit der Rückmeldung, die Sie zu den Beta-Features erhalten, können Sie außerdem in den Dialog mit den Produktverantwortlichen treten und Ihre Einschätzungen und Empfehlungen in Bezug auf die Features geben. Diese Rückmeldung wiederum kann dann in die Priorisierung der Umsetzung und Verbesserung einfließen oder gegebenenfalls dazu führen, dass bestimmte Features gar nicht mehr weiterentwickelt werden.

8.3 Den Aufwand von Data-Driven UX Design angemessen auswählen

Dieser Abschnitt ist ein entscheidender Teil des Buches, und uns ist bewusst, dass sich viele Fragen und Gedanken gerade zu Beginn eines Projekts um die Frage drehen: »Wie viel Aufwand muss ich einplanen?«

Leider gibt es auf diese Frage keine einfache Antwort, sondern nur Faustregeln, die Ihnen bei der Entscheidung helfen können. Wie Sie sich denken können, sind wir der Meinung, dass Zeit und Geld in Usability und User Experience Design immer gut investiert sind. Das gilt aber immer nur bis zu einem gewissen Grad. Gerne möchten wir Ihnen die pragmatischen Regelsätze an die Hand geben, nach denen wir für gewöhnlich arbeiten. Wenn Sie noch weitere Regeln kennen, die hilfreich sind: Gerne her damit! Wir freuen uns über E-Mails an *handbuch3DUX@custom-interactions.com*.

Regel 1: Je unflexibler, umso mehr Zeit

Wenn Sie nach dem Release nichts mehr an Ihrem System, Produkt oder Ihrer Dienstleistung ändern können oder dafür einen sehr großen Aufwand investieren müssen, dann sollten Sie so viel Zeit wie möglich vorab investieren. Das bedeutet natürlich auch nicht, dass Sie endlos vor sich hin »UXen«, sondern dass Sie sich vorab überlegen, ab wann Ihre Lösung gut genug ist, und dann genauso lange daran arbeiten, bis Sie dieses Ziel erreicht haben.

Regel 2: Je mehr Risiko, umso mehr Zeit

Je risikobehafteter Ihre Anwendung ist, umso mehr Zeit sollten Sie investieren. Aber auch dann gilt für uns: Legen Sie vorher fest, wann Sie Ihr Ziel erreicht haben. Bei kritischen Anwendungen ist das häufig der Fall, wenn etwas Bestimmtes nicht mehr passiert – wenn also bestimmte Aufgaben ohne Fehler erledigt werden können oder wenn keine Schulung mehr gebraucht wird oder wenn niemand anderes mehr gefragt werden muss.

Regel 3: Je entscheidender für die Anwendung, umso mehr Zeit

Je wichtiger der gestaltete Workflow für die Anwendung ist, umso mehr Zeit sollten Sie in die Optimierung investieren. Diese Regel bezieht sich auf die Kritikalität eines Workflows für Ihre Anwendung und nicht für den Nutzer.

Ein Beispiel: Stellen Sie sich vor, Sie entwickeln eine App. Die App an sich ist vollkommen unkritisch und durch ihre Benutzung entsteht für niemanden ein Risiko. Sie entscheiden daraufhin, die App nicht zu testen, sondern sie direkt zu veröffentlichen. Im App-Store sammeln Sie aber plötzlich ausschließlich 1-Sterne-Bewertungen, weil der Login nicht richtig funktioniert. Da der Login darüber entscheidet, ob Ihre Anwendung überhaupt verwendet werden kann, ist er kritisch für die Anwendung. Hier sollten Sie also vorab auf jeden Fall sicherstellen, dass tatsächlich alles funktioniert, was benötigt wird, um die Hauptfunktion des Systems, des Produkts oder der Dienstleistung nutzen zu können.

Regel 4: Je bekannter, umso mehr Zeit

Wenn Sie mit Ihrem Produkt oder Ihrer Marke extrem bekannt sind und einen (positiven) Ruf zu verlieren haben, dann sollten Sie auch mehr Zeit einplanen, als wenn Sie unbekannt und neu sind. Hier geht es schlichtweg darum, dass Kunden und Nutzer mit Ihnen eine bestimmte Qualitätserwartung verbinden. Wenn Sie diese nicht erfüllen, wird das negativ auf Sie zurückfallen. Es lohnt sich also immer dann, wenn Sie etwas zu verlieren haben, mehr Zeit in Usability und User Experience Design zu investieren.

Regel 5: Je innovativer, umso mehr Zeit

Wenn Ihr Ansatz komplett innovativ ist und die Art der Nutzung und Interaktion auf dem Markt einzigartig ist, dann lohnt es sich, auch hier mehr Zeit zu investieren. Sie können dann noch nicht auf Erfahrungswerte zurückgreifen – weder auf eigene, noch auf die von Wettbewerbern. Die Wahrscheinlichkeit dafür, dass ein komplett neues Konzept beim ersten Versuch ohne User Research und User Testing direkt erfolgreich ist, halten wir persönlich für extrem gering. Zumindest haben wir noch nie ein Produkt gesehen, das zum ersten Mal mit Nutzern in Berührung kam und an keiner Stelle irgendwelche deutlichen Usability- oder User Experience-Probleme aufwies.

Wenn Ihr Produkt aber einen erheblichen technologischen Mehrwert aufweist (Sie ermöglichen etwas, das vorher gar nicht ging), dann kann es aber auch ohne großartige Usability und gute User Experience funktionieren.

Regel 6: Je stärker gute User Experience als Alleinstellungsmerkmal positioniert wird, umso mehr Zeit

Je mehr die gute Usability und User Experience als Alleinstellungsmerkmal gegenüber Konkurrenzprodukten genutzt wird, umso mehr Zeit sollten Sie in das Usability und User Experience Design investieren. Dabei handelt es sich vor allem um eine produktstrategische Entscheidung, die wir häufig in Bereichen antreffen, die technisch so weit entwickelt sind, dass der Funktionsumfang zwischen verschiedenen Wettbewerbsprodukten nahezu identisch ist.

Dann kann es sinnvoll sein, durch eine besonders zugängliche und ansprechende Gestaltung das Produkt von Wettbewerbern abzuheben. Dadurch kann es gelingen, Einarbeitungs-, Trainings- und Nutzungsdauern zu verkürzen, aber auch einfach mehr Begeisterung und damit mehr Verbreitung zu erzielen. Im besten Fall wird das Produkt sogar für neue Zielgruppen geöffnet, was den Wettbewerbsvorteil besonders deutlich macht.

Regel 7: Je komplexer, umso mehr Zeit

Je umfangreicher und komplexer Ihre Anwendung ist, umso mehr Zeit sollten Sie investieren, um eine gute Bedienbarkeit und eine gute Nutzungserfahrung zu gestalten. Gerade wenn Sie Arbeitsabläufe abbilden oder Expertensysteme gestalten, folgen viele Unternehmen der Annahme, dass hier weniger Aufwand für Usability und User Experience investiert werden kann.

Wann haben Sie aber zum letzten Mal jemanden eingestellt (oder wann wurden Sie das letzte Mal eingestellt) wegen der Fähigkeit, ein bestimmtes Programm zu bedienen, und nicht wegen dem, was Sie mit dem Programm erreichen können? Je mehr Zeit auf die Bedienung entfällt, umso weniger Zeit bleibt für die eigentliche Aufgabe übrig. Das gilt natürlich nicht nur bei Expertensystemen, sondern bei allen komplexen Anwendungen. Nur weil man eine komplizierte Anwendung mit vielen Usability- und User Experience-Schwächen bedienen könnte, heißt es noch lange nicht, dass man das auch möchte!

Regel 8: Jeder Hauptworkflow und jeder hochgradig risikobehaftete Workflow sollte mindestens zweimal getestet werden

Um sicherzustellen, dass Ihre Lösung keinen Schaden anrichtet und ihre Hauptfunktion erfüllt, empfehlen wir Ihnen, sowohl die Hauptworkflows als auch die risikobehafteten Abläufe mindestens in zwei Iterationen vor der Veröffentlichung mit Nutzenden getestet zu haben.

Unter *Hauptworkflows* verstehen wir die Abläufe, die benötigt werden, um die Kernfunktionen der Lösung zu verwenden, und die – wenn sie nicht funktionieren oder nicht verstanden würden – dazu führen würden, dass die Lösung keinen Wert mehr bringt. Durch die zwei Iterationen stellen Sie sicher, dass Sie Rückmeldung zu der initialen Idee erhalten haben und dass mindestens einmal geprüft haben, ob der Weg, den Sie zur Verbesserung eingeschlagen haben, zielführend ist.

Kapitel 9
Der Data-Driven UX Design-Prozess im Detail – Nutzungskontextanalyse

»Nichts ist absolut. Alles ändert sich, alles bewegt sich, alles dreht sich, alles fliegt und geht weg.«
– Frida Kahlo (Malerin)

9

Jetzt ist es so weit, liebe Leserin, lieber Leser: Wir beginnen mit dem ersten »echten« Schritt unseres Usability und User Experience Designs! Hierbei geht es um den *Nutzungskontext* (siehe Abbildung 9.1).

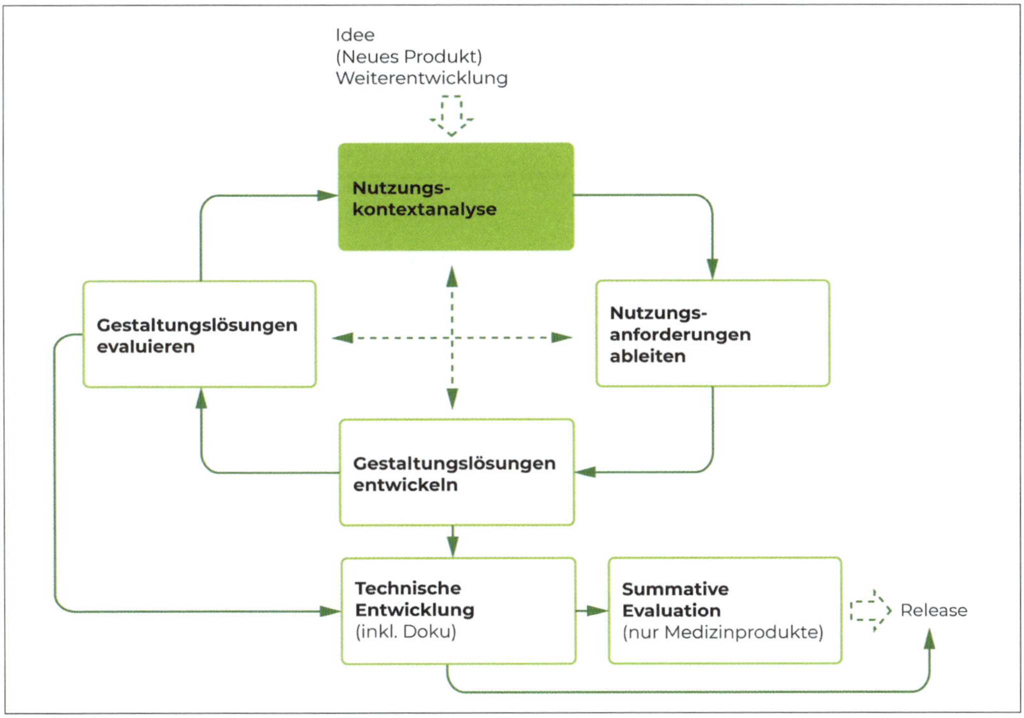

Abbildung 9.1 Der Data-Driven UX Design-Prozess (3DUX®): Die Nutzungskontextanalyse

In Abschnitt 2.2.5 hatten wir den Nutzungskontext auf Basis der DIN EN ISO 9241-11 bereits definiert als:

> *»Kombination von Benutzern, Zielen, Aufgaben, Ressourcen und Umgebung« (DIN EN ISO 9241-11:2018)*

Der Begriff *Analyse* hingegen wird im Duden beschrieben als:

> *»Untersuchung, bei der etwas zergliedert, [oder] ein Ganzes in seine Bestandteile zerlegt wird« (www.duden.de)*

Beim ersten Schritt des Data-Driven UX Design-Prozesses – der Nutzungskontextanalyse – geht es also darum, sich die Kombination von Benutzern, Zielen, Aufgaben, Ressourcen und Umgebung anzusehen und sie in die einzelnen Bestandteile zu zerlegen. Aber warum? Das beleuchten wir im nächsten Abschnitt im Detail.

9.1 Welche Fragen muss die Nutzungskontextanalyse beantworten?

Wenn Usability und User Experience Design ein Haus wäre, dann wäre die Nutzungskontextanalyse das Fundament. Auf den Erkenntnissen und Annahmen, die in diesem Schritt getroffen werden, ruht oftmals die gesamte Entwicklung. Falsche Annahmen können dabei das ganze Haus in sich zusammenfallen lassen, wohingegen richtige Annahmen die Basis für ein wirklich erfolgreiches Produkt bilden können.

Im Kern geht es bei der Nutzungskontextanalyse darum, die *Ist-Situation* zu verstehen. Folgt man der oben genannten Definition von Nutzungskontext, dann setzt sich diese Analyse aus folgenden Elementen zusammen:

- Nutzende (und Patienten – ergänzt für unseren Medizingeräte-Kontext. Patienten nehmen je nach Medizinprodukt eine Sonderrolle ein, da sie nicht immer das Geräts selbst bedienen, es aber an ihnen verwendet wird.)
- Ziele
- Aufgaben
- Ressourcen
- Umgebung

Hierbei bezieht sich der Begriff *Ist-Situation* allerdings nicht nur auf die Gegenwart. Uns interessiert bei der Nutzungskontextanalyse ebenfalls, wie es zu dieser Ist-Situation gekommen ist. Lassen Sie uns das erklären:

Um diese Aussage leichter zu verstehen, können Sie an Abschnitt 6.3.2, »Fragen stellen«, zurückdenken, sollten Sie ihn bereits gelesen haben. Dort hatten wir die Dimensionen von Befragungen und Beobachtungen in innere und äußere Welt sowie nach der Vergangenheit, Gegenwart und Zukunft unterschieden (siehe Abbildung 9.2).

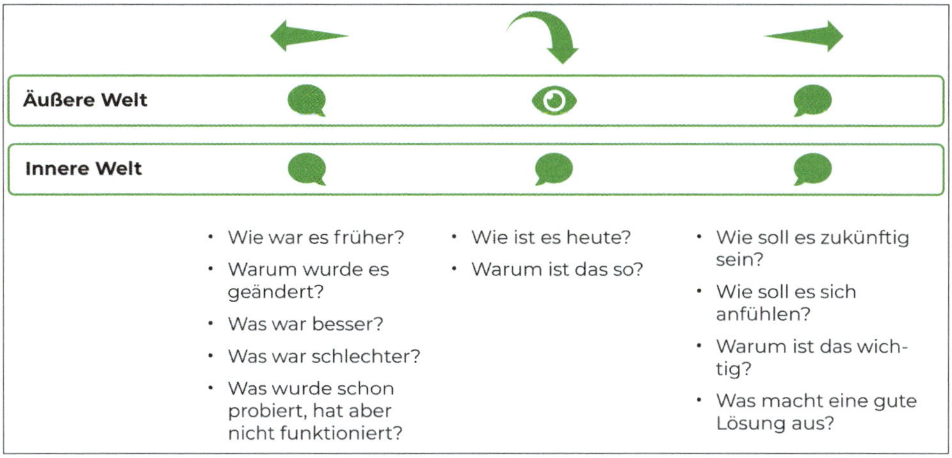

Abbildung 9.2 Fragenstruktur nach der äußeren sowie der inneren Welt sowie nach der Vergangenheit, Gegenwart und Zukunft aus Abschnitt 6.3.2. Die Grafik zeigt zusätzlich auf, was beobachtbar ist, und somit auch, welche Möglichkeiten das Fragenstellen bietet.

Auf diese Systematisierung möchten wir hier zurückgreifen. Würde man sich bei der Nutzungskontextanalyse auf die *Gegenwart* beschränken und die Ist-Situation analysieren, dann würde man Fragen beantworten wie:

- Für wen ist das Produkt gedacht?
- (Im Medizingerätebereich zusätzlich) Für welche Patientengruppe ist das Produkt gedacht?
- Welche Ziele verfolgen die Nutzenden?
- Welche Aufgaben haben sie (mit dem Produkt)?
- Welche Ressourcen stehen ihnen zur Verfügung?
- In welcher Umgebung bewegen sie sich?

Diese Fragen sind gut und wichtig, und wir werden auch gleich im weiteren Verlauf des Kapitels Methoden vorstellen, mit denen Sie genau diese Fragen für sich und Ihr Projekt beantworten können. Trotzdem möchten wir an dieser Stelle schon dazu aufrufen, auch die *Vergangenheit* als Teil der Ist-Situation zu betrachten. Damit meinen wir natürlich keine geschichtliche Betrachtung, sondern die Betrachtung aller einzelnen Punkte des Nutzungskontexts auch rückblickend. Damit ergänzen sich die Fragen folgendermaßen:

- Für wen ist das Produkt gedacht? Für wen war es in der Vergangenheit gedacht? Wie kam es zu der Änderung?
- (Im Medizingerätebereich zusätzlich) Für welche Patientengruppe ist das Produkt gedacht? Für welche Patientengruppe war das Produkt früher gedacht? Wie kam es zu der Änderung der Patientengruppe?

- Welche Ziele verfolgen die Nutzenden? Gab es früher andere Ziele? Wie kam es zur Veränderung der Ziele?
- Welche Aufgaben haben die Nutzenden (mit dem Produkt)? Wie haben sich die Aufgaben im Vergleich zu früher verändert? Wie kam es zu der Änderung?
- Welche Ressourcen stehen den Nutzenden zur Verfügung? Haben sich diese Ressourcen im Vergleich zu früher verändert? Wie kam es zu der Änderung?
- In welcher Umgebung bewegen sie sich? Wie hat sich die Umgebung im Vergleich zu früher verändert? Wie kam es zu der Änderung?

Wir hoffen, Sie verstehen, worauf wir hinauswollen. Unser Ziel bei der Nutzungskontextanalyse ist es, den Ist-Zustand zu verstehen, aber so ganzheitlich, dass wir im Nachgang auch in der Lage sind, Lösungen direkt auszuschließen, die schon einmal ausprobiert wurden und nicht in diesem Nutzungskontext funktioniert haben.

In den meisten Fällen werden Sie nämlich feststellen, dass Nutzer und Hersteller oft sehr kreativ sind und dass viele offensichtliche Lösungen, die Ihnen als »externem« Usability und User Experience Designer direkt ins Auge springen, aus bestimmten (und meistens auch sehr nachvollziehbaren) Gründen noch keinen Eingang in den Alltag der Nutzer gefunden haben.

Aber lassen Sie uns jetzt den Nutzungskontext einmal im Detail ansehen und auseinandernehmen.

9.2 Was ist überhaupt der Nutzungskontext?

Wie Sie oben bereits gelesen haben, besteht der Nutzungskontext aus vielen verschiedenen Bereichen. Wir haben die einzelnen Bereiche für Sie schon eingeführt, wollen aber in diesem Abschnitt noch einmal jeden einzelnen Bestandteil des Nutzungskontexts im Detail ansehen. Starten werden wir – wie sollte es beim Data-Driven UX Design anders sein – mit den Benutzern.

9.2.1 Die Benutzer/Nutzenden/User

Zur Erinnerung: Nutzende sind die Personen, die mit einem System, einem Produkt oder einer Dienstleistung interagieren (DIN EN ISO 9241-11 bzw. Abschnitt 2.2.4, »Nutzende/Benutzer/User«).

Wir greifen die Definition hier noch einmal auf, weil die Nutzenden ein zentrales Element in der Nutzungskontextanalyse und im kompletten Data-Driven UX Design darstellen. Wie bereits beschrieben, ist dabei wichtig zu verstehen, dass nicht nur die Personen dazu gehören, die das System, das Produkt oder die Dienstleistung verwenden. Unter diesen Begriff fallen auch diejenigen, die das System, das Produkt oder die Dienstleistung

- betreiben,
- die Ergebnisse nutzen bzw.
- den Betrieb unterstützen (inklusive Wartung und Schulung).

Alle hier beschriebenen Personen sind auf die eine oder andere Art Benutzer und erfüllen bestimmte Aufgaben mit dem System, dem Produkt oder der Dienstleistung. Da Sie als Gestalter der Lösung den Benutzern die Durchführung ihrer Aufgaben ermöglichen sollen, müssen Sie sie kennenlernen und beschreiben können. Welche Merkmale bei der Beschreibung der Benutzer hierbei wichtig sind, hängt direkt mit der Lösung zusammen, die gestaltet werden soll. Typische Merkmale, die im Rahmen einer Nutzungskontextanalyse betrachtet werden, sind:

- (im Arbeitskontext) Jobbezeichnung
- (im Arbeitskontext) Berufserfahrung
- Alter
- Bildungsstand
- Ausbildung und Weiterbildungen
- besondere Fähigkeiten (z. B. Spezialwissen oder Sprachkenntnisse)
- besondere Fertigkeiten (z. B. trainierte Abläufe im Handwerk)
- besondere physische Eigenschaften (z. B. dürfen bei der Flugsicherung nur Personen mit einer fehlerfreien Sehstärke – oder zum Angeben formuliert: mit einem perfekten Visus – arbeiten)
- besondere psychische Eigenschaften der Nutzenden (z. B. eine bestimmte Einschränkung oder besondere Begabung)
- besonderer Zustand des Nutzenden bei der Verwendung (z. B. wird etwas nur bei Nacht/Müdigkeit eingesetzt)
- ...
- Das ist eine ganze Menge. Dazu direkt zwei Disclaimer:

1. Nicht alle diese Punkte werden bei Ihnen relevant sein.
2. Die drei Punkte »...« oben deuten es an: Es kann sein, das hier noch weitere Punkte aufgenommen werden, die hier fehlen, aber in *Ihrem Projekt* besonders relevant sind.

Bevor Sie also loslegen und eine riesige Liste mit Kriterien sammeln, nehmen Sie sich bitte die Zeit zu überlegen, welche Kriterien für Sie und Ihr System, Ihr Produkt oder Ihre Dienstleistung relevant sind.

Wenn Sie sich zum Beispiel rein im privaten Umfeld bewegen, dann werden voraussichtlich weder die Berufsbezeichnung noch etwaige Sonderausbildungen Einfluss auf Ihre Lösung, Ihr Usability und User Experience Design oder Ihr Geschäftsmodell haben. Genauso unwahrscheinlich ist es für eine Anwendung, die an Unternehmen verkauft wird, relevant, welches Einkommen eine Person privat bezieht. Wie immer kann es von dieser Regelung Ausnahmen geben.

Für uns hat sich als Regel bewährt, nur die Informationen aufzunehmen und systematisch zu erheben, die tatsächlich auch für die Situation wichtig sind. In der Praxis zeigt sich nämlich, dass nicht nur das Fehlen von Informationen schlimm ist, sondern auch ein Überfluss an Informationen, aus denen wir noch die wichtigen Informationen herausfiltern müssen. Haben Sie schon einmal im Supermarkt gestanden und sich zwischen 27 Arten Toilettenpapier entscheiden müssen? Wenn ja, dann wissen Sie genau, was wir mit dem »Zuviel an Informationen« meinen.

Hier kommt natürlich Ihre Erfahrung in der User Research zum Tragen. Aber auch ohne große Erfahrung werden Sie ein Gefühl dafür haben, ob eine Information gerade wichtig erscheint oder nicht. Das Gute am Data-Driven UX Design ist ja, dass es sich um ein iteratives Vorgehen handelt. Sie werden die Nutzungskontextanalyse also noch mehrfach durchlaufen und ergänzen bzw. anpassen. Daher unser Tipp: Halten Sie sich nicht zu lange an der »vollständigen« Liste auf.

9.2.2 Die Patienten (Medizingeräte)

Da ein Teil der Beispiele aus dem Medizingerätebereich stammt und die Usability hier eine besondere Rolle spielt, möchten wir an dieser Stelle auch auf eine besondere weitere Gruppe eingehen: die Gruppe der Patienten. An sich können Sie sich Patienten natürlich genauso vorstellen wie die Benutzer, und Sie können weitestgehend auch dieselben Dimensionen verwenden, um Patienten zu beschreiben.

Patienten stellen für uns jedoch einen Sonderfall dar, da sie – je nach Medizinprodukt – nicht direkte Nutzende sein müssen, aber direkt durch das System betroffen sind. Diesen Fall gibt es natürlich auch außerhalb der Medizinproduktebranche, z. B. bei einem Passagierverwaltungssystem, das am Flughafen eingesetzt wird. Die resultierenden Auswirkungen sind bei Medizinprodukten meist jedoch ungleich gravierender, weswegen wir uns dagegen entschieden haben, Patienten als Teil der Nutzungsumgebung oder einfach als weitere Stakeholder zu betrachten. Stattdessen werden wir diese Gruppe direkt und explizit als eigenen Teil der Nutzungskontextanalyse aufführen.

Wenn Sie sich Gedanken über Patienten machen, dann sollten Sie aus unserer Sicht vor allem folgende Aspekte zusätzlich betrachten:

- Ist der Patient auch der Nutzer des Produkts?

- Ist der Patient durch seine Krankheit in einer besonderen Art und Weise systematisch eingeschränkt?
- Ist der Patient auf eine besondere Art und Weise schutzbedürftig?

Gerne möchten wir die einzelnen Punkte noch einmal im Detail durchgehen.

Ist der Patient auch der Nutzer des Produkts?

Bei der Frage »Ist der Patient auch der Nutzer des Produkts?« geht es darum, zu verstehen, ob die Bedienung des Produkts durch diesen Patienten selbst erfolgt. Wenn ja, dann können Sie Ihre Benutzerbeschreibung verwenden und nur um die weiteren Fragen ergänzen. Ein Beispiel für ein solches Produkt ist ein Blutdruckmessgerät für den Einsatz zu Hause (siehe Abbildung 9.3).

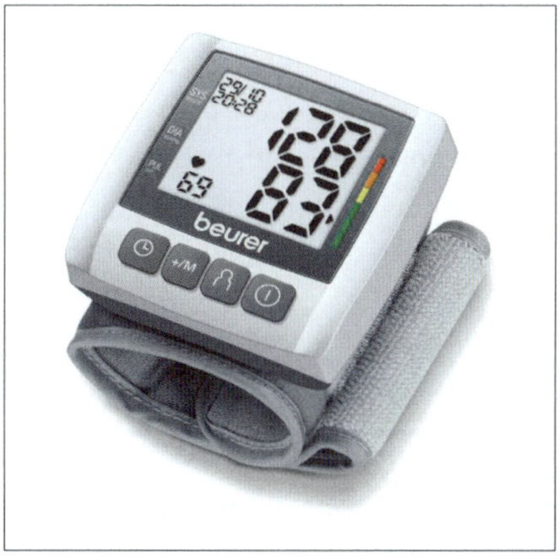

Abbildung 9.3 Blutdruckmessgerät der Firma Beurer für die Nutzung zu Hause (Quelle: https://www.beurer.com/)

Wenn Benutzer und Patient nicht identisch sind, dann ist es sinnvoll, dass Sie eine zusätzliche Beschreibung des Patienten erstellen und alle Fragen auch aus Patientensicht beantworten. Wie Sie dieses Wissen am besten dokumentieren, stellen wir Ihnen später im Abschnitt über Personas vor (siehe Abschnitt 9.4.3, »Personas und Empathy Maps«).

Ist der Patient durch seine Krankheit in einer besonderen Art und Weise systematisch eingeschränkt?

Unabhängig davon, ob Benutzer und Patient identisch sind oder nicht, sollten Sie sich auf jeden Fall Gedanken darüber machen, ob der Patient durch die Krankheit (oder durch damit einhergehende Charakteristika) in einer besonderen Art und Weise eingeschränkt ist. Gerne möchten wir diese Frage an einem Beispiel veranschaulichen.

Stellen Sie sich vor, Sie entwickeln eine Insulinpumpe, die für Diabetiker eingesetzt werden soll. Die Pumpe selbst wird zwar durch Ärzte eingestellt, jedoch am Patienten angebracht und durch den Patienten im Alltag verwendet. In diesem Fall gibt es mehrere Nutzer mit teilweise unterschiedlichen Aufgaben. Einer der Nutzer ist »zusätzlich« Patient. Es ist also sinnvoll, beide (Arzt und Patient) in der Nutzungskontextanalyse einzeln zu betrachten. Bezüglich der Einschränkung des Patienten durch die Krankheit lässt sich in diesem Fall sagen, dass Patienten mit Insulinpumpe in den meisten Fällen Typ-I-Diabetiker sind. Bei einer Diabetes-Erkrankung können eine verringerte Empfindsamkeit oder eine verschlechterte Heilung bei Verletzungen (zumindest bei schlecht eingestellten Zuckerwerten) symptomatisch sein.

Zusätzlich kommt hinzu, dass es sich bei Typ-1-Diabetes um eine Autoimmunerkrankung handelt und dass diese häufig schon in jungen Jahren (bei Kindern und Jugendlichen) auftritt. Auch hieraus ergeben sich Anforderungen an Ihr Produkt, auch wenn diese keine direkten Auswirkungen der Krankheit selbst sind. Aufgrund der Tatsache, dass es sich teilweise um Kinder handelt, müssen Sie davon ausgehen, dass die motorischen Fähigkeiten (z. B. Geschicklichkeit und Kraft) geringer sind und die Kinder noch nicht oder nur schlecht lesen können. Die Möglichkeiten, die Sie hier also haben, um Ihre Patienten zu leiten, weichen deutlich von denen bei erwachsenen Patienten ab.

Ob diese Besonderheiten für Ihr Produkt wichtig sind, müssen Sie im Einzelfall abschätzen. Das können Sie jedoch nur dann erfolgreich tun, wenn Sie über die Besonderheiten informiert sind. Gerade im Medizinproduktebereich sollten Sie sich also vorher ein Gesamtbild machen, um entscheiden zu können, was Sie beachten müssen und was nicht.

Ist der Patient auf eine besondere Art und Weise schutzbedürftig?

Die letzte Frage betrifft die Schutzbedürftigkeit. Natürlich können auch Benutzer außerhalb des Medizinbereichs schutzbedürftig sein, Sie dürfen die Frage also auch sehr gern in Ihren allgemeinen Fundus aufnehmen. Beispielsweise haben wir im letzten Abschnitt bereits Kinder als Nutzer angesprochen. Diese gelten oft als eine besonders schutzbedürftige Gruppe.

Zurück zu den Patienten und Medizinprodukten: Aufgrund der Besonderheit von Medizinprodukten, dass diese vornehmlich zur Diagnose oder Behandlung von Krankheiten eingesetzt werden, kommt es recht häufig vor, dass Medizinprodukte an Personen zur Anwendung kommen, die selbst weniger Möglichkeiten haben, sich eigenständig zu schützen.

Hier würden wir uns freuen, wenn Sie diese Schutzbedürftigkeit anerkennen und bei Ihrer späteren Gestaltung Rücksicht auf sie nehmen.

9.2.3 Die Aufgabe

Folgt man der DIN EN ISO 9241-11:2018, dann ist eine *Aufgabe* ein

> *»Satz an Aktivitäten, die durchgeführt werden, um ein bestimmtes Ziel zu erreichen«.*

Die *Aufgabe* und das *Ziel* hängen also direkt zusammen und sind miteinander verbunden. Die Aufgabe ist die schrittweise Umsetzung der Ziele.

Die Aufgaben und die Ziele eines Benutzers zu verstehen, ist ein Kernaspekt der Nutzungskontextanalyse. Hierbei ist es oft gar nicht so einfach, die Aufgaben und Ziele zu identifizieren. Das hat mehrere Ursachen:

1. Oft haben Benutzer *mehrere Aufgaben und Ziele*, sodass es von außen teilweise schwerfällt, die Grenzen, Übergänge, Gemeinsamkeiten oder Hintergründe der einzelnen Aufgabenbearbeitungen zu verstehen.
2. Die Aufgaben sind in ihrer Durchführung durch die *Werkzeuge* geprägt, die den Nutzenden dafür zur Verfügung stehen. Denken Sie hier bitte an ein Telefonbuch. Bei der Verwendung eines Telefonbuchs ist die Aufgabe typischerweise nicht, eine bestimmte Nummer zu suchen. Das Ziel ist eigentlich, beispielsweise Kontakt mit einer bestimmten Person aufzunehmen. Die Suche im Telefonbuch wird nur notwendig, weil das aktuelle Werkzeug so funktioniert. Die Trennung von Aufgabe und Werkzeug ist also eine Herausforderung. Hier können Sie im Nachgang die Aufgaben- oder Task-Analyse (siehe Abschnitt 9.4, »Analytische Methoden der Nutzungskontextanalyse«) einsetzen, um zwischen Aufgaben und einzelnen Handlungsschritten zu unterscheiden und damit lösungsneutraler zu werden.
3. Teile der Aufgabe sind nicht sichtbar, da es sich um *Wahrnehmungsaufgaben* (z. B. das Ablesen eines Kennwerts) oder um *kognitive Aufgaben* (z. B. eine Entscheidung treffen) handeln kann, die trotzdem ein Kernelement der Aufgabe sind. Hier ist es wichtig, ein Gesamtverständnis von der Aufgabe zu erlangen, damit eine Neugestaltung auch tatsächlich erfolgreich umgesetzt werden kann.

Aufgaben stehen aber normalerweise nicht unverbunden im Raum, sondern haben einen *Auslöser*. Dieser Auslöser ist für gewöhnlich in den Zielen der Person verortet, die ebenfalls Teil des Nutzungskontexts sind und die wir uns im kommenden Abschnitt ansehen.

9.2.4 Die Ziele

Laut der DIN EN ISO 9241-11:2018 ist ein *Ziel* ein *»angestrebtes Ergebnis«*. Damit passt der Begriff Ziel sehr gut zu der Idee des Fortschritts aus der *Jobs-Theorie*. Die Jobs-Theorie von Clayton M. Christensen und Kollegen (2017) geht davon aus, dass Produkte, die in das Leben eines Menschen treten, das machen, weil sie damit »beauftragt« werden, einen bestimmten Fortschritt zu ermöglichen. Christensen definiert ein Ziel oder – wie er sagt – einen »Job« als:

»den Fortschritt, den eine Person unter bestimmten Umständen erzielen will«

Gemäß der Jobs-Theorie existieren Ziele oftmals auf verschiedenen Ebenen (siehe auch Abschnitt 6.2.1, »Aufgaben- und Zielexpertise vs. Gestaltungsexpertise«, in dem wir die Jobs-Theorie bereits eingeführt haben). Das ist in Bezug auf die Nutzungskontextanalyse relevant, da wir hier ja die Ziele der Benutzer und Stakeholder identifizieren wollen. Lassen Sie uns daher das Konzept der *Ebenen gemäß der Jobs-Theorie* noch einmal genauer unter die Lupe nehmen:

Die Ebenen eines Ziels

Wenn wir von Zielen sprechen, dann haben die meisten Menschen direkt im Kopf, dass ein Ziel etwas ist, das man erledigen oder erreichen muss – also dass dieses Ziel in irgendeiner Form sichtbar und beobachtbar ist. Tatsächlich trifft das auch für die meisten Ziele zu.

Trotzdem ist es nicht ausreichend, sich nur über diese funktionalen Ziele des Benutzers Gedanken zu machen, wenn Sie versuchen, ein erfolgreiches und gut designtes Produkt zu entwickeln. Tatsächlich haben wir die Erfahrung gemacht, dass die wenigsten Produkte scheitern, weil sie die funktionale Ebene nicht sinnvoll bedienen, sondern weil sie auf einer der anderen Ebenen patzen. Die Ziele, mit denen Benutzer (oder Kunden) ein Produkt beauftragen, können auf einer von drei Ebenen liegen:

- auf der funktionalen Ebene
- auf der sozialen Ebene
- auf der emotionalen Ebene

Da wir die Ebenen bereits in Abschnitt 6.2.1, »Aufgaben- und Zielexpertise vs. Gestaltungsexpertise«, ausführlich eingeführt haben, folgt hier nur die Zusammenfassung, die Sie für das Verständnis dieses Abschnitts brauchen: Die *funktionale Ebene* beschreibt tatsächlich das, was getan werden muss. Bei der *sozialen Ebene* geht es hingegen um die Frage, wie man selbst von anderen Personen wahrgenommen werden möchte und wie man mit anderen interagiert. Betrachtet man die *emotionale Ebene*, geht es um die Frage, wie wir uns fühlen möchten.

Ein plakatives Beispiel

Wir nutzen in diesem Abschnitt ein sehr plakatives Beispiel, um die verschiedenen Ebenen des Ziels und die daraus resultierenden Herausforderungen der Nutzungskontextanalyse noch klarer zu machen: Stellen Sie sich bitte vor, Sie wären verheiratet und in wenigen Tagen hätten Sie Hochzeitstag. Leider haben Sie noch kein Geschenk.

Wenn es ausschließlich um die funktionale Ebene Ihres Ziels (Geschenk besorgen) gehen würde, dann könnten Sie jetzt einfach in den nächstbesten Laden marschieren und ein paar Socken für Ihre Partnerin oder Ihren Partner besorgen. Wahrscheinlich werden Sie uns aber recht geben, dass das nicht das beste Geschenk wäre, das Sie zum Hochzeitstag mitbringen können. Dass das so ist, liegt an der sozialen und der emotionalen Ebene Ihres Jobs (Geschenk besorgen).

Sie benötigen nämlich nicht nur irgendein Geschenk, sondern Sie benötigen ein Geschenk, das Ihrer Partnerin oder Ihrem Partner zeigt, dass Sie sie sehr gut kennen, wirklich schätzen und sich viele Gedanken gemacht haben (soziale Ebene). Zusätzlich möchten Sie mit diesem unglaublich durchdachten Geschenk wahrscheinlich sicherstellen, dass auch Ihre Partnerin oder Ihr Partner sehr glücklich ist und sich über das Geschenk freut, was Ihnen die Sicherheit und Entspannung gibt, die Sie benötigen, um beruhigt auf den nächsten Hochzeitstag zuzugehen (emotionale Ebene).

Wenn Sie jetzt von einem Dritten gefragt werden, was Sie gerade tun, dann würden Sie in einem ersten Anlauf wahrscheinlich einfach sagen: »Ich suche ein Hochzeitsgeschenk aus.« Das Ziel im Rahmen der Nutzungskontextanalyse vollständig zu erfassen, ist also gar nicht so leicht, weil mit der Offenlegung der Ziele auch eine gewisse Verletzlichkeit einhergeht.

Wahrscheinlich wird es nach diesem Beispiel aber auch viel leichter nachzuvollziehen, wieso manche Lösungen zwar von außen gut zu passen scheinen, aber vehement abgelehnt werden. Erfahrungsgemäß unterstützen diese Lösungen dann zwar die Erreichung des funktionalen Ziels, über das offen gesprochen wird, verfehlen aber Ziele auf der sozialen und emotionalen Ebene. Konflikte hier sind schwerer aufzudecken und schwerer zu lösen, weil die wahren Hintergründe nicht leicht ersichtlich sind. Sie aufzudecken stellt jedoch die Basis dar, um überhaupt sinnvolle Lösungen entwickeln zu können.

9.2.5 Die Ressourcen

Ein weiterer Aspekt, der bei der Analyse des Nutzungskontexts Beachtung finden sollte, ist die Analyse bestehender Ressourcen, die Nutzer zur Verfügung haben. In Bezug auf die Nutzungskontextanalyse unterteilen wir den Bereich Ressourcen daher in *Hardware*, *Software*, *Material* und *Informationen*. Anzumerken ist, dass die Einteilung in die verschiedenen Kategorien keine exakte Wissenschaft ist. Sie soll für Sie lediglich eine Arbeitshilfe darstellen.

Bei der Nutzungskontextanalyse bzw. genauer gesagt bei der Analyse der für den Nutzer verfügbaren Ressourcen sind die Kategorien Hardware, Software sowie Material meist sehr einfach zu identifizieren, da sie sichtbar sind. Nach der in Abschnitt 6.3.1, »Beobachten« eingeführten Betrachtungsweise liegen sie in der *äußeren Welt* des Nutzers. Die Kategorie »Informationen« hingegen ist oft nur indirekt identifizierbar. Das liegt daran, dass Informationen oft Teil der *inneren Welt* des Nutzers sind.

Gehen wir die einzelnen Kategorien noch einmal detailliert mit Beispielen durch.

Hardware

Unter Hardware verstehen wir alle Arbeitsmittel, die mit einem direkten Bezug zur Aufgabe oder zu den Zielen der Benutzer eingesetzt werden.

Wenn Sie im Team von *MoveHub* wären und eine Nutzungskontextanalyse an einem Bahnhof durchführen würden, dann wären zum Beispiel Fahrplanaushänge eine Form von Hardware. Im weiteren Sinne könnten auch Fahrkartenautomaten eine Form von Hardware sein, obwohl dort natürlich eine Software läuft. Hier kommt es zu der bereits angesprochenen unscharfen Einteilung. Wir könnten den Fahrkartenautomaten sowohl als Hardware wie auch als Software oder sogar als beides klassifizieren. In der Praxis schauen wir, worauf der Fokus bei der betreffenden Aufgabe liegt.

Für MoveHub würden wir den Fahrkartenautomaten als Hardware klassifizieren, da die Software für die Nutzenden vorgegeben ist. Sie gehört zum Gerät und ist damit zumindest für die Nutzenden fest verbunden. Zusätzlich können die Nutzenden mit der Fahrkartensoftware auch nichts anderes machen.

Könnten die Nutzenden eigene Software aufspielen oder mit der Software noch andere Aufgaben erledigen, dann würden wir diesen Teil eher in die Kategorie Software schieben. Bei einem PC mit verschiedenen Anwendungen würden wir den PC beispielsweise als Hardware aufnehmen und die verschiedenen Anwendungen würden in den Bereich Software fallen.

Software

Unter Software fallen, allgemein betrachtet, alle Arten von Anwendungen, die für die Aufgabe oder zum Erreichen der Ziele eingesetzt werden. Dabei ist es erst einmal unerheblich, ob die Software im Anschluss auf einem PC, einem Tablet, einem Smartphone, einer Smartwatch oder auf einer intelligenten Brille läuft. Die notwendige Hardware dazu würden wir aber natürlich bei der Hardware aufführen, mit einem Link zu der auf ihr verwendeten Software.

Auch hier lässt sich wieder diskutieren, und auch hier würde man von uns die gleiche Antwort bekommen: Es geht nicht darum, dass Sie eine felsenfeste Einteilung in die verschiedenen Kategorien bereitstellen können, sondern dass Sie die Landkarte kennen, in die sich Ihr Produkt später einfügen muss. Wenn Sie für Ihr Projekt herausfinden, dass andere Kategorien oder Einteilungen besser funktionieren, dann nehmen Sie gerne diese.

Material

Neben Hardware und Software betrachten wir noch den Bereich Material. Unter *Material* fassen wir alle diejenigen Dinge zusammen, die zwar für die Aufgabe und Ziele notwendig sind, die aber nicht dauerhaft, sondern einmalig oder nur wenige Male verwendet werden, bevor sie gegen neue Dinge ausgetauscht werden. Typisch hierfür könnten sein: Papier und Stifte oder im Medizinbereich zum Beispiel Handschuhe und Verbände.

Informationen

Der letzte, große und wichtige Bereich der Ressourcen ist unserer Meinung nach der Bereich der Informationen. Informationen können auf unterschiedlichstem Wege bereitgestellt werden und sind in den anderen Kategorien zumindest teilweise enthalten. So werden bestimmte Hardwareprodukte (wie eben die Fahrplanaushänge) oder Softwareprodukte (z. B. ein Patientenmanagementprogramm) hauptsächlich Informationen bereitstellen. Neben den bereits dokumentierten Informationen gibt es jedoch auch immer wieder Informationen, die mündlich übergeben werden, aber trotzdem entscheidend für die Aufgabe und die Ziele sind.

Beispielsweise würden Sie bei einer Nutzungskontextanalyse eines Geldautomaten feststellen, dass außer der Hardware und der Software (Geldautomat, Geldkarte) und dem Material (als solches könnte man einen Überweisungsträger oder auch Geldscheine klassifizieren) noch etwas eine Rolle spielt: die geheime PIN. Ohne diese Information ist die Aufgabenbearbeitung nicht möglich.

Wir führen Informationen aber auch deswegen getrennt auf, weil Ihnen das Wissen über die benötigten Informationen ermöglicht, auch vollkommen neue und andere Lösungen zu schaffen.

Beim Beispiel *MoveHub* hängt die Verwendung eines Fahrplanaushangs nicht an der Hardware selbst, sondern an der damit bereitgestellten Information. Wenn Sie es also schaffen, die gleiche Information auf eine andere Art bereitzustellen, dann kann es Ihnen durchaus gelingen, dadurch ein neues Produkt zu platzieren.

Ein Beispiel aus dem privaten Umfeld, bei dem dieser Wechselprozess wahrscheinlich ziemlich deutlich wird, ist das *Telefonbuch*. Als wir jünger waren, war es ein wichtiges Ereignis im Jahr, rechtzeitig bei der Post im Ort vorbeizugehen, um noch eines der Telefonbücher zu ergattern. Heute ist es ehrlich gesagt für uns schon schwer festzustellen, wann wir überhaupt das letzte Mal bei der Post vor Ort waren. Über die Benutzung eines Telefonbuchs müssen wir gar nicht mehr reden. Erst wurde das Telefonbuch abgelöst von den *Gelben Seiten* und *Suchmaschinen* im Internet, inzwischen verfügen aber immer weniger Personen überhaupt über einen Festnetzanschluss, sodass die Information selbst an Wert verliert. An diese Stelle sind inzwischen *soziale Netzwerke* wie Facebook (schon fast nicht mehr), Instagram oder LinkedIn getreten, die dabei unterstützen, den Kontakt auf andere Art und Weise aufrechtzuerhalten oder aufzunehmen.

Was Sie also mitnehmen sollten, ist die Erkenntnis, dass die Informationen, die für die Aufgabe oder die Ziele benötigt werden, oftmals gleich sind, die Art und Weise, wie diese umgesetzt oder bereitgestellt werden, sich im Laufe der Zeit jedoch stark ändern kann. Aus unserer Sicht ist die Identifikation der notwendigen Informationen für eine Aufgabe tatsächlich das Kernelement beim Bestimmen der Ressourcen.

9.2.6 Die Umgebung

Das letzte Element des Nutzungskontexts ist die Umgebung. Die Umgebung lässt sich wieder unterteilen in die Bereiche *physische*, *soziale* und *organisatorische bzw. regulatorische Umgebung*.

Physische Umgebung

Unter den Begriff *physische Umgebung* fallen auf der einen Seite Aspekte wie Abmessungen von Räumen, Abstände zwischen Gegenständen, aber auch Themen wie Temperatur, Luftfeuchtigkeit, Beleuchtung und die Umgebungslautstärke. Außerdem sollte unterschieden werden, ob die Produkte drinnen oder draußen eingesetzt werden. Alle diese Entscheidungen haben einen großen Einfluss auf die Auswahl der Technik, aber auch auf das Usability und User Experience Design. Zum Beispiel müsste bei einem draußen eingesetzten Produkt unter Umständen die Bedienung mit Handschuhen möglich sein oder auch die Bedienung trotz starken Regens.

Soziale Umgebung

Die Frage, ob ein Produkt drinnen oder draußen eingesetzt wird, hängt indirekt auch mit der sozialen Umgebung des Produkts zusammen. Die *soziale Umgebung* beschreibt, ob ein Produkt alleine oder mit anderen Personen gemeinsam verwendet wird und ob die Personen, mit denen es gegebenenfalls gemeinsam eingesetzt wird, Bekannte oder Fremde sind. Dabei kann es sich sowohl um eine Co-Nutzung handeln (also um die tatsächliche Nutzung des Produkts gemeinsam mit mehreren Personen) als auch um eine Nutzung in Anwesenheit anderer.

Bei der Nutzung der Produkte in Anwesenheit anderer werden plötzlich zusätzliche Themen wie beispielsweise Privatsphäre oder Geheimhaltung relevant. Bei einem Fahrkartenautomaten wird das vielleicht noch nicht so deutlich bzw. wichtig. Bei der angesprochenen Verwendung eines Geldautomaten dafür aber umso mehr. Obwohl der Geldautomat im öffentlichen Raum angebracht ist, müssen Sie sicherstellen, dass jeder Benutzer in der Lage ist, die Interaktion mit dem Gerät sicher und privat durchzuführen, ohne dass alle Umstehenden seine PIN erfahren.

Organisatorische bzw. regulatorische Umgebung

Zusätzlich betrachten wir häufig noch die *organisatorische* oder regulatorische Umgebung der Benutzer mit. Unter *regulatorischer Umgebung* versteht man die Gesamtheit aller geltenden Regeln, die durch die Nutzenden beachtet werden müssen. Das können beispielsweise Gesetze, Normen oder Unternehmensprozesse sein. Im privaten Umfeld ist zumindest der regulatorische Aspekt meistens weitgehend zu vernachlässigen. Im beruflichen Umfeld spielen beide jedoch oft eine entscheidende Rolle. Die Betrachtung des organisatorischen und regulatorischen Umfelds sollte dabei vor allem folgende Fragen klären:

- Was ist erlaubt?
- Was ist erwünscht?
- Was ist unerwünscht?
- Was ist verboten?

Die Kenntnis der organisatorischen und regulatorischen Umgebung setzt den Rahmen, in dem Sie sich später daranmachen können, die Nutzerprobleme zu lösen und neue Wege für die Erledigung der Aufgaben sowie für das Erreichen der Ziele zu setzen. Alles, was außerhalb des organisatorischen und regulatorischen Rahmens liegt, ist natürlich denkbar, aber hat einen deutlich längeren Umsetzungszeitraum und höhere Hürden.

Ein Beispiel dafür ist die Einführung von autonomen Fahrzeugen. Schon vor 15 Jahren haben wir an der Erforschung und Entwicklung von (teil-)autonomen Fahrzeugen gearbeitet. Zu diesem Zeitpunkt durften aber Prototypen noch nicht auf öffentlichen Straßen fahren. Das schränkt die Möglichkeiten für die Lösung, aber auch für die Lösungsentwicklung ein. Wir haben uns zu dem damaligen Zeitpunkt mit geschlossenen Teststrecken beholfen. Automobilbauer haben sich ebenfalls auf Teststrecken verlassen und Testmöglichkeiten in Kalifornien geschaffen, wo auch das Fahren im Straßenverkehr rechtlich erlaubt war (und ist).

Wie Sie sehen, bedeutet das nicht zwangsläufig, dass Sie etwas nicht tun sollten. Es bedeutet aber auf jeden Fall, dass Sie sich vorher bewusst für diesen Weg entschieden haben und wissen, dass Sie einen langen Atem brauchen werden. Dieses Wissen erhalten Sie durch die Nutzungskontextanalyse.

9.2.7 Risiko, Häufigkeit und Fazit

Die Nutzungskontextanalyse ist fundamental wichtig für die nachfolgenden Aktivitäten des Data-Driven UX Design-Prozesses. Sie ist gleichzeitig aber auch vielschichtig und mitunter komplex. Leisten Sie in diesem Schritt sehr gute Arbeit, dann gehen die weiteren Schritte aber deutlich leichter von der Hand.

In diesem Zusammenhang möchten wir noch auf einen Punkt hinweisen, den wir bereits in Abschnitt 5.2.2, »Kurzüberblick über den Data-Driven UX Design-Prozess«, diskutiert haben: die *Risikobetrachtung*. Eine starke Nutzungskontextanalyse ermöglicht Ihnen, sehr genau zu verstehen, in welchen Bedienaufgaben Risiken für Fehlbedienungen lauern.

Zudem verstehen Sie die *Häufigkeiten einzelner Aufgaben* für die Praxis der Nutzer. Auch diese Informationen helfen Ihnen, die nächsten Schritte des Data-Driven UX Designs zu steuern. Wie bereits an anderen Stellen erwähnt (siehe z. B. Abschnitt 5.2.4, »Nutzungsanforderungen ableiten und dokumentieren«), gehen wir zunächst die Bedienvorgänge mit hohem Risiko an. Anschließend gestalten wir die Bedienvorgänge, die zwar nicht mit einem hohen Risiko verbunden sind, aber häufig vorkommen. Zuletzt widmen wir uns den »restlichen« Bedienvorgängen (wenig Risiko und selten genutzt).

Die Daten aus der Nutzungskontextanalyse helfen Ihnen also doppelt. Sie können ein besseres Produkt entwickeln und Sie können die Entwicklung selbst effizienter steuern. Schauen wir uns im nächsten Abschnitt daher im Detail an, wie eine Nutzungskontextanalyse durchgeführt werden kann.

9.3 Methoden der Nutzungskontextanalyse

Sie wissen jetzt, was der Nutzungskontext ist und wie er sich zusammensetzt. Sie wissen jetzt auch, wie wichtig der Nutzungskontext bzw. die ausführliche Erfassung des Nutzungskontexts für Ihre Produktentwicklung ist. Wir hoffen, Sie haben außerdem die Erkenntnis mitgenommen, dass Sie bei Weitem nicht alle Informationen benötigen, sondern immer entscheiden müssen, was für Ihr System, Ihr Produkt, Ihre Dienstleistung wirklich wichtig ist. Was aber weiterhin offengeblieben ist, ist die Frage, wie Sie an alle diese Informationen kommen. Hierzu werden wir Ihnen in diesem Abschnitt verschiedene Methoden vorstellen, mit denen Sie den Nutzungskontext systematisch untersuchen und die Ergebnisse dokumentieren können:

- Sekundärforschung/Desk Research
- Feldbeobachtung
- Interview/Jobs-to-be-done
- Gruppendiskussionen/Fokusgruppen
- Quantitative Befragung/Fragebögen
- Contextual Inquiry
- Analyse quantitativer Nutzungsdaten

- Webtracking/Klickanalyse
- Ticket- und Feedback-Analyse

Wir werden Ihnen außerdem in Abschnitt 9.4 Methoden vorstellen, mit denen Sie die gewonnenen Daten aufbereiten und verständlich darstellen können. Dazu gehören die folgenden Methoden:

- Task-Analyse/Aufgabenanalyse
- User bzw. Customer Journey Mapping/Touchpoint-Analyse
- Personas und Empathy Maps

Los geht es mit der Sekundärforschung und der Desk Research.

9.3.1 Sekundärforschung/Desk Research

Die Statistik-Webseite *Statista* (*https://de.statista.com/*) geht davon aus, dass sich das Volumen der jährlich generierten digitalen Datenmenge weltweit von 33 Zettabyte im Jahr 2018 auf 175 Zettabyte im Jahr 2025 erhöhen wird (statista.de 2021). Um ehrlich zu sein: Wir können uns diese Zahl (eine 1 mit 21 Nullen) nicht einmal sinnvoll vorstellen. Wofür diese abstrus große Zahl aber gut ist, ist Folgendes:

- Wir wollen Ihnen klarmachen, dass die Menge an verfügbaren Informationen jährlich extrem steigt und dass es noch nie so einfach war wie jetzt, kostengünstig an (gute) Informationen zu kommen.
- Wir wollen Ihnen direkt ein Beispiel dafür geben, wie Sekundärforschung aussehen kann.

Wir empfehlen Ihnen, jedes Data-Driven UX Design-Projekt mit einer Art Sekundärforschung zu beginnen. Dadurch ermöglichen Sie sich einen schnellen Überblick über das bestehende Wissen und decken schneller Wissenslücken auf, die Sie im Anschluss durch Einsatz weiterer Methoden in Ihrer eigenen Nutzungskontextanalyse schließen können.

Sekundärforschung ist keine feststehende Methode, die immer dem gleichen Ablauf folgt, sondern bezieht sich ausschließlich auf die Frage, ob Sie selbst Befragungen, Beobachtungen, Gruppendiskussionen oder Ähnliches durchführen oder ob Sie auf Daten zurückgreifen, die von anderen erstellt wurden. Je nachdem, in welchem Umfeld Sie persönlich unterwegs sind, können dies entweder Daten sein, die in Ihrem Unternehmen bereits vorhanden sind, oder Daten, die von Externen bereitgestellt werden. Beispiele für typische interne Unternehmensdaten könnten sein:

- Daten zu Umsatz- oder Absatzstatistiken
- Informationen aus der Kostenrechnung
- Ergebnisse aus früher durchgeführten Marktforschungen

Hieraus können Sie ableiten, welche Ihrer Bestandsprodukte besonders beliebt sind, wie sich die Beliebtheit der Produkte im Laufe der Zeit verändert hat, welche Kundengruppen Sie haben und wie sich diese im Laufe der Zeit verändert haben. Sie können aber auch Erkenntnisse darüber erlangen, wie wirtschaftlich Ihre einzelnen Produkte sind oder welche Wettbewerbsvorteile Sie im Vergleich zur Konkurrenz nach Meinung Ihrer Kunden hatten. Je mehr Daten Ihr Unternehmen hat und je besser diese aufbereitet sind, umso kleiner und spitzer wird die Wissenslücke, die Sie im Anschluss noch füllen müssen.

Für alle Daten, die intern im Unternehmen nicht vorliegen, können weitere externe Datenquellen zwecks Sekundärforschung herangezogen werden. Ein wichtiger Baustein dafür sind statistische Daten, die zum Beispiel das Statistische Bundesamt bereitstellt oder die durch Markt- und Meinungsforscher erhoben und in regelmäßigen Reports bekannt gemacht werden. Statistische Daten können Ihnen helfen, Marktgrößen, Gesamtumsätze oder gesellschaftliche Trends besser zu verstehen.

Des Weiteren bieten sich Interessens- und Berufsverbände sowie Versicherer und öffentliche Träger als Anlaufstellen an. Für gewöhnlich verfügen die genannten Akteure über umfangreiche Daten ihrer Mitglieder und veröffentlichen diese Erkenntnisse in regelmäßigen Branchenreports oder Whitepapern.

Je nach Themengebiet, in dem Sie unterwegs sind, kann aber auch die Recherche nach Patenten oder neuen Technologien sinnvoll sein, oder Sie könnten bei passenden Fachkongressen die Inhalte der Vorträge prüfen. Genauso wichtig könnten Zeitschriften und Newsletter, Doktorarbeiten und andere Abschlussarbeiten oder Fachbücher sein. Die Liste an möglichen Informationsquellen ist dabei nahezu unendlich. Und glaubt man Statista.de, dann nimmt sie jeden Tag rapide weiter zu. Das führt uns direkt zur nächsten Herausforderung: der Aufbereitung der Daten aus der Sekundärforschung.

Die *Aufbereitung der Daten aus der Sekundärforschung* kann auf unterschiedlichen Wegen erfolgen. Wie Sie die Daten aufbereiten und weiterverwenden, hängt wieder von Ihrer Zielsetzung ab. Ein erster sinnvoller Schritt ist auf jeden Fall das Anfertigen eines Rechercheprotokolls (siehe Abbildung 9.4), in dem Sie – zum Beispiel in Form einer digitalen Tabelle – zu jeder gefundenen Quelle den Fundort, den Autor, das Datum sowie die Kernerkenntnisse aus der Quelle dokumentieren.

Damit Sie die Tabelle nach Lust und Laune umsortieren können, aber trotzdem eine eindeutige Referenz haben, ist es unserer Erfahrung nach sinnvoll, außerdem noch eine Quellennummer einzufügen.

Auf diese Art und Weise stellen Sie schon einmal sicher, dass Sie im Nachgang keine Quelle vergessen, aber auch keine Inhalte doppelt recherchieren, die Sie schon einmal gefunden haben.

Quellen-nummer	Kategorie	Autor	Datum	Quelle	Erkenntnis
1	Patient	Max Lange	19.04.2022	www.beispiel.de	Erkenntnis 1
1	Umgebung	Max Lange	19.04.2022	www.beispiel.de	Erkentniss 2
1	Besucher	Max Lange	19.04.2022	www.beispiel.de	Erkenntnis 3
2	Ziele	M. Neumann & J. Richter	13.05.2020	www.beispiel.de	Erkenntnis 4+5
3	Ziele	Max Mustermann	13.05.2020	www.beispiel.de	Erkenntnis 6
4	Aufgabe	C. Fischer	03.02.2019	www.beispiel.de	Erkenntnis 7-9
4	Ressourcen	C. Fischer	03.02.2019	www.beispiel.de	Erkenntnis 10
4	Patient	C. Fischer	03.02.2019	www.beispiel.de	Erkenntnis 11
5	Umgebung	M. Becker, K. Bauer und N. Schneider	10.09.2021	www.beispiel.de	Erkenntnis 12+13
5	Besucher	M. Becker, K. Bauer und N. Schneider	10.09.2021	www.beispiel.de	Erkenntnis 14
6	Besucher	Werner Keller	29.04.2017	www.beispiel.de	Erkenntnis 15

Abbildung 9.4 Einfaches Rechercheprotokoll für die Sekundärforschung

Um einen Überblick über das Gesamtbild zu erhalten, eignet sich das Rechercheprotokoll jedoch nur bedingt. Ein erster Schritt dazu kann sein, das Rechercheprotokoll um die Spalte »Kategorie« zu ergänzen, um eine Sortierung zu ermöglichen. Hier könnten Sie zum Beispiel die einzelnen Bereiche des Nutzungskontexts (Benutzer, Patient, Aufgabe, Ziele, Ressourcen und Umgebung) nutzen, im besten Fall natürlich schon fein säuberlich aufgeteilt in die Untergruppen.

Wenn Sie eher visuell arbeiten möchten, kann es helfen, auf Basis der Vorgruppierung eine Mindmap mit den wichtigsten Inhalten zu erstellen. Die Mindmap ist eine grafische Darstellungsweise, die die Zusammengehörigkeit der verschiedenen Inhalte einfach darstellt und damit die Diskussion mit anderen Personen (z. B. Stakeholdern) stark vereinfacht. Eine Beispiel-Mindmap zum Nutzungskontext sehen Sie in Abbildung 9.5.

Damit Sie die Komplexität der Mindmap so gering wie möglich halten und später trotzdem noch prüfen können, ob alle relevanten Informationen in der Mindmap enthalten sind, empfehlen wir Ihnen, jeden Eintrag in der Mindmap mit der Nummer der Quelle aus der Tabelle zu versehen. So können Sie bei Fragen oder Unsicherheiten später problemlos herausfinden, aus welcher Quelle die Information stammt, und gegebenenfalls noch einmal nachlesen, wenn Unklarheiten bestehen.

Sobald Sie diese Mindmap vor sich haben, werden Ihnen schon direkt Punkte ins Auge springen, zu denen Sie noch keine oder nur wenige Informationen aus der Sekundärforschung erhalten haben. Das erkennen Sie daran, dass Sie – wenn Sie mit der Mindmap der Struktur der Bereiche des Nutzungskontexts folgen – vielleicht einzelne Knoten in der Mindmap haben, an denen noch keine Informationen oder nur wenige Informationen hängen. So bekommen Sie schon rein visuell einen guten Überblick über den aktuellen Stand und können sich gezielt auf die Suche nach Informationen machen, mit denen Sie die Mindmap ergänzen können.

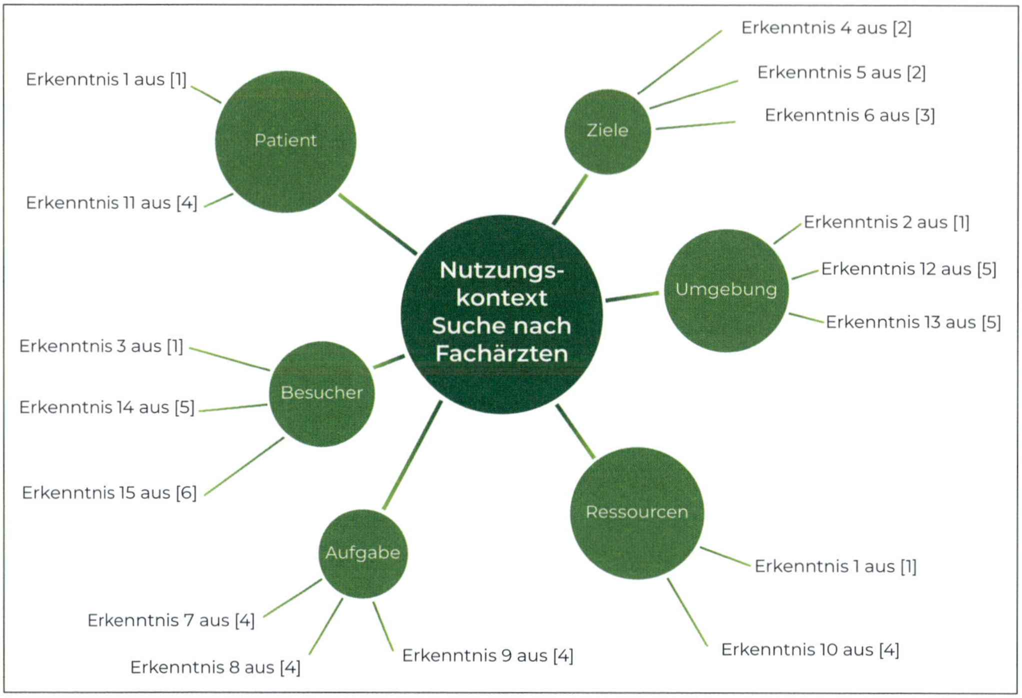

Abbildung 9.5 Beispiel-Mindmap zur Aufbereitung von Rechercheergebnissen aus der Sekundärforschung

Damit verfolgt die Sekundärforschung aus unserer Sicht mehrere Ziele parallel:

1. Sie stellen einfach fest, wo tatsächlich noch offene Fragen sind und deshalb eine eigene Durchführung von Studien unabdingbar ist.
2. Sie lernen den Problembereich besser kennen, in dem Sie sich mit Ihrem System bewegen.
3. Sie bilden vielleicht sogar neue Annahmen oder festigen bzw. verwerfen eigene Annahmen, die Sie vorab getroffen haben.

Vor- und Nachteile

Die Vorteile der Sekundärforschung liegen deutlich auf der Hand:

- Durch die Nutzung von vorhandenen Daten wird die Einarbeitung in ein Thema deutlich erleichtert.

- Die Kosten werden reduziert, da Studien nicht selbst durchgeführt werden müssen.
- Die Sicherheit in der Entscheidungsfindung wird erhöht, weil mehr Wissen vorhanden ist.

Leider sind die Nachteile der Sekundärforschung genauso offensichtlich wie die Vorteile:

- Die vorhandenen Daten sind oft von allgemeiner Natur oder treffen nicht genau die eigene Fragestellung.
- Die Qualität der Daten kann nur indirekt erhoben werden, weil die Rohdaten für gewöhnlich nicht zugänglich sind und nur die interpretierten Daten zur Verfügung stehen.
- Die Daten stehen auch allen anderen Personen zur Verfügung, sodass der Besitz des Wissens keinen Wettbewerbsvorteil darstellt. Allerdings liegt die Interpretation der Daten nur in Ihrer Hand.
- Die Daten aus der Sekundärforschung können veraltet sein.

Tipps im Umgang mit Sekundärforschung

Wenn Sie mit Sekundärforschung arbeiten, gibt es einige Punkte, die Sie bei der Auswahl der Quellen berücksichtigen sollten. Wichtig ist Folgendes:

- Prüfen Sie die Aktualität der Daten. Bis Studien in Fachzeitschriften veröffentlicht werden, vergehen meistens ein bis zwei Jahre. Überlegen Sie daher, ob die Daten auch jetzt noch passen.
- Prüfen Sie, ob die Fragestellung tatsächlich mit Ihrer Fragestellung so deckungsgleich ist, dass die Ergebnisse übertragen werden können. Achten Sie dabei auch auf den Kontext, in dem die Daten gewonnen wurden. Der Kontext kann dabei die Personen, die Kultur, aber auch organisatorische und gesetzliche Rahmenbedingungen einschließen.
- Prüfen Sie, ob die angewandte Methodik geeignet ist, um tatsächlich Aussagen treffen zu können. Hierbei sollten Sie unterscheiden zwischen explorativen Studien, bei denen Zusammenhänge zufällig entdeckt werden, und Studien, die gezielt vermutete Zusammenhänge prüfen. Letztere haben für gewöhnlich eine höhere Aussagekraft.
- Versuchen Sie, bei der Auswahl der Studien und Literatur auf sogenannte Peer-reviewed-Journals zu achten. Das sind Fachzeitschriften, die sich zu einem eigenen Qualitätsstandard verpflichtet haben. Um diesen Standard einzuhalten, werden die Beiträge vor Veröffentlichung von anderen Wissenschaftlern gelesen. Dadurch erhalten Sie mehr Sicherheit, dass die Methodik und Auswertung von mehreren Experten als wertvoll angesehen werden.

Tabelle 9.1 zeigt in Form eines »Steckbriefs« eine kurze Beschreibung dieser Methode sowie ihre Vor- und Nachteile.

Steckbrief: Sekundärforschung	
Kurzbeschreibung	Unter Sekundärforschung versteht man die Nutzung von bestehendem Material, vorhandenen Informationen und bereits durchgeführten Studien, um eine eigene Fragestellung zu beantworten.
Vorteile	▸ Durch die Nutzung von vorhandenen Daten wird die Einarbeitung in ein Thema deutlich erleichtert. ▸ Die Kosten werden reduziert, da Studien nicht selbst durchgeführt werden müssen. ▸ Die Sicherheit in der Entscheidungsfindung wird erhöht, weil mehr Wissen vorhanden ist.
Nachteile	▸ Die vorhandenen Daten sind oft von allgemeiner Natur oder treffen nicht genau die eigene Fragestellung. ▸ Die Qualität der Daten kann nur indirekt erhoben werden, weil die Rohdaten für gewöhnlich nicht zugänglich sind und nur die interpretierten Daten zur Verfügung stehen. ▸ Die Daten stehen auch allen anderen Personen zur Verfügung, sodass der Besitz des Wissens keinen Wettbewerbsvorteil darstellt. ▸ Die Daten aus der Sekundärforschung können veraltet sein.

Tabelle 9.1 Steckbrief der Methode »Sekundärforschung«

9.3.2 Feldbeobachtung

Für alles, was nicht aus der Sekundärforschung kommt, muss die Primärforschung her. Eine der grundlegendsten Methoden, um für eine Nutzungskontextanalyse Daten zu erhalten, ist die Feldbeobachtung.

Bei der *Feldbeobachtung* geht es darum, dass Sie sich vor Ort in dem Nutzungsumfeld bewegen, in dem das Produkt, das System oder die Dienstleitung später zur Anwendung kommt, oder – wenn das noch unklar ist – an den Ort, an dem das Problem zu beobachten ist, das Sie lösen möchten.

Bei der Methode Feldbeobachtung ist der Name Programm. Sie interagieren also – wenn Sie die Methode perfekt nach Lehrbuch ausführen – überhaupt nicht mit den beobachteten Personen, sondern bleiben ausschließlich passiver Beobachter. Ob Sie diese Beobachtung direkt (persönlich vor Ort) oder indirekt (per Video), offen (die beobachteten Personen wissen, dass sie beobachtet werden) oder verdeckt (die beobachteten Personen wissen *nicht*, dass sie beobachtet werden) durchführen, hängt dann wieder stark vom Umfeld ab und von der Rechtslage.

Generell können bei der Feldbeobachtung verschiedene Aspekte im Fokus stehen (vgl. Abschnitt 6.3.1, »Beobachten«):

1. Sie können Personen beobachten.
2. Sie können Prozesse beobachten.
3. Sie können Umgebungen beobachten.

In den meisten Fällen werden Sie bei einer Feldbeobachtung immer eine Mischung dieser drei Beobachtungsinhalte haben. Je nach Fragestellung werden Sie jedoch einen anderen Fokus setzen.

Stellen Sie sich zum Beispiel vor, Sie wären einer der *MoveHub*-Gründer und hätten zum Ziel, Personen aus ländlichen Regionen, die regelmäßig in Städte pendeln, einen besseren Überblick über die vorhandenen Verkehrsmittel zu verschaffen. Da Sie eine sehr spezielle Zielgruppe haben, könnte Ihre erste Feldbeobachtung sich darauf fokussieren, Personen beim Pendeln zu beobachten. Damit würde der Fokus auf dem Pendler selbst liegen. Um eine Feldbeobachtung durchzuführen, könnten unsere Gründer Patrick, Svenja und Lars sich zum Beispiel am örtlichen Bahnhof platzieren, und jeder könnte einer Person folgen, die einen Zug in Richtung der nächstmöglichen Stadt nimmt.

Beim Beispiel *BusinessBooster* hingegen geht es um die Verwaltung von Kontakten und Verkaufsprozessen. In die Anbahnung von Angeboten und die Abwicklung von Verkäufen sind für gewöhnlich mehrere Personen und Abteilungen involviert. Eine einzelne Person zu beobachten, wäre in diesem Fall also nicht ausreichend. Die Feldbeobachtung wäre hier also personenübergreifend und würde vielleicht den Servicemitarbeiter, den Berater und die Kraft im Backoffice umfassen. Hier steht dann die Beobachtung des Prozesses im Fokus. Bei der Feldbeobachtung könnte zum Beispiel Herr Meier beobachten, was passiert, wenn bei einem seiner Kunden ein Anruf eingeht, wie die Kontaktdaten des Anrufers aufgenommen werden, wie die Angebotsabsprache stattfindet und wie das Angebot erstellt und übermittelt wird.

Liegt der Fokus auf der Umgebung – zum Beispiel, wenn für *Healthyfy* das Treiben in einer Arztpraxis detailliert erfasst werden soll –, dann würden Sie in der Feldbeobachtung darauf Bezug nehmen. Ihr Beobachtungsfokus wäre dann eben das, was alles so in der Arztpraxis passiert.

Vereinfacht gesagt, beschreibt der Fokus der Feldbeobachtung, wem Sie folgen (siehe Abbildung 9.6):

1. Bei der Beobachtung einer bestimmten Person »verfolgen« Sie diese Person – manchmal wird dieser Ansatz auch *Shadowing* genannt.

2. Bei der Beobachtung eines Prozesses »verfolgen« Sie die Aufgabe, auch über mehrere Personen, Systeme, Übergaben hinweg.
3. Bei der Beobachtung einer Umgebung sind Sie für gewöhnlich statisch und bleiben an Ort und Stelle, ohne sich wegzubewegen. Diese Art der Beobachtung wird gelegentlich auch als *Fly-on-the-Wall-Methode* bezeichnet (z. B. in Dark Horse Innovation 2016).

Abbildung 9.6 Drei verschiedene Feldbeobachtungen mit unterschiedlichem Fokus. Beobachten Sie die Umgebung oder folgen Sie einer Person bzw. einem Prozess?

Die Auswertung einer Feldbeobachtung kann – je nachdem, ob Sie Videos oder Fotos aufnehmen dürfen – im Nachgang oder direkt während der Beobachtung geschehen. Um die Auswertung möglichst effizient zu machen, empfehlen wir Ihnen folgendes Vorgehen:

1. Legen Sie basierend auf Ihren Forschungszielen fest, was der Fokus Ihrer Beobachtung sein soll (Person, Prozess, Umgebung).
2. Legen Sie für sich fest, was genau Sie beobachten möchten (also welche Personen, welchen Prozess oder welche Umgebung).
3. Wenn Sie schon eine Idee haben, überlegen Sie sich vorab Kategorien, mit denen Sie Ihre Beobachtungen dokumentieren können (in der Arztpraxis zum Beispiel: Empfang, Telefonannahme, Anamnese, Untersuchung, Pausen). Achtung: Das Festlegen von Kategorien birgt die Gefahr, alles zu vernachlässigen, was nicht in diese Kategorien passt.
4. Entscheiden Sie, welche Informationen Sie zu den jeweiligen Tätigkeiten benötigen (z. B. Häufigkeit, Dauer, Uhrzeit, ausführende Person, Reihenfolge).
5. Sorgen Sie für Platz für Notizen – egal wie viele Gedanken Sie sich vorab machen, Sie werden nie alle Verhaltensweisen vorhersehen können. Sonst bräuchten Sie ja keine Feldbeobachtung.

In der einfachsten Form haben Sie diese Informationen als Tabelle aufbereitet und sind mit Papier und Stift bewaffnet vor Ort. Die Live-Dokumentation der Daten hat den Vorteil, dass Sie direkt im Anschluss an die Durchführung eine Übersicht über die Inhalte haben und damit die Auswertung schneller beginnen können. Nachteilig ist jedoch, dass Sie Dinge nicht noch einmal in Ruhe ansehen können oder noch einmal prüfen können, ob Sie die Abläufe auch wirklich korrekt protokolliert haben. Dadurch kann es gerade in hektischen Umgebungen oder bei komplexen Prozessen zu Fehlern kommen.

Vor allem dann, wenn Sie noch wenig Erfahrung in der Feldbeobachtung haben oder wenn Sie eine komplexe Tätigkeit gestalten wollen, raten wir Ihnen – so weit es rechtlich zulässig ist – zu einer Dokumentation auf Video, um die notwendige Sorgfalt bei der Auswertung aufbringen zu können.

Die Methode *Feldbeobachtung* selbst beinhaltet keine Vorgabe zur Auswertung, sondern beschreibt nur, wo und wie Sie an echte Daten gelangen: nämlich durch Beobachtung von Personen, Prozessen oder Umgebungen in dem echten Anwendungskontext. Eine typische Methode, die Daten aus einer Feldbeobachtung auszuwerten, ist die *Task-Analyse*, bei der die gesamte Nutzeraufgabe in einzelne Teilschritte zerlegt wird und diese Teilschritte im Anschluss einzeln betrachtet werden.

Wir werden die Task-Analyse in Abschnitt 9.4 im Detail betrachten. Generell bedeutet das allerdings, dass Sie sich die kompletten Daten erneut ansehen müssen, um den Prozess korrekt zu dokumentieren. Das macht den Einsatz von Feldbeobachtungen sehr aufwendig und die Auswertung umfangreich.

Vor- und Nachteile

Die Vorteile der Feldbeobachtung sind vielfältig und groß. Die wichtigsten sind:

- Sie sehen, wie die Abläufe tatsächlich sind.
- Sie erhalten Informationen zu Aspekten, die den Personen nicht bewusst sind, aber trotzdem Einfluss auf das Handeln haben.
- Sie erhalten uninterpretierte/objektive Daten.
- Sie bekommen Informationen über den Nutzungskontext.

Mit diesen Vorteilen ist die Feldbeobachtung eine wirklich starke Methode, um Informationen über den Nutzungskontext zu sammeln. Leider hat der Einsatz einer Feldbeobachtung auch einige Nachteile, die Sie vorab unbedingt bedenken sollten:

- Manche Nutzungskontexte lassen sich aufgrund von Zugangsproblemen (private Umgebung, Firmengelände) schwer beobachten.
- Wenn Sie eine Feldbeobachtung videogestützt durchführen, müssen Sie sich vorab um das Thema Datenschutz kümmern.

- Die Sammlung und Auswertung der Daten kann sehr zeitaufwendig werden, wenn die Beobachtung objektiv bleiben soll und nicht gut vorbereitet ist.
- Sie erhalten keine Hintergründe zum Verhalten der Personen, da nur beobachtet wird. (Zum Beispiel bleiben die Motive der Personen meist verborgen, da diese nicht direkt beobachtbar sind.)
- Die direkte Feldbeobachtung (Sie sind vor Ort) ist aufgrund des hohen Aufwands schwer skalierbar. Dadurch kommt es häufig zu geringen Beobachtungszahlen, was die Daten weniger allgemeingültig und schlechter übertragbar macht.

Tabelle 9.2 zeigt den Steckbrief dieser Methode.

Steckbrief: Feldbeobachtung	
Kurzbeschreibung	Beobachtung von Personen, Prozessen und Umgebungen im realen Nutzungsumfeld zur Gewinnung von Daten über die Verwendung von Lösungen oder den Umgang mit bestimmten Problemstellungen und Aufgaben.
Vorteile	► Sie sehen, wie die Abläufe tatsächlich sind. ► Sie erhalten Informationen zu Aspekten, die den Personen nicht bewusst sind, aber trotzdem Einfluss auf ihr Handeln haben. ► Sie erhalten nichtinterpretierte/objektive Daten. ► Sie bekommen Informationen über den Nutzungskontext.
Nachteil	► Manche Nutzungskontexte lassen sich aufgrund von Zugangsproblemen (private Umgebung, Firmengelände) nur schwer beobachten. ► Wenn Sie eine Feldbeobachtung videogestützt machen, müssen Sie sich vorab um das Thema Datenschutz kümmern. ► Die Sammlung und die Auswertung der Daten sind sehr zeitaufwendig, wenn sie objektiv bleiben sollen. ► Sie erhalten keine Hintergründe zum Verhalten der Personen.

Tabelle 9.2 Steckbrief der Methode »Feldbeobachtung«

Tipps im Umgang mit Feldbeobachtungen

- Achten Sie bei der Durchführung von Feldbeobachtungen auf den rechtlichen Rahmen. Da Sie unter Umständen Videoaufnahmen von Personen anfertigen, müssen Sie sich mit dem Thema Datenschutz vertraut machen. Insbesondere kann es hier im betrieblichen Kontext zu Problemen kommen, da eine Videoaufzeichnung auch zur Leistungsbeurteilung verwendet werden kann. Vor allem in größeren Unternehmen empfehlen wir Ihnen, die geplanten Feldbeobachtungen deswegen mit dem Betriebsrat abzustimmen, falls es einen gibt.

- Die Auswertung von Feldbeobachtungen kann sehr aufwendig sein, wenn Sie die Beobachtung vorab nicht gut strukturieren. Sie erleichtern sich die Arbeit deutlich, wenn Sie bereits vorab überlegen, welche Situationen in der Feldbeobachtung auftreten könnten, und diese in Ihrem Beobachtungsbogen voreintragen. Dadurch müssen Sie im Anschluss nur noch »ankreuzen«, was passiert ist, aber keine Texte und Beschreibungen mehr anfertigen.
- Wenn Sie planen, den Ablauf der Aufgabe im Anschluss darzustellen, empfehlen wir Ihnen, ein System zur Dokumentation zu verwenden, das die Reihenfolgen der Tätigkeiten direkt sichtbar macht. Dazu könnten Sie zum Beispiel, anstatt nur die Häufigkeit der einzelnen Tätigkeiten durch Striche zu notieren, anhand von Zahlen die Reihenfolge angeben.

9.3.3 Interview/Jobs-to-be-done

Das Gegenteil von Feldbeobachtungen sind Interviews. Anstatt passiv zu beobachten und nicht mit den Teilnehmern zur interagieren, ist steht hinter Interviews die Idee, in den direkten Austausch mit den Nutzern zu treten und durch Fragen mehr über den Nutzer, seine Aufgaben und Ziele zu lernen (siehe Abbildung 9.7).

Abbildung 9.7 Interviewsituation

Wenn Sie einen Blick in die Fachliteratur werfen, dann werden Sie schnell feststellen, dass es verschiedene Formen von Interviews gibt (Renner & Jacob, 2020). Die wahrscheinlich am häufigsten genannten Formen sind:

- strukturiertes Interview
- semi-strukturiertes bzw. halbstrukturiertes Interview
- nichtstrukturiertes Interview

Wenn wir in diesem Abschnitt von *Interview* sprechen, dann meinen wir immer die Durchführung von *qualitativen Interviews*, die offen und semi-strukturiert sind, wobei die Auswertung im Bereich Usability und User Experience Design oft eine Mischung aus analytisch-interpretativ und quantifizierend ist.

Mit anderen Worten: Qualitative Interviews haben zum Ziel, Daten zu generieren, die Sie interpretieren und aus denen Sie lernen können. Qualitative Interviews sind damit oft explorierend mit dem Ziel, neues Wissen zu entdecken, eine Thematik besser zu verstehen und Ihnen die Möglichkeit zu geben, sich in das Problem einzudenken und einzufühlen. Damit erhalten Sie die Möglichkeit, Annahmen zu entwickeln und Hypothesen zu formulieren, die Sie im Anschluss testen können.

Nach Berekoven et al. (2009) liegt der Hauptanwendungsbereich von qualitativen Interviews dort, wo die Anpassung an die Individualität bzw. der Aufbau einer Vertrauensbeziehung notwendig ist, um durch die angepasste Formulierung und Frageabfolge die Chancen zu verbessern, »auch halb bewusste und heikle Probleme« anzusprechen. Im Gegensatz zu beobachtenden Methoden geht es in Interviews inhaltlich vor allem um die Identifikation der Motive, Einstellungen und Beweggründe der teilnehmenden Person – also um all die Aspekte, für deren Preisgabe Vertrauen wichtig ist und die nicht direkt beobachtbar sind.

Planung der Interviews – die Struktur des Befragungsleitfadens

Wir empfehlen Ihnen, bei der Planung von Interviews erst einmal damit zu beginnen, dass Sie sich überlegen: »Was möchte ich gelernt haben, wenn die Interviews vorbei sind?« Auf dieser Basis erstellen Sie Ihren Befragungsleitfaden.

Bei uns wird ein Befragungsleitfaden anhand von zwei Dimensionen strukturiert:

1. anhand des Detailgrads
2. anhand der Zeit

Sie können sich den Leitfaden dabei wie eine Art Trichter vorstellen, bei dem die Fragen breit beginnen und dann zunehmend verengt werden. Die Dimension *Zeit* kann auf verschiedene Art und Weise in den Trichter eingebracht werden. Generell berücksichtigen wir in der Befragung die Gegenwart, die Vergangenheit und die Zukunft. In den meisten Fällen bewegen wir uns dazu schrittweise durch den Trichter.

Sie könnten also allgemein mit der Frage einsteigen, wie es heute ist. Dann gehen Sie zu Fragen über, die erfassen, wie es früher allgemein war, um dann damit zu enden, dass Sie fragen, wie es allgemein in der Zukunft sein sollte. Anschließend rutschen Sie ein Stück den Trichter hinunter und werden detaillierter. Starten Sie dann wieder mit Fragen zu der Gegenwart, gehen Sie zur Vergangenheit über und schließen Sie mit Fragen für die Zukunft das Interview ab (siehe Abbildung 9.8).

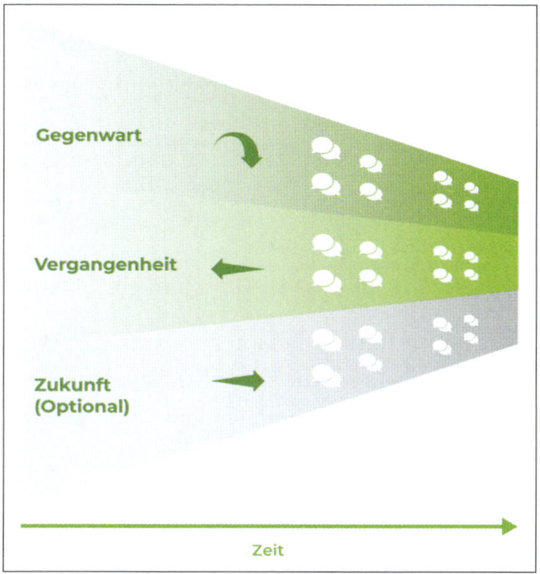

Abbildung 9.8 Befragungsleitfaden als Trichter. Je tiefer Sie in den Trichter vordringen, umso detaillierter werden die Fragen.

Die Fragen für die Zukunft sind unserer Meinung nach dabei optional und sollten in der Regel nur einen kleinen Teil der Interviewzeit beanspruchen. Für die Nutzungskontextanalyse raten wir Ihnen, den Fokus auf das Verständnis der Ist-Situation sowie auf die Aufgaben und Ziele zu legen.

Dieses Schema für die Erstellung eines Befragungsleitfadens können Sie auf alle Interviews anwenden, die Sie im Bereich Usability und User Experience führen. Die genauen Inhalte des Befragungsleitfadens hängen dabei stark von dem Moment in der Entwicklung ab, an dem Sie sich befinden. Wir stellen Ihnen die Methode *Interview* im Rahmen des Nutzungskontexts vor und gehen deshalb für die Beispielfragen davon aus, dass Sie gerade daran interessiert sind, den Nutzungskontext, also die Aufgaben und Ziele Ihrer Nutzer, zu verstehen.

Wenn Sie zu einem späteren Zeitpunkt der Entwicklung Interviews einsetzen, dann würden Sie gegebenenfalls mit anderen Fragen starten und schon deutlich detaillierter beginnen. Ein Hinweis an Sie: Auch wenn wir im Data-Driven UX Design-Prozess schon weiter fortgeschritten sind, versuchen wir bei jedem Nutzerkontakt, die Grundidee des Systems, Produkts bzw. der Dienstleistung noch einmal zu hinterfragen, um sicherzustellen, dass die Entwicklung auf soliden Füßen steht.

Planung der Interviews – mögliche Fragen

Bei der Erstellung von Befragungsleitfäden für die Nutzungskontextanalyse beginnen wir immer mit der Befragung zu dem allgemeinen, übergeordneten Thema. Dabei geht es noch nicht um die Diskussion über zukünftige Produktfeatures oder neue Interface-Details, die erst im kommenden Produkt wichtig werden. Für den Einstieg in das Interview empfehlen wir Ihnen, den Fokus auf die Feststellung des Ist-Zustandes zu legen. Unser Ziel ist es, zu verstehen, ob das Problem, das wir für den Nutzer lösen wollen, tatsächlich existiert und wie der Nutzer heute damit umgeht. Typische Fragen, die wir dazu stellen könnten, wären:

- Wie gehen Sie aktuell vor, wenn Sie ... [Problem einsetzen]?
- Erzählen Sie mir bitte einmal von dem letzten Mal, dass Sie [Problem einsetzen].

Von hier aus beginnen wir, den Entscheidungsraum der Person zu verstehen. Dazu gehört auf der einen Seite ein Verständnis dafür, wie gut die aktuelle Lösung aus Nutzersicht ist, aber auch ein Verständnis dafür, aus welchen Gründen diese Lösung gewählt wurde. Fragen, die Sie einsetzen könnten, wären:

- Wie gut funktioniert Ihr aktueller Weg, [Problem] zu lösen, für Sie?
- Wie geht es Ihnen mit der Lösung?
- Was daran ist aus Ihrer Sicht gut?
- Was daran ist aus Ihrer Sicht weniger gut?
- Wie kam es, dass Sie sich entschieden haben, [Problem] so zu lösen?
- Haben Sie das schon immer so gemacht?
- Was haben Sie in der Vergangenheit anders gemacht?
- Wie kam es, dass Sie sich entschieden haben, das nicht mehr so zu machen?
- Weitere Fragen und Fragetechniken können Sie in Abschnitt 6.3.2 nachlesen.

Durch diese Art der Fragen erhalten Sie einen guten Überblick über die Einschätzung der aktuellen Situation aus Nutzersicht, aber Sie erfahren vor allem auch, was schon probiert wurde, was nicht funktioniert hat und warum es nicht funktioniert hat. Das hilft Ihnen, Stolperfallen bei der Gestaltung neuer Produkte zu vermeiden.

Wie Sie an den Fragen sehen können, sprechen wir auf einer recht allgemeinen Ebene über die Situation (Detailgrad = niedrig) und springen dann von der Gegenwart (»Wie machen Sie das gerade?«) in die Vergangenheit (»Wie war es früher?«).

Die Zukunft haben wir noch nicht drin, sie könnte aber eingebracht werden. Da Nutzer zwar über Aufgaben- und Zielexpertise verfügen, meist aber nicht über Gestaltungsexpertise (zur Unterscheidung der Expertisen siehe Abschnitt 6.2.1), raten wir dazu, Zukunftsfragen auch eher allgemein zu halten und nicht auf einer Detail-/Interfaceebene zu diskutieren. Natürlich gibt es Fälle, in denen auch Gestaltungsvorschläge durch die Nutzenden eingebracht werden können. Ob das in Ihrem konkreten Fall so ist, sollten Sie individuell anhand der Zielgruppe beurteilen.

Eine mögliche Frage wäre zum Beispiel: »Stellen Sie sich vor, Sie hätten einen Zauberstab und könnten alles genau so ändern, wie Sie es wollen. Wie würden Sie [Problem] zukünftig lösen?«

Dabei geht es in erster Linie nicht darum, brauchbare Hinweise auf die Umsetzung zu erhalten, sondern darum, das Idealbild des Nutzers zu verstehen und daraus dann selbstständig Entscheidungen für die Entwicklung zu treffen.

Im Anschluss nähern wir uns schrittweise den einzelnen Aspekten und befragen die Nutzenden zu einzelnen Aufgaben und Arbeitsschritten, bis wir irgendwann auf der Detailebene angekommen sind. Der Leitfaden stellt dabei das Grundgerüst für die Interviews dar. Wir empfehlen Ihnen trotzdem, die Interviews nur als semi-strukturierte Interviews zu planen, sodass Sie während der Durchführung der Interviews an jeder Stelle Fragen ergänzen können, die nicht im Leitfaden stehen, aber zielführend für die Erfassung des Nutzungskontexts, der Ziele und Aufgaben sind.

Die Vorbereitung der Durchführung und die Durchführung selbst

Sollten Sie noch nie ein Interview durchgeführt haben, empfiehlt es sich, die Durchführung vorher einige Male zu üben. Ihr Ziel sollte sein, bei der Durchführung vollkommen neutral und interessiert zu sein, so wie ein Forscher es wäre. Denken Sie daran: Sie wollen Wissen sammeln und stellen daher Fragen. Sie wollen nicht (zumindest nicht in dieser Situation) erklären, erzählen oder sich loben lassen.

Außerdem hilft Ihnen die Probedurchführung dabei, ein Gefühl für den Zeitbedarf des Interviews zu bekommen. Das ist wichtig, damit Sie Ihren späteren Teilnehmern vorab mitteilen können, wie viel Zeit sie investieren müssen. Das Probeinterview können Sie dabei mit der tatsächlichen Zielgruppe durchführen. Sollten Sie nach der Probedurchführung das Gefühl haben, dass das Interview noch nicht gut geführt war und die Ergebnisse dadurch beeinträchtigt wurden, dann nutzen Sie sie nicht.

Damit Ihre Interviews zu einem vollen Erfolg werden, sind neben den richtigen Fragen auch noch die richtigen Interviewteilnehmer wichtig. Auch wenn Sie Ihren Fokus noch nicht perfekt definiert haben, haben Sie an dieser Stelle vielleicht schon eine Idee davon, mit wem Sie sprechen müssten. Überlegen Sie sich an dieser Stelle: »Was macht eine Person aus, die mir helfen kann zu lernen, was ich lernen will?« Woran erkennen Sie eine Person mit diesen Eigenschaften? Wir erstellen an dieser Stelle tatsächlich einen sogenannten *Screener*. Darunter verstehen wir ein Dokument, das alle Fragen enthält, anhand derer wir entscheiden können, ob wir mit der richtigen Person sprechen oder nicht (siehe Abbildung 9.9).

Screener UX-Test
Nutzung privater E-Mail
DATUM

Allgemeine Merkmale

1. Bitte teilen Sie mir Ihr Geschlecht mit:

- ☐ weiblich → möglichst N=7 (+1)
- ☐ männlich → möglichst N=7 (+1)

2. Darf ich Sie fragen, wie alt Sie sind?

- ☐ Unter 16 Jahre → Abbruch!
- ☐ 16-30 Jahre → N=5
- ☐ 31-50 Jahre → N=5
- ☐ 51-70 Jahre → N=5
- ☐ 71 Jahre und älter → Abbruch!
- ☐ Genaues Alter? ______ Jahre

3. Mit welchem Gerät rufen Sie Ihre privaten E-Mails hauptsächlich ab?

- ☐ Computer/Laptop → Abbruch!
- ☐ iPhone → Alle
- ☐ iPad → Abbruch!
- ☐ Android-Smartphone → Abbruch!
- ☐ Android-Tablet → Alle
- ☐ Sonstiges: ______________

4. Wie häufig nutzen Sie Ihre private E-Mail-Adresse?

- ☐ Mehrmals pro Tag → Alle
- ☐ Einmal pro Tag → Alle
- ☐ Mehrmals pro Woche (mind. 3x/Woche) → Abbruch!
- ☐ Einmal pro Woche → Abbruch!
- ☐ Mehrmals pro Woche → Abbruch!
- ☐ Einmal pro Monat → Abbruch!
- ☐ Seltener als einmal pro Monat → Abbruch!

Abbildung 9.9 Beispiel für einen Screener (Auszug)

Diese Fragen stellen wir der Person dann vor Beginn des Interviews, um zu entscheiden, ob sie ein möglicher Gesprächspartner ist. Sie müssen nicht zwangsweise einen Screener erstellen, aber Sie sollten sicher sein, dass Sie mit den richtigen Personen sprechen. Wenn Sie Interviews mit den falschen Personen führen, dann laufen Sie Gefahr, sich mit Ihren Ideen und Entwicklungen auf eine falsche Fährte zu begeben.

Nachdem Sie festgelegt haben, mit wem Sie sprechen möchten und was Sie fragen wollen, geht es auch schon direkt los. Jetzt gilt es nur noch, die Interviews nach Leitfaden durchzuführen und alle Antworten angemessen zu dokumentieren. Für die Durchführung verweisen wir Sie an dieser Stelle auf Abschnitt 6.3.3, »Zuhören«. Dort haben wir verschiedene Tipps zum Thema *aktives Zuhören* zusammengestellt.

Eine *angemessene Dokumentation* bedeutet für uns normalerweise, dass wir die Interviews auf Video oder Tonband aufnehmen, um auch im Nachgang eine Auswertung in Ruhe durchführen zu können. Wenn das bei Ihnen nicht funktionieren sollte, dann empfehlen wir, die Interviews mit zwei Personen durchzuführen. Eine Person führt dann das Interview und die andere Person legt den Fokus auf die Dokumentation. Sollte auch das nicht möglich sein, dann sollten Sie sich ein System überlegen, mit dem Sie so viel wie möglich direkt mitnotieren können. Egal welche Form von Dokumentation Sie nutzen, bitte versuchen Sie, das zu dokumentieren bzw. zu notieren, was tatsächlich gesagt wurde, und nicht das, was Sie daraus interpretiert haben. Die Interpretation können Sie im Nachgang vornehmen.

Noch ein Wort zur Durchführung: Natürlich ist es möglich, die meisten Interviews auch remote durchzuführen. Wenn Sie ausschließlich eine Befragung ohne Beobachtung planen, dann kann ein sehr guter Interviewer annähernd die gleiche Informationsmenge remote erfragen, wie dies persönlich der Fall ist. Ganz vergleichbar sind beide Formate leider nicht, da durch die Verzögerung bzw. die fehlende Sicht auf die ganze Person das »Einschwingen« aufeinander oft erschwert ist und das Gespräch sich teilweise weniger natürlich anfühlt als bei einem persönlichen Treffen. Dem können Sie zu weiten Teilen entgegenwirken, wenn Sie remote Interviews ausschließlich mit Kamera führen: Sie sehen also die Person, die interviewt wird, werden aber auch von ihr gesehen.

Bitte bedenken Sie hierbei allerdings, dass die Beschränkung auf »Personen mit Webcam« schon eine Eingrenzung der Zielgruppe auf »digitalere« Personen vorwegnimmt und es zu Unterschieden zu der Kernzielgruppe kommen kann. Das ist umso gravierender, je weniger digital die Gruppe ist, die Sie eigentlich später mit Ihrem System, Ihrem Produkt oder Ihrer Dienstleistung ansprechen möchten.

Die Auswertung

Im Anschluss an die Interviews führen wir die Auswertung der Daten durch. In den meisten Fällen nutzen wir dazu eine Tabelle und dokumentieren alle Antworten, indem wir pro Zeile eine Frage eintragen und pro Spalte einen Teilnehmer (siehe Abbildung 9.10).

	Teilnehmer 1	Teilnehmer 2	Teilnehmer 3
Frage 1			
Frage 2			
Frage 3			
Frage 4			
Frage 5			
Frage 6			
Frage 7			
Frage 8			
Frage 9			
Frage 10			
Frage 11			

Abbildung 9.10 Beispiel einer Auswertungstabelle für Interviews

So wird es für uns sehr leicht möglich, Gemeinsamkeiten und Unterschiede in den Antworten zu entdecken. Das geht noch besser, wenn Sie mit Farben arbeiten und bestimmten Inhalten eine Farbe zuweisen. Dann können Sie schon auf einen Blick eine schnelle Übersicht der Antworten bekommen.

Ob Sie die Auswertung digital (z. B. mit Excel oder einem anderen Tabellenkalkulationsprogramm) oder auf Papier durchführen, bleibt dabei ganz Ihnen überlassen. Wenn Sie das analoge Arbeiten bevorzugen, können Sie mit Haftnotizen arbeiten und jedem einzelnen Teilnehmer oder jedem Thema eine Farbe zu weisen. Wir entscheiden uns in den meisten Fällen für die digitale Dokumentation. Der Grund dafür ist, dass Daten damit leichter geteilt und leichter aufgehoben werden können. Das ist vor allem deshalb interessant, weil es regelmäßig vorkommt, dass zu einem späteren Zeitpunkt der Entwicklung Informationen ergänzt werden müssen.

Die Ergebnisse der Interviews geben Ihnen Aufschluss über den Nutzungskontext der Person: Welche Ziele, Aufgaben, Probleme hat die Person aktuell?

Die Aufbereitung und die Dokumentation der Ergebnisse können auf viele verschiedene Arten und Weisen erfolgen. Die einfachste Möglichkeit ist wahrscheinlich, zu jeder Frage die gegebenen Antworten zusammenzufassen. Dann würden Sie zum Beispiel die Frage darstellen und darunter alle Antworten aufzählen, vielleicht sogar mit der Anzahl der Nennungen. Gleichzeitig ist diese Art der Ergebnisdarstellung oft nur bedingt hilfreich, da sie zwar die Fakten enthält, die Interpretation aber dem Leser überlässt. Wir empfehlen Ihnen, verschiedene Fragen zu Themenblöcken zusammenzufassen und eine Interpretation der Ergebnisse als Fazit zu dokumentieren – zusätzlich zu den Rohdaten (die Originalantworten aus den Interviews), die Sie hoffentlich sowieso aufheben. Damit beschleunigen Sie die Nutzung der Daten deutlich und müssen nicht immer wieder in die Daten zurückgehen.

Ein Beispiel dafür wäre es, wenn Sie, anstatt einfach die Antworten aufzuzählen, einen oder mehrere zusammenfassende Sätze zu einer Frage schreiben würden. Das könnte so klingen: »Den Befragten gemeinsam ist, dass sie besonders großen Wert auf die Wahlfreiheit bei den zu verwendenden Produkten legen. Die Auswahlkriterien unterscheiden sich zwischen den Befragten jedoch deutlich. Die wichtigsten Kriterien sind der Preis und die Verfügbarkeit.«

Noch einfacher können Sie es machen, wenn Sie nicht nur eine Frage interpretieren, sondern verschiedene ähnliche Fragen zu einem Themenblock zusammenfassen. Die Auswertung der Interviews ist ein kritischer Schritt in der Verwendung der Daten. Neben der oben dargestellten Möglichkeit zur Auswertung können Sie auch weitere Auswertungsverfahren wie zum Beispiel die *Kategorisierung*, *Clusterung* oder die *Inhaltsanalyse* wählen. Wenn Sie mehr über die qualitative Auswertung von Interviews erfahren möchten, dann können wir Ihnen die folgenden Bücher empfehlen: »Handbuch Qualitative Forschung in der Psychologie« (Mey & Mruck, 2020) und »Qualitative Inhaltsanalyse – Grundlagen und Techniken« (Mayring, 2015). Beide Bücher setzen sich sehr umfangreich und ausführlich mit der Thematik auseinander und werden Ihnen einen guten Überblick über das Thema geben.

In vielen Fällen werden die Daten aus den Interviews dann für die Erstellung anderer Informationen oder Analysen genutzt. Dazu gehören unter anderem die *Task-Analyse* (siehe Abschnitt 9.1), die *User Journey Map* (siehe Abschnitt 9.4.2) oder *Personas* (siehe Abschnitt 9.4.3), auf die wir in den genannten Abschnitten zu sprechen kommen.

Vor- und Nachteile

Die Vorteile von Interviews liegen eindeutig in der Flexibilität und Individualität. Sie können es schaffen, eine große Datenmenge zu verschiedensten Themen innerhalb – verhältnismäßig – kurzer Zeit und zu einem geringen Preis zu gewinnen, wenn Sie Ihre Interviews gut planen. Durch die offenen Fragen erhalten Sie viele Informationen und können sich so ein gutes Bild vom Nutzungskontext Ihrer Nutzer machen.

Damit einher geht leider auch die Schattenseite der Interviews, nämlich der relativ große Aufwand für die Auswertung und die Analyse der Daten. Anders als bei Fragebögen oder Tracking-Methoden (auf die wir noch eingehen werden) kostet die Auswertung bei offenen Fragen viel Zeit. Für gewöhnlich rechnen wir – je nach Detailgrad der Auswertung – mit der doppelten bis sechsfachen Dauer für die Auswertung des Interviews. Wobei eine wörtliche Transkription (das Wort-für-Wort-Abschreiben) wahrscheinlich für die wenigsten Anwendungsfälle außerhalb der Wissenschaft wichtig sein sollte.

Das bedeutet, dass qualitative Interviews in der Durchführung zwar nicht teuer sind, durch den hohen benötigten Zeitaufwand aber trotzdem hohe Aufwände verursachen. Deswegen werden Interviewstudien häufig mit relativ wenigen Personen durchgeführt, wodurch es teilweise schwer wird, eine gute Aussagekraft zu erreichen. Da das Interview eine Befragungsmethode ist, können Sie durch das Führen von Interviews leider auch nur Informationen zu Aspekten gewinnen, die den Nutzenden bewusst sind. Unbewusste Aspekte oder implizite Rahmenbedingungen lassen sich durch Interviews oft nur schwer oder gar nicht erfassen. Tabelle 9.3 zeigt den Steckbrief dieser Methode:

Steckbrief: Interview/Jobs-to-be-done	
Kurzbeschreibung	Eine Methode, um in den direkten Austausch mit Nutzenden zu treten und anhand von Fragen mehr über deren Aufgaben, Ziele, Bedürfnisse, Ängste, Wünsche und Einstellungen zu lernen
Vorteile	▶ Die Durchführung von Interviews ist sehr flexibel und lässt sich an alle Fragestellungen anpassen. ▶ Bei halbstrukturierten und offenen Interviews gibt es die Möglichkeit, sehr flexibel auf die Antworten einzugehen und so den größtmöglichen Lernfortschritt zu erzielen.

Tabelle 9.3 Steckbrief der Methode »Interview/Jobs-to-be-done«

Steckbrief: Interview/Jobs-to-be-done	
	▸ Interviews sind besonders gut geeignet, wenn noch wenige Informationen zu einem Thema vorhanden sind, da durch offene Fragen die Themen durch die Befragten selbst aufgeworfen werden. ▸ Interviews sind verhältnismäßig unaufwendig und kostengünstig in der Durchführung.
Nachteile	▸ Der Aufwand für eine saubere Interviewauswertung ist relativ groß. ▸ Aufgrund dieses Aufwands werden Interviews häufig nur mit wenigen Personen durchgeführt, weswegen die Aussagekraft leidet. ▸ Nur bewusste Aspekte können durch eine Befragung erfasst werden.

Tabelle 9.3 Steckbrief der Methode »Interview/Jobs-to-be-done« (Forts.)

9.3.4 Gruppendiskussionen/Fokusgruppen

Gruppendiskussionen sind die Methode der Wahl, wenn Sie *»in relativ kurzer Zeit ein möglichst breites Spektrum von Meinungen, Ansichten und Ideen über bestimmte Themenbereiche bzw. Produkte«* erhalten möchten (Berekoven et. al 2006, S. 96 f). Im Gegensatz zu den von uns beschriebenen Interviews finden Gruppendiskussionen immer mit einer größeren Anzahl von Personen statt. In den meisten Fällen nehmen zwischen 6 und 12 Personen gleichzeitig an einer Gruppendiskussion statt (siehe Abbildung 9.11). Diese Gruppendiskussion wird von einem Moderator oder einer Moderatorin gelenkt.

Abbildung 9.11 Bild einer Gruppendiskussion

Die Vorbereitung und die Durchführung

Wie bei Einzelinterviews auch folgt eine Gruppendiskussion einer Struktur. Diese Struktur nennen wir *Ablaufplan*. Anders als ein Befragungsleitfaden enthält der Ablaufplan nicht nur die zu stellenden Fragen, sondern auch weitere Angaben. Die weiteren Angaben können sich zum Beispiel auf geplante Aktivitäten (z. B. Gruppenarbeiten, Diskussionen, Bewertungen) beziehen, aber auch auf das Format der Aktivität betreffen (»Handelt es sich um eine Aktivität, die alleine oder in einer Gruppe ausgeführt wird?«) sowie auf das dafür benötigte Material. Für uns hat es sich als erfolgreich erwiesen, folgende Punkte in den Ablaufplan mit aufzunehmen:

- Startzeitpunkt einer Aktivität
- Endzeitpunkt einer Aktivität
- genaue Fragestellung und Zielsetzung
- Art der Aktivität (Gruppenaktivität, Kleingruppenaktivität oder Einzelaktivität)
- benötigtes Material

In den meisten Fällen besteht eine Gruppendiskussion nicht ausschließlich aus dem Stellen von Fragen und dem Beantworten in der großen Runde. Oftmals kommen noch weitere Aktivitäten hinzu, bei denen die Großgruppe in kleinere Gruppen oder Einzelpersonen unterteilt wird, die im Anschluss kleinere Aufgaben (z. B. ein Brainwriting) allein bewältigen. Durch diesen Mix an Formaten und Aufgaben bleibt die Gruppe lebendig und es wird leichter, auch ruhige Teilnehmer einzubinden.

Ein häufig verwendeter Begriff, der zum Teil synonym, zum Teil mit einem leicht anderen Schwerpunkt (mehr Aktivitäten anstelle von »nur« Diskussionen) verwendet wird, ist der Begriff *Fokusgruppe*. Da die wenigsten Gruppenformate ausschließliche Diskussionsrunden sind und der Begriff der Fokusgruppe gut etabliert ist (und dadurch häufig auch angefragt wird), werden wir im weiteren Verlauf dieses Kapitels immer von *Fokusgruppe* sprechen. Die meisten der Anmerkungen sind jedoch auch dann korrekt, wenn es sich um ein reines Diskussionsformat handeln sollte.

Fokusgruppen werden immer moderiert. Die benötigten Fähigkeiten zur Moderation einer Gruppe unterscheiden sich dabei deutlich von denen, die einen guten Interviewer auszeichnen. Der Grund für diesen Unterschied besteht darin, dass die größten Herausforderungen in der Fokusgruppe nicht durch die Zielsetzung entstehen, sondern durch die Dynamik der Teilnehmer untereinander.

Es ist sinnvoll, wenn Sie zuerst lernen, Einzelinterviews erfolgreich zu führen, bevor Sie zu Fokusgruppen übergehen. Das gibt Ihnen auf der einen Seite Sicherheit, da Sie vergleichbare Situationen bereits gewohnt sind. Auf der anderen Seite hilft Ihnen die Fähigkeit, gute Interviews zu führen, auch eine Moderation durchzuführen. Interviews führen zu können ist aber natürlich kein Muss. Für eine Fokusgruppe gehören zur Moderation die folgenden Aufgaben:

- Zielsetzung klären und eine offene Atmosphäre schaffen
- klarmachen, dass es nicht um Konsens, sondern um Austausch geht
- dafür sorgen, dass alle Fragen beantwortet werden
- Antworten zusammenfassen und visualisieren
- alle Teilnehmer (auch die stillen) einbinden
- Deeskalation und Steuerung »lauter« Teilnehmer
- Zeitmanagement

Vor allem zu Beginn einer Fokusgruppe kommt der Moderation die entscheidende Aufgabe zu, allen Teilnehmern bewusst zu machen, dass es das Ziel der Fokusgruppe ist, *verschiedene* Ansichten kennenzulernen. Sonst kann es schwierig werden, die Teilnehmer dazu zu bringen, gegensätzliche Meinungen zu äußern. Gelingt es, diese Idee klarzustellen, dann entsteht dadurch eine fruchtbare Diskussion, die gerade durch die gegensätzlichen Meinungen auch viele verschiedene Standpunkte offenlegt und auch neue Thematiken an die Oberfläche fördert.

Die Dauer einer Fokusgruppe ist meist deutlich länger als die Dauer eines Einzelinterviews – aber die Zeit, die für jede einzelne Frage bzw. zur Diskussion mit jedem einzelnen Teilnehmer bleibt, ist im Vergleich zu Interviews deutlich verkürzt. Eine gute Dauer für eine Fokusgruppe liegt bei 90 bis 180 Minuten. Bei längeren Terminen schwindet Stück für die Stück die Konzentration und das Einbringen anderer Tätigkeiten (neben der Diskussion) ist fast zwingend notwendig, um gute Ergebnisse zu erhalten.

Wenn Sie mit Personen aus dem B2B-Umfeld arbeiten, werden Sie vermutlich merken, dass eine längere Fokusgruppe schon allein aufgrund der Verfügbarkeit der Teilnehmer nicht oder nur sehr schwer möglich ist und dass auch die Kosten deutlich durch die verlängerte Dauer steigen.

In den meisten Fällen werden Fokusgruppen in den Nachmittags- oder Abendstunden stattfinden, wenn Sie sich auf eine berufstätige Zielgruppe konzentrieren. Auch das Wochenende ist eine gute Zeit, um mehrere Menschen gleichzeitig an einen Ort zu bringen.

Inhaltlich können Sie Ihre Fokusgruppe ähnlich planen wie ein »normales« Interview. Aufgrund der größeren Anzahl an Personen müssen Sie jedoch für jede Frage einen längeren Zeitraum einplanen, sodass insgesamt weniger Fragen beantwortet werden können als in Einzelinterviews. Auch hier empfehlen wir Ihnen, sich vorher die Zielsetzung und den Lernbedarf klarzumachen, um dann anschließend eine Frageliste vom Groben zum Feinen zu erstellen.

Außerdem sollten Sie darüber nachdenken, ob Sie genug »Tiefe« in Ihren Antworten erhalten. Gerade wenn es um Meinungen und Einstellungen zu sehr privaten Themen geht, kann es schwierig sein, offene und ehrliche Antworten in einer größeren Gruppe zu erhalten. Rückmeldungen zu Problemsituationen oder Produktideen sind in den meisten Fällen aber problemlos möglich.

Die Auswertung

Die Dokumentation der Ergebnisse stellt bei Fokusgruppen eine weitere Herausforderung dar. Anders als bei Einzelinterviews kann es schwierig sein, alle gegebenen Antworten zweifelsfrei bestimmten Personen zuzuordnen. Auch hier sollten Sie sich vorab Gedanken machen, wie Sie bei der Dokumentation vorgehen. In den meisten Fällen ist es schwierig oder zeitaufwendig, Videos zu erstellen, auf denen alle Teilnehmer gut erkennbar sind oder Sie müssen mehrere Videos aufnehmen. Wir führen deshalb Fokusgruppen immer zu zweit durch: Eine Person hat die Aufgabe, die Fokusgruppe zu moderieren; eine Person hat die Aufgabe, die Ergebnisse zu dokumentieren.

Für die Dokumentation kommen (bei Vor-Ort-Fokusgruppen) für gewöhnlich Moderationsmaterialien wie Kärtchen oder Post-Its zum Einsatz. Diese können vor dem Aufhängen mit kleinen Zahlen beschriftet werden, um eine eindeutige Zuordnung im Nachgang zu ermöglichen. Digital gibt es verschiedene Ansätze. Eine Variante ist, Tools einzusetzen, bei denen die Autorenschaft an den Beiträgen ersichtlich ist. Das spart etwas Moderationsarbeit, ist aber abhängig davon, dass alle Teilnehmer Zugriff auf das Tool haben und gut damit umgehen können. Vor allem bei Zielgruppen, die weniger digital sind, können solche Tools eine Hürde darstellen, die zu geringerer Beteiligung in den Gruppen führt. Um dies zu vermeiden, übernehmen wir die Dokumentation für gewöhnlich für die Teilnehmer.

Im Anschluss an die Dokumentation folgt die Auswertung der Daten. Diese erfolgt analog zu der Auswertung bei Einzelinterviews, ist aber für gewöhnlich schneller, da die Menge an Informationen deutlich geringer ist. Auch hier ist das Ziel jedoch, die gewonnenen Daten in andere Formate wie *User Journeys* (siehe Abschnitt 9.4.2) oder *Personas* (siehe Abschnitt 9.4.3) zu überführen.

Vor- und Nachteile

Der Vorteil von Fokusgruppen besteht eindeutig darin, dass in relativ kurzer Zeit ein breites Spektrum an Meinungen und Einstellungen gesammelt werden kann. Dadurch ist die Methode im Vergleich zur Durchführung von Einzelinterviews auch deutlich kostengünstiger. Außerdem können durch die Diskussion mit verschiedenen Personen auch Einstellungen zutage treten, die in der Einzelbefragung nicht sichtbar geworden wären.

Die Nachteile liegen jedoch genauso deutlich auf der Hand: Durch die Diskussion in einer großen Gruppe erhalten Sie von jedem Teilnehmer weniger Informationen und können weniger Zeit auf das Verstehen einzelner Personen legen. Wann immer wir können, verwenden wir deshalb Einzelinterviews und nutzen Fokusgruppen nur dann, wenn dies aufgrund von zeitlichen oder finanziellen Rahmenbedingungen unumgänglich ist.

Außerdem werden Sie bei der Durchführung von Gruppendiskussionen oft auch mit Gruppeneffekten belastet. Das kommt vor allem dann zum Tragen, wenn Sie sehr dominante Personen in der Gruppe haben, die sich sehr stark in die Gruppe einbringen und so die Gruppendiskussion durch ihre eigene Meinung prägen. Um dem entgegenzuwirken, benötigen Sie für Gruppendiskussionen eine starke Moderation.

Die Diskussion in der Gruppe wird auch schwieriger, wenn es sich um ein eher privates Thema handelt oder um eines, bei dem die eigene Meinung vielleicht von der gesellschaftlich akzeptierten Meinung abweicht. Auch dann bringen Gruppendiskussionen im Vergleich deutlich schlechtere Ergebnisse als Einzelinterviews, in denen mehr Privatheit und Vertrauen herrscht.

Tabelle 9.4 zeigt den Steckbrief dieser Methode.

Steckbrief: Gruppendiskussion/Fokusgruppen	
Kurzbeschreibung	»Gruppendiskussion« ist ein Sammelbegriff für Methoden, bei denen mehrere Personen gleichzeitig gemeinsam zu einem bestimmten Themenbereich befragt werden. Dabei kann im Fall der Fokusgruppen neben der eigentlichen Befragung auch noch die Bearbeitung von kleineren Aufgaben in Einzel- oder Gruppenarbeit zu einer Fokusgruppe gehören.
Vorteile	▸ Erfassung von vielen Meinungen und Rückmeldungen innerhalb kurzer Zeit ▸ Kostengünstig im Vergleich zu Einzelinterviews ▸ Die gemeinsame Diskussion kann Meinungen aufdecken, die in Einzelinterviews nicht sichtbar geworden wären.
Nachteile	▸ Relativ geringe Redezeit für jeden Teilnehmer und dadurch weniger Informationen in der Tiefe ▸ Gefahr, dass starke Persönlichkeiten die Gruppe dominieren und damit das Meinungsbild in die eigene Richtung verschieben ▸ Vor allem persönliche Themen oder gesellschaftlich weniger akzeptierte Meinungen werden in einer Gruppendiskussion seltener ehrlich besprochen.

Tabelle 9.4 Steckbrief der Methode »Gruppendiskussion/Fokusgruppen«

9.3.5 Quantitative Befragung/Fragebögen

Bisher haben wir zur Erfassung des Nutzungskontexts ausschließlich über die Erhebung anhand *qualitativer Verfahren* gesprochen. Jetzt möchten wir Ihnen noch das Gegenstück dazu vorstellen, nämlich die Erfassung des Nutzungskontexts anhand von *quantitativen Befragungen*. In den meisten Fällen versteht man unter quantitativen Befragungen Fragebögen (online oder offline) oder die Durchführung von Telefoninterviews anhand von strukturierten Fragebögen. Um die Lesbarkeit zu erhöhen, werden wir in diesem Abschnitt ausschließlich von *Fragebögen* sprechen.

Der Einsatz von Fragebögen ist immer dann sinnvoll, wenn Sie herausfinden möchten, wie oft etwas passiert. Wenn Sie also zum Beispiel in Interviews ein Problem identifiziert haben, dann könnten Sie im Anschluss Fragebögen nutzen, um festzustellen, für wie viele Personen dieses Problem relevant ist. Fragebögen kommen deshalb auch oft in der Marktforschung zur Marktsegmentierung zum Einsatz oder als Stimmungsbarometer, zum Beispiel vor der Bundestagswahl.

Damit Fragebögen ihre Stärken ausspielen können, sind sie oftmals vollständig standardisiert gestaltet. Dabei werden Fragen oder Aussagen in ein Format gebracht, das die Beantwortung anhand einer Skala ermöglicht. Typische Skalenformen sind dabei die *Likert-Skala* (siehe Abbildung 9.12) bzw. das *semantische Differenzial* (siehe Abbildung 9.13).

Abbildung 9.12 Likert-Skala mit einer geraden und einer ungeraden Anzahl an Antwortmöglichkeiten. Eine ungerade Stufenzahl ermöglicht eine neutrale Antwort in der Mitte. Bei einer geraden muss eine Entscheidung getroffen werden.

Eine Likert-Skala zeichnet sich dadurch aus, dass Sie Ihre Zustimmung oder Ablehnung zu einer Aussage in Schritten deutlich machen können. Likert-Skalen sind oft 5- bis 7-stufig, wobei typische Skalen von 1 (»stimme völlig zu«) bis 5/7 (»stimme überhaupt nicht zu«) reichen können. Je mehr Stufen die Skala beinhaltet, umso feiner wird eine Zustimmung möglich. Bei mehr als 7 Stufen steigt jedoch auch die Unsicherheit, welche Antwort angemessen ist, und der zusätzliche Informationsgewinn ist relativ gering.

In den meisten Fällen enthalten Likert-Skalen eine ungerade Anzahl an Alternativen und ermöglichen es dem Beantwortenden damit, eine neutrale Antwort zu geben. Ein Beispiel für eine Likert-Frage könnte sein: »Ich empfinde das Arbeitsklima in meinem Unternehmen als angenehm.«

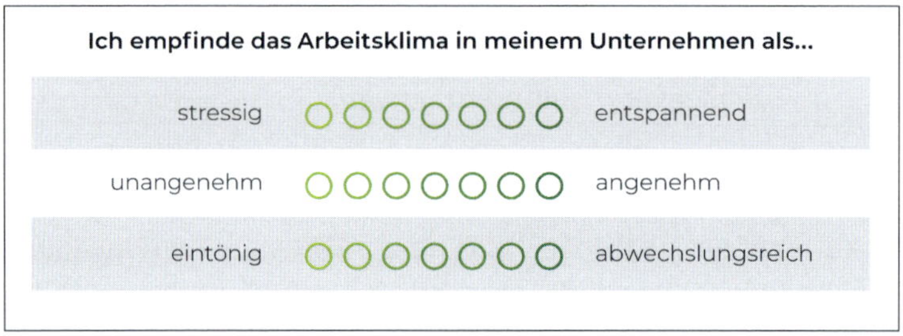

Abbildung 9.13 Semantisches Differenzial

Eine Spezialform der Likert-Skala ist das *semantische Differenzial*. Bei dieser Befragungsmethode werden Fragen oder Aussagen erstellt, die ebenfalls auf einer Skala zu beantworten sind. Anders als bei den Likert-Skalen befinden sich an den Rändern der Skala jedoch keine Zustimmungswerte, sondern Adjektive, die Gegenpole darstellen.

Diese Art von Fragen ist vor allem dann geeignet, wenn der »Charakter« des Nutzungskontexts, einer Aufgabe oder einer Person erfasst werden soll. In späteren Stadien der Entwicklung wäre auch der Einsatz zur Bewertung eines Produktcharakters möglich. Für gewöhnlich wird bei semantischen Differenzialen ein Statement mit mehreren Skalen kombiniert. Das könnte dann folgendermaßen aussehen: »Ich empfinde mein Arbeitsumfeld als ... stressig/entspannend; unstrukturiert/strukturiert; abwechslungsreich/eintönig.«

Neben Likert-Skalen und semantischen Differenzialen kommen in Fragebögen auch *Multiple-Choice-Fragen* zum Einsatz (siehe Abbildung 9.14).

Bei einer Multiple-Choice-Frage wird eine Frage gestellt und werden mehrere Antwortmöglichkeiten vorgegeben. Am bekanntesten sind Multiple-Choice-Fragen wahrscheinlich aus Prüfungen, weswegen ihnen teilweise ein schlechter Ruf anhängt, nur zur Verwirrung gemacht zu sein.

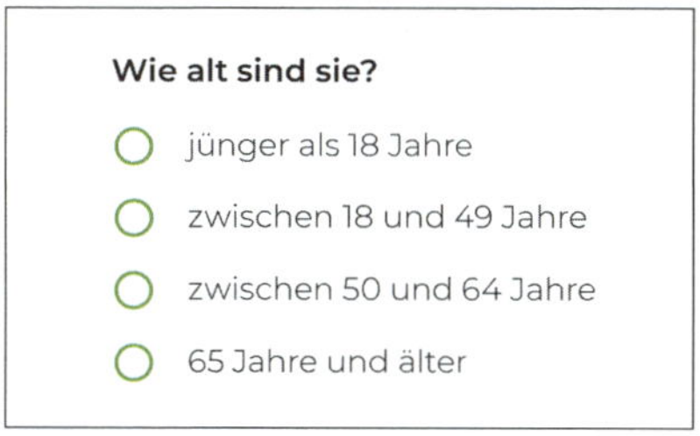

Abbildung 9.14 Multiple-Choice-Fragen

Tatsächlich können Multiple-Choice-Fragen aber ein einfacher Weg zur Quantifizierung sein, wenn aus Interviews verschiedene Alternativen bekannt sind. Je nach Anwendung kann es erwünscht sein, dass nur eine Antwortoption ausgewählt werden kann oder mehrere. Ein Beispiel für eine Frage, bei der nur eine Antwortoption richtig ist, wäre die folgende:

»Wie alt sind Sie?«

1. jünger als 18 Jahre
2. zwischen 18 und 49 Jahren
3. zwischen 50 und 64 Jahren
4. 65 Jahre und älter

Ein Beispiel für eine Multiple-Choice-Frage, bei der mehrere Antworten richtig sein können, wäre:

»Bei welchen Mahlzeiten nehmen Sie warmes Essen zu sich?«

1. Frühstück
2. Mittagessen
3. Abendessen

Bei der zweiten Frage würde typischerweise noch die Antwortoption »Sonstiges, und zwar:« eingefügt werden, damit Ergänzungen durch die Befragten vorgenommen werden können. Für den Einsatz sind Multiple-Choice-Fragen nur dann sinnvoll, wenn Sie die möglichen Antworten schon gut kennen.

Das Format des Fragebogens grenzt Sie nur bedingt in der Wahl Ihrer Antwortformate ein. Natürlich können Sie auch *Fragen mit einer freien Antwortmöglichkeit* in Ihre Befragung aufnehmen. Bitte nutzen Sie diese Möglichkeit jedoch gezielt und eher selten! Bei Fragebögen zeigt sich oft eine verringerte Bereitschaft, viele Informationen als Freitext anzugeben, da dies bei den Befragten mit einem erhöhten Aufwand einhergeht.

Anders gesagt: Die meisten Teilnehmer einer Befragung sind eher faul und möchten nicht viel schreiben. Wer kann es ihnen verübeln? Diese Falle können Sie umgehen, indem Sie die Befragung telefonisch durchführen, da Sie die Schreibarbeit dann für Ihre Teilnehmenden übernehmen. Allerdings verlieren telefonisch durchgeführte Befragungen auch einige der Kernvorteile, sodass Sie für sich und Ihr Projekt eine Abwägung individuell vornehmen müssen.

Vor- und Nachteile

Der Einsatz von standardisierten Fragebögen bringt viele Vorteile mit sich:

1. Fragebögen sind kostengünstig.
2. Standardisierte Fragebögen sind schnell und einfach auszuwerten.
3. Fragebögen können ortsunabhängig eingesetzt werden.
4. Es ist möglich, mit Fragebögen viele Personen zu befragen.
5. Fragebögen ermöglichen eine quantitative Auswertung.

Sie sehen: Der Einsatz von Fragebögen kann sich wirklich lohnen! Dem gegenüber stehen jedoch einige gewichtige Nachteile, die Sie bewusst in Kauf nehmen sollten, wenn Sie sich für die Nutzung von Fragebögen entscheiden.

Für uns ist einer der wichtigsten *Nachteile* – vor allem in der frühen Phase der Nutzungskontextanalyse – das Fehlen von zusätzlicher Information. Sie können mit den meisten Fragebögen nur Antworten auf die Fragen erhalten, die Sie selbst im Fragebogen stellen. Gerade aber in einer Anfangsphase der Produktentwicklung, in der viel neues Wissen noch entdeckt wird, kann es sehr schwer sein, die richtigen Fragen zu stellen.

Neben dem Stellen der richtigen Fragen ist auch die *Verständlichkeit der Fragen* und die *unterschiedliche Interpretation* der Fragen bei Fragebögen ein wichtiges Thema. Beides richtig zu bewerten, wird durch das Format Fragebogen deutlich erschwert, da die Beantwortung der Fragen und die Analyse der Antworten nicht zeitgleich passiert, sodass Sie erst bei der Auswertung der Daten merken, dass Fragen von den Teilnehmenden falsch verstanden wurden – oder im schlimmsten Fall auch gar nicht, wenn Sie reine Skalenfragen ohne offenen Anteil haben. Dann wird Ihr Ergebnis eine Zahl sein und Sie müssen hoffen, dass Ihre Frage verstanden wurde.

Bei Fragen mit einer »Sonstiges«-Option haben Sie zumindest noch die Möglichkeit, Missverständnisse aufzudecken. Um diese Falle zu umgehen, werden bei der Entwicklung von psychologischen Fragebögen, die regelmäßig eingesetzt werden sollen und nicht einmalig für die Produktentwicklung, viele Versuche für die richtige Formulierung gemacht und die gleichen Fragen auch auf verschiedene Arten und Weisen gestellt, um einen Plausibilitätscheck zwischen den Antworten durchzuführen. Ob sich der Aufwand für Ihr Projekt lohnt, müssen Sie selbst entscheiden.

Ein weiterer Nachteil bei der Verwendung von Fragebögen ist die *Unehrlichkeit in der Beantwortung*. Oftmals wird die Teilnahme an Fragebögen über Panels abgebildet. *Panels* sind dabei Gruppen von Personen, die sich bereiterklärt haben, an Befragungen teilzunehmen. Für die Teilnahme an Befragungen erhalten die Teilnehmenden eine Entlohnung, sodass ein relativ hohes Interesse daran besteht, an möglichst vielen Befragungen teilzunehmen. Je nachdem, wie gut die einzelnen Panels gepflegt und verwaltet werden, kann es dazu kommen, dass Teilnehmer einfach schnell Antworten »zusammenklicken«. Diese falschen Antworten aus der Datenmenge eines Fragebogens herauszufiltern, stellt eine Herausforderung dar. Dafür gibt es Ansätze wie die *Plausibilitätsprüfung* (Vergleich der Antworten auf ähnliche Fragen) oder das Suchen nach *Antwortmustern* (z. B. »immer 1 angekreuzt«, »immer 5 angekreuzt«). Damit steigt jedoch auch der Aufwand in der Auswertung deutlich an. Alternativ kann auf gut gepflegte Panels zurückgegriffen werden. Dies ist für gewöhnlich jedoch mit höheren Kosten für die Durchführung verbunden.

Tipp: Der Umgang mit Online-Panels

Wenn Sie auf der Suche nach einem passenden Online-Panel sind, dann finden Sie online zu beinahe jedem Thema ein passendes Panel. Bei der Auswahl der Panels empfehlen wir Ihnen, auf die Beschreibung des Panels auf der jeweiligen Webseite zu achten. Je spezifischer ein Panel ausgerichtet ist (z. B. auf einen bestimmten Berufszweig), umso eher finden Sie dort die passende Zielgruppe für Ihre Befragung.

Wir empfehlen Ihnen, generell Panels zu verwenden, die ein Ausscreenen der Teilnehmer ermöglichen (z. B. durch Beenden der Umfrage, wenn zu Beginn unpassende Antworten gegeben werden) in Zusammenspiel mit einem Einmal-Link für jeden Teilnehmer. So verhindern Sie, dass Personen so oft andere Antworten ausprobieren, bis sie erfolgreich teilnehmen können und dafür Geld bekommen.

Gut gepflegte Panels fordern ihre Teilnehmer außerdem in regelmäßigen Abständen auf, die eigenen Daten zu aktualisieren, und ermöglichen es Unternehmen, die die Panels nutzen, unpassende oder fragwürdige Antworten über eine anonyme Teilnehmer-ID zurückzumelden. Dadurch bleibt die Datenbank »frisch« und frei von unmotivierten Personen.

Der letzte – kleine – Nachteil ist die *Informationsmenge*, die man mit Fragebögen erlangen kann. In den meisten Fällen ist die Bereitschaft, einen Fragebogen zu beantworten, recht gering. Das wirkt sich auch auf die Geduld aus, die Personen beim Ausfüllen von Fragebogen mitbringen. Insgesamt empfehlen wir Ihnen, Ihre Fragebögen so kurz und knapp wie möglich zu halten und nicht mehr als 5 bis 10 Minuten Befragungszeit einzuplanen.

Allein durch diese Eingrenzung ist der Umfang an möglichen Fragen beschränkt. Alternativ können Sie bei Online-Fragebögen versuchen, mehr Fragen unterzubringen und nur eine wenige davon verpflichtend zu machen. So kann der Gesamtfragebogen länger werden, ohne für jeden Teilnehmer den Aufwand zwangsweise zu erhöhen. Dadurch verlieren Sie aber natürlich im Zweifelsfall Antworten.

Wahrscheinlich wird es aus unserer Darstellung schon deutlich: Wir sehen den Einsatz von Fragebogen in der Kontextanalyse in den meisten Fällen kritisch. In späteren Produktphasen – zum Beispiel zum Einholen von einem Ist-Stand nach dem Launch und zum Tracken einer möglichen Veränderung der Kundenzufriedenheit – haben Fragebögen unbestritten einen hohen Wert für jedes Unternehmen. Während der Entwicklung gibt es aber nur wenige Momente, in denen wir es bis jetzt geschafft haben, Fragebögen gewinnbringend einzusetzen – und wenn, dann nie als allein stehende Methode.

Einer der wenigen Momente, in denen der Einsatz von Fragebögen in frühen Entwicklungsphasen extrem sinnvoll ist, ist die Entwicklung von *Personas*. Aber auch hierbei gehen wir für gewöhnlich zweistufig vor und beginnen mit Interviews und Beobachtungen, um dann im Anschluss die gefundenen Erkenntnisse quantitativ anhand von Fragebögen zu überprüfen. Das soll natürlich nicht heißen, dass Fragebögen nicht doch gewinnbringend eingesetzt werden können, nur haben wir es hier noch nicht wirklich gut geschafft.

Tabelle 9.5 zeigt den Steckbrief der Methode.

Steckbrief: Quantitative Befragung/Fragebögen	
Kurzbeschreibung	Durchführung einer schriftlichen Befragung anhand von Fragebögen (Papier oder digital), um Aussagen über die Verbreitung und Häufigkeit von bestimmten Einstellungen zu erhalten. Die quantitative Befragung findet dabei fast immer als strukturierte Befragung statt, bei der sowohl die Fragen als auch die Antwortmöglichkeiten fest vorgegeben sind.
Vorteile	▸ Ermöglicht die Befragung von vielen Personen in kurzer Zeit. ▸ Ermöglicht eine schnelle und einfache Auswertung der Daten. ▸ Als digitale Variante ist die Befragung innerhalb kurzer Zeit auch weltweit möglich. ▸ Die Durchführung ist für gewöhnlich extrem kostengünstig. ▸ Ermöglicht Aussagen über die Häufigkeit bzw. Verbreitung von Meinungen aufgrund der großen Teilnehmerzahl bei repräsentativer Teilnehmergruppe.

Tabelle 9.5 Steckbrief der Methode »Quantitative Befragung/Fragebögen«

Steckbrief: Quantitative Befragung/Fragebögen	
Nachteile	▸ Sie erhalten nur Antworten auf Fragen, die Sie auch gestellt haben – nicht geeignet, wenn wenig Vorwissen zu einem Thema besteht. ▸ Wegen fehlender Nachfragemöglichkeit können Missverständnisse durch schlecht formulierte Fragen auftreten. ▸ Es ist schwer, unehrliche Antworten aufzudecken und aus der Masse der Antworten herauszufiltern. ▸ Teilnehmende zeigen oft wenig Bereitschaft, offene Fragen schriftlich zu beantworten. ▸ Nur kurze Befragungen (empfohlene Dauer maximal 10 Minuten) sind schriftlich möglich, ohne an Antwortqualität zu verlieren.

Tabelle 9.5 Steckbrief der Methode »Quantitative Befragung/Fragebögen« (Forts.)

9.3.6 Contextual Inquiry

Contextual Inquiry ist eine unserer Lieblingsmethoden für die Nutzungskontextanalyse. Obwohl die Methode so unglaublich kompliziert klingt, verbirgt sich dahinter eigentlich nichts anderes als eine Kombination von Feldbeobachtung und Interview. Wenn es nicht so umständlich wäre, dann könnte die Methode also auch »Feldbeobachtung mit nachgelagertem Interview« heißen. Manchmal wird die Methode auch *kontextuelles Interview* genannt, dieser Begriff ist aber im Usability und User Experience-Umfeld eher selten anzutreffen, weshalb wir bei *Contextual Inquiry* bleiben.

An dieser Stelle möchten wir noch einmal deutlich darauf hinweisen, dass wir mit Contextual Inquiry keine teilnehmende Beobachtung meinen! Es geht also nicht darum, dass Sie selbst die Aufgaben ausführen und direkt in die Prozesse eingebunden sind. Das kann sinnvoll sein, wenn Sie sich in einem B2C-Umfeld mit verhältnismäßig einfachen Anwendungen bewegen. Für die meisten B2B-Anwendungsfälle ist es jedoch nicht zielführend, wenn Sie versuchen, das System, das Produkt oder die Dienstleistung selbst zu erleben. Wenn Sie das machen möchten, dann ist das als separater Bonusschritt zu betrachten.

Für Außenstehende wird es nämlich sehr schwierig, sich in das Geflecht an Aufgaben, Zielen und organisatorischen Rahmenbedingungen »hineinzufühlen«, das mitverantwortlich für die tatsächliche Tätigkeit der Person ist. Der Versuch birgt sogar die Gefahr, dass Sie nach einmaliger Ausführung einer Tätigkeit sich zukünftig selbst als eine Art Experte sehen – und dabei einen völlig anderen Wissens- und Ausbildungsstand als die tatsächlichen Nutzenden aufweisen. Wir empfehlen aber, den Fokus zunächst darauf zu legen, Ihr Gegenüber mit Zielen und Aufgaben zu verstehen und darauf aufbauen.

Die Durchführung

Bei einer Contextual Inquiry begeben Sie sich vor Ort – genauso wie bei einer Feldbeobachtung. Anders als bei Letzterer sind Sie jedoch nicht nur passiv, sondern befragen die Person, die Sie beobachten (siehe Abbildung 9.15).

Abbildung 9.15 Eine typische Contextual-Inquiry-Situation

Die Befragung können Sie entweder parallel zur Beobachtung oder im Nachgang zur Beobachtung durchführen. Am effizientesten ist die Durchführung natürlich, wenn Sie beides parallel machen. Hier werden Sie jedoch schnell feststellen, dass Sie mit Ihren Fragen und Ihrem Eingreifen einen relativ großen Einfluss auf die befragte Person und deren Verhalten ausüben. Wenn also weder Sie noch die befragte Person unter Zeitdruck leiden, dann kann es durchaus sinnvoll sein, beides ein wenig zu entzerren und erst einmal passiver Beobachter zu sein, bevor Sie direkt in die Befragung einsteigen.

Für die Vorbereitung der Contextual Inquirys können Sie die gleichen Regeln anwenden wie für die Vorbereitung der Feldbeobachtungen und Interviews. Da beide Teile sich jedoch gegenseitig beeinflussen, sollten Sie sich darauf einstellen, dass Sie zwar für den Interviewteil eine Fragenliste erstellen, aber viele Fragen live ergänzen, die aus der Beobachtungssituation heraus entstehen. Das ist genau eine der Stärken der Contextual Inquiry: Richtig ausgeführt, kann Ihnen die Durchführung eine Iterationsschleife sparen, in der Sie die Informationen aus Beobachtung und Befragung erst mühsam zusammenbringen müssen. Für uns ist diese Methode ein absoluter Geheimtipp, vor allem ganz zu Beginn eines Projekts, um so kostengünstig und schnell wie möglich an eine große Menge an Informationen zu kommen.

Da Sie die Beobachtung mit Fragen begleiten, wird sich die Reihenfolge der Befragung im Vergleich zu einem reinen Interview verändern. Unsere Empfehlung für die Durchführung von »reinen« Interviewstudien ist der Beginn in der Gegenwart mit allgemeinen Teilen, dann der Übergang zu der Frage, wie diese Teile früher gelöst wurden und (gegebenenfalls) wie sie in der Zukunft sein sollten, bevor anschließend detaillierter nachgefragt wird. Da Sie bei der Contextual Inquiry direkt Handlungen beobachten und Nachfragen zu diesen Handlungen stellen, werden Sie in den meisten Fällen viel detaillierter beginnen und nur in der Gegenwart bleiben. Typische Fragen wären:

- Was haben Sie gerade gemacht?
- Welche Art von Information haben Sie gerade nachgeschlagen?
- Wonach haben Sie bei Ihrem Kollegen/Ihrer Kollegin gefragt?
- Wozu brauchen Sie folgende Information?

Bei den Fragen handelt es sich also im Kern um Fragen während der Beobachtung, die die aktuelle Handlung der Person für Sie verständlich machen. Erst im Nachgang dazu gehen Sie zu allgemeinen Fragen über. Wenn Sie versuchen, die allgemeinen und breiten Fragen zur Durchführung in die Beobachtung zu integrieren, dann werden Sie sehr wahrscheinlich verschiedene Dinge damit erreichen:

1. Die Durchführung dauert deutlich länger, da viel Zeit für die Diskussion und das Nachdenken vergeht.
2. Die Ausführung ändert sich gegebenenfalls, da die eigenen Handlungen durch das Hinterfragen der allgemeinen Zusammenhänge stärker reflektiert werden.
3. Sie werden weniger Handlungen beobachten können, da die Gesamtzeit wahrscheinlich nicht länger wird bzw. werden kann, aber mehr Zeit in Fragen investiert wird.

Um das volle Potenzial dieser Methode zu nutzen, lautete unsere klare Empfehlung also, sich bei den Fragen während der Beobachtung auf Verständnisfragen zur Ausführung zu fokussieren und erst im Nachgang den Gesamtkontext zu erfassen.

Die Auswertung

Als Ergebnis haben Sie für gewöhnlich eine Dokumentation der Beobachtung (entweder als Mitschrift in einem Tabellenformat oder als Videodokumentation oder als Kombination aus beidem) sowie eine Aufzeichnung der Interviews (entweder digital oder als Aufnahme). Für die Auswertung der Ergebnisse können Sie im Anschluss alle

Methoden heranziehen, die auch für die Auswertung von reinen Interviews oder Feldbeobachtungen infrage kommen.

In der einfachsten Form sind das nur die Aufzählung von Handlungen und deren Häufigkeiten bzw. Dauer (wobei Dauern durch die Befragung gegebenenfalls nur bedingt korrekt sein werden) sowie die einzelnen Antworten auf die Fragen. Oftmals empfiehlt es sich jedoch, die gewonnenen Daten weiter zusammenzufassen und durch die Überführung in eine andere Darstellungsart leichter zugänglich zu machen. Methoden wie die *Taskanalyse* (siehe Abschnitt 9.1) oder die *User Journey* (siehe Abschnitt 9.4.2) helfen dabei.

Vor- und Nachteile

Die Vorteile der Contextual Inquiry sind eindeutig im reduzierten Zeitaufwand für die Durchführung sowie dem erhöhten Informationsgewinn im Vergleich zu reinen Interviews und Feldbeobachtungen zu sehen.

Im Gegensatz zur Durchführung einer reinen Feldbeobachtung, die nur das *Was* (nämlich die sichtbare Handlung) offenlegt, oder zur Durchführung von reinen Interviews, die nur das *Warum* (nämlich die Einstellungen, Ziele und Gründe) offenlegen, ermöglicht es die Contextual Inquiry, in einem Schritt sowohl das Was als auch das Warum zu ergründen. Das spart Ihnen Zeit, aber auch Ihren Teilnehmern. Durch die Befragung während der Beobachtung erhalten Sie einen deutlich tieferen Einblick und ein besseres Verständnis, als dies nur bei einer reinen Beobachtung oder bei einer reinen Befragung der Fall wäre.

Dem gegenüber steht das Risiko, durch die eigene Beteiligung Einfluss auf das Verhalten und damit auf die Korrektheit der Daten zu nehmen. Außerdem hat die Methode aufgrund des qualitativen Charakters und der hohen Datenmenge, die durch die Kombination von Beobachtung und Befragung generiert wird, einen relativ hohen Auswertungsaufwand. Zusätzlich kann es sehr schwer werden, überhaupt Zugang zu den Teilnehmenden zu erhalten, vor allem, wenn es sich um Themen im privaten Umfeld oder im B2B-Bereich innerhalb von Unternehmen handelt.

Trotz dieser Nachteile möchten wir Ihnen sehr zum Einsatz dieser Methode raten, vor allem ganz zu Beginn eines Projekts. Uns ist keine andere Methode bekannt, die in vergleichbar kurzer Zeit ein so umfangreiches und tiefgreifendes Verständnis des Nutzungskontexts ermöglicht. Tabelle 9.6 zeigt ihren Steckbrief.

Steckbrief: Contextual Inquiry	
Kurzbeschreibung	Bei der Contextual Inquiry handelt es sich um eine Mischung aus Feldbeobachtung im realen Nutzungskontext und gleichzeitiger oder nachgelagerter Befragung der beobachteten Personen.

Tabelle 9.6 Steckbrief der Methode »Contextual Inquiry«

Steckbrief: Contextual Inquiry	
Vorteile	▸ Erfassung von sowohl objektiven als auch subjektiven Informationen in einem Durchgang ▸ Vereinfachte Gewinnung von Teilnehmenden im Vergleich zu zwei separaten Terminen ▸ Besseres Verständnis im Vergleich zum Einsatz nur einer Methode
Nachteile	▸ Hohes Risiko, die befragten Personen durch die Befragung in ihrem Verhalten zu beeinflussen ▸ Relativ hoher Auswertungsaufwand, da sowohl Beobachtungs- als auch Befragungsdaten entstehen ▸ Ähnlich wie bei Feldbeobachtungen kann es auch hier zu Zugangsproblemen kommen, vor allem im privaten Umfeld oder bei B2B-Umfeldern.

Tabelle 9.6 Steckbrief der Methode »Contextual Inquiry« (Forts.)

9.3.7 Analyse quantitativer Nutzungsdaten

Alle bisher vorgestellten Methoden setzen darauf, dass Sie für die Nutzungskontextanalyse Daten generieren, die es vorher noch nicht gab. Im Folgenden möchten wir Ihnen jetzt einige Methoden vorstellen, die darauf setzen, dass Sie bereits vorhandene Daten analysieren und für die Nutzungskontextanalyse zum Einsatz bringen.

Die erste »Methode« – nämlich die Analyse quantitativer Nutzungsdaten – stellt dabei weniger ein festes Vorgehen als eine Überkategorie von zu sammelnden und zu analysierenden Daten dar. In den meisten Unternehmen gibt es inzwischen eine Vielzahl von Daten über die Nutzung der eigenen Produkte. Dies ist vor allem dann der Fall, wenn die Produkte über eine Cloud oder Webanwendung verwendet werden und in irgendeiner Form auf den Servern des Anbieters liegen. Die meisten Firmen, mit denen wir sprechen, sind sich des Datenschatzes bewusst, der ihnen hier zur Verfügung steht. Trotzdem treffen wir sehr selten auf Unternehmen, die tatsächlich die Nutzungsdaten analysieren.

Unter *Nutzungsdaten* verstehen wir alle die Daten, die auch als produktbezogene KPIs für den Return on Investment infrage kommen (siehe Abschnitt 3.2, »Metriken für den unternehmerischen Erfolg«). Das könnten zum Beispiel sein:

- Nutzungshäufigkeit einzelner Features
- Nutzungsumfang einzelner Features
- Nutzungsdauer einzelner Features

Die Nutzungsdaten alleinstehend zu analysieren, ist in den meisten Fällen schwierig. Zumindest wir tun uns schwer bei der Frage, ob ein Feature nicht verwendet wird, weil es nicht benötigt wird oder weil es nicht gefunden oder nicht verstanden wird. Vor allem in der Nutzungskontextanalyse ist es wichtig, nicht nur zu verstehen, was passiert, sondern auch zu verstehen, warum das passiert. Deshalb empfehlen wir Ihnen: *Immer, wenn Sie können, sollten Sie versuchen, ein Gesamtbild zu schaffen.*

Nutzen Sie also alle quantitativen Nutzungsdaten, um erste Annahmen zu formulieren. Das kann entweder zu Beginn des Projekts im Stakeholder-Workshop anhand bereits vorhandener Daten geschehen oder im Nachgang dazu, um eine erste Überprüfung noch unbelegter Annahmen zu starten. Nutzen Sie danach qualitative Methoden, um zu prüfen, ob Sie richtig lagen, und um neue Aspekte zu entdecken.

Wenn Ihr Support-Team zum Beispiel immer wieder Anfragen nach einem bestimmten Feature erhält, dieses Feature aber eigentlich bereits umgesetzt ist und Sie in den Nutzungsdaten sehen können, dass das Feature so gut wie nie verwendet wird, dann können Sie relativ sicher davon ausgehen, dass es sich hier um ein *Usability-Problem* handelt.

Der Grund liegt entweder darin, dass die Nutzer die Funktion nicht finden oder dass sie die Funktion unter einem anderen Namen erwarten oder dass sie mit dem Funktionsumfang und der Umsetzung der Funktion nicht zufrieden sind. Mit einer Wahrscheinlichkeit von 95 % (eigene Schätzung – nicht wissenschaftlich belegt) werden Sie hier in irgendeiner Form auf ein Usability-Problem stoßen.

An dieser Stelle neigen die meisten Personen, die in die Entwicklung involviert sind und einen technischen Background besitzen, dazu, am Feature selbst zu optimieren. Oftmals werden dann weitere Möglichkeiten hinzugefügt, um das Feature »richtig« umzusetzen. Das könnte aber der völlig falsche Lösungsansatz sein, wenn – wie so oft – Nutzende etwas als zu komplex oder als unpassend zur eigenen Aufgabe empfinden. Daher erneut unsere Empfehlung: Ermitteln Sie, *warum* etwas gewünscht wird, und nutzen Sie dafür eine qualitative Methode. (z. B. ein *Interview*, siehe Abschnitt 9.3.3, die *Contextual Inquiry*, siehe Abschnitt 9.3.6, oder einen *Usability und User Experience-Test*, siehe Abschnitt 12.7).

Die Durchführung

Eine typische Vorgehensweise zur Analyse der quantitativen Nutzungsdaten ist die *Suche nach Mustern in den Nutzungsdaten*. Dabei kann nach Mustern in der Verwendung gesucht werden (z. B. »Nutzer, die Funktion A verwenden, verwenden auch immer Funktion B«). Sie können auch nach speziellen Mustern suchen und dabei zum Beispiel nach Nutzungsgruppen unterteilen. Die *Unterteilung in Nutzergruppen* ist immer dann sinnvoll, wenn Sie schon Annahmen zu Zusammenhängen haben und diese anhand der Nutzungsdaten prüfen wollen.

Ein Beispiel für eine typische Annahme ist, dass große Unternehmen Produkte anders verwenden als kleine Unternehmen oder ältere Personen anders als jüngere Personen. Welche Annahmen in Ihrem Bereich sinnvoll sind, hängt natürlich stark von Ihrem System, Ihrem Produkt oder Ihrer Dienstleistung und Ihrem Markt ab.

Natürlich hängen Ihre Möglichkeiten in der Datenanalyse direkt mit der *Verfügbarkeit der Daten* zusammen. Beispielsweise werden Sie in den wenigsten Fällen, in denen Sie an Unternehmen verkaufen, überhaupt Daten zum Alter der Person haben. Die Analyse von quantitativen Nutzungsdaten ist in den meisten Fällen nur dann möglich, wenn Sie eine zweite Generation oder eine Weiterentwicklung eines bestehenden Produkts planen. Wenn Sie ein komplett neues Produkt aufsetzen oder einen neuen Anwendungsbereich erschließen wollen, dann werden Sie wenig oder gar keine Nutzungsdaten haben, auf die Sie zurückgreifen können.

Vor- und Nachteile

Die Vorteile der Analyse von vorhandenen Nutzungsdaten sind ziemlich eindeutig: Nutzungsdaten spiegeln das tatsächliche Verhalten wider und sind damit sehr valide Daten. Außerdem ist die Datenmenge bei Nutzungsdaten für gewöhnlich recht hoch, sodass es möglich ist, viele verschiedene Daten zu analysieren und verschiedenste Annahmen zu prüfen. Dazu kommt, dass die Daten – sofern sie technisch vorbereitet sind – bereits vorliegen, sodass kein zusätzlicher Aufwand für die Generierung der Daten getrieben werden muss, weder von Ihnen noch von den Nutzenden selbst. Außerdem handelt es sich um Daten aus der Nutzung, sodass diese auch wiederholt zu verschiedenen Zeitpunkten betrachtet werden können.

Auf der Negativseite steht hingegen, dass die Analyse von Nutzungsdaten nur dann möglich ist, wenn Sie bereits ein Produkt auf dem Markt haben, das Sie optimieren möchten. Für die Phase der Nutzungskontextanalyse ist außerdem kritisch anzumerken, dass reine Nutzungsdaten für gewöhnlich nur einen Teil (das Was) erklären können und viele Informationen rein quantitativ nicht verständlich sind. Das fehlende Verständnis bedeutet für Sie wiederum, dass Sie bei der Gestaltung Ihres Systems, Ihres Produkts oder Ihrer Dienstleistung Probleme haben werden, die gewünschte Usability und User Experience zu erreichen – einfach, weil Sie nicht ausreichend gut verstehen, was die Aufgaben, Ziele und Rahmenbedingungen sind, unter denen gearbeitet wird.

Trotzdem sollten Sie sich die Gelegenheit nicht entgehen lassen, vorhandene Nutzungsdaten zu betrachten. Um das meiste aus den Daten herauszuholen, empfiehlt es sich jedoch immer, quantitative Nutzungsdaten mit weiteren Daten (z. B. aus der *Ticket-Analyse*, siehe Abschnitt 9.3.9, dem *Webtracking*, siehe Abschnitt 9.3.8, und *qualitativen Interviews*, siehe Abschnitt 9.3.3) zu kombinieren. Ein weiterer Nachteil, der eigentlich auf der Hand liegt, ist, dass Sie nur dann Nutzungsdaten auswerten können, wenn Sie diese während der Nutzung auch bereits gesammelt haben. Hierzu kann es notwendig sein, das Produkt technisch zu verändern, was im Nachgang einen nicht unerheblichen Aufwand bedeuten kann.

Tabelle 9.7 zeigt den Steckbrief der Methode.

Steckbrief: Analyse quantitativer Nutzungsdaten	
Kurzbeschreibung	Die Verwendung von vorhandenen Daten aus der Nutzung eines Produkts, um neue Erkenntnisse über die Verwendung von Lösungen zu erhalten, ohne neue Daten sammeln zu müssen
Vorteile	▸ Daten spiegeln das tatsächliche Nutzungsverhalten wider. ▸ Es ist kein Aufwand für zusätzliche Datensammlung notwendig – weder bei Ihnen noch bei den Nutzenden. ▸ Große Datenmengen stehen zur Auswertung bereit, sodass häufig viele Hypothesen geprüft werden können. ▸ Durch kontinuierliche Datensammlung wird es möglich, die Auswertung zu verschiedenen Zeitpunkten zu wiederholen.
Nachteile	▸ Funktioniert nur, wenn es bereits eine Lösung/Vorgängerlösung gibt. ▸ Schlechte Verständlichkeit des Warums hinter den Nutzungsdaten – dadurch gibt es nur wenige Hinweise auf eine bessere Gestaltung des Systems, Produkts oder der Dienstleistung. ▸ Benötigt die technische Voraussetzung, dass Daten gesammelt werden können.

Tabelle 9.7 Steckbrief der Methode »Analyse quantitativer Nutzungsdaten«

9.3.8 Webtracking/Klickanalyse

Das Internet macht Ihnen die Arbeit als Usability und User Experience-Designer heute viel einfacher, als dies noch vor einigen Jahren oder Jahrzehnten der Fall gewesen wäre. Durch den Einsatz von Tracking-Pixeln und Cookies können Sie die Bewegungen und Aktionen von Webnutzern Schritt für Schritt nachvollziehen (siehe Abbildung 9.16).

Wenn Sie Besitzer einer Webseite sind – oder deren Nutzung optimieren wollen –, dann gibt Ihnen das Webtracking umfangreiche Informationen über das tatsächliche Verhalten Ihrer Nutzer.

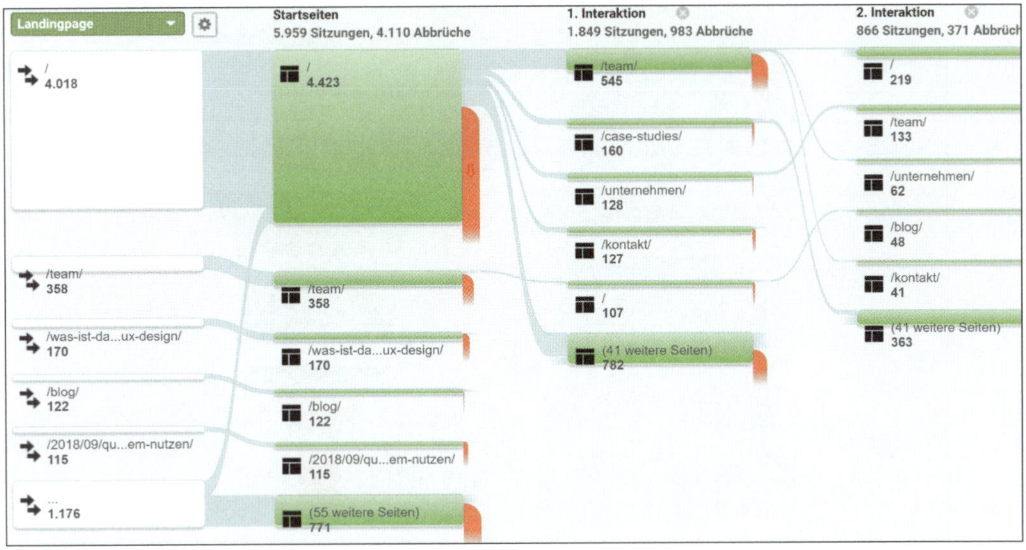

Abbildung 9.16 Beispiel einer Webseitenanalyse in Google Analytics. Sie können hier genau nachvollziehen, wie sich Nutzer auf Ihrer Webseite bewegt haben.

Bei Webseiten sind typische Informationen, die Sie erhalten können:

- die Anzahl der Webseitenbesucher pro Tag, Woche, Monat bzw. Jahr
- Einsprungpunkte (Auf welcher Seite starten die Nutzer?)
- Verweildauern (Wie lange sind die Nutzer auf einer bestimmten Seite?)
- Klickpfade (Wie bewegen sich die Nutzer durch Ihre Webseite?)
- Conversion Rate (Welcher Prozentteil der Nutzer führt eine bestimmte Aktion aus?)
- Absprungpunkte (Wo verlassen die Nutzer Ihre Webseite?)
- Areas of Interest (Welche Informationen werden besonders beachtet?)

Vor allem, wenn Sie über klar definierte Pfade verfügen, denen Personen auf Ihrer Webseite folgen sollen (z. B. bei einem Online-Shop), können Sie so einfach feststellen, an welcher Stelle Ihr *Funnel* bricht. Dieser Begriff aus dem Vertrieb beschreibt den Vorgang, in dem Unbekannte zu Kunden gemacht werden sollen. Die Idee dahinter ist, dass Personen einem definierten Pfad folgen, bis sie am Ende die Abschlussaktion tätigen (z. B. einen Kauf, den Eintrag in einem Newsletter, einen Telefonanruf, den Download einer Datei). Der Funnel – auf Deutsch *Trichter* – als Bild wird deswegen gewählt, weil die Anzahl der Personen, die sich Schritt für Schritt vorarbeiten, normalerweise immer geringer wird (siehe Abbildung 9.17).

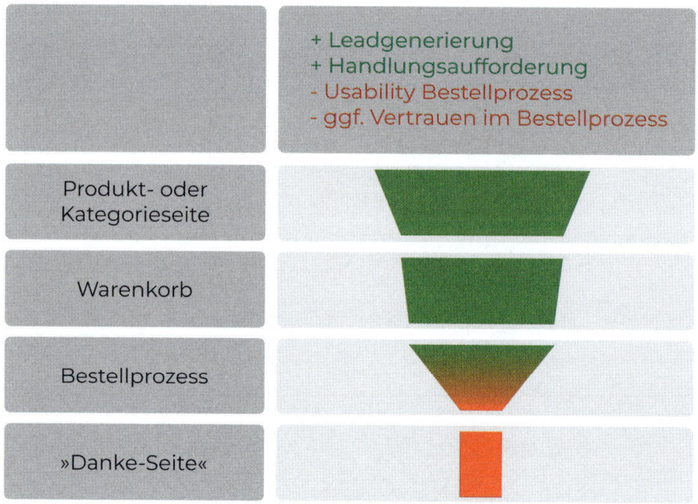

Abbildung 9.17 Beispiel-Funnel für einen Webshop. Je nachdem, an welcher Stelle Personen abspringen, können gezielt die Probleme analysiert und behoben werden.

Bei der Analyse der Webdaten liegt Ihr Fokus für gewöhnlich darauf, Ihren idealen Klickpfad mit dem tatsächlichen Klickpfad der Nutzenden zu vergleichen. Sie prüfen also, an welcher Stelle die Nutzenden »falsch« abbiegen oder die Interaktion beenden, obwohl noch nicht die Handlung ausgeführt wurde, auf die Sie eigentlich gehofft haben. Sobald Sie die Stelle gefunden haben, an der deutlich weniger Personen einen nächsten Schritt angehen, können Sie mit der Analyse und später mit der Optimierung beginnen.

Wir empfehlen Ihnen dabei, dass Sie möglichst weit vorne im Funnel mit der Analyse der Probleme starten, um Ihre Ressourcen möglichst effizient einzusetzen. Das hat auch den Vorteil, dass Sie dann in den hinteren Funnel-Schritten mehr Daten zur Verfügung haben. Sollten Sie beispielsweise im ersten Schritt 10.000 Nutzer haben, von denen im vorletzten Schritt nur noch 2 ankommen, dann ist dort Ihre Datenbasis schwach – und eine Optimierung würde in absoluten Zahlen noch nicht viel bringen.

Ein ausführlicheres Beispiel

Stellen Sie sich vor, Sie sind Besitzer bzw. Besitzerin eines Online-Shops für Weihnachtsdekoration und möchten Ihre Verkaufszahlen verbessern.

In einem ersten Schritt könnten Sie prüfen, wie viele Personen auf Ihre Webseite kommen und von wo. Falls Sie Werbung (z. B. auf Google) geschaltet haben, fängt Ihr Funnel sogar noch einen Schritt früher an. Dann sollten Sie sich zuerst ansehen, bei welchen Suchbegriffen Ihre Anzeigen gezeigt wurden, wer darauf reagiert hat, wie viele Personen Ihre Werbung gesehen haben und wie viele tatsächlich auf die Werbung geklickt haben.

Auf der Webseite angekommen, besteht der nächste Schritt darin, zu prüfen, wie lange die Personen geblieben sind, welche Informationen sie angesehen haben und wo Sie zum ersten Mal viele Personen verloren haben. Wenn zum Beispiel Ihre Anzeige 10.000 Personen gezeigt wurde, aber nur 5 Personen auf Ihrer Webseite gelandet sind, dann sollten Sie dringend zuerst die Qualität Ihrer Google-Anzeige analysieren und optimieren. Hier scheint dann Ihre Anzeige nicht zur Erwartung der Nutzenden zu passen. Wenn Sie es aber schaffen würden, an dieser Stelle zu verstehen, was das Problem ist, und es anschließende – in einem späteren Schritt des Data-Driven UX Design-Prozesses – zu lösen, dann würden Sie die Wahrscheinlichkeit erfolgreicher Verkäufe deutlich erhöhen.

Ähnlich wie bei der Analyse der Nutzungsdaten zeigt sich hier wieder das Problem, dass Sie zwar merken, dass etwas nicht funktioniert, dass es aber in den meisten Fällen anhand der reinen Klickraten und Pfade sehr schwierig ist zu verstehen, warum Personen nicht weiterklicken.

Für gewöhnlich wird in der Webwelt dann eine Optimierung anhand von *A/B-Tests* vorgenommen (mehr dazu folgt in Abschnitt 12.10). Je nachdem, wie sicher Sie sich jedoch in Ihrer Interpretation der Daten sind, empfehlen wir auch hier, die Daten aus der Nutzung der Webseite mit qualitativen Daten aus Interviews zu kombinieren.

An dem Punkt, wo es bereits eine Webseite gibt, die im Live-Einsatz ist, könnten Sie auch anstelle von reinen Interviews mit ersten Usability und User Experience-Tests (siehe Abschnitt 12.7) für die Generierung von qualitativen Daten arbeiten. Dadurch würden Sie einen direkten Einblick in die Stolpersteine bei der Nutzung Ihres Shops und in die Absprungpunkte erhalten. Dieser Test stellt die wohl bekannteste Methode zum Testen der Usability und User Experience dar und ist eine Mischung aus Beobachtung und Befragung. Da Usability und User Experience-Tests aber – gerade bei Neuentwicklungen – oft erst in der »letzten« Phase eingesetzt werden können, werden wir sie dort noch einmal im Detail vorstellen.

Generell empfehlen wir Ihnen, eine Mischung aus Usability und User Experience-Test und Interview zu nutzen, um ein möglichst gutes Verständnis des Nutzungskontexts und der vorherrschenden Probleme zu erlangen.

Vor- und Nachteile

Da das Webtracking oder die Analyse von Klickpfaden eine Untergruppe aus dem Bereich »Analyse von Nutzungsdaten« darstellt, decken sich die Vor- und Nachteile weitestgehend. Zu den in Abschnitt 9.3.7, »Analyse quantitativer Nutzungsdaten«, genannten Punkten möchten wir Folgendes ergänzen: Auf der Positivseite steht eine große Datenbasis, die das tatsächliche Verhalten der Nutzenden widerspiegelt. Dem gegenüber steht die Tatsache, dass Webtracking oder die Analyse von Klickpfaden auf Webseiten natürlich nur dann machbar sind, wenn bereits eine Webseite oder ein Webservice bereitgestellt wird und dass die rein quantitativen Daten keinen Aufschluss über die Hintergründe des Verhaltens geben.

Tabelle 9.8 zeigt den Steckbrief dieser Methode.

Steckbrief: Webtracking/Klickanalyse	
Kurzbeschreibung	Nachverfolgung der Bewegungen und Handlungen von Nutzenden auf Webseiten und in Anwendungen
Vorteile	▶ Die Daten spiegeln das tatsächliche Nutzungsverhalten wider. ▶ Es ist kein Aufwand für zusätzliche Datensammlung notwendig – weder bei Ihnen noch bei den Nutzenden. ▶ Große Datenmengen stehen zur Auswertung bereit, sodass häufig viele Hypothesen geprüft werden können. ▶ Durch kontinuierliche Datensammlung wird es möglich, die Auswertung zu verschiedenen Zeitpunkten zu wiederholen.
Nachteile	▶ Funktioniert nur, wenn es bereits eine Webanwendung gibt. ▶ Schlechte Verständlichkeit des Warums hinter den Nutzungsdaten – dadurch gibt es nur wenige Hinweise auf eine bessere Gestaltung des Systems, Produkts oder der Dienstleistung. ▶ Benötigt die technische Voraussetzung, dass Daten gesammelt werden können.

Tabelle 9.8 Steckbrief der Methode »Webtracking/Klickanalyse«

9.3.9 Ticket- und Feedback-Analyse

Die Methode der *Ticket-Analyse* ist keine formale Methode, die Sie in verschiedenen Usability und User Experience-Büchern finden werden, sondern ein folgerichtiger Schritt, wenn Sie datengetrieben Ihren Nutzungskontext analysieren wollen. Generell ist der Kern der hier vorgestellten Methodik die systematische Analyse von vorliegendem Kundenfeedback in einem Unternehmen. Die zwei Spezialfälle, auf die wir hier explizit eingehen werden, sind die *Analyse von Support-Tickets* und die *Analyse von schriftlich bereitgestelltem Kundenfeedback*. Sie können die gleiche Idee aber auch dann anwenden, wenn Sie andere oder weitere Arten von Kundenfeedback vorliegen haben (z. B. Callcenter-Protokolle).

Lassen Sie uns mit den Support-Tickets starten, um die Idee zu verdeutlichen. In den meisten Fällen verfügen Sie über ein Support-Tickets-System, wenn Sie ein IT-Produkt auf dem Markt haben, bei dem die Nutzenden Probleme melden können (siehe Abbildung 9.18).

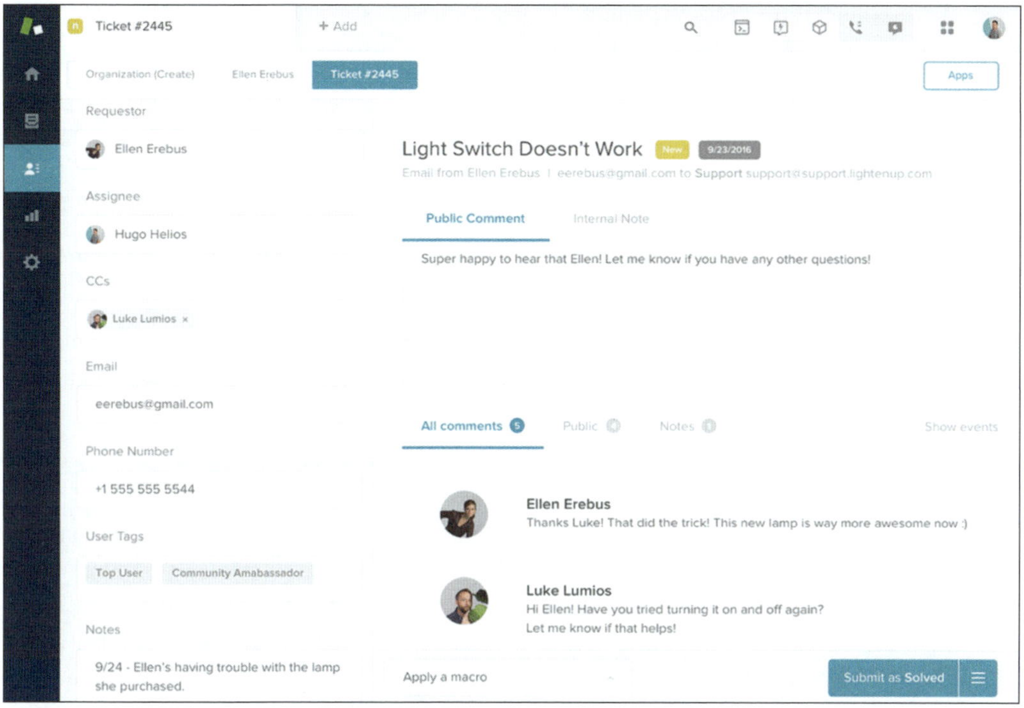

Abbildung 9.18 Das Ticket-System »Zendesk« (www.zendesk.com)

Oftmals handelt es sich bei den eingereichten Tickets um Feature-Requests, also um eine Anfrage wegen fehlender Funktionalitäten, oder um Nutzungsprobleme und Bugs. Meistens werden Tickets entweder automatisiert oder manuell gruppiert und dann Support-Mitarbeitern zugewiesen. In den meisten Unternehmen wird die Bearbeitung der Tickets sehr gut überwacht. Dazu gehört die Anzahl der eingehenden Tickets, die Schnelligkeit der Bearbeitung und die Zufriedenheit mit der Bearbeitung.

Was wir jedoch selten sehen, ist eine *inhaltliche* Analyse der Tickets. Zwar werden die Tickets gruppiert und dann für die Bearbeitung bestimmten Personen zugewiesen, diese Person wählt dann aber »nur« anschließend anhand einer vorhandenen Wissensdatenbank einen passenden Lösungsweg aus oder entwickelt eine eigene Lösung. Uns sind praktisch nur Fälle bekannt, in denen der Fokus auf dem Problem und dessen Lösung liegt. Das ist nachvollziehbar, schließlich ist das die primäre Aufgabe eines Support-Mitarbeiters.

Allerdings wird dadurch Potenzial verschenkt. Denn Tickets enthalten Informationen, die helfen können, den Nutzungskontext besser zu verstehen, wenn sie auf eine passende Art und Weise systematisch erfasst werden.

Wenn die Zeit und Möglichkeit dafür gegeben ist, dann sollten Sie daher in regelmäßigen Abständen einen Teil der Support-Tickets ansehen und auf folgende Inhalte prüfen:

- Für welche Aufgabe wollte der Nutzende das System, das Produkt bzw. die Dienstleistung nutzen?
- Welches Ziel steht hinter der Nutzung?
- Welche Rahmenbedingungen der Nutzung werden aus dem Ticket deutlich?
- Welche Funktionen wünschen sich die Nutzenden und wofür?
- Sind die Aufgaben, Ziele und Rahmenbedingungen der Nutzenden bei Ihrem System, Ihrem Produkt oder Ihrer Dienstleistung mitgedacht, oder bewegt sich Nutzende außerhalb des von Ihnen gedachten Rahmens?

Achtung, Verzerrungen!

Anhand von Ticket-Daten können Sie viel über den Nutzungskontext lernen. Die Sache hat jedoch einen Haken: Es gibt in der Regel keine formale Vorgabe, dass mit einem Ticket überhaupt Informationen zum Nutzungskontext einzureichen sind. Daher kann es zu einer Verzerrung in den Daten kommen. Beispielsweise könnte es eine Nutzergruppe geben, die besonders bereitwillig Informationen zur Verfügung stellt, oder eine zweite, die auf solche Informationen komplett verzichtet. Diese Art von Verzerrung ausschließlich anhand der Ticket-Daten aufzudecken, ist nur schwer möglich. Wird sie nicht aufgedeckt, kann das aber leicht zu falschen Annahmen führen.

Natürlich können Sie die Ticket-Analyse nicht nur einsetzen, um den Nutzungskontext für ein bestehendes System zu verstehen, sondern Sie können die Tickets auch hinsichtlich der eingereichten Probleme analysieren. Wenn Sie das machen und eher auf Aufgaben- und Oberflächenebene analysieren, dann bewegen Sie sich jedoch eher im Bereich des Tests einer Anwendung zum Ende des Zyklus.

Wie bei allen anderen Methoden, die reale Daten von Nutzern verwenden, gehen Informationen, die für die Nutzungskontextanalyse verwendet werden können, und Informationen, die für die Tests des Produkts selbst verwendet werden können, nahtlos ineinander über. Und wie bei allen anderen Methoden stehen Sie auch hier vor der Herausforderung, dass die Analyse von Ticket-Daten nur möglich ist, wenn Sie bereits ein Ticket-System haben, das im Live-Betrieb ist.

Eine weitere Art von Daten, die bei bestehenden Systemen, Produkten und Dienstleistungen oft vorliegen, sind *Daten zum Nutzerfeedback*. Dieses kann entweder über dedizierte Feedbackkanäle eingesammelt werden, wie z. B. ein Formular auf der Webseite, es kann aber genauso gut Feedback sein, das per Mail an eine Kontaktadresse oder in Foren oder in sozialen Medien geteilt wird. Bei der Feedback-Analyse sind die Fragen, nach denen Sie die Feedbacks durchforsten sollten, um Input für die Nutzungskontextanalyse zu erhalten, wieder genau die gleichen wie bei der Ticket-Analyse, nämlich:

- Für welche Aufgabe wollte der Nutzende das System, das Produkt bzw. die Dienstleistung nutzen?
- Welches Ziel steht hinter der Nutzung?
- Welche Rahmenbedingungen der Nutzung werden aus dem Ticket deutlich?
- Welche Funktionen wünschen sich die Nutzenden und wofür?
- Sind die Aufgaben, Ziele und Rahmenbedingungen der Nutzenden bei Ihrem System, Ihrem Produkt oder Ihrer Dienstleistung mitgedacht, oder bewegt sich der Nutzende außerhalb des von Ihnen gedachten Rahmens?

Bei der Feedback-Analyse gibt es im Vergleich zu Support-Tickets eine Besonderheit: Je nach Produkt kann das Feedback zumindest zum Teil öffentlich verfügbar sein. Sie können beispielsweise problemlos die sozialen Medien nach Ihrem System, Ihrem Produkt oder Ihrer Dienstleistung durchsuchen – Sie können das Gleiche aber auch für *Wettbewerber* machen.

Damit erhalten Sie eine ungleich größere Menge an Feedback zur Analyse, als dies bei ausschließlicher Betrachtung Ihrer Angebote der Fall wäre. Wichtig ist hierbei, dass Sie die Wettbewerber, die Sie sich ansehen, nicht nach Branchen auswählen, sondern nach der Frage, ob sie für den Kunden das gleiche Problem lösen und dabei helfen, das gleiche Ziel umzusetzen. Auf diese Weise ist die Feedback-Analyse bei Nutzung öffentlicher Daten die einzige Methode aus dem Bereich »Analyse vorhandener Nutzungsdaten«,, die auch dann für Sie infrage kommt, wenn Sie noch kein eigenes Produkt haben.

Abhängig von dem Anwendungsfeld, in dem Sie tätig sind, gibt es sogar Institutionen, die das Feedback aktiv für Sie sammeln. So können Sie als Hersteller im Medizinproduktebereich zum Beispiel auf die MAUDE-Datenbank zurückgreifen, die Interessierten einen Überblick über eingereichte Vorfälle in Zusammenhang mit Medizinprodukten in den USA gibt. Diese Art von Feedback ist natürlich eine sehr besondere Art, da sie sich ausschließlich auf negative Rückmeldungen bezieht, aber trotzdem bietet die Datenbank eine große Menge von Rückmeldungen, auf die sonst kein Zugriff bestehen würde. Die MAUDE-Datenbank finden Sie unter:

https://www.accessdata.fda.gov/scripts/cdrh/cfdocs/cfmaude/textsearch.cfm

Vor- und Nachteile

Zusammengefasst lässt sich sagen, dass die Vorteile bei der Ticket-Analyse die großen Datenmengen sind sowie die Möglichkeit, zumindest indirekt auf weitere Informationen zum Nutzungskontext zu schließen. Dadurch, dass die Support-Tickets und Feedbackbögen während der regulären Verwendung ausgefüllt werden, spiegeln diese auch tatsächliche Probleme und Wünsche der Nutzenden wider und entstehen nicht durch eine künstliche Studiensituation. Das ermöglicht Ihnen allein anhand der Häufigkeiten von bestimmten Themen auch die Priorisierung von Problemen.

Dadurch, dass die Daten kontinuierlich generiert werden, können Sie die Auswertung auch immer wieder wiederholen und sehen, ob sich die Bedürfnisse und Probleme der Nutzenden im Laufe der Zeit verändert haben. Das ermöglicht bei guter Datenpflege sogar einen Rückschluss auf den Effekt von durchgeführten Produktanpassungen. Ein weiterer Vorteil ist auch, dass Feedbackdaten zu vielen Produkten oft öffentlich zugänglich sind. Daher können Sie nicht nur die eigenen Daten analysieren, sondern auch auf die Daten von Marktbegleitern zurückgreifen.

Negativ daran ist, dass bei einer Ticket- oder Feedback-Analyse eine Verzerrung der Rückmeldungen auftreten kann, da hier vor allem negative Rückmeldungen eingehen und Feedback-Möglichkeiten vor allem von unzufriedenen Personen genutzt werden.

Genau wie bei allen anderen Methoden, die bereits vorhandene Daten für die Analyse nutzen, benötigen Sie auch hierfür schon ein bestehendes Produkt mit einem funktionierenden Ticket-System. Außerdem kann die Analyse der vorhandenen Daten relativ aufwendig werden, wenn die Vorsortierung des Ticket-Systems vor allem technisch ausgerichtet ist und Sie nicht bei der Sortierung und Identifikation von Nutzungsproblemen unterstützt.

Tabelle 9.9 zeigt den Steckbrief der Methode.

Steckbrief: Ticket- und Feedback-Analyse	
Kurzbeschreibung	Auswertung bestehender Support-Tickets und des Kundenfeedbacks zur Identifikation und Analyse von Problemen, Wünschen und Anforderungen an das System, Produkt oder die Dienstleistung
Vorteile	▶ Die Daten spiegeln tatsächliche Probleme und Wünsche der Nutzenden wider. ▶ Es ist kein Aufwand für eine zusätzliche Datensammlung notwendig, die über das Ausfüllen von Supportanfragen oder Feedbackformularen hinausgeht. ▶ Große Datenmengen stehen zur Auswertung bereit, sodass kritische Bereiche einfach identifiziert werden können. ▶ Durch kontinuierliche Datensammlung wird es möglich, die Auswertung zu verschiedenen Zeitpunkten zu wiederholen. ▶ Zugriff auch auf Daten von Konkurrenzprodukten über Supportforen oder öffentliche Feedbackkanäle.

Tabelle 9.9 Steckbrief der Methode »Ticket- und Feedback-Analyse«

Steckbrief: Ticket- und Feedback-Analyse	
Nachteile	▸ Verzerrung der Rückmeldungen hin zu den überwiegend als negativ empfundenen Aspekten des Produkts, da diese vorwiegend im Support landen. ▸ Funktioniert nur, wenn es bereits eine Lösung/Vorgängerlösung gibt. ▸ Aufwendige Filterung von Tickets, um zu identifizieren, welche überhaupt nutzungsbezogen sind.

Tabelle 9.9 Steckbrief der Methode »Ticket- und Feedback-Analyse« (Forts.)

9.4 Analytische Methoden der Nutzungskontextanalyse

Die eben vorgestellten Methoden dienen dazu, dass Sie ein gutes Verständnis für den Nutzungskontext erhalten und Daten sammeln, die Ihnen helfen, neue Annahmen zu entwickeln sowie bestehende Annahmen zu widerlegen oder zu bestätigen. Um diese Daten aber weiter zu analysieren und auch für Dritte, die nicht an der Erhebung der Daten beteiligt waren, zugänglich zu machen, möchten wir Ihnen im Folgenden noch drei weitere Methoden vorstellen, die Ihnen dabei unter die Arme greifen.

9.4.1 Task-Analyse bzw. Aufgabenanalyse

Die Task-Analyse ist eine Methode, die die gesamte Nutzeraufgabe in einzelne Teilschritte zerlegt und diese Teilschritte im Anschluss einzeln betrachtet (siehe auch IEC/TR 62366-2:2016). Die *Task-Analyse* – manchmal auch *Aufgabenanalyse* genannt – ist damit eine Methode, die nicht zur Sammlung von Daten über den Nutzungskontext eingesetzt wird, sondern zur Analyse der gesammelten Daten.

Am häufigsten kommt die Task-Analyse im Nachgang zu einer Feldbeobachtung (siehe Abschnitt 9.3.2) oder einer Contextual Inquiry (siehe Abschnitt 9.3.6) zum Einsatz. Also immer dann, wenn Sie vorher Informationen über die Aufgabe und deren Ausführung gesammelt haben, können Sie eine Task-Analyse anstoßen.

Die Grundidee der Task-Analyse ist sehr einfach: Sie nehmen sich eine Gesamtaufgabe und zergliedern sie in ihre Unteraufgaben. Ein Beispiel: Stellen Sie sich vor, Sie würden gern die Tätigkeit »Kaffee machen« neu analysieren (siehe Abbildung 9.19).

Dann könnte Ihre Task-Analyse Folgendes ergeben:

- **Hauptaufgabe: Kaffee machen**
- **Unteraufgaben:**
  1. Kaffeemaschine anschalten
  2. Kaffeetasse nehmen

3. Kaffeetasse unter Auslass platzieren
4. Aufheizen abwarten
5. Über Portionsgröße entscheiden
6. Portionsgröße auswählen
7. Zubereitung des Kaffees abwarten
8. Volle Kaffeetasse nehmen

Abbildung 9.19 »Kaffee machen« als Beispiel für eine Task-Analyse

Wie Sie an diesem einfachen Beispiel sehen, kann schon eine einfache und kurze Aufgabe in viele Teile gegliedert werden. Natürlich könnten wir auch noch weitere Schritte aufführen, wenn der Kaffee am Ende noch weiterbearbeitet wird und beispielsweise Milchschaum parallel produziert wird. Zusätzlich haben wir in diesem Beispiel die typischen »Desaster« einer Kaffeemaschine vollkommen außen vor gelassen: Es muss nicht gespült werden, die Bohnen sind aufgefüllt, es ist genug Wasser da und auch der Behälter zum Sammeln des Kaffeesatzes ist ausreichend geleert.

Trotzdem kommen wir allein in diesem Beispiel auf 8 Schritte. Wenn Sie sich die Schritte genau ansehen, dann sind nicht alle davon Handlungen im beobachtbaren Sinne. Zwar können Sie sehen, wie die Kaffeemaschine eingeschaltet wird, aber Sie können nicht sehen, dass über eine Portionsgröße entschieden wird. Diesen Schritt erhalten Sie nur indirekt: entweder indem Sie den nächsten Schritt betrachten (Wahl der Portionsgröße) und daraus ableiten, was vorher passiert sein muss (dann treffen Sie eine Annahme), oder indem Sie die Nutzenden fragen, was hier passiert ist und warum. Egal wie Sie vorgehen, eine gute Task-Analyse beinhaltet alle Aufgaben des Nutzers, egal ob diese sich in der äußeren oder inneren Welt abspielen.

Wenn Sie die Task-Analyse in der Nutzungskontextanalyse einsetzen, dann stellen Sie für gewöhnlich einen Ist-Stand dar. Sie beschreiben also, welchen Ablauf Sie für die Erfüllung der Aufgabe gesehen haben. Da Sie in den meisten Fällen nicht nur eine Person beobachtet haben, werden Sie für gewöhnlich verschiedene Abläufe sehen. Um die Task-Analyse tatsächlich für die nächsten Schritte nutzen zu können, wird es damit umso wichtiger, die einzelnen Abläufe miteinander vergleichen zu können. Je nachdem, was Ihnen leichter fällt, bietet sich dazu entweder ein Listenformat (z. B. in Excel) an oder eine eher grafische Darstellung (z. B. als Flowchart angelehnt an UML, siehe Abbildung 9.20).

Prozess »Kaffee machen«		Tätigkeit	Entscheidung
1.	Kaffeemaschine anschalten	x	
2.	Kaffeetasse entnehmen	x	
3.	Kaffeetasse unter Auslass platzieren	x	
4.	Aufheizen abwarten	x	
5.	Über Portionsgröße entscheiden		x
6.	Portionsgröße wählen	x	
7.	Zubereitung des Kaffees abwarten	x	
8.	Volle Kaffeetasse entnehmen	x	

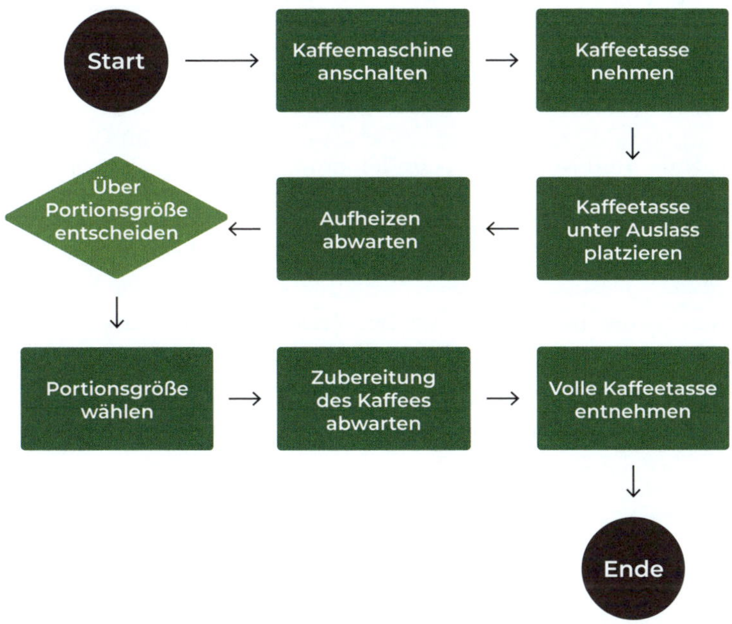

Abbildung 9.20 Zwei verschiedene Darstellungsformen der Task-Analyse: oben die Darstellung als Liste bzw. Tabelle und unten als Flowchart

Beide Darstellungsformen funktionieren für die eigene Betrachtung sehr gut. Wenn Sie mit anderen gemeinsam über den Prozess diskutieren möchten, dann empfehlen wir Ihnen die grafische Aufbereitung der Inhalte, weil diese für viele Personen leichter zugänglich ist. Bei uns hat sich eine vereinfachte Schreibweise bewährt, bei der wir nur zwischen Kästen (Handlungen), Rauten (Entscheidungspunkten) und Linien (Verbindungswege zwischen den Schritten) unterscheiden. Für die meisten Fälle sind diese einfachen Flowcharts vollkommen ausreichend.

Mithilfe der Flowcharts oder der Tabellen suchen Sie anschließend nach gemeinsamen Mustern. Dabei haben sich für uns folgende Fragen etabliert:

- Welche Teile der Aufgabe laufen immer gleich ab?
- Welche Aufgabenblöcke erscheinen immer in einer bestimmten Reihenfolge zu anderen Aufgabenblöcken?
- Gibt es Teile der Aufgabe, die nur bei einzelnen Personen vorkommen? Wenn ja: Was unterscheidet die Person von den anderen Personen?
- Welche Teile der Aufgabe kommen bei allen Personen vor?

Die Antworten auf diese Fragen nutzen Sie,

- um Unteraufgabenblöcke zu identifizieren, die fest sind,
- um feste Reihenfolgen zwischen den Unteraufgabenblöcken festzuhalten,
- um zwischen notwendigen und optionalen Teile der Aufgabe zu unterscheiden und
- um Hinweise auf unterschiedliche Nutzergruppen zu finden.

Im besten Fall können Sie nachher eindeutig sagen, welche Unteraufgaben zwangsweise Teil der Aufgabe sind und in welcher Reihenfolge diese Schritte durchlaufen werden.

Wie Sie an dem Kaffeebeispiel und an der Definition von *Ziel* (»Was will man erreichen?«) und *Aufgabe* (»Was ist der aktuelle Weg, um das zu tun?«) vielleicht bereits gemerkt haben, ist eine Beobachtung – und damit auch die Task-Analyse – in einem ersten Schritt stark an das vorhandene Equipment und die Prozesse vor Ort gebunden. Wenn Sie vorhaben, eine komplett neue Lösung zu entwickeln, dann ist es wichtig, dass Sie es an dieser Stelle schaffen, sich von der konkreten Umsetzung zu lösen und die Task-Analyse ein Stück weiter zu abstrahieren.

Eine *abstrahierte Version der Aufgabe* ist für gewöhnlich kürzer, umfasst weniger Schritte und beinhaltet oft nur die Entscheidungen, da die Handlungen an die Umsetzung gebunden sind. Auf der höchsten Abstraktionsebene könnte die Aufgabe »Kaffee machen« also zusammengeschrumpft werden auf:

1. Kaffee anfordern
2. Über Portionsgröße entscheiden

3. Portionsgrößenwunsch mitteilen
4. Auf Kaffee warten

Was der Nutzer genau tun muss, um den Kaffee zu erhalten, hängt dann wieder stark von der Umsetzung ab. Wie Sie sehen, ist diese abstrahierte Form plötzlich auf verschiedene Lösungswege übertragbar. Mit genau den gleichen Schritten könnten Sie auch in einem normalen Café Ihr Getränk bestellen und würden auf die Frage »Tasse oder Kännchen?« antworten.

Welche Abstraktionsebene für Ihr Projekt und Ihr Vorgehen relevant ist, hängt ganz stark davon ab, was Sie planen zu tun und wie innovativ Ihre Lösung am Ende sein darf. Wer sagt eigentlich, dass man Kaffee aus einer Tasse trinken muss? Vielleicht erinnern Sie sich an die Marke Senseo, die genau mit dieser Frage eine Differenzierung schaffen konnte, indem Senseo statt einer Tasse den eigenen Maschinen ein Glas beilegte (siehe Abbildung 9.21). Eine andere Umsetzung kann der »Taschenkaffee« sein, bei dem die gleiche Menge Koffein über eine Art Praline zu sich genommen wird. Dadurch verringert sich die Wartezeit, es muss nicht auf die Temperatur geachtet werden, und durch die einzeln verpackten Pralinen ist die Menge an Koffein frei steuerbar.

Abbildung 9.21 Glas anstatt Tasse – eine Senseo-Kaffeemaschine von Philips (Quelle: www.senseo.de)

Um für die spätere Entwicklung bessere Schlüsse ziehen zu können, gibt es neben der Aufstellung der Unteraufgaben noch zwei weitere Ergänzungen, die sich als hilfreich für die Nutzungskontextanalyse und das Ableiten von Nutzungsanforderungen herausgestellt haben. Diese zwei Schritte sind die Ergänzung von benötigten Inputs und die Ergänzung von erstellten Outputs.

- Mit *Inputs* ist gemeint: Was braucht der Nutzende, um diesen Teilschritt der Aufgabe erfolgreich ausführen zu können? Das kann eine Information sein, das kann ein Material sein, ein Gegenstand, Energie ... In unserem Beispiel würde zum Beispiel eine Tasse benötigt, um die Tasse nehmen und unter dem Auslass platzieren zu können.

- Der *Output* ist hingegen das, was am Ende dieser Unteraufgabe vorhanden ist. Das könnte zum Beispiel ein Zustand sein (Gerät ist angeschaltet), ein Teilprodukt (erhitztes Wasser, gemahlener Kaffee) oder ein Endprodukt (fertiger Kaffee in der Tasse).

Im Allgemeinen benötigen Sie die vollständigen Inputs, um sicherzustellen, dass Ihre spätere Lösung auch tatsächlich effektiv und effizient eingesetzt werden kann. Wenn nicht alle Informationen vorliegen, um die Unteraufgabe zu lösen, wird das zu Workarounds, Verzögerungen und Abbrüchen führen. Die Outputs wiederum dienen Ihnen als Input für weitere Unteraufgaben – alles, was als Input benötigt wird, muss irgendwoher kommen. Auf der anderen Seite dienen Ihnen die Outputs als Prüfung: Wenn Sie Outputs produzieren, die nirgends verwendet werden, dann sind diese vielleicht einfach unnötig und könnten weggelassen werden.

Die Dokumentation der Inputs und Outputs können Sie entweder als extra Spalten in einer Tabelle vornehmen (Inputs ganz links, dann die Unteraufgaben, Outputs ganz rechts) oder als kleine Grafiken in unterschiedlichen Farben an das Flowchart hängen (siehe Abbildung 9.22).

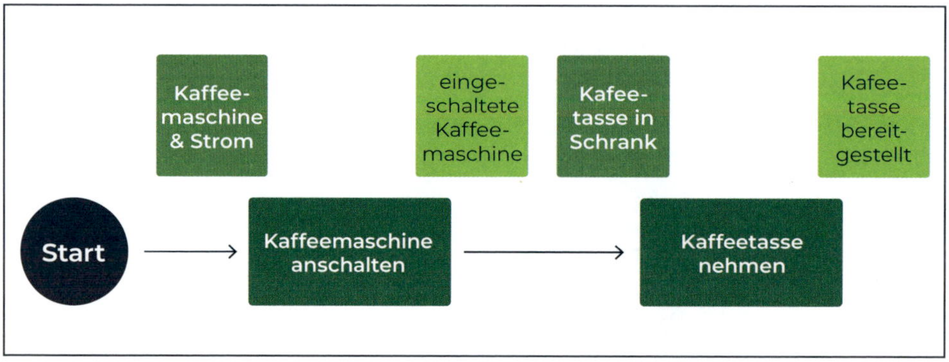

Abbildung 9.22 Flowchart einer Task-Analyse mit ergänzten Inputs und Outputs

Auch hier sind Ihrer Fantasie natürlich keine Grenzen gesetzt. Wichtig ist nur, dass Sie nachvollziehen können, welcher Input und Output zu welcher Unteraufgabe gehört.

Vor- und Nachteile

Die Frage, was wichtig und was unwichtig ist, ist ein entscheidender Teil bei der Nutzungskontextanalyse. Je mehr Wissen Sie über den Nutzungskontext sammeln und je analytischer Sie bei dessen Betrachtung vorgehen, umso wahrscheinlicher ist es, dass Sie zum Kern der Aufgabe vordringen und damit in die Lage versetzt werden, komplett neue Lösungen zu denken.

Bei der Task-Analyse fällt es uns schwer, über Vor- und Nachteile zu sprechen. Die Vorteile (nämlich den Prozess der Nutzenden, die aktuellen Lösungen und Abweichungen von ihm zu verstehen) sind das Kernstück der Nutzungskontextanalyse. Ob Sie die Erkenntnisse dann in Form einer Tabelle, eines Flowcharts oder mit Post-Its dokumentieren, ist Geschmackssache. Wir glauben aber nicht, dass es einen vernünftigen Weg gibt, ein gutes Produkt für Nutzer zu erstellen, ohne deren Aufgabe und die dafür benötigten Informationen zu verstehen. Die Task-Analyse ist schlicht und einfach ein Werkzeug, um systematisch vorzugehen. Sie können aber auch jedes andere Vorgehen nutzen, solange Sie den Kern der Aufgabe und den Informationsbedarf identifizieren und systematisch darstellen.

Es gibt aber einige Nachteile, die mit diesem sehr systematischen Vorgehen und dessen detaillierter Dokumentation verbunden sind. Das Durchführen und Dokumentieren einer Task-Analyse kann abhängig vom Umfang der beobachteten Aufgabe recht aufwendig sein und viel Zeit kosten. Gerade wenn es viele verschiedene Lösungen oder Lösungswege gibt, ist die Identifikation der Kernaufgabe und des Informationsbedarfs über reine Beobachtung allein fast nicht möglich. Hier unterstützt die Befragung in Form eines *Interviews* (siehe Abschnitt 9.3.3) oder einer *Contextual Inquiry* (siehe Abschnitt 9.3.6) sehr und kann eine gelungene Ergänzung zu den vorhandenen Informationen sein. Dadurch verbessert sich das Verständnis für die Aufgabe zwar rapide, jedoch erhöht sich auch gleichzeitig deutlich der Aufwand, der für die Auswertung und Darstellung betrieben werden muss.

Außerdem sehen wir oft, dass durch fehlende Abstraktion der Aufgabe in einem ersten Schritt sehr nah an vorhandenen Lösungen geblieben wird. Nur weil es heute einen Anschaltknopf gibt, müssen zukünftige Kaffeemaschinen nicht auch einen Anschaltknopf besitzen. Genauso gut könnte dies über eine Sprachsteuerung, eine Zeitsteuerung oder einen Näherungssensor gelöst werden. Die systematische Durchführung der Task-Analyse birgt damit die Gefahr, ausgelöst durch das Dokumentationsformat, in inkrementeller Innovation stecken zu bleiben. Das kann zwar erwünscht sein, sollte aber nicht durch die Dokumentation bedingt werden.

Tipp: Das richtige Abstraktionsniveau wählen

Um nicht durch die Dokumentation die Lösung vorzugeben, ist es notwendig, das richtige Abstraktionsniveau für eine Aufgabe zu wählen. Gerade in einem neuen Bereich fällt es jedoch oft schwer, festzulegen, was in diesem Kontext »richtig« bedeutet. Als Empfehlung möchten wir Ihnen mitgeben, dass Sie bei der Dokumentation immer prüfen sollten, ob es sich um eine Entscheidung oder eine Handlung handelt oder ob die Beschreibung sich bereits auf ein Interface-Element bezieht. Für gewöhnlich sind Sie zu detailliert unterwegs, wenn schon Interface-Elemente erwähnt werden.

Wir glauben trotzdem, dass die Analyse von tatsächlichem Verhalten viele Informationen mitbringt, die bei reinen Befragungen verloren gehen – schlicht und einfach, weil viele Nutzende sich gar nicht all ihrer Verhaltensweisen voll bewusst sind.

Tabelle 9.10 zeigt den Steckbrief der Methode.

Steckbrief: Task-Analyse bzw. Aufgabenanalyse	
Kurzbeschreibung	Analytische Methode zur Zerlegung einer Aufgabe in ihre Teilschritte, um die Informationen, Materialien usw. zu identifizieren, die für die Durchführung notwendig sind.
Vorteile	▸ Möglichkeit, die Aufgabe analytisch zu betrachten und darauf aufbauend den Prozess neu zu denken ▸ Durch das Herunterbrechen der Aufgabe wird klar, was tatsächlich benötigt wird und was nur durch die gewählte Lösung notwendig wird. ▸ Die systematische Identifikation von Gemeinsamkeiten bei nichtstandardisierten Abläufen wird möglich.
Nachteile	▸ Es kann schwer sein, den richtigen Detailgrad für die Durchführung der Aufgabenanalyse zu finden. ▸ Kann sich zu stark an vorhandenen Lösungen orientieren und damit Innovation verhindern ▸ Relativ großer Aufwand für die Erfassung der richtigen Daten und die Auswertung, wenn es sich um nicht bzw. wenig standardisierte Abläufe handelt

Tabelle 9.10 Steckbrief der Methode »Task-Analyse bzw. Aufgabenanalyse«

9.4.2 User bzw. Customer Journey Mapping/Touchpoint-Analyse

Das *User* bzw. *Customer Journey Mapping* und die Touchpoint-Analyse sind ähnlich wie die Task-Analyse keine Methoden zum Beschaffen neuer Daten, sondern jeweils eine Art und Weise, vorhandene Daten zu betrachten und darzustellen. Bei dieser Gruppe der Methoden steht eine grafische Aufbereitung der Nutzer- bzw. Kundenreise im Mittelpunkt.

Unter der *Nutzerreise* versteht man die verschiedenen Stationen (z. B. Webseite, bestimmte Unterseiten auf der Webseite, Call-Center), die Nutzende im Laufe der Verwendung des Systems, Produkts oder Service durchlaufen. Diese Stationen werden in der Darstellung meistens mit den jeweiligen Fragestellungen, Aufgaben und Zielen gekoppelt, die die Nutzenden an der jeweiligen Station verfolgen, sowie mit ihrer Zufriedenheit mit der Umsetzung der aktuellen Station. Die Nutzerreise verläuft inzwischen fast immer über verschiedene Medien und Anlaufstellen, weswegen auch die Touchpoint-Analyse immer mehr an Gewicht bekommt.

Bei der *User Journey* (wir werden den *Customer* nachfolgend für das einfachere Lesen weglassen – Sie können selbst entscheiden, wen Sie betrachten) werden die einzelnen Stationen der Tätigkeit aufgegriffen und dargestellt. Damit ist die User Journey auf gewisse Art und Weise mit der *Task-Analyse* vergleichbar. Allerdings unterscheidet sich der Detailgrad häufig deutlich. In vielen Fällen unterteilt die User Journey die Reise der Nutzenden bzw. der Kundinnen und Kunden in einzelne Aufgaben, wohingegen die Task-Analyse die Aufgaben in Unteraufgaben unterteilen würde. Damit könnte man mit einer Task-Analyse quasi in die User Journey hineinzoomen und noch mehr Details und Informationen betrachten.

Fast immer wird beim User Journey Mapping eine Darstellung in sogenannten *Swimlanes* verwendet, bei denen ähnlich zu einer Tabelle in den Spalten die Tätigkeiten stehen und in den Zeilen (den Swimlanes) weitere Informationen zu dem Schritt aufgeführt werden. Ein typisches Beispiel für die Aufbereitung einer User Journey wäre die Unterteilung in die Bereiche *Journey* und *User-Erfahrung*. Bei der Journey würden die einzelnen Schritte vorgestellt werden, je ein Schritt pro Spalte. Bei der Kundenerfahrung würde in einzelnen Swimlanes dazu notiert werden, was den Kunden bei dem Schritt durch den Kopf geht oder wie sie sich dabei fühlen (siehe Abbildung 9.23).

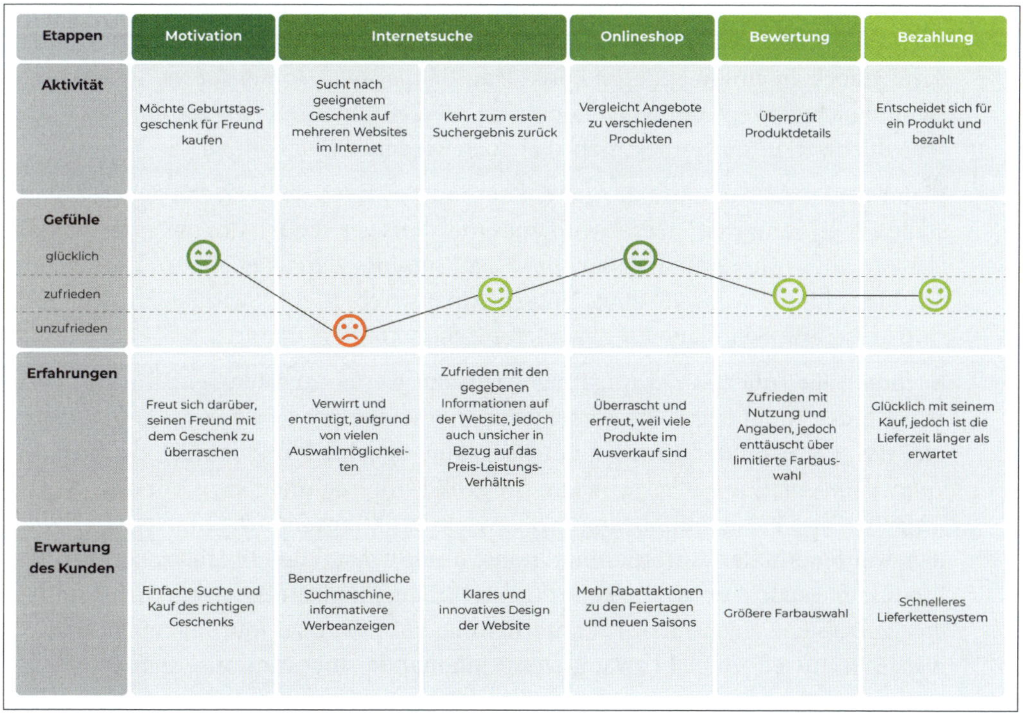

Abbildung 9.23 Beispiel einer User Journey Map

Wie bei vielen anderen Methoden zum Usability und User Experience Design gibt es hier nicht *den* einen richtigen Weg, sondern viele mögliche Erweiterungen. So ergänzt Jerry Angrave (2020) das Schema noch um die Erfahrung des Entwicklungsteams und geeignete Kennwerte, um den einzelnen Schritt zu tracken.

In einigen Fällen werden User Journey Maps auch verwendet, um Zusammenhänge zwischen verschiedenen Aufgaben darzustellen. Das kann ganz allgemeine Zusammenhänge betreffen, bei denen verschiedene Abläufe in einer Journey Map aufgegriffen werden. Dies wird dann für gewöhnlich durch Pfeile zwischen den verschiedenen Aufgaben dargestellt.

Denken Sie beispielsweise an die unterschiedliche Ausführung der Aufgaben im Rahmen der Task-Analyse, die Sie während der Durchführung bei verschiedenen Personen beobachten könnten. So ähnlich ist es hier mit Einstiegspunkten oder Absprungpunkten, die in einer Journey Map dargestellt werden können. Einige Personen fangen mit Aufgabe A an und springen dann zu B. Einige fangen aber auch erst bei B an und kommen später zu A zurück.

Zum besseren Verständnis haben wir Ihnen ein Beispiel aus dem Buch »User Experience Mapping« von Peter Szabo (2017) eingefügt, das eine Journey Map mit diesen Zusammenhängen zeigt (siehe Abbildung 9.24). Hierbei wird eine User Journey aufgezeigt, bei der Personen zu ihrem Weg zu einem Computerspiel befragt wurden. Bei der Entstehungsgeschichte zeigen sich hier zum Beispiel verschiedene Einsprungpunkte (digitale Werbung, Social Media Post, Google-Suche, Mundpropaganda), die auch tatsächlich genutzt wurden. Je nach Einsprungpunkt landen die Nutzenden dann jedoch an einem anderen Punkt (Landingpage vs. Homepage vs. Steam-Seite). Die möglichen Wege der Nutzenden sind hierbei über Pfeile dargestellt, die unterschiedlich verlaufen können, sich aber auch wieder treffen können.

Wenn der Fokus eher auf der Analyse der Journey nach den verschiedenen Anlaufstellen liegt, dann werden die Swimlanes meistens verwendet, um die unterschiedlichen Medien und Anlaufstellen bzw. Touchpoints darzustellen. So könnte eine Swimlane für die Webseite eines Unternehmens stehen, eine Swimlane für den Flagship-Store, eine Swimlane für den telefonischen Kundensupport ...

Nachdem alle Touchpoints aufgetragen wurden, werden anschließend die Aufgabenschritte des Nutzers auf die verschiedenen Swimlanes verteilt. Auf diese Art und Weise werden Medienbrüche in der User Journey schnell und einfach deutlich. Die *Touchpoint-Analyse* bietet vor allem für große Unternehmen viele Vorteile, da hier Aufgaben und Kundenerfahrungen über viele Funktionsbereiche hinweg erlebt werden, während in den Unternehmen selbst unter Umständen in Einzelaufgaben und Produkten gedacht wird. Das kann zu einer fragmentierten User Experience führen, da alle Bereiche eigene Schritte unternehmen, um die User Journey zu optimieren, diese Schritte jedoch nicht zwangsweise aufeinander abgestimmt sein müssen.

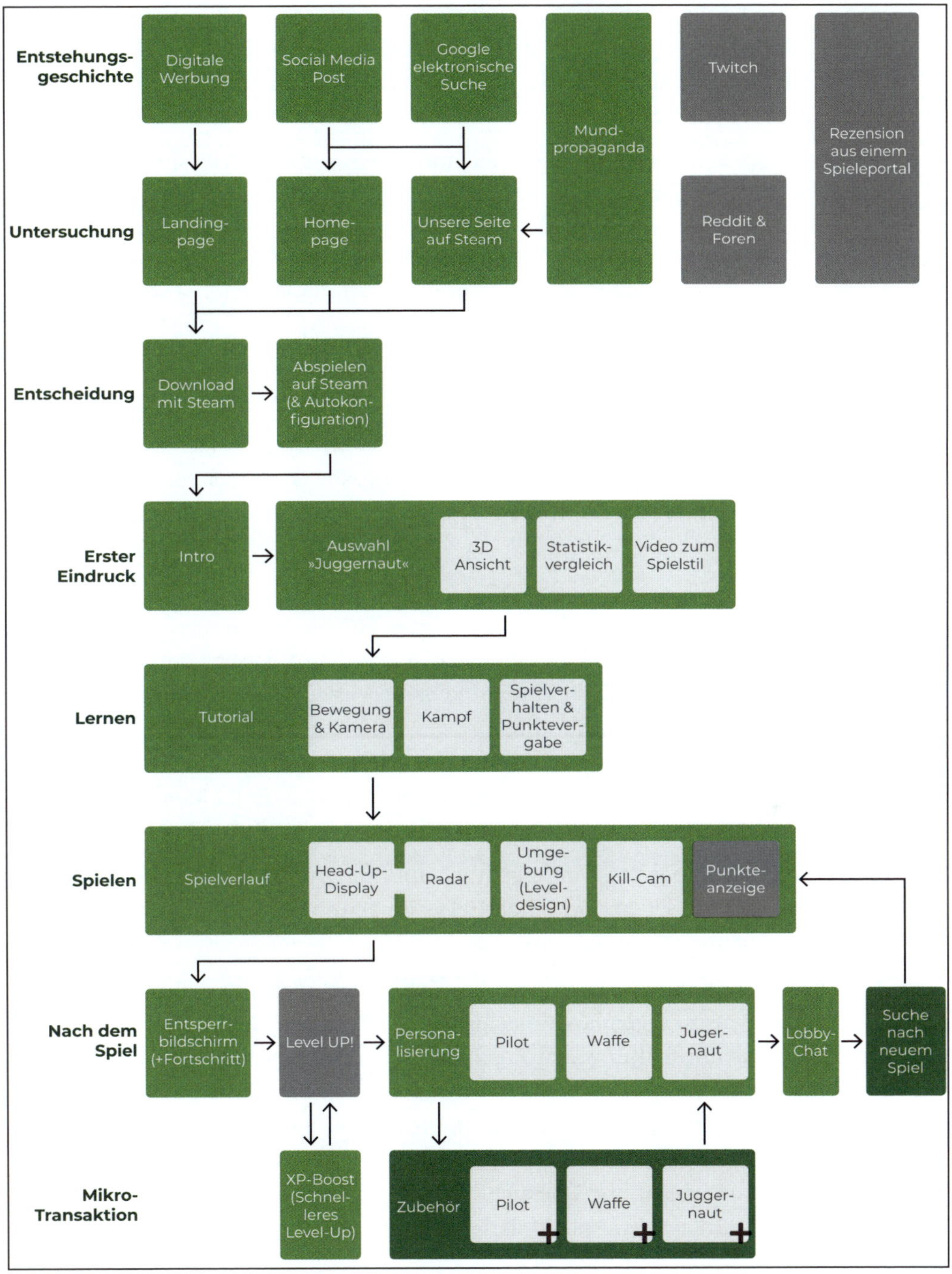

Abbildung 9.24 User Journey Map aus dem Buch »User Experience Mapping« von Peter Szabo (2017)

Manchmal entstehen auch ähnliche Effekte dadurch, dass sich die Touchpoints über die Zeit einfach stark verändern und sich dadurch ein Ungleichgewicht bildet. Die Touchpoint-Analyse bietet Ihnen hierfür noch keine Lösung, stellt jedoch immerhin ein Analyse-Tool dar, das Ihnen die Problematik deutlich aufzeigt.

Egal welche Art von Journey Mapping Sie nutzen, wir empfehlen Ihnen, immer neben der tatsächlichen Nutzung Ihres Systems, Produkts oder Ihrer Dienstleistung auch den Zeitraum vorher, in dem es zur Kauf- oder Nutzungsentscheidung kommt, sowie den Zeitraum nachher, wenn die Nutzung reflektiert wird, zu betrachten. Die Reflexion der Nutzung ist voraussichtlich nicht in allen Produkten gegeben.

Den Rückwärtsblick können Sie vor allem gut in Wechselsituationen verwenden, also dann, wenn Nutzende sich von einer Lösung trennen, um eine neue zu nutzen. Streng genommen sind Sie damit dann erneut in der Kauf- oder Nutzungsentscheidung unterwegs. Vor allem in der Nutzungskontextanalyse ist das Verständnis und die Darstellung der Zusammenhänge sehr wichtig, sodass es unserer Meinung nach sinnvoll ist, über den Tellerrand der reinen Nutzung der eigenen Lösung hinauszuschauen.

Vor- und Nachteile

User Journey Maps stellen einen einfachen Weg dar, um verschiedenste Arten von Informationen grafisch aufzuarbeiten und deren Verlauf in der Gesamtheit der Aufgabe darzustellen. Sie eignen sich hervorragend als Diskussionsgrundlage, da die grafische Aufbereitung und klare Unterteilung den Stand für alle sichtbar macht, und sie funktionieren gut auf der übergeordneten Organisations- und Makroebene, für die eine Task-Analyse dann doch zu kleinteilig und nutzungszentriert ist.

Da es sich beim Journey Mapping eigentlich um eine Gruppe von Methoden und Darstellungsweisen handelt, ist der Inhalt frei wählbar und lässt sich gut und einfach an die Zielsetzung und »Flughöhe« anpassen.

Darin liegt aber auch eine Schwäche des Methodenclusters. In den meisten Fällen reicht es nicht aus zu sagen: »Wir machen eine User Journey Map!«, um sicherzustellen, dass Erwartungshaltung und Ergebnis zusammenpassen. Hier empfehlen wir dringend, vorab zu klären, was im Fokus der Betrachtung stehen soll. Theoretisch können natürlich alle Informationen auch in eine einzige Map integriert werden, bis hinunter zu den Ergebnissen der Task-Analyse. Problematisch wird es dann jedoch mit der Verständlichkeit und Übersichtlichkeit. Unsere klare Empfehlung: Entscheiden Sie sich für einen Schwerpunkt in der Betrachtung, und optimieren Sie dann Ihre Darstellung anschließend entsprechend.

Tabelle 9.11 zeigt den Steckbrief dieser Methode.

Steckbrief: User bzw. Customer Journey Mapping/Touchpoint-Analyse	
Kurzbeschreibung	Darstellungsweise, mit der die während der Nutzungskontextanalyse gesammelten Daten aufbereitet werden können, um die verschiedenen Kontaktpunkte bzw. den Weg der Nutzenden durch die Lösungen einfach sichtbar und verständlich zu machen.
Vorteile	▶ Durch die grafische Aufbereitung können die Daten leichter erfasst werden. ▶ Bietet einen schnellen Überblick über die gesammelten Daten und ist damit eine gute Diskussionsgrundlage. ▶ Bieter – je nach Inhalten – eine Mischung aus objektiven und subjektiven Daten an.
Nachteile	▶ Keine festgelegten Darstellungsschemata, sodass jede Darstellung anders aussehen kann ▶ Darstellungen neigen zur Vereinfachung, um die Datenmenge überschaubar zu halten.

Tabelle 9.11 Steckbrief der Methode »User bzw. Customer Journey Mapping/Touchpoint Analyse«

9.4.3 Personas und Empathy Maps

Eine weitere Methode zur Datenaufbereitung stellen Personas dar. Personas sind prototypische Darstellungen von typischen Nutzer- oder Kundengruppen. Dabei wird bei der Personaerstellung meistens so vorgegangen, dass die Nutzergruppe (eher abstrakt, da eine Gruppe von Menschen) als eine Person (eine konkrete fiktive Person mit den Eigenschaften der Gruppe) dargestellt wird.

Immer dann, wenn sich durch die vorhandenen Daten zeigt, dass die Kunden-/Nutzergruppe sich anhand ihrer persönlichen Merkmale (die für die Zielsetzung und Aufgabe wichtig sind) oder anhand der Ziele und Aufgaben selbst unterscheidet, ist es Zeit für eine neue Persona. Die Persona beinhaltet dabei für gewöhnlich ein Bild und einen Namen der Person, um es leichter zu machen, die Persona in Diskussionen miteinzubeziehen (siehe Abbildung 9.25).

»Die Persona in die Diskussion mit einbeziehen« ist dabei ein wichtiges Stichwort, auf das wir noch genauer in diesem Abschnitt eingehen werden. An dieser Stelle möchten wir aber schon einmal den Grund vorwegnehmen, warum man Personas erstellen solle: Es macht die Entwicklung einfacher. Menschen fällt es wesentlich leichter, darüber nachzudenken, ob eine bestimmte Person etwas mag als ob eine Gruppe von Personen etwas mögen könnte. Personas sind also eine Darstellungsform, die Abstraktes auf eine fiktive Person projiziert und die anschließend in Ihr Entwicklungsteam integriert wird.

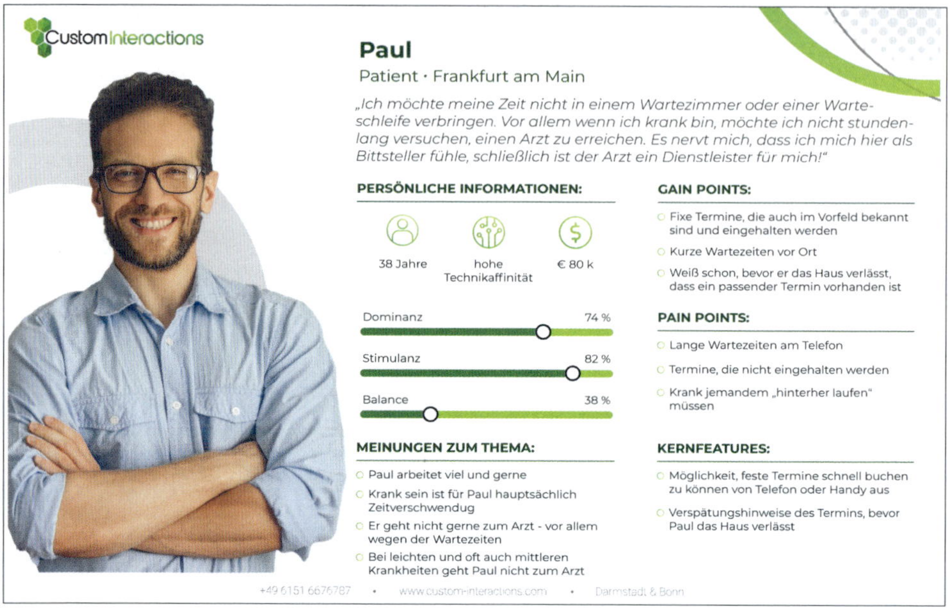

Abbildung 9.25 Beispiel einer Persona für eine Healthyfy-Zielgruppe

Neben dem Foto und dem Namen werden meistens die Aufgaben und Ziele (die Jobs-to-be-done) der Zielgruppe herausgearbeitet und dargestellt, meistens mit der Erweiterung um die Frage, welchem Frust (*Pain Points*) die Person gerade bei Erledigung Ihrer Jobs ausgesetzt ist und welche Lust (*Gain Points*) sie aus der gerade bestehenden Umsetzung zieht.

Bei Personas – wie bei allen anderen bisher vorgestellten Darstellungsmethoden – gibt es nicht die eine richtige Art und Weise, die Inhalte darzustellen und auch, über das oben Gesagte hinausgehend, keinen Konsens über die notwendigen Inhalte. Die Darstellungsformen sind so vielfältig wie die Inhalte und Anwendungsfälle. Grundsätzlich gilt: *Eine Persona sollte es Ihnen so leicht wie möglich machen, die Kerninformation zu Ihrer Zielgruppe im Blick zu behalten.* Durch die Darstellungsform sollte die Persona außerdem dazu anregen, sie in Gesprächen, Meetings und Diskussionsrunden mitzudenken und »zu Wort kommen zu lassen«.

Die wenigsten Unternehmen, ja sogar die wenigsten Produkte, haben nur eine Persona, sondern nutzen eine Priorisierung, um zwischen den verschiedenen Personas zu unterscheiden. Die *Priorisierung der Personas* kann aufgrund verschiedener Kriterien gewählt werden:

- Gruppengröße
- Kaufkraft der Gruppe

- Geschwindigkeit, mit der die Kundengruppe durchdrungen werden kann
- Einfluss auf Kauf-/Nutzungsentscheidung anderer Zielgruppen
- ...

Welche Priorisierung die richtige für Ihr System, Ihr Produkt oder Ihre Dienstleistung ist, hängt stark von Ihrem Geschäftsmodell, dem Entwicklungsstand und der Konkurrenzsituation ab. Für die meisten Anwendungsfälle empfehlen wir, sich auf die größten oder kaufkräftigsten Zielgruppen zu fokussieren und nur bei einem Produkt mit First-Mover-Vorteil auf die anderen vorgeschlagenen Priorisierungen auszuweichen. Unter *First-Mover-Vorteil* versteht man den Vorteil, den sich der erste auf dem Markt aktive Akteur vor nachziehenden Akteuren sichert (z. B. bei sozialen Netzwerken, die von der Anzahl der Teilnehmer leben).

Die Entscheidung über die Priorisierung hat aber wenig mit dem klassischen Usability und User Experience Design zu tun, sondern ist eher im Bereich der Unternehmensstrategie zu verorten. Hintergrund der Empfehlung ist, dass der Aufwand für die Produktentwicklung in nahezu allen Zielgruppen gleich ist (vorausgesetzt, der Umfang der erwarteten Funktionen unterscheidet sich nicht signifikant). Damit bleiben die Kosten für die Entwicklung nahezu gleich, der Markt für den Verkauf oder die Kaufkraft des Marktes ändert sich jedoch zu Ihren Gunsten, was die Refinanzierung einfacher macht.

Die Erstellung und Vorstellung von Personas

Bei der Erstellung von Personas gehen wir für gewöhnlich in zwei getrennten Schritten vor:

1. Wir analysieren die Daten aus Interviews und anderen qualitativen Methoden, um eine erste Version der Persona zu erarbeiten.
2. Wir überprüfen die Personas – wenn möglich – anhand von quantitativen Daten.

Wie Sie unserem Ansatz entnehmen können, plädieren wir stark dafür, Personas ausschließlich auf Fakten aufzubauen. Wir hören oft die Empfehlung, Personas aufgrund des im Unternehmen vorhandenen Wissen zu erstellen. Das kann ein Ansatz sein. Wenn Sie diesem Ansatz folgen möchten, stellen Sie bitte sicher, dass dieser Workshop von einer Person moderiert wird, die diese Aufgabe sattelfest beherrscht und außerdem bereit ist, sich mit allen anwesenden Stakeholdern »anzulegen«.

Zur Moderation gehört dann nämlich die Aufgabe, bei jeder Information, die in der Persona festgehalten werden soll, zu hinterfragen, ob es sich um echtes datenbasiertes Wissen handelt oder um eine Annahme oder Bauchgefühl. Und das bei jeder einzelnen Information. Bei jeder! Wenn Sie hier nicht sorgfältig vorgehen, dann kann es Ihnen leicht passieren, dass stereotypische Personas entstehen, die sich aus Vorurteilen zusammensetzen, die sowieso schon im Kopf der Teilnehmenden waren. Ein Beispiel für solch einen Stereotyp könnte »der introvertierte Programmierer« sein oder die »gestresste und überforderte Alleinerziehende«. Nutzen Sie stattdessen die Informationen aus den Interviews, und entwickeln Sie Personas, die den Kategorisierungen entsprechen, die Sie in der Auswertung der Interviews gefunden haben.

Damit Ihre Persona so viel Aussagekraft wie möglich hat, empfehlen wir Ihnen, nur die Informationen in die Persona aufzunehmen, die einen Bezug zur Verwendung Ihrer Lösung haben. Wenn Sie also herausgefunden haben, dass 25 % der Nutzenden aus der befragten Gruppe Zaubern als Hobby haben, dann sollten Sie das nur aufführen, falls es sich hierbei um einen relevanten Zusammenhang handelt und nicht um Zufall. Prüfen können Sie das zum Beispiel, indem Sie nachfragen, was das Zaubern mit der Lösung zu tun hat, oder nach Personen mit ähnlichen Charakteristiken suchen, die nicht zaubern oder die auch zaubern, aber trotzdem keinen Bedarf an Ihrer Lösung haben.

Tatsächlich ist die Persona ein gutes Instrument, um die Ziele der Nutzer immer wieder transparent in den Fokus zu stellen. Damit das aber langfristig funktioniert, brauchen Sie Personas, die datengetrieben entstanden sind und nachweislich die relevanten Kundengruppen und deren Merkmale, Ziele und Aufgaben widerspiegeln.

Wir möchten Ihnen empfehlen, diese datengetriebene Entwicklung zweistufig voranzutreiben. Die erste Stufe stellt dabei die *Ableitung der Persona anhand der qualitativen Interviewergebnisse* wie oben beschrieben dar (Analyse der Daten, Auswahl der Gemeinsamkeiten, Identifikation der relevanten Informationen, Übertragung in Persona). Der zweite Schritt ist in einer perfekten Welt die *Überprüfung der Persona anhand von quantitativen Daten*. Dabei haben Sie in Ihrer Persona festgelegt, welche Eigenschaften, Aufgaben und Erwartungen eine bestimmte Gruppe haben soll und welche vielleicht auch nicht. Wenn Sie nun einen Fragebogen gestalten, der diese Eigenschaften, Aufgaben und Erwartungen abfragt, und ihn an Personen mit vergleichbaren Auswahlkriterien (z. B. Alter oder Beruf) senden, dann ermöglicht Ihnen das zwei Dinge:

1. Sie können prüfen, ob es tatsächlich Personen in der Gruppe gibt, auf die diese Kombination von Daten zutrifft.
2. Sie können prüfen, ob diese Kombination von Daten Ihnen hilft, Ihre Nutzenden von anderen Personen zu unterscheiden.

Wenn Sie keine Personen finden sollten, die über diese Kombination verfügen, dann wissen Sie, dass es voraussichtlich noch ein Problem mit der Zusammenstellung der Persona gab. Falls doch, können Sie zumindest ganz grob ein Gefühl dafür bekommen, wie häufig das der Fall ist. Zusätzlich bekommen Sie Informationen darüber, wie sich Ihre gesuchten Nutzenden von anderen unterscheiden. Sollten Sie nicht in der Lage sein, anhand dieser Kriterien einen Unterschied zu anderen zu finden (alle gehören dazu), dann ist das für gewöhnlich ein relativ klarer Hinweis darauf, dass Sie noch nicht die entscheidenden Kriterien für die Definition der »richtigen« Personas gefunden haben, da es nur wenige Produktlösungen gibt, die tatsächlich für jeden relevant sind.

Fallstrick »Persona ohne Daten«

Sollten sich nicht alle Informationen mit Daten belegen lassen, ist das im ersten Ansatz nicht schlimm. Wir nennen diese Teile bzw. eine Persona, die nicht mit Daten untermauert ist, *Proto-Persona*. Hier ist dann der nächste Schritt, dass Sie die einzelnen Informationen der Proto-Persona als Hypothesen verstehen und mit Daten untermauern. Das können zum Beispiel gezielte Interviews oder Beobachtungen von einer bestimmten Zielgruppe sein, bei denen noch eine Wissenslücke besteht. Erst danach geht es weiter, denn wenn Sie den Faktencheck hier nicht einsetzen, verbrennen Sie höchstwahrscheinlich die Personamethode für Ihr Unternehmen.

Wir mussten leider schon sehr oft miterleben, wie Informationen einfach von oben herab in die Persona integriert wurden, die jeglicher Datenbasis entbehrten. Je nachdem, wie offensichtlich das ist, werden Sie entweder direkt bei der Vorstellung der Personas Probleme mit deren Glaubwürdigkeit bekommen, spätestens aber, wenn sich zeigt, dass die Inhalte nicht mit realen Nutzern übereinstimmen. Das führt oft dazu, dass wir in Gesprächen hören: »Persona? Nein, auf keinen Fall. Haben wir probiert. Funktioniert bei uns nicht!«. Das wäre sehr schade.

Die saubere Herleitung und transparente Vorstellung und Einführung der Personas ist für deren Erfolg entscheidend. Da die Entwicklung von Personas mit einem relativ hohen Aufwand und vielen Kosten verbunden ist, betreiben viele Unternehmen im Anschluss an die Entwicklung auch einen großen Aufwand, um *Personas vorstellen* zu lassen. Die Methoden zur Datenerfassung haben wir weiter vorne in diesem Kapitel vorgestellt; neu in diesem Abschnitt ist der Fakt, dass die Ergebnisse der Arbeit im großen Rahmen bekannt gemacht werden. Über die Jahre durften wir hier schon viele verschiedene Ansätze beobachten, mit denen Unternehmen versuchen sicherzustellen, dass das Wissen um die Personas nicht in den Schubladen, sondern im Alltag der Projektteams und Mitarbeitenden ankommt. Erfolgversprechende Ansätze, die wir begleiten durften, waren:

- Die zentrale Einführung der Personas durch das Management, um die Wichtigkeit zu betonen, mit gleichzeitiger Bereitstellung von Persona-Fact-Sheets für alle betroffenen Personen
- Die Einführung der Personas anhand von Rollenspielen, bei denen die Personas »selbst« aufgetreten sind (und die anschließende Verteilung von Fact-Sheets)
- Die Vorstellung der Personas über Fragen an die beteiligten Ersteller (und die Verteilung von Fact-Sheets)

- Das Druckenlassen von lebensgroßen Personas, die in den Besprechungsräumen mit Namen und Infoplakat aufgestellt wurden (und die anschließende Verteilung von Fact-Sheets)
- Das Bemalen/Bedrucken der Unternehmenswände und Gänge mit den wichtigsten Personas und deren Informationen (und das anschließende Verteilen von Fact-Sheets).

Wie Sie sehen, sind die Möglichkeiten vielfältig. Alle uns bekannten Unternehmen, die Personas erfolgreich einsetzen, schaffen dies jedoch, indem sie die Persona in den Raum holen und auf irgendeine Art und Weise sicherstellen, dass die Personas allen im Unternehmen bekannt sind. Und zwar nicht nur den Personen, die zufällig bei der Vorstellung anwesend waren, sondern auch allen Personen, die später Teil des Unternehmens werden. Die Erstellung der Personas ist also nur der erste Schritt für deren Wirksamkeit. Gerade weil der Aufwand für die Erstellung und die Verwendung von Personas so hoch ist, ergibt es aus unserer Sicht überhaupt keinen Sinn, Personas einzuführen, bei denen Sie nicht einmal sicher sagen können, ob es diese Zielgruppe in der Form wirklich gibt. Unsere Empfehlung: Verwenden Sie Personas nur auf Basis von Daten und nur, wenn das Management sie akzeptiert und unterstützt – idealerweise sogar einführt.

Empathy Maps als Variante

Eine abgeänderte Darstellungsform von Personas sind die sogenannten *Empathy Maps*. Auch hier fließen die gleichen oder sehr ähnliche Daten in die Erstellung ein, im Gegensatz zu Personas gibt es aber einen Quasi-Standard, der für die Erstellung von Empathy Maps genutzt wird. Bei einer Empathy Map steht der Nutzer im Mittelpunkt und ist von vier oder sechs Bereichen umgeben wie in Abbildung 9.26.

Die vier Kernbereiche unterteilen die Informationen in:

- Was sagt der Nutzer zu anderen und was tut er tatsächlich?
- Was denkt und fühlt der Nutzer?
- Was sieht und hört der Nutzer von anderen und der Umwelt?
- Was sind wichtige Funktionen?

In der erweiterten Form mit sechs Feldern wird dieser Aufbau um die beiden Felder Frust und Lust (*Pain Points* und *Gain Points*) ergänzt.

Uns persönlich fehlt bei der »klassischen« Empathy Map ein wenig der Fokus auf die Ziele der Nutzer, da diese immer nur indirekt ausgesprochen werden. Dafür haben Empathy Maps eine gute Darstellung der eher emotionalen Aspekte. In der Praxis zeigt sich aber oft, dass die Trennung zwischen den Bereichen nicht eindeutig ist und oft Diskussionen entstehen können, warum ein bestimmter Punkt jetzt in einem Feld steht und nicht in einem anderen. Aus unserer Sicht ist das aber nicht tragisch, solange Sie sicherstellen, dass alle relevanten Informationen irgendwo enthalten sind.

Abbildung 9.26 Beispiel einer Empathy-Map für eine Zielgruppe von Healthyfy

Welche Methode Ihnen am ehesten liegt, sollten Sie einfach bei Gelegenheit ausprobieren. Empathy Maps werden oft auch im Design-Thinking-Kontext eingesetzt (Lewrick, Link, & Leifer, Das Design Thinking Playbook, 2017) und in Workshops mit dem Team erstellt. Dadurch sehen sie öfter »unfertig« aus, weil sie aus Haftnotizen und Handschrift bestehen (siehe Abbildung 9.27).

Dieses unfertige Aussehen hat Vor- und Nachteile: Auf der einen Seite wird eine Empathy Map gegebenenfalls weniger ernst genommen, eben weil sie unfertig aussieht. Auf der anderen Seite regt die Empathy Map mit diesem Aussehen dazu an, neu gewonnenes Wissen zu integrieren. Vor allem, wenn ganz klassisch und nicht remote gearbeitet wird, lässt sich eine Empathy Map anhand von Haftnotizen leicht erweitern. Inzwischen gibt es jedoch auch jede Menge Online-Tools zur Interaktion, die auch die Verwendung von digitalen Haftnotizen ermöglichen und damit ein ähnlich iteratives und agiles Vorgehen forcieren.

Abbildung 9.27 Beispiel einer Empathy Map für eine Zielgruppe von Healthyfy nach einem Workshop

Vor- und Nachteile

Die Vorteile von Personas und Empathy Maps liegen in der knappen und deutlichen Zusammenfassung der Kerneigenschaften der Zielgruppen. Ein gutes Verständnis der Personas und Empathy Maps ermöglicht es, die Nutzenden in den Raum zu holen, auch wenn sie gerade gar nicht da sind. Dem steht der relativ hohe Aufwand gegenüber, um valide Personas zu entwickeln und im Unternehmen bekannt zu machen bzw. dauerhaft am Leben zu erhalten.

Aus unserer Sicht führt aber kein Weg daran vorbei, Ihre Zielgruppe mindestens einmal sauber zu definieren. Damit Sie dabei nicht bei einer generischen und wenig brauchbaren Form der Zielgruppenbeschreibung landen, ist es wichtig, dass Sie den Kontext, in dem sich eine Person bewegt, auch in der Beschreibung der Persona oder in der Empathy Map berücksichtigen. Die Person, von der Sie sprechen, hat eine Aufgabe, die sie in einem ganz bestimmten Rahmen erfüllen will. Nur, wenn Sie diesen Rahmen mitdenken, werden Sie zu einer Beschreibung kommen, die Ihnen im weiteren Verlauf der Entwicklung tatsächlich hilft. Der größte Nachteil ist aber wahrscheinlich, dass Personas und Empathy Maps oft auf Basis bestehender Erfahrung erstellt werden, anstatt anhand von echten Daten. Dadurch schleichen sich Fehler und Verzerrungen ein, die die Glaubwürdigkeit der Personas untergraben.

Tabelle 9.12 zeigt den Steckbrief dieser Methode.

Steckbrief: Personas und Empathy Maps	
Kurzbeschreibung	Zusammenfassung und grafische Aufbereitung der Kerneigenschaften der Nutzergruppen, sodass für jede Zielgruppe eine stellvertretende Darstellung existiert
Vorteile	▸ Übersichtliche Darstellung der Kerneigenschaften der Nutzergruppen ▸ Personas unterstützen dabei, die Belange der Nutzenden auch dann mitzudenken, wenn diese nicht vor Ort sind.
Nachteile	▸ Ohne Definition des Rahmens meist relativ wertlos ▸ Personas und Empathy Maps werden häufig aufgrund von Erfahrung definiert und nicht auf Basis echter Daten – dadurch kommt es zu Fehlern und zu Verzerrungen. ▸ Hoher Aufwand, »echte« Personas datenbasiert zu entwickeln und bekannt zu machen ▸ Personas müssen aktiv am Leben erhalten werden (Update, aber auch Einsatz).

Tabelle 9.12 Steckbrief der Methode »Personas und Empathy Maps«

9.5 Praxisbeispiele zur Kontextanalyse

Im Folgenden stellen wir Ihnen mögliche Wege unserer drei Beispielunternehmen bei der Nutzungskontextanalyse vor. Hierbei sei angemerkt, dass wir den Prozess natürlich verkürzt darstellen und es auch unzählige andere Vorgehensweisen für die Unternehmen gäbe.

Vor allem bei der Zusammenfassung der Beispielerkenntnisse zu Personas verzichten wir auf eine Unterscheidung zwischen Proto-Persona (Annahmen und kein Wissen) und tatsächlichen Personas. Wir gehen davon aus, dass die Unternehmen für jeden Punkt auf der Persona entweder die Annahmen überprüft haben oder wissen, dass sie das noch tun müssen.

Starten wir mit den Beispielen!

9.5.1 Kontextanalyse bei MoveHub

Patrick, Svenja und Lars stehen mit MoveHub noch ganz am Anfang. Eigentlich haben die drei bisher aufgrund ihrer eigenen Vorerfahrungen nur eine Problemstellung entdeckt, von der sie glauben, dass auch viele andere dieses Problem teilen. Um zu prüfen, ob das wirklich so ist, entscheiden die drei, zuerst in der ländlichen Region um Fulda herum tätig zu werden, und beginnen mit Feldbeobachtungen an Bahnhöfen, Taxiständen und Bushaltestellen. Dabei legen Patrick, Svenja und Lars ihr Augenmerk auf folgende Fragen:

- Zu welchen Zeiten ist besonders viel los?
- Wechseln Personen zwischen verschiedenen Angeboten?
- Zu welcher Altersgruppe gehören die typischen Pendler?

Bei ihren ersten Beobachtungen stellt sich heraus, dass ein Großteil der Pendler Richtung Stadt im Alter von ca. 20 bis Mitte 30 ist, mit wenigen Ausnahmen nach oben. Die drei entscheiden sich, einige der Pendler anzusprechen und kurze *Vor-Ort-Interviews* durchzuführen. Aus den Interviews ergibt sich, dass viele der Pendler noch Studierende sind oder erst neu in einem Job sind und keine eigene Familie haben. Sie nutzen die Zeit des Pendelns oft für andere Aktivitäten, wie lesen, »netflixen« oder schlafen.

Im Anschluss an die Interviews entscheiden sich Patrick, Svenja und Lars, anhand von *Shadowing* einigen ihrer Gesprächspartner zu folgen, um deren komplette Pendelreise besser zu verstehen und mit ihrem Wissen nicht nur auf die Start- und Umsteigestationen beschränkt zu bleiben. Während des Shadowings stellen die drei fest, dass bei den beobachteten Personen große Teile der Reise ziemlich entspannt ablaufen, aber Verspätungssituation zu regelrechten Stress-Boosts führen. Hier beobachten Patrick, Svenja und Lars häufig, wie die beobachteten Personen regelmäßig ihr Smartphone aus der Tasche reißen und nacheinander panisch mehrere Apps und Webseiten öffnen, um passende alternative Umstiegsangebote ausfindig zu machen. Außerdem entdecken Patrick, Svenja und Lars eine zweite Gruppe von Uni- bzw. Berufspendlern, die durch das Pendeln und mögliche Verspätungen vollkommen gestresst ist. Hierbei handelt es sich hauptsächlich um weibliche Pendlerinnen, deren Stresspegel vor allem dann steigt, wenn Verspätungen auf dem Heimweg und in den Abendstunden auftreten, sodass ungeplante Wartezeiten an Bahnhöfen und im Freien entstehen.

Im Nachgang nehmen sich unsere drei Gründer noch einmal Zeit, alle Daten detailliert zu betrachten, und entwickeln auf dieser Basis die Persona *Stefan »Student« Sänger*, der auf seinem Weg zur Uni oder zum ersten Job eine Pendelstrecke mit mindestens einem Umstieg zwischen öffentlichen Verkehrsmitteln zu bewältigen hat (siehe Abbildung 9.28). Die Hauptaufgabe von Stefan ist es, pünktlich an einem bestimmten Ort zu sein, um nicht öffentlich in unangenehme Situationen zu kommen (z. B. »Alleine vor allen anderen einen großen Vorlesungssaal betreten« oder »Bei einem Teammeeting mit dem Chef zu spät sein«).

Stefan Sänger

Student · Fulda

„Ich nutze öffentliche Verkehrsmittel grundsätzlich gerne. Allerdings nerven mich die Verspätungen - vor allem dann, wenn ich eine wichtige Vorlesung habe. Mir ist es unangenehm, alleine vor allen anderen einen großen Vorlesungssaal betreten zu müssen."

PERSÖNLICHE INFORMATIONEN:

25 Jahre · Lebensmitteltechnologie · mntl. 1100 €

Dominanz 60 %

Stimulanz 83 %

Balance 70 %

MEINUNGEN ZUM THEMA:

- Beim Bahnfahren kann Stefan sich auf andere Aktivitäten konzentrieren und die Zeit effektiv nutzen.
- Er kann günstig außerhalb des Stadtkerns wohnen und kommt trotzdem bequem zur Universität.

GAIN POINTS:

- Entspanntes Fahren zum Zielort
- Hat währenddessen Zeit für andere Aktivitäten, wie Lesen oder Serien schauen
- Nutzung von digitalen Diensten für alternative Reiseoptionen

PAIN POINTS:

- Verspätungen und Ausfälle
- Ausgaben für die Fahrkarte
- Überfüllte Abteile während der Hauptverkehrszeit
- Wenig Stauraum für Einkäufe

KERNFEATURES:

- Hinweis auf Verspätung im Vorfeld seiner Fahrt
- flexible und verfügbare Alternativen im Falle einer Verspätung

Abbildung 9.28 Die Persona »Stefan ›Student‹ Sänger« für MoveHub

Neben Stefan »Student« Sänger entsteht die Persona *Sina »Studentin« Seibert* (siehe Abbildung 9.29). Auch Sina pendelt regelmäßig mit mindestens einem Umstieg zur Uni oder zur Arbeit. Im Gegensatz zu Stefan hat Sina allerdings wenig Probleme damit, aufgrund von Verspätungen selbst etwas später zu sein.

Sina Seibert

Studentin · Fulda

„Mit Verspätungen im Öffenlichen Personennahverkehr habe ich eigentlich kein Problem - es sei denn, sie passieren auf dem Heimweg. Ich fühle mich abends und nachts alleine an den Bahnhöfen und Haltestellen nicht sicher."

PERSÖNLICHE INFORMATIONEN:

23 Jahre · Public Health · mntl. 900 €

Dominanz 50 %

Stimulanz 93 %

Balance 80 %

MEINUNGEN ZUM THEMA:

- Sina fährt gerne mit der Bahn, da dies umweltfreundlicher ist, als ein Auto zu Nutzen.
- Sie hält sich ungern alleine an Bahnhöfen oder Haltestellen auf. Vor allem nachts fühlt sie sich nicht wohl.

GAIN POINTS:

- Steht morgens nicht im Stau
- Freut sich, dass sie durch die Nutzung des ÖPVN die Umwelt schonen kann
- Kann sich während der Fahrt auf ihre Vorlesungen oder die Arbeit vorbereiten

PAIN POINTS:

- Verspätungen zu später Stunde
- Fühlt sich dann nicht sicher an Bahnhöfen und Haltestellen
- Verabredungen müssen auf sie warten, weil sie zu spät kommt

KERNFEATURES:

- Gefühl der Sicherheit, auch wenn sie alleine unterwegs ist
- Standort-Teilen mit ausgewähltem Personenkreis, damit Angehörige und Freunde wissen wo sie sich aufhält

Abbildung 9.29 Persona »Sina ›Studentin‹ Seibert« für MoveHub

Bei Sina steigt der Stresslevel hingegen dann deutlich, wenn Verspätungen auf dem Heimweg eintreten und dadurch Wartezeiten auf Bahnhöfen oder an Haltestellen entstehen. Je später die Heimfahrt stattfindet und je länger die voraussichtliche Wartezeit ist, umso energischer ist Sina auf der Suche nach einer passenden Alternative. Sinas Ziel hierbei ist die sichere Heimkehr nach Hause ohne unangenehme Begegnungen unterwegs. Neben dem Faktor Sicherheit ist Sina an den Abenden oft mit Freundinnen verabredet. Da sich die Freundinnen oft auch bei Sina zu Hause treffen, ist es ihr schrecklich unangenehm, ihre Freundinnen vor verschlossener Tür warten zu lassen.

Das Gründerteam steht mit den beiden Personas vor einer ziemlichen Herausforderung. Tatsächlich haben beide Personas auf den ersten Blick vergleichbare Ausgangssituationen und vergleichbare Herausforderungen, aber weder Patrick noch Svenja oder Lars sind sich an dieser Stelle schon sicher, ob beide Personas mit der gleichen Lösung zufrieden wären. Hier steht noch einiges an Arbeit an!

9.5.2 Kontextanalyse bei BusinessBooster

Da die KMU IT GmbH schon über ein bestehendes Produkt verfügt, entschließt sich Herr Meier, seine Kontextanalyse anhand der vorhandenen Daten zu starten.

In einem ersten Schritt lässt sich Herr Meier eine Analyse der Verkaufszahlen, der Verkaufszyklen, der Vorführtermine, der Anzahl der Testzugänge und die Quote der tatsächlichen Verkäufe sowie die durchschnittliche Nutzungsdauer über die letzten Jahre im Verlauf geben. Bei seinem Blick auf die Zahlen entdeckt er, dass zwar die Anzahl der Anfragen für Testzugänge und die Anzahl der Vorführtermine über die Jahre relativ stabil geblieben ist, die Anzahl der Verkäufe aber jedes Jahr immer weiter zurückgegangen ist. Ursprünglich war es der KMU IT GmbH gelungen, aus 100 Testzugängen 25 zahlende Kunden zu gewinnen. Zum Zeitpunkt des Projektstarts liegt die Zahl bei nur noch 3. Die einzig gute Nachricht, die Markus Meier in den Zahlen entdecken kann, ist, dass ein neu gewonnener Kunde der KMU IT GmbH genauso treu ist wie die Bestandskunden.

Aufgrund der radikalen Veränderungen der Zahlen im Laufe der letzten Jahre entscheidet sich Markus Meier dafür, zwei parallele Initiativen zu starten:

1. Er bittet seinen Kundenservice, alle Personen mit Testzugang, die sich gegen den Kauf der Software entschieden haben, anzurufen und ein kurzes Gespräch zu den Ursachen zu führen.
2. Er bittet den Kundenservice Vor-Ort-Termine beim Kunden mit allen neu gewonnenen Kunden aus den letzten zwei Jahren sowie mit langjährigen Bestandskunden auszumachen. Das Ziel: verstehen, was die Kunden am BusinessBooster überzeugt hat.

Als Markus Meier die gewonnenen Daten prüft, zeigt sich schnell ein klares Schema: Die glücklichen Kunden des BusinessBoosters sind alles kleinere Unternehmen, die wenige Kontakte zu pflegen haben und bei denen der BusinessBooster oft die einzige Software ist, die in Hinblick auf Kontaktverwaltung und Rechnungsstellung eingesetzt wird. Die Kunden loben dabei vor allem, dass nur eine einzige Software benötigt wird und es leicht ist, Kontakte anzulegen und sich Informationen anzeigen zu lassen. Außerdem stelle der Kundenservice der KMU IT GmbH einen echten Mehrwert dar. Trotzdem kommt auch bei den Gesprächen heraus, dass die Optik der Software in die Jahre gekommen ist und vor allem wachsende Unternehmen die Funktionalität der Software an einigen Stellen als zu eingeschränkt betrachten. So wird das Fehlen von Automatisierungsmöglichkeiten für Berichte, aber auch für die Datenmigration bemängelt.

Die Testkunden, die sich gegen die Verwendung des Tools entschieden haben, bemängeln ebenfalls die veraltete Optik, geben aber mehrheitlich an, dass der Funktionsumfang der Software einfach nicht ausreichend für ihre internen Aufgaben ist. Vor allem bei den etwas größeren Unternehmen werden fehlende Schnittstellen zu anderen Systemen sowie Import- und Exportmöglichkeiten vermisst. Auch das automatisierte Erstellen und Versenden von Berichten ist nicht möglich, was viel zusätzlichen, manuellen Aufwand bedeutet, der von anderen Tools übernommen wird. Diese unzufriedenen Testkunden wünschten sich vor allem eine automatisierte Auswertung und Berichterstellung für die Verkaufstätigkeiten ihrer Unternehmen.

Es gibt aber auch noch eine zweite Gruppe Unternehmen, die sich gegen BusinessBooster entschieden haben. Bei diesen Unternehmen handelt es sich um kleine, sehr digitale Unternehmen. Hier gefällt das Konzept nicht, dass es sich tatsächlich um eine Softwarelösung handelt, die auf dem PC des Mitarbeiters sowie einem eigenen zentralen Server läuft. Weil sie verteiltes Arbeiten gewohnt sind, wünschen sich diese Unternehmen vor allem eine Weblösung, auf die Mitarbeiter von überall aus zugreifen können. Zudem sollen auf den PCs keine Updates installiert werden müssen, und ein zentraler Server existiert hier typischerweise auch nicht.

Dieser Gruppe fehlen zudem Möglichkeiten, Daten aus Social-Media-Plattformen oder anderen Tools zu synchronisieren, und auch Auswertungsmöglichkeiten für Leads und Verkäufe, getrennt nach verschiedenen Funnels. Zwar bietet das Tool viele der Informationen einzeln an und es gibt auch die Möglichkeit, danach zu filtern, aber die jungen, digitalen Unternehmen wünschen sich ein zentrales, konfigurierbares Dashboard, auf dem alle Informationen sofort sichtbar sind.

Sowohl bei den Bestandskunden als auch bei den Testkunden hat sich gezeigt, dass kein einziges Unternehmen mehr als 250 Mitarbeiter hat. Seitdem die Daten durch die KMU IT GmbH systematisch gesammelt werden, zeigt die Auswertung, dass kein einziger Konzern Kunde des Unternehmens werden wollte. Damit kann Herr Meier gut leben, schließlich ist der Name seiner Firma Programm.

Auf Basis dieser Erkenntnisse erstellen Markus Meier und sein Team drei Personas:

- Karl »Kleinunternehmen« Konrad – Geschäftsführer der Kleinunternehmen Beratung GmbH. Karl Konrad stellt die Persona der zufriedenen Kunden dar (siehe Abbildung 9.30).

Abbildung 9.30 Persona »Karl ›Kleinunternehmen‹ Konrad« für BusinessBooster

- Die zweite Persona wird *Wladimir »Wachstum« Walter* – Vertriebsleiter der Mittelstands GmbH (siehe Abbildung 9.31). Er stellt die Kundengruppe der wachsenden Unternehmen dar, die sich eine stärkere Anbindung an andere Systeme wünschen.

Abbildung 9.31 Persona »Wladimir ›Wachstum‹ Walter« für BusinessBooster

- Die letzte Persona ist *Janine »junge Digitale« Jürgens*, die Chefin der Digitalagentur New Digital GbR. Janine repräsentiert alle kleinen, digitalen Unternehmen, die über verschiedene Funnels verkaufen und verteilt arbeiten (siehe Abbildung 9.32).

Abbildung 9.32 Persona »Janine ›junge Digitale‹ Jürgens« für BusinessBooster

Aufgrund strategischer Überlegungen entscheidet Markus Meier, dass *Karl »Kleinunternehmer« Konrad* die wichtigste Persona sein soll, da Bestandskunden das Geschäft sichern und auf keinen Fall verloren werden sollen. Auf Basis der Marktgröße und des benötigten Entwicklungsumfangs entscheidet er außerdem, dass die zweitwichtigste Persona *Janine »junge Digitale« Jürgens* ist. Er geht aufgrund der Rückmeldungen davon aus, dass hier kurze Entscheidungswege und schnelle Kaufzyklen realisiert werden können, was gerade in der aktuellen Situation für die KMU IT GmbH ein wichtiges Kriterium ist.

9.5.3 Kontextanalyse bei Healthyfy

Sophia Müller steht vor der großen Herausforderung, eine Gesundheitsplattform aufzubauen, die einen sogenannten *Two-Sided-Market* bedient. Dabei handelt es sich um ein Angebot, das nur dann spannend ist, wenn sowohl Patienten als auch Ärzte sich entscheiden, die Plattform tatsächlich zu nutzen. Fehlt eine Seite, ist die Nutzung für die andere Seite auch nicht interessant.

Da Sophia Müller nur etwas mehr als ein Jahr Zeit für Ihren Proof-of-Concept hat, entscheidet sie sich zusammen mit dem Team, nicht parallel alle Ärztegruppen anzugehen, sondern sich auf Spezialisten zu begrenzen, die schwer zu finden sind. Als erstes Fachgebiet entscheidet sich das Team für Diabetologen, da diese oftmals ein regelmäßiges Betreuungsverhältnis zu ihren Patienten haben und diese dann nicht zwangsweise vor Ort sein müssten. Das wird als Vorteil für die Plattform angesehen. Weiterhin umgeht das Team damit das ursprünglich vorhandene Problem mit dem Zeigen von Krankheiten und Verletzungen über die Kamera. Noch ein Pluspunkt: Aufgrund der großen Verbreitung von Diabetes sind viele potenzielle Patienten zu finden. Das Gleiche gilt auch für die Ärzte.

Sophia und ihr Team entscheiden, Fokusgruppen mit Patienten und Ärzten durchzuführen, um die Konzeptidee zu hinterfragen. Dabei soll der Fokus auf der Frage liegen, ob die Gesundheitsplattform in der Form überhaupt sinnvoll ist und was Hinderungsgründe wären, die gegen die Verwendung der Plattform sprechen.

Die erste Fokusgruppe führen Sophia und ihr Team ausschließlich mit Diabetes-Patienten durch. Als Ergebnis der Fokusgruppe zeigt sich, dass eine gewisse Skepsis besteht, die App für den Erstkontakt mit einem Arzt zu nutzen. Hier wünschen sich die Patienten ein persönliches Kennenlernen, um entscheiden zu können, ob sie sich mit dem Arzt wohlfühlen. Für die Auswahl eines geeigneten Arztes in der Umgebung gilt das jedoch nicht. Hier würden die Nutzer sich über eine Hilfestellung freuen – zum Beispiel über Bewertungen zu den vorhandenen Medizinern. Für die späteren Check-ups finden viele Patienten die Idee der Gesundheitsplattform attraktiv. Vor allem der Gedanke, nicht jedes Mal persönlich zum Arzt zu gehen, sondern in einem virtuellen Termin gemeinsam über die Werte und die nächsten Schritte zu sprechen, wird als sehr positiv bewertet.

Wenn dann noch das Rezept für das Insulin digital zur Verfügung stünde, wäre das ein guter Grund, die Plattform zu nutzen. Das gilt zumindest für relativ junge Patienten bis circa Ende 40. Diabetes-Patienten im höheren Lebensalter sehen keinen großen Mehrwert in der Plattform und wünschen sich eine enge, persönliche Betreuung durch den Arzt vor Ort. Auch die Vorstellung, sich auf anonyme Bewertungen bei der Auswahl eines Arztes zu verlassen, empfinden die älteren Patienten als eher abschreckend. Einzig die Bereitstellung eines Rezepts ohne Arztbesuch stellt für sie einen Mehrwert dar. Das gilt vor allem für die deutlich älteren Patienten, die körperlich schon leicht eingeschränkt sind. Hier bestehen aber Bedenken bezüglich der Zugänglichkeit des Rezepts, da keine digitalen Medien vorhanden sind.

In der zweiten Fokusgruppe spricht das Healthyfy-Team mit Ärzten. Bei den Ärzten zeigt sich eine große Skepsis. Die Ärzte sehen keinen Vorteil in der Verwendung der Plattform, da sie ausreichend Patienten haben. Zusätzlich möchten die Ärzte sich auf keinen Fall mit einem weiteren Tool auseinandersetzen und noch mehr Zeit in das Einrichten von Technik investieren, als dies aktuell der Fall ist. Die Einrichtung und Instandhaltung von Technik stellt für die befragten Ärzte ein großes Problem dar, da das vorhandene Personal über keine tiefgreifende technische Expertise verfügt.

Auch eine Auswahl und Bewertung auf der Plattform sehen die Ärzte als kritisch an und befürchten unqualifizierte Bewertungen durch Laien. Die Ärzte fragen sich auch, wie sie vor falschen Bewertungen geschützt sind. Weitere Bedenken tauchen in Bezug auf den Schutz der Patienten vor Betrügern auf.

Aus rechtlicher Sicht scheuen die Ärzte den Aufwand, zwei Patientenakten zu führen, und können der Idee nichts abgewinnen, Daten von Patienten sowohl im eigenen System als auch in der Gesundheitsplattform zu haben.

Die Idee, digital Regelrezepte zu verteilen, finden die Ärzte an sich spannend. Viele befürchten jedoch, ihre Sorgfaltspflicht zu vernachlässigen, wenn sie den Patienten vorher nicht persönlich gesprochen haben. Den indirekten Kontakt über digitale Wege empfinden viele der Ärzte als gewöhnungsbedürftig und sehen daher nur wenige Punkte, die für das Modell sprechen würden.

In den Fokusgruppen kommt immer wieder die Frage auf, was die Gesundheitsplattform denn an der eigenen Arbeit besser oder leichter machen würde. Zumindest in der Fokusgruppe konnte darauf erst einmal keine gute Antwort gefunden werden. Was aber als Ergebnis klar herauskommt: Der Bedarf, Zeit zu sparen, überwiegt bei den Ärzten deutlich gegenüber dem Wunsch nach neuen Wegen, um mit Patienten zu agieren.

Sophia Müller und ihr Team erleben die Ergebnisse erst einmal als einen echten Dämpfer. Sie sind sich sicher, dass sie für die Persona *Paul »Patient« Petkovic* problemlos ein Produkt entwerfen können, das diesen begeistert (siehe Abbildung 9.33).

Abbildung 9.33 Persona »Paul ›Patient‹ Petkovic« für Healthyfy

Für *Doris »Diabetologin« Dannereder* hingegen (siehe Abbildung 9.34) ist das Team im ersten Schritt ein wenig ratlos.

Doris Dannereder

Ärztin · Kiel

„Das Wohlbefinden meiner Patienten ist das Wichtigste für mich. Allerdings kann ich meinen Ansprüchen manchmal selbst nicht gerecht werden, da ich viel Zeit in das Pflegen von Patientenakten stecken muss. Ich habe dafür zwar schon eine Software angeschafft, diese entlastet mich aber nur bedingt."

PERSÖNLICHE INFORMATIONEN:

63 Jahre | Diabetologin | mntl. 7890 €

- Dominanz 57 %
- Stimulanz 64 %
- Balance 70 %

MEINUNGEN ZUM THEMA:

- Doris möchte nicht noch ein Tool, was Zeit und Nerven kostet
- Die aktuelle technische Ausstattung in ihrer Praxis könnte zwar besser sein, aber sie kann damit arbeiten und sieht keinen Mehrwert in einer Neuanschaffung

GAIN POINTS:

- Persönlicher Kontakt zu Patienten
- Leiden und Befunde können direkt persönlich in angemessener Atmosphäre besprochen werden
- großer Kreis an Stammpatienten, die regelmäßig in die Praxis kommen

PAIN POINTS:

- Aktuelle Verwaltungs-Softwarelösungen bringen nicht die erhoffte Erleichterung
- Einrichtung und Instandhaltung von Technikeinrichtungen ist zeitaufwändig und das eigene Personal dafür nicht ausreichend ausgebildet
- Große Vorbehalte, was neue Technologien angeht

KERNFEATURES:

- Unterstützung im Arbeitsprozess, um Zeit zu sparen
- Sicheres Bewertungssystem und regelmäßige Überprüfung nach unqualifizierten Bewertungen (oder keins)
- Ein System, welches alle Patienteninformationen vereint und nicht doppelt gepflegt werden muss

Abbildung 9.34 Persona »Doris ›Diabetologin‹ Dannereder« für Healthyfy

Etappen	Motivation	Internetsuche		Telefonzentrale		Behandlung durch Arzt
Aktivität	Hat vom Hausarzt gesagt bekommen, dass der Blutzuckerwert erhöht ist und dass er sich einen Diabetologen suchen muss	Sucht nach einem Diabetologen	Findet einen Diabetologen in direkter Nähe mit Akutsprechstunde nach telefonischer Terminvereinbarung	Ruft mehrfach an, bekommt aber immer das Besetztzeichen	Erreicht die Praxis und darf direkt vorbeikommen	Wird ohne Wartezeit kompetent behandelt
Gefühle						
Erfahrungen	Die Situation ist neu. Erfahrungen bestehen nicht, aber Unsicherheiten und Ängste	Ist unsicher, welcher der Ärzte kompetent und sympathisch ist	Freut sich, dass er einen passenden Ansprechpartner in der Nähe identifizieren konnte	Ist genervt, weil er viel Zeit investiert, ohne jemanden zu erreichen und die Unsicherheit ihm zusetzt	Ist erleichtert, über den Kontakt und freut sich, direkt kommen zu dürfen	Ist positiv überrascht davon, dass es keine Wartezeit gibt und die Interaktion mit dem Arzt so angenehm war
Erwartung des Kunden	Zeitnahe Behandlung durch kompetenten Arzt in der Nähe.	Einfache Suche, wünscht sich Hilfestellung bei der Identifikation des richtigen Ansprechpartners	Will nur Ergebnisse in einem Umkreis von 20km um seinen Wohnort angezeigt bekommen, die schnell einen Termin bieten.	Möchte den Termin direkt absprechen können	Freundlicher Kontakt und einfache Terminabsprache	Kurze Wartezeiten, kompetente Behandlung und Aufklärung

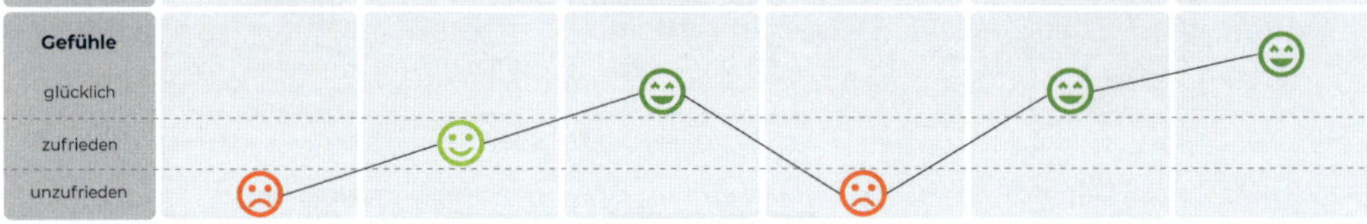

Abbildung 9.35 User Journey für einen Patienten, der auf der Suche nach einem Facharzt ist

Das Team diskutiert daraufhin gemeinsam die nächsten sinnvollen Schritte. Alle sind sich einig, dass die Seite der Patienten einfacher anzugehen ist und der entscheidende Moment dabei die Suche nach einem neuen Facharzt ist. Das Team analysiert noch einmal alle Antworten aus der durchgeführten Fokusgruppe mit Patienten und skizziert die User Journey des Patienten (siehe Abbildung 9.35). Mit diesen Ergebnissen fühlt sich das Team gut vorbereitet, um die Lösung für die Patienten anzugehen. Mal sehen, was als Nächstes passiert!

Kapitel 10

Der Data-Driven UX Design-Prozess im Detail – Nutzungsanforderungen spezifizieren

»Das Problem zu erkennen ist wichtiger als die Lösung zu erkennen, denn die genaue Darstellung des Problems führt zur Lösung.«
– Albert Einstein (Physiker)

Sie haben im letzten Kapitel viele verschiedene Methoden kennengelernt, mit denen Sie den Nutzungskontext Ihrer Nutzenden besser verstehen lernen. Wenn alles nach Plan gelaufen ist, dann befinden Sie sich jetzt in der Situation, dass Sie eigentlich ganz schön viel wissen und »nur noch« dafür sorgen müssen, dass dieses Wissen später tatsächlich auch in Ihrem Produkt ankommt.

Aber wie lässt sich das sicherstellen? Eine der Möglichkeiten hierzu sind Anforderungen. *Anforderungen* definieren, was ein System, ein Produkt oder eine Dienstleistung später leisten muss. In der »alten Welt« der Wasserfallentwicklungen wurden Entwicklungen mit einem *Lastenheft* gestartet, das alle Anforderungen an die Lösung in schriftlicher Form schon vor Beginn der technischen Entwicklung festhielt.

Dieses Lastenheft wurde für gewöhnlich so erstellt, dass die internen oder externen Auftraggeber die Anforderungen definiert haben, wohingegen das Entwicklungsteam daraus ein Pflichtenheft abgeleitet hat. Das *Pflichtenheft* ist so eine Art Projektplan, der aufzeigt, wie welche Anforderungen aus dem Lastenheft zu erfüllen sind. Verbunden mit dem Pflichtenheft, kam für gewöhnlich eine Schätzung der benötigten Zeit für die Umsetzung und der daraus entstehenden Kosten zustande.

In Projekten, in denen Hardware entwickelt wird, haben Lastenheft und Pflichtenheft auch heute noch einen wichtigen Stellenwert. In der Softwarebranche ist das Vorgehen jedoch inzwischen weitestgehend durch agile Vorgehen abgelöst worden, die mit Backlogs arbeiten. Im *Backlog* werden dabei alle offenen Arbeitsaufträge gesammelt und Zeitschätzungen für die einzelnen Pakete gemacht. Dann wird die Entwicklungsarbeit in einzelne *Sprints* eingeteilt, in denen bestimmte Aufgaben aus dem Backlog umgesetzt werden. Verglichen mit einem herkömmlichen Pflichtenheft, bringt dieses Vorgehen den Vorteil, dass Projekte anhand der Entwicklungssprints zeitlich geplant werden können, wobei die konkreten Inhalte aber flexibel nach

Bedarf für jeden Sprint festgelegt und auch später noch angepasst werden können. Kosten und Zeit können aber trotzdem anhand einer bestimmten Anzahl von Sprints vorab geschätzt werden.

Diese Änderung im Entwicklungsvorhaben ist vor allem darauf zurückzuführen, dass sich in der Vergangenheit immer wieder gezeigt hat, dass es zu Beginn eines Entwicklungsprojekts quasi unmöglich ist, alle Anforderungen komplett abzuschätzen. Bei Projekten, die aber einen festen Projektplan inklusive der Inhalte und Zeiten erwarten, hat das immer wieder zu Enttäuschungen geführt: entweder, weil während der Entwicklung neue Anforderungen entdeckt wurden und alles teurer wurde als gedacht, oder weil neue Anforderungen entdeckt wurden, die aber aufgrund der fehlenden Projektflexibilität gar nicht erst umgesetzt wurden. Dann folgte die Enttäuschung meistens mit der fertigen Lösung und der schlechten Rückmeldung.

Der *Data-Driven UX Design-Prozess* umschifft dieses Problem ähnlich wie alle menschzentrierten Entwicklungsprozesse, indem er von Anfang an davon ausgeht, ein iterativer Prozess zu sein, bei dem neue Anforderungen in den Tests und während des Designs entdeckt werden. Weiterhin wird davon ausgegangen, dass die Iterationen vor der technischen Entwicklung ablaufen (siehe Abschnitt 5.2, »Der Data-Driven UX Design-Prozess (3DUX) im Überblick«).

Generell möchten wir Ihnen in diesem Kapitel auch wieder ein kleines iteratives Vorgehen vorstellen, das Ihnen dabei hilft, die Anforderungen Stück für Stück zu schärfen und von einfachen inhaltlichen Anforderungen, die noch recht allgemein formuliert sind, zu sehr konkreten Anforderungen zu kommen, die leicht zu überprüfen sind.

In diesem Zusammenhang müssen wir aber eine deutliche Warnung aussprechen: Formulieren Sie keine harten Anforderungen, bevor Sie nicht wissen, was gebraucht wird! Wenn Sie in der letzten Stufe (bei der Analyse des Nutzungskontexts) sauber gearbeitet haben, dann sollte das kein Problem sein. Durch Beobachtung und Befragung sollten Sie jede Menge Input erhalten haben. Wenn nicht, dann ist jetzt der Moment, um noch einmal einen Schritt zurück zu treten und echte Daten zu sammeln. Anforderungen auf Annahmen zu basieren und zu formulieren, als wüssten Sie bereits, was benötigt wird, ist der direkte Weg in eine teure und wahrscheinlich unnötige Entwicklung von Features. Lassen Sie uns deswegen ganz am Anfang starten – mit den Ergebnissen der Nutzungskontextanalyse.

10.1 Betrachten Sie Ihre Personas oder Empathy Maps

Als Ergebnis Ihrer Kontextanalyse sollten Sie zum aktuellen Zeitpunkt ein gutes Gefühl für Ihre Zielgruppe entwickelt haben. Im besten Fall haben Sie bereits Empathy Maps oder Personas erstellt (siehe Abschnitt 9.4.3, »Personas und Empathy

Maps«). Jetzt ist der Moment gekommen, um diese Aggregationen herauszuholen und im Detail zu betrachten. Wir werden uns in diesem Kapitel auf die Darstellung der Empathy Map fokussieren. Für die Erklärung haben Empathy Maps den Vorteil, dass die Struktur vorgegebenen ist und es somit für uns leichter ist, Sie durch die einzelnen Bereiche zu führen. Sollten Sie Personas entwickelt haben, dann können Sie aber genauso bzw. ähnlich verfahren, da Sie dort vermutlich ähnliche Informationen zusammengestellt haben.

Im ersten Bereich Ihrer Empathy Map haben Sie sich die *Gedanken und Emotionen Ihrer Zielgruppe* angesehen. Was glaubt Ihre Zielgruppe? Worüber macht sie sich Sorgen? Alle diese Aspekte werden jetzt noch einmal näher betrachtet und daraufhin geprüft, ob Sie schon in der Lage sind, aus ihnen allgemeine Anforderungen an Ihre Lösung abzuleiten.

Stellen Sie sich zum Beispiel vor, Sie würden eine Software für Mitarbeiter der Telefonseelsorge konzipieren. Eine mögliche Empathy Map würde dabei vielleicht zeigen, dass die Personen, die in der Telefonseelsorge arbeiten,

- stolz auf ihre Arbeit sind und das Gefühl haben, einen wichtigen Beitrag zu leisten.
- sich gestresst fühlen, aus Angst, nicht in jeder Situation richtig zu beraten oder nicht genug Zeit für alle Anrufer zu haben.
- gerne so vielen Menschen wie möglich helfen möchten.
- Vorgaben haben, wie lange Telefongespräche mit einzelnen Anrufern dauern dürfen.

Was davon können Sie jetzt für Ihre späteren Anforderungen nutzen? Da es wichtig zu sein scheint, wie vielen Personen geholfen werden kann und ob das Gespräch für die Anrufenden hilfreich war, könnten Sie diese beiden Punkte aufnehmen, um Rückmeldung an die Mitarbeitenden zu geben. Erste Punkte, die Sie also für die weitere Gestaltung herausgreifen könnten, könnten wie folgt allgemein beschrieben sein:

- Es muss ersichtlich sein, wie viele Gespräche bereits an diesem Tag geführt wurden.
- Es muss ersichtlich sein, wie gut die Gespräche aus Sicht der Anrufenden gelaufen sind.
- Es muss ersichtlich sein, wie lange ein Gespräch dauert.

Hier sind wir noch ganz allgemein. Die drei Punkte folgen nicht einmal einer vorgegebenen Struktur, mit der wir die Anforderungen festhalten. Für unser Beispiel hier geht es erst einmal nur ums Sammeln. Genauso gehen Sie im Anschluss mit den anderen Bereichen vor. Dadurch kommen Sie auf eine relativ lange Liste an Punkten, die es zu beachten gilt. Aber wie dokumentieren Sie diese Punkte jetzt für die Ableitung einer passenden Lösung?

Im ersten, allgemeinen Schritt bleiben Sie bitte auf jeden Fall *lösungsneutral*! Wir wissen ja noch gar nicht, was für eine Lösung wir am Ende entwickeln werden. Vor allem, wenn Sie das erste Mal die Anforderungen für Ihr System, Produkt oder Ihre Dienstleistung dokumentieren, werden Sie noch viele Dinge nicht so gut wissen, wie es in ein oder zwei Iterationen der Fall ist. Es kann also durchaus sein, dass sich Ihr Lösungsraum noch einmal komplett ändert. Um diese Änderung zu ermöglichen, formulieren Sie Ihre Anforderungen lösungsneutral. Was bedeutet das? Gerne möchten wir das an einem Beispiel veranschaulichen.

Denken Sie bitte noch einmal an die Software für die Telefonseelsorge, die Sie gerade konzipieren. Die erste generelle Anforderung, die wir hier oben formlos formuliert haben, hieß: »Es muss ersichtlich sein, wie viele Gespräche bereits an diesem Tag geführt wurden.« Das ist erst einmal weitgehend lösungsneutral. In dem Moment, in dem Sie schreiben: »Eine Anzeige am rechten unteren Bildschirmrand muss die Anzahl der angenommenen Anrufe in Einer-Schritten hochzählen«, gibt es nur noch sehr wenig Spielraum für die Umsetzung. Vielleicht wäre es aber besser, die angenommenen Anrufe nicht als absolute Zahl anzuzeigen, sondern als relative, zum Beispiel, indem gezeigt wird: 9 von 10 eingegangenen Anrufen konnten beantwortet werden. Alternativ könnte ganz auf eine visuelle Anzeige verzichtet werden, und stattdessen könnte eine akustische Anzeige nach dem Beenden des Anrufs die Anzahl durchgeben. Oder, oder, oder. Jede der vorgeschlagenen Umsetzungen würde unsere generelle Anforderung erfüllen. Andersherum aber nicht.

Jetzt, da wir wissen, dass wir zumindest ganz zu Beginn lösungsneutral sein sollten, lassen Sie uns einen Schritt weiter gehen und fragen: »Wie formuliere ich denn jetzt Anforderungen?«

10.2 Use Cases und User Stories – wie es nicht geht und wie es doch geht

Wir möchten Ihnen hier zwei Varianten aufzeigen, wie Anforderungen für gewöhnlich aus technischer Sicht dokumentiert werden. In einem zweiten Schritt möchten wir Ihnen erklären, warum wir das für keine besonders gute Idee halten, und aufzeigen, wie es besser geht.

10.2.1 Use Cases

Eine der gängigsten Formen, um Anforderungen zu dokumentieren, ist die Erstellung von Use Cases. Unter *Use Cases* versteht man Szenarien, die eintreten können, wenn Nutzende ein System, ein Produkt oder eine Dienstleistung bedienen. Typischerweise beschreibt man dabei das für die Nutzenden sichtbare Verhalten einer bereits existierenden oder fiktiven Lösung.

Die Darstellung von Use Cases erfolgt typischerweise mit Use-Case-Diagrammen. *Use-Case-Diagramme* stellen grafisch dar, wie Nutzende mit einem System, z. B. einer Software, interagieren, wobei ein Use-Case-Diagramm oft mehrere und unterschiedliche Use Cases darstellt, die ein Nutzer mit einem System erleben kann (siehe Abbildung 10.1).

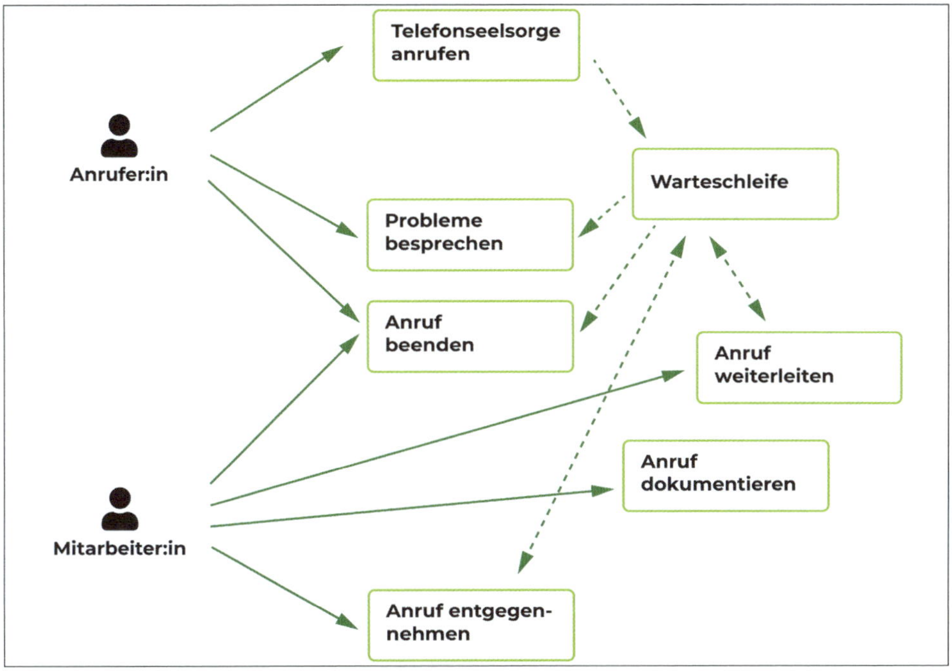

Abbildung 10.1 Use-Case-Diagramm für das Beispiel einer Telefonseelsorge. Die Darstellung als Diagramm kann schnell unübersichtlich werden.

Use-Case-Diagramme beschreiben ursprünglich die Interaktion zwischen einem Akteur und einem System. Vor allem bei technisch eher komplexen Systemen werden in der Praxis in so einem Diagramm auch Aktionen aufgeführt, die gar nicht durch einen Menschen ausgeführt werden, sondern durch ein anderes (technisches) System. Wenn Ihr Ziel die Optimierung der Usability und User Experience ist, dann sind diese Aktionen aber nur bedingt relevant. Sie machen jedoch die Darstellung komplizierter und sollten aus der Sicht des Usability und User Experience-Experten vermieden werden.

Weitere Kritik an der Verwendung von Use-Case-Diagrammen kommt von Joe Natoli (2020): Damit wir sicherstellen können, dass die Umsetzung tatsächlich das für die Nutzenden erreicht, was sie zu tun versuchen – also deren Job löst –, ist es extrem wichtig, die *Ziele der Nutzenden* zu verstehen. Zwar gibt es gelegentlich Use-Case-Diagramme, die auch die Ziele der Nutzer beinhalten, aber in den meisten Fällen werden schlicht Aufgabenfolgen dargestellt (siehe erneut Abbildung 10.1).

Damit hängt auch die Tatsache zusammen, dass es im Nachgang nur auf Basis einer solchen Aufgabenfolge schwer wird, eine gute Gestaltung zu wählen, wenn unklar ist, worin der Wert liegt, den diese eine Anforderung – oder im Fall von Use-Case-Diagrammen: diese Aufgabe – für die Nutzenden bringt. So müssen Designer im Trüben fischen und hoffen, dass sie auf eine wertvolle Gestaltung treffen. Das wird umso schwerer, je weniger die designenden Personen in die Kontextanalyse integriert waren und je weiter die Zielgruppe von der eigenen Erfahrungswelt entfernt ist.

10.2.2 User Stories

Das zweite häufig genutzte Format ist das der User Stories. *User Stories* sind Anforderungen an das System, das Produkt oder die Dienstleistung, die aus der Sicht der Nutzenden formuliert werden. Die Formulierung folgt dabei einer simplen Form und hat immer den gleichen Aufbau. Eine weit verbreitete Form (es gibt mehrere ähnliche) für eine User Story sieht dabei so aus wie in Abbildung 10.2:

Als **ROLLE** wünsche ich mir **FÄHIGKEIT, FUNKTION, MÖGLICHKEIT**, um **NUTZEN**.

Abbildung 10.2 Formel einer User Story nach Mike Cohn (2004)

Dieses Kochrezept ermöglicht es, sehr einfach und schnell zu verstehen, für welche Zielgruppen eine bestimmte Funktion innerhalb eines Systems, eines Produkts oder einer Dienstleistung gedacht ist. Das ist sehr praktisch, wenn es verschiedene Zielgruppen gibt und eine Gewichtung oder ein Sprint vor allem für die Bedarfe einer Zielgruppe genutzt werden soll. Außerdem gibt das Rezept dem Designteam die Gelegenheit, das Wissen und die Erfahrung der jeweiligen Gruppe zu berücksichtigen.

Leider bleiben User Stories – wie auch Use Cases – oft auch auf der Ebene der Aufgaben »stehen«. Das liegt nicht an dem Format der Stories an sich, sondern an der Art, die Stories zu nutzen. Es wird direkt gefragt, *was* die Zielgruppe mit einer speziellen Funktion tun kann. Damit werden Ziele der Nutzenden nur sehr indirekt angesprochen, und wir landen bei den gleichen Problemen, die auch bei Use-Case-Diagrammen zu finden sind: Es wird schwer nachzuvollziehen, welchen *Mehrwert* eine bestimmte Funktion aus Sicht der Nutzenden bietet.

Erneut lauft man damit Gefahr, Aufgaben in die User Stories aufzunehmen, weil bestimmte Ziele heute eben durch bestimmte Aufgaben erreicht werden und nicht, weil es der beste Weg ist das zu tun. Wir möchten Ihnen nahelegen, zumindest ganz zu Beginn einer Entwicklung, breiter, allgemeiner und ein Stück weit auch idealistischer an die Entwicklung von Ihren Anforderungen heranzugehen.

Dazu müssen Sie allerdings den Nutzungskontext Ihrer Nutzenden sehr gut kennen. Genauer: Sie müssen die tatsächlichen zugrundeliegenden Ziele Ihrer Nutzer kennen um sie in die User Stories zu integrieren. Wenn das der Fall ist, und Sie sich auf das Ziel konzentrieren, haben Sie zumindest die Chance, deutlich innovativer zu denken, als das gegebenenfalls aktuell der Fall ist.

Um das zu erreichen, bietet Joe Natoli eine leicht veränderte Version der User Stories an, die diesem Manko der Aufgaben-Fixierung Rechnung tragen. Seine Form von User Stories greift die Ziele der Nutzenden direkt auf und benennt sie auch als solche. Auch andere Autoren haben das ursprüngliche Format überarbeitet und die Ziele ergänzt (z. B. Antony Marcano 2011). Wir bleiben hier allerdings bei der Verbesserung nach Natoli, da diese im folgenden Teil des Abschnitts noch weiter ergänzt wird. Das neue Format, das Natoli vorschlägt, folgt dem Muster aus Abbildung 10.3:

Als **ROLLE** wünsche ich mir **FÄHIGKEIT, FUNKTION, MÖGLICHKEIT**, um **(TATSÄCHLICHES) NUTZERZIEL**.

Abbildung 10.3 Verbessertes Format einer User Story nach Natoli

Wenn Sie es schaffen, solche User Stories zu formulieren, gewinnen Sie einen entscheidenden Vorteil im Vergleich zur herkömmlichen Formulierung: Sie bleiben auf die (tatsächlichen) Nutzerziele fokussiert. Damit wird es wesentlich leichter möglich, später in der Entwicklung von Gestaltungslösungen eine gute Lösung zu finden, anstatt einfach nur irgendeine Lösung. Gerne möchten wir den Unterschied an einem Beispiel festmachen.

Denken Sie bitte wieder an unsere Mitarbeitenden in der Telefonseelsorge. Eine normale User Story, »herkömmlich« formuliert, könnte heißen so lauten wie in Abbildung 10.4:

Mitarbeiter:in

Als **MITARBEITER:IN IN DER TELEFONSEELSORGE** wünsche ich mir **EINE MÖGLICHKEIT, DAS GESPRÄCH ZU PAUSIEREN,** um **ZWISCHEN VERSCHIEDENEN LEITUNGEN WECHSELN ZU KÖNNEN.**

Abbildung 10.4 Herkömmlich formulierte User Story

Damit ist die Aufgabe an sich gut beschrieben. Solange wir davon ausgehen, dass die Mitarbeitenden auch zukünftig mit normalen Telefonanlagen arbeiten werden, hat die Formulierung voraussichtlich auch keine großen negativen Auswirkungen. Aber: Durch den erwähnten Leitungswechsel ist schon festgelegt, dass es sich um einen Wechsel im Gesprächspartner handelt.

In unserem Beispiel gehen wir davon aus, dass wir bereits eine Empathy Map für die Mitarbeitenden in der Telefonseelsorge erstellt haben. Ein Blick auf die dort zusammengefassten Gedanken der Zielgruppe verrät uns, dass vor allem die Unsicherheit, das Richtige zu tun, ein großer Treiber ist. Hinter der Haltefunktion steht also in diesem Fall nicht der Wunsch, jemanden zu halten und mit jemand anderem zu sprechen, sondern der Wunsch nach Sicherheit. Eine umformulierte User Story könnte also so wie in Abbildung 10.5 heißen:

Abbildung 10.5 Umformulierung der User Story

Wenn Sie die Formulierung anhand einer Regel beschreiben sollten, dann würde die Regel lauten: »Beschreiben Sie, was für den Nutzenden Erfolg bedeutet, und nicht, was er machen muss.« Durch die Formulierung erreichen Sie zwei Dinge gleichzeitig:

- Erstens stellen Sie sicher, dass egal, was Sie am Ende gestalten, der Nutzende sein Ziel auch tatsächlich erreicht. Er führt nicht nur irgendeine Aufgabe aus, sondern er macht etwas, was ihn näher zu seinem ursprünglichen Ziel bringt. Das ist gut!
- Zweitens haben Sie plötzlich einen viel größeren Lösungsraum. Vielleicht gibt es einen Supervisor im Raum, der Support gibt. Vielleicht gibt es eine Falldatenbank oder einen Chatbot und, ja, vielleicht gibt es auch einfach einen Kollegen in einer anderen Leitung. Das müssen Sie an dieser Stelle aber noch nicht festlegen.

Diese Art von User Stories ist äußerst sinnvoll, wenn Sie noch ganz am Anfang stehen und noch einen Überblick über das Produkt brauchen. Wenn Sie also noch verschiedene Lösungsansätze haben und sich noch nicht entschieden haben, was es am Ende sein soll und wie genau Sie Ihr Produkt gestalten wollen. Je mehr Zeit Sie mit der Entwicklung des Produkts verbringen, umso klarer wird das Bild des Produkts für Sie werden, sodass Sie irgendwann eine andere Form von Anforderungen brauchen. Dazu aber gleich mehr. Lassen Sie uns noch eine andere Erweiterung von Joe Natoli zu den eben beschriebenen User Stories vorstellen.

Erweiterung der User Stories – Teil 1

Neben dem Kernsatz der User Stories bringt Natoli noch zwei weitere Sätze in die Beschreibung ein. Diese Sätze haben nicht zum Ziel, das Produkt zu optimieren. Die zwei zusätzlichen Sätze verfolgen einzig und allein das Ziel, Ihnen und allen anderen am Prozess beteiligten Personen bei der Priorisierung der User Stories zu helfen. Wahrscheinlich haben Sie die in Abbildung 10.6 dargestellte Situation oder eine ähnliche schon diverse Male erlebt:

Wenn Sie Ihr Entwicklungsteam fragen, welche Anforderungen wichtig sind, dann sind natürlich immer alle Anforderungen wichtig. Es gibt normalerweise auch immer mindestens eine Geschichte über einen Kunden, der genau diese Anforderung braucht. Ohne diese Anforderung springt der Kunde definitiv ab und alles explodiert.

Abbildung 10.6 Eine Situation, die wir schon oft erlebt haben: Scheinbar ist alles gleich wichtig.

Wir glauben nicht, dass das stimmt (sowohl das mit der Explosion als auch das mit den gleich wichtigen Anforderungen). Zumindest nicht immer und überall. Deswegen möchten wir auch hier die Möglichkeit nutzen, Ihnen ein Tool an die Hand zu geben, das bei der Priorisierung der Anforderungen hilft. An dieser Stelle kommen die zwei Erweiterungssätze zu den User Stories von Joe Natoli wieder ins Spiel. Der erste Satz lautet (siehe Abbildung 10.7):

> Die aktuelle Unfähigkeit, dieses Ziel zu erreichen, sorgt dafür, dass **NEGATIVER EFFEKT** für die Organisation entsteht.

Abbildung 10.7 Erste Erweiterung einer User Story nach Natoli

Damit adressiert Natoli das Problem, dass Anforderungen oftmals aus verschiedenen Richtungen in ein Entwicklungsprojekt hineingetragen werden, aber nur selten der Nutzende im Fokus dieser Anforderungen steht. Durch die Kombination von Nutzendem (»Was kann er gerade nicht?«) und den daraus resultierenden Nachteilen für die eigene Organisation wird es erheblich leichter, eine Gewichtung vorzunehmen.

Lassen Sie uns auch hier wieder ein Beispiel aus der Telefonseelsorge nehmen. Unsere User Story lautet nun so wie in Abbildung 10.8.

Wenn die Anzahl der angenommenen Anrufe oder die durchschnittliche Gesprächsdauer bei der Telefonseelsorge ein sehr wichtiges Kriterium wäre, wäre spätestens jetzt klar, dass die Bereitstellung einer Möglichkeit zur internen Beratung eine hohe Priorität haben sollte. Sollte hingegen ausschließlich die Zufriedenheit der Anrufer wichtig sein, würde das Team der Telefonseelsorge vielleicht entscheiden, dass die Funktion nicht zwangsweise jetzt oder überhaupt nicht umgesetzt werden muss.

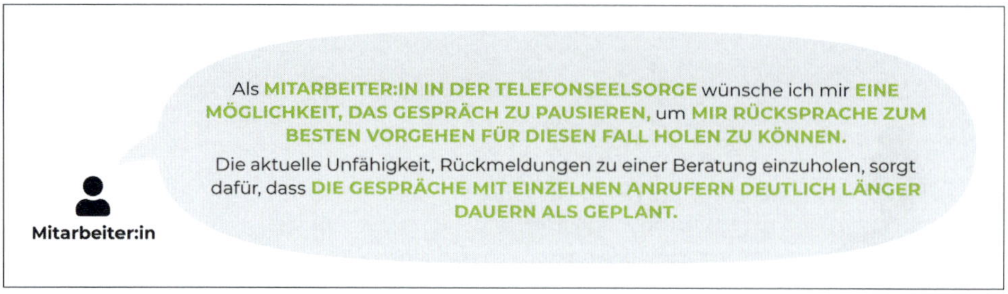

Abbildung 10.8 Beispiel der User Story mit der ersten Erweiterung

Erweiterung der User Stories – Teil 2

Als weitere Unterstützung zur Priorisierung gibt es die zweite Erweiterung der ursprünglichen User Stories. Eben haben wir darüber gesprochen, welche Nachteile durch die aktuelle Situation entstehen. Jetzt wird noch einmal explizit auf die zukünftigen Vorteile geblickt (siehe Abbildung 10.9).

> Die Nutzer zu befähigen, dieses Ziel zu erreichen, würde SPEZIFISCHEN MESSBAREN WERT für die Organisation bringen.

Abbildung 10.9 Zweite Erweiterung einer User Story nach Natoli

Jetzt geht es also darum, ganz explizit aufzuzeigen, was die Organisation davon hat, diese gewünschte Funktion umzusetzen. Übertragen auf unser Beispiel inklusive der ersten Erweiterung, ergibt sich die folgende User Story (siehe Abbildung 10.10):

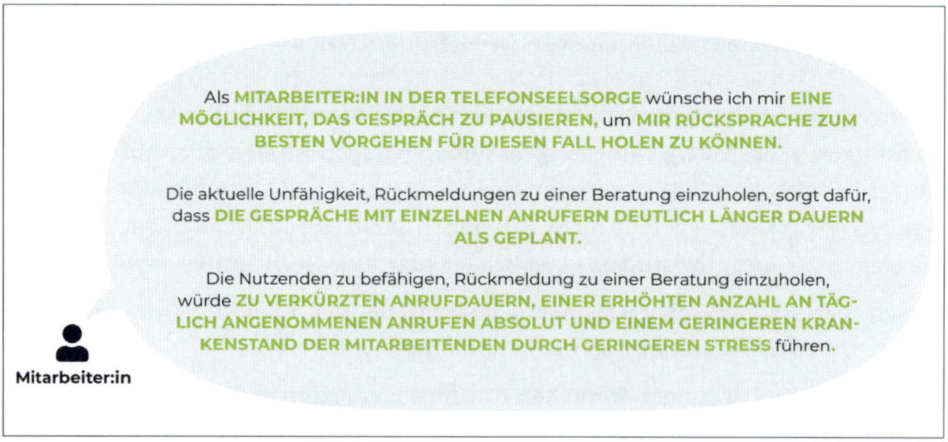

Abbildung 10.10 Beispiel der User Story mit der ersten und der zweiten Erweiterung

Jetzt haben Sie auf der einen Seite nicht nur die Nachteile der aktuellen Situation offengelegt, sondern auch die möglichen Vorteile einer Anpassung transparent gemacht. Das empfinden wir als hilfreich, weil in vielen Entwicklungen oft, lange und ausführlich über die Kosten einer Implementierung für ein Feature gesprochen wird. Nur sehr selten erleben wir allerdings den Fall, dass die Kosten dafür benannt werden, wenn alles so bleibt, wie es ist, die *Opportunitätskosten* also. Die bleiben in den meisten Fällen versteckt, weil sie ja »sowieso anfallen«.

Wir möchten Sie ermutigen, diese Kosten sichtbar zu machen. Nur so können informierte Entscheidungen getroffen werden. Das bedeutet nicht, dass jedes Feature am Ende umgesetzt wird. Das bedeutet nur, dass es für jedes Feature eine faire Chance gab.

Was aber, wenn Sie bei der Formulierung Ihrer User Stories merken, dass Sie weder Nachteile benennen können noch klare Vorteile formulieren? Ganz platt gesagt: »Dann war es vielleicht einfach nicht so wichtig …« Wenn es Anforderungen ohne Vor- bzw. Nachteile gibt, dann sollten Sie dringend darüber nachdenken, die Anforderungen aus Ihrer Liste oder Ihrem Backlog zu entfernen. Dabei müssen die Vorteile oder Nachteile nicht immer extern sein. Es kann auch um bessere Kommunikation, höhere Zufriedenheit, Regulatory Compliance oder sonst ein internes Ziel gehen. Nur dann, wenn es kein Ziel und keinen Vorteil gibt – weder intern noch extern –, sollten Sie auch konsequent damit sein, eine Anforderung nicht umzusetzen.

Sollte ich den Aufwand wirklich betreiben?

Wenn Sie Ihre Zielgruppe noch nicht gut kennen, dann sollten Sie den Aufwand treiben und ihn als Chance betrachten, Ihre Zielgruppe kennenzulernen. Wenn Sie Ihre Zielgruppe hingegen gut kennen und seit vielen Jahren eng mit ihr zusammenarbeiten, dann haben Sie gerade vielleicht das Gefühl: »Wozu?« Ihnen ist das schließlich alles klar. Ja, das mag so sein. Aber hier möchten wir noch einmal auf das interessante Paradoxon hinweisen, dass Sie als Person, die an der Produktentwicklung beteiligt ist, im Vergleich mit Ihrer Zielgruppe gleichzeitig zu viel und zu wenig wissen:

- **zu viel**, weil Sie die Funktionsweise, die internen Restriktionen, die wirtschaftlichen Ziele und die technischen und regulatorischen Rahmenbedingungen in der Entwicklung kennen und berücksichtigen.
- **zu wenig**, weil Sie nicht im Tagesablauf Ihrer Zielgruppe stecken und deswegen nicht alles über deren Abläufe und Rahmenbedingungen wissen können.

Das ist immer so und ist nicht schlimm. Wichtig ist nur, dass Sie es schaffen, das Wissen über die Ziele und Hintergründe in einer Art zu transportieren, die allen an der Entwicklung Beteiligten Zugang zu dem Wissen gibt. Hier setzen die erweiterten User Stories an. Was machen Sie aber, wenn Sie nun Ihre User Stories definiert haben und in die Umsetzung wollen? Eigentlich ist alles klar und »muss jetzt nur noch gemacht werden«. Dann kann eine andere Art von Anforderungen helfen, die wir uns jetzt genauer ansehen wollen.

10.3 Von der User Story zur Anforderung

Außerhalb der Softwarebranche sind User Stories weniger verbreitet. Es wird üblicherweise mit »klassischen« gearbeitet. Vor allem in Bereichen, in denen Anforderungen nachverfolgt werden müssen und deren Einhaltung belegt werden muss, sind klassische Anforderungen gang und gäbe. Aber was bedeutet die Arbeit mit klassischen Anforderungen? Bei *klassischen Anforderungen* wird meist textuell festgehalten, was das System, das Produkt oder die Dienstleistung später können muss. Dabei wird unterschieden in *Festforderungen*, *Bereichsforderungen*, *Minimal-* und *Maximalforderungen*.

10.3.1 Festforderungen

Wenn Sie eine Festforderung formulieren, dann gibt es genau eine richtige Antwort. Zum Beispiel könnten Sie die Farbe eines bestimmten Warnsymbols fix definieren, weil eine Norm einen Wert vorschreibt. Dann würde Ihre Anforderung so aussehen wie in Abbildung 10.11:

Abbildung 10.11 Beispiel einer Festforderung für die Farbe eines Warndreiecks

Damit wäre jede andere Farbe Ihres Warndreiecks nicht korrekt. Es würde also nicht reichen, wenn Ihr Warndreieck die Farbe #f34336 hätte, auch wenn die meisten Personen sagen würden: »Das ist doch rot!« Dass Rot nicht gleich Rot ist, erkennen Sie in Abbildung 10.12.

Abbildung 10.12 Vergleich zweier Warndreiecke: eines in #ff0000 und eines in #f34336

Durch das Definieren einer Festforderung erreichen Sie zumeist, dass für alle Entwickler ein klares Endergebnis existiert. Zudem ist es meistens einfach zu entscheiden, ob die Anforderung korrekt umgesetzt wurde oder nicht.

Aus unserer Sicht sind Festforderungen dann sinnvoll, wenn Sie sicherstellen wollen, dass etwas genauso und nicht anders umgesetzt wird. Warnsymbole sind tatsächlich ein gutes Beispiel, weil an diese oft regulatorische Anforderungen gestellt werden, die Sie auf jeden Fall einhalten müssen.

Festforderungen können außerdem sinnvoll sein, wenn Sie einen einheitlichen Stil bzw. ein einheitliches »Look and Feel« in Ihrer Lösung möchten. Für gewöhnlich werden Festforderungen im User-Interface-Bereich aber nicht als Text formuliert, sondern eher als digitaler oder sogar interaktiver Styleguide bereitgestellt. Den *Styleguide* als Werkzeug stellen wir Ihnen in Abschnitt 11.12.8 genauer vor. Sie können sich aber schon einmal merken, dass der Styleguide eigentlich auch nichts anderes ist als ein Anforderungskatalog für das User Interface.

10.3.2 Bereichsforderungen

Im Gegensatz zu Festforderungen geben Bereichsforderungen nicht einen einzelnen Wert vor, der erreicht werden muss. Wie der Name schon sagt, geben sie stattdessen einen Bereich vor, in dem der gemessene Wert später liegen muss. Im der Technik kommen Bereichsforderungen häufig vor:

Ein Beispiel wäre der Verstellbereich eines höhenverstellbaren Tisches, der sich zwischen 70 und 120 cm bewegen soll. Auch die Helligkeit eines Monitors wird üblicherweise zwischen einer unteren und einer oberen Grenze festgelegt. Im Alltag kennen wir Bereichsforderungen beispielsweise auch bei Autoreifen, die zwischen einem Mindest- und einem Maximaldruck aufgepumpt sein können. Auch die »geforderte« Raumtemperatur in einem Büro ist meist ein Bereich z. B. zwischen 18 und 23 °C.

Im Usability und User Experience Design gibt es ebenfalls Bereichsforderungen. Ein Beispiel könnte ein Button sein, der mindestens so groß sein soll, dass er mit einem Finder sicher bedienbar ist, aber maximal so groß ist, dass noch fünf weitere Buttons an das Gehäuse passen. Ein weiteres Beispiel findet sich oft bei Computerspielen. Hier wird dem Spieler erlaubt, die Helligkeit des Spiels in bestimmten Grenzen einzustellen (siehe Abbildung 10.13).

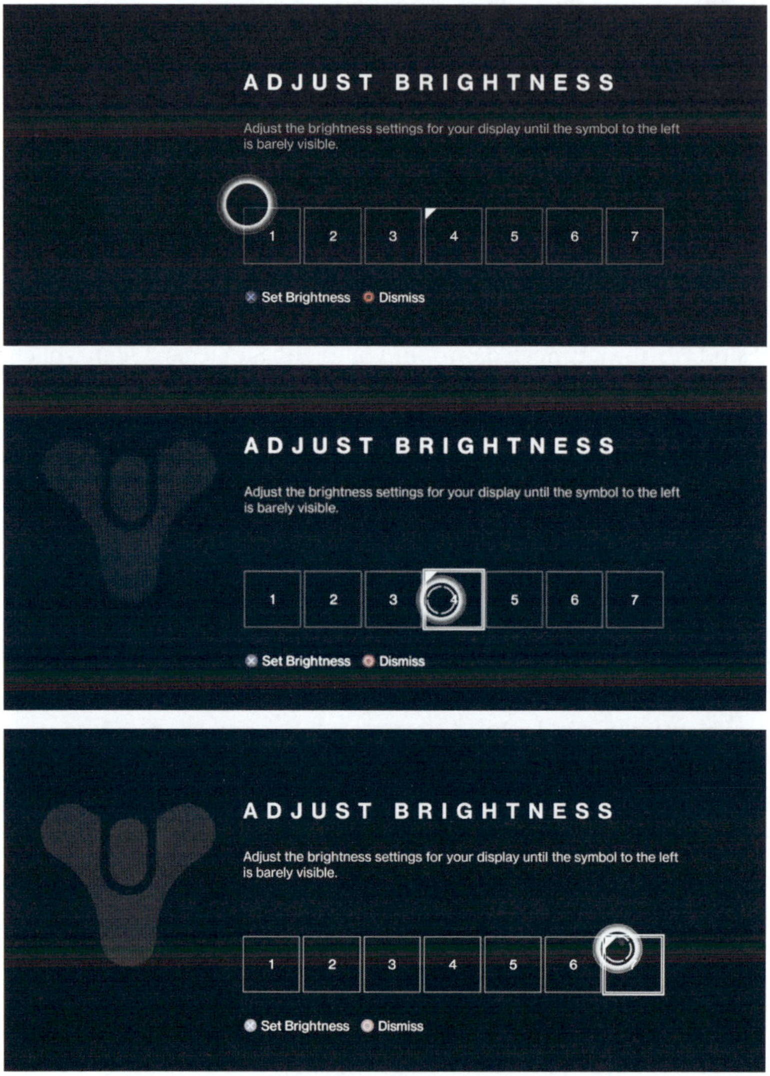

Abbildung 10.13 Verschiedene Helligkeitseinstellungen im Computerspiel »Destiny 2«. Der Wert soll so eingestellt werden, dass das Symbol auf der linken Seite gerade noch zu sehen ist.

Bei allen eben vorgestellten Beispielen haben wir jeweils eine untere und eine obere Grenze angegeben. Damit handelt es sich streng genommen um eine Unterklasse der Bereichsforderungen, nämlich um eine sogenannte *Intervallforderung*. Zu den Bereichsforderungen gehören zusätzlich noch die Minimal- und die Maximalforderungen, die wir uns in den nächsten beiden Abschnitten genauer ansehen.

Minimalforderungen

Minimalforderungen tun genau das, was der Name suggeriert: Sie legen fest, was mindestens erreicht werden muss. Minimalforderungen kennen Sie aus Ihrem privaten Leben wahrscheinlich aus den verschiedensten Bereichen zur Genüge.

- Wenn Sie mit einer Achterbahn fahren wollen, dann müssen Sie beispielsweise mindestens 1,40 m groß und mindestens 16 Jahre alt sein.
- Wenn Sie ein kostenloses Girokonto bei der Bank Ihres Vertrauens haben wollen, dann müssen Sie beispielsweise mindestens einen Geldeingang von 750 € monatlich nachweisen.
- Wenn Sie ein Haus auf Kredit kaufen wollen, dann müssen Sie mindestes 1.500 € frei verfügbares Kapital jeden Monat besitzen.

Minimalforderungen sind aber auch relativ häufig, wenn es um Usability und User Experience geht. So werden häufig Minimalabstände von Elementen zu einander definiert oder Minimalgrößen von Elementen und Schriften, um sicherzustellen, dass diese einfach bedient und leicht gelesen werden können. Eine typische Minimalforderung wäre, dass alle Buttons eine Mindestgröße von 10×10 mm aufweisen müssen oder dass der Abstand zwischen zwei Buttons mindestens 2 mm beträgt. Genauso könnten Sie definieren, dass Sie einen Mindestkontrast zwischen zwei angrenzenden Farbflächen einhalten wollen oder einen Mindestabstand vom Bildschirmrand. All das wären Minimalforderungen (siehe auch Abbildung 10.14).

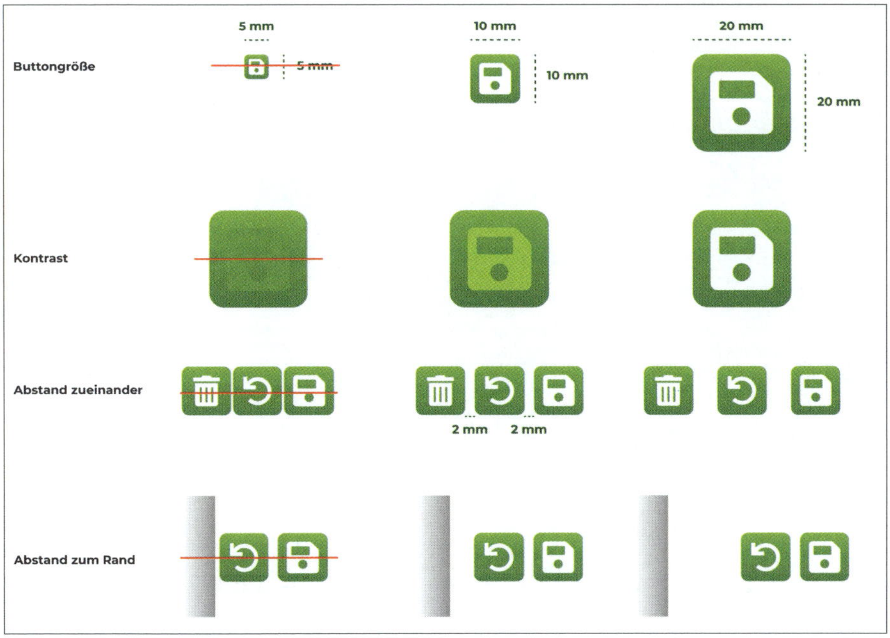

Abbildung 10.14 Beispiele für Minimalforderungen an die Größe von Buttons, Mindestkontrastwerte, Abstand zwischen Elementen und den Abstand von Elementen zum Rand

Bei einer Minimalforderungen prüfen Sie immer nur, ob das Mindestlevel erreicht wurde. Der tatsächliche Wert ist nicht von Bedeutung, solange er oberhalb des Mindestlevels liegt. Wenn Sie die Buttongröße als Minimalforderung definieren, würde das also auch bedeuten, dass die Buttons zwar mindestens 10×10 mm groß sind, aber genauso gut 10×10 cm groß sein könnten. Es ist also sinnvoll, sich vorab zu überlegen, ob es tatsächlich kein Maximum gibt.

Maximalforderungen

Maximalforderungen sind das Gegenteil von Minimalforderungen. Sie geben nicht vor, über welche Hürde Sie springen müssen, um mindestens »reinzukommen«, sondern sie geben vor, unter welcher Grenze Sie bleiben müssen, um noch rein zu dürfen. Auch hier ein paar Beispiele aus dem privaten Umfeld:

- In einem Parkhaus ist die maximal erlaubte Fahrzeughöhe 1,9 m.
- Im Trinkwasser dürfen höchstens 0,3 ml freies Chlor zu finden sein.

Auch bei einem Sportgerät hat man es oft mit Maximalforderungen zu tun. Beispielsweise könnte ein Trampolin auf maximal eine Person begrenzt sein und darf zusätzlich bei einem Gewicht von mehr als 150 kg nicht mehr benutzt werden. Eine sehr typische Maximalforderung ist der Preis. Oft gibt man an, wie viel ein Bauteil oder ein Produkt maximal kosten darf (siehe auch Abbildung 10.15).

Abbildung 10.15 Beispiele für Maximalforderungen (Quellen: https://www.mux.de/Pschorr-Parkhaus und https://www.turtle-board.de/de/info/produkt-und-sicherheitshinweise.html)

Sie sehen es: Auch die Maximalforderung ist in Ihrem Alltag überall.

Im Bereich Usability und User Experience gibt es ebenfalls Maximalforderungen. Diese beziehen sich oftmals auf die Anzahl von Elementen:

- Der Freigabecode darf nicht mehr als 6 Stellen enthalten.
- Es dürfen nicht mehr als 60 Sekunden bis zur Eingabe des Freigabecodes vergehen.
- Die maximale Untätigkeitsdauer beträgt 5 Minuten nach dem Einloggen, bevor automatisch ausgeloggt wird.

Maximalforderungen setzen Sie oft dann, wenn etwas Schlimmes passiert, sobald Sie den Wert überschreiten. Mehr Chlor im Trinkwasser? Ungesund! Höheres Auto? Dach kaputt! Schwerer als 150 kg? Verletzungsgefahr! Setzen Sie also dann Maximalforderungen, wenn sonst etwas Schlimmes passiert oder Sie eine definierte Grenze »nach oben« haben.

10.3.3 Anforderung versus Wunsch

Neben der Frage, wie eine Anforderung inhaltlich aufgebaut sein kann, gibt es noch die Frage, woran Sie erkennen, welche Anforderung wirklich wichtig ist. Anders als bei unseren User Stories gibt es hier ja leider keinen Kontext mehr. Meistens wird das recht einfach gelöst, in dem die Anforderungen entweder als *Anforderung* oder als *Wunsch* markiert sind. Wünsche sind dabei »nice to have« oder »wenn dann noch Zeit bleibt«. Aber seien wir doch mal ehrlich: Wann tut es das mal wirklich in einer Entwicklung?

10.3.4 Die Dokumentation und das Formulieren von Anforderungen

Ob, was und wie viel Sie dokumentieren, hängt ganz stark von Ihrem Ziel ab. Wenn Sie ein Einzelkämpfer sind, der das Ziel hat, seine erste App auf den Markt zu bringen, dann ist ein ausführliches Anforderungsdokument (siehe Abbildung 10.16) vielleicht einfach ein wenig zu viel. Wenn Sie ein Medizinprodukt entwickeln, das später auf dem europäischen und dem US-amerikanischen Markt zugelassen werden soll, dann sollte Ihre Anforderungsliste bitte so komplett wie möglich sein und auf die *User Needs* sowie die spätere Umsetzung eins zu eins zurückzuführen sein.

Wie viel Dokumentation Sie brauchen, hängt also immer damit zusammen, was Sie erreichen wollen. Generell raten wir Ihnen zu einer möglichst leichtgewichtigen Dokumentation (die natürlich alle eventuell geltenden gesetzlichen Vorgaben erfüllt). Das Ziel von Anforderungen ist nicht ein perfekt ausgearbeitetes Dokument, sondern ein perfekt ausgearbeitetes Produkt.

Nr.	Anforderung Körperwaage	Zahlenwert [Maßeinheit]	Forderung/ Wunsch	Name	Datum
1.	Abmessung Gehäuse Länge	40 [cm]	F	Meyer	22.04.2021
2.	Abmessung Gehäuse Breite	40 [cm]	F	Meyer	22.04.2021
3.	Abmessung Gehäuse Höhe	4 [cm]	F	Meyer	22.04.2021
4.	Gewicht des Gerätes	1 [kg]	F	Meyer	22.04.2021
5.	Max. zu wiegendes Gewicht	150 [kg]	F	Karsten	20.04.2021
6.	Anzeige des Gewichts	LCD	W	Karsten	20.04.2021
7.	Versorgungsspannung	5 [V]	F	Lüters	20.04.2021
8.	Versorgungsart	AA-Batterie	F	Lüters	19.04.2021
9.	Anzahl der Batterien	4	W	Meyer	22.04.2021
10.	Ein-/Ausschalter des Gerätes	Druck	F	Meyer	19.04.2021
11.	Minimale/Maximale Betriebstemperatur	-10/30 [°C]	F	Meyer	22.04.2021

Abbildung 10.16 Eine typische Anforderungsliste. Bei manchen Entwicklungen ist so etwas genau das Richtige – bei anderen zu viel Aufwand.

Wir haben gute Erfahrungen damit gemacht, Anforderungen, die an den Workflow der Nutzenden mit einem System bestehen, sowie Anforderungen an die Benutzeroberfläche selbst grafisch zu dokumentieren. Das geschieht für die Oberfläche selbst meist in Form eines *Styleguides* (siehe Abschnitt 11.12.8), für die Workflows in Form von *Screenflows* (siehe Abschnitt 11.8).

Alle technischen Anforderungen, die sonst an das Produkt bestehen oder die mit der Interaktion von Produkt und Nutzendem zu tun haben, aber nicht direkt an der Benutzeroberfläche sichtbar sind (z. B. »Nach drei erfolglosen Login-Versuchen wird das Benutzerkonto gesperrt«), sollten ebenfalls als Anforderung festgehalten werden. Damit die Anforderungen als Arbeitsanweisung aber wirklich funktionieren, ist es wichtig, dass alle Anforderungen so eindeutig wie möglich geschrieben sind, damit sie vom späteren Umsetzungsteam sinnvoll umgesetzt werden können, auch wenn die Teammitglieder nicht viel von der Situation oder den Abläufen verstehen. Damit das funktioniert, müssen Sie die Anforderungen so konkret wie möglich gestalten und mit Werten versehen anstatt mit Beschreibungen.

Eine gute Anforderung würde also zum Beispiel den Rotton #ff0000 nennen, in einer schlechten Anforderung würde stehen: »in Rot«. In einer ganz schlechten Anforderung würde man lesen: »In einer Farbe, die die Aufmerksamkeit des Betrachters erregt.«

Sehen Sie den Unterschied? Bei der ersten Version wäre sichergestellt, dass die richtige Farbe erscheint. Bei der zweiten Version würden drei verschiedene Personen wahrscheinlich drei verschiedene Rot-Töne einsetzen, und bei der letzten Version könnte das Ergebnis komplett variieren. Vielleicht wird durch Zufall ein Rot ausgesucht, vielleicht aber auch ein Gelb, Orange oder Giftgrün (siehe Abbildung 10.17). Wenn Ihnen das Ergebnis egal ist: Lassen Sie es offen. Wenn Sie es einheitlich wollen: Definieren Sie die konkreten Werte.

Abbildung 10.17 Farben, die sich aus den drei verschiedenen Anforderungen ergeben können. 1: »im Rotton #ff0000«, 2: »in Rot«, 3: »in einer Farbe, die die Aufmerksamkeit des Betrachters erregt«

Konkrete Werte haben außerdem den großen Vorteil, dass sie die *Anforderungen messbar* bzw. deren *Erfüllung einfach beurteilbar* machen. Dadurch können Sie später sehr leicht den Nachweis erbringen, dass eine Anforderung eingehalten wurde. Wenn Ihre Anforderung lautet, dass der Rotton #ff0000 ist, dann können Sie technisch prüfen, ob das so ist. Wenn Ihre Anforderung ist, dass der Farbton Aufmerksamkeit erregt ... Tja, dann müssen Sie das zwangsweise testen, auch wenn das vielleicht nur eine Kleinigkeit am Rande war. Überlegen Sie also nicht nur, wie es sein muss, sondern ob es für Sie wichtig ist, einen Nachweis zu erbringen.

Auch wenn wir absolute Fans des Testens sind: Sie sollten immer nur dann testen, wenn es einen guten Grund dafür gibt. Das gilt vor allem für den Medizintechnikbereich. Hier haben Sie die Pflicht, nachzuweisen, dass Ihre Anforderungen eingehalten wurden. Unserer Meinung nach sollten Sie Ihre Testpower aber darauf konzentrieren, zu zeigen, dass der Ablauf passt, dass das Verständnis gegeben ist und dass die Bedienung sicher funktioniert. Wenn Sie aufgrund regulatorischer Anforderungen aber *alles* testen müssen, dann passiert es leicht, dass gerade die wichtigen Inhalte im Test zu wenig Aufmerksamkeit erhalten.

Damit Sie so vorgehen können, muss sichergestellt sein, dass die geforderten Werte, die Sie vorab definieren, auch wirklich die richtigen sind. Und das bringt uns direkt zum nächsten Thema.

10.3.5 Wo kommen die Werte in den Anforderungen her?

Eine der wahrscheinlich schwierigsten Aufgaben ist, aus einer groben Idee einen konkreten, messbaren Wert zu machen. Wir können Ihnen an dieser Stelle auch keine Anleitung mit den perfekten Werten für alles geben. Dazu sind die Aufgaben zu vielfältig und die Anforderungen zu komplex. Stattdessen möchten wir Ihnen gerne Anregungen geben, die Sie in Zukunft nutzen können, um Ihre Werte zu gewinnen, wenn Sie tatsächlich einmal Werte brauchen sollten.

In Abschnitt 7.2, »Wahrnehmung – die menschliche Sensorik«, haben Sie bereits einiges über die Wahrnehmungsfähigkeiten des Menschen gelernt. Dieses Wissen sollten Sie schon einmal als Grundlage für alle Anforderungen im Hinterkopf behalten, bei denen es um die menschliche Wahrnehmung geht.

Darüber hinaus werden Sie viele verschiedene DIN-Normen, IEC-Normen oder ISO-Normen finden, die Ihnen Hilfestellung geben, passende Grenzwerte für verschiedene Sachverhalte zu definieren.

Wenn wir nach *Werten suchen*, dann leiten wir diese für gewöhnlich vom Nutzer und dessen Fähigkeiten ab. Wie groß ist der typische Finger? Wie groß muss also die Touchfläche sein? Welches Kontrastverhältnis kann ein Mensch gut erkennen?

Wenn Sie in der »normalen« Softwareentwicklung tätig sind, dann müssen Sie auch nicht jeden Wert super sauber ableiten können, sondern es reicht, wenn Sie ihn sauber definiert haben. Wenn Sie in der Medizintechnik unterwegs sind, dann kommen Sie um die saubere Ableitung der Anforderungen leider nicht umhin und müssen die Annahmen auch belegen. Das kann unter Umständen so weit gehen, dass Sie tatsächlich auch eigene Messungen und Tests vornehmen und dokumentieren müssen, um Ihre Anforderungen genau zu formulieren. In den meisten Fällen wird das aber vollkommen unwichtig sein.

Anforderungen formulieren bedeutet, mit vielen Disziplinen zu arbeiten

Vielleicht noch ein Wort zu den benötigten Disziplinen: Nur einen Teil der Anforderungen können Sie als Experte bzw. Expertin für Usability und User Experience sinnvoll allein formulieren. Für viele andere Bereiche kann es durchaus sein, dass Sie zusätzliche Expertisen brauchen – aus dem Bereich Technik, aus der Anwendung, vielleicht aus dem Bereich Datenschutz oder Recht. Das kann sogar dann der Fall sein, wenn es »nur« um die Gestaltung der Benutzeroberfläche geht.

Als Beispiel möchten wir an dieser Stelle das Thema »Double Opt-In« nennen. Hier werden Sie durch die Datenschutz-Grundverordnung und die aktuelle Rechtsprechung gezwungen, Ihr User Interface bzw. Ihre Interaktion mit den Nutzenden so zu gestalten, dass sie Ihnen zweimal die Erlaubnis erteilen, sie zu kontaktieren, einmal zum Beispiel auf der Webseite und im Anschluss noch einmal über einen Link in einer Mail. Das ist eine Anforderung aus dem Datenschutz, die sich direkt in Ihrer Interaktion widerspiegelt.

Genauso kann es sich mit dem Thema IT-Security oder anderen Bereichen verhalten. Holen Sie sich also rechtzeitig alle Expertise ins Boot, um sicherzustellen, dass die Anforderungen am Ende tatsächlich passen.

Wenn Sie in einem *regulierten Bereich* arbeiten, dann kann es Ihnen sogar passieren, dass es Anforderungen an die Usability oder User Experience gibt, die sich nicht aus der Nutzerkontextanalyse direkt ergeben, sondern die bereits in Normen und Standards gegossen sind. Es ist wichtig, diese Normen so früh wie möglich in der Gestaltung zu berücksichtigen. Für gewöhnlich finden sich immer dann Normen oder Standards, wenn es sich um einen allgemeinen Bereich handelt, in dem ein potenzieller Schaden entstehen kann.

Für Warnsymbole oder Alarme finden Sie also deutlich wahrscheinlicher eine bereits definierte Anforderung als für einen Login. Generell zeigt unsere Erfahrung aber, dass es inzwischen für fast jeden Bereich Normen und Standards gibt. Das Schwierigste daran ist manchmal, die passende Norm zu identifizieren, weil die Namen von Normen nicht zwangsweise zu Ihrem eigenen Sprachgebrauch passen.

Im Folgenden sehen wir uns in drei Abschnitten an, wie Anforderungen für die Projekte unserer drei Beispielfirmen formuliert werden könnten.

10.4 Anforderungen formulieren für MoveHub

Als wir unsere Gründer das letzte Mal gesehen haben, steckten sie gerade mitten in der Nutzungskontextanalyse. Auf Basis der dort gewonnenen Daten konnten sie zunächst die beiden Personas *Stefan »Student« Sänger* und *Sina »Studentin« Seibert* identifizieren. Anschließend haben die drei noch diverse weitere Daten gesammelt und damit sichergestellt, dass die Personas korrekt sind.

Aufbauend auf den Personas, haben die drei nun Anforderungen an die B2C-Mobilitätsplattform abgeleitet. Dabei haben sie sich zunächst die Persona *Stefan »Student« Sänger* vorgenommen (siehe Abbildung 10.18) und formulieren nun gemeinsam User Stories. Sie haben sich dazu entschieden, das ausführliche Format mit allen Erweiterungen zu nutzen.

Abbildung 10.18 Persona »Stefan ›Student‹ Sänger« für MoveHub (aus Abschnitt 9.5.1, »Kontextanalyse bei MoveHub«)

Wir greifen uns an dieser Stelle eine der User Stories heraus:

Als Stefan »Student« Sänger wünsche ich mir pünktlich am Vorlesungssaal anzukommen, um nicht alleine in einem großen Vorlesungssaal zu sitzen oder vor allen zu spät zu kommen.

Die aktuelle Unfähigkeit, sicher pünktlich am Vorlesungssaal zu sein, sorgt dafür, dass ich manchmal Zeit vertrödeln muss (selten), aber meistens eine Vorlesung verpasse, weil es mir peinlich ist, vor allen zu spät zu kommen.

Stefan zu befähigen, pünktlich am Vorlesungssaal zu sein, würde es ihm ermöglichen, den kompletten Studienstoff in Vorlesungen zu hören, und dadurch seinen Stress erheblich reduzieren.

Genauso verfahren die drei mit allen anderen identifizierten Herausforderungen der Zielgruppe. Insgesamt kommen die drei auf eine Liste von über 40 User Stories, die es zu bewältigen gilt. Obwohl den drei Gründern bewusst ist, dass sie vor einem großen Berg an Arbeit stehen, sind sie optimistisch: Schon allein durch das Formulieren der User Stories ist ihnen bewusst geworden, dass sie jetzt leichter entscheiden können, ob sie ein Feature brauchen und wie es gegebenenfalls genau umgesetzt werden sollte.

10.5 Anforderungen formulieren für BusinessBooster

Markus Meier hat mit seiner Firma und dem CRM-BI-Tool bereits einen großen Schritt nach vorne gemacht, indem er sich auf eine für ihn neue Welt eingelassen hat. Nutzerzentrierung war bisher für ihn ein Fremdwort, und auch die Technik erst mal hintenanzustellen ist nicht leicht für ihn. Da ist es nicht verwunderlich, wenn er für das Aufstellen der Anforderungen zunächst an seinem bewährten Prinzip der Anforderungsliste festhalten möchte.

Zuletzt hatte das Team auf Basis von verfügbaren Daten und intensiven Gesprächen die Personas *Karl »Kleinunternehmer« Konrad, Janine »junge Digitale« Jürgens* und *Wladimir »Wachstum« Walter* definiert. Für Markus Meier ist die Persona Karl »Kleinunternehmer« Konrad (siehe Abbildung 10.19) die wichtigere, weshalb sich das Team diese zuerst vornimmt.

Abbildung 10.19 Persona »Karl ›Kleinunternehmer‹ Konrad« für BusinessBooster (aus Abschnitt 9.5.2, »Kontextanalyse bei BusinessBooster«)

Die wichtigsten und häufigsten Rückmeldungen der Persona Karl »Kleinunternehmer« Konrad betreffen die fehlenden Automatisierungsmöglichkeiten für Berichte. Das Team beschließt daher, folgende Roh-Anforderungen zu definieren:

- Jedes Datenmodul muss die darin befindlichen Daten über eine Schnittstelle innerhalb der Software bereitstellen.

- Es wird ein neues »Analytics«-Modul geben, das die Daten aller anderen Datenmodule abgreifen kann.
- Das Analytics-Modul muss zudem über Möglichkeiten verfügen, die Daten auszuwerten.

Gerade bei dem letzten Punkt kommt das Team nach der allgemeinen Anforderung sehr schnell ins Detail. Anforderungen wie »Die Darstellung erfolgt als Pivot-Tabelle« und die »Pivot-Tabelle muss mindestens 10.000 Zeilen darstellen können« entstehen.

Da hebt der eingesetzte externe Berater der Data-Driven UX Design-Agentur die Hand. Er stellt klar, dass aufgrund der aktuellen Nutzerdaten überhaupt nicht bekannt ist, welche Daten Karl »Kleinunternehmer« Konrad überhaupt braucht und in welcher Form diese dargestellt werden sollen. Auch die Anmerkungen aus dem Team, dass eine Pivot-Tabelle doch die einzig sinnvolle Lösung sei, lässt er nicht gelten. Das stößt das Team um Markus Meier zunächst vor den Kopf. Bald darauf realisiert das Team aber, dass der externe Berater recht hat: Das Team hat sich schon wieder in der technischen Umsetzung verloren und nicht den Fokus auf den Nutzer sowie auf das Wissen über den Nutzer gelegt.

Das Team beschließt, wieder in die Nutzungskontextanalyse zurückzuspringen und tiefer im Bereich der gewünschten Berichte zu forschen: Was genau sollen die Berichte denn anzeigen? Sollen es fertige Berichte sein? Soll man sie nach eigenen Bedürfnissen anpassen können? Was wäre denn ein idealer Bericht?

Zusammen mit dem externen Berater führt das Team tiefere Interviews mit Kunden und potenziellen Kunden, die der Persona von Karl »Kleinunternehmer« Konrad entsprechen. Zur Sicherheit nehmen sie auch ein paar Vertreter der Personas Janine »junge Digitale« Jürgens und Wladimir »Wachstum« Walter mit dazu. Die Interviewergebnisse zeigen zusammengefasst, dass Pivot-Tabellen tatsächlich eine sehr gute Darstellungsmöglichkeit sind. Allerdings sind für die gewünschten Berichte 10.000 Zeilen viel zu wenig. Zusätzlich sollen aber auch grafische Auswertungen möglich sein. Vor allem einfache Tortendiagramme stehen dabei weit oben auf der Wunschliste der Kunden.

Mit diesen neuen Erkenntnissen ausgestattet, springt das Team um Markus Meier wieder zurück in die Anforderungsdefinition und ergänzt die Anforderungsliste entsprechend. Da das ausreichend gut gelingt, entscheidet das Team, als Nächstes erste Designs anzufertigen.

10.6 Anforderungen formulieren für Healthyfy

Als wir das Team von Healthyfy zuletzt getroffen haben, hatte es gerade über Fokusgruppen herausgefunden, dass die Persona *Doris »Diabetologin« Dannereder* (siehe Abbildung 10.20) noch nicht zufrieden mit der Anwendung wäre.

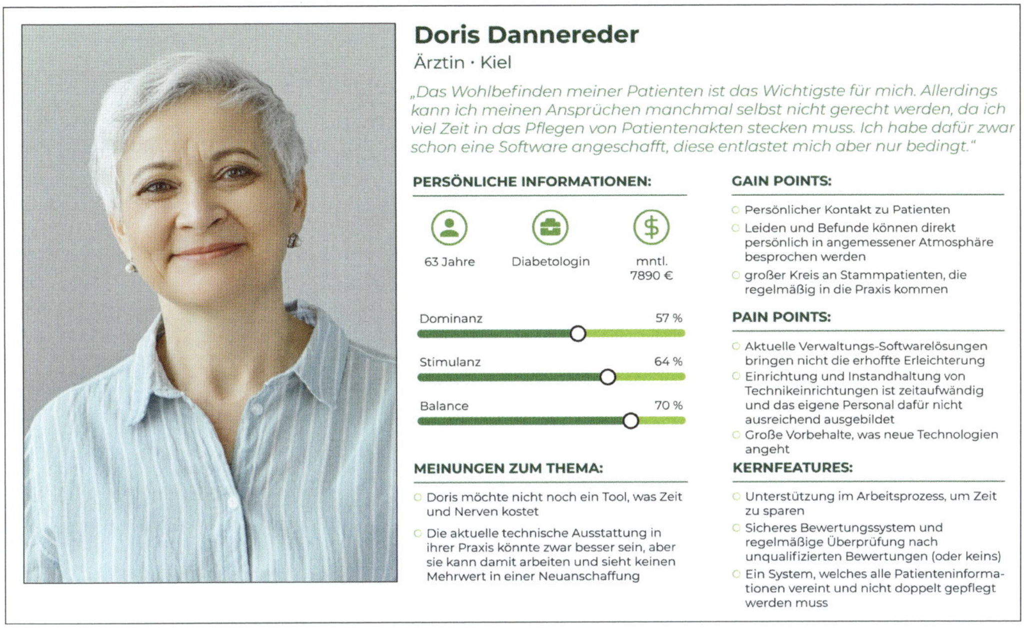

Abbildung 10.20 Persona »Doris ›Diabetologin‹ Dannereder« für Healthyfy (aus Abschnitt 9.5.3, »Kontextanalyse bei Healthyfy«)

Doris hegte hauptsächlich Bedenken hinsichtlich der Technik und der eigenen Sorgfaltspflicht. Da ihre Praxis sowieso immer voll ist, sieht sie auch keinen Vorteil darin, über Healthyfy an Patienten zu kommen. Sie ist sogar eher von den Bewertungen der Patienten abgeschreckt. Bedarf hat Doris vor allem an Zeitersparnis.

Sophia weiß, dass sie Doris von der Plattform begeistern muss. Ansonsten wird das Produkt aufgrund des Two-Sided-Market-Problems nicht funktionieren. Zur Erinnerung: Healthyfy bringt Ärzten nur etwas mit Patienten und Patienten nur etwas mit Ärzten, sodass beide »Parteien« gleichzeitig angesiedelt werden müssen.

Sophia spinnt mit ihrem Team daher verschiedene User Stories um das Thema Zeitersparnis bei Doris. Die Hauptstory lautet:

Als Doris »Diabetologin« Dannereder wünsche ich mir eine Möglichkeit, die Untersuchungen und Patientengespräche in meiner Praxis zeiteffizienter durchzuführen, um in der gleichen Arbeitszeit mehr Patienten helfen zu können.

Die aktuelle Unfähigkeit, mehr Patienten an einem Arbeitstag zu behandeln, sorgt dafür, dass wir täglich Menschen ablehnen müssen, die eigentlich meine Expertise brauchen.

Doris zu befähigen, mehr Patienten an einem Arbeitstag zu behandeln, würde zu einer größeren Effizienz der gesamten Praxis führen, sodass insgesamt mehr Menschen von Doris wissen, profitieren und die Praxis wirtschaftlich noch besser aufgestellt wäre.

Das Team beschließt nach dem Formulieren der User Stories für Doris auch weiter dort den Fokus zu setzen. Im Team besteht immer noch eine große Unsicherheit, ob die aktuelle Idee für Ärzte ausreichend Wert bringt. Daher sollen zunächst Gestaltungslösungen für die Arzt-Seite von Healthyfy entstehen. Das Kalkül: »Bekommen wir keine Gestaltungslösung hin, die Ärzte überzeugt, dann müssen wir die Idee insgesamt überarbeiten.« Daher wendet sich das Team erst einmal der größten Herausforderung zu.

Kapitel 11

Der Data-Driven UX Design-Prozess im Detail – Gestaltungslösungen entwickeln

»Design ist nicht nur wie es aussieht und wie es sich anfühlt. Design ist wie gut es funktioniert.«
– Steve Jobs (Unternehmer und unter anderem Gründer von Apple)

Jetzt ist es so weit und wir sind endlich da: bei der Entwicklung von Gestaltungslösungen. Das ist der Bereich, der vielen Personen am meisten Spaß macht und der eigentlich auch der Kernbereich ist, an den die meisten denken, wenn jemand »Usability und User Experience Design« sagt. Wie war das bei Ihnen? Haben Sie nicht auch als Erstes an Benutzerführung, Benutzeroberflächen und Prototypen gedacht? Das ist auch gut so! Auch wenn ein großer Teil von allem, was wir hier vorstellen, nicht Design ist, so soll doch alles zum Design führen. User Research hat aus unserer Sicht das Ziel, tolle Systeme, Produkte und Dienstleistungen zu entwickeln. Also: Lassen Sie uns loslegen.

11.1 Erinnerung: Was ist das Ziel der Gestaltung und wie gehen wir dabei vor?

Das Endziel der Gestaltung ist natürlich, ein großartiges Produkt zu haben. Auf dem Weg dorthin wollen wir allerdings immer wieder überprüfen können, ob wir nicht vielleicht falsch abgebogen sind. Daher ist ein Ziel der Gestaltung auch, die Bewertung mit echten Nutzern zu ermöglichen – und das in jeder Iteration. Um eine Bewertung zu ermöglichen, müssen Sie sich in dieser Phase Gedanken darüber machen, wie die konkrete Interaktion der Nutzenden mit Ihrem System, Ihrem Produkt oder Ihrer Dienstleistung aussehen soll. Darin enthalten sind die einzelnen Schritte, die benötigten Informationen, aber auch die Art und Weise, wie Sie diese für die Nutzenden zugänglich machen.

Auf der einen Seite geht es bei diesem Zugänglichmachen um eine gute Usability, auf der anderen Seite sollten Sie auch die User Experience bei den Konzepten berücksichtigen. Wenn Sie an den Baum zurückdenken (siehe Abschnitt 2.3, »Das Zusammenspiel von Ergonomie, Usability und User Experience«), dann erinnern Sie sich, dass es neben Usability und User Experience auch noch die Ergonomie gab. Diese spielt eine besonders wichtige Rolle, wenn Sie Produkte mit einer physischen Komponente gestalten und nicht ausschließlich Software entwickeln. Wir werden das Thema *physische Produktgestaltung* hier aber nur am Rande erwähnen, da wir davon ausgehen, dass die meisten Leserinnen und Leser dieses Buches eher an *digitaler Produktgestaltung* interessiert sind.

Bei der Gestaltung von Benutzeroberflächen empfiehlt es sich, sich nach gängigen Grundsätzen zur Gestaltung von interaktiven Systemen zu richten. Als Beispiel werden hier die Interaktionsprinzipien (DIN EN ISO 9241-110:2020) herangezogen, die im Detail im Gestaltungskapitel (siehe Abschnitt 7.4.4) vorgestellt werden.

Ein Aspekt, der bei der Gestaltung zu berücksichtigen ist, ist die Verteilung der Aufgaben zwischen dem Nutzenden und dem System. Technische Systeme werden in immer größerem Umfang automatisiert und können zunehmend mehr Aufgaben selbstständig umsetzen. Bei der Erarbeitung von Gestaltungslösungen sollten Sie sich jedoch auch Gedanken über die folgenden Fragen machen: »Wo sollte die Aufgabe verortet sein? Sollten das die Nutzenden machen, oder sollte das System die Aufgabe übernehmen?«

Dabei geht es um die Qualität der Durchführung, aber auch um das »Wollen« aus Nutzersicht. Als UXler machen wir uns am besten konsequent zu Anwälten derjenigen, die das Produkt nutzen werden. Wir stellen uns an dieser Stelle oft die Frage, ob die Aufgabe, die beim Nutzenden verbleibt, noch eine sinnvolle – im besten Fall vielleicht sogar eine sinnstiftende – Aufgabe ist. Ist das nicht der Fall, dann sollte die Aufgabe, so weit es technisch möglich ist, automatisiert werden.

Wenn Sie erst einmal festgelegt haben, wer welche Aufgaben übernimmt, dann definieren Sie das »Wie«. Dazu gehört die konkrete Gestaltung der Interaktion (»Wer macht was wann?«), aber auch die Festlegung der Art und Weise, wie das geschieht: Gibt es eine visuelle Anzeige, einen Ton, eine Vibration? Gibt es einen Touchscreen, einen Hebel, ein Brain-Computer-Interface? All das definieren Sie in diesem Schritt und entwickeln Prototypen – oft nichtfunktionale Prototypen –, die die Interaktion erlebbar machen. Wie Sie dabei Schritt für Schritt vorgehen, zeigen wir Ihnen nun.

11.2 Design Research

Wir möchten Sie ermutigen, jedes einzelne Design-Projekt mit Design Research zu beginnen. Jetzt hören wir Sie förmlich rufen: »Was? Schon wieder Research? Ich dachte, es geht jetzt endlich los!«

Ja, das tut es auch. Sie wissen, wer die Nutzenden sind, was deren Aufgaben sind und welche Anforderungen an das Design des Produkts und das User Interface bestehen.

Das ist fantastisch! Jetzt müssen Sie nur noch herausfinden, was der aktuelle *State of the Art* in Bezug auf Design ist.

Wenn wir Design Research sagen, dann meinen wir nicht wieder stundenlange Feldforschung oder Interviews. Wir empfehlen Ihnen, dazu vier Bereiche anzuschauen:

- Wettbewerbslösungen
- Lösungen, die vergleichbare Probleme adressieren, aber in anderen Bereichen bzw. Branchen
- aktuelles *State of the Art*-Design sowohl im B2B-, aber vor allem im B2C-Umfeld
- die existierende Palette an eigenen Produkten, Lösungen und Designs

Lassen Sie uns die Bereiche einen nach dem anderen ansehen.

Wettbewerbslösungen

In diesem Bereich Ihrer Design Research verschaffen Sie sich einen Eindruck davon, wie das Problem aktuell gestalterisch gelöst wird. Wahrscheinlich haben Sie bei Ihrer Nutzungskontextanalyse schon einen ersten Einblick in bestehende Produkte und Konkurrenzlösungen erhalten. Jetzt sehen wir uns diese Lösungen im Detail an. Dabei empfehlen wir, die bestehenden Lösungen auf verschiedenen Ebenen zu prüfen:

- Handelt es sich um ein Produkt, ein System oder eine Dienstleistung?
- Besteht die Lösung aus einer Anwendung oder aus mehreren?
- Gibt es irgendwelches Zubehör, das benötigt wird?
- Wie wird der Nutzer durch die Lösung geführt?
- Wie ist das Design der Lösung?
- Für welche Werte bzw. Assoziationen steht die Lösung oder die Marke?
- Gibt es Muster im Design, die sich zwischen den verschiedenen Lösungen wiederholen?

Diese Art von Design Research gibt Ihnen einen ersten Eindruck von der Erwartung der Nutzenden an Ihr Produkt. Schließlich sind Sie gewöhnlich nicht der erste und einzige Anbieter, der versucht, sich in diesem Bereich zu etablieren. Alle Erfahrungen, die bisher gemacht wurden, zahlen damit auf die Erwartungshaltung der Nutzenden ein. Es ist also sinnvoll, diese vorherigen Erfahrungen zumindest zu kennen und zu verstehen. Ob Sie sich dem Design anschließen oder etwas ganz anderes machen, können Sie danach frei entscheiden. Sie sollten sich nur informiert entscheiden.

Lösungen, die vergleichbare Probleme adressieren

Manchmal ist man geneigt, ein Problem anzusehen und zu sagen: »Oh, das ist einzigartig. Das hat noch nie jemand vorher gemacht.« Glauben Sie uns, das ist quasi nie der Fall! In fast 100 % der Fälle gibt es vergleichbare Lösungen – entweder in Ihrem

Bereich, dann sind wir bei der Betrachtung der Wettbewerber von eben, oder in einem anderen Bereich.

Wenn Sie zum Beispiel für den Medizinbereich einen Patientenmonitor entwickeln wollen, der alle Live-Daten zum Patientenzustand misst und gemeinsam übersichtlich anzeigt, dann werden Sie sich vermutlich zuerst nach vergleichbaren Patientenmonitoren umsehen. Das ist auch sinnvoll. Im Anschluss könnten Sie aber Ihren Blick erweitern: Gibt es andere Anwendungen in der Gesundheitsbranche, bei denen ebenfalls Live-Daten gemessen und gemeinsam angezeigt werden? Vielleicht kommen Sie dann auf Systeme, die ganze Stationen überwachen. Oder Ihnen fallen andere Messsysteme ein, zum Beispiel Ultraschallsysteme. Bei jedem der Systeme können Sie sich im Anschluss fragen:

- Was davon ist anwendbar auf meine Problemstellung?
- Was davon passt leider nicht?
- Was kann ich von der Umsetzung für meine eigene Lösung lernen?

Im Anschluss können Sie sogar noch weiter abstrahieren:

- Wo findet eine Live-Messung und Anzeige von Daten außerhalb der Medizin statt?
- Wie werden die Daten angezeigt?
- Welche Gemeinsamkeiten und welche Unterschiede gibt es?

Hier könnten Sie zum Beispiel auf die Idee kommen, dass auch Prozesssteuerungen in Fertigungen Live-Daten erfassen und gemeinsam anzeigen.

Das Ziel dieses Schrittes ist es, ein Gefühl für verschiedene Aspekte des Designs zu bekommen. Darunter fallen:

- die Farbsprache in der jeweiligen Branche
- die Formsprache in einer Branche
- bestimmte Anzeigereihenfolgen (zeitliche Abfolge der Informationen) in einer Branche
- bestimmte Anzeigestrukturen (Aufbau) in einer Branche
- erweiterte Informationen, die zusätzlich bereitgestellt werden
- gelungene Gestaltungslösungen (aus anderen Bereichen) für Ihr Ziel
- misslungene Gestaltungslösungen (aus anderen Bereichen) für Ihr Ziel

Damit werden Sie in der Lage sein, ein gutes Gefühl dafür zu bekommen, was es gibt, wie die Branche tickt, was es aber auch sonst noch außerhalb der Branche gibt und dort vielleicht exzellent funktioniert. Sie bekommen auch ein Gefühl für das Gegenteil: Welche Lösungsansätze passen nicht zu Ihnen, und was möchten Sie auf keinen Fall für Ihr System, Ihr Produkt oder Ihre Dienstleistung?

Aktuelles State-of-the-Art Design

Ein weiterer Bereich, in dem Sie sich unbedingt umsehen sollten, ist der aktuelle *State of the Art*, also der aktuelle Entwicklungsstand – einmal in Ihrer Branche, aber vor allem auch im B2C-Bereich, unabhängig davon, was Sie selbst für eine Lösung haben.

Gute Ausgangspunkte dafür können vor allem weit verbreitete Lösungen wie Smartphones oder Fernseher sein. Warum? Weil nahezu jeder Nutzer hier den aktuellen Entwicklungsstand kennt und diesen als Referenz verwendet. In Deutschland besaßen im Jahr 2021 ca. 62,6 Millionen Personen ein Smartphone; bei Menschen zwischen 14 und 39 Jahren lag die Quote sogar bei über 94 % (statista.de). Sie können also fest davon ausgehen, dass die meisten Menschen, für die Sie Produkte gestalten, aktuelle Betriebssysteme und Designs auf dem Smartphone kennen und diese als Vergleich heranziehen. Das gilt umso mehr, wenn es sich bei Ihrem System, Produkt oder Ihrer Dienstleistung um eine digitale Lösung handeln sollte.

Nur wenn Sie explizit für eine deutlich ältere Zielgruppe gestalten, kann es sein, dass dort weniger Erfahrung mit Smartphones herrscht. Wenn Sie die Gesamtzahl von 62,6 Millionen Smartphone-Nutzern im Verhältnis zu den ca. 83 Millionen Einwohnern in Deutschland betrachten, vergessen Sie aber bitte nicht, dass allein über 10 Millionen Kinder unter 14 Jahren in Deutschland leben. Sie können also nicht davon ausgehen, dass die fehlenden 21 Millionen Nutzer ausschließlich älter sind.

Die existierende Palette an eigenen Produkten, Lösungen und Designs

Der letzte Bereich, den Sie sich während des Design Researchs ansehen sollten, ist die vorhandene Produkt- und Designpalette im eigenen Haus. Dabei geht es darum, die Designsprache Ihres Unternehmens und Ihrer Produktfamilie zu verstehen und das eigene Design mit- oder weiterzuentwickeln. Dazu kommt: Spricht eine Produktfamilie die gleiche Nutzergruppe an, dann sollten sich die Produkte auch ähnlich anfühlen.

Auch aus Unternehmenssicht sollten Ihre Lösungen eine gemeinsame Sprache sprechen. Gute Quellen hierfür sind oftmals Handbücher, die Produkte selbst, aber auch Webseiten oder Styleguides, die bereits vorhanden sind. Nutzen Sie alles, was möglich ist, um ein Gefühl für das Look-and-feel Ihres Unternehmens und Ihrer Produkte zu erhalten.

Dokumentation des Design Researchs

Alle diese Erkenntnisse sollten Sie zusammentragen und dokumentieren. Das Ziel der Design Research war zunächst, einen Überblick zu bekommen und auch eine Grundlage für weitere Entscheidungen zu treffen. Typische Fragestellungen sind, wie die eigene Lösung platziert werden kann und wie die Marke weiterentwickelt werden soll. An diesen Entscheidungen sind auch andere Stakeholder beteiligt. Eine saubere Dokumentation der Design Research hilft, diese Entscheidungen zu treffen.

Bei der Dokumentation der Design Research geht es aber nicht um einen bestimmten besonders komplizierten Aufbau. Im einfachsten Fall haben Sie einfach eine Präsentation, die Sie in die vier oben beschriebenen Bereiche aufteilen und in die Sie einfach Bilder, Screenshots und Beispiele einfügen. Wichtig ist nur, dass Sie die Information auch noch für später parat haben, wenn Sie dann tatsächlich an die optische Ausgestaltung gehen. Das ist aber Zukunftsmusik (siehe Abschnitt 11.12, »Visual Design«). An dieser Stelle fangen wir erst einmal grundlegend an.

11.3 Vom Groben zum Feinen

In den meisten Designprojekten ist durch Vorarbeiten oder Stakeholder-Willen die Lösung nicht mehr ganz frei, sondern schon vordefiniert. So starten Sie gegebenenfalls in den Gestaltungsprozess und wissen bereits, dass die Lösung eine Smartphone-App sein wird. Oder Sie sind ein Dienstleister für die Entwicklung von Smartphone-Apps, und auch dann ist gewöhnlich gesetzt, welcher Lösungstyp herauskommen wird. In manchen Fällen starten Sie aber tatsächlich »auf der grünen Wiese« mit einem komplett neuen Produkt.

Wenn Sie wirklich von null starten, dann ist ein guter erster Ausgangspunkt für das Design ein *Brainstorming* oder *Brainwriting* (eine Beschreibung beider Methoden finden Sie in Abschnitt 4.2.4, »Schritt 4: Ideen finden«), bei dem Sie erste Ideen für die mögliche Lösung sammeln. Hier sind Sie noch auf einer ganz grundlegenden Ebene unterwegs und können verschiedene Lösungsansätze andenken. Dann – im Laufe der kommenden Iterationen – werden Sie sich immer weiter auf ein Design und eine Lösung festlegen und diese immer detaillierter und tiefer ausgestalten.

Wir empfehlen Ihnen, bei der Gestaltung Ihrer Lösung und beim Finden des richtigen Designs immer vom Groben zum Feinen arbeiten. Das bedeutet, dass Sie erst die Gesamtstruktur festlegen, bevor Sie sich mit den konkreten Inhalten und dann mit den Icons, Farben und Schriftarten beschäftigen.

Warum? Unserer Erfahrung nach kann es sonst leicht passieren, dass Sie sehr viel Zeit in die visuelle Gestaltung investieren und darüber hinaus vergessen, dass auch die Optimierung der Abläufe und Verständlichkeit mitbedacht werden muss. Im Laufe dieses Abschnitts werden wir Ihnen dafür Vorgehensweisen an die Hand geben, die gut funktionieren, um eine Lösung von Grund auf aus Nutzersicht zu denken.

Wenn wir in die Entwicklung starten, laufen bei uns gewöhnlich zwei Stränge parallel ab: auf der einen Seite die *Entwicklung des Workflows* und der einzelnen Interaktionen der Nutzenden. Dieser Teil ist der grobe Teil. Hier geht es uns hauptsächlich um das Thema Optimierung von Abläufen, Reduktion von Bedienzeiten, Bedienfehlern und Klicks. Auf der anderen Seite läuft meist parallel, aber zeitlich nachgelagert die *Entwicklung des visuellen Designs*. Das ist der feine Teil.

Wie bereits an anderer Stelle im Buch erwähnt wurde, haben wir entschieden, beide Stränge inhaltlich voneinander zu trennen, weil es in Nutzertests den bewertenden Personen oftmals schwerfällt, Design und Struktur zu trennen. Zeigen Sie in einem *Nutzertest* ein optisch ausgestaltetes User Interface, dann bekommen Sie oftmals hauptsächlich Feedback zu der Optik: Gefällt die Optik nicht, dann gefällt das ganze Produkt nicht. Gefällt die Optik, dann gefällt auch die ganze Lösung. Es besteht dann die Gefahr, dass Sie gar nicht auf die Ebene der Bedienabläufe kommen – weil Sie nicht so tief eintauchen können. Bewegen Sie sich also auf der feinen Ebene, dann können Sie die Bedienbarkeit nicht optimieren. Daher möchten wir diesem Bereich im Folgenden unsere ungeteilte Aufmerksamkeit widmen.

11.4 Grundsätzliche Lösungsmöglichkeiten entwickeln

Oft startet man in den kompletten Data-Driven UX Design-Prozess mit einer Idee im Kopf, wie das Problem gelöst werden kann. Hierbei besteht die Gefahr, dass die bereits in Ihrem Kopf existierende Lösung nicht die beste sein muss. Wir empfehlen Ihnen, auch mit einer angedachten Lösung in die grundsätzliche Lösungsentwicklung einzusteigen. Kristallisiert sich am Ende die bereits angedachte Lösung heraus, dann ist das umso besser. Vor allem gegenüber Stakeholdern können Sie danach aber sauber begründen, warum Sie eine bestimmte Lösung verfolgen oder nicht.

In der Praxis kommt es auch immer wieder vor, dass ein Problem identifiziert wurde, für das man noch keine (klare) Lösung ableiten konnte. Auch hier lautet unsere Empfehlung, grundsätzliche Lösungsmöglichkeiten zu entwickeln.

In beiden beschriebenen Fällen gehen wir davon aus, dass Sie durch die ersten zwei Schritte im Data-Driven UX Design-Prozess (Nutzungskontextanalyse und Nutzungsanforderungen ableiten) schon ein sehr gutes Verständnis von dem Problem und den grundlegenden Anforderungen gewonnen haben. Wenn Sie nun beginnen, nach einer Lösung zu suchen, empfehlen wir Ihnen den Start im Sinne des *Design Thinkings* (siehe Abschnitt 4.2).

Sammeln Sie dazu ein Team aus Personen mit möglichst unterschiedlichen Expertisen und Hintergründen, die aber alle einen Bezug zum Problem haben bzw. an dessen Lösung beteiligt sein werden. Klären Sie den aktuellen Stand zu Beginn oder sogar vorab, sodass alle im Team den Rahmen kennen. Hierzu ist es sinnvoll, dass alle die bisher gesammelten Informationen inklusive des Design Researchs vorab kennen.

Die Erfahrung zeigt, dass das nun folgende *Brainstorming* oder *Brainwriting* am besten funktioniert, wenn die Teilnehmer vorbereitet sind. Das hebt insgesamt die Qualität der Ideen. Vielleicht kommen die Teilnehmer sogar schon mit ersten eigenen Ideen in den gemeinsamen Workshop. In diesem Fall ist es nur wichtig, dass das Ziel des Workshops die Entwicklung von neuen Ideen und die Bewertung vorhandener Ideen ist, aber nicht das Verteidigen der eigenen Idee.

Und dann können Sie entweder gemeinsam im Rahmen eines Brainstormings oder jeder für sich in einem Brainwriting Ideen entwickeln. Die Ideen werden an dieser Stelle im Gestaltungsprozess noch ganz roh und ungeschliffen sein. Aber Sie werden jetzt schon in der Lage sein, erste Grundtendenzen herauszukristallisieren. Handelt es sich um eine App? Eine Webanwendung? Eine Plattform? Ist es ein physisches Produkt? Wollen wir eine Dienstleistung umsetzen? Greifen Sie sich dann die einzelnen Ideen, besprechen Sie diese, und verfeinern Sie sie noch ein wenig, und dann gehen Sie direkt in die Bewertung.

Die *Bewertung von Ideen* kann unendlich viel Zeit in Anspruch nehmen. Sie könnten, wie in Abschnitt 4.2 beschrieben, eine Matrix entwerfen, mit deren Hilfe Sie jede einzelne Anforderung für jede einzelne Idee bewerten. Wenn Sie das probieren, wird Ihnen aber recht schnell auffallen, dass Sie über die einzelnen Ideen noch gar nicht genug wissen, um entscheiden zu können, welche Anforderungen nun wirklich erfüllt sind und welche nicht.

Dagegen hilft das zweite, ebenfalls in Abschnitt 4.2 beschriebene Vorgehen, mit dem Sie »quick and dirty« in die Bewertung der Ideen starten können: die drei sich überschneidenden Kreise.

Zur Erinnerung: Sie teilen Ihre Ideen in die in Abbildung 11.1 dargestellten Kreise bzw. Kategorien ein, wobei die Kategorien ein Vorschlag von uns sind.

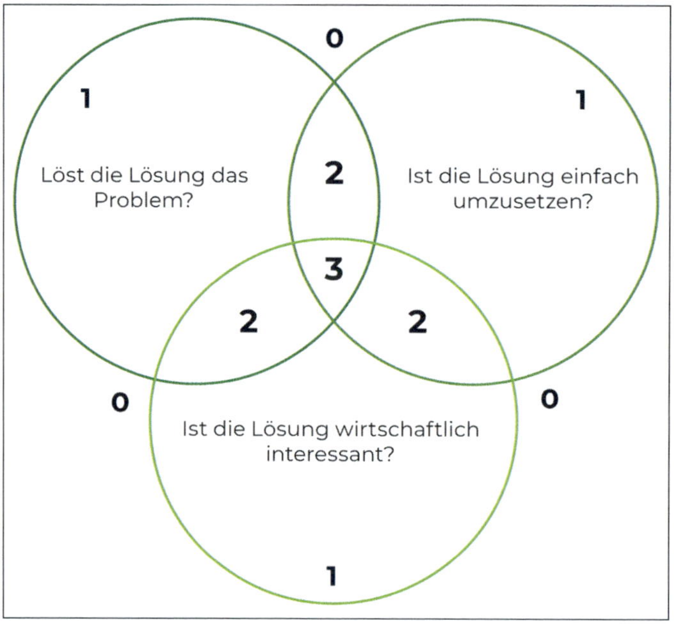

Abbildung 11.1 Teilen Sie für eine erste Bewertung Ihre Ideen in die drei Kreise bzw. Kategorien ein.

In unseren bisherigen Brainstorming- und Brainwriting-Sessions gab es selten den Fall, dass wir nur eine einzige Idee in der 3er-Region hatten (also eine Idee, die alle Kriterien erfüllt). In deutlich mehr Fällen hatten wir entweder gar keine Ideen mit einer 3 oder extrem viele, wenn das Team sehr gut vorbereitet war (daher auch unsere Empfehlung zur Vorbereitung vom Anfang des Abschnitts). Auch hier möchten wir Ihnen noch ein paar Tipps geben, wie Sie in diesen Situationen vorgehen können.

11.4.1 Wie man aus einer 2 eine 3 macht

Wenn Sie gar keine 3er-Idee haben, dann ist die beste Möglichkeit, sich nach und nach alle 2er-Ideen anzusehen. 2er-Ideen erfüllen ja nach unserer Definition zwei der drei relevanten Kriterien. Wenn Sie jetzt also eine 2er-Idee nehmen, dann wissen Sie aufgrund der Position im Kreis, dass die Idee zum Beispiel das Problem löst und einfach umzusetzen ist, aber leider wirtschaftlich nicht interessant. An dieser Stelle fangen Sie mit einem Mini-Brainstorming an und fragen sich: »Wie könnten wir diese Idee wirtschaftlich interessant machen?« Wenn Sie eine Idee dazu haben: Wundervoll! Ergänzen Sie diese auf Ihrem Zettel und Sie haben soeben eine 3er-Idee erschaffen. Wenn Ihnen und dem Team nichts einfällt: Kein Problem. Nehmen Sie einfach die nächste 2er-Idee, und prüfen Sie, ob es bei ihr eine Möglichkeit gibt, das fehlende Kriterium umzusetzen.

11.4.2 Wie man mit zu vielen 3er-Ideen umgeht

Wenn Sie zu viele 3er-Ideen haben, ist das ja eigentlich ein Luxusproblem. Eine weitere Auswahl ist dann nur notwendig, um das Team zu fokussieren und schneller voranzukommen. Für uns haben sich in dieser Situation zwei verschiedene Herangehensweisen als erfolgversprechend herausgestellt:

1. Sie machen eine Punkteabfrage.
2. Sie machen eine erneute Bewertung, diesmal mit Skalen.

Die *Punkteabfrage* ist dabei deutlich schneller und pragmatischer und bietet deutlich weniger Raum für Diskussionen. Um die Punkteabfrage zu machen, reichen Sie einfach jedem Teammitglied drei Klebepunkte (oder digital drei Stimmen) und lassen die Teammitglieder ihre Punkte auf die Idee oder die Ideen kleben, die sie persönlich am vielversprechendsten finden. Dabei erlauben wir gewöhnlich auch, dass alle Punkte von einem Teilnehmer auf die gleiche Idee geklebt werden. Im Anschluss zählen Sie einfach nur noch die Punkte aus und wählen die ein oder zwei Ideen mit den meisten Stimmen.

Wenn Sie eine besondere *Gewichtung durch bestimmte Teammitglieder* abdecken wollen können Sie das entweder durch mehr Punkte für die jeweilige Person machen oder durch andersfarbige Punkte, die dann eine andere Gewichtung haben. Außerdem sollten Sie überlegen, von Anfang an alle Ideen herauszunehmen, bei denen ein anwesender Entscheider ein Veto einlegt.

Uns ist durchaus bewusst, dass das ein sehr kontroverser Vorschlag ist, weil dadurch sehr gute Ideen einfach unter den Tisch fallen könnten. Vielleicht könnte auf diese Art und Weise sogar die beste Idee direkt zu Beginn sterben. Unsere Erfahrung zeigt aber, dass Ideen, bei denen es ein *Entscheider-Veto* gibt, gewöhnlich in einem späteren Stadium sowieso eingefroren und gestoppt werden – nur dass dann schon deutlich mehr Ressourcen verbraucht wurden. Nutzen Sie hier Ihr Feingefühl und Ihre Kenntnis der Entscheider, um zu überlegen, ob das Risiko im Raum steht.

Die Punktevergabe ist eine sehr schnelle und einfache Art der Gewichtung. Manchmal fühlt sich die Art der Entscheidung aber zu schnell und unpräzise an. Dann ist die *Bewertung anhand von Skalen* eine gute Möglichkeit. Für alle 3er-Ideen haben Sie ja bereits entschieden, dass Sie alle drei Kriterien erfüllen. Wir sind uns aber sicher, dass Sie bei näherer Betrachtung herausfinden werden, dass jede der Ideen die Kriterien unterschiedlich gut erfüllt. Wenn Sie also mehr auf Zahlen als auch Bauchgefühl stehen, dann können Sie auch eine Bewertung der einzelnen Aspekte auf einer 10er-Skala vornehmen, sodass Sie am Ende jede einzelne Idee in einem (dreidimensionalen oder mehreren zweidimensionalen) Koordinatensystem(en) verorten könnten.

Durch die Einführung der 10er-Skala wird es einfacher, zwischen Ideen zu unterscheiden und ein Gefühl dafür zu bekommen, ob ein Kriterium ein bisschen, ziemlich oder in extrem hohem Maße erfüllt ist. Aber Achtung: Es handelt sich hier nur um eine Pseudo-Sicherheit. Schließlich gibt es noch keine Umsetzung und Sie wissen noch sehr wenig über jede Idee. Halten Sie sich also nicht zu lange mit der Bewertung auf, sondern versuchen Sie, schnell zu einer Bewertung zu kommen.

11.4.3 Fazit

Bei Verwendung von Brainwriting, kombiniert mit den drei Kreisen und der Punktebewertung, ist es möglich, einen ersten Favoriten zur Ausarbeitung innerhalb von zwei bis vier Stunden zu identifizieren. Vorausgesetzt, Sie haben einen versierten Moderator an der Hand, der das Team immer wieder zurück zum Thema führt.

An dieser Stelle sei angemerkt, dass es natürlich noch sehr viele weitere Verfahren gibt, die eine Bewertung von Ideen möglich machen. Wir haben uns dazu entschlossen, Ihnen im Rahmen dieses Buches die Methode vorzustellen, die sich bei uns für die Usability und User Experience Design-Arbeit als am schnellsten und am zielführendsten herausgestellt hat. Die *Schnelligkeit* ist dabei für uns auch der maßgebliche Auswahlgrund. Da Sie in dieser Phase theoretische Ideen bewerten und noch wenig wissen, empfehlen wir Ihnen auch hier wieder, dass Sie lieber schnell lernen als langsam.

Sollten Sie alternative Methoden zur Bewertung von Ideen kennenlernen wollen, empfehlen wir Ihnen das Buch »Management von Lieferanteninnovationen« von Stefan Winter, in dem verschiedene Kriterien und Verfahren zur Ideenbewertung beschreiben und verglichen werden. (Auch wenn der Titel erst mal etwas anderes suggeriert, werden die Inhalte neutral beschrieben und anschließend auf den Anwendungsfall »Lieferanteninnovationen« übertragen. Der allgemeine Teil ist daher auch für unseren Fall ungemein nützlich.)

Am Ende dieses Abschnitts sollten Sie jetzt also aus einer Vielzahl an Ideen eine oder mehrere vielversprechende Grundideen ausgewählt haben, mit denen Sie in die Ausgestaltung starten können. Ein guter Weg, um das zu tun, sind Prototypen.

11.5 Arbeit mit Prototypen

Unter einem *Prototyp* verstehen wir im Bereich des Data-Driven UX Designs eine schnelle und simulierte Umsetzung der Lösungsidee. Dabei gehen wir mit allen Ansätzen konform, die nicht zwangsweise eine lauffähige Version benötigen, sondern das Ziel haben, die Interaktion von Nutzendem und Produkt so schnell und einfach wie möglich abzubilden.

Je nach Lösungsansatz kann Ihr Prototyp alles sein: von einem Legomodell, über etwas Selbstgebasteltes aus Pappe, eine Zeichnung, ein Video oder ein digitaler Prototyp. Sobald Sie sich für die Arbeit mit einem Prototyp entscheiden, müssen Sie vorher festlegen, für was Sie einen Prototyp aufbauen. Denn je nach Ziel ergeben sich auch andere Anforderungen an den Prototyp und der Aufwand für die Erstellung verändert sich.

Es ist also wichtig, sich vorab über das Ziel Gedanken zu machen. In diesem Abschnitt möchten wir zunächst auf die unterschiedlichen Arten von Prototypen eingehen – und anschließend auf die Zieldiskussion zurückkommen.

11.5.1 Horizontale und vertikale Prototypen

Ganz generell können Sie zwischen sogenannten horizontalen und vertikalen Prototypen unterscheiden.

Horizontale Prototypen stellen die Lösung in der vollen Breite dar, zeigen also den möglichen Funktionsumfang auf, ohne dabei aber die einzelnen Interaktionswege auszudefinieren. Sie gehen also in die Breite – die Horizontale –, aber nicht in die Tiefe.

Ein Beispiel hierfür könnte eine Startseite auf einer Homepage sein, bei der das komplette Navigationsmenü mit allen Einträgen steht, aber kein einziger davon klickbar ist (siehe Abbildung 11.2).

Das Gegenteil davon sind die *vertikalen Prototypen*, die gewöhnlich nicht die Übersicht über die Lösung bieten, aber dafür einen bestimmten Workflow testbar machen. Dadurch, dass sie einem bestimmten Workflow folgen, gehen diese Prototypen in die Tiefe – also in die Vertikale. Die Breite wird vernachlässigt.

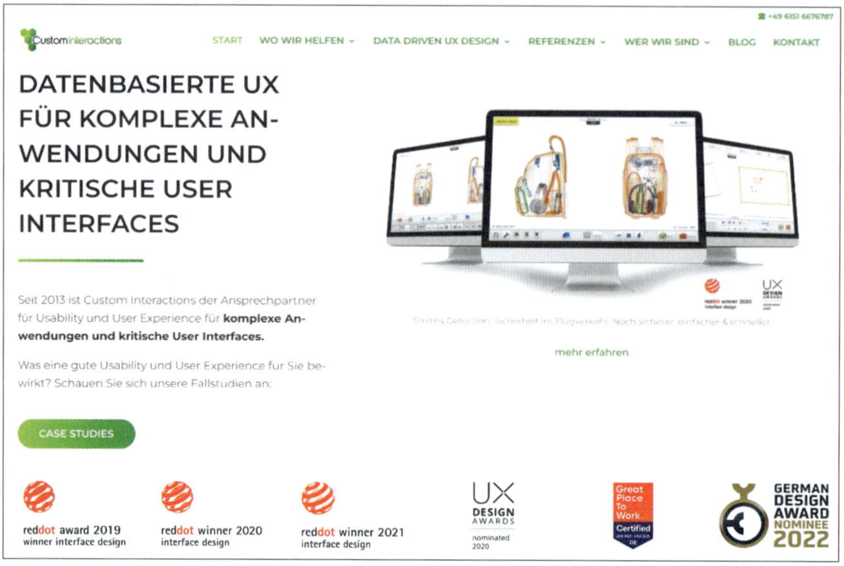

Abbildung 11.2 Horizontaler Prototyp der Webseite »www.custom-interactions.com« – die Startseite ist bereits nahezu vollständig ausgearbeitet (inklusive des optischen Designs). Allerdings ist keiner der Links klickbar.

Ein Beispiel könnte die gleiche Startseite sein, auf der bisher ausschließlich Lorem-Ipsum-Texte stehen, bis auf einen Link. Wenn Sie auf den Link klicken, erleben Sie dafür aber die ganze Interaktion bis zum Abschluss (siehe Abbildung 11.3).

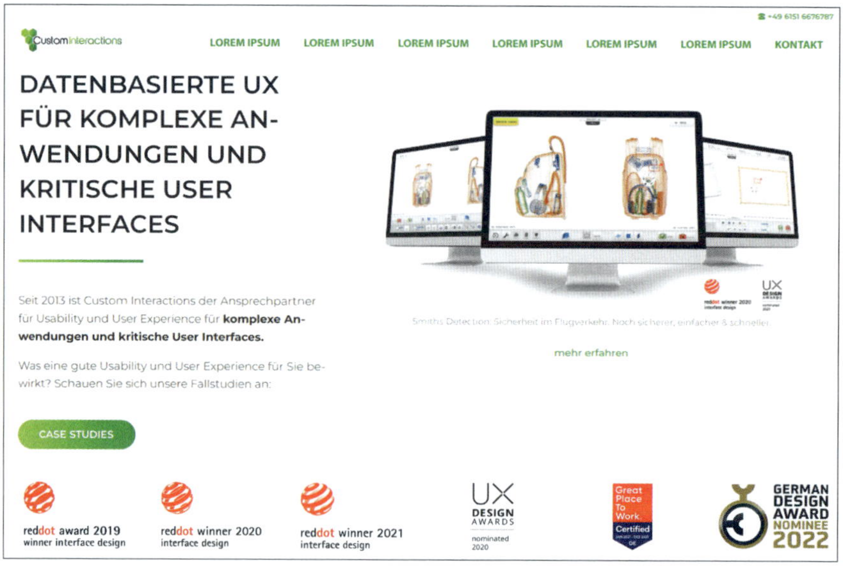

Abbildung 11.3 Vertikaler Prototyp der Webseite »www.custom-interactions.com« – im Menü der Startseite finden sich diverse Platzhalter. Ein einzelner Workflow (die Kontaktaufnahme) ist allerdings ausgestaltet.

Natürlich können Sie auch beide Varianten kombinieren. Wenn Sie allerdings einen Prototyp bauen, der komplett ausdefiniert ist und jeden Schritt sowohl in der Breite als auch in der Tiefe fertig beschreibt, dann könnte es sein, dass Sie zu viel Zeit in den Prototyp gesteckt haben.

11.5.2 High- und Low-Fidelity-Prototypen

Ob Sie wirklich zu viel Zeit in den Prototyp investiert haben, hängt auch von der Frage ab, wie viel Aufwand die Erstellung des Prototyps war. Auch hier lassen sich verschiedene Arten von Prototypen unterscheiden. Auf der einen Seite gibt es Low-Fidelity-Prototypen, auf der anderen Seite High-Fidelity-Prototypen. Sie unterscheiden sich durch den Detailreichtum der Ausgestaltung und die bereits eingebauten Möglichkeiten. Hier ist zu beachten, dass die »Fidelity« der Prototypen nicht entweder niedrig oder hoch ist, sondern das Ganze eher einer Skala entspricht. Es kann also auch Prototypen im mittleren Bereich geben. Aber was heißt das jetzt?

Bei einem *Low-Fidelity-Prototyp* geht es ausschließlich darum, die Interaktion und Wirkweise klarzumachen. Dazu können Handzeichnungen, Knete, einfache Zettel oder andere Basteleien verwendet werden (siehe Abbildung 11.4).

Abbildung 11.4 Collage mit verschiedenen Low-Fidelity-Prototypen. Allen ist gemeinsam, dass sie die Interaktion und die Wirkweise verdeutlichen.

Low-Fidelity-Prototypen lassen sich gewöhnlich extrem schnell herstellen und kosten wenig Geld. Damit sind sie ideal geeignet, um einen ersten Eindruck von der Qualität der Lösung zu bekommen. Zusätzlich sorgen sie durch ihr rustikales Aussehen dafür, dass der Fokus in der Bewertung auch wirklich auf der Lösung und der Interaktion liegt und nicht zu schnell in die Optik abdriftet: Jeder bewertenden Person ist beim Anblick eines Low-Fidelity-Prototyps klar, dass das nicht das finale Produkt ist. Dies ist ein riesiger Vorteil, wenn man über die Interaktion und die Wirkweise – und noch nicht über die Optik sprechen möchte.

Zudem passiert es einfach zu schnell, dass Stunden, Tage und Wochen in das Feilen an der Optik investiert werden, aber bei einem falschen Produkt. Wir haben diesen Sachverhalt bereits in Abschnitt 11.3, »Vom Groben zum Feinen«, dargestellt und möchten ihn hier noch mal bekräftigen. Wir starten deswegen immer mit Low-Fidelity-Prototypen wie *Wireframes* (siehe Abschnitt 11.6) und *Screenflows* (siehe Abschnitt 11.8), bevor wir zu den High-Fidelity-Prototypen übergehen.

High-Fidelity-Prototypen orientieren sich in ihrem Aussehen am fertigen Produkt. Es kann sogar sein, dass ein geschickt gemachter Prototyp vom fertigen Produkt überhaupt nicht mehr zu unterscheiden ist (siehe Abbildung 11.5).

Abbildung 11.5 Collage mit verschiedenen High-Fidelity-Prototypen. Allen ist gemeinsam, dass sie bereits so aussehen, wie auch das fertige Produkt aussehen könnte.

Hier treffen sich dann also die Wirkweise, die Interaktion und das Design. Die Vorteile liegen auf der Hand: Mit High-Fidelity-Prototypen können Sie alle Aspekte eines Designs bewerten, ohne die Lösung tatsächlich umgesetzt zu haben. Auf der anderen Seite dauert die Herstellung von High-Fidelity-Prototypen deutlich länger und ist meist auch kostenintensiver, weswegen der Einsatz nur in bestimmten Fällen zielführend ist.

11.5.3 Welcher Prototyp sollte wann verwendet werden?

Bevor wir einen Prototyp erstellen, wurde ein Ziel definiert. Anhand dieses Ziels ergibt sich die Wahl des Prototyps meist relativ direkt.

Soll beispielsweise in der User Research mit Nutzenden ein bestimmter Workflow getestet werden, dann brauchen wir dafür einen vertikalen Prototyp, der den Workflow abbildet. Soll eher grundsätzlich getestet werden, ob die Lösung in die richtige Richtung geht, dann bietet sich ein horizontaler Prototyp an. Auch die Kombination kommt in der Praxis bei Nutzertests oft vor. Man startet in einem horizontalen Bereich (z. B. mit einer Startseite oder einem Dashboard) für den Überblick und geht dann mit den Nutzenden vertikal tiefer in einen Workflow hinein.

Die Wahl nach der Fidelity basiert ebenfalls auf dem Ziel. Wir setzen High-Fidelity-Prototypen beispielsweise dann ein, wenn der Prototyp für Werbezwecke genutzt wird – dann also, wenn intern oder extern Geldgeber von einem Produkt überzeugt werden müssen. Hier spielen technische Aspekte oft eine deutlich geringere Rolle als die User Experience der Entscheider, weswegen sich der Aufwand lohnt (der immer noch weitaus kleiner ist, als das finale Produkt zu entwickeln). Ein weiteres Beispiel könnte eine Messe sein, bei der man bereits etwas von dem späteren Produkt zeigen möchte – eventuell auch, um Kundenfeedback einzusammeln.

Für unsere eigenen Projekte reichen oft aber Low-Fidelity-Prototypen, bei denen einzelne Bereiche optisch ausgestaltet sind. Die Low-Fidelity-Prototypen nutzen wir für Feedback zur Idee und zur Interaktion; den ausgestalteten Bereich nutzen wir anschließend, um Feedback zur Optik einzuholen. Hierdurch erreichen wir eine sehr gute Balance zwischen dem Feedback zu dem Interaktionskonzept der Anwendung sowie zur Optik und der User Experience. Weiterhin ist diese Vorgehensweise schneller und damit auch preiseffizienter als ein »vollständiger« High-Fidelity-Prototyp.

Zum besseren Verständnis können Sie die verschiedenen Prototypen-Arten in einer 4-Felder-Matrix abbilden (siehe Abbildung 11.6).

Auf der einen Achse der Matrix haben Sie die Fidelity der Prototypen, auf der anderen Achse die Ausrichtung. Sie müssen diese Matrix nicht sinnvoll herleiten können, aber Sie können die Matrix nutzen, um sich vorab zu überlegen, was für eine Art von Prototyp Sie brauchen. Diese Überlegung wird Ihnen helfen, nur die Art von Aufwand zu investieren, die Sie bei Ihrem Vorhaben auch wirklich weiterbringt. In diesem Buch gehen wir davon aus, dass Sie vermutlich an einem digitalen Angebot arbeiten. Wir möchten Ihnen deswegen im nächsten Abschnitt eine besondere Art des Low-Fidelity-Prototyps vorstellen, der in der digitalen Welt eine große Rolle spielt: den Wireframe.

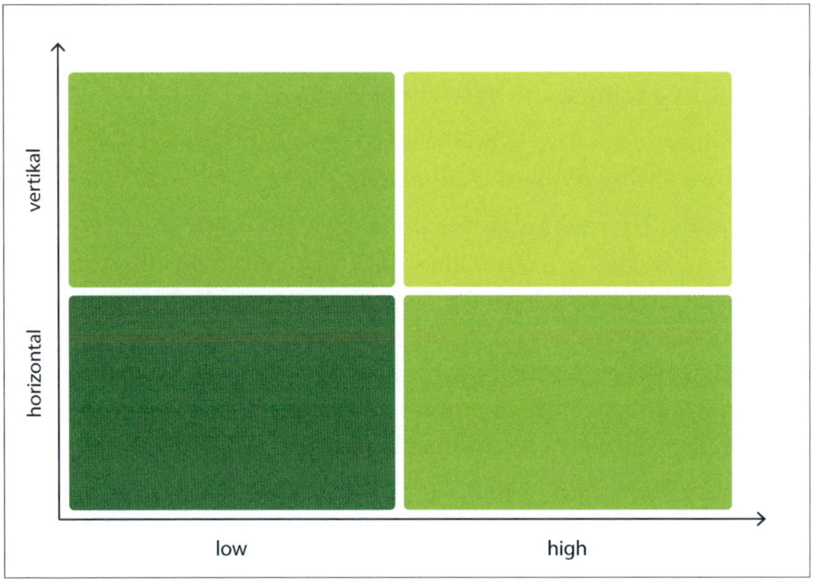

Abbildung 11.6 4-Felder-Matrix zur Systematisierung von Prototypen

11.6 Wireframes

Wireframe heißt auf Deutsch so etwas wie »Drahtgestell«. Damit ist gemeint, dass man den grundlegenden Aufbau des Screens schematisch darstellt. Gewöhnlich enthält ein Wireframe noch keinerlei optisches Design, sondern ist auf die Darstellung der einzelnen Elemente in der Relation zueinander beschränkt (siehe Abbildung 11.7).

Mit Wireframes wird es möglich, sehr einfach eine Grundstruktur der digitalen Anwendung abzubilden und später auch durch Nutzer bewerten zu lassen. Betrachtet man Abbildung 11.7 noch einmal im Detail, dann fällt auf, dass hier vor allem die wichtigsten Interaktionselemente zu erkennen sind. Grafiken sind in diesem Beispiel – aber auch generell bei Wireframes – mit Platzhaltern nur angedeutet. An der Stelle, an der später das Healthyfy-Logo zu sehen wäre, findet sich hier zum Beispiel nur ein Quadrat mit diagonalen Linien: ein typischer Platzhalter in Wireframes.

Abbildung 11.7 Wireframe des Login-Screens von »Healthyfy«. Man erkennt gut, dass die meisten Elemente aus Platzhaltern oder den Umrissen bestehen. Bis auf wenige Ausnahmen gibt es noch keinen Einsatz von Farbe.

Bei der Erstellung der Wireframes sind verschiedene Dinge vorab zu klären:

- Für welches Gerät gestalten Sie die Wireframes?
- Welche Auflösung sollten Sie für den Wireframe nutzen?
- Welche Vorgaben für den Wireframe gibt es bereits?
- Welchen Inhalt wollen Sie als Erstes darstellen?

Bevor Sie einen Wireframe erstellen, sollten Sie sich als Erstes darüber im Klaren sein, für welches Gerät Sie gerade einen Wireframe erstellen. Da das Anzeige- bzw. Bediengerät einen großen Einfluss auf die Ausgestaltung der Wireframes, die Auflösung, vorhandene Vorgaben, aber auch Inhalte hat, sollten Sie diese Frage zuerst klären. Sollten Sie zu diesem Punkt noch keine Entscheidung getroffen haben, können Sie auch verschiedene Gerätearten ausprobieren. Um Ihnen die Auswahl zu erleichtern, haben wir noch einen Abschnitt eingefügt, in dem Sie erfahren, was Ihnen dabei hilft, die Entscheidung für das Gerät zu fällen. In diesem Abschnitt geben wir auch Hinweise zu typischen Auflösungen. Diese beiden Infos finden Sie in Abschnitt 11.10, »Desktop, Mobile oder Smartwatch first?«.

Sobald Sie sich für ein Gerät und eine Auflösung entschieden haben (und sei es nur für die erste Iteration), wird es Zeit, Ihre Arbeitsfläche in der entsprechenden Größe anzulegen. Damit verhindern Sie von vornherein eine Gestaltung, die in der späteren Umsetzung noch einmal zusätzlich angepasst werden muss, weil die Seitenverhältnisse nicht korrekt mitgedacht wurden. Zum Erstellen der Wireframes arbeiten wir gewöhnlich entweder mit *Adobe XD*, *Axure RP* oder *Figma* (siehe Abbildung 11.8 und Abschnitt 11.9.1, »Geeignete Tools zum Erstellen von Klickdummys«).

Abbildung 11.8 Prototyping-Tools, die wir nutzen. Von links nach rechts: Adobe XD, Axure RP und Figma

Sie können aber natürlich auch jedes andere Prototyping-Tool nehmen. Auch *PowerPoint* oder *Balsamiq* sind für die Erstellung von Wireframes bestens geeignet. Der Vorteil der erstgenannten Tools ist jedoch, dass Sie im gleichen Tool auch High-Fidelity-Prototypen erstellen können. Wenn Sie also entscheiden, dass Sie auch eine visuelle Gestaltung durchführen wollen, dann raten wir Ihnen zu einem der zuerst genannten Tools. Sollten Sie allerdings noch wenig Erfahrung haben oder aus dem optischen Design kommen, dann empfehlen wir Ihnen *Balsamiq* (siehe Abbildung 11.9).

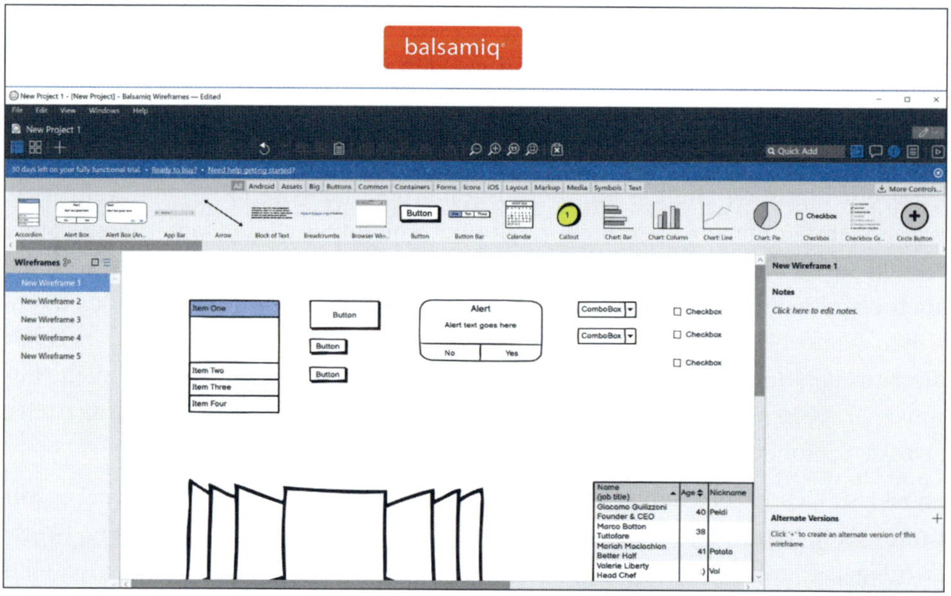

Abbildung 11.9 Balsamiq ist ein reines Wireframe-Tool. Das hat den Vorteil, dass Sie sich nicht in der optischen Ausgestaltung »verlieren« können – aber auch den Nachteil, dass Sie nicht optisch ausgestalten können, wenn Sie den Wireframe-Status verlassen haben.

Balsamiq hat dann den Vorteil, dass Sie nicht optisch gestalten können. Sie müssen also zwangsweise einen Wireframe erstellen und können sich nicht so sehr in der Optik verlieren wie mit den anderen Tools.

Das Tool *Figma* bietet zusätzlich den Vorteil, dass kooperativ an einem Projekt gearbeitet werden kann und alle Personen den gleichen Stand in Echtzeit sehen. Vor allem für verteilte Teams kann das ein großer Mehrwert bei der Gestaltung sein.

Sollten Sie sich für die Gestaltung von *Papier-Wireframes* oder *Zeichnungen* entschieden haben, dann sollten Sie vor Beginn zumindest bei Ihrer Zeichenfläche sicherstellen, dass das Seitenverhältnis passt, um später unliebsame Überraschungen zu vermeiden.

Zusätzlich zur Auswahl des korrekten Geräts und einer geeigneten Auflösung gibt es gewöhnlich weitere Vorgaben. Diese können aus bestehenden Styleguides oder Elementbibliotheken Ihres Unternehmens bzw. des Auftraggebers stammen und zum Beispiel Menüs oder Interaktionsbereiche definieren. Es kann sich aber auch um allgemeine Interface-Guidelines der jeweiligen Betriebssysteme handeln, wenn Sie zum Beispiel für iOS oder Android gestalten.

Apple bietet für seine Entwickler zum Beispiel *Human Interface Guidelines* an, die definieren, wie Informationen dargestellt werden müssen und welche Elemente eingesetzt werden können, damit die eigene Anwendung sich ideal in die vorhandene Designwelt einfügt (siehe Abbildung 11.10).

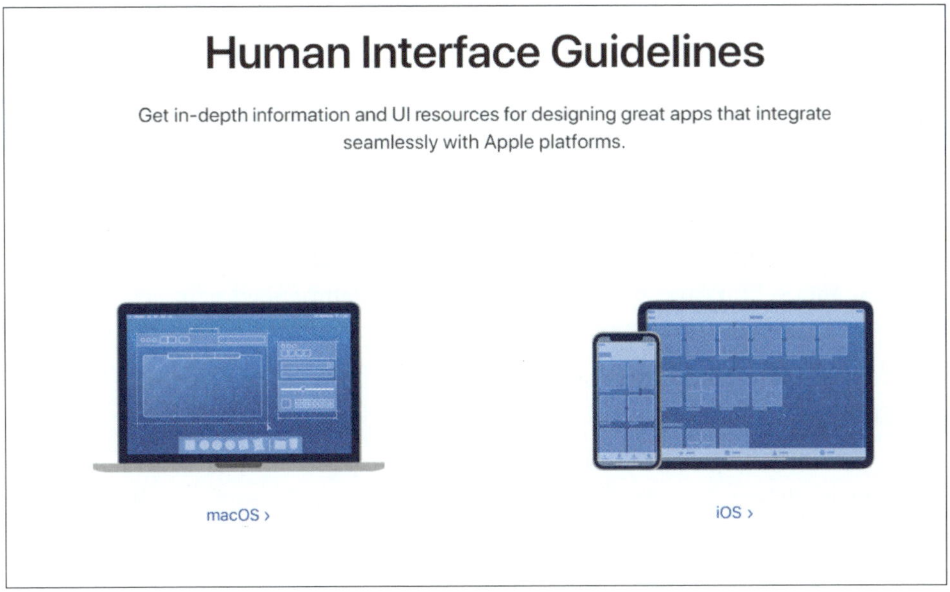

Abbildung 11.10 Die »Human Interface Guidelines« von Apple (Quelle: developer.apple.com/design/human-interface-guidelines)

Die gleichen bzw. ähnliche Informationen finden sich auch für Android. Neben den *Material Design Guidelines* – wie der Styleguide für Android heißt – findet sich zusätzlich ebenfalls eine Sammlung von Material-Design-Elementen, die direkt genutzt werden können, um ein Interface konform dem Styleguide aufzubauen (siehe Abbildung 11.11).

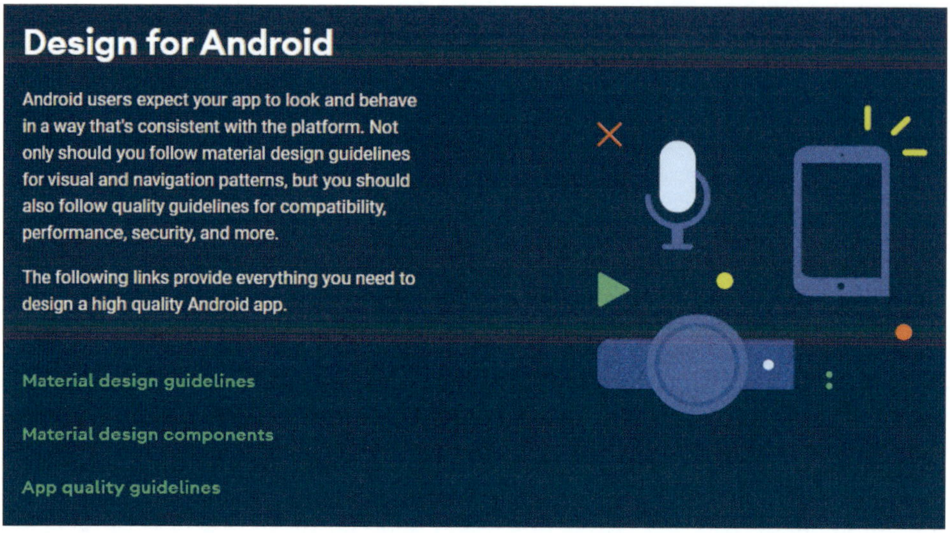

Abbildung 11.11 Die Design-Guidelines für Android (Quelle: developer.android.com/design)

Wenn Sie für eine bekannte *Marke* oder ein bekanntes System gestalten, sollten Sie davon ausgehen, dass es diese Vorgaben in der ein oder anderen Form direkt oder durch Drittanbieter gibt. Wir haben dabei so gut wie nie den Fall erlebt, dass die Gestaltung vollkommen frei ist. Die einzigen Ausnahmen dazu stellen der Aufbau einer neuen Marke oder der Umbau einer bestehenden Marke dar. In allen anderen Fällen gibt es gewöhnlich Vorgaben, die zu berücksichtigen sind. Wenn Sie diese Vorgaben kennen, fällt die Gestaltung leichter, da Sie darauf aufbauen können. Machen Sie sich daher schon ganz zu Beginn die Arbeit, die Rahmenbedingungen so gut wie möglich zu erfassen, um sich selbst Zeit und Mühe zu sparen.

Wenn Sie alle Rahmenbedingungen geklärt haben, steht noch eine letzte Entscheidung aus: Was wollen Sie inhaltlich als Erstes darstellen?

An dieser Stelle steigen Sie in die *inhaltliche Überlegung* ein. Wir starten meistens damit, den wichtigsten Workflow des Nutzenden zu definieren. Mit *Workflow* ist gemeint, welche Schritte gemacht werden müssen, damit am Ende eine bestimmte Aktion geschieht. Das kann noch auf einem sehr groben Niveau geschehen.

Stellen Sie sich zum Beispiel vor, es geht um das Beispiel *Healthyfy*. Dann haben Sie aus Sicht der Patienten vielleicht folgenden Haupt-Workflow:

1. App im App-Store suchen
2. App downloaden
3. App öffnen
4. bei Healthyfy registrieren
5. nach Facharzt suchen
6. Termin mit Facharzt ausmachen
7. Terminerinnerung in Kalender eintragen

Den Workflow können Sie schriftlich oder als einfache Boxen darstellen (siehe Abbildung 11.12). Wichtig ist an dieser Stelle nur, dass Sie sich klarmachen, wie die *User Journey* – also der Weg der Nutzenden durch die Anwendung – letztendlich aussehen soll. Und mit »aussehen« meinen wir nicht visuell, sondern inhaltlich. Welche Schritte sind notwendig, damit der Nutzer seine Aufgabe durchführen kann?

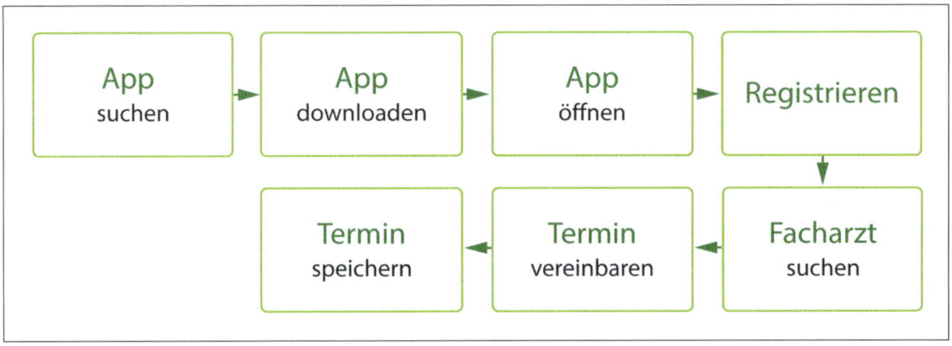

Abbildung 11.12 Ein Hauptworkflow für Healthyfy, als einfache Boxen dargestellt

Wie bereits in Abschnitt 5.2.3, »Nutzungskontextanalyse inklusive Risikobetrachtung und Dokumentation«, beschrieben, empfehlen wir Ihnen, bei der Auswahl der zuerst zu gestaltenden Workflows auf das Risiko der einzelnen Workflows und die Häufigkeit ihrer Nutzung zu schauen. Beginnen Sie mit den Dingen, die ein hohes Risiko haben und häufig genutzt werden. So können Sie sicherstellen, dass Sie so früh wie möglich Rückmeldung zu den wichtigsten Workflows erhalten können.

Im Anschluss geht es mit den Wireframes los. Für jeden einzelnen Schritt oder jede einzelne Box überlegen Sie sich nun, wie der Wireframe dazu aussehen sollte. Bei dem Beispiel von eben brauchen Sie keinen eigenen Wireframe für die Suche im App-Store oder für den Download, da diese Seiten von externen Apps vorgegeben sind. Die können Sie also erst einmal übernehmen.

Im Anschluss beginnen Sie damit, sich Gedanken dazu zu machen, wie die erste Seite in Ihrer App nach dem Öffnen aussehen könnte. Das ist der Punkt, an dem Sie mit dem Bauen einzelner Wireframes starten. Im Gegensatz zu dem in Abbildung 11.7 dargestellten Login-Screen von Healthyfy über einen Computer-Webbrowser könnte der erste Screen der App so aussehen, wie in Abbildung 11.13 dargestellt.

Abbildung 11.13 Erster App-Screen für den betrachteten Workflow von Healtyhfy

Wie der Wortschatz vielleicht schon zeigt, ist die Erstellung von Wireframes ein strukturierter Vorgang. Die Tätigkeit wird oft von sogenannten *Konzeptern* durchgeführt (Personen, die sich darauf spezialisiert haben, User-Interface-Konzepte zu erstellen). Wireframes können weitgehend aus bestehenden Elementen zusammengestellt werden, mit denen die Interaktion Stück für Stück abgebildet werden kann. Auf den ersten Blick mag die Verwendung von fertigen Elementen zur Erstellung eines User Interface wenig kreativ erscheinen – zu recht, denn dadurch schränken Sie sich ein wenig in der Gestaltung ein.

Auf der anderen Seite erzielen Sie so aber einen enormen Vorteil bei der späteren Umsetzung Ihrer Wireframes in ein echtes Produkt, da nicht alle Elemente einzeln erstellt werden müssen, sondern aus einer *Standardbibliothek* eingesetzt werden können.

Ab und zu ist es natürlich trotzdem notwendig, eigene Interface-Elemente zu kreieren oder mehrere Interface-Elemente zu kombinieren, um eine bessere User Experience zu erreichen. Bevor Sie aber zu der Eigenentwicklung greifen, sollten Sie erst einmal prüfen, ob es nicht eine geeignete Komponente gibt. Bitte beachten Sie noch den Hinweis, dass das nichts darüber aussagt, wie die spätere optische Ausgestaltung Ihrer App erfolgt. Auch wenn Sie Standardkomponenten nutzen, können Sie hier komplett kreative und individuelle Lösungen schaffen.

Aber woher wissen Sie, welche Komponenten für was geeignet sind? Dazu gibt es inzwischen sehr klare Empfehlungen und sogar eine DIN-Norm, die sich mit der Frage beschäftigt, welches Element wann eingesetzt werden sollte. Diese Norm ist die DIN EN ISO 9241-161:2016-10 und heißt »Ergonomie der Mensch-System-Interaktion – Teil 161: Leitfaden zu visuellen User-Interface-Elementen«.

Im folgenden Abschnitt werden wir Ihnen Stück für Stück nun einzelne Elemente vorstellen, um Sie dabei zu unterstützen, die richtigen Elemente für die Gestaltung Ihrer Wireframes auszuwählen. Wir werden nicht alle möglichen Komponenten vorstellen, sondern eine Vorauswahl der häufigsten Komponenten treffen. Wenn Sie an der Vollständigkeit interessiert sind, dann empfehlen wir Ihnen einen Blick in die Norm. Bei der Vorstellung der Elemente werden wir in den meisten Fällen ebenfalls auf die Darstellung als Wireframe zurückgreifen. Sollte die Erklärung aber mit einer anderen (z. B. farbigen Darstellung) leichter sein, dann werden wir uns davon nicht aufhalten lassen und Ihnen neben Wireframes auch andere Abbildungen zeigen.

11.6.1 Buttons/Schaltflächen

Eines der wohl bekanntesten Interface-Elemente ist der *Button* – in der Norm auch *Schaltfläche* genannt. Eine Schaltfläche setzen Sie immer dann ein, wenn Sie eine Aktion auslösen wollen. Das kann zum Beispiel das Verlassen einer Seite, das Speichern einer Information oder das Abschicken eines Formulars sein. Buttons treten in verschiedenen Varianten und Formen auf, die wir hier alle einfach unter dem Begriff »Button« zusammenfassen. Bitte verzeihen Sie uns, wenn wir damit die Komplexität des Themas ein wenig reduzieren.

In der einfachsten Form ist ein Button in einem Wireframe einfach nur ein beschriftetes Rechteck (siehe Abbildung 11.14).

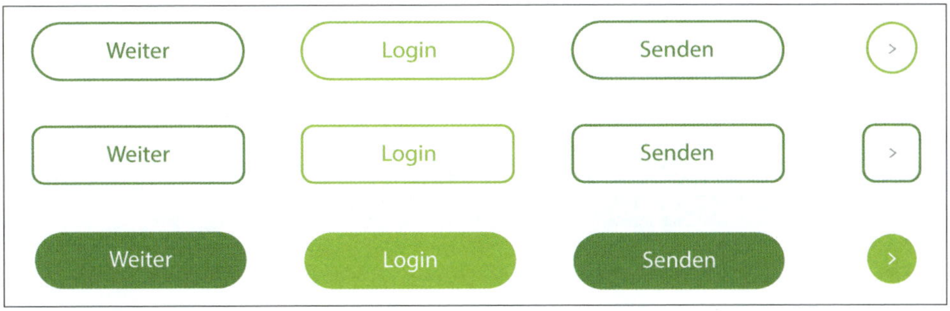

Abbildung 11.14 Verschiedene Wireframe-Buttons

Damit tatsächlich auch schon im Wireframe erkennbar wird, dass es sich um eine Schaltfläche handelt, die man drücken kann, sind Buttons gewöhnlich mit einer Beschriftung und/oder einem Icon kombiniert. Die Beschriftung bzw. das Icon zeigen dabei für gewöhnlich die Aktion, die durch den Klick auf den Button ausgelöst wird. Ein typischer Button könnte dann eben mit »Weiter«, »Login« oder »Absenden« beschriftet sein (siehe Abbildung 11.15).

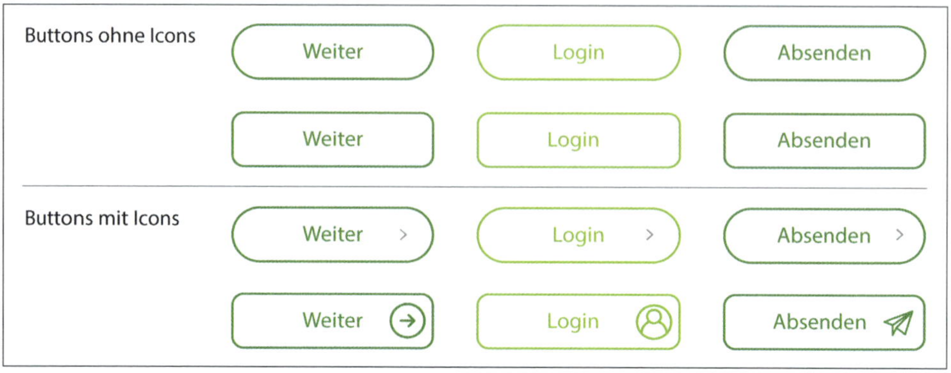

Abbildung 11.15 Beschriftete Wireframe-Buttons mit und ohne Icons

Typische Beispiele für Buttons mit Icons sind »Download« oder »Speichern« (siehe Abbildung 11.16). Hier haben die verwendeten Symbole inzwischen so eine weite Verbreitung, dass in den meisten Fällen keine Erklärung mehr notwendig ist – auch wenn die Herkunft des Speichern-Symbols neueren Generationen nicht mehr bewusst ist.

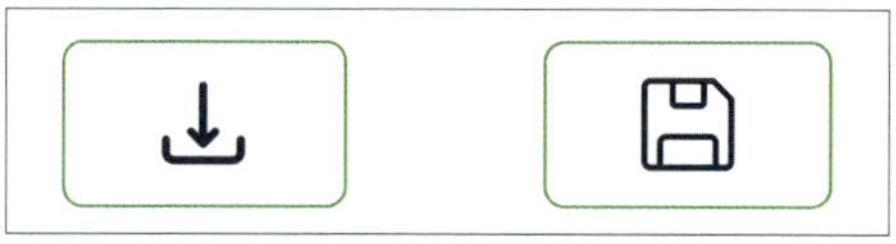

Abbildung 11.16 Wireframe-Buttons mit Icons ohne Schrift

Es gibt nahezu kein digitales Interface, das nicht in irgendeiner Form Buttons oder Schaltflächen enthält. In vielen Fällen stehen Buttons einzeln und werden genutzt, um in einem Workflow vorwärts und rückwärts zu navigieren. In anderen Fällen tauchen viele Buttons gemeinsam als Teil einer Toolbar auf (siehe Abbildung 11.17).

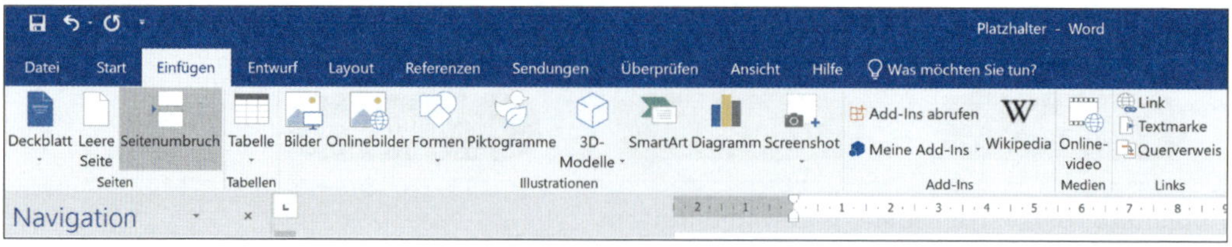

Abbildung 11.17 Buttons in verschiedener Form aus der Textverarbeitungssoftware »Microsoft Word«. Hinweis: Bei diesem Bild handelt es sich nicht um Wireframes, sondern um einen Screenshot aus der fertigen Software.

Als Teil einer Toolbar werden Buttons häufig zum Aufrufen weiterer Dialoge genutzt, die dann selbst wieder Buttons enthalten, mit denen man den Dialog fortführen oder abbrechen kann. Für den Fall, das Buttons zur Navigation durch einen Prozess genutzt werden, sind Buttons, die zum nächsten Schritt führen, in westlichen Kulturkreisen oftmals rechts unten oder rechts oben angeordnet. Buttons, die den Prozess abbrechen oder einen Schritt zurückgehen sind hingegen oft links unten oder links oben angeordnet. Dadurch entsteht ein natürliches Mapping zu Fortschritt bzw. Rückschritt, womit es Nutzenden leichter fällt, sich schnell durch den Dialog zu bewegen (siehe Abbildung 11.18).

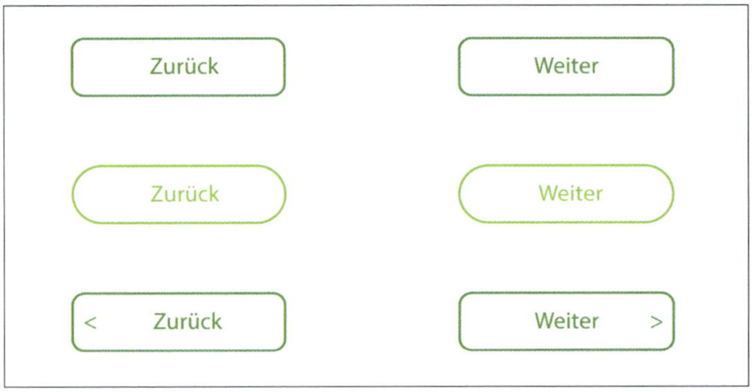

Abbildung 11.18 Beispiele für die Anordnung von »Weiter«- und »Zurück«-Buttons

In Fällen, in denen eine Aktion ein kritisches Ergebnis zur Folge haben kann, wie das Löschen von Eingaben oder Inhalten, kann es sinnvoll sein, die Platzierung der Buttons zu tauschen, sodass der »Abbrechen«-Button auf der rechten Seite steht und der Button zum Bestätigen (siehe Abbildung 11.19). Dadurch wird im Falle eines »blinden Weiterklickens« ein sicherer Fehler begangen, bei dem keine Daten verloren gehen. Alternativ kann ein nachgelagertes Bestätigungsfeld genutzt werden.

Abbildung 11.19 Anordnung des »Abbrechen«-Buttons rechts. Somit wird beim »blinden Weiterklicken« die sichere Aktion ausgelöst.

11.6.2 Dropdowns

Dropdowns sind Felder, die die Auswahl einer Option aus vorgegebenen Alternativen ermöglichen. Ein typischer Anwendungsfall für ein Dropdown wäre die Auswahl des Geschlechts, bei dem zwischen »männlich«, »weiblich«, »divers« und »ohne Angabe« gewählt werden kann (siehe Abbildung 11.20). Auch eine Liste von Ländern als Ziellandauswahl beim Versenden eines Pakets ist ein typisches Beispiel für ein Dropdown – wobei es hier mit der *Combobox* ein in vielen Situationen besser geeignetes Element gibt. Die Combobox schauen wir uns in Abschnitt 11.6.5 genauer an.

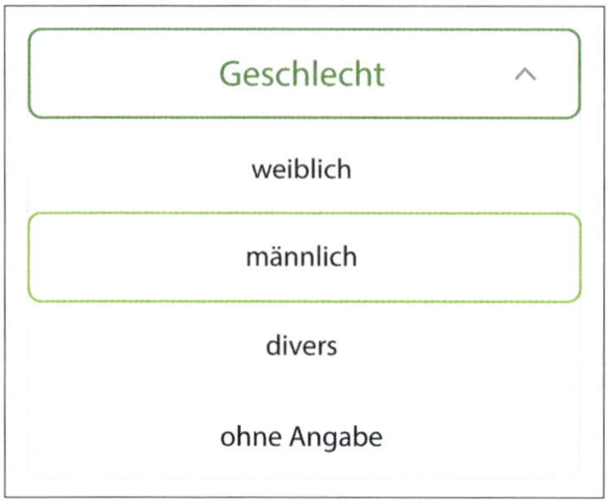

Abbildung 11.20 Typisches Dropdown für die Auswahl einer Option aus einer festen Anzahl von Alternativen

Dropdowns haben den Vorteil, dass das Feld selbst nur wenig Platz benötigt, da vor und nach der Auswahl immer nur eine Antwort sichtbar ist. Sie können also mit der Nutzung von Dropdowns erreichen, dass das Interface klar und übersichtlich bleibt, obwohl (viele) verschiedene Alternativen angeboten werden. Gerade wenn Sie an eine Länderliste mit knapp 200 Ländern denken, wird Ihnen dieser Vorteil sehr bewusst.

Dropdowns werden oft in der Gestaltung von Formularen eingesetzt, wenn es um die Abfrage von Fakten geht, zum Beispiel von Geschlecht oder Alter. Diese Art von Formularen findet sich oft beim Online-Shopping oder beim Anlegen von Zugangsdaten zu Online-Diensten. Gerade im Anwendungsfall des Formulars, bei dem alle Informationen gewöhnlich ausgefüllt werden müssen, sollten Sie besonderen Wert auf die Festlegung der Neutraldarstellung des Dropdowns legen.

Mit *Neutraldarstellung* ist der Zustand gemeint, den das Dropdown einnimmt, bevor der Nutzende eine aktive Wahl trifft. Hier gibt es zwei Wege, wie Sie diesen Neutralzustand gestalten können:

- Sie können eine Vorauswahl aus den Antwortoptionen vornehmen.
- Sie können eine Auswahlaufforderung darstellen.

Wenn Sie sich relativ sicher sein können, welche Auswahl der Nutzende wahrscheinlich trifft, dann können Sie bei Dropdowns mit der Vorgabe einer Antwortoption (*Default*) arbeiten. Das könnte zum Beispiel der Fall sein, wenn Sie die Nutzungsdaten für ein Mütterforum oder einen Online-Männersportclub erfassen. Hier werden mit einer sehr hohen Wahrscheinlichkeit Frauen bzw. Männer das Formular ausfüllen. Wählen Sie also »weiblich« beim Mütterforum bzw. »männlich« beim Online-Männersportclub aus, können Sie ziemlich sicher sein, dass Sie für die jeweiligen Nutzenden eine gute Vorauswahl getroffen haben.

In allen Fällen, in denen Sie weniger sicher bezüglich der Antwort sind, empfehlen wir Ihnen eine Auswahlaufforderung darzustellen (siehe Abbildung 11.21). Hinweis: Vorausgefüllte Dropdowns können aber auch Nachteile haben. Auf diese kommen wir gleich zu sprechen.

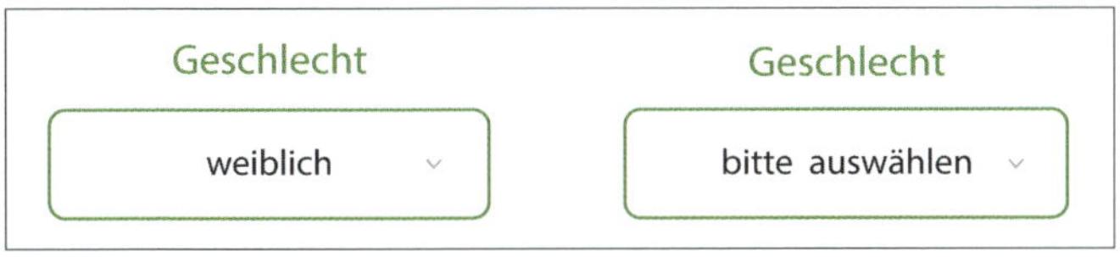

Abbildung 11.21 Dropdown mit unterschiedlichen Neutralstellungen. Einmal wurde eine Vorauswahl getroffen und einmal eine Aufforderung dargestellt.

Für den Fall, dass Sie eine Auswahlaufforderung darstellen wie in Abbildung 11.21, gibt es wieder zwei Möglichkeiten:

- Es handelt sich um ein Pflichtfeld.
- Es handelt sich um eine optionale Angabe.

Wenn die Beantwortung der Frage, zu der das Dropdown gehört, verpflichtend ist, wird gewöhnlich nach dem ersten Klick auf das Dropdown die Auswahlaufforderung entfernt, sodass nur noch die inhaltlichen Optionen, hier »männlich«, »weiblich«, »divers« etc., zur Verfügung stehen. Wenn die Beantwortung optional ist, bleibt entweder die Antwortoption »bitte auswählen« bestehen, oder es wird eine weitere Option inhaltlich hinzugefügt, die ähnlich der Antwort »keine Angabe« ist.

Durch dieses Muster stellen Sie sicher, dass Sie nur echte Antworten in Ihren Daten haben, da vorausgefüllte Dropdowns häufig übersehen werden. Erschwerend kommt hinzu, dass vorausgefüllte Dropdowns auch keine Warnung erzeugen, da ja bereits eine Auswahl getroffen ist.

Ein weiterer Punkt, den Sie beim Einsatz von Dropdowns berücksichtigen sollten, ist die *Länge der Antwortoptionen*. Da ein typisches Dropdown-Feld normalerweise Platz für ein oder maximal zwei Wörter hat, können lange Antworten (z. B. ganze Sätze) mit Dropdowns schwerer dargestellt werden, da die Antwortoptionen in der Darstellung sonst abgeschnitten werden oder in die nächste Zeile springen. Das Abschneiden von Text sollten Sie auf jeden Fall verhindern. Auch mehrzeiligen Text gilt es weitestgehend zu vermeiden oder zumindest durch eine klare optische Unterteilung der Optionen dem Nutzer bewusst zu machen.

Sollten Sie für Smartphones gestalten, dann ergibt sich für Dropdowns eine weitere Herausforderung. Vor allem bei langen Listen kann die Bedienung schwierig werden. Oftmals werden Dropdowns daher von Smartphone-Betriebssystemen als scrollbare

Liste angezeigt (siehe Abbildung 11.22). Vor allem für sehr kurze Listen eignen sich mobil eher Radiobuttons, die wir im nächsten Abschnitt besprechen.

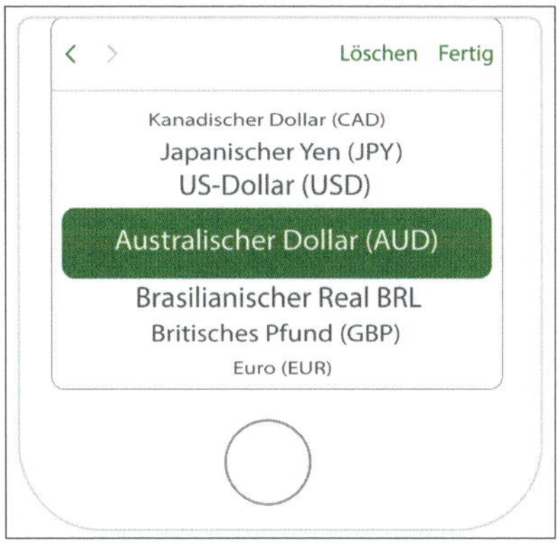

Abbildung 11.22 Darstellung von Dropdowns auf Smartphones

11.6.3 Radiobuttons

Radiobuttons sind so etwas wie der kleine Bruder des Dropdowns. Auch Radiobuttons setzen Sie ein, wenn man aus verschiedenen Optionen nur eine auswählen kann. Im Gegensatz zu Dropdowns bleiben bei Radiobuttons die Antworten aber permanent sichtbar (siehe Abbildung 11.23).

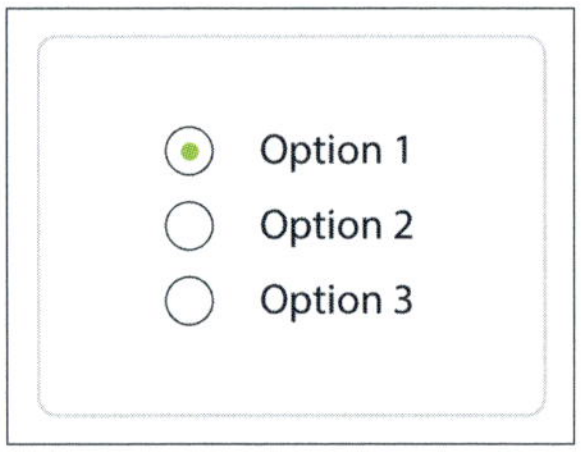

Abbildung 11.23 Typische Radiobuttons

Dadurch, dass die Antwortoptionen bei Radiobuttons sichtbar bleiben, verbraucht der Einsatz von Radiobuttons mehr Platz. Im Gegenzug dazu können die Antwortoptionen deutlich länger ausfallen als bei Dropdowns, da diese nicht durch ein Auswahlfeld begrenzt sind.

Gewöhnlich werden Radiobuttons dann eingesetzt, wenn es jederzeit einfach möglich sein soll, die eigene Auswahlentscheidung zu ändern und dafür die anderen Optionen jederzeit sichtbar sein sollen. Dem Nutzer wird so ein besserer Vergleich ermöglicht, als es bei einer (langen) Dropdown-Liste der Fall ist. Radiobuttons eignen sich daher vor allem auch dann, wenn es nicht eine richtige Antwort gibt (wie beim Geschlecht oder einem Land beim Versenden eines Pakets), sondern echte Optionen.

Das könnte zum Beispiel bei der Wahl einer passenden Zahlungsmethode der Fall sein oder bei der Wahl zwischen einem persönlichen oder einem remote Termin. Es geht meistens also weniger um die Abfrage von Fakten als um Einstellungen gemäß einer Entscheidung.

Die Verwendung von Radiobuttons vereinfacht außerdem die optische Gestaltung der Antwortkategorien deutlich. So können außer Text zum Beispiel Logos oder Bilder hinterlegt werden, die die Nutzenden bei ihren Entscheidungen unterstützen (siehe Abbildung 11.24).

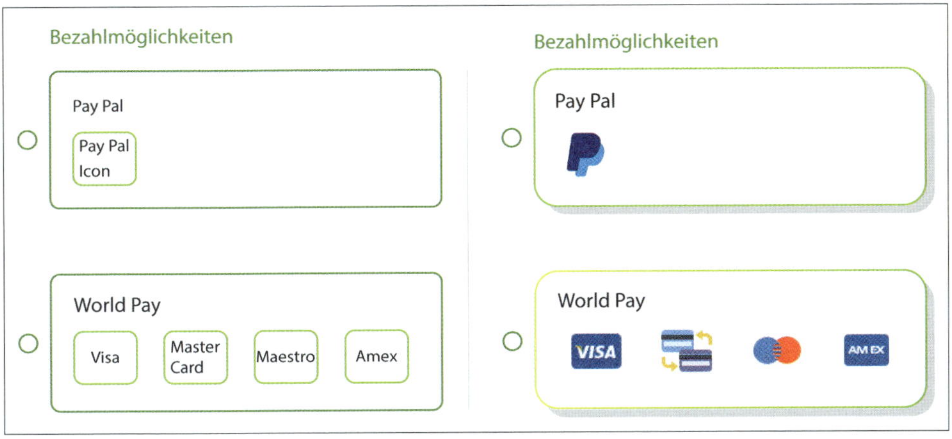

Abbildung 11.24 Auswahl der Bezahlmöglichkeit in einem Online-Shop

Radiobuttons anzubieten, ist vor allem dann sinnvoll, wenn die Entscheidung spontan geändert werden können muss und/oder nur wenige Antwortoptionen vorhanden sind. Wenn Sie mehr als fünf Antwortoptionen anbieten, werden häufig andere Elemente (z. B. Dropdowns) eingesetzt, um eine ansprechende optische Darstellung zu ermöglichen.

Setzen Sie Radiobuttons auf Smartphones ein, können Sie die Usability unterstützen, indem Sie die Touchflächen groß gestalten. Der Kreis allein ist oft (außer er kann groß gestaltet werden) eine zu kleine Fläche, um bequem getroffen zu werden. Anstatt der typischen Darstellung über die Kreise können Sie aber auch eine buttonähnliche Gestaltung wählen. Das hat für Smartphone-Nutzer den Vorteil, dass die Touchflächen deutlich größer sind und damit die Usability erhöht ist (siehe Abbildung 11.25).

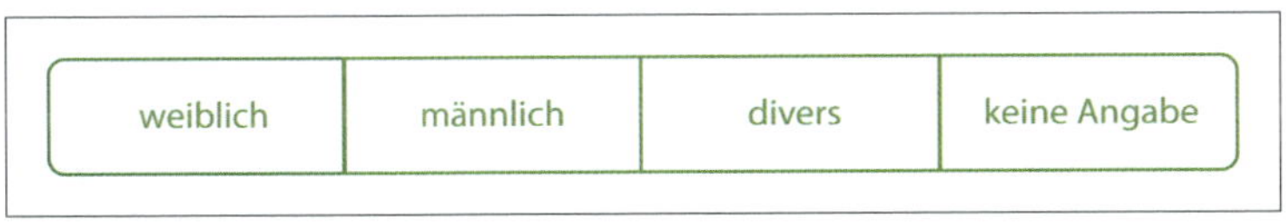

Abbildung 11.25 Alternative Darstellung von Radiobuttons, die sich vor allem für Smartphones eignet

Sollten Sie die in Abbildung 11.25 dargestellte Form von Radiobuttons nutzen, dann achten Sie darauf, dass Sie die einzelnen Flächen ohne Abstand direkt aneinandersetzen, um die Verwechslungsgefahr mit Buttons zu reduzieren. Zusätzlich müssen Sie mit einem Highlight arbeiten, um die selektierte Option klar von den anderen zu unterscheiden.

11.6.4 Eingabefelder bzw. Textfelder

Eingabe- oder Textfelder kommen bei digitalen Interaktionen häufig vor, wenn der Inhalt eines Feldes nicht vordefiniert werden kann, sondern durch die Nutzenden frei eingetragen werden muss. Das kann bei Formularen zum Beispiel bei der Eingabe von Vornamen, Nachnamen oder der Adresse der Fall sein (siehe Abbildung 11.26).

Theoretisch wäre es natürlich möglich, eine Liste mit allen in einem Land vorkommenden Vornamen zu erstellen. Praktisch würde die Verwendung einer solchen Liste wenig sinnvoll sein, da die Auswahl aus einer Liste mit über 500.000 Einträgen (ja, das ist die tatsächliche Zahl der in Deutschland eingetragenen Vornamen) unendlich lange dauern und sehr fehleranfällig sein würde. Weiterhin müsste man die Liste ständig aktuell halten und würde Nutzer vor ein Problem stellen, wenn der Vorname nicht enthalten ist.

Abbildung 11.26 Eingabefelder bzw. Textfelder in einem typischen Formular

Textfelder sind oftmals im Format an den zu erwartenden Inhalt angepasst. Wenn nur ein oder zwei Wörter hineingeschrieben werden müssen, sind die Textfelder meistens recht kurz und einzeilig. Wird ein längerer Text erwartet, wie zum Beispiel bei einem Feedbackformular, dann werden meistens mehrere Zeilen und eine breitere Darstellung gewählt (siehe Abbildung 11.27).

Einer der häufigsten Fehler, den wir bei der Gestaltung von Textfeldern und der Anzeige von Informationen beobachten, ist, dass zwischen ihnen nicht unterschieden wird, sondern beide komplett gleich aussehen. Häufig sieht das so aus, dass es beiden Fällen ein weißes Feld gibt, in das Nutzende scheinbar hineinschreiben können, nur dass in einem dieser Felder durch Zufall bereits etwas steht.

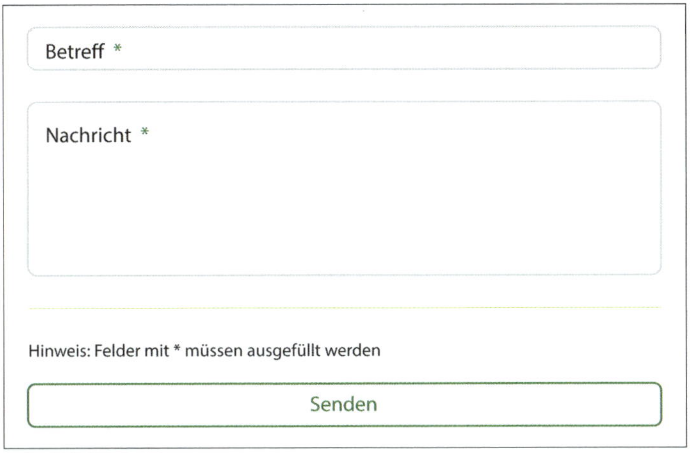

Abbildung 11.27 Unterschiedliche Größen von Textfeldern für unterschiedlichen Inhalt. Im ersten Feld wird nur eine Zeile Text erwartet – im zweiten aber mehrere Sätze oder gar Absätze.

Das führt in vielen Fällen dazu, dass Nutzende versuchen, die vorgegebenen Texte anzupassen, etwas hinzuzufügen oder Informationen zu löschen. Eingabe- bzw. Textfelder sind aber nicht für die (reine) Ausgabe von Informationen gedacht. Daher sind Felder, die eine Eingabe eines Nutzers ermöglichen, anders zu gestalten, und zwar muss diese Gestaltung exklusiv für diese Felder sein.

Wenn Sie Textfelder von Informationen unterscheiden möchten, dann raten wir dringend dazu, um die Informationen keinen Rahmen zu ziehen und die Hintergrundfarbe um die Information dem Seitenhintergrund gleichzusetzen. Bei Text- oder Suchfeldern hingegen sollten Sie einen Rahmen ziehen und können zusätzlich die Unterscheidung leichter machen, indem Sie die auszufüllenden Felder heller als den Hintergrund gestalten (siehe Abbildung 11.28).

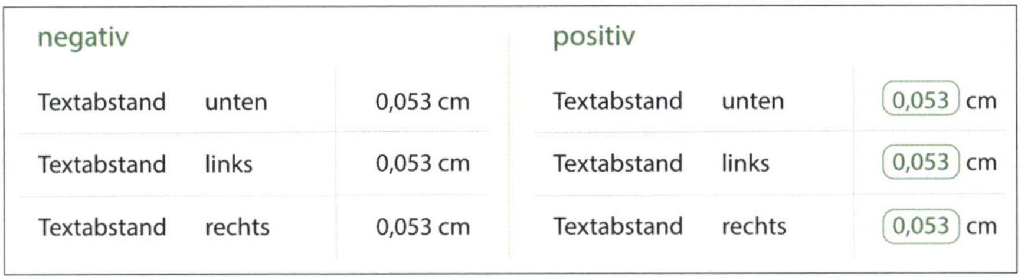

Abbildung 11.28 Negativ- (links) und Positivbeispiele (rechts) für die Nutzung von Eingabefeldern und die missbräuchliche Nutzung als Ausgabefeld

Textfelder sind in ihrem Einsatz sehr flexibel, haben aber auch den Nachteil, dass die Qualität der eingegebenen Daten schwer überprüfbar ist. Beispielsweise ist ein Schreibfehler in einem Namensfeld technisch nur schwer zu überprüfen. In manchen Fällen ist ein solcher Schreibfehler nur nervig. Wenn auf Basis des Schreibfehlers aber die Einreise in ein Land verweigert wird, kann er auch ernsthafte Folgen haben. Generell gilt daher: Wenn Sie Textfelder einsetzen, dann sollten Sie sich auch über die Datenqualität Gedanken machen.

Auch bei Adressdaten werden oft Textfelder eingesetzt. Wenn den Nutzenden hier Fehler unterlaufen, dann kann es beispielsweise im Kontext von Online-Bestellungen zu einer fehlerhaften Zustellung führen. Hier wird gelegentlich mit einer automatischen Korrektur durch das System gearbeitet, die die vermuteten Tippfehler automatisch korrigiert oder dem Nutzenden zumindest Verbesserungsvorschläge anbietet (siehe Abbildung 11.29).

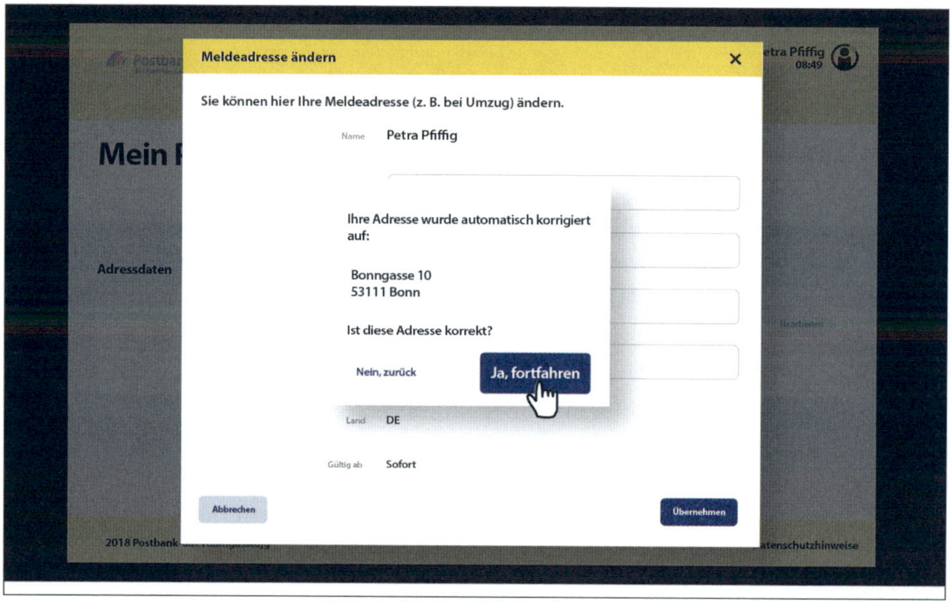

Abbildung 11.29 Korrektur der eingegebenen Adresse inklusive Abfrage, ob die Korrektur dem Nutzerwunsch entspricht (Quelle: https://www.postbank.de/)

Ein ähnliches Vorgehen findet sich auch bei *Suchfeldern* wieder, die ähnlich wie Textfelder aussehen und auch ähnlich eingesetzt werden. Auch hier ist es gewöhnlich nicht möglich, vorab zu wissen, welchen Text der Nutzende eingeben wird, weswegen auch Suchfelder nur durch ein leeres Feld dargestellt werden. Um klarzumachen, dass es sich hier um eine Suchfunktion handelt, werden Suchfelder aber regelmäßig mit Lupen-Icons oder einem Button mit der Beschriftung »suchen« kombiniert (siehe Abbildung 11.30).

Abbildung 11.30 Verschiedene Darstellungen eines Suchfelds als spezielles Eingabefeld

Wenn Sie sich jetzt wundern, warum das wahrscheinlich bekannteste Suchfeld der Welt – nämlich das von Google – hier nicht als Beispiel auftaucht, dann liegt das daran, dass die Google-Suche gar kein klassisches Textfeld bzw. Suchfeld ist, sondern eine Weiterentwicklung des klassischen Suchfelds.

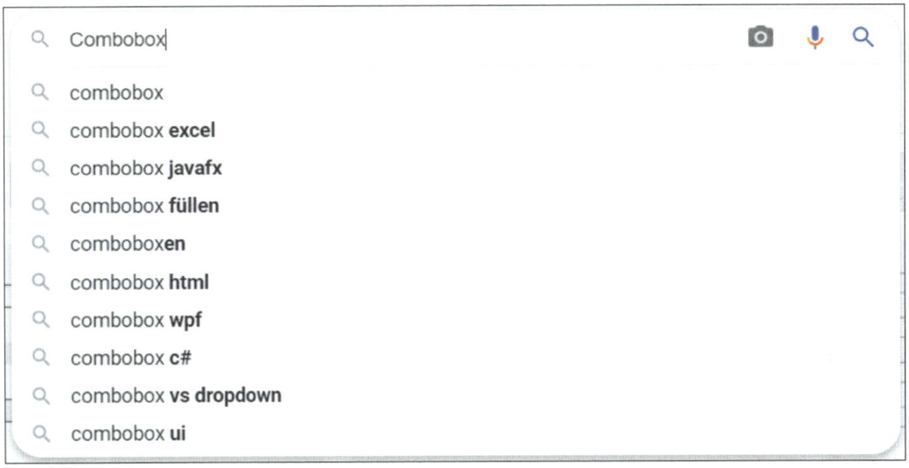

Abbildung 11.31 Das Suchfeld von Google

Im Vergleich zu herkömmlichen Suchfeldern können Sie hier nämlich nicht nur einen Text eingeben und danach suchen, sondern Sie bekommen auf Basis Ihrer Suche Vorschläge für Suchbegriffe, die Sie anschließend mit einem Klick auswählen und zum Suchauftrag machen können (siehe Abbildung 11.31). Damit bietet Ihnen die Google-Suche weitere Vorteile im Vergleich zu normalen Suchfeldern, da Sie auch Unterstützung beim Finden passender Begriffe angeboten bekommen. Diese Form von Suchfeld führt uns auch direkt zu einem weiteren Interface-Element, das ähnlich, aber nicht genauso funktioniert: zur Combobox.

11.6.5 Comboboxen

Comboboxen stellen – wie der Name schon sagt – eine Kombination von zwei verschiedenen Eingabemethoden dar. Auf der einen Seite ist die Combobox ein Textfeld, in das freier Text geschrieben werden kann. Auf der anderen Seite handelt es sich um eine Art Dropdown, bei dem aus den Einträgen anhand eines Klicks ein passendes Ergebnis ausgewählt werden kann (siehe Abbildung 11.32).

Abbildung 11.32 Typische Combobox

Der Einsatz von Comboboxen ist vor allem bei der Auswahl aus vielen verschiedenen Antwortoptionen hilfreich, um schnell zur gewünschten Antwort zu kommen. Die Nutzenden beginnen in das Textfeld zu schreiben und kommen sofort zu der entsprechenden Stelle in der Liste der Antwortoptionen. Ein typisches Einsatzfeld für Comboboxen ist die Auswahl einer Sprache, da von Apps oftmals mehr als 50 verschiedene Sprachen angeboten werden, oder die Auswahl eines Landes.

Bei der Umsetzung von Comboboxen gibt es verschiedene Varianten. Entweder kann nur der erste Buchstabe eingegeben werden und die Eingabe jedes weiteren Buchstabens führt dazu, dass wieder neu gesucht wird. Oder Sie können wie in einem »echten« Suchfeld mehrere Buchstaben oder sogar Wörter eintragen. Um den Unterschied zu verdeutlichen: Stellen Sie sich vor, Sie würden aus der Liste gerne als Wohnort das Land »Deutschland« auswählen. Im ersten Fall würden Sie »D« tippen und dann auf die Liste aller Länder mit D kommen. Wenn Sie jetzt »e« eintippen, wird die Liste nicht weiter reduziert auf Länder, die mit »De« beginnen, sondern Sie würden in der Liste auf Länder mit »e« springen, zum Beispiel Estland oder England. Welche Umsetzung aus Sicht der Nutzenden besser ist, können Sie sich anhand des Beispiels wahrscheinlich schon vorstellen.

Comboboxen haben im Vergleich zu Dropdowns den Vorteil, dass sie eine deutlich längere Liste an Auswahlmöglichkeiten erlauben, da die Suche unterstützt wird. Auch der Vorteil, dass wenig Platz verbraucht wird, bleibt bestehen. Leider bleibt aber auch der Nachteil gleich, dass die Beschreibung der Optionen gewöhnlich recht kurz sein muss, da sonst das Ende durch das Feld abgeschnitten oder zweizeilig wird.

Vor allem bei Comboboxen sehen wir regelmäßig Gestaltungen, die diesen Grundsatz nicht berücksichtigen, und die Ursache dafür ist eigentlich der Wunsch nach einer guten Usability. Meistens versuchen die Ersteller der Comboboxen nämlich den Nutzenden die Auswahl zu erleichtern, indem sie Kategorien für die Antwortoptionen bilden und dann die Details erst im Anschluss schreiben. Leider werden die Details dann aber abgeschnitten, sodass eine sinnvolle Auswahl kaum möglich ist. Also: *Augen auf bei der Optionsbeschreibung!*

Das gilt vor allem, wenn Sie auf kleinen Displays wie beispielsweise Smartphones unterwegs sind. Comboboxen können hier eine echte Herausforderung für die Nutzenden sein, weil oftmals eine Kombination aus Schreiben (Tastatur klappt sich aus) und Scrollen (Tastatur klappt sich wieder ein) zu schlechter Usability führt. Auch das Abschneiden von Text und die Mehrzeiligkeit kann hier problematisch werden, da Sie viel weniger Platz zur Verfügung haben. Das heißt aber nicht, dass Comboboxen für Smartphones nicht geeignet sind. Gerade bei langen Listen bieten Comboboxen auch große Vorteile gegenüber Dropdowns.

11.6.6 Kontrollkästchen bzw. Checkboxen

Ein weiteres Interaktionselement sind *Kontrollkästchen*, besser bekannt unter dem Namen *Checkboxen*. Checkboxen werden dann eingesetzt, wenn aus mehreren Alternativen nicht nur eine Option, sondern mehrere Optionen gleichzeitig gewählt werden können. Die Kästchen sind im Ausgangszustand gewöhnlich leer und werden durch Anklicken angewählt. Durch erneutes Anklicken eines bereits angewählten Kästchens wird dieses wieder abgewählt (siehe Abbildung 11.33).

Abbildung 11.33 Typische Checkboxen

Im Gegensatz zu den bisher vorgestellten Alternativen können durch die Verwendung von Checkboxen Interaktionen deutlich verkürzt werden, da anstatt vieler einzelner Abfragen nur eine Gesamtabfrage durchgeführt werden muss. Checkboxen werden zum Beispiel häufig in Konfiguratoren eingesetzt, bei denen mehrere Optionen gleichzeitig gewählt werden können (siehe Abbildung 11.34).

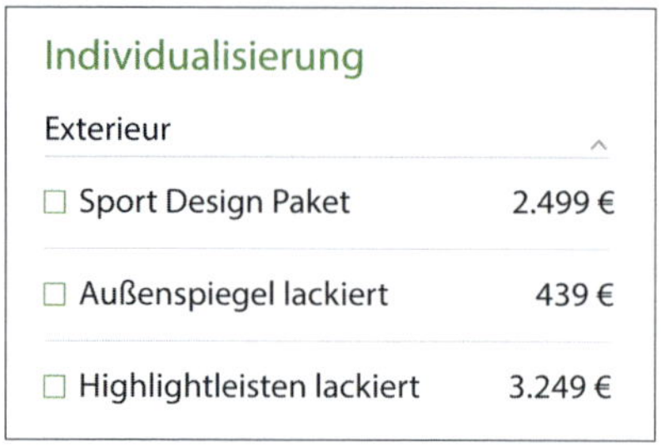

Abbildung 11.34 Einsatz von Checkboxen in einem Konfigurator zur Auswahl von Extras

Checkboxen sind eine sehr einfache Interaktionsmöglichkeit. Bei der Umsetzung muss allerdings darauf geachtet werden, dass die *Übersichtlichkeit* erhalten bleibt. In Konfiguratoren wird dies zum Beispiel erreicht, indem optische Trennungen zwischen die einzelnen Optionen gelegt werden oder indem die Entscheidung in einzelne Kategorien (hier im Beispiel »Exterieur«) heruntergebrochen wird. So können insgesamt mehrere Auswahlgruppen mit Checkboxen bereitgestellt werden.

Ein weiterer wichtiger Punkt ist die *Größe* der Checkboxen und der *Abstand* der Checkboxen zueinander. Vor allem auf mobilen Geräten sollten Sie darauf achten, dass die Bedienfläche groß genug ist, um das Kästchen sicher zu treffen. Außerdem dürfen die Kästchen nicht so nah aneinanderstehen, dass aus Versehen das falsche Kästchen gecheckt wird.

Ein Fehler, der häufig bei der Gestaltung von Checkboxen zu beobachten ist, ist die Markierung der Checkboxen mit einem X anstelle eines Hakens. Dadurch kann es aber bei der Betrachtung der Checkboxen zu Missverständnissen kommen, da der Eindruck entstehen kann, dass die Box durchgestrichen ist (siehe Abbildung 11.35).

Abbildung 11.35 Varianten von Checkboxen

11.6.7 Akkordeon

Ein Akkordeon ist ein Interaktionselement, mit dem Gruppen von Elementen – wie zum Beispiel die eben vorgestellten Checkboxen – weg- und hinzugeklappt werden können (siehe Abbildung 11.36).

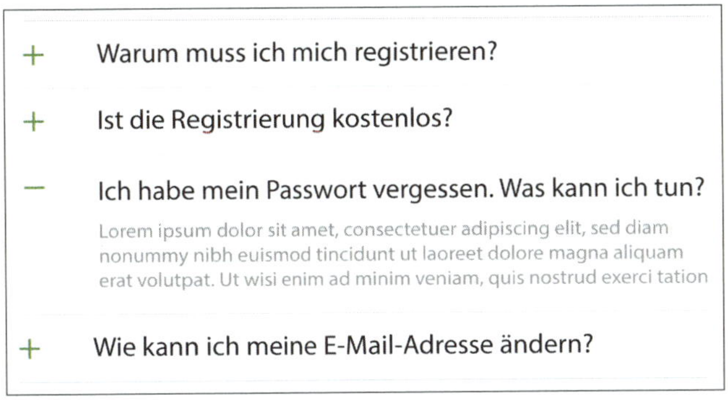

Abbildung 11.36 Typisches Akkordeon in einem »Frequently Asked Questions«-(FAQ-)Bereich, bei dem alle Fragen sichtbar sind – aber die Antworten ausgeklappt werden können

Akkordeons werden immer dann eingesetzt, wenn große Mengen an Informationen vorhanden sind, von denen nicht alle gleichzeitig wichtig sind. Das kann, wie im letzten Abschnitt, bei einem Konfigurator der Fall sein, wird aber zum Beispiel auch oft in FAQ-Sektionen eingesetzt, sodass nur noch die Fragen zu sehen sind, die Antworten aber erst aktiv von den Nutzenden aufgeklappt werden müssen.

Meistens sind Akkordeons dabei so gestaltet, dass die einzelnen Bereiche klar voneinander abgegrenzt sind, entweder farblich oder durch Linien. Zusätzlich verfügt jeder Bereich über jeweils ein eigenes Interaktionselement, um den Bereich aufzuklappen. Dafür werden meistens entweder Plus-Zeichen oder Pfeile nach unten zum Aufklappen und Minus-Zeichen und Pfeile nach oben zum Zuklappen verwendet (siehe die Beispiele in Abbildung 11.36 und Abbildung 11.37).

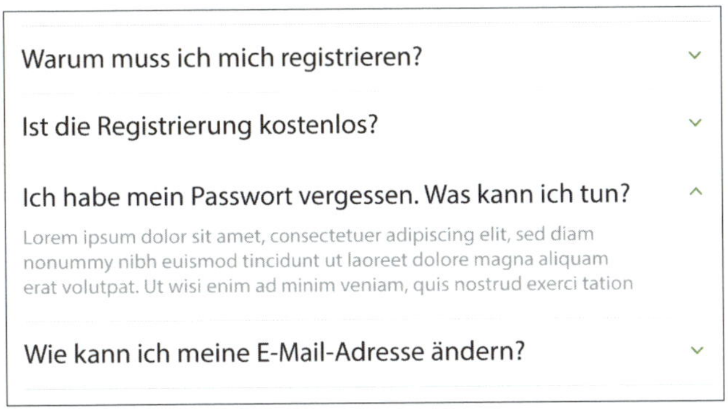

Abbildung 11.37 Alternative Gestaltung des Akkordeons mit Plus-/Minus-Zeichen

Neben den optischen Gestaltungsvarianten gibt es Akkordeons in verschiedenen *Ausführungen* hinsichtlich des Interaktionsverhaltens. Die eine Ausführungsvariante erlaubt immer nur das Öffnen eines Bereiches gleichzeitig. Das bedeutet, dass immer, wenn Sie einen Bereich öffnen und ein anderer Bereich bereits aufgeklappt war, der vorher bereits offene Bereich automatisch zugeklappt wird. Durch das automatische Zuklappen der Bereiche bleibt die Seite übersichtlicher und der Fokus immer klar auf dem Bereich, der gerade ausgewählt wurde. Manchmal – wenn der vorher bereits geöffnete Bereich oberhalb der neuen Frage liegt – fühlt sich die Interaktion dadurch aber ein wenig »ruckelig« an, weil das Bild durch das Zuklappen springt. Da meistens von oben nach unten gelesen wird, kommt dieses Springen auch recht häufig vor.

Dem gegenüber steht die Ausführungsvariante von Akkordeons, bei der beliebig viele Bereiche gleichzeitig geöffnet sein können. Dadurch fällt natürlich das Springen weg, im Gegenzug können die Inhalte auf der Seite dadurch auch sehr unübersichtlich werden. Dies ist vor allem bei FAQ-Seiten zu befürchten, wo die Antworten auf Fragen teilweise sehr ausführlich sein können. Bei aufgeklappten Beiträgen führt das schnell zu langen Scrollwegen.

11.6.8 Toggle-Button

Ein relativ neues Bedienelement ist der sogenannte Toggle-Button. Mit einem Toggle-Button kann zwischen verschiedenen Zuständen hin- und hergeschaltet werden. In den meisten Fällen werden dabei zwei Zustände unterschieden: »An« vs. »Aus« (siehe Abbildung 11.38).

Abbildung 11.38 Typischer Toggle-Button

Der Toggle-Button ist ein Bedienelement, das typischerweise auf mobilen Geräten eingesetzt wird. Das Umschalten von »An« auf »Aus« oder von »Aus« auf »An« geschieht dabei durch ein Wischen des Knopfes in die gegenüberliegende Richtung. Auch das Drücken bzw. Touchen der gesamten Schaltfläche löst oft das Umschalten aus. In vielen Fällen wird der Toggle-Button dabei zusätzlich farbcodiert, sodass eine grüne Färbung anzeigt, dass die Option aktiviert ist. Eine graue Färbung bedeutet, dass die Option deaktiviert ist.

Toggle-Buttons kommen vor allem bei Einstellungen zum Tragen und werden zum Beispiel genutzt, um den Flugmodus zu aktivieren oder einen Hotspot einzuschalten. Prinzipiell sind Toggle-Buttons immer dann geeignet, wenn zwischen den Optionen »An« und »Aus« gewechselt werden muss.

Manche Toggle-Buttons sind zusätzlich beschriftet (denken Sie an das Thema Farbfehlsichtigkeit), um die Eindeutigkeit zu erhöhen. Dabei kann die Beschriftung entweder im Button selbst oder an den Rändern angebracht sein. Manchmal wird zusätzlich mit Icons gearbeitet (siehe Abbildung 11.39).

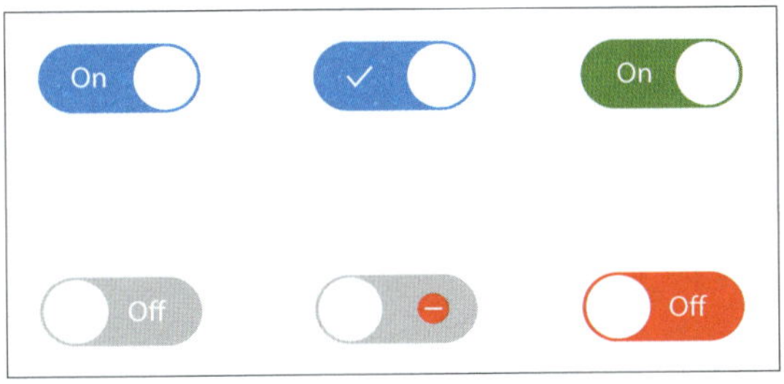

Abbildung 11.39 Verschiedene Toggle-Buttons, die zusätzlich Icons und Beschriftung einsetzen, um die Eindeutigkeit zu erhöhen.

Toggle-Buttons sind klein und wirken oft recht ästhetisch, weswegen sie gern in Interfaces eingesetzt werden. Damit Toggle-Buttons aber das volle Potenzial entfalten, ist es wichtig, dass ihre Beschriftungen und Zustände eindeutig und sinnvoll gewählt werden. Hierin besteht teilweise eine Herausforderung, vor allem, wenn man nicht auf die verbreitete Darstellung »farblos« für »deaktiviert« und »grün« für »aktiviert« setzt. Bei einer einzelnen Beschriftung ist nicht immer verständlich, ob damit der Zustand des Buttons oder der Zustand des Buttons an dieser Stelle beschrieben werden soll (siehe Abbildung 11.40).

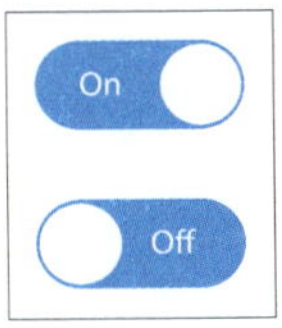

Abbildung 11.40 Welcher Button ist an und welcher ist aus?

Theoretisch können Toggle-Buttons auch eingesetzt werden, um mehr als nur »An/Aus« anzuzeigen. In diesem Fall wird gewöhnlich eine dritte Stufe in der Mitte des Buttons hinzugefügt (siehe Abbildung 11.41). Diese Interaktion ist jedoch recht ungewöhnlich und findet selten Anwendung. Die Variante hat vor allem den Nachteil, dass die mittlere Option nicht so gut angewählt werden kann (vor allem bei mobilen Anwendungen). Anstelle dieser Option sollten Sie Radiobuttons (bzw. die dort dargestellten mobilen Varianten) in Betracht ziehen.

Abbildung 11.41 Toggle-Button mit drei Optionen

11.6.9 Slider

Während man mit einem Toggle-Button zwischen wenigen diskreten Zuständen hin und her schaltet, kann man mit einem Slider einen numerisch kontinuierlichen Wert einstellen (siehe Abbildung 11.42).

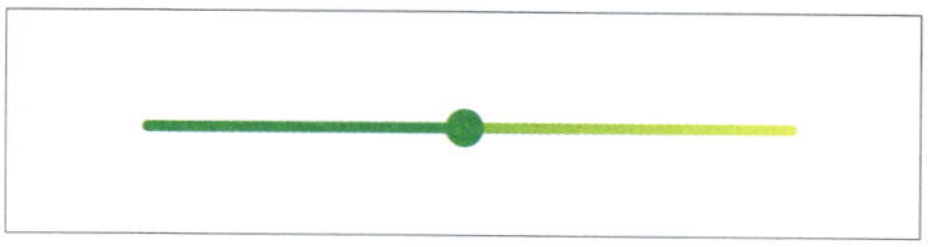

Abbildung 11.42 Ein typischer Slider

Slider werden häufig eingesetzt, wenn es darauf ankommt, einen Wert ungefähr, aber nicht exakt einzustellen. Für die exakte Einstellung findet sich meist eine Kombination mit einem Eingabefeld.

Mit Slidern lassen sich auch *Wertebereiche* festlegen, wenn zwei Bedienflächen integriert werden (siehe Abbildung 11.43). Hier ist aber oftmals die Bedienung schwerer, vor allem, wenn man für ein Gerät mit Touchbedienung gestaltet.

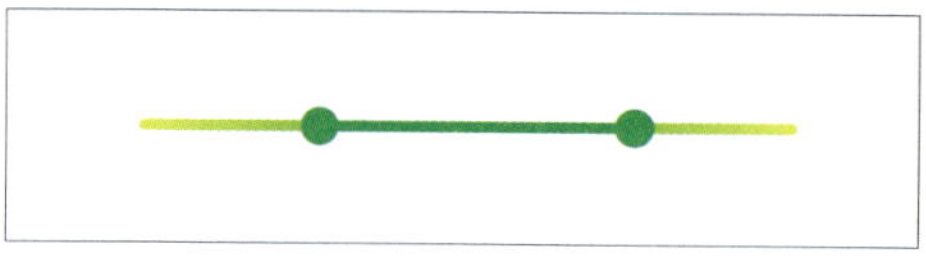

Abbildung 11.43 Slider für die Einstellung eines Wertebereichs

Eine typische Anwendung für einen Slider ist ein Kreditrechner bei einer Bank. Hier können oft Zahlenwerte wie Laufzeit, Kreditbetrag sowie der Zinssatz über Slider eingegeben werden. Typisch für diese Anwendung ist auch, dass sich die Slider nicht unabhängig voneinander bewegen lassen. Dreht man beispielsweise die Laufzeit nach oben, dann verändern sich auch die anderen Werte und damit auch ihre Slider.

Ein typischer Anwendungsfall für einen Slider für die Einstellung eines Wertebereichs ist die Auswahl einer Preisspanne im Onlineshopping.

Apropos drehen: Eine weitere, wenn auch nicht so verbreitete Anwendung eines Sliders ist die Einstellung einer Lautstärke als Drehrad, wie in Abbildung 11.44 dargestellt. (Die Ausführung als herkömmlicher Slider findet sich dagegen häufiger.)

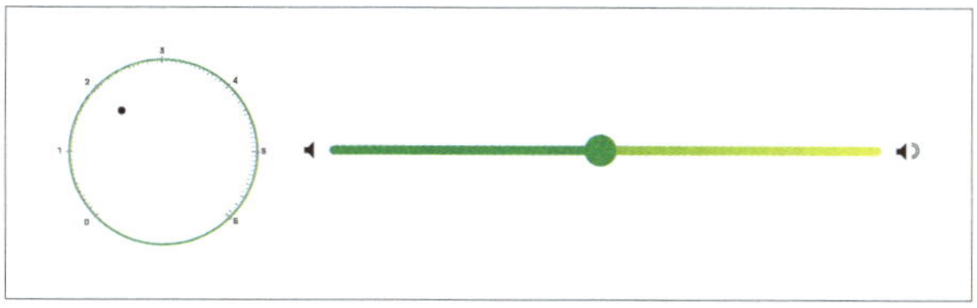

Abbildung 11.44 Slider zum Einstellen der Lautstärke (links als seltenere »Drehknopf«-Variante, rechts horizontal)

Spricht kein guter Grund für sie, sollten Sie auf die Drehknopf-Variante verzichten. Diese lässt sich meist schwerer bedienen als ein horizontaler (oder ein vertikaler) Slider. Der Einsatz einer Drehknopf-Variante wäre denkbar, wenn Sie parallel ein physisches Bedienelement haben, das ebenfalls als Drehknopf ausgeführt ist und den gleichen Wert steuert.

11.6.10 Datumswähler

Die Auswahl von Daten oder Uhrzeiten kommt in der digitalen Welt oft vor, sei es bei der Angabe von Geburtstagen oder bei der Auswahl von Terminen. Auch hier haben sich Eingabeformate etabliert, die inzwischen fast durchgehend zum Einsatz kommen.

Früher wurden Daten und Uhrzeiten häufig frei eingegeben. Da in einer zunehmend internationalen Welt aber unterschiedliche Datums- und Zeitformate zusammengebracht werden müssen, hat sich die freie Eingabe als zunehmend fehleranfällig herausgestellt. Um diese Fehleranfälligkeit zu reduzieren, gibt es unterschiedliche Wege. Der einfachste Weg ist die Vorgabe einer Formatierung (siehe Abbildung 11.45).

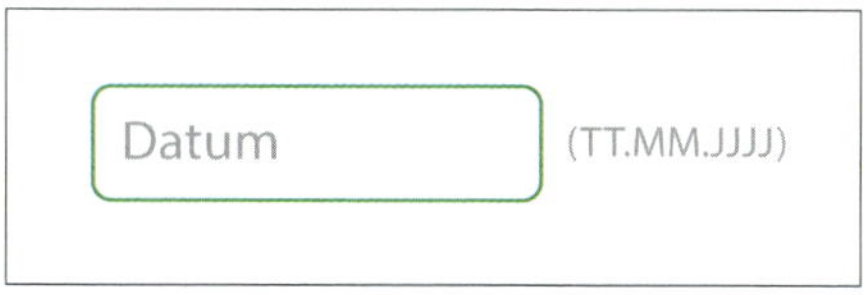

Abbildung 11.45 Eingabefeld für ein Datum mit einer Formatvorgabe

Durch die Vorgabe einer Formatierung wird der Nutzer schon vor der Eingabe darüber informiert, welche Art der Eingabe erwartet wird. Dadurch wird die Wahrscheinlichkeit erhöht, dass direkt eine korrekte Eingabe getätigt wird. Trotzdem kann es – da es weiterhin ein freies Feld bleibt – natürlich zu Fehleingaben kommen, die dann aber meistens durch Anzeigen einer Fehlermeldung mit benötigtem Format zumindest im Nachgang korrigiert werden können.

Eine Alternative dazu wäre die Nutzung von drei separaten Feldern zur Eingabe des Tages, Monats und Jahres (siehe Abbildung 11.46). Auch hier besteht natürlich die

Möglichkeit einer falschen Eingabe. Beispielsweise könnte als Tag eine »44« eingegeben werden. Kritischer sind aber Eingabefehler, die innerhalb des Möglichen liegen und daher technisch nicht abgefangen werden können. Beispielsweise könnten Sie bei der Eingabe des 01.12.2022 Tag und Monat vertauschen, ohne dass es technisch ein Fehler wäre.

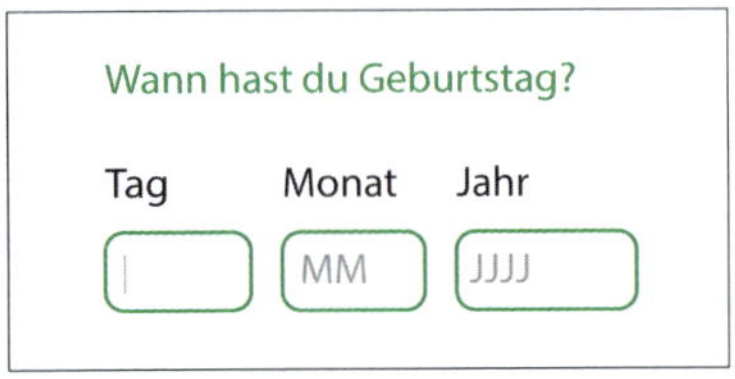

Abbildung 11.46 Eingabe eines Datums über einzelne Eingabefelder

Wenn sichergestellt werden soll, dass erst gar keine falsche Auswahl getroffen wird, gibt es andere Möglichkeiten, um ein Datum zu wählen.

Eine weitverbreitete Variante ist die Anzeige eines Kalenders, bei dem durch einen Klick ein Datum gewählt werden kann (siehe Abbildung 11.47).

Abbildung 11.47 Auswahl eines Datums über einen Kalender

Das Kalenderelement gibt es in verschiedenen *Varianten*. In manchen Umsetzungen besitzt der Kalender einen Button zum Bestätigen des gewählten Datums, in anderen Fällen wird das Datum nach dem Klick automatisch übernommen. Außer der Anzeige von Wochentagen und Datum verfügen Kalenderelemente meist über eine Monatsauswahl im Header. Diese Auswahl kann gewöhnlich mit Schaltflächen vor- und zurückgeschaltet werden (siehe Abbildung 11.48).

Abbildung 11.48 Alternative Kalenderdarstellung mit einem Button zum Bestätigen der Auswahl

Kalenderelemente sind sehr praktisch, wenn es sich um die Auswahl von Daten handelt, die in direkter Nähe zum aktuellen Zeitpunkt liegen. Das könnten zum Beispiel Veranstaltungstermine oder gegebenenfalls auch Reisebuchungen sein. Sie bieten den Vorteil, dass das Datum durch Klick ausgewählt wird und das Eingabeformat dadurch festgelegt ist. So kann es – außer durch Auswahl des falschen Datums – nicht zu Fehleingaben kommen. Außerdem erhalten die Nutzenden durch die Kalenderdarstellung meist weitere Informationen, die sie bei der Auswahl unterstützen können (z. B. Wochentage, Feiertage etc.). Nach der Auswahl wird das gewählte Datum gewöhnlich noch einmal als Text angezeigt, sodass die Nutzenden es prüfen können (siehe Abbildung 11.49).

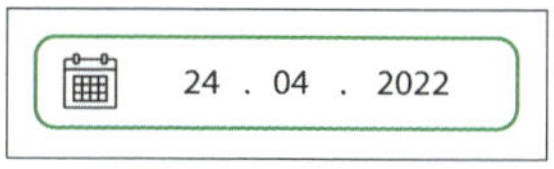

Abbildung 11.49 Dieses Datumsfeld startet zunächst das Öffnen des Kalenderelements und zeigt anschließend die Auswahl als Text.

Die Verwendung von Kalendern zur Datumsauswahl ist dann komplizierter, wenn das gewählte Datum weit in der Vergangenheit oder weit in der Zukunft liegt. Wenn Sie zum Beispiel das Geburtsjahr einer Person auswählen lassen wollen, dann kann es passieren, dass die Person 50 Jahre oder mehr in die Vergangenheit muss. Wenn dies nur durch das Zurückklicken der Monate funktioniert, wäre jeder Nutzende mit einer freien Eingabe schneller gewesen. Einige Kalenderelemente nutzen hier zusätzliche Möglichkeiten, um die Auswahl zu beschleunigen. Dazu werden oft *Doppelpfeile* eingesetzt, die die Person dann in den gleichen Monat ein Jahr früher oder später bringen (siehe Abbildung 11.50).

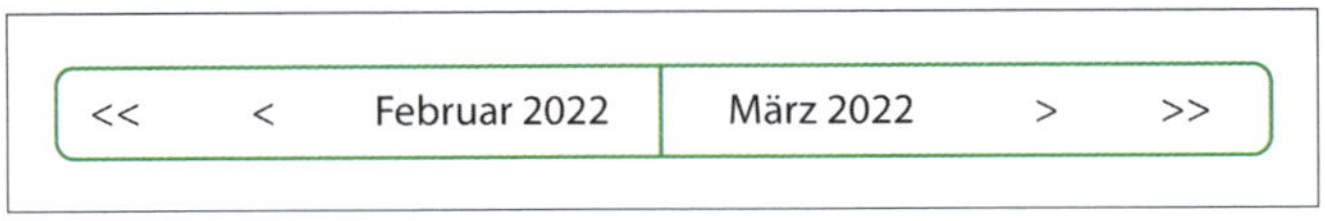

Abbildung 11.50 Mithilfe des Doppelpfeils springen Sie ein ganzes Jahr in die Zukunft bzw. die Vergangenheit.

Eine weitere Variante ist das Anbieten eines expliziten *Jahrwählers*. Dieser funktioniert dann wieder wie ein Dropdown und ist Teil des Kalenderelements (siehe Abbildung 11.51).

Abbildung 11.51 Kalenderelement, das zusätzlich eine separate Auswahl des Jahres als Dropdown ermöglicht

Wie Sie sehen, setzt sich ein Kalender also aus verschiedenen Interaktionselementen zusammen. Da er häufig als Gesamtelement vorkommt, haben wir uns aber entschlossen, ihn hier als Gesamtelement vorzustellen.

Eine letzte Alternative, die vor allem auf mobilen Geräten und touchbasierten Anzeigen sinnvoll eingesetzt werden kann, sind die sogenannten *Datepicker*, bei denen die Daten auf einer Art Rad dargestellt werden (siehe Abbildung 11.52). Die Nutzenden wählen das Datum dann durch Hoch- und Runterschieben des Rades und verändern damit das Datum. Die Interaktion ist einfach und schnell verständlich und hat sich auf vielen mobilen Geräten durchgesetzt. Für Anzeigen ohne Touchdisplay ist diese Auswahlvariante nur bedingt geeignet, da das Schieben und Ziehen mit der Maus kein natürliches bzw. kein erlerntes Bewegungsmuster ist.

Abbildung 11.52 Datumsauswahl auf Smartphones

Der Vorteil dieser Art von Datumsauswahl ist, dass auch große Zeitdifferenzen wie 20 oder mehr Jahre sehr schnell überbrückt werden können, einfach indem das Rad schnell gedreht wird. Dadurch wird die Genauigkeit jedoch ein wenig reduziert, sodass es teilweise notwendig ist, vor und zurück zu drehen, um das genaue Datum einzustellen.

11.6.11 Uhrzeitwähler

Die Eingabe von Uhrzeiten kann, wie auch bei den Kalenderelementen, über ein oder mehrere Eingabefelder ermöglicht werden (siehe Abbildung 11.53). Auch hier sollten Eingabefehler durch eine Erklärung des gewünschten Formats reduziert werden.

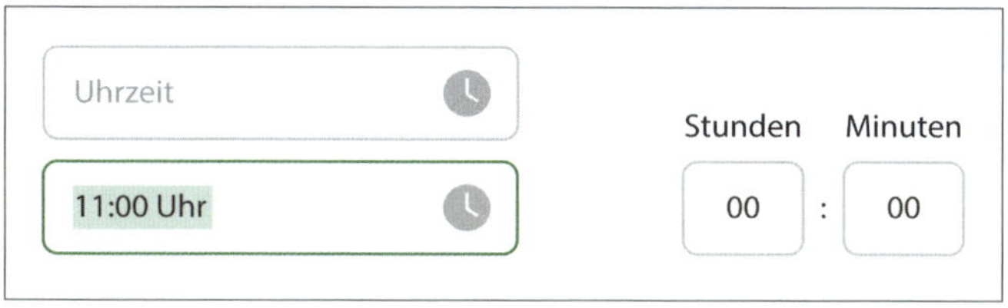

Abbildung 11.53 Verschiedene Eingabefelder für die Zeiteingabe

Da sich auch hier die gleichen Probleme wie bei der Datumsauswahl ergeben, haben sich verschiedene Alternativen etabliert, wie eine Zeit durch Auswahl von vorgegebenen Werten eingegeben werden kann.

Eine verbreitete Variante, die auch auf Smartphones gut funktioniert, ist die Darstellung als Radauswahl wie in Abbildung 11.54.

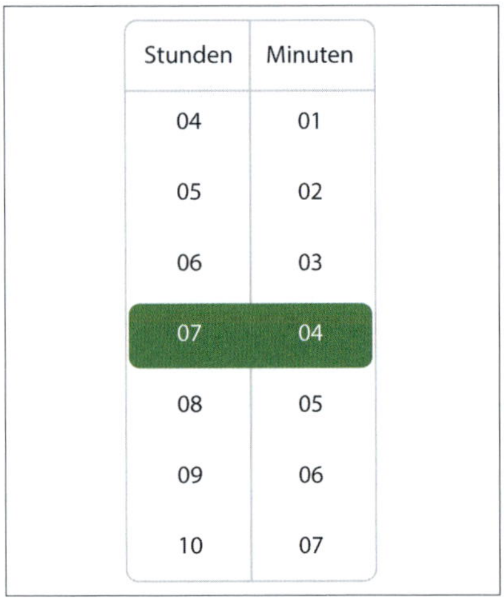

Abbildung 11.54 Auswahl einer Zeit über eine Radauswahl

Alternativ wird gelegentlich auch mit Dropdowns gearbeitet, vor allem, wenn mit dem 12-Stunden-System gearbeitet wird, da dort die Anzahl der Alternativen überschaubar ist. Für viele Anwendungen am Computer ist es oft jederzeit möglich, die Uhrzeit nicht nur per Klick auszuwählen, sondern auch selbst im Feld zu ändern (siehe Abbildung 11.55). Hierdurch wird ermöglicht, dass oft verwendete Werte als Standard im Dropdown angezeigt werden (z. B. »0,5 h« bei einem Termin) und trotzdem eine präzisere Eingabe möglich ist.

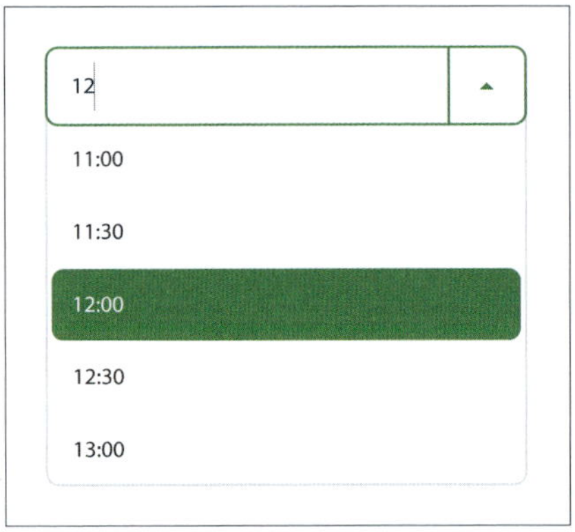

Abbildung 11.55 Auswahl einer Zeit über ein Dropdown mit oft verwendeten Zeitpunkten sowie der Möglichkeit, direkt in das Feld zu schreiben.

Bei mobilen Varianten gibt es außerdem beim *Android Material Design* noch ein eigenes Element, das für die Auswahl der Uhrzeit anhand einer Uhr genutzt wird (siehe Abbildung 11.56). Dazu wird erst der Stundenzeiger eingestellt und im Anschluss der Minutenzeiger.

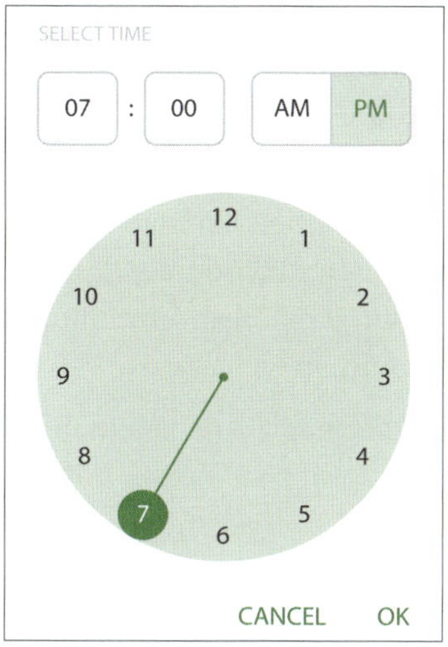

Abbildung 11.56 Zeitauswahl im »Material Design«

11.6.12 Farbauswahl

Ein besonderes Element ist der Farbwähler. *Farbwähler* werden eingesetzt, wenn eine bestimmte Schriftfarbe, Formfarbe oder sonstige Farbe ausgewählt werden muss, die noch nicht vordefiniert ist und damit nicht über eine Schaltfläche ausgewählt werden kann (siehe Abbildung 11.57).

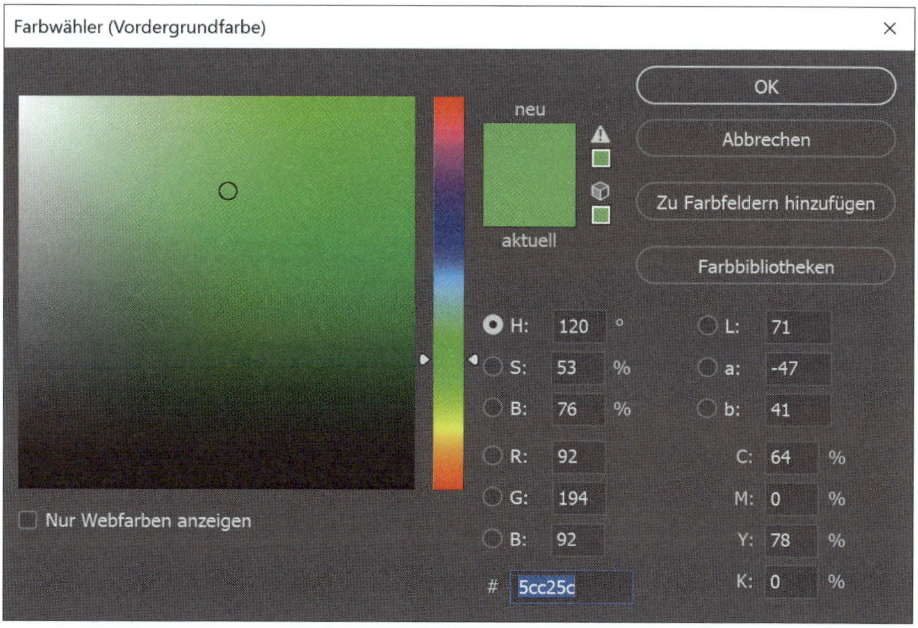

Abbildung 11.57 Farbauswahl in »Adobe Photoshop 2022«

Meistens gibt es bei Farbwählern (wie auch auf Abbildung 11.57 zu sehen ist) unterschiedliche Möglichkeiten, die Farbe zu bestimmen. Dies kann zum Beispiel die direkte Eingabe eines Hex-Codes sein oder die Auswahl der passenden Farbe über einen Farbkreis bzw. einen Farbschieber.

Die Auswahl erfolgt dabei meist zweistufig. Zuerst wird über einen Farbbalken oder ein Farbrad die Grundfarbe ausgewählt, zum Beispiel Grün. Dann wird über das Verschieben des Cursors in dem Farbfeld die Ausprägung der Farbe bestimmt, indem mehr oder weniger Weiß- bzw. Schwarzanteile hinzugenommen werden.

Da es oftmals schwierig ist, Farben zu vergleichen, wenn diese nicht nebeneinander angezeigt werden, enthalten viele Farbwählerelemente zusätzlich einen Vorher-nachher-Vergleich, bei dem die Ausgangsfarbe der neuen Farbe gegenübergestellt wird (siehe Abbildung 11.58).

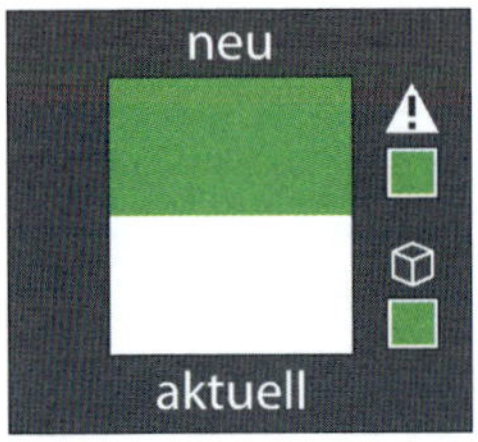

Abbildung 11.58 Ausschnitt aus der Farbauswahl von »Adobe Photoshop 2022«. Die neu ausgewählte Farbe (Grün) wird neben der bisherigen Farbe (Weiß) angezeigt.

Das ermöglicht es den Nutzenden, die Farbe so lange anzupassen, bis der gewünschte Farbton erreicht wird. Im Anschluss wird die neue Farbe gewöhnlich durch einen Klick auf »Übernehmen« oder »OK« eingesetzt. In den meisten Fällen wird zusätzlich die eingesetzte Farbe im Anschluss als Schnellauswahl bereitgestellt, um schnell den gleichen Farbton zu übernehmen.

Ebenfalls weit verbreitet sind *Farbpaletten*, die eine schnelle Farbauswahl ermöglichen (siehe Abbildung 11.59). Kommt es nicht so sehr auf die exakte Farbgebung an, können die Farbpaletten auch vorgegeben werden.

Eine weitere, sehr angenehme und einfache Variante für die Auswahl von Farben ist die *Pipette* (siehe Abbildung 11.60).

Die Pipette ermöglicht es, irgendeine vorhandene Farbe aufzunehmen und anschließend zu verwenden. Für viele Anwendungsfälle ist das extrem hilfreich, da bei der Verwendung von Farben meistens darauf geachtet wird, dass gleiche und zusammenpassende Farben eingesetzt werden.

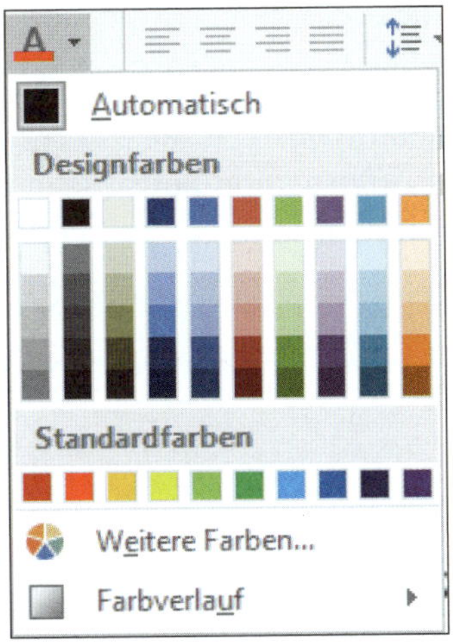

Abbildung 11.59 Auswahl einer Farbe über vorgegebene Farbpaletten in »Microsoft Word 2019«

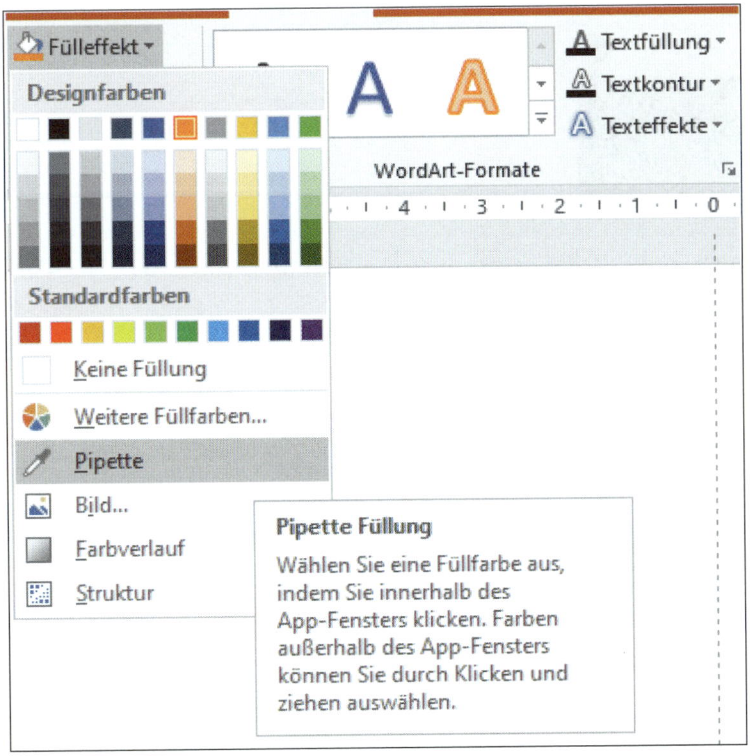

Abbildung 11.60 Das Pipettenwerkzeug in »Microsoft PowerPoint 2019«

11.6.13 Information-Button, Info-Button bzw. Tool Tip

Eine besondere Art von Schaltfläche sind Information-Buttons. Sie kennen Information-Buttons vielleicht auch als »Info-i« oder »Info-?« irgendwo in der Nähe von Texten oder Bedienelementen (siehe Abbildung 11.61). Diese Information-Buttons sind klickbar und zeigen Ihnen bei Bedarf zusätzliche Informationen an.

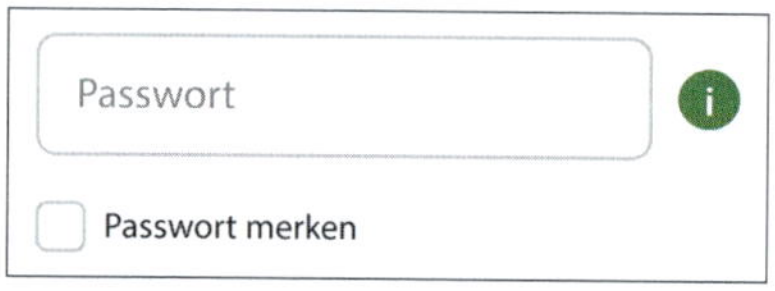

Abbildung 11.61 Information-Button am Rand eines Eingabefeldes

Meistens geschieht dies in Form eines sich zusätzlich öffnenden Pop-ups (siehe auch Abschnitt 11.6.14), das sich über den aktuellen Screen legt und oftmals in der Nähe des Info-Icons platziert ist. Diese Art von Pop-up nennt man auch *Tool Tip* (siehe Abbildung 11.62).

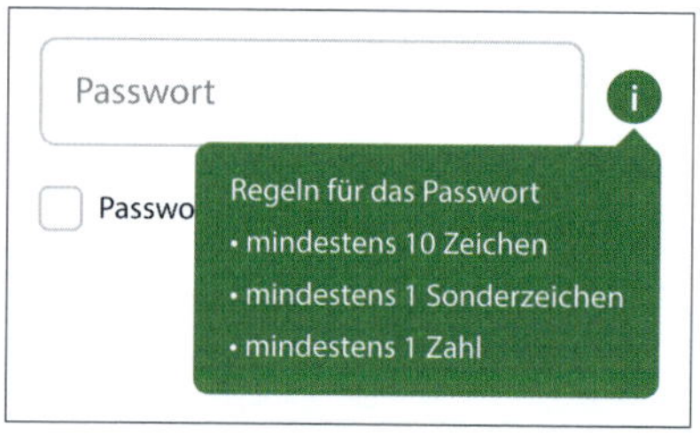

Abbildung 11.62 Tool Tip als eine Möglichkeit, um dem Nutzer bei Bedarf zusätzliche Hilfestellungen zu geben.

In manchen Fällen erscheint aber auch einfach ein Text unterhalb des Info-Icons, der weitere Informationen bereitstellt (siehe Abbildung 11.63).

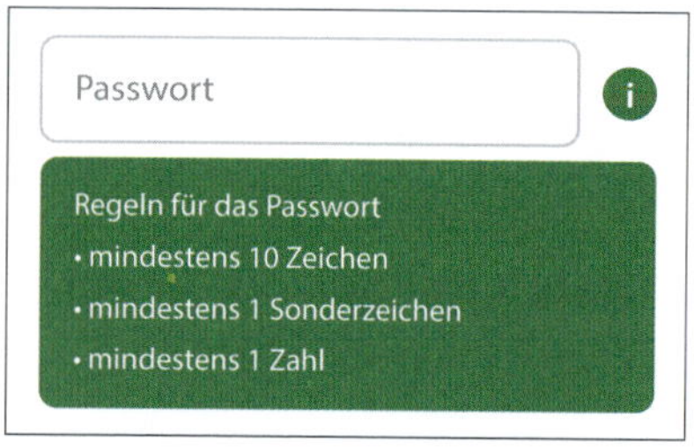

Abbildung 11.63 Erklärtext, der sich beim Klick auf das Info-Symbol ähnlich eines Akkordeons ausfährt

Information-Buttons bieten sich immer dann an, wenn Sie gezielt Informationen zu einem bestimmten Interface-Element geben möchten. Das kann zum Beispiel bei

Formularen der Fall sein, wenn Sie den Nutzenden erklären möchten, wofür die angefragte Information benötigt wird oder welche Information gebraucht wird, oder bei *Passwortfeldern*, wenn Sie die Anforderungen an das Passwort erklären möchten.

Information-Buttons sind praktisch in der Umsetzung, da es möglich wird, sehr lokal zu arbeiten und den Aufbau trotzdem schlicht und einfach zu halten. Trotzdem sollten Sie gut überlegen, wie viele Informationsfelder Sie tatsächlich benötigen. Durch die Integration in andere Elemente oder die direkte Nachbarschaft wirkt der Screen mit Informationsfeldern nämlich leider voller und weniger aufgeräumt.

11.6.14 Pop-ups

Pop-ups sind ein klassisches Interface-Element, das schon lange im Einsatz ist (siehe Abbildung 11.64). Sie werden genutzt, um Informationen anzuzeigen, auf die die Nutzenden reagieren müssen und die den aktuellen Workflow der Nutzenden unterbrechen.

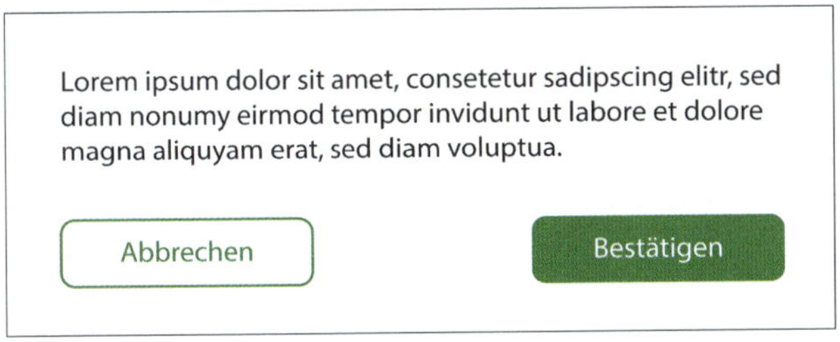

Abbildung 11.64 Typisches Pop-up, dass sich »über« das eigentliche User Interface legt und den Fokus der Interaktion auf sich zieht

Pop-ups werden für gewöhnlich durch eine Nutzeraktion getriggert. Das kann zum Beispiel das Absenden eines Formulars sein oder auch die Annäherung an die Browserbar bei einem Online-Shop, die das »Sind Sie sicher, dass Sie gehen wollen?«-Pop-up auslöst. Es gibt aber auch Pop-ups, die nicht durch den Nutzer ausgelöst werden. Fehlermeldungen beispielsweise können auch ohne eine spezifische Nutzeraktion angezeigt werden und werden oft als Pop-ups dargestellt.

Alle Pop-ups haben gemeinsam, dass sich das Pop-up nach Auslösung über den Screen legt – gewöhnlich mittig – und die weitere Interaktion mit der Oberfläche unterbricht. Das Pop-up verschwindet erst, wenn der Nutzer eine weitere Aktion vornimmt. Das kann das Bestätigen des Pop-up-Dialogs sein oder das Wegklicken des Pop-ups.

Ein typisches Einsatzfeld von Pop-ups sind *Bestätigungsdialoge*, bei denen der Nutzer eine getätigte Aktion vor ihrer Ausführung noch einmal freigeben muss. Die Art von Dialogen kommt zum Beispiel beim Löschen von Daten oder beim Freigeben von Daten häufig zum Einsatz. Aber auch, wenn Nutzende ein – aus Betreibersicht – unerwünschtes Verhalten zeigen, werden Pop-ups genutzt, um die aktuelle Interaktion zu stoppen. Dazu gehört unter anderem das Verlassen einer Seite oder das Beenden einer Anwendung.

Aus unserer Sicht haben Pop-ups dann eine Berechtigung, wenn sie einen Schaden aufseiten der Nutzenden verhindern – wie es beim unabsichtlichen Löschen von Daten der Fall wäre. Wir finden allerdings, dass der Einsatz von Pop-ups aus Sicht der Nutzenden nicht angemessen ist, wenn es um rein monetäre Interessen der Anbieter geht. Die »Sind Sie sicher, dass Sie gehen wollen?«-Pop-ups in Blogs sind oft mit einer schlechteren User Experience gleichzusetzen, wenn sie aufdringlich gestaltet sind.

Bei der Umsetzung von Pop-ups gibt es verschiedene Varianten. In der klassischen Variante kann das Pop-up nur durch einen Klick auf einen der Buttons (gewöhnlich sind es zwei: ein Button zum Bestätigen, ein Button zum Abbrechen) oder durch den Klick auf ein x in der rechten oberen Ecke geschlossen werden (siehe Abbildung 11.65). Das Pop-up steht dabei gewöhnlich einfach mittig über dem vorhandenen Screen.

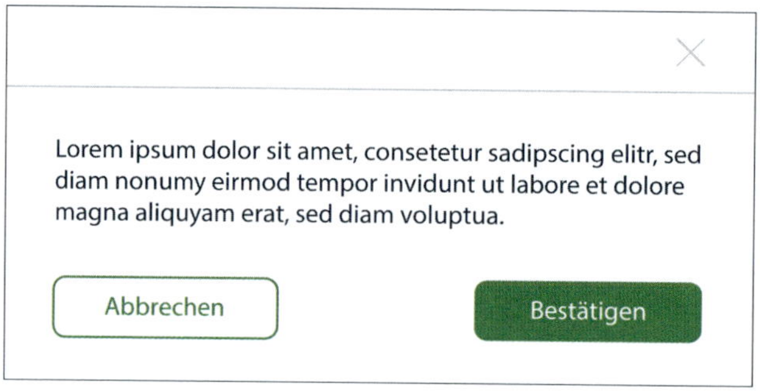

Abbildung 11.65 Klassisches Pop-up mit drei Schaltflächen: »Abbrechen«, »Bestätigen« und dem »X«, das ebenfalls als »Abbrechen« funktioniert

Bei der moderneren Form des Pop-ups wird meistens mit einem sogenannten *Overlay* gearbeitet. Dabei wird das Pop-up in der Mitte des Screens angezeigt, gleichzeitig aber der restliche Screen abgedunkelt (siehe Abbildung 11.66). Dadurch liegt der Betrachtungsfokus viel stärker auf dem Pop-up, da es sich klarer vom Hintergrund abhebt. Zusätzlich bietet das Overlay eine zusätzliche Variante, um das Pop-up schnell und benutzerfreundlich zu schließen, da hierzu gewöhnlich ein Klick in den abgedunkelten Bereich ausreicht.

Ein gängiger Fehler bei der Verwendung von Pop-ups ist die Wahl der falschen Buttonbeschriftungen im Dialog. Im Englischen begegnet einem ab und zu die Doppelbedeutung des Wortes »Cancel« (siehe Abbildung 11.67).

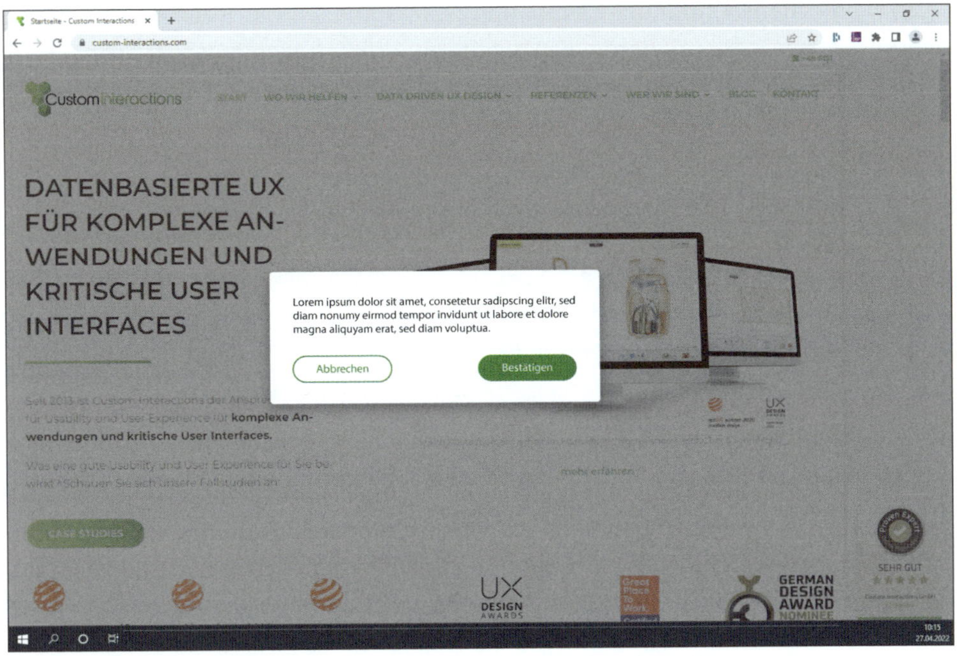

Abbildung 11.66 Pop-up als Overlay. Typisches Merkmal: Der restliche Teil des User Interfaces wird abgedunkelt.

Abbildung 11.67 Missverständliche Buttons durch die doppelte Bedeutung des Wortes »Cancel« (dt. »abbrechen« oder »kündigen«). Besser wäre hier, wenn der »Cancel«-Button mit »Keep subscription« beschriftet wäre.

Das kommt vor allem dann vor, wenn ein und dieselben Antworten für verschiedene Buttons eingesetzt werden sollen. Hier kann es ein wenig Mühe bedeuten, sich Beschriftungen auszudenken, die spezifisch genug sind und trotzdem funktionieren. Die aus unserer Sicht beste Version ist folgende: Gewöhnlich stellt der Dialog eine Frage, z. B.: »Sind Sie sicher, dass Sie die Daten löschen möchten?« Die Buttons sollten dann geeignet sein, um die Frage aus Sicht der Nutzenden zu beantworten. Das könnte einfach »Ja« oder »Nein« sein. Noch besser wäre aber ein »Ja, löschen« oder

»Nein, abbrechen«. Damit machen Sie unmissverständlich klar, welche Aktion durch den Klick ausgelöst wird. Vermeiden Sie dabei Verneinungen in der Art von »Nein, nicht löschen«. Beim schnellen Überfliegen kann es passieren, dass das »nicht« überlesen wird und nur »löschen« gesehen wird. Dadurch werden die Nutzenden gezwungen, den Dialog erneut zu starten.

Generell sollten Sie Pop-ups sparsam einsetzen. Da Pop-ups immer mit einer Unterbrechung der aktuellen Aktivität einhergehen und den Ablauf länger und langsamer machen, ist es wichtig, dass Sie sich vorher genau überlegen, wann der Einsatz eines Pop-ups tatsächlich gerechtfertigt ist. Als Faustregel können Sie gerne mitnehmen, dass Sie Pop-ups immer dann einsetzen sollten, wenn durch die Aktion ein großer oder nicht wiederherstellbarer Schaden beim Nutzenden entsteht.

11.6.15 Menüleisten

Viele Anwendungen verfügen über eine Form der Menüleiste. Menüleisten sind meistens am oberen Rand einer Anwendung oder Webseite angeordnet und beinhalten die Querverweise zu den anderen Inhalten (siehe Abbildung 11.68).

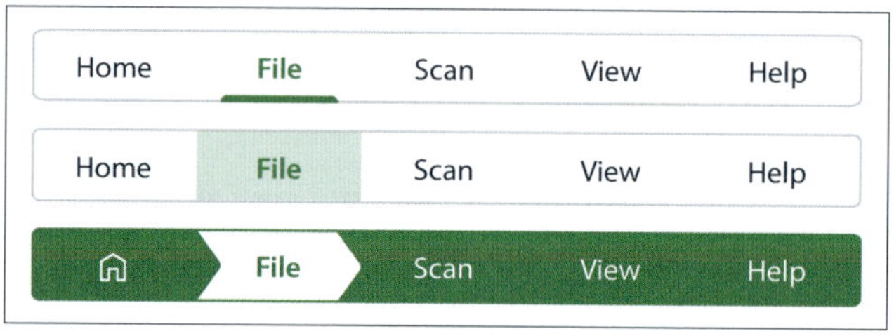

Abbildung 11.68 Verschiedene Menüleisten

Sie brauchen ein Menü immer dann, wenn es viele Informationen gibt, die nicht alle gleichzeitig angezeigt werden können. Ein Menü ermöglicht es Ihren Nutzenden, zwischen den verschiedenen Inhalten zu wechseln. Zusätzlich können Sie durch das Menü eine Priorisierung der Inhalte vornehmen. Die wichtigsten Inhalte stehen gewöhnlich an erster Stelle, und je weniger wichtig eine Information ist, umso weiter hinten steht sie. Menüleisten gibt es sowohl horizontal als auch vertikal, wobei sich die horizontale Ausrichtung vor allem im Webkontext stark durchgesetzt hat. Das zeigt sich auch daran, dass nahezu alle großen Marken die horizontale Ausrichtung auf der eigenen Webseite einsetzen (siehe Abbildung 11.69).

Ausnahmen stellen Webseiten dar, die primär für mobile Geräte wie beispielsweise Smartphones entwickelt wurden. Hier findet sich oft ein vertikales Menü, das im Originalzustand eingeklappt ist und sich erst mit einem Klick nach unten öffnet. In diesem Fall spricht man von einem sogenannten *Burger-Menü*, weil das Icon für das Menü mit seinen 3 Lagen einem Burger gleicht (siehe Abbildung 11.70).

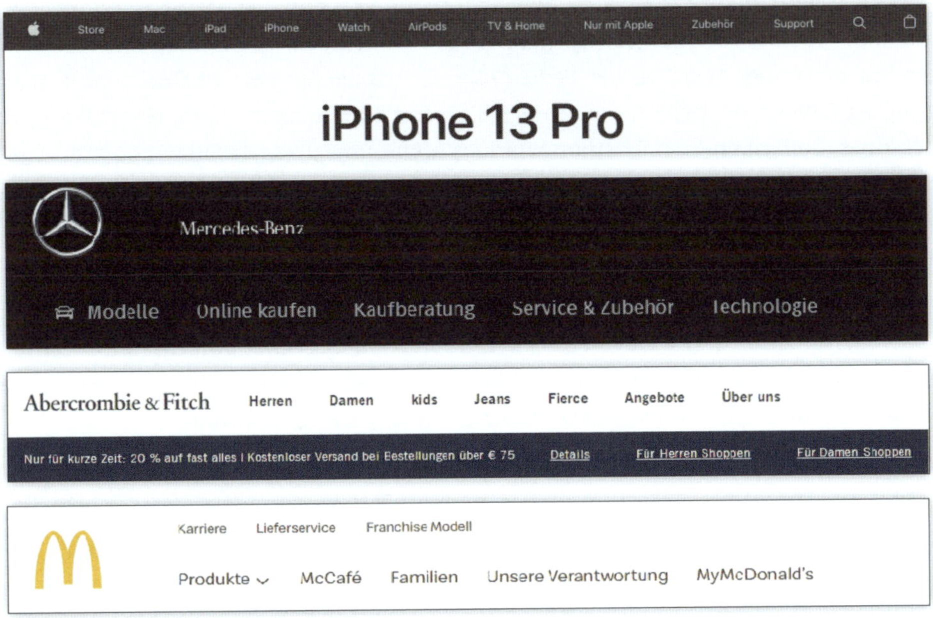

Abbildung 11.69 Horizontale Menüleisten der Webseiten »www.apple.de«, »www.mercedes-benz.de«, »www.abercrombie.com« und »www.mcdonalds.de«

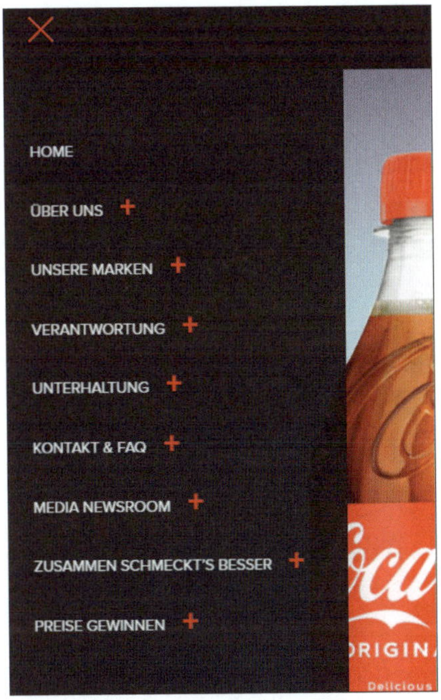

Abbildung 11.70 Ein Burger-Menü öffnet eine vertikale Menüleiste auf der Webseite »www.coca-cola-deutschland.de«.

Welches Menü Sie selbst bevorzugen, sollten Sie von dem Gerät abhängig machen, auf dem die Inhalte angezeigt werden, sowie von den gezeigten Inhalten. Dabei sollten Sie auch überlegen, ob die *Bedienung voraussichtlich per Touch* oder *per Maus* geschieht. Wenn die Bedienung touchbasiert stattfindet, dann sollten Sie sich zusätzlich noch Gedanken über Themen wie *Verdeckung* machen, da Sie bei der Touchbedienung auch immer über den Screen greifen und Inhalte dadurch unsichtbar werden.

Ein typischer Fehler, den wir bei der Gestaltung von Menüs beobachten, ist die Priorisierung der Inhalte aus Unternehmenssicht und nicht aus Nutzersicht. (Diesem Problem können Sie mit der Methode *Card Sorting* begegnen, die wir in Abschnitt 12.17 im Detail vorstellen.) Hier kommt es beispielsweise vor, dass Abteilungen vorgestellt werden, die für Außenstehende komplett unverständlich sind.

Vor allem auf *Webseiten* zeigt sich das deutlich, wenn die ersten Inhalte »Über uns« oder »Zu [Name des Unternehmens]« heißen. Wir wissen, dass der nächste Satz wahrscheinlich schmerzlich ist und Sie erst einmal zum Schlucken bringt, aber:

- Nur Menschen, die etwas von Ihnen wollen, interessieren sich für das Unternehmen. Dazu gehören Bewerber oder zum Beispiel Verkäufer.
- Alle Personen, von denen Sie etwas wollen – also potenzielle Kunden – interessieren sich für Ihre Angebote, aber oft nicht für das Unternehmen selbst.

Die einzigen Ausnahmen von dieser Regel sind potenzielle Investoren und der Fall, dass Sie Expertenleistungen verkaufen. Wenn Sie aber Ihre Webseite nutzen wollen, um Informationen für potenzielle Kunden bereitzustellen, dann sollten die ersten Punkte in Ihrem Menü auch die Fragen, Aufgaben und Wünsche Ihrer potenziellen Kunden betreffen. Das bedeutet, dass Sie zum Beispiel mit dem Shop, der Vorstellung der Produkte, Case-Studies oder Testimonials von Kunden starten sollten und erst später zu den weiteren Aspekten kommen.

Wenn Sie eine *Anwendung* gestalten und keinen Webauftritt, dann beginnen Sie mit den Tasks, die immer wieder und regelmäßig ausgeführt werden, und ordnen seltene Tasks weiter hinten im Menü an.

11.6.16 Karussell

Unter einem Karussell versteht man die Anzeige mehrerer Elemente nebeneinander, durch die sich der Nutzer schrittartig oder durch Drehen bewegen kann (siehe Abbildung 11.71).

Karusselle werden vor allem dann genutzt, wenn grafische Informationen »durchstöbert« werden sollen. Die Darstellung wurde zum Beispiel von Apple im sogenannten *Coverflow* für Musikcover oder Bilder eingesetzt und erlaubt den Nutzenden das spielerische Interagieren beim Durchstöbern der Sammlung (siehe Abbildung 11.72).

Abbildung 11.71 Modernes Karussell, bei dem immer nur ein Inhalt vollständig für den Nutzer sichtbar ist

Abbildung 11.72 Coverflow, wie er von der Firma Apple eingesetzt wurde (Quelle: https://en-academic.com/)

Damit der Einsatz eines Karussells sinnvoll ist, sollte die Kerninformation in dem Bild selbst enthalten sein. Theoretisch lassen sich auch Texte auf diese Art und Weise darstellen – zum Beispiel Zitate –, der große Vorteil dieser Darstellungsweise besteht aber darin, dass Bilder schneller überflogen werden können als Texte.

Der Nutzer kann dabei auf verschiedenen Wegen durch das Karussell navigieren. Eine Variante auf Touchdisplays ist das Verschieben der Elemente mit dem Finger – so, als würde man einen Kartenständer in einem Einkaufsladen drehen. Eine weitere Variante ist das Drehen durch Verschieben einer Scrollbar, die dann die Bilder vor oder zurück bewegt. Eine letzte verbreitete Möglichkeit ist die Darstellung von Pfeilen am rechten und linken Rand, mit denen durch Klick jeweils ein Bild weiter oder zurück gegangen werden kann (siehe Abbildung 11.73).

Abbildung 11.73 Verschiedene Interaktionsmöglichkeiten mit Karussellen

Im Vergleich zu der Darstellung von verschiedenen Bilder nebeneinander oder untereinander benötigt ein Karussell relativ wenig Platz, da die Bilder, die aktuell nicht im Fokus stehen, meistens seitlich schräg oder ganz als Strich dargestellt werden. Ein Karussell sollte nur dann zum Einsatz kommen, wenn die verschiedenen Bilder nicht parallel betrachtet werden müssen oder wenn es egal ist, welches Bild der Nutzer betrachtet. Ein Karussell ist damit eher ein Element, das spielerisch und interaktiv verwendet wird und weniger als fester Bestandteil eines festgelegten Workflows.

In einigen Apps wird auch *Videocontent* in Karussellen eingesetzt. Hierbei setzt sich immer öfter eine Variante durch, die wir das »unendliche Karussell« nennen. Ein populärer Vertreter dieser Reihe ist TikTok. Dort können die Nutzenden vertikal »swipen«, um das nächste Video zu sehen. Die Besonderheit hierbei ist, dass es kein Ende gibt.

11.6.17 »Webseiten«-Slider

Unter einem »Webseiten«-Slider (den haben wir so getauft, um ihn von dem bereits vorgestellten Slider zu unterscheiden) versteht man ein Element, das Informationen anzeigt, die in einem bestimmten Zeitrhythmus durchwechseln, und das durch die Nutzenden zusätzlich aktiv gesteuert werden kann (siehe Abbildung 11.74). Slider werden oft als Startelement auf Webseiten eingesetzt, da sie durch die meist große Fläche und die Bewegung viel Aufmerksamkeit auf sich ziehen.

Abbildung 11.74 Typisches Sliderelement auf der Startseite einer Website

Dieses Sliderelement verfügt gewöhnlich über kleine Punkte am unteren Rand, an denen die Nutzenden erkennen können, auf welcher Seite der Slider gerade ist sowie wie viele Seiten überhaupt im Slider sind. Neben der Anzeige verfügen Slider zusätzlich über Pfeile, die am rechten und linken Bildschirmrand angeordnet sind. Mithilfe der Pfeile wird es den Nutzenden möglich, im eigenen Tempo die Informationen durchzuschalten oder eine automatisch weggeschaltete Darstellung zurückzuholen.

Damit Slider ideal funktionieren, müssen die eingesetzten Bilder bzw. Texte ansprechend sein und Aufmerksamkeit erregen. Hier liegt oft aber auch eine Schwierigkeit der Sliderelemente. Da die Inhalte der Slider sich relativ leicht austauschen lassen, ohne die komplette Seite neu zu gestalten, beobachten wir oft, dass verschiedenste Informationen im Slider platziert werden. Das ist an sich nicht falsch und ermöglicht es zum Beispiel, sehr schnell Neuigkeiten zu teilen oder neue Angebote zu promoten. Bei der Umsetzung sollte aber darauf geachtet werden, dass die ansprechende Optik durch die Auswahl der richtigen Bilder auch bei wechselnden Inhalten erhalten bleibt.

Zusätzlich sollten nur Inhalte in den Slider aufgenommen werden, die relevant für die Nutzenden sind. Da das Sliderelement meistens sehr groß und präsent ist, lenkt es einen großen Teil der Aufmerksamkeit auf sich. Alle dargestellten Inhalte konkurrieren daher mit dem eigentlichen Ziel der Nutzenden auf der Seite. Setzen Sie Slider also so ein, dass diese die Nutzenden ihren Zielen näherbringen.

11.6.18 Label und Textblock

Label und Textblöcke sind häufig eingesetzte Elemente bei der Gestaltung von Anwendungen und Webseiten. Sie tun dabei genau das, was die Namen *Label* (engl. für »Etikett«) bzw. *Textblock* bereits sagen: Sie beinhalten Text und »etikettieren« andere Felder bzw. werden für Textinhalte verwendet (siehe Abbildung 11.75).

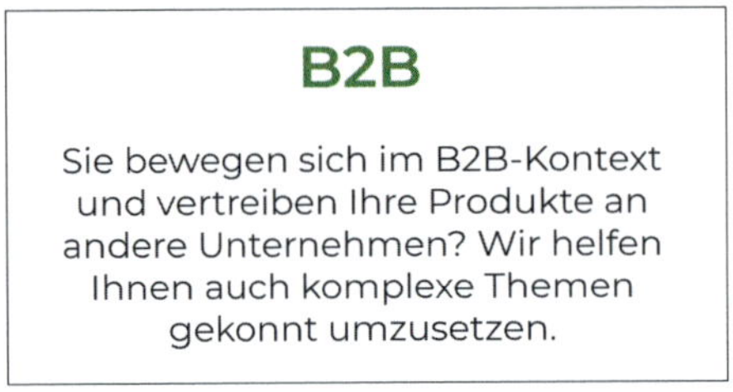

Abbildung 11.75 Ein typischer Textblock

Der Begriff *Label* wird meist eher für die Beschriftung von Eingabefeldern verwendet. *Textblöcke* sind typischerweise mehrzeilige Ausgabeelemente. Beide Elemente sind nicht interaktiv, beinhalten aber oftmals wesentliche Informationen für die Nutzenden, die notwendig für das Verständnis und den Umgang mit der Anwendung sind. Sie können dabei in verschiedenen Größen vorkommen: von ganz kurzen Beschreibungstexten bis zu ausführlichen Textelementen.

Beide Elemente werden gestalterisch noch einmal stark durch die Schriftart, die Ausrichtung, Schriftgröße und Überschriften bestimmt. Für die Darstellung in einem Wireframe reicht aber gewöhnlich eine einfache Darstellung des Textblocks bzw. des Labels oder – falls der Inhalt mit getestet werden muss – der reine Text, um den es geht.

11.6.19 Bilder, Icons und Platzhalter

Ein weiteres Interface-Element sind Bilder. Bisher haben wir Bilder immer als Teil bestehender Elemente besprochen. Natürlich können Bilder aber auch als einzelne Elemente vorkommen. In einem Wireframe werden Bilder üblicherweise als freie Fläche dargestellt, die von den Ecken ausgehend durchgestrichen ist – also mit einem *Platzhalter* (siehe Abbildung 11.76)

Abbildung 11.76 Ein typischer Platzhalter in einem Wireframe

Damit soll angedeutet werden, wo der Platz ist, an dem ein Bild zu sehen ist, ohne den Inhalt des Bildes schon festgelegt haben zu müssen. Der Platzhalter selbst kann dabei auch für andere Elemente bzw. Bereiche eingesetzt werden, die noch nicht ausdefiniert sind. Die Darstellung erfolgt dann ebenfalls so wie in Abbildung 11.76 gezeigt. Es gibt außerdem eine Platzhalterdarstellung, die exklusiv für Bilder verwendet wird (siehe Abbildung 11.77).

Abbildung 11.77 Platzhalter speziell für Bilder

Bilder spielen auf Webseiten eine wichtige Rolle. In vielen B2B-Anwendungen werden Bilder allerdings eher sparsam eingesetzt oder nur als Teil des darzustellenden Inhalts. Da Bilder eine Menge Aufmerksamkeit auf sich ziehen können, sollten Sie vor dem Einsatz eines Bildes immer überlegen, ob das Bild dem Verständnis zuträglich ist oder eher von der Aufgabe und den Inhalten ablenkt.

Es ist eine große Herausforderung, Bilder passend für das *Anzeigeformat* auszuwählen. Gerade in webbasierten Anwendungen mit *Responsive Design*, passiert es leicht, dass der sichtbare Ausschnitt nicht der gewünschte Bildausschnitt ist, da das Bild automatisch in der Größe angepasst wird (siehe Abbildung 11.78). Bei *Bildern mit integrierter Schrift* kann es leicht passieren, dass die Schrift nach einer Verkleinerung nicht mehr lesbar ist oder dabei abgeschnitten wird.

Abbildung 11.78 Schlechtes »Responsive Design«, bei dem Bilder mit wichtigem Inhalt abgeschnitten werden

Wenn Sie Bilder einsetzen wollen, um den Nutzenden die Orientierung zu erleichtern, ist eine gute Alternative zu großflächigen Bildern der Einsatz von erklärenden

Icons (siehe Abbildung 11.79). Icons stellen normalerweise eine abstrahierte grafische Information dar, die deutlich weniger detailreich ist, aber in vielen Fällen eine visuelle Orientierung ermöglicht.

Abbildung 11.79 Verschiedene Icons

11.6.20 Spezialfall: Warnungen

Eine *Warnung* benötigen Sie immer dann, wenn Sie die Nutzenden über etwas informieren wollen, das direkte oder indirekte negative Konsequenzen haben kann. Warnungen sind deshalb ein Spezialfall, weil sie sich inhaltlich aus den bereits vorgestellten Interface-Elementen zusammensetzen, aber im besten Fall einer ganz bestimmten Struktur folgen, um sicherzustellen, dass die Nutzenden bestmöglich mit der Warnung umgehen.

Es gibt also eine Art *Syntax*, die Sie bei der Gestaltung befolgen sollten. Die Syntax ist eigentlich ein wenig zu feingranular, um sie auf der Ebene der Wireframes darzustellen. Da es sich aber eher um eine Strukturfrage handelt, haben wir uns trotzdem entschlossen, sie hier aufzunehmen. Die Empfehlungen basieren zum einem auf den Arbeiten von Oed und Ziegler (2008), zum anderen auf der Norm DIN EN ISO 9241-13.

Wenn Sie eine Warnung gestalten, sollten Sie die folgende Elemente berücksichtigen:

- Aussagekräftige Überschrift
- Symbol passend zum Schweregrad
- Beschreibung des Problems
- Handlungsempfehlung, um das Problem zu lösen
- eindeutig beschriftete Buttons.

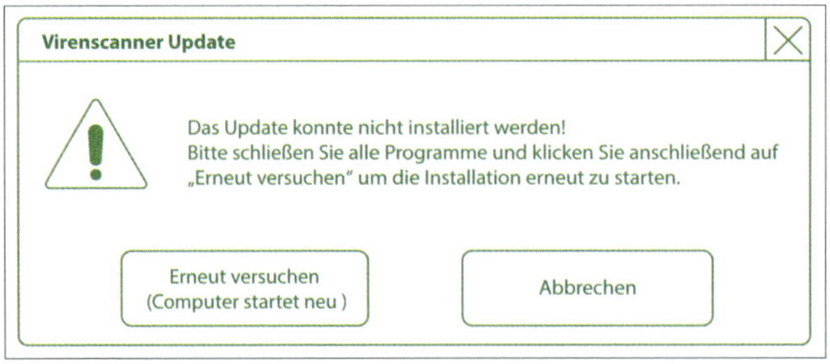

Abbildung 11.80 Beispiel für eine Warnung, die dem oben genannten Aufbau folgt

11.6.21 Fazit

Wir haben Ihnen in diesem Abschnitt die häufigsten Interface-Elemente vorgestellt und uns dabei an der DIN EN ISO 9241-161:2016 orientiert. Mit diesen Elementen sollten Sie in der Lage sein, die meisten User Interfaces vollständig zu entwerfen. Sollten Sie sich für die vollständige Liste interessieren, dann können Sie einen Blick in die Norm werfen.

Wir möchten an dieser Stelle den Abschnitt zu Wireframes abschließen und uns der Frage widmen, wie wir die eben erstellten Konzepte auf Qualität überprüfen können.

11.7 Die Qualität von User-Interface-Konzepten mit dem Designgrid prüfen

Eine große Herausforderung besteht darin, die vielen Inhalte, die in digitalen Anwendungen zur Verfügung stehen, ansprechend und übersichtlich darzustellen.

Wir bemerken bei Anfängern oft, dass diese in der Gestaltung erst einmal irgendwo anfangen und dann Stück für Stück Informationen bzw. Elemente »wo es passt« hinzufügen. Dadurch wirkt das Gesamtbild des Screens später oft chaotisch, und es fällt schwer, den Inhalten zu folgen und sich mühelos hindurchzubewegen. Was bei einem Wimmelbild unterhaltsam sein könnte, wirkt jedoch bei digitalen Anwendungen oft abschreckend: Eine große Menge an Informationen, keine klaren Hinweise, welche Information wo zu finden ist, keine Struktur, an der man sich entlanghangeln kann? Das führt zu Frust statt zu guter User Experience.

Wir möchten an dieser Stelle als einfache Lösung die Arbeit mit einem *Designgrid* vorstellen. Das Grid unterteilt den Screen in unterschiedliche Bereiche und hilft dabei, Elemente einheitlich auszurichten. Das Grid entspricht dabei ganz stark dem menschlichen Bedürfnis nach klaren Grenzen und Formen.

Im Buch »Wie Design wirkt« (2018) beschreiben Monika Heimann und Michael Schütz, dass Menschen dazu neigen, eigene Territorien oft rechteckig abzugrenzen. Zu beobachten ist das mit einem Handtuch am Strand, an Teppichen oder eben an einem Zaun, der ein Grundstück einrahmt. Fragt man nach den Assoziationen, die mit rechteckigen Formen verbunden werden, so werden diese oft als »statisch« und »beständig« bezeichnet. Außerdem helfen klare Bereiche dabei, Informationen zu Gruppen zusammenzufassen und damit wieder leichter begreifbar zu machen (erinnern Sie sich an die *Gestaltgesetze* in Abschnitt 7.4.3). Schon jetzt gibt es viele Elemente in der digitalen Welt, die häufig rechteckig sind. Bilder oder Textblöcke sind genau solche Elemente.

Das Designgrid spielt dabei perfekt mit der Umsetzung von Webinhalten zusammen, da es sich ideal mit dem Responsive Webdesign (siehe Abschnitt 11.11) und dem Denken in Strukturen und Blöcken verbindet. Aber was ist das Designgrid eigentlich?

Die einfache Antwort: Das Designgrid sind einfach vertikale und horizontale Hilfslinien, die Sie während der Gestaltung in Ihre Anwendung legen. Sie definieren damit Seitenränder, Menübereiche, aber auch den Beginn oder das Ende eines Interface-Elements. So gelingt es Ihnen, schon während der Gestaltung darauf zu achten, dass der Screen eine gewisse Grundstruktur aufrechterhält, weil Sie alle Elemente an den Hilfslinien ausrichten. Außerdem können Sie das Designgrid einsetzen, um sehr einfach und schnell die Qualität der Gestaltung bewerten zu können.

Schauen wir uns zunächst die Verwendung der *vertikalen Hilfslinien* an. Nehmen Sie sich Ihren Entwurf, und gehen Sie von links nach rechts durch die eingesetzten Elemente (siehe Abbildung 11.81). Für jedes Element ziehen Sie an der linken und an der rechten Kante eine vertikale Linie ein. In unserem Beispiel ergibt sich ein vollkommen unterschiedliches Bild, obwohl die dargestellten Elemente inhaltlich die gleichen sind. Das Ziel des Designgrids ist es, die vertikalen Linien zu minimieren, denn je mehr Linien Sie haben, umso unruhiger wirkt Ihr Interface.

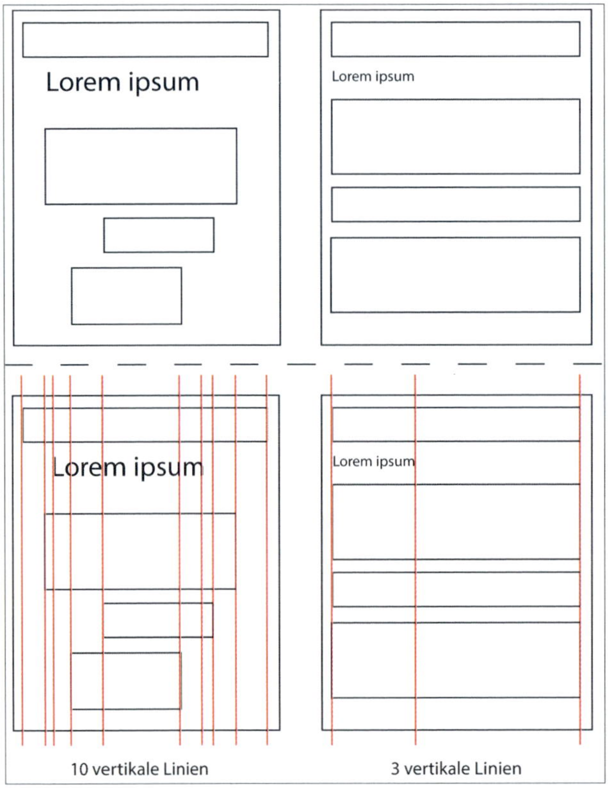

Abbildung 11.81 Unser Designgrid in Aktion (Teil 1): Links oben existiert ein unruhiger Wireframe, an dessen Elemente die vertikalen Grid-Linien gelegt wurden, die Sie links unten sehen. Es zeigen sich 10 Linien. Rechts oben ist ein deutlich ruhiger wirkender Wireframe mit exakt den gleichen Elementen abgebildet. Rechts unten zeigt das Designgrid nur 3 vertikale Linien.

Mit den horizontalen Linien verhält es sich in unserem Designgrid zunächst ähnlich. Hier gehen Sie von oben nach unten durch die eingesetzten Elemente und platzieren jeweils an der oberen sowie an der unteren Kante eine horizontale Linie (siehe Abbildung 11.82). Haben Sie das getan, dann beurteilen Sie (oder messen Sie, wenn Sie es genau machen wollen) die Abstände der Linien. Um in dieser Richtung ein ruhiges Bild in Ihr Design zu bekommen, gilt es jetzt, die Anzahl der unterschiedlichen Abstände zu minimieren.

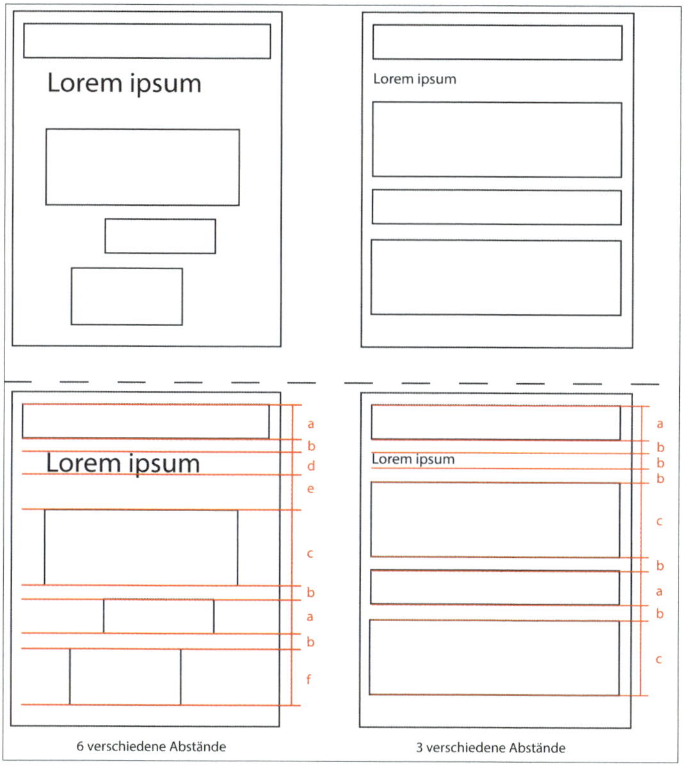

Abbildung 11.82 Unser Designgrid in Aktion (Teil 2): Links oben existiert ein unruhiger Wireframe, an dessen Elemente dann links unten die horizontalen Grid-Linien gelegt sowie die Abstände der Linien zueinander bestimmt wurden. Es zeigen sich 9 verschiedene Abstände. Rechts oben ist ein deutlich ruhiger wirkender Wireframe mit exakt den gleichen Elementen abgebildet. Rechts unten zeigt das Designgrid nur 3 unterschiedliche Abstände.

Sie können das Designgrid aber nicht nur verwenden, um Ihre eigene Gestaltung voranzubringen. Sie können mithilfe des Designgrids auch sehr leicht einen Vorher-nachher-Vergleich durchführen, mit dem Sie zeigen können, ob und wie sehr Sie die Struktur des Screens optimieren konnten. Da das Designgrid sich an den Elementen im Interface orientiert, können (und sollten) Sie es natürlich schon bei Wireframes nutzen. Die Bewertung und die Überprüfung der Ausrichtung funktioniert aber natürlich auch mit fertigen Screens (siehe Abbildung 11.83).

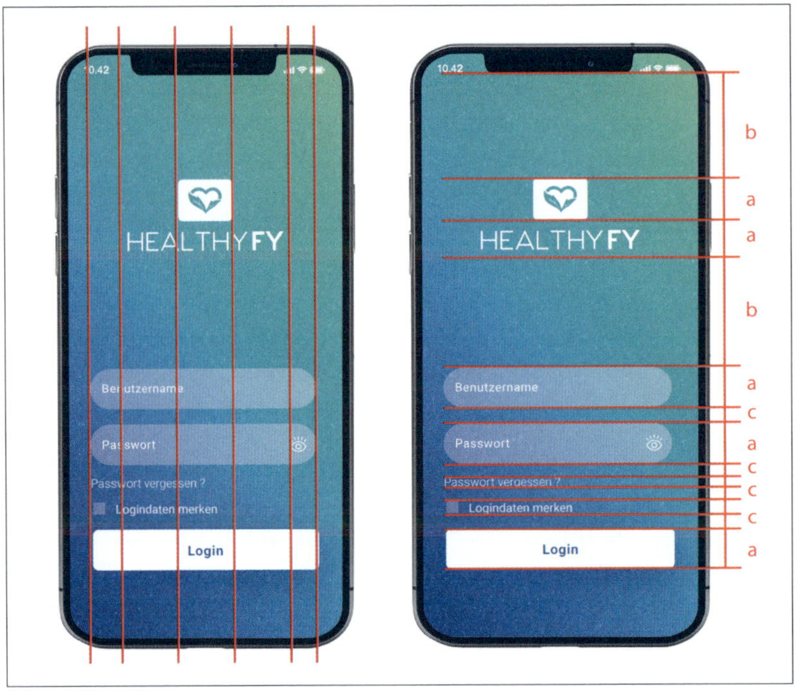

Abbildung 11.83 Unser Designgrid in Aktion (Teil 3): Einsatz an einem optisch ausgearbeiteten User Interface

Die Arbeit mit dem Grid klingt schrecklich langweilig. Das ist uns bewusst. Durch das Grid schaffen Sie es jedoch, eine Ordnung in die Informationen zu bringen und Ihre Inhalte auch so vorzubereiten, dass sie optimal zum Responsive Design passen, das ebenfalls mit Grids arbeitet.

Wenn Sie mehr Bewegung und mehr Dynamik in Ihren Designs haben wollen, dann ist das aber kein Problem: Die bekommen Sie über die Arbeit mit dem Hintergrundbild, über die Arbeit mit Animationen und auch über die Gestaltung der einzelnen Interface-Elemente. Selbstverständlich können Sie auch bewusst an definierten Stellen aus dem Grid »ausbrechen«, um einen Akzent zu setzen. Das Grid sollten Sie so früh wie möglich festlegen und immer wieder zur Bewertung heranziehen. Sie werden merken: Wenn Sie erst einmal geübt haben, so zu denken, dann erkennen Sie Abweichungen schon von wenigen Pixeln aus einer relativ großen Entfernung. Versprochen!

11.8 Screenflows

Alles, was wir bisher vorgestellt haben, hat mit der Erstellung und Bewertung einzelner Wireframes zu tun. Wir haben über Interface-Elemente gesprochen und über das

Grid, um zu prüfen, ob die Ausrichtung passt. Bisher haben wir aber nicht über *Interaktion* gesprochen. Im Gegensatz zum Printbereich designen Sie beim Usability und User Experience Design nicht ein Dokument, sondern Sie gestalten eine Interaktion.

Das bedeutet automatisch, dass Sie sich nicht nur Gedanken über die einzelnen Wireframes und deren Inhalte machen müssen, sondern auch zusätzlich darüber, wie sich ein Nutzer durch Ihre Anwendung bewegen wird. Diese Bewegung gilt es zu planen. Bevor Sie mit der Ausgestaltung der einzelnen Screens angefangen haben, haben wir Sie schon dazu angehalten, den Workflow zu planen (siehe beispielsweise Abschnitt 9.4.1, »Task-Analyse bzw. Aufgabenanalyse«, oder Abschnitt 10.3, »Von der User Story zur Anforderung«). Jetzt kommen Sie zu dieser Planung zurück.

Zu Beginn mag der Workflow noch recht grob gewesen sein und aus einfachen Boxen bestanden haben. Nun füllen Sie diese Boxen mit Leben oder besser gesagt: mit Wireframes! Das Ergebnis davon sind *Screenflows*.

Wenn wir von Screenflows sprechen, dann meinen wir das Aufzeigen der Interaktionswege anhand der erstellten Wireframes. Aus den Screenflows wird also ersichtlich, wie Nutzende sich von einem Screen zum nächsten bewegen. Dazu sind Pfeile an einzelnen Interaktionselementen angebracht, die aufzeigen, wo geklickt wird und wo der Nutzer anschließend landet (siehe Abbildung 11.84).

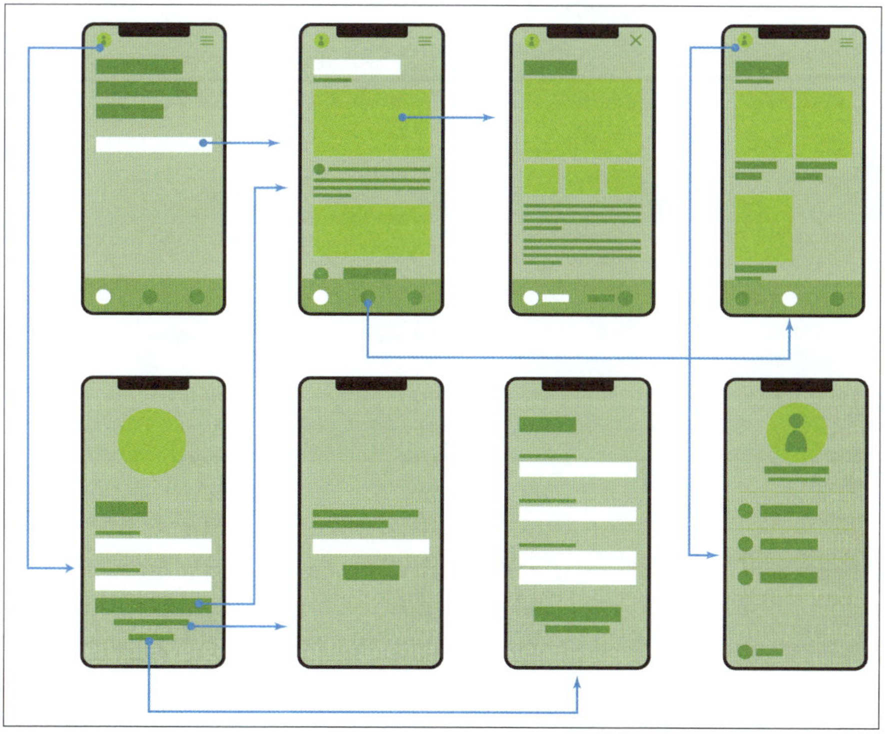

Abbildung 11.84 Beispiel für einen Screenflow mit Wireframes

Manchmal werden Screenflows auch *User Flows* genannt. Egal, wie Sie sie nennen, uns ist es wichtig, dass an dieser Stufe nicht nur die theoretischen Schritte dokumentiert werden, wie eingangs bei den Workflows, sondern die Schritte anhand der tatsächlichen Wireframes. Es geht darum, die Nutzerbewegung auf den Screens nachzuvollziehen. Diese »Bewegungslogik« zu verstehen ist wichtig, um aus den Wireframes später eine echte Anwendung entwickeln zu können, ohne raten zu müssen, wie die einzelnen Screens ineinander übergehen. Die Screenflows dienen den Entwickelnden also als Bauplan, und sie sind eine Vorstufe der *Klickdummys*, auf die wir im nächsten Abschnitt eingehen.

Neben der Darstellung mit Pfeilen sind auch noch weitere Darstellungsvarianten möglich, zum Beispiel die Nummerierung der einzelnen Elemente und die Zuordnung neuer Screens zu den Nummern (siehe Abbildung 11.85).

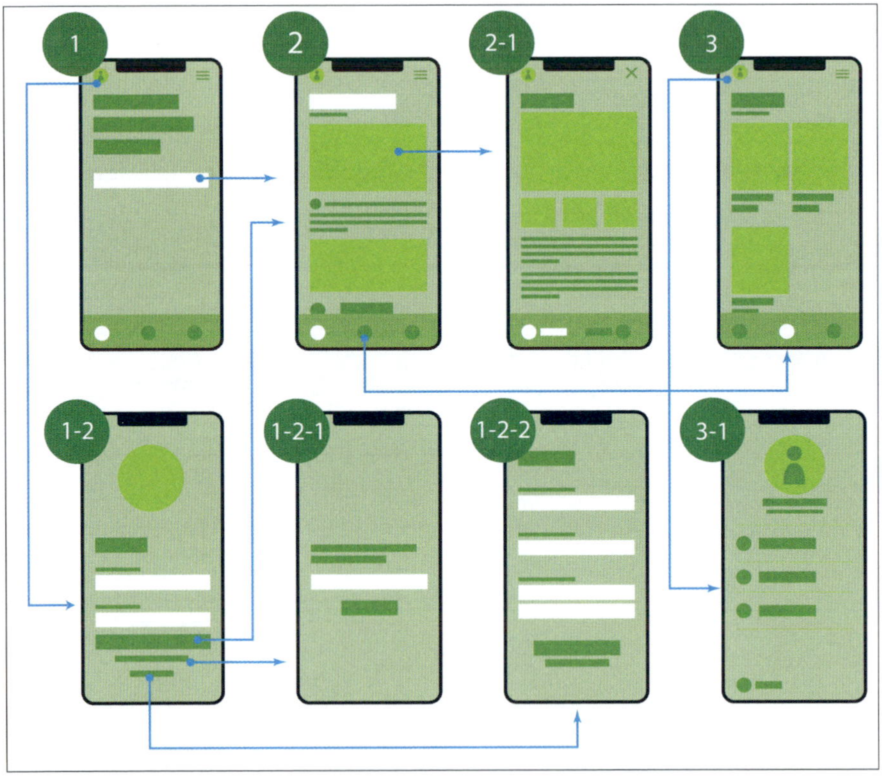

Abbildung 11.85 Alternative Darstellung von Screenflows

11.9 Klickdummys

Bisher haben wir einzelne Screens erstellt und theoretisch »in Reihe geschaltet«, indem wir die Reihenfolge und die Sprungmarken angegeben haben. Wenn Sie so einen Screenflow zur Bewertung einer Nutzergruppe vorlegen, wird es den meisten Personen sehr schwerfallen, sich vorzustellen, wie die Nutzung des Tools sich am Ende tatsächlich für sie anfühlt. Das ist vollkommen normal. Und das ist auch der Grund, warum Klickdummys für die Beurteilung der Workflows sowie von deren Usability und User Experience so wichtig sind.

Klickdummys sind die interaktive Form von Screenflows. Anstatt mehrere Wireframes in einer Übersicht zu zeigen, verhält sich ein Klickdummy wie die tatsächliche Anwendung. Es sind also einzelne Bedienelemente verwendbar und Sie können sich durch die Anwendung bewegen. Mit anderen Worten: Beim Klickdummy handelt es sich um einen *interaktiven Prototyp*.

Dadurch wird es für die Nutzenden sehr viel leichter, sind vorzustellen, wie sich die Interaktion mit der Anwendung wirklich anfühlt. Es wird sehr einfach festzustellen, ob alle Informationen zur Verfügung stehen und ob alle benötigten Funktionen integriert wurden. Außerdem kann geprüft werden, ob die Nutzenden die wichtigen Informationen selbstständig finden und verstehen.

Bei der Erstellung der Klickdummys können Sie sich einfach an der Bauanleitung Ihres Screenflows orientieren. Je nach Tool ist die Umsetzung dabei unterschiedlich kompliziert. Oft legen Sie in einfachen Tools eine unsichtbare Klickfläche über einzelne Interface-Elemente und definieren, auf welchen Wireframe oder an welche Stelle des Klickdummys nach einem Klick auf die Schaltfläche gesprungen wird. Für die Nutzenden sind diese Sprungflächen nicht sichtbar, sondern nur die Wireframe-Interface-Elemente. Dadurch können Sie zum Beispiel auch »geheime« Buttons einfügen, die ausschließlich für die Durchführung von Versuchen relevant sind und zum Beispiel Fehlerzustände auslösen.

Manche Tools verbinden auch die Interaktion direkt mit dem Bedienelement, sodass das Integrieren zusätzlicher Flächen nicht mehr notwendig ist. Dabei können Sie zum Beispiel auch einfach anhand von Drag-and-drop die Interaktionswege zu den nächsten Wireframes ziehen (siehe die blaue Linie in Abbildung 11.86).

Wenn Sie die Wireframes mit dem gleichen Tool erstellen wie die Klickdummys, erspart Ihnen das eine Menge Arbeit, da Sie die bestehenden Wireframes einfach weiterverwenden können. Dabei ist nicht nur ein Wechsel zwischen Wireframes per Klick möglich, sondern auch Buttonzustände können per Klick verändert werden (siehe Abbildung 11.87).

Wie detailliert Sie Ihre Wireframes und damit auch die Klickdummys gestalten, hängt stark von Ihrem Ziel ab. Je näher Sie an die spätere Umsetzung kommen, umso besser können Sie vorhersagen, was funktionieren wird und was nicht. Ab einem bestimmten Punkt übertrifft allerdings der Aufwand des Prototypings den Aufwand der tatsächlichen Erstellung.

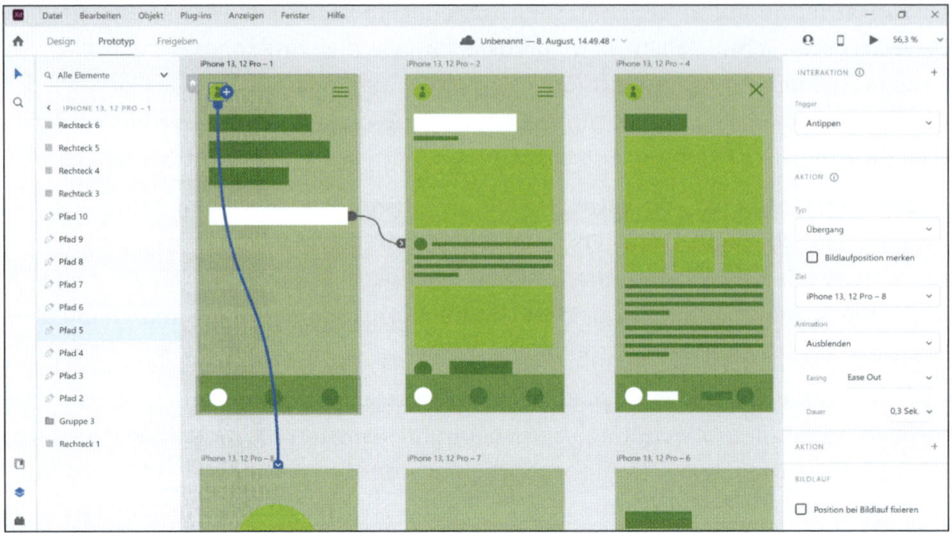

Abbildung 11.86 Klickdummy in »Adobe XD«

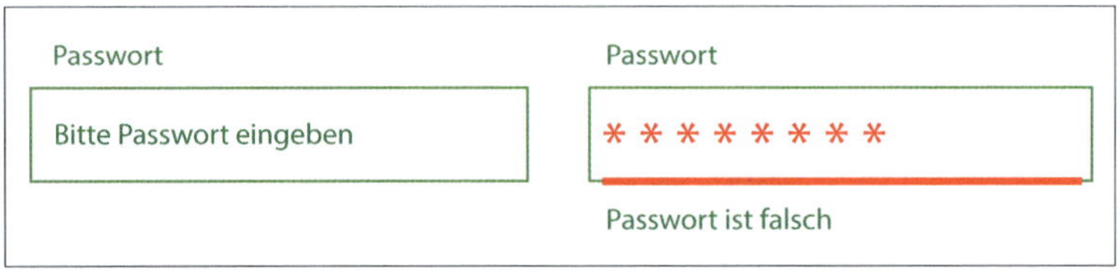

Abbildung 11.87 Verschiedene Zustände der Elemente sind in den meisten Klickdummy-Tools möglich.

11.9.1 Geeignete Tools zum Erstellen von Klickdummys

Damit die Erstellung so schnell und so einfach wie möglich von der Hand geht, ist es wichtig, das richtige Tool für die Erstellung von Klickdummys zu wählen. Wir möchten Ihnen hier kurz eine Übersicht über einige ausgewählte Tools geben, die wir erfolgreich im Design von Klickdummys einsetzen. Natürlich können Sie auch noch viele weitere Tools nutzen, die folgenden drei Tools haben sich aber als äußerst flexibel und mächtig herausgestellt:

1. Axure RP
2. Adobe XD
3. Figma

Nachfolgend werden wir einen Fokus auf den Vor- und Nachteilen der Tools haben. Alle Aspekte, die bei den Tools gleich sind, werden wir nicht gesondert vorstellen. Dazu gehört zum Beispiel, dass alle Tools es ermöglichen, dass der Klickdummy über

Links geteilt werden kann. Dadurch wird es möglich, dass die Klickdummys auch auf anderen Geräten im Remote-Testing zum Einsatz kommen können. Eine weitere Gemeinsamkeit ist die Möglichkeit, Elementbibliotheken zu hinterlegen und dadurch ein eigenes – oder fremdes – Designsystem nachzubauen.

Axure RP

Axure RP (siehe Abbildung 11.88) ist eines der mächtigsten Prototyping-Tools schlechthin. Von der Erstellung einzelner Wireframes bis zur Fertigstellung interaktiver Klickdummys, die wie das fertige Produkt aussehen, ist mit Axure RP alles möglich. Axure ermöglicht auch die visuelle Gestaltung der Klickdummys sowie ihre Interaktivität. Dabei können einzelne Elemente sogar so umgesetzt werden, dass mit einfacher Programmierlogik gearbeitet werden kann. Dadurch werden tatsächlich Interaktionen möglich, die von der Aktion des Nutzers abhängen, und so etwas wie die Ausgabe von Fehlern nicht auf Knopfdruck, sondern als Reaktion auf eine »falsche« Aktion des Nutzers.

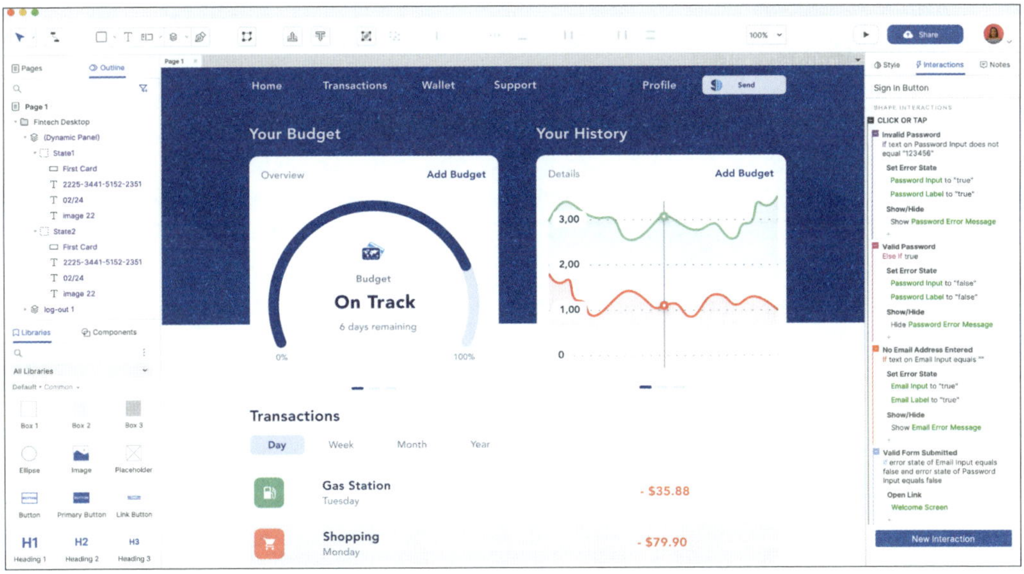

Abbildung 11.88 Axure RP (Quelle: www.axure.com)

Auch die Darstellung von Tabellen mit Filteroptionen oder das Erstellen von adaptiven Ansichten für verschiedene Geräte ist möglich. Damit müssen nicht mehrere Klickdummys für unterschiedliche Geräte erstellt werden, sondern der Klickdummy passt sich automatisch an das Gerät an.

Ein weiterer Vorteil? Axure RP verfügt über die Möglichkeit, Dateien von Adobe XD und Figma zu importieren. Wir nutzen Axure RP immer dann, wenn es »ein bisschen mehr sein muss«. Wenn wir also besonders ausgefeilte Interaktionen zeigen wollen, wenn der Nutzer tatsächlich das Gefühl haben muss, dass Daten von irgendwo übernommen werden oder wenn Fehler realistisch abgebildet werden müssen, um die Konsequenzen zu verstehen. Sie könnten zum Beispiel Logins erstellen, bei denen der Nutzer tatsächlich Daten eingibt, oder Sie könnten Suchfelder erstellen, bei denen tatsächlich bestimmte Suchbegriffe »funktionieren«.

Axure RP ist sehr mächtig und damit auch komplexer als die anderen Tools in unserer Aufzählung. Das Axure-Team hat in den letzten 20 Jahren viele Chancen genutzt, um auf die Nachfrage des Marktes zu reagieren. Axure RP ist dadurch ein wenig technischer als die anderen beiden Vertreter der Prototyping-Software, die wir gleich vorstellen werden. Trotzdem sind für Axure RP erst dann Programmierkenntnis notwendig, wenn auch die abzubildende Logik komplex wird. Die meisten User Interfaces werden auch in Axure komplett ohne Programmierung auskommen.

Formal betrachtet, könnte man Axure RP als den Platzhirsch der User Experience Design-Tools (Schwerpunkt Interaktion) ansehen, wohingegen die anderen Tools eher im Bereich User-Interface-Design (Schwerpunkt Interface-Design) unterwegs sind.

Adobe XD

Adobe XD (siehe Abbildung 11.89) ist ein Prototyping-Tool aus der Adobe-Familie. Dadurch ist das Tool ideal mit den anderen Anwendungen aus dem Hause Adobe verknüpft, wie zum Beispiel Photoshop oder Illustrator. Das ist ein ganz klarer Vorteil den anderen beiden Tools gegenüber, vor allem, wenn stark visuell gearbeitet wird. Auch wenn wir uns hier noch im Bereich der Klickdummys bewegen, bewerten wir die Möglichkeit für tolles visuelles Design als sehr wichtig, da in späteren Phasen kein zusätzlicher Aufwand betrieben werden muss, wenn die Darstellung im gleichen Tool geschieht.

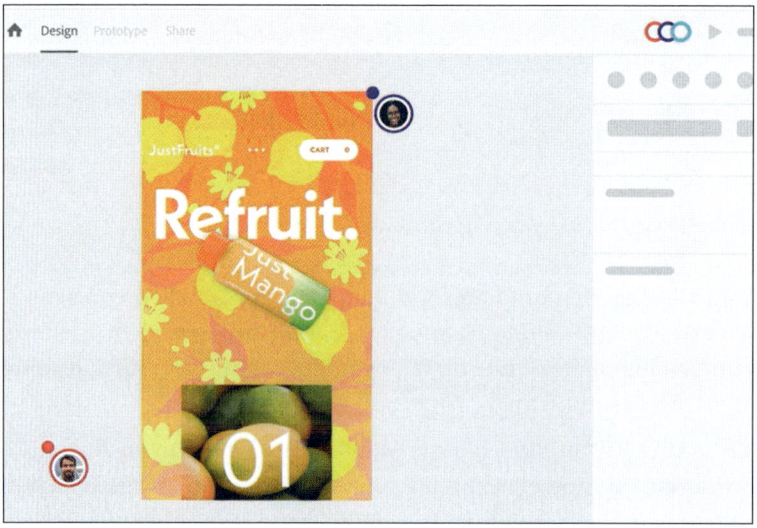

Abbildung 11.89 Adobe XD (Quelle: www.adobe.com)

Adobe XD hat einen ganz klaren Design-Schwerpunkt. Das Ziel ist, visuell überragende Klickdummys zu erstellen, die das volle Potenzial des Designs ausreizen. Trotzdem ist auch in Adobe XD die Umsetzung von Interaktionen und das Umschalten von Zuständen möglich. Adobe XD unterstützt sogar die Umsetzung von Interfaces mit Sprachsteuerung.

Insgesamt ist die Verwendung von Adobe XD ein wenig schneller und einfacher, als dies bei Axure RP der Fall ist. Das gilt umso mehr, je mehr Sie bereits die Adobe-Suite einsetzen. Dafür ist der Umfang bei der Gestaltung von realistischen Interaktionen deutlich begrenzt. Letztendlich zieht Adobe XD auch in diesem Bereich in den letzten Jahren deutlich nach und bietet zunehmend mehr Funktionen für das Interaktionsdesign. Vor allem bei dynamischen Inhalten kann es aber noch nicht an Axure RP heranreichen.

Figma

Figma (siehe Abbildung 11.90) ist ein relativ neues Tool, das vor allem in den letzten Jahren stark vom Trend zum Homeoffice profitieren konnte. Figma hat schon frühzeitig auf das kollaborative Arbeiten in Teams gesetzt und das deutlich besser umgesetzt als andere Tools vorher.

Mit Figma wird die Zusammenarbeit direkt möglich, da Änderungen live in der Cloud gespeichert werden. Schon während der Bearbeitung können so mehrere Personen gleichzeitig an der Erstellung von Klickdummys und Prototypen arbeiten. Durch eine Markierung im Screen bekommen alle Beteiligten außerdem angezeigt, wer gerade wo unterwegs ist.

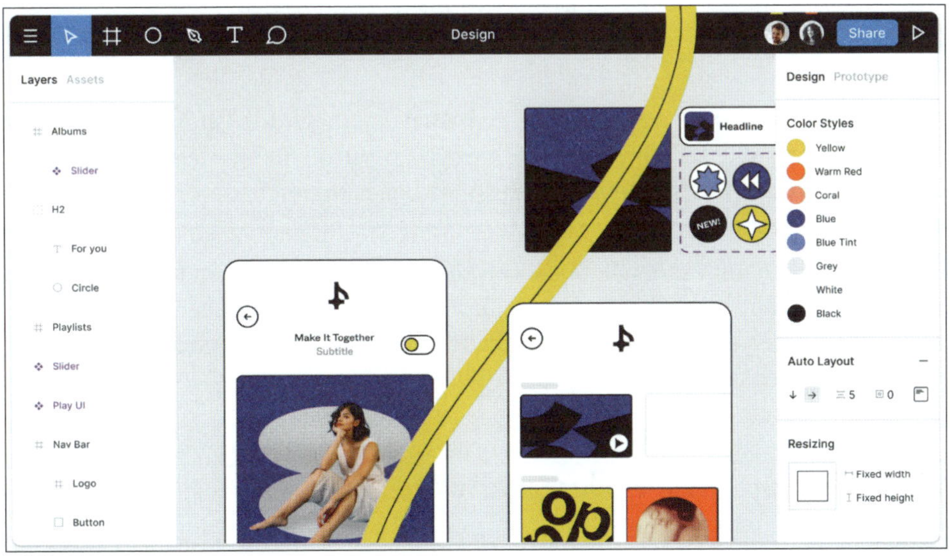

Abbildung 11.90 Figma (Quelle: www.figma.com)

Der Vorteil von Figma ist leider gleichzeitig auch ein Nachteil. Damit dieses kollaborative Arbeiten ideal funktionieren kann, liegen die Dateien in der Cloud. Wir nutzen Figma deswegen nur auf ausdrücklichen Kundenwunsch hin, um allen Belangen in Richtung Datenschutz und Geheimhaltung gerecht werden zu können. Hier sollten Sie sich sinnvollerweise vorab informieren, welche Anforderungen Ihre IT oder Ihre Kunden an die eigenen Tools stellen.

Figma bietet einen einfachen Einstieg in das Thema Klickdummy-Erstellung und hilft schon in frühen Stadien durch die einfache Erstellung von Workflows, den bestmöglichen Ablauf zu finden. Ähnlich wie Adobe XD legt Figma großen Wert auf eine leichte Zugänglichkeit und bietet einfache Interaktionen an, die schnell in die Prototypen integriert werden können. Je größer die Komplexität der abzubildenden Klickdummys ist, umso wahrscheinlicher finden Sie sich aber auch hier wieder in Axure wieder.

11.9.2 Testbar machen

Egal für welches Tool Sie sich entscheiden, das Ziel ist immer, das Design testbar zu machen. Damit meinen wir, dass Sie den Klickdummy so aufbauen, dass alle die Fälle, die Sie später in einem Usability und User Experience-Test beurteilen wollen, auch tatsächlich mit dem Klickdummy testbar sind.

Dazu ist es notwendig, sich schon frühzeitig Gedanken darüber zu machen, was Sie tatsächlich testen werden. Oftmals werden die Klickdummys vorab so gestaltet, dass die Interaktion zwar verständlich wird, aber eben nicht den echten Workflow abbildet, sondern einen vereinfachten. Das ist für die Durchführung eines Nutzertests schwierig. Das gilt vor allem dann, wenn im Test aus Nutzersicht plötzlich Daten eingetragen sind oder das Tool Schritte automatisch macht, die später der Nutzer übernehmen würde.

Als generelle Regel sollten Sie sich merken: Auch wenn der Klickdummy noch nicht fertig aussieht, sollte sich die Interaktion mit dem Nutzer aber so fertig wie möglich verhalten. Nur so wird es Ihnen möglich, potenzielle Stolpersteine schon früh zu entdecken und loszuwerden.

Das gilt natürlich nur für den Bereich, den Sie auch mit den Nutzern testen möchten. Alle Bereiche »außenrum« können Sie nach Herzenslust weglassen bzw. vereinfachen oder einfach einen Platzhalter einbauen, der den Nutzer wieder zurück in den gewünschten Testbereich führt.

11.10 Desktop, Mobile oder Smartwatch first?

Sie haben jetzt einen guten Überblick über die Frage erhalten, welche Schritte Sie gehen müssen, um eine Interaktionsstruktur für eine Anwendung festzulegen. Leider ist es damit nicht getan, und wir möchten Sie auf ein Thema aufmerksam machen, das in den letzten Jahren immer mehr an Bedeutung gewonnen hat: die Gestaltung von Anwendungen für den mobilen Bereich.

Die immer weiter verbreitete Design-Device lautet dabei *»mobile first«*. In diesem Abschnitt wollen wir uns zunächst mit diesem Ansatz beschäftigen und aufzeigen, warum es Bereiche gibt, in denen »mobile first« sinnvoll ist. Wir werden am Ende dieses Abschnitts aber auch beleuchten, welche Ansätze es noch gibt und wann diese hilfreich sind. Beginnen wir aber zunächst mit »mobile first«.

Im Laufe der letzten Jahre und Jahrzehnte haben mobile Anzeigegeräte wie Tablets und Smartphones immer mehr an Bedeutung gewonnen, und im Webkontext hat sich der Fokus der Betrachtung inzwischen deutlich zugunsten mobiler Anzeigegeräte verschoben. War im Jahr 2011 noch ca. 6 % des weltweiten Internet-Traffics mobil, so hat im Jahr 2017 erstmalig der mobile Internet-Traffic mit mehr als 51 % der Zugriffe den Traffic von Desktopzugriffen knapp übertroffen (siehe Abbildung 11.91). 11

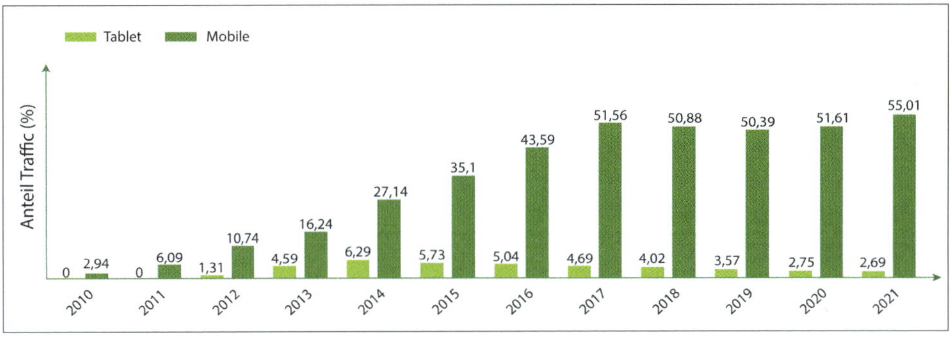

Abbildung 11.91 Globaler Anteil des Web-Traffics über Mobiltelefone (Quelle: www.gs.statcounter.com)

Im Jahr 2021 kamen mehr als 55 % des Web-Traffics von *Smartphones*, und wir gehen davon aus, dass sich dieser Trend noch weiter fortsetzen wird. »Mobile first« ist also heute relevanter als jemals zuvor. Und das gilt nicht nur für den privaten Bereich. Waren früher Arbeitsanwendungen fast ausschließlich auf dem Desktop zu finden, so hat die Anzahl der Webclients – und damit auch der Anteil der möglichen mobilen Nutzung – in den letzten Jahren deutlich zugenommen.

Zusätzlich zu dieser Verschiebung in der Nutzung bereits stark etablierter Zugangsformen sind in den vergangenen Jahren *Smartwatches* immer stärker in den Fokus gerückt. Allein in Deutschland hat die Anzahl der Smartwatches zwischen 2018 und 2020 eine Steigerung von knapp 50 % von 2,3Millionen auf 3,2 Millionen Smartwatches erlebt (Quelle: www.statista.de). Und es ist noch kein Ende in Sicht. Damit entstehen plötzlich in der Gestaltung von Anwendungen ganz neue Möglichkeiten, weil plötzlich eine Vielzahl an Daten vorliegt, die vorher nicht oder nur aufwendig zugänglich waren. Auf der anderen Seite verkleinert sich das verfügbare Display noch einmal gewaltig.

Typische Bildschirmgrößen

Auf der Webseite *Comparium* (Quelle: *https://comparium.app/de/blog/common-screen-resolutions/*) finden sich folgende Angaben (Stand: 16.02.2022) zu den gängigsten Bildschirmauflösungen:

- Desktop-Displays liegen im Bereich von 1024×768 bis 1920×1080 Pixel.
- Mobile Displays liegen im Bereich von 360×640 bis 414×896 Pixel.
- Tablet-Anzeigen liegen im Bereich von 601×962 bis 1280×800 Pixel.

Zusätzlich wurde eine Analyse von circa einer halben Million Nutzenden durchgeführt, um die häufigsten Auflösungen bei Desktops oder Laptops im Jahr 2021 zu identifizieren. Hierbei gab es vier sehr häufige Auflösungen, die im Folgenden nach absteigender Häufigkeit vorgestellt werden:

1. 1920×1080 Pixel (19,53 %)
2. 1366×768 Pixel (15,01 %)
3. 1440×900 Pixel (9,65 %)
4. 1536×864 Pixel (7,26 %)

Schon hier sind große Unterschiede zu erkennen. Integriert man noch Smartwatches, hier am Beispiel der *Apple Watch*, so unterscheiden sich die Auflösungen noch einmal deutlich. Die Werte beziehen sich jeweils auf die kleinere Version des Displays:

- Apple Watch 1 bis 3: 272×340 Pixel
- Apple Watch 4 bis 6: 324×394 Pixel
- Apple Watch 7: 352×430 Pixel

Die Bandbreite an Auflösungen ist inzwischen riesig, und es ist noch kein wirkliches Ende in Sicht. Mit der Zunahme von *Wearables* am unteren Ende der Auflösungsskala ist es nämlich nicht getan. Auf der anderen Seite entstehen immer mehr smarte Fernseher, die ebenfalls Internetzugriff erlauben und Webcontent anzeigen können. Neuere Fernseher haben dabei eine 4K-Auflösung, was 3840×2160 Pixeln entspricht oder sogar 4096×2304 Pixeln bei einer 4K2K-Auflösung. Zusätzlich steht mit den 8K-Fernsehern die nächste Evolutionsstufe in den Startlöchern, die dann mit Auflösungen von bis zu 7680×4320 Pixeln aufwarten kann.

Erschwerend kommt auch noch dazu, dass es mittlerweile auch einige Anwendungen gibt, bei denen Sie mehrere Geräte bzw. Bildschirme parallel nutzen, beispielsweise im Fitnessbereich.

Bei *Apple Fitness+* zum Beispiel ist der Ablauf oft so, dass ein Nutzer ein Training durch Stöbern in der Smartphone-App entdeckt und auswählt. Das eigentliche Training läuft nach dem Starten aber auf dem Fernsehgerät oder einem Tablet wegen des größeren Bildschirms. Dort sieht man dann den Trainer, der Übungen vormacht. Zusätzlich werden dort aber auch die Live-Fitnessdaten angezeigt, beispielsweise die Herzfrequenz. Diese Daten kommen live von der Apple Watch am Handgelenk. Das Wearable ist dabei aber nicht nur Datenlieferant, sondern dient auch als eine Art »Fernbedienung«. Man kann dort Trainings starten, stoppen oder pausieren. Die User Experience ist also nicht auf ein Gerät bzw. ein Display beschränkt, sondern erstreckt sich über mehrere in einem einzelnen Use Case (siehe Abbildung 11.92).

Abbildung 11.92 »Apple Fitness+« nutzt mehrere Geräte für einen Use Case: Fitnesstraining (Quelle: www.apple.com)

Daraus ergibt sich, dass verschiedenste Auflösungen im Usability und User Experience Design bedacht und sinnvoll bedient werden wollen. Der Zugangsweg hierzu heißt *Responsive Design*, dem wir – aufgrund seiner Wichtigkeit – gleich auch noch einen eigenen Abschnitt widmen werden.

Um aber auf die Frage dieses Abschnitts zurückzukommen: »Ja, was denn nun? Desktop, Mobile oder Smartwatch first?« Unsere Antwort darauf ist so klar wie einfach: »Das kommt drauf an.«

Das *Design* ist im Data-Driven UX Design-Prozess der dritte von vier inhaltlichen Schritten. Auch wenn Sie jeden Schritt höchstwahrscheinlich mehrfach durchlaufen werden, sollten Sie an dieser Stelle schon eine gute Vorstellung davon haben, für wen Sie Ihre Anwendung gestalten und wie das Umfeld, die Aufgaben und das Nutzungsverhalten aussehen könnten. Auf dieser Basis treffen Sie Ihre Entscheidung:

- Gestalten Sie eine interne Anwendung, die ausschließlich am PC eingesetzt wird? Dann ist »mobile first« nur bedingt sinnvoll.
- Handelt es sich um eine Webanwendung? Dann sollten Sie unbedingt »mobile first« denken.
- Sind Sie vielleicht sogar im Fitnessbereich unterwegs? Dann gilt sogar »Wearable first« oder »Smart-TV first«.

Und so geht die Reihe immer weiter: Sie haben vielleicht ein *Embedded System*, das mit einer fixen Monitorausstattung geliefert wird? Optimieren Sie dafür. Wir hoffen, das Prinzip wird klar.

Aber was bedeutet das jetzt genau? Die Idee hinter dem »... first«-Ansatz ist, primär für das Zielformat zu gestalten, auf dem die Inhalte zukünftig abgerufen werden sollten. Das bedeutet, dass Sie sich im Falle von »mobile first« zuerst Gedanken darüber machen sollten, wie die Anwendung auf einem Smartphone aussieht, *bevor* Sie an andere Formate wie Desktop-Anwendungen denken. Wenn zwei oder mehr Anzeigeformate parallel bespielt werden sollen, dann starten Sie Ihre Gestaltungsreise vom kleinsten Format aus. Es ist immer leichter, etwas für eine andere Anwendung hinzuzufügen, als etwas wegzunehmen.

Dabei sollten Sie vor allem vermeiden, in die Falle zu tappen, alle Informationen in jedem Format anzeigen zu wollen. Je kleiner Ihr Display ist, umso selektiver müssen Sie bei der *Auswahl der Inhalte* vorgehen. Das ist aber auch gar nicht schlimm. In den seltensten Fällen wollen Nutzer mit einer Smartwatch exakt das Gleiche machen wie mit einem Desktop-PC. Hier gilt es also, Mut zur Reduktion zu haben und vor allem mit Nutzern zu testen. Wenn Sie versuchen, alle Anwendungen gleich zu halten, wird das nicht funktionieren. Versprochen.

Ihre erste Frage sollte also sein: »Welche Informationen und Interaktionen brauchen Nutzer auf dem Gerät wirklich?« Streichen Sie anschließend alles, von dem Sie das Gefühl haben, es wäre einfach nett, aber nicht notwendig. Sie können später immer noch erweitern, wenn Sie es geschafft haben, die Kerninformationen einfach, übersichtlich und leicht verständlich darzustellen.

Gerade haben wir beschrieben, dass die Darstellung der Inhalte zwischen verschiedenen Formaten unterschiedlich sein muss, um eine optimale Usability und User Experience zu gewährleisten. Um das zu erreichen, können Sie nun für jedes Medium eine *individuelle Anwendung gestalten*, die genau auf die Bedürfnisse dieses Anzeigemediums zugeschnitten ist. Das ist eine gute Möglichkeit, um die beste Passung von Inhalt und Anzeigemedium zu gewährleisten. Die Gestaltung einer individuellen Anwendung bedeutet aber auch, dass Sie den mehrfachen Aufwand in die Erstellung und die Wartung der Anwendungen stecken müssen. Und Sie laufen Gefahr, dass Änderungen und Updates nicht in allen Versionen zum Tragen kommen, weil vergessen wird, diese zu übertragen. Das muss doch besser gehen!

11.11 Responsive Design

Eine sehr gute Möglichkeit, um die im vorherigen Abschnitt beschriebene Problematik der verschiedenen Bildschirmauflösungen zumindest für Webanwendungen besser zu gestalten, ist das *Responsive Webdesign*. Beim Responsive Webdesign geht es um die Idee, dass das erstellte Layout in verschiedene Elemente unterteilt wird und diese Elemente dann je nach Anzeigemedium unterschiedlich angeordnet werden oder sogar ganz wegfallen bzw. anders aussehen. So kann das Layout flexibel auf die Anforderungen des Anzeigegeräts bzw. auf die Anforderungen der Nutzer mit diesem Anzeigegerät reagieren und darüber eine bessere Anzeigequalität gewährleisten. Wenn vorher die gleiche Webseite auf einem kleinen Screen gepresst wurde, wird beim Responsive Webdesign der Inhalt einfach anders angeordnet.

Zur Umsetzung von Responsive Design eignet sich das Grid, das wir in Abschnitt 11.7, »Die Qualität von User-Interface-Konzepten mit dem Designgrid prüfen«, vorgestellt haben, sehr gut. Bei dem vorgestellten Grid ordnen Sie die Interaktionselemente in feste Bereiche an. Das Gleiche passiert beim Responsive Design, nur dass dabei zusätzlich noch der Umbruch definiert wird. Gerne möchten wir das Prinzip einmal anhand von eines Beispiels zeigen.

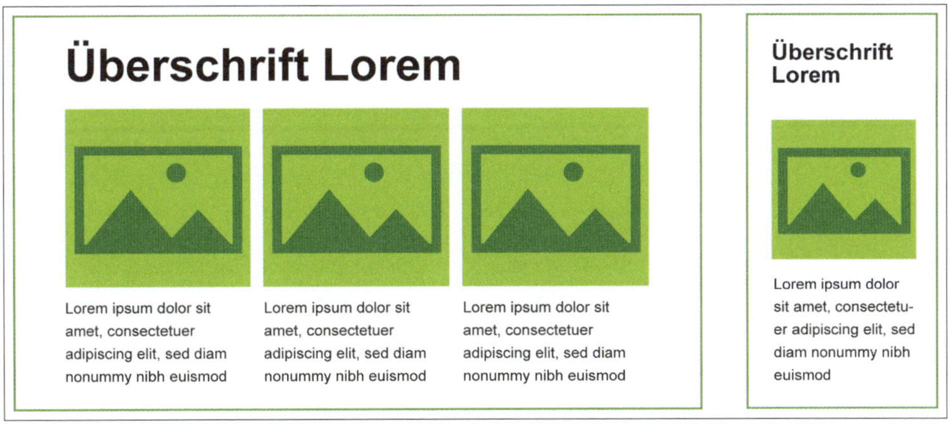

Abbildung 11.93 Beispiel für Responsive Design. Links ist die Webanwendung auf einem Desktop-Bildschirm dargestellt. Rechts Sehen Sie, wie die gleiche Webseite auf einem Smartphone dargestellt wird. Sie erkennen, dass es sich nicht einfach um eine Verkleinerung handelt, sondern dass die Inhalte für die Screengröße optimiert aufbereitet werden.

Wenn die in Abbildung 11.93 links dargestellte Seite Ihre Anwendung als Desktopvariante ist, dann sehen Sie, wie die Bilder nebeneinander angeordnet sind, mit den jeweiligen Beschriftungen in der Reihe darunter. Die gleiche Anwendung als mobile Version könnte so aussehen wie rechts dargestellt. Wie Sie sehen, stehen hier die Bilder mit den Texten untereinander, sodass die Größe der einzelnen Bilder nahezu gleichbleiben kann bzw. sich relativ zum Screen vergrößert.

Wir werden an dieser Stelle nicht tiefer in die Details des Responsive Design einsteigen. Hierfür gibt es bereits diverse Bücher, die das Thema deutlich detaillierter behandeln, als wir es hier können. Empfehlen können wir die Bücher »Responsive Webdesign: Konzepte, Techniken, Praxisbeispiele« von Andrea Ertel und Kai Laborenz sowie »Responsive Web Design with HTML5 and CSS: Develop future-proof responsive websites using the latest HTML5 and CSS techniques« von Ben Frain.

Wie immer gilt aber: Sie sollten einen Entwurf anschließend mit Nutzern testen. Bei der Auswahl der Auflösungen und Geräte sollten Sie dabei auf Ihre Zielgruppen schauen. Welche Auflösungen und Geräte setzen Ihre Zielgruppen (hauptsächlich) ein? So bekommen Sie nicht nur heraus, ob die Elemente für die Geräteklasse funktionieren, sondern vor allem auch, ob der Workflow überhaupt zu der Geräteklasse passt. Die Methoden für diese Tests stellen wir in Kapitel 12 ausführlich vor.

11.12 Visual Design

Parallel zur Interaktionsentwicklung findet bei uns die Entwicklung des visuellen User-Interface-Designs statt. Auch wenn der Fokus dieses Buches vor allem auf dem Usability und User Experience Design liegt, möchten wir unser Vorgehen zur Entwicklung des visuellen Designs zumindest kurz anteasern, da das visuelle Design auch einen großen Einfluss auf die spätere User Experience hat.

Wenn Sie sich im Detail mit visuellem Design auseinandersetzen wollen, dann können wir Ihnen eine ganze Reihe Bücher empfehlen. Besonders hervorzuheben sind hier die Bücher von Markus Wäger, die vor allem die Grundlagen besonders anschaulich darstellen. Hier können wir Ihnen die Titel »Das ABC der Farbe«, »Grafik und Gestaltung – das umfassende Handbuch« und das »ABC des Grafikdesigns« ans Herz legen. In unserer Darstellung gehen wir davon aus, dass Sie diese Grundlagen beherrschen oder sich noch aneignen, und schreiben nur über den Prozess und die einzelnen Schritte, die wir durchgehen, um mit unseren Kunden zu einem guten Ergebnis zu kommen.

11.12.1 Visual Design Research

Genau wie am Anfang des Kapitels in Abschnitt 11.2, »Design Research«, beschrieben, beginnen wir vor dem Erstellen der ersten Wireframes mit Forschung (*Research*). Wir schauen uns unter anderem an, wie Wettbewerber ihre eigenen Lösungen gestalten und auf dem Markt positionieren. Diese Informationen haben Einfluss auf unser User-Interface-Konzept. Sie haben aber genauso auch Einfluss auf das visuelle Design.

Wenn Sie zu diesem Zeitpunkt bereits eine gute Design Research gemacht haben (was der Fall sein sollte), dann ist vermutlich keine weitere Phase notwendig. Wenn nicht, dann ist jetzt der richtige Zeitpunkt dazu. Schauen Sie sich also Ihre Research-

Ergebnisse an, und ziehen Sie die nachfolgend beschriebenen Ergebnisse heraus bzw. ergänzen Sie sie entsprechend.

Im Visual Design Research geht es um ein Gefühl für den Stil des Kunden, den Stil der Branche, die aktuellen Trends und die Anwendung.

Der Stil des Kunden

Das wohl wichtigste Kriterium für die Wahl eines geeigneten visuellen Designs ist der (gewünschte) Stil des Kunden. Der Kunde kann dabei entweder das eigene Unternehmen oder tatsächlich ein externer Kunde sein, falls Sie als Dienstleister tätig sind. Mit *Stil* kann entweder ein bereits definierter vorhandener oder alternativ ein gewünschter zukünftiger Stil gemeint sein. Sollten Sie bereits ein sehr gutes Gefühl für den visuellen Stil haben, dann können Sie diesen Teil überspringen. Ansonsten starten Sie, indem Sie alles »durchstöbern«, was durch den Kunden nach außen kommuniziert wird bzw. was an Designdokumentation dazu vorhanden ist. Dazu gehören:

- die Webseite des Unternehmens
- der Styleguide oder das Design-System des Unternehmens (wenn vorhanden)
- das Design bestehender Produkte des Unternehmens
- das Design sonstiger Unternehmens-Kommunikation (z. B. Flyer, Social-Media-Posts, Messestände usw.)

Fühlen Sie sich frei, weitere Punkte in der Liste zu ergänzen, wenn Sie über diese stolpern. Sie ist eher als Anregung gedacht, für Bereiche, die Sie sich ansehen sollten.

Prüfen Sie anschließend die verschiedenen Quellen auf Gemeinsamkeiten, Farbsprache, Formsprache, aber auch auf die tatsächliche Ansprache des Nutzers. Kommuniziert das Unternehmen in »Du« oder »Sie«? Werden Inhalte aktiv oder passiv kommuniziert? Auf dieser Basis können Sie ein Gefühl dafür entwickeln, wie das Unternehmen von außen wahrgenommen werden will.

Natürlich können Sie in diesem Punkt auch mit Personen im Unternehmen sprechen, die für die Außenkommunikation zuständig sind. Je nach Unternehmensgröße sprechen wir typischerweise mit der Geschäftsführung oder den Verantwortlichen im Marketing.

Der Stil der Branche

Das Gleiche, was Sie für das eigene Unternehmen bzw. das Kundenunternehmen getan haben, können Sie auch generell für die Branche machen. In den meisten Branchen gibt es eine einheitliche Form- und Farbsprache, sodass allen interessierten Personen schnell verständlich ist, ob das Unternehmen »dazugehört« oder nicht. Es folgen zwei Beispiele, um das Prinzip zu verdeutlichen:

- Wenn es um Nachhaltigkeit geht, sind die Farben gewöhnlich Grün oder Grün/Braun mit einer eher organischen Formsprache (siehe Abbildung 11.94). Es geht auch visuell darum, »nah« an der Natur zu sein.

Abbildung 11.94 Collage von Design-Elementen, die oft Anwendung im Bereich »Nachhaltigkeit« finden

- Für medizinische Themen ist die Formsprache eher klar, gerade und schlicht. Die Farben sind oft Weiß und Blau oder Weiß und Türkis (siehe Abbildung 11.95).

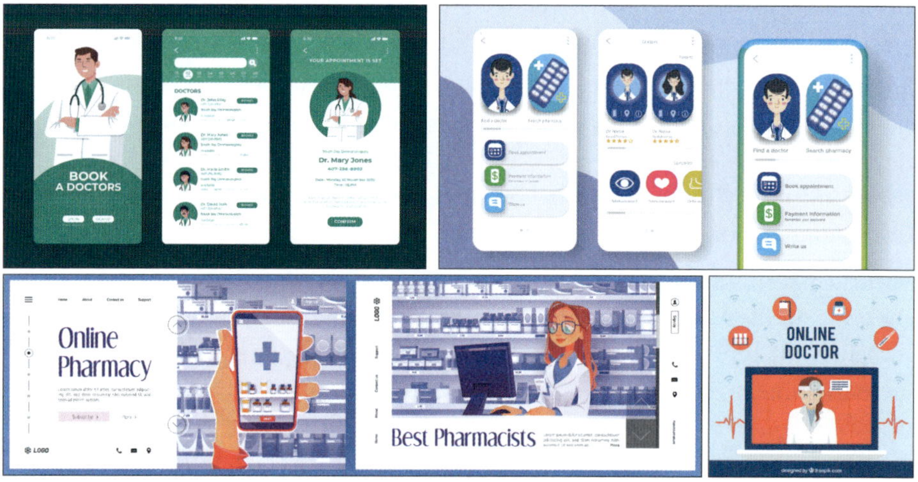

Abbildung 11.95 Collage von Design-Elementen, die oft Anwendung im Bereich »Medizin« finden.

Vor allem, wenn Sie neu in einer Branche sind oder zum ersten Mal eine Farb- und Formensprache für ein Unternehmen entwickeln, ist es hilfreich, sich mit den Farben der betreffenden Branche auseinanderzusetzen. Auf diesen Erkenntnissen können Sie anschließend aufbauen, um die optische Ausrichtung Ihres Systems, Produkts oder Ihrer Dienstleistung festzulegen. Hierbei können Sie entweder genau auf diese typischen Branchenelemente setzen oder sich gezielt darüber hinwegsetzen.

Letzteres sollte aber nicht so weit gehen, dass es Personen schwerfällt, Ihr Werk intuitiv mit der Branche in Verbindung zu setzen! Dann kann es nämlich gut sein, dass Ihre Lösung von Interessenten gar nicht wahrgenommen wird, weil sie nicht ins Suchschema passt. Unsere Empfehlung lautet deswegen: Entwickeln Sie ein Gefühl dafür, wie die Branche auftritt.

Aktuelle Trends

Genau wie bei der generellen Design Research empfehlen wir Ihnen auch bei der Visual Design Research nach aktuellen Trends im visuellen Design zu suchen. Anders als bei der generellen Design Research geht es aber nicht um Interaktionspattern, sondern um die aktuellen visuellen Darstellungen, die im Trend liegen.

Alle paar Monate oder Jahre sieht man neue Design-Trends, die sich verbreiten. Je nach Zeitpunkt waren das Schatten, 3D-Effekte oder auch Farbverläufe.

Wenn wir uns das Smartphone noch einmal als Beispiel nehmen, dann lässt sich daran auch erkennen, wie sich Design über die Jahre verändert. Auf Abbildung 11.96 sind die Logos der verschiedenen Generationen des Apple-iPhone-Betriebssystems iOS dargestellt. Es gilt zwar nicht für jedes Jahr, aber man erkennt doch, dass es durchaus passieren kann, dass man ein Design nur ein Jahr später als veraltet oder langweiliger wahrnimmt.

Abbildung 11.96 Apple-iOS-Logos der letzten 14 Jahre (Quelle: https://apple.fandom.com/wiki)

Dabei kommt es gar nicht so sehr darauf an, den aktuellen Trend unbedingt abzubilden, sondern vor allem darauf, dass Sie den aktuellen Trend kennen und sich bewusst dafür oder dagegen entscheiden.

Der Stil der Anwendung

Am Schluss sollten Sie sich noch einmal auf der untersten Ebene den visuellen Stil der vergleichbaren Anwendungen ansehen. Das können die Anwendungen Ihres Unternehmens sein (entweder Vorgängermodelle oder andere Anwendungen) oder Anwendungen von Konkurrenten.

Sie werden merken, dass sich die Anwendungen oft sehr ähnlich sind – sowohl im visuellen Stil als auch in der Interaktion. Aber ab und zu stößt man bei der Recherche auf Ideen, die wirklich clever und ansprechend umgesetzt sind und bei denen es sinnvoll ist, über eine Integration nachzudenken. Wenn wir *Integration* sagen, dann meinen wir natürlich nicht das 1:1-Kopieren der Inhalte, sondern die Übernahme der Idee mit einer Anpassung an die Farb- und Formensprache Ihres Unternehmens.

11.12.2 Der Assoziationsraum

Der tatsächliche Einstieg in das visuelle Design findet bei uns mithilfe der Abfrage des Assoziationsraums statt. Was ist das genau? Das haben wir bereits in Abschnitt 7.4.1 unter »Wie nutze ich Assoziationsräume für die Produktgestaltung?« erklärt. In diesem Abschnitt soll es nun darum gehen, wie man den gewünschten Assoziationsraum für die eigene Lösung festlegt.

Unserer Erfahrung nach fällt es Menschen extrem schwer, ein gewünschtes Design mit den zugehörigen Designelementen (z. B. Typografie) zu beschreiben. Vor allem, wenn es sich um Laien in Bezug auf das Thema Design handelt, fehlen ihnen oft die Worte und Wege, um das Zieldesign an- und auszusprechen. Oftmals kommt man dabei nicht über »irgendwie cool« hinaus. Das hilft erst mal nicht für die Gestaltung. Was aber gewöhnlich durch die Stakeholder definiert werden kann, sind die gewünschten Assoziationen – und das machen wir uns hier zunutze.

Unser Ziel ist, dass wir die gewünschten Assoziationen durch unsere *Stakeholder* definiert bekommen. Anschließend ist es dann unsere Aufgabe als *Designer*, diese Assoziationen auf die Lösung zu übertragen. Schlussendlich sollen also die Stakeholder bzw. die späteren Nutzer beim Betrachten des User Interfaces genau diese Assoziationen haben, die jetzt vorab definiert werden. Mehr zum Assoziationsraumtest lesen Sie in Abschnitt 12.19. Jetzt widmen wir uns erst einmal der Frage: »Wie gehen wir vor, damit die Stakeholder die gewünschten Assoziationen definieren?«

Um das Ganze strukturierter zu erfassen, nutzen wir den Assoziationsraum als Abfrageelement. In der einfachsten Form werden den Stakeholdern Adjektive vorgegeben, aus denen sie die wichtigsten drei bis fünf auswählen können. Hierfür haben wir Adjektivlisten erstellt, die Begriffe wie beispielsweise »nachhaltig«, »modern«, »traditionell«, »sportlich«, oder »hochwertig« enthalten. Diese Listen enthalten eine Vorauswahl von ca. 20 bis 50 emotionalen Adjektiven auf Basis der bisherigen Design-Recherche. Als Anregung finden Sie hier eine Liste mit 1005 Adjektiven, aus denen Sie auswählen können:

https://buchkodex.de/blog/adjektive/

Eine Alternative ist, dass Sie komplett ohne Vorgabe arbeiten. Hierbei können Stakeholder ganz frei Adjektive nennen, die sie gerne mit dem Produkt assoziiert hätten. Der Vorteil dieser freieren Methode ist, dass auch Adjektive genannt werden können, die nicht auf Ihrer Liste stehen. Der Nachteil wiederum ist, dass Sie die Stakeholder im nächsten Schritt auf 3 bis 5 Merkmale zusammenführen müssen, was mit der freien Nennung deutlich schwerer sein kann. Bei der erstgenannten Variante verhält es sich genau andersherum: Sie sind eingeschränkter und haben mehr Vorarbeit – aber der gemeinsame Konsens fällt meist leichter.

Sie haben es bereits aus den Vor- und Nachteilen herauslesen können: Der nächste Schritt ist, dass Sie zwischen den Stakeholdern Einigkeit über die 3 bis 5 Adjektive herstellen, die Ihre Lösung prägen sollen.

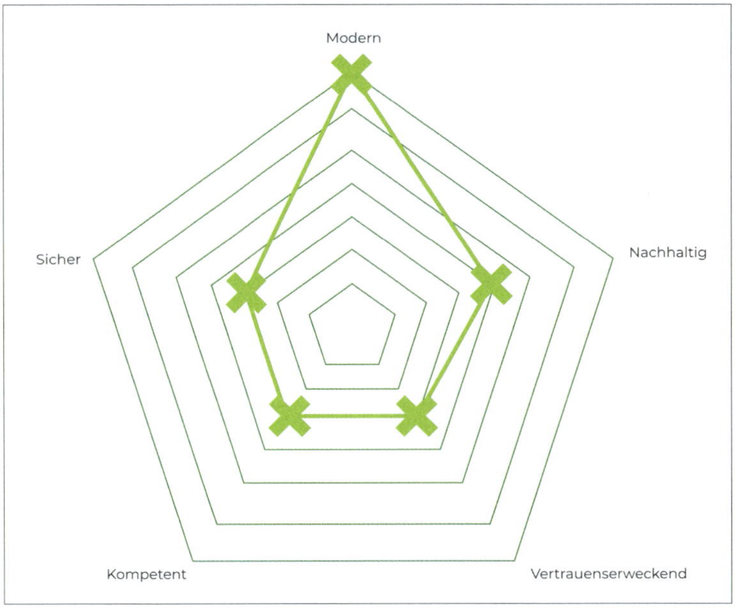

Abbildung 11.97 Zusammen mit Stakeholdern erarbeiteter Assoziationsraum (5 Adjektive) sowie eine Priorisierung, die den Raum kleiner und damit definierter macht

Sobald das geschafft ist, wissen Sie, welche Assoziationen Ihre Stakeholder, Kunden oder Nutzer von Ihnen bzw. genauer gesagt von der Lösung erwarten. Diese Assoziationen tragen wir gewöhnlich in einer Netzgrafik auf und legen zusammen mit den Stakeholdern – falls bereits möglich – noch eine Priorisierung fest. Das Ergebnis dieser ersten Phase ist eine Grafik wie die in Abbildung 11.97.

Mit diesem Wissen können Sie in die nächsten Schritte starten und erste Designsstile passend zu dem Stil des Kunden (aus der Visual Design Research) anbieten. Dazu wählen Sie aus dem definierten Assoziationsraum einige Punkte aus (siehe Abbildung 11.98) und erstellen für diese Proto-Moodboards. Die Auswahlkriterien können Sie hierbei frei wählen, weil es sich dabei eher um einen Startpunkt handelt. Wir fahren normalerweise am besten, wenn wir die Punkte zusammen mit den Stakeholdern festgelegt haben.

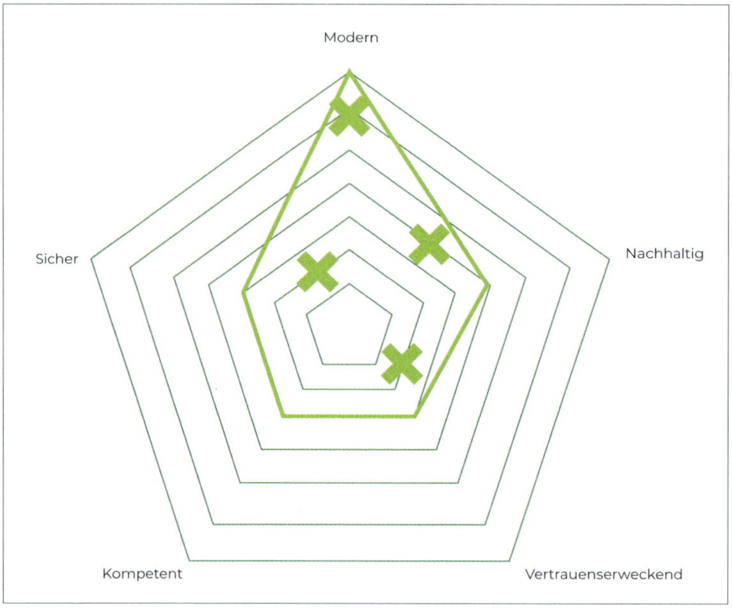

Abbildung 11.98 Vier ausgewählte Stellen im Assoziationsraum, für die im nächsten Schritt Proto-Moodboards erstellt werden.

11.12.3 Proto-Moodboards

Der nächste Schritt ist, dass Sie die bereits vorhandenen Stilelemente aus Ihrem Styleguide den einzelnen Punkten zuweisen. Wir wollen in diesem Schritt verstehen, was wir bereits haben und nutzen können und was gegebenenfalls noch gestaltet werden muss.

Um diesen Abgleich vorzunehmen, greifen wir auf eine strukturierte Moodboard-Ansicht zurück – unsere Proto-Moodboards. Ein Proto-Moodboard ist eine Sammlung der Grundelemente im Design in einer »Setzkastenoptik« (siehe Abbildung 11.99).

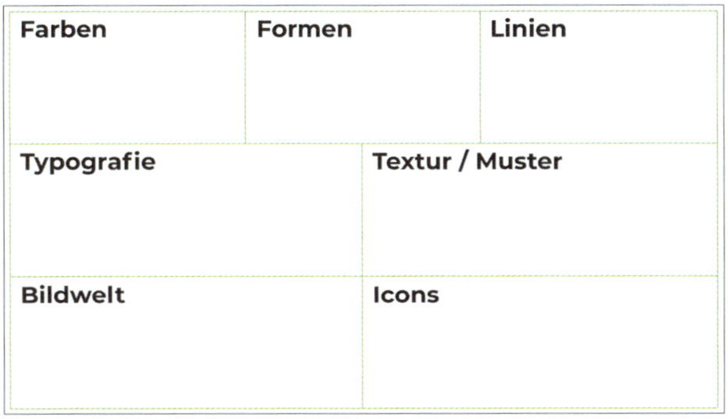

Abbildung 11.99 Schablone unserer Proto-Moodboards

Unsere Proto-Moodboards enthalten gewöhnlich folgende Elemente:

- Farben (haben wir bereits)
- Formen (z. B. rund oder eckig)
- Linien (z. B. dünn und filigran oder dick und massiv)
- Textur/Muster (z. B. »weich wie Baumwolle« oder »hart wie Beton«)
- Typografie (z. B. geschwungen oder geradlinig)
- Bildwelt (z. B. Fotos oder Illustrationen)
- Icons (z. B. flach oder dreidimensional)
- gegebenenfalls weitere je nach Anwendung

Wie Sie am letzten Punkt der Liste bereits erkennen konnten, handelt es sich dabei aber nicht um eine starre Vorlage. Je nach Anforderung können Bereiche größer oder kleiner sein, ganz wegfallen oder neue hinzukommen. Sie können hier also anpassen – sollten aber sicherstellen, dass alle für Ihre Lösung wichtigen Grundelemente enthalten sind und dass Sie danach in Ihrem Projekt immer die gleiche Schablone verwenden, um eine leichtere Vergleichbarkeit zu gewährleisten.

Diese Schablone nutzen wir nun für jeden Punkt im Assoziationsraum, den wir zunächst betrachten wollen, und kopieren die Grundelemente hinein, die hier bereits passen. Sie haben im Styleguide eine Typografie gefunden, die sehr modern ist? Dann ab damit in das zugehörige Proto-Moodboard! Ihr Farbschema passt gut zu »nachhaltig«? Dann kommt das in den dort platzierten Setzkasten! Ich glaube, Sie haben das Prinzip verstanden.

Sollte das Einsortieren nicht so einfach sein, dann können Sie auch zunächst mit Recherche und Ihrer Designexpertise die ausgewählten Adjektive als Proto-Moodboard definieren und sie somit als optische Anhaltspunkte verwenden.

Beim Einsortieren kommt es regelmäßig zu Lücken, beispielsweise wenn Ihr Styleguide keine Bildwelten enthält, Sie diese aber für die Lösung brauchen, oder weil die dort vorhandenen Elemente nicht zu den ausgewählten Adjektiven passen. Wie wir diese Lücken schließen, beschreiben wir im nächsten Abschnitt.

11.12.4 Die Lücken im Proto-Moodboard schließen

Um die Lücken in Proto-Moodboards zu schließen, beziehen wir gewöhnlich erneut die Stakeholder mit ein. Hierfür gibt es zum einen die Möglichkeit, mit der eigenen Design-Expertise die Lücken zu schließen und diese Vorschläge in einen Stakeholder-Workshop einzubringen. Die zweite Variante ist, dass Sie die Lücken direkt mit den Stakeholdern schließen.

Wir verwenden typischerweise in unseren Projekten eine Kombination. Wir bringen begründete Vorschläge zum Stakeholder-Workshop mit und nutzen anschließend unseren Designkompass für alle Lücken, wo wir mit unseren Ideen nicht »getroffen« haben.

Der *Designkompass* ist eigentlich nur eine Sammlung verschiedenster Design-Grundelemente in verschiedenen Stilen (siehe Abbildung 11.100), die man sich mit relativ wenig Arbeit selbst erstellen kann. Mit dieser Sammlung ist es auch für Nicht-Designer möglich, bestenfalls angeleitet durch einen Design-Experten, Grundelemente auszuwählen, die die Lücken auf den Proto-Moodboards schließen.

Natürlich können Sie die Elemente auch ohne Designkompass festlegen. Wir haben uns aber dafür entschieden, in Stakeholder-Workshops eine Vorlage zu nutzen, weil Design sehr subjektiv ist und wir ohne jede Orientierung gemerkt haben, dass vor allem zu Beginn sehr, sehr viele Schleifen im Design gedreht werden, bevor es zu einer grundlegenden Einigung kommt.

Abbildung 11.100 Unser Designkompass stellt eine Sammlung verschiedener Design-Grundelemente dar, die eine einfachere Auswahl für Nutzer, Kunden oder Stakeholder ermöglichen. Sein Ziel ist nicht, den finalen Stil festzulegen, sondern eine erste Richtung zu weisen. Hier dargestellt: ein Auszug für moderne Icons.

Noch ein Hinweis: Wir nutzen den Designkompass nicht unbedingt, um das finale Design komplett festzuklopfen, sondern um einen Einstieg zu finden, der dann als Grundlage für die weitere Gestaltung durch uns dient. Im Stakeholder-Workshop herausgesuchte Elemente nehmen wir daher mit und entwickeln von ihnen aus die Proto-Moodboards weiter.

11.12.5 Von Proto-Moodboards zu Moodboards

In dem Moment, indem ein Proto-Moodboard keine Lücken mehr hat und optisch in sich stimmig ist, sprechen wir von einem *Moodboard* (siehe Abbildung 11.101). Das mag ein wenig Begriffs-Jonglage sein, aber wir haben festgestellt, dass Diskussionen mit Stakeholdern wesentlich leichter fallen, wenn bereits der Name suggeriert, ob ein Vorschlag »prototypisch« oder aus unserer Sicht fertig ist.

Sobald für die ausgewählten Punkte im Assoziationsraum die Moodboards entstanden sind, geht es an deren Auswahl. In die Auswahl sollten Sie erneut alle Stakeholder einbeziehen. Unsere Erfahrung zeigt in diesem Fall, dass ein Designkonzept umso besser im Unternehmen verankert wird, je breiter die Basis ist, die daran mitgestaltet.

Am Ende des Auswahlprozesses steht das eine Moodboard, das die zu gestaltende Lösung beschreibt.

Abbildung 11.101 Beispiel-Moodboard für Healthyfy

11.12.6 Das Visual-Design-Konzept

An dieser Stelle in der visuellen Gestaltung haben wir ein ausgewähltes Moodboard, das einen ersten Eindruck von der Wirkung des späteren visuellen Designs vermittelt. In diesem Schritt geht es nun darum, dass wir auf Basis des Moodboards erste zentrale Bedienelemente sowie einige Ansichten optisch ausgestalten und somit den optischen Stil der zu gestaltenden Lösung weiter definieren. Die zentralen Fragen sind: »Wie wollen wir einzelne Inhalte darstellen, und wie wirken die einzelnen visuellen Elemente miteinander?« Hier geht es darum, einen *begründeten Stil* zu schaffen, der sich aus einzelnen User-Interface-Elementen zusammensetzt.

Daher nehmen wir uns jetzt die *Wireframes* vor. Diese sollten zu dem Zeitpunkt, an dem visuelles Design in den Fokus rückt, bereits weitgehend vorhanden und idealerweise auch mehrfach mit Nutzern getestet worden sein. Damit bilden sie die perfekte Basis, um darauf aufbauend die einzelnen Elemente zu gestalten. Hierbei wenden wir die entwickelte optische Grundlage auf die Wireframes an: Formen bekommen die abgeleiteten Formen, Farben werden entsprechend der ausgewählten Farbwelt eingesetzt usw.

Jede Entscheidung und Begründung halten wir dabei fest, sodass nach und nach eine Sammlung von ausgestalteten Elementen mit zugehöriger Begründung entsteht – unser Visual-Design-Konzept. Eine Beispielseite aus einem solchen Konzept für Healthyfy finden Sie in Abbildung 11.102.

Abbildung 11.102 Auszug aus einem Visual-Design-Konzept von Healthyfy

11.12.7 Erstellung visueller Prototypen (Klickdummys)

Nachdem der grundlegende visuelle Stil der Anwendung abgeleitet und an ersten Screens umgesetzt wurde, geht es auch hier wieder darum, Stakeholder-Feedback einzuholen. Wie bereits bei den Wireframes erstellen wir Klickdummys bzw. entwickeln die vorhandenen Wireframe-Klickdummys weiter, indem wir das optische Design integrieren.

Gewöhnlich setzen wir dabei nicht alle Workflows in einen visuellen Prototyp um, sondern beschränken uns auf die wichtigsten Prozesse. Die Wichtigkeit wählen wir dabei nach dem Zweck des Klickdummys aus:

- Geht es um einen Test mit Nutzern, dann werden vor allem kritische Workflows und sehr häufig genutzte Workflows umgesetzt.
- Geht es um das »interne Marketing«, setzen wir vor allem die Workflows um, die für die entsprechenden Entscheider am relevantesten sind und ein gutes Verständnis der Anwendung ermöglichen.

Den gleichen Ansatz hatten wir bereits bei den Wireframe-Klickdummys gewählt (siehe Abschnitt 11.9). Es ist also ziemlich wahrscheinlich, dass bereits Klickdummys mit den wichtigsten Workflows vorhanden sind. Trotzdem: Da die Umsetzung eines visuellen Prototyps aufwendig ist, setzen wir diese nur gezielt ein. In kurzen Projekten mit kleineren Anwendungen kann ein vollständiger visueller Prototyp einen Styleguide als Dokumentation ersetzen. Für umfangreiche Anwendungen ist ein separater Styleguide empfehlenswerter. Was genau wir darunter verstehen, schauen wir uns im nächsten Abschnitt an.

11.12.8 Der Styleguide

Die letzte Stufe in der visuellen Gestaltung ist die Dokumentation aller getroffenen Designentscheidungen in Bezug auf dieses Produkt und damit die Festlegung des zukünftigen Designs in Form eines Styleguides. Styleguides können dabei entweder als einzelnes Dokument entwickelt werden oder als digitale Quelle bereitgestellt werden, die auf den Prototypen basiert.

Wird ein Styleguide als Dokument erstellt, dann handelt es sich meistens um ein PDF, das die Farben, Schriften und Interface-Elemente in der Anwendung dokumentiert. Gewöhnlich bauen wir dabei auf dem Visual-Design-Konzept auf (siehe Abschnitt 11.12.6). Ergänzt wird dieses aber um eine Bibliothek aller eingesetzten User-Interface-Elemente und ihrer Gestaltung. Auch besondere Zustände der Lösung, beispielsweise Warnungen, werden hier dokumentiert (siehe Abbildung 11.103).

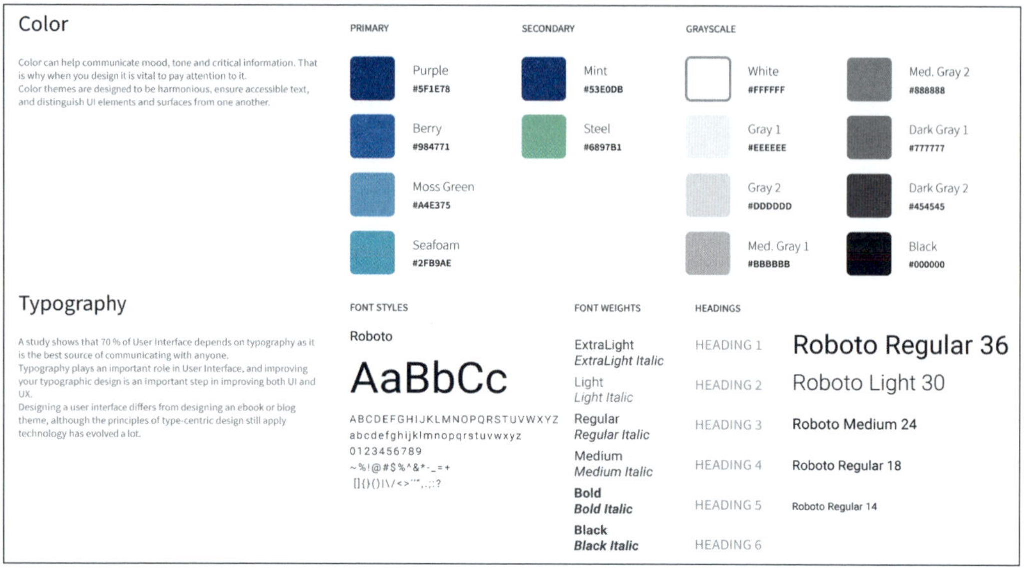

Abbildung 11.103 Auszug aus dem Styleguide von Healthyfy

Bei der Erstellung von Styleguides sollten Sie darauf achten, dass es zu keinen Widersprüchen zu bestehenden Styleguides bzw. innerhalb Ihres Styleguides kommt. Bei Styleguide-Dokumenten hat sich gezeigt, dass die Arbeit mit ihnen zwar hilfreich in der Umsetzung ist, aber gerade bei umfangreichen Projekten zu häufigem Blättern führen kann, da die Informationen oft verteilt im Dokument zu finden sind. So gibt es meistens einen Abschnitt zu Schriften, einen zu Farben, einen zu Interaktionselementen und so weiter. Wenn in der Umsetzung aber nun ein Button gestaltet werden muss, so beinhaltet dieser Button eine Farbe, eine Schrift und den Button selbst. Wenn Sie diesem Problem in einem Dokument begegnen möchten, dann kommt es typischerweise zu Dopplungen und damit zu einem höheren Pflegeaufwand.

Eine Möglichkeit, dieses Thema weitgehend zu umschiffen, ist die Verwendung eines digitalen Styleguides direkt auf Basis Ihres Klickdummys. Hier haben Sie ja bereits die allermeisten Elemente definiert und können diese einfacher dokumentieren. Soll später ein neuer Bereich im User Interface gestaltet werden, können Sie auf diese Art die Elemente aus dem digitalen Styleguide kopieren. Die Konsequenz ist, dass Sie wesentlich konsistenter und schneller arbeiten können. Zusätzlich können Sie sich die Elementeigenschaften immer direkt ausgeben lassen und somit direkt beispielsweise die Schriftart sehen, ohne erst in den Bereich Typografie wechseln zu müssen.

Je nach Tool wird es sogar möglich, sich die Eigenschaften direkt als CSS-Datei exportieren zu lassen, sodass die Gestaltung mehr oder weniger direkt in die eigenen (Web-) Anwendungen übernommen wird.

11.13 Ausflug: Low-Code und No-Code

An dieser Stelle möchten wir einen ganz kurzen Ausflug in einen Bereich machen, der in den letzten Jahren immer mehr an Bedeutung gewonnen hat. Die Rede ist von *Low-Code-* beziehungsweise *No-Code-*Plattformen. Das Ziel dieser Plattformen ist es, die Erstellung von Anwendungen vereinfacht zu ermöglichen, ohne viel Programmieraufwand.

Der Low-Code-Ansatz ist eigentlich nichts Neues. Schon in den 1990er-Jahren gab es Anwendungen, die die Entwicklung von Anwendungen mit geringem Programmieraufwand ermöglicht haben. Ein wahrscheinlich sehr bekanntes Beispiel für diese frühen Anwendungen ist Visual Basic.

Die Idee hinter den Low-Code-Anwendungen ist es, eine Anwendung nicht (oder zumindest nicht überwiegend) anhand von Programmiersprachen bzw. Code zu entwickeln, sondern über die Konfiguration von grafischen Oberflächen. Dadurch wird es auch für Nicht-Programmierer einfacher, eigene Anwendungen zu erstellen. Für Unternehmen bringt das den Vorteil, dass Fachexperten viel direkter in die Entwicklung einer Anwendung einbezogen werden können und so zeigen können, was sie von einer Anwendung erwarten oder brauchen. Im besten Fall bauen sich die Fachexperten sogar die eigenen Anwendungen.

Wie der Name *Low-Code* schon sagt, wird die Erstellung von Anwendungen durch die Plattform einfacher, ist aber noch immer nicht komplett programmierfrei möglich. Schätzungen gehen davon aus, dass bei dem Einsatz von Low-Code-Plattformen ca. 80 % der Entwicklung einer Anwendung über grafische Benutzeroberflächen erfolgen kann, wohingegen für die restlichen 20 % eben doch Kenntnisse im Programmieren notwendig sind.

Demgegenüber stehen sogenannte *No-Code-Plattformen*, die die Umsetzung von Anwendungen komplett ohne Programmierung versprechen. Hierdurch sollen komplette Anwendungen ganz ohne eigen geschriebenen Code entstehen. Das müssen sie aber auch, da No-Code-Plattformen gar keine Möglichkeit bieten, eigenen Code in die Entwicklung einzubringen. Dadurch stoßen No-Code-Lösungen heute aber auch schnell an ihre Grenzen – einfach weil das Anbinden von komplexen Systemen oder das Einbringen von Sonderwünschen quasi nicht möglich ist.

Wir wollten das Thema Low-Code und No-Code hier für Sie erwähnen, um Ihnen eine Alternative zur klassischen Entwicklungsarbeit aufzuzeigen. Wenn Sie sich mit der Arbeit mit Low-Code-Plattformen vertraut machen, dann können Sie hier einen sehr guten und nahezu nahtlosen Übergang vom Prototyp zur fertigen Lösung hinbekommen, der ohne viel zusätzlichen Umsetzungsaufwand gelingt. Voraussetzung ist natürlich, dass Sie sich in der Gestaltung streng nach den Möglichkeiten der Low-Code- bzw. No-Code-Plattform richten, da Anpassungen im späteren Verlauf entweder aufwendig oder schlichtweg nicht möglich sind.

11.14 Beispiel: Mögliche Design-Steps für MoveHub

Wir treffen MoveHub in dem Moment wieder, in dem die drei Gründer die ersten Designs entwerfen. Für den ersten Workshop haben sie sich das Hauptproblem der Persona *Stefan »Student« Sänger* herausgesucht – nicht zu spät zur Vorlesung zu kommen. Zur Erinnerung ist hier noch mal die passende User Story:

Als Stefan »Student« Sänger wünsche ich mir pünktlich am Vorlesungssaal anzukommen, um nicht alleine in einem großen Vorlesungssaal zu sitzen oder vor allen zu spät zu kommen.

Die aktuelle Unfähigkeit, sicher pünktlich am Vorlesungssaal zu sein, sorgt dafür, dass ich manchmal Zeit vertrödeln muss (selten), aber meistens eine Vorlesung verpasse, weil es mir peinlich ist, vor allen zu spät zu kommen.

Stefan zu befähigen, pünktlich am Vorlesungssaal zu sein, würde es ihm ermöglichen, den kompletten Studienstoff in Vorlesungen zu hören, und dadurch seinen Stress erheblich reduzieren.

Für den ersten Workshop haben sich die drei Gründer die Kreativmethode *Brainwriting* herausgesucht. Sie haben sich dafür entschieden, dass jeder zunächst fünf Minuten Zeit bekommt, um so viele Lösungen wie möglich auf einen DIN-A4-Zettel zu schreiben, zu zeichnen und/oder zu kritzeln. Anschließend sollen die Lösungsideen vorgestellt werden, wobei hier nur Verständnisfragen erlaubt sind. Danach wollen sie jede Lösung noch einmal gemeinsam verbessern und anschließend zu einer Bewertung kommen.

Als der Timer mit den fünf Minuten startet, fangen alle direkt an, ihre Ideen zu Papier zu bringen (siehe Abbildung 11.104). Die fünf Minuten sind schneller um als gedacht, und das Team beschließt, noch einmal fünf Minuten dranzuhängen. Auch diese Zeit vergeht schnell. Trotzdem entschließen sie sich, jetzt in die Vorstellungsrunde zu gehen.

Den drei Gründern fällt es hier wirklich schwer, die selbst gesetzten Regeln einzuhalten. Zu stark ist die Verlockung, direkt die eigene Meinung zu den Ideen zu äußern. Da hierdurch aber eine ungesunde Dynamik entsteht und die Wortwahl in Richtung »meine Lösung« und »deine Lösung« tendiert, wirft Svenja das Handtuch. Sie schlägt vor, dass alle eine Pause machen und dann wieder an den Tisch zurückkehren, an dem anschließend die Regeln eingehalten werden müssen. Tut das einer nicht, dann ist klar, wer das Abendessen bezahlen muss. Das ist ein Plan, der für die drei funktioniert. Gemeinsam schaffen sie es nach einer halben Stunde Pause, sich gegenseitig die Ideen vorzustellen und diese anschließend gemeinsam zu verbessern.

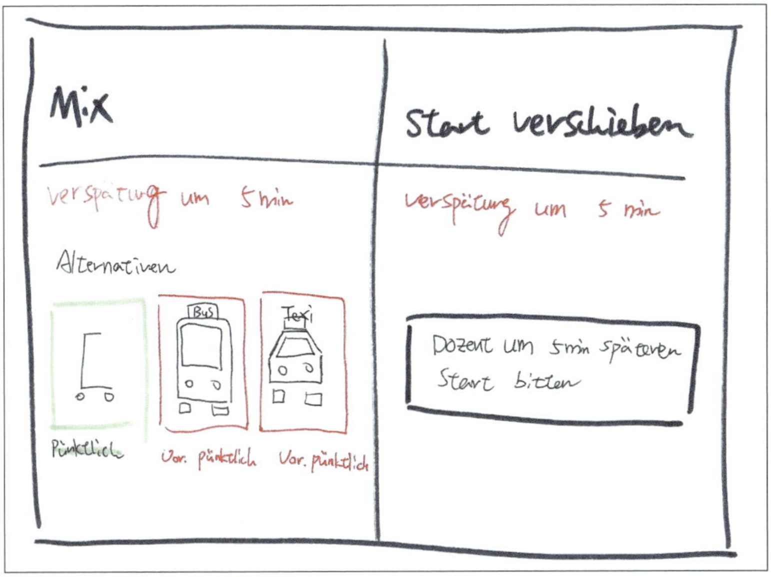

Abbildung 11.104 Auszug aus den Ergebnissen der Brainwriting-Session von MoveHub. Links: »Mix aus allen Verkehrsmitteln« und rechts: »Flexibler Vorlesungsbeginn«

Bei der Idee »Mix aus allen Verkehrsmitteln« gibt es besonders viele Vorschläge zur Verbesserung und Weiterentwicklung. Folgende Punkte werden unter anderem genannt:

- Es könnten neben öffentlichen Verkehrsmitteln wie Bussen und Bahnen auch Mietfahrzeuge, z. B. elektrische Roller, einbezogen werden. Wenn die App wüsste, wo die jeweiligen Fahrzeuge stehen, wie der Verkehr ist und wie die Öffentlichen fahren, dann könnte sie genau vorschlagen, mit welchem Verkehrsmittel das Ziel noch erreichbar ist.
- Die Nutzenden sollten einstellen können, mit welchen Verkehrsmitteln sie bereit sind zu fahren. Für Stefan als Studierenden ist ein Taxi vermutlich keine Option. Für einen berufstätigen Stefan (ob sie die Persona noch trennen sollten?) vielleicht schon.
- Es sollte Zugriff auf den Kalender von Stefan bestehen. Alternativ sollte Stefan die Möglichkeit haben, auszuwählen, welche Vorlesung er hört. Dann wäre es für die App ohne Stefans Zutun möglich zu wissen, wann er wo sein muss.

Das Team ist begeistert. Es konnten Ideen gefunden und dann auch noch verbessert werden. Auch die Bewertung ging danach einfach von der Hand, sodass die drei beschließen, noch ein paar Stunden dranzuhängen und alle User Stories nach dem gleichen Schema durchzugehen.

Das gelingt den drei Gründern super gut. Für sie steht fest: Das ist eine gute Methode, und als Nächstes können sie ins Wireframing starten. Fest steht aber auch, dass sie diesen Schritt erst morgen unternehmen, denn jetzt muss erst mal Patrick das Abendessen bezahlen.

11.15 Beispiel: Mögliche Design-Steps für BusinessBooster

Zuletzt haben wir das Team um Markus Meier dabei begleitet, die Anforderungsliste zu definieren. Dabei wurde klar, dass noch weitere Nutzerbefragungen notwendig sind, um die von den Kunden gewünschten Berichtsfunktionen genauer zu verstehen. Diese User Research ergab unter anderem, dass eine grafische Auswertung wünschenswert ist. Weiterhin sollen die Berichte an die eigenen Bedürfnissen anpassbar sein.

Mittlerweile hat das Team einige Iterationsschleifen im Data-Driven UX Design-Prozess verbracht und dabei immer wieder Wireframes gestaltet, Nutzerfeedback eingeholt und damit die Anforderungen und den Nutzungskontext geschärft, um anschließend mit einer besseren Lösung erneut zu starten.

Werfen wir einen Blick auf den aktuellen Stand von BusinessBooster: Das Team von Markus Meier hat mittlerweile herausgefunden, dass das angestrebte Analytics-Modul zwei Oberflächen besitzen soll:

- eine administrative Oberfläche zum Erstellen eigener Berichte
- eine Oberfläche, die von den Hauptnutzern verwendet wird

Die administrative Oberfläche wurde vom BusinessBooster-Team eher technisch angedacht: Mithilfe einer Skriptsprache sind hier Berichte nach eigenem Ermessen völlig frei definierbar. Hierzu lautete das Feedback zuletzt, dass eine solche Oberfläche zwar vom Grundgedanken her gut geeignet sei, aber zu komplex. Gerade das Einarbeiten in eine Skriptsprache kam nur bei wenigen Kunden gut an – alle fanden aber die Möglichkeiten beeindruckend.

In der aktuellen Gestaltungslösung wurde die administrative Ansicht daher überarbeitet (siehe Abbildung 11.105).

Es gibt nun fertige Berichtsmodule, die per Drag-and-drop platziert werden können. Hier können die gewünschten Daten per Parameter eingefügt werden. Die Skriptmöglichkeiten wurden auch erhalten. Es gibt nun einen Code-Block, der ebenfalls hinzugefügt werden kann. Anschließend kann dieses Element frei programmiert werden. Hierdurch erhofft sich das Team, den goldenen Mittelweg gefunden zu haben: Vieles, was oft benötigt wird, gibt es »fertig«, und für alles andere kann man den Code-Block nutzen. Markus Meier wittert hier sogar weitere Geschäfte: »Wäre es nicht eine gute Idee, weitere komplexe Berichtsmodule gegen Geld anzubieten? Alternativ könnte man auch die Programmierung eigener Berichte kostenpflichtig anbieten!« Was dazu wohl die Nutzer denken?

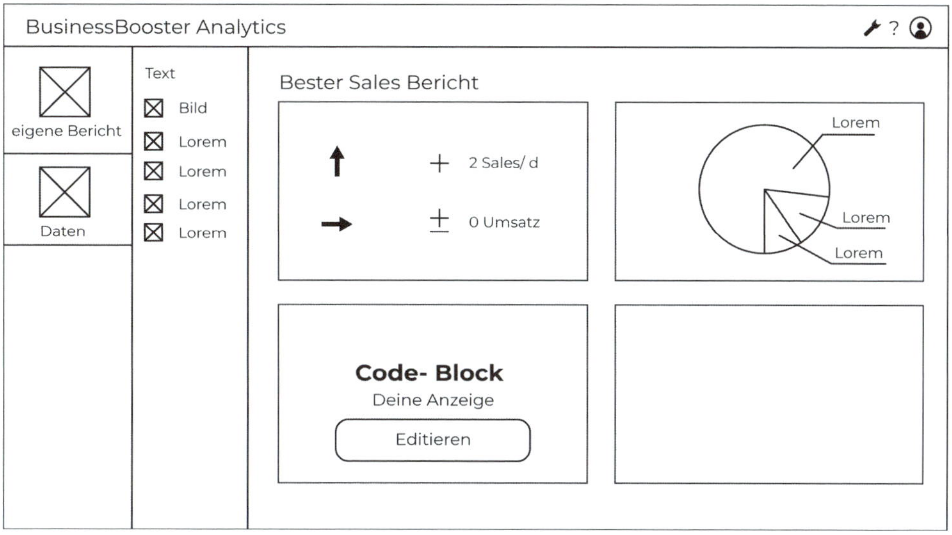

Abbildung 11.105 Wireframe des Analytics-Moduls von BusinessBooster: Es können eigene Berichte über vorgefertigte Elemente angelegt werden; zusätzlich gibt es einen Code-Block.

11.16 Beispiel: Mögliche Design-Steps für Healthyfy

Unser letzter Kontakt mit Healthyfy liegt schon einige Zeit zurück. Sophia hat mit ihrem Team in der Zwischenzeit einiges geschafft. Es sind bereits diverse Iterationen gelaufen, und im Prinzip stehen die Wireframes mittlerweile (siehe Abbildung 11.106). Es gibt zwar noch einige Lücken – aber diese sind aus Sicht des Teams durch Fleißarbeit zu füllen und stehen dem Produkt selbst nicht mehr im Wege.

Weil die Wireframes weit fortgeschritten sind, beschließt das Team, zweigleisig weiterzumachen. Auf der einen Seite sollen die Wireframes finalisiert und mit Nutzern getestet werden. Auf der anderen Seite sollen die Nutzertests auch genutzt werden, um das visuelle Design zu verproben. Die Idee: Wenn in jedem Nutzertest zuerst alle Wireframe-Fragen abgehakt werden und anschließend 10 Minuten über das visuelle Design gesprochen wird, spart das Testzeit und beschleunigt die Entwicklung.

Das Team hat dabei bereits ganze Arbeit geleistet. Sowohl die Marke als auch die grundlegende Optik wurden bereits definiert. Gerade ist das Team an der Ausarbeitung verschiedener Bereiche. Es überlegt, ob der zentrale Chat – ein Bereich, der sich sowohl für Patienten als auch für den Arzt als wichtig erwiesen hat – optisch hervorgehoben werden sollte. Das würde die Wichtigkeit noch einmal unterstreichen. Daher wurden zwei Varianten angefertigt, die im nächsten Schritt Nutzern gezeigt werden sollen (siehe Abbildung 11.107).

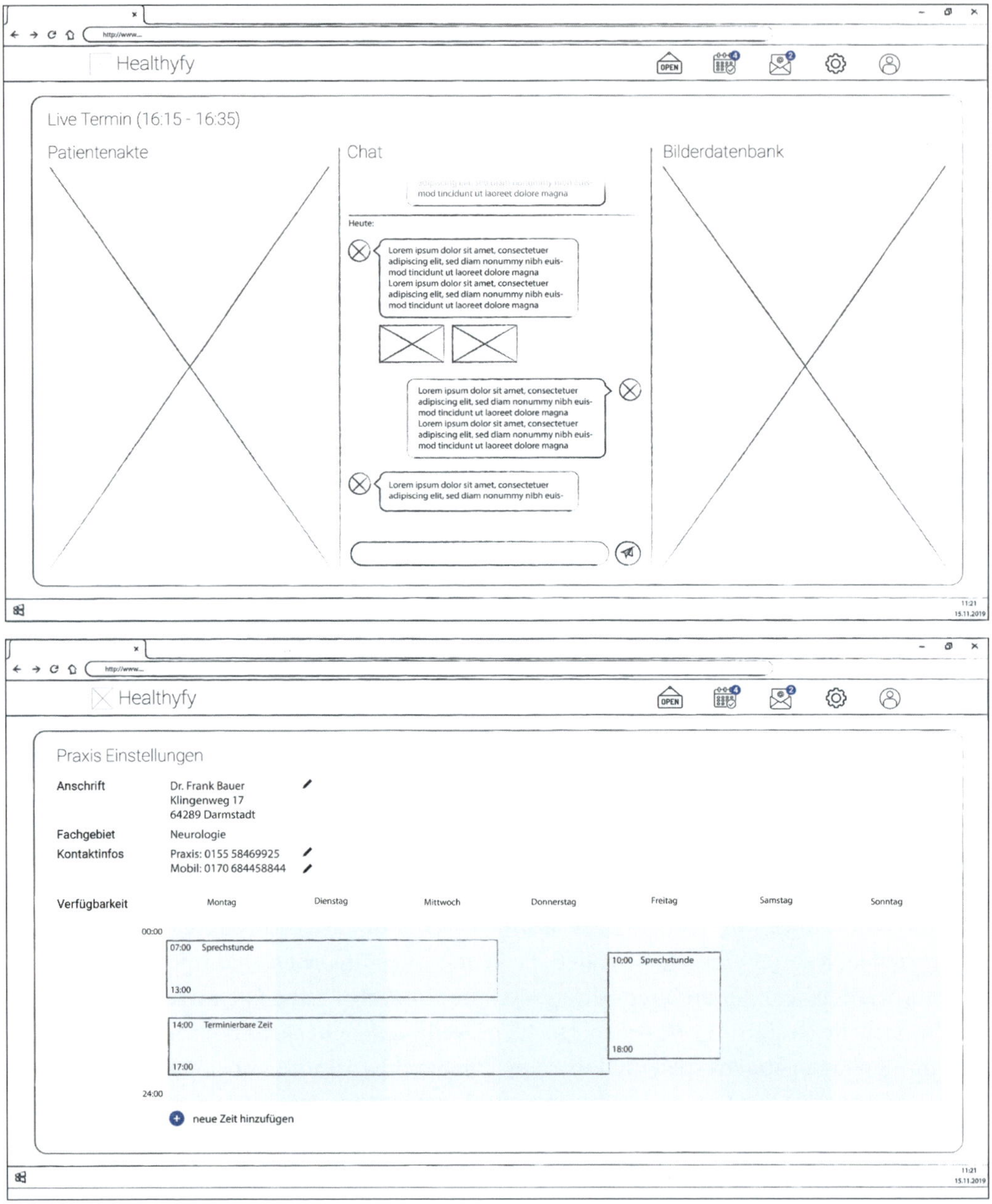

Abbildung 11.106 Wireframes von Healthyfy – die meisten Bereiche sind definiert und funktionieren in den angedachten Use Cases.

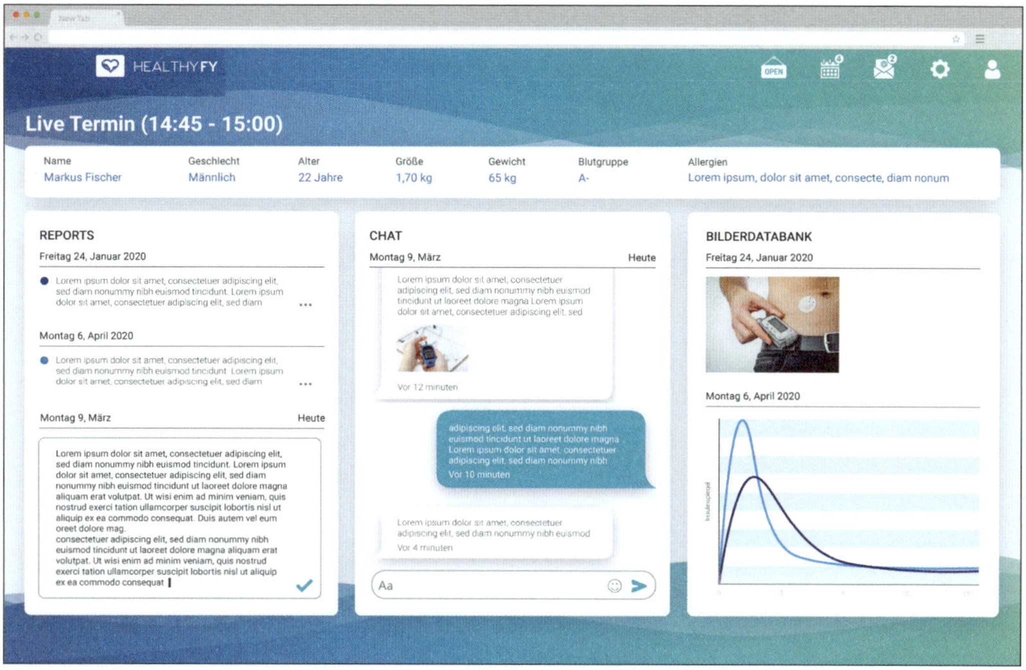

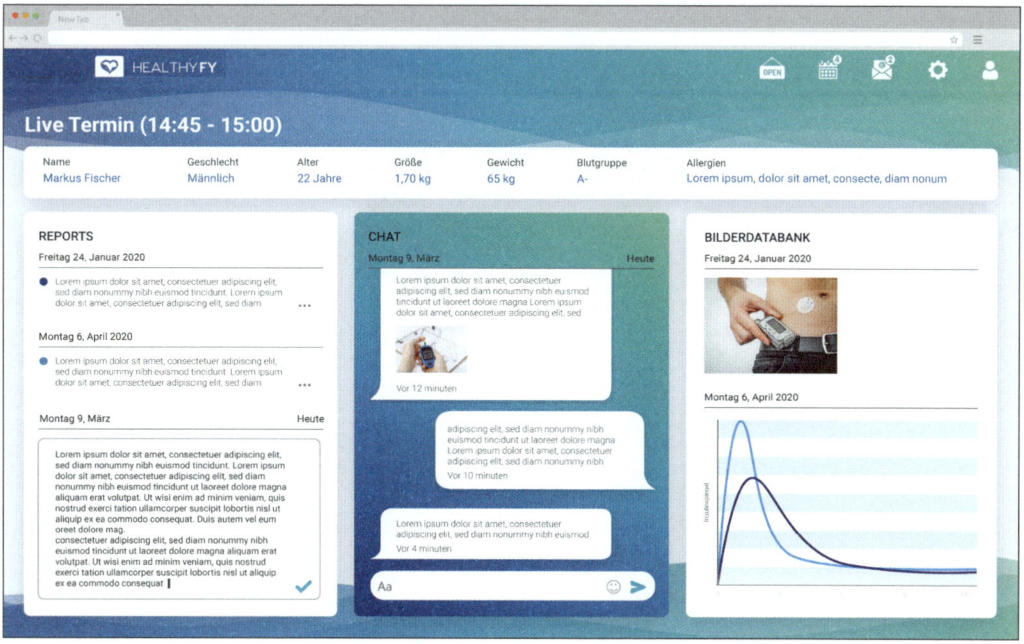

Abbildung 11.107 Zwei Varianten des zentralen Chats aus der Ärzte-Ansicht von Healthyfy. Für welche werden sich die Nutzer entscheiden?

Kapitel 12

Der Data-Driven UX Design-Prozess im Detail – Gestaltungslösungen evaluieren

»Ich messe den Erfolg nicht an meinen Siegen, sondern daran, ob ich jedes Jahr besser werde.«
– Tiger Woods (Profigolfer und einer der erfolgreichsten Golfspieler der Geschichte)

Jetzt ist er da: der Moment der Wahrheit. Sie haben den Nutzungskontext analysiert, Nutzungsanforderungen abgeleitet und designt, was das Zeug hält. In diesem Schritt des Data-Driven UX Design-Prozesses finden Sie heraus, ob sich die ganze Arbeit bis hierher gelohnt hat.

Zwar ist die Evaluation von Gestaltungslösungen der erste Schritt, bei dem der Ausstieg aus dem Entwicklungszyklus möglich ist, aber wenn es bei Ihrem Projekt wie bei den meisten Projekten läuft, dann ist die Evaluation nicht der letzte Schritt, sondern der Auftakt zur Verbesserung von allem, was bisher passiert ist.

Wir möchten Sie daher anregen, die Evaluation als Zwischenschritt wahrzunehmen und Ihr Produkt als »dauerhaft in der Entwicklung« zu betrachten. Das gilt vor allem, da alle hier genannten Testmethoden natürlich nicht nur mit finalen Produkten durchgeführt werden können, sondern den größten Nutzen bringen, wenn Sie früh in der Entwicklung schon mit Prototypen testen. Ein Spezialfall des Testens ist die sogenannte *summative Evaluation*, die *nach* Abschluss der Entwicklung stattfindet. Warum das so ist, wann das sinnvoll ist und wann nicht, besprechen wir im nächsten Abschnitt.

12.1 Formatives vs. summatives Testen

Allen menschzentrierten Entwicklungsprozessen, die wir Ihnen im Rahmen dieses Buches vorgestellt haben, liegt die gemeinsame Überzeugung zugrunde, dass Gestaltung geprüft werden sollte. Dahinter steht die Auffassung, dass ausschließlich die tatsächlichen Nutzer einer Lösung entscheiden können, was ein gutes System, ein gutes Produkt oder eine gute Dienstleistung ausmacht.

Je besser und umfangreicher die User Research in der Nutzungskontextanalyse war und je vertrauter die User Researcher mit dem Umfeld sind, umso näher sind Sie mit Ihrem System, Produkt oder Ihrer Dienstleistung wahrscheinlich auch im ersten Versuch schon an einer guten Lösung. Je innovativer, neuer und unbekannter der Nutzer, seine Aufgaben und das Setting sind, desto weiter weg werden Sie mit Ihren erstem Lösungsvorschlag voraussichtlich sein. Das ist nicht schlimm. Genau um die Diskrepanz zwischen dem Punkt, an dem Sie nach der Gestaltung stehen, und dem Punkt, an den Sie eigentlich wollen (basierend auf Ihren Zielen/KPIs – siehe Kapitel 3, »Usability und User Experience als Erfolgsfaktor herausragender Produkte«), geht es in der formativen Evaluation von Gestaltungslösungen.

Wenn Ihr Ziel ist, diesen Unterschied zwischen Soll und Ist zu reduzieren und Ihre Lösung besser zu machen, dann sprechen wir von einer *formativen Evaluation* (Döring & Bortz, 2016). In einfachen Worten könnte man sagen, dass eine formative Evaluation Ihnen hilft, festzustellen, ob Sie mit Ihrer Entwicklung auf dem richtigen Weg sind (siehe Abbildung 12.1).

Abbildung 12.1 Was ist der richtige Weg für Ihre Lösung? Formative Studien sagen es Ihnen.

Dementsprechend kann eine formative Evaluation auch alles sein, was Ihnen hilft, diese Frage zu beantworten. Es gibt keine festgelegte Anforderung an eine formative Evaluation, außer dass sie Sie dabei unterstützt, zu verstehen, wie gut Ihre Lösung aktuell ist und was Sie machen müssten, um besser zu werden. Aus unserer Erfahrung können wir sagen: Das ist schon schwer genug. Denn die Qualität der Antworten, die Sie erhalten, hängt 1:1 mit der Qualität der Fragen zusammen, die Sie stellen.

Wir werden Ihnen in diesem Kapitel eine Reihe von »guten Fragen« an die Hand geben, anhand derer Sie den Stand Ihrer Lösung beurteilen können. Formative

Evaluationen werden meistens in Zusammenarbeit mit dem Entwicklungsteam durchgeführt. Hier besteht ein großes Interesse der Beteiligten, jeden Schritt mitzubekommen und jeden Test zu beobachten. Schließlich geht es um »ihr Baby« und die Frage, was in Zukunft mit ihm passiert.

Unter einer *summativen Evaluation* versteht man hingegen eine Bewertung, die mit dem fertigen System, Produkt oder der fertigen Dienstleistung durchgeführt wird (Döring & Bortz, 2016). Hierbei geht es nicht mehr darum, die Lösung zu optimieren. Wenn Sie in eine summative Evaluation starten, dann wollen Sie verstehen, wie gut Sie alles gemeistert haben (siehe Abbildung 12.2).

Abbildung 12.2 Eine summative Evaluation ist wie eine Abschlussprüfung in der Schule. Danach wissen Sie, wie gut Sie mit Ihrer Lösung abgeschnitten haben.

Außerhalb des Medizinsektors (auf den wir in Abschnitt 12.24 noch gesondert eingehen), kommen summative Evaluationen seltener vor und werden so gut wie nie (zumindest unserer Erfahrung nach) durch ein Entwicklungsteam veranlasst. Summative Evaluationen sind eine Bestimmung des Ist-Stands, und es gibt deswegen zwei übergeordnete Gruppen, die an der Durchführung interessiert sind:

- die Marketingabteilung
- unabhängige Testinstitutionen

Wenn summative Evaluationen in Unternehmen in Auftrag gegeben werden, dann meistens durch die *Marketingabteilung*. Das passiert immer dann, wenn ein Unternehmen das Gefühl hat, etwas total Tolles entwickelt zu haben, und das auch zeigen können möchte. Sie kennen wahrscheinlich den Aufdruck auf Shampoo-Flaschen, auf denen so etwas steht wie: »95 % der Frauen in unserer Studie würden das Shampoo Ihrer Freundin empfehlen. (Erhoben in einer Studie mit 30 Teilnehmerinnen).«

Das sind typische Ergebnisse einer summativen Studie, die durch das Marketing eines Unternehmens veranlasst wurde. Das Ziel ist also nur, zu zeigen, wie gut das Produkt ist, und dieses Ergebnis der breiten Öffentlichkeit zugänglich zu machen. In seltenen Fällen kann auch das *Management* eines Unternehmens eine summative Studie in Auftrag geben. Diese Studien sind dann meistens als Vergleichsstudien mit Wettbewerberprodukten aufgesetzt, um ein Gefühl für die Qualität und Wahrnehmung der eigenen Arbeit zu erhalten und gegebenenfalls dringenden Handlungsbedarf abzuleiten.

Die andere Gruppe sind *unabhängige Testinstitutionen*. Sie kennen wahrscheinlich die *Stiftung Warentest* oder die *Stiftung Ökotest*. Bei ihnen handelt es sich um Prüflaboratorien, die verschiedene Produkte miteinander vergleichen, ohne selbst an deren Entwicklung beteiligt gewesen zu sein. Der Vorteil solcher Tests ist, dass eine unabhängige Prüfung stattfindet, die Dritten die Sicherheit gibt, dass die Ergebnisse auf verlässlichem Wege zustande gekommen sind. Oft werden auch hier Vergleichstests durchgeführt, die mehrere Produkte nebeneinanderstellen und alle mit einem gleichen Bewertungsschema beurteilen. Die Usability und User Experience der Produkte spielt in den meisten Vergleichstests dieser Art aber eher eine untergeordnete Rolle; es werden eher technische Features in den Mittelpunkt gestellt.

Es wird Sie wahrscheinlich überraschen, aber eine zunehmend größere Gruppe der unabhängigen Testinstitutionen – die auch deutlich mehr Wert auf die Usability und User Experience legen – sind *Influencer*, die beispielsweise im Rahmen ihrer YouTube-Kanäle Produkte vorstellen und »reviewen« (siehe Abbildung 12.3). Viele Influencer setzen sich sehr intensiv mit den Produkten auseinander und fertigen hochwertige Reviews an. Was für die erfolgreichen YouTube-Kanäle, wie beispielsweise *iKnowReview* aber auf jeden Fall gilt, ist, dass sie mit ihrer riesigen Reichweite Kaufentscheidungen beeinflussen.

Ein Punkt, der bei Tests durch Influencer beachtet werden sollte, ist die Frage ihrer Unabhängigkeit. Manche Influencer werden von den Herstellern der Produkte bezahlt, einige kaufen die zu testenden Produkte selbstständig ein und finanzieren sich über Werbung oder andere Sponsoren. Gerade bei Influencern, die durch die Hersteller bezahlt werden, kann das Marketing der Produkte eine stärkere Gewichtung als ein objektiver Test haben. Diese Tatsache empfehlen wir, auf jeden Fall im Hinterkopf zu behalten, wenn Sie Tests von Influencern betrachten.

Aber egal ob überlassenes Produkt oder selbst gekauftes: Auch hierbei handelt es sich um einen summativen Test, bei dem nach Abschluss der Entwicklung eine Bewertung des Systems, Produkts oder der Dienstleistung durchgeführt wird. Diese Art von Tests betrachten wir als besonders wertvoll, wenn Sie es mit einem Influencer zu tun haben, der sich auf eine bestimmte Gruppe von Produkten spezialisiert hat (z. B. Heimautomatisierung) und diese täglich verwendet.

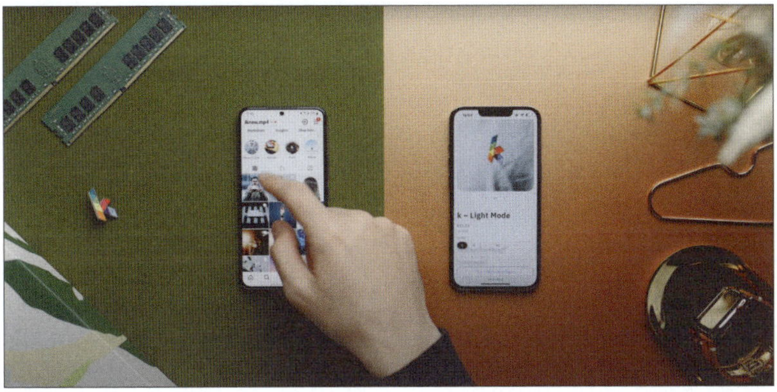

Abbildung 12.3 Vergleich zweier Smartphones in einem Video von »iKnowReview« (Quelle: https://www.youtube.com/watch?v=vSpqp9mhqa0)

Summative Tests im Marketing oder durch unabhängige Testinstitutionen haben zum Ziel, die Qualität der fertigen Lösung greifbar zu machen – egal, ob diese gut oder schlecht ist. Die Tester hängen quasi ein Label an das Produkt und sagen: »Das ist super!« Oder vielleicht auch: »Na ja, so gut war es dann doch nicht.« Dieser Art der Bewertung ist für alle Personen hilfreich, die eine Entscheidung für oder gegen ein bestimmtes Produkt treffen müssen.

Sie sehen also: *Formative Evaluationen* und *summative Evaluationen* unterscheiden sich. Hier sind noch einmal die Hauptunterschiede zusammengefasst:

- Testung zur Verbesserung (formativ) vs. Testung zur finalen Bewertung (summativ)
- intern initiiert durch die Entwicklungsabteilung (formativ) vs. initiiert durch das Marketing (summativ)
- Der Nutzer profitiert indirekt durch ein besseres Produkt (formativ) vs. der Nutzer profitiert direkt durch Transparenz der Qualität (summativ).

In immer mehr Fällen verschmelzen beide Formen der Evaluation aber auch miteinander. Je agiler die Entwicklung von Produkten wird, umso häufiger werden Nutzer mit einem Zwischenstand in der Entwicklung konfrontiert, der auf Basis von Nutzerrückmeldungen anschließend permanent verbessert werden soll. Hier kommt das viel zitierte MVP zum Einsatz (Ries, 2014; zur Erinnerung: das *Minimal Viable Product*, siehe Abschnitt 4.3).

Bei der Umsetzung eines MVPs geht es darum, den Funktionsumfang der initialen Produktlösung auf das Wesentliche zu reduzieren und ihn erst im Laufe der Zeit weiter auszubauen. Die Funktionen, die da sind, sollten aber reibungslos nutzbar sein hinsichtlich Technik, Usability und User Experience. Durch den *Build–Measure–Learn*-Zyklus sind »echte« MVPs also eigentlich von Natur aus Data-Driven. Sie sehen also: Data-Driven UX Design und MVP schließen sich nicht gegenseitig aus, sondern spielen zusammen. Jedes neue MVP startet wieder einen Zyklus.

Trotzdem sind die Methoden, die Sie zur Evaluation von agilen Produkten einsetzen können, anders als die, die beim Test einer Waschmaschine zum Einsatz kommen. Je digitaler – und je weniger risikobehaftet – Ihr Produkt ist, umso weiter können Sie sich in den Bereich der Live-Messungen vorwagen. Auch hierzu werden wir Ihnen in diesem Kapitel einige Methoden an die Hand geben. Aber lassen Sie uns jetzt einmal die Frage ansehen, was Sie überhaupt testen sollten.

12.2 Wissenslücken identifizieren

Wenn Sie noch einmal an den Anfang dieses Buches zurückdenken, dann haben wir ausführlich über das Thema *Annahmen versus Wissen* gesprochen (siehe den gleichnamigen Abschnitt 6.1). Eine Möglichkeit, um Ihre Annahmen auf Richtigkeit zu prüfen, ist die *Nutzungskontextanalyse*. Die zweite Möglichkeit zu prüfen, wie gut Ihre Annahmen sind, ist die Evaluation von Gestaltungslösungen.

Dabei können sich die Annahmen auf verschiedenen Levels abspielen. Die oberste Ebene wäre: »Der Nutzer/Kunde braucht so ein Produkt.« Hier prüfen Sie also noch einmal, ob es die Problemstellung gibt und ob Ihr Lösungsansatz einen wertvollen Beitrag zur Behebung des Problems leisten würde. Das passiert zumeist in den allerersten Iterationen.

Später überprüfen Sie an dieser Stelle Annahmen zu benötigten Funktionen, zu den besten Arbeitsabläufen, zu einer geeigneten Darstellung. Wichtig ist, dass alle formativen Tests die Sie durchführen, dazu geeignet sind, Ihnen aufzuzeigen, ob Sie mit Ihrer Entwicklung auf dem richtigen Weg sind. Bei der Gestaltung Ihrer Evaluationen sollten Sie also so vorgehen, dass die formativen Tests Ihnen zeigen könnten, dass Ihre Annahmen falsch sind.

Das ist schwieriger, als Sie im ersten Moment vielleicht denken mögen. Denn die meisten Menschen – wir natürlich miteingeschlossen – haben ein Problem damit, gezeigt zu bekommen, dass sie falsch liegen. Intuitiv werden deswegen oft Evaluationen und Tests erstellt, die eigentlich nur zeigen können, dass das »schon alles passt«. Unser Tipp: Sie profitieren am meisten vom Data-Driven UX Design-Ansatz, wenn Sie in die Evaluationen mit dem Ziel gehen, zu zeigen, dass Sie falsch liegen. Wenn Ihnen das nicht gelingt ... dann sind Sie vielleicht auf dem richtigen Weg.

Zusätzlich sollten Sie versuchen, Dinge zu identifizieren, die Sie noch nicht wussten. Formative Evaluationen haben das Ziel, Ihnen beim Verstehen und Lernen zu helfen. Am besten gelingt das, wenn Sie das Gesamtbild betrachten. Dazu gehören aus unserer Sicht sowohl objektive als auch subjektive Daten, die sich durch Sie zu einem Ganzen zusammensetzen lassen.

Wenn Sie sich an Abschnitt 5.4 erinnern, so haben wir dort kurz eingeführt, wie sich *objektive* und *subjektive Daten* unterscheiden und wann Sie wahrscheinlich welche Art der Daten zur Verfügung haben. Noch einmal ganz knapp zusammengefasst:

- Sie brauchen objektive Daten (z. B. aus Beobachtungen oder digitale Nutzungsdaten), um einschätzen zu können, ob die Nutzenden in der Lage sind, mit Ihrer Lösung umzugehen, diese fehlerfrei zu verwenden und die gewünschten Ziele tatsächlich zu erreichen.
- Sie brauchen subjektive Daten (z. B. Meinungen in Interviews, Skalenbewertungen in Fragebögen), um einschätzen zu können, ob Ihre Lösung von den Nutzenden akzeptiert wird und ob diese bereit sind, Ihre Lösung in ihren Alltag zu integrieren.

Beide Datenarten haben also eine unterschiedliche Zielsetzung, sind aus unserer Sicht aber auch nur gemeinschaftlich sinnvoll interpretierbar. Sie haben weder gute Karten, wenn die Lösung vollkommen fehlerfrei bedienbar ist, aber keiner die Lösung nutzen will. Noch haben Sie gute Karten, wenn alle von der Idee und dem Design begeistert sind, aber überhaupt nicht verstehen, wie die Lösung genutzt werden kann.

Für uns haben Sie dann eine erfolgreiche formative Evaluation durchgeführt, wenn Sie besser verstanden haben,

- ob und wie gut Ihre Lösung für die Nutzenden funktioniert,
- warum das so ist und
- was Sie tun müssen, um die gefundenen Probleme zu lösen.

In den meisten Fällen gehen wir bei der Gewinnung von Daten von den Nutzenden aus. Im nächsten Abschnitt möchten wir Ihnen aber noch einmal kurz eine Alternative vorstellen, nämlich die Nutzung von Experten, um eine Bewertung Ihrer Gestaltungslösung durchzuführen.

12.3 Nutzerevaluation vs. Expertenevaluation

Evaluation heißt im ersten Schritt einfach nur *Bewertung*. Bewertungen können von verschiedenen Personen vorgenommen werden. Im User Experience-Bereich sind die zwei wichtigsten Gruppen dabei Nutzende und Experten. Über Nutzende haben wir in diesem Buch schon an vielen Stellen gesprochen, über Experten an weniger Stellen. Beide Gruppen sind jedoch in der Lage, die Bewertung von einzelnen Lösungen vorzunehmen.

In diesem Kapitel werden wir Ihnen verschiedene Methoden vorstellen, die Sie einsetzen können, um die Qualität Ihrer Prototypen oder Ihrer Lösungen zu bewerten. In diesem kurzen Abschnitt möchten wir aber bei Ihnen einmal das Bewusstsein dafür schärfen, was Nutzerevaluationen und was Expertenevaluationen leisten können. Beide haben unterschiedliche Stärken und Schwächen und lassen sich gut ergänzend einsetzen. Im besten Fall nutzen Sie beide Arten von Evaluationen gemeinsam.

Expertenevaluationen haben den Vorteil, dass sie zu einem sehr frühen Zeitpunkt eingesetzt werden können und oft übergreifend funktionieren. Wenn Ihr System also aus mehr als einer Komponente besteht und vielleicht eine Webanwendung und eine App beinhaltet, dann kann eine frühe Expertenevaluation helfen. Je nachdem. welche Expertise Ihr Experte mitbringt, sind verschiedene Schwerpunkte in der Bewertung möglich:

- Haben Sie einen *Experten mit einem technischen Schwerpunkt*, dann wird diese Expertise Ihnen helfen, zu verstehen, wie die beiden Systeme ineinandergreifen müssen, wie die Datenübertragung funktioniert und wie der Login mit den gleichen Credentials auf beiden Anwendungen möglich wird.
- Haben Sie einen *fachlichen Experten*, dann kann dieser Experte für Sie prüfen, ob die richtigen Fachbegriffe eingesetzt wurden und passende Werte voreingestellt sind.
- Haben Sie einen *UX-Experten* an der Hand, kann dieser beurteilen, ob die Benutzerführung sinnvoll umgesetzt ist, ob die Gestaltung über die verschiedenen Designs zueinander passt und ob Interaktionselemente konsistent eingesetzt werden.

In jedem dieser Fälle erhalten Sie wertvolle Rückmeldungen, die Ihre Lösung deutlich verbessern werden. Das Beste daran: Mit Experten können Sie gewöhnlich schon sehr früh arbeiten, wenn Ihre Lösung noch nicht viel mehr als ein erster Gedanke oder ein Konzept ist.

Jetzt fragen Sie sich vielleicht: »Wenn Expertenbewertungen so wertvoll sind, warum nutzt man dann nicht ausschließlich Expertenbewertungen?« Tatsächlich machen das viele Unternehmen, und oft ist der Moment, in dem eine ausschließlich durch Expertenbewertungen optimierte Lösung auf den Markt kommt, der Moment, in dem dem Unternehmen klar wird, dass das nicht funktioniert. Denn die ausschließliche Bewertung durch Experten lässt vollkommen außen vor, dass der entscheidende Punkt für die Qualität der Lösung nicht zwangsweise die technische Umsetzung ist oder die designerische Passung einzelner Elemente zu einander. In den meisten Fällen entscheidet über »Sieg oder Niederlage« einer Lösung ausschließlich, ob die Lösung ein Problem der Nutzer (gut genug) löst. Und um diese Frage zu beantworten, brauchen Sie die Nutzenden.

Gewöhnlich stellen wir Ihnen immer viele verschiedene Möglichkeiten vor, die Sie nutzen können, und sagen: »Alles ist okay. Machen Sie das genauso, wie es für Sie passt.« An dieser Stelle möchten wir von diesem Vorgehen jedoch abweichen, weil die Frage, ob Sie sich für oder gegen *Nutzerevaluationen* entscheiden, so grundlegend wichtig für den Erfolg Ihrer Lösung ist. Um es ganz deutlich zu sagen: *Wenn Sie Ihre Lösung auf den Markt bringen, und Sie haben vorher nie mit einem Nutzer darüber geredet und Ihre Lösung nie mit Nutzern getestet, dann haben Sie etwas fundamental falsch gemacht!*

Expertenbewertungen können jederzeit zusätzlich zum Einsatz kommen, aber sie dürfen auf keinen Fall die einzige Art der Bewertung sein, wenn Sie sicherstellen wollen, dass Sie am Ende eine verständliche, begeisternde und sichere Lösung gefunden haben.

12.4 Remote vs. vor Ort

Egal, ob Sie mit Experten oder Nutzenden oder beiden Gruppen arbeiten, Sie werden immer die Entscheidung treffen, ob Sie die Bewertungen remote oder vor Ort gemeinsam durchführen. Vor allem die letzten Jahre haben der Verwendung von Home Office und digitalen Lösungen einen massiven Schub verliehen, sodass Sie zu Recht sagen können: »Remote funktioniert doch fantastisch!« Da sind wir voll bei Ihnen. *Remote-Testing* hat viele Vorteile, die nicht zu vernachlässigen sind:

- Es ist kostengünstig auch national/international einsetzbar.
- Reisezeiten entfallen
- Teures Equipment (z. B. Labore) kann eingespart werden.

Die Vorteile sind eigentlich selbsterklärend und für viele Unternehmen und Startups sind das entscheidende Kriterien, die eindeutig für den Einsatz von Remote-Testing sprechen. Aber wo Licht ist, ist auch Schatten. Die hohe Flexibilität geht mit einigen Nachteilen einher:

- Das Remote-Testing ist abhängig von der technischen Infrastruktur der Nutzenden.
- Beim Remote-Testing droht der Verlust von wichtigen Informationen, wenn z. B. keine Webcam vorhanden ist, was je nach Zielgruppe durchaus der Fall sein kann.
- Sie haben schlechte bis keine Kontrolle, ob die Nutzenden die Vereinbarungen zur Geheimhaltung beachten.
- Es ist keine verzerrungsfreie Testung von nichtdigitalen Produkten möglich. Auch bei digitalen Produkten sind Verzerrungen möglich.

Da die Nachteile weniger bekannt und weniger offensichtlich sind, möchten wir diese kurz andiskutieren, um Ihnen eine bessere Entscheidungsgrundlage zu ermöglichen. Danach sehen wir uns an, welche Rolle die Art des Produktes spielt.

12.4.1 Abhängigkeit von technischer Infrastruktur

Gerade dann, wenn Sie ein technisches Produkt entwickeln, verfügen Sie und Ihr Team wahrscheinlich über eine mindestens solide technische Ausstattung. Sie haben wahrscheinlich zuverlässiges Internet, ausreichend schnelle Rechner und Zugang zu sonstiger Technologie, die Sie für die Entwicklung Ihrer Lösung benötigen.

Bei Ihren Zielgruppen ist das nicht immer der Fall: Fehlt die nötige Infrastruktur oder kann sie nicht so gut bedient werden, wie es für den Test nötig ist, werden Remote-Testings mindestens schwierig, wenn nicht sogar unmöglich.

Achtung, Trugschluss!

Immer, wenn etwas für einen selbst selbstverständlich ist, neigt man dazu, davon auszugehen, dass dies auch für andere gilt. Von sich auf andere zu schließen, kann aber auch in Sachen Ausstattung ein Trugschluss sein.

In unseren Anfangszeiten des Remote-Testings waren wir teilweise vollkommen erstaunt, wenn Teilnehmer keine stabile oder nur eine sehr langsame Internetverbindung hatten oder über keine Webcam verfügten. Manchmal stehen wir vor dem Problem, dass Teilnehmer nichts auf dem PC installieren dürfen, weil es nicht der eigene ist und die Administratorrechte fehlen. Nicht selten können Nutzende ihre eigene Technik nicht so bedienen, wie wir es bräuchten, um den Test durchführen zu können.

12.4.2 Verlust wichtiger Informationen

Stellen Sie sich vor, Sie machen einen Test, bei dem Sie die Nutzung beobachten und die Person befragen. Leider ist deren Internetanschluss langsam und hängt sehr häufig, und eine Webcam hat Ihr Gegenüber auch nicht. Dadurch verlieren Sie sehr viele Informationen. Vielleicht bekommen Sie nicht einmal richtig mit, ob die Aufgabe erfolgreich gelöst wurde. Mindestens fehlen Ihnen aber nonverbale Informationen, die in normalen Interviews über die Körperhaltung, den Gesichtsausdruck und Pausen vermittelt werden. Je weniger echte Daten Sie haben, umso mehr müssen Sie raten, was passiert. Und je mehr Sie raten, umso weniger bringt Ihnen der Test.

Achten Sie also jeden Fall auf eine sinnvolle technische Grundausstattung! Sollten Sie mit einer Zielgruppe arbeiten, die ländlich wohnt oder über wenig technische Ausstattung verfügt, dann bringt es leider auch nur wenig, mit den wenigen Personen zu testen, die doch über die passende Ausstattung verfügen. Wenn Sie das machen, dann bekommen Sie höchstwahrscheinlich eine Verzerrung – oder wie es in der Fachsprache heißt: einen *Bias* – in die Daten. Ihre Teilnehmer haben dann höchstwahrscheinlich andere technische Voraussetzungen und Kenntnisse als die eigentliche Zielgruppe, und damit wären die Ergebnisse nicht oder nur teilweise übertragbar. Dieses Problem ist nicht so leicht zu lösen.

12.4.3 Weniger Kontrolle über Geheimhaltung

Der dritte große Nachteil ist, dass Sie weniger Kontrolle darüber haben, was auf der anderen Seite passiert. Wenn Sie die Testteilnehmer zu sich in die Labore oder Räume einladen und ihnen dort ein Gerät mit dem vorinstallierten Prototyp zur Verfügung stellen, dann sehen Sie, was damit geschieht.

Wenn Sie hingegen Teilnehmer und Teilnehmerinnen remote testen lassen und den Bildschirm teilen oder ein Produkt vorab zur Verfügung stellen, dann haben Sie nur einen geringen Einfluss darauf, was die Teilnehmenden mit dem Prototyp anstellen. Sie können weder sehen noch verhindern, dass der Screen aufgenommen wird oder Fotos von Ihrer Lösung entstehen. Gerade in frühen Phasen oder bei Innovationen wird jedoch oft großer Wert auf Geheimhaltung gelegt. Diese ist deutlich schwieriger zu garantieren, wenn Sie remote arbeiten, als wenn Sie persönlich testen.

12.4.4 Keine verzerrungsfreie Testung nichtdigitaler Produkte

Der letzte große Nachteil ist der, dass Remote-Testings von Produkten, die zumindest teilweise aus Hardware bestehen, schwer zu verwirklichen sind, ohne die Ergebnisse zu verzerren. (Wir gehen hier davon aus, dass Sie die Produkte noch nicht frei verteilen wollen.)

Wenn Sie zum Beispiel eine Smartwatch entwickeln oder einen smarten Kühlschrank, dann können Sie zwar die Benutzeroberfläche auf *Verständlichkeit* prüfen. Probleme, die durch die *Interaktion* mit der Smartwatch oder den Kühlschrank selbst entstehen, können Sie aber nur sehr schwer erkennen. Dazu müsste der Nutzende die Smartwatch am Arm tragen bzw. direkt am Kühlschrank stehen. Ihre Testergebnisse werden also vermutlich bei einer Neuentwicklung zu positiv ausfallen und einen ganzen Bereich der Interaktion gar nicht betrachten. Das Remote-Testen von (teilweise) physischen Produkten ist damit ein bisschen so, als würden Sie beim Testen selbst ein Auge zudrücken.

Ein persönliches Beispiel: Das hätten Remote-Tests nicht aufgedeckt

Wir erhalten und versenden persönlich relativ viele Pakete und Päckchen. Früher war es eine große Herausforderung, diese Pakete tatsächlich zu erhalten, weil wir aufgrund unserer Arbeit oft nicht zu Hause waren, wenn die Zustellung erfolgen sollte. Inzwischen gibt es dafür die Packstationen. (Danke, DHL!) Die Packstationen haben unser Leben in sehr vielen Dimensionen einfacher gemacht.

Wenn Sie Michaela aber bei der Bedienung einer Packstation beobachten würden, dann würden Sie das wahrscheinlich nicht glauben: Irgendwie funktionieren die Touchscreens für sie nicht. Die Tasten reagieren nicht, und sie muss oft so fest drücken, dass sich ihre Finger regelrecht verbiegen. Manchmal drückt sie mit vier Fingern gleichzeitig auf die Tasten, bis sie reagieren. Das ist ein Problem, das Sie über einen Remote-Test niemals herausgefunden hätten (und das offensichtlich auch nicht herausgefunden wurde), da das Problem nicht in der Logik der digitalen Benutzeroberfläche, sondern in der Interaktion mit dem physischen Teil des Produkts »Packstation« (dem Touchscreen) liegt.

Remote-Tests liefern Ihnen also nur einen Teil der Wahrheit, wenn Sie ein Produkt mit einer physischen Komponente haben.

Bitte verstehen Sie die Auflistung und Erklärung der Nachteile nicht falsch: Wir sind für Remote-Tests und setzen diese auch regelmäßig ein. Die Frage ist nur, wann und wofür. Weil das so wichtig ist, möchten wir Ihnen ein paar Leitfragen an die Hand geben, mit denen Sie selbst entscheiden können, ob ein Test besser remote oder persönlich durchgeführt werden sollte. Folgende Fragen sollten Sie sich also vor der Entscheidung für oder gegen einen Remote-Test stellen:

- Um was für eine Art von Produkt handelt es sich?
- Welche Informationen brauche ich, um über die Qualität meines Produkts entscheiden zu können?
- Wie wichtig ist Geheimhaltung bei meinem Test?

Sehen wir uns diese drei Punkte kurz im Einzelnen an.

12.4.5 Um was für eine Art von Produkt handelt es sich?

Die erste – und wahrscheinlich entscheidendste – Frage ist, um was für eine Art von Produkt es sich bei Ihrer Lösung handelt. Wenn Sie ein rein digitales Produkt haben, wie eine App oder eine Webanwendung, dann stehen die Zeichen für ein Remote-Testing erst einmal gut. Vorausgesetzt, Ihre Zielgruppe hat das richtige Equipment. Dementsprechend empfehlen wir, sich als Zweites zu fragen: »Besitzt die Zielgruppe mehrheitlich das passende Equipment, um an einem Remote-Test teilzunehmen?« Wenn das nicht der Fall ist, empfehlen wir, entweder persönlich zu testen oder sich zu überlegen, wie Sie die Zielgruppe einfach mit dem passenden Equipment versorgen können. Oder Sie könnten sich dazu entscheiden, auf das passende Equipment zu verzichten und damit gegebenenfalls einen Teil der Information zu verlieren.

Welche Informationen brauche ich, um über die Qualität meines Produkts entscheiden zu können?

Wenn Sie ein physisches Produkt haben, dann sollten Sie sich fragen, in welchem Stadium der Entwicklung es gerade ist. Wenn Sie noch ganz am Anfang sind und es um das grobe Konzept oder um das Problemverständnis geht, dann können Remote-Tests sinnvoll eingesetzt werden. Wenn Sie schon erste physische Prototypen haben und sich Gedanken über die Haptik und das Handling machen, dann ist ein Remote-Test weniger gut geeignet.

Wie wichtig ist Geheimhaltung bei meinem Test?

Und als Letztes sollten Sie sich noch fragen, wie wichtig die Geheimhaltung in Ihrem speziellen Fall ist. Je geheimer das Projekt ist, umso eher sollten Sie unter Rahmenbedingungen testen, die Sie selbst gestalten können. Dadurch wird in den meisten Fällen die Entscheidung zugunsten eines persönlichen Tests in Ihrem Räumen ausfallen.

12.4.6 Fazit

Noch ein Wort zum Schluss an dieser Stelle: Es gibt viele Gründe, die für Remote-Testing sprechen, und es gibt viele Gründe, die für ein gemeinsames Vor-Ort-Testing sprechen. Sie müssen abwägen, welche Gründe für Sie selbst und Ihr Unternehmen schwerer wiegen.

Generell möchten wir Ihnen aber als Denkanstoß mit auf den Weg geben, dass Vor-Ort-Interviews oft leichter zu führen sind und bessere Ergebnisse bringen. Die Interviewer bekommen mehr von ihrem Gegenüber mit (Körperhaltung, Mimik etc.) und sind dadurch besser in der Lage, sich auf das Gegenüber einzustellen. Vor allem bei Lösungen, bei denen es um viel Vertrauen geht, kann dieser Unterschied entscheidend für die Qualität der Ergebnisse sein.

12.5 Test-Cases gestalten

Bevor wir endlich zu den einzelnen Methoden kommen, möchten wir noch ein Thema vorziehen, das eigentlich zu einigen der vorgestellten Methoden selbst gehört. Wir möchten es aber in diesem Abschnitt zentral behandeln und dann, wenn notwendig, in den einzelnen Methoden wieder aufgreifen. Es handelt sich um das Thema »Test-Cases gestalten«. Darunter verstehen wir die Gestaltung von einzelnen Aufgaben, die in einem Nutzertest (z. B. einem Usability-Test oder einem Usability-Sprint) zum Einsatz kommen und vorgeben, was durch den Nutzer getestet werden soll.

Für unsere Nutzertests verfolgen wir ein systematisches Vorgehen, bei dem wir die Test-Cases für alle Nutzenden einer Gruppe gleich definieren. Mit anderen Worten: In unseren Nutzertests bekommen alle Personen die gleichen Aufgaben im gleichen Setting. Das ist wichtig, um objektive Daten dazu zu sammeln, ob eine bestimmte Gestaltungslösung gut verstanden wird und vom Nutzer erfolgreich bedient werden kann. Durch die einheitliche Gestaltung der Test-Cases stellen wir sicher, dass Fehler, die wir beobachten, auch systematisch analysiert und verbessert werden können. Um das möglichst einfach zu gewährleisten, beschreiben wir die Test-Cases anhand von mehreren Dimensionen:

1. Pre-Conditions (Eingangszustand)
2. Anweisung an den Nutzer

3. Korrekte Ausführung der Aufgabe
4. Post-Condition bei korrekter Durchführung (Ausgangszustand)

12.5.1 Pre-Conditions

Die *Pre-Conditions* beschreiben, in welchem Zustand der Prototyp ist, wenn der Nutzer mit ihm in Kontakt kommt. Hier legen wir zum Beispiel fest, auf welcher Seite bzw. welchem Screen in einem Prototyp gestartet wird oder ob und welche Eingaben auf dem Bildschirm schon getätigt wurden. Damit haben alle Nutzenden im Test die gleiche Ausgangsbedingung. Wäre das nicht der Fall, dann könnten wir später nicht mehr sauber vergleichen. Wir wüssten beispielsweise nicht, ob ein Fehler aufgrund anderer Startbedingungen oder aufgrund einer Nutzerinteraktion aufgetreten ist.

Die Pre-Conditions (also der *Eingangszustand*) wird nicht für den Nutzenden explizit kommuniziert, sondern ist nur für den Testleiter wichtig, damit dieser die richtigen Rahmenbedingungen schaffen kann. Wenn Sie Ihre Test-Cases planen, dann ist ein wichtiger Teil der Pre-Conditions auch, die passende Nutzungsumgebung vorzugeben. Wir versuchen immer, so nah wie möglich an der Realität zu sein – zumindest mit den wichtigsten Rahmenbedingungen.

Ein extremes Beispiel

Stellen Sie sich vor, Sie entwickeln ein System für eine Intensivstation. Dann sind die Umgebungslautstärke, die Anzeigen von verschiedenen anderen Systemen, die Alarme von verschiedenen anderen Geräten und der Zeitdruck relevant – nicht aber die Frage, ob die Tapete lila oder blau ist.

Die kritischen Elemente versuchen wir in die Szenarien und die Umgebung hineinzudesignen – auf der einen Seite, indem wir die Testräume mit dem passenden Equipment ausstatten, auf der anderen Seite, indem wir Störungen, Zeitdruck und Ähnliches mit einplanen, wenn es notwendig ist. Dazu kann aber auch gehören, dass beispielsweise bei der Gestaltung vorab im richtigen Farbraum gearbeitet wird, damit die Farbkontraste auf den Testgeräten und den späteren Geräten korrekt dargestellt werden können. (Gegebenenfalls besitzen nämlich Ihr Computer, an dem das User Interface entsteht, und der Prototyp eine bessere Auflösung oder ein besseres Kontrastverhältnis als das spätere Produkt.)

Fazit

Die systematische und korrekte Gestaltung der Pre-Conditions ist wichtig, um am Ende Ergebnisse zu erhalten, die wirklich Aussagen über die Qualität der Gestaltungslösungen zulassen. Wir hoffen, dieser Abschnitt hat Ihnen einen kurzen Einblick in die Vielfalt der Punkte gegeben, die beim Planen von Tests bedacht werden sollten.

Welche Punkte in Ihrem konkreten Fall relevant sind, können nur Sie anhand der eigenen Situation und Ihrer Zielsetzung entscheiden, da diese eng mit dem jeweiligen System, Produkt oder der jeweiligen Dienstleistung sowie der Nutzungsumgebung verwoben sind.

Wenn Sie unsicher sind, können Sie sich noch einmal den einführenden Abschnitt zum Nutzungskontext (siehe Abschnitt 2.2.5) und Kapitel 9 zur Nutzungskontextanalyse ansehen und prüfen, welche der Aspekte Einfluss auf die Verwendung Ihres Systems, Ihres Produkts oder Ihrer Dienstleistung haben könnten. Genau diese Aspekte sollten Sie in der Pre-Condition berücksichtigen.

12.5.2 Anweisungen an Nutzende

Mit »Anweisungen an die Nutzenden« meinen wir alles, was diese gesagt oder gezeigt bekommen. Das umfasst gewöhnlich eine Beschreibung der Ausgangssituation und eine Beschreibung der Aufgabe, also ein Szenario, in das sie sich für den Test eindenken sollen.

Ein Beispiel für ein solches Szenario könnte sein:

> *»Stellen Sie sich bitte vor, Sie haben seit einigen Monaten Probleme mit Ihren Augen. Diese fühlen sich oft müde an und tränen. Nun sind Sie auf der Suche nach einem passenden Facharzt, der einen Blick auf Ihre Augen wirft und Ihnen hilft, passende Schritte zu ergreifen. Als Sie danach googeln, werden Sie auf folgende Anzeige aufmerksam. Bitte lesen Sie die Anzeige, und geben Sie mir in eigenen Worten wieder, was Ihnen hier angezeigt wird.«*

Wir versuchen, die Szenarien dabei immer so zu formulieren, dass es für den Nutzer leicht wird, sich in die jeweilige Situation hineinzudenken und die Aufgabe klar ist. Trotzdem sollte die Beschreibung so neutral wie möglich sein und keine Beeinflussung in eine Richtung beinhalten, sonst verzerren Sie direkt das Ergebnis.

Ein Beispiel für ein weniger gelungenes Szenario wäre der folgende Text:

> *»Stellen Sie sich bitte vor, Sie haben seit einigen Monaten Probleme mit Ihren Augen. Diese fühlen sich oft müde an und tränen. Nun sind Sie auf der Suche nach einem passenden Facharzt, der einen Blick auf Ihre Augen wirft und Ihnen hilft, passende Schritte zu ergreifen. Ein Freund von Ihnen hat vor wenigen Wochen eine App entdeckt, die bei der Vermittlung von Fachärzten hilft. Er ist von der App vollkommen begeistert und empfiehlt sie Ihnen wärmstens weiter. Bitte laden Sie sich die App ›Healthyfy‹ einmal herunter, und installieren Sie sie.«*

Durch die Kombination von »Freund« und »Empfehlung« wird schon eine positive Beeinflussung vorgenommen, die Sie in einer Testsituation am besten vermeiden sollten.

Sie sollten Szenarien zusätzlich so formulieren, dass sich nahezu jede Person der Nutzergruppe in das Szenario hineinversetzen kann. Die Formulierung darf also nicht zu viele Details enthalten, beispielsweise aus dem allgemeinen Privatleben. Es ist ein wenig so wie ein Horoskop: Irgendwie sollte man das Gefühl haben, dass es eine echte Situation aus dem eigenen Leben sein *könnte*.

Um die Szenarien so realistisch wie möglich – und damit die Ergebnisse so gut wie möglich zu machen – empfehlen wir Ihnen, sich bei der Beschreibung der Szenarien in den Test-Cases Zeit zu nehmen und diese so logisch wie möglich aufzubauen. Die Nutzenden sollten also zuerst aufgefordert werden, sich die App herunterzuladen und sich einzuloggen, bevor sie Aufgaben in der App lösen sollen. Generell gilt auch hier die Logik »vom Groben zum Feinen«. Sie fangen also allgemein an und gehen dann erst Schritt für Schritt weiter ins Detail.

Schritte überspringen?

Natürlich müssen Sie in Ihren Tests nicht jedes Mal alle Aufgaben durchführen lassen. Sie sollten sich aber darüber im Klaren sein, dass Sie das Überspringen wichtiger und notwendiger Aufgaben für die Nutzung erklären müssen (»Stellen Sie sich vor, Sie haben die App bereits heruntergeladen und sich einen Account angelegt. Sie möchten die Anwendung nun zum ersten Mal starten.«) und dass den Nutzenden durch dieses Überspringen teilweise wichtige Informationen verloren gehen können, was später zu Problemen führt.

Ein Beispiel: Sie haben ein Tutorial, das das zu testende Produkt erklärt. Das Tutorial haben Sie schon optimiert, und Sie wissen, dass es funktioniert. Trotzdem macht es keinen Sinn, im Test das Tutorial immer zu überspringen, weil dadurch Wissen über die Verwendung des Produkts im folgenden Test fehlen würde.

Noch ein letzter Tipp: Geben Sie Anweisungen nicht frei sprechend an die Nutzenden. Auch wenn das natürlich eleganter wirkt, werden Sie merken (sollten Sie das doch einmal tun), dass Sie bei acht Personen acht leicht andere Begriffe verwenden und acht leicht andere Szenarien erzählen. Auch dann haben Sie wieder das Problem, dass die Ausgangsbedingungen nicht gleich sind. Vielleicht hat das keinen Effekt. Vielleicht aber doch. Daher empfehlen wir: Lesen Sie das Szenario vor. Dann können auch mehrere Interviewer wesentlich leichter parallel testen.

12.5.3 Korrekte Ausführung der Aufgabe

Die korrekte Ausführung der Aufgabe beschreiben wir, um es dem Testleiter die Entscheidung zu erleichtern, ob die Aufgabe auf dem bestmöglichen Weg ausgeführt wurde oder ob die Nutzenden einen Umweg gegangen sind. Auch dadurch wird es leichter, sicherzustellen, dass alle Tests (auch mit mehreren Interviewern) gleich ablaufen.

Die Schritte zur korrekten Ausführung der Aufgabe sind für die Nutzenden nicht sichtbar und sind nur eine interne Hilfestellung, mit der es dem Testleiter leichter fällt, die Nachbefragung zu den einzelnen Aufgaben zielführend zu steuern. Außerdem fällt auch die Dokumentation während und nach der Durchführung leichter, wenn klar ist, wann eine Aufgabe beispielsweise als »erfolgreich abgeschlossen« bewertet wird. Das werden wir gleich noch mal bei den Post-Conditions aufgreifen. Dort geht es aber um den Ausgangszustand – also das Ende der Aufgabe. Durchaus können aber auch schon Fehler während der Lösung auftreten, die anschließend nicht mehr erkennbar sind.

Ein Beispiel: Zur Zulassung von Corona-Schnelltests müssen ebenfalls Usability-Tests gemacht werden, und wir haben davon einige Tausend durchgeführt. Hierbei ist es wichtig, zu dokumentieren, ob Nutzende beispielsweise das Biomaterial korrekt entnommen haben. Wurde beispielsweise der Tupfer anstatt in die Nase in den Mund gesteckt (bei einem Test, der dafür nicht vorgesehen ist) und der Test sonst vollkommen korrekt durchgeführt, dann ist der komplette Test trotzdem ungültig.

12.5.4 Post-Condition bei korrekter Durchführung

Ähnlich verhält es sich mit den *Post-Conditions* – also dem *Ausgangszustand*, wenn der Nutzer die Aufgabe erledigt hat. Wenn der Ausgnagszustand beschrieben wurde, hilft das dabei, schnell abzugleichen, ob und, wenn ja, welche Fehler vorliegen.

Vor allem für schnelle Methoden, bei denen kurz nach der Testdurchführung ein erstes Ergebnis vorliegen soll (zum Beispiel weil die nächste Überarbeitungs- und Testphase fest geplant ist), ist dieses Vorgehen hilfreich, weil die Beurteilung, ob ein Test-Case erfolgreich gelöst wurde oder nicht, sehr schnell und einfach möglich wird.

12.5.5 Die Anzahl der Test-Cases festlegen

Wie viele Test-Cases Sie in einem Test abdecken können und wie das Verhältnis von tatsächlichem Testing zur Befragung ist, hängt ganz von Ihrem Produkt und dem Stand in der Entwicklung ab:

- Je länger und aufwendiger die Szenarien sind, umso weniger Szenarien werden Sie sinnvoll testen können.
- Je näher Sie am Release des Systems, Produkts oder der Dienstleistung sind, umso stärker sollten Sie sich auf objektive Daten konzentrieren und umso weniger Zeit in Befragungen investieren – vorausgesetzt, Sie haben die richtigen Fragen vorher gestellt.

12.6 Die vorgestellten Methoden

Bevor wir Sie direkt mit den Methoden konfrontieren, möchten wir Ihnen eine kurze Übersicht dazu geben, welche Methoden Sie erwarten und wie die jeweiligen Methodenkapitel aufgebaut sind. Auf folgende Methoden werden Sie treffen:

- Usability und User Experience-Test (Abschnitt 12.7)
- Usability und User Experience-Sprint (Abschnitt 12.8)
- Rapid User-Test (Abschnitt 12.9)
- A/B-Testing (Abschnitt 12.10)
- UX-Benchmarking (Abschnitt 12.11)
- 5-Sekunden-Test (Abschnitt 12.12)
- Standardisierte Fragebögen (Abschnitt 12.13)
- Analyse von quantitativen Nutzungsdaten (Abschnitt 12.14)
- Webtracking/Klickanalyse (Abschnitt 12.15)
- Tagebuchstudie (Abschnitt 12.16)
- Card Sorting (Abschnitt 12.17)
- Experten-Review (Abschnitt 12.18)
- Assoziationsraumtest (ARTTest) (Abschnitt 12.19)
- Eyetracking (Abschnitt 12.20)
- Physiologische Messgrößen (Abschnitt 12.21).

Die Methoden sind eine Mischung aus sehr bekannten und verbreiteten Methoden (z. B. der *Usability und User Experience-Test*, das *Card Sorting* oder das *Eyetracking*) sowie aus eigenen Anpassungen verschiedener Methoden, die uns in den letzten Jahren gut bei unserer Arbeit unterstützt haben (*Usability und User Experience-Sprint* und *ARTTest*).

Damit es für Sie leichter wird, sich innerhalb der Methoden zu orientieren, haben wir uns bei der Darstellung der Methoden auf einen festen Ablauf geeinigt, der für (fast) alle Methoden gleichbleibt:

- Zu Beginn jedes Methodenkapitels stellen wir Ihnen kurz vor, um was für eine Methode es sich generell handelt.
- Auf diese Kurzvorstellung folgt eine Erläuterung der Schritte, die umgesetzt werden sollten, wenn Sie diese Methode anwenden (Abschnitt »Wie funktioniert das?«).
- Im Abschnitt »Wann wird der Test eingesetzt?« erklären wir, unter welchen Rahmenbedingungen der Einsatz der vorgestellten Methode sinnvoll ist.
- Der Abschnitt »Was braucht man dazu?« gibt Ihnen eine Übersicht über die wichtigsten Dinge, die Sie für die Durchführung der Methode benötigen.

- Im Anschluss folgen die Abschnitte »Was sind die Vorteile?« und »Was sind die Nachteile?«, in denen wir diese jeweils detailliert darstellen.
- Der letzte Abschnitt ist jeweils der Abschnitt »Welche Alternativen gibt es?«, der Ihnen noch einmal aufzeigt, welche Methoden ähnliche Ergebnisse oder Teilergebnisse aufweisen würden.

Das jeweilige Methodenkapitel schließt mit einem Steckbrief der Methode. Wenn Sie die Methoden auf einen Blick auswählen möchten, dann empfehlen wir Ihnen den Blick in unsere Methodenmatrix aus Kapitel 14, bei der die Eignung der einzelnen Methoden im Überblick dargestellt ist.

Im Anschluss an die Vorstellung der Methoden sehen wir uns auch an, wie Sie Fehler analysieren und aus Ihren Ergebnissen begründete Entscheidungen für die Weiterentwicklung Ihres Projekts ableiten (Abschnitt 12.22 und Abschnitt 12.23). Das Kapitel endet mit einem extra Abschnitt zu Evaluationen von Medizinprodukten und Beispielen für MoveHub, BusinessBooster und Healthify.

Jetzt geht es aber los mit der ersten Methode!

12.7 Der Usability- und der User Experience-Test

Die erste und wahrscheinlich bekannteste Methode, die wir Ihnen in diesem Kapitel vorstellen wollen, ist der Usability-Test. (Hier liegt der Fokus auf der *Usability* – die User Experience fügen wir später in diesem Abschnitt hinzu).

Der Usability-Test ist eine Kombinationsmethodik, die aus Beobachtungs- und Befragungstechniken besteht (Sarodnick & Brau, 2006). In der reinsten Form ist aber auch eine pure Beobachtung möglich. Die Beobachtung im Rahmen eines Usability- und User Experience-Tests ist dabei nicht frei, sondern orientiert sich an Aufgaben, die die Nutzenden durch den Testleiter erhalten.

12.7.1 Wie funktioniert das?

Vor dem Test

Bei einem klassischen Usability-Test wird eine Person aus der Nutzergruppe des Systems, des Produkts oder der Dienstleistung, um das bzw. die es gehen soll, mit ebendieser Anwendung konfrontiert. Die Grundvoraussetzung für einen gelungenen Usability-Test ist also die Anwesenheit der richtigen Nutzergruppe.

Um das sicherzustellen, arbeiten wir in der Vorbereitung von Usability-Tests immer mit der Entwicklung von Screenern. Ein *Screener* ist ein Dokument voller offener Fragen, die es der fragenden Person ermöglichen zu entscheiden, ob die befragte Person zur Nutzergruppe gehört oder nicht (siehe auch Abschnitt 9.3.3, »Interview/Jobs-to-be-done«). Den Screener setzen wir bereits bei der Vorauswahl der Teilnehmer ein und nicht erst bei der Durchführung der Usability-Tests selbst. So können wir sicherstellen, dass wir keine Zeit durch die Teilnahme von unpassenden Personen verschwenden.

Für manche Anwendungen gibt es *mehr als eine relevante Nutzergruppe*. In diesem Fall empfehlen wir Ihnen, für jede einzelne Nutzergruppe einen eigenen Screener zu erstellen, sodass Sie am Ende nicht mit einer »Mischperson« in die Studie starten, sondern eindeutig festlegen können, zu welcher Gruppe eine teilnehmende Person gehört. Für jede Nutzergruppe mit anderen Aufgaben oder anderen Eigenschaften empfehlen wir Ihnen, zur Durchführung eines Usability-Tests mindestens sechs Teilnehmende einzuladen. Auch wenn das nach einer relativ kleinen Anzahl an Teilnehmenden klingt, haben Studien inzwischen bewiesen, dass schon mit dieser Anzahl an Teilnehmenden ein großer Anteil an Fehlern gefunden werden kann (siehe Abbildung 12.4).

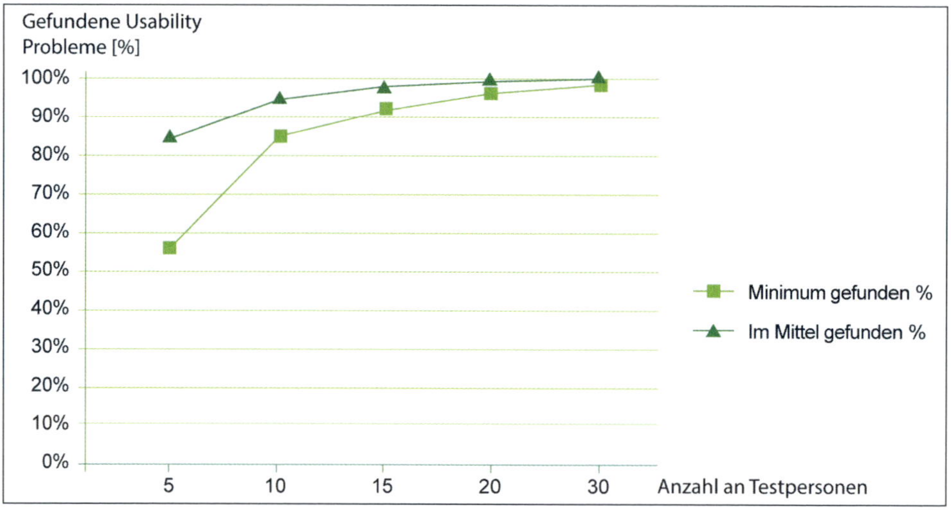

Abbildung 12.4 Prozentzahl der gefundenen Usability-Probleme über die Anzahl der Testpersonen (Quelle: Faulkner 2003, Grafik nach FDA Guidelines on Applying Human Factors and Usability Engineering to Medical Devices). Es zeigt sich, dass bei 6 Nutzern bereits mindestens 60 %, im Mittel aber über 85 % der Fehler gefunden werden.

Wie Sie an der Grafik sehen können, nimmt die Wahrscheinlichkeit, ein Usability-Problem zu entdecken, bei weniger Personen deutlich ab und würde bei weniger als fünf Personen sogar noch deutlicher fallen. Bei mehr Personen hingegen steigt die Wahrscheinlichkeit, ein Usability-Problem zu entdecken, natürlich deutlich, wobei irgendwann der Moment kommt, an dem zwischen Kosten und Nutzen abgewogen werden muss.

Wenn Alternativen verglichen werden müssen, ist die Beteiligung von deutlich mehr Personen sinnvoll, um statistisch relevante Unterschiede in der Bewertung beachten zu können. Normalerweise wird mit mindestens 30 Teilnehmenden gearbeitet, wenn man statistische Unterschiede erkennen möchte.

Die Zahl 30 stammt daher, dass Statistiker davon ausgehen, dass sich verschiedene Verteilungsformen ab 30 Personen einer Normalverteilung annähern. Das bedeutet nun aber nicht, dass die Antwort auf alle Fragen »30« ist. Wenn Sie tatsächlich wissen wollen, wie viele Personen für eine eindeutige Unterscheidung an Ihrem Test teilnehmen sollten, empfehlen wir Ihnen die Verwendung von sogenannten *Stichprobengrößenrechnern*. Einen möglichen Stichprobengrößenrechner finden Sie unter *https://www.surveymonkey.de/mp/sample-size-calculator/*.

Diese Überlegungen sind jedoch meistens nur für die Auswertung von Fragebogendaten relevant. Für die Auswertung von objektiven Daten aus der Beobachtung und der Entdeckung von Fehlern reicht oft eine geringere Anzahl an Teilnehmenden.

Nach Fertigstellung des Screeners und Rekrutierung der Teilnehmer erstellen wir einen *Testleitfaden*. Der Testleitfaden hat das Ziel, die Ergebnisse auch für alle Teilnehmenden vergleichbar zu machen. Er beinhaltet alle Aufgaben, inklusive

- einer Beschreibung der Vorbedingungen (»Ist die Anwendung bereits installiert? Ist der Nutzende bereits eingeloggt?«),
- der Aufgabenanleitung für den Nutzenden und
- der Nachbedingung (»Die App ist auf dem Smartphone installiert, und der Nutzende hat sich mit seinen Zugangsdaten angemeldet«).

Wie in Abschnitt 12.5, »Test-Cases gestalten«, beschrieben, ist die Aufgabenanleitung für den Nutzenden dabei meistens als Szenario beschrieben, um näher an eine echte Situation heranzukommen. Dabei wird kurz die Ausgangssituation geschildert. Die Beschreibung des Szenarios endet mit der Aufforderung, eine bestimmte Aufgabe auszuführen und Bescheid zu geben, wenn das erfolgreich erledigt wurde. Ein Beispielszenario könnte sein:

»Stellen Sie sich bitte vor, Sie haben gestern einen Anruf von Ihrer Bank bekommen, dass alle Kunden zukünftig das Online-Banking der Bank verwenden müssen. Der Bankmitarbeiter hat Sie darüber informiert, dass Sie dazu noch einen Brief mit einer Anleitung erhalten werden. Dieser Brief ist heute bei Ihnen angekommen, und Sie haben beschlossen, die Anmeldung direkt vorzunehmen. Bitte lesen Sie den Brief, und richten Sie sich anschließend Ihren Online-Banking-Zugang ein. Bitte sprechen Sie während der Aufgabe alles aus, was Ihnen durch den Kopf geht, und teilen Sie mir mit, wenn Sie das Online-Banking erfolgreich eingerichtet haben.«

Zusätzlich enthält der Testleitfaden alle Fragen, die den Nutzenden gestellt werden sollen, sowie alle Anweisungen an den Testleiter, damit er weiß, welches Material in welchem Zustand wann zum Einsatz kommt.

Der Text im folgenden Kasten zeigt einen kleinen Ausschnitt aus einem Beispieltestleitfaden, wie wir ihn nutzen würden. Der Text in den eckigen Klammern enthält die Anweisungen an den Testleiter; der Text in den geschweiften Klammern fordert den Testleiter auf, das konkrete Wording an den Teilnehmenden für diesen Fall zu übernehmen.

Ausgangssituation

Was machen Sie aktuell, wenn {Kernaufgabe, die durch Produkt gelöst werden soll}?

- Machen Sie das immer auf die gleiche Art und Weise?
- [Wenn nein:] In welchen Situationen machen Sie es anders?
  - Wie machen Sie es dann?
  - [Fragenblock wiederholen, bis Teilnehmer keine anderen Situationen/Arten mehr aufzählt]

Während des Tests

Nach Fertigstellung der Rekrutierung und des Leitfadens kann mit dem Test begonnen werden. Je nach Komplexität startet die Testreihe manchmal mit einem Vorversuch, bei dem wir eine Person einen Tag oder einige Stunden vor den anderen Teilnehmenden einladen, um zu prüfen, ob alles klappt.

Sobald die Teilnehmenden eintreffen (persönlich oder remote) startet der Test mit der erneuten Übergabe der Datenschutzbestimmung, der Geheimhaltungserklärung und der Einwilligung der Teilnehmenden, den Test aufzeichnen zu lassen. Das müssen Sie natürlich nicht machen, das Video hilft uns jedoch sehr, falls wir im Nachgang bestimmte Abschnitte noch einmal im Detail ansehen wollen. Im Anschluss geht es inhaltlich los.

Zu Beginn der Studie erfragen wir zuerst (erneut) die *Screenerkriterien*. Dadurch gelingt es uns, kurzfristige Änderungen zu bemerken und Personen gegebenenfalls noch ausschließen zu können. Im Anschluss startet der eigentliche *Test nach Leitfaden*, bei dem die Nutzenden die Szenarien vorgestellt bekommen und die Aufgaben ohne Hilfestellung durch den Testleiter lösen sollen. Während sie die Aufgaben mit der Anwendung ausführen, werden die Nutzenden beobachtet – entweder direkt durch einen Moderator oder indirekt über Kamera (siehe Abbildung 12.5).

Zusätzlich werden die Nutzenden gewöhnlich aufgefordert, während der Nutzung »laut zu denken« und zu erzählen, was ihnen gerade durch den Kopf geht. Dabei bitten wir darum, dass die Gedanken vorab nicht gefiltert werden, sondern einfach frei heraus ausgesprochen werden.

Abbildung 12.5 Ein typischer Usability-Test mit einem einfachen Versuchsaufbau

Neben der Aufgabendurchführung und dem lauten Denken werden Usability-Tests häufig mit Nachbefragungen kombiniert. In den Nachbefragungen werden weitere Fragen gestellt. Dies können entweder freie Fragen sein, die noch einmal eine subjektive Einschätzung zur Einfachheit und zum Gefallen der Anwendung beinhalten, oder es können Antworten anhand von Skalenfragen eingesetzt werden. Wenn es zeitlich machbar ist, erfragen wir zusätzlich, ob die Teilnehmenden das Gefühl hatten, die einzelnen Aufgaben erfolgreich ausgeführt zu haben, und erfragen die beobachteten Fehler und deren vermutete Ursache.

Die Durchführung eines Usability-Tests kann sowohl mit fertigen Produkten als auch mit Prototypen stattfinden. Wichtig dabei ist nur, dass die Aufgaben mit den bereitgestellten Prototypen auch umsetzbar sind. Damit die Tests den größtmöglichen Einfluss auf die Produktentwicklung haben, sollten die Produktverantwortlichen die Tests live beobachten.

Nach dem Test

Nach der Durchführung geht es an die Auswertung der gesammelten Daten. In der Auswertung können verschiedene Maße betrachtet werden:

- Anzahl gelöster bzw. nicht gelöster Aufgaben
- Anzahl gemachter Fehler
- Schweregrad der gemachten Fehler
- beobachtete Schwierigkeiten bei der Durchführung, die nicht zu Fehlern oder nichtgelösten Aufgaben geführt haben
- subjektive Bewertung der Anwendung

- subjektive Bewertung des Aufgabenerfolgs
- subjektive Begründung für die Fehler

Theoretisch können Sie noch viele weitere Maße erfassen, zum Beispiel die Zeiten, die für die Durchführung der einzelnen Aufgaben benötigt werden. In der Praxis hat sich für uns aber gezeigt, dass die *tatsächliche Bedienzeit* nur in den wenigsten Fällen relevant ist.

Wir betrachten Zeiten immer nur dann, wenn es einen objektiven Grund dafür gibt. Das waren bisher zum Beispiel Fälle, in denen die Blickabwendungszeit von der Straße berücksichtigt werden musste oder die Durchlaufzeit eines Passagiers im Sicherheitscheck am Flughafen, um lange Warteschlangen zu vermeiden. In den meisten anderen Fällen betrachten wir jedoch lieber die »gefühlte Zeit« beziehungsweise die »gefühlte Einfachheit« aus Sicht der Nutzenden, weil sich diese als viel besseres Maß für die spätere Bewertung herausgestellt hat als die tatsächlich gemessene Zeit.

Erweiterung: User Experience-Test

Bis hierher haben wir einen klassischen Usability-Test beschrieben. Diese Art von Usability-Testing ist gut und wertvoll und sollte auf jeden Fall zu verschiedenen Zeitpunkten in der Entwicklung eingesetzt werden, um sicherzustellen, dass die Bedienung der Anwendung reibungslos funktioniert. Wir haben jedoch oft die Erfahrung gemacht, dass eine Fokussierung auf Usability nicht ausreichend ist, vor allem, wenn es bei Ihrer Entwicklung um die Erstentwicklung einer Anwendung geht.

In diesen Fällen erweitern wir den Usability-Test regelmäßig zu einem *Usability und User Experience-Test*. Das bedeutet für uns, dass wir nicht nur prüfen, ob eine Aufgabe gut und erfolgreich auszuführen ist, sondern vor allem achten wir auch darauf, ob die richtigen Aufgaben durch die Anwendung gelöst werden und ob die Anwendung überhaupt das Problem der Nutzenden löst. Das erreichen wir, indem wir den Usability-Test um zusätzliche Teile ergänzen:

- Die erste Ergänzung findet dabei ganz zu Beginn des Tests statt und fragt nach der Problemstellung und dem aktuellen Umgang damit. Dies kann entweder in Form eines halbstrukturierten Interviews geschehen oder zum Beispiel mithilfe eines Comic-Strips, in dem wir die Problemstellung darstellen und nachfragen, ob die Ausgangssituation bekannt ist und wie aktuell damit umgegangen wird.
- Die zweite Ergänzung erfolgt nach dem Usability-Test und fragt danach, ob die vorgestellte Anwendung das Problem löst oder wenigstens zur Lösung beiträgt. So erhalten wir in einem Test Hinweise zur *Bedienbarkeit* und zum *Problem-Solution-Fit* aus Sicht der Nutzenden. Dies geschieht für gewöhnlich in Form eines halbstrukturierten Interviews, teilweise kombiniert mit Skalenfragen (z. B. »Auf einer Skala von 1 (gar nicht) bis 5 (vollkommen), wie stark trägt die vorgestellte Anwendung zur Lösung Ihres Problems bei?«).

In jedem Fall empfehlen wir Ihnen, bei der Auswertung der Usability und User Experience-Tests sehr darauf zu achten und auch in der Dokumentation kenntlich zu machen, ob Ergebnisse auf Beobachtungen (und damit objektiven Daten) oder auf Befragungen und Aussagen der Teilnehmenden (und damit subjektiven Daten) basieren.

Hier zeigt sich leider oft, dass beide Datenarten nicht viel miteinander zu tun haben müssen. So kommt es häufig vor, dass Teilnehmende fantastische subjektive Bewertungen abgeben, objektiv aber nicht in der Lage waren, die Aufgabe zu lösen. Das mag im ersten Moment nicht kritisch erscheinen. Es bedeutet aber, dass Sie später extrem viele negative Rückmeldungen erhalten werden oder hohen Support-Aufwand leisten müssen.

Andersherum wird ein tolles Feedback zur Bedienbarkeit, kombiniert mit schlechten subjektiven Bewertungen, dazu führen, dass Ihre Anwendung entweder nicht gekauft oder nicht weiterempfohlen wird. Um zu verstehen, woran Sie arbeiten müssen, ist es daher notwendig, dass Sie beide Arten von Daten einwandfrei voneinander trennen können. Das hilft auch bei der Priorisierung.

12.7.2 Wann wird der Test eingesetzt?

Usability und User Experience-Tests können zu verschiedenen Zeitpunkten in der Entwicklung von Produkten eingesetzt werden. Der frühestmögliche Zeitpunkt, um einen Usability und User Experience-Test durchzuführen, ist die Fertigstellung von ersten Wireframes oder Prototypen, die das Produkt, das System oder die Dienstleistung aus Anwendersicht zeigen.

Diese Wireframes und Prototypen können ganz einfach sein und müssen keine besonderen Anforderungen erfüllen, außer der, dass das, was gezeigt wird, später auch das ist, was die Nutzenden sehen und verwenden würden. Da ein Usability und User Experience-Test zum Ziel hat, herauszufinden, wie gut die Verwendung aus Nutzersicht funktioniert, muss die Darstellung auch aus Sicht der Nutzenden vorgenommen werden. Schemazeichnungen für die Systemarchitektur sind also nicht ausreichend. Sobald aber erste Wireframes da sind, können Sie mit dem Testen loslegen.

Wenn Sie nur Wireframes und noch keine Prototypen haben, dann funktioniert der Test vom Grundaufbau genauso wie beschrieben. Der einzige Unterschied: Anstatt irgendwo zu klicken, beschreiben die Teilnehmenden, was sie machen würden, und der Testleiter führt diese Aktion dann aus, indem er zu dem passenden Wireframe wechselt. Das funktioniert sogar bei Papierprototypen.

Je früher Sie den Usability und User Experience-Test in der Entwicklung einsetzen, umso früher bekommen Sie Feedback dazu, ob die Entwicklung Ihrer Anwendung in die richtige Richtung geht. Das gilt umso mehr, je stärker Sie neben der Bedienbarkeit auch noch die User Experience und den Problem-Solution-Fit mitbetrachten.

Neben dem Einsatz von Usability und User Experience-Tests in sehr frühen Phasen der Entwicklung können Usability und User Experience-Tests auch als abschließende Bewertung am Ende einer Entwicklung eingesetzt werden. Dann ist gewöhnlich nicht die Entwicklungsabteilung, sondern das Marketing Treiber der Tests (siehe Abschnitt 12.1, »Formatives vs. summatives Testen«). Der Fokus liegt dann noch deutlich stärker darauf, zeigen zu können, welchen Mehrwert die Anwendung aus Nutzersicht bringt und wie gut diese Anwendung das Problem der Nutzenden löst. In manchen Unternehmen werden Usability und User Experience-Tests nach Abschluss der Entwicklung aber auch als Quality-Gates in der Entwicklung eingesetzt, an denen das Entwicklungsteam durch einen neutralen Test nachweisen muss, dass die Qualität der Anwendung den Standards des Unternehmens entspricht.

Schlussendlich können Usability und User Experience-Tests auch komplett losgelöst von der Entwicklung eingesetzt werden, und zwar ausschließlich als Überprüfung des aktuellen Stands einer auf dem Markt befindlichen Lösung. In diesem Fall spricht man meistens eher vom UX-Benchmarking-Test, der aufgrund seiner Bedeutung für die Entwicklungsentscheidung aber einen eigenen Abschnitt erhält (siehe Abschnitt 12.11).

12.7.3 Was braucht man dazu?

Für die Durchführung von Usability und User Experience-Tests braucht man nicht besonders viel. Im klassischen Aufbau gibt es ein Labor, das über Einwegspiegel oder Kameras von einem Beobachtungsraum aus eingesehen werden kann (siehe Abbildung 12.6).

Abbildung 12.6 Klassisches Usability-Labor der Züricher Hochschule mit Einwegspiegel (Quelle: https://www.zhaw.ch/)

Die Einwegspiegel sind inzwischen jedoch weitgehend von digitalen Methoden wie einer Übertragung per Kamera abgelöst worden. Mit aktueller Infrastruktur wird es inzwischen möglich, Labor- und Beobachtungsflächen komplett voneinander zu trennen (mit Einwegspiegeln müssen sie zwangsweise nebeneinander liegen). Das hat den Vorteil, dass Beobachtende die Tests von überall auf der Welt verfolgen können, ohne den ganzen Tag in einem dunklen Raum ohne Licht eingepfercht zu sein, damit die Nutzenden nicht merken, dass sie beobachtet werden.

Egal für welche Lösung Sie sich entscheiden, das Minimum an Labor ist die Bereitstellung der Anwendung in einer Form, die möglichst genau der späteren Form entspricht, und eine Vorrichtung, um die Nutzung zu beobachten. Theoretisch könnten Sie also auch einfach einen Link zu einem Prototyp bereitstellen, den die Nutzenden dann auf ihren eigenen Smartphones öffnen, solange Sie die Nutzung beobachten können.

Aus unserer Sicht benötigen Sie also als Minimum für einen Usability und User Experience-Test

- eine Kriterienliste für die Auswahl der passenden Teilnehmerinnen und Teilnehmer für Ihren Test (Screener),
- einen Testleitfaden, der festlegt, welche Aufgaben die Nutzenden zu bewältigen haben und welche Fragen Sie mindestens stellen wollen,
- eine erste Darstellung der Anwendung aus Nutzersicht (Wireframes reichen aus.),
- eine Möglichkeit, die Nutzenden bei der Verwendung zu beobachten, und
- eine Dokumentation der Ergebnisse.

Für das genannte Material gibt es immer verschiedene »Ausbaustufen«. Der Screener kann nur ein Post-It sein, auf dem die Altersspanne vermerkt ist, wenn das Alter das einzige wichtige Kriterium ist. Oder er kann ein sechs Seiten langes Dokument mit 17 verschiedenen Fragen und dazugehörigen Antwortkategorien sein. Der Testleitfaden kann nur eine Liste von zwei Aufgaben und drei Fragen sein, er kann aber auch ein 20-seitiges Dokument sein, in dem alles bis ins kleinste Detail ausgearbeitet ist. Genauso verhält es sich mit dem Prototyp, der Beobachtungsmöglichkeit und der Dokumentation. Passen Sie den Umfang an Ihren Bedarf an.

Unserer Erfahrung nach hängt der Bedarf dabei stark mit der Frage zusammen, ob Sie sich im Anschluss vor irgendjemandem für die Durchführung, die Ergebnisse und die weiteren Schritte in der Entwicklung rechtfertigen müssen. Je eher das der Fall ist, umso mehr Aufwand sollten Sie in die Vorbereitung und Dokumentation aller Schritte investieren. Typische Rahmenbedingungen, unter denen das immer notwendig ist, sind: Sie besitzen ein Qualitätsmanagementsystem oder Sie sind in einer regulierten Branche unterwegs.

12.7.4 Was sind die Vorteile?

Usability und User Experience-Tests sind besonders mächtig, da sie Ihnen einen Einblick in das spätere Nutzerverhalten geben, noch bevor Sie Aufwand in die Entwicklung gesteckt haben. Damit erfahren Sie zu einem ganz frühen Zeitpunkt, ob Ihre Anwendung zu den Anforderungen der Nutzergruppe passt und wie gut die Umsetzung gelungen ist. Außerdem können Sie so mit sehr wenig Aufwand verschiedene Umsetzungen miteinander vergleichen und die beste Umsetzung wählen.

Ein weiterer Vorteil von Usability und User Experience-Tests ist, dass Sie durch die Beobachtung der Nutzung objektive Daten gewinnen, wo viele andere Verfahren der Marktforschung sonst nur subjektive Daten generieren. Es handelt sich also nicht (nur) um eine Meinung, dass das Produkt einfach zu verwenden ist, sondern Sie können mit einem Usability und User Experience-Test eindeutig zeigen, dass das Produkt schneller, einfacher und besser ist. Durch die Kombination von Beobachtung und Befragung wird es für Sie außerdem möglich, sehr zielgenau Überarbeitungen des Designs vorzunehmen, die tatsächlich zur Reduktion der beobachteten Fehler beitragen. Das ist bei reinen Befragungen gewöhnlich nicht möglich.

12.7.5 Was sind die Nachteile?

Ein Nachteil von Usability und User Experience-Tests ist, dass diese erst dann sinnvoll durchgeführt werden können, wenn bereits erste Prototypen aus Nutzersicht vorhanden sind. Je nach Projekt kann dann schon relativ viel Zeit in die Ausarbeitung und Abstimmung des zugrunde liegenden Konzepts geflossen sein. Freilich ist das eher ein Problem des Projektaufbaus als der Usability und User Experience-Tests selbst. Wir möchten es trotzdem erwähnen, weil es in der Praxis recht oft vorkommt.

Ein weiterer Nachteil ist, dass durch die simulierten Nutzungsumgebungen zum Teil andere Ergebnisse herauskommen können, als wenn die gleiche Aufgabe in der Realität beobachtet werden würde. Vor allem soziale Faktoren, wie die Anwesenheit oder Abwesenheit von anderen Personen während der Nutzung, können hier einen großen Einfluss haben. Im Vergleich zu der Notwendigkeit, bis zur Fertigstellung warten zu müssen, ist dieser Nachteil jedoch vernachlässigbar.

Im Vergleich zu Fragebogen und reinen Online-Befragungen ist die Durchführung und Auswertung von Usability und User Experience-Tests relativ aufwendig, da für gewöhnlich ein Test mit jeweils einem Teilnehmenden und einem Testleiter durchgeführt wird. Vor allem bei Produkten mit verschiedenen Zielgruppen oder bei sehr komplexen Produkten kann es so relativ schnell zu einer großen Anzahl an Teilnehmenden oder einer langen Durchführungsdauer kommen. Außerdem wird im Nachgang eine Auswertung der beobachteten und der erfragten Daten vorgenommen. Dazu kann es sogar sein, dass Videoaufnahmen der Tests noch einmal angesehen werden müssen – je nach gewünschtem Detailgrad der Auswertung.

12.7.6 Welche Alternativen gibt es?

Je nach Zielsetzung gibt es zum Einsatz von Usability und User Experience-Tests verschiedene Alternativen. Wenn vor allem die Beobachtung weiter im Fokus stehen soll, dann können zum Beispiel Usability und User Experience-Sprints (siehe Abschnitt 12.8), A/B-Tests (siehe Abschnitt 12.10), Rapid User-Tests (siehe Abschnitt 12.9) oder das UX-Benchmarking (siehe Abschnitt 12.11) zum Einsatz kommen. Geht es um ein Gefühl für die Nutzermeinung, so können standardisierte Fragebögen (siehe Abschnitt 12.13) oder Fokusgruppen (siehe Abschnitt 9.3.4) zum Einsatz kommen.

Tabelle 12.1 zeigt den Steckbrief der Methode.

Steckbrief: Usability und User Experience-Test	
Kurzbeschreibung	Der Usability und User Experience-Test ist eine Methode, bei der die Nutzenden mit einer (prototypischen) Lösung konfrontiert werden und damit bestimmte Aufgaben lösen sollen, meistens während sie laut denken. Im Anschluss daran werden sie zu den Erlebnissen mit der Lösung befragt.
Vorteile	▸ Ermöglicht das Testen der Usability vor Fertigstellung der Lösung. ▸ Ermöglicht sowohl die Gewinnung von objektiven Daten zu Problemen in der Nutzung als auch von subjektiven Daten zur Bewertung der Interaktion. ▸ Eine ergänzende Befragung unterstützt stark bei der anschließenden Optimierung der Lösung.
Nachteile	▸ Benötigt einen Prototyp, der die Interaktion für die Nutzenden nachbildet. ▸ Die simulierte Umgebung hat einen Einfluss auf die Ergebnisse – je schlechter simuliert wird, umso stärker ist der Einfluss. ▸ Die Durchführung und Auswertung sind verhältnismäßig aufwendig, weil immer nur eine Person gleichzeitig beobachtet und befragt werden kann.

Tabelle 12.1 Steckbrief für die Methode »Usability und User Experience-Test«

12.8 Usability und User Experience-Sprint

Der Usability und der User Experience-Sprint ist eine kleinere Version des Usability und User Experience-Tests und stellt eine eigene Weiterentwicklung der Usability und User Experience-Tests für die agile Anwendung dar.

Für gewöhnlich setzen wir den Usability und User Experience-Sprint ein, wenn direkt die Durchführung von verschiedenen Iterationen geplant ist und der Entwicklungszyklus sehr kurz sein soll. Dabei verkürzen wir in den meisten Fällen die Dauer von Testdurchführung und Auswertung auf einen Tag, um schnellstmöglich Ergebnisse zu bekommen, die in die weitere Ausarbeitung eingebracht werden können.

12.8.1 Wie funktioniert das?

Vom Grundaufbau her folgt ein Usability und User Experience-Sprint dem gleichen Verfahren wie ein Usability und User Experience-Test. Die Unterschiede finden sich vor allem in der Vorbereitung, der Anzahl der durchgeführten Tests, der Auswertung der Tests sowie der Dokumentation.

Bei Usability und User Experience-Sprints wird gewöhnlich ein fester *Rhythmus* etabliert, in dem die Tests durchgeführt werden. Das kann zum Beispiel bedeuten, dass bei zweiwöchigen Sprintzyklen mit Start eines neuen Sprints am Montag, die Testdurchführung und Auswertung für die Usability und User Experience-Sprints immer jeden zweiten Donnerstag ansteht, damit die Ergebnisse rechtzeitig zum Sprintplanning am Freitag vorliegen.

Sobald der Rhythmus geklärt ist und die groben Inhalte für die Sprints geplant sind, werden für die kommenden Sprints direkt Leute zur Teilnahme eingeladen. So kann sichergestellt werden, dass auch bei sehr kurzen Sprintzyklen rechtzeitig Teilnehmende zur Verfügung stehen. Diese *Vorabeinladung* wird umso wichtiger, je komplexer die Zielgruppe ist, die für die Usability und User Experience-Sprints gefunden werden muss. Wenn Sie eine Anwendung planen, die von jedem und jeder verwendet werden kann, dann können Sie höchstwahrscheinlich auch zwei Tage vorher mit Ihrer Suche starten. Wenn Sie allerdings interne oder externe Spezialisten brauchen, dann ist es sehr unwahrscheinlich, dass diese innerhalb von weniger als zwei Wochen Zeit haben, an Ihren Tests teilzunehmen.

Dadurch, dass die Durchführung und Auswertung der Usability und User Experience-Sprints innerhalb eines Tages geschehen müssen, können schon alleine aufgrund der Zeit nur wenige Personen an den Tests teilnehmen. In den meisten Fällen reduzieren wir die Durchführungszeit auf ca. 45 Minuten (verglichen mit 60 bis 120 Minuten in einem regulären Usability und User Experience-Test). Trotzdem können an einem Tag normalerweise nicht mehr als sechs Personen teilnehmen, da kurze Pausen zwischen den einzelnen Tests benötigt werden und eine gemeinsame Auswertung im Nachgang stattfinden soll.

Weil die Ergebnisse schon am nächsten Tag gebraucht werden, finden Usability und User Experience-Sprints bei uns immer gemeinsam mit dem Entwicklungsteam statt. Die Personen, die also mit den Ergebnissen arbeiten, müssen als Beobachter anwesend sein. Dadurch wird auch die parallele Durchführung von mehreren Tests weniger sinnvoll, weil sonst Teile der Informationen für die spätere Gewichtung und Auswertung nur indirekt vorhanden sind.

Die *Auswertung* der Usability und User Experience-Sprints findet meistens live statt. Dafür haben wir Vorlagen entwickelt, auf denen einmal die Aufgabe abgebildet ist und unterhalb für jeden Teilnehmer eine Zeile zu sehen ist sowie eine Spalte für »gelöst« bzw. »gelöst mithilfe« und »nicht gelöst« (siehe Abbildung 12.7).

TN	GELÖST	MIT HILFE	NICHT GELÖST
1			
2			
3			
4			
5			
6			
Anzahl			

Abbildung 12.7 Beispieldokument zur Dokumentation der wichtigsten Ergebnisse eines Usability und User Experience-Sprints

Jeder Beobachter erhält einen dieser Zettel und kann dann live während des Tests mitschreiben, welcher Teilnehmer welche Aufgabe erledigt hat und was gut oder weniger gut geklappt hat.

Nach jeder Testdurchführung werden dann die Ergebnisse auf einem zentralen Blatt zusammengefasst, sodass alle wichtigen Infos für den *Use Case* beisammen sind und man auf einen Blick sehen kann, wie oft er gelöst oder nicht gelöst wurde. Dieses Wissen wird genutzt, um im anschließenden Workshop die Prioritäten festzulegen und zu entscheiden, an welchen Stellen gearbeitet werden sollte, und für die »schlechtesten« Umsetzungen direkt mit dem Entwicklungsteam Überarbeitungsmöglichkeiten zu finden, die in den nächsten Sprint einfließen.

Da alles an einem solchen Sprint auf Geschwindigkeit ausgelegt ist, halten wir gewöhnlich auch die Zeit für die Dokumentation der Ergebnisse recht kurz und stellen auf jeweils einer Seite die Kernergebnisse zu den einzelnen Use Cases dar, ergänzt um die gefundenen Lösungen. Das Ergebnis ist eher ein Arbeitsdokument, das dazu dienen soll, den aktuellen Stand festzuhalten und die nächsten Schritte zu definieren, als um eine Dokumentation im klassischen Sinne.

Abbildung 12.8 Erarbeiten von Überarbeitungen und Designlösungen im gemeinsamen Workshop

Natürlich können Sie bei der Auswertung und Dokumentation andere Schwerpunkte setzen. Der Usability und UX-Sprint ist keine fest vorgegebene Methode, sondern eine Variante, die wir im Laufe der letzten Jahre erfolgreich eingesetzt haben, um den immer schneller werdenden Entwicklungszyklen gerecht zu werden. Dabei können Sie den Abstand zwischen den Tests nach Ihren Bedarfen anpassen. Wir hatten hier schon alles zwischen vier Wochen bei relativ gemächlichem Entwicklungstempo (Ist das dann eigentlich noch ein Sprint?) bis zu täglichen Sprints, die einfach direkt in die Überarbeitung geführt haben, dann aber auf Prototypbasis.

12.8.2 Wann wird der Sprint eingesetzt?

Usability und User Experience-Sprints setzen wir vor allem dann ein, wenn wir als Usability und User Experience-Partner zusammen mit einem Entwicklungsteam in einer agilen Entwicklung arbeiten. Die Methode würde aber genauso gut funktionieren, wenn ein internes Usability und User Experience-Team mit einem internen agilen Entwicklungsteam zusammenarbeiten würde.

Durch die Planung der Entwicklungsarbeiten in Sprints ist es oftmals notwendig, innerhalb sehr kurzer Zeit Rückmeldung zu den bestehenden Konzepten und Designs zu erhalten, um nicht unnötig lange in die falsche Richtung zu entwickeln. Unsere Usability und User Experience-Sprints finden dann gewöhnlich zum Ende eines Entwicklungssprints statt, sodass die Ergebnisse aus dem Sprint für das Sprint-Planning der Entwicklung zur Verfügung stehen.

12.8.3 Was braucht man dazu?

Die Voraussetzungen für einen Usability und User Experience-Sprint sind die gleichen wie für einen Usability und User Experience-Test – mit einer Ausnahme: Sie benötigen zusätzlich die Anwesenheit des Entwicklungsteams. Da die Ergebnisse nur live mitgeschrieben werden, ist es notwendig, dass alle Beteiligten direkt mitbekommen, was in den Tests passiert.

Das ist bei den herkömmlichen Usability und User Experience-Tests nicht zwangsweise notwendig, da es bei diesen sowohl eine umfangreiche Dokumentation als auch Zitate und teilweise Videoausschnitte der Tests zu sehen gibt. Das bedeutet also für Sie: Sie benötigen

- eine Kriterienliste für die Auswahl der passenden Teilnehmer für Ihren Test (Screener),
- einen Testleitfaden, der festlegt, welche Aufgaben die Nutzenden zu bewältigen haben und welche Fragen Sie mindestens stellen wollen,
- eine erste Darstellung der Anwendung aus Nutzersicht (Wireframes reichen aus),
- eine Möglichkeit, die Nutzenden bei der Verwendung zu beobachten,
- das Entwicklungsteam, das live bei der Durchführung und Auswertung dabei ist, und
- eine Kurz-Dokumentation der Ergebnisse und der nächsten Schritte.

12.8.4 Was sind die Vorteile?

Der größte Vorteil eines Usability und User Experience-Sprints liegt in der *Geschwindigkeit*. Durch die Komprimierung aller Durchführungs- und Auswertungstätigkeiten an einem einzigen Tag stehen Ergebnisse für die Weiterarbeit einfach viel früher zur Verfügung, als dies bei anderen Formaten der Fall ist. Ein weiterer positiver Effekt der Usability und User Experience-Sprints ist die engere *Einbindung der Entwicklungsteams*, da diese – ebenfalls aufgrund der hohen zeitlichen Dichte – gewöhnlich vor Ort sind. Dadurch können alle Teammitglieder getroffene Entscheidungen besser nachvollziehen und stehen gewöhnlich geschlossen hinter den Entscheidungen, was bei anderen Formaten seltener der Fall ist, da bei diesen die Ergebnisse deutlich weniger direkt sind.

Sind Usability und User Experience-Sprints in die agile Entwicklung integriert, dann ist der Einfluss der Testergebnisse auf die Umsetzung deutlich höher als bei losgelösten Testaktivitäten. Vor allem, wenn die Usability und User Experience-Sprints regelmäßig als Teil des Entwicklungs-Sprints stattfinden. Hier konnten wir in der Vergangenheit schon des Öfteren eine Reduktion des internen Diskussionsbedarfs sehen, weil kritische Diskussionen nicht mehr zwischen den Mitgliedern der Entwicklung ausgetragen werden, sondern aufgrund der hohen Verfügbarkeit regelmäßiger Tests die Diskussionspunkte einfach als Testinhalt eingebracht werden.

12.8.5 Was sind die Nachteile?

Usability und User Experience-Sprints sind deutlich kürzer als herkömmliche Usability und User Experience-Tests, und es nehmen weniger Personen daran teil. Dadurch kann es schwer sein, innerhalb eines Sprints von allen Zielgruppen ausreichend Rückmeldung zu erhalten. Damit laufen Sie Gefahr, weniger Usability-Probleme aufzudecken, als das mit einem gewöhnlichen Test mit mehr Teilnehmenden der Fall gewesen wäre. In den meisten Fällen ist das nicht kritisch, da die einzelnen Usability und User Experience-Sprints häufiger stattfinden und dadurch mehrere Gelegenheiten zum Testen bieten. So können Sie, wenn Sie vergleichbare Inhalte testen, die Anzahl der Testungen über die Iterationen erhöhen und damit zu ähnlich guten Ergebnissen kommen.

Dadurch kann es aber natürlich länger dauern, bis Rückmeldungen von einer ausreichenden Anzahl an Teilnehmern aus jeder Nutzergruppe vorliegen. Ist das aufgrund des Produkts nicht möglich, so bietet es sich an, doch mehrere Tests parallel durchzuführen. Dadurch verliert sich aber natürlich der Vorteil, dass alle Beteiligten alle Tests gesehen haben.

Ein weiterer Nachteil der Usability und User Experience-Sprints ist die stark reduzierte Dokumentation. Vor allem für die interne Rechtfertigung kann es hier zum Teil schwierig sein, ausreichende Unterlagen zu erzeugen und gleichzeitig schnell genug zu sein. Als mögliche Lösung bietet sich an, die Usability und User Experience-Sprints auf Video aufzuzeichnen und die Detailauswertung und Detaildokumentation im Nachgang zu starten, sodass diese zwar nicht zum Sprintplanning vorliegen, aber immerhin später zur Verfügung stehen.

12.8.6 Welche Alternativen gibt es?

Wenn die Geschwindigkeit nicht das Wichtigste ist, dann kann anstelle eines Usability und User Experience-Sprints auch ein gewöhnlicher Usability und User Experience-Test (siehe Abschnitt 12.7) eingesetzt werden. Wenn Geschwindigkeit wichtig ist und die Kriterien an die Zielgruppe wenig anspruchsvoll sind, dann kann auf Rapid User-Tests (siehe Abschnitt 12.9) zurückgegriffen werden. Wenn nur eine schnelle Rückmeldung zu einem präferierten Design, aber nicht zwangsweise zur Bedienung selbst erfolgen soll, dann können auch Online-Befragungen mit standardisierten Fragebögen (siehe Abschnitt 12.13) zum Einsatz kommen.

Tabelle 12.2 zeigt den Steckbrief der Methode.

Steckbrief: Usability und User Experience-Sprint	
Kurzbeschreibung	Der Usability und User Experience-Sprint ist eine verkürzte Version der Usability und User Experience-Tests, die darauf ausgelegt ist, in regelmäßigen Abständen in der agilen Entwicklung von Lösungen eingesetzt zu werden und dadurch über die Zeit eine größere Anzahl von Tests durchzuführen. Die Durchführung und die Auswertung geschehen für gewöhnlich innerhalb eines Tages.
Vorteile	▸ höhere Geschwindigkeit im Vergleich zur klassischen Variante mit mehr Teilnehmenden ▸ regelmäßige Begleitung von agilen Entwicklungsprojekten, da in die Sprintzyklen integriert ▸ wirken so internem Diskussionsbedarf entgegen, weil sie regelmäßig die objektive Klärung von offenen Fragen ermöglichen
Nachteile	▸ für gewöhnlich kürzer als klassische Usability und User Experience-Tests mit dadurch eingeschränktem Testfokus ▸ weniger Teilnehmer pro Test, wodurch die wichtigsten Interaktionselemente in mehreren Tests überprüft werden sollten ▸ meistens weniger ausführliche Dokumentation, da eher ein Arbeitsdokument und damit weniger für interne Reports geeignet

Tabelle 12.2 Steckbrief für die Methode »Usability und User Experience-Sprint«

12.9 Rapid User-Tests

Unter einem Rapid User-Test versteht man eine abgespeckte Variante eines Usability und User Experience-Tests, die rein remote über eine Plattform durchgeführt wird. Dabei kann vorab über eine digitale Plattform ein Test vorbereitet werden, der anschließend den Nutzenden automatisiert oder auf Wunsch von einem Moderator präsentiert wird. Durch den hohen Automatisierungsgrad ist die Bereitstellung der Testergebnisse innerhalb eines einzigen Tages möglich.

Wir haben die Rapid User-Tests hier aufgeführt (auch wenn die Methode in der Literatur nicht beschrieben ist), da sie in der Praxis zunehmend an Bedeutung gewinnt, und zwar aufgrund der Schnelligkeit, mit der Tests durchgeführt werden können. Zum aktuellen Zeitpunkt gibt es einige wenige Anbieter, die diese Art von Testung ermöglichen. Wir gehen aber davon aus, dass ähnliche Testverfahren aufgrund des steigenden Digitalisierungsgrades in Zukunft an Bedeutung gewinnen werden.

12.9.1 Wie funktioniert das?

Rapid User-Tests sind darauf ausgelegt, schnell webbasierten Content zu testen. Dafür kann auf einer Plattform selbstständig ein Testkonzept erstellt werden, das auf einer bestimmten URL startet. Im Anschluss haben Sie die Gelegenheit, die Aufgaben, die Sie sonst durch einen Moderator an die Teilnehmenden herantragen würden, in eine vorbereitete Maske einzutragen. Dann können noch einzelne Fragen für die Nachbefragung definiert werden, die im Nachgang zu den Aufgaben für die Teilnehmenden eingeblendet werden.

Die Auswahl der gewünschten Zielgruppe findet relativ simpel primär anhand von Alter und Geschlecht statt. Weitere Kriterien können hinzugefügt werden, wobei die Geschwindigkeit der Tests dadurch deutlich nachlassen kann, weil diese Kriterien nicht mehr automatisch abgefragt werden können.

Wenn alles so wie gewünscht eingestellt ist, wird der Test online gebucht und freigegeben und dann im Anschluss automatisch durchgeführt. Die Testdurchführung wird dabei mithilfe von *Screenrecording* aufgezeichnet. Zusätzlich wird aufgezeichnet, was die Teilnehmer während des Tests laut denken, sodass auch eine Erklärung zu dem Verhalten gegeben wird.

Als Ergebnis erhält man anschließend die Videoaufnahmen der Tests, die automatisiert erstellt wurden. Die Ergebnisse stehen dabei gewöhnlich innerhalb eines Tages bereit, sodass im Anschluss nur noch eine Sichtung der Videos und eine eigene Auswertung erfolgen muss. Damit Sie die Ergebnisse eines Rapid User-Tests also optimal einsetzen können, sollten Sie schon bei seiner Erstellung einplanen, dass nach der Durchführung Zeit und Expertise für die Auswertung benötigt wird. In diesem Bereich beobachten wir immer wieder, dass Unternehmen Schwierigkeiten haben, die Kundenprobleme in eine gelungene Überarbeitung des Designs zu übersetzen.

Wenn Sie also einen Rapid User-Test durchführen, gehen Sie bitte nicht davon aus, dass dieser innerhalb von wenigen Stunden abgeschlossen ist. Zwar werden Ihnen die Ergebnisse in Form von Videos vorliegen, aber Sie müssen mit Ihrem Team im Anschluss ausreichend Zeit investieren, um zu verstehen, was geklappt hat und was nicht und wie Sie damit umgehen möchten. Das muss nicht zwangsweise lange dauern, und je nach Anzahl der beauftragten Tests ist das vielleicht auch innerhalb eines Tages erledigt, aber denken Sie die Zeit bitte mit, sonst bringt Ihnen die Testdurchführung herzlich wenig.

12.9.2 Wann wird der Test eingesetzt?

Da Rapid User-Tests auf Webcontent (bzw. auf über eine URL abrufbare Inhalte) beschränkt sind, können diese vor allem dann eingesetzt werden, wenn bereits fertige Anwendungen online verfügbar sind oder Webprototypen bereitgestellt werden können. Die Testung von Produkten mit einem Hardwareanteil ist also leider über diese Art der User-Tests nicht möglich.

Die meisten unmoderierten Rapid User-Tests haben eine Dauer von ca. 20 Minuten. Dadurch ist der Einsatz vor allem für weniger komplexe Anwendungen mit einer breiten Nutzergruppe sinnvoll.

Da ein Rapid User-Test immer dann eingesetzt werden kann, wenn Prototypen oder Anwendungen per Web bereitgestellt werden können, kann er gewöhnlich schon relativ früh zu Beginn der Entwicklung genutzt werden.

12.9.3 Was braucht man dazu?

Da die Durchführung von Rapid User-Tests plattformbasiert ist, benötigt man für die Durchführung selbst nur wenig Equipment. Auch aufgrund der beschränkten Zeit und der begrenzten Testmöglichkeiten ist das Material deutlich weniger umfangreich und komplex als bei einem gewöhnlichen Usability und User Experience-Test. Sie sollten trotzdem Folgendes vorliegen haben:

- eine Kriterienliste für die Auswahl der passenden Teilnehmer für Ihren Test – beschränkt auf Alter und Geschlecht der Teilnehmer sowie auf wenige weit verbreitete Zusatzkriterien
- eine Auflistung der Aufgaben, die die Teilnehmenden auf der Web-Anwendung durchführen sollen. Hier ist vor allem der Anleitungstext für die Teilnehmenden wichtig.
- einen webbasierten Prototyp oder eine Webanwendung, die über eine URL aufgerufen werden können
- einen Anbieter für Rapid User-Testing oder eine eigene Rapid User-Testing-Plattform
- Zeit und Expertise für die Analyse der Testvideos nach der Durchführung

12.9.4 Was sind die Vorteile?

Der größte Vorteil eines Rapid User-Tests liegt auf der Hand: die extrem schnelle Durchführung. Da Sie alle Arbeiten selbst vorbereiten und selbst auf der Plattform eintragen, alles andere danach aber weitgehend automatisiert passiert, erhalten Sie die Ergebnisse deutlich schneller als bei klassischen Usability und User Experience-Tests.

Ein weiterer Vorteil sind die deutlich geringeren Kosten für die Durchführung der Rapid User-Tests im Vergleich zu herkömmlichen Tests. Das liegt vor allem daran, dass alles automatisiert passiert und weder eine externe Moderation noch eine externe Auswertung beteiligt ist. Damit können die Kosten auf Anbieterseite extrem niedrig gehalten werden.

Ein weiterer Vorteil ist, dass durch die URL-basierte Testung theoretisch Teilnehmende aus der ganzen Welt einfach und schnell bei den Tests mitmachen können. Ob das dann tatsächlich klappt, hängt aber natürlich vom Anbieter und dessen Teilnehmerdatenbank ab.

12.9.5 Was sind die Nachteile?

Wie Sie sich denken können, entstehen aber auch aus dem Konzept einige Nachteile. Auf der einen Seite sind die Tests deutlich weniger flexibel als herkömmliche Tests, da eben alles automatisiert über eine Plattform abgebildet wird. Dadurch beschränkt sich die Einsatzmöglichkeit der Rapid User-Tests auch auf Inhalte, die über eine URL bereitgestellt werden können.

Durch die fehlende Moderation kann nicht auf spontane Ereignisse und Aussagen reagiert werden, sodass an manchen Stellen weniger Informationen hängen bleiben, als dies vielleicht in einem begleiteten Test möglich gewesen wäre. Dazu kommt auch noch, dass die Testdauer gewöhnlich deutlich kürzer ist als bei anderen Usability und User Experience-Tests – vor allem, weil die Qualität der Ergebnisse deutlich nachlässt, wenn Teilnehmende längere Sessions auf sich allein gestellt durchführen müssen. Die *Plattformen* bieten zwar eine recht breite Nutzerbasis, die Auswahl der Teilnehmer erfolgt aber hier sehr generisch und ausschließlich anhand von allgemeinen Kriterien wie Alter und Geschlecht. Weitere Kriterien müssen zusätzlich bezahlt werden, und die Geschwindigkeit reduziert sich, was natürlich der Idee der Rapid User-Tests deutlich entgegenwirkt. Zusätzlich ist zu vermuten, dass zum aktuellen Zeitpunkt vor allem überdurchschnittlich technikaffine Menschen sich als Tester auf einer reinen Onlineplattform anmelden, wodurch die Ergebnisse der Tests verzerrt sein könnten.

Außerdem müssen Sie als Kunde bei einem Rapid User-Test sehr viel Methodenwissen mitbringen, vielleicht sogar noch mehr, als dies bei einem herkömmlichen Usability und User Experience-Test der Fall wäre. Warum? Weil Sie einen guten Testaufbau schaffen müssen, obwohl Sie weder anwesend sein werden noch in das Geschehen eingreifen können. Dadurch müssen Sie vorab alles so gut wie möglich vorbereiten, um sicherzustellen, dass Sie am Ende tatsächlich die Antworten auf Ihre Fragen erhalten. Sollte hier etwas schiefgehen, werden Sie das aufgrund der Funktionsweise der Tests leider erst am Ende erfahren, wenn Sie bereits die fertigen Videos in der Hand halten. Im schlimmsten Fall heißt es dann: Alles auf Anfang und noch einmal von vorne.

12.9.6 Welche Alternativen gibt es?

Wenn es Ihnen um die Geschwindigkeit in der Durchführung geht, dann können moderierte Usability und User Experience-Sprints (siehe Abschnitt 12.8) ähnlich schnell sein. Wenn es um die Beobachtung geht, dann kann aber natürlich auch ein klassischer Usability und User Experience-Test (siehe Abschnitt 12.7) eingesetzt werden. Wenn Sie sich aufgrund der Kosten für die Durchführung eines Rapid User-Tests entschieden haben, dann gibt es nur wenige Alternativen. Ein Usability und User Experience-Sprint ist zwar ähnlich schnell, da Sie aber sowohl Personen vor Ort haben als auch eine Moderation und Auswertung, übersteigen die Kosten gewöhnlich die eines Rapid User-Tests. Ähnlich günstig sind eigentlich nur Online-Fragebögen (siehe Abschnitt 9.3.5 und Abschnitt 12.13) und die Analyse von Klickdaten auf der Webseite (siehe Abschnitt 9.3.8 und Abschnitt 12.15), die allerdings eine ganz andere Art von Daten liefern. Online-Fragebögen funktionieren nur für Befragungen zu Meinungen und liefern keine Daten darüber, ob etwas tatsächlich funktioniert oder nicht. Klickdaten können nur für Live-Systeme eingesehen werden und bieten keine Hilfestellung bei der Interpretation der Daten.

Tabelle 12.3 zeigt den Steckbrief der Methode.

Steckbrief: Rapid User-Test	
Kurzbeschreibung	Der Rapid User-Test ist eine Methode zum schnellen und automatisierten Testen von Inhalten, die über eine Webseite bereitgestellt werden können. Die Tests werden dabei als Mischung aus schriftlich dargestellten Aufgaben und schriftlichen Fragen abgebildet, durch die die Nutzenden selbst navigieren.
Vorteile	▸ extrem schnelle Durchführung ▸ kostengünstig ▸ geringer eigener Aufwand für die Durchführung, da die Durchführung automatisiert geschieht ▸ einfach weltweit einsetzbar
Nachteile	▸ Da die Tests unmoderiert sind, haben Sie keine Möglichkeit zum Eingreifen oder Nachhaken. ▸ Die Testqualität ist extrem von der methodischen Kompetenz und dem Leitfaden abhängig, da keine Änderungsmöglichkeiten mehr während der Durchführung gegeben sind. ▸ Die Rekrutierung von Nutzergruppen mit speziellen Eigenschaften (z. B. Beruf) ist schwierig bis unmöglich – und wenn, dann mit großem Zeitnachteil. ▸ Der Umfang der Tests ist zeitlich sehr beschränkt, da Teilnehmende, die auf sich allein gestellt sind, weniger Motivation für lange Tests aufbringen. ▸ Rapid User-Tests sind nur für Inhalte möglich, die online zugreifbar sind.

Tabelle 12.3 Steckbrief für die Methode »Rapid User-Test«

12.10 A/B-Testing

Das A/B-Testing ist eine besondere Form von Usability und User Experience-Test, bei dem mindestens zwei Varianten einer Lösung miteinander verglichen werden. Dies kann entweder anhand von Prototypen oder in Live-Umgebungen passieren:

Im ersten Fall entspricht der A/B-Test einer Testvariante des Usability und User Experience-Tests, bei der zwei Versionen des Prototyps miteinander verglichen werden. In der zweiten Variante funktioniert die Umsetzung anders. Für die Darstellung der Methode in diesem Abschnitt konzentrieren wir uns auf den A/B-Test bei Live-Systemen (Stegemann & Suwelack, 2020; Siroker & Koomen, 2013).

12.10.1 Wie funktioniert das?

A/B-Tests werden meist toolbasiert eingesetzt. Das heißt, ob ein A/B-Test überhaupt möglich ist, hängt stark von der technischen Plattform ab, auf der Ihre eigene Website oder Ihr eigener Online-Shop gehostet ist. Wenn Ihre Website auf WordPress läuft, wie ca. 40 % aller Websites weltweit, dann ist A/B-Testing nahezu problemlos möglich. Hierfür muss lediglich ein passendes Plug-in installiert werden. Das Gleiche gilt für große Online-Shop-Anbieter.

Aber lassen wir die Technik erst mal beiseite. Die Idee beim A/B-Test von Live-Anwendungen ist weniger ein Vergleich von zwei oder mehr komplett unterschiedlichen Lösungen als ein Feintunen von bestehenden Lösungen.

Sinnvolles A/B-Testing am Live-System erfordert eine sehr gute Planung und ein sinnvolles und strukturiertes Vorgehen. Da alles, was Sie hier testen, tatsächlich an Ihre Nutzenden ausgespielt wird, müssen die Dinge, die Sie testen wollen, weitgehend fertig sein. Gewöhnlich ist den Nutzenden nicht einmal bewusst, dass sie mit ihrer Tätigkeit gerade zu einem A/B-Test beitragen, sondern sie kaufen beispielsweise einfach in einem Webshop ein oder besuchen eine Webseite, um sich zu informieren. Diese A/B-Tests funktionieren also nur mit ausgearbeiteten Ideen – oder Sie nehmen den Imageschaden hin. Eine Alternative ist das Testen noch unausgereifter Ideen mit nur einer kleinen Gruppe der Nutzenden. Damit beschränkt sich der Imageschaden auf wenige Personen. Leider funktioniert das nur, wenn Sie bereits eine ausreichend große Nutzergruppe haben.

Für einen A/B-Test gehen Sie gewöhnlich so vor, dass Sie entscheiden, welches Detail Sie an der Webseite verändern wollen. Das könnte zum Beispiel eine Überschrift, eine Buttonbeschriftung oder die Position der Kontaktinformationen sein. Dann setzen Sie einen A/B-Test auf, bei dem Sie alles genau gleich halten – bis auf genau diese eine Sache. Sie haben also im Prinzip im Anschluss zwei Versionen der gleichen Webseite, von denen eine die Überschrift A verwendet und die andere die Überschrift B. Alles andere ist gleich (siehe Abbildung 12.9).

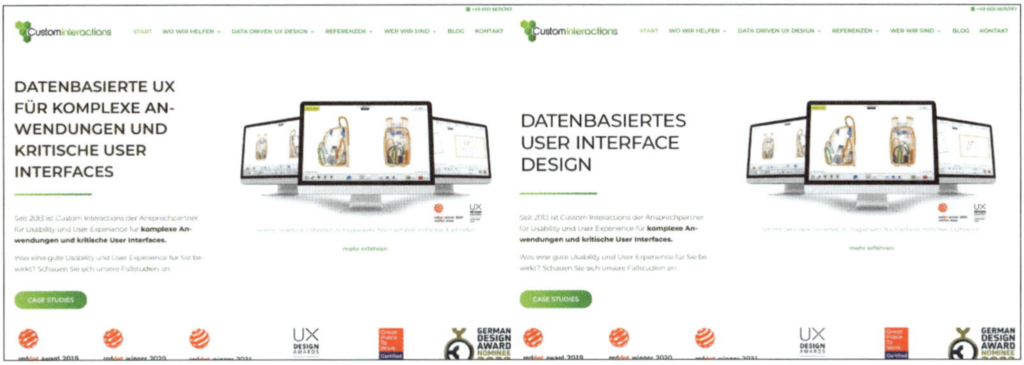

Abbildung 12.9 Unsere Webseite beim A/B-Test. Haben Sie den Unterschied schon entdeckt?

Anschließend starten Sie den A/B-Test. Ja nach Tool können Sie das Ende des A/B-Tests entweder über die Zeit definieren (»User Test läuft eine Woche lang bis Sonntag um 12 Uhr«) oder über die Anzahl der Personen, die die verschiedenen Versionen gesehen haben. Manche Tools bieten auch einen automatischen Stopp an, wenn genug Informationen für die Entscheidung gesammelt wurden. Das Tool sorgt nun automatisiert dafür, dass die Hälfte der Besucher die eine Variante zu Gesicht bekommt und die andere Hälfte die zweite.

Die Ergebnisse, die Sie aus einem solchen A/B-Test erhalten, sind gewöhnlich rein quantitativer Natur und müssen vorab von Ihnen definiert und angelegt werden. So werden gewöhnlich beispielsweise *Conversions* gemessen. Dazu legen Sie vorab fest, was als eine Conversion gilt: Bei einem Shop könnte das das Tätigen eines Einkaufs sein, bei einer Webseite die Eintragung auf einem Newsletter.

Im Anschluss können Sie im Tool prüfen, welche Version in Bezug auf die Conversions besser abschneidet. Wie bei allem, was Sie tun, ist es beim A/B-Testing extrem wichtig, dass Sie sich vorab die richtigen *Messgrößen* überlegen. Das kann nur eine einzige sein, wie z. B. die *Conversion Rate*. Es kann aber auch sinnvoll sein, dass Sie sich verschiedene Messgrößen ansehen und gemeinsam betrachten, zum Beispiel die Anzahl der getätigten Käufe und das durchschnittliche Kaufvolumen gemeinsam.

Sobald Sie anhand Ihrer Messdaten einen Sieger bestimmen können, wird der A/B-Test abgeschlossen. Gewöhnlich wird anschließend der »Gewinner« des Tests für alle Nutzenden live geschaltet, sodass ab dann wieder nur eine Version (die bessere) für alle da ist.

Damit dieses Vorgehen wirklich gut funktioniert, ist es wichtig, dass Sie pro Testdurchgang nur eine einzige Sache ändern. Wenn Sie an vielen Schrauben gleichzeitig drehen, können Sie am Ende nicht sagen, welche Änderung tatsächlich zielführend war. So könnte es Ihnen theoretisch passieren, dass Sie sowohl die Überschrift ändern als auch die Buttonbeschriftung und gleichzeitig die Position des Kontaktbuttons und am Ende herausbekommen, dass die Conversion Rate um 3 % abgenommen hat. Damit würden Sie das Experiment verwerfen und bei der alten Version bleiben. Vielleicht hat aber die andere Überschrift eigentlich zu einer 2 % besseren Conversion geführt, der andere Buttontext auch zu einer 2 % besseren Conversion, aber die neue Position des Kontaktbuttons hat zu 7 % weniger Conversion geführt, weil Nutzende Ihre Seite als plötzlich weniger vertrauenswürdig einschätzen. Dann hätten Sie gerade 4 % Conversion aufgrund eines schlechten Testaufbaus verschenkt.

A/B-Tests an Live-Systemen werden also gewöhnlich sehr rigoros geplant und sehr kleinteilig umgesetzt. Dafür kann die Durchführungsdauer extrem kurz sein, zumindest wenn Sie eine ausreichende Anzahl an Besuchern auf Ihrer Webseite oder in Ihrem Shop haben. In den meisten Fällen werden A/B-Tests permanent eingesetzt, sodass immer irgendwo Tests stattfinden. Dazu werden oft auch viele kleine Tests direkt hintereinandergereiht. Vor allem große Anbieter, wie zum Beispiel Amazon, setzen auf kontinuierliche Testung und Verbesserung. Seit Neuestem bietet Amazon dieses Feature sogar seinen Händlern und Affiliates an, damit diese die eigenen Produkte noch besser platzieren und verkaufen können.

12.10.2 Wann wird der A/B-Test eingesetzt?

A/B-Tests werden gewöhnlich vor allem bei Webseiten und Online-Shops oder in der Werbung auf sozialen Medien eingesetzt, die regelmäßig eine größere Anzahl an Besuchern haben. Die hier beschriebene Art von A/B-Tests ist dabei eher eine Optimierungs- als eine Schaffungstätigkeit. Damit eignen sich A/B-Tests vor allem für bestehende Produkte im Live-Betrieb. Für die vergleichende Testung von verschiedenen Varianten im Prototypenstatus oder Konzeptstatus sind konventionelle Usability und User Experience-Tests geeignet, die den Teilnehmern die unterschiedlichen Varianten präsentieren.

12.10.3 Was braucht man dazu?

Da A/B-Testing technisch umgesetzt wird, sind die Anforderungen relativ klar definiert. Sie benötigen für die Durchführung deshalb vor allem die technische Möglichkeit, mindestens zwei verschiedene Varianten an Nutzende auszuspielen und deren Leistung zu messen. Das heißt, Sie benötigen

- ein Tool, das A/B-Testing für Ihre Anwendung unterstützt,
- mindestens zwei Varianten, die Sie miteinander vergleichen wollen (und die für den Einsatz in einem Live-System geeignet sind),
- eine Definition von Erfolg und
- eine ausreichend große Anzahl an Nutzenden, die Ihre Live-Systeme verwenden.

12.10.4 Was sind die Vorteile?

Verfechter von A/B-Tests argumentieren, dass A/B-Tests an Live-Systemen viel bessere Ergebnisse liefern als Usability und User Experience-Tests, da sie das Verhalten der Nutzenden nicht simulieren, sondern tatsächliches Verhalten erfassen und vergleichen. Damit wird es sehr einfach, messbare Unterschiede durch das Design tatsächlich auch greifbar und sichtbar zu machen. Damit haben sie auch vollkommen recht. Zur Ehrenrettung der Usability und User Experience-Tests sei aber gesagt, dass diese in der Entwicklung eingesetzt werden und damit eine andere Zielsetzung verfolgen. Vor allem bei vielbesuchten Webangeboten kann die Durchführung eines A/B-Tests extrem schnell gehen. So kann ein A/B-Test in manchen Fällen schneller durchgeführt und ausgewertet sein, als die Diskussion darüber dauert, welche Änderung man jetzt ausprobieren sollte.

Zusätzlich ist das Vorgehen bei A/B-Tests sehr strukturiert. Dadurch, dass immer nur einzelne Aspekte gezielt angepasst werden, ist der Lerneffekt sehr hoch. Theoretisch kann dadurch Wissen erarbeitet werden, das im Anschluss auch bei anderen Webseiten und Online-Shops zum Tragen kommt. Durch das rigorose Testen mit großen Zahlen kann so eine permanente und schrittweise Verbesserung vorangetrieben werden.

12.10.5 Was sind die Nachteile?

Dadurch, dass sie am Live-System eingesetzt werden, sind A/B-Test sehr systematisch und kleinteilig. Deswegen sind sie im Gegenzug weniger gut geeignet, um wirklich große Sprünge oder Änderungen abzudecken: Gerade, wenn komplett neue und innovative Konzepte zum Einsatz kommen sollen, ist der direkte Einsatz in einem A/B-Test relativ riskant, weil mit echten Umsatzeinbußen zu rechnen ist, wenn ein Konzept nicht funktioniert und nur wenig Anklang findet.

Wenn also A/B-Testing als einzige Methode eingesetzt wird, dann ist damit zu rechnen, dass die Weiterentwicklung eher in Form einer Evolution als einer Revolution geschieht und damit gegebenenfalls Potenzial in der Umsetzung verschenkt wird. Wenn A/B-Testing auch zu größeren Tests eingesetzt wird, kann es passieren, dass schlechte Testvarianten auf das Unternehmen zurückfallen. Hier ist in der Auswahl und Vorbereitung also ein wenig Fingerspitzengefühl gefragt – vor allem, weil Personen nicht wissen, dass es sich um einen Test handelt.

Ein weiterer Nachteil des A/B-Tests ist das vollkommene Fehlen von subjektiven Daten, die die Unterschiede in den Ergebnissen begründen helfen. Dadurch lernt man zwar Schritt für Schritt, was funktioniert und was nicht, ist aber größtenteils auf einen Trial-and-Error-Ansatz angewiesen, da außer der Tatsache, dass etwas funktioniert hat oder eben auch nicht, keine Hinweise auf Verbesserungen vorliegen. Man muss bei dem »Warum« also immer raten.

12.10.6 Welche Alternativen gibt es?

Um einen ersten Eindruck von zwei Varianten im Vergleich zu erhalten, ist der Einsatz von Usability und User Experience-Tests (siehe Abschnitt 12.7) möglich. Theoretisch könnten auch Rapid User-Tests (siehe Abschnitt 12.9) durchgeführt werden, und zwar mit einer kopierten Instanz der bestehenden Webseite. Sollte eine Anpassung der Optik vorgenommen und erfragt werden, können auch Online-Befragungen (siehe Abschnitt 9.3.5) eingesetzt werden, wobei hier die Ermittlung von subjektiven Daten im Vordergrund steht.

Tabelle 12.4 zeigt den Steckbrief der Methode.

Steckbrief: A/B-Test	
Kurzbeschreibung	Das A/B-Testing ist eine Sonderform des Usability und User Experience-Tests, bei der nicht ein Prototyp oder eine Lösung in der Tiefe getestet wird, sondern mindestens zwei verschiedene Varianten oder Prototypen miteinander verglichen werden. Bei diesem Test von Varianten geht es um ein Finetuning von einzelnen Elementen, bei dem eine Gruppe der Nutzenden die »Live«-Lösung *Variante 1* angezeigt bekommt und einer andere Gruppe *Variante 2* angezeigt wird. Die Teilnahme an Live-A/B-Testings erfolgt für die meisten Nutzenden unbewusst.
Vorteile	▸ Ermöglicht objektive Aussage über die bessere Variante ▸ Beim Test von Prototypen: Alle Vorteile klassischer Usability und User Experience-Tests ▸ Bei Live-Tests: Die Entscheidung wird nicht anhand von simulierten Daten getroffen, sondern anhand von tatsächlichen Nutzungsdaten. ▸ Ermöglicht schnelles Testen von Hypothesen und strukturiertes Testen und Überarbeiten von Benutzeroberflächen
Nachteile	▸ Bei Prototypenvergleichen: entsprechend den Nachteilen von Usability und User Experience-Tests ▸ Bei Live-Tests: Gestattet vorwiegend das Testen von kleineren Anpassungen, wohingegen große Entwicklungssprünge schwer testbar sind. ▸ Liefert keine subjektiven Daten, um das Verhalten der Nutzenden zu erklären.

Tabelle 12.4 Steckbrief für die Methode »A/B-Test«

12.11 UX-Benchmarking

Das UX-Benchmarking ist eine besondere Form von Usability und User Experience-Tests, die ebenfalls als Mischung aus Aufgabenbeobachtung und Befragung durchgeführt wird. Im Gegensatz zum klassischen Usability und User Experience-Test geht es hier aber vor allem darum, ein Produkt oder eine Produktvariante im Vergleich zu anderen Produkten oder Produktvarianten einordnen und messbar vergleichen zu können. Es geht also darum, dass eigene Produkt in Relation bewerten zu können (Moran, 2020).

12.11.1 Wie funktioniert das?

UX-Benchmarking-Tests können entweder mit einem eigenen Produkt und einigen Wettbewerbern, ausschließlich mit Wettbewerbern ohne das eigene Produkt oder mit verschiedenen Varianten eigener Produkte über die Zeit hinweg durchgeführt werden. Da UX-Benchmarking vor allem eingesetzt wird, um Entwicklungsentscheidungen zu begründen und den Entwicklungserfolg nachzuweisen, wird die Anzahl an Teilnehmern für einen UX-Benchmarking-Test gewöhnlich deutlich höher gewählt (ca. 80 bis 100 Personen) als für einen klassischen Usability und User Experience-Test. Der Aufbau an sich ist jedoch relativ vergleichbar.

Zu Beginn wird auch für ein UX-Benchmarking die *Nutzergruppe* definiert, die mit dem eigenen Produkt angesprochen werden soll. Es werden Kriterien abgeleitet, die eine Identifikation der passenden Teilnehmer für das UX-Benchmarking möglich machen und diese Kriterien in einem Screener festgehalten.

Im Anschluss daran wird festgelegt, welche Art von Benchmark durchgeführt werden soll. Sobald Sie sich für die Art des UX-Benchmarks entschieden haben, wissen Sie auch, wie viele Vergleiche durchgeführt werden müssen, und damit können Sie in die Planung des UX-Benchmarkings starten. Da das Ziel ein Benchmark ist, sollten Sie einen *Testleitfaden* entwickeln, dessen Aufgaben die Kernaufgaben der Anwendung abdecken und nicht auf Spezialfälle und Mini-Features zielen.

Auch die Fragen im Nachgang zu den Aufgaben, die Sie in Ihr UX-Benchmarking aufnehmen, sollten standardisiert und allgemein gültig sein. Hier können Sie auch auf *standardisierte Testverfahren* zurückgreifen (die beispielhaft noch in Abschnitt 12.13 einzeln vorgestellt werden). Wichtig ist, dass Sie (auch zukünftig) wenig bis gar nichts an den Befragungen ändern, damit Sie das UX-Benchmarking auch zu einem späteren Zeitpunkt wiederholen und in Beziehung zu vorangegangenen Tests setzen können.

Nach der Fertigstellung des Testleitfadens wird das UX-Benchmarking durchgeführt. Dabei werden die Personen durch einen moderierten Test persönlich oder remote geführt. Dieser Test besteht gewöhnlich aus den Aufgaben, gefolgt von einer Nachbefragung. Dieses Vorgehen wird für alle am Test beteiligten Webseiten oder Online-

Shops beziehungsweise Varianten wiederholt. Dabei ist die Reihenfolge nicht für alle Teilnehmenden die gleiche, sondern wird so abgeändert, dass sichergestellt werden kann, dass die Reihenfolge keinen oder nur einen geringen Einfluss auf die Ergebnisse des UX-Benchmarkings hat. Das wird gewöhnlich dadurch erreicht, dass ein Teil der Teilnehmer mit Lösung A startet, dann Lösung B sieht, dann Lösung C, dann Lösung D und dann Lösung E. Ein anderer Teil startet mit Lösung B, dann mit Lösung C, dann mit Lösung D, dann mit E und dann erst mit A und so weiter (siehe Abbildung 12.10).

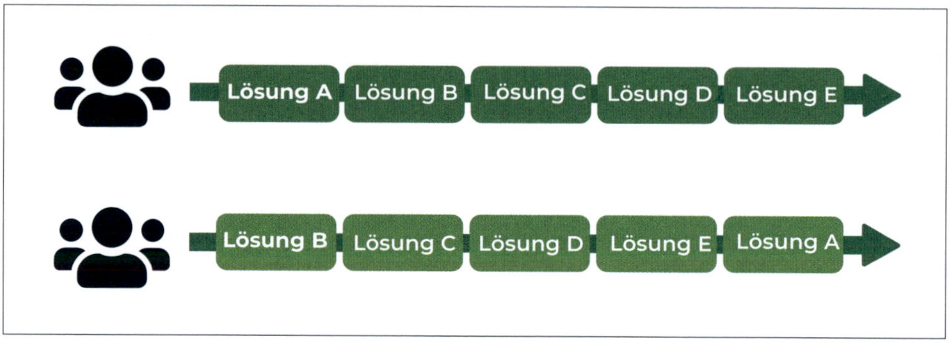

Abbildung 12.10 Beispiel für eine Testrotation beim UX-Benchmarking, um Reihenfolgeeffekte (z. B. »B schneidet besser ab, weil alle vorher A verwendet haben«) zu vermeiden.

12.11.2 Wann wird UX-Benchmarking eingesetzt?

Damit ein UX-Benchmarking sinnvoll möglich ist, muss es sich bei dem zu benchmarkenden Produkt um eine Ihnen zugängliche Version handeln. Das ist meistens dann der Fall, wenn Webseiten oder Online-Shops miteinander verglichen werden müssen. Bei sonstigen Anwendungen wird es sehr viel schwieriger, ein UX-Benchmarking durchzuführen, da Sie Zugang zu allen Marktbegleitern haben müssen. Das soll aber keinen Hinderungsgrund darstellen – es erhöht nur den Aufwand. Beispielsweise gibt es in der Automobilindustrie ganze Bereiche, die nichts anderes tun, als die fertigen Fahrzeuge der Konkurrenz auseinanderzunehmen und zu analysieren. Hier liegt der Fokus oft mehr auf der Technologie, aber auch ein UX-Benchmarking wäre ohne Weiteres denkbar. Das Ganze hat übrigens nicht zwangsweise den Hauch von Industriespionage, an die Sie vielleicht gerade denken mussten. Wir haben es in der Praxis erlebt, dass Automobilhersteller pragmatisch auf dem Markt befindliche Modelle tauschen, weil sowieso klar ist, dass das passieren wird.

Wenn Sie an die Produkte der Mitbewerber herankommen und sich zu einem UX-Benchmarking entschieden haben, dann geht es nur noch um die Frage, welche *Art von UX-Benchmarking* Sie durchführen sollten:

- Beginnen Sie gerade eine Neuentwicklung und haben Sie noch keine eigene Lösung, so bietet sich ein UX-Benchmark nur unter den relevanten Wettbewerbern an. Dadurch kann im Rahmen des Tests herausgefunden werden, wie ansprechend die jeweiligen Wettbewerber für die eigene Nutzergruppe sind, wo deren Stärken und Schwächen gesehen werden und was gegebenenfalls eine gute Positionierung für das eigene Produkt sein könnte.

- Gibt es schon eine eigene Lösung, können Sie einen UX-Benchmark mit Wettbewerbern durchführen, um herauszufinden, wie Sie von Ihrer Zielgruppe im Vergleich zu anderen wahrgenommen werden und wie Sie sich noch besser von den Marktbegleitern abgrenzen können. Da der UX-Benchmark auf einem standardisierten Aufbau mit gleichen Fragen basiert, können Sie diesen UX-Benchmark auch immer wieder durchführen, um zu sehen, ob sich Ihre Position im Laufe der Zeit im Vergleich zu den Wettbewerbern verändert hat.
- Eine letzte Einsatzmöglichkeit ist, dass Sie den UX-Benchmark auch nutzen können, um den eigenen Entwicklungserfolg nachzuweisen. Dabei vergleichen Sie ähnlich wie in einem Usability und User Experience-Test mit einem A/B-Aufbau einfach verschiedene Varianten Ihres Produkts. Der Unterschied besteht jedoch darin, dass Sie nicht zwei mögliche Entwicklungsrichtungen miteinander vergleichen, sondern einen Ist-Stand mit einer neuen Version oder eine neue Version mit einer älteren Umsetzung. Sie betrachten dann also Ihr Produkt im Verlauf der Zeit und können nachweisen, dass die Tätigkeiten in der Entwicklung zu einer verbesserten User Experience geführt haben. Oder eben auch nicht.

12.11.3 Was braucht man dazu?

Da das UX-Benchmarking im Großen und Ganzen eine umfangreichere Version eines Usability und User Experience-Tests ist, sind die Voraussetzungen für die Durchführung weitgehend dieselben. Das bedeutet, dass Sie für die Durchführung eines UX-Benchmarkings Folgendes benötigen:

- eine Kriterienliste zur Auswahl der passenden Teilnehmer für Ihren Test (Screener) und Zeit für die Rekrutierung
- einen Methoden-Experten, der ein UX-Benchmarking für Sie erstellt, das sicherstellt, dass wenige oder keine Reihenfolgeeffekte im Benchmarking vorkommen, und der Sie dabei unterstützt, eine sinnvolle Nachbefragung zu gestalten, die permanent eingesetzt werden kann
- einen Testleitfaden, der festlegt, welche Aufgaben die Nutzenden zu bewältigen haben und welche Fragen Sie in der Nachbefragung stellen wollen
- Zugriff auf alle Varianten, die Sie miteinander vergleichen wollen
- eine Möglichkeit, die Nutzenden bei der Verwendung zu beobachten
- eine Dokumentation der Ergebnisse, die einen Vergleich der verschiedenen Varianten sichtbar macht

Im Vergleich zu dem klassischen Usability und User Experience-Test kommen beim UX-Benchmarking einige Herausforderungen hinzu. So benötigen Sie nicht nur Zugang zu Ihrem eigenen Produkt, sondern auch Zugang zu Wettbewerberprodukten oder veralteten Ständen. Sie sollten die Planung eines UX-Benchmarkings also deutlich früher angehen.

Zusätzlich ist im Vergleich zu herkömmlichen Usability und User Experience-Tests die *Anforderung an die Methodenkenntnis* deutlich höher, sodass Sie sicherstellen sollten, dass die Person, die ein UX-Benchmarking für Sie oder bei Ihnen plant, auch tatsächlich einen soliden Hintergrund in der Versuchsplanung hat. Hier ist es nicht mehr mit einem schnellen Test getan. Die Zeit, die Sie nicht in die Vorbereitung investieren, wird dazu führen, dass Sie am Ende unbrauchbare Ergebnisse erhalten.

Aufgrund der relativ großen Menge an Teilnehmenden sollten Sie außerdem deutlich mehr Zeit für die Durchführung und Auswertung einplanen, wobei ein Teil des Auswertungsaufwands durch die Standardisierung des Tests und auch durch die Nachbefragung wieder reduziert wird. Hier bietet es sich an, dass Sie eine Vorlage für die Auswertung und Dokumentation erstellen, die Ihnen hilft, alle Varianten und Produkte standardisiert miteinander zu vergleichen (siehe Abbildung 12.11).

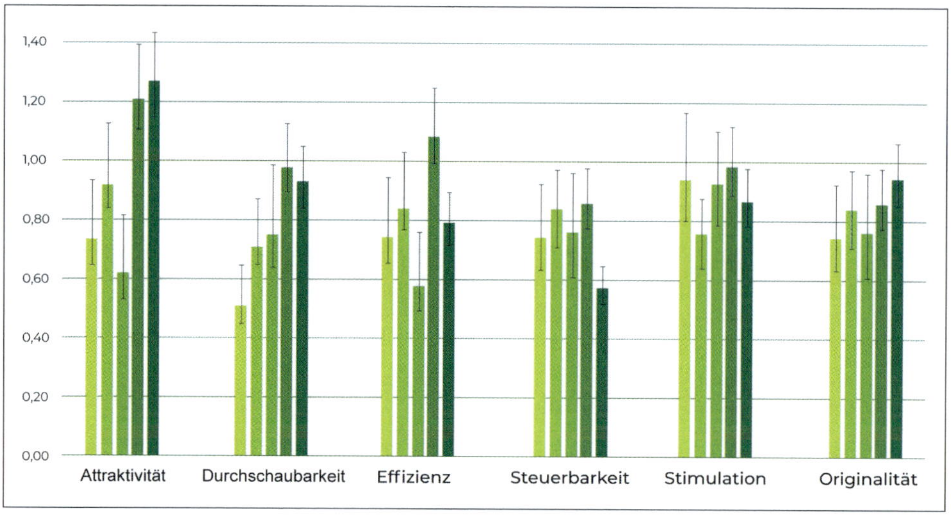

Abbildung 12.11 Beispielergebnisse eines UX-Benchmarks des UEQ-Fragebogens (siehe Abschnitt 12.13.1) beim Vergleich von 5 Produkten

12.11.4 Was sind die Vorteile?

Ein UX-Benchmarking ist immer dann vorteilhaft, wenn Sie eine objektive und verlässliche Einschätzung von der Qualität Ihrer Lösung oder von der Qualität der Marktbegleiterlösungen haben möchten. Durch die Kombination von objektiven und subjektiven Befragungsansätzen, der Standardisierung und der größeren Anzahl an Teilnehmenden können Sie so wesentlich verlässlichere Aussagen über Unterschiede zwischen Lösungen tätigen, als das mit kleineren Stichproben und weniger standardisierten Verfahren der Fall wäre.

Durch den immer gleichen Aufbau eines UX-Benchmarkings wird es möglich, auch Veränderungen in der Entwicklung und der User Experience-Wahrnehmung bei den Nutzenden zu messen und damit immer wieder einen eigenen Stand zu erfassen. Das ist ein riesiger Vorteil im Vergleich zu allen anderen Methoden, die nicht auf diese Standardisierung setzen.

Ansonsten bietet ein UX-Benchmarking natürlich zusätzlich die gleichen Vorteile wie ein Usability und User Experience-Test. Das bedeutet, dass Sie anhand von Verhaltensdaten verstehen lernen, was funktioniert und nicht. Sie erhalten aber auch zusätzlich eine subjektive Bewertung der Anwendung und über die Kommentare und Nachfragen zusätzlich Hinweise dazu, wie die Bedienbarkeit und Bewertung verbessert werden kann.

12.11.5 Was sind die Nachteile?

Die Nachteile des UX-Benchmarkings liegen im Bereich der komplexeren Planung. Es ist also viel mehr Methodenwissen notwendig, um einen UX-Benchmark so zu planen, dass keine unbrauchbaren Ergebnisse herauskommen.

Der UX-Benchmark-Test ist im Verhältnis eine aufwendige Methode, weil der Benchmark mit vielen Teilnehmenden durchgeführt wird und jede Session auch moderiert ist. Hier entsteht auf der einen Seite ein großer Aufwand für die Vorbereitung und Rekrutierung der Teilnehmer. Auf der anderen Seite kosten die Durchführung und die Auswertung bei vielen Teilnehmern einfach im Vergleich mehr Zeit bzw. Geld. Dadurch eignet sich die Methode nur wenig für junge oder kleine Unternehmen oder Unternehmen, die sehr schnell Ergebnisse brauchen.

Außerdem setzt das UX-Benchmarking darauf, dass auch die Bedienung und die Bewertung von verschiedenen Marktbegleitern verglichen werden kann. Das Benchmarking kann damit eigentlich nur sinnvoll eingesetzt werden, wenn die Produkte von Wettbewerbern auch zugänglich sind. Dadurch beschränkt sich der Anwendungsbereich deutlich, wenn nicht Geld für Zugänge beziehungsweise Produkte von Marktbegleitern investiert werden soll.

12.11.6 Welche Alternativen gibt es?

In deutlich kleinerem Rahmen (weniger Teilnehmende) betrachtet, kann ein Usability und User Experience-Test (siehe Abschnitt 12.7) als Alternative dienen, wenn Varianten innerhalb eines Tests verglichen werden. Da hier für gewöhnlich weniger Personen am Test teilnehmen, fällt aber eine Aussage über tatsächliche Unterschiede in der Bewertung schwer. Geht es vor allem um die *Unterschiede in der subjektiven Bewertung*, dann kann auch eine Online-Befragung – gegebenenfalls ebenfalls mit standardisierten Fragebögen (siehe Abschnitt 9.3.5 und Abschnitt 12.13) – zum Einsatz kommen. Sollten die *Verständlichkeit des Angebots* und eine *schnelle Bewertung* im Vordergrund stehen, dann kann auch der 5-Sekunden-Test (siehe Abschnitt 12.12) als Alternative zu einem UX-Benchmarking zum Einsatz kommen. Erkenntnisse über die Usability der Lösung sind aber mit einem 5-Sekunden-Test natürlich nicht zu erzielen.

Tabelle 12.5 zeigt den Steckbrief der Methode.

Steckbrief: UX-Benchmarking	
Kurzbeschreibung	Das UX-Benchmarking ist eine Variante des Usability und User Experience-Tests, bei der allerdings mit größeren Nutzerzahlen gearbeitet wird, um eine objektive Vergleichbarkeit von verschiedenen Varianten (Benchmarking) zu ermöglichen und die beste Variante begründet auszuwählen. Im Vergleich zu Live-A/B-Testings werden hier jedoch neben den objektiven Daten auch subjektive Daten generiert.
Vorteile	▸ Alle Vorteile klassischer Usability und User Experience-Tests ▸ Objektiver Vergleich zwischen verschiedenen Lösungen ▸ Ermöglicht eine Einordnung der eigenen Lösung hinsichtlich ihrer Qualität aus Nutzersicht. ▸ Durch den standardisierten Aufbau des Tests können auch fortlaufende Vergleiche erstellt und die zeitliche Entwicklung geprüft werden.
Nachteile	▸ Alle Nachteile klassischer Usability und User Experience-Tests ▸ Höhere Kosten und größerer Auswertungsaufwand durch die größere Teilnehmerzahl ▸ Beim Vergleich mit Marktbegleitern ist der Zugriff auf die Marktbegleiter notwendig.

Tabelle 12.5 Steckbrief für die Methode »UX-Benchmarking«

12.12 5-Sekunden-Test

Der 5-Sekunden-Test ist eigentlich eine Methode, die aus dem Marketing kommt und darauf ausgelegt ist, die Bewertung eines Produkts, einer Werbung oder einer Webseite durch den Nutzer nach nur einem ganz kurzen Eindruck von 5 Sekunden zu messen. Die Zielsetzung dieses Tests ist es, den ersten Eindruck zu messen, den ein

Produkt auslöst (Taron, Pfeiffer & Thomaschewski, 2016). Denn Sie wissen ja: Es gibt keine zweite Chance für den ersten Eindruck!

12.12.1 Wie funktioniert das?

Die Vorbereitung eines 5-Sekunden-Tests startet vergleichbar mit allen anderen nutzerbasierten Testverfahren: Sie legen also als Erstes fest, wer Ihr Produkt später verwenden soll, und definieren, wie Sie diese Personen erkennen und für die Teilnahme an Ihrem 5-Sekunden-Test gewinnen können.

Da der 5-Sekunden-Test vor allem eingesetzt wird, um den ersten Eindruck von einer Webseite zu überprüfen, ist die reine Remote-Durchführung eines Tests wenig problematisch. Dadurch vereinfacht sich dann auch die Gewinnung möglicher Teilnehmender, weil Sie zum Beispiel Social-Media-Kampagnen nutzen können, um passgenau Personen aus der Nutzergruppe zu erreichen. Sollten bei Ihnen keine Webseiten, sondern eine andere Lösung im Fokus stehen, dann muss gegebenenfalls mit Vor-Ort-Tests gearbeitet werden. Das Vorgehen ist aber analog.

Nach dem Sie festgelegt haben, wer an Ihrem Test teilnimmt, bereiten Sie den Test mit einem Mini-Testleitfaden vor. Ein 5-Sekunden-Test besteht nämlich aus zwei Teilen:

- aus der 5-sekündigen Konfrontation der Nutzenden mit der zu testenden Lösung
- aus der Nachbefragung nach der Konfrontation

Der 5-Sekunden-Test ist insgesamt relativ kurz (aber länger als 5 Sekunden...) und kann in weniger als zehn Minuten pro Teilnehmer durchgeführt werden. Im ersten Teil bekommen die Nutzenden die Lösung gezeigt und haben fünf Sekunden, um sie sich anzuschauen. Nachdem die fünf Sekunden verstrichen sind, wird die Lösung abgedeckt, geschlossen oder ausgeblendet, sodass keine weiteren Informationen und Eindrücke mehr gesammelt werden können. Dann werden Fragen an die Teilnehmenden gestellt, um herauszufinden, welchen Eindruck die Nutzenden von der Lösung gewonnen haben und wie gut die Lösung in der Lage ist, das Angebot schnell verständlich darzustellen. Typische Fragen, die gestellt werden könnten, sind:

- Um was geht es auf dieser Webseite, Seite bzw. auf diesem Screen?
- Was macht das Unternehmen?/Was bietet das Unternehmen an?
- Welchen Eindruck haben Sie von dem Unternehmen erhalten?
- Als wie kompetent schätzen Sie das Unternehmen hinter dieser Webseite, dieser Seite bzw. diesem Screen ein?

Welche Fragen Sie stellen, können Sie beliebig selbst bestimmen. Wichtig ist, dass Sie mit einem 5-Sekunden-Test zwei Arten von Informationen erfassen können:

- objektive Daten zur Verständlichkeit des Angebots innerhalb kurzer Zeit
- subjektive Daten zu dem Eindruck, den die Lösung hinterlassen hat

Tatsächlich können Sie anhand der Antworten auf die Beispielfrage »Was bietet das Unternehmen an?« komplett objektiv darauf schließen, ob das Angebot leicht verständlich und schnell erfassbar formuliert wurde. Alle Meinungen und Bewertungen der Teilnehmenden sind hingegen rein subjektiv.

In den meisten Fällen werden 5-Sekunden-Tests eingesetzt, um beide Arten von Daten zu gewinnen. Auch ein Vergleich mit Wettbewerberlösungen kann Einblicke dazu liefern, wie gut verständlich die eigene Lösung im Vergleich zu anderen ist.

12.12.2 Wann wird der Test eingesetzt?

Ein 5-Sekunden-Test ist immer dann angebracht, wenn geprüft werden soll, wie schnell verständlich die Inhalte auf einer Seite bzw. einem Screen sind und welchen ersten Eindruck die Lösung hinterlässt. Dazu können Sie entweder mit einem bestehenden Live-System arbeiten oder Sie zeigen den Nutzenden einen visuell gestalteten Prototyp der Webseite. In jedem Fall muss die Gestaltung des Prototyps der späteren Gestaltung entsprechen, da die Ergebnisse des 5-Sekunden-Tests sonst nicht zu verwerten sind. Natürlich gilt das nicht nur für den Hauptscreen, sondern der 5-Sekunden-Test kann auch für Tests jedwedes anderen Screens zum Einsatz kommen, sodass beispielsweise auch ein Call-to-Action-Bereich auf einer Webseite getestet werden kann.

Ein weiterer Einsatzzweck ist die Analyse von Werbung. Darunter fallen Werbebanner und weitere Werbeanzeigen – theoretisch sowohl im digitalen Bereich als auch im Printbereich. Gerade in der Werbewelt ist die schnelle Aufnahme von Informationen extrem wichtig, da wenig Zeit in das Verstehen von Werbung investiert wird.

12.12.3 Was braucht man dazu?

Für die Durchführung eines 5-Sekunden-Tests benötigen Sie nicht viel. Auf der einen Seite brauchen Sie Teilnehmende aus der passenden Zielgruppe, auf der anderen Seite natürlich die Lösung oder die Werbung, die getestet werden soll, sowie die Fragen, die Sie stellen möchten.

Ob Sie einen 5-Sekunden-Test persönlich oder remote durchführen, hängt ein wenig von Ihrer eigenen Präferenz, aber auch von der Verfügbarkeit der Teilnehmenden sowie Ihrem Produkt ab. Da der Test in der Regel so kurz ist, bietet sich in den meisten Fällen ein Remote-Format an.

Zusätzlich gibt es digitale Plattformen, die Sie bei der Durchführung der 5-Sekunden-Tests unterstützen und die Lösung (dann handelt es sich um ein Bild) nach den 5 Sekunden automatisch wieder ausblenden. Damit wird das ganze Testverfahren natürlich sehr viel korrekter und stressfreier für den Moderator. Im Zweifelsfall tut es aber auch einfach eine Stoppuhr. Hier sind alle benötigten Inhalte noch einmal zusammengefasst:

- eine Kriterienliste für die Auswahl der passenden Teilnehmer für Ihren Test (Screener)
- einen Mini-Testleitfaden, der festlegt, welche Fragen Sie im Nachgang stellen möchten
- eine visuell gestaltete Version des Prototyps oder die tatsächliche Lösung bzw. Werbung, um die es geht
- eine Möglichkeit, die Zeit auf Sekundenbasis zu stoppen (Stoppuhr oder Testplattform)
- eine Dokumentation der Ergebnisse

12.12.4 Was sind die Vorteile?

Der 5-Sekunden-Test ist extrem schnell und einfach durchzuführen. Sie benötigen weder eine besonders lange Vorbereitung, spezielles Methodenwissen noch teures Equipment. Nur die Formulierung der Fragen sollte wohlüberlegt sein. Ansonsten ist die Methode aber bestens für Einsteiger geeignet, um einen ersten Eindruck von der Wirkung der eigenen Lösung zu erhalten.

Der 5-Sekunden-Test kann aufgrund des Aufbaus sehr leicht remote durchgeführt werden, weswegen es auch einfach wird, Personen aus unterschiedlichen Regionen oder sogar Nationen in den Test einzubeziehen.

Zusätzlich ist es aufgrund der wirklich sehr kurzen Testdurchführung gewöhnlich sehr einfach, Personen zu finden, die bereit sind, an den 5-Sekunden-Tests teilzunehmen. Alternativ können verschiedene Lösungen oder Gestaltungen in den Test mit einbezogen werden. Dadurch wird die Testdauer verlängert, bleibt aber oft in einem überschaubaren und kurzen Rahmen.

12.12.5 Was sind die Nachteile?

Der 5-Sekunden-Test ist – aufgrund seiner Kürze – leider nicht in der Lage, tatsächlich objektive Aussagen zur Usability und User Experience der Lösung zu machen. Die einzigen objektiven Daten, die hier gewonnen werden können, beziehen sich auf die Verständlichkeit der ersten Inhalte. Das ist viel wert, kann aber im Umfang und der Tiefe natürlich nicht mit anderen Usability und User Experience-Tests mithalten. Dadurch ist die Aussagekraft sehr stark beschränkt.

Zusätzlich benötigt man für die Durchführung einen visuell ausgereiften Prototyp oder eine fertige Anwendung, die bereits im Live-Betrieb ist. Eine Rückmeldung auf Basis von Wireframes ist für die Anwendung von 5-Sekunden-Tests nicht geeignet, da die Lenkung der Aufmerksamkeit maßgeblich durch die visuelle Gestaltung mit beeinflusst wird.

12.12.6 Welche Alternativen gibt es?

Der 5-Sekunden-Test ist in seiner Ausrichtung zwischen anderen Usability und User Experience-Methoden relativ einzigartig. Es gibt wenige Formate, die ähnliche Aspekte abprüfen. Wenn die Verständlichkeit im Fokus stehen soll, dann ist der Einsatz von Usability und User Experience-Tests (siehe Abschnitt 12.7) oder -Sprints (siehe Abschnitt 12.8) denkbar. Hierbei haben die Teilnehmer aber natürlich länger Zeit, um mit der Lösung zu interagieren, und können sich so mit mehr Ruhe den Inhalt erschließen. Die Ergebnisse sind also nur bedingt vergleichbar.

Mit Online-Befragungen (siehe Abschnitt 9.3.5 und Abschnitt 12.13) kann ebenfalls der erste Eindruck erfasst werden. Da Online-Befragungen unmoderiert sind, bringt eine Nachbefragung mit offenen Fragen jedoch oftmals schlechtere Ergebnisse als eine persönliche Befragung. Außerdem sind in einer Online-Befragung entweder keine Bilder enthalten oder permanent Bilder enthalten, was wiederum dazu führt, dass die Betrachtungsdauer der Lösung im Vergleich deutlich länger ist als die beim 5-Sekunden-Test. Eine richtige Alternative, wenn das Ziel die Erfassung des Ersteindrucks ist, gibt es hier also nicht.

Tabelle 12.6 zeigt den Steckbrief der Methode.

Steckbrief: 5-Sekunden-Test	
Kurzbeschreibung	Beim 5-Sekunden-Test werden die Nutzenden nur für einen sehr kurzen Zeitraum von 5 Sekunden mit einem Teil der Lösung konfrontiert, um zu verstehen, welche Informationen innerhalb dieser kurzen Zeit gewonnen werden können und wie die Lösung bewertet wird.
Vorteile	▸ Extrem schnelle und einfache Durchführung ▸ Geringes Methodenwissen notwendig und damit für Einsteiger geeignet ▸ Sehr gut geeignet für Remote-Durchführung ▸ Einfach, Teilnehmende zu gewinnen ▸ Gibt schnell Einblick in die Verständlichkeit und den ersten Eindruck von der Lösung
Nachteile	▸ Keine objektiven Daten zur Usability und User Experience der Lösung in der Nutzung, sondern nur auf ersten Eindruck beschränkt ▸ Umfang des Tests aufgrund der Methodik stark beschränkt und damit geringere Aussagekraft als umfangreichere Methoden

Tabelle 12.6 Steckbrief für die Methode »5-Sekunden-Test«

12.13 Standardisierte Fragebögen

Standardisierte Fragebögen sind eigentlich nicht eine einzelne Methode, sondern eine Gruppe von Methoden, bei der mit vorbereiteten Fragen online oder persönlich die Meinung der Nutzenden über ein System, ein Produkt oder eine Dienstleistung erfasst werden soll (Schrepp, 2019). Dadurch, dass die Erfassung standardisiert ist, wird ein Vergleich mit anderen Systemen möglich. Da wir hier unmöglich alle Verfahren beschreiben können, erläutern wir im Abschnitt »Wie funktioniert das?« erst das generelle Vorgehen im Umgang mit standardisierten Fragebögen, um anschließend einige Beispiele herauszugreifen, die wir ein wenig detaillierter vorstellen.

12.13.1 Wie funktioniert das?

Das Vorgehen bei standardisierten Fragebögen ist immer gleich: Gewöhnlich wird anhand einer Zielstellung ein Set an Fragen entwickelt, das anschließend an verschiedenen Zielgruppen getestet und so lange überarbeitet wird, bis genau die Fragen gefunden wurden, die

- wirklich das messen, was gemessen werden soll
- sensitiv auf Unterschiede reagieren
- gut verständlich und leicht einzusetzen sind

Die Erstellung von standardisierten Fragebögen ist gewöhnlich Aufgabe der Forschung. Wenn Sie selbst Fragen gestalten, mit denen Sie gut arbeiten können und die Sie immer wieder einsetzen, dann ist das ein *Fragenset* und eine eigene Art von Standardisierung. Ein *standardisierter Fragebogen* ist es aber erst dann, wenn Ihre Fragensammlung wissenschaftlichen Güte-Kriterien an die Gestaltung von Tests entspricht.

Wenn Sie mit standardisierten Verfahren arbeiten, dann ist das Vorgehen Folgendes: Als Erstes müssen Sie sich entscheiden, welches *Verfahren* Sie einsetzen wollen. Die Auswahl des passenden Verfahrens hängt dabei im Kern hauptsächlich mit Ihrer Fragestellung zusammen. Sobald Sie sich für den Einsatz eines Verfahrens entschieden haben, müssen Sie den Einsatz des Verfahrens planen.

Außerdem müssen Sie sich auch bei einem standardisierten Verfahren überlegen, welche Nutzergruppe Sie gerne ansprechen würden, und Kriterien definieren, anhand derer Sie diese Personen für Ihre Befragung identifizieren können.

Da alle Verfahren, die wir Ihnen gleich vorstellen werden, sich in irgendeiner Form um die Bewertung eines Produkts, Systems oder einer Dienstleistung drehen, benötigen Sie natürlich das Produkt, das System oder die Dienstleistung – entweder in echt oder als Prototyp –, damit es bewertet werden kann.

Als Nächstes sollten Sie Ihren Testleitfaden erstellen. Auch hier kommen Sie also nicht um die Überlegung herum, wie der standardisierte Fragebogen eingebunden werden soll. Gewöhnlich steht der Einsatz von standardisierten Befragungsverfahren nämlich nicht alleine da, sondern ist Teil eines größeren Tests. Das kann ein Usability und User Experience-Test sein, ein UX-Benchmarking, eine Online-Befragung oder ein anderes Testverfahren, bei dem Sie mit Nutzenden arbeiten.

Wichtig bei der Planung des Einsatzes ist, dass Sie zwar zusätzliche Fragen zu dem standardisierten Tool stellen können, gewöhnlich können Sie einen standardisierten Fragebogen aber nicht auszugsweise oder nur in Teilen einsetzen. Wenn Sie das machen, funktioniert auf der einen Seite die Auswertung nicht mehr, auf der anderen Seite wird der Vergleich mit anderen Systemen, Produkten oder Dienstleitugen schwer, die das Tool ebenfalls eingesetzt haben. Außerdem sind alle Gütekriterien so ausgelegt, dass die Qualität des standardisierten Tests nur gewährleistet werden kann, wenn er in genau der Form eingesetzt wird, in der er auch entwickelt wurde. Unser Tipp lautet daher: Setzen Sie die Verfahren genau so ein, wie sie entwickelt wurden, und folgen Sie auch den Hinweisen für die Auswertung der Fragebögen, wenn Sie von den Vorteilen der Standardisierung profitieren wollen.

Nun möchten wir Ihnen aber einige standardisierte Fragebögen vorstellen, die Sie für Ihre Tests und Befragungen einsetzen können.

Einschub: Pragmatische versus hedonische Qualität

Bevor wir mit den standardisierten Fragebogenverfahren loslegen, möchten wir Ihnen an dieser Stelle noch die Begriffe *pragmatisch* und *hedonisch* näherbringen, da die meisten der vorgestellten Verfahren auf diese Unterscheidung zurückgreifen.

Der Duden versteht unter *pragmatisch* etwas, das auf »die anstehende Sache und entsprechendes praktisches Handeln« bezogen ist. Es gibt also einen klaren Sachbezug (*https://www.duden.de/rechtschreibung/pragmatisch*). Ein Produkt verfügt dann über eine hohe pragmatische Qualität, wenn es die Handlungen der Nutzenden effektiv und effizient unterstützt – also eine hohe Usability hat.

Die *hedonische* Qualität beschreibt hingegen alle Aspekte eines Systems, Produkts oder einer Dienstleistung, die über die reine Nützlichkeit hinausgehen (*www.usabilityblog.de*). Das kann bedeuten, dass das System, das Produkt oder die Dienstleistung den Nutzenden Spaß bereitet oder als besonders anregend wahrgenommen wird. Die Bewertung der Produktattraktivität insgesamt setzt sich dementsprechend oft aus beiden Aspekten zusammen.

System Usability Scale (SUS)

Der *System Usability Scale* (SUS) ist wahrscheinlich eines der ältesten standardisierten Verfahren für die Erfassung der subjektiven Usability. Der SUS wurde schon 1996 von John Brooke entwickelt. Seitdem hat er sich zu einem der Standards in der Branche entwickelt, wenn ein zuverlässiges Maß gesucht wird, das in vielen Studien vergleichend eingesetzt werden kann.

Der Charme des SUS liegt in seiner Kürze und Einfachheit. Der Fragebogen besteht aus insgesamt zehn Aussagen, die auf einer 5-stufigen Skala beantwortet werden. Dabei kann jede Aussage mit einem Wert von 0 für »stimme gar nicht zu« bis 4 für »stimme voll zu« beantwortet werden. Aussagen des SUS sind beispielsweise:

- Ich kann mir sehr gut vorstellen, das System regelmäßig zu nutzen.
- Ich empfinde das System als unnötig komplex.
- Ich empfinde das System als einfach zu nutzen.
- Ich denke, dass ich technischen Support brauchen würde, um das System zu nutzen.

Die *Auswertung* des SUS stellt sich als ein wenig kompliziert dar. Die Hälfte aller Aussagen ist nämlich so formuliert, dass eine Zustimmung für eine gute Usability spricht; die andere Hälfte der Aussagen ist so formuliert, dass eine Zustimmung für eine schlechte Usability spricht. Der erste Schritt in der Auswertung besteht also darin, die Aussagen, bei denen eine Zustimmung schlecht ist, umzudrehen. Das bedeutet, dass aus einer 3 eine 1 wird und aus einer 4 eine 0. Im Anschluss werden die Werte aller Aussagen miteinander addiert. Sie haben also für insgesamt 10 Aussagen pro Person jeweils einen Wert zwischen 0 und 4. Pro Person kann also ein SUS-Wert von 0 bis maximal 40 herauskommen. Danach wird das Ergebnis mit 2,5 multipliziert und ergibt den SUS-Wert. Dieser kann letztendlich zwischen 0 und 100 liegen, wobei 100 das denkbar beste Ergebnis für ein System wäre und 0 das denkbar schlechteste.

Der SUS selbst wird von seinem Verfasser als »quick and dirty« eingeschätzt, was aber nur teilweise stimmt. Zwar ist die Durchführung schnell, die Ergebnisse haben sich aber in verschiedenen Studien auch mit einer geringen Teilnehmerzahl als relativ aussagekräftig erwiesen, um zwischen Systemen mit einer guten Usability und Systemen mit einer schlechten Usability zu unterscheiden. Dabei geht es nicht um kleine Unterschiede von 82 zu 83 Punkten, sondern eher um größere von 80 zu 60. Die Tendenzen sind aber zuverlässig und passend. Außerdem wurde der SUS jetzt schon mehrfach eingesetzt, um auch ein Benchmarking durchzuführen. In der Vergangenheit wurden sogar Tabellen entwickelt, die einen Überblick darüber geben, in welchem Bereich ein SUS-Ergebnis für ein Produkt als schlecht, durchschnittlich oder eher gut zu bewerten ist (siehe Abbildung 12.12).

Der SUS gibt aber immer nur einen Überblick über die wahrgenommene Usability, andere Aspekte (z. B. hedonische Aspekte) werden im SUS nicht berücksichtigt. Um dieses Manko – vor allem in Hinblick auf das breitere Konzept der User Experience – auszugleichen, wurden weitere Fragebögen entwickelt, die in diesen Bereichen zum Einsatz kommen.

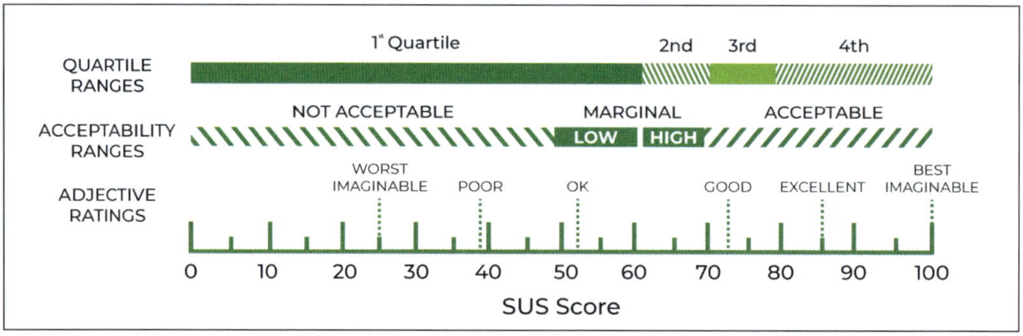

Abbildung 12.12 Übersicht der möglichen Ergebnisse beim SUS und ihrer Relation zu anderen Produkten (nach Bangor et al. 2009)

User Experience Questionnaire

Der *User Experience Questionnaire* (UEQ) ist ein Fragebogen, der im Kern schon 2005 von Martin Schrepp entwickelt wurde und über viele verschiedene Studien und Publikationen immer wieder geprüft und bestätigt wurde (Laugwitz, Schrepp & Held, 2008; Schrepp, Hinderks & Thomaschewski, 2014; Schrepp, Hinderks & Thomaschewski, 2017a; Schrepp, Hinderks & Thomaschewski, 2017b). Wenn Sie Interesse daran haben, sich ausführlicher mit dem UEQ zu beschäftigen, dann finden Sie auf der Webseite *www.ueq-online.org* jede Menge Verweise auf die Publikationen und die Entwicklung des Fragebogens. Da die meisten Personen sich aber – verständlicherweise – eher nicht die Mühe machen, diese Informationen zusammenzutragen, gibt es auf der Webseite seit 2017 auch das Handbuch zum User Experience Questionnaire, das alles Wichtige in Kürze zusammenfasst.

Das Ziel des User Experience Questionnaires ist es, die User Experience anhand eines standardisierten Verfahrens zu messen. Als Einsatzmöglichkeiten nennt Schrepp dabei vor allem folgende Szenarien:

- den Vergleich der User Experience von zwei verschiedenen Produkten (zum Beispiel bestehende Version versus neue Version)
- festzustellen, ob ein Produkt ein ausreichendes Maß an User Experience besitzt
- Bereiche für Verbesserungen identifizieren

An der Entwicklung des Fragebogens wirkten viele User Experience-Experten mit, um die Kernkonstrukte zu definieren, aus denen sich die User Experience zusammensetzt. Das Ergebnis ist ein Fragebogen, der aus insgesamt 26 Gegensatzpaaren besteht, die sechs verschiedenen Skalen zugeordnet werden können (siehe Abbildung 12.13).

	1	2	3	4	5	6	7		
unerfreulich	○	○	○	○	○	○	○	erfreulich	1
unverständlich	○	○	○	○	○	○	○	verständlich	2
kreativ	○	○	○	○	○	○	○	phantasielos	3
leicht zu lernen	○	○	○	○	○	○	○	schwer zu lernen	4
wertvoll	○	○	○	○	○	○	○	minderwertig	5
langweilig	○	○	○	○	○	○	○	spannend	6
uninteressant	○	○	○	○	○	○	○	interessant	7

Abbildung 12.13 Beispielwortpaare aus dem UEQ (Quelle: www.ueq-online.org)

Diese Art, Fragebogen mit Gegensatzpaaren zu gestalten, nennt man *semantische Differenziale* – nur für den Fall, dass Sie mal angeben möchten. Die sechs Skalen sind:

- **Attraktivität:** Wie ist der Gesamteindruck vom Produkt? Mögen Nutzende das Produkt oder mögen sie es nicht?
- **Durchschaubarkeit:** Ist es einfach, sich mit dem Produkt vertraut zu machen? Ist es einfach, die Bedienung des Produkts zu erlernen?
- **Effizienz:** Können die Nutzenden ihre Aufgabe ohne unnützen Aufwand lösen?
- **Steuerbarkeit:** Haben die Nutzenden das Gefühl, die Interaktion kontrollieren zu können?
- **Stimulation:** Ist es aufregend und motivierend, das Produkt zu verwenden?
- **Originalität:** Ist das Produkt innovativ und kreativ? Weckt das Produkt das Interesse der Nutzenden?

Alle Skalen bis auf die Attraktivitätsskala werden mit vier Gegensatzpaaren gemessen. Die Skala *Attraktivität* wird anhand von sechs Gegensatzpaaren gemessen und ist eine reine *Valenzskala*. Das bedeutet, dass die Skala nur die gefühlte Wertigkeit des Produkts bewertet. Die Skalen *Durchschaubarkeit*, *Effizienz* und *Steuerbarkeit* messen die pragmatische Qualität des Produkts, wohingegen die Skalen *Stimulation* und *Originalität* die hedonische Qualität des Produkts messen.

Damit der UEQ auch als Benchmarking eingesetzt werden kann, wurde der Fragebogen in vielen verschiedenen Studien eingesetzt und an verschiedensten Produkten getestet. Daraus sind dann Vergleichswerte entstanden, in die eigene Produkte einsortiert werden können. Insgesamt wurden dafür 246 Produkte durch fast 10.000 Personen bewertet. Das Ergebnis ist ein Diagramm mit Benchmark-Werten, mit denen das eigene Produkt verglichen werden kann (siehe Abbildung 12.14).

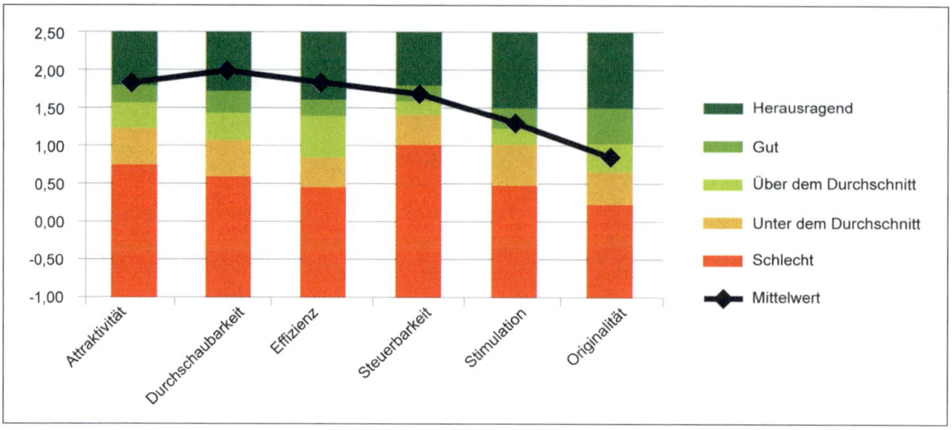

Abbildung 12.14 Benchmarking-Grafik für die Einordnung der Testergebnisse in Vergleichswerte beim UEQ (Quelle: www.ueq-online.org)

Diese Art von Benchmarking ist wichtig, weil gewöhnlich nicht die komplette Skala zur Bewertung von Produkten verwendet wird. Eigentlich reicht der UEQ nämlich auf jeder Skala von +3 bis -3, selten wird jedoch ein Produkt diese Extremwerte tatsächlich erreichen, sodass der Bereich, in dem Produkte in der Praxis bewertet werden, deutlich schmaler ist.

Um die Auswertung zu vereinfachen, stellt Schrepp ein Excel-Sheet bereit, das auf *www.ueq-online.org* heruntergeladen werden kann. Hier wird auch noch einmal im Detail erklärt, wie die gewonnenen Daten genutzt werden können. Außerdem gibt es noch eine Kurzversion des UEQ, die mit weniger Gegensatzpaaren arbeitet und eine schnellere Einschätzung ermöglicht als der komplette UEQ. Für sie sieht Schrepp allerdings nur wenige ganz begrenzte Einsatzszenarien, weil die Kurzversion nicht ganz so gut funktioniert wie die Langversion. Der Einsatz der Kurzversion wird empfohlen für:

- Befragung von Besuchern auf Webshops oder Webseiten beim Verlassen der Seite, wenn nur wenig Zeit ist
- Integration der Kurzversion in ein bestehendes Befragungsinstrument, was dadurch nicht deutlich verlängert werden soll
- Vergleich von vielen verschiedenen Produkten oder Produktvarianten

Die Kurzversion besitzt nur acht Gegensatzpaare, wovon vier pragmatische Qualität messen und vier hedonische Qualität. Schrepp weist aber noch einmal darauf hin, dass es schwer ist, hier einfach bei verschiedenen Produkten die Skalenwerte zu vergleichen, weil nicht für jedes Produkt pragmatische und hedonische Qualität die gleiche Wichtigkeit haben.

AttrakDiff

Ein weiteres standardisiertes Verfahren, das die subjektive Bedienbarkeit und das Aussehen Ihres interaktiven Produkts aus Sicht der Nutzenden beurteilt, ist der *AttrakDiff* (Hassenzahl, Burmester & Koller, 2003; Burmester, Hassenzahl & Koller, 2007; Hassenzahl, Burmester & Koller, 2008). Der AttrakDiff misst auf der einen Seite die wahrgenommene Attraktivität Ihres Produkts, auf der anderen Seite aber auch wieder die wahrgenommene pragmatische und hedonische Qualität aus Sicht der Nutzenden.

Was ist das Schöne am AttrakDiff? Der Fragebogen steht als interaktives Tool auf der Webseite *www.attrakdiff.de* kostenfrei zur Verfügung und kann dort durch jeden einfach eingesetzt werden – zumindest solange der Einsatz auf 20 oder weniger Personen beschränkt wird. Als Einsatzzwecke werden dabei genannt:

- die einmalige Bewertung eines Produkts
- der Vergleich von zwei Produkten
- der Vorher-nachher-Vergleich eines Produkts

Der Fragebogen selbst hat schon eine recht lange Geschichte und wurde im Jahr 2003 von Marc Hassenzahl, Michael Burmester und Franz Koller gemeinsam entwickelt. Beim AttrakDiff erfolgt die Bewertung des Produkts anhand von 28 Gegensatzpaaren, die auf einer 7-stufigen Skala bewertet werden (siehe Abbildung 12.15).

Abbildung 12.15 Beispiel für Wortpaare aus dem AttrakDiff (Quelle: www.attrakdiff.de)

Durch das Online-Tool wird die Auswertung des Fragebogens deutlich erleichtert, da die Ergebnisse in eine einfach zu verstehende Matrix eingetragen werden. An dieser Matrix können Sie als Nutzer dann ablesen, wie Ihr Produkt durch die Nutzenden eingeschätzt wird (siehe Abbildung 12.16).

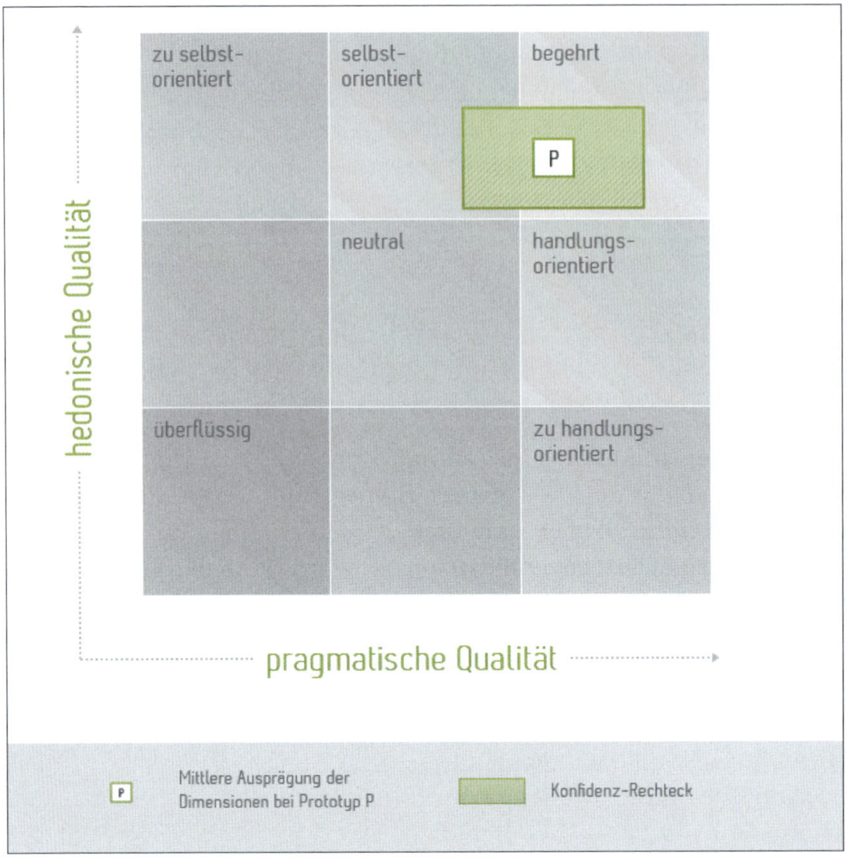

Abbildung 12.16 Beispielauswertungsmatrix für ein Produkt (Quelle: www.attrakdiff.de)

Der kleine Kasten mit dem P zeigt dabei die mittlere Einschätzung in der Beurteilung an, der größere Kasten zeigt, wie einheitlich oder uneinheitlich die Einschätzungen zwischen den verschiedenen Personen ausgefallen sind. In diesem konkreten Beispiel wären sich die meisten Nutzenden einig gewesen, dass das getestete Produkt eine hohe hedonische Qualität hat. Bei der pragmatischen Qualität hingegen wären die Meinungen bei den Nutzenden deutlich unterschiedlicher ausgefallen, was sich an dem breiteren grünen Kasten zeigt. Die Beschriftungen der Felder geben Ihnen einen Hinweis darauf, wie das Produkt insgesamt einzuschätzen ist.

Wenn Sie ein Produkt vergleichend testen, dann können Sie über das bereitgestellte Tool direkt einen optischen Vergleich der beiden Varianten nebeneinander sehen und können sehr leicht identifizieren, welches Produkt in welcher Dimension gut abschneidet (siehe Abbildung 12.17).

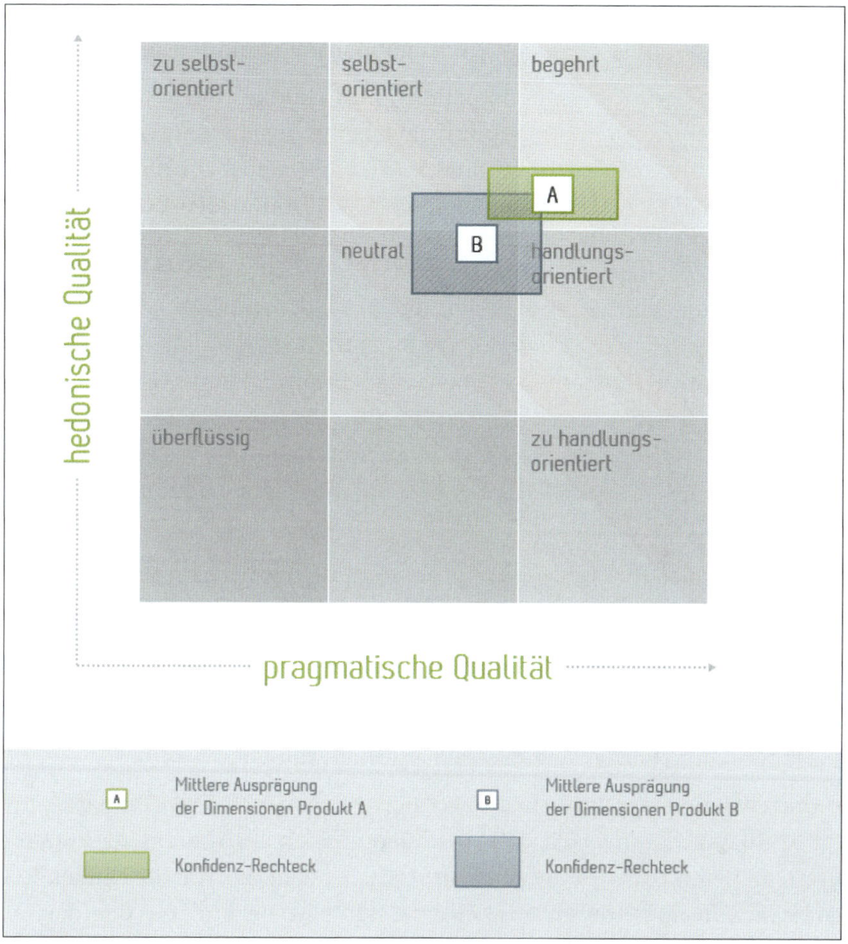

Abbildung 12.17 Beispielauswertungsmatrix für Produktvergleiche (Quelle: http://www.attrakdiff.de/).

INTUI

Verglichen mit dem SUS ist der INTUI ein relativ neues Befragungsinstrument, das erst ab dem Jahr 2010 von Daniel Ullrich und Sarah Diefenbach gemeinsam entwickelt wurde. Der INTUI legt seinen Schwerpunkt auf eine besondere Komponente der User Experience, nämlich auf die Intuitivität eines Produkts (Ullrich & Diefenbach, 2010; Ullrich, 2013; Ullrich, 2014). Für lange Zeit lautete eine der Kernfragen bei guter Produktgestaltung immer: »Kann man das Produkt intuitiv verwenden?«

Hier setzt der INTUI an und misst Intuitivität nicht nur anhand einer einzelnen Frage, sondern anhand eines Fragebogens, der die verschiedenen Komponenten der Intuitivität gesamtheitlich abgedeckt. Laut Ullrich und Diefenbach (*www.intuitive-interaction.net*) besteht die Intuitivität aus vier Kernkomponenten:

- Bauchgefühl
- Verbalisierungsfähigkeit
- Mühelosigkeit
- magisches Erleben

Mit *Bauchgefühl* ist gemeint, dass Nutzende ein intuitives System gewöhnlich so beschreiben, dass die Bedienung nicht analytisch und überlegend, sondern unbewusst und gefühlsgeleitet geschieht. Das zeigt sich auch darin, dass es den Nutzenden oft schwerfällt, die einzelnen Schritte, die für eine erfolgreiche Bedienung umgesetzt werden müssen, explizit zu benennen (*Verbalisierungsfähigkeit*). Dahinter steht, dass bei intuitiven Systemen hauptsächlich implizit gelernt und gehandelt wird und implizites Wissen viel schwerer zu vermitteln ist als explizites Wissen. Zusätzlich fühlt sich die Interaktion mit intuitiven Systemen für den Nutzenden oft schnell und einfach an (*Mühelosigkeit*). Es gibt keine Schwierigkeiten oder Stolpersteine, sondern es fühlt sich leicht an.

Die letzte Dimension, das *magische Erleben*, entsteht dadurch, dass die Nutzenden nicht in der Lage sind, den eigenen Beitrag zu der einfachen Interaktion – nämlich ihr implizit gesammeltes Wissen – richtig einzuschätzen, und dass ein System, das so einfach, mühelos und ohne groß nachzudenken funktioniert, echte Begeisterung auslöst. Diese Begeisterung, die Nutzende über die gute Gestaltung eines Systems empfinden, ist dann der Teil, der sich magisch anfühlen kann.

Diese vier Dimensionen der Intuitivität werden durch den INTUI standardisiert anhand von 16 Aussagen gemessen. Alle Aussagen werden anhand einer 7-Punkte-Skala bewertet, an deren Ende je eine Antwort steht. Je nachdem, wie die Nutzenden die Aussage beantworten, stimmen sie eher der einen bzw. der anderen oder keiner bzw. beiden Aussagen gleich stark zu. Dabei unterteilt der INTUI die Aussagen in drei verschiedene Bereiche (siehe auch Abbildung 12.18):

- Aussagen zu der Wahrnehmung des eigenen Verhaltens bei der Nutzung des Produkts
- Aussagen zur Wahrnehmung der Nutzung des Produkts selbst
- Aussagen zur eigenen Wahrnehmung der Nutzung im Rückblick auf die Nutzung

Für die Auswertung liefern die beiden Entwickler des Tools auch eine SPSS-Datei (Statistik-Software der Firma IBM) mit, die dabei hilft, die einzelnen Werte richtig einzusetzen und den Fragebogen auszuwerten. Anhand des INTUI und der Auswertungstabelle wird es Ihnen möglich, einfach eine standardisierte Bewertung der Intuitivität vorzunehmen und diese auch wieder zwischen verschiedenen Systemen zu vergleichen. Zum aktuellen Zeitpunkt sind uns leider noch keine Benchmarkwerte bekannt, sodass Sie aktuell die Fragebogen vor allem vergleichend einsetzen können.

	1	2	3	4	5	6	7			
Bei der Nutzung (des Produkts)...										
...handelte ich überlegt	☐	☐	☐	☐	☐	☐	☐	...handelte ich spontan		G_01
...erreichte ich mein Ziel nur mit Anstrengung	☐	☐	☐	☐	☐	☐	☐	...erreichte ich mein Ziel mit Leichtigkeit		M_01
Die Nutzung (des Produkts)...										
...erforderte viel Aufmerksamkeit	☐	☐	☐	☐	☐	☐	☐	...ging wie von selbst		M_03
...war begeisternd	☐	☐	☐	☐	☐	☐	☐	...war unbedeutend	P	X_01
Im Nachhinein...										
...fällt es mir schwer, die einzelnen Bedienschritte zu beschreiben	☐	☐	☐	☐	☐	☐	☐	...ist es für mich kein Problem, die einzelnen Bedienschritte zu beschreiben		V_01
...kann ich mich gut an die Bedienung erinnern	☐	☐	☐	☐	☐	☐	☐	...fällt es mir schwer, mich zu erinnern, wie das Produkt bedient wird	P	V_02

Abbildung 12.18 Beispielaussagen aus dem INTUI (Quelle: http://intuitiveinteraction.net)

12.13.2 Wann wird ein standardisierter Fragebogen eingesetzt?

In Ansätzen wurde es schon bei den einzelnen Methoden selbst erwähnt, wir möchten Ihnen aber hier noch einmal den Zweck von standardisierten Fragebögen zur Erfassung der User Experience auflisten. Gewöhnlich setzen Sie standardisierte Fragebögen immer dann ein, wenn Sie

- ein System, Produkt oder eine Dienstleistung mit vergleichen wollen.
- ein System, Produkt oder eine Dienstleistung in verschiedenen Entwicklungsstufen oder Versionen vergleichen wollen.
- verstehen wollen, wie Ihr System, Produkt oder Ihre Dienstleistung im Vergleich zu anderen generell abschneidet.

Standardisierte Methoden entfalten immer dann ihr volles Potenzial, wenn es eine Vergleichsgruppe oder Vergleichswerte gibt. Der Einsatz von standardisierten Verfahren ohne Vergleichswerte – sofern es keine Referenzwerte aus anderen Studien gibt – ist meistens wenig sinnvoll, da Nutzende immer einen Referenzwert heranziehen, um eine Bewertung vorzunehmen. Wenn dieser Referenzwert nicht durch Sie und Ihren Test gegeben wird, dann wird er durch die Nutzenden selbst auf Basis vorangegangener Erfahrungen mit unterschiedlichen Produkten hergestellt.

Generell setzen Sie standardisierte Verfahren immer erst nachgelagert zu einer Exploration ein. Wenn Sie also einen Test planen, in dem die Teilnehmenden das Produkt verwenden und damit Aufgaben lösen, dann nutzen Sie im Anschluss an diese Nutzung die standardisierten Verfahren zur Quantifizierung der Erfahrung.

12.13.3 Was braucht man dazu?

Der Einsatz von standardisierten Fragebögen ist in den meisten Fällen recht unkompliziert möglich. Dazu brauchen Sie

- Zugang zu dem standardisierten Verfahren, das Sie einsetzen wollen,
- Ihr System, Produkt oder Ihre Dienstleistung (oder einen Prototyp) zum Testen,
- die Möglichkeit, Ihre Lösung und den Fragebogen an die passende Nutzergruppe zu übergeben – entweder persönlich oder digital,
- ein Setup, das allen Personen einen vergleichbaren Kontakt mit Ihrer Lösung ermöglicht, und
- ein Auswertungsschema für das jeweilige Verfahren.

Oftmals werden standardisierte Verfahren nicht einzeln eingesetzt, sondern als Teil eines größeren Tests, bei dem zum Beispiel auch noch die Usability und User Experience anhand von vorgegebenen Aufgaben geprüft wird. Dann benötigen Sie zusätzlich natürlich auch noch alles, was zum Aufbau des Tests dazugehört.

12.13.4 Was sind die Vorteile?

Richtig eingesetzt, bringen standardisierte Verfahren vor allem den Vorteil mit sich, dass sie eine Vergleichbarkeit von Produkten ermöglichen, die sonst nicht oder nur in Teilen gegeben ist. Dadurch wird es für Sie leichter, den Stand des eigenen Produkts im Vergleich zu Mitbewerbern einzuschätzen und ein besseres Gespür dafür zu bekommen, woran Sie sind. Dieses Verständnis ist bei nichtstandardisierten Bewertungsverfahren deutlich schwerer zu erlangen, da diese selten über mehrere Tests oder Studien vergleichbar eingesetzt werden.

Genauso gut können Sie standardisierte Testverfahren jedoch einsetzen, um den Fortschritt Ihrer eigenen Produkte nachverfolgen zu können. Dazu setzen Sie das standardisierte Verfahren einfach regelmäßig bei Ihrem Produkt ein und erhalten damit Vergleichswerte, die die Qualität des Produkts und den Qualitätszuwachs sichtbar machen. Wenn standardisierte Fragebögen als alleinstehende Methode eingesetzt werden, dann können diese meistens online einer großen Menge von Teilnehmenden gleichzeitig bereitgestellt werden. So kann die Durchführung des Tests meist relativ kostengünstig und schnell erfolgen. Außerdem ermöglicht die Onlinebereitstellung auch einen weltweiten Einsatz, sofern die Fragebögen in verschiedenen Sprachen vorliegen.

12.13.5 Was sind die Nachteile?

Die meisten standardisierten Verfahren sind wissenschaftlich aufwendig konstruiert und basieren auf einem klaren Modell, wie sich Usability bzw. User Experience zusammensetzt. Das ist auf der einen Seite gut, auf der anderen Seite bedeutet das aber auch, dass die Qualität des standardisierten Fragebogens davon abhängt, ob Sie den Fragebogen genauso einsetzen, wie es vorgesehen war. Abweichungen sind hier praktisch nicht möglich, ohne die Vergleichbarkeit und Aussagekraft des Verfahrens zu reduzieren. Dadurch verlieren Sie Flexibilität.

Des Weiteren sind viele der standardisierten Verfahren aufgrund der hohen wissenschaftlichen Güte relativ lang und umfangreich, sodass der Einsatz der Tools schon ein nicht zu vernachlässigender Zeitfaktor in der Durchführung der Studien wird. Hier kann es Ihnen also durchaus passieren, dass Sie schon 20 Minuten für das Ausfüllen des Fragebogens einplanen müssen, wenn Sie drei verschiedene Produkte vergleichen wollen . Diesem Problem begegnen einige der Verfahren jedoch mit der Entwicklung von Kurzversionen der Fragebögen, um die notwendige Zeit deutlich zu reduzieren.

12.13.6 Welche Alternativen gibt es?

Wenn Sie eine Vergleichbarkeit mit anderen Produkten haben wollen, dann können Sie auf der einen Seite das UX-Benchmarking (siehe Abschnitt 12.11) einsetzen, bei dem für den Test der unterschiedlichen Produkte auch immer wieder der gleiche Aufbau zum Einsatz kommt.

Auf der anderen Seite können Sie – wenn es Ihnen ausschließlich um die interne Vergleichbarkeit von verschiedenen Lösungen geht – natürlich auch ein *eigenes Fragenset* entwickeln, das Sie anschließend zur Bewertung heranziehen. Bevor Sie das allerdings angehen, sollten Sie sicher sein, dass Sie tatsächlich Fragen stellen, die anschließend das messen, was Sie messen wollen. Hier ist wieder Validität das Thema: Wenn Sie mit einem Fieberthermometer die Größe messen, kommt vielleicht immer das Gleiche heraus, Sinn ergibt es aber noch lange nicht ...

Tabelle 12.7 zeigt den Steckbrief der Methode.

Steckbrief: Standardisierte Fragebögen	
Kurzbeschreibung	Die standardisierten Fragebögen stellen eine Gruppe von Befragungsmethoden dar, bei denen Nutzende schriftlich um eine Bewertung eines Systems, eines Produkts oder einer Dienstleistung gebeten werden. Die Bewertung findet dabei meistens anhand von Skalenfragen und geschlossenen Fragen statt, wobei der Schwerpunkt der Befragung vom eingesetzten Fragebogen abhängig ist.

Tabelle 12.7 Steckbrief für die Methode »Standardisierte Fragebögen«

Steckbrief: Standardisierte Fragebögen	
Vorteile	▸ Ermöglicht den Vergleich von verschiedenen Lösungen miteinander und die Einschätzung der Qualität der eigenen Lösung aus Nutzersicht ▸ Schnelle und kostengünstige Testung ▸ Durchführung mit vielen Personen gleichzeitig möglich ▸ Gut geeignet für Remote-Testung und damit auch für den weltweiten Einsatz
Nachteile	▸ Keine Anpassung der Fragebögen möglich, wenn Vergleichbarkeit erhalten bleiben soll ▸ Der Umfang der meisten standardisierten Fragebögen ist relativ groß, dadurch wird der Vergleich vieler Varianten erschwert.

Tabelle 12.7 Steckbrief für die Methode »Standardisierte Fragebögen« (Forts.)

12.14 Analyse von quantitativen Nutzungsdaten

Mit der Analyse der quantitativen Nutzungsdaten ist die Verwendung aller Daten gemeint, die durch die Verwendung von bestehenden Systemen, Produkten oder Dienstleistungen entstehen (vgl. Schmidt-Thieme & Gaul, 2002).

In den meisten Fällen sind dies Daten über die Nutzungshäufigkeit oder Nutzungsdauern bestimmter Features. Es können aber genauso gut Informationen über Supportanfragen oder Feature-Requests über die Support-Hotline sein, die hier zusammengetragen und analysiert werden. Es geht also weniger um das Schaffen neuer Daten, als um die Verwendung oftmals bereits bestehender Daten, die während der Nutzung der Lösung entstehen.

12.14.1 Wie funktioniert das?

Damit eine Analyse von quantitativen Nutzerdaten vorgenommen werden kann, muss die Lösung, deren Nutzungsdaten analysiert werden sollen, über eine Trackingfunktionalität verfügen. Diese muss gar nicht nutzerspezifisch ausgelegt sein, sondern es reicht, wenn anonymisiert erfasst wird, welche Funktionen zum Einsatz kommen und über welche Zeitdauer die einzelnen Funktionen eingesetzt werden. Die Datenerfassung kann hierbei automatisiert oder auch manuell erfolgen, wie am Beispiel der Support-Hotline bereits beschrieben.

Mit den Informationen, welche Funktionen genutzt werden, kann eine rein quantitative Analyse vorgenommen werden, die einen ersten Einblick in die Wichtigkeit der vorhandenen Features aus Nutzersicht gibt. Da keine weiteren Daten vorhanden sind, haben Sie an dieser Stelle eigentlich nur die Möglichkeit, eine Rangreihe zu erstellen, bei der die am häufigsten verwendeten Funktionen auf den ersten Plätzen stehen, gefolgt von den selteneren Funktionen auf den nachfolgenden Plätzen.

An dieser Stelle sei angemerkt, dass bereits hier Probleme auftreten können, wenn man sich nur auf die Analyse quantitativer Nutzerdaten verlässt. Beispielsweise könnte eine Funktion auf dem letzten Platz landen, weil sie vom Nutzer gesehen und ignoriert, also nicht gebraucht wird. Sie könnte aber auch auf dem letzten Platz landen, weil sie von Nutzern nicht gefunden und deshalb nicht verwendet wird. Auf diesen Punkt kommen wir bei den Nachteilen noch einmal zu sprechen.

Eine ähnliche Auswertung ermöglicht die Analyse von Support-Tickets und Support-Anfragen generell. Dabei können die Tickets ebenfalls analysiert und ausgewertet werden. Ein typisches Vorgehen zur Analyse von Support-Tickets wäre die Kategorisierung der Tickets in verschiedene Themengruppen und anschließend eine Auszählung der Häufigkeit, sodass anhand der Rückmeldungen Rückschlüsse auf Bereiche mit vielen und Bereiche mit wenigen Problemen gezogen werden können.

Im Anschluss findet eine Detailanalyse der hochpriorisierten Bereiche statt, um die Probleme der Nutzenden im Detail zu verstehen. Anhand der Problembeschreibungen können dann Verbesserungsvorschläge erarbeitet werden.

12.14.2 Wann wird die Analyse quantitativer Daten eingesetzt?

Der Einsatz von quantitativen Nutzungsdaten oder Kundenrückmeldungen ist nur dann möglich, wenn es schon ein Produkt im Live-Betrieb gibt, das auch tatsächlich Nutzungsdaten sammelt. Das ist meistens der Fall, wenn es sich um ein webbasiertes Tool handelt, das in der Cloud gehostet ist. Bei lokal laufenden Anwendungen ist es meist schwierig, an die Daten zu kommen, entweder weil diese intern nicht gesammelt werden dürfen oder extern nicht bereitgestellt werden.

Erfahrungsgemäß ist es im Allgemeinen leichter, eine Ticket-Analyse durchzuführen. Viele mindestens mittelständische Unternehmen verfügen über interne oder externe Ticketsysteme. Die Daten daraus werden jedoch selten systematisch genutzt, weswegen eine Analyse hier verhältnismäßig einfach und mit hohem Nutzen durchführbar ist.

12.14.3 Was braucht man dazu?

Verglichen mit anderen Methoden, gibt es wenig Materialbedarf bei der Analyse von quantitativen Nutzungsdaten. Hier sind eher die *rechtlichen Rahmenbedingungen* die Herausforderung. Vor allem wenn es um die Erfassung von Daten interner Mitarbeiter geht, müssen Sie sicherstellen, dass die Datenerfassung konform zu etwaigen

Betriebsvereinbarungen und der DSGVO vonstattengeht, damit Sie nicht in eine rechtliche Diskussion über Leistungserfassung von Mitarbeitern abdriften. Wenn Sie den Rahmen dafür abgesichert haben, ist die Liste an benötigten Materialien jedoch relativ kurz:

- Das System, das Produkt oder die Dienstleistung ist ja bereits live und wird von Kunden verwendet.
- Sie brauchen noch eine Trackingfunktionalität im Tool, die aufzeichnet, welche Funktion (wie oft/wie lange) genutzt wird.
- Alternativ bzw. in Kombination brauchen Sie ein Ticket-System, in dem alle Tickets gesammelt werden.

12.14.4 Was sind die Vorteile?

Der größte Vorteil bei der Analyse quantitativer Nutzungsdaten ist wahrscheinlich der, dass keine Extraphase zur Datenerhebung durchgeführt werden muss. Die Nutzenden verwenden das System, das Produkt oder die Dienstleistung einfach wie immer, und die Analyse kann zu jeder beliebigen Zeit durchgeführt werden, ohne dass dafür extra Personen eingeladen und Leitfäden und Prototypen vorbereitet werden müssen.

Der zweite große Vorteil ist die oftmals schiere Menge an verfügbaren Daten. Vor allem bei Lösungen, die schon längere Zeit laufen, kann hier meistens auf eine große Anzahl an Datenpunkten zurückgegriffen werden. Im Hinblick auf die Nutzungshäufigkeit ergeben sich dadurch deutlich zuverlässigere Aussagen als durch einen kleinen Usability und User Experience-Test mit nur sechs Personen. Da die Ressourcen für die Überarbeitung und Verbesserung von Lösungen begrenzt sind, wird es dadurch einfacher, eine Priorisierung zu wählen, die dann auch den größten Mehrwert für viele Personen bringt.

Zusätzlich wird durch die Art der Datensammlung die wiederholte oder sogar kontinuierliche Auswertung möglich. Da die Daten das tatsächliche Nutzungsverhalten der Nutzenden widerspiegeln, lassen sich mit ihnen auch zuverlässige Aussagen über Änderungen im Nutzungsverhalten treffen.

12.14.5 Was sind die Nachteile?

Auch wenn die Menge an Datenpunkten bei der quantitativen Nutzungsdatenanalyse sehr groß ist, gibt es einige Schwierigkeiten, die die Nutzung der Daten begrenzen und nur einen beschränkten Rückschluss auf die dahinterliegenden Probleme gewähren. So erhalten Sie zwar jede Menge Daten dazu, welche Funktionen in Ihrer Anwendung häufig verwendet werden, es gibt jedoch keine Aussagen dazu, warum das der Fall ist, was damit gemacht wird oder warum andere Funktionen nicht genutzt werden. Dadurch, dass das Hintergrundwissen dazu fehlt, kann es schwierig sein, Lösungen zu entwickeln, die bestehende Probleme lösen, ohne neue Probleme zu schaffen.

Auch bei der Analyse der Tickets zeigt sich eine Problematik für die Verbesserung der Anwendung: So kann es durchaus vorkommen, dass die Nutzenden Tickets vor allem bei rein technischen Problemen verwenden, die die Nutzung Ihrer Anwendung oder das Lösen der Probleme der Nutzenden verhindern, andere Probleme aber gar nicht melden. Dazu befragt, würden sich die Nutzenden zwar z. B. über die empfundene Ineffizienz des Systems ärgern, aber kein Ticket schreiben, da »eigentlich alles geht«.

Support-Tickets haben immer einen Fokus auf den Dingen, die technisch nicht klappen, wohingegen Probleme in der Nutzung nur selten über Ticketsysteme zurückgemeldet werden. Das liegt vor allem daran, dass Fehlermeldungen oftmals einfach zu reporten sind, indem beispielsweise auf einen Fehlercode verwiesen wird. Nutzungsprobleme sind aber oft unbewusst oder komplex, sodass eine Ticketerstellung viel Zeit der Nutzenden in Anspruch nimmt und dadurch für viele Personen unattraktiv ist. So kann es Ihnen passieren, dass Sie mit der Zeit zwar alle technischen Probleme gelöst haben, aber aus Sicht der Nutzenden noch immer nur eine mittelmäßige oder vielleicht sogar schlechte Anwendung haben, weil diese einfach nicht die richtigen Probleme löst. Da nur wenige Personen sich die Mühe machen, ausführliche Support-Tickets zu Nutzungsproblemen zu schreiben, werden diese immer niedrig priorisiert sein im Vergleich zu technischen Problemen, die häufiger gemeldet werden.

Generell ist natürlich noch anzumerken, dass die Analyse von quantitativen Nutzungsdaten ein System, ein Produkt oder einen Service voraussetzt, das bzw. der bereits im Live-Betrieb ist und die Sammlung von Nutzungsdaten ermöglicht.

12.14.6 Welche Alternativen gibt es?

Alternativen zur quantitativen Analyse der Nutzungsdaten, die vergleichbare Informationen liefern können, gibt es wenige. Wenn es sich um eine Webanwendung handelt, dann können Klickanalysen zum Einsatz kommen, die die Verwendung der Webseite tracken (siehe Abschnitt 9.3.8 und Abschnitt 12.15). Alle anderen Verfahren liefern entweder nur subjektive Daten oder objektive Nutzungsdaten, aber in deutlich kleinerem Umfang und nicht in der realen Nutzungsumgebung. Was sehr gut funktioniert, ist die Kombination einer Analyse der quantitativen Nutzungsdaten mit einer qualitativen Studie wie einem Usability und User Experience-Test (siehe Abschnitt 12.7). Hierdurch steigt der Aufwand – aber Sie gleichen den Nachteil aus, dass das »Warum« fehlt.

Tabelle 12.8 zeigt den Steckbrief der Methode.

Steckbrief: Analyse von quantitativen Nutzungsdaten	
Kurzbeschreibung	Verwendung von vorhandenen Daten aus der Nutzung einer Lösung, um neue Erkenntnisse über die Verwendung zu erhalten, ohne neue Daten sammeln zu müssen
Vorteile	▸ Die Daten spiegeln das tatsächliche Nutzungsverhalten wider. ▸ Es ist kein Aufwand für zusätzliche Datensammlung notwendig – weder bei Ihnen noch bei den Nutzenden. ▸ Große Datenmengen stehen zur Auswertung bereit, sodass häufig viele Hypothesen geprüft werden können. ▸ Durch kontinuierliche Datensammlung wird es möglich, die Auswertung zu verschiedenen Zeitpunkten zu wiederholen und Änderungen im Nutzungsverhalten zu entdecken.
Nachteile	▸ Funktioniert nur, wenn es bereits eine Lösung/Vorgängerlösung gibt. ▸ Schlechte Verständlichkeit des »Warum« hinter den Nutzungsdaten – dadurch wenig Hinweise auf eine bessere Gestaltung der Lösung ▸ Benötigt die technische Voraussetzung, dass Daten gesammelt werden können. ▸ Der Fokus der Kundenrückmeldungen liegt meist auf technischen Problemen.

Tabelle 12.8 Steckbrief für die Methode »Analyse von quantitativen Nutzungsdaten«

12.15 Webtracking/Klickanalyse

Unter Webtracking beziehungsweise einer Klickanalyse versteht man das Sammeln von Daten zur Nutzung von Webanwendungen (Hassler, 2012; Beasley, 2013). Wir haben diese Methode bereits in Abschnitt 9.3.8 ausführlich besprochen, weshalb wir uns hier kurz halten.

Dennoch haben wir uns entschieden, die Methode hier erneut darzustellen, um aufzuzeigen, dass sie nicht nur für die Nutzungskontextanalyse, sondern auch für den Schritt der Evaluation geeignet ist. Die bereits vorgestellten Vor- und Nachteile bleiben auch bei dem Einsatz in der Evaluation von Gestaltungslösungen gleich. Wir empfehlen die Verwendung daher vor allem in Kombination mit qualitativen Methoden, wie beispielsweise einem Usability und User Experience-Test. Tabelle 12.9 zeigt den Steckbrief der Methode.

Steckbrief: Webtracking/Klickanalyse	
Kurzbeschreibung	Nachverfolgung der Bewegungen und Handlungen von Nutzenden auf Webseiten und in Anwendungen.
Vorteile	▸ Die Daten spiegeln das tatsächliche Nutzungsverhalten wider. ▸ Es ist kein Aufwand für zusätzliche Datensammlung notwendig – weder bei Ihnen noch bei den Nutzenden. ▸ Große Datenmengen stehen zur Auswertung bereit, sodass häufig viele Hypothesen geprüft werden können. ▸ Durch kontinuierliche Datensammlung wird es möglich, die Auswertung zu verschiedenen Zeitpunkten zu wiederholen.
Nachteile	▸ Funktioniert nur, wenn es bereits eine Webanwendung gibt. ▸ Schlechte Verständlichkeit des »Warum« hinter den Nutzungsdaten – dadurch wenig Hinweise auf eine bessere Gestaltung der Lösung ▸ Benötigt die technische Voraussetzung, dass Daten gesammelt werden können.

Tabelle 12.9 Steckbrief für die Methode »Webtracking/Klickanalyse«

12.16 Tagebuchstudie

Bei einer Tagebuchstudie nutzen die Personen ein bereits fertiges System, ein Produkt oder eine Dienstleistung und werden dazu aufgefordert, in regelmäßigen Abständen eine Bewertung dazu abzugeben. Gewöhnlich erfolgt diese einmal täglich über einen längeren Zeitraum von mindestens sieben Tagen, meistens eher 14 Tagen oder mehr (Ohly, Sonnentag, Niessen & Zapf, 2010; Döring & Bortz, 2016).

12.16.1 Wie funktioniert das?

Die Durchführung einer Tagebuchstudie beginnt gewöhnlich mit der Auswahl der richtigen Teilnehmer. Um in einer Tagebuchstudie gute Ergebnisse zu gewinnen, werden typischerweise Personen ausgewählt, die auf der einen Seite zur Zielgruppe gehören, auf der anderen Seite das System, das Produkt oder die Dienstleistung regelmäßig bis häufig nutzen (würden).

Abbildung 12.19 zeigt den schematischen Ablauf.

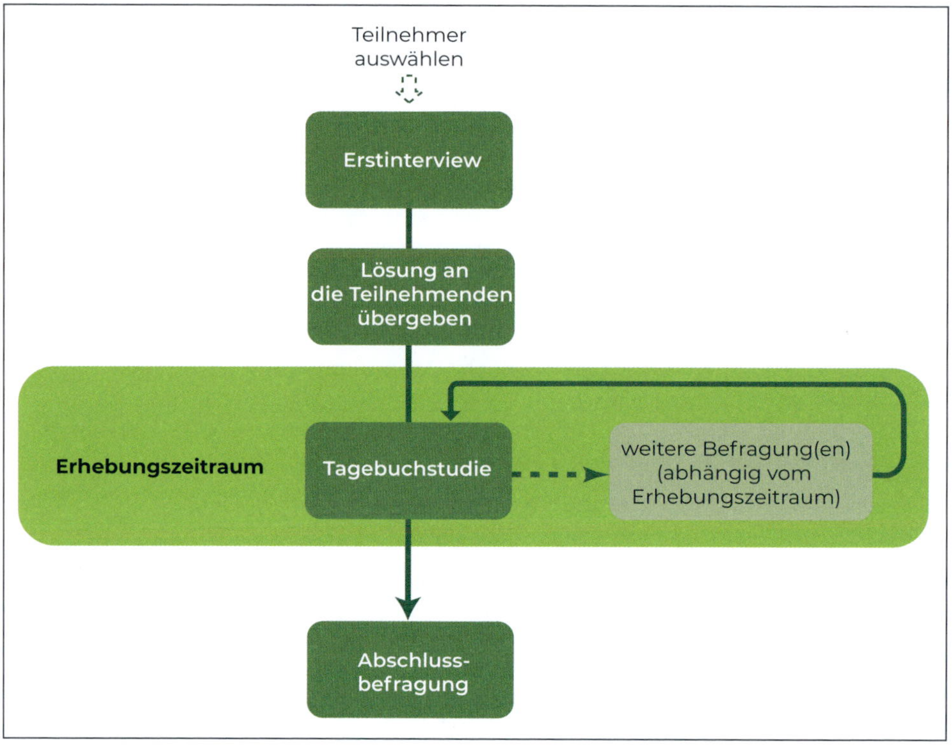

Abbildung 12.19 Schematische Darstellung des Ablaufs einer Tagebuchstudie

Wir empfehlen Ihnen an dieser Stelle, für eine Tagebuchstudie unbedingt mehr Teilnehmer zu suchen, als Sie eigentlich befragen möchten. Die Erfahrung zeigt, dass nie alle Personen die Studie zu Ende führen. Wie viele Personen schlussendlich abbrechen, hängt aber von der Dauer der Befragung, vom Umfang des Tagebuchs, das ausgefüllt werden muss, und vom *Incentive* ab, das die Teilnehmenden erhalten. Wie Sie sich vorstellen können: Je länger die Dauer, umso mehr Abbrecher gibt es. Je aufwendiger die Studie ist, umso mehr Abbrecher haben Sie. Je mehr Geld winkt, umso weniger Abbrecher gibt es. Streben Sie für Ihren Anwendungsfall ein gutes Gleichgewicht an. Bei uns liegen typische Abbrecherquoten zwischen 10 % und 30 %.

Im Anschluss findet ein *Onboarding* der Teilnehmenden statt. Wie dieses Onboarding genau abläuft, hängt von der Zielsetzung der Studie ab. Manchmal handelt es sich ausschließlich um eine *schriftliche Vorabbefragung* der Teilnehmenden, bei der anhand eines Fragebogens die Vorerfahrung der Personen erfasst wird. In den meisten Fällen wird jedoch ein *Erstinterview* durchgeführt, bei dem die Teilnehmenden ausführlich zu Ihren Erfahrungen mit alternativen Systemen, Produkten bzw. Dienstleistungen, der Problemsituation und ihren aktuellen Lösungen befragt werden. Je nach Komplexität Ihrer Lösung kann auch eine *Einführung in Ihre Lösung* Teil der Studie sein. Wenn das der Fall ist, findet diese im Anschluss an das Erstinterview statt. Bei der überwiegenden Anzahl der Studien gibt es jedoch keine Einführung, da auch das Erlernen und Kennenlernen des Systems, Produkts oder der Dienstleitung Teil der Studie ist.

Nach dem Erstinterview beginnt die reguläre Verwendung Ihrer Lösung. Damit das funktioniert, ist es wichtig, dass die Studie nur mit der fertigen Lösung oder einem seriennahen Prototyp stattfindet. Sonst kann es in der Studie zu Problemen oder – je nach Anwendung – sogar zu Verletzungen kommen. Auch wenn die Erstbefragung vielleicht in einem offiziellen Rahmen stattfindet, so besteht der Charme von Tagebuchstudien gewöhnlich darin, dass das System, Produkt oder die Dienstleistung den Teilnehmenden zur Nutzung im gewöhnlichen Alltag übergeben wird. Die Nutzenden kommen zum Testen also nirgends hin, sondern verwenden die Lösung einfach so, wie es in ihren Alltag passt. Generell gibt es für die Studienplanung aber zwei Varianten, die wir Ihnen an dieser Stelle natürlich nicht vorenthalten wollen:

- Die Teilnehmenden werden aufgefordert, das System, das Produkt oder die Dienstleistung während der Dauer der Studie täglich zu verwenden.
- Die Teilnehmenden werden dazu aufgefordert, das System, das Produkt oder die Dienstleistung so zu verwenden, wie sie es gewöhnlich auch tun würden.

Die erste Variante sollten Sie dann wählen, wenn Sie verstehen möchten, wie schnell die Nutzung der Lösung erlernt werden kann und welche Probleme mit häufiger Nutzung einhergehen. Die zweite Variante ist vor allem dann sinnvoll, wenn Sie mehr über die tatsächliche Verwendung des Systems, Produkts oder der Dienstleistung im Alltag lernen möchten.

Während der gesamten Nutzungsdauer werden die Teilnehmenden aufgefordert, täglich eine Bewertung abzugeben. Gewöhnlich werden dabei Fragen gestellt zu:

- der Nutzungshäufigkeit
- der Nutzungsart
- der Erlernbarkeit
- der Usability
- der Nützlichkeit
- der Gesamtbewertung
- Weiterempfehlungen
- besonderen positiven oder negativen Ereignissen in Zusammenhang mit dem Produkt

Die Kunst bei der Gestaltung des Tagebuchs ist dabei, ein Set an Fragen zu erstellen, das Ihnen wirklich einen Einblick in die Verwendung und die Bewertung der Lösung gibt, auf der anderen Seite aber auch nur sehr wenig Zeit für das Ausfüllen benötigt. Vor allem bei längeren Zeiträumen wird es sonst unwahrscheinlich, dass die Teilnehmenden das Tagebuch tatsächlich nutzen. Für unsere Studien hat sich eine Maximaldauer von 10 Minuten pro Tag herausgestellt – und wenn es kürzer geht: umso besser!

Die Fragen aus dem Tagebuch können den Teilnehmenden auf verschiedene Weisen zur Verfügung gestellt werden. Früher wurden dafür tatsächlich Tagebücher oder Papierfragebögen verwendet. Inzwischen erfolgt die Erhebung fast durchgängig digital anhand von Fragebogentools. Um die Wahrscheinlichkeit zu erhöhen, dass die Teilnehmenden tatsächlich den Fragebogen ausfüllen, wählen wir gewöhnlich ein Format, bei dem der Fragebogen auch auf dem Handy ausgefüllt werden kann. Außerdem versenden wir Erinnerungsmails oder SMS an alle, die zu einer bestimmten Uhrzeit noch nichts getan haben. Für manche Studien werden die Teilnehmenden aber auch gebeten, ein Fototagebuch zu führen, in dem sie ihre Nutzung auf Bildern festhalten. Auch für dieses Format bietet sich oft das Smartphone an.

Bei langen Erhebungszeiträumen von mehr als zwei Wochen findet in der Mitte des Erhebungszeitraums oft noch eine *ausführlichere Erhebung* statt. Das kann entweder ein weiteres Interview oder eine deutlich ausführlichere Version des Tagebuchfragebogens sein. Ob Sie einen Fragebogen oder ein Interview einsetzen sollten, hängt natürlich auf der einen Seite davon ab, ob Sie genug Personalressourcen haben, um ausreichend Interviews durchzuführen. Auf der anderen Seite hängt es von Ihrer Fragestellung ab. Immer, wenn Sie noch sehr offen sind und viel lernen wollen, empfehlen wir Ihnen, in Richtung Interview zu gehen. Wenn es eher um ein Reporting oder das Generieren von »Marketingzahlen« geht, dann können auch schriftliche Befragungen anhand von Fragebögen geeignet sein.

Zusätzlich findet am Ende des Erhebungszeitraums eigentlich immer eine längere Befragung statt. Diese wird entweder persönlich, remote oder als Telefoninterview durchgeführt. Wir kennen aktuell keine Tagebuchstudie, die am Ende nur mit Fragebögen arbeitet, weil dadurch viele wichtige Informationen verloren gehen würden.

Nach Ende der Tagebuchstudie werden die Daten ausgewertet. Hierbei wird in der Auswertung auf verschiedene Aspekte Wert gelegt. Die wichtigsten Maße, die man sich für gewöhnlich ansieht, sind:

- Erstbeurteilung des Systems, Produkts oder der Dienstleistung
- Veränderung der Bewertung im Verlauf
- drastische Veränderungen der Bewertung
- einschneidende Erlebnisse mit der Lösung

Eine gut aufgesetzte Tagebuchstudie bringt eine Fülle an Informationen mit sich, die es erlaubt, quantitative und qualitative Daten zu verknüpfen. Vor allem das Zusammenbringen von Informationen über einschneidende Erlebnisse und Änderungen in der Bewertung sind sehr hilfreich, um zu verstehen, was bei der Lösung schon richtig gut oder eben auch nicht so gut läuft.

Die Ergebnisse der Studie können dann unterschiedlich dargestellt werden. Typisch ist die Darstellung eines Verlaufs über die Zeit, wobei die größeren Befragungszeitpunkte gesondert hervorgehoben werden. Bei Tagebuchstudien ist eine der größten Herausforderungen, die Teilnehmenden dazu zu bringen, an der kompletten Studie teilzunehmen. Um das zu erreichen, erhalten Teilnehmer regelmäßig verhältnismäßig große Entschädigungen. Zusätzlich werden die Entschädigungen für die Teilnahme nicht auf einmal gezahlt, sondern auf die Laufzeit der Studie aufgeteilt, in Abhängigkeit von der Beteiligung. Dabei setzen wir die Aufteilung meistens so, dass es zu Beginn nach dem Erstinterview einen ersten Anteil gibt, dann nach dem Zwischeninterview und den größten Teil nach dem Abschlussinterview, sodass die Motivation, bis zum Ende dabei zu bleiben, deutlich gesteigert wird.

12.16.2 Wann wird die Tagebuchstudie eingesetzt?

Tagebuchstudien werden vor allem an zwei Zeitpunkten eingesetzt:

- **in der Nutzungskontextanalyse**, um den Ist-Stand zu verstehen. Das kann die Problemstellung selbst sein, aber auch die Nutzung von Vorgänger- oder Konkurrenzprodukten, um guten Input für die spätere Gestaltung zu erhalten.
- **bei der Testung von weit fortgeschrittenen Produktprototypen oder sogar fertigen und neuen Produkten:** Dabei geht es darum, zu verstehen, wie sich die Produktwahrnehmung über die Dauer der Nutzung ändert, und mögliche Stolpersteine im Produkt, die einer langfristigen Adaption im Wege stehen, noch vor der richtigen Markteinführung auszumerzen.

Wir sehen den Fokus eher im Bereich Evaluation als Nutzungskontextanalyse, weil oft zu wenig qualitativer Input für den Aufbau eines grundlegenden Verständnisses gewonnen werden kann. Deswegen führen wir die Methode in diesem Kapitel ein.

12.16.3 Was braucht man dazu?

Für eine Tagebuchstudie benötigen Sie nicht viel. Der Kern der Tagebuchstudie ist für gewöhnlich der Befragungsleitfaden. Dieser wird in einer Lang- und einer Kurzversion erstellt. Die Kurzversion wird für die täglichen Befragungen genutzt, die Langversion für die besonderen Zeitpunkte, wie zu Beginn der Studie, in ihrer Mitte oder zum Ende der Studie. Die sonstigen Materialien für die Studie beschränken sich auf:

- eine Möglichkeit zur Identifikation und Auswahl geeigneter Teilnehmer
- Tagebücher oder digitale Tools für die Befragung
- die Kurz- und die Langversion des Befragungszeitraums
- einen geeigneten Befragungsleitfaden
- ein Tool zur Datenanalyse

Noch ein Wort zum *Befragungszeitraum*: Bereits zu Beginn hatten wir erwähnt, dass dieser mindestens sieben Tage beträgt. Die genaue Dauer des Befragungszeitraums sollten Sie von der Komplexität des Systems, des Produkts oder der Dienstleistung sowie von der Nutzungshäufigkeit abhängig machen. Als Faustregel können Sie sich merken, dass der Befragungszeitraum umso länger sein sollte, je komplexer das Produkt ist und je seltener es verwendet wird.

12.16.4 Was sind die Vorteile?

Bei der Tagebuchstudie handelt es sich um die Begleitung der Nutzung über einen längeren Zeitraum hinweg, und zwar in der normalen Nutzungsumgebung der Personen. Dadurch können auch Effekte sichtbar gemacht werden, die sonst in typischen Usability und User Experience-Tests nicht beobachtet werden können. Das betrifft vor allem Änderungen der Einschätzung im Laufe der Zeit sowie soziale Einflüsse durch die Anwesenheit von anderen Personen.

Ein weiterer Vorteil ist, dass die Teilnehmenden das System, das Produkt oder die Dienstleistung deutlich besser kennenlernen, als dies in einer halben Stunde oder auch zwei Stunden Usability und User Experience-Test möglich wäre. Dadurch filtert sich heraus, was im Alltag für die Nutzenden tatsächlich wichtig oder hinderlich ist, und kleinere Aspekte treten in den Hintergrund.

12.16.5 Was sind die Nachteile?

Ein großer Nachteil an Tagebuchstudien ist die verhältnismäßig hohe Abbrecherquote. Der Effekt bei Tagebuchstudien lässt sich ein wenig mit der Motivation zum Fitnesstraining an Neujahr vergleichen: Da ist es noch eine gute Idee; nach zwei Wochen ist aber bei Weitem nicht mehr jeder dabei, der jetzt eine Mitgliedschaft im Fitnessstudio hat. Genauso verhält es sich bei Tagebuchstudien.

Um den Teilnehmerschwund zu verhindern, ist die Organisation und Auswahl der Teilnehmenden noch einmal deutlich wichtiger und benötigt auch mehr Zeit als bei vergleichbaren einmaligen Studien. Es ist viel leichter, einmal einen halben Tag frei zu machen, als jeden Tag daran zu denken, 10 Minuten zu investieren.

Um die Anzahl der Abbrecher zu reduzieren, werden die meisten Tagebücher sehr kurz gehalten und beschränken sich vorwiegend auf Skalenfragen und geschlossene Fragen. Dadurch ist die verfügbare Informationsmenge in Tagebuchstudien stark begrenzt. Alternativ können Sie die Teilnehmenden auch persönlich an die Teilnahme und ihre Aufgaben erinnern. Dadurch verringert sich ebenfalls die Abbrecherquote, aber auf der anderen Seite steigt Ihr Aufwand.

12.16.6 Welche Alternativen gibt es?

Wenn es sich bei Ihrem Produkt um eine Webanwendung oder eine App handelt, dann können Sie ebenfalls durch Webtracking (siehe Abschnitt 9.3.8 und Abschnitt 12.15) Informationen zum Nutzungsverhalten über einen Zeitraum hinweg erfassen. Das Gleiche gilt für alle anderen Anwendungen, die Ihnen ein Tracking der quantitativen Nutzungsdaten ermöglichen.

Die Tagebuchstudie ist jedoch die einzige Methode, die zu vielen verschiedenen Zeitpunkten eine subjektive Einschätzung der User Experience ermöglicht. Somit sind die Daten eigentlich nicht wirklich vergleichbar.

Alternativ können Sie natürlich auf die Zwischenbefragungen verzichten und nur Befragungen oder Usability und User Experience-Tests durchführen. Dadurch werden Sie aber immer eher eine gekünstelte Atmosphäre haben und viele Datenpunkte verpassen. Wenn es Ihnen also um eine authentische Bewertung im realen Nutzungskontext über einen längeren Zeitraum geht, können wir Ihnen keine sinnvolle Alternative zur Tagebuchstudie nennen.

Tabelle 12.10 zeigt den Steckbrief der Methode.

Steckbrief: Tagebuchstudie	
Kurzbeschreibung	Unter einer Tagebuchstudie versteht man die tägliche Sammlung von Informationen, zum Beispiel durch das Ausfüllen von Fragebögen während der alltäglichen Verwendung des Systems, Produkts oder der Dienstleistung.
Vorteile	▸ Ermöglicht Einblicke in Änderungen an der Bewertung und in das subjektiv empfundene Nutzungsverhalten über einen längeren Zeitraum. ▸ Durch Einsatz in der tatsächlichen Nutzungsumgebung realistischere Testung als in simulierten Umgebungen (z. B. Einbeziehung von anderen Personen) ▸ Das bessere Kennenlernen des zu verwendenden Systems, Produkts oder Service durch längere Nutzung ermöglicht die Identifikation von langfristig wichtigen Features.
Nachteile	▸ Hohe Abbrecherquote durch lange Laufzeit und wenig externe Begleitung ▸ Geringe Datenmenge durch kurze Fragebögen ▸ Schlechtere Datenqualität durch geschlossene Fragen bzw. Skalenfragen, was die Interpretation der Daten erschwert

Tabelle 12.10 Steckbrief für die Methode »Tagebuchstudie«

12.17 Card Sorting

Card Sorting ist eine Methodik, mit der Menüstrukturen gemeinsam mit Nutzenden entwickelt und getestet werden können (Wood & Wood, 2008; Spencer, 2009). Wir haben das Card Sorting nach langen Diskussionen bei den Evaluationsmethoden aufgeführt, obwohl uns durchaus bewusst ist, dass ein Card Sorting im besten Fall zur Vorbereitung des Designs umgesetzt wird und es damit streng genommen nicht wirklich ein Test ist. Trotzdem erschien uns die Evaluation noch immer der passendste Schritt – wir hoffen, Sie verzeihen uns die inhaltliche Unschärfe.

12.17.1 Wie funktioniert das?

Um ein Card Sorting durchzuführen, benötigen Sie zu Beginn erst einmal vor allem die späteren Inhalte des Menüs. Dabei können Sie unterschiedlich vorgehen, je nachdem, welches Ziel Sie mit dem Card Sorting primär verfolgen. Generell können Sie Card Sorting einsetzen, um:

- die Navigationsstruktur bzw. die Menügruppen zu identifizieren
- die Namen für die einzelnen Menüpunkte und -gruppen festzulegen
- sowohl die Gruppen als auch die Benennung in einem Durchgang festzulegen

Abhängig von Ihrer Zielsetzung müssen Sie das Card Sorting unterschiedlich vorbereiten:

- Wenn Sie vor allem wissen möchten, welche Inhalte aus Sicht der Nutzenden zusammengehören und welche nicht, dann ist der beste Weg, Kärtchen vorzubereiten, auf denen nur die Menüpunkte als Begriffe stehen.
- Wenn Sie vor allem herausfinden möchten, wie die einzelnen Begrifflichkeiten genannt werden sollten, dann sollten Sie Kärtchen vorbereiten, die keinen Namen vorgeben, sondern den Inhalt des Menübereichs beschreiben.
- Wenn Sie beides machen möchten, dann können Sie Kärtchen vorbereiten, die sowohl den Begriff als auch eine Erklärung beinhalten. Diese Version des Card Sortings ist etwas aufwendiger und beinhaltet eine vereinfachte Version eines Usability und User Experience-Tests.

Aber eins nach dem anderen: Lassen Sie uns erst einmal mit der einfachsten Version starten.

In der *einfachsten Version* führen Sie ein Card Sorting durch, indem Sie den Nutzenden (die natürlich als repräsentativ für die Nutzergruppe ausgewählt wurden) einen Stapel Kärtchen mit Begriffen geben. Die Nutzenden haben anschließend die Aufgabe, die Kärtchen so zu sortieren, wie aus ihrer Sicht die Begriffe zusammenpassen. Auch hier gibt es wieder zwei Varianten:

1. Sie haben vorher festgelegt, welche Menüpunkte es geben soll, und haben die Stapel vorgegeben und benannt.
2. Sie sind noch frei und erlauben den Nutzenden, die Karten auf beliebig viele Stapel zu verteilen.

In der ersten Variante müssen die Nutzenden eigentlich nur noch entscheiden, zu welcher der durch Sie vorgegebenen Gruppen ein spezieller Begriff gehört. Zum Beispiel könnten die vorgegebenen Gruppen heißen: »Unsere Angebote«, »Über uns«, »Shop« und »Warenkorb«. Die Karte, die einsortiert werden soll, könnte »Allgemeine Geschäftsbedingungen« heißen. Die Aufgabe der Nutzenden würde dann darin bestehen, die Allgemeinen Geschäftsbedingungen in einen der vier Stapel zu sortieren (siehe Abbildung 12.20).

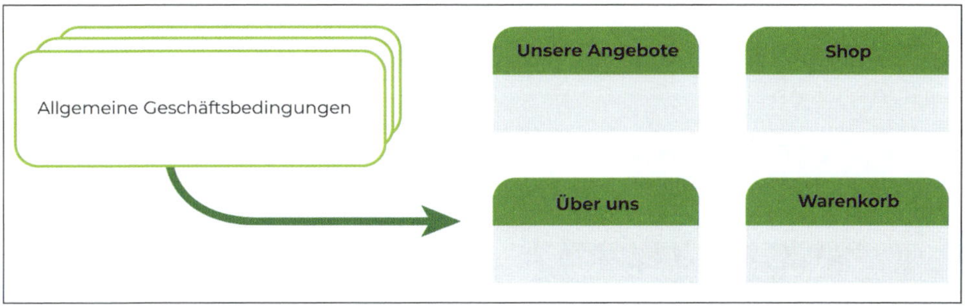

Abbildung 12.20 Beispielbild für das Card Sorting

In der *zweiten Variante* wäre weder eine feste Anzahl von Stapeln noch ein Name für die Stapel vorgegeben, sondern die Nutzenden könnten selbst entscheiden, wie sie sortieren. In dieser Variante werden die Nutzenden am Ende noch gebeten, jeden der Stapel, die sie geformt haben, zu benennen.

Wenn wir unser Beispiel von eben wieder aufgreifen, dann hat der Nutzer also die Karte »Allgemeine Geschäftsbedingungen« in der Hand und keine vorgegebenen Gruppen. Er würde die Karte auf einen Stapel legen und mit der nächsten Karte weitermachen. Am Ende könnte er den Stapel beispielsweise »Rechtliches« oder »Legal« oder »Policies« oder »Zeug« nennen – je nach Sprachgebrauch.

Das Spiel mit dem Benennen können Sie beliebig weitertreiben. Wenn Sie sich für die Variante entscheiden, bei der nur der Inhalt, nicht aber der Begriff auf den einzelnen Karten steht, dann können Sie nach dem Sortieren sowohl nach den Stapelbenennungen als auch nach den Benennungen der einzelnen Karten fragen. Wie Sie sich vorstellen können, ist das mit Abstand die aufwendigste Art, ein Card Sorting durchzuführen – die Königsdiziplin des Card Sortings quasi. Dafür werden Sie auch mit der kompletten Begriffswelt der Nutzer belohnt.

Die *Mittelvariante* besteht darin, auf die eine Seite des Kärtchens die Begriffe zu schreiben und auf die andere Seite die Erklärung. Die Nutzenden werden zuerst mit den Begriffen konfrontiert und gebeten, dazu eine freie Erklärung zu geben. So erfahren Sie, welche Begriffe selbsterklärend sind und welche nicht. Für alle Begriffe, bei denen die Erklärung falsch ist, können Sie anschließend das Kärtchen drehen und sagen: »Eigentlich wollten wir auf diese Inhalte hinaus. Wie würden Sie das nennen? « So können Sie sich Stück für Stück vorarbeiten, sprechen aber nur über die Bereiche, die nicht eindeutig sind.

Egal wie Sie sortieren, am Ende werden Sie verschiedene Stapel haben und müssen das Card Sorting auswerten. Unsere ersten Card Sortings haben wir tatsächlich noch mit echten Kärtchen gemacht und danach die Ergebnisse aufwendig berechnet. Diese Arbeit nehmen Ihnen heute zum Glück Online-Tools ab, die die Auswertung im Anschluss automatisch erledigen. Die Anzahl an kostenpflichtigen und kostenlosen Tools ist dabei im Laufe der letzten Jahre ständig gestiegen, und die meisten dieser Tools funktionieren sehr ähnlich und ermöglichen vergleichbare Auswertungen. Es liegt also ganz an Ihnen, welches Tool Sie am Ende bevorzugen. Unser Tipp: Es gibt sogar Vergleichsseiten.

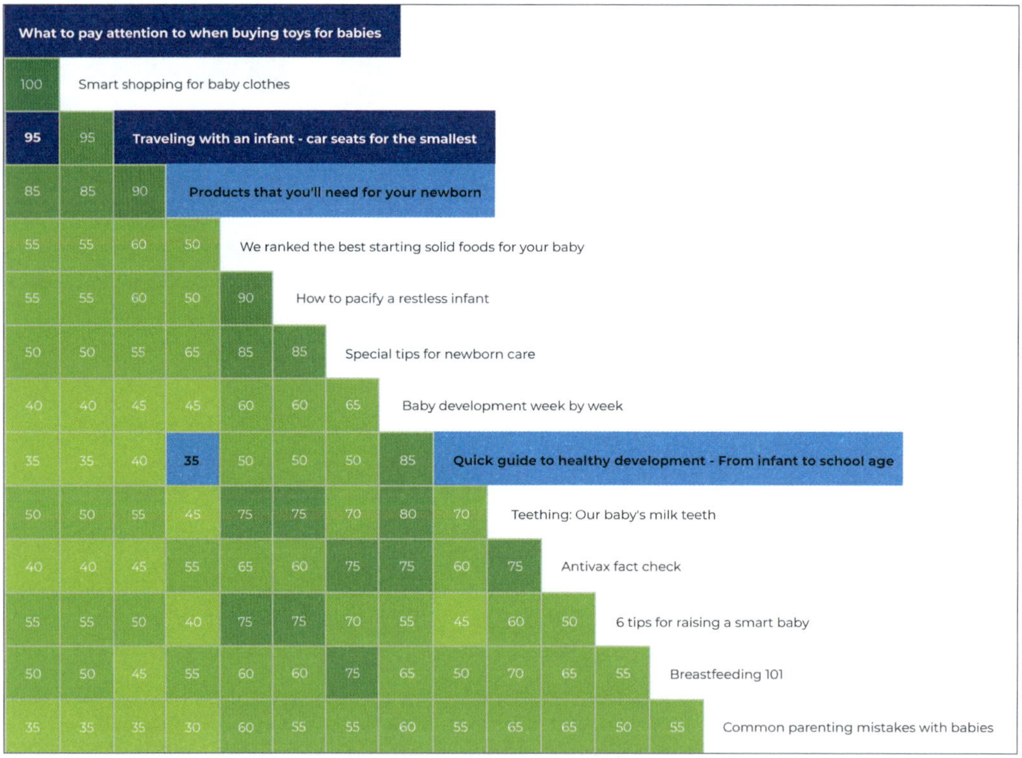

Abbildung 12.21 Auswertung des Card Sortings in Form einer Ähnlichkeitsmatrix. In diesem Beispiel von »www.uxtweak.com« ist erkennbar, dass nur 35 % der Befragten die blau hervorgehobenen Begriffe in die gleiche Kategorie einordnen würden. Die lila hervorgehobenen Begriffe ordnen hingegen 95 % der Befragten in die gleiche Kategorie ein.

Die Auswertung selbst bezieht sich erst einmal ausschließlich auf den quantitativen Teil. Dabei wird ausgerechnet, wie nah sich einzelne Begriffe über die verschiedenen Nutzer hinweg sind. Am Ende bekommen Sie also eine Aussage dazu, welche Begriffe Sie zusammensortieren sollten und welche nicht. Dabei erhalten Sie gewöhnlich keine Empfehlungen, sondern etwas gewöhnungsbedürftige Reports, die Ihnen die Ähnlichkeit der Begriffe zueinander darstellen, beispielsweise in Form einer Matrix (siehe Abbildung 12.21).

Im Anschluss müssen Sie aber für sich die Entscheidung treffen, an welcher Stelle Sie zusammenfassen möchten und wo Sie Begriffe noch einzeln behalten wollten. Hier gibt es auch keine allgemeinen Regeln wie »Alles ab der zweiten Stufe sollte immer in eine Gruppe«, sondern es muss individuell entschieden werden.

12.17.2 Wann wird Card Sorting eingesetzt?

Am besten wird ein Card Sorting dann eingesetzt, wenn Sie in einer frühen Phase der Neuentwicklung einer Menüstruktur sind und herausfinden möchten, welche Inhalte gemeinsam dargestellt werden sollten und welche in eigene Bereiche gehören.

Sie können ein Card Sorting aber auch vorbereitend für die Neugestaltung einsetzen, wenn Sie eine bestehende Lösung haben und diese prüfen möchten. Dazu nehmen Sie die bestehenden Inhalte des vorhandenen Menüs und lassen diese durch die Nutzenden sortieren.

12.17.3 Was braucht man dazu?

Damit ein Card Sorting das gewünschte Ergebnis erbringt, sollten Sie sich die gewünschten Inhalte vor Augen führen und diese auf (digitalen) Karten vorbereiten. Zusätzlich benötigen Sie Nutzende aus der gewünschten Nutzergruppe und ein Tool für die Durchführung. Von der manuellen Durchführung raten wir inzwischen ab, da der Auswertungsaufwand manuell um ein Vielfaches höher ist.

12.17.4 Was sind die Vorteile?

Mit der Durchführung eines Card Sortings wird es Ihnen sehr leicht möglich, die Inhalte einer Webseite oder Anwendung gemäß dem mentalen Modell der Nutzenden zu strukturieren. Dadurch schaffen Sie es, dass ein Großteil der Nutzenden Inhalte in Ihrem Menü schnell und einfach findet. Zusätzlich erhalten Sie – je nach Durchführung – auch Rückmeldung zu der Benennung der einzelnen Elemente, was es Ihren Nutzenden erleichtert, sich später zurechtzufinden.

Da das Card Sorting ein sehr standardisiertes Vorgehen ohne große Befragungsanteile ist, ist es auch eine der wenigen User-Research-Methoden, die ohne großes Methodenwissen sehr erfolgreich angewandt werden können.

12.17.5 Was sind die Nachteile?

Durch die fantastischen Online-Tools ist der Aufwand für die Durchführung eines Card Sortings relativ überschaubar. Je nach Menügröße kann die Vorbereitung des Card Sortings – also das Anlegen der einzelnen Kärtchen – aber sehr aufwendig sein: In einem unserer ersten Projekte haben wir ein Card Sorting für die Website einer Industrie- und Handelskammer durchgeführt, die über mehr als 2000 Unterseiten verfügte. Sogar als wir eine Inhaltsebene weggelassen haben, kamen noch mehr als 200 Karten zustande. Das ist nicht nur ein großer Aufwand, das macht auch den Nutzenden nur noch bedingt Spaß.

Ein weiterer Nachteil ist die Unschärfe in der Auswertung des Card Sortings. Hier gibt es wenige konkrete Empfehlungen, sodass Sie zwar für die Durchführung des Card Sortings auf einen echten Experten verzichten können, für die Interpretation der Daten und die Ableitung der Menüstruktur dann aber doch wieder einen Experten benötigen. Die Einfachheit kann hier also durchaus ein wenig täuschen.

12.17.6 Welche Alternativen gibt es?

Uns ist keine andere Methode für die systematische Ableitung der Menüstruktur gemeinsam mit Nutzenden bekannt. Für das Testen der Menüstruktur können Sie – wie eigentlich fast immer – Usability und User Experience-Tests (siehe Abschnitt 12.7) einsetzen. Dadurch lernen Sie auch Verbesserungsmöglichkeiten kennen. Gewöhnlich ermöglicht Ihnen das jedoch nicht die systematische Neugestaltung der gesamten Struktur.

Das Card Sorting ist aus unserer Sicht damit fester Bestandteil der Verbesserung gerade von komplexen Menüstrukturen, in denen die Nutzenden auf sich gestellt zwischen vielen Inhalten wechseln müssen. Wir möchten jedoch auch erwähnen, dass die Wichtigkeit Stück für Stück nachlässt, je besser die Suchfunktionen umgesetzt werden. Gerade bei Websites kommen Nutzende inzwischen oft über Suchmaschinen direkt auf die gewünschten Unterseiten.

Tabelle 12.11 zeigt den Steckbrief der Methode.

Steckbrief: Card Sorting	
Kurzbeschreibung	Das Card Sorting ist eine Methode, um Menüstrukturen gemeinsam mit Nutzenden zu entwickeln und zu testen. Dabei werden die Inhalte von Anwendungen aus Sicht der Nutzenden gruppiert und benannt, um die Auffindbarkeit der Inhalte zu erhöhen.

Tabelle 12.11 Steckbrief für die Methode »Card Sorting«

Steckbrief: Card Sorting	
Vorteile	▸ Ermöglicht die Strukturierung der Inhalte entsprechend den Erwartungen der Nutzenden. ▸ Sehr einfache Methode, die auch für Anfänger in der User Research gut geeignet ist ▸ Hilft bei der Benennung der Inhalte, sodass diese von den Nutzenden leicht verstanden werden können. ▸ Der Aufwand für die Durchführung ist bei Verwendung von Tools überschaubar.
Nachteile	▸ Die Vorbereitung des Card Sortings kann je nach Umfang der Inhalte sehr umfangreich und aufwendig sein. ▸ Es sind keine klaren Leitlinien für die Auswertung des Card Sortings vorhanden, sodass viel Interpretationsspielraum besteht.

Tabelle 12.11 Steckbrief für die Methode »Card Sorting« (Forts.)

12.18 Experten-Review

Das Experten-Review ist auch wieder eine Gruppe von Methoden, bei denen die Beurteilung eines Systems, Produkts oder einer Dienstleistung nicht durch die Nutzenden selbst, sondern durch Experten geschieht, die sich in die Nutzenden hineinversetzen (Sarodnick & Brau, 2006; Mayer, Schrepp & Held, 2018).

12.18.1 Wie funktioniert das?

Es gibt verschiedenste Arten von Experten-Reviews. In diesem Buch stellen wir die gängigste Vorgehensweise dar und nicht die existierende Vielzahl an verschiedenen Experten-Review-Ansätzen. Dafür haben wir uns entschieden, da wir der Meinung sind, dass »echtes« Data-Driven UX Design zwar auch Experten braucht, um Gestaltung zu prüfen und zu optimieren, die Experten aber nie diejenigen sein sollten, die die finale bzw. alleinige Entscheidung über es treffen. Insofern kann ein Experten-Review immer nur ein Zwischenschritt sein. Wir möchten deswegen Experten-Reviews keinen zu großen Raum einräumen, aber die Methodik natürlich trotzdem vorstellen.

Die Vorbereitung eines Experten-Reviews startet gewöhnlich mit der Bereitstellung der Lösung. Diese Bereitstellung sollte auf eine standardisierte Art und Weise erfolgen. Damit meinen wir, dass Sie sicherstellen sollten, dass – falls mehrere Experten die Lösung bewerten sollen – alle die gleiche Vorstellung von der Lösung erhalten.

Nachdem Sie sich entschieden haben, wie Sie die Lösung vorstellen wollen, müssen Sie entscheiden, welche Art von Rückmeldung Sie sich wünschen. Gewöhnlich können Experten-Reviews mit zwei Arten von Experten durchgeführt werden:

1. Fachexperten, die sich in der Anwendung auskennen
2. Usability und User Experience-Experten, die wissen, wie man Lösungen für die Nutzenden einfach gestaltet

Von den Anwendungsexperten erhalten Sie Rückmeldung zu der Frage, wie gut die angedachte Lösung tatsächlich zu den Aufgaben, Problemen und dem Nutzungskontext passt. Von den Usability und User Experience-Experten erhalten Sie eine Einschätzung dazu, ob die Art und Weise, wie Sie gerade die Lösung planen, für Nutzende verständlich sein wird.

Je nachdem, für welchen Schwerpunkt Sie sich entscheiden, müssen Sie im Anschluss die passenden Experten gewinnen. In seltenen Fällen kann es auch vorkommen, dass sich die Expertisen überdecken und ein Anwendungsexperte Ihnen viel Rückmeldung zur Bedienbarkeit geben kann – und zwar so allgemein, dass die Rückmeldung nicht nur für diesen einen Anwender gilt, sondern für mehrere. Es kommt auch vor, dass der Usability und User Experience-Experte zufällig auch ein Anwendungsexperte ist. Das ist aber eher selten. Laden Sie im Zweifelsfall lieber mehr Experten ein als zu wenige.

In den meisten Experten-Reviews werden die Lösungen von mindestens zwei Experten beurteilt. Damit die Experten eine gute Bewertung der Anwendung durchführen können, erhalten stellen Sie ihnen zu Beginn die Lösung vor. Das kann entweder gemeinsam oder getrennt erfolgen. Zusätzlich stellen Sie die Aufgaben und Nutzergruppen vor und fordern die Experten auf, sich beim Review in die Nutzenden hineinzuversetzen.

Im Nachgang startet gewöhnlich die Bewertungsphase. Diese kann entweder einzeln oder getrennt erfolgen. Bei gemeinsamer Bewertung können oft langwierige Diskussionen zwischen den Experten entstehen, weswegen wir zu einer individuellen Bewertungsphase mit anschließender Diskussion raten. Für die Bewertung selbst gibt es verschiedene Methoden.

Die einfachste Methode ist eine *freie Bewertung* der Anwendung. Damit eine freie Bewertung sinnvolle Ergebnisse produziert, müssen Sie sicherstellen, dass die Experten tatsächlich erfahrene Experten sind. Aber auch dann empfehlen wir Ihnen, eher eine gestützte Bewertung durchzuführen.

Bei einer *gestützten Bewertung* werden den Experten Leitfragen oder Heuristiken an die Hand gegeben, anhand derer sie die Anwendung Schritt für Schritt bewerten sollen. Unter einer *Heuristik* versteht man eine Faustregel, die bei der Entscheidungsfindung hilft, wenn nur wenige Informationen vorhanden sind. Wenn Sie mit *Leitfragen* arbeiten, können Sie Ihren Schwerpunkt für die Bewertung durch die Experten frei wählen.

Bei der Arbeit mit Heuristiken gibt es eine ganze Reihe etablierter Kriterien, die Sie als Grundlage heranziehen können. Ein gutes Beispiel für Kriterien können zum Beispiel die sieben Interaktionsprinzipien aus der DIN EN ISO 9241-110 darstellen, die schon ausführlich im Grundlagenkapitel vorgestellt wurden (siehe Abschnitt 7.4.4, »Interaktionsprinzipien«). Im Anschluss gehen die Experten einfach die Lösung durch und dokumentieren, wo sich Widersprüche zeigen oder wo gegen die Designheuristiken verstoßen wird.

Diese *Dokumentation* kann auf verschiedene Weisen erfolgen. Wir haben gute Erfahrungen damit gemacht, wenn – zumindest bei digitalen Anwendungen – die Screens in einer Präsentation bereitstehen und nur noch kommentiert werden müssen. Am einfachsten geht das, wenn zusätzlich zu den Screens auf einer Seite kleine Bereiche bereitstehen, die farblich und textuell die verschiedenen Heuristiken darstellen und dann nur noch an die passenden Stellen an den Screens kopiert werden müssen. So kann relativ schnell durch die Lösung gegangen werden, und gleichzeitig besteht die Möglichkeit, zu ergänzen und ausführlicher zu beschreiben, sodass das Problem auch im Anschluss direkt ersichtlich wird. Natürlich sind aber auch andere Dokumentationsformen möglich. Hier geht alles von ausdrucken, über filmen und kommentieren. Egal wie Sie dokumentieren, Sie sollten sicherstellen, dass die Ergebnisse am Ende auch ohne die Anwesenheit der Experten verständlich sind. Wie lange eine solche Bewertungssession dauert, hängt stark von der Komplexität der Anwendung ab – von 15 Minuten bei sehr einfachen Lösungen bis zu 8 Stunden oder sogar mehreren Tagen bei sehr komplexen Lösungen.

Im Nachgang zu der Einzelbewertung werden meistens alle Experten wieder in einen Raum gerufen und diskutieren gemeinsam die Ergebnisse. So kann sichergestellt werden, dass unterschiedliche Expertise und Schwerpunkte zusammengebracht werden. Zusätzlich ermöglicht die Diskussion ein besseres Verständnis der Ergebnisse und damit auch eine sinnvollere Gewichtung der Probleme.

12.18.2 Wann werden Experten-Reviews eingesetzt?

Experten-Reviews werden gewöhnlich dann eingesetzt, wenn die Lösungsidee noch in einem so frühen Stadium ist, dass es für Nutzende schwer wird, sich vorzustellen, wie das System, das Produkt oder die Dienstleistung später funktionieren soll. Wir empfinden dieses Argument inzwischen allerdings als nicht mehr besonders stimmig, da die Entwicklung von Prototypen inzwischen viel schneller, einfacher und billiger ist, als dies noch vor einigen Jahren der Fall gewesen wäre. Die Erstellung geeigneter testbarer Prototypen geht in den meisten Fällen also wahrscheinlich ähnlich schnell wie das Finden geeigneter Experten.

Ein weiterer Anwendungsfall für Experten-Reviews ist, dass echte Nutzer in dem Bereich nicht oder nur sehr schwer zu gewinnen sind. Das passiert vor allem dann, wenn es sich um interne Nutzer einer Anwendung handelt und die Zeit für Befragungen nicht bereitgestellt wird. Oder wenn das Unternehmen oder der Auftraggeber nicht möchte, dass prototypisches Design bei Nutzenden gezeigt wird, aus Angst, dass sich dies negativ auf die Markenwahrnehmung auswirkt (was oftmals eine unbegründete Angst ist).

12.18.3 Was braucht man dazu?

Damit Ihr Experten-Review funktioniert, benötigen Sie nur relativ wenig. Konkret brauchen Sie:

- eine Möglichkeit, Ihre Lösung vorzustellen (Prototyp, Konzeptzeichnung, Beschreibung)
- Anwendungsexperten und/oder Usability und User Experience-Experten
- Heuristiken bzw. Fragen, nach denen die Experten bewerten sollen
- eine Dokumentationsvorlage

12.18.4 Was sind die Vorteile?

Experten-Reviews haben den Vorteil, dass diese auch schon zu einem Zeitpunkt stattfinden können, zu dem noch gar keine umfangreiche Visualisierung vorhanden ist. Das kommt daher, dass Experten sich aufgrund ihrer Erfahrung häufig schon gut in die Anwendung und den Kontext hineinversetzen können.

Ein weiterer Vorteil von Experten-Reviews ist die relativ kurze Vorlaufzeit, die die Durchführung für ein Experten-Review benötigt. In der einfachsten Form können Sie morgens entscheiden, dass Sie ein Experten-Review durchführen wollen, und können abends die Ergebnisse vorliegen haben – vorausgesetzt, die Experten stehen Ihnen zur Verfügung.

Der letzte Vorteil von Experten-Reviews ist der überschaubare Preisrahmen. Sie benötigen weder Technologie noch teure Labore, um ein Experten-Review durchzuführen. Auch deswegen erfreuen sich Experten-Reviews seit Jahren großer Beliebtheit.

12.18.5 Was sind die Nachteile?

Experten-Reviews haben einige Vorteile, aber auch einige gravierende Nachteile, die Sie kennen sollten. Der wahrscheinlich größte Nachteil ist, dass die meisten Experten sich vielleicht in die Abläufe der Nutzenden hineinversetzen können, aber keinen oder nur geringen Einblick in alle anderen Rahmenbedingungen und Eigenschaften der Nutzergruppe mitbringen. Dadurch wird es extrem herausfordernd, Rückmeldungen zur Akzeptanz einer Lösung einzusammeln, die nur von Experten bewertet wird.

Ein weiterer Nachteil ist, dass Experten-Reviews zwar an sich relativ günstig sind und weniger Planung erfordern, dass aber dann auch überwiegend Einzelmeinungen vorliegen. Wenn Sie Rückmeldung von mehreren Experten einsammeln, dann können die Kosten auch bei einem Experten-Review verhältnismäßig hoch werden.

12.18.6 Welche Alternativen gibt es?

Die Informationen, die Sie mit einem Experten-Review zu sammeln versuchen – nämlich ob die Anwendung zu den Aufgaben passt und sich gut bedienen lässt –, können Sie genauso gut auch mit Usability und User Experience-Tests (siehe Abschnitt 12.7) oder -Sprints (siehe Abschnitt 12.8) gewinnen. Der Aufwand, einen testbaren Prototyp herzustellen, ist inzwischen so gering, dass es aus unserer Sicht sinnvoll ist, diesen Mehraufwand in Kauf zu nehmen und direkt auf ein Verfahren mit Nutzern zurückzugreifen.

Tabelle 12.12 zeigt den Steckbrief der Methode.

Steckbrief: Experten-Review	
Kurzbeschreibung	Das Experten-Review steht hier stellvertretend für die Bewertung von Systemen, Produkten und Dienstleistungen durch einen Experten anhand von Leitlinien ohne Einbeziehung der späteren Nutzenden.
Vorteile	▸ Können extrem früh durchgeführt werden, da Experten schon anhand von Beschreibungen und ohne interaktiven Prototyp bewerten können. ▸ Wenig benötigter Vorlauf und wenig Organisationsaufwand ▸ Schnelle Durchführungsdauer ▸ Es wird kein zusätzliches Equipment benötigt.
Nachteile	▸ Wenig repräsentativ für die spätere Bewertung durch die Nutzenden, da den Experten der Einblick in die tatsächliche Nutzungsumgebung fehlt. ▸ Es ist keine realistische Einschätzung der Akzeptanz der Lösung durch Experten möglich. ▸ Entweder Bewertung durch wenige Experten (Einzelmeinung) oder hohe Kosten

Tabelle 12.12 Steckbrief für die Methode »Experten-Review«

12.19 Assoziationsraumtest (ARTTest)

Den Assoziationsraum haben wir bereits in Abschnitt 7.4.1, »Wirkung von Design«, und in Abschnitt 11.12.2 vorgestellt. Zur Erinnerung: Der *Assoziationsraum* ist die Menge an Assoziationen, die man mit der eigenen Lösung verknüpft sehen möchte. Der *Assoziationsraumtest* (ARTTest) ist darauf aufbauend ein Testverfahren, das auf den gewünschten Assoziationen des Kunden aufbaut und die tatsächlichen Assoziationen der Nutzenden mit dem Produkt anhand eines Fragebogens vergleicht. Der ARTTest ist ebenfalls eine eigene Umsetzung, zu der es noch keine Literatur gibt, die unseres Wissens nach aber in vergleichbarer Form häufig in Designprozessen eingesetzt wird.

12.19.1 Wie funktioniert das?

Die Durchführung eines Assoziationsraumtests ist denkbar einfach: Die Nutzenden werden mit dem System, dem Produkt oder der Dienstleistung konfrontiert und müssen anschließend eine Bewertung abgeben. Es kann sich dabei um fertige Systeme, Produkte oder Dienstleistungen handeln oder um Prototypen, die einen Eindruck von dem visuellen Look-and-feel vermitteln.

Die Konfrontation findet dabei mehrstufig statt. Zuerst wird der Ersteindruck von dem System, dem Produkt oder der Dienstleistung erhoben. Dazu wird erst frei nach Wörtern gefragt, die den teilnehmenden Personen spontan in den Sinn kommen, wenn sie zum ersten Mal mit der Lösung in Kontakt kommen. Im Anschluss daran wird der Assoziationsraum zusätzlich standardisiert erhoben. Dazu wird ein Fragebogen mit gegensätzlichen Wortpaaren ausgefüllt (siehe Abbildung 12.22).

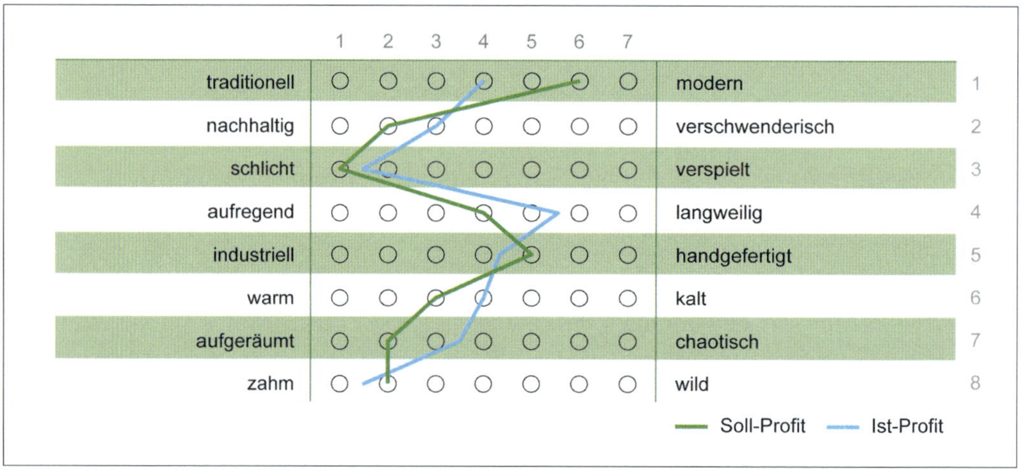

Abbildung 12.22 Auszug aus dem Fragebogen des ARTTests

Nach dem Ausfüllen des Fragebogens erhalten die Nutzenden Zeit, die Lösung auf eigene Faust zu erforschen (*explorieren*). Die Explorationszeit ist dabei von der Komplexität der Lösung abhängig, liegt gewöhnlich aber irgendwo zwischen fünf und zwanzig Minuten. Die genaue Dauer legen Sie vorab fest und halten sie im Anschluss für alle Teilnehmenden gleich. Nach Abschluss der Explorationsphase findet eine erneute Bewertung statt. Diese startet wieder mit der freien Äußerung, gefolgt von der Bewertung anhand des Fragebogens.

Für die Auswertung der Daten wird im Anschluss ein Durchschnittswert für jedes Gegensatzpaar über alle Teilnehmer gebildet. Diese Durchschnittsbildung findet getrennt für die Erstbeurteilung und die Zweitbeurteilung statt. Parallel wird die Standardabweichung errechnet. Mit diesen Daten wird es möglich, ein Profil für das System, das Produkt oder die Dienstleistung zu bilden, das darstellt, mit welchen Begriffen die Lösung assoziiert wird.

Ergänzend dazu werden die freien Nennungen der Teilnehmer analysiert. Dazu werden die Antworten der verschiedenen Teilnehmer ebenfalls getrennt nach Erstbewertung und Zweitbewertung kategorisiert und ähnliche Antworten zusammengefasst. Im Anschluss wird eine Rangfolge der Kategorien gebildet, wobei die Kategorie mit den häufigsten Nennungen die *Primärassoziationsgruppe* ist, die Gruppe mit den zweithäufigsten Nennungen die *Sekundärassoziationsgruppe* und so weiter. Dann wird geprüft, ob die Kategorien selbst oder Synonyme einem Wort auf der Liste der Wortpaare entsprechen. Sollte das der Fall sein, wird dieser Begriff als primäre bzw. sekundäre oder tertiäre Assoziation hervorgehoben. Sollte keine Übereinstimmung vorliegen, ergänzen wir gewöhnlich unsere Wortliste.

12.19.2 Wann wird der Test eingesetzt?

Der Assoziationstest kann zu zwei unterschiedlichen Zwecken eingesetzt werden:

- zur Prüfung, wie die aktuelle Gestaltung auf die Nutzenden wirkt (Bestimmung des Status quo)
- zum Abgleich eines erwünschten Assoziationsraums mit einem tatsächlichen Assoziationsraum (Ermittlung des Delta)

Den Status quo können Sie zu jedem Zeitpunkt nach Fertigstellung des Systems, des Produkts oder der Dienstleistung bestimmen. Wenn Sie jedoch gezielt mit Ihrer Gestaltung eine bestimmte Assoziation hervorrufen möchten, dann empfehlen wir Ihnen, das ideale Assoziationsprofil zu Beginn der Entwicklung mit den Stakeholdern festzulegen. Wie das geht, haben wir in Abschnitt 11.12.2, »Der Assoziationsraum«, beschrieben. Im Anschluss können Sie den Assoziationsraumtest (ARTTest) in jeder Entwicklungsstufe mit allen bereits visuell gestalteten Prototypen durchführen, um so zu prüfen, ob Sie mit der Gestaltung die gewünschte Assoziation erreichen.

12.19.3 Was braucht man dazu?

Damit Sie den ARTTest richtig durchführen sowie das meiste aus der Durchführung herausholen können, ist eigentlich nicht viel notwendig. Im Folgenden haben wir Ihnen eine Liste aller benötigten Materialien und Informationen zusammengestellt:

- Screener zur Beschreibung und Auswahl der passenden Teilnehmergruppe und Zugang zu den Teilnehmenden
- visuell gestaltete Lösung oder Prototyp
- durch Stakeholder definiertes Zielprofil des ARTTests für die zu testende Lösung
- ARTTest digital oder auf Papier

12.19.4 Was sind die Vorteile?

Durch die Verwendung des Assoziationsraumtests gelingt es Ihnen, die visuelle Gestaltung eines Systems, Produkts oder einer Dienstleistung zielgerichtet zu steuern. Gewöhnlich wird viel Aufwand investiert, um die Markenkernwerte zu definieren und sich über die Anmutung Gedanken zu machen. Auch die Erarbeitung eines Designkonzepts nimmt im Anschluss viel Zeit in Anspruch. In den meisten Fällen findet aber keine systematische Testung des Designs in Hinblick auf die Frage statt, ob diese Kernwerte und Anmutungen tatsächlich mit der Gestaltung erreicht wurden. Diese Lücke schließt der Assoziationsraumtest.

Ein weiterer Vorteil ist, dass durch den Assoziationsraumtest nicht mehr ausschließlich das – dann doch leider sehr subjektive – Gefallen im Vordergrund steht, sondern die Frage, ob die gewünschte Wirkung erreicht wurde. Somit erhalten Unternehmen eine viel bessere Informationstiefe im Vergleich zu der herkömmlichen Art und Weise, auf die visuelles Design entwickelt wird.

12.19.5 Was sind die Nachteile?

Auch wenn die Durchführung und der ARTTest selbst relativ einfach ist, bedeutet vor allem die Definition des Zielprofils einiges an Arbeit. Hier kann es zum Teil schwierig werden, Stakeholder von der Teilnahme an den notwendigen Workshops zu überzeugen, da ein analytischer Ansatz für das Messen von visuellem Design noch immer eher ungewöhnlich ist.

Ein weiterer Aspekt, der beim Testen bedacht werden muss, ist, dass großer Wert darauf gelegt werden muss, wie der ARTTest eingeleitet wird und in welchem Rahmen er stattfindet. Sobald der Assoziationsraumtest mit Usability und User Experience-Tests kombiniert wird, besteht die Gefahr, dass die frei genannten Assoziationen sich vor allem um die Bedienbarkeit drehen. Deswegen ist es wichtig, mindestens die Erstbeurteilung aufgabenfrei zu gestalten, am besten jedoch auch die Zweitbefragung.

12.19.6 Welche Alternativen gibt es?

Einen Teil der Eindrücke, den ein ARTTest liefert, können Sie alternativ auch mit standardisierten Verfahren wie dem *AttrakDiff* oder dem *UEQ* erfassen (siehe die entsprechenden Unterabschnitte von Abschnitt 12.13.1, »Wie funktioniert das?«). Vor allem die Skalen für die hedonische Bewertung geben hier einen ersten Eindruck. Der Einsatz der Verfahren ist aber gewöhnlich auf die Messung beschränkt, von einem Einsatz zur Planung haben wir bisher nichts gehört.

Des Weiteren könnten Sie die Assoziationen auch einfach mit freien Interviews erheben. Hier ist der Auswertungsaufwand jedoch ungleich höher und der Grad an Standardisierung deutlich niedriger. Eine andere Methode zur systematischen Erhebung des Assoziationsraums ist uns nicht bekannt. Tabelle 12.13 zeigt den Steckbrief der Methode.

Steckbrief: Assoziationsraumtest (ARTTest)	
Kurzbeschreibung	Der Assoziationsraumtest testet, welche Assoziationen die Nutzenden bei Ansicht und Verwendung der Lösung entwickeln. Dadurch ermöglicht der Test eine Testung der Designqualität auf nichtfunktionaler Ebene.
Vorteile	▸ Ermöglicht die zielgerichtete Steuerung des visuellen Designs ▸ Verschiebt den Fokus von dem subjektiven Gefallen der Lösung hin zu der Frage, ob die gewünschten Assoziationen ausgelöst werden.
Nachteile	▸ Benötigt eine Definition des Zielprofils vorab, um einen Soll-Ist-Vergleich zu ermöglichen – die Definition des Zielprofils kann aber sehr umfangreich und aufwendig sein. ▸ Benötigt gutes methodisches Wissen, um den Fokus der Bewertung durch die Nutzenden richtig zu setzen.

Tabelle 12.13 Steckbrief für die Methode »Assoziationsraumtest (ARTTest)«

12.20 Eyetracking

Unter Eyetracking versteht man die Analyse der Augenbewegungen während der Verwendung eines Systems, Produkts oder einer Dienstleistung (Nielsen & Pernice, 2010; Holmqvist et. al, 2011; Bojko, 2013; Carter & Luke, 2020). Dadurch können nicht nur die Handlungen der Nutzenden, sondern kann auch – zumindest teilweise – die Aufmerksamkeit der Nutzenden mitverfolgt werden.

12.20.1 Wie funktioniert das?

Für den Einsatz von Eyetracking gibt es verschiedene technische Lösungen, die von ihrem Anwendungsgebiet abhängen. Grob gesagt lässt sich zwischen stationären und mobilen Varianten unterscheiden:

- *Stationäre Lösungen* bieten sich immer dann an, wenn die nutzende Person an einer bestimmten Stelle fest positioniert ist. Das kann zum Beispiel bei der Verwendung eines PCs der Fall sein, aber auch beim Autofahren (zumindest eingeschränkt) oder bei der Arbeit an einem Fließband oder einer Arbeitsstation.

  Dann wird das stationäre Eyetracking-System so ausgerichtet, dass der Kopf der Person sich in einer (für die nutzende Person unsichtbaren) Headbox befindet. Innerhalb dieser Headbox können sich die Nutzenden anschließend relativ frei bewegen, ohne dass das Eyetracking-System ihre Augen verliert. Die Headbox selbst ist dabei meistens nicht besonders groß – oft ca. 60×60×60 cm. Dafür hat das Tracking keinen Einfluss auf die nutzende Person. Bei der Nutzung von stationären Systemen kann es ja nach System noch notwendig sein, das Setup digital abzubilden. Dabei wird – ähnlich wie in einem CAD-Programm – die räumliche Anordnung von Nutzendem und Kameras dargestellt, damit das System versteht, was gemessen wird.

- Immer dann, wenn die Nutzenden sich mehr bewegen und damit die Headbox verlassen würden (oder auch, wenn die Kopfbewegungen sehr groß sind), bieten sich *mobile Systeme* an. Diese haben den Vorteil, dass sie überallhin mitgenommen werden können. Dafür tragen die Nutzenden Personen eine Brille oder einen Helm (siehe Abbildung 12.23).

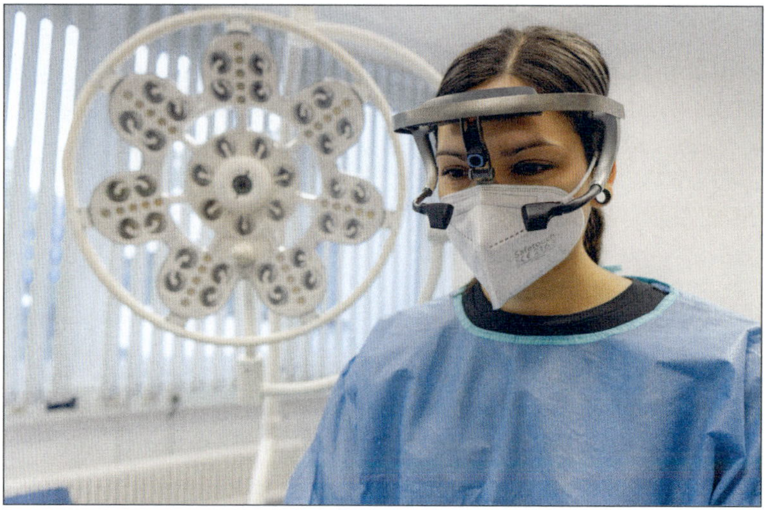

Abbildung 12.23 Person mit kopfgetragenem Eyetracking-Device

Um Eyetracking-Systeme korrekt verwenden zu können, benötigen diese vor Beginn der Messung für jeden Nutzenden eine eigene Kalibrierung. Durch die Kalibrierung lernt das System, die Augenbewegungen der Nutzenden zu erfassen, und versteht, wann der Nutzende wohin sieht. Diese Kalibrierung kann je nach System unterschiedlich komplex sein und unterschiedlich lange dauern. Ohne eine Kalibrierung sind die Daten gewöhnlich aber nicht nutzbar.

Eyetracking-Methoden kommen gewöhnlich eingebettet in andere Testverfahren zum Einsatz und stellen eine Ergänzung dieser Verfahren dar. Hierbei können unterschiedliche Daten generiert werden. Bei mobilen Systemen ist dies zum Beispiel ein Videobild, bei dem der Fokus der Augen als Ring gekennzeichnet ist. Zusätzlich lassen sich Daten mit Zeitstempeln zu Fixierungsdauern und Fixierungshäufigkeiten analysieren. Dafür ist jedoch meistens eine aufwendige Nachbearbeitung notwendig, bei der Sie sogenannte *Areas of Interest* setzen. Das sind nichts anderes als Boxen im Bild (oder in der 3D-Welt), für die dann einzeln ausgezählt wird, wie oft und wie lange der Blick der Nutzenden in die jeweilige Box fällt (siehe Abbildung 12.24). 12

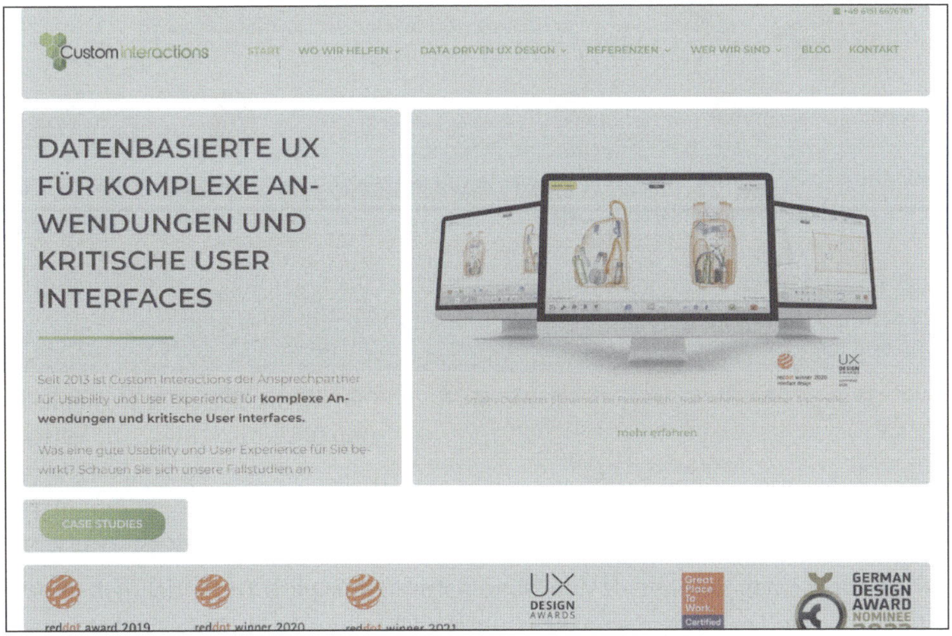

Abbildung 12.24 Beispielbild unserer Webseite mit definierten Areas of Interest

Bei stationären Systemen, die häufig für die Analyse von Webseiten oder Computerprogrammen eingesetzt werden, ist eines der Kernergebnisse eine sogenannte *Heatmap* (siehe Abbildung 12.25). Hierbei wird die Bildschirmansicht farbig überlagert, wobei Bereiche, auf die lange und häufig geblickt wird, gewöhnlich rot dargestellt werden. Bereiche, in die keine Blicke fallen, haben gewöhnlich keine farbliche Überlagerung. Auch bei mobilen Systemen ist die Analyse nach Fixierungshäufigkeiten und Dauern möglich.

Abbildung 12.25 Hier wurde unsere Webseite mit einer Heatmap überlagert, um die Blickverteilung leicht verständlich darzustellen.

Zusätzlich können Sie für beide Arten von Systemen Blickpfade analysieren. Dadurch wissen Sie, worauf der Blick der Nutzenden zuerst fällt und wohin ihr Blick im Anschluss wandert. Diese Daten können besonders aufschlussreich sein, wenn Sie herausfinden möchten, welche Elemente auf der Webseite oder am Produkt die meiste Aufmerksamkeit auf sich ziehen. Die Verteilung der Blicke hilft Ihnen herauszufinden, welche Bereiche insgesamt Aufmerksamkeit auf sich ziehen. Zusätzlich können Sie Eyetracking-Daten nutzen, um die Analyse von Fehlern zu unterstützen. Vor allem bei der Frage, ob ein Element nicht entdeckt wurde (keine Blicke auf das Element) oder nicht korrekt verstanden wurde (Blicke auf das Element, aber trotzdem keine Nutzung), sind Eyetracking-Daten hilfreich.

12.20.2 Wann wird es eingesetzt?

Eyetracking können Sie in nahezu jedem Stadium der Entwicklung von ersten Prototypen bis zum fertigen Produkt einsetzen. Einen besonderen Mehrwert bietet Eyetracking immer dann, wenn die Zeit entscheidend ist. Das kann auf der einen Seite der Fall sein, wenn es darum geht, eine bestimmte Information schnell zu entdecken, zum Beispiel bei Warnungen. Auf der anderen Seite kann das relevant sein, wenn es darum geht, wie lange der Blick auf ein bestimmtes Element fixiert ist. Das könnte zum Beispiel im Automobilkontext relevant sein, wenn geprüft werden muss, ob eine Gestaltung des Infotainmentsystems zu sehr von der eigentlichen Fahraufgabe ablenkt.

Eyetracking kommt ansonsten noch häufig in der Werbungsforschung zum Einsatz. Hier wird geprüft, ob eine Werbeanzeige genug Aufmerksamkeit auf sich zieht. Das kann sowohl digital als auch im klassischen Printumfeld der Fall sein.

Wir persönlich nutzen Eyetracking eher sparsam, da der Mehrwert für die Gestaltung außerhalb von zeitkritischen Anwendungen recht beschränkt ist und viele Informationen über andere Verfahren (z. B. Befragungen) ebenfalls erlangt werden können. Weil zudem der Aufwand für die Vorbereitung und Auswertung der Eyetracking-Studie relativ groß ist, lohnt sich der Einsatz nur in wenigen Fällen tatsächlich.

12.20.3 Was braucht man dazu?

Da Eyetracking gewöhnlich eine ergänzende Methode ist, setzen Sie diese in Kombination mit anderen Methoden ein. Das heißt, Sie benötigen alles, was Sie für die Originalmethode brauchen inklusive eines testbaren Systems, Produkts oder einer testbaren Dienstleistung. Das Einzige, was Sie zusätzlich benötigen, ist ein Eyetracking-System. Die Systeme erhalten Sie für gewöhnlich als Komplettpaket inklusive Tracking-System und Auswertungssoftware, sodass sonst keine weiteren Komponenten benötigt werden.

12.20.4 Was sind die Vorteile?

Richtig eingestellt, bietet ein Eyetracking-System viele Informationen über die Verteilung der Aufmerksamkeit und das Interesse der Nutzenden, die sonst nur schwierig oder vielleicht sogar gar nicht bewusst zugänglich sind.

Aufgrund der millisekundengenauen Analyse der Blickbewegungsdaten erhalten Sie auf der einen Seite Zugang zu unbewussten Inhalten, auf der anderen Seite können Sie auch die Sicherheit Ihrer Systeme, Produkte und Dienstleistungen verhältnismäßig leicht nachweisen, da Sie ziemlich präzise zeigen können, wie lange es dauert, bis Informationen entdeckt werden oder der Blick sich wieder abwendet. Je nachdem, in welchem Bereich Sie tätig sind, können das wichtige Nachweise sein, die unter Umständen sogar bei Haftungsfragen zum Einsatz kommen können.

Wenn Sie Eyetracking-Systeme verwenden, die für den stationären Einsatz an Computermonitoren optimiert sind, dann haben Sie außerdem ein Tool, das sehr schnell einsatzbereit ist und Ihnen schnell interessante Daten bereitstellt. Je nach Tool geschieht das sogar weitgehend automatisiert und direkt nach der Anwendung.

12.20.5 Was sind die Nachteile?

Der Einsatz von Eyetracking-Systemen bedeutet für ein Studiensetup in den meisten Fällen deutlich mehr Aufwand als ein Setup ohne Eyetracking. Das liegt gewöhnlich daran, dass fast alle gängigen Systeme (um nicht zu sagen: alle uns bekannten Systeme, die genaue Daten liefern) vorab eine Kalibrierung benötigen. Dadurch gibt es immer einen Bruch in der Umsetzung.

Wenn Sie ein mobiles System verwenden, dann fühlen sich Nutzende oftmals eingeschränkt, da die Systeme in vielen Fällen unhandlich, wenn nicht sogar unbequem sind. Hintergrund ist, dass die Systeme – egal ob Brille oder Helm – sehr fest sitzen müssen und wenig Eigenbewegung haben dürfen, damit die Kalibrierung nicht verloren geht.

Bei stationären Systemen zeigt sich auf der anderen Seite oft ein Einfluss auf das Verhalten der Nutzenden, da diese deutlich steifer und weniger dynamisch als normalerweise vor dem Rechner sitzen, und zwar aus Angst davor, die Headbox zu verlassen.

Ein weiterer Nachteil der Eyetracking-Systeme ist der hohe Auswertungsaufwand. Dieser rührt entweder daher, dass *Areas of Interest* manuell gesetzt werden müssen, was vor allem bei einem bewegten Bild (also vornehmlich bei kopfgetragenen Systemen) der Fall ist. Hier muss in der Auswertung in jedem Videoeinzelbild die Area of Interest manuell gesetzt werden. Dreht der Nutzende den Kopf, verschiebt sich die Area im Bild und muss nachgezogen werden. Der hohe Auswertungsaufwand kann aber auch dadurch entstehen, dass bestimmte Analysen wie die Heatmap zwar automatisiert erfolgen, dann aber immer nur Analysen für eine Einzelperson sind und die Zusammenführung der Informationen für mehrere Personen doch wieder manuell erfolgen muss.

Ein eher organisatorischer Punkt, der jedoch vor allem im Vergleich zu anderen Messmethoden wichtig ist, ist der Preis. Die Anschaffung von Eyetracking-Systemen ist mit erheblichen Kosten verbunden.

Ein letzter Nachteil, der schon im Namen der Methode anklingt, ist die Beschränkung des Eyetrackings auf visuell dargebotene Inhalte. Mit der zunehmenden Verbreitung von Voice-Interfaces und haptischen Interfaces nimmt der Geltungsbereich von Eyetracking immer weiter ab, da keine oder nur sehr wenige relevante Informationen für andere Arten von Interfaces über das Eyetracking gewonnen werden können.

12.20.6 Welche Alternativen gibt es?

Zum Aufmerksamkeitstracking gibt es wenige Alternativen. Bei PC-Anwendungen hat sich gezeigt, dass das Tracking der Mausbewegungen einen recht guten Aufschluss über die Aufmerksamkeit der Person geben kann. Wir haben das *Maustra-*

cking hier jedoch nicht mehr als einzelne Methode aufgeführt, da die Wichtigkeit dieser Methode immer weiter abnimmt. Der Hintergrund ist, dass viele Interaktionen zunehmend entweder per Touch passieren und damit gar keine Maus mehr zum Einsatz kommt oder dass viele Lösungen noch nie über eine Maus verfügt haben (z. B. Anwendungen im Fahrzeug) und so keine Möglichkeit besteht, diese Daten zu sammeln.

Wird das Eyetracking genutzt, um Fehleranalysen zu betreiben, bietet sich als Alternative eine Nachbefragung an. In vielen Fällen können durch die Kombination von Beobachtung und Befragung ausreichend Daten über die Fehlerursache gewonnen werden.

Tabelle 12.14 zeigt den Steckbrief der Methode.

Steckbrief: Eyetracking	
Kurzbeschreibung	Das Eyetracking ist eine Methode zur Bewertung von Systemen, Produkten und Dienstleistungen anhand der Analyse der Augenbewegung der Nutzenden. Der Fokus der Methode liegt auf der objektiven Messung von Blickdauern und Blickhäufigkeiten sowie auf einer objektiven Aussage zu der Frage, ob bestimmte Gestaltungselemente durch die Nutzenden wahrgenommen wurden.
Vorteile	▶ Bietet objektive Informationen über die Verteilung der Aufmerksamkeit. ▶ Zeigt millisekundengenau, welche Gestaltungselemente wie viel Aufmerksamkeit erhalten. ▶ Ermöglicht die Messung von Blickabwendungszeiten. ▶ Bei stationären Systemen verhältnismäßig geringer Aufwand für den Einsatz und die Auswertung
Nachteile	▶ Die meisten Eyetracking-Systeme sind teuer. ▶ Das Studiendesign wird aufwendiger, weil die Systeme für gewöhnlich eine Kalibrierung benötigen – dadurch geht Zeit verloren und der natürliche Fluss der Interaktion wird bei schlechter Planung unterbrochen. ▶ Nutzende fühlen sich durch die Systeme oft eingeschränkt, da sie entweder den Bewegungsspielraum reduzieren oder unbequem zu tragen sind. ▶ Bei Verwendung mobiler Systeme entsteht ein sehr hoher Auswertungsaufwand. ▶ Erfasst nur visuelle Elemente.

Tabelle 12.14 Steckbrief für die Methode »Eyetracking«

12.21 Physiologische Messverfahren

Vor allem aus dem wissenschaftlichen Bereich kommt oft die Forderung nach dem Einsatz von objektiven Messgrößen zur Bestimmung der User Experience. Hierbei handelt es sich – ähnlich wie bei den standardisierten Fragebögen – nicht um eine einzelne Methode, sondern um ein Set verschiedener Methoden, die eingesetzt werden, um verschiedene körperliche Reaktionen objektiv zu messen (vgl. Sproll & Peissner, 2009). Dazu gehört auch das Eyetracking. Da das Eyetracking aber eine deutlich wichtigere Rolle spielt als die anderen Methoden, haben wir dem Eyetracking einen eigenen Abschnitt gewidmet, wohingegen alle anderen Methoden in diesem Abschnitt zusammengenommen betrachtet werden.

12.21.1 Wie funktioniert das?

Aufgrund der Vielzahl möglicher physiologischer Messgrößen ist es quasi unmöglich, hier alle Varianten aufzuführen. Aus unserer Sicht ist dies aber auch wenig zielführend, da der Einsatz von physiologischen Daten zur Bestimmung der User Experience äußerst selten vorkommt und dann auch nur begrenzte Aussagekraft hat. Trotzdem möchten wir Ihnen einen kleinen Überblick darüber geben, was theoretisch möglich ist.

Da die Technik fortschreitet, können Sie heutzutage nahezu beliebig viele physiologische Daten erfassen. Ob die Erfassung der Daten sinnvoll ist, hängt stark vom Ziel ab. In Ihrem Beitrag mit dem Titel »Let's get physical: Lässt sich User Experience physiologisch erfassen?« schreibt Nina Gerber (2016), dass es zwar Studien gibt, die hier einen Zusammenhang herstellen wollen, bisher aber keine einheitlichen Muster gefunden werden konnten, die übergreifend gelten. In ihrer eigenen Studie untersuchte Gerber den Zusammenhang von verschiedenen physiologischen Messgrößen mit der User Experience. Im Fokus standen dabei:

- die elektrische Aktivität der Gesichtsmuskulatur als Messgröße für verschiedene Emotionen (siehe auch: Partala, Surakka & Vanhala, 2006)
- die elektrodermale Aktivität als Maß für die Aufgeregtheit einer Person
- die kardiale Aktivität gemessen als Herzfrequenz, Blutdruck und Herzratenvariabilität als Indikator für die Valenz (das Gefallen) sowie die Aufgeregtheit
- die Atemfrequenz als Indikator für die Vorhersage von Emotionen und geistiger Beanspruchung
- das sekretorische Immunglobulin A als Indikator für akuten Stress

Alle Messwerte wurden im Anschluss mit verschiedenen Fragebogenantworten verglichen. Das recht ernüchternde Ergebnis der Studie fasst Gerber mit folgenden Worten zusammen:

> *»Zusammenfassend betrachtet scheint die Messung physiologischer Signale aktuell eher dazu geeignet, qualitative Unterschiede im emotionalen Erleben bei der Interaktion mit einem Produkt aufzuzeigen als genaue Facetten der User Experience zu erfassen. Gerade für die gemeinsame, soziale Interaktion mit einem Produkt liegen viele Störfaktoren vor, die bei der Anwendung eines solchen Ansatzes berücksichtigt werden müssen.«*

Mit anderen Worten: Auch hier gibt es noch keine neuen Erkenntnisse, die eine subjektive Messung der User Experience tatsächlich ersetzen würden.

Alle bisherigen Messverfahren liefern lediglich Tendenzen oder Hinweise auf den Stressgrad der Nutzenden. Genau dafür sind physiologische Messverfahren aber gut geeignet. Vor allem seit Einzug der Wearables können so relativ leicht physiologische Daten erfasst werden. Als aktuelles Fazit – ohne tiefer in alle Messmethoden eindringen zu wollen – würden wir an dieser Stelle noch empfehlen, physiologische Daten nur begleitend zu erheben, jedoch nicht als Einzelmaß.

12.21.2 Wann werden physiologische Messverfahren eingesetzt?

Aktuell werden physiologische Messverfahren (außer Eyetracking) vor allem zu Forschungszwecken und experimentell eingesetzt. Die Messung physiologischer Daten bietet sich vor allem dann an, wenn eine Messung der User Experience auf anderen Wegen nicht möglich oder gefährlich wäre. Ein Beispiel hierfür könnte das Fahren eines Fahrzeugs sein. Anhand einer physiologischen Messung kann dauerhaft gemessen werden, wohingegen ein Fragebogen nur nach Abschluss der Fahrt ausgefüllt werden kann.

12.21.3 Was braucht man dazu?

Die Nutzung physiologischer Messtechnik ist häufig aufwendig und umständlich. Was genau dafür gebraucht wird, hängt aber im Großen und Ganzen von der jeweiligen Messtechnik ab. Eine detaillierte Auflistung ist deswegen in diesem Abschnitt nicht möglich.

12.21.4 Was sind die Vorteile?

Durch die Verwendung physiologischer Messdaten entsteht eine riesige Menge Daten, die analysiert werden kann. Sobald hier einheitliche Rückschlüsse auf die darunterliegende Emotion gezogen werden können, wird es damit möglich, Produkte viel detaillierter und zeitnäher zu bewerten. Zum aktuellen Zeitpunkt stellt die tatsächliche Bewertung immer eine Unterbrechung der Nutzung dar: entweder durch eine Befragung oder das Ausfüllen eines Fragebogens. Sobald zuverlässig physiologische Messgrößen erfasst werden können, die in direktem Zusammenhang stehen, kann hier eine Bewertung einzelner Elemente bei ihrem Auftauchen geschehen.

12.21.5 Was sind die Nachteile?

Außerhalb von Wearables ist die Erfassung physiologischer Daten oft teuer und aufwendig, und auch die Interpretation der Ergebnisse benötigt sehr viel Know-how.

Zusätzlich können für manche Messmethoden besondere räumliche Gegebenheiten benötigt werden, zum Beispiel besonders isolierte Räume, um die Messung vor Interferenzen zu schützen. Das macht die Methoden wesentlich unflexibler im Einsatz und eignet sich damit nur selten, um User Experience außerhalb eines Forschungssettings zu erforschen.

Ein weiterer schwerwiegender Grund, der gegen den Einsatz physiologischer Messverfahren spricht, ist der Umstand, dass die Messmethodik (außer Wearables) häufig so aufwendig und teilweise sogar invasiv ist, dass die User Experience der Nutzenden schon allein durch die Messverfahren deutlich beeinflusst wird.

Der letzte und wahrscheinlich wichtigste Punkt, warum wir Ihnen aktuell davon abraten würden, User Experience anhand von physiologischen Daten zu messen, ist der, dass zum aktuellen Zeitpunkt die Maße noch viel zu unspezifisch sind und tatsächlich keine Aussagen über die User Experience zulassen – vor allem, da die Erfassung und Verknüpfung von physiologischen Daten und Produktcharakteristika manuell erfolgen muss.

12.21.6 Welche Alternativen gibt es?

Für die Erfassung von physiologischen Daten gibt es auf der einen Seite die Erfassung mit Wearables, die die gleiche Art Daten, aber billiger (und ungenauer) liefern. Wenn kontinuierliche Daten erzeugt werden sollen, dann bietet sich auch der Einsatz von Eyetracking an (siehe Abschnitt 12.20). Da aktuell die physiologischen Daten jedoch sehr unspezifisch für die Erfassung der User Experience sind, bietet sich am ehesten die Befragung anhand von Fragebögen oder persönlichen Interviews an, um tatsächlich Informationen über die User Experience zu erhalten.

Tabelle 12.15 zeigt den Steckbrief der Methode.

Steckbrief: Physiologische Messverfahren	
Kurzbeschreibung	Die Gruppe der physiologischen Messverfahren ist eine Sammelgruppe für alle Methoden, die versuchen, Rückschlüsse auf die Bewertung der Usability und User Experience einer Lösung anhand von physiologischen Messgrößen (z. B. Herzratenvariabilität, Puls ...) zu ziehen. Da die Methoden bisher eine eher untergeordnete Rolle bei der Bewertung von Systemen, Produkten und Dienstleistungen spielen, werden sie hier zusammengefasst.

Tabelle 12.15 Steckbrief der Methodengruppe »physiologische Messverfahren«

Steckbrief: Physiologische Messverfahren	
Vorteile	▶ Bei den meisten Methoden entstehen kontinuierliche Messdaten, sodass eine Auswertung eventgenau vorgenommen werden kann. ▶ Für die meisten physiologischen Messverfahren ist keine Unterbrechung der Nutzung notwendig.
Nachteile	▶ Die Erfassung der physiologischen Messgrößen ist oft teuer (Equipment und gegebenenfalls besondere räumliche Bedingungen) und aufwendig. ▶ Die Auswertung und der Einsatz erfordern ein sehr hohes Methodenwissen. ▶ Je nach Methode werden die Nutzenden durch die Messung extrem beeinflusst. ▶ Aktuell sind noch keine eindeutigen Zusammenhänge zwischen bestimmten physiologischen Messgrößen und der Bewertung bewiesen, weswegen die Auswertung sehr interpretativ und wenig zuverlässig ist.

Tabelle 12.15 Steckbrief der Methodengruppe »physiologische Messverfahren« (Forts.)

12.22 Fehler analysieren mithilfe der Root-Cause-Analyse

Auf den letzten Seiten haben wir Ihnen mehr oder weniger ausführlich dargestellt, wie Sie Ihr Produkt testen können. Sie haben verschiedene Methoden kennengelernt, und wir haben Ihnen erklärt, für welche Fragestellung welche Methode geeignet ist. Und auch wenn die Evaluation der letzte Schritt im Data-Driven UX Design-Prozess ist, haben Sie es in den meisten Fällen noch nicht »geschafft«, sondern fangen jetzt erst mit der eigentlichen Arbeit im Bereich der Evaluation an. Jetzt geht es nämlich darum, die Evaluationen nicht nur durchzuführen und im Anschluss deskriptiv auszuwerten, sondern die Ergebnisse zu analysieren.

Solange Sie deskriptiv auswerten, zählen Sie zum Beispiel Fehler, messen Zeiten oder geben an, wie viele Personen eine Aufgabe erfolgreich lösen konnten oder nicht. Was hier aber noch fehlt, ist die Frage: »Warum ist dieser Fehler passiert?« Darüber möchten wir in diesem Abschnitt mit Ihnen sprechen.

Um die Ursache eines Fehlers zu ermitteln, empfehlen wir Ihnen die Durchführung einer *Root-Cause-Analyse* oder (einfacher gesagt) einer *Ursachenanalyse* (Mahto & Kumar, 2008; Wiklund, Dwyer & Davis, 2016). Diese Methode wird immer dann eingesetzt, wenn Sie einen Test durchgeführt haben, der die (simulierte) Verwendung des Produkts beinhaltet und diese beobachtet.

Die Basis für die Ursachenanalyse der Fehler stellt das *vereinfachte Reiz-Reaktions-Modell der Interformationsverarbeitung* dar. Dieses Modell haben wir Ihnen schon in den Grundlagenkapiteln ausführlich erklärt (siehe Abschnitt 7.3, »Menschliche Informationsverarbeitung«). Vielleicht noch einmal zur Erinnerung: Das vereinfachte Reiz-Reaktions-Modell der Informationsverarbeitung geht davon aus, dass die Informationsverarbeitung in vier Schritten geschieht und mit dem Vorhandensein eines Reizes startet. (Damit Sie nicht blättern müssen, zeigen wir das Modell noch einmal in Abbildung 12.26.)

Im Anschluss wird dieser Reiz entdeckt (»Da ist etwas«), dann erkannt (»Das ist es«), dann wird eine Entscheidung getroffen (»Das mache ich«) und diese im Anschluss ausgeführt (»So mache ich das«), was dann als Reaktion sichtbar wird. Alle diese Stufen laufen nacheinander ab und bauen auf den vorherigen Schritten auf. Es kann also kein Reiz erkannt werden, der vorher nicht entdeckt wurde.

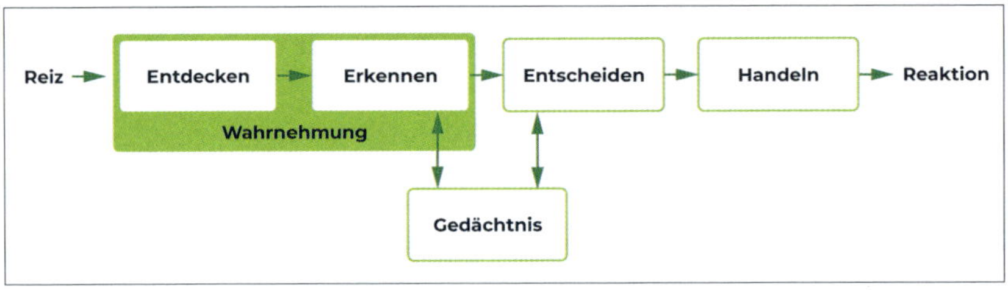

Abbildung 12.26 Das vereinfachte Reiz-Reaktions-Modell nach Luczak (1975)

Wie können Sie dieses Wissen jetzt aber nutzen, um Fehler zu analysieren? Im Prinzip ist es ganz einfach: Auf jeder der genannten Ebenen können Fehler passieren, die dann andere Lösungen erfordern. Wenn also ein Reiz nicht *entdeckt* wurde, müssen Sie ein anderes Design wählen, als wenn ein Reiz nicht *erkannt* wurde. Lassen Sie uns das an einem konkreten Beispiel (wir nehmen wie in Abschnitt 7.3 die Ampel) durchspielen, damit es leichter zu verstehen wird.

Stellen Sie sich vor Sie fahren mit einem Auto auf der Straße. Das Wetter ist fantastisch und in 200 Meter Entfernung können Sie ein grünes Licht sehen (entdecken). Es dauert einen kurzen Moment, aber dann haben Sie verstanden, dass es sich um eine Ampel handelt (erkennen).

Da die Ampel grün ist, beschließen Sie, mit unverminderter Geschwindigkeit weiterzufahren (entscheiden). Dazu fahren Sie einfach weiter geradeaus und verändern Ihre Pedalstellung nicht (handeln). Das ist der gute Fall ohne Fehler (siehe Abbildung 12.27). Jetzt sehen wir uns den gleichen Fall mit Fehlern an.

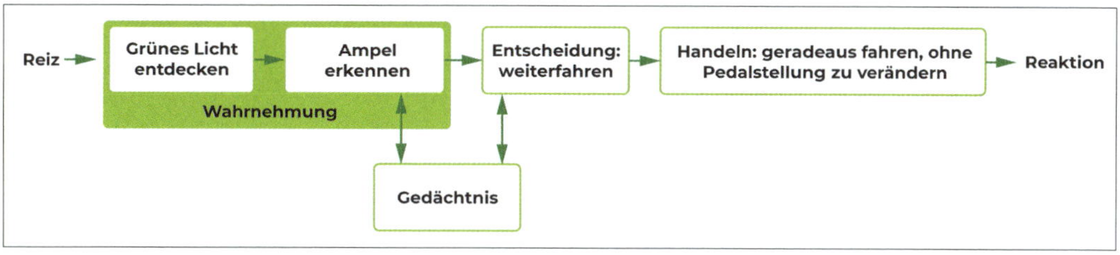

Abbildung 12.27 Schematische Darstellung des vereinfachten Reiz-Reaktions-Modells anhand des Falles »Autofahren«

Eine Woche später sind Sie wieder im Auto unterwegs. Jetzt ist es aber nebelig und die Sichtweite ist sehr gering. Sie fahren die gleiche Strecke, eine Orientierung ist für Sie aber aufgrund der geringen Sichtweite viel schwerer als bei der letzten Fahrt. Sie fahren langsamer als gewöhnlich und haben Schwierigkeiten, die Umgebung klar zu sehen. Wie aus dem Nichts erscheint plötzlich ein anderes Fahrzeug auf Ihrer rechten Seite. Sowohl Sie als auch der andere Fahrer machen eine Vollbremsung, aber einen leichten Zusammenstoß können Sie nicht verhindern. Zum Glück ist niemand verletzt. Als Sie aussteigen, um den Schaden zu begutachten, stellen Sie fest, dass Sie mitten auf einer Kreuzung stehen. Sie haben die rote Ampel vollkommen übersehen. Hier hat das Entdecken der Ampel nicht funktioniert (siehe Abbildung 12.28).

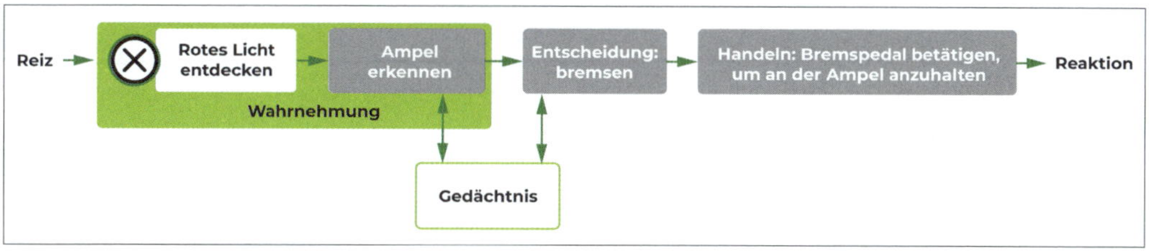

Abbildung 12.28 Schematische Darstellung des vereinfachten Reiz-Reaktions-Modells mit dem Fehler bei »Entdecken«

Wir haben diese Situation aus dem Alltag herausgegriffen, um leicht verständlich zu machen, wie eine Situation aussehen kann, in der die Ursache des Problems ein Fehler beim Entdecken war. Ähnlich verhält es sich aber in jeder anderen Situation, in der das Entdecken das Problem ist. Für gewöhnlich können Sie von einem Entdeckungsproblem ausgehen, wenn Sie folgendes Verhalten beobachten können:

- Der Blick der Person geht nicht oder nur sehr, sehr kurz in Richtung der Information (Licht, Text, Anzeige, Ansage ...), die entdeckt werden müsste.
- Die Person passt ihr Verhalten überhaupt nicht an bzw. es findet keine erwartete Reaktion statt.
- Die Person spricht nicht von selbst bzw. gibt keine Hinweise auf die Information.

Einfach ausgedrückt: Wenn die Information, die wichtig ist, einfach ignoriert wird, dann ist es häufig ein »Entdecken«-Fehler. 100 % sicher können Sie aber erst sein, wenn Sie eine echte Root-Cause-Analyse durchführen. Dazu gehört – neben dem Beobachten der Handlung – auch die Befragung der Person zum eigenen Verhalten. Dabei ist es wichtig, dass Sie in einem ersten Schritt auf keinen Fall sagen: »Sie haben folgenden Fehler gemacht, wie kam es dazu?«

Wir steigen meistens ein, indem wir das Verhalten einfach beschreiben: »Sie sind eben für ca. 15 Minuten mit gleicher Geschwindigkeit weitergefahren, bevor Sie plötzlich eine Vollbremsung gemacht haben. Wie kam es dazu?« So kommen Sie in einem ersten Schritt dahinter, ob der Person bewusst war, dass ein Fehler passiert ist. Erst im Anschluss leiten wir auf das fehlerhafte Verhalten hin und fragen nach den Ursachen. Bei einem Entdecken-Fehler in unserem Beispiel wären typische Antworten:

- »Ich habe die Ampel gar nicht gesehen!«
- »Es war so nebelig, ich konnte gar nichts richtig erkennen.«
- »Es gab für mich keinen Grund zu bremsen.«

Alle diese Antworten machen deutlich, dass die wichtige Information überhaupt nicht entdeckt wurde. Wichtig ist: Auch wenn die Person von »erkennen« spricht (siehe die zweite Antwort), können wir nicht davon ausgehen, dass sie den gleichnamigen Schritt im vereinfachten Reiz-Reaktions-Modell beschreibt.

Nun stellen Sie sich bitte die gleiche Situation vor: Sie sind wieder im Auto unterwegs und leider ist es erneut nebelig. Sie fahren langsamer als gewöhnlich, aber haben trotzdem Schwierigkeiten, die Umgebung zu sehen. Vor sich im Nebel sehen Sie schwach ein gelbes Licht leuchten (entdecken). Sie gehen davon aus, dass es sich um einen Schwertransport handelt, der vor Ihnen fährt, und fahren weiter. Wie aus dem Nichts erscheint plötzlich ein anderes Fahrzeug auf Ihrer rechten Seite. Sowohl Sie als auch der andere Fahrer machen eine Vollbremsung, aber einen leichten Zusammenstoß können Sie nicht verhindern. Zum Glück ist niemand verletzt. Als Sie aussteigen, um den Schaden zu begutachten, stellen Sie fest, dass Sie mitten auf einer Kreuzung stehen. Sie haben nicht erkannt, dass das gelbe Licht nicht zu einem Fahrzeug, sondern zu einer Ampel gehörte, die gerade auf Rot wechselte (siehe Abbildung 12.29).

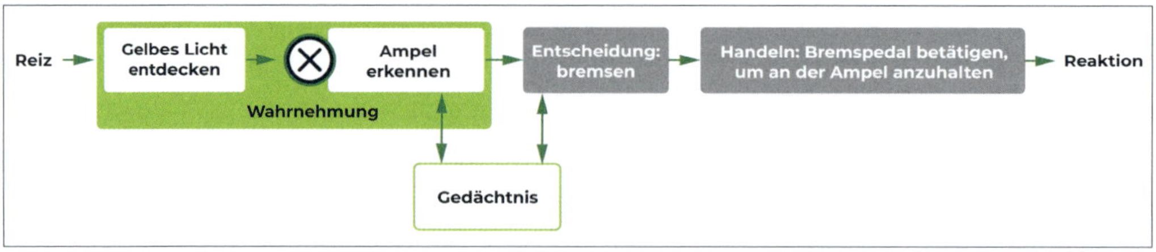

Abbildung 12.29 Schematische Darstellung des vereinfachten Reiz-Reaktions-Modells mit dem Fehler bei »Erkennen«

Anhand dieses Beispiels ist es vermutlich auch leicht zu erkennen, warum eine Root-Cause-Analyse gewöhnlich aus einer Beobachtung und einer Befragung besteht. Das Endergebnis in unserem Beispiel unterscheidet sich nämlich so gut wie gar nicht zwischen dem Fehler beim Entdecken und dem Fehler beim Erkennen. Das muss natürlich nicht immer der Fall sein, kann es aber. Auf dem Weg dahin hätten Sie jedoch subtile Veränderungen im Verhalten beobachten können:

- Der Blick der Person wandert zu der Information.
- Die Person passt ihr Verhalten überhaupt nicht an bzw. es findet keine erwartete Reaktion statt.
- Die Person äußert sich gegebenenfalls zur Information, aber in einer nicht passenden Art und Weise (Beispiel: »Oh nein, ein Schwertransport!«).

Der Unterschied wird meistens aber vor allem in der Nachbefragung deutlich. Hier werden Sie wahrscheinlich folgende Sätze hören:

- »Ich dachte wirklich, das wäre ein Schwertransport.«
- »Ich dachte, das wäre nicht wichtig, weil ...« (Setzen Sie bei ... eine alternative Interpretation der Information ein.)

Alle Antworten haben gemeinsam, dass den befragten Personen das Vorhandensein der Information absolut bewusst war, ihnen aber entweder nicht ihre Bedeutung für die Situation klar geworden ist oder die Information inhaltlich falsch gedeutet wurde.

Stellen Sie sich nun bitte vor, Sie sind erneut im Auto unterwegs – es ist wieder dieselbe Strecke. Zum Glück ist das Wetter fantastisch. Vor Ihnen taucht plötzlich ein gelbes Licht auf (entdecken). Ihnen ist sofort klar, dass es sich um eine Ampel handelt (erkennen). Sie beschließen, dass Sie kein Risiko eingehen wollen und lieber zu früh anhalten als zu spät. Sie treten deshalb heftig auf die Bremse. Weil Sie aber aufgrund der letzten Ereignisse recht langsam unterwegs waren, kommen Sie dadurch ca. 50 Meter vor der Ampel zum Stehen. Der Fahrer hinter Ihnen kann nicht mehr rechtzeitig bremsen und fährt leicht auf Ihr Fahrzeug auf. Sie haben also alles entdeckt, alles erkannt, aber trotzdem eine ungünstige Entscheidung getroffen (siehe Abbildung 12.30).

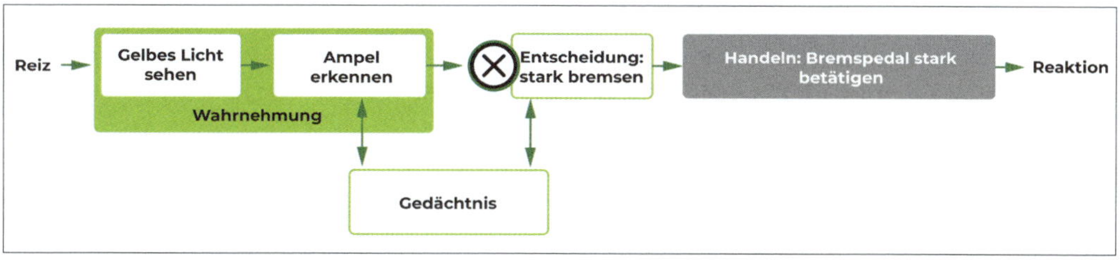

Abbildung 12.30 Schematische Darstellung des vereinfachten Reiz-Reaktions-Modells mit dem Fehler bei »Entscheiden«

Eine falsche Entscheidung durch Beobachtung zu identifizieren ist gar nicht so leicht. Eigentlich sieht nämlich erst einmal alles so aus, wie es bei einem Erkennen-Fehler auch aussehen würde, nur an den begleitenden Äußerungen der Person können Sie schon durch Beobachtung erste Hinweise finden:

- Der Blick der Person wandert zu der Information.
- Die Person passt ihr Verhalten überhaupt nicht an bzw. es findet keine erwartete Reaktion statt.
- Die Person äußert sich gegebenenfalls zur Information und zeigt, dass sie die Information erkannt hat. Sie zieht daraus aber einen nicht passenden Schluss. (Beispiel: »Oh, die Ampel wird rot. Jetzt muss ich aber ganz schnell bremsen!«)

Im anschließenden Gespräch werden Sie Antworten bekommen wie:

- »Ich wollte unbedingt rechtzeitig anhalten.«
- »Ich dachte wirklich, es würde länger dauern.«

Die Antworten gehen also alle in die Richtung, dass sich die Person absolut der relevanten Informationen bewusst war, diese aber einfach anders eingeschätzt hat. In der gleichen Situation hätten Sie als Fahrer zum Beispiel auch entscheiden können, dass Sie es eilig haben und deswegen noch einmal richtig Gas geben, um ja nicht an der Ampel warten zu müssen. Wenn die Ampel in der Zwischenzeit aber auf Rot gesprungen wäre, dann hätten Sie auch hier einen Entscheidungsfehler gemacht.

Vor allem in der digitalen Welt kommen Fehler in der Handlung seltener vor. Der Vollständigkeit halber wollen wir Ihnen diese aber natürlich trotzdem vorstellen.

Stellen Sie sich bitte erneut vor, dass Sie im Auto unterwegs sind. Das Wetter ist gut, Sie sind gut gelaunt, weil es schon so lange keinen Unfall mehr gab. Vor Ihnen taucht ein gelbes Licht auf (entdecken), das Sie sofort als Ampel identifizieren (erkennen). Sie haben Angst, dass Sie es nicht mehr bei Gelb über die Kreuzung schaffen, und beschließen zu bremsen (entscheiden). Als Sie auf die Bremse treten, rutschen Sie mit ihrem Schuh ab und kommen aufs Gaspedal. Ihr Auto heult auf und macht einen Satz nach vorne. Sie fahren über die rote Ampel, aber zum Glück war kein anderes Auto in der Nähe. In diesem Fall haben Sie zwar alle Informationen entdeckt und diese auch korrekt erkannt. Sie haben sogar die richtige Entscheidung getroffen, aber dennoch einen Fehler in der Handlung begangen, der beinahe zu einem tragischen Ergebnis geführt hätte (siehe Abbildung 12.31).

Handlungsfehler sind sehr leicht zu erkennen:

- Die Person versucht, eine Handlung auszuführen, kann diese aber nicht oder nur teilweise erfolgreich abschließen.
- Die Person führt die falsche Handlung aus (z. B. drücken bei einem Slider).

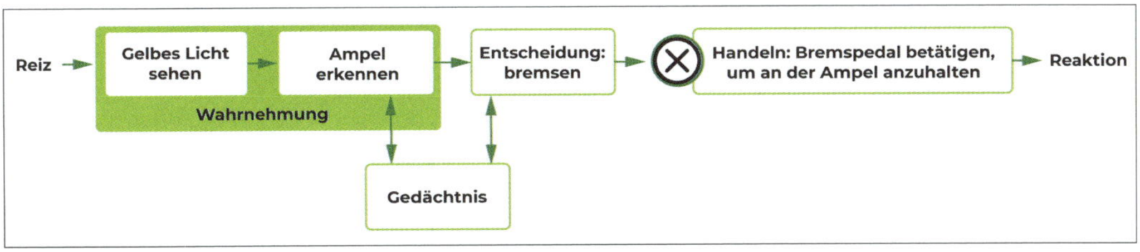

Abbildung 12.31 Schematische Darstellung des vereinfachten Reiz-Reaktions-Modells mit dem Fehler bei »Handeln«

Es gibt sehr wenige Möglichkeiten, einen Handlungsfehler zu übersehen. Die Handlung ist mit Abstand der offensichtlichste Teil aus dem vereinfachten Reiz-Reaktions-Modell. Trotzdem sollten Sie auch hier nicht auf die Nachbefragung verzichten, da Sie dadurch mehr Hinweise auf die Ursache und mehr Sicherheit erhalten können. Sie könnten zum Beispiel hören:

- »Das Pedal war so schwer zu drücken, da bin ich einfach abgerutscht.«
- »Meine Schuhsohle war extrem glatt heute und deswegen bin ich abgerutscht.«
- »Es hat draußen geregnet und das Pedal war nass, deswegen bin ich abgerutscht.«

Sie sehen also: Das Ergebnis – nämlich das Abrutschen – war bei allen Antworten gleich. Die Ursache für das Abrutschen wäre aber in allen Fällen anders erklärt worden.

So können Sie für Ihre Produkte jeden einzelnen Fehler Schritt für Schritt durchgehen und haben am Ende eine Übersicht über die vermuteten Ursachen. Unsere Empfehlung: Verlassen Sie sich nicht ausschließlich auf die Beurteilung durch die Teilnehmenden, sondern ergänzen Sie zusätzlich Ihr Experten-Know-how. Wenn das getan ist, dann geht es an die Überarbeitung.

12.23 Aus den Daten lernen und begründete Entscheidungen treffen

Wenn Sie unsere Empfehlung aus dem letzten Abschnitt ernst genommen haben, dann sollten Sie jetzt ein sehr gutes Verständnis für die Ursachen der Fehler und Probleme haben, die Sie in Ihren Usability und User Experience-Tests beobachten konnten. Außerdem sollten Sie – falls Sie vorab ein gewünschtes Profil für die Wahrnehmung Ihrer Anwendung (zum Beispiel über den ARTTest) festgelegt haben – verstehen, wie nah Sie an der gewünschten Bewertung Ihrer Lösung durch die Nutzenden dran sind.

12.23.1 Rückmeldungen umsetzen

Bei der Entscheidung darüber, wie Sie mit diesen Rückmeldungen umgehen, sollten Sie erst einmal ganz klar zwischen der *objektiven Rückmeldung* und der *subjektiven Rückmeldung* unterscheiden:

- Alle *objektiven Daten* dazu, wie gut sich die Lösung tatsächlich bedienen lässt (also: Fehler, Zeiten, Umwege, Verständnis), sollten Sie nutzen, um zu entscheiden, ob Sie den Seitenaufbau, den Screenflow und die Interaktion an sich verändern. Wenn keine objektiven Probleme da sind, müssen Sie auch nicht zwangsweise etwas ändern.
- Die *subjektiven Rückmeldungen* dazu, ob Ihre Lösung die gewünschten Assoziationen auslöst, als angenehm und als passend zu den eigenen Aufgaben wahrgenommen wird, geben Ihnen vorwiegend Informationen zu der Frage, ob und was an der visuellen Gestaltung noch angepasst werden sollte.

Bitte verstehen Sie uns nicht falsch: Natürlich hängen beide Bereiche zusammen und eine grundlegende Änderung des visuellen Designs kann auch zu Anpassungen in der Interaktion führen. In einem ersten Schritt sollten Sie beide aber getrennt betrachten.

Um visuelle Anpassungen vorzunehmen, die dazu dienen, dass die Anwendung als passend zu den Assoziationen wahrgenommen wird, ist es hilfreich, mit Varianten und schrittweisen Optimierungen zu arbeiten. Gerade die Arbeit mit den Profilen und Gegensatzpaaren gibt Ihnen gute Hinweise darauf, wie Sie das Design anpassen sollten. Wenn Sie zum Beispiel eigentlich als natürlich wahrgenommen werden wollen, aber die Wahrnehmung eher technisch ist, dann könnte ein Schritt in die richtige Richtung in einer Anpassung der Formen, Schriften und Farben liegen, und zwar hin zu runderen Elementen und natürlicheren Farben (siehe Abbildung 12.32).

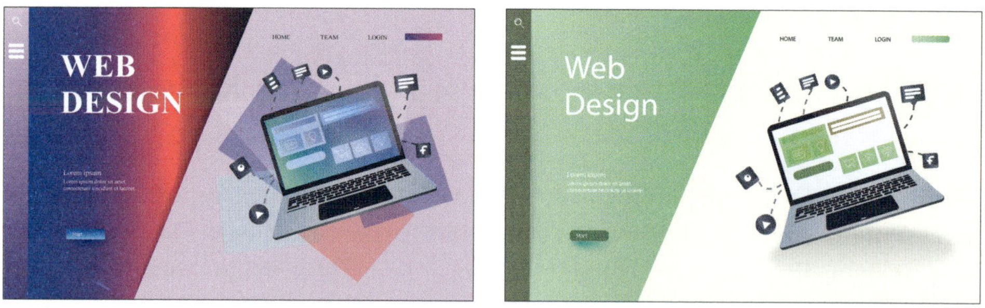

Abbildung 12.32 Beispiel für die Optimierung einer Anwendung in Richtung der gewünschten Assoziation »natürlich«

Bei unseren Kunden beobachten wir jedoch, dass es vielen deutlich schwerer fällt, die Ursachen von Usability-Problemen sinnvoll zu beheben. Den ersten Schritt dazu haben Sie durch die Ursachenanalyse bereits gemacht. Der zweite Schritt ist das

Ableiten von Lösungen. Das ist eigentlich recht einfach, da Sie durch die Einordnung der Fehlerursachen nach dem vereinfachten Reiz-Reaktions-Modell der Informationsverarbeitung schon sehr gute Hinweise auf eine mögliche Lösung erhalten haben.

Das grundsätzliche Schema für die Behebung von Problemen auf den einzelnen Stufen lässt sich folgendermaßen beschreiben:

- **Entdeckungsproblem:** Information hervorheben durch Platzierung (weiter oben, weiter links im westlichen Kulturkreis), Größe (größer), Farbe (greller, auffallender), Form (anders im Vergleich zu den anderen)
- **Erkennungsproblem:** Überarbeitung des Textes oder der Icon-Wahl, weniger abstrakte Darstellungen wählen
- **Entscheidungsproblem:** Bereitstellen von Entscheidungshilfen wie Handlungsanweisungen, Alarmgrenzen, Empfehlungen
- **Handlungsproblem:** Optimieren der physischen Attribute der jeweiligen Bedienelemente (Größe, Griffigkeit, Abstand, Form, benötigte Kraft)

Wenn Sie also wissen, welche Ursache ein Usability-Problem hat, dann müssen Sie im Anschluss nur noch herausfinden, welche der Überarbeitungsmöglichkeiten die beste ist. Oft wird das aber auch schon klar, wenn man sich den Fehler genau ansieht und auch noch einmal prüft, was in den Tests wirklich gesagt wurde. Wenn das nicht der Fall sein sollte, dann haben Sie natürlich immer noch die Möglichkeit, weiter iterativ vorzugehen und erneut zu testen. Was wir Ihnen auf jeden Fall empfehlen.

12.23.2 Dokumentation von Entscheidungen

Wir möchten noch ganz kurz das Thema Dokumentation ansprechen. Wir wissen, dass Dokumentation ein unbeliebtes Thema ist und dass am liebsten niemand dokumentieren möchte. Wir haben aber gemerkt, dass man gerade bei Projekten, die von vielen Stakeholdern begleitet werden oder die über eine lange Zeit laufen, dazu neigt, ein Design zu entwickeln, zu testen, anzupassen und nach einer Weile wieder in die alten Ideen zurückzuverfallen. Es findet also kein langfristiges, sondern nur ein kurzfristiges Lernen statt.

Am besten lässt sich das natürlich verhindern, wenn es eine stringente Logik gibt, nach der das Usability und User Experience Design entwickelt und umgesetzt wurde. Diese Logik haben wir versucht auf den letzten ca. 600 Seiten zu erklären. Nun bleibt nur noch die Aufgabe, die Logik auch sichtbar zu machen. Wir möchten Ihnen keine Dokumentationsform vorgeben. Die einzige Regel, die wir Ihnen ans Herz legen möchten, ist die: *Dokumentieren Sie nicht nur die Ergebnisse, sondern dokumentieren Sie vor allem den Grund für die Entscheidungen!*

12.24 Evaluationen in der Medizinprodukteentwicklung

Ganz zu Beginn dieses Kapitels gab es schon einmal den Bereich »formativ vs. summativ« (siehe Abschnitt 12.1). Dort haben wir die Unterschiede zwischen einem Test aufgeführt, der während der Entwicklung mit dem Ziel der Verbesserung vorgenommen wird, und einem Test, der am Ende der Entwicklung zum Nachweis der Qualität stattfindet. Jetzt möchten wir noch einmal kurz auf einen Sonderfall eingehen, nämlich auf den Qualitätsnachweis am Ende der Entwicklung eines Medizinprodukts.

Wenn Sie Hersteller eines Medizinprodukts oder eines In-Vitro-Diagnostikums sind, dann sind Sie gemäß MDR (*Medical Device Regulation*, auf Deutsch *Europäische Verordnung für Medizinprodukte*) oder IVDR (*In vitro Diagnostic Regulation*, auf Deutsch *Europäische Verordnung für In-vitro-Diagnostika*) verpflichtet, einen Nachweis über die grundlegenden Sicherheits- und Leistungsanforderungen des Produkts zu erbringen. Dazu gehört – neben ganz vielen anderen Dingen – auch, dass Sie nachweisen, dass Sie für Ihr Produkt ein gutes Usability-Engineering gemacht haben und dass diese Bemühungen erfolgreich waren. Den Erfolg Ihrer Usability-Engineering-Aktivitäten weisen Sie nach, indem Sie – bevor Ihr Produkt zum ersten Mal von Patienten oder Nutzenden eingesetzt wird – eine summative Usability-Studie durchführen.

Auch in diesem Kontext bedeutet »summativ«, dass Sie die Qualität des Produkts am Ende der Entwicklung beurteilen. Hier dürfen Sie auch nicht mehr mit Prototypen arbeiten, sondern müssen mit der Nullserie oder dem fertigen System oder Produkt selbst testen. Nur so kann gewährleistet werden, dass die Ergebnisse auch auf das tatsächliche Produkt anwendbar sind. Wenn Sie sich im Medizinkontext bewegen, dann gibt es relativ klare, aber auch strikte Anforderungen an das Usability-Engineering und die zugehörige Studie. Neben den vielen Kleinigkeiten, die Sie hier beachten müssen, gibt es wohl drei Kernunterschiede, auf die wir an dieser Stelle hinweisen möchten, weil dort viele Fehler passieren:

1. Sie benötigen einen formalen Nachweis Ihrer Qualifikation, um in der Medizinbranche als Usability-Engineer tätig zu werden.
2. Mit der summativen Studie eines Medizinprodukts bzw. In-Vitro Diagnostikums weisen Sie nach, dass dieses verwendet werden kann, ohne für Benutzer, Patienten und Dritte ein inakzeptables Risiko darzustellen. Es geht also rein um Sicherheit und nicht um User Experience.
3. Es gibt strenge Regeln für die Interaktion mit den Teilnehmenden während der summativen Studie, die sich deutlich von der Durchführung anderer Tests unterscheiden.

Unser Ziel ist es nicht, Ihnen hier eine Anleitung dafür zu geben, wie eine summative Studie in der Medizintechnik aussehen muss. Vielmehr möchten wir bei Ihnen das Bewusstsein schärfen, dass – obwohl alles »Usability-Test« heißt – die Regeln in den verschiedenen Bereichen sehr unterschiedlich sein können. Wundern Sie sich also nicht, wenn Sie »summative Studie« in diesem Kontext anders verstehen müssen, als dieses Verfahren in allen Bereichen außerhalb der Medizin verstanden wird.

12.25 Beispiel: Evaluationsmethoden für MoveHub

Patrick, Svenja und Lars sind nervös. Gleich beginnt der erste kleine Nutzertest für die Mobilitäts-App. Dafür haben sie einen einfachen Wireframe-Klickdummy gebaut (siehe Abbildung 12.33) und befreundete Studenten eingeladen. Sie wissen, dass ein Test mit Freunden nicht ideal ist, aber sie wollen gerne erst mal irgendwo starten. Neben dem Klickdummy haben sie einen Leitfaden vorbereitet. Ihr Ziel ist, mit diesem Usability und User Experience-Test zu verstehen, ob der generelle Ablauf in der Anwendung für den Use Case »Alternativen vorschlagen« funktioniert. Verstehen Nutzende, dass sie zu spät kommen, wenn sie im aktuellen Verkehrsmittel bleiben? Verstehen die Nutzenden die Alternativen? Können Sie auf diese umschalten?

Abbildung 12.33 Wireframe-Klickdummy für MoveHub. Links: Es ist keine Verspätung zu erwarten. Rechts: Die App schlägt aufgrund der Verspätung eine Alternative vor.

Da der Prototyp bisher nur auf einem Computer läuft, haben die drei sich entschieden, dass Patrick die Interviews in einem ruhigeren Café-Bereich in der Mensa führt. Dabei befindet sich der Computer von Patrick in einem Webcall, in dem sich auch

Svenja und Lars befinden. Die beiden sitzen zwar auch im Café-Bereich, aber abseits an einem anderen Tisch. So können alle den Usability und User Experience-Test live verfolgen und aufzeichnen, ohne den Nutzenden durch viele direkte Beobachter zu stören.

Nach den Tests ziehen die drei ein erstes Feedback. Sie wollen sich die einzelnen Daten noch mal genauer ansehen, aber was sich schon gezeigt hat, ist, dass der grundsätzliche Ablauf verstanden wird. Es gibt diverse Punkte, die sie noch verbessern können, aber einer stach besonders hervor: Alle Nutzenden haben die Frage aufgeworfen, ob sie aktiv permanent auf die App schauen müssen oder ob die App im Hintergrund arbeitet und sich meldet, wenn man das Verkehrsmittel wechseln muss. Hieran scheint auch die Akzeptanz gekoppelt zu sein. Die meisten der Befragten wollen die App nur nutzen, wenn sie tatsächlich eine Alternative brauchen und die App nicht permanent checken müssen. Ein weiterer oft genannter Punkt sind die Kosten. Die Benutzer wünschen sich, die Verspätung mit den Kosten abwägen zu können – auch um entscheiden zu können, ob sie überhaupt weiterfahren.

Generell merken die drei, dass Kosten ein wichtiges Thema sind. Es gab nämlich noch einen großen Erkenntnisgewinn, auch wenn der gar nicht im Fokus stand: Sie haben durch den ersten Kontakt zu den Nutzern gelernt, dass die App selbst nichts kosten darf, schon gar nicht monatlich, und dass sie idealerweise keine Werbung enthalten sollte. Das zerschießt den drei Gründern ihre Finanzierungsidee. Zwar haben sie in diese noch nicht viel Zeit investiert, aber bisher dachten sie an ein monatliches Bezahlmodell von einem Euro unter dem Slogan »Dein Euro für Pünktlichkeit«. Das scheint aber wohl auszuscheiden, da zu den App-Kosten ja noch die Fahrtkosten von z. B. E-Rollern kommen.

Im Großen und Ganzen sind die drei zufrieden. Sie haben diverses Neues gelernt, das es nun erst mal zu sortieren und danach einzuarbeiten gilt. Sie beschließen daher, tief in die Auswertung zu einzusteigen und danach das nächstgroße Problem anzugehen. Ihre Idee: Wenn wir uns zuerst um die *Showstopper* in allen Bereichen kümmern – also um die Punkte, die zu einem Scheitern führen würden –, dann steht unserem Erfolg nichts mehr im Wege.

12.26 Beispiel: Evaluationsmethoden für BusinessBooster

Wir treffen BusinessBooster zu einem Zeitpunkt wieder, an dem schon einige Nutzertests gelaufen sind. Die Tests wurden nahezu alle als Usability und User Experience von der externen Data-Driven UX Design-Agentur durchgeführt. Markus Meier wollte, dass sich das eigene Team auf die Entwicklung fokussiert, und das scheint aufzugehen. Die Entwickler mussten sich um die Testszenarien und die Testdurchführung wenig kümmern und haben sehr viele neue Erkenntnisse gesammelt, die sie nach und nach integrieren konnten.

Heute steht ein besonderer Usability und User Experience-Test an. Wir erinnern uns: BusinessBooster verkauft, indem eine Demo der Software kostenlos zur Verfügung gestellt wird. Nach der Demo-Nutzung werden die Interessenten dann entweder zu Kunden oder beenden die Nutzung. Daher ist es ein wichtiger Schritt, Interessenten überhaupt erst einmal auf BusinessBooster und die Demo aufmerksam zu machen. Der anstehende Usability und User Experience-Test dreht sich genau um diesen Moment und ist daher für das Team ganz besonders aufregend zu beobachten.

An diesen Teil hat Markus Meier mit seinem Team zunächst überhaupt nicht gedacht. Die externe Data-Driven UX Design-Agentur hat aber den Fokus darauf gelenkt, nicht nur das Produkt selbst, sondern auch dessen Verkauf (und den Weg potenzieller Interessenten zu dem Produkt) zu gestalten. Das leuchtete Markus Meier sofort ein: Zu oft gab es in der Vergangenheit die Situation, dass er auf einer Messe mit Vertretern von Unternehmen sprach, die sich gerade für eine neue Lösung entschieden hatten, ohne BusinessBooster überhaupt zu kennen.

Daher steht für diesen Test ein Test der Landingpage an. Die Idee: BusinessBooster wird beworben – über verschiedene Maßnahmen wie beispielsweise Suchmaschinenwerbung, aber auch über Flyer auf Messen. Dabei werden die Interessenten immer auf diese Webseite gelenkt. Dort werden das Produkt und dessen Vorzüge erklärt. Weiterhin wird auf dieser Webseite die kostenlose Demo gezeigt. Idealerweise wird diese von den Interessenten heruntergeladen. Dabei findet auch eine Art »Registrierung« statt, sodass der Vertrieb von BusinessBooster danach den Kontakt aktiv suchen kann. Zusammen mit der Agentur wurden verschiedene Varianten gestaltet, die jetzt zusammen mit der Werbung – noch im Wireframe-Zustand – miteinander verglichen werden sollen. Zusätzlich soll auch erste Meinung zu einem möglichen optischen Design eingeholt werden (siehe Abbildung 12.34).

Die Nutzertests sollen dabei zunächst mit den Prototypen als Usability und User Experience-Test durchgeführt werden. Das Ziel ist, ein Verständnis dafür aufzubauen, welche Elemente auf den Landingpages gut funktionieren und vor allem warum. Im Leitfaden stehen also unter anderem Fragen wie:

- Welche Suchbegriffe würden Sie in die Suchmaschine eingeben?
- Haben Sie die Anzeige gesehen?
- Würden Sie auf die Anzeige klicken?
- Wie ist Ihr erster Eindruck von der Landingpage?
- Welche Informationen fehlen Ihnen?
- Würden Sie die Demo herunterladen?

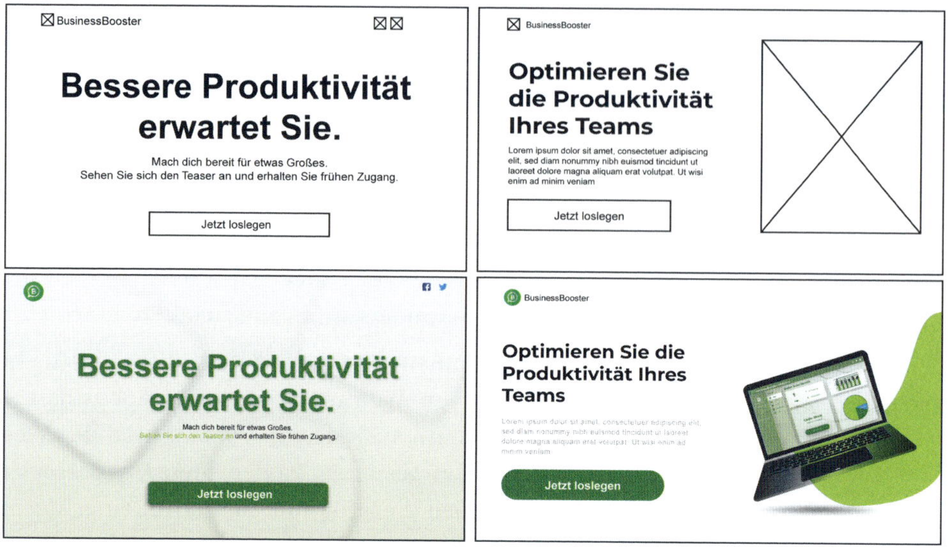

Abbildung 12.34 Zwei Varianten der Landingpage von BusinessBooster. Welche Version führt dazu, dass Nutzer die Demo herunterladen?

Der Interviewer hat dabei die Anweisung, detailliert nachzufragen und das zugrunde liegende »Warum« zu ermitteln. Die Erkenntnisse sollen anschließend in die Überarbeitung der beiden Seiten fließen.

Anschließend plant das Team, die beiden Seiten tatsächlich mit einem Webtool umzusetzen und – da es BusinessBooster ja in der »alten« Version bereits gibt – live inklusive Werbung einzusetzen. Hierdurch sollen die qualitativen Ergebnisse aus dem Usability und User Experience-Test um quantitative Daten ergänzt werden. Die zentralen Maßzahlen hierbei sind:

- Anzahl der Einblendungen der Anzeige
- Anzahl der Klicks auf die Anzeige
- Anzeige-zu-Klick-Verhältnis der Anzeige
- Anzahl der Besucher auf der Landingpage
- Anzahl der Klicks auf den Demo-Button
- Anzahl der komplett abgeschlossenen Registrierungen für die Demo
- Anzahl der Käufe nach der Demo

Markus Meier ist optimistisch. Er ist der Meinung, dass sein Team gemeinsam mit der Agentur wirklich gute Arbeit geleistet hat. Jeder einzelne bisher durchgeführte Usability und User Experience-Test hat das Team ein großes Stück weitergebracht und die Prototypen messbar verbessert. »Warum sollte das bei der Landingpage anders sein?«, denkt Markus Meier, während er auf seinem Platz im Beobachtungsraum Platz nimmt.

12.27 Beispiel: Evaluationsmethoden für Healthyfy

Wir treffen Healthyfy nur wenige Tage nach unserem letzten Besuch wieder. Das Team hatte zuletzt zwei verschiedene Varianten des zentralen Chats gestaltet, um verschiedene Looks miteinander vergleichen zu können (siehe Abbildung 12.35).

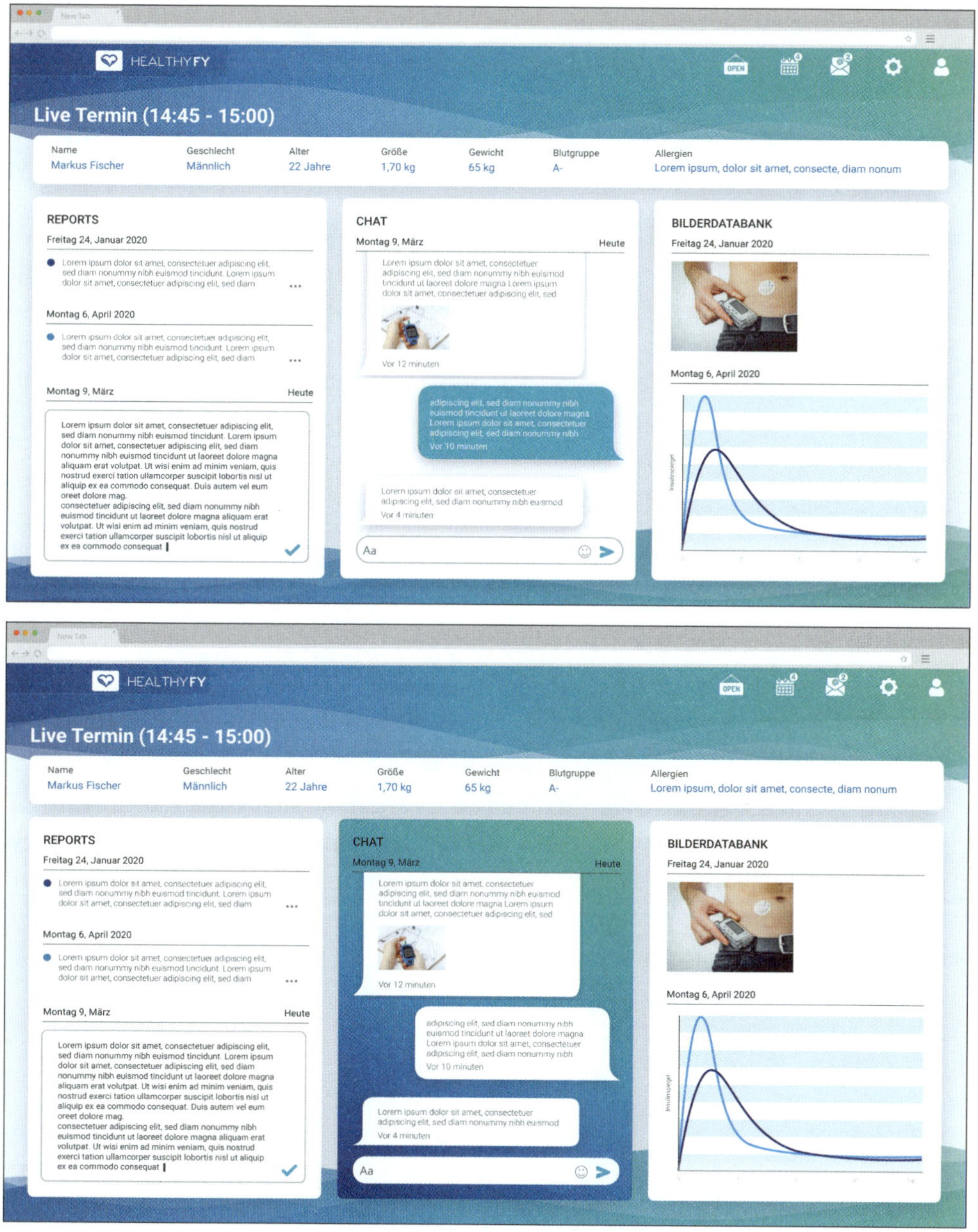

Abbildung 12.35 Zwei Varianten des zentralen Chats aus der Ärzte-Ansicht von Healthyfy (aus Abschnitt 11.16). Für welche werden sich die Nutzer entscheiden?

Das Team hat dafür einen quantitativen Test vorbereitet, der zunächst einen Assoziationsraumtest (ARTTest) mit den Nutzenden durchführt und anschließend mittels einiger vorgegebener Fragen ein wenig tiefer einsteigt. Da das Team das visuelle Design generell schon evaluiert hat, geht es in diesem Testszenario sehr fokussiert nur um den Chatbereich. Es sollen folgende Fragen beantwortet werden:

- Passen die genannten Assoziationen weiterhin zu den gewünschten?
- Welche Version gefällt den Nutzenden besser?
- Treten durch eine der Versionen Usability und User Experience-Probleme auf? (Es wird erwartet, dass dem nicht so ist, weil das Layout schon mehrfach getestet wurde. Hierbei handelt es sich eher um eine Frage »zur Sicherheit«.)

Der ganze Test ist als Online-Fragebogen gestaltet, um ihn einer großen Menge an Personen zugänglich zu machen. Im ersten Teil werden die beiden Designs gezeigt und von den Nutzenden frei beschreibende Adjektive abgefragt. Der Test ist dabei so gestaltet, dass die Hälfte der Personen zuerst die erste Variante sieht und beschreibt. Anschließend geht es mit der zweiten Variante weiter. Bei der zweiten Hälfte der Teilnehmenden ist der Ablauf genau andersherum: erst die zweite Variante und dann die erste. Hiermit will das Team Reihenfolgeeffekte ausschließen.

Der anschließende Frageteil besteht nur aus vier Fragen:

- Welches Design gefällt Ihnen besser? (Hier kann man entweder das eine oder das andere auswählen.)
- Warum gefällt Ihnen das Design besser? (freies Textfeld)
- Gibt es etwas, was Sie davon abhalten würde, Ihre bevorzugte Variante zu nutzen? (freies Textfeld)
- Gibt es sonst noch etwas, was Sie uns mitteilen möchten? (freies Textfeld)

Geplant ist, dass mindestens 30 Diabetologen den Fragebogen beantworten. Anschließend möchte das Team in die Auswertung gehen und gegebenenfalls Maßnahmen ableiten. Der Test ist aufgesetzt, die Mail-Adressen der Diabetologen liegen bereit und jetzt bleibt dem Team nichts anderes mehr zu tun, als darauf zu warten, dass die ersten Antworten eintrudeln. Spannend!

Kapitel 13

Design, Get Data, Repeat – wann ist Schluss?

»Die Ewigkeit dauert lange, besonders gegen Ende.«
– Woody Allen (Filmregisseur, Autor, Schauspieler und Komiker)

»Wann ist eigentlich Schluss?« ist eine Frage, die uns in unserer beruflichen Karriere als Usability und User Experience Designer (UXler) immer wieder begleitet. Vor allem, wenn wir erstmalig mit neuen Kunden arbeiten, ist die Frage, wie ein iterativer Prozess geplant werden kann, wirklich wichtig. In diesem Kapitel möchten wir Ihnen gerne verschiedene Ansätze mit auf den Weg geben, die Ihnen persönlich helfen werden, das Ende des Data-Driven UX-Ansatzes sinnvoll zu bestimmen.

Dazu als Erstes ein Disclaimer von unserer Seite: *Data-Driven UX Design ist niemals fertig.* Es ist nicht so, als könnten Sie einmal Usability und User Experience Design machen und anschließend müssten Sie das Thema nie wieder anfassen. Ganz im Gegenteil: Wenn Sie einmal entschieden haben, dass Sie für Ihre Systeme, Ihre Produkte oder Ihre Dienstleistungen eine extrem gute Usability und User Experience haben möchten, dann werden Sie ab jetzt ein Thema haben, das Sie für den Rest Ihres Produktlebenszyklus begleitet.

Jedes einzelne Mal, wenn Sie eine neue Version herausbringen, neue Features integrieren oder ein Design-Update planen, werden Sie in Zukunft darüber nachdenken müssen, ob Sie es jetzt noch immer schaffen, eine gute Usability und User Experience bereitzustellen. Doch auch wenn Sie überhaupt nichts an Ihrem Produkt ändern, werden sich im Laufe der Zeit die Anforderungen und Erwartungen Ihrer Kunden und Nutzer ändern. Allein dadurch werden Sie nach einer Weile eine Überarbeitung der Lösung angehen müssen.

Mit Usability und User Experience ist es also ein wenig wie mit der gesunden Ernährung und dem richtigen Gewicht: Es bringt nichts, wenn Sie eine Crash-Diät machen und eine Woche lang nichts essen. Danach haben Sie vielleicht – wenn alles gut läuft – ein Kilo oder zwei abgenommen. Wenn Sie vorher übergewichtig waren, dann haben Sie danach aber noch immer Hunger und ein schlechtes Essverhalten und werden wieder zunehmen. Um abzunehmen und danach schlank zu bleiben, müssten Sie sich also gesunde Gewohnheiten zulegen.

In den eigenen Systemen, Produkten und Dienstleistungen eine gute Usability und User Experience aufrechtzuerhalten, ist mit diesem Problem vergleichbar. Einmalig Usability und User Experience Design zu machen, hat zwar einen Effekt und ist ein guter, erster Schritt. Dieser gute, erste Schritt kann aber schnell verpuffen. Es ist also eine Umstellung auf eine »gesunde« Gewohnheit erforderlich, um Usability und User Experience langfristig gut zu halten.

Nach dieser Vorbemerkung möchten wir jetzt mit Ihnen zu der Frage »Wann ist denn jetzt Schluss mit Data-Driven UX Design?« zurückkehren. Für uns gibt es zwei Phasen:

- **Die initiale Phase**, in der das Usability und User Experience-Konzept der Anwendung festlegt wird
- **Die zweite, kontinuierliche Phase**, in der dafür gesorgt wird, dass das Konzept auch umgesetzt und weiterentwickelt wird

Die initiale erste Phase hat ein Ende und geht in die zweite Phase über. Die zweite Phase ist fortlaufend, solange das System, das Produkt oder die Dienstleistung weiterentwickelt wird. Wir wollen uns daher vor allem der Frage stellen, wann der Moment gekommen ist, von Phase 1 zu Phase 2 überzugehen.

Den Übergangsmoment können Sie auf verschiedene Weisen definieren. Aus unserer Sicht gibt es zwei Hauptherangehensweisen, die Sie wählen können:

- Sie können den Übergang anhand der Qualität bestimmen.
- Sie können den Übergang anhand der Zeit bestimmen.

Was genau die beiden Varianten bedeuten und wann wir Ihnen welche Variante empfehlen, das sehen wir uns jetzt gemeinsam im Detail an.

13.1 Den Übergang anhand der Qualität bestimmen

Wie Sie sich vielleicht erinnern, haben wir ganz am Anfang über das Thema *Return on Investment* (ROI) beim Usability und User Experience Design gesprochen. Eine der Überlegungen in Kapitel 3, »Usability und User Experience als Erfolgsfaktor herausragender Produkte«, war, gezielt zu überlegen, was Sie eigentlich mit dem Aufsetzen und Anwenden eines Data-Driven UX Design-Ansatzes erreichen wollen. Dies ist der Moment, zu dem Sie diese Überlegungen spätestens wieder aus der Tasche ziehen sollten.

Wenn Sie einen Data-Driven UX Design-Ansatz (oder jede andere Form von menschzentrierter Gestaltung) verfolgen, dann gehen Sie höchstwahrscheinlich iterativ vor. Trotzdem stellt jede Iteration aus unserer Sicht eine Art geschlossenen Zyklus dar, in dem die einzelnen Schritte des Data-Driven UX Design-Prozesses einmal durchlaufen werden. Wenn Sie also in der letzten Phase, der Evaluation, angekommen sind und Ihre Ergebnisse betrachten, dann ist es Zeit zu überlegen, ob eine weitere Schleife benötigt wird. Um diese Überlegung nicht rein anhand Ihres Bauchgefühls zu treffen, sondern anhand von belastbaren und sinnvollen Daten, empfehlen wir Ihnen, Ihre *Key-Performace-Indikatoren* (KPI) heranzuziehen, die Sie für den gewünschten Return on Investment ganz am Anfang definiert haben.

Diese KPIs benötigen Sie sowohl vor dem Beginn der Testphase, um zu definieren, was Sie überhaupt testen sollten (darauf sind wir im letzten Kapitel ausführlich eingegangen), als auch im Anschluss an die Tests, wenn es darum geht, die Ergebnisse zu interpretieren.

Das Prinzip ist eigentlich ganz einfach: Entsprechen die Ausprägungen der KPIs, die sich im Test zeigen, den Ausprägungen, die Sie vorab geplant haben und gerne erreichen wollten, dann sind Sie an dieser Stelle fertig. Anstatt dann eine weitere Iteration zu planen, sehen Sie sich die Ergebnisse des letzten Tests noch einmal im Detail an und überlegen, welche der entdeckten Verbesserungsmöglichkeiten Sie noch umsetzen wollen.

Wenn Sie alle die KPIs so erreicht haben, wie Sie sie vorher erreichen wollten, dann kann es auch eine gute Entscheidung sein, zu sagen: »Wir setzen gar nichts mehr um, sondern sind fertig!« Die einzige Ausnahme ist dann gegeben, wenn Sie Feedback eingesammelt haben, das die komplette Nutzung unmöglich macht und das ganze System, das ganze Produkt oder die ganze Dienstleistung lahmlegt.

Ein Beispiel hierfür wäre in der Videospiele-Industrie ein sogenannter *Game-Breaking-Bug*, also ein Fehler, der dafür sorgt, dass das ganze Spiel nicht mehr funktioniert. Das wäre zum Beispiel der Fall, wenn durch einen Fehler eine zentrale Figur (NPC, *Non-Player Character*, eine Figur, die vom Computer gespielt wird) der Hauptgeschichte fehlt, somit nicht angesprochen werden kann und letztendlich das Spiel daher nicht fortgesetzt werden kann.

Diese Art von Fehler müssen Sie natürlich auch dann noch beheben, wenn alles andere passt. Ansonsten stellen Ihre Messwerte aber genau das dar, was Sie vorher definiert haben: Ihr *Quality-Gate*, also die Schwelle, die Ihr System, Ihr Produkt oder Ihre Dienstleistung passieren muss, sodass Sie sagen: »Jetzt ist es gut genug.« Machen Sie sich also keine Gedanken, wenn Sie auch hier noch das eine oder andere finden. Das wird immer so sein.

Wenn Sie allerdings Ihre KPIs genau so erreichen, wie Sie sich das gewünscht haben, Sie aber an den Reaktionen der Nutzer merken: »Das ist es noch nicht!«, dann steht Ihnen jederzeit die Möglichkeit offen, Ihre eigenen Qualitätsziele noch einmal anzupassen und neu zu definieren, was Sie erreichen wollen, bevor Sie mit der Umsetzung beginnen oder live gehen.

Bitte geraten Sie hier aber nicht in die typische »Techniker-Falle«! Techniker, Ingenieure und viele andere Personen in technischen Berufen werden darauf trainiert, alles zu einhundert Prozent perfekt zu machen. Das ist in vielen Bereichen gut und notwendig. Wenn Sie diese Logik allerdings auf ein komplett neues Produkt übertragen, dann möchten Sie nicht jahrelang an den Features basteln, während Ihre Mitbewerber schon fleißig Kunden gewinnen. Dieses Risiko sollten Sie nur eingehen, wenn Sie sicher sind, dass die Features den gewünschten Mehrwert bringen – und zwar nach der Meinung Ihrer Kunden und Nutzer und nicht nach Ihrer.

13.2 Den Übergang anhand der Zeit bestimmen

Die Alternative zu dem Qualitätsansatz ist der Zeitansatz. Gerade wenn Sie in einem Start-up unterwegs sind, ist Qualität wichtig für den Erfolg – die Zeit entscheidet aber oft über Sieg und Niederlage. Das liegt vor allem daran, dass die meisten Start-ups noch kein Geld verdienen und damit die Zeit bis zum Ende des Start-ups leicht zu berechnen ist: Sie müssen sich nur das verfügbare Kapital ansehen und es dann durch die monatlichen Kosten teilen.

In so einem Fall empfehlen wir oft, das Pferd von hinten aufzuzäumen:

1. Überlegen Sie sich, wie lange Ihr Geld reicht.
2. Überlegen Sie sich anschließend, wie lange Sie wahrscheinlich brauchen, um genug zahlende Kunden zu generieren (oder ein Funding zu erhalten), das Ihre Kosten trägt.
3. Dann überlegen Sie, wie lange Sie für die Umsetzung brauchen.
4. Und wenn Sie jetzt einen Zeitstrahl oder einen Kalender nehmen und die Zeiten von dem Auslaufpunkt des Geldes rückwärts eintragen, dann wissen Sie, wie viel Zeit Sie für einen Data-Driven UX Design-Ansatz übrig haben.

Kleiner Tipp von uns: Planen Sie einen Puffer ein. Erfahrungsgemäß dauert alles doppelt so lange und wird doppelt so teuer.

Unserer Erfahrung nach gibt es keine Mindestzeit, die Sie für einen Data-Driven UX-Ansatz benötigen. Es gibt eher eine Mindestanzahl an Iterationen, die Sie durchlaufen sollten. In welchem Tempo Sie die Iterationen durchlaufen, hängt dann ausschließlich von Ihrer Planung und der Menge an Zeit ab, die Sie für die Iterationen einsetzen können.

Je nach Kunde kennen wir hier ganz verschiedene Varianten: Wir haben Kunden, die sind relativ gemächlich unterwegs, weil sie alles intern mit vielen Personen abstimmen wollen. Da kann es dann passieren, dass eine Iteration ein oder manchmal sogar zwei Monate dauert. Und wir haben Kunden, die möchten so schnell wie möglich fertig werden. Mit diesen Kunden iterieren wir täglich inklusive Test und Design. Die täglichen Iterationen funktionieren aber natürlich nur, wenn Sie einen guten und einfachen Zugriff auf die Gruppe der Nutzenden haben.

Sie können auf der einen Seite prüfen, wie viel Zeit Sie maximal investieren könnten, bevor Ihr Unternehmen in wirtschaftliche Schwierigkeiten läuft. Natürlich dürfen Sie dann jederzeit schneller sein. Auf der anderen Seite können Sie überlegen, wie viel Zeit Sie sich nehmen möchten. Das funktioniert natürlich nur, wenn Sie finanziert sind, sonst kann es sein, dass Sie eine böse Überraschung erleben. Damit Sie besser entscheiden können, welche Zeit Sie investieren möchten, würden wir Ihnen gerne folgende Erfahrungswerte mitgeben: Für die Gestaltung von zwei bis drei Kernworkflows mit einer Zielgruppe benötigen wir für gewöhnlich zwei bis drei Iterationen. Je mehr Workflows und je mehr verschiedene Zielgruppen es gibt, umso mehr Iterationen werden Sie für gewöhnlich benötigen.

Wie lange die Iterationen dauern, sollten Sie anhand Ihres eigenen Unternehmens planen. Wenn Sie schon länger in Ihrem Unternehmen sind, dann können Sie einschätzen, wie lange Sie für Feedbacks oder interne Rücksprachen oder auch nur für die Planung brauchen. Sollten Sie das (noch) nicht können, dann greifen Sie auf Ihre Kollegen oder Ansprechpartner zurück. Vor allem, wenn wenig Erfahrung mit agilem Vorgehen und Data-Driven UX Design besteht, sollten Sie mehr Zeit einplanen, als von vorherein angenommen wird. Sind Sie dann schneller, dann ist das normalerweise nicht schlimm. Wir erleben aber oft, dass die Zeiten deutlich kürzer geplant werden, als Sie dann in der Realität tatsächlich benötigen. Dadurch entstehen Verzögerungen und Frust, vor allem aber auch eine negative Stimmung. Das können Sie vermeiden, wenn Sie von Beginn an realistisch bleiben.

13.3 Nachsteuern ja oder nein? Die Flexibilitäts- und Risikomatrix als Hilfestellung

Eine objektive Hilfestellung zu der Überlegung, ob Sie im Bereich Qualität Ihre Ziele bzw. KPIs noch einmal überarbeiten sollten, kann Ihnen wieder die Flexibilitäts- und Risikomatrix geben, die wir in Abschnitt 5.3 eingeführt haben. Je unflexibler Ihr Produkt ist – entweder aufgrund der Natur des Produkts selbst oder aufgrund von rechtlichen Rahmenbedingungen –, umso höher sollten Sie den Qualitätsmaßstab ansetzen. Einfach deswegen, weil die Überarbeitung im Nachgang viel aufwendiger und teurer wird als bei einem System, Produkt oder einer Dienstleistung mit einer hohen Flexibilität.

Ähnlich verhält es sich beim Risiko: Je höher das Risiko ist, das mit der Nutzung Ihres Systems, Ihres Produkts oder Ihrer Dienstleistung verbunden ist, umso höher sollte die Qualität sein, selbst dann, wenn es sich um ein sehr flexibles und anpassbares Produkt handelt. Schließlich möchten die wenigsten Menschen erst dann eine Anpassung vornehmen, wenn bereits ein Schaden entstanden ist.

Wenn Sie also noch einmal einen Blick auf die Matrix werfen (wir haben Sie Ihnen in Abbildung 13.1 noch einmal dargestellt), dann können Sie umso entspannter sein, je weiter links unten Ihre Lösung ist. Umgekehrt sollten Sie umso angespannter werden und umso höhere Ansprüche an die Qualität Ihrer Lösung stellen, je weiter nach oben und je weiter nach rechts Sie rutschen.

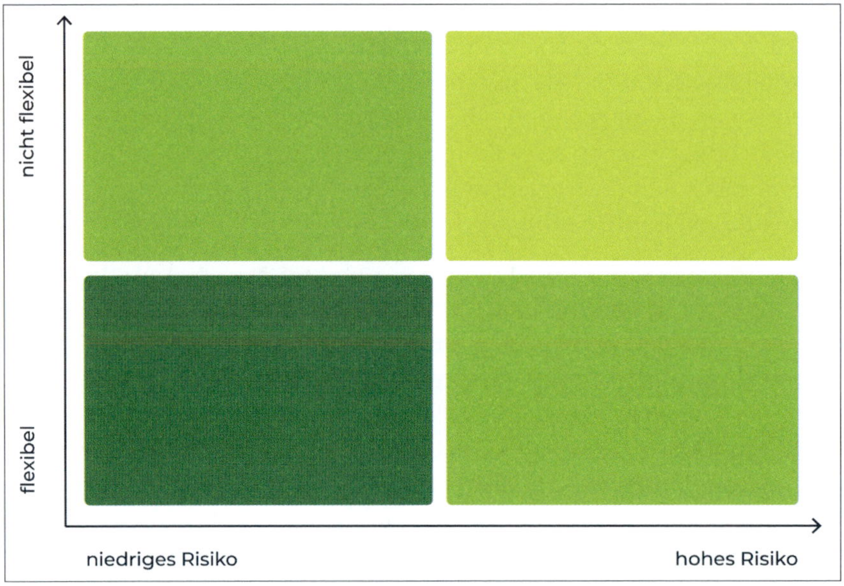

Abbildung 13.1 Die Flexibilitäts- und Risikomatrix für die Bestimmung der benötigten Daten im Data-Driven UX Design-Prozess

Wenn Sie also feststellen, dass Ihre Zielwerte für Qualität erreicht sind, Sie aber noch immer Bereiche mit hohem (unbeherrschtem) Risiko haben, dann sollten Sie nachschärfen, denn genau das sollten die Qualitätsziele ja verhindern. Das Gleiche gilt, wenn Sie merken, dass Ihre Zeit ausgelaufen ist, aber die Qualität noch immer nicht ausreichend ist. Manchmal ist eine optimierbare Qualität besser als gar kein Produkt, manchmal ist das nicht der Fall. Im Folgenden würden wir Ihnen gerne noch unsere Überlegungen dazu mitteilen, wann was der Fall ist.

13.4 Den richtigen Ansatz wählen

Nachdem Sie nun die wichtigsten zwei Ansätze kennengelernt haben, möchten wir Ihnen in diesem Abschnitt aufzeigen, wem wir welchen Ansatz empfehlen. Die Antwort darauf ergibt sich direkt aus den Kriterien. Sie nehmen dann den Ansatz, anhand der Qualität zu entscheiden, wenn Qualität für Sie das wichtigere Gut ist, und Sie nehmen Zeit als Kriterium, wenn Zeit das wichtigere Gut ist. Hilfreich, nicht?

Okay, okay, das war noch sehr allgemein. Noch mal genauer dargestellt, wählen Sie dann ein Ende nach *Qualität*, wenn

- Sie eine etablierte Lösung besitzen und eine Nachfolgelösung vorstellen wollen.
- Sie eine etablierte Marke besitzen und eine neue Lösung unter dieser Marke vorstellen wollen.

In beiden Fällen haben Sie also etwas zu verlieren, das Sie sich schon mit viel Zeit, Mühe und Geld aufgebaut haben. Ein schlecht designtes System, ein nicht funktionierendes Produkt oder eine unzuverlässige Dienstleistung können hier viel mehr kaputt machen als nur diese eine Geschäftschance. Dementsprechend steht in den oben genannten Fällen die Qualität im Mittelpunkt der Betrachtung und Sie sollten nur in ganz ausgewählten Fällen (beispielsweise aufgrund eines Zeitengpasses) trotzdem veröffentlichen, auch wenn die Qualität noch nicht ausreichend ist.

Ein Beispiel für so eine Ausnahme ist die Corona-Pandemie. Durch sie haben sich so viele neue Herausforderungen ergeben, auf die schnell reagiert werden muss, dass die schnelle Entwicklung von pragmatischen Lösungen besser war als eine Lösung, die zwar weniger Bugs hat, aber dafür erst ein Jahr später auf dem Markt ist. Wie Sie an dem gewählten Beispiel aber sehen, gibt es unserer Meinung nach sehr wenige dieser Momente, in denen Sie als etablierter Spieler die Regeln umgehen sollten. Wenn Sie es dennoch planen, empfehlen wir eine Auffangstrategie, mit der Sie den möglichen Schaden begrenzen. Das könnte zum Beispiel der Launch unter einem anderen Markennamen sein oder der Launch in einer geschlossenen Testnutzergruppe.

In den meisten anderen Fällen empfehlen wir Ihnen, den *Zeit*-Ansatz zu wählen. Da Sie in der Entwicklung sowieso niemals fertig sind, sondern immer neu auf die sich ändernden Aufgaben, Ziele und Bedürfnisse der Nutzenden sowie auf die sich ändernden Umgebungsbedingungen eingehen müssen, ist es selten sinnvoll, zu warten, bis alles perfekt ist. Perfekt kann hier ja immer nur eine sehr kurze Momentaufnahme sein. In folgenden Fällen würden wir also dazu raten, eher den Zeitpunkt festzulegen, zu dem Sie fertig sein möchten:

- Sie sind ein Start-up und es ist Ihr erstes Produkt, System bzw. Ihre erste Dienstleistung.
- Sie launchen eine neue Marke, die nichts mit Ihnen und Ihrem bisherigen Geschäft zu tun hat.
- Es gibt einen definierten, von außen gesetzten Zeitpunkt, zu dem Sie fertig sein müssen (z. B. wegen einer Gesetzesänderung, einer Messe).
- Sie machen etwas komplett Neues, was es so noch nirgends gibt.

Wie Sie sehen, gehen wir davon aus, dass eine zeitliche Planung auch bei iterativen Prozessen in den meisten Fällen vorzuziehen ist. Damit machen Sie sich das Leben auch beim Gesamtprojektmanagement leichter. Schließlich planen Sie hier auch einen Entwicklungszeitraum. Und ja, auch uns ist bewusst, dass meistens eine Mischung angewendet wird. Sie haben einen Zeitplan und streben innerhalb des Zeitplans an, gewisse Qualitätsziele zu erreichen. Wie in vielen anderen Bereichen des Usability und User Experience Designs gibt es kein Schwarz oder Weiß, sondern meistens ein »Sowohl als auch«. Die beiden Ausrichtungen geben lediglich vor, wo der Schwerpunkt bei Ihrer Betrachtung liegen sollte. Aber jetzt lassen Sie uns doch einmal nach unseren drei Beispielen sehen, um herauszufinden, wann hier der Schlussstrich gezogen wurde.

13.5 So geht es weiter mit MoveHub, der B2C-Mobilitäts-App für jede Gelegenheit

Patrick, Svenja und Lars konnten durch den Einsatz von Data-Driven UX Design ihre Idee von MoveHub verfolgen und weiterentwickeln. Wenn man die drei heute fragen würde, dann würden sie antworten, dass sie dadurch schneller zu dem Punkt gekommen sind, an dem sie jetzt sind. Würden sie noch mal ein Produkt entwickeln, dann würden sie noch viel weniger Zeit in die ersten technischen Prototypen stecken, sondern sich noch intensiver mit den Nutzenden beschäftigen. Vielleicht wären sie dann noch schneller an den Punkt gekommen, der letztendlich dazu geführt hat, dass sie ihr Produkt noch einmal neu denken mussten. Ihnen war bis zu den ersten Nutzerkontakten nicht bewusst, dass die Erwartung besteht, dass eine solche App kostenfrei ist.

Dieses Problem konnten die drei nicht mit dem Produkt selbst, aber durch einen *Pivot* lösen (eine Änderung des Geschäftsmodells). Nun sind nicht mehr die Nutzenden diejenigen, die eine Gebühr bezahlen müssen. Stattdessen treten die drei als Vermittler auf, die den vorhandenen Mobilitätslösungen Kunden bringen: Vermittelt MoveHub eine Fahrt mit einem E-Roller, dann bekommen die Gründer dafür eine Provision. Ob das so funktioniert, ist noch offen – aber zumindest zeigen sich die Vertreter der Mobilitätsanbieter offen für Gespräche. Wir drücken Patrick, Svenja und Lars die Daumen.

13.6 So geht es weiter mit BusinessBooster, dem B2B-CRM-BI-Tool für kleine und mittelständische Unternehmen

Das Team von Markus Meier hat einige wichtige Meilensteine auf dem Weg zu einem BusinessBooster 2.0 erreicht. Markus Meier ist begeistert von der »neuen Art zu entwickeln« und ist sich sicher, dass am Ende ein erfolgreiches Produkt stehen wird. Diese Sicherheit zieht er auch daraus, dass Stammkunden von den Maßnahmen und den durchgeführten Usability und User Experience-Tests begeistert sind. Ursprünglich hatte Markus Meier angenommen, dass man nicht mit einem halbfertigen Produkt auf Kunden zugehen kann. Diese Meinung hat sich komplett geändert. Er hat in seinen Stammkunden einen sehr wertvollen »Entwicklungsdienstleister« gefunden. Schon allein die Möglichkeit, Feedback zu geben und an der Weiterentwicklung beteiligt zu sein, hat dazu geführt, dass einige Wackelkandidaten nicht abgesprungen sind.

Mittlerweile ist BusinessBooster 2.0 als Beta live gegangen. Es gibt einige Kunden, die an dem Testprogramm beteiligt sind, und eine lange Warteliste. Für Markus Meier geht es jetzt noch darum, letzte Fehler zu beseitigen und dann einen großen Relaunch zu veranstalten. Wir hoffen, dass wir zu der Party eingeladen sind.

13.7 So geht es weiter mit Healthyfy, dem Vermittlungsportal für Gesundheitsexperten (B2B- und B2C-Medizinprodukt)

Für Sophia steht der große Tag kurz bevor. Fast 18 Monate hat das Team alles gegeben, um aus Healthyfy ein Produkt zu machen. Die vielen Usability und User Experience-Tests haben sich gelohnt: Sophia ist sich fast sicher, dass die finale Präsentation vor den Entscheidern im Mutterunternehmen ein großer Erfolg wird. Durch die gesammelten Daten kann sie nämlich zeigen, dass sowohl Patienten als auch Diabetologen Healthyfy in der letzten Umsetzung nutzen würden und dass ein valides Geschäftsmodell aufgesetzt werden konnte. Nicht zuletzt möchte sie die optisch ausgestalteten Prototypen nutzen, um mit dem Design von dem Produkt zu überzeugen.

Ihre Kernaussage ist: »Wir haben den fertigen Bauplan und können mit Daten zeigen, dass er funktioniert. Jetzt müssen wir es ›nur‹ noch programmieren und großflächig verkaufen.« Wenn das mal keine Traumvoraussetzungen für eine Investition sind.

Kapitel 14

Entscheidungsmatrix für die Methodenauswahl

»Man muss nicht nur mehr Ideen haben als andere, sondern auch die Fähigkeit besitzen, zu entscheiden, welche dieser Ideen gut sind.«
– Linus Pauling (Nobelpreisträger für Chemie und Frieden)

Wir haben Ihnen in den letzten Kapiteln viele verschiedene Methoden vorgestellt, die Sie für das Usability und User Experience Design einsetzen können. Damit Sie nicht jedes Mal das komplette Buch lesen müssen, um die richtige Methode für Ihre Fragestellung auszuwählen, finden Sie am Ende des Kapitels in Abbildung 14.1 eine Entscheidungsmatrix für die Methodenauswahl. Sie bietet einen Überblick über alle im Buch aufgeführten Methoden, eingeteilt nach ihrer Eignung für verschiedene Fragestellungen.

Da die Methodenauswahl pauschal sehr schwer zu treffen ist, mussten wir zwei Vorannahmen treffen, um diesen Vergleich möglich zu machen:

- **Interviews:** Immer, wenn wir in der Tabelle von *Interview*, *Gruppeninterview* oder *quantitativer Befragung* sprechen, gehen wir davon aus, dass Sie zwar Nutzende aus der echten Nutzergruppe befragen, diese im Rahmen der genannten Methode aber das System, das Produkt oder den Service nicht ausprobieren können, sondern maximal Bilder davon gezeigt bekommen. Die Nutzenden sehen also maximal das Design, können es aber nicht verwenden. Uns ist klar, dass Sie Interviews auch anders verwenden können und eine Kombination von vielen Methoden möglich ist. Wir haben uns hier für die Bewertung für eine Variante entschieden.
- **A/B-Tests:** Genauso sind wir bei dem A/B-Test vorgegangen: Schon in Abschnitt 12.10 haben wir beschrieben, dass dieser sowohl als besondere Form eines Usability und User Experience-Tests durchgeführt werden kann als auch als quantitativer, teilautomatisierter Test. In der Tabelle beziehen wir uns auf die quantitative und teilautomatisierte Variante und integrieren den A/B-Vergleich in den »Standard«-Usability- und User Experience-Test.

Wir haben verschiedene Fragestellungen zusammengestellt, mit denen Entwicklungsteams gewöhnlich zu uns kommen. Im Anschluss haben wir bewertet, wie gut jede Methode die einzelne Frage beantwortet. Dabei gibt es drei Ratings:

- Die Methode kann die Frage umfassend beantworten: grün ausgefüllter Kreis
- Die Methode kann die Frage nur in Teilen beantworten: halb ausgefüllter grüner Kreis
- Die Methode kann die Frage nicht beantworten: leerer Kreis

Ein Anwendungsbeispiel: Wenn Sie etwa die Frage „Wie und wo wird meine Anwendung verwendet?" beantworten möchten, dann lesen Sie zunächst den passenden Abschnitt in diesem Kapitel, also Abschnitt 14.1.8, »Den Nutzungskontext kennenlernen«.

In der Matrix suchen Sie anschließend alle Methoden heraus, die in der zugehörigen Spalte einen ausgefüllten Kreis haben: »Feldbeobachtung« und »Contextual Inquiry«. Außerdem, eingeschränkt geeignet, die Methoden »Sekundärforschung/ Desk Research«, »Interview/Jobs-to-be-Done«, »Gruppendiskussion« und »Tagebuchstudie«.

Möchten Sie mehrere Fragen gleichzeitig beantworten, verwenden Sie mehrere Spalten. Sollten Sie eine Methode finden, die zu allen Fragen passt, dann nutzen Sie diese. Sollte das nicht der Fall sein, dann nutzen Sie eine Kombination aus mehreren Methoden, die mit einem ausgefüllten Kreis markiert sind.

14.1 Fragestellungen

Damit die Tabelle und die Fragen für Sie gleich besser verständlich werden, haben wir nachfolgend eine Übersicht der Themenbereiche, eine kurze Erklärung dazu sowie jeweils drei mögliche Fragen innerhalb des Themenbereichs aufgenommen. Wir hoffen, das hilft Ihnen, Ihr Projekt und Ihre Fragestellung hier wiederzufinden. Natürlich sind die drei gewählten Fragen exemplarisch und es könnten noch viele weitere Fragen in jedem Themenbereich gestellt werden, die dann gegebenenfalls auch einen eigenen Schwerpunkt setzen würden. Betrachten Sie daher unsere Einteilung und die Fragen als Orientierungshilfe, die Sie nach Bedarf verwenden und erweitern können.

14.1.1 Nutzergruppen identifizieren

Das Wissen um die eigenen Nutzenden und das Wissen um deren Eigenschaften sowie die Abgrenzung zu Nicht-Nutzenden ist für die Gestaltung von herausragenden Produkten von besonderer Bedeutung. Typische Fragen in diesem Bereich könnten sein:

- Wer verwendet meine Lösung?
- Für wen ist mein Angebot interessant?
- Was zeichnet die Nutzenden meiner Lösung aus?

14.1.2 Allgemeine Anforderungen kennenlernen

Es gibt Anforderungen an ein Produkt, die sich aus der Gestaltung des Produkts ergeben; es gibt aber auch Anforderungen, die sich aus der Aufgabe selbst und den organisatorischen und situativen Rahmenbedingungen ergeben. Um diese eher allgemeinen Anforderungen geht es im Bereich »Allgemeine Anforderungen kennenlernen«, für den folgende Fragen typisch sind:

- Was erwarten die Nutzenden generell von einer Lösung?
- Welchen Fortschritt muss eine gelungene Lösung bringen?
- Welche Rahmenbedingungen müssen bei der Gestaltung der Lösung beachtet werden?

14.1.3 Soziale Interaktionen verstehen

Bei der Gestaltung von Lösungen wird oft über den Nutzenden und seine Aufgabe nachgedacht. Die Qualität der Lösung bestimmt sich jedoch auch danach, ob sie angemessen die vorhandenen sozialen Interaktionen berücksichtigt und sie gegebenenfalls sogar nutzbringend einsetzt. Dazu müssen Sie verstehen, welche sozialen Interaktionen es im Zusammenhang mit der Verwendung Ihrer Anwendung gibt. Beispiele dafür wären:

- Wird meine Lösung alleine oder mit anderen gemeinsam verwendet?
- Wie wirkt sich die Anwesenheit anderer auf die Verwendung aus?
- Ändert sich das Nutzungsverhalten, wenn andere Personen dabei sind?

14.1.4 Nutzerbedürfnisse und Aufgaben verstehen

Die besten Lösungen erfüllen die Bedürfnisse der Nutzenden und unterstützen sie, die eigenen Aufgaben erfolgreich durchzuführen. Damit das klappt, müssen Sie die Bedürfnisse und Aufgaben kennen. Typische Fragen in diesem Bereich sind:

- Was erwarten meine Nutzenden von einer Lösung?
- Was wollen die Nutzenden erreichen?
- Wovor haben meine Nutzenden Angst?

14.1.5 Bewertung der Wichtigkeit von Bedürfnissen und Aufgaben

Nachdem Sie wissen, welche Bedürfnisse relevant sind, ist es wichtig zu verstehen, welche der Bedürfnisse und Aufgaben am wichtigsten sind, damit Sie diese in der Gestaltung fokussieren können. Fragen, die in diesem Bereich auftauchen, sind:

- Welche Bedürfnisse sind im Kontext meiner Anwendung am wichtigsten?

- Auf welches Bedürfnis sollte ich mich bei der Entwicklung meiner Anwendung konzentrieren?
- Was würde meine Nutzenden dazu bringen, sich für meine Lösung zu entscheiden?

14.1.6 Meinungen erfragen

Vor allem in ganz frühen Phasen der Produktentwicklung ist es oftmals wichtig zu verstehen, wie die eigenen Nutzenden einem bestimmten Thema gegenüber eingestellt sind. Mit diesem Wissen können Sie besser über eine Schwerpunktsetzung in der Lösung entscheiden und auch die Erfolgswahrscheinlichkeit der eigenen Idee besser abschätzen. Oft gestellte Fragen in dem Bereich sind:

- Welche Einstellungen haben meine Nutzenden?
- Wie stehen meine Nutzenden zu einem bestimmten Sachverhalt?
- Mit welchen Argumenten vertreten meine Nutzenden ihren Standpunkt?

14.1.7 Wissen über Nutzende darstellen

Durch viele der Methoden sammeln Sie Wissen über Ihre Nutzenden, deren Nutzungsumgebung und deren Aufgaben. Damit Sie das Wissen in der Entwicklung und Gestaltung nutzen können, müssen Sie es für sich und Ihr Team aufbereiten. Wir begegnen in dieser Phase immer wieder folgenden Fragen:

- Wie kann ich mit anderen einfach über meine Nutzenden reden?
- Wer sind meine Nutzenden und welche Kerneigenschaften haben sie?
- Wie kann ich Kollegen zeigen, für wen die Lösung geeignet sein muss?

14.1.8 Den Nutzungskontext kennenlernen

Der Nutzungskontext definiert zu großen Teilen, was eine gute Lösung von einer schlechten Lösung unterscheidet. Fragen, die uns hier begegnen, sind:

- Wie und wo wird meine Anwendung verwendet?
- In welchem Umfeld findet die Nutzung statt?
- Welche Besonderheiten gilt es während der Benutzung zu berücksichtigen?

14.1.9 Abläufe kennenlernen

Wenn Sie in der Gestaltung sichergehen wollen, dass sich Ihre Lösung optimal an die bestehenden Prozesse anpasst oder diese sogar aus Sicht der Nutzenden noch weiter optimiert, dann ist es grundlegend wichtig, die aktuellen Prozesse zu kennen. Dazu gehören unter anderem die folgenden Fragen:

- Wie wird meine Anwendung aktuell verwendet?
- Wie lösen Nutzende Ihr Problem gerade?
- Welche Schritte unternehmen meine Nutzenden, um die Aufgabe zu erledigen?

14.1.10 Verständnis für Abläufe entwickeln

Die Abläufe der Nutzenden zu kennen, ist ein Schritt; die Abläufe zu verstehen und zu wissen, warum etwas auf eine ganz besondere Art und Weise gemacht wird, ist eine ganz andere Sache. Erst dieses Verständnis ermöglicht Ihnen die Gestaltung neuer und besserer Prozesse. Typische Fragen dazu sind:

- Warum verhalten sich meine Nutzenden auf die eine oder andere Art und Weise?
- Warum entscheiden sich meine Nutzenden, entgegen der Anleitung zu handeln?
- Wie kommt es, dass bestimmte Fehler immer wieder gemacht werden?

14.1.11 Wissen über Abläufe darstellen

Sobald Sie wissen, welche Abläufe es gibt und welche Besonderheiten diese haben, müssen Sie das Wissen dazu so aufbereiten, dass es für Sie und Ihr Team leicht zugänglich wird. Fragen in diesem Zusammenhang sind:

- Wie kann ich die vorhandenen Abläufe einfach darstellen?
- Wie kann ich mit anderen einfach über Abläufe diskutieren?
- Wie sehen die Abläufe zusammengefasst aus?

14.1.12 Bewertung bestehender Lösungen

Wenn Sie eine Neuentwicklung starten, dann ist es für Sie entscheidend zu verstehen, wie aktuelle Lösungen abschneiden, was daran gut und was daran weniger gut ist. Das gilt sowohl für Konkurrenzprodukte als auch für bestehende eigene Produkte. Fragen in dem Bereich »Bewertung bestehender Lösungen« sind:

- Wie wird eine bestehende Lösung von meinen Nutzenden bewertet?
- Wo steht meine Anwendung in der Gunst der Nutzenden?
- Was ist der Gesamteindruck meiner bisherigen Lösung?

14.1.13 Probleme in der Verwendung von Lösungen aufdecken

Für die meisten Probleme verfügen Ihre Nutzenden wahrscheinlich bereits über eine Lösung. Wenn Sie eine eigene Lösung erfolgreich platzieren möchten, dann müssen

Sie verstehen, wo es bei der Verwendung aktueller Lösungen mehr Probleme als notwendig gibt, um diese bei der eigenen Gestaltung zu optimieren. Fragen, die hier auftauchen, sind:

- Wo haben meine Nutzenden Schwierigkeiten?
- An welcher Stelle brauchen meine Nutzenden mehr Zeit, als eigentlich nötig wäre?
- Wo können meine Nutzenden Aufgaben nicht erfolgreich erledigen?

14.1.14 Weiterentwicklungsmöglichkeiten entdecken

Die Entwicklung und der Release einer Lösung sind große Meilensteine. Mit der steigenden Agilität aktueller Entwicklungsvorhaben und den ebenfalls steigenden Anforderungen der Nutzenden ist es jedoch entscheidend, dass Ihre Lösung immer aktuell bleibt und regelmäßig verbessert wird. Fragen, die uns in diesem Zusammenhang begegnen, sind:

- Wie kann ich mein Produkt besser machen?
- Wo gibt es andere Lösungen, die Dinge besser machen als meine Lösung?
- Wo gibt es Potenzial, um eine bessere Lösung zu entwickeln?

14.1.15 Den ersten Eindruck verstehen

Es gibt keine zweite Chance für einen ersten Eindruck. Das gilt für Menschen, aber auch für Anwendungen. Wenn Sie sich für den ersten Eindruck interessieren, dann stellen sich Ihnen vielleicht einige der folgenden Fragen:

- Wie wirkt meine Lösung auf den ersten Blick?
- Was fällt den Nutzenden am stärksten ins Auge?
- Was wird auf den ersten Blick wahrgenommen?

14.1.16 Usability einer Lösung testen

Gerade in Bereichen, in denen Geschwindigkeit und Fehlerfreiheit wichtig sind, ist das Testen der Usability einer Lösung oft besonders wichtig. Sie sollten sich damit beschäftigen, wenn Sie zum Beispiel folgende Fragen interessieren:

- Wie gut lässt sich meine Lösung bedienen?
- Sind die Nutzenden in der Lage, meine Lösung ohne Probleme zu verwenden?
- Wo gibt es bei der Nutzung die größten Probleme?

14.1.17 Die User Experience einer Lösung testen

Neben der reinen Usability entscheidet die User Experience maßgeblich über den Erfolg und die Akzeptanz einer späteren Anwendung. Fragen, die in diesem Bereich von Bedeutung sind, könnten sein:

- Wie ist die User Experience meiner Lösung?
- Was macht die User Experience meiner Lösung besonders?
- Was hat positiven oder negativen Einfluss auf die User Experience meiner Lösung?

14.1.18 Zwischen verschiedenen (Design-)Varianten wählen

Bei der Gestaltung von neuen Lösungen gibt es kein eindeutiges Richtig oder Falsch. Deswegen stehen oft verschiedene Ideen im Raum, wie eine Aufgabe gelöst werden könnte, welcher Workflow der beste ist oder welches Design gut gefällt. Typische Fragen dazu sind:

- Welche Variante ist die beste?
- Welche Variante gefällt meinen Nutzenden am besten?
- Welche Variante lässt sich am besten verwenden?

14.1.19 Die Qualität der eigenen Lösung einschätzen können

Neben dem Testen einzelner Aspekte nur an der eigenen Lösung ist es oft interessant zu verstehen, wie die eigene Lösung im Vergleich zu anderen Lösungen abschneidet. Dabei kann es sich um Vorgängerprodukte, aber auch um Wettbewerbsangebote handeln. Fragen, die auf eine Einschätzung im Vergleich zu anderen oder zu Benchmarks zielen, sind:

- Wie wird die Qualität meiner Lösung von den Nutzenden wahrgenommen?
- Wie gut ist unsere Lösung objektiv?
- Wie schneidet unsere Lösung im Vergleich zu anderen ab?

14.1.20 Die Wirkung des Gesamtdesigns testen

Zu Beginn der Entwicklung steht oft die gewünschte Wirkung der Anwendung im Fokus, in deren Definition viel Zeit und Aufwand fließt. Wenn Sie wissen möchten, ob die gewünschte Wirkung auch tatsächlich eintritt, dann stellen Sie sich vielleicht einige der hier genannten Fragen:

- Wie wirkt meine Lösung insgesamt?
- Entspricht die Wirkung meiner Lösung meinen Anforderungen?
- Nehmen die Nutzenden die Lösung so wahr, wie wir es geplant haben?

14.1.21 Verstehen, wie sich die Aufmerksamkeit auf das Design verteilt

Gerade dann, wenn Sie eine Anwendung gestalten, die nur begleitend zu einer Hauptaufgabe eingesetzt wird, oder wenn Sie bestimmte Elemente gezielt hervorheben wollen, ist es für Sie vielleicht von Interesse zu verstehen, wie sich die Aufmerksamkeit der Nutzenden in Ihrer Anwendung verteilt. Typisch dafür sind folgende Fragen:

- Welche Elemente im Interface ziehen die meiste Aufmerksamkeit auf sich?
- Wird ein bestimmtes Element in der Benutzeroberfläche überhaupt gesehen?
- Wie viel Aufmerksamkeit widmen die Nutzenden der Anwendung, während sie ihre Aufgaben mit ihr erledigen?

14.1.22 Änderungen im Nutzungsverhalten über längere Zeit erfassen

Viele Methoden beschäftigen sich mit der einmaligen Messung des Nutzungsverhaltens oder mit dessen einmaliger Bewertung. Die meisten Produkte werden jedoch über einen längeren Zeitraum eingesetzt, weswegen es entscheidend sein kann, zu verstehen, wie sich die Bewertung der Lösung und deren Nutzung im Laufe der Zeit verändert. Folgende Fragen können in diesem Zusammenhang auftauchen:

- Wie ändert sich das Verhalten meiner Nutzenden im Laufe der Zeit?
- Wie ändert sich die Bewertung meiner Nutzenden im Laufe der Zeit?
- Gibt es bestimmte Events, die Änderungen auslösen?

14.1.23 Nutzungshäufigkeiten erfassen

Im Bereich »Nutzungshäufigkeit erfassen« geht es darum, dass Sie gerne wissen möchten, wie oft Ihr Produkt tatsächlich verwendet wird. Typische Fragen, die Sie hier beantwortet haben wollen, sind:

- Wie häufig nutzen meine Nutzenden meine Lösung?
- Gibt es Unterschiede in der Nutzungshäufigkeit zwischen meinen Nutzergruppen?
- Gibt es Veränderungen in der Nutzungshäufigkeit zu bestimmten Zeiten?

14.1.24 Nutzungsdauern erfassen

Neben der Nutzungshäufigkeit ist ein weiterer wichtiger Aspekt der Betrachtung die Frage nach der Dauer der Verwendung. Dazu werden oft folgende Fragen gestellt:

- Wie lange wird meine Anwendung genutzt?

- Gibt es Unterschiede in der Nutzungsdauer zwischen meinen Zielgruppen?
- Lassen sich bestimmte Auslöser erkennen, die die Nutzungsdauer verändern?

14.1.25 Nutzungsbesonderheiten erfassen

Manchmal ist es wichtig und interessant zu verstehen, ob es irgendwelche besonderen Aspekte bei der Verwendung des eigenen Produkts oder vergleichbarer Produkte gibt. Darum geht es im Bereich »Nutzungsbesonderheiten erfassen«. Typische Fragen dazu wären:

- Gibt es Dinge, die bei der Nutzung meiner Anwendung besonders sind?
- Gibt es Dinge, die in meinem Nutzungskontext besonders sind?
- Gibt es Situationen, die zu besonderem Verhalten in der Nutzung führen?

14.1.26 Muster in der Nutzung von Lösungen aufdecken

Gerade wenn es um die Optimierung von Produkten, die Gewinnung neuer Zielgruppen oder die Identifikation von neuen Anwendungsbereichen geht, kann es sehr hilfreich sein, nach Mustern in der Verwendung zu suchen. Fragen in diesem Bereich können sein:

- Kann ich anhand des Nutzungsverhaltens verschiedene Gruppen entdecken?
- Gibt es bestimmte Situationen, in denen meine Nutzenden immer wieder das gleiche Verhalten zeigen?
- Gibt es typische Wege, die meine Nutzenden einschlagen?

14.1.27 Struktur der Lösung für Nutzende optimieren

Gerade bei komplexen Anwendungen mit vielen verschiedenen Inhalten zeigt sich oft, dass es gar nicht so leicht ist, eine Struktur und Anordnung der Inhalte zu finden, die zu den Erwartungen der Nutzenden passt. Fragen, die in diesem Bereich auftreten, sind:

- Wie kann ich die Auffindbarkeit von Inhalten erhöhen?
- Wo würden meine Nutzenden einen bestimmten Inhalt vermuten?
- Wie sollten die einzelnen Menüpunkte heißen, damit die Nutzenden sie einfach finden?

Methode	Nutzergruppen identifizieren	Allgemeine Anforderungen kennenlernen	soziale Interaktionen verstehen	Nutzerbedürfnisse und Aufgaben verstehen	Bewertung der Wichtigkeit von Bedürfnissen und Aufgaben	Meinungen erfragen	Wissen über Nutzer darstellen	Nutzungskontext kennenlernen	Abläufe kennenlernen	Verständnis für Abläufe entwickeln	Wissen über Abläufe darstellen	Bewertung bestehender Lösungen	Probleme in der Verwendung von Lösungen aufdecken	Weiterentwicklungs-möglichkeiten entdecken	Ersten Eindruck verstehen	Usability einer Lösung testen	User Experience einer Lösung testen	Zwischen verschiedenen (Design-)Varianten wählen	Qualität der eigenen Lösung einschätzen können	Wirkung des Gesamtdesigns testen	Verstehen, wie sich die Aufmerksamkeit auf Design verteilt	Änderungen im Nutzungsverhalten über längere Zeit erfassen	Nutzungshäufigkeiten erfassen	Nutzungsdauern erfassen	Muster in der Nutzung von Lösungen aufdecken	Struktur der Lösung für Nutzende optimieren
Sekundärforschung/ Desk Research	◐	●	○	○	○	○	○	◐	○	○	○	◐	◐	○	○	○	○	○	○	○	○	○	◐	◐	○	○
Feldbeobachtung	◐	●	●	◐	○	○	○	●	●	◐	○	○	●	●	○	◐	◐	○	◐	○	○	●	●	●	●	○
Interview/ Jobs-to-be-Done	●	●	◐	●	●	●	○	◐	◐	◐	○	●	◐	●	○	○	◐	○	◐	●	○	◐	◐	○	◐	○
Gruppendiskussion	●	●	◐	●	●	●	○	◐	◐	◐	○	●	◐	●	○	○	◐	○	◐	●	○	◐	◐	○	◐	○
Quantitative Befragung/ Fragebögen	◐	●	○	◐	●	●	○	○	○	○	○	●	◐	◐	○	◐	◐	●	◐	●	○	◐	◐	○	◐	○
Contextual Inquiry	●	●	●	●	●	●	○	●	●	●	○	●	●	●	○	○	●	○	◐	○	○	●	◐	◐	●	○
Analyse quantitativer Nutzungsdaten	○	○	○	○	○	○	○	○	◐	○	○	○	◐	◐	○	○	○	○	◐	○	○	●	●	●	●	○
Webtracking/ Klickanalyse	○	○	○	○	○	○	○	○	◐	○	○	○	◐	◐	○	○	○	○	◐	○	○	●	●	●	●	◐
Ticket-/ Feedbackanalyse	○	●	○	◐	●	○	○	○	○	○	○	◐	●	●	○	○	◐	○	◐	○	○	○	○	○	◐	○
Taskanalyse/ Aufgabenanalyse	○	●	○	○	○	○	○	○	●	◐	●	○	○	◐	○	○	○	○	○	○	○	○	○	○	◐	◐
User bzw. Customer Journey Mapping/ Touchpoint-Analyse	○	○	○	○	○	○	○	○	○	○	●	○	○	○	○	○	○	○	○	○	○	○	○	○	◐	◐
Personas und Empathy Maps	○	○	○	○	○	○	●	○	○	○	○	○	○	○	○	○	○	○	○	○	○	○	○	○	○	○
Usability und User Experience Test	○	◐	○	◐	◐	○	○	○	◐	◐	○	●	●	●	●	●	●	◐	●	●	○	○	○	◐	○	●
Usability und User Experience Sprint	○	◐	○	◐	◐	○	○	○	◐	◐	○	●	●	●	●	●	●	◐	◐	●	○	○	○	◐	○	●
Rapid User Tests	○	○	○	○	○	○	○	○	◐	◐	○	●	●	●	●	●	●	○	◐	●	○	○	○	◐	○	●
A/B-Testing	○	○	○	○	○	○	○	○	○	○	○	●	◐	●	○	◐	◐	●	●	◐	○	○	○	○	◐	●
UX-Benchmarking	○	○	○	○	●	○	○	○	◐	◐	○	●	●	●	●	●	●	●	●	●	○	○	○	◐	○	●
5-Sekunden-Test	○	○	○	○	○	○	○	○	○	○	○	○	○	●	●	○	○	◐	○	○	●	○	○	○	○	○
Standardisierte Fragebögen	○	○	○	○	●	●	○	○	○	○	○	●	◐	◐	○	◐	◐	●	●	●	○	○	◐	○	○	○
Tagebuchstudie	○	◐	◐	◐	◐	●	○	◐	◐	◐	○	●	◐	◐	○	◐	●	○	◐	◐	○	●	◐	◐	◐	○
Card Sorting	○	○	○	○	○	○	○	○	○	○	○	○	○	○	○	○	○	○	○	○	○	○	○	○	○	●
Experten Review	○	○	○	○	○	○	○	○	○	○	○	●	◐	◐	○	◐	○	○	◐	○	○	○	○	○	○	○
Assoziationsraumtest (ARTTest)	○	○	○	○	○	○	○	○	○	○	○	◐	○	○	○	○	◐	●	○	●	○	○	○	○	○	○
Eyetracking	○	○	○	○	○	○	○	○	◐	○	○	○	◐	○	○	○	○	◐	○	◐	●	○	○	●	○	○
Physiologische Messgrößen	○	○	○	○	○	○	○	○	○	○	○	○	○	○	○	○	○	○	○	◐	○	○	○	○	○	○

● = geeignet ◐ = teilweise geeignet ○ = nicht geeignet

Abbildung 14.1 Entscheidungsmatrix für die Methodenauswahl

Kapitel 15
Wrap-up und Fazit

»Wenn die anderen glauben, man ist am Ende, so muss man erst richtig anfangen.«
– Konrad Adenauer (erster Bundeskanzler der Bundesrepublik Deutschland)

Dieses Buch enthält einen Überblick über die Kernthemen des Usability und User Experience Designs, präsentiert als eine Mischung aus Theorie und Praxis. Wir hoffen, das Buch konnte Sie dabei unterstützen, sich ein eigenes Bild von der Disziplin zu machen. Da der Umfang mit über 750 Seiten nun doch recht beträchtlich ist, möchten wir Ihnen am Ende noch einmal die sechs Kernbotschaften des Buches zusammenfassen, die die Essenz des Ganzen bilden.

15.1 Es geht um die Nutzenden

Der wohl wichtigste Aspekt in diesem ganzen Buch ist der Fokus auf die Nutzenden Ihres Systems, Ihres Produkts oder Ihrer Anwendung. Sobald Ihre Lösung von einem Menschen verwendet und von einem Menschen bedient wird, brauchen Sie Usability und User Experience Design. Dabei spielt die gewählte Technologie in der Umsetzung eine wichtige Rolle, aber jedes Produkt ist wertlos, das keinen Mehrwert für seine Nutzenden stiftet. Deshalb lautet unsere erste Wrap-up-Botschaft:

> *Botschaft 1: Beim Usability und User Experience Design geht es immer um die Nutzenden.*

In diesem Buch erhalten Sie einen Überblick über die Vielfalt der Methodiken, die Sie zur Entwicklung herausragender Lösungen einsetzen können. Auch in Kapitel 14, »Entscheidungsmatrix für die Methodenauswahl«, haben wir Ihnen wieder die Vielzahl der Methoden aufgezeigt und eine Hilfestellung zur Auswahl gegeben. Wie Sie inzwischen aber wahrscheinlich wissen, können Sie viele Methoden anpassen oder kombinieren, sodass die Wahl der letztendlichen Methode zwar wichtig, aber nicht »kriegsentscheidend« ist. Es gibt nur eine einzige Ausnahme von der Regel: Wenn Sie ein neues Produkt entwickeln und während der gesamten Entwicklung nicht mindestens einmal Rückmeldungen von Ihren Nutzenden eingesammelt haben, dann haben Sie etwas grundlegend falsch gemacht. Besser ist es natürlich, wenn Sie öfter und vor allem regelmäßig Feedback eingeholt haben. Usability und User Experience Design dreht sich darum,

1. zu verstehen, wer die eigenen Nutzenden sind und was sie benötigen,
2. dieses Wissen in ein Design zu überführen, das die Anforderungen erfüllt,
3. zu testen, ob das für die Nutzenden funktioniert hat, und
4. auf Basis des Ergebnisses das Design so lange anzupassen, bis es passt.

Wenn Sie an dieser Stelle aufhören zu lesen, dann haben Sie das Wichtigste mitgenommen. Sie gestalten für die Nutzenden, und dementsprechend können auch nur die Nutzenden Ihnen mitteilen, ob Ihre Gestaltung erfolgreich war.

15.2 Usability und User Experience Design ist interdisziplinär

Es ist toll, wenn Sie als Einzelkämpfer bei sich im Unternehmen für das Usability und User Experience Design unterwegs sind. Vor allem, wenn ein Unternehmen sich zum ersten Mal dem Thema widmet, ist das ein großer Schritt. Insgesamt benötigt Usability und User Experience aber verschiedene Expertisen. Unsere Wrap-up-Botschaft lautet deshalb:

Botschaft 2: Usability und User Experience Design ist ein interdisziplinäres Feld, für das Sie viele verschiedene Kompetenzen benötigen.

Dazu gehören

- das Wissen um die richtige Methodik,
- die Fähigkeit, gute Research durchzuführen,
- ein Verständnis für die Technik und ein gutes Interaktionskonzept sowie
- ein gutes Gespür und gestalterische Fähigkeiten für das finale Design.

Die wenigsten UXler, die wir kennen, sind in allen Bereichen brillant. Das ist auch nicht notwendig. Sie müssen sich nur im Klaren darüber sein, dass alle Aspekte dazugehören und Sie gegebenenfalls Unterstützung brauchen werden.

15.3 User Experience designt man nicht, sondern sie wird erlebt

Indirekt findet sich diese Botschaft schon in der ersten Botschaft in Abschnitt 15.1, »Es geht um die Nutzenden«, wieder, aber wir möchten es noch einmal ganz deutlich machen: Auch wenn dieses Buch »Usability und User Experience Design« heißt, bedeutet das nicht, dass Sie die User Experience Ihrer Nutzenden designen. Sie gestalten ein System, ein Produkt oder eine Dienstleistung, und diese Lösung löst anschließend eine User Experience bei den Nutzenden aus. Die User Experience ist immer subjektiv und abhängig von der Wahrnehmung der Nutzenden. Die Wrap-up-Botschaft, die wir Ihnen hier mitgeben möchten, lautet:

> *Botschaft 3: Sie designen das System, das Produkt oder den Service. Die User Experience kann nicht designt, sondern nur gemessen werden.*

Wenn Sie also wissen wollen, ob Sie eine Lösung mit einer guten User Experience gestaltet haben, dann führt kein Weg daran vorbei, mit Ihren Nutzenden zu sprechen und das – auf die eine oder andere Art – zu testen.

15.4 Der Weg zu einem herausragenden Produkt ist iterativ

Mit dem Verständnis, dass die Nutzenden die Messlatte für den Erfolg Ihrer (und natürlich auch unserer) Gestaltung sind, geht das Wissen einher, dass eine theoretische Beurteilung der Produktqualität und eine theoretische Sammlung der Produktanforderungen niemals vollständig sein kann. Genauso wenig können fünf Nutzende, mit denen Sie reden, Ihnen alle wichtigen Punkte nennen, die Sie für die gesamte Entwicklung Ihres Produkts kennen müssen. Mit der ersten Gestaltung eines Prototyps und dem ersten Test in einem Usability und User Experience Design-Prozess stimmen Sie implizit zu, dass es weitere Iterationen geben wird. Sie gestalten eine Lösung; Sie testen sie mit den Nutzenden; Sie lernen daraus, was besser sein muss. Und dann starten Sie wieder von vorne. Daraus entsteht für uns folgende Wrap-up-Botschaft:

> *Botschaft 4: Der Weg zu einem erfolgreichen System, Produkt oder Service ist iterativ und folgt immer der Idee, die eigene Gestaltung zu testen und an die Testergebnisse anzupassen.*

Der Zyklus lässt sich planen, aber nicht abkürzen. Sie können nicht zehnmal so viele Teilnehmer in den ersten Test werfen und davon ausgehen, dass Sie fertig sind. Die Rückmeldung, die Sie erhalten, führt zu einem neuen Design. Das neue Design führt zu einer neuen Rückmeldung. Ob Sie wollen oder nicht: Usability und User Experience Design ist iterativ. Sie können das Ende des Prozesses für das erste Release zeitlich festlegen oder anhand der gewünschten Qualität. Aber egal, was Sie machen, es wird mehr als eine Iteration sein.

15.5 Man fängt zwar irgendwann mit Usability und User Experience Design an, aber man hört nie wieder damit auf

In der Entwicklung von jedem System, jedem Produkt und jedem Service kommt irgendwann der Moment, an dem mit dem Usability und User Experience Design begonnen wird. Und je früher dieser Moment kommt, umso besser! In einer agilen

Entwicklung und bei digitalen Produkten sollte Ihnen aber bewusst sein, dass das Usability und User Experience Design niemals endet.

Botschaft 5: Die Entscheidung für einen menschzentrierten Entwicklungsprozess wie Data Driven UX Design bedeutet, dass Sie Ihr System, Produkt oder Ihren Service als »permanent in der Entwicklung« betrachten und nie mit dem Usability und User Experience Design aufhören.

Wenn Sie sich einmal entschieden haben, menschzentriert zu gestalten, dann ist dieser Prozess unendlich und begleitet Sie auch nach dem Release Ihrer Lösung dauerhaft. Sie erhalten Rückmeldungen und Support-Tickets, es gibt Feedback in den sozialen Medien, Sie führen Nutzerbefragungen durch, Sie planen Updates und die Integration neuer Features, in absehbarer Zeit vielleicht sogar eine Nachfolgeversion. All das wird vom Usability und User Experience Design begleitet, damit Ihre Lösung nicht einmalig und kurzfristig gut ist, sondern langfristig herausragend bleibt. Usability und User Experience Design ist kein Projekt, sondern eine Art, zu denken und zu entwickeln. Es ist das Commitment, das Ihre Lösungen langfristig erfolgreich macht.

15.6 Gestalten Sie anhand von Daten

Die letzte Botschaft ist ganz kurz, aber sehr wichtig. Nutzen Sie Daten zur Gestaltung Ihrer Systeme, Produkte und Services. Verlassen Sie sich nicht auf Ihr Bauchgefühl und Ihre Erfahrung, sondern nutzen und generieren Sie Daten von, mit und über die Nutzenden und die Nutzung Ihrer Lösung. Data-Driven UX Design ist der Weg zum Erfolg. Unsere letzte Wrap-up-Botschaft für Sie lautet dementsprechend:

Botschaft 6: Lassen Sie sich anhand von Daten durch den Gestaltungsprozess führen, um sicherzustellen, dass Sie auf dem richtigen Weg sind.

15.7 Schlusswort und Aufruf zur Mitgestaltung

Damit sind wir am Ende – und natürlich nur inhaltlich für diese erste Version des Buches. Wir hoffen, Sie hatten genauso viel Spaß beim Lesen dieses Buches, wie wir Spaß beim Schreiben dieses Buches hatten.

Wenn man ein solch umfangreiches Buch schreibt, das einen Überblick über ein gesamtes Themenfeld geben soll, dann steht dahinter auf der einen Seite viel Arbeit, um die Inhalte zu schaffen. Auf der anderen Seite zeigt sich an der Setzung des Inhalts aber auch der eigene Schwerpunkt. Aktuell ist dieses Buch unser Buch. Wir möchten es aber gerne über die nächsten Auflagen hinweg auch zu Ihrem Buch machen. Lassen Sie uns wissen, welche Themen und Schwerpunkte wir für die nächsten Auflagen berücksichtigen sollen. Was hat Ihnen gefehlt? Was war zu viel?

Was sehen Sie anders? Wir freuen uns über Ihre Rückmeldung. Schreiben Sie uns gerne an *http://handbuch3DUX@custom-interactions.com*.

Zusätzlich würden wir uns freuen, wenn Sie uns wissen lassen, welche Erfahrungen Sie mit diesen Ansätzen gemacht haben oder auf unsere Anregung hin machen. Lassen Sie uns gerne auch persönlich in Kontakt bleiben. Sie finden uns auf LinkedIn unter *https://www.linkedin.com/in/dr-michaela-kauer-franz/* und *https://www.linkedin.com/in/dr-benjamin-franz/*. Übrigens – jetzt am Ende können wir es ja verraten: Wir sind *#gerneperDu*. Michaela und Ben

Anhang A
Glossar

MoveHub: Ein von uns erfundenes Unternehmen, das über den Verlauf des Buches als Beispiel dient. Es steht symbolisch für kleine Startups, die eine neue Anwendung von Grund auf entwickeln. MoveHub überzeugt mit der Idee für eine Mobilitäts-App.

BusinessBooster: Ein von uns erfundenes Unternehmen, das über den Verlauf des Buches als Beispiel dient. Es steht symbolisch für ein ehemals marktführendes Unternehmen, das sich wieder an die Marktspitze hocharbeiten will. Sein angebotenes Produkt: ein CRM-BI-Tool für kleine und mittelständische Unternehmen (im B2B-Bereich).

Healthyfy: Ein von uns erfundenes Unternehmen, das über den Verlauf des Buches als Beispiel dient. Es steht symbolisch für ein Spin-off-Unternehmen eines großen Medizinprodukte-Herstellers. Healthyfy ist ein Vermittlungsportal für Gesundheitsexperten, also eine Anwendung für die Tele-Medizin. Die Zielsetzung von Healthyfy ist es, eine digitale Plattform zu schaffen, auf der sich sowohl Ärzte verschiedener Fachrichtungen als auch Patienten über eine Weboberfläche einloggen können.

3DUX → Data Driven UX Design: Unser datengetriebener UX Design-Ansatz, der die Integration von Nutzerdaten und Nutzerrückmeldungen an so vielen Stellen wie möglich propagiert und den Anspruch hat, ein erfolgreiches Produkt zu garantieren.

5-Sekunden-Test: Eine UX-Research-Methode, in der ein Nutzer 5 Sekunden lang ein Produkt ansieht, um dann seine Eindrücke zum Design mitzuteilen. Das Ziel dieser Methode ist es, zu evaluieren, welche ersten Eindrücke zum Design entstehen und was die Nutzenden innerhalb dieser kurzen Zeit verstehen können.

A/B-Testing: Eine UX-Research-Methode, bei der die Nutzenden mit unterschiedlichen Varianten eines Produkts bewusst (im Rahmen eines Usability und User Experience-Tests) oder unbewusst (im Rahmen von Live-A/B-Tests) konfrontiert werden, um eine Entscheidung für die bessere Variante treffen zu können.

Aktives Zuhören: Zuhörstil, der durch aktive Bestätigung des Gesagten, Zusammenfassungen, Rückfragen und Zugewandtheit (z. B. Augenkontakt und Lächeln) geprägt ist.

Analyse: Untersuchung, bei der etwas zergliedert, also ein Ganzes in seine Bestandteile zerlegt wird (*www.duden.de/rechtschreibung/Analyse*).

Anforderung: Eine Anforderung legt fest, wie ein Produkt beschaffen sein muss und was es leisten muss, damit der Nutzer sein Ziel bei der Produktnutzung erreichen kann.

- *Bereichsforderung – Maximalanforderungen*: Eine Maximalanforderung legt fest, wie hoch bestimmte Werte höchstens sein dürfen. Ein Beispiel wäre ein Preis-Maximum.
- *Bereichsforderung – Minimalanforderungen*: Minimalanforderungen legen fest, was ein Produkt mindestens erreichen muss.
- *Festforderung*: Legt einen exakten Wert fest, den ein Produkt erreichen muss.

Anforderungsliste → Lastenheft: Legt eine Aufzählung der Merkmale fest, wie ein Produkt beschaffen sein muss und was es leisten muss, damit der Nutzer sein Ziel bei der Produktnutzung erreichen kann.

Annahme: Bei einer Annahme handelt es sich um eine Vermutung oder Ansicht zu einem Thema, die nicht durch Fakten belegt ist.

Annahmen-Wissen-Matrix: Eine Annahmen-Wissen-Matrix bildet die lineare Abhängigkeit zwischen Annahme und Wissen ab.

Assoziationsraumtest (ARTTest): Der Assoziationsraumtest ist ein Testverfahren, das anhand eines Fragebogens die durch den Hersteller erwünschten Assoziationen mit den tatsächlichen Assoziationen der Nutzenden für eine Anwendung vergleicht und damit eine Steuerung des Designs ermöglicht.

AttrakDiff: Ein standardisiertes Verfahren, das die pragmatische und hedonische Qualität eines interaktiven Produkts aus Sicht der Nutzenden beurteilt.

Aufgabenanalyse → Taskanalyse: Methode zur Zerlegung der Nutzeraufgabe in einzelne Teilschritte mit anschließender Analyse.

Aufgabenangemessenheit → Interaktionsprinzip: Ein interaktives System ist aufgabenangemessen, wenn es die Benutzer bei der Erledigung ihrer Aufgaben unterstützt. Kernfragen: Ist die Lösung überhaupt geeignet, um eine bestimmte Aufgabe zu lösen? Wie groß ist der Aufwand, der benötigt wird, um diese Aufgabe(n) zu lösen? Gibt es Voreinstellungen, die die Nutzenden dabei unterstützen, die Aufgabe erfolgreich auszuführen?

Aufgabenexpertise: Das Wissen der Nutzer über die Aufgabe, die sie lösen wollen.

B2B: Geschäftsmodell, das sich auf den Verkauf von Waren oder Dienstleistungen von einem Unternehmen (Business) an ein anderes Unternehmen fokussiert (Business-to-Business).

B2C: Geschäftsmodell, das sich auf den Verkauf von Waren oder Dienstleistungen von einem Unternehmen (Business) an Endkunden (Consumer) fokussiert (Business-to-Consumer).

Bedienbarkeit: Bedienbarkeit ist dann gegeben, wenn ein Produkt den Nutzer darin unterstützt, einen Arbeitsschritt erfolgreich auszuführen.

Bedienfehler: Ein Bedienfehler ist eine Aktion oder fehlende Aktion eines Nutzers bei der Nutzung eines Produkts, die dazu führt, dass das Resultat der Nutzung eine andere als die geplante oder eine andere als die vom Nutzer erwartete ist.

Bedürfnis/Job-Screening: Systematisches Vorgehen, bei dem anhand von Methoden der Nutzungskontextevaluation explorativ nach unerfüllten Bedürfnissen/Jobs gesucht wird, um neue Geschäftsfelder zu erschließen.

Befragungen → Nutzerbefragung → Leitfadeninterview: Eine qualitative empirische Methode, um die Wahrnehmung und Meinung bzw. Nutzerbedürfnisse und Nutzeranforderungen von Nutzern zu erfragen. Die Befragung kann mithilfe eines Leitfadens durchgeführt werden, aber auch semi-strukturiert aus Leitfaden und situativen Fragen zur Vertiefung bestehen. Sowohl Einzel- als auch Gruppeninterviews sind möglich.

Befragungsleitfaden: Ein Befragungsleitfaden ist ein Fragenkatalog für eine Nutzer-Befragung, der als Orientierung dient, um sicherzustellen, dass alle wichtigen Fragen gestellt werden.

Benutzer → Nutzende → User: Die Personen, die mit einem System, einem Produkt oder einer Dienstleistung interagieren.

Benutzerbindung → Interaktionsprinzip: Das interaktive System stellt Funktionen und Informationen auf einladende und motivierende Weise dar und fördert so eine kontinuierliche Interaktion mit dem System. Kernfragen: Motiviert die Lösung die Nutzenden, sie zu verwenden? Wird die Lösung von den Nutzenden als vertrauenswürdig empfunden? Steigert die Lösung die Beteiligung der Nutzenden?

Benutzererfordernisse: Eine notwendige Voraussetzung, die gegeben sein muss, damit der Nutzer sein Ziel bei der Produktnutzung innerhalb eines Nutzungskontextes erreichen kann.

Benutzererwartungen: Die Annahme oder Hoffnung des Nutzers darüber, welches Ziel er mit der Nutzung des Produkts erreichen wird.

Benutzergruppe → Nutzergruppe: *»Untergruppe von vorgesehenen Benutzern, die anhand von Merkmalen der Benutzer, Aufgaben oder Umgebungen, die auf die Gebrauchstauglichkeit einwirken könnten, von anderen vorgesehenen Benutzern abgegrenzt wird.«* (DIN EN ISO 9241-11:2018)

Benutzeroberfläche → Benutzerschnittstelle → User Interface, UI: Die Benutzeroberfläche ist die Schnittstelle zwischen Mensch und Maschine, die es dem Nutzer erlaubt, mit der Maschine in Interaktion zu treten.

Beobachtungen: Eine Methode, bei der durch Beobachtungen der Nutzer in einer realistischen oder echten Arbeitsumgebung der Nutzungskontext und die Nutzungsweise erkannt und systematisch dokumentiert werden.

- *Offene Beobachtungen*: Bei einer offenen Beobachtung weiß der Teilnehmer, dass er unter Beobachtung steht.
- *Verdeckte Beobachtungen*: Bei einer verdeckten Beobachtung weiß der Teilnehmer nicht, dass er unter Beobachtung steht.

Brainstorming: Eine Kreativmethode zur Ideenfindung. Eine Person oder eine Gruppe dokumentiert und erarbeitet gemeinsam Ideen, die in den Raum geworfen werden. Diese Ideen können dann von der gesamten Gruppe weiterentwickelt werden.

Brainwriting: Eine Kreativmethode zur Ideenfindung. Die Teilnehmer bringen ihre Ideen einzeln zu Papier (schriftlich und grafisch) und stellen diese dann einer Gruppe zur Diskussion und Weiterentwicklung vor.

Button → Schaltfläche: Interaktiver Bereich auf einem User Interface, der durch Anklicken mit einer Maus oder durch Antippen auf einem Touchdisplay aktiviert werden kann und eine Aktion auslöst.

Call-to-Action (CTA): Eine Handlungsaufforderung an die Nutzenden in Form von Buttons, Links oder Texten.

Card Sorting: Eine Methodik, mit der Menüstrukturen gemeinsam mit Nutzenden entwickelt und getestet werden können.

Checkbox → Kontrollkästchen: Ein Interaktionselement eines grafischen Interfaces. Es zeigt an, ob eine bestimmte Option vom Nutzer gewählt (angehakt bzw. angekreuzt) oder nicht gewählt (nicht angehakt bzw. angekreuzt) wurde. Checkboxen werden vor allem dann eingesetzt, wenn aus mehreren Alternativen nicht nur eine Option, sondern mehrere Optionen gleichzeitig gewählt werden können.

Combobox: Comboboxen stellen eine Kombination von zwei verschiedenen Eingabemethoden dar. Auf der einen Seite ist es ein Textfeld, in das freier Text geschrieben werden kann. Auf der anderen Seite handelt es sich um eine Art Dropdown, bei dem aus den Einträgen anhand eines Klicks ein passendes Ergebnis ausgewählt werden kann.

Contextual Inquiry: Eine strukturelle Beobachtung und Befragung potenzieller Nutzer oder potenzieller Patienten in ihrer Umgebung mit dem Ziel, die Umgebung, die Eigenschaften der Person, mögliche Gefahrenquellen und einzelne Nutzungsschritte zu verstehen.

Conversion: Die Umwandlung eines Webseiten-Besuchers oder eines Interessenten hin zu einem Kontakt oder zu einem Kunden.

Conversionrate: Der Anteil der Besucher einer Webseite, die eine erwünschte Handlung ausführen.

Customer → Käufer → Kunde: Person, die (potenziell) Geld für ein Produkt ausgibt.

Customer Experience: Das umfassende Kauferlebnis und die damit verbundenen Eindrücke einer Person.

(User bzw.) Customer Journey Mapping → Touchpoint-Analyse: Beim User bzw. Customer Journey Mapping werden die einzelnen Stationen einer Tätigkeit eines Users oder Customers aufgegriffen und dargestellt. So kann die Reise des Nutzers oder Kunden in einzelne Stationen aufgeteilt werden. Hier kann man Zusammenhänge deuten oder einzelne Kontaktpunkte mit dem eigenen Unternehmen herausfinden. Bei der Darstellung können verschiedene Schwerpunkte gelegt werden, sodass entweder die Reise der Nutzenden oder die verschiedenen Berührungspunkte der Nutzenden mit dem Angebot im Fokus stehen.

Customer-Lifetime-Value: Der durchschnittliche Umsatz, den ein Unternehmen mit einem Kunden im Verlauf der gesamten Geschäftsbeziehung erwarten kann.

Data Driven UX Design → 3DUX: Unser datengetriebener UX Design-Ansatz, der die Integration von Nutzerdaten und Nutzerrückmeldung an so vielen Stellen wie möglich propagiert und den Anspruch hat, ein erfolgreiches Produkt zu garantieren.

Design Research: Bei dem Design Research wird das visuelle Design eines Produkts oder einer Anwendung erst im Vergleich zum Kunden, der Branche und der aktuellen Trends recherchiert und im Verlauf der Entwicklung mit Nutzern evaluiert und getestet.

Design Thinking: Design Thinking ist ein Ansatz, der zum Ziel hat, neben Formgebung und Gestaltung auch Nutzerprobleme auf Designebene zu lösen.

Design-Expertise: Fähigkeiten, die benötigt werden, um Lösungen zu entwickeln, die die Anforderungen der Nutzer erfolgreich umsetzen.

Designgrid: Hierunter versteht man ein Raster, das den Screen in unterschiedliche Bereiche einteilt und so als Hilfskonstruktion für die Anordnung einzelner Designelemente dient.

Desk Research → Sekundärforschung: Gewinnung von Informationen anhand bereits vorhandener Datenquellen.

DIN EN ISO 9241-110 – Interaktionsprinzipien: Ein internationaler Standard, der klare Richtlinien für die Gestaltung der Interaktion zwischen Mensch und Computer festlegt.

Direkte Beobachtung: Beobachtung durch eine vor Ort anwesende Person.

Double-Diamond-Modell: Ein Modell für die Beschreibung eines idealen Vorgehens bei menschzentrierten Designprojekten. Es ist ein umfassendes Rahmenwerk, das nicht nur den Prozess der Designarbeit beschreibt, sondern zusätzlich auch Kernprinzipien und Designmethoden bereitstellt, um langfristig gute Designarbeit zu garantieren. Die Kernidee des Double Diamond ist dabei die Integration von sowohl divergentem als auch konvergentem Denken.

Double Opt-In: Ein doppeltes Zustimmungsverfahren für das Bereitstellen der eigenen Kontaktinformationen. Nutzer werden zum Beispiel nur in einen Newsletter-Verteiler aufgenommen, wenn sie ihre E-Mail-Adresse eingegeben und anschließend bestätigt haben.

Dropdown: Ein Element der grafischen Interfacegestaltung. Ein Dropdown ist ein Menüpunkt, der sich durch das Anklicken auf- oder einklappen lässt und so bestimmte Informationen nur durch das Aufklappen preisgibt und zur Auswahl bereitstellt. Dropdown-Menüs können genutzt werden, um ein Interface übersichtlicher zu gestalten.

Effektiv, effizient, zufriedenstellend: Diese drei Kriterien muss ein Produkt bei der Nutzung nach DIN EN ISO 9241-11:2018 erfüllen, um eine hohe Usability aufzuweisen. Ein Produkt muss es erlauben, ein Ziel effektiv, effizient und zufriedenstellend zu erreichen.

- *Effektiv*: Die Effektivität beschreibt die Genauigkeit und Vollständigkeit, mit der ein Ziel erreicht werden kann.
- *Effizient*: Die Effizienz beschreibt das Ausmaß an eingesetzten Ressourcen im Verhältnis zu den erreichten Ergebnissen.
- *Zufriedenstellend*: Ein Produkt ist zufriedenstellend zu nutzen, wenn die verwendete Lösung die Erwartungshaltung der Nutzer trifft.

Empathy Maps → Personas: Standardisierte Darstellungsweise von Merkmalen typischer Nutzer- oder Kundengruppen ähnlich einer Persona.

Entdecken: Erster Schritt der Informationsverarbeitung im Reiz-Reaktions-Modell nach dem initialen Reiz. Beschreibt die Fähigkeit, einen konkreten Reiz aus der Fülle an vorhandenen Reizen herauszufiltern.

Entscheiden: Dritter Schritt der Informationsverarbeitung im Reiz-Reaktions-Modell nach dem Erkennen. Beschreibt die Fähigkeit, auf Basis eines erkannten Reizes eine aus Nutzersicht passende Handlung und damit Reaktion auf Basis der jeweiligen Erfahrung auszuwählen.

Ergonomie: Die wissenschaftliche Disziplin, die sich mit dem Verständnis der Interaktionen zwischen Menschen und anderen Elementen eines Systems befasst. Zudem ist die bestmögliche Anpassung von Arbeitsbedingungen an den Menschen gemeint.

Erkennen: Zweiter Schritt der Informationsverarbeitung im Reiz-Reaktions-Modell nach dem Entdecken. Beschreibt die Fähigkeit, einen entdeckten Reiz zu verstehen und ihm eine entsprechende Bedeutung beizumessen.

Erlernbarkeit (nteraktionsprinzip): Das interaktive System unterstützt die Entdeckung seiner Fähigkeiten und deren Verwendung, erlaubt das Explorieren (»Ausprobieren«) des interaktiven Systems, minimiert den Lernaufwand und bietet Unterstützung, wenn Lernen erforderlich ist. Kernfragen: Wie gut ist es den Nutzenden möglich, Informationen und Bedienelemente zu entdecken, nach denen gesucht wird? Wie einfach ist es für die Nutzenden, die entdeckten Informationen und Bedienelemente gefahrlos zu erkunden? Wie sehr unterstützt die Lösung Nutzende dabei, die Folgen der eigenen Interaktionen zu erlernen?

Erwartungskonformität (Interaktionsprinzip): Das Verhalten des interaktiven Systems ist vorhersehbar, basierend auf dem Nutzungskontext und allgemein anerkannten Konventionen in diesem Kontext. Kernfragen: Verhält sich das System angemessen und gibt es auch angemessene Rückmeldung an die Nutzenden? Ist das System intern, aber auch extern konsistent? Gibt es irgendwelche Änderungen im Nutzungskontext, die beachtet werden müssten?

Erwartungsmanagement: Hierunter fallen alle Tätigkeiten eines Unternehmens, die zum Ziel haben, die eigenen Produkte und Leistungen an die Erwartungshaltung der eigenen Kunden anzupassen, um dieser gerecht zu werden.

Expertenreview: Eine Gruppe von Methoden zur Beurteilung eines Systems, eines Produkts oder einer Dienstleistung durch Experten, die sich in den Nutzenden hineinversetzen.

Expertenevaluation: Prüfung des User Interfaces durch Experten. UX-Guidelines werden genutzt, um ein einheitliches Bewertungsschema sicherzustellen.

Eyetracking: Eine Methode zur Verbesserung der Usability und UX, die die Augenbewegungen während der Verwendung eines Systems, Produkts oder einer Dienstleistung verfolgbar macht. Dadurch können nicht nur die Handlungen der Nutzenden, sondern kann auch die Aufmerksamkeit der Nutzenden mitverfolgt werden.

Featurerequests: Die Anfrage nach fehlenden Funktionalitäten eines Produkts durch die Nutzenden.

Feldbeobachtung → Shadowing → On-Site-Visit: Methode, um für eine Nutzungskontextanalyse Daten zu sammeln. Durch passives Beobachten des Nutzers im echten Nutzungsumfeld werden wichtige Daten über Personen, Prozesse und Umgebung generiert.

Flexibilitäts- und Risikomatrix: Eine Matrix, auf der die eigene Lösung in Bezug auf Flexibilität und Risiko verortet werden kann, um folgende Fragen zu klären:

- Wie flexibel ist die Lösung, nachdem sie fertig entwickelt und auf den Markt gebracht wurde?
- Welches Risiko geht hinsichtlich Fehlbedienungen und Fehlinterpretationen von meiner Lösung aus?

Fokusgruppen → Gruppendiskussion: UX-Methode mit dem Ziel, ein möglichst breites Meinungsspektrum in möglichst kurzer Zeit zu erhalten. Ein von einem Moderator gelenktes Gespräch zu einem vorgegebenen Thema. Die Teilnehmerzahl liegt meist zwischen 6 und 12 Personen.

Formative Evaluation: Entwicklungsbegleitende Testung eines Produkts, die die Usability und/oder User Experience evaluiert und Anforderungen für die Verbesserung des Produkts generiert.

Fragebogendesign: Umfasst alle Elemente eines Fragebogens, die gestaltet werden müssen: von der Art des Fragebogens hin zum Fragenkatalog und der Struktur.

Fragenstellen: Methode der User Research, um durch gezieltes Fragen wichtige Daten für die eigene Produktgestaltung zu generieren.

- *Offene Fragen*: Hier werden dem Befragten keine Antwortmöglichkeiten vorgegeben. Bei offenen Fragen handelt es sich fast immer um W-Fragen (Wie, Wann, Wo...).
- *Geschlossene Fragen*: Hier sind die Antwortmöglichkeiten begrenzt und vorgegeben. Zwei Beispiele für geschlossene Fragen sind Skalenfragen oder Ja/Nein-Fragen.

Friendly User: Nutzende, die in einer Beziehung zu den Entwicklern des Produkts stehen und deswegen aufgrund von Befangenheit keine offenen und ehrlichen Rückmeldungen zum Produkt geben. Zum Beispiel, wenn ein Freund befragt wird, der sich nicht traut, negatives Feedback zu geben, aus Angst, sein Gegenüber zu kränken.

Funktionsumfang: Schließt alle Funktionen eines Produkts ein.

Gebrauchstauglichkeit → Usability: Die DIN-Norm DIN EN ISO 9241-11 legt Usability als die

Gebrauchstauglichkeit eines (Software-)Produkts fest. Definiert wird sie dort als *»das Ausmaß, in dem ein System, ein Produkt oder eine Dienstleistung durch bestimmte Benutzer in einem bestimmten Nutzungskontext genutzt werden kann, um bestimmte Ziele effektiv, effizient und zufriedenstellend zu erreichen.«*

Gedächtnis: Die Fähigkeit, sich an bereits Wahrgenommenes zu erinnern, zuvor Gelerntes wieder abzurufen und Informationen zu speichern und abzurufen.

Gesetz der Ähnlichkeit (Gestaltgesetz): Optisch ähnliche Gestaltelemente werden als zusammengehörig wahrgenommen.

Gesetz der Geschlossenheit (Gestaltgesetz): Fehlende Bestandteile einer »geschlossenen« Gestalt werden vom Betrachtenden ergänzt.

Gesetz der Kontinuität (Gestaltgesetz): Erscheinen Gestaltelemente als Fortsetzung vorheriger Elemente, dann werden sie als zusammengehörig wahrgenommen.

Gesetz der Nähe (Gestaltgesetz): Gestaltungselemente, die nah beieinander sind, werden als zusammengehörig wahrgenommen.

Gesetz der Symmetrie (Gestaltgesetz): Befinden sich die Attribute eines Gestaltungselements im Gleichgewicht, dann wird es als symmetrisch wahrgenommen.

Gesetz der visuellen Hierarchie (Gestaltgesetz): Die Größe und Formgebung von Objekten beeinflussen die optische Wichtigkeit der Gestaltungselemente.

Gesetz des Blickpunkts (Gestaltgesetz): Unterscheidet sich ein Gestaltungselement signifikant von den anderen, dann zieht es die Aufmerksamkeit auf sich.

Gesetz des gemeinsamen Schicksals (Gestaltgesetz): Gestaltungselemente, die sich gemeinsam verändern oder bewegen, werden als zusammengehörig wahrgenommen.

Gesetz von Figur und Hintergrund (Gestaltgesetz): Im Vordergrund befindliche Gestaltungselemente besitzen eine Form. Elemente im Hintergrund sind eher formlos.

Gestaltgesetze: Eine Sammlung einfacher Gesetzmäßigkeiten, die das Verständnis der Wahrnehmung von Design unterstützen. Durch sie wird das Treffen von guten Entscheidungen bei der Gestaltung gefördert.

Gruppendiskussion → Fokusgruppen: UX-Methode mit dem Ziel, ein möglichst breites Meinungsspektrum in möglichst kurzer Zeit zu erhalten. Ein von einem Moderator gelenktes Gespräch zu einem vorgegebenen Thema. Die Teilnehmerzahl liegt meist zwischen 6 und 12 Personen.

Halo-Effekt: Wahrnehmungsverzerrung, bei der Personen aufgrund einer Eigenschaft (z. B. Attraktivität) auf andere Eigenschaften (Freundlichkeit) schließen.

Handeln: Vierter Schritt der Informationsverarbeitung im Reiz-Reaktions-Modell nach dem Entscheiden. Beschreibt die Fähigkeit, die zuvor entschiedene Handlung auszuführen.

Hauptworkflow → kritische Funktion: Der wichtigste Workflow oder die wichtigste Funktion eines Produkts. Beim UX-Design wird diese priorisiert.

Hazard-Related Use Scenarios: Gefährliche Szenarien, die durch einen Nutzungsfehler entstehen.

(Design-)Heuristik: Heuristiken sind Vorgehensweisen und Strategien zur gezielten Lösung von Problemen. Sie stellen Erfahrungswerte dar und helfen, bei begrenztem Wissen schnell bestmögliche Entscheidungen zu treffen.

Hippo-Effekt: »Highest Paid Person's Opinion« – also die Meinung der bestbezahlten Person im Raum. Bezeichnet den Effekt, dass oft der Meinung des bestbezahltesten Teammitglieds bzw. der Person, die hierarchisch am höchsten gestellt ist, die meiste Beachtung geschenkt wird, auch wenn es bei näherer Betrachtung weitaus bessere Lösungsvorschläge gibt.

How-might-we-Frage: Kommt aus dem Design Thinking und verfolgt das Ziel, den Auftrag in einer einzigen Frage zu formulieren. Dadurch wird es im Verlauf des Projekts viel einfacher, den Fokus auf dem Kernthema zu behalten und zu hinterfragen.

Human Factors: Unter dem Begriff werden verschiedene psychische, kognitive und soziale Einflussfaktoren des Menschen auf sozio-technische Systeme zusammengefasst.

Icon: Laut Duden ein »*grafisches Symbol für Anwendungsprogramme, Dateien u.Ä. auf dem Bildschirm*« (*https://www.duden.de/rechtschreibung/Icon*). Im Gegensatz zu Bildern und Grafiken sind Icons meist stark abstrahiert und vereinfacht.

Informationsverarbeitung: Beschreibt den Prozess, den ein Mensch durchläuft, wenn er einen Reiz hin zu einer Reaktion verarbeitet.

Interaktionsprinzipien: Eine Sammlung von allgemeinen Prinzipien für die Gestaltung von Mensch-Maschine-Schnittstellen aus der DIN EN ISO 9241-110.

Interview -> Nutzerinterview: Eine UX-Research-Methode. Ein Gespräch unter Anleitung mit dem Ziel, Nutzerbedürfnisse zu evaluieren. Interviews können strukturiert, semi-strukturiert oder offen sein.

Iteration, Iterativer Prozess: Ein sich wiederholender Prozess mit dem Ziel, eine Sache immer weiter zu verbessern und sich so einer optimalen Lösung anzunähern. Im UX-Bereich ist damit das iterative Testen von Produktprototypen gemeint, das zum Ziel hat, in jeder Iteration Verbesserungspotenzial für das Produkt zu generieren.

Kano-Modell: Hilft bei der Priorisierung von Produktmerkmalen in den zwei Dimensionen »Kundenzufriedenheit« und »Erwartung«. Dabei werden Basis-, Leistungs-, Begeisterungs- und Rückweisungsmerkmale differenziert. Zudem beschreibt es die Degeneration von Begeisterungsmerkmalen hin zu Basis- bzw. Rückweisungsmerkmalen über die Zeit.

Käufer -> Kunde -> Customer: Person, die (potenziell) Geld für ein Produkt ausgibt.

Kick-Off-Workshop: Ein Meeting eines Projektteams zu Beginn eines Projekts. Hier werden grundlegende Fragen geklärt und es wird der weitere Projektplan vorgestellt.

Klickanalyse -> Webtracking: Das Verfolgen und Auswerten von Klickmustern eines Nutzers bei der Nutzung eines (webbasierten) Softwareprodukts mit dem Ziel, wichtige Daten zur Usability zu generieren.

Klickdummy: Ein Klickdummy ist ein Prototyp für Nutzertests. Er bildet Workflows und ggf. Animationen ab.

Kontrollkästchen -> Checkbox: Ein Interaktionselement eines grafischen Interfaces. Es zeigt an, ob eine bestimmte Option vom Nutzer gewählt (angehakt bzw. angekreuzt) oder nicht gewählt (nicht angehakt bzw. angekreuzt) wurde. Checkboxen werden vor allem dann eingesetzt, wenn aus mehreren Alternativen nicht nur eine Option, sondern mehrere Optionen gleichzeitig gewählt werden können.

KPI, Key Performance Indicator: Kennzahlen, anhand derer der Erfüllungsgrad bestimmter Zielvorgaben gemessen werden kann. Hiermit kann der Wirkungsgrad bestimmter Anstrengungen und Leistungen herausgefunden werden.

kritische Funktion -> Hauptworkflow: Der wichtigste Workflow oder die wichtigste Funktion eines Produkts. Beim UX-Design wird diese priorisiert.

Kunde -> Käufer -> Customer: Person, die (potenziell) Geld für ein Produkt ausgibt.

Lastenheft -> Anforderungsliste: Eine Aufzählung der Merkmale, wie ein Produkt beschaffen sein muss und was es leisten muss, damit der Nutzer sein Ziel bei der Produktnutzung erreichen kann.

Leitfadeninterview -> Befragungen -> Nutzerbefragung: Eine qualitative empirische Methode, um die Wahrnehmung und Meinung bzw. Nutzerbedürfnisse und Nutzeranforderungen von Nutzern zu erfragen. Die Befragung kann mithilfe eines Leitfadens durchgeführt werden, aber auch semi-strukturiert aus einem Leitfaden und situativen Fragen zur Vertiefung bestehen. Einzel- als auch Gruppeninterviews sind möglich.

Likert-Skala: Eine Skalenform für Fragebögen, die es ermöglicht, Fragebögen vollständig zu standardisieren. Teilnehmer beantworten die einzelnen Fragen anhand von Werten, die die eigene Zustimmung oder Ablehnung einer Aussage ausdrücken.

Medizinprodukt: Ein Produkt, das laut Zweckbestimmung für medizinische Zwecke verwendet wird, also zur Erkennung, Behandlung oder Vorbeugung von Krankheiten.

Mensch-Maschine-Interaktion, Mensch-Computer-Interaktion: Unter Mensch-Maschine-Interaktion verstehen wir jeden Austausch von

Informationen zwischen Menschen und Maschinen. Diese Informationen können Aktionen auslösen (z. B. Bedienvorgänge, Reaktion des Menschen), müssen es aber nicht. Auch Informationen, die Statusinformationen zwischen dem Menschen und der Maschine ohne direkte Handlungsaufforderung vermitteln, verstehen wir als Mensch-Maschine-Interaktion.

Menschzentrierte Gestaltung, Menschzentrierter Gestaltungsprozess: Bei diesem Gestaltungsprozess werden die späteren Nutzer des Systems mit ihren Erfordernissen und Anforderungen in den Fokus der Entwicklung gestellt und es wird mithilfe von Kenntnissen in den Bereichen Ergonomie, Human Factors und Usability ein geeignetes Design geschaffen.

Mindset: Die Einstellungen und Erwartungshaltungen, mit denen sich eine Person einem Thema widmet.

Moodboard: Eine Collage, auf der verschiedene Bilder, Farben, Formen und Texte aufgegriffen werden können, die als wegweisend für einen visuellen Stil anzusehen sind.

Multiple-Choice-Fragen: Bei einer Multiple-Choice-Frage wird eine Frage gestellt, zu der mehrere Antwortmöglichkeiten vorgegeben sind. Diese Fragen eignen sich sehr gut zur Standardisierung von Fragebögen.

MVP, Minimal Viable Product: Übersetzt: »Das kleinstmögliche wertvolle Produkt«. Das Ziel des MVP-Prozesses ist es also, ein Produkt zu entwickeln, das ausschließlich aus den wirklich benötigten Kernfeatures besteht, um für die Kunden wertvoll zu sein. Alles andere wird weggelassen.

NetPromoterScore: Eine Kennzahl, die ausdrückt, ob ein Kunde eine Dienstleistung oder ein Produkt weiterempfehlen würde.

Nutzer → Benutzer → User: Die Person, die mit einem System, einem Produkt oder einer Dienstleistung interagiert.

Nutzerbefragung → Befragungen → Leitfadeninterview: Eine qualitative empirische Methode, um die Wahrnehmung und Meinung bzw. Nutzerbedürfnisse und Nutzeranforderungen von Nutzern zu erfragen. Die Befragung kann mithilfe eines Leitfadens durchgeführt werden, aber auch semi-strukturiert aus Leitfaden und situativen Fragen zur Vertiefung bestehen. Sowohl Einzel- als auch Gruppeninterviews sind möglich.

Nutzererfahrung, Nutzererlebnis → User Experience, UX: Die »*Wahrnehmungen und Reaktionen einer Person, die aus der tatsächlichen und/oder der erwarteten Benutzung eines Systems, eines Produkts oder einer Dienstleistung resultieren.*« (DIN EN ISO 9241-11:2018)

Nutzerevaluation: Prüft das Interface gemeinsam mit Nutzern daraufhin, ob es verständlich, zu den Aufgaben passend und sicher zu bedienen ist.

Nutzergruppe → Benutzergruppe: »*Untergruppe von vorgesehenen Benutzern, die anhand von Merkmalen der Benutzer, Aufgaben oder Umgebungen, die auf die Gebrauchstauglichkeit einwirken könnten, von anderen vorgesehenen Benutzern abgegrenzt wird.*« (DIN EN ISO 9241-11:2018)

Nutzerinterview → Interview: Eine UX-Research-Methode. Ein Gespräch unter Anleitung mit dem Ziel, Nutzerbedürfnisse zu evaluieren. Interviews können strukturiert, semi-strukturiert oder offen sein.

Nutzerrückmeldung: Reaktionen und Feedback der Nutzenden bezüglich der Nutzung eines Produkts.

Nutzertests: Eine Gruppe von Methoden, um die Usability eines Produkts zu messen und zu verbessern. Nutzende werden bei der Nutzung eines Produkt-Prototyps verdeckt oder offen beobachtet, um Daten zur Usability des Produkts zu generieren.

Nutzungsanforderungen: Definieren, was ein System, ein Produkt oder eine Dienstleistung später leisten muss, damit die Nutzenden es bzw. sie zielbringend nutzen können.

Nutzungsdaten: Daten, die während der realen Verwendung des Produkts erhoben werden und unabhängig von einer zusätzlichen Interaktion mit den Nutzenden zur Verfügung stehen.

Nutzungshäufigkeit: Hierbei handelt es sich um wichtige Nutzungsdaten über ein Produkt. Die Nutzungshäufigkeit gibt Auskunft darüber, wie oft ein Nutzer ein bestimmtes Feature nutzt.

Nutzungskontext: Eine »Kombination von Benutzern, Zielen, Aufgaben, Ressourcen und Umgebung« (DIN EN ISO 9241-11:2018).

Nutzungskontextanalyse: Im Kern geht es bei der Nutzungskontextanalyse darum, die Ist-Situation zu verstehen. Es werden also Daten gesammelt zu einer Kombination von Benutzern, Zielen, Aufgaben, Ressourcen und Umgebung. Diese werden dann in ihre einzelnen Bestandteile zerlegt.

Nutzungsumgebung: Das physische Umfeld, in dem die Nutzung eines Produkts stattfindet. Eingeschlossen sind die Lokalitäten, die physische Beschaffenheit des Umfelds, umstehende Personen und auch soziale Attribute der Umgebung, wie ein erhöhter Stress- oder Lautstärkelevel.

Objektivität: Ein Gütekriterium für Tests. Beschreibt die Tatsache, dass eine Aussage frei von subjektiven Einschätzungen und Bewertungen ist. Eine Aussage ist dann objektiv, wenn mehrere unabhängige Personen zur gleichen Aussage kommen würden.

On-Site-Visit → Shadowing → Feldbeobachtung: Methode, um für eine Nutzungskontextanalyse Daten zu sammeln. Durch passives Beobachten des Nutzers im echten Nutzungsumfeld werden wichtige Daten über Personen, Prozesse und die Umgebung generiert.

Pain Point und Gain Point: Ein Bereich einer Empathy Map, der die Punkte beschreibt, die einer Persona Frust (*Pain*) oder Lust (*Gain*) verschaffen.

Patient: Ein Mensch, der ärztliche Behandlung in Anspruch nimmt.

Personas → Empathy Maps: Personas sind prototypische Darstellungen von typischen Nutzer- oder Kundengruppen.

Primacy-Recency-Effekt → Serieller Positionseffekt: Gedächtniseffekt, der dazu führt, dass Informationen besser behalten und frei wiedergegeben werden können, wenn diese zu Beginn oder am Ende stehen. Auch »serieller Positionseffekt« genannt.

Problem-Solution-Fit: Die Anpassung bestimmter Produktmerkmale an die Problemstellung einer Nutzergruppe durch den Entwickler.

Produktivität: Eine Kennzahl über das Verhältnis zwischen erbrachter Leistung und Arbeitsaufwand.

Proof of Concept: Der durch einen Test erbrachte Beweis, dass ein Konzept auch zielgemäß funktioniert.

Prototyp : Im Bereich Data Driven UX Design ist ein Prototyp eine schnelle und simulierte Umsetzung einer Lösungsidee mit dem Ziel, die Interaktion von Nutzendem und Produkt so schnell und einfach wie möglich für das Testing abzubilden.

- *High-Fidelity-Prototyp*: Ein Prototyp, der Wirkweise, Interaktion und auch Design schon sehr nah an dem fertigen Produkt abbildet.
- *Low-Fidelity-Prototyp*: Ein extrem schnell und günstig herzustellender Prototyp mit dem Ziel, eine Interaktion oder Wirkweise klarzumachen.

Qualitätsmanagementsystem: Nach ISO 9001 ist ein Qualitätsmanagementsystem eine Methode der Unternehmensführung mit der Zielsetzung, ein systematisches Qualitätsmanagement sicherzustellen.

Quantitative Befragung → Befragungen: Eine quantitative empirische Methode, um die Wahrnehmung und Meinung bzw. Nutzerbedürfnisse und Nutzeranforderungen von Nutzern zu erfragen. Quantitative Befragungen erfolgen meistens mithilfe von Fragebögen (online oder offline) oder durch die Durchführung von Telefoninterviews anhand von strukturierten Fragebögen.

Rapid User Tests: Vereinfachtes Testverfahren, bei dem URL-basierte Inhalte weitgehend automatisiert und unmoderiert durch Nutzende bewertet werden können.

Rapport: Direkter Kontakt zwischen Fragendem und Befragtem, der zu einer erfolgreichen Zusammenarbeit führt.

Reaktanz: Der psychologische Begriff für den inneren Widerstand gegen Einschränkungen der Handlungsfreiheit durch Verbote bzw. äußeren Druck. Reaktanz fördert die Tendenz, das zu tun, was verboten oder unerwünscht ist.

Reaktion: Resultat der Informationsverarbeitung im Reiz-Reaktions-Modell nach dem

Schritt »Handeln«. Beschreibt das beobachtbare Ergebnis der ausgeführten Handlung und stellt die Rückmeldungsschleife an den Nutzer dar.

Redesign: Eine Neugestaltung eines bestehenden Designs.

Reiz: Ein Reiz ist laut Duden eine *»äußere oder innere Einwirkung auf den Organismus, z. B. auf die Sinnesorgane, die eine bestimmte, nicht vom Willen gesteuerte Reaktion auslöst«.* (*https://www.duden.de/rechtschreibung/Reiz*)

Reiz-Reaktions-Modell: Ein Modell, das die Schritte vom Reiz bis zur Reaktion aufzeigt: Entdecken, Erkennen, Entscheiden, Handeln. Das vereinfachte Reiz-Reaktions-Modell der menschlichen Informationsverarbeitung basiert auf der Idee, dass die Informationsverarbeitung in einzelnen sequenziellen Stufen abläuft. Erst wenn eine Stufe erfolgreich abgeschlossen ist, kann die nächste Stufe starten.

Remote-Testing: Ein nicht vor Ort durchgeführtes Testing. Remote-Tests finden meist über Online-Meeting-Tools statt.

Responsive Design, Responsive Webdesign: Designlösungen, die es ermöglichen, eine an das jeweilige Endgerät angepasste Darstellung auszuspielen. So ist eine Oberfläche beispielsweise an einen Computerbildschirm, ein Tablet und ein Handydisplay angepasst.

Return on Investment, ROI: Die Rendite einer unternehmerischen Tätigkeit, gemessen am Erfolg im Verhältnis zum eingesetzten Kapital.

Risiko: Die Schadenshöhe multipliziert mit der Auftretenswahrscheinlichkeit des Schadens.

Risikobeurteilung (nach DIN EN ISO 14971:2020-07): Die Risikobeurteilung ist das Zusammenspiel aus Risikoanalyse und Risikobewertung. Dabei werden alle verfügbaren Informationen genutzt, um Gefährdungen zu identifizieren und hinsichtlich ihrer Wahrscheinlichkeit des Auftretens des Schadens sowie der Schadensschwere einzuschätzen. Je nach Ergebnis kann der Hersteller gezwungen sein, risikominimierende Maßnahmen für das eigene Produkt umzusetzen.

Risikoklassifizierung: Die Betrachtung der möglichen Gefährdungen und gefährdungsbezogenen Nutzungsszenarien.

Risikomanagement: Durch die DIN EN ISO 14971:2020-07 wird festgelegt, dass Risiken von Medizinprodukten herausgefunden und beherrscht werden müssen. Ziel ist es, nichtakzeptable Risiken auszuschließen.

Robustheit gegen Benutzungsfehler (Interaktionsprinzip): Das interaktive System unterstützt den Benutzer beim Vermeiden von Fehlern, toleriert Benutzungsfehler im Falle von erkennbaren Fehlern und unterstützt den Benutzer bei der Fehlerbehebung. Kernfragen: Unterstützt Ihre Lösung die Nutzenden dabei, Fehler zu vermeiden? Reagiert Ihre Lösung gemachten Fehlern gegenüber tolerant? Unterstützt Ihre Lösung die Nutzenden dabei, sich von gemachten Fehlern zu erholen und deren Folgen abzumildern?

Root Cause-Analyse → Ursachenanalyse: Die Ermittlung von Fehlerursachen bei der Nutzung, um diese zukünftig durch das Produktdesign ausschließen zu können.

Schaltfläche → Button: Interaktiver Bereich auf einem User Interface, die durch Anklicken mit einer Maus oder durch Antippen auf einem Touchdisplay aktiviert werden kann und eine Aktion auslöst.

Screener: Ein Dokument voller Fragen, die es der fragenden Person ermöglichen, zu entscheiden, ob die befragte Person zu einer Nutzergruppe gehört oder nicht.

Screenflow: Ein Low-Fidelity-Prototyp, der einen Workflow durch die Aneinanderreihung von Wireframes abbildet.

Sekundärforschung → Desk Research: Gewinnung von Informationen anhand bereits vorhandener Datenquellen.

Selbstbeschreibungsfähigkeit → Interaktionsprinzip: Wo immer es für den Benutzer erforderlich ist, bietet das interaktive System angemessene Information an, die die Fähigkeiten des Systems und seine Nutzung unmittelbar offensichtlich machen, ohne dass hierzu unnötige Benutzer-System-Interaktionen erforderlich werden. Kernfragen: Sind alle notwendigen Informationen vorhanden und offensichtlich verfügbar? Ist für die Nutzenden klar, in welchem Zustand sich der Prozess befindet bzw. in welchen Zustand sich die Lösung befindet?

Serieller Positionseffekt → Primacy-Recency-Effekt: Gedächtniseffekt, der dazu führt, dass Informationen besser behalten und frei wiedergegeben werden können, wenn diese zu Beginn oder am Ende stehen. Auch »serieller Positionseffekt« genannt.

Shadowing → Feldbeobachtung → On-Site-Visit: Methode, um für eine Nutzungskontextanalyse Daten zu sammeln. Durch passives Beobachten des Nutzers im echten Nutzungsumfeld werden wichtige Daten über Personen, Prozesse und die Umgebung generiert.

Simulation: Im UX-Bereich: die Nachbildung realer Szenarien für Nutzertests.

Skalenbewertung: Die Abgabe von Meinungen oder Rückmeldungen durch eine Zuordnung von Zahlen. Zum Beispiel die Bewertung der eigenen Zufriedenheit auf einer Skala von 1 bis 10, wobei 1 »sehr unzufrieden« und 10 »sehr zufrieden« darstellt.

Slider → Webseiten-Slider: Ein Element, das Informationen anzeigt, die in einem bestimmten Zeitrhythmus durchwechseln, und das durch die Nutzenden zusätzlich aktiv gesteuert werden kann. Slider werden oft als Startelement auf Webseiten eingesetzt, um viel Aufmerksamkeit auf sich zu ziehen.

Software-Ergonomie: Laut Definition des Gabler Wirtschaftslexikons verfolgt die Software-Ergonomie das Ziel, »*Softwareprodukte entsprechend der mit ihnen arbeitenden Menschen zu gestalten*« (Gabler Wirtschaftslexikon, zuletzt aufgerufen 29.07.2022.). Ihre Inhalte sind Fragen der Dialoggestaltung, Arbeitsinhalte sowie die Bewahrung und Gestaltung von Entscheidungsräumen.

Stakeholder: Personen, die direkt oder indirekt am Ergebnis der Entwicklung interessiert sind und ein berechtigtes Interesse haben, auf die Entwicklung einzuwirken.

Stakeholder-Workshop: Workshop vor dem Start eines Projekts und im Laufe des Projekts, um Einstellungen, Erwartungshaltungen und Ziele der Stakeholder zu erfragen, zu definieren und das weitere Vorgehen abzusprechen.

Steuerbarkeit → Interaktionsprinzip: Das interaktive System erlaubt es dem Benutzer, die Kontrolle über die Benutzungsschnittstelle und die Interaktionen zu behalten, einschließlich der Geschwindigkeit, Abfolge und Individualisierung der Benutzer-System-Interaktion. Kernfragen: Wie gut unterstützt die Lösung Unterbrechungen durch die Nutzenden? Wie viel Flexibilität ermöglicht die Lösung den Nutzenden? Wie viel Individualisierung und Anpassung ermöglicht die Lösung den Nutzenden?

Styleguide: Ein Dokument, das Informationen dazu enthält, welche Elemente es gibt, wie diese aussehen und wie sie angeordnet werden.

Summative Evaluation, summativer Usability-Test: Die abschließende, bewertende Prüfung eines Produkts. In der Medizintechnik ausschließlich auf die Sicherheit der Nutzung eines Medizinprodukts bezogen. Im Marketing auch zur Gewinnung von Aussagen für die Werbung eingesetzt.

Support-Ticket: Über ein Support-Ticket können Nutzer einer Software oder Dienstleistung ein Problem an einen Servicemitarbeiter melden.

System Usability Scale (SUS): Eines der ältesten standardisierten Verfahren für die Erfassung der subjektiven Usability. Ein Fragebogen besteht aus insgesamt zehn Aussagen, die auf einer fünfstufigen Skala beantwortet werden. Dabei kann jede Aussage mit einem Wert von 0 = »stimme gar nicht zu« bis 4 = »stimme voll zu« beantwortet werden.

Tagebuchstudie: Personen werden bei Verwendung eines fertigen Systems, eines Produkts oder einer Dienstleistung in regelmäßigen Abständen gebeten, eine Bewertung abzugeben, um aus ihr Rückschlüsse auf das Nutzererlebnis ziehen zu können.

Taskanalyse → Aufgabenanalyse: Methode zur Zerlegung der Nutzeraufgabe in einzelne Teilschritte mit anschließender Analyse.

Ticket-/Feedbackanalyse: Die Untersuchung von Nutzerrückmeldungen oder Support-Tickets auf Fehlerursachen oder Nutzerprobleme bei der Nutzung eines Produkts.

Touchpoint-Analyse → (User bzw.) Customer Journey Mapping: Beim User bzw. Customer Journey Mapping werden die einzelnen Stationen einer Tätigkeit eines Users oder Customers aufgegriffen und dargestellt. So kann die Reise des Nutzers oder Kunden in einzelne Stationen aufgeteilt werden. Hier kann man Zusammenhänge deuten oder einzelne Kontaktpunkte (Touchpoints) mit dem eigenen Unternehmen herausfinden. Bei der Darstellung können verschiedene Schwerpunkte gesetzt werden, sodass entweder die Reise der Nutzenden oder die verschiedenen Berührungspunkte der Nutzenden mit dem Angebot im Fokus stehen.

Trial-and-Error-Prozess: Ein Prozess, der es ermöglicht, durch das Experimentieren mit verschiedenen Methoden Fehler zu generieren, um aus diesen zu lernen.

Typografie: Die Gestaltung von Schriften. Wichtig für die Lesbarkeit von Texten. Betrifft u. a. Schriftgröße und Schriftart.

Ursachenanalyse → Root Cause-Analyse: Die Ermittlung von Fehlerursachen bei der Nutzung, um diese Ursachen zukünftig durch das Produktdesign ausschließen zu können.

Usability → Gebrauchstauglichkeit: Die DIN-Norm DIN EN ISO 9241-11:2018-11 legt Usability als die Gebrauchstauglichkeit eines (Software-)Produkts fest. Definiert wird sie dort als

das Ausmaß, in dem ein System, ein Produkt oder eine Dienstleistung durch bestimmte Benutzer in einem bestimmten Nutzungskontext genutzt werden kann, um bestimmte Ziele effektiv, effizient und zufriedenstellend zu erreichen.

Usability und User Experience Design: Eine Tätigkeit, die sich mit der Gestaltung von Systemen, Produkten und Dienstleistungen beschäftigt, mit dem Ziel, eine hohe Usability und eine sehr gute User Experience zu erreichen.

Usability und User Experience Designer → UXler: Usability und User Experience Designer übersetzen Nutzeranforderungen in Designlösungen.

Usability und User Experience-Test: Ein Test, um ein User Interface mit der richtigen Nutzergruppe in einer festgelegten Nutzungsumgebung in Bezug auf die Usability und User Experience zu evaluieren.

Use Case: Eine der gängigsten Formen, um Anforderungen zu dokumentieren, ist die Erstellung von Use Cases. Unter Use Cases versteht man Szenarien, die eintreten können, wenn Nutzende ein System, ein Produkt oder eine Dienstleistung bedienen. Typischerweise beschreibt man dabei das für die Nutzenden sichtbare Verhalten einer bereits existierenden oder fiktiven Lösung.

User → Benutzer → Nutzer: Die Person, die mit einem System, einem Produkt oder einer Dienstleistung interagiert.

User Experience, UX: Die »*Wahrnehmungen und Reaktionen einer Person, die aus der tatsächlichen und/oder der erwarteten Benutzung eines Systems, eines Produkts oder einer Dienstleistung resultieren.*« (DIN EN ISO 9241-11:2018-11)

User Experience Questionnaire (UEQ): Ein Fragebogen, der im Kern schon 2005 von Martin Schrepp entwickelt wurde. Das Ziel des User Experience Questionnaires ist es, die User Experience anhand eines standardisierten Verfahrens zu messen.

User Experience-Sprints: Der Usability und User Experience-Sprint ist eine kleinere Version des Usability und User Experience-Tests. Er wird eingesetzt, wenn direkt die Durchführung von verschiedenen Iterationen geplant ist und der Entwicklungszyklus sehr kurz sein soll. Testdurchführung und -auswertung werden dabei meist auf einen Tag verkürzt, um schnellstmöglich Ergebnisse zu bekommen.

User Interface, UI → Benutzeroberfläche → Benutzerschnittstelle: Die Benutzeroberfläche ist die Schnittstelle zwischen Mensch und Maschine, die es dem Nutzer erlaubt, mit der Maschine in Interaktion zu treten.

User Interface Design: Die konzeptionelle und visuelle Ausgestaltung der Benutzerschnittstelle.

User Research: Nutzerdatengenerierung durch gezieltes Beobachten, Fragenstellen und Zuhören.

User Researcher: User Researcher übersetzen Nutzerbedürfnisse in Designanforderungen.

User Stories: Eine der gängigsten Formen, um Anforderungen zu dokumentieren. Durch die informelle Formulierung einer User Story kann der Wert einer Funktion für bestimmte Zielgruppen beschrieben werden.

UX-Benchmarking: Die quantitative Bewertung der UX eines Produkts oder einer Dienstleistung anhand von Metriken mit der Absicht, diese Metriken an selbst gewählten Standards (z. B. Vorgängerversionen, Konkurrenzprodukten, alternativen Designs), also Benchmarks, zu messen.

UXler → Usability und User Experience Designer: Usability und User Experience Designer übersetzen Nutzeranforderungen in Designlösungen.

Validität: Ein Gütekriterium für die Beurteilung von Tests. Gibt an, ob der Test tatsächlich das gemessen hat, was er behauptet, gemessen zu haben.

Visual Design: Die visuelle Ausgestaltung eines Interfaces.

Wahrnehmung: Die Fähigkeit eines Menschen, Reize wahrzunehmen und diese sinngebend zu verarbeiten. Beinhaltet das Entdecken von Reizen und deren Erkennung.

Webseiten-Slider → Slider: Unter einem »Webseiten«-Slider versteht man ein Element, das Informationen anzeigt, die in einem bestimmten Zeitrhythmus durchwechseln, und das durch die Nutzenden zusätzlich aktiv gesteuert werden kann. Slider werden oft als Startelement auf Webseiten eingesetzt, um viel Aufmerksamkeit auf sich zu ziehen.

Webtracking → Klickanalyse: Das Verfolgen und Auswerten von Klickmustern eines Nutzers bei der Nutzung eines (webbasierten) Softwareprodukts mit dem Ziel, wichtige Daten zur Usability zu generieren.

Wireframe: (Auf Deutsch »Drahtgestell«) Damit ist gemeint, dass man den grundlegenden Aufbau des Screens schematisch darstellt. Normalerweise enthält ein Wireframe noch keinerlei optisches Design, sondern ist rein auf eine Darstellung der einzelnen Elemente in ihrer Relation zueinander beschränkt.

Wissen: Die Gesamtheit der Kenntnisse, die jemand (auf einem bestimmten Gebiet) hat, oder auch die Kenntnis von etwas.

Workflow: Ein Arbeitsablauf. Hier ist also die Abfolge von Arbeitsschritten gemeint.

Workflow-Management-System: Eine Software oder Anwendung, die es ermöglicht, Arbeitsabläufe darzustellen und zu verwalten.

Ziele (laut DIN EN ISO 9241-11:2018-11): Ein Teil der Nutzungskontextanalyse: Welche Dinge möchten die Nutzenden mit der Nutzung des Produkts erreichen?

Zuhören → Aktives Zuhören: Zuhörstil, der durch aktive Bestätigung des Gesagten, Zusammenfassungen, Rückfragen und Zugewandtheit (z. B. Augenkontakt und Lächeln) geprägt ist.

Anhang B
Literaturverzeichnis

- Adams, C. D. (1868). The Genuine Works of Hippocrates. Hippocrates. New York. Dover. Abgerufen 2022 von *http://www.perseus.tufts.edu/hopper/text?doc=Perseus%3Atext%3A1999.01.0248%3Atext%3DOff.%3Asection%3D3.*
- Adams, M. (2019). QT – Question Thinking: Die Kunst, die richtigen Fragen zu stellen. München: dtv Verlagsgesellschaft mbH & Co. KG.
- Angrave, J. (2020). The Journey Mapping Playbook. Berlin: Walter de Gruyter GmbH.
- Association, I. E. (18.11.2021). What is ergonomics? International Ergonomics Association. Von International Ergonomics Association: *https://iea.cc/what-is-ergonomics/* abgerufen.
- Bangor, A., Kortum, P. & Miller, J. (2009). Determining What Individual SUS Scores Mean: Adding an Adjective Rating Scale. Journal of Usability Studies, 4(3), S. 114–123.
- Bartscher, T. (18.11.2021). Humanisierung der Arbeit: Gabler Wirtschaftslexikon. Von Gabler Wirtschaftlexikon: *https://wirtschaftslexikon.gabler.de/definition/humanisierung-der-arbeit-36234* abgerufen.
- Beasley, M. (2013). Practical web analytics for user experience: How anaytics can help you understand your users. Waltham: Elsevier.
- Bendel, O. (18.11.2021). Mensch-Maschine-Interaktion: Gabler Wirtschaftslexikon. Von Gabler Wirtschaftslexikon: *https://wirtschaftslexikon.gabler.de/definition/mensch-maschine-interaktion-54079* abgerufen.
- Berekoven, L., Eckert, W. & Ellenrieder, P. (2009). Marktforschung: Methodische Grundlagen und praktische Anwendung. Wiesbaden: Gabler.
- Bojko, A. (2013). Eye tracking the user experience. A practical guide to research. New York: Rosenfeld Media.
- Bortz, J. & Schuster, C. (2016). Statistik für Human- und Sozialwissenschaftler: Limierte Sonderausgabe. Heidelberg: Springer.
- Brooke, J. (1996). SUS: A quick and dirty usability scale. In B. A. Weerdmeester, I. L. McClelland, & P. T. Jordan, Usability Evaluation in Industry (S. 189–194). London: Taylor & Francis.
- Burmester, M., Hassenzahl, M. & Koller, F. (2007). Engineering attraktiver Produkte – AttrakDiff. In J. Ziegler, & W. Beinhauer, Interaktion mit komplexen Informationsräumen (S. 121–141). München: Oldenbourg.

- Carter, B. & Luke, S. (2020). Best practices in eye tracking research. International Journal of Psychology, 155, S. 49–62.
- Christensen, C. M., Hall, T., Dillon, K. & Duncon, D. S. (2017). Besser als der Zufall – »Jobs to Be Done« – die Strategie für erfolgreiche Innovationen. Kulmbach: Börsenmedien AG.
- Cohn, M. (2004). User Stories Applied: For Agile Software Development. Addison-Wesley.
- Diefenbach, S., Lenz, E. & Hassenzahl, M. (2014). Experience Design Tools - Ansätze zur Interaktionsgestaltung aus dem Blickwinkel psychologischer Bedürfnisse. Von *https://dl.gi.de/bitstream/handle/20.500.12116/5760/Diefenbach_Lenz_Hessenzahl_2014.pdf?sequence=2#:~:text=Basierend%20auf%20einer%20Zusammenschau%20der,%2C%20Sicherheit%2C%20Selbstwert%20und%20Popularit%C3%A4t.* abgerufen.
- Dilts, R. B. (1994). Strategies of Genius. Volume I: Aristotle, Sherlock Holmes, Walt Disney, Wolfgang Amadeus Mozart. Capitalo CA: Meta Publications.
- DIN. (2013). DIN 1450:2013-04: Schriften – Leserlichkeit.
- DIN. (2016). DIN EN ISO 9241-161:2016 Ergonomie der Mensch-System-Interaction – Teil 161: Leitfaden zu visuellen User-Interface-Elementen.
- DIN. (2018). Ergonomie der Mensch-System-Interaktion – Teil 11: Gebrauchstauglichkeit: Begriffe und Konzepte. DIN.
- Döring, N. & Bortz, J. (2016). Forschungsmethoden und Evaluation in den Sozial- und Humanwissenschaften. Heidelberg: Springer.
- Draxler, T. & Cheung, A. (2010). 30 Minuten Gesundheitsmanagement. Offenbach: GABAL.
- Dweck, C. S. (2006). Mindset: The New Psychology of Success. New York: Random House.
- Ebbinghaus, H. (1913). On memory: A contribution to experimental psychology. New York: Teacher College.
- Eppler, M. J., Hoffmann, F. & Pfister, R. A. (2017). Creability: Gemeinsam kreativ – innovative Methoden für die Ideenentwicklung in Teams. Bad Langensalza: Schäffer-Poeschel Verlag für Wirtschaft Steuern Recht GmbH.
- Ericsson, K., Krampe, R. & Tesch-Roemer, C. (1993). The Role of Deliberate Practice in the Acquisition of Expert Performance. Psychological Review, 100(3), S. 363–406.
- Faulkner, L. (2003). Beyond the five-user assumption: Benefits of increased sample sizes in usability testing. Behavior Research Methods, Instruments, and Computers, 35(3), S. 379-383.
- Fitts, P. J. (1947). Psychological aspects of instrument display. Analysis of 270 »pilot-error« experiences in reading and interpreting aircraft instruments (Report

No. TSEAA-694-12A). Dayton, OH: Aero Medical Laboratory, Air Materiel Command, U.S. Air Force.

- Fürstenberg, F. (1981). Gibt es eine »integrierte« Arbeitswissenschaft? Utrecht: Europäisches Zentrum »Arbeit und Gesellschaft«.
- Gladwell, M. (2009). Outliers: The Story of Success. London: Pengiun Group.
- Goldstein, E. B. (2015). Wahrnehmungspsychologie – Der Grundkurs. Berlin: Springer.
- Guilford, J. P. (1950). Creativity. American Psychologist, 5(9), S. 444–454.
- Hamborg, K.-C. (18.11.2021). Mensch-Computer-Interaktion: Dorsch Lexikon der Psychologie. Von Dorsch Lexikon der Psychologie: *https://dorsch.hogrefe.com/stichwort/mensch-computer-interaktion* abgerufen.
- Hassenzahl, M. & Roto, V. (2007). Being and doing: A perspective on user experience and its measurement. Interfaces(72), S. 10–12.
- Hassenzahl, M., Burmester, M. & Koller, F. (2003). AttrkDiff: Ein Fragebogen zur Messung wahrgenommener hedonischer und pragmatischer Qualität. In J. Ziegler, & G. Szwillus (Hrsg.), Mensch & Computer 2003. Interaktion in Bewegung (S. 187–196). Stuttgart, Leipzig: B.G. Teubner.
- Hassenzahl, M., Burmester, M. & Koller, F. (2008). Der User Experience (UX) auf der Spur: Zum Einsatz von www.attrakdiff.de. In H. Brau, S. Diefenbach, M. Hassenzahl, F. Koller, M. Peissner, & K. Röse (Hrsg.), Usability Professionals 2008 (S. 78–82). Stuttgart: German Chapter der Usability Profesionals Association.
- Hassler, M. (2012). Web analytics. Heidelberg: Verlagsgruppe Hüthig Jehle Rehm.
- Heckhausen, J. & Dweck, C. S. (1998). Motivation and Self-regulation across the Life Span. Cambridge: Cambridge University Press.
- Heimann, M. & Schütz, M. (2017). Wie Design wirkt – Psychologische Prinzipien erfolgreicher Gestaltung. Bonn: Rheinwerk Verlag.
- Holmqvist, K., Nyström, M., Andersson, R., Dewhurst, R., Jarodzka, H. & Van de Weijer, J. (2011). Eye tracking: A comprehensive guide to methods and measures. Oxford: OUP.
- Hurtienne, J. & Prümper, J. (2003). Stress in the Office: the Influence of Software-Ergonomic Quality. In D. Harris, V. Duffy, M. Smith, & C. Stephanidis, Human-Centred Computing: Cognitive, Social, and Ergonomic Aspects (S. 63–67). Mahwah, N.J., London: Lawrence Erlbaum Associates.
- IDGResearchServices. (2018). Studie Arbeitsplatz der Zukunft 2018. Von *https://www.arbeitsplatzderzukunft.de/wp-content/uploads/IDG-Studie_Arbeitsplatz-der-Zukunft_2018.pdf* abgerufen.
- Imai, M. (1986). Kaizen: The Key to Japan's Competitive Success . New York: McGraw-Hill Publishing Company.
- Innovation, D. H. (2016). Digital Innovation Playbook. Hamburg: Murmann Publishers GmbH.

- ISO/IEC. (12/2019). ISO 14971: Medical devices – Application of risk management to medical devices.
- Kano, N., Seraku, N., Takahashi, F. & Tsuii, S. (1984). Attractive Quality and Must-Be Quality. Journal of the Japanese Society for Quality Control, 14(2), S. 147–156.
- Kano, N., Seraku, N., Takahashi, F. & Tsuji, S. (1984). Attractive Quality and Must-Be Quality. Journal of the Japanese Society for Quality Control(41), S. 39–48.
- Kirchgeorg, M. (2021). wirtschaftslexikon.gabler.de. Von Kunde: *https://wirtschaftslexikon.gabler.de/definition/kunde-37108* abgerufen.
- Klatt, S. (07.06.2008). 20.000 Blitzentscheidungen pro Tag. Von *https://www.wiwo.de/5445178.html* abgerufen.
- Knemeyer, D. & Svoboda, E. (21.04.2022). The Glossary of Human Computer Interaction – User Experience – UX: Interaction-design.org. Von Interaction-design.org: *https://www.interaction-design.org/literature/book/the-glossary-of-human-computer-interaction/user-experience-ux* abgerufen.
- Knutson, B., Rick, S., Wimmer, E., Prelec, D. & Loewenstein, G. (Januar 2007). Neural predictors of purchases. Neuron, S. 147–156.
- Kreis, H., Wilder, R. & Kuß, A. (2021). Marktforschung: Datenerhebung und Datenanalyse. Wiesbaden: Springer Gabler.
- Kuhbandner, C. (2007). Der Einfluss von Emotionen auf das abrufinduzierte Vergessen. Regensburg, Deutschland.
- Laugwitz, B. & Schrepp, M. (2008). Construction and evaluation of a user experience questionnaire. In A. Holzinger (Hrsg.), USAB 2008, LNCS 5298, S. 63–76.
- Laugwitz, B., Schrepp, M. & Held, T. (2008). Construction and evaluation of a user experience questionnaire. HCI and Usability for Education and Work, 4th Symposium of the Workgroup Human-Computer Interaction and Usability Engineering of the Austrian Computer Society, USAB 2008, Lecture Notes in Computer Science, Vol 5298, S. 63–76. Graz.
- Lewrick, M., Link, P. & Leifer, L. (2017). Das Design Thinking Playbook. Zürich: Versus Verlag.
- Lewrick, M., Link, P. & Leifer, L. (2020). Das Design Thinking Toolbook. München: Verlag Franz Vahlen GmbH.
- Liggieri, K. & Müller, O. (2019). Mensch-Maschine-Interaktion – Handbuch zu Geschichte – Kultur — Ethik. Berlin: Springer-Verlag GmbH.
- Lindgaard, G., Fernandes, G., Dudek, C. & Brown, J. (März 2006). Attention web designers: You have 50 milliseconds to make a good first impression! Behaviour & Informations Technology Vol 25, S. 115–126.
- Luczak, H. (1975). Untersuchungen informatorischer Belastung und Beanspruchung des Menschen. Fortschrittsberichte der VDI-Zeitschriften, 10(2).
- Macnamara, B. N. & Maitra, M. (2019). The role of deliberate practice in expert performance: Revisiting Ericsson, Krampe, & Tesch-Römer (1993). Royal Society Open Science, 6, S. 1–19.

- Mahto, D. & Kumar, A. (2008). Application of root cause analysis in improvement of product quality and productivity. Journal of Industrial Engineering and Management, 1(2), S. 16–53.
- Marcano, A. (03/2011). *http://antonymarcano.com*. Von *http://antonymarcano.com/blog/2011/03/fi_stories/* abgerufen.
- Maslow, A. (1954). The instinctoid nature of basic needs. Journal of personality.
- Mayer, D., Schrepp, M. & Held, T. (2018). Beurteilung der UX Qualität durch Experten. Mensch und Computer 2018 – Usability Professionals (S. 3–14). Bonn: Gesellschaft für Informatik e.V. und German UPA e.V.
- Mayring, P. (2002). Qualitative content analysis – research instrument or mode of interpretation? In M. Kiegelmann, The role of the researcher in qualitative psychology (S. 139–148). Tübingen: Huber.
- Mayring, P. (2015). Qualitative Inhaltsanalyse – Grundlagen und Techniken. Basel: Beltz.
- Mey, G. & Mruck, K. (2020). Handbuch Qualitative Forschung in der Psychologie. Wiesbaden: Springer.
- Mindspace. (30.07.2018). marktforschung.de: Kündigungsgrund Büroausstattung. Von markftforschung.de: *https://www.marktforschung.de/aktuelles/meinung/marktforschung/kuendigungsgrund-bueroausstattung/* abgerufen.
- Moran, K. (Nielsen Norman Group). (2020). Benchmarking UX: Tracking Metrics. Von *https://www.nngroup.com/articles/benchmarking-ux/* abgerufen.
- Müller, J. (10.02.2010). Das Geheimnis attraktiver Produkte – und wie man Attraktivität messen kann: Usabilityblog. Von Usabilityblog: *https://www.usabilityblog.de/das-geheimnis-attraktiver-produkte-und-wie-man-attraktivitat-messen-kann/#:~:text=Die%20wahrgenommene%20hedonische%20Qualit%C3%A4t%20erf%C3%BCllt,%2C%20beeindruckend%2C%20aufregend%20und%20interessant* abgerufen.
- NAErg, D.-N. E. (2019). Ergonomie der Mensch-System-Interaktion – Teil 210: Menschzentrierte Gestaltung interaktiver Systeme (ISO 9241-210:2019). Berlin.
- Nielse, J. & Pernice, K. (2010). Eyetracking web usability. Berkeley: New Riders.
- Oed, R. & Ziegler, H. (kein Datum). Wie sag ich's meinem Anwender? Vorgehen und Empfehlungen für die Gestaltung von Meldungen. Von *https://dl.gi.de/bitstream/handle/20.500.12116/5678/Oed_Ziegler_2008.pdf?sequence=2&isAllowed=y* abgerufen.
- Ohly, S., Sonnentag, S., Niessen, C. & Zapf, D. (2010). Diary studies in organizational research: An introduction and some practical recommendations. Journal of Personnel Psychology, 9(2).
- Osterwalder, A., Pigneur, Y., Etiemble, F. & Smith, A. (2020). The Invincible Company. Frankfurt am Main: Campus Verlag GmbH.
- Partala, T., Surakka, V. & Vanhala, T. (2006). Real-time estimation of emotional experiences from facial expressions. Interacting with computers, 18, S. 208–226.

- Penfield, W. & Rasmussen, T. (1950). The cerebral cortex of man: a clinical study of localization of function. New York: Macmillan.
- Renner, K. & Jacob, N. C. (2020). Das Interview: Grundlagen und Anwendung in Psychologie und Sozialwissenschaften. Berlin, Heidelberg: Springer.
- Rhodes, M. (1961). An Analysis of Creativity. The Phi Delta Kappan, 42(7), S. 305–310.
- Ries, E. (2014). Lean Startup: Schnell, risikolos und erfolgreich Unternehmen gründen. München: REDLine Verlag.
- Rittel, H. W. & Webber, M. M. (1973). Dilemmas in a General Theory of Planning. Policy Sciences, 4(2), S. 155–169.
- Ritter, S. M. & Ferguson, S. (2017). Happy creativity: Listening to happy music facilitates divergent thinking. PLOS ONE.
- Sarodnick, F. & Brau, H. (2006). Methoden der Usability Evaluation. Bern: Verlag Hans Huber.
- Schlick, C., Bruder, R. & Luczak, H. (2010). Arbeitswissenschaft. Heidelberg: Springer-Verlag.
- Schrepp, M. (2019). User Experience mit Fragebögen messen. Mensch und Computer 2019 – Usability Professionals. Bonn: Gesellschaft für Informatik e.V. und German UPA e.V.
- Schrepp, M., Hinderks, A. & Thomaschewski, J. (2014). Applying the User Experience Questionnaire (UEQ) in Different Evaluation Scenarios. (A. Marcus, Hrsg.) Lecture Notes in Computer Scienes, 8517, S. 383–392.
- Schrepp, M., Hinderks, A. & Thomaschewski, J. (2017). Construction of a benchmark for the User Experience Questionnaire (UEQ). International Journal of Interactive Multimedia and Artificial Intelligence, 4(4), S. 40–44.
- Schrepp, M., Hinderks, A. & Thomaschewski, J. (2017). Design and Evaluation of a short Version of the User Experience Questionannire (UEQ-S). International Journal of Interactive Multimedia and Artificial Intelligence, 4(6), S. 103–108.
- Sedlmeier, P. & Renkewitz, F. (2018). Forschungsmethoden und Evaluation. Hallbergmoos: Pearson Deutschland GmbH.
- Sheldon, K. M., Elliot, A. J., Kim, Y. & Kasser, T. (2001). What is satisfying about satisfying events? Testing 10 candidate psychological needs. Journal of Personality and Social Psychology, 80(2), S. 325–339. doi:10.1037//0022-3514.80.2.325.
- Siepermann, M. (18. 11. 2021). Software-Ergonomie: Gabler Wirtschaftslexikon. Von Gabler Wirtschaftslexikon: *https://wirtschaftslexikon.gabler.de/definition/software-ergonomie-44137* abgerufen.
- Siroker, D. & Koomen, P. (2013). A/B-Testing: The most powerful way to turn clicks into customers. Hoboken: Wiley.
- Sommer, P. & Gaspar, N. (2020). Das ABC der Typografie: Das Erklär- und Schaubuch – mit konkreter Umsetzung in Adobe InDesign. Bonn: Rheinwerk Verlag.

- Spektrum Akademischer Verlag, Heidelberg. (2000). Rapport – Spektrum Lexikon der Psychologie. Von Spektrum Lexikon der Psychologie: *https://www.spektrum.de/lexikon/psychologie/rapport/12440* abgerufen.
- Spektrum Akademischer Verlag, Heidelberg. (2000). Reaktanz – Spektrum Lexikon der Psychologie. Von Spektrum Lexikon der Psychologie: *https://www.spektrum.de/lexikon/psychologie/reaktanz/12519* abgerufen.
- Spencer, D. (2009). Card Sorting: Designing usable categories. New York: Rosenfeld Media.
- Sproll, S. & Peissner, M. (2009). User Experience und biologische Erhebungsverfahren (Psychophysiologische und bildgebundene Verfahren). In H. Brau, S. Diefenbach, M. Hassenzal, K. Kohler, F. Koller, M. Peissner, D. Zimmermann (Hrsg.), Tagungsband UP2009 (S. 55–59). Stuttgart: Fraunhofer Verlag.
- Stangl, W. (09.09.2021). Kreativität – Online Lexikon für Psychologie und Pädagogik. Von Online Lexikon für Psychologie und Pädagogik: *https://lexikon.stangl.eu/542/kreativitaet* abgerufen.
- Starrett, K. & Cordoza, G. (2016). Sitzen ist das neue Rauchen: Das Trainingsprogramm, um lebensstilbedingten Haltungsschäden vorzubeugen und unsere natürliche Mobilität zurückzugewinnen. München: Münchner Verlagsgruppe GmbH.
- Stegemann, M. & Suwelack, T. (2020). A/B-Testing – Verfahren zur Optiierung der digitalen Interaktion zwischen Konsumenten und Unternehmen. In S. Boßow-Thies, Hofmann-Stölting, C. & H. Jochims, Data-driven Marketing. Wiesbaden: Springer Gabler.
- Szabo, P. W. (2017). User Experienec Mapping. Birmingham: Packt.
- Taron, K., Pfeiffer, T. & Thomaschewski, J. (2016). UX schnell und effektiv mittels 5-Sekunden-Test. UP 2016.
- Tedesco, D. & Tranquada, F. (2013). The Moderator_s Survival Guide: Handling Common, Tricky, and Sticky Situations in User Research. Waltham, MA: Elsevier.
- Tossell, C., Finomore, V., Endsley, M., Wickens, C., Bennett, W., Knott, B. & McClernon, C. (2016). Human Factors and the United States Military: A 75-Year Partnership. Proceedings of the Human Factors and Ergonomics Society Annual Meeting, (S. 91–93). doi:10.1177/1541931213601020
- Ullrich, D. (2013). Komponenten und Einflussfaktoren der intuitiven Interaktion: Ein integratives Modell. i-com. Zeitschrift für interaktive und kooperative Medien, 12(3), S. 44–53.
- Ullrich, D. (2014). Intuitive Interaktion: Eine Exploration von Komponenten, Einflussfaktoren und Gestaltungsansätzen aus der Perspektive des Nutzererlebens. Doktorarbeit. Darmstadt.
- Ullrich, D. & Diefenbach, S. (2010). INTUI. Exploring the Facets of Intuitive Interaction. Mensch & Computer 2010 (S. 251–260). München: Oldenbourg.

- VBG. (2015). Gefährdungsbeurteilung psychischer Belastung: Handlungshilfe betriebliche Praxis. Abgerufen am 25.06.2022 von *https://www.vbg.de/SharedDocs/Medien-Center/DE/Broschuere/Branchen/OePNV_und_Bahnen/Gefaehrdungsbeurteilung_Broschuere_PsychischeBelastung.pdf?__blob=publicationFile&v=4*.
- Voigt, K.-I. (18.11.2021). Rationalisierung: Gabler Wirtschaftslexikon. Von Gabler Wirtschaftslexikon: *https://wirtschaftslexikon.gabler.de/definition/rationalisierung-41970* abgerufen.
- Voss, C. & Raz, T. (2017). Kompromisslos verhandeln: Die Strategien und Methoden des Verhandlungsführers des FBI. München: REDLINE Verlag.
- Wäger, M. (2017). Das ABC der Farbe: Theorie und Praxis für Grafiker und Fotografen. Bonn: Rheinwerk Verlag.
- Weber, E. H. (1835). Archiv für Anatomie, Physiologie und wissenschaftliche Medizin.
- Wehrle, M. (2018). Die 500 besten Coaching-Fragen – Praxisbuch Coaching. 6. Auflage. Bonn: managerSeminare Verlags GmbH.
- Wertheimer, M. (1923). Untersuchungen zur Lehre von der Gestalt. Berlin: Julius Springer.
- Wiklund, M., Dwyer, A. & Davis, E. (2016). Root Cause Analysis – Medical Device Use Error. Boca Raton: CRC Press.
- Witt, J. & Witt, T. (2006). Der kontinuierliche Verbesserungsprozess. (KVP). Konzept – System – Maßnahme (= Arbeitshefte Führungspsychologie. Band 42). 2., durchgesehene Auflage. Frankfurt am Main: Verlag Recht und Wirtschaft.
- Wood, J. & Wood, L. (2008). Card Sorting: current practices and beyond. Journal of Usability Studies, 4(1), S. 1–6.
- Wübbenhorst, K. (09.09.2021). Objektivität – Gabler Wirtschaftslexikon. Von Gabler Wirtschaftslexikon: *https://wirtschaftslexikon.gabler.de/definition/objektivitaet-45537* abgerufen.
- Wübbenhorst, K. (09.09.2021). Reliabilität – Gabler Wirtschaftslexikon. Von Gabler Wirtschaftslexikon: *https://wirtschaftslexikon.gabler.de/definition/reliabilitaet-44718* abgerufen.
- Wübbenhorst, K. (09.09.2021). Validität – Gabler Wirtschaftslexikon. Von Gabler Wirtschaftslexikon: *https://wirtschaftslexikon.gabler.de/definition/validitaet-49676* abgerufen.
- www.spektrum.de. (2021). Von Lexikon der Psychologie – Halo-Effekt: *https://www.spektrum.de/lexikon/psychologie/halo-effekt/6232* abgerufen.
- Yifrah, K. (2019). UX Writing & Microcopy. Bonn: Rheinwerk Verlag.

Index

C

D

E

J

K

L

M

N

O

P

Q

R

S

T

U

V

W

Z